U0929757

中华人民共和国史编年

1957年卷

当代中国研究所 编

当代中国出版社

《中华人民共和国史编年》编纂委员会

《中华人民共和国史编年》1957 年卷编写组

目　录

正　文

附　录

凡　例

一　《中华人民共和国史编年》（简称《国史编年》）是以编年体全面反映中华人民共和国各个领域重大史事的资料书，旨在为研究中华人民共和国史提供翔实可靠的史料，同时也为国内外读者查阅有关中华人民共和国史的资料提供方便。

二　举凡涉及中华人民共和国政治、经济、文化、科技、教育、卫生、民族、社会、人口、宗教、疆域、地理、区划、灾害、气候、生态、资源、军事、国防、外交、对外联系和国际反应等方面的大事，均在编写之列。

三　《国史编年》为多卷本，自1949年起，每年独立成卷，采用纲目体编写。

四　《国史编年》由纲文、目文、文献、注释、图片、附录等部分组成。部分条目史事简单，将纲目合一，仅以纲文记事。与纲目文内容相关的重要文献或史料，分别以文献或附录形式附在纲文或目文之后，并标明资料来源。对纲目文涉及的人名、地名等，作必要注释。注释一律采用页末脚注。图片随文，作为文字的补充。

五　《国史编年》条目采自原始的或权威的资料，凡对某一事件有两种或两种以上说法的，在经过认真考证后，采用相对准确的说法，并用注释加以说明。

六　《国史编年》条目以时间先后为序，逐日排列。难以确定具体日期的，视具体情况分别标以上旬、中旬、下旬，月初、月底，或月、季、上半年、下半年、年底、年。标月初或月底的条目，一般放在该月5日之前或最后；标旬、月、季、上半年、下半年、年底、年的条目，一般放在该旬、月、季、上半年、下半年、年底的最后。

七　《国史编年》遇有同日多个条目时，大体按史事的重要程度为序排列。时间跨度较长的史事，用“某月某日—某月某日”标明。

八 《国史编年》对各种机构、会议的称谓，凡文字较多的，在第一次出现时用全称，再次出现时用简称。

九 《国史编年》一律用1986年经国务院批准重新发布的《简化字总表》，以及1988年由国家语言文字工作委员会和新闻出版署发布的《现代汉语通用字表》收录的简化字。

十 《国史编年》所用数字，除习惯用法或特殊用法以汉字标示外，一般用阿拉伯数字。文献中的数字遵从原文中的用法。

十一 《国史编年》中的人物在每卷第一次出现时加注，注明生卒年（不详者空缺备考）、民族、籍贯、时任职务（兼数职者注主要职务）；再次出现时，职务如有变化只注变化了的职务，如无变化则不加注。外国人一名多译者，取其标准译名，只注国别和时任职务。

十二 《国史编年》每卷前面均置《本卷编辑说明》，概述该卷主要资料来源和《凡例》未尽事宜。

《中华人民共和国史编年》编委会

2011年8月

本卷编辑说明

本卷为《中华人民共和国史编年》（简称《国史编年》）第九卷，起止时间为1957年1月1日至12月31日。

1957年是全面超额完成“一五”计划，着手研究和编制“二五”计划的一年，是计划经济体制建立起来以后探索改进经济管理体制的一年，是开展整风运动和反右派斗争的一年，因而也是不平静的一年。本年间的重大事件主要有：毛泽东在最高国务会议第十一次（扩大）会议上发表《关于正确处理人民内部矛盾的问题》的讲话，在全国宣传工作会议上发表讲话；中共中央发出《关于整风运动的指示》；毛泽东撰写题为《事情正在起变化》的文章；中共中央发出《关于组织力量准备反击右派分子进攻的指示》；一届全国人大四次会议和中共八届三中全会（扩大）先后召开；中共中央组织全民讨论《一九五六年到一九六七年全国农业发展纲要（修正草案）》；国务院公布关于改进工业管理体制、商业管理体制、财政管理体制的三个文件；共青团第三次全国代表大会在北京举行；第三次全国妇女代表大会在北京召开；中国和锡兰（今斯里兰卡）建交；苏联最高苏维埃主席团主席克·叶·伏罗希洛夫访问中国；毛泽东率中国代表团访问苏联，参加苏联十月革命40周年庆祝大会，并出席在莫斯科举行的社会主义国家共产党和工人党代表会议。

本卷条目的主要资料来源于当时出版的《人民日报》、《新华月报》、《新华半月刊》，中共中央文献研究室编的《毛泽东传》、《毛泽东文集》、《建国以来毛泽东文稿》、《刘少奇年谱》、《周恩来年谱》、《周恩来书信选集》、《朱德年谱》（新编本）、《朱德选集》、《邓小平年谱》、《陈云传》、《陈云年谱》、《陈云文选》、《陈云文集》、《建国以来重要文献选编》，《当代中国》丛书编委会主编的《当代中国》丛书电子版，中共中央文献研究室和中国人民解放军军事科学院合编的《毛泽东军事文集》、《周恩来军事文选》，中共中央毛泽东著作编辑出版委员会编的《毛泽东选集》，中华人民共和国外交部和中共中央文献研究室合编的《毛泽东外交文选》、《周恩来外交文选》，中华人民共和国外交部外交史研究室编的《周恩来外交活动大事记（1949—1975）》，中共中央文献编辑委员会编的《李先念文选》，张家裕主编、中国人民解放军军事科学院毛泽东军事思想研究所年谱组编的《毛泽东军事年谱》，中国人民解放军军事科学院编的《叶剑英年谱》，《董必武年谱》编纂组编的《董必武年谱》，《邓子恢文集》编辑委员会编的《邓子恢文集》，中央档案馆编的《共和国五十年珍贵档案》，中共中央组织部、中共中央党史研究室和中央档案馆合编的《中国共产党组织史资料》，王健英编著的《中国共产党组织史资料汇编：领导机构沿革和成员名录（从一大至十四大）》，中共中央宣传部办公厅和中央档案馆编研部合编的《中国共产党宣传工作文献选编（1949—1956）》，中共中央宣传部办公厅编的《党的宣传工作文件选编》，中华人民共和国国务院秘书厅编的《中华人民共和国国务院公报》，中华人民共和国全国人民代表大会常务委员会办公厅研究室编的《中华人民共和国人民代表大会文献资料汇编（1949—1990）》、《全国人民代表大会及其常务委员会大事记（1954—2004）》，中华人民共和国国务院法制局编的《中华人民共和国现行法律行政法规目录（1949—1994）》、《中华人民共和国法规汇编（1957年1月—6月）》、《中华人民共和国法规汇编（1957年7月—12月），中华人民共和国司法部编的《中华人民共和国司法行政历史文件汇编（1950—1985）》，中华人民共和国劳动人事部编的《中华人民共和国组织法规选编》，中华人民共和国劳动人事部政策研究室编的《劳动人事法规规章文件汇编（1949—1983）》，中国社会科学院和中央档案馆合编的《中华人民共和国经济档案资料选编（1953—1957）》，中华人民共和国国家农业委员会办公厅编的《农业集体化重要文件汇编（1949—1957）》，黄道霞主编、《当代中国农业合作化》编辑室编的《建国以来农业合作化史料汇编》，陈文斌等编的《中国资本主义工商业的社会主义改造（中央卷）》，中国人民银行总行编的《金融法规汇编（1957）》，杨德寿主编、中国供销合作总社编的《中国供销合作社史料选编（第一辑）》，中华人民共和国财政部编的《中央财政法规汇编（1957年7月—12月）》，中华人民共和国财政部农业财务司编的《新中国农业税史料丛编：1950—1983年中央和大区的农业税政策法规》，中华人民共和国第二商业部肉食品商业局编的《我国发展养猪生产的参考资料》，中华人民共和国统计局编的《统计工作重要文件汇编》，中华人民共和国统计局国民经济综合统计司编的《新中国五十五年统计资料汇编》、《新中国六十年统计资料汇编》，石万鹏主编、中华人民共和国国家经济贸易委员会编的《中国工业五十年》，《当代中国的计划工作》办公室编的《中华人民共和国国民经济和社会发展计划大事辑要》，中国铁路史编辑研究中心编的《中国铁路大事记（1876—1995）》，中华人民共和国教育部办公厅编的《教育文献法令汇编（1957）》，中华人民共和国教育部国防教育办公室编的《学校国防教育文献汇编（1949—2004）》，何东昌主编的《中华人民共和国重要教育文献（1949—1975）》，《中国教育年鉴》编辑部编的《中国教育年鉴（1949—1981）》，中国学前教育研究会编的《中华人民共和国幼儿教育重要文献汇编》，国家教育委员会成人教育司编的《扫除文盲文献汇编（1949—1996）》，胡维佳主编的《中国科技政策资料选辑（1949—1995）》，张应吾主编的《中华人民共和国科学技术大事记（1949—1988）》，中华人民共和国国家体育运动委员会政策研究室编的《体育运动文件选编（1949—1981）》，中国出版科学研究所和中央档案馆合编的《中华人民共和国出版史料（1956 年）》，中华人民共和国民政部编的《中华人民共和国民政法规汇编（1949 年 10 月—1993 年 12 月）》，孟明达主编、中华人民共和国民政部大事记编委会编的《中华人民共和国民政部大事记（1949—1986）》，中华人民共和国统计局和民政部合编的《中国灾情报告（1949—1995）》，中华全国总工会编的《建国以来中共中央关于工人运动文件选编》，《中国工会运动史料全书》总编辑委员会编的《中国工会运动史料全书（轻工业卷）》，中华人民共和国外交部编的《中华人民共和国条约集·第六集（1957）》，世界知识出版社出版的《中华人民共和国对外关系文件集（1956—1957）》，谢益显主编的《中国外交史·中华人民共和国时期（1949—1979）》，黎家松主编的《中华人民共和国外交大事记》、中国人民解放军军事科学院历史研究部编的《中国人民解放军六十周年大事记（1927—1987）》。

本卷正文共编入条目 1771 条，文献 51 篇，图片 65 幅。所采历史图片的著作权享有者，见到本书后与本书出版社联系，出版社将按照国家著作权法的有关规定支付报酬。

文献是《国史编年》的重要组成部分，受篇幅限制，不可能全文照登。

本卷对文献采取四种编辑方式：一是内容全录，不标任何字样；二是节录重要段落，标出“节录”字样，注明略去的部分；三是摘录重点内容，标出“摘录”字样，不标省略的地方；四是内容全略，保留文献的标题，指明出处，在其目文中概述文献内容。

本卷经中央有关部门批准，选用了一批中央档案馆过去未公开发表过的档案。其中，根据中央档案参考、提炼、补充、摘要的条目（纲文和目文）15件，在条目所附文献中节录、摘录或全文引用的中央档案35件，并在卷末给出了文献索引，以便读者查阅。

正文之后的附录十件，详见目录。

本卷撰稿人的分工如下：孙丹：1—2月；李成武：3—4月；姚力：5—6月；刘仓：7—8月；曹光章：9—10月；吴超：11月；夏杏珍：12月；附录：魏立帅。

图片由李建斌收集整理。

本卷编写组

正　文

1 月

1月1日

［纲 文］ **《人民日报》发表题为《新年的展望》的社论。**

［目 文］ 社论总结了1956年的国内外形势。国际上，以苏联为首的社会主义各国的力量、亚非各国民族独立运动的力量和全世界一切维护和平民主的力量，都有了巨大的增长。国内的社会主义改造在1956年已经基本完成。由于批判了右倾保守思想，各项工作取得了巨大的进步。1956年工业总产值增速约为25%，五年计划规定的46种主要工业产品中有20多种产量达到了五年计划的最高指标；粮食产量比1955年增加了200多亿斤；基本建设比1955年提高64%左右，相当于1953年和1954年两年工作量的总和，156项工程绝大部分可以如期完成；国营工业的劳动生产率约比1955年提高19.7%，比1952年提高约69%，国民经济各部门的工作人员平均工资比1955年提高13%左右，比1952年提高33.5%；社会商品零售总额、铁路货运周转量等也都完成或超额完成了计划。中央各工业部的生产成本平均降低7.3%。

社论提出新一年的奋斗目标和需要克服的问题。应当注意消除建设和生产脱节的现象，使新工业基地的辅助项目和各种服务性的设施，都能相应地配合进行。应当消除生产建设和人民生活需要之间脱节的现象，国民收入中用于建设——扩大再生产的积累部分，和用于人民生活需要的消费部分，应该有正确的比例。要注意到人民生活的改善只能是渐进的。生活改善决不应该超过生产（尤其是消费资料生产）增长的可能性。从整体来看，我们的经济还很落后，物资的供应能力还很有限，因此，无论建设的速度和人民生活改善的速度都决不可以过快。国家必须有一定的积累，必须保证办好那些最必需最重要的事业，而对于其他的一些项目，应该适当地把速度放慢一些。必须在工业、农业、商业及其他各个方面开展一个普遍的增产节约运动。在保证产品质量的前提下，大力节约原材料，争取增产。领导工作人员必须关心群众生活，与群众共甘苦。

1月1日

［纲 文］ **周恩来①在印度同达赖②喇嘛及其官员谈话。**

① 周恩来（1898—1976），江苏淮安人，时任中共中央副主席、政治局常委、国务院总理兼外交部部长、政协全国委员会主席。

② 达赖，即十四世达赖喇嘛·丹增嘉措（1934— ），藏族，青海湟中人，西藏宗教领袖之一，时任全国人大常委会副委员长。

［目　文］　谈话时，贺龙[①]、中国驻印度大使潘自力陪同。谈话要点如下：西藏的问题主要是改革问题。我们主要从现在进行改革对西藏有没有利这一点来着想。西藏那样穷，不论如何改，贫穷状态很难一下子改变。现在还是要大力建设，发展经济，改善大家的生活，这方面中央会完全帮助。毛主席肯定地讲过西藏在第二个五年计划以内不谈改革，六年后是否改，如何改，由你定。至于西康，有两部分地区。一部分要求改革，于是先进行了改革，那里并未发生叛乱；另一部分是理塘地区，那里并未改革，可是有些人包围了一个部队，使他们几天没吃饭，为了保全部队不致被消灭，才派空军去投粮，这样就发生了军事冲突。现在我们已派人做善后处理。总之，是大家商量把事情办好。至于叛乱中跑出来的人，政府都应予以安置，使他们能够过得下去。但跑出来后搞叛乱是不允许的。周恩来还提出，希望西藏尽快成立自治区。达赖表示 1957 年底或 1958 年初自治区可成立。

1月1日

［纲　文］　**内务部部长谢觉哉[②]通过中央人民广播电台向解放军、志愿军、烈属、军属、残废军人和复员军人发表元旦贺词。**

［目　文］　贺词说，社会主义革命和建设所取得的任何成就，都是和解放军、志愿军的不朽功勋分不开的。祖国的一切成就，都凝结着烈属、军属、残废军人和复员军人的亲人和你们自己的血和汗。在历次革命战争和抗美援朝战争中，你们都有功于国家和人民，在各种生产和工作岗位上，做出了显著的成绩。党和政府对你们特别重视和关怀，希望你们发扬革命传统，争取更大光荣。党的二中全会号召全国所有的干部和人民，必须厉行增产节约，提倡艰苦朴素的作风，坚决地反对任何铺张浪费的行为。烈属、军属、残废军人和复员军人应当成为响应党的这个伟大号召的模范。

谢觉哉特别向农村的复员军人说，要把我国建设成为一个繁荣、富强的社会主义国家，不只需要有强大的工业，也需要有强大的农业。但是，也有少数同志不安心于农业生产，在生产中遇到一些困难就动摇了自己的信心。过去的一年，在优抚工作方面，各地推行了优待劳动日的办法，对实行优待劳动日后仍不能维持生活的孤、老、病、弱、烈属、军属和残废军人，政府还给以财力补助，保证他们的生活能达到当地一般社员的水平。在复员安置工作方面，绝大多数复员军人都得到了妥善安置。但是，我们工作中还存在着许多缺点，不少地方到现在还没有实行优待劳动日的办法，实行了的地方，也还有给烈属、军属、残废军人评定优待劳动日过少，扣除他们自做劳动日过多等不合理的现象。在复员安置工作中，有些复员军人所存在的劳力不足、疾病治疗、婚姻纠纷等问题，也没有很好的解决。在工厂、矿山、企业、机关中工作的复员军人，评定级别、工资待遇等方面也有

① 贺龙（1896—1969），湖南桑植人，时任中共中央政治局委员、中央军委委员、国家体委主任、国防委员会副主席。

② 谢觉哉（1883—1971），湖南宁乡人，时任内务部部长。

不少问题，严重地影响了这些同志的生产和生活。1957年春节前后，将要在全国开展一次规模壮阔的拥军优属运动，教育全国人民和干部，加强拥军优属的观念，彻底检查优抚和复员安置工作，发现问题，及时解决。

1月1日

［纲　文］　**新华社讯，第一个五年计划的前四年中职工物质文化生活逐步改善。**

［目　文］　到1956年底，全国职工平均工资增长超过第一个五年计划规定的在五年内增长33%的指标；新建住宅5000多万平方米；国家在劳动保险、免费医疗、职工教育、职工文化娱乐等方面新增开支约占全国职工工资总额14%；全国享受国家劳动保险的职工总人数达670多万人，比1952年增加了340多万人；增加医院和疗养院860多所，新增床位13万张以上；全国厂矿企业、铁路交通和基本建设部门新设5000多个医疗所或卫生保健站；全国在校生高等学校40多万人，中等学校590多万人，小学校6100多万人，高等学校和中等学校的学生总数比1952年增加约300万人，小学生总数比1952年增加了1000万人，80%的高等学校学生获得国家助学金；全国新增4800多个电影放映队，200多个电影院，700多个剧团和630多个剧场。

1月2日

［纲　文］　**朱德[①]就军队建设等问题提出意见。**

［目　文］　朱德指示身边工作人员转告主持中央军委日常工作的彭德怀：一、军队的干部要大力支持国家的经济建设。战争时期，要全国总动员支持战争；和平时期，要动员全国支持经济建设，原军工厂要转为和平生产。一机部和二机部要共同拟定出和平时期和战争时期的协作生产计划。如果把二机部的第二个五年计划的投资转为民用生产，对国民经济的发展将是最有利的。二、现在钢铁不够用，可以把旧武器拿出来回炉，进行和平生产。现在主要是搞原材料。过去有人怕铁、煤、铝、水泥等生产多了卖不出去，实际上越多越好，可以出口。

1月3日

［纲　文］　**中共中央书记处召开会议。**

［目　文］　会议由邓小平[②]主持，讨论了处理党员历史上被捕被俘后所犯各项错误的意见、青年团中央召开全国代表大会事宜。在讨论第二项议程时邓小平指出：现在世界上有一股潮流是不要共产党，此风不可长。青年是接班人。青年必须在党的教导下工作。中国青年运动的传统值得讲，现在青年中有忘掉传统的倾向，劳动观念也不强了。我们的

---

① 朱德(1886—1976)，四川仪陇人，时任中共中央副主席、政治局常委、中共中央军委委员、中华人民共和国副主席、国防委员会副主席。

② 邓小平（1904—1997），四川广安人，时任中共中央政治局常委、中央委员会总书记、国务院副总理、国防委员会副主席。

传统是艰苦奋斗的传统，我们要发扬这种传统。

1月3日

［纲　文］　**国家计委提出《关于第一个五年计划执行情况和十五年远景计划及第二个五年计划的基本任务的报告》。**

［目　文］　《报告》经周恩来审阅。《报告》提出，十五年远景计划的基本任务，就是提早完成国家在过渡时期的总任务。具体地说，就是要在1967年以前完成国家的社会主义工业化，完成对工业的技术改造，并基本上完成对农业、运输业的技术改造；完成对农业、手工业和资本主义工商业的社会主义改造，消灭阶级和产生阶级的根源；建成社会主义社会，使人民生活走向富裕，消灭失业和贫困。第二个五年计划的基本任务，就是继续进行以重工业建设为中心的经济建设，建立我国社会主义工业化的巩固基础；基本上完成工业的技术改造，推进对农业和运输业的技术改造，进一步巩固国防力量；基本上完成对于农业、手工业和资本主义工商业的社会主义改造，消灭城乡资产阶级和剥削制度；进一步提高劳动人民的物质和文化生活水平，基本上消灭城市失业和乡村贫困。

国家计委提出的十五年远景计划和第二个五年计划的主要指标的初步方案是：工农业总产值年平均递增速度，“二五”16.9%、“三五”11.3%、十五年12.2%。主要产品产量，原煤1957年1.13亿吨，1962年2.1亿吨，1967年3.3亿吨。钢1957年412万吨，1962年1200万吨，1967年2400万吨。基本建设规模在1967年以前远较“一五”巨大。“二五”期内经济各部门的支出约为1800亿元，其中基本建设投资约为1400亿元。

1月3—23日

［纲　文］　**全国专业团体音乐舞蹈会演在北京举行。**

［目　文］　会演由文化部、国家民委、青年团中央、全国总工会联合举办，是全国专业歌舞团体首次汇演，有70个团体、2500多人参加，共演出80场、187个舞蹈和175个音乐节目，观众总人数30多万。会演期间，艺术家欧阳予倩等人向参加会演的部分人员作中国舞蹈艺术史的报告，北京舞蹈学校苏联专家查普林向参加会演的部分人员作了舞蹈编导的报告。毛泽东①、刘少奇②、邓小平、陈云③等党和国家领导人观看演出，并于23日接见了全体参演人员。23日，文化部副部长刘芝明在闭幕式上致词说，从这次会演可以看出富有民族特色的音乐、舞蹈形式得到了很好的发展；内容题材也较以前广泛，出现了14个舞剧；在舞蹈音乐和舞蹈美术方面也有所提高。刘芝明号召全体音乐、舞蹈工作者进一步继承民族传统艺术，学习外国有益的经验，创造社会主义的民族的音乐、舞蹈艺术。本着“百花齐放，百家争鸣”的方针，进一步提倡各种流派的创作方法展开自由竞

---

① 毛泽东（1893—1976），湖南湘潭人，时任中共中央主席、政治局常委、中华人民共和国主席、国防委员会主席。

② 刘少奇（1898—1969），湖南宁乡人，时任中共中央副主席、政治局常委、全国人大常委会委员长。

③ 陈云（1905—1995），江苏青浦（今上海青浦）人，时任中共中央副主席、政治局常委、国务院副总理兼商业部部长。

赛。社会主义现实主义方法并不是唯一的创作方法。他说，通过会演，看到我国舞蹈理论的建设工作还远远落在创作后面，在创作、表演、演员培养等方面存在问题，作品内容题材不够广泛，作品的思想性也应该进一步加强，并考虑到舞蹈艺术的特点特长。刘芝明要求各专业团体要进一步深入民间、深入生活，认真学习传统的表演技巧，重视辅导群众业余艺术活动，从群众中吸取营养，逐步形成自己独特的风格。专业团体要贯彻“勤俭办团”的方针，大力提倡尽可能少花钱而又能取得良好效果的做法。

闭幕式上，国家民委副主任萨空了讲话，文化部艺术事业管理局副局长周巍峙作有关音乐问题的专题报告。

1月3日

［纲　文］　**中国和蒙古人民共和国商定相互合理利用双方境内邻近草场**。

［目　文］　双方商定，为使两国牲畜在严冬能够吃到牧草，蒙古的十几万头牲畜移入中国锡林郭勒草原过冬，中国呼伦贝尔草原的部分牲畜移到蒙古草原过冬。

1月4日

［纲　文］　**中共中央转发《江苏省委1956年12月22日关于开展增产节约运动的情况和部署的报告》**。

［目　文］　中央的转发意见指出：现有编制应冻结起来，任何机关目前不得增设机构，吸收新人员；在没有找到妥善安置办法以前，不要把精简人员从现在工作岗位上减出去。这两点请各地特别注意。

江苏省委的《报告》说，目前省级机关官僚主义、主观主义相当严重，铺张浪费现象也较过去有了发展。突出表现是机构极为庞大，造成会议多、文件多、刊物多、长途电话多、管理和服务人员多，相互之间扯皮也多。致使领导人员高高在上，不能深入基层，处理问题，层层批转，迟迟不能解决。对下面的工作，则管得多，管得死，影响基层干部的积极性。因此，必须精简机构，改进领导方法和工作方法。《报告》对江苏省的增产节约运动作了全面部署：一、广泛深入地开展增产节约的宣传教育。二、基本建设和各种经费开支不再增加新的项目，冻结现有机构和人员编制。三、调查研究，制定整编方案，省级机关先行一步。

1月4日

［纲　文］　**国务院发布《关于提高芝麻收购价格的指示》**。

［目　文］　《指示》说，将全国的芝麻收购价格，在1955年的基础上平均提高25%，并一律在1957年1月15日开始执行。

1月4日

［纲　文］　**财政部发出《关于监督国营企业解交利润的临时规定》**。

［目　文］　《规定》共23条，主要内容有：一、为了加强对国营企业解交利润的监督，以保证国营企业利润及时地、足额地解交金库，特制定本规定。二、轻工业、食品工

业、纺织工业、冶金工业、化学工业、建筑材料工业、煤炭工业、石油工业、电力工业、森林工业、第一机械工业、电机制造工业、建筑工程、地质、商业、水产、城市服务等17个部门所属的生产、供销、建筑包工系统的全部国营企业解交利润，均应按照本规定办理。三、监督国营企业解交利润的机构，为各省、自治区、直辖市税务局。省、自治区、直辖市税务局并可委托企业所在地税务局进行监交。监交利润的税务局即为国营企业利润的收入机关。四、国营企业利润的交库单位：商业部与城市服务部各专业公司所属的各级专业公司与中国木材公司系统、水产部所属的各级水产供销企业，均以省、区、市公司为交库单位。商业部与城市服务部各专业公司所属的中央采购供应站，以各中央采购供应站为交库单位。水产部所属各海洋渔业，以部直属的水产公司为交库单位。其他各部均以主管部为交库单位。五、国营企业利润的交库方式：轻工业、食品工业、纺织工业、冶金工业、化学工业、建筑材料工业、煤炭工业、石油工业、电力工业、森林工业、第一机械工业、电机制造工业、建筑工程、地质等部门的国营企业利润，应当由交库单位委托所属基层企业就地解交金库。商业部、水产部、城市服务部、中国木材公司等部门的国营企业利润的交库方式，由各省、自治区、直辖市财政厅（局）、税务局与企业的主管厅（局）、金库共同商定，并报财政部和主管部备案。

《规定》还对国营企业不同行业解交利润数额、解交计划的分配和执行、交库时间和期限、手续，超计划利润的使用办法等，做了详细规定。对主管企业部门和企业单位对解交利润工作负有的责任、财政部主管财务司与税务总局对国营企业解交利润的工作负有的责任、监交机关的职责、监交机关专职的或兼职的国营企业收入检查员的职责等，也做出具体规定。《规定》自1957年1月1日起实行。

1月4日

［纲　文］　**煤炭工业部、中国煤矿工会全国委员会发出《关于做好春节保勤提高出勤率的通知》**。

［目　文］　《通知》指出，每逢春节如不做好保勤工作，第一季度出勤率就会显著下降，严重影响第一季任务的完成。1956年是最近二三年来煤矿出勤率最低的一年，全国1—9月份生产工人出勤率只达到89.98%，比1955年同期降低2.5%，最严重的是京西、峰峰、阳泉、西山、铜川、坊子、淮南、焦作、广元等企业。1956年，公伤、病假、事假、旷工等显著增加。1—9月份，全国国营公伤工日占法定工作日的1.34%，病假工日占法定工作日的4.34%，旷工工日占法定工作日的0.9%。除安全事故多、卫生工作做得不好之外，造成这种现象的主要原因是关心工人疾苦不够和放松了对职工进行深入的社会主义劳动纪律教育，完不成任务就大量加班加点；有的实行逆倒班，工人得不到足够的休息，无故旷工的也不少。

《通知》要求做好以下工作：一、广泛开展春节保勤的宣传。研究工人缺勤原因，调查春节准备请假的人数，分析请假原因，根据不同具体情况动员保勤，行政与工会在可能条件下解决这些工人的实际困难。二、尽可能做好对工人春节前必要的福利工作，组织慰问活动。对家属不住矿山的工人，可由行政腾出部分房屋，整理清洁，预备一些简单日用家具，要他们接家属来矿欢度春节。三、向在矿的家属进行广泛的宣传，说明春节保勤的重要意义。对单身工人，应组织家属帮助他们拆洗被褥等，使他们能欢度春节。四、做好春节的供应工作，使节日物资充分供应，解决职工购买排队困难。各个职工食堂必须把饭食搞好，根据各地不同的习惯，预备足够的节日饭菜。五、使职工在节日得到很好的休息，防止赌钱等不正当娱乐，搞好节日的文娱活动。应利用礼堂或俱乐部组织大世界、大观园、象棋等各种群众性的娱乐。六、组织部分医务人员，如大夫、车间保健员、护士等，在节日前后去各家巡回检查，如有小的不舒适立即给予治疗，使职工感到企业的温暖。

1月4日

［纲　文］　**中国和南斯拉夫联邦人民共和国联合发表经济贸易谈判公报。**

［目　文］　《公报》指出：中南两国签订《关于延长1956年2月17日在贝尔格莱德签订的贸易协定和支付协定有效期限的议定书》，《议定书》将1956年2月17日在贝尔格莱德签订的贸易协定和支付协定的有效期限延至1957年12月31日，《议定书》所附的1957年度的货单代替贸易协定第三条所述在1956年度有效的货单，双方进出口总额为700万英镑。双方还签署了中南科学技术合作委员会章程，交换了航空运输和海运保险方面建立业务联系和合作问题的文件。

1月5日

［纲　文］　**朱德与薄一波**[①]**谈改善人民生活、军工转民用、对外贸易等问题。**

［目　文］　在谈到改善人民生活问题时，朱德说，如果不靠发展经济建设来改善人民的生活，就等于取消了社会主义，这是右倾。在谈到军工转民用问题时说，我看短期内，世界大战打不起来，因此，相当数量的军工厂可以改为民用工厂，军队也可以大大裁减。军工厂不改为和平生产是要犯错误的。一机部和二机部应合并。日本和联邦德国的经济所以恢复得比较快，主要原因是不养兵。兄弟国家经济恢复得比较慢，吃了养兵的亏。在谈到工业和财政管理体制问题时说，对地方工业和地方财政中央不能统得太死，要下放，不下放是错误的。地方工业如果不下放，以后地方上什么事情都找中央解决。下放后，要规定一定的利润比例，以利刺激地方的生产积极性，使之不断扩大再生产。地方财政一定要划分出来，否则，地方上年年当“长工”，没有积极性。在谈到发展对外贸易问题时说，我国地大物博，物产丰富，要把所有的东西都收集起来出口，要发展一切出口物资生产，如金银首饰、翡玉、景泰蓝、象牙等应组织大量生产。只有出口东西才能赚回外汇，内销服从外销过去是起过作用的。凡外贸需要出口的东西，各部都要给予支持。同时还可以进口原材料加工后再出口，如棉花、橡胶、椰油、粮食等。东西越多越好，不要怕

① 薄一波（1908—2007），山西定襄人，时任中共中央政治局候补委员、国家经委主任、国务院第三办公室主任。

积压。出口一定要出好货，要严格检查，保证质量。要同日本做生意，他们需要我们的煤炭，我们需要他们的机器。还可以向亚洲国家出口机器。根据苏联东部建设的需要，我们可以向他们出口建筑材料。总之，要同日本、亚非国家和苏联等国大去大来，否则，因政治上闹别扭，经济上就停止往来，损失太大。

1月5日

［纲　文］　**周恩来接见各社会主义国家驻华大使、代办。**

［目　文］　周恩来介绍了中国政府代表团访问东南亚和东欧国家的情况，阐述世界上明显地存在着两个阵营、三种力量，即社会主义的力量、帝国主义的力量和民族主义的力量。美帝国主义不仅不会取消军事集团，而且要利用和扩大军事集团，要代替英、法，而同时又把英、法包括进去。现在的问题并不是民族主义国家是否变成社会主义国家，而是帝国主义国家要侵犯它们的民族独立和国家主权。推行和平共处，虽然可以制止战争，但处处都可能碰到斗争。帝国主义首先要破坏民族主义国家，其次是破坏社会主义国家。虽然它们是想发动战争的，但是和平的力量强大，它们就搞不起来。如果在战场上不能取胜，它们就要在社会主义国家内部，利用部分坏分子和糊涂分子进行破坏，我们必须提高警惕。帝国主义存在一天，问题就不会终止。我们要争取同它们和平共处，但不能不提高警惕。对于民族主义国家，我们要按照五项原则办事。我们社会主义国家要加强团结，使帝国主义无空可钻。

1月5日

［纲　文］　**财政部公布《1956年和1957年国家经济建设公债还本付息办法》。**

［目　文］　《办法》根据1956年和1957年国家经济建设公债条例第5、6、7条的规定制定，主要内容有：1956年和1957年国家经济建设公债本金，分别自1957年和1958年起至1966年和1967年止，分10年作10次偿还，除最后一年对应还本金数额全部偿还外，其余均按年抽签还本一次。每次抽签，于每年的9月以前举行，邀请各界代表到场监督，以债券号码末尾的两字与抽签号码相同的为中签债券。两种公债都由中国人民银行办理还本付息事宜；每年9月30日至12月31日为本息兑付期；到期未领取本金的，其本金仍按原定利率计付利息，直到领取时止；两种公债均免征利息所得税。

1月6日

［纲　文］　**国务院发出《关于工商之间的业务关系仍按现行办法执行的通知》。**

［目　文］　《通知》指出，资本主义工商业实行全行业公私合营和定息以后，曾考虑把原来商业部门向工业部门实行加工订货、统购包销的办法，改变为工厂购进原料、销售成品的办法，把统购包销商品中的一部分，改变为由商业部门选购的办法，使工厂能独立、正常的进行经济核算，提高质量，降低成本。但是要改变这种关系，必须采取对原来商业部门多收的那一部分没有让私营工商业者拿走的过多的利润，转移到财政部门，通过税收的办法向工厂拿回来上缴国库。不这样办，企业中的职工便可能认为这是他们企业中

应有的利润，而要求相应地增加工资，提高福利待遇。这是不合理的。因为这部分过多的利润，是由于人民革命胜利，创造了国内市场各种极为有利的条件下产生的。这部分利润，只应当上缴国库，用来发展国家建设事业。

由财政部门通过税收办法拿回部分利润的工作，需要一个相当时间的准备。由于在公私合营企业中，行业、大小之间差别很大，产品繁多，成本利润的计算极为复杂，税率很难规定，现在正由财政部进行调查研究和试验，估计绝不是在两三个月的时间内能够拟好办法的。为了避免国家财政可能造成的损失，国务院决定在 1957 年内关于商业部门和公私合营工业以及和某些国营工业、合作社工业之间原有的加工订货、统购包销的关系，一律按照现行办法，暂不变更。

1 月 6 日

［纲　文］　**国务院发布节约煤炭的指示。**

［目　文］　指示要求全国各地各级国家机关、人民团体、部队和学校节约烤火和炊事用煤（烤火煤核减 15%—25%），以支持工业建设和城乡人民的需要。

1 月 6 日

［纲　文］　**周恩来接见印度尼西亚驻华大使维约普拉诺托。**

［目　文］　周恩来阐明对国际形势的看法：目前发生世界大战的可能是减少了，但不是说民族独立的国家就没有困难和斗争。因为民族独立国家的广大人民和政府要求和平，反对战争，要求民族独立，反对殖民主义。这些要求使帝国主义不安，怕丧失既得利益，它们要控制这些国家，控制不了，就不满，要破坏。帝国主义对社会主义国家是不甘心的，它们在战场上推翻社会主义国家有困难，所以从内部进行颠覆。在东方，美国企图在西藏搞颠覆活动。西藏的两位喇嘛正在印度访问，这是为了中印友好。但是美国间谍利用机会策动西藏在噶伦堡的坏人阴谋搞独立，把达赖留在噶伦堡。由于帝国主义不会放松破坏，所以要提高警惕，加强团结。请大使将以上看法转告阿里·沙斯特罗阿米佐约总理和外交部长。

1 月 6 日

［纲　文］　**国家经委副主任贾拓夫①提交《当前上海工业原料与物资供应紧张的严重情况》的调查报告。**

［目　文］　报告分为四个部分，主要内容有：一、上海工业原料和物资供应不足的情况。1956 年第四季，电焊条、圆钉、铅丝、螺丝、电讯电器、自行车、日用五金、缝纫机、锅炉、造船、旋转电机、电线、电缆等 23 个行业，2000 多户，近 3 万左右的工人，断断续续地处于停工半停工状态。到 1957 年第一季，各种工业原料和重要物资几乎无一不缺，多数是库存枯竭。例如，五金工具器材无货供应的有带锯、金刚砂粉等 6 种，只能满足需要 10% 左右的 5 种，40% 以下的 15 种，50%—90% 的 22 种。马口铁一项，即影响

① 贾拓夫（1912—1967），原名贾耀祖，陕西神木人，时任国务院第四办公室主任、国家经委副主任。

18 个行业、1094 个工厂、2.59 万职工的生产。化工原料不足，将影响 2749 个工厂、7.32 万个职工。轻工业、纺织工业都感原料供应不足。上海煤炭、汽油、木材、纸张、医药品和日用百货等亦出现库存空虚、供应紧张状态。部分公共汽车和柴油机、船舶有被迫停驶之虞，市民买不到马桶和棺材很有意见，做纱管的木料，一季度需 4000 立方米，但库存只有 48 立方米。学校中考试要学生自备试卷。不少物资已成为五空：工厂库存空、商业部门仓库空、工业供销部门库存空、社会库存空、成品库存空。二、物资和原料供应不足反映了 1956 年基建与消费的冒进，上海地区还有具体原因：（一）1956 年上海全行业合营后，工业加速增产，全市工业总产值（包括中央国营）至 11 月止，已完成 106.2 亿元，超过全年计划 2%，为 1955 年同期的 135%，其中地方工业产值 50.7 亿元，为 1956 年同期的 138%。地方工业中的重工业，1956 年 1—11 月份产值为 1955 年同期的 153%，1956 年 11 月份为 1955 年 11 月份产值的 203%，轻工业也增长了 56%。（二）国家统配和部管物资在分配时只注意保证重点，对市场及一般工业用原料物资的用途的必要性与影响的普遍性了解认识不足，往往成为削减及压缩的对象。（三）进口原料减少，若干原料出口太多（如甘油、牛皮等），影响国内供应量。三、上海当前物资和原料缺乏问题的性质、特点具有全面性。由于多数原料库存已极单薄，在任何环节上发生问题，对整个工业生产和国民经济活动，以至人民日常生活都会发生严重的障碍，引起混乱状态。由于上海不少工业产品在全国所占比重较大（小五金工具、机械配件零件和化工原料，有些品种占到全国总产量的 70%、80% 或 100%），其影响很可能波及全国。上海政治情况复杂，多数人民和干部（包括一些负责同志在内）对即将出现的严重局面，思想上无准备。四、上海市委及计委采取的措施是"争取原料，积极增产"。1957 年计划草案中工业产值较下达控制数字增加了 2.54 亿元，在 1956 年预计数提高的基础上要求增长 9.4%（其中重工业增长 11.85%、轻工业 12.14%、纺织工业 3.12%）。

《报告》认为上海采取继续开快车的方针是冒险的，按计划草案的指标，其中多数原料的供应是没有平衡或不可能满足的。《报告》建议把速度降低，对各种主要原料认真平衡算账，根据资源情况，按轻重缓急排队，尽可能地节约使用，采取维持和适当紧缩的方针。另一方面，经委和中央各有关部门，必须重视上海问题的严重性和紧急性，全力设法支援，以稳定上海的局面。

[文 献] **当前上海工业原料与物资供应紧张的严重情况**

内容略。详见《中国工业五十年》第二编，下卷，中国经济出版社 2000 年版，第 1941—1944 页。

1 月 7 日—2 月 5 日

[纲 文] **国务院总理周恩来与副总理贺龙率中国政府代表团访问欧亚六国。**

［目　文］　应苏联政府邀请赴苏联协助处理波匈事件问题，由国务院总理周恩来、国务院副总理贺龙、外交部副部长王稼祥[①]及中国驻苏联大使刘晓组成的中国政府代表团访问苏联，以及波兰、匈牙利、阿富汗、尼泊尔、锡兰[②]等欧亚六国。

1月7—11、17—19日

［纲　文］　**中国政府代表团访问苏联并发表联合声明**。

［目　文］　7日下午，中国政府代表团抵达莫斯科，在机场受到苏联共产党中央委员会第一书记赫鲁晓夫等人，以及德意志民主共和国政府代表团团长、总理格罗提渥的欢迎。访问期间，中国政府代表团与苏联政府代表团举行了四次会谈。苏方参加会谈的有苏联部长会议主席布尔加宁，苏联最高苏维埃主席团委员、苏联共产党中央委员会第一书记赫鲁晓夫，苏联部长会议第一副主席米高扬，苏联外交部部长谢皮洛夫。苏联驻中华人民共和国特命全权大使尤金参加会谈，苏联外交部副部长费德林、外交部部务委员伊利切夫、外交部远东司司长顾德夫列席会谈。

◀1月8日，周恩来（前排左一）拜会苏联最高苏维埃主席团主席伏罗希洛夫（前排左二）。

18日，中苏两国发表联合声明。声明说，中苏两国政府强烈谴责美国企图在中近东推进侵略和备战政策，继续支持中近东各国人民制止侵略和干涉。两国政府认为，英、法、以必须赔偿埃及损失。声明认为，实现不同社会制度的国家之间的和平共处是中苏两国政府对外政策不可动摇的基础，遗憾的是美国垄断集团的侵略备战政策妨碍着国际关系的改善。双方欢迎苏日外交关系的恢复，认为进一步促进中日关系正常化应当提上议事日

① 王稼祥（1906—1974），原名王嘉祥，又名王稼啬，安徽泾县人，时任中共中央书记处书记、中联部部长、中共中央国际活动指导委员会主任委员、外交部副部长。

② 今斯里兰卡。

程。一切排他性军事集团应当为集体和平和集体安全体系所代替。大国就裁军问题达成协议对当前国际局势具有头等重要的意义。中苏的友好团结是社会主义国家伟大团结的一个最重要因素。伟大的中苏同盟和两国牢不可破的团结是世界和平的一个重要支柱。18 日，中苏两国政府还发表了《关于签订中苏文化合作协定 1957 年度执行计划的新闻公报》。

访苏期间，代表团出席了莫斯科 3000 多名代表为欢迎中国政府代表团举行的群众大会，参谒了列宁、斯大林陵墓，献了花圈。代表团还访问了莫斯科、伊尔库茨克、鄂木斯克和塔什干。周恩来接受了莫斯科大学授予的名誉法学博士学位。贺龙参观了苏联军事学院并观看了苏联空军的表演。

1 月 7、8 日

［纲　文］　**中国政府代表团与德意志民主共和国政府代表团在莫斯科举行会谈并发表新闻公报。**

［目　文］　在访问苏联期间，中国政府代表团与德意志民主共和国政府代表团举行了会谈。民主德国总理格罗提渥、第一副总理乌布利希、副总理努舍克、副总理兼外交部部长博尔茨、副总理洛赫、副总理绍尔茨、民主德国驻苏联特命全权大使柯尼希参加会谈。8 日，两国发表新闻公报。公报中说，中国政府代表团支持苏德联合声明。中德两国坚决支持阿拉伯国家人民反对“艾森豪威尔主义”的正义斗争，支持匈牙利工农革命政府，反对联邦德国军国主义化和对德意志民主共和国的颠覆活动，努力加强社会主义国家的亲密团结，并根据 1955 年 12 月 25 日在北京签署的中德友好合作条约进一步发展两国友好关系和亲密合作。

1 月 7 日

［纲　文］　**毛泽东批转陈其通①、陈亚丁②、马寒冰③、鲁勒在《人民日报》发表的《我们对目前文艺工作的几点意见》。**

［目　文］　毛泽东批示将此文印发中共中央政治局、书记处，及即将参加全国各省市自治区党委书记会议的各同志。《意见》说，在过去的一年中，为工农兵服务的文艺方向和社会主义现实主义的创作方法，越来越少有人提倡了。有些人认为国家已进入社会主义建设的新时期，只需要强调“百花齐放，百家争鸣”，为工农兵服务的方向可以不必强调了。过去一年中一直在大张旗鼓地反对“公式化、概念化”，但在反对中有些界线不清的地方，被一些人误认为或者利用来作为反对艺术应为政治服务、艺术应有高度思想性、艺术应作为教育广大人民的武器的借口。《意见》还说，百花齐放的方针使我们的文学艺术在过去一年中放出了一些令人喜爱的花朵。但百花中最主要的应该是新的、社会主义现

---

① 陈其通（1916—2001），四川巴州（原巴中县）人，时任中国戏剧家协会理事会主席团委员，总政治部文工团团长、编导，由其编导的话剧《万水千山》获得1956年第一届全国话剧会演导演一等奖和剧本一等奖。

② 陈亚丁（1920— ），黑龙江省哈尔滨人，时任中国人民解放军总政治部文化部副部长。

③ 马寒冰（1916—1957），原名马国良，福建海澄人，缅甸归侨，文学家，时任总政治部文化部编审出版处处长。由其作词（刘炽编曲，新疆民歌）的歌曲《新疆好》，1954年获“三年来全国群众歌曲评奖”二等奖。

实主义的、在人民新的生活土壤上开出的花朵。自从提出百花齐放以后，有许多人只热衷于开老花，不注意开新花。不注意培植和保护新花的百花齐放是不完全正常的。

1957年3月全国宣传工作会议期间，毛泽东对这篇文章多次提出批评，说文章对形势的估计是错误的，思想方法是教条主义、形而上学、片面性的，无非是来阻止百花齐放，百家争鸣。8月21日，陈其通、陈亚丁在《人民日报》发表《克服教条主义，投入反右派斗争》一文，作自我批评。

1月7日—3月24日

［纲　文］　**朱德视察湖北、广西、广东、云南、四川和陕西等省、自治区。**

［目　文］　1月7、8两日，朱德在湖北视察了正在建设中的武汉长江大桥、武汉钢铁厂建设基地；1月9—16日，在广西视察了红旗农业生产合作市，参观广西工农业生产成就展览会等；1月16—2月13日，考察广东，在海南参观海南岛工农业生产成就展览会，视察崖县榆林港及海军基地等，还视察了湛江的农场，以及广州水泥厂，通用机器厂，造、修船厂等工业企业。2月13—25日，考察云南，重点考察了财贸、矿产、土特产加工出口等问题。2月25日—3月22日，重点考察了四川的农业、军事工业。

1月8日，朱德就武汉长江大桥建设情况致电中共中央。电文中说，大桥工程可提前在本年6月基本竣工，可比原计划投资（1.7亿元）节约5000万元。现在试验钢筋水泥桥梁，试验成功后更会节省。大桥工程局全部职工1.3万人（包括服务人员），其中固定工人6000多人，6月后，除拨出部分工人参加湘江桥、汉水桥、宜宾桥的建设工作外，尚有相当一部分即要窝工。武汉长江大桥的建设，培养和训练了一套工程技术人员，对将来建设南京—浦口段大桥、黄河铁桥、重庆大桥等很有帮助。武汉长江大桥完工后，工程局的一部分职工即应安排出路。工程局方面提出：设计和施工不统一，工程局心中无数，希

◀1月7日，朱德（前排左二）视察建设中的武汉长江大桥。

望今后设计和施工能够统一起来。

1月7日

［纲　文］ **中国人民银行总行发出《关于“国营企业、供销合作社、国家机关、部队、团体间非现金结算暂行办法”的第二次补充规定》。**

［目　文］ 《规定》指出，总行在1956年10月16日曾以（56）银计丁字第197号指示对现行结算办法作了部分修改和补充，现再作修改和补充，主要内容为：一、同城结算办法交由各省、自治区、直辖市分行根据下述精神处理：（一）同城结算需要哪些结算办法，各分行可根据当地具体情况在现行同城五种结算办法内自行取舍。（二）各单位在办理同城结算时，使用哪种结算办法，应由收付双方在各分行已确定之办法中自行协商选择，银行不得强制推行。（三）同城结算金额起点仍以30元为最低限额，各地可视当地实际情况适当提高，但最高不得超过100元。二、现行异地结算办法中的若干规定，再次修改如下：（一）托收单位或中转单位、代付款单位垫付之运杂费用，一次发货分期收回货款的各期货款和按暂估价格委托收回的货款，均可使用托收承付结算办法办理结算。对于拒付的货款，在购货方同意付款后，销货单位也可按照托收承付结算办法重新办理托收。（二）购销双方根据双方协议文件，购货单位的要货函件，要货电报，以及其他足以证明购货单位同意使用托收承付结算办法的各种证件等都可视同合同；销货单位在发生交易后，可用托收承付结算办法办理托收。（三）销货单位对同一购货单位在一天内向银行办理托收的次数，不再加以限制。（四）托收单位向银行办理托收时，其代付款单位垫付运杂费用之单据，也可交由银行随同托收凭证寄送付款单位。（五）关于托收款项的划付与征收延付滞纳金办法，改为购货单位对销货单位承付的款项在承付期满次日的银行营业时间内，随时由银行从购货单位账户主动划付给销货单位。（六）取消办法第25条“购货单位对未经承付的商品不得动用”的规定。（七）购货单位对托收的货款提出拒付时，应在拒付理由书上引证合同有关条款。如购货单位以没有合同为理由而提出拒付时，购货单位应在拒付理由书上写明“如查明所提出拒付理由与事实不符，愿负担延付的滞纳金”，银行也可同意拒付。（八）购货单位在承付货款前商品已经运达，购货单位如发现商品与发货清单不符时，由购货单位经理或厂长出具证明即可提出拒付；如所提拒付理由与事实不符，购货单位应负完全责任。（九）全部拒付的托收凭证及所附单证应随同拒付理由书一并寄销货单位开户银行转退销货单位。取消银行保留被拒付托收凭证的规定。（十）购货单位对承付货款如因价格、数量等原因需要多承付款项时，应在承付期内向银行提出，银行可将其多承付的款项随当次托收的货款划给销货单位，划款时要注明多付的原因。（十一）同一县内的银行间在划回承付款项或汇兑款项时，可按电汇手续使用电话通知，电话费由企业单位负担。（十二）采购单位汇往采购地的采购款，可以在采购地银行开立临时结算户；凡要求采购地开立临时户者，应在汇款委托书上注明，并由采购员凭采购单位介绍信或其他证明文件到采购地银行办理开户手续，发给支票或存折。销户后应通知采购单位开户行向采购单位追回未用完的支票簿等。（十三）自行负担电报费的企业单位的电汇起点，可不受500元的限制。

三、以上异地结算办法的修改与补充，自1957年3月1日起实行。

1月7—14日

［纲　文］　**国务院五办召开全国农村自由市场会议。**

［目　文］　会议讨论了国家领导下自由市场的作用、将农副产品划分为三类管理、农民贸易界限、市场管理等问题。14日，陈云出席会议并讲话，指出：市场物资供应紧张的问题，不能单从物资供应本身来看，还要从其他方面，如建设规模和国力的关系是否合适、经济中的比例关系是否合理等方面来看。对已经暴露出来的矛盾要加以研究并找出办法。任何事物都有好的一面和坏的一面，研究坏的一面有利于吸取经验教训。

1月7—27日

［纲　文］　**中央军委召开会议。**

［目　文］　会议讨论了加强国民经济建设同加强国防建设的关系问题，讨论并决定了全军编制的调整问题，通过了《关于裁减军队数量加强质量的决定》。《决定》指出，党的第八次全国代表大会根据对于国际国内形势的正确分析，指出全党和全国人民当前的主要任务，就是要动员一切积极因素，尽快地把我国从落后的农业国变为先进的社会主义工业国。为了实现这个伟大的历史任务，我们必须集中更多的资金投入经济建设事业。因此，提出把军政费用在国家财政开支中的比重，从第一个五年期间占32%，降低到第二个五年期间占20%左右。根据上述指标，在第二个五年期间，预计国防费用将降低到占国家财政开支的15%左右。军委决定：在裁减军队数量加强质量的原则下，把我军现有的员额裁减1/3。裁减的重点应当是：陆军部队（包括公安部队）；技术兵种中尚未装备起来或者使用陈旧装备的部队；各种平时没有迫切需要的勤务部队；军队可以不办和举办过多的学校；工作任务重叠或者不必单独设立的机关部门，以及全军中的其他非必需的单位和人员。全国战斗部队必须由战时编制转为平时编制。缩减具体人员的原则：士兵多减、干部少减，没有技术的多减、有技术的少减，没有战斗经验的多减，有战斗经验的少减。裁减的步骤，必须采取逐步实现的办法。

在裁减军队数量之后，根据现代战争的需要，我们必须加强技术兵种的建设，特别是空中力量和防空力量的建设。必须在全军范围内加强军事技术和军事学术的研究工作，适当地加强军事技术、学术的专门研究机构和设备，提倡全军官兵在实践中的研究和创造精神。必须努力提高指挥员的质量，加强技术干部的培养，加强全军的训练工作。加强预备役的组织和训练。

1月8日

［纲　文］　**国务院发布《关于提高桐油、茶油、木油、柏油收购价格的指示》。**

［目　文］　《指示》说，为使油品收购价与粮食的比价合理，全国收购价在1955年的基础上，桐油平均提高31.14%，茶油平均提高24.83%，木油平均提高24.74%，柏油平均提高23.78%。提价规定一律于1957年2月1日开始执行。

1月8日

［纲　文］　**中共内务部党组讨论中国聋哑人福利会代表团与南斯拉夫聋哑人协会代表团会谈公报。**

［目　文］　1956年8月16日至9月14日，中国聋哑人福利会代表团访问南斯拉夫期间，与南斯拉夫聋哑人协会代表团举行正式会谈。内务部党组同意暂成立中国聋哑人体协筹委，积极准备参加国际聋哑人运动会。

1月9日

［纲　文］　**中共中央批复河北省委《关于厂矿企业下放分级管理问题的请示》。**

［目　文］　中央在批复中说：同意河北省工业厅系统所属企业大部分下放，由市、县直接管理，省工业厅可以直接管理小部分规模较大，技术较高，较复杂，产品行销范围超过省、市或为国家所特别需要的厂矿。有以下几点意见请予注意：一、厂矿下放之前，必须做好准备工作，诸如县的工业管理机构的建立（不能新增加人员，由原机构中抽调下去），对下放厂矿干部和职工群众的思想教育，具体规定市县工业管理机构及厂矿的权限，以及培养教育市县工业管理干部等。二、下放的步骤要稳妥慎重，可以先在一个专署一个县试行，摸些经验，然后再逐批地有准备地下放。三、县工业管理机构的建立，必须结合省市专署现有工业管理机构的精简工作，不能新增加管理人员，不能新增加全省工业系统行政管理人员的比重。四、企业下放以后，1957年市县营企业暂不实行市县企业利润收入分成留用的办法。

1956年12月7日，河北省委就改变地方国营工业管理办法一事请示中央。在《关于改变地方国营工业管理办法的请示》中说：我省工业厅系统现有大小厂矿企业475个（包括公私合营），职工102129人。这些厂矿过去都由省统一管理，基本上没有市、县营企业。这种管理方法不仅限制了地方工业进一步贯彻为农业生产服务并与农村经济密切结合的方针，而且对满足当地人民群众在生产、生活上的多种需要也是不利的。根据党的第八次全国代表大会对于调整行政管理职权的精神，对这些厂矿企业，拟采取分级管理的办法。经省委第二次全会讨论，初步确定，除37个主要厂矿38573名职工由省直接经营管理外，其余438个厂矿计63516名职工划归县、市管理，企业的财务统一集中到省的办法也必须做相应的改变。我们意见可按国务院（54）财预金字第470号指示所附发的财政部关于编造1955年省、市地方预算草案若干具体问题的规定，把下放到县、市的企业利润的50%留交县、市作为投资，其余50%上缴列入国家预算，但这样将影响中央一部分财政收入。按照工业厅系统各厂矿企业的收入，每年大体在5000万元左右计算，每年将影响省预算收入700万元左右。可是，因采取这种办法也相应地弥补了过去国家对这些企业不能投资或投资不足的缺陷。

1月10日

［纲　文］　**中共中央政治局决定成立中央经济工作五人小组。**

［目　文］　小组在中央政治局之下，统一领导国家的经济工作，由陈云、李富春[①]、薄一波、李先念[②]、黄克诚[③]等五人组成，陈云为组长。

1月10日

［纲　文］　**薄一波给毛泽东报送题为《正确处理建设和生活的关系》的文章。**

［目　文］　文章提出，要把我国由落后的农业国变为先进的工业国，就要有计划地进行社会主义建设。既要努力发展重工业，又要积极发展农业和轻工业，并且要相应地发展交通运输业、商业和文教事业等。进行社会主义建设需要大量的资金。资金只能从人民群众的劳动创造来逐步积累。如果不把自己劳动所创造的财富的一部分，用来进行以军工业为骨干的基本建设，社会主义的生产就不能扩大，人民生活的进一步改善就没有稳固的物质基础。因此，正确处理建设和生活的关系，是社会主义建设时期的一个根本问题。

文章认为，建设的速度和人民生活的改善程度是由我国生产发展水平所决定的。要解决这个问题，就要努力发展生产建设，合理地解决建设与生活需要之间的矛盾，使国民收入中积累和消费的比例关系得到正确的处理。在扩大再生产过程中，生产资料的生产要比消费资料的生产优先增长，这是经济发展的客观规律。过去，在经济工作和计划工作中发生的某些急躁冒进或者右倾保守的偏向，就是由于对于这种经济发展的客观比例缺乏缜密研究的结果。文章指出，我国建设的速度和人民生活改善的程度，都是有一定的限制的。过去几年我国工农业的总产值的年增长率大约在8%—10%之间；在工业生产中，生产资料的年增长率在20%上下；国家财政收入的年增长率大约在10%—12%之间，基本建设投资的年增长率在15%左右，基本建设支出在国家财政支出中所占的比重大约在37%—40%之间。经验证明，这样的基本建设规模和速度，从整个国家的物力和财力来看，是可能的，对于人民生活的逐步改善有促进的作用。根据我国消费资料（主要是农业和轻工业的产品）的生产发展水平，从1952年到1956年5年中，消费资料生产部门为人民所提供的消费品数量来看，每年可以增长7%左右，除去由于人口增长而扩大的消费部分之外，能够用来改善全体人民物质生活的部分，是4%左右。

根据上述的社会生产发展速度，我国的国民收入每年可以增长10%左右。根据上述的基本建设规模和速度以及人民生活改善的程度，国民收入中用作积累基金（主要是用来进行基本建设）的部分大约占20%，用作消费基金（主要是用来改善人民生活）的部分大约占80%。积累基金每年增长的速度是12%左右，消费基金每年增长的速度是7%左右。

1月10日

［纲　文］　**财政部税务总局发出《〈关于农村工商税收的暂行规定〉的宣传要点》。**

---

① 李富春（1900—1975），湖南长沙人，时任中共中央政治局委员、国务院副总理。

② 李先念（1909—1992），湖北红安人，时任中共中央政治局委员、国务院副总理兼财政部部长。

③ 黄克诚（1902—1986），湖南永兴人，时任中共中央书记处书记、中共中央军委委员兼秘书长、国防部副部长。

［目　文］《宣传要点》指出：《关于农村工商税收的暂行规定》已由财政部公布，即将在全国各地执行[①]。为了保证这一规定顺利推行，提出几个宣传要点：一、关于《暂行规定》的政策精神。（一）农村工商税收必须既能鼓励农业和农副业生产的发展，同时也要保护专业手工业的生产和经营。（二）必须既照顾农民增加收入，同时也还要适当保证国家的收入。（三）简化征收：《暂行规定》对现行工商税收的课征制度和交纳手续均作了必要的简化（各地应举具体事例说明）。二、对农业社生产的农、林、渔、牧产品的征免界限和纳税手续。（一）从宽的精神。（二）农业社出卖应该征收商、货税的农、林、渔、牧产品，总的来看负担减轻了。（三）设店销售自产品必须纳税的，也体现了从宽从简的精神。（四）纳税和外销手续。三、对农业社副业单位的纳税规定。（一）各地应该结合当地具体事例切实讲明副业不挤专业的道理。（二）由于农村副业单位在发展初期，在税收上给予了必要的照顾。如不论赚钱多少，一律免征所得税，农业社及附设单位所书立的各种凭证、账册、合同等均免纳印花税，营业税不分行业，不分收入额、收益额，一律按3%的税率交纳，已纳货物税的产品，一律不再交纳营业税等。（三）免征麦粉商品流通税的意义。麦粉是农民的重要粮食，给予免税的优待是正确的，各地应切实地说明。（四）纳税方法。四、对农业社经营商业的纳税规定。（一）农民经商不应鼓励，但也要照顾到某些地方农民利用农闲时间作一些短途贩卖，要用劝导的方式来防止，不宜采取过严的限制办法，并按规定纳税。（二）纳税方法。五、农业社外销产品必须办理外销手续。（一）外销证明。（二）外销证明的内容、格式，由各省、区、市税务机关自定，但必须具备发证机构、货物运销人、货物品名、数量、运销地点、发证日期等内容。（三）农业社社员和个体农民销售非自产品，要在销地交纳临时商业税，不能发给任何证明，此点必须向乡人民委员会或农业社发证机构切实说明。六、农村工商税收是国家同广大农民在经济上的一种联系，总的原则应该由中央统一，使全国农民负担大体一致。但我国各个地区间的经济发展不平衡，各地纳税办法也不尽相同。《暂行规定》在统一的原则下规定了由各省、自治区、直辖市根据情况机动处理的权限，并要求各地税务机关在广泛宣传《暂行规定》时，结合当地的具体执行办法一并宣传。

同月，《人民税务》为此发表题为《“关于农村工商税收的暂行规定”的政策精神》的社论，1月20日，新华社、《大公报》分别发表评论和社论，对《暂行规定》制定的原则、实施细则，以及制定这一规定的重要意义做了详细的阐述。

同年，税务总局税政二处发出《〈关于农村工商税收的暂行规定〉中有关商、货两税问题的说明》，指导这一规定的实施。

1月10日

［纲　文］**国家经委财政金融计划局提出《天津市公私合营工业财务情况调查报告》。**

［目　文］《报告》对1956年天津市私营工业流动资金、利润和成本管理、财务管

① 该规定于1956年12月15日经国务院批准，12月17日由财政部发布。

理制度方面的情况进行了调查和分析，指出，天津市私营工业1956年1月份全行业合营，共6466户，其中1955年以前合营的（以下简称老合营户）2280户，1956年合营的（以下简称新合营户）638户，经过调整和改组合并为2621户（其中老合营为195户，新合营为2426户）。现有资本总额为1.60亿元，其中老合营为1.23亿元，平均每户63万元，新合营为3695万元，平均每户为1.52万元。资本总额中公股35.92%，私股55.19%，代管股3.01%，合营企业股5.61%，其他股0.27%。全市共分五个工业局34个专业公司领导，具体情况如下：一、流动资金情况。合营后核定的定额资金为7431万元，其中老合营为4995万元，平均每户25.6万元，新合营为2436万元，平均每户1万元。1956年1—6月实有自有流动资金为2971万元（其中老合营为2514万元、新合营为457万元），第四季度交通银行增拨资金3038万元，预计到年末自有流动资金可达到6000余万元，与定额资金比较不足1400余万元，由人民银行贷款解决。二、利润和成本管理情况。1956年合营产值全年预计完成14.26亿元，利润预计完成6890万元（毛利），利润占产值4.83%，其中老合营为5.4%，新合营为4.02%。利润的分配，1955年以前按照四马分肥计算，即所得税占35.41%，企奖占10.4%，公积金占35.35%，股息红利占18.84%；1956年实行定息后所得税为35.55%，股息按年息五厘发放约为7.26%，企奖暂参照地方国营标准约占2.5%—10%。合营企业利润率比地方国营低，合营工业产值较地方国营产值多出1倍以上，而利润仅占地方国营84.38%。利润低的主要原因是合营工业成本一般均较地方国营成本高，一是企业管理费偏大，二是缺乏定额管理制度，造成浪费。另外合营工业设备陈旧，生产忽断忽续，质量低、废品率大也是加大成本的原因之一。三、财务管理制度方面的情况。在财务管理制度方面，存在着账目不清，制度不健全，财务管理混乱现象。如木材公司212个企业中账目比较健全的占7.5%，使用一般旧式账占40.2%，没有账和口袋账占11.8%。在账目记载上合营前后费用划分不清，合营前的开支亦在合营后开支，固定资产与低值易耗品划分不清，库存现金与账面不符等现象较为严重。

1月10日

［纲　文］　**教育部发出《关于中学思想政治教育工作中几个问题的通知》。**

［目　文］　《通知》指出，自1956年秋季开学以来，各地中学在思想政治教育工作中取得了一些积极的效果，但是也出现了一些缺点和偏差。为了加强对思想政治教育工作的领导，克服工作中的缺点和偏向，特提出下列问题，希望各地根据当地的具体情况予以贯彻执行：一、必须使各级教育行政机关的干部、学校领导和教师认识到思想政治教育工作的重要意义。在克服简单粗暴、限制过多、强求一律等缺点的同时，应当纠正和防止放松思想政治教育，极端民主，片面强调个性，忽视集体，忽视纪律等倾向。二、学校的时事政策教育必须加强，必须经常化。应当定期（例如每两周一次）向学生做简短的时事政策报告，以国际主义和爱国主义的精神教育他们，使他们对国际国内的重大问题有正确的认识，并养成经常关心时事的习惯。三、学校的全体干部都应当认真学习中国共产党第八次全国代表大会的文件，根据大会文件对学生进行教育，使学生对大会各项决定的精神和

主要内容有所了解。对初中三年级以上的学生，应根据大会关于政治报告的决议和其他文件的精神，在本学年内做两三次报告。高中三年级的宪法课应贯彻“八大”文件的精神进行讲授。四、劳动教育是共产主义道德教育的一个极为重要的内容，不可忽视。对应届毕业生进行劳动教育更应抓紧进行。五、结合进行思想政治教育，应当进一步关心学生的生活、健康等问题。各地较为突出的问题有：学生吃不饱饭，伙食管理不好，饭菜不干净不卫生；早晚上自习时间灯光太暗，学生视力减退，近视眼增多；有些家庭生活真正困难的学生申请不到人民助学金；住校学生的住宿条件太差等。要主动及时地加以解决，凡是应当解决而受条件限制还不能解决的问题，应当向学生讲清道理，说明情况，使学生不再提出过高要求，以稳定学习情绪。

1 月 10 日

［纲　文］　**高教部、教育部、财政部、全国总工会发出《关于职工业余教育经费规定比例修改的通知》**。

［目　文］　《通知》指出：1956 年 3 月 5 日高教部、教育部、财政部、全国总工会关于职工业余教育经费问题的联合通知中，曾确定把留在基层工会（按工会法规定拨交工会 2% 经费中的 1%）的经费中的 75% 用于业余小学（包括识字教育）、中学方面。现将此项规定作如下更改，即将原定的比例一般改为 50%，如果用不完可以退回工会作为其他文化活动费用；如果不够，可高于 50%，但最多不得超过 75%。不足者仍由企业奖励基金或在企业成本或流转费计划中非生产支出内的干部培训费项下予以补助。有关职工业余教育经费其他方面的问题，仍按照 1956 年 3 月发的联合通知执行。此通知从 1957 年 2 月份起实行。

1 月 11—16 日

［纲　文］　**中国政府代表团访问波兰人民共和国并发表联合声明**。

［目　文］　访问期间，两国政府代表团举行了三次会谈。波兰方面参加会谈的有：统

◀中国政府代表团与波兰政府代表团举行会谈

一工人党第一书记瓦迪斯瓦夫·哥穆尔卡、国务委员会主席亚历山大·萨瓦茨基、部长会议主席约瑟夫·西伦凯维兹等。中国方面参加会谈的有国务院总理周恩来、副总理贺龙等。16日，两国发表联合声明，两国支持1956年11月17日苏联关于裁军的建议。支持以亚诺什·卡达尔为首的匈牙利工农革命政府，坚决反对帝国主义势力干涉匈牙利内政的一切企图，并且愿意进一步帮助匈牙利人民摆脱他们所遭遇到的严重困难。中波之间基于共同的社会主义思想和共同的政治利益的友好关系正在顺利地发展。中国政府认为现存的波兰人民共和国位于奥得—尼斯河的西部疆界是波兰和德国之间的和平的疆界，这个疆界是符合欧洲安全利益的。

▲ 周恩来（左四）由波兰部长会议主席西伦凯维兹（右一）陪同在克拉科夫市诺瓦胡塔列宁冶金联合企业参观

1月11日

［纲　文］　**匈牙利、中国、苏联政党及政府代表在莫斯科发表会谈公报。**

［目　文］　公报指出，匈牙利社会主义工人党和匈牙利工农革命政府、中国共产党和中华人民共和国政府、苏联共产党和苏联政府的代表，于1月10日在莫斯科举行会谈，就扩大和巩固各该国共产党和工人党之间的接触，进一步发展兄弟关系和事务合作的问题，以及国际形势的一些最重要问题交换意见。代表们表示，要扩大政治、经济、文化关系和全面合作，巩固和进一步发展所有社会主义国家之间的兄弟友谊联系，坚决制止削弱社会主义阵营的团结和堡垒作用的一切企图。

1月11日

［纲　文］　**国务院召开常务会议。**

［目　文］　会议由国务院代总理陈云主持，主要议程是：一、讨论通过《国务院关于职工生活方面若干问题的指示》。《指示》就改善职工生活、解决职工住宅、上下班交通、疾病医疗，以及职工生活必需品的供应等问题作出了具体规定。薄一波发言说，

1951—1952 年非生产人员只占 19%—20%，现在则是 35%—40%，甚至 50%—70%，各种奖金和劳保费占工资额的 40%。陈云指出，上年工资增长额突破了指标，是因对增加新工人控制不严，多招了 150 万—160 万人，这点国务院和劳动部都有责任。二、原则通过《国务院关于国家行政机关工作人员的奖惩暂行规定〈草案〉》，决定由监察部根据讨论意见修改，提请国务院全体会议讨论后，发各省、自治区、直辖市征求意见，再提请全国人大常委会审议。三、通过《国务院关于各部负责综合平衡和编制各该管生产、事业、基建和劳动计划的规定》，由代总理陈云核批内部下达试行。《规定》说，各部门、各省市正在编制 1957 年年度计划草案，为了使国民经济计划在各个主要环节上少出或不出漏洞，国务院有关各部门应该负责汇总审查和平衡全国有关的生产、事业、基本建设和劳动计划。在计划体制未确定前，暂定分别由有关部负责综合平衡和编制全国计划、工业生产计划、农林水利和气象计划、交通运输计划、商业计划、基本建设计划、文教卫生事业计划、劳动和干部计划、有关技术协作问题。四、听取地质部副部长刘景范关于地质部正定干部学校 2000 多学生罢课问题的报告。会议决议：（一）坚决动员学生继续学习，不分配工作。（二）立即组织学生讨论他们提的反动口号，分清是非，孤立少数坏人。（三）对坏分子不要开除，以争取用其教育群众。（四）在问题未彻底搞清前，不放寒假，也不发表消息。（五）地质部和学校要检查过去工作中的缺点。

1 月 11 日

［纲　文］　**国务院发出《关于职工生活方面若干问题的指示》。**

［目　文］　《指示》的主要内容有：一、关于职工住宅问题。中央各部门和各省、自治区、直辖市人民委员会在根据国家核定的基本建设计划分配基本建设投资的时候，应该适当地注意建筑住宅的投资，逐年为缺房职工增建一部分住宅。企业中历年积存下来的奖励基金和以后每年提取的奖励基金，都可以拨出一部分用来建筑职工住宅。对于现有的职工住宅，应该注意充分地和合理地加以使用。新建和扩建企业，必须根据国家计划和批准的初步设计，修建新增加职工所必需的住宅。二、关于职工上下班交通问题。在工业人口比较集中的城市，市人民委员会应该通盘安排各机关、企业的上下班时间，同时调整电、汽车的班次和出车、收车时间。电车、公共汽车、轮渡必须积极改善经营管理，力求降低成本和规定适当的收费标准。在没有实行职工优待月票的地方，应该实行。三、关于职工的疾病医疗问题。卫生部门和企业、事业、机关都应该注意改进对于职工疾病的防治工作，改进医疗卫生设施，提高防治效率。某些药品价格和治疗收费标准不适当的，应由卫生部会同有关部门研究改进。没有降价的暂时不要降价，已经降价的必须研究降得是否适当。医院对于职工住院预收若干费用的办法，除膳食费外，其余都应废除。少数职工及直接供养的亲属在 1956 年年底以前欠医院的医疗费，可以分别不同情况给予适当补助（1956 年下半年已经得到过此项补助的职工，不再补助）。四、关于职工生活必需品的供应问题。商业部门必须积极改进职工生活必需品的供应工作。在新工业区、矿区和盐区，由商业部门负责建立和健全商业网，改进商品的调拨和经营工作。在铁路和公路的新线施工区、地质勘探区以及林区，由各主管

部门自设生活必需品供应机构，商业部门应该保证货源供应。工矿地区的人民委员会，必须有计划地组织农民种植蔬菜、养猪养鸡，以改进职工副食品的供应。在条件适当的地方，发动职工家属和职工食堂种植蔬菜，饲养家畜家禽。五、关于职工困难补助问题。对于遇到特殊事故而生活上发生困难的职工，应该给以适当的补助。

《指示》最后指出，国家在经济上还很落后，人民生活的改善不可能太多和太快，职工的生活水平也不应该和广大农民的生活水平距离太远。1956 年下半年以来有些地区、部门新实行的一些措施，有开支公费过松过多的情况，应该注意适当地收缩。

1 月 11 日

［纲 文］ **财政部发出《关于继续免征农村信用合作社1957年工商业税的通知》**。

［目 文］ 《通知》指出，关于农村信用合作社交纳工商业税问题，我部于 1956 年 2 月 17 日以（56）财税吴字第 8 号通知规定 1956 年度暂免征工商业税，自 1957 年起征收。从 1956 年农村信用合作社的经营情况看，该社基础尚欠巩固，交纳工商业税还有一定的困难。为了鼓励农村信用合作社的巩固与发展，以适应农业合作化运动发展的需要，特再规定 1957 年继续免征该税，自 1958 年起纳税。同时建议中国农业银行对于用人过多开支过大的问题，加以研究改进，改变亏损情况，减少国家在财政上的补贴。

1 月 11—19 日

［纲 文］ **国家体委和教育部联合召开全国体育工作会议**。

［目 文］ 各省、市、自治区体育运动委员会的负责人，各教育厅、局负责体育工作的干部，各体育协会的代表和其他有关部门的人员参加了会议。会议总结了 1956 年在推行“劳卫制”[①]、开展学校体育活动、建立体育协会等方面的情况：到 1956 年，全国建立了产业系统和其他系统的全国性体育协会 21 个，基层体育协会 3. 6 万多个，会员 430 多万人。在体育协会的组织下，1956 年有 300 多万人经常参加“劳卫制”锻炼，有 70 多万人达到“劳卫制”各级标准（不包括部队系统），为 1955 年的 9 倍。但是，各基层体育协会工作的质量差别还很大。在高等学校，1956 年下半年参加锻炼的人数骤然下降。会议提出：1957 年学校中的体育课应当和课外体育活动很好地结合，统一由学校领导。课外体育活动时间，原则上规定每周两次，每次 45 分钟到 90 分钟。凡是能够按照体育教学大纲中主要教材进行教学的学校，都应该推行“劳卫制”。

会议要求各地在 1957 年内，对体育协会加强领导。没建立体育协会的学校，应当根据具体情况确定建立或不建立。在厂、矿、企业、机关中，应以开展广播体操和多种多样体育活动为主，根据条件逐步开展“劳卫制”锻炼；在农村中，根据具体条件开展简单易行又为农民所喜爱的体育活动。各省、市、自治区体育运动委员会要继续发动广大群众进

---

① 劳卫制，全称为“准备劳动与卫国体育制度”，包括《“准备劳动与卫国”制度暂行条例》、《“准备劳动与卫国”制度暂行项目标准》、《“准备劳动与卫国”制度预备级暂行条例》等，规定了全国统一的体育锻炼项目和考核标准，1954 年 5 月 4 日由国家体委颁布实施。1958 年 10 月 25 日又公布《劳动卫国体育制度条例》，取代了原《“准备劳动与卫国体育制度”暂行条例》。

行有组织的经常的体育锻炼，通过竞赛制度、运动员等级制度、裁判员等级制度的具体实施和各项运动协会的逐步建立，更好地推动群众性体育运动的开展和提高运动技术水平；加强培养干部的工作，办好现有的体育学院、体育学校和短期训练班，大批地培养体育积极分子。会议还要求各级体育运动委员会在运动员中加强政治思想教育工作，提倡集体主义、爱国主义思想，克服个人主义、锦标主义和不良的体育道德作风；厉行节约，充分发挥现有场地的使用率，根据实际情况适当地减少参加运动会的运动员和工作人员的人数，缩短运动会的时间；在开展体育活动中提倡节约和朴素的精神，反对铺张浪费。

1月11日

［纲　文］　**在印度德里召开的第14届国际防痨会议批准中国（及日本）防痨协会为会员**。

1月12日

［纲　文］　**《人民日报》刊登毛泽东为刘胡兰**[①]**烈士陵园重写的“生的伟大，死的光荣”题词**[②]。

1月12日

［纲　文］　**国务院发出《关于有效地控制企业、事业单位人员增加，制止盲目招收工人和职员的现象的通知》**。

［目　文］　《通知》说，1956年国营企业、事业单位过多招收了工人和职员，大大突破了1956年国民经济计划规定的劳动力发展计划。根据1956年第三季度末的统计，全部职工人数比1955年底增加了224万人（还没有把中等专业学校、技工学校、技工训练班从社会上招收的68万人计算在内），不仅大大超过了原来规定的1956年劳动力发展计划（原计划为全年平均增加84万人），也超过了1957年国民经济计划劳动力的需要量。1956年第四季度，许多单位还在继续向社会上招收职工。为了有效地控制企业、事业单位人员的增加，特作如下通知：一、所有国营企业、合作社营企业、公私合营企业和所有事业单位，自1957年1月起，一律停止自行从社会上招收工作人员。确实需要增加工作人员的新建企业和其他个别企业、事业单位，所需人员应当从现有的企业、事业单位和国家机关工作人员、高等学校、中等专业学校、技工学校毕业生和部队转业干部中调配解决。二、所有中等专业学校（中等师范学校除外）、技工学校、技工训练班，1957年一律不得向外招收新生。如果确有继续招生的必要，只许从现有的企业、事业单位和国家机关工作人员中招收。三、所有企业、事业单位和国家机关，应该根据确实需要和尽量精简的原则，考虑人员编制；管理人员应当尽量减少，充实基层生产营业人员；新建企业在初步设计未经批准前，不准设立筹建机构，

---

① 刘胡兰（1932—1947），山西文水人。1946年加入中国共产党，1947年1月12日被捕，英勇就义。生前曾任山西省文水县云周西村妇救会秘书、区妇救会干事。

② 1947年3月，毛泽东得知刘胡兰的事迹后，曾题写这8个字，后来在战争中丢失。1957年为纪念刘胡兰牺牲10周年，修建刘胡兰烈士陵园，毛泽东为陵园重写了这一题词。

不准过早地调配和集中生产准备人员。四、企业和基建单位需要临时工人，应当从现有的企业、事业单位和国家机关工作人员中进行调剂；现有人员中无法调剂的，可以报经中央主管部或者省、自治区、直辖市人民委员会批准，在严格控制的原则下，就地吸收。但对临时工的雇用期限，不得超过一个月。招收临时工必须签订劳动合同，不能转为正式工人。五、责成劳动部门、国家监察部门加强监督检查。各省、自治区、直辖市人民委员会，应当继续加强城市人口的管理，劝导盲目流入城市的农民回乡生产，劝导那些已往没有工作的临时工、季节性工人和可以转入农业生产的城市人民到农村去生产。

1月12日

［纲　文］　**达赖喇嘛代表中国政府把玄奘的一份顶骨赠送给印度政府**。

［目　文］　赠送仪式在印度那烂陀举行，印度总理尼赫鲁代表印度政府接受顶骨。

1月12日

［纲　文］　**卫生部、农业部发出《关于防治大骨节病的指示》**。

［目　文］　《指示》指出，大骨节病主要分布于吉林、黑龙江、陕西、山西、甘肃、河南、辽宁、内蒙古等省（自治区）的100多个县。根据各地重点调查，患病率一般占发病地区总人口的30%左右，东北三省的患病人数约有150万人。几年来，吉林、黑龙江、陕西等省均设立了专业防治机构，进行重点调查和防治效果的观察。卫生部先后组织沈阳医学院、中国医学科学院进行研究。1953年以来，各研究防治单位根据苏联学者提出的食物性真菌中毒学说，进行了重点调查和实验性研究工作。但仍未弄清病区范围和病人数字，未能积极组织力量开展广泛性的防治工作。大骨节病因主要有三种说法：食物性真菌中毒说、水质不良说、营养缺乏说。为了明确对于大骨节病防治工作的要求和必须采取的措施，特作以下联合指示：一、根据中共中央《关于1956—1967年全国农业发展纲要（草案）》的要求，对大骨节病必须进行积极防治。应从食物性真菌中毒说出发，先在发病地区内选择三个发病严重的重点县，全面地推行综合防治措施，及时总结和推广经验。二、初步确定以吉林省抚松、黑龙江省北安、陕西省由该省选定一县作为防治大骨节病的重点县，在1957年上半年内把病区的范围和发病数字摸清，在一二年内做好以下各项工作：（一）改进农业技术和耕作方法，防止毒性镰刀菌污染谷物。（二）改善粮食贮存方法，防止毒性镰刀菌在粮食上繁殖。做好对居民贮存自留口粮的技术指导工作。（三）注意改良土壤和适当改种技术作物。（四）选择重点乡，进行换粮实验。（五）应当注意改善病区卫生状况，发动群众开展卫生运动，搞好环境卫生和个人卫生。注意对水源的保护，采取措施改善饮水质量，逐步使饮水合乎卫生要求。要大力宣传改善营养，提倡吃混合食。（六）使用中西医各种方法，积极治疗病人。采用水疗、蜡疗、电疗等物理疗法，以及营养疗法，注意研究和发现新的防治方法。三、三个重点县应做好以下几项工作：（一）吉林、黑龙江、陕西省卫生厅在当地党政统一领导下迅速制订防治规划，明确各有关部门的分工和协作。（二）健全重点病区专业防治机构。（三）训练防治干部，组织防治队伍。四、一般病区应当根据当地具体条件组织进行以下几项工作：（一）组织力量调

查病情，摸清发病情况。要求在一二年内彻底摸清病区范围，初步掌握发病人数，为制订防治大骨节病全面规划提供资料。（二）结合农业增产运动，大力推行防止镰刀菌污染谷物和镰刀菌在谷物上繁殖这一主要的预防措施。提倡改种技术作物以代替粮食生产。（三）宣传预防大骨节病的知识，宣传改善居民一般卫生状况对于防病的重要意义。五、加强科学研究工作的领导。关于研究任务的具体分担，除按科学研究规划执行外，有关农学问题，病区的高等农业院校及其他有关农业科学研究部门也应列入研究计划。

1 月 12 日

［纲　文］　**天津市人民委员会第一次全体会议（扩大）通过《关于市级机关克服官僚主义和厉行节约的初步规定》。**

［目　文］　《规定》的主要内容有：一、精简机构和编制。（一）机构、编制按系统冻结，一律不准增设；如有特殊需要，须经市人民委员会批准。（二）减少机构层次，市级各委、局、处均实行两级制。现有的三级制或实际上是三级制的，均应立即取消。（三）精简编制从市人民委员会开始，先精简三分之一。二、精简会议。（一）市长、副市长联合办公会议，每两周举行一次，由各副市长同时分别召开与主持会议，时间定为星期二。行政会议每两周举行一次，时间定为星期六。（二）市级各委、局、处之各科，不得召开区科长会议。（三）每周星期四定为全市市级机关无会议日，各单位负责同志应尽量使用这一天到基层去。三、精简公文。（一）指示、请示文件，不得超过1500字，特别需要的材料，可作为附件附在后面。工作报告一般不超过3000字。（二）凡发出之公文，应由负责同志亲自批发，并且在公文上注明是谁批发的。（三）上级对下级的请示事项，应在7日内答复。（四）向外机关、外系统或居民群众颁发统计报表，必须经统计局批准，并须注明业经批准字样，否则，填报单位可以拒绝填报。（五）除“市政周报”外，市级各委、局、处非经市人民委员会批准，一律不得出版铅印刊物。（六）收文机关如果认为某件公文没有必要送来，有权原件退回。（七）1957年度行政经费中的纸张费的开支，减少1/3至1/2。四、节约办公用房。（一）各机关办公用房标准规定为每个干部平均用房4—7平方米。（二）所占房屋超过上述标准面积者，有条件的应给其他机关使用，或作为本机关的单人宿舍。五、节约办公用具。（一）1957年各机关一律不增置家具及自行车等用具。（二）1957年一律不再增购宿舍家具。六、深入基层。市级各委主任（副）、各局长（副）每月要有4—7天的时间，离开办公室，深入到基层去。七、加强相互之间的协作关系。各单位之间的工作关系问题，应由负责同志亲自联系、解决，未经负责同志亲自联系、解决的问题，不得上报请求解决，否则，上一级组织得不受理。八、机关民主生活。各市级机关每半年应召开一次本机关的全体干部会议，检查本机关的工作。

1 月 14 日

［纲　文］　**国务院发出《关于工商之间的业务关系仍按现行办法执行的补充通知》。**

［目　文］　《通知》指出，国务院1月6日《关于工商之间的业务关系仍按现行办

法执行的通知》下达以后，有的地方提出了一些问题，现将这些问题补充说明如下：一、由于1957年内商业部门同公私合营工业、某些国营工业和合作社营工业之间原有的加工订货、统购包销的关系暂不变更，因此，在1957年内一律不再扩大现有的工业部门、手工业部门自销的范围。二、从上年秋天起，有些地方对某些工业品、手工业品已经试行了选购自销。对于这些产品是继续实行选购自销，还是把它重新恢复为原来的加工订货、统购包销，请各地人民委员会审查决定。处理原则是：凡是对国计民生影响较为重大的供不应求的商品，应当恢复加工订货、统购包销关系；凡是对国计民生影响小、供求大体适应的商品，可以保持选购自销关系。

1月15日

［纲　文］　**国务院发出《关于各部负责综合平衡和编制各该管生产、事业、基建和劳动计划的规定》**。

［目　文］　《规定》要求：一、工业生产计划。各部负责编制本部直属企业的工业生产计划，还应综合平衡和编制地方工业及其他部应归本部平衡的产品（包括国务院管理的和部管理的产品）产量、新种类产品的试制和生产、技术经济指标及生产能力利用计划（例如一机部应该负责对铁道、交通等部的机械产品和地方机械产品进行汇总平衡，并且综合编制上列各项计划）；在综合编制的全国总数中，须列明本部直属、各省市所属及其他部所属的数字。二、农林水利和气象计划。农垦部负责编制全国的机械化农场计划，报送国家经委并抄送农业部。公安部负责编制全国的劳改农场计划，报送国家经委并抄送农垦部、农业部。农业部应负责综合平衡和编制全国的农业计划（包括生产和事业计划），林业部负责综合平衡和编制全国的林业计划，水利部负责综合平衡和编制全国的农田水利计划，气象局负责综合平衡和编制全国的气象计划。三、交通运输计划。交通部负责编制本部直属企业的运输计划，还应负责综合平衡和编制地方的水路和公路运输计划（只综合货运和客运计划，不综合技术经济指标等计划）。邮电部负责编制本部直属的邮电计划，还应负责综合平衡和编制地方的县内电话计划。四、商业计划。由商业各部、各省市分别负责编制。各省市负责编制本地区各部门的商业计划，商业各部负责编制本系统的商业计划。五、基本建设计划。除商业、粮食、城市服务、外贸各部、国家物资储备局和中国人民银行的基建计划由各该部门直接负责编制，其他各工业、农林水利、气象、水产、交通、邮电、文教卫生、城市建设和公安等部门，除负责编制本部门直属企业、事业的基本建设计划外，还应该负责综合平衡和编制地方的有关基建计划（只综合投资额、由投资而动用的生产能力、限额以上建设单位等三个表）。国家建委负责综合平衡和编制全国的建筑安装和勘察设计计划。六、文教卫生事业计划。文教卫生各部负责编制本部直属的事业计划，还应综合平衡和编制全国的有关事业计划。高教部负责综合平衡和编制全国的高等教育事业计划、高等业余教育事业计划和中等专业教育事业计划。教育部负责综合平衡和编制全国的中小学、幼儿园及业余教育事业计划。文化部、卫生部、体育运动委员会、广播事业局分别负责综合平衡和编制全国的文化、卫

生、体育、广播事业计划。七、劳动和干部计划。除地方的工业劳动计划由于不便于按各工业部主管的范围划分，故暂不由各工业部负责综合，而由国家经委统一综合平衡外，地方的农、林、水利、气象、水产、建筑、设计、商业、粮食、城市服务、供销合作、交通、邮电、文教卫生和城市公用事业等各部门的劳动计划，应该分别由国务院各有关的主管部负责综合平衡。劳动部负责综合平衡和编制全国的劳动工资计划和工人培养计划。八、有关技术协作的问题，由国家技术委员会负责组织安排。

1月15日

［纲　文］　**国务院原则同意邮电部《关于扩大我国与各人民民主国家通话范围的意见》**。

［目　文］　国务院指示，在执行中应掌握确有业务需要，并保证通话质量良好的原则。即使经常接待外宾和有外国专家在当地工作的城市，也只应有重点地开放，不宜普遍扩大。并同意开放中国与朝鲜、蒙古、越南及德国之间的一般用户私务电话业务。

1月15日

［纲　文］　**监察部发出《关于1957年商业监察工作的指示》**。

［目　文］　《指示》指出，1957年商业监察工作主要是监督商业部门（包括供销合作社）贯彻增产节约，纠正脱离群众的倾向。着重检查商业系统机构重叠、环节过多以及在商品保管、加工环节中管理不善，损失浪费和流转费用过高的问题。要选择保管物资较多和加工能量较大及损失浪费严重突出的单位，着重从管理方面追查造成商品霉烂、变质、损坏、丢弃等损失浪费的基本原因，以达到改善管理、改进工作，从根本上克服损失浪费、贯彻增产节约的目的。对农牧副产品收购中违反价格政策的检查，主要是揭露和纠正那些压级压价及价格不合理影响农牧业生产、危害农牧民利益的现象。《指示》指出，每次检查只着重一种当地生产较多、影响较大的品种，如西北各省及内蒙古在收购牛羊、皮毛的季节，就组织对牛羊、皮毛收购价格中违反政策的情况进行检查。其他各省大都可检查生猪的收购，及在三、四季度检查棉花收购。有的省可按不同的季节对茶、烟、药材等收购中存在的问题进行检查。对城乡工矿区供应工作中的问题检查，主要是对某些新工矿区供应问题严重的地方进行检查。揭露和纠正那些由于无人负责供应，以致造成影响职工和一般居民生活、影响生产的严重现象，促使有关的领导机关采取根本措施，解决主要生活资料的供应问题。《指示》还要求在进行上述检查中，应注意发现和揭露某些单位和人员弄虚作假、贪污盗窃以及压制民主、打击报复等违法乱纪的行为，并及时对那些比较严重的违法乱纪事件认真地检查处理。

1月15日

［纲　文］　**财政部发布《关于调整屠宰税税率等问题的通知》**。

［目　文］　为了配合国家奖励发展牲畜和提高生猪收购价格的措施，经请示国务院批准，财政部发布本《通知》：一、猪、羊、牛等牲畜的屠宰税税率一律改为8%。对于国营公司、供销合作社、公私合营及私营屠宰业出售已纳屠宰税的牲肉，不分批发或零售，均不再征收营业税和任何附加；对于农民、市民、机关、团体、学校与不经营牲肉的

企业和农业生产合作社等宰杀牲畜，不分自食、分食或者出售，除按8%征收屠宰税外，也不再征收营业税和任何附加。二、屠宰税的计税价格，不论自食、出售、批发、零售、内销、出口、调拨、加工、售价高低和销售对象，一律按照当地国营公司或供销合作的零售牌价计税；无零售牌价的，按当地市场零售价计征。对于伤、病死的牲肉，按实际售价计税，还是按零售牌价适当打折扣计税，或者给予免税照顾，由省、自治区、直辖市税务局根据不同的情况，自行掌握。三、农民自养、自宰、自食的牲畜，除年节时期由省、自治区、直辖市人民委员会掌握予以适当免税照顾外，平时不予免税。个别地区对取消已有的平时免税尚有困难的，经省、自治区、直辖市人民委员会核准，也可以暂不变动，但应当逐步取消这种免税照顾。对于少数民族和部队的免税，仍按原规定执行不变。四、屠宰税依照条例规定，应当在屠宰牲畜时按照牲肉的实际重量计征。实际重量包括牲畜头、蹄、下水的折肉重量。如果在偏僻地区按实际重量计税确有困难时，仍可按照标准重量计征，但订定标准必须力求切合实际，避免偏高偏低。此规定自1957年3月1日起实行。过去规定与本通知有抵触的，一律予以废止。

1月15日

［纲　文］　**朱德致电中共中央和毛泽东，汇报视察广西省情况。**

［目　文］　电文说，广西地处亚热带，物产极为丰富，土特产和经济作物种类繁多，生长容易，有很大的发展前途。根据广西的特点，在建设方针上，除了发展制糖、造纸等工业外，如何大力发展土特产和开采矿产，是一个值得认真注意的问题。这对于改善群众生活和换取外汇都是有重大作用的。在发展土特产中，有几个问题需要解决：首先是在土特产的收购上有许多人为的障碍。其中影响最大的是收购价格低，打击了群众的生产积极性。其次是有些东西统得太死，既得罪了人民，又损害了国家利益。第三是税目繁多，有的极不合理。以上问题，归结起来仍然是体制问题，条条各行其是，块块无权干涉，因此，必须给地方以应有的权力，在税收方面应作适当的减免，使农民有利可图。同时，对收购价格也应根据不同情况，采取有赚有赔，不赚不赔和以赚补赔的扶植方针。

1月16—17日

［纲　文］　**中国政府代表团访问匈牙利并与匈牙利政府一起发表联合声明。**

［目　文］　访问期间，中国政府代表团与匈牙利政府领导人举行会谈。中国参加会谈的有国务院总理兼外交部部长周恩来、副总理贺龙、外交部副部长王稼祥、中国驻匈牙利特命全权大使郝德青。匈牙利参加会谈的有政府总理亚诺什·卡达尔、副总理兼武装部队和公安部部长明尼赫、外交部部长霍瓦特、重工业部部长奥普罗、国务部部长马罗山、贸易部部长罗奈伊。17日，两国签署、发表联合声明指出，两国政府代表团对匈牙利局势取得了完全一致的看法。中国政府代表团充分地支持匈牙利社会主义工人党和工农革命政府为了国内政治和社会秩序、经济生活的恢复正常而作的努力。中国政府代表团充分地了解在匈牙利纠正过去时期的错误，保卫社会主义事业，同反革命力量进行斗争的必要性

1月17日，中国政府代表团和匈牙利政府代表团会谈声明签字仪式在布达佩斯议会大厦举行。图为周恩来（左）和匈牙利总理卡达尔（右）在联合声明上签字。

和艰巨性。双方一致谴责美帝国主义利用联合国企图继续对匈牙利进行干涉的阴谋。

1月16日

［纲　文］　**《人民日报》刊登毛泽东为洞头岛烈士墓纪念碑①题写的“为国牺牲，永垂不朽”题词。**

1月16日—2月12日

［纲　文］　**朱德视察广东。**

［目　文］　1月20日，朱德致电中共中央和毛泽东，汇报视察海南情况：海南岛地上地下资源十分丰富，许多物资都便于出口，应积极组织力量从速进行开发工作。贸易和收购部门对山区土特产的收购价格普遍偏低，并且压级压价，有些可出口的物资还不收。税收也偏重，税目、税率除粮食税外，其余同汉族地区完全一样，未作应有照顾，有时还乱征收。榆林、三亚是良港，国民党军队撤退时毁坏各种海岸炮45门，飞机10多架，汽车数百辆；在八所港有被炸沉的100多条海船，在榆林港也炸沉了几十条；在八所到广坝一路上，小铁轨堆积很多；在榆林港到飞机场的路上，到处都可以看到废钢铁，据说在这一带可以收集上万吨的废钢铁，应即催促有关部门从速收集利用。26日，朱德就海南石碌铁矿开采情况给陈云和李富春写信：该矿原为日本人投资10亿日元建成，设备相当完善，稍加修复即可使用。现在主要问题是关于码头修复的方案。总工程师认为照原样修复有利，花钱不多，可及早投入生产。但是矿方提出了加深、加固的扩建方案。有关主管部门定不下来，一直拖着未着手修复。我认为，以从速恢复生产为有利，先照日本人原样修复，马上动工，争取7月按期完成第一期工程，开始生产。

① 洞头岛烈士墓建于浙江省东南瓯江口外洞头岛北岱山麓，安葬了在1949年8月至1952年1月在多次保卫洞头岛战斗中牺牲的解放军和民兵132人。

▲1月17—27日，朱德在海南岛视察。图为朱德（左五）视察橡胶园。

1月28日，朱德到达湛江。在听取湛江市湖光垦殖场负责人汇报生产情况时说：要根据当地的具体条件发展生产，不要硬搬洋教条。应注意多养猪，国内外都需要猪肉。在听取粤西农垦局负责人汇报时说：办农场不应像办工厂那样，应打破计时工资制，实行计件工资制，承包出去，做得多的，可以给予奖励。办农场发展多种经营非常必要，不能把希望全放在橡胶上。2月1—9日，朱德视察了广州市水泥、造纸、制糖、通用机器、造船、饮料、锌片、橡胶等多家工厂。12日，朱德在中共广东省委第四次扩大会议上讲话指出：广东省是中国南方的一个门户，历史上广州市是一个商业上出口和进口的商场；全国对外贸易，广东是一个很重要的出口基地，对同世界各国通商来说，是个很好的口岸。因此，广东的生产，就我个人的想法，应该从保证出口方面着手。我们是历史唯物主义者，过去历史上是那样，今后建设社会主义，仍然要面向外面，换取外汇，同世界各国进行来往，出口一些农产品和手工业产品，以及一部分工业产品，换回机器和钢材。要把工业、农业、原料、产品、出口、内销等各方面配合好，才算是完全走上了轨道，差一样也不行。资本主义工商业的公私合营，已经基本上完成了，我们还要注意与工商业者很好地合作。现在工商业者已经是公民，过去打土豪打资本家是政治斗争，今天讲生产，就要充分地利用这些人，因为他们做生意比我们有经验，生产也比我们搞得久。现在已经基本上消灭了剥削制度，拿一点定息，其剥削也是有限的。

1月16日

［纲　文］　**国务院发布《关于1957年春节前后开展拥军优属和拥政爱民工作的通**

知》。

［目　文］《通知》指出，近几年以来，由于国内处于和平建设的环境，有些地区对于拥军优属和有些部队对于拥政爱民工作重视不够；在复员建设军人中，还有少数人没有安置，有少数人不安心劳动生产和现在的工作岗位，需要进行教育。全国地方各级人民委员会、广大人民群众和部队，应当在1957年春节前后，普遍开展拥军优属和拥政爱民活动。一、要进行一次深入的拥军优属和拥政爱民的宣传教育。在地方工作人员和广大人民群众中，着重宣传中国人民解放军和烈属、军属、残废军人、复员建设军人在中国革命战争和保卫祖国社会主义建设中的伟大贡献，说明关心和帮助他们解决困难，是各级人民政府、全体工作人员和广大人民群众的光荣责任。在军队中，应当教育全体官兵进一步密切与人民群众的联系，永远保持人民军队艰苦奋斗的优良传统，遵守政府的政策法令，积极支持和参加国家的社会主义建设事业。在边疆和少数民族地区的部队，应当特别注意团结当地民族，尊重他们的风俗习惯。在烈属、军属、残废军人、复员建设军人中，要教育和鼓励他们继续发扬革命的光荣传统，提高社会主义的思想觉悟，积极参加生产和工作。二、对优抚、安置复员建设军人工作和军政关系、军民关系方面，进行一次深入的检查。地方各有关的机关、团体、企业、学校和农村的基层组织、农业生产合作社等，要根据1955年5月《国务院关于安置复员建设军人工作的决议》和国家的优抚政策，着重深入检查优待劳动日和安置复员军人的工作。军队方面，要检查群众纪律、与驻地政府的关系，对于在使用民房、征用土地以及划禁区等方面所存在的问题，应当妥善加以解决。三、各地应当根据具体情况，采取以下几种方式：（一）组织所在地的机关、团体、企业、学校、农业生产合作社等单位的代表，访问医院的伤病员、休养员，和革命残废军人学校、教养院的学员，以及烈属、军属、残废军人、复员建设军人。（二）组织烈属、军属、残废军人、复员建设军人同驻地机关单位举行座谈会或联欢会。（三）各县、市、区、乡和残废军人、复员建设军人较多的机关、团体、企业、学校等单位，应当召开烈属、军属、残废军人、复员建设军人代表大会或座谈会，传达全国烈属、军属、残废军人、复员建设军人社会主义建设积极分子大会的精神，检查优抚和复员安置工作，并对他们进行教育。四、拥军优属和拥政爱民工作，是一项经常性的政治任务。地方各级人民委员会、广大人民群众和部队，应当把拥军优属和拥政爱民工作经常地贯彻下去。

1月16日

［纲　文］**中宣部转发新华社、邮电部《关于执行“中央扩大〈参考消息〉发行范围的通知”的几点补充意见》。**

［目　文］1月10日，新华社、邮电部向中宣部报送《关于执行“中央扩大〈参考消息〉发行范围的通知”的几点补充意见》，本日，中宣部将这一《意见》转发有关部门。《意见》指出，根据中央《关于扩大〈参考消息〉订阅范围的通知》精神，除由我社、部签订发行合同外，关于具体的订阅和投递办法、审批手续，尚需有具体规定。因全国情况不同，不能订出统一具体的办法，因此，请各地党委（省、市委）宣传部门会同当地邮电部门

根据各地情况，拟定简而易行并且可以达到保密要求的办法，由党委通知各单位执行。特提出以下补充意见，并能在1月15日前将该意见通知各地党委：一、当地工商企业、学校等已经设有相当于地委、大城市区委的专业系统党委会的，也可审核本系统订阅者的名单。各审核机关对核准订阅《参考消息》的单位和个人订阅者名单必须发给核准订阅证件。二、邮电部门发行《参考消息》，除下列各点外，按照发行一般报纸的办法办理：（一）收订工作一般只由各县（市）邮电局及大城市区邮电局和指定的支局负责办理。（二）不论是公费或自费订阅，应当至少预订一整季，但以订到当年年底为限。（三）订阅时，必须将核准订阅证件交给收订的邮电局存查。续订时只要订阅份数不增加，原证件继续有效（如证件上注明有效期限的，应照所注期限为准），但对新增的订阅者应另交核准证件。（四）各单位可采取“集订集送”或者“集订分送”的办法，并应指定专人签收。三、《参考消息》不得零售、张贴和在外流传，应由订阅者妥慎保管并由各单位党组织（或机要秘书单位）定期将本单位所有订阅的《参考消息》定期收回销毁。四、为了节约纸张，请各地党委通知各所属负责审核订阅《参考消息》的单位，能够严格根据中央通知中所规定的——即除地委书记、副书记、专员以上（高等学校教授以上）党内外干部以及直接利用《参考消息》进行工作或研究的人员外，一般采用三人以上合订一份的办法，各负责审核订阅《参考消息》的单位，应指定专人切实加以掌握和控制。五、各省（市）委和各地邮局在接到这一补充意见后，请即由省（市）委宣传部门协同当地邮局订出订阅办法，各地邮局应在2月1日起开始接受预订。六、《参考消息》确定自3月1日起，在北京、沈阳、上海、广州、昆明、重庆、汉口、西安、兰州、乌鲁木齐10地印刷发行。

1月17日

［**纲　文**］　**国务院转发国家工商局《〈关于实行商标全面注册的意见〉的通知》。**

［**目　文**］　国家工商局的《意见》指出，1950年政府颁布《商标注册暂行条例》，保护了注册商标的专用权，维护了消费者的利益，取缔了带有封建迷信以及政治上有不良影响的商标图文，肃清了反映在商标上的殖民地思想残余。但当时制定条例的立法精神是注册与否听其自便。1954年国家工商局发布《关于未注册商标管理的指示》，指定重点城市进行登记管理。1955年3月又建议，国营、地方国营、公私合营和省级及较大城市合作社（包括生产合作社）营企业的商标，必须注册；私营企业的商标，不注册的必须向地方工商行政机关进行登记。通过商标注册或登记，选择某些重点行业，试行填报产品质量规格表，并经国务院批转各地和中央有关部门参照执行。但市场上未注册或未登记的商标仍然不少。有些企业经常更换商标来欺骗消费群众。社会主义改造后，企业原来使用的不同商标，有的改换使用商业公司的商标或者用专业公司“监制”、“包销”的字样，助长了企业不去关心积极提高产品质量和商标在市场上的信誉的倾向。

《意见》指出，最近商业部会同国家工商局和外贸部、轻工业部、食品工业部、纺织工业部、化学工业部、中央手工业管理局、全国供销总社等9个部门发出联合通知，主要精神是：停止使用商业公司的商标，改由生产企业自定或者恢复原来的商标；各生产企业的商标必须申请注册；尚未注册的商标限于1957年6月30日前完成申请注册手续。为了配合这一措施，提出建议如下：一、各企业（不分经济性质）、合作社产制商品使用的商标，必须注册。统限于1957年6月30日以前完成申请手续，嗣后未经核准注册的商标不能使用。二、商标注册费一律减收为每件20元，移转注册费减收为每件10元，补证费减收为每件5元（现行商标注册条例规定以上费用为每件50元、30元、10元）。三、各企业、合作社除产制新品种的商品外，一个企业产制同品种同质量的商品，不准随意增添或者改换商标。四、申请商标注册应当按照规定的质量标准填报商品质量规格表（还没有规定的由企业自行订定），并经业务主管部门盖章证明。不能订定或者无法填报质量规格的商品，可以附送样品。核准注册后，提高质量的商品，应当按照提高后的质量标准补报。如果发现或者经人检举降低质量，应当送交主管工业部门进行检查处理。商业部门退回和企业自销的次品，必须在商标上加盖“次品”字样才能出售。已经核准注册的商标，应当在1957年6月30日以前补报商品质量规格表。五、根据需要和可能，在某些商品的包装上或者包装内部附加商品的质量、规格、性能和使用、保管方法的说明。六、为了便于外国企业办理申请商标注册手续和联系，已商得中国国际贸易促进委员会同意为外国企业申请商标注册的代理人。七、商标管理工作应由工商行政管理局、未设工商行政管理局的城市由商业局（科）设置专职干部负责办理；较大城市未设工商行政管理局而设两个以上商业局的，由市人民委员会指定一个商业局统一办理。

1月17日

［纲　文］　**国家统计局发布《关于1956年全国职工人数激增情况报告》。**

［目　文］　《报告》认为，1956年全国职工人数大量增加，增加的速度过猛过快。根据初步统计，全国各部门各地区的职工人数截至1956年第三季度末已达2473万人（如包括商业部门的临时工及手工业供销社、小组的职工则为2516万人），较1955年末增加512万人，扣除由工商业资本家小业主与小商贩转化的255万人，由个体手工业者转化的20万人，以及转业复员建设军人13万人，净增加224万人，尤以基本建设、工业、商业与文教卫生等部门增加最多，分别净增87万人、50万人、34万人、31万人。

1956年增加的人数超过历年平均增加的人数。1949—1955年，全国年平均增加职工190万人。从实际增加人数与计划增加人数对比来看，1956年全国计划增加84万人，其中工业14万人，基本建设26万人，商业25万人，文教卫生13万人。从生产与劳动力的关系来看，增长人数超过了生产增长的速度。1956年1—3季度全国工业企业（不包括手工业）总产值完成年计划的75.8%，基本建设投资额完成年计划的58.5%，而工业与基本建设职工人数均超过了计划。从劳动力的利用情况来看，今年劳动时间浪费现象严重。根据中央8个工业部门与5省市（上海、河北、辽宁、甘肃、湖北）工业企业劳动时间使用情况统计，1956年1—3季度停工与缺勤的工日数为2349万个，如果工时利用得好，1—3季度工业部门可以少增加10万人。又根据全国建筑安装企业的劳动时间使用情况的统计，1—3季度停工与缺勤的工日数为2896万个，相当于111万人1个月没有做工，即1956年前9个月基本建设部门可以少增加12万余人。工业与基本建设职工的出勤率一直下降，第一到三季度中央8个工业部出勤率分别为94.4%、93.6%、92.5%，全国建筑安装企业为88.3%、94.3%、93.4%。

《报告》指出，盲目增添人员造成了不良的后果。首先是造成劳动力供应紧张，挖在职员工、私招乱雇现象非常严重。根据四川省重庆、成都等9个市县的不完全统计，1956年3—9月份，私招乱雇59起、31万余人。但新招职工到厂后，却闲着不分配工作，以致形成请愿等现象。其次是影响劳动生产率的提高。1956年第二、三两季度生产工人的总产值劳动生产率均较第一季度下降，全国国营、地方国营、公私合营、合作社营大型工业企业，每一生产工人的总产值劳动生产率第一季度为3866元，第二季度为3732元，第三季度为3573元，分别下降3.5%和3.7%。再次是增加了工资基金的开支，使城市人口增多和商品供应的紧张现象加大。以1956年1—3季度全国净增加的224万人计算，增加工资总额估计达11亿①，为全年全国城市购买力的5.4%。这些人员工资大都投入城市新购买力，一定程度上加大了城市商品供应的紧张现象，同时，城市人口随之猛增，职工住宅更感不足。据哈尔滨、北京市的统计，哈尔滨市10月末全市人口突破140万人，6—10月即增加6.6万人。北京市1956年10月份达390万人，较上年增加62万人（包括昌平划过来27万人）。按每人居住面积3.95平方米计算（不包括职工家属），需增住宅884.8万平方米。

1月17日

［纲　文］　**文化部、全国供销总社发出《关于供销合作社今后仍可继续经营图书业务的联合通知》。**

［目　文］　《通知》说，自《国务院关于若干商业部门经营分工和组织机构的规定》（草稿）下达以后，一部分省、市已准备把供销社所经营的日用工业品业务交给商业部系统的国营公司，有的省份的供销社，也要把图书业务交给国营公司（广西就打算把图书业务交给百货公司），或者交还给新华书店。有的省份的新华书店，则考虑供销社将业务交还后自行向农村下伸零售机构，或者大批增加流动人员。

《通知》指出，农村图书发行也像其他商业一样的变动，并不是妥当的，也是不必要的。因为尽管若干商业部门经营分工和组织机构进行若干调整，但基层供销社还担负农村市场中部分或全部日用工业品的供销任务，就从供销社整个系统来说，它的收购任务是加重了，但由基层供销社经营图书业务，还是可能的、适宜的。其理由：一、自去年3月各地供销社经营图书业务以来，经过社店双方的努力，农村图书发行工作有了很大加强，预计1956年农村图书销售量约较1955年增长58%以上。许多供销社的基层组织已经初步掌握了图书发行业务，为进一步改善农村图书发行工作打下了良好的基础。二、即使国营公司的机构下伸到集镇，还不能像基层供销社那样拥有普遍的零售网，一般还是以批发为

① 按计划每一新增加职工年平均工资607.2元、1—3季度全国净增加职工平均人数182万人计算的。——原注

主，它的零售据点还是限于集镇，如果通过专业公司再向供销社转批，就会增加商品流通中不必要的环节。三、书店下伸机构，不仅不能节约商品流通人员和基建支出（书籍流转额较低，机构下伸比起供销社兼营图书，只能浪费人力和物力），而且对下伸的机构很难管理。四、书店以大批增加流动供应人员的办法来解决农村的图书供应问题，也不是妥当的。几年来的经验证明，农村支店对众多的流动供应人员的管理教育存在着不易克服的困难。根据以上几点，我们认为，社店双方还以继续贯彻部社 1956 年 1 月 30 日和 10 月 22 日两次联合指示为宜。

1 月 18—27 日

［纲　文］　**中共中央召开省、市、自治区党委书记会议。**

［目　文］　会议主要内容是讨论思想动向问题、农村问题和经济问题。关于经济工作，会议主要总结了 1956 年的经济工作的成绩、缺点和错误；确定 1957 年计划；决定开展增产节约运动；确定统筹兼顾和全面安排发展国民经济的方针。

18 日和 27 日，毛泽东分别在会上讲话。18 日，针对国内出现的干部官僚腐化、国际上苏共二十大以后发生的大风潮等问题，毛泽东在讲话中提出：一、要准备少数人闹事，搞所谓的大民主。对待大民主的态度应当是，第一不怕，第二要加以分析。二、对知识分子和民主人士要继续思想改造。三、百花齐放，还是要放。农民需要年年跟田里的杂草作斗争，我们党的作家、艺术家、评论家、教授，也需要年年跟思想领域的杂草作斗争。27 日，毛泽东又讲了七个问题：一、要足够地估计成绩。二、统筹兼顾，各得其所。三、国际问题。目前他们[①]的争夺集中在中东这个具有重大战略意义的地区，特别是埃及苏伊士运河地区。在那里冲突的，有两类矛盾和三种力量。两类矛盾，一类是帝国主义跟帝国主义之间的矛盾，即美国跟英国、美国跟法国之间的矛盾，一类是帝国主义跟被压迫民族之间的矛盾。三种力量，第一种是最大的帝国主义美国，第二种是二等帝国主义英、法，第三种就是被压迫民族。中美关系，迟几年跟美国建立外交关系为好，可能要在第三个五年计划完成以后，要经过 18 年或者更长的时间。我们也不急于进联合国。中苏关系，对苏联的东西还是要学习，但要有选择地学。四、百花齐放，百家争鸣。在放香花的同时，也必然会有毒草放出来。我们决定扩大发行《参考消息》，从 2000 份扩大到 40 万份，目的就是把毒草，把非马克思主义和反马克思主义的东西，摆在我们同志面前，摆在人民群众和民主人士面前，让他们受到锻炼。五、闹事问题。六、法制问题。讲三条：一定要守法，一定要肃反，一定要肯定肃反的成绩。七、农业问题。全党一定要重视农业。不抓粮食，总有一天要天下大乱。

18 日和 27 日，陈云在会上就财政经济问题讲话，27 日讲话要点如下：一、中央和地方在体制问题中的权力和财力的分配问题。中央举办的一些重点基本建设工程将来势必要

---

① 指帝国主义。

有一部分分散，就是要分掉一些钱，五年大体上是50亿元。分开之后，地方便会在农田水利、地方工业、地方交通等方面多花掉一些钱。中央不可能包揽全国的事情，应该有适当的分权。二、关于简化商业机构问题。商业机构现在是复杂重叠，如果把财务、会计、统计制度加以改变，参照中国原有的办法来搞，可以节省20%的人出来，用于加强业务部门。商业中需要解决的问题，一个是机构设置不适当，另一个是机构内部的工作制度要改进。三、公私合营企业增加工资问题。公私合营企业工资1956年7月到12月共增加5000万元，1957年增加1亿元，共涉及163万人。应该注意纠正劳动工资干部主观主义的倾向，要防止以国营企业的一套制度用于私营企业。四、北方农作物的播种计划中应该注意到饲草和燃料问题。五、缺食油地区的食油自给问题。六、七种商品的出卖价格要涨一点价，可以拿回1.5亿—2亿元。七、农产品收购价格问题。八、棉花丰收年成应该留一部分作为歉收年成的生产使用。

26日，邓小平就干部工作、编制、工资和精简机构问题讲话。他指出，必须正确地提拔使用本地干部。凡属能够用本地干部替代的，必须逐步地由本地干部替代。退休制度看起来必须实行，退休问题不解决，日子不好过。各级干部减薪问题，中央正在考虑，提出“上减多些，中间不动，下减少些”的原则。什么时候都要坚持党的领导，但如何领导，要讲究方法。党外人士要求有职有权，可以考虑试一试，把一些问题拿出来共同讨论。

27日，周恩来从印度致电中共中央、毛泽东，经毛泽东批准在会议上印发，题为《对苏共领导几个问题的说明》。电文主要内容是：一、苏共领导人常常把苏共党的利益同各兄弟党的利益对立起来，把个人领导的利益同党的利益对立起来，把苏联的利益同世界人民的利益对立起来。二、现在正是大敌当前，所以苏联同志对于中苏团结态度甚殷，但是苏联领导者并非心悦诚服和赤恳无间。三、在国际局势问题上，他们考虑应付现实问题的多，缺乏对整个局势的全面分析和预见，考虑和讨论世界战略远景和远景问题很差。

1月18日

［纲　文］　**中共中央批发《全国供销合作总社关于当前棉花统购工作情况的报告》。**

［目　文］　中央的批发意见指出：全国供销合作总社报告中提到有些省份计算的棉花产量与农业部计算的棉花产量，有很大出入，请有关省份进行检查和核对。报告中反映的全国棉花收购情况不好，应当引起各地党政领导机关的足够重视。从报告中看出，农村棉花收购的潜力还是不小的，各地只要切实做好工作，增加一批棉花收购量是完全可能的。为此，中央同意合作总社报告中所提各项措施，望各地认真组织执行。

［文　献］　**全国供销合作总社关于当前棉花统购工作情况的报告**

中央、国务院：

一九五六年全国棉田收获面积为八、七〇〇万亩，比一九五五年收获面积多三二〇万亩，根据农业部材料：一九五六年棉花总产量为三、一五〇万担，比一九五五年多产一一四万担。但根据我们最近了解今年的实际产量不一定高于一九五五年也可能低于一九五五年。自去年九月新棉上市以来，棉花收购进度一直是缓慢不旺，每旬每月都未达到一九五五年同期的收购量，至十二月底，全国共收皮棉一、八三一万担，仅完成年统购任务二、五二二万担的百分之七十二，较一九五五年同期实绩二、一六四万担少收三三三万担。各省市区完成计划的情况是：湖北、辽宁、安徽、湖南、江西、云南已超额完成统购任务，河北、浙江接近完成任务，山东、江苏、河南、四川、陕西只完成统购任务的百分之六十——六十八。山西、新疆、上海只完成统购任务的一半左右。进入十二月份，农忙冬耕已过，农业社正在进行决分，清仓卖棉和各地采购力量也有加强的情况下，如果一九五六年产量确实比上年增加的话，十二月份收购量应比十一月上升，然而事实上是急剧的下降了（十一月份收购六一〇万担，十二月份仅收购四一八万担）。在十二月份总社曾派出张、梁副主任暨局长级干部十人分别到各重点产棉省督促和了解棉花收购情况，根据各省汇报和深入到农业社了解的结果，认为今年棉花预计产量愈摸愈少、收购情况不好的主要原因是：棉花产量不一定高于一九五五年。例如山东省农业部门在新棉上市时估产五二三万担，中央分配该省统购任务四〇〇万担，但该省采购部门最近估计产量只有四六〇万担，统购任务只能完成三三〇万担。山西原估产量二五〇万担，统购任务二〇〇万担，最近省人民委员会报告产量只有一七〇万担，统购任务仅能完成一四〇万担。河南报纸公布产量四三五万担，最近省人民委员会电报只产三四〇万担，统购任务二七五万担仅能完成二一〇多万担。江苏统购任务三一〇万担，省预计只能完成二五〇万担。陕西、新疆、四川也反映完不成统购任务。

上述各省反映不能完成的统购数量除去少数省分可能超额完成任务抵补一部分以外，估计全国在一九五六年（生产年度）仅能完成棉花统购任务二、二〇〇万担左右，较之国务院核定的统购任务要少三〇〇多万担，较一九五五年少收二七六万担。这样一九五七年全国的棉花产销平衡出现的差额很大，严重地影响到一九五七年纺织工业生产和市场供应的计划安排。一九五七年原拟生产五六〇万件棉纱尚差原棉八十万担，连同少收三〇〇多万担共差原棉四〇〇万担左右。因此如不可能增加棉花进口则棉纱生产计划势必修改，而少产三、七〇〇多万疋布影响到市场供应的问题非常重大，特此报请中央转饬有关部门及早注意。

今年棉花减少的重要原因据我们派出的工作组同各省交谈初步认为大概有以下几点：

一、严重的台风、淫雨、水涝等自然灾害的影响；

二、在推广先进耕作经验时许多地区不适当的搞密植，致引起只长秸不结桃和落铃严重现象，有些地区硬性推行晚打尖的措施，给去年棉花收成以不小影响；群众对此议论纷纷；

三、由于合作化实现的第一年管理经验不足，农业合作社的劳力组织、记工、分配存在着一些问题，加上麦收时大部分产棉区淫雨连绵，抢收小麦、防汛等工作的关系，致使棉田中耕除草正枝的不够及时；在种麦时为了突击种麦冬耕，过早的拔掉棉秸，致使棉桃未开花和普遍摘收不净。

根据上述情况完成二、五二二万担棉花是不可能的，即使完成二、二〇〇万担左右也是要尽最大努力的，为此拟采取如下措施：

一、必须各级党政迅速动员棉农拾干摘净。把棉秸上留下的“眼睫毛”棉和剥桃棉摘拣干净，由于农业社对摘拣棉花的记分制度不尽合理，只计数量不顾质量，丢失的棉花比往年增多，棉秸上的“眼睫毛”棉摘拣不净。如山东夏津县棉秸上的棉花摘拣不净，当地棉农估计每亩地要少摘四、五斤棉花，我们工作组在当地从四十株棉秸上摘下的棉花推算一亩仍可收九斤多（当然这不一定可靠，但棉秸上留了不少棉花是可以肯定的)。山西安邑县共发动棉农一一、〇〇〇人，十二天功夫，在棉秸上摘拣了籽棉一八九、〇〇〇斤。河南、河北的报告材料反映，一亩可摘二、三斤或五、六斤不等。如果组织棉农普遍拾干摘净，每亩棉田平均摘拣一斤皮棉全国即可多收八十多万担棉花，这是很大的一笔数字。由于合作化后棉农留用棉以社为单位计算每人留用三斤，总的说来已比上年增加了留用数量，大部分农业社是以皮棉三斤定量分配的（品级多系好白棉），也有不少农业社大大超过留用定量标准，如江苏、湖北、安徽等地，有的地区每人留量高达皮棉十余斤的。即以每人留用皮棉三三斤计算，一般来说是有剩余的，通过思想动员，全国棉农每人节约半斤棉花，即可多收一〇〇多万担。

二、号召棉农节约用棉。河北永年县党政提出：“一斤棉花十斤粮，节约絮棉渡灾荒”的口号后，全县棉农出售的节约絮棉共达七十八万多斤。山东阳信县已收购棉农节约的絮棉一三〇万斤以上。

三、适当压缩土纺土织，加强土布市场管理，严格棉絮凭证购买的手续，并进一步加强棉市场管理，堵塞黑市成交和私商投机贩运的漏洞。

四、改进棉花收购工作，根据收购工作的新情况进行新的布置，积极展开下乡流动收购，简化收购手续。特别是对社员出售自有的剥桃棉和节约絮棉，不应有任何手续限制，给予更大便利，鼓励其积极出售。

以上报告如可行，请审查批转各地。

中华全国供销合作总社

一九五七年一月十日

资料来源：中央档案馆馆藏档案。

1月18日

［纲　文］　**国务院发出《关于同意将甘肃省灵台县的19个村划归陕西省长武县领导给甘肃省人民委员会、陕西省人民委员会的批复》。**

［目　文］　《批复》同意内务部转报甘肃省人民委员会1956年8月30日的报告、陕西省民政厅1956年10月23日的报告和甘肃省民政厅1957年1月4日的报告，将甘肃省灵台县的马寨乡全部共16个村和林王乡的朱陈凸、蔡子、沟圈等3个村划归陕西省长武县领导。

1月18日

［纲　文］　**国务院批复山东省人民委员会同意将安丘县许营区泉河头乡的泉河头村及南流区的河湾、杨家二个村划归潍坊市领导。**

1月18日

［纲　文］　**森林工业部发出《关于在森林工业系统中贯彻增产节约的指示》。**

［目　文］　《指示》指出，在森林工业系统中，增产节约还没有普遍形成为所有企业的经常性管理制度，在生产或基本建设方面，损失浪费现象还十分严重。国家正在进行大规模的工业化建设，在基本建设投资和物资供应方面甚感不足，木材供应极度紧张。为争取把一切有利用价值的木材都运出来，保证国家建设用材供应的总要求，特作如下指示：一、在基本建设方面，对已确定建设的项目，应严加控制掌握。在保证工程进度、保证工程质量的前提下，力求节省开支。必须从计划、劳动组织、技术管理和物资供应等各方面，切实做好施工前的准备工作，及早摸清当地劳动力和材料资源情况，反复地进行平衡计算。必须改善施工作业计划的编制工作，改善劳动组织，加强劳动力调配工作，做好生计品供应，改善基本建设工人的劳动条件，建立与健全技术责任制，贯彻执行操作规程。各森林工业管理局应设法从生产中抽调一部分骨干，加强施工机构，推行常年施工。必须继续加强对设计工作的领导，加强对设计人员的政策思想教育，在设计中经常进行经济比较，贯彻增产节约的精神。二、在木材生产过程中坚决贯彻合理采伐、合理造材、合理利用的方针，切实做好清理林场的工作。采伐方面，增产应该是在计划基础上不另增加劳力、资金，不另扩大伐区面积，充分利用现有条件发掘潜力、增产木材，大力纠正现存的木材丢失浪费现象。在伐区作业方面，应该继续加强准备作业，减少窝工损失。应该改善机械设备的使用、保养、检修状况，充分地合理利用现有设备。必须做好物资供应，保证机械正常运行，切实清查储备，加强管理，加强废料回收。三、木材加工工业方面应该积极改进技术，改善经营管理，克服跑锯、改锯现象，消除木材损失，保证造纸板皮的供应，提高出材率。四、在企业管理方面必须精简非生产人员，提高劳动生产率，降低成本。由于我国已进入社会主义时期，人们除依靠国家与合作社外，别无生产出路，因而精简必须与安排相结合，减下的人员应作为后备力量，加以培训。还应该继续提倡养猪、种菜，积极发展林区副业生产，企业现行各种开支标准亦应该降低。五、增产节约是贯彻执行和保证完成或超额完成国家计划的指导方针，因而不要在已定计划之外，另定一套增产

节约计划。应该防止把增产节约与加强劳动保护、改善职工生活对立起来，不应该把紧缩开支的措施理解为消极的办法。

1月18日

［纲　文］　**中国和苏联发表《关于签订中苏文化合作协定1957年度执行计划》的新闻公报。**

［目　文］　公报指出，根据1956年7月5日签订的中苏文化合作协定，中苏两国制订了1957年度文化合作计划。双方一致认为，有必要在现有基础上进一步发展中苏两国之间的文化合作，应当尽力促使中苏两国相应的科学研究机构、学校、剧院、电影制片厂、出版社、报刊编辑部和其他科学、文化、卫生机构之间，以及两国文化、科学工作者之间，建立并扩大直接联系和有关交换经验、情报、出版物、资料等方面的关系。双方还议定，将协助两国的群众文化艺术团体如作家、音乐家、美术家等协会之间加强联系。

1月19—24日

［纲　文］　**国务院总理周恩来率中国政府代表团访问阿富汗王国。**

［目　文］　访问期间，周恩来同阿富汗首相达乌德举行会谈，并于22日发表联合公报。公报说，两国对于在善邻关系的基础上进一步加强两国现有的友好联系方面取得了一致意见。两国总理重申支持万隆会议的原则，支持亚非人民为维护他们的自由和独立、促进世界和平而进行合作和了解的事业的目的。亚非会议参加国家之间的合作并不排斥他们和世界其他国家之间的合作。

1月19日，周恩来率中国政府代表团抵达阿富汗首都喀布尔，阿富汗首相达乌德到机场迎接（中排从右到左：周恩来、达乌德、贺龙）。

1月19日

［纲　文］　**国务院发出《关于设立授勋工作办公室的通知》。**

［目　文］　《通知》指出，为了进行对集体转业部队人员的授勋授奖工作，国务院

决定设立授勋工作办公室，以王迪康为办公室主任，王傲、李子川、刘敬修、周之同为副主任。办公室地点设在中国人民解放军总干部军衔奖励部。

1月19日

［纲　文］　**国家计委报送《赴西北工作组关于兰州、西安城市建设中的情况的报告》。**

［目　文］　《报告》说，第一个五年计划的重要工程项目，兰州地区在建的有炼油厂、肥料厂、合成橡胶厂、石油机械厂、炼油化工设备厂、热电站以及西固水源工程等，进行准备工作的有二机部的四个厂。在西安地区建成的有3个纺织厂，在建的有仪表厂、纺织厂、印染厂、电站、四个电工厂以及二机部的8个厂等。西安南郊建成8所高等学校和30多所中等专业学校，形成了一个文教区。但是，与之相适应的城市公用事业、住宅和服务设施（如商店、医院、小学、影剧院、理发、洗澡等）、地方建筑材料和地方交通事业等方面，出现了紧张情况，尤以兰州市更为严重：一、城市公用事业。（一）供水、排水工程的建设赶不上生产和生活的需要。（二）市内交通紧张。二、住宅和服务设施。兰州市有66344人的居住条件很差（其中严重影响健康的或有倒塌危险的有7627户）；西安市27.9万职工中，急需解决而没有解决住房的有7万人。兰州西固区有10万人，但只设有临时商店、临时小学、门诊部，文化娱乐设施一点也没有，托儿所、幼儿园、理发店、澡堂等大部还未建成；西安西郊小学问题没有完全解决，东郊设了医院，共有200个病床，但每天住院生小孩的就有25—30个人（据说，西安纺织女工的怀孕率为70%）。三、地方建筑材料的供应，兰州市表现了突出的紧张。1956年该市建筑面积计划为184万平方米，比1955年增长了160%，而地方建筑材料虽经省、市大力解决，但砖仅增长1倍，石灰增长130%，石料增长50%，平瓦增长4.6%。四、地方交通。兰州1956年公路运输（汽车）运量共为6809万吨公里（其中基建物资5211万吨公里），比1955年增长220%（其中基建物资增长了近3倍），而运输能力只比1955年增长了97%，为3732万吨公里。地方汽车修配能力很小。

造成上述不相适应的主要原因是：一、城市人口增长过多过快。兰州市1949年原有人口为29万人，到1956年11月底已达66万人，预计1957年将达80万人（原规划1960年达63万人）；西安市1951年人口为60万人，1956年已达135万人，预计1957年将达140万人以上（原规划1960年达100万人）。二、城市规划过散，厂址多远离市中心。兰州是个狭谷地带，新建的兰州新城、西固、安宁堡等工业区都距原来的市中心20公里以上。计委原规定西安地区企业职工住宅的旧城市利用率为15%—20%，但实际上由于新建企业都远离市中心在5公里以上，这个指标就不能达到。三、西北地区特别是甘肃省（青海西宁等地条件更差）原有经济基础十分薄弱，大量的建筑材料、燃料和日用百货都要依靠外面运进来，过去对此缺乏充分的估计。四、计划与投资分配不完全符合实际情况。

1月19日

［纲　文］　**国防部发出《1957年复员工作指示》。**

［目　文］《指示》指出，一、凡1953年及其以前入伍的志愿兵，全军除留各种技术兵若干外，均应全部复员完毕；1954年及1955年度征集入伍的义务兵，除因身体或其他条件不适合服现役的人，经军区批准可做个别退伍外，一律不得作退伍处理。二、各军区、各军种、兵种对留下的技术兵应严加审查，所留的人员应是有技术的、年轻力壮的、非留不可的。确定留下的技术兵员的待遇，在7月1日以前仍按本部1956年5月7日的规定执行。三、各部处理复员人员的工作应于1月底开始，5月底以前结束。西藏军区部队复员时间由军区自行确定。四、各部队应认真做好对复员军人的教育工作。应该着重提高对农业合作化和社会主义建设的认识，使他们具有克服困难、省吃俭用、勤俭持家的精神，回乡以后，能够遵守国家法令，尊重党政机关领导和团结群众。应有两到三个星期的教育，并有专人负责。复员军人临走之前，尽可能给他们每一个人作出鉴定，正确地指出他们的成绩和缺点。对于处分不当的应予撤销；处分重了的酌情减轻；工作较好的老兵，可以酌情晋升军衔。五、复员军人应领的各种物质待遇，应按照中央转业建设委员会和总政治部1955年12月31日的指示执行。六、各省军区、分区、兵役机关应认真帮助政府作好复员军人的安置工作，并作为一项长期的重要任务。

1月20日

［纲　文］**国家经济建设公债1957年度还本抽签大会在上海市举行。**

［目　文］山东、江苏、安徽、浙江、福建五省及上海市的职工、农民、工商界和里弄居民的代表800人参加大会。国务院第五办公室和监察部委托上海市人民委员会财粮贸办公室和上海市监察局代表出席监督抽签。全国总工会和中华全国工商业联合会（以下简称全国工商联）应财政部邀请委托上海市工会联合会和上海市工商业联合会推定代表各一人执行抽签。大会进行了1954年国家经济建设公债的第三次还本抽签、1955年国家经济建设公债第二次还本抽签和1956年国家经济建设公债的第一次还本抽签。① 会上一共抽出1954年国家经济建设公债中签号码10个，1955年和1956年国家经济建设公债中签号码各5个。财政部部长李先念于本日签发公告，公布了1954年、1955年、1956年国家经济建设公债还本抽签中签号码，以及兑付本息的起讫时间、地点。

大会主持人、财政部部长助理贝仲选致词说：过去三年来全国人民认购的公债，约等于国家三年经济建设费用支出的1/20。这就是说在这三年内每建设投资额相同的20个工厂，就有一个是用大家买公债的钱来建设的。人民购买公债，一方面支援了国家建设，分享国家建设的果实，另一方面还可以得到一定的利息收入。本年国家应偿还的本金和利息共达2.2亿多万元，其中利息即有7800多万元。

---

① 1954年和1955年国家经济建设公债还本付息办法规定，这两种公债还本抽签定于每年8月10日在北京举行。但为了使公债券持有人早日知道是否中签以便有计划地安排个人经济生活，因此财政部决定1954年和1956年公债还本抽签合并，提前在1月20日举行。

1 月 21 日

［纲　文］　**中共中央发出《关于普查钢材、木材等库存问题的通知》。**

［目　文］　《通知》指出，1956 年在钢材、木材等物资供应紧张的情况下，有些企业和建筑单位，家底不清、少报库存的情况很严重，在物资调度使用上，还存在着“抢购物资”、“以物易物”的混乱现象。这种情况不仅人为地造成紧张，加重物资的积压浪费，更影响了当前国家对 1957 年生产和基本建设计划的正确安排。去年年底监察部、国家经委、国家统计局联合做出了《关于作好库存普查和处理多余库存物资的通知》，正在普查中。中央认为这项工作是很有必要的，而且应该成为经常的工作。各级党委、各部、局党组应该加强对这项工作的领导，及时的帮助解决工作中产生的一些问题，特别是目前存在的一些思想障碍问题，督促有关部门切实做好这项工作。

本月 20 日，国家经委党组、监察部党组向中共中央报告说，在钢材、木材、水泥供应紧张的情况下，一些企业和建设单位在库存普查中少报、漏报、打埋伏；物资调度使用方面存在着以物易物，甚至抢购物资的现象，不仅加重物资的积压浪费，而且影响了对 1957 年生产和基建计划的安排。1956 年末，监察部和国家经委、国家统计局联合发布了《关于作好库存普查和处理多余库存物资的通知》，请求中央指示各级党委，督促有关部门认真组织进行普查工作。

1 月 21 日

［纲　文］　**政协二届全国委员会常委会举行第三十三次会议。**

［目　文］　会议讨论关于召开政协二届全国委员会第三次全体会议的筹备工作，就第三次全体会议的召开日期、议程和列席人员的范围等问题进行了协商。会议决定成立中国人民政治协商会议全国委员会地方工作委员会，并且通过了《中国人民政治协商会议全国委员会地方工作委员会暂行组织简则》和政协全国委员会地方工作委员会名单。地方工作委员会的工作，是协助全国委员会常务委员会处理有关地方委员会工作中的重要问题；调查、研究地方委员会的工作，提供改进工作的意见，并且推广、交流地方工作的经验。地方委员会向常务委员会报告工作。委员会组成人员为：主任委员章伯钧①，副主任委员贺贵严、王绍鏊、易礼容、郭则沉、周士观，以及王克俊、王复初、包尔汉②等 26 名委员。会议还通过了全国委员会各工作组新增的副组长名单：杨公庶为科学技术组副组长，侯镜如为社会福利组副组长，王雪莹为妇女组副组长。

1 月 21 日

［纲　文］　**教育部发出《关于〈中学教学研究组工作条例（草案）〉的通知》。**

---

① 章伯钧（1895—1969），安徽桐城人，时任政协全国委员会副主席、交通部部长、农工民主党中央委员会主席、民盟中央副主席。

② 包尔汉（1894—1989），维吾尔族，新疆温宿人，时任政协全国委员会副主席、中国伊斯兰教协会主任。

［目　文］《通知》中“关于《中学教学研究组工作条例（草案）》的说明”指出，各科教学研究组是通过教学研究工作提高教师思想、业务水平的组织。各地中学都有各科教学研究的组织，但是名称不一，现根据这一组织的性质和任务，统一改称为教学研究组。教学研究组是教学研究组织，不是行政组织的一级。它的任务是组织教师进行教学研究工作，以提高教育质量，而不是处理行政事务。教研组长负责组织领导本组教学研究工作，而不是介乎校长、教导主任和教师中间的一级行政干部。除条例中所规定的教研组工作内容之外，不应当给教研组和教研组长以属于学校行政方面的工作。教研组的会议不应过多。除在定期会议上进行教学研究工作之外，教研组还可采取多种多样的方式进行工作。《通知》要求各地在试行该《条例（草案）》中将发现的问题和修正意见，在年内报教育部，以便修改。

《条例（草案）》共八条，对教研组性质、任务、工作内容、组织结构等做出具体规定：中学教学研究组（简称教研组）是各科教师的教学研究组织，其任务是组织教师进行教学研究工作，总结、交流教学经验，提高教师思想、业务水平，以提高教育质量。教研组工作内容有：学习有关中学教育的方针、政策和指示；研究教学大纲、教材和教学方法；结合教学工作钻研教育理论和专业科学知识；总结、交流教学和指导课外活动的经验。同一学科教师在三人以上者成立教研组，不足三人者可联合相近学科教师成立教研组。教研组设组长一人，由校长聘请有教学经验，并有一定威信的教师担任。教研组长负责组织领导教研组的工作。教研组的教学研究工作计划经校长或教导主任批准后执行。教研组每两周或三周开会一次，每次会议以不超过二小时为原则。

1月21日

［纲　文］　内务部、财政部、中国人民银行发出《关于城市烈属、军属和贫民生产单位的税收减免和贷款扶助问题的通知》。

［目　文］《通知》指出，民政部门组织城市中的贫苦烈属、军属和贫民从事生产，以解决他们的生活困难，是一种社会救济福利性质和互助合作性质的生产事业。生产人员多是半劳力、辅助劳力、孤老残废和家庭妇女。这些生产单位由于劳动力较弱，生产效率低，经营上存在很多困难，必须从各方面给予扶助。在税收方面，有些城市的税务机关已经给予适当的减税或者免税照顾，但有些城市却没有给予照顾。在贷款方面，有些城市的银行注意通过贷款来扶助它们，但也有些城市的银行不愿贷给它们。为此，特作如下规定：一、关于税收减免。由民政部门领导的烈属、军属和贫民生产单位，包括现有的和今后新组织起来的，一律免征工商业税。但对于应纳的其他各税，仍应当照章纳税。二、关于贷款扶助。由民政部门领导的烈属、军属和贫民生产单位，包括现有的和今后新组织起来的，在生产和业务经营过程中，如果自有流动资金有困难，民政部门从优抚、救济费中给予解决仍有不足，银行可酌予贷款扶持。对生产性单位贷款可比照一般手工业合作组织贷款办法办理；对商业性单位贷款可比照小商小贩合作组织贷款办法办理。如有特殊困难，贷款期限可适当延长。申请贷款时，如有必要，应由当地民政部门负责审查，并监督

其合理使用借款。贷款手续，由借款单位直接办理。此项贷款，属于生产性的应在手工业贷款指标范围内掌握贷放，属于商业性的应在合营商业贷款指标范围内掌握贷放。上述各项规定，自1957年2月起施行。

1月22日

［纲　文］　**外交部发表《关于香港英国当局“九龙及荃湾暴动[①]报告书”的声明》。**

［目　文］　《声明》指出，1957年1月1日，香港英国当局发表了《九龙及荃湾暴动报告书》，企图掩盖事实真相，洗刷国民党特务分子策划和组织九龙暴乱的罪行，推卸自己的责任。报告书对香港和九龙中国居民今后生命财产的安全亦未作出负责的保证。报告书中公然称台湾蒋介石集团为“台湾国民政府”，并将它同中华人民共和国中央人民政府相提并论，这再一次暴露了英国政府制造“两个中国”的阴谋。中国政府和人民不能不对此感到愤慨并表示抗议。

《声明》谴责香港英国当局把这次暴乱的主要责任加于所谓一般的“中国难民”和某些帮会的头上，从而为制造这一暴乱的国民党特务分子开脱罪责。《声明》指出，这次暴乱并不是偶然的。长期以来，香港英国当局对国民党特务分子在港九地区进行危害中国和平居民和敌视中华人民共和国的活动一向采取包庇和纵容的态度，使港九地区事实上成为国民党特务分子对中国大陆进行颠覆活动的基地。国民党特务分子曾经爆炸过中国航空公司和中央航空公司的飞机，曾经劫夺过“渔晋”、“渔扬”、“渔连”、“渔浦”、“渔琼”等渔船。对于这些案件，香港英国当局从未认真地将罪犯逮捕法办。1955年4月11日震惊中外的“克什米尔公主号”飞机破坏案至今将近两年，香港英国当局不但未使首犯归案法办，相反地，却把原在扣押中的有关案犯全部释放。1956年1月31日台湾蒋介石集团F—86型战斗机窜入我国领土上空进行骚扰后为逃避我空军飞机追击而逃到香港降落。我部曾照会英国驻北京代办，指出香港英国当局有责任把这一作战飞机和机上人员予以扣留，但是，英国政府却将该战斗机上的人员放回台湾。不久以前破获的，阴谋在1956年10月10日晚上在广州进行破坏活动以策应九龙暴乱的十多批国民党特务分子，都先后在九龙佐敦道龙华酒店等处，受到爆炸、放火、散发传单、进行煽动等破坏活动的技术训练。九龙暴乱事件正是香港英国当局这种政策所造成的结果。因此香港英国当局决不能推诿对这次暴乱事件所应负的严重责任。

《声明》最后指出，中国政府和人民深切关怀港九同胞的安全，决不能容忍国民党特务分子在港九地区进行危害中国居民生命财产的活动和把港九作为对中国大陆进行颠覆活动的基地。中国政府和人民坚决要求香港英国当局立即逮捕和严惩国民党特务祸首，对于

---

① 九龙及荃湾暴乱事件发生于1956年10月10—14日，也被称为“双十节”暴动。10月10日上午，国民党右派分子利用香港英国当局一名下级官员撕除建筑物上国民党旗帜、双十徽牌的事件，在香港九龙城区纠集数千人，聚众示威并发展成大规模骚乱。从10日到14日，在九龙城、土瓜湾及荃湾等地，进行了连续几天的大规模的抢劫、袭警、杀人和纵火。暴乱在14日平息，总共造成至少60人死亡，300人受伤，超过1000人被捕。

受害的中国居民、工商企业、社会团体等进行赔偿、抚恤和其他善后处理，并切实保障港九中国居民生命财产的安全，负责保证以后不再发生类似事件。

1月22日

［纲　文］　**内务部发出《关于做好1957年接收安置复员军人准备工作的通知》。**

［目　文］　《通知》要求：一、春节以后，各地转业建设委员会的办事机构和原有的转运站、接收站应迅速恢复起来，充实必要的干部，加强领导，并教育他们认真负责地做好接待安置工作。二、在复员军人回乡前，当地政府要事先了解他们家庭生产、生活情况。如有家庭婚姻纠纷等问题应先给予解决。通过春节拥军优属活动，认真教育基层干部和复员军人搞好团结，关心和帮助他们解决生产建家上的困难，使他们安心从事农业生产。三、复员军人到达专、县以后，领导干部应亲自主持召开欢迎会，向他们介绍当地农业生产和农村各项工作的情况，特别要说明当前农村生活的实际困难和存在的问题，勉励他们模范地遵守国家的政策法令，与人民群众同甘共苦，积极地参加农业生产。遣送回乡时，应事先通知乡人民委员会，组织干部和群众对他们进行热情地接待并帮助他们安排生产和生活，使他们感到政府的关怀和家乡的温暖。四、对有技术和家居城市的复员军人的安置问题，我们已报请中央考虑。同时也希望各地根据以往经验，估计将回到本地区而必须安置就业的复员军人数字，作出计划，通盘安排。五、抓紧处理以往安置工作中的遗留问题。

1月22—28日

［纲　文］　**西藏自治区筹备委员会召开第一次全区农林畜牧工作会议。**

［目　文］　会议汇集了西藏地区农林畜牧工作情况：自1952年起，拉萨、日喀则和昌都农业试验场共引进和试种了84种近500个品种的农作物、蔬菜，大部生长良好。高原上没有种植过的黍、稷、玉米、豆类、麻和多种蔬菜，也都能在露天地里生长。全区共发放无息农牧贷款折合粮食有350多万斤，昌都地区发放无偿铁质农具46000多件。机关、部队的生产已经可以保证蔬菜自给和可以解决部分粮食供应。西藏各重要城镇和牧区，建立起20个兽疫防治等机构，1956年建立了三个林业管理站。会议在研究本年工作计划时指出：加强调查研究，吸取和总结群众性经验，做好试验示范工作，积极指导和扶助群众生产。会议强调没有藏族干部是不可能发展西藏的农林畜牧事业的，决定除了在拉萨继续开办训练班以外，还要抽调学员送到内地专业学校培养。

1月22—26日

［纲　文］　**中国哲学史座谈会预备会在北京召开。**

［目　文］　会议由北京大学哲学系主持召开，中国人民大学哲学系、中国科学院哲学研究所、中央党校等单位的哲学工作者100多人参加。

会议讨论了中国哲学史的对象和范围问题，对历史上唯心主义哲学的估价问题，马克思主义以前的历史观和伦理学说中有无唯物主义因素的问题，关于中国哲学的特点和中国哲学遗产的继承问题等。关于哲学史中唯物主义和唯心主义的关系问题，与会者认为，在哲学发展的过程中，唯物主义和唯心主义之间的斗争是绝对的，而统一的方面，只是相对的、暂时的。过分强调统一的方面，而忽略了斗争的绝对性，就很容易脱离马克思主义的党性原则。关于历史上唯心主义哲学的估价问题，与会者认为应该把唯心主义哲学中的“合理内核”和唯心主义体系区分开来，把唯心主义哲学观点跟唯心主义者和唯心主义著作区别开来。唯心主义哲学在个别问题上，可能有贡献，但不能因此得出结论说，唯心主义观点本身是正确的，有价值的。关于中国哲学遗产的继承问题，会议讨论了继承遗产的可能性和继承的标准问题。认为在哲学上所要继承的，就是唯物主义的和辩证法的东西，按着辩证唯物主义的观点，对过去的哲学遗产，加以批判地改造和吸收。研究中国哲学史的根本目的，在于具体地了解哲学思想斗争的规律，总结哲学史上斗争的经验和教训，指导当前哲学战线上的斗争，帮助我们建立科学的唯物主义世界观，而不是单纯地为了继承遗产中的好东西。

1月23日

［**纲　文**］　**外贸部发布《关于〈进出口货物许可证签发办法〉的命令》**。

［**目　文**］　《命令》说，《进出口货物许可证签发办法》定于1957年3月1日起实施。从本办法实施之日起，前中央人民政府贸易部1950年12月28日公布的《对外贸易管理暂行条例实施细则》和本部1953年3月20日颁发的《关于海关处理无证进口货物的决定》、1953年11月16日颁发的《进出口贸易许可证制度实施办法》，应予废止。《进出口货物许可证签发办法》共10条，主要内容有：一、货物的进口或者出口，除了中华人民共和国外贸部规定免领许可证的以外，必须领有进口许可证或者出口许可证。进口许可证和出口许可证由中华人民共和国外贸部有关局或者地方对外贸易局签发。二、中华人民共和国外贸部所属各进、出口专业公司和它们的分支机构进出口货物(包括国际书店进出口的印刷品、唱片，中国电影发行公司进出口的电影拷贝，中国集邮公司进出口的邮票和公私合营进、出口专业公司进出口的货物)，应当填写中华人民共和国外贸部规定的许可证格式一式二份；私商和外商进出口货物，应当填写一式四份，其他企业以及国家机关、团体、学校或者个人进出口货物，应当填写一式三份，均送请中华人民共和国外贸部有关局或者地方对外贸易局审核。发证局核准盖印后，除截留一份存查外，将其余几份发给申请人，以便据以按照每次到货或者发货的数量，分别填写中华人民共和国外贸部规定的进出口货物明细单一式二份，并且由填写单位盖印后，在进口货物运到国境、出口货物交由海关监管的时候，送交海关，凭以放行货物。三、需要分批分口岸进出口的货物，除本办法上述规定的以外，都应当分别请领进出口许可证。如果许可证超过有效期限而货物还没有进出口，有关单位或者个人应当将许可证向原发证局缴销，或者申请展延许可证有效期限。四、货物进出口的时候，如果海关没有收到进出口许可证或者没有注有许可证号码和有效期限的进出口货物明细单，以及发现货物与上项证、单不符或者许可证已经过期，海关可以扣留货物并且要通知货物所

有人或者他的代理人。五、对于被海关扣留的货物，货物所有人应当从海关发出通知之日起三个月内，向海关补交进出口许可证（或者注有许可证号码和有效期限的明细单），或者将进口货物退运国外，出口货物停止出口，运离海关规定的装卸货物区域；过期，由海关变卖货物。并附：免领进出口许可证货物清表；进口许可证、出口许可证；进口货物明细单、出口货物明细单。

1月24日

［纲　文］　**国务院发布《关于对投资公司今后方针的指示》**。

［目　文］　《指示》指出，各地投资公司过去发挥了积极作用，自全行业公私合营后，除华侨投资公司外，一般投资公司业务较前减少，如果保留原有的组织机构，不合节约原则。同时，自全面实行定息后，一般投资公司均有亏损，原因是投资收入息率低，支付股东息率高，因而息差的亏损及行政费用无法弥补，有的依靠地方财政调剂，有的直接消耗本金。为了解决以上问题，提出如下处理办法：一、除华侨投资公司外，一般投资公司应该采取收缩的方针，撤销行政机构，业务交交通银行兼管，继续吸收社会游资，对外仍以投资公司名义进行工作。所属企业按业务性质分别归口管理。二、投资公司的定息，统一由交通银行收支，息率差额的亏损，由公股上缴利润中弥补。三、由于投资公司历来就是采用定息办法，因此亏损不应由私股负担，仍按原来股值定息。四、投资公司的人员由交通银行统一安排。五、投资公司原来办理华侨投资的人员、股权和业务，应交华侨投资公司接办。六、华侨投资公司今后业务方针，由华侨事务委员会研究另行规定。

1月24日

［纲　文］　**林业部、青年团中央发出《关于开展1957年春季造林工作的指示》**。

［目　文］　《指示》指出，全国人民在党中央12年绿化祖国这一伟大号召的鼓舞下，在农业合作化高潮中，超额完成了1956年造林任务。由于各级林业部门和团的组织缺乏经验，更多地注意了运动的规模和完成的数量，而对技术指导和物质准备工作却注意不够，造林成活率不高，没有达到党中央所指示的“不但要快造，而且要造好；不但要多栽，而且要栽活”的要求。为了提高造林质量，完成1957年造林任务，特作如下指示：一、尽快地检查造林地，检查种苗，合理安排劳动力。南方应以发展用材林为主，广植杉、松、栎、桉和毛竹，适当地发展特种经济林。北方以发展防护林和水源林为主，又可结合发展用材林、薪炭林，考虑多采用解决饲料肥料的树种，有条件地区亦可发展果木林。二、解决劳动报酬，组织好造林队伍。林业部门和团委应研究和总结各地农林统一记工分红的具体办法和经验，加以推广。有些地区将造林作为基本建设工，如成活率高，以后还可采用。应该根据按劳取酬的原则，参照农业劳动定额，认真地制定林业劳动定额，以便在统一评工记分时有所依据。同时还可进一步采用春记工、秋评分，按成活率高低付酬或按队、组实行包栽、包活、包长大的办法。农业生产合作社造林，原则上都应该评工

给酬。为了推动造林运动，根据自愿原则，可以青年为主吸收有造林经验的壮、老年参加成立造林突击队，承担本社那些突击性较强或比较困难的具体任务。部队、机关、学校、企业等，在不影响工作、学习、生产的情况下，组织青年进行义务造林。三、提高造林技术，加强经营管理。各地团委应协助林业部门和林业工作站进行林业员的训练工作，每个农业生产合作社至少有一至二个以上懂得技术的林业员。在造林工作当中，要组织联合检查，贯彻技术，督促工作。造林之后，还必须注意保护和抚育，及时转入幼林经营管理工作，防止山火和牲畜践踏以及其他破坏事件的发生，做到栽一棵活一棵。四、总结经验，进行评模。

1 月 24 日

［纲　文］　**中国科学院发布《颁发1956年度科学奖金（自然科学部分）通告》。**

［目　文］　《通告》发布了此次奖项、奖金数额、获奖人及其论著，以及评审经过说明。此次评奖是根据 1955 年 8 月 5 日国务院全体会议第十七次会议通过并发布的《中国科学院科学奖金暂行条例》的规定进行的，1956 年度只就自然科学部分的科学研究论著进行评奖，部分研究成果已达到或接近世界先进水平。参评作品 419 项，获奖作品 34 项，其中一等奖 3 项，二等奖 5 项，三等奖 26 项。获奖者包括中国科学院的研究人员、高等学校教师和业务部门的工程技术人员。获奖人分获金质奖章、奖状和奖金。奖金一等奖 1 万元，二等奖 5000 元，三等奖 2000 元。

25 日，《人民日报》发表题为《我国的第一次科学奖金》的社论，指出，这次得奖的情况表明，我国的科学技术虽然在总的方面落后于世界上某些科学技术最发达的国家，但绝不能因此就认为我们在各方面都一无长处。我们有自己的一定长处，有一批优秀的科学家，他们在某些方面的工作成就是有相当高的水平的。我国的科学家们今后应该进一步发扬勤劳艰苦的作风，善于利用今后国家所提供的一切有利条件，在工作中做出更多和更好的成绩来。社论最后希望科学工作者和教育工作者要根据规划进行工作，注意集中较多力量发展国家急需的学科，力争在这方面追上世界先进水平，并在以后的评奖中使人们逐步看到努力的结果。

［文　献］　**中国科学院颁发 1956 年度科学奖金（自然科学部分）通告**

内容略。详见 1957 年 1 月 25 日《人民日报》。

1 月 24 日

［纲　文］　**中国和朝鲜政府在平壤签订《1957年两国货物交换议定书》和《中国援助朝鲜议定书》。**

［目　文］　两个议定书规定，中国方面根据中朝两国政府 1953 年 11 月谈判公报中关于中华人民共和国政府在 1954—1957 年内以人民币 8 亿元援助朝鲜恢复国民经济的决定，在 1957 年内供应朝鲜的物资和中国本年度对朝鲜贸易出口的物资有：粮食、棉花、

棉纱、棉布、煤炭、原盐、钢材、化学工业原料、纸张和建筑材料等。朝鲜本年度对中国贸易出口的物资有：铁砂、钐铁、工具钢、山形钢、有色金属、水泥、电石、水果、海产品和土特产等。

1月25日

［纲　文］　**中共中央批复财政部党组《1957年精简工作方案的报告》**。

［目　文］　中央批复意见指出：同意你部精简方案，农业税司是否有单独设立必要请考虑。精简下放人员，在没有找到安置岗位前不要宣布具体名单，也不要脱离现有工作岗位，只宣布比例。对精简人员安置工作，国务院人事局可以协助你们，但长期养病人员、半天工作人员、能力弱的女干部如何安置应慎重考虑。

本月18日，财政部党组向中共中央提交《财政部1957年精简工作方案的报告》，提出，财政部是一个综合部门，随着国家社会主义建设事业的发展，工作中有许多重大问题还没有解决。例如，积累速度和消费的比例问题，国家预算资金如何合理分配和节约使用问题，中央和地方、部门和企业单位的财政管理职权问题，农业税制和工商税制改革问题，财政科学研究问题等。因此，机构设置、人员配备，应该针对上述情况适当安排。在此提出以下精简方案：一、财政部现有21个行政机构，即办公厅、预算司、工业财务司、贸易交通财务司、农林水利地方企业财务司、文教社会财务司、行政财务司、国防财务司、会计制度司、财政监察司、农业税司、人事司、公债处、保卫处、法律室、参事室、税务总局、中国人民建设银行、中国人民保险公司、交通银行和财政科学研究所。现有干部1676人，技工勤杂256人，合计为1932人。比1955年整编前人数减少409人（1955年整编前，共有干部2083人，技工勤杂258人，合计为2341人）。二、在中央二中全会关于紧缩编制的方针下，根据具体情况，拟将现有人数减少25%，约共减少483人。（一）干部占81%（391人），技工勤杂占19%（92人）。（二）交通银行办公地址离部较近，其行政事务分别交部的有关单位管理，减少其行政人员编制。（三）裁并某些机构，如已批准的金融物价外汇司，暂不设置，8个刊物加以归并。（四）减少机构设置的层次。（五）司级干部，每一单位一般配备二人（正职一人副职一人），业务繁重的单位，最多配备三人（正职一人，副职二人），业务单纯的单位，配备一人。（六）处、科级干部，每一处、科根据业务繁简，配备1—2人；不设科的司或处（部属处），科长级干部的配备不超过三人。三、明确各个机构的分工范围，拟定编制方案，精简工作在1957年第一季度内完成。四、我们建议，被减下来的人员，除我们主动联系需要人的单位外，由国务院人事局或中央组织部统一安排。各单位都希望将长期休养、带病半日工作人员，工作能力弱的女干部尽量减下来。这些人员不好处理，还涉及爱人关系。建议国务院人事局或中央组织部能作出某些原则性的规定，以便有所遵循。

1月25日

［纲　文］　**国务院发布《关于解决第一季度煤炭紧张的紧急措施的通知》。**

［目　文］　《通知》指出，第一季度煤炭供不应求的紧张情况，虽然经过各方面的努力，但仍然存在，如果不采取紧急措施将会影响工业生产和民用煤的供应。因此号召全体煤矿职工在春节期间只放假一天，其他两日照常生产，把这两天的产量作为第一季度计划以外的超额生产。通知要求各省市人民委员会，各矿区党、政、工、团，在各地党委的统一领导下进行广泛的动员工作，反复地向全体煤矿职工说明采取这一措施的政治意义，根据各地不同情况，从计划上、组织上、技术措施上进行具体的工作安排。要想尽一切办法做好保证工人正常出勤的组织工作，帮助职工解决他们春节出勤中的困难，做好春节中对煤矿职工的年货供应。积极创造条件做好春节的检修工作，在组织春节生产时更要重视安全和生产的准备工作。《通知》最后指示煤炭工业部应根据上述指示进行具体部署，各省市应在领导同志中指定专人负责领导和检查这一工作。电力工业部应通知各地发电厂保证煤矿生产中的电力供应。铁道部应保证春节假日的发车和运输工作。

1月25—29日

［纲　文］　**周恩来率中国政府代表团访问尼泊尔王国并发表联合公报。**

［目　文］　访问期间，周恩来同尼泊尔首相阿查里雅举行会谈，并于29日在加德满都发表联合公报。两国总理一致认为，亚非团结对于维护世界和平具有重大意义。为完成这一巨大任务，亚非国家应该超出他们彼此之间的细小分歧。世界上所有国家最后将会认识到和平共处五项原则的重大意义，而人类的人道主义精神将最终取得上风并且战胜由于掌握了大规模毁灭性的致命武器而产生的依靠实力的骄横。访问期间，周恩来、贺龙拜会了尼泊尔国王马亨德拉，并出席了首都加德满都3万市民举行的欢迎大会和加德满都商会

1月25日，周恩来（右二）率中国政府代表团抵达尼泊尔首都加德满都，受到尼泊尔首相阿查里雅（右一）的欢迎。

举行的招待会。

1月25—28日

［纲　文］ **农垦部召开牧区工作会议。**

［目　文］ 内蒙古、新疆、青海、甘肃的负责同志和主管牧区工作的农村工作部13人，以及中央有关部门的30多人出席会议。会议由乌兰夫①、谭震林②主持。会议主要讨论合作社、牧区经济工作中的问题和解决办法，交流各地建社经验。会议认为，畜牧业经济必须实行社会主义改造，对个体牧民经济要通过合作化道路逐步实行改造。但是，目前主要应办初级社。对牧主经济要坚持和平改造的方针，采取各种形式，如办公私合营牧场、吸收牧主参加合作社、代牧牲畜等。应当贯彻中央已确定的“依靠劳动牧民，团结一切可以团结的力量，在稳定发展畜牧业的基础上，逐步地实现对畜牧业的社会主义改造”的总方针。在改造的时间和速度问题上，要根据各地实际情况，不可勉强一致。对半农半牧区畜牧业改造工作，原则上应贯彻牧区畜牧业社会主义改造的方针、政策。会议提出，关于畜牧业社会主义改造的方针、政策，中央应当有个正式文件。

各地在汇报中提出牧区在牲畜价格、税收、粮食供应、畜产品收购等方面存在一些问题，如内蒙古、新疆地区牲畜降价过猛，牧民不满而影响生产；青海、甘肃地区牲畜的销路问题。会议提出，内蒙古地区牛价和畜产品降价过猛，可考虑提高，但因关系着华北、东北地区的价格，应通盘解决；新疆牲畜主要是出口，可由自治区党委研究解决；青海、甘肃地区牲畜销路关系着交通运输、屠宰设备等问题，可由中央有关部门与青海共同研究解决，收购、管理与运输等问题应当通盘解决。从目前情况看，似应考虑在国家统一领导和管理下，开放牲畜自由市场，放宽经营管理办法。自由市场的管理、设立和恢复骡马市、利用旧的牛贩子、贩运路线、屠宰设备等，都需专门研究。会议决定，除新疆地区牲畜价格自行解决，内蒙古与华北、东北地区的牲畜价格问题，青海、甘肃地区牲畜销路问题，关于羊价与皮毛等畜产品收购问题，均于2月中旬提出一个初步方案。关于牧业税收、粮食供应等问题，属于各地区的具体问题，由各地区自行研究解决。关于牲畜产量问题，会议认为，宰杀、出售牲畜量逐年增加的原因是多方面的，社会主义改造的影响不是主要原因。除了牧民生活水平的提高，城市人民肉食品需要量的增长、收购任务逐年增加，从非正常的情况来看，由于工作上的缺点，如牲畜价格（主要的）、牧业税收、粮食供应以及合作化运动中所发生的一些问题，增加了牧民的思想顾虑，影响到牧民的生产积极性。从各地历年牲畜纯增情况来看，内蒙古、青海每年纯增率在15%—22%之间，新疆、甘肃在8%—19%之间；1955年和1956年各地牲畜纯增率都在下降。随着牧区人民生活水平提高的需要和国家收购任务的增加，以及自然灾害的影响，今后每年纯增率任务

---

① 乌兰夫（1906—1988），蒙古族，内蒙古土默特左旗人，时任中共中央政治局候补委员、国务院副总理兼民族事务委员会主任、内蒙古自治区委第一书记。

② 谭震林（1902—1983），湖南攸县人，时任中共中央书记处书记、全国政协常委。

的计划以订在8%—12%较为合适。

1月25日

［纲　文］　**《诗刊》杂志创刊。**

［目　文］　创刊号（1957年1月号）发表了毛泽东1月12日致该刊主编臧克家[①]和编辑部的一封信，以及毛泽东写于20世纪不同年代的18首诗词。

1月26日

［纲　文］　**煤炭工业部和中国煤矿工会全国委员会作出《春节照常生产的决定》。**

［目　文］　根据国务院发出的《关于解决第一季度煤炭紧张的紧急措施的通知》，煤炭工业部和全国煤矿工会作出该《决定》。《决定》提出，春节期间抽出两天假日照常生产，把这两天的产量作为第一季度计划以外的超额生产。《决定》要求各级行政和工会要在党委领导下深入群众，深入现场，积极向职工宣传保证出勤、增加生产的重要意义，并且要采取措施，保证安全生产，组织好节日的文化娱乐活动和协同供应机关做好节日的供应工作。[②]

1月27日

［纲　文］　**《浙江日报》发表署名李云河[③]的文章：《"专管制"和"包产到户"是解决社内主要矛盾的好办法》。**

［目　文］　文章认为，实行"专管制"和"包产到户"是为了补充集体劳动的不足。在肯定"集体劳动"的基础上，采取"专管地段责任制"（或再加产量责任制到户）可以弥补"集体生产"可能发生的缺陷，提高劳动生产率和劳动利用率。这种"专管地段"和"包产到户"的做法，是在统一领导统一计划之下进行的，是社会主义集体劳动的一个组成部分，它和"单干"有本质上的不同。文章提出，个体农民那种"精打细算"、"干活主动"是一个长处，一旦为社会主义生产所采取，一旦与集体劳动的优越性相结合，就能更好地为社会主义服务，完全符合党中央和毛主席"调动一切积极因素为建设社会主义服务"的精神。农民在个体经营时期所表现的这种"主动性"、"细致性"也应该视为中国农民的宝贵遗产和中国农业生产的优点。我们只有保护它和继承它，不能说"专管制"和"包产到户"是"拉倒车"。

文章最后以燎原社半年的实践说明包产到户和专管地段制的效果。实际上燎原社的"包产到户"不是以户为单位经营，而仍然以队为单位统一经营，有很多农活是靠"集

---

① 臧克家（1905—2004），山东诸城人，诗人，时任中国作家协会书记处书记、《诗刊》主编。

② 《决定》下发的同时，由煤炭工业部部长陈郁和部长助理刘向三、钟子云等领导的几个工作组前往沈阳、哈尔滨、太原、济南等地区督导工作。

③ 李云河（1932— ），原名苏凤亭，山东惠民人，时任浙江省温州地区永嘉县县委副书记。1957年8月以后，他的观点受到党内批评。在9月下旬召开的中共永嘉县代表大会上，李云河受到严厉批评，并在会上作了检讨。

体”去完成，只有一部分适合于个人搞的农活，才由社员自己去安排。“包产到户”实质是“产量责任制”和“劳动质量责任制”到户。“包产到户”推行后，有“六好”、“六高”、“八多”、“五少”和“两省”。“六好”是责任清楚好、劳动质量好、大家动脑筋好、增产可靠好、干群关系好、记工方便好；“六高”是农活质量高、粮食产量高、学技术热情高、劳动模范威信高、最后生活水平一定会提高；“八多”是增积土肥多、养猪养得多、学技术的人多、千斤田会增多、生产能手会增多、勤劳的人会多、关心生产的人会多、和睦团结多、勤往田头的人多了；“五少”是偷工减料的少了、懒的少了、装病的少了、放掉农业去找副业的人少了。

1 月 28 日

［纲　文］　**国家经委党组向陈云和中共中央上报贾拓夫《上海市自发工场和手工业户的情况》和谷牧的报告。**

［目　文］　贾拓夫 1 月 14 日报告①的主要内容是：一、一般情况。上海市自上年二季度以来，随着市场转旺，外地来沪采购增多，助长了手工业自发户的发展。截至 1956 年 9 月底止，全市自发的手工业户约有 2885 户，从业人员 8169 人，至 12 月上旬已发展到 4236 户、14773 人。从行业来看，根据 11 个区 2842 户资料初步分析，有针棉织、服装、皮件、五金、竹木器、文教用品、美术、百货等 90 多个行业、组，其中以五金、皮件、文教、百货等业居多数，占比较大的五金占总人数 28%，总户数 25%，皮件占总人数 17%，占总户数 15%。二、人员成分分析。自发手工业户从业人员来源不一，有农业人口、无业居民、家庭妇女、失业工人、小商小贩、歇业资方、业主、退厂工人、退社社员等。根据市区 11 个区各行业自发的手工业 2842 户、从业人员 10779 人的分析，占比较大的有：农业人口 1210 人，占 11%；无业居民和家庭妇女 3897 人，占 36%；失业工人 2338 人，占 22%；其他 2673 人，占 25%。三、自发户的性质。根据市区 11 个区的材料分析，划分为：个体户、工场户、家庭副业生产、合伙组织等四种类型，其中个体户占 65%，工场户（雇工 3 人以上的）占 20%，家庭副业生产占 10%，合伙组织占 5%。四、自发手工场和手工业户的作用和影响。（一）积极方面：1. 制造特殊产品或半制品、配件，与某些工厂保持协作关系，适应特殊需要。2. 生产小商品，接受外埠商业部门和本市商店订货，或直接供应市场需要。3. 季节性临时经营。4. 临时性家庭副业生产，弥补家庭生活。5. 日常修理，流动服务，适应居民需要。6. 利用废料生产。（二）消极方面：1. 产品质量次，价格高，对消费者不利，对市场的正常经济秩序起混乱作用。2. 对手工业合作社巩固和提高有一定的影响。3. 外地农业人口盲目流入，增加城市负担。五、自发工场和手工业户存在的条件和对策。根据不

---

①　贾拓夫报告的内容是在 1 月赴上海了解所谓“地下工厂”、由上海手工业管理局负责同志整理材料的基础上，删掉了其中某些繁琐的部分形成的。

同的情况，采取分别对待的办法：（一）产品质量合乎要求，又为市场所需要的，应加强领导，发挥其积极作用。（二）产品质量不合要求，暂时在市场上还有销路，很快可为工厂企业所代替的，应限制其发展，必要时停止其经营。（三）偷工减料，产品质量低劣，投机取巧，扰乱市场的，应予取缔。（四）为了防止自发工场的继续盲目发展，有关各部门密切配合，加强市场管理。

国家经委副主任谷牧1月16日报告①的主要内容：一、材料问题。1956年地方工业的生产较1955年一般上升了一倍左右，职工人数增加很多，很大一部分修配力量转为制造，生产能力大大扩展，材料消耗大大增长，因而使1957年的材料问题显得十分突出。他们对1957年材料需要提出三个方案：（一）维持1956年生产水平需34万吨；（二）生产较1956年增长9.4%，要38万吨；（三）生产增长9.4%，并补库存需42万吨。材料紧张的程度，一般是国营比地方好，地方上是计划申请单位比靠市场供应的非申请单位好。二、生产问题。在生产任务的安排上，上海是任务压得重，能力不足，材料不足。江苏、山东则是一方面材料不足，一方面任务也不足。解决上海的问题不单是砍任务和解决原材料供应，还必须研究如何正确地安排生产。江苏和山东的情况与上海不同。由于农具生产任务下降（山东1956年为农具生产增加了3000—4000人，江苏徐州铁工厂1956年工人增加了3倍，1957年的农具任务只够20天生产的），材料供应不足，吃不饱的现象已很严重。手工业合作社的发展方向、组织形式、如何领导等问题，恐须进一步研究。三、关于修配协作问题。1956年一季度农具任务的紧急安排打乱了许多厂原有的协作关系，以后私营工商业改造高潮中的大批裁并改合又使协作关系受到相当影响，加以1956年制造任务加大，许多企业转为专业制造，因之，1956年协作修配是很紧张的，许多设备得不到正常的维修，好些协作件找不到承接厂。有些厂裁并得不恰当，协作关系被打断和打乱了，有许多厂对并厂后的电力供应、厂房等问题未作全面的安排，有些并来的机床不能全部开动，降低了设备利用率，增加了工种的不平衡，也影响了协作任务的承接，对产品质量的稳定也有一定影响。四、关于体制的几个问题。（一）各地嫌统得太死，要求在基建、物资、财政等方面给予一定的机动余地。（二）关于计划编制工作，各地的意见很多，总起来是技术性太大，思想性太少，时间太急，表报太多，主观主义。（三）对地方计划工作的领导问题：1. 各地反映目前条条块块矛盾很多。2. 经济区的规划问题。上海认为苏浙闽皖赣之间仍应保持一定的地区性的联系，以便更好地解决一些地区平衡问题。（四）地方计委的编制和工作职责范围问题：1. 江苏、山东计委反映任务很重。江苏计委兼管计委、经委、建委三方面工作。山东计委受省委委托代管统计局、物资供应局、储备局、运输委员会。各地要求整编中能把这问题大体定下来。2. 专署和县的计划机构的设

① 谷牧在报告中说，原拟看些厂子，了解上海、江苏和山东1957年的生产安排和基建情况，但地方同志要求谈材料、市场、计划体制以及工业管理上的一些问题。因此，除了在上海看仪表、无线电厂，在南京看二机部一些厂，也根据地方同志的安排听了一些汇报。

置过去计委指示因地制宜，无统一规定，这问题也牵涉县的计划如何编制问题。各地希望有一原则指示。

1月28日

［纲　文］　**文化部发出《关于新华书店今后不再办理内部发行的通知》。**

［目　文］　《通知》说，新华书店总店报告，几年以来，该店用内部发行方式发行的书籍很多，自1953年到目前约有570种，中央级的大部分出版社和一部分地方出版社以及有些机关、团体出版的某些书籍，均交由该店内部发行。可分为三类：一、内容有机密性或由于某种原因需要保密，仅供指定的机关、团体和一定级别的干部阅读的，例如《中华全国总工会主要文件汇编》、《台湾省地图》。二、内容无机密性，但在门市部公开发行对国际关系有妨碍的，例如《印度经济危机》、《战后帝国主义殖民体系危机的加深》。三、内容不够成熟或译文质量不够高，出版机关自认为不宜公开发行的，例如人民大学出版的各种教材等。这三类中以第三类最多，第一、第二类书籍，除极少部分由新华书店总店指定北京分店内部发行组办理外，绝大部分须通过散布全国各地的销货店办理，存在很多流弊：一、保密没有保证，已发生泄密现象。二、指定一定干部阅读的书籍，由于等级制度不一，书店很难掌握，常常引起干部不满。第三类书籍由新华书店内部发行也是不必要和不妥当的。质量低的书根本就不该出版。为此，特规定：新华书店今后不再办理上述三类书籍内部发行业务。第一类和第二类书籍改由出版部门或有关部门自行发行；第三类书籍如具有一定水平，即改为公开发行，出版单位可将这类书籍的出版意图、读者对象、阅读时应注意之点，用适当方式向读者交代清楚。出版单位认为确实有作内部发行必要的，则由出版单位自行发行。

6月1日，又发出补充规定，某些有特殊情况的书籍，仍需采取内部发行，仍由新华书店负责。

1月29日

［纲　文］　**《人民日报》发表题为《正确看待农村自由市场》的社论。**

［目　文］　社论说，国家领导的农村自由市场，在全国许多地方先后开放了。几个月来，各级干部、城乡人民已经产生了某些不同的看法和意见。开放农村自由市场以后，市场上“无证商贩”显著地增加了。几年来很少看到的掺假、短秤、抬价收购、投机倒把的现象又开始出现了。少数已经组织起来的小商贩要求退出合作小组，某些农业社的社员打算弃农经商，消费者不满意自由市场上某些供不应求的商品提高了价格，某些国营商业和供销社的工作人员感到开放自由市场以后工作更难作了。因此，有人说开放农村自由市场的这个方针是错误的。农村自由市场是否适合我们国家的情况，是否能够推动生产的发展呢？我国社会主义改造的任务已经基本完成，社会主义经济已经居于绝对统治的地位，全国人民的生活有了一定程度的提高和改善。但是，我国是一个拥有6亿人口的多民族的大国，幅员广大，地理和气候条件极为复杂，每年生产大量的、多种多样的物产。由于各

个地区经济条件和风俗习惯的差别，人们有很多千差万别的需要。因此，怎样把各个地区生产的多种多样的产品集中起来，分配出去，满足生产和消费的需要，就成为一个十分重要的问题。在解放后的几年以内，由于对市场管理过严过死，曾经带来一些副作用。当国家取得了社会主义改造决定性的胜利以后，让一部分小土产的生产继续不能恢复、发展，这就很不应该了。

现在开放农村自由市场的时间还不很久，它的好处却看得很明显了。例如，武汉市在开放郊区自由市场以后，城乡贸易显著地活跃起来。去年 11 月份，农民和外地商贩到市内出售商品的人，比开放自由市场以前的 7 月份增加 5 倍，交易额增加 12 倍。市场价格基本上是稳定的。由于产销直接见面，经营环节减少，农民出售产品的收入增加了，这就有力地刺激了他们的生产积极性。国营商业和供销合作社，在开放农村自由市场的新情况下，正在积极改善自己的经营管理工作。开放农村自由市场会不会重新产生资本主义的威胁呢？我们认为，由于我们所开放的自由市场，是国家领导下的、限制在一定范围内的自由市场，开放什么商品，不开放什么商品，是由国家根据社会主义经济和人民需要来决定的；开放的商品的总值，不过约占全国农业和农业副产品总值的1/3，国营、供销社商业对于这一部分商品，仍然有责任掌握货源、稳定市场。这就杜绝了资本主义泛滥的可能性。但是，也不能否认，在开放农村自由市场以后，由于某些干部的政策思想不明确和缺乏经验，在工作中产生了一些缺点和错误，使个别小商贩得以非法牟利致富，甚至发展了某些资本主义性质的剥削，今后对于工作中的这些缺点和错误必须坚决加以纠正。

1 月 29 日

［纲　文］　**中国人民银行总行发出《关于改订结汇差价及手续费办法后应明确的几个问题的指示》。**

［目　文］　《指示》指出，为简化收费手续并减轻国家企业、机关负担，1956 年 12 月 29 日总行与外贸部以联合电报指示取消结汇差价及手续费改为收取财务费用办法。因电文简单，除外贸部分已由部行联合补充指示外，特再对其他系统（包括学校团体）在收费上的具体问题补充规定如下：关于在收费上贸易与非贸易的划分问题。一、凡属下列性质系属贸易范围，照收 5‰之财务费用：（一）贸易货款：例如国际书店书刊、中国影片经营公司经营的影片，以及中国集邮公司邮票等。（二）贸易从属费用。（三）各机关、企业、团体、学校等直接向国外订购货物，如订购船只、汽车、图书、仪器等之汇款。二、不属于以上三类性质而属于财政预算项下的行政费开支性质的汇款，如出国代表团费用，驻外使领馆费用，留学生、实习生费用等，均属非贸易范围，免收 5‰之财务费用。此外，国际旅行社及民航局，其经营业务中客运占绝大部分。为简化收费手续起见，一概不收财务费用，国际邮电结算时差额清算，外轮代理公司对苏新的港口费用及船东费，以及中国人民保险公司的对外分保费及保险赔款，均列入非贸易范围内办理（外轮代理公司对资部分之港口费用及船东费，则照收 5‰之财务费用）。牌价方面，苏新部分卢布牌价

（包括贴补）并无变动，即如原为每卢布折合人民币五角或八角或九角五分者，此次改变办法后仍分别按原规定五角或八角或九角五分计算，对资部分货币，不论贸易非贸易，均改按清算价计算。《指示》还对进出口贸易的收费问题、新规定实施后已执行原规定的处理办法、外汇结算办法等作出了详细规定。

1 月 30 日

［纲　文］　**国务院发出《关于棉花、棉布购销工作的指示》。**

［目　文］　《指示》指出，1956 年度棉花收购计划完成很差，进口棉花的计划也有大部分不能实现。因此，棉花资源较原订计划减少，1957 年的棉纱也将因之减产。在纱布资源已经很紧的情况下，再减产势必牵涉到市场供应、生产安排、财政收入等一系列的问题。为使纱布生产不致减少过多，除要求纺织工业部门克服生产上的困难，尽可能节约和压低库存、周转棉以外，还必须积极扩大纺织用棉资源，责成供销合作总社迅速采取有效措施，在各省市委、政府帮助下争取多收一些棉花，并请主要产棉省人民委员会领导合作社加强棉花收购工作。在絮棉供应上，2—8 月已是絮棉需要淡季，除必须供应的一小部分外，对一般的絮棉供应，应当严格控制，以节省下来供应纺织用棉；灾区救灾用棉也应当尽量节省。在棉布供应上，必须严格控制计划，贯彻凭票供应的办法，有的地区不收或少收布票的现象，必须坚决纠正。

在棉布计划供应的具体措施上，除 1956 年 11 月 21 日国务院批转商业部提出的几项补充规定应继续贯彻执行外，特再补充以下几点：一、大力节约机关、团体、工厂、学校的公共用布，凡是工作上没有十分必要的单位，一律不发工作服。原有旧工作服能够继续使用者，应提倡打补丁使用，一律不再新做。设备用布（包括被褥、窗帘、台布、沙发套等），除新建单位确属必需者外，一律停止供应。对生产所必需的包装用布（如面粉袋、糖袋等），使用部门必须尽量节约，并应加强回收工作，面粉袋的回收率，要求在全国范围内较 1956 年至少提高 20% 。二、号召军队官兵、机关团体干部和厂矿企业职工在目前国家棉布供应不足的情况下，尽可能地利用旧有服装，少制或者不制新单衣和棉衣。三、自1957 年 2 月 10 日起，实行以下规定：（一）童装不论大小，一律按实收布票。（二）取消五寸以下不收布票的规定，一律按实收布票。各地可另行印制一部分寸票发给零售单位，作为找零之用。（三）蚊帐布按二折收布票（即一尺收二寸布票）；蚊帐成品的顶布、边布均按实收布票；衣著用的网眼布也应按实收布票。四、今年对预购棉花，除一般地停止粮食和油饼的优待外也不再优待布票。

1 月 30 日

［纲　文］　**国务院发出《关于工商业联合会机关干部的评级、医疗、福利、学习和工商业联合会经费问题的通知》。**

［目　文］　《通知》提出以下意见：一、全国各级工商业联合会（包括同业公会）机关干部和勤杂人员约有四万人。近年来，他们的政治觉悟一般有所提高，在党政领导下

做了不少工作，但大部分地区（特别是县、镇）工商业联合会机关干部，在政治待遇和物质待遇上，还存在着一些不正常的现象：有的不能参加有关的会议，有的得不到应有的学习机会；有的尚未评定工资级别，工资从未调整，甚至调到其他部门工作要经过试用或降职降薪；医疗、福利等问题也未得到解决。这对于进一步提高工商业联合会机关干部工作的积极性是不利的。为此，特对工商业联合会机关干部有关问题通知如下：（一）关于评定工资级别问题。1. 凡未进行评级的，均须在当地工资改革委员会统一领导下，参照国务院关于颁发国家机关工作人员工资方案的通知，参照其他同级人民团体干部的级别，进行评定。2. 已经评级的，在这次工资改革中，应当参照国务院关于工资改革中若干具体问题的规定中关于升级问题的规定办理。（二）关于医疗、福利问题。1. 医疗问题应当按照卫生部1956年10月30日（56）卫医字第552号通知的办法办理。所需的医疗费用，列入各级工商业联合会经费内开支。2. 由各级工商业联合会行政费中，按各该级工商业联合会机关全体工作人员工资总额拨出3%作为福利费。县级以下工商业联合会工作人员的福利费，应当按照1956年9月14日国务院人事局（56）国人事字第2772号的通知，由所在地的县人民委员会统一掌管，合并使用。（三）关于学习问题。各级工商业联合会机关干部应当同国家干部一样享有同等的学习政治理论和文化的机会。勤杂人员的评定工资级别、医疗、福利和学习等问题，也应当参照上述原则适当处理。二、目前有些地区工商业联合会在征收会费上有困难，尤其县工商业联合会的困难更大。为改变这种情况，根据1955年5月5日国务院《关于工商业联合会经费负担办法的若干规定[①]的通知》，各地国营企业和合作社所负担该地工商业联合会经费1/3（或1/3以上）的原则不予改变；原规定由私营企业和公私合营企业所负担的其余部分，在全行业合营以后，除个别尚系私营的企业仍旧继续自行缴纳会费外，便应当由公私合营企业负担；有专业公司的行业由该专业公司统一缴纳，没有专业公司的行业由各企业直接向工商业联合会缴纳。各类企业必须照规定按时缴纳会费。

1月30日

［纲　文］　教育部发出《关于中学毕业考试等问题的通知》。

［目　文］　《通知》说，最近一两年来，有些地区的学校，初、高中三年级第二学期曾发生不按照教学大纲、随意删减教材、加快教学进度、提前结束课程举行毕业考试的

---

① 在这个规定中，对各地国营企业和合作社所负担该地工商业联合会经费的原则规定如下：一、全国工商业联合会和省工商业联合会的经费，国营和合作社仍负担1/3。二、直辖市工商业联合会的经费，目前未发生困难，国营企业和合作社可基本上维持现行负担比重。三、在市、县，由于国营企业和合作社对工商业联合会经费的负担，各地比重悬殊很大，工商业联合会经费困难的程度也不相同，不规定统一的负担比例；但国营企业和合作社必须根据工商业联合会经费困难的具体情况，在原负担数的基础上适当提高负担比重，最高以不超过1/3为原则，个别因国营和合作社经费比重很大，不超过1/3就不能维持工商业联合会必要开支的地方，经当地人民委员会确定，也可以适当超过。各省人民委员会应根据具体情况，按上述原则，分别规定市和县国营企业和合作社的负担比重。关于国营企业和合作社间的分配，在合作社业务移交国营商业经营的城市，合作社应负担的部分由国营商业负责（可仍以合作社的名义交纳）；国营商业不经营的城市，国营商业应负担的部分由合作社负责；国营商业和合作社共同经营的城市则双方适当分担。——原注

现象。这种做法不仅会造成学生精神上的过度紧张，加重学生的负担，而且会影响教学工作的正常进行与教学质量，造成学生在学习思想上的混乱，错误地认为学习的目的只是为了升学。为了使教学工作能够正常进行，将1957年暑假中学毕业考试等问题规定如下：一、初、高中毕业考试范围暂规定为第三学年所学全部教材，或第二学期所学全部教材。二、高中三年级全学年的实际授课时数可适当减少，但是必须保证不少于32周。考试时间的长短，各校可以根据具体情况自行决定。三、为了既能保证全学年实际授课周数，而又能使学生有一定的时间准备升学考试，高中三年级不少于32周，初中三年级为34周，初中三年级原规定的参观时间可以暂不执行，初、高中三年级可以暂不放农忙假。是否要放春假，请各省、自治区、直辖市自行决定。

1月30日

［纲　文］　**内务部发出《关于表扬河北省抚宁县、山西省平遥县净化乡、辽宁省大连通用机器厂、邮电部北京市邮电局四个安置复员军人规范单位的通报》**。

［目　文］　《通报》指出，为了树立安置复员军人工作中的模范旗帜，交流安置工作经验，推进今后复员安置工作，根据1956年国务院发布的《关于安置复员建设军人工作的奖励办法》，选择河北省抚宁县、山西省平遥县净化乡、辽宁省大连通用机器厂、邮电部北京市邮电局四个单位为安置复员军人模范单位，予以通报表扬。

1月30日

［纲　文］　**上海文化局举行1956年传统剧目发掘、整理工作颁奖大会**。

［目　文］　会议为159位对发掘、整理传统剧目有贡献的老艺人、艺人颁发奖金，54位受到表扬。此前，上海的艺人们收集和发掘京剧、越剧、沪剧等9个剧种的5625个剧目（包括1731个京剧剧目），其中319个戏已记录下来，初步整理和改编的剧本有60个。本年计划记录2280个剧目。在发掘和整理工作中，很多老艺人献出珍藏多年的剧本。

1月31日—2月5日

［纲　文］　**周恩来率中国政府代表团访问锡兰并发表联合声明**。

［目　文］　访问期间，周恩来与锡兰总理班达拉奈克举行了两次会谈。2月5日，两国发表联合声明。两国总理重申，坚决遵守1955年在万隆集会的亚非国家所接受的各国共处和合作的原则；反对敌对性的军事集团，支持裁军，并且强调禁止核子武器和停止试验这种武器的必要性，有必要加强亚非国家的团结，以反对帝国主义和殖民主义势力在这个地区的侵略和扩张。关于埃及和西亚的局势，我们认为，这个地区的各国人民必须有自由按照自己的意志决定自己的命运。我们对于巴基斯坦和印度关于克什米尔的争执所引起的不幸局势深感不安。在承认并且尊重可能存在于我们之间的观点的差异的同时，我们决定要发展我们两国之间的经济合作和文化交流。

访问期间，周恩来一行与锡兰总督奥利弗·古涅狄莱克爵士会见；在众议院向锡兰参议员和众议员们发表演讲；应邀出席锡兰独立9周年庆祝大会。

2月4日，周恩来（前排右一）出席锡兰独立9周年庆祝大会，和锡兰总理班达拉奈克（前排左一）一起观看体育表演。

1月

［纲　文］　**交通部党组发出《关于改进长江航运工作的意见》。**

［目　文］　《意见》指出：一、改善和加强长航党委的领导，认真贯彻党委集体领导下的局长负责制，有关年、季、月的生产计划及其他重大问题，均应经党委集体讨论作出原则决定。在行政领导上，对全面性的业务行政工作和重大问题，也应经过民主讨论，进行统一安排。既要发扬民主作风，又要发挥集中统一的领导作用。首先应认真地全面地研究1957年的运输生产计划，并征求各省市意见，然后再召开职工代表大会，广泛讨论，制定出有关计划贯彻的具体措施。必须提倡干部下现场和群众一起研究和解决问题的工作精神，坚决克服脱离实际的官僚主义作风。二、迅速统一党内思想，加强领导干部间的团结。领导干部特别是主要领导干部应首先认真进行自我检查以树立新的风气，积极地改进原长航局和民生公司干部间与职工间的团结关系，妥善安排原有合营公司的干部，消除业务干部与政治干部之间的隔阂。至于对长航局与民生公司间历史上的一些是非问题，凡与部有关的将由部检查澄清。长航党委可经过研究提出意见，暂不急于做结论，也不要因此影响当前工作。三、改善运输组织和管理制度，加强调度工作，改变长航局现在实行的分段管理办法。长航局应直接领导长航船舶（包括直达驳船）和中游主要港口的生产工作，分局只管区间短航运输和分区牵引用的拖头；汉口分局是否应继续保留，责成长航局立即着手研究拟出改善长江运输组织管理制度方案时一并解决，于第一季度内报部核批后施

行。四、加强技术和机务管理工作，坚决制止盲目超拖超载现象，消除海损和机损事故，确保航行安全。五、根据运输生产和管理制度的改变，应大大减少非生产管理人员，抽调较强的干部充实业务部门，将精简机构编制、整顿组织的工作作为全年重要任务之一。六、为适应运输生产上的需要，部决定将民生、白莲泾等修船厂仍划归长航局领导，其他拟扩建的小修船厂是否仍须扩建，亦由长航局重新考虑。长江航道管理局拨归长航局领导。将水运设计院在长江的工作组以及长航局现有规划设计人员统一组织起来，成立专门的规划设计机构，亦交长航局领导，今后有关长江沿线港口规划、设计等工作亦统由长航局负责进行，由部帮助并审批。

1月

［纲　文］　**全国铁路提前一年左右完成第一个五年计划的运输指标。**

［目　文］　1956年全国铁路共运送旅客25211万人，货物24605万吨，同五年计划规定的1957年指标比较，客运超过510多万人，货运超过60多万吨。五年计划规定的1957年铁路旅客周转量为319.66亿人公里，已于1956年10月达到；规定的货物周转量为1209亿吨公里，本月提前完成。同五年计划开始前一年（1952年）比较，全路客运量、货运量分别增长54.2%和86.2%，旅客周转量和货物周转量分别增长32.1%和100.1%。

1月

［纲　文］　**夏衍[①]、田汉[②]、欧阳予倩[③]、阳翰笙[④]等发出《举办话剧运动50周年纪念及搜集整理话剧运动资料出版话剧史料集的建议》。**

1月

［纲　文］　**世界知识出版社成立。**

1月

［纲　文］　**中国戏曲研究院编辑的大型戏剧理论刊物《戏曲研究》创刊。**

1月

［纲　文］　**《人民文学》杂志开始连载张天翼[⑤]的长篇童话《宝葫芦的秘密》。**

---

① 夏衍（1900—1995），原名沈乃熙，字端先，浙江余杭（今浙江杭州）人，作家，时任文化部副部长。

② 田汉（1898—1968），原名田寿昌，湖南长沙人，作家、诗人，国歌《义勇军进行曲》词作者。

③ 欧阳予倩（1889—1962），原名立袁，号南杰，艺名莲笙、兰客、桃花不疑庵主，湖南浏阳人，戏剧家，时任中央戏剧学院院长、中国剧协副主席。

④ 阳翰笙（1902—1993），原名欧阳本义，字继修，四川高县人，编剧、戏剧家、作家，时任中国人民对外文化协会副会长、中国文联秘书长、中国剧协常务理事。

⑤ 张天翼（1906—1985），原名张元定、张一元，湖南湘乡人，儿童文学作家。

2 月

2月2日

［纲　文］　**毛泽东在公安部关于处理在押病残战犯报告上做出批示。**

［目　文］　批示说，不但这些人应当处理，其他战犯凡犯罪较轻、表现较好的，都应考虑判决释放，因为已关了七八年了。只留下犯罪较重的和最重的两类，待后处理。请公安部将战犯全体审查一下，定出一个处理方案送中央审阅。

此前，1月29日，公安部党组在《关于处理在押病残战犯向中央的请示报告》中提出，刘焕东等12名蒋介石①集团的战犯，考虑到他们在关押期间患有重病，有的因病致残，而表现一般较好，公安部与最高人民检察院、最高人民法院商妥，拟准予保外就医。

2月2—4日

［纲　文］　**中国和越南边境居民举行春节联欢会。**

2月3日

［纲　文］　**中共中央批转文化部党组《关于安排1957年新闻出版用纸的报告》。**

［目　文］　中共中央批准并向全国党政机关转发这个报告。1月16日，文化部党组就安排1957年新闻出版用纸问题请示中央报告国家经委核定1957年新闻出版用纸为18.45万吨，其中新闻纸和凸版纸为15.5万吨，较1956年实际用量17万吨减少1.5万吨。鉴于整个纸张资源不足、纸张市场紧张、新闻出版事业需要切实整顿，我们同意这个数字。1952—1955年，每年出版用纸增长率约为15%，1956年较1955年却陡增46%，出现追逐数量、忽视质量的现象。根据一般紧缩、保证重点、通盘筹划、量米做饭的精神加以分配，首先保证课本的供应，而报纸、杂志、图书大加紧缩，经过反复核算，对1957年新闻出版用纸拟作如下分配：一、报纸方面，1956年用纸5.44万吨，1957年分配4.86万吨，压缩5800吨。二、杂志方面，1956年用纸1.7万吨，1957年用纸1.55万吨，压缩1500吨。三、图书方面，1956年用纸5万吨，1957年分配4.22万吨，压缩7800万吨。四、课本方面，1956年用纸4.86万吨，1957年用纸4.87万吨，增加100吨。

---

① 蒋介石（1887—1975），字中正，浙江奉化人，时任国民党总裁，台湾国民党当局“总统”。

2月4日

［纲　文］　**财政部发出《关于修订〈手工业合作组织交纳工商业税暂行办法〉若干条款的通知》**。

［目　文］　《通知》指出，为了使税收工作进一步适应国家对手工业合作组织的改造政策，并配合手工业管理部门对手工业合作组织采取的新措施，现将本部1955年11月1日所公布的《手工业合作组织交纳工商业税暂行办法》的若干条款作如下修订，并于1957年1月份（营业月份）起施行：

一、第三条第二项对手工业生产小组的减税优待规定修改为："新成立的手工业生产小组，自开工生产的月份起，营业税减半交纳一年，所得税减半交纳两年。"第五条第二项手工业生产小组改组为手工业生产合作社后的减税优待规定修改为："手工业生产小组改组为手工业生产合作社后，不再从新给予减税优待。"

二、第三条第一项后段，对优待期满但经营仍有困难的手工业生产合作社的照顾规定修改为："手工业生产合作社、手工业生产小组优待期限已满，对个别经营仍有困难的，经当地市、县人民委员会批准后，可在不超过一年的范围内，酌情再给予一定期限的减税照顾。"

三、第九条后段，手工业合作组织间拨售原料不纳营业税的规定修改为："手工业合作组织将购进的原材料相互拨售，如系由其上级联社批准，并向税务机关事前备案的，可不纳营业税；但手工业合作组织之间相互拨售自产的成品、半成品和相互加工、修理等，均应按照规定交纳营业税。"

2月4—8日

［纲　文］　**全国冰上运动会在齐齐哈尔举行**。

［目　文］　来自21个城市10个民族的380名运动员参加本次运动会。开幕式上，汉、朝鲜、维吾尔、蒙古等4个民族的4名运动员手抬国旗为前导滑冰进入会场，约1.5万名观众观看开幕式。黑龙江省副省长于天放致开幕词，应邀来中国访问的朝鲜冰上运动参观团团长李仁原在会上讲话，并向大会赠送礼品。身穿民族服装的齐齐哈尔市朝鲜中学学生表演冰上朝鲜舞。运动会进行了冰球、花样滑冰和速度滑冰的比赛。在8日举行的闭幕式上，274名冰球、花样滑冰和速度滑冰运动员被首次授予一、二、三级冰上运动员称号。

2月5日

［纲　文］　**中共中央发出《关于一九五七年接收党员工作的通知》**。

［目　文］　《通知》共四条，对各级党组织1957年的党员培养教育工作提出了新的任务和目标。

[文　献]　中共中央关于一九五七年接收党员工作的通知

（一九五七年二月五日）

一、前经中央批准的中央组织部关于一九五六年到一九五七年接收党员的计划为四百五十三万人。一九五六年各地在社会主义改造的高潮中，均大力进行了接收党员的工作。截止一九五六年九月底，共接收党员二百三十万人（其中包括高级知识分子三千七百多人），估计到一九五六年年底，可能接收党员三百万人左右。一九五六年接收党员的工作是有成绩的。但是，很多地方的接收党员工作做得比较粗糙，有单纯追求完成接收党员的计划数字而不重视质量的现象，致将一部分不够党员条件的人也接收进党内来。同时，由于忙于接收党员的工作，也产生了对预备党员疏于考察和教育的现象。很显然，这是同提高党的质量的要求不相符合的。

二、鉴于一九五六年年底全国党员总数已达一千二百万人，党组织的分布已经比较普遍，而且有大批预备党员需要进行转正工作，为了切实认真地贯彻执行“八大”更加提高党员标准的精神，中央决定：原订一九五六年到一九五七年接收党员的计划，停止执行（关于第二个五年计划和第三个五年计划期间接收党员的计划，将来也拟根据新的情况，进行修改）。一九五七年基本上停止接收党员，个别的有必要有条件的地方和部门，在确实保证党员质量的条件下，可以有控制地接收一些党员。这样，在一九五七年各级党组织就能够集中力量加强预备党员的工作，做好对所有党员的教育工作，以进一步提高党员的质量。

三、目前我们党内约有预备党员三百万人，占党员总数的四分之一。做好这三百万预备党员的转正工作，是目前各级党组织的一项极其极重要的任务。应该了解：把一个非党积极分子接收为预备党员，只是接收党员工作的第一步，而对预备党员在预备期中，继续进行考察和教育工作，使他们完全具备党章规定的共产党员条件，还需要更多地进行工作。实际工作的经验证明：党组织对一个预备党员转为正式党员所用的力量，不应该比接收一个预备党员所用的力量为少。只注意接收预备党员，不注意对预备党员进行工作，是一种重数量、轻质量的具体表现。重数量、轻质量，在任何工作中都是不许可的，在接收党员工作中，更是错误的。

四、根据目前我们党组织的状况和多年接收党员工作的经验，今后接收党员的工作不宜再采取自上而下地分派任务的做法，而应该由党的领导机关，根据党组织的情况，对各方面接收党员提出控制数字，而后由基层组织根据非党积极分子的成长情况，提出接收党员的计划，报告上级党组织审查批准。今后不应该再像过去那样大量地接收党员，而应该只将经过考察教育，确实具备党员条件的各方面最优秀的分子接收为党员，以不断地调整党员的成分，补充新鲜血液。各级党组织必须认识：我们党是执政的党，在人民中享有极高的威信，人民对我们的党的要求是很高的，现在的问题已经不是党员数目不足，而是数目已经很大，我们的主要任务是应该根据党章的精神，不断地为更加提高党员标准而斗争。

资料来源：中央档案馆馆藏档案。

2月5日

［纲　文］　**国务院发出《批转商业部〈关于1957年钢铁材料市场供应办法的报告〉的通知》。**

［目　文］　《通知》要求各地督促有关部门认真实行，依此原则订出具体办法，防止基建和大工厂等已向物资供应总局领得了钢材的单位再向市场争购民用的钢材；对于手工业、日用品工业生产单位要保证它们获得最低限度的钢材供应。

1月14日，商业部向国务院报送《关于1957年钢铁材料市场供应办法的报告》，汇集了1956年钢材市场的混乱情况，如人民生活必需的许多钢铁制品，取暖用具、炊事用具、铅丝、洋钉等经常脱销；废旧钢铁出现了黑市和投机现象，价格飞涨，一些投机商人获得暴利，有的投机商人鼓励盗窃以取得货源；手工业合作社和小型公私合营工厂因从黑市取得原料，因而抬高钢铁制品售价，不愿加工订货，国营商业难以掌握必要的货源；个体手工业者自由抬价（比手工业合作社更不受限制），手工业合作社中有一部分社员退社，影响手工业合作社的巩固。《报告》认为，产生混乱的主要原因有国家分配给市场的原料太少和基本建设单位在市场乱抓原料两个方面。1956年国家分配给市场供应的钢材和生铁仅占市场需要量的20.84%和3.75%。商业部把几年积蓄下来的库存全部拿出来供应市场，加上多方设法组织的一部分资源，也只满足钢材和生铁市场需要量的82.48%和72.56%。

《报告》中说，按照国家经委（56）608号通知，1957年商业部门原来的供应范围基本未变。按这个范围和现有的货源计算，1957年市场需要的钢材和生铁仅能满足75.5%、62.8%。为了稳定民生，稳定市场，建议国务院批准采取以下钢铁供应办法：一、国家分配给市场的钢材，是为了供应日用品生产与人民需要，稳定市场物价，必须严格禁止基建和大工厂等申请单位向市场乱抓钢铁及其制品。商业部门除规定的非申请单位外，一律不供应申请单位。二、在市场民用方面，也应尽量分别轻重缓急，能不用钢铁的就不用，可用可不用的尽量不用（如一般民用的铁床、铁椅，非正规比赛用的某些铁制的球架、双杠、单杠、哑铃、杠铃等），能用废旧钢铁的尽量用废旧钢铁（如一部分炊事用具，一部分小农具）。三、在钢铁市场的供应对象上，要兼顾手工业生产与日用品工业生产两方面最低限度的需要，克服对手工业生产供应过少的现象，以使手工业生产能维持下来，避免发生大批失业；使手工业在有了最低限度的原料以后，能减少在废旧钢铁市场抬价收购，使废旧钢铁市场趋于稳定；供应手工业原料，收回产品，既可稳定手工业合作社的组织，也利于商业部门组织民用必需品的货源。四、钢铁供应必须首先用于生产人民生活的必需品，如炊事用具、北方取暖用具、日用五金、百货、小工具、小农具等。但对建筑用的小五金、洋钉、铅丝、科学研究、教学实验等，应适当照顾。五、各省、自治区、直辖市人民委员会根据上述供应原则，对商业部所属五金公司分配给各地的货源统一安排，订出本省、自治区、直辖市钢铁材料市场供应的具体方法，督促当地有关部门执行。

2月5日

［纲　文］ **国务院批复同意解放军总政治部《关于我国军队中的朝鲜籍人员处理问题的报告》**。

［目　文］ 《报告》提出，在我军工作的朝鲜籍人员尚有百余人。有55人要求回国，待朝鲜同意接收后，即由所在部队按复员标准发给物质和生产补助金（不发复员转业证），进行短期教育，即和朝方办理交接手续，遣送回国。对不愿回国并要求加入中国国籍和虽要求回国但朝方不同意接收者，统作转业复员处理。按转业、复员及无家可归处理的人员，均由原部队按转业、复员标准发给物质和生产补助金及复员或转业证明书。

2月5日

［纲　文］ **国务院批准邮电部与阿尔巴尼亚签订邮电协定草案**。

2月5日

［纲　文］ **中共中央书记处批准文化部党组《关于改进电影制片工作若干问题的报告》**。

［目　文］ 1月15日，文化部党组向中宣部和中共中央报送《关于改进电影制片工作若干问题的报告》。报告说解放以来，电影事业有很大发展，摄制艺术片从1952年的6部，增加到1956年36部，电影放映单位从1949年的650个增加到1956年的8450个，观众从1949年不足5000万人达到1956年的13.3亿多人次。电影工业已经建立，放映机器全部自给，摄影洗印影片的机器开始自制。企业经营有所改善，每年上缴利润均有增加，制片厂已能按计划生产，成本逐年下降。制片工作最主要的缺点是，影片数量不多，质量不高，管理制度过分集中，审查层次过多、过严，影响创作人员的积极性，有些创作人力（如演员）尚有积压情况。文化部党组认为，必须密切结合电影生产的特点，大力改进电影艺术创作的组织形式和领导方式，克服电影艺术创作的过多干涉，对创作人员大胆放手，改变过分集中、抓得过紧的做法，充分发挥创作人员的积极性。拟对电影制片工作的组织形式和领导方式作出一些改变，如改变电影制片工作的过分集中和对艺术创作的过多干涉的做法，将艺术创作的责任下放；改变层次繁多的审查制度；改变酬劳制度；改变制片与发行的关系等。

2月5日

［纲　文］ **中宣部就中央党校请示撤销党校新闻班问题请示中央后复党校**。

［目　文］ 经中央批示同意，中宣部复党校：原则上同意你们意见。在新闻班撤销以后，为保证上述新闻出版干部轮流到党校学习，党校在每年招生名额中，新闻出版干部的名额应大体上保持过去新闻班招生的名额，即大约50名。关于未毕业的第二班新闻业

务课的安排，可按照新闻教研室的意见办理。至于第三班学完1年理论课后可不学业务课即毕业。关于党校新闻教研室机构，等到完成第二班的教学任务后全部移交中国人民大学新闻系。

1月30日，中宣部在向中央的请示报告中说：1954年中央《关于改进报纸工作的决议》决定在中央党校附设新闻班，轮训省（市）报纸编委以上的干部，经过3年来试办的结果，学员对于政治理论课一般是满意的，但对新闻业务课意见很多。党校于1956年7月24日提出关于今后在党校训练新闻出版干部的意见，即撤销新闻班，但仍继续训练省（市）报纸编委以上和与此条件相当的新闻干部，随普通班学习1年理论即毕业。我们认为可以同意党校的意见，请中央批示。

1956年7月24日，党校在给中宣部的一份请示报告中反映新闻班存在三个问题：一是业务课与理论课一起学，分量过重，严重地影响了学习效果。二是关于报刊工作的理论与实践课程，对省市报纸编委以上和与此相当的干部，采取讲课不如采取研究的办法。三是中国报刊史的编写工作困难甚多，欲速则不达。主要困难是没有详细的中国现代史和中共党史课本做依据，缺乏现成的报刊史料，特别是得不到上级的具体指导，再加上参加这一工作的同志的一般史学和报刊知识都很有限，工作起来特别吃力。为解决上述问题，建议改变对新闻干部的训练方法：一、党校继续轮训中央规定的省市报纸编委以上和与此相当的新闻干部，但只随普通班学一年理论课即毕业。二、关于新闻业务课，在新闻学院成立之前，可由中央各有关单位如中宣部报纸处、出版处、人民日报、新华总社、中央广播事业管理局、文化部出版事业管理局等，分别召集业务会议，有计划地学习若干文件以及总结和交流业务经验。三、党校新闻教研室于完成第二班教学任务后即取消，将现有干部分别移交给中国科学院历史第三所（继续研究和编写中国报刊史）和中宣部报纸处（继续研究报刊工作的理论与实践），或者等新闻学院成立后将该室转交该院。为了加强中国报刊史的研究工作，建议中宣部再抽调2名骨干充实报刊史的编写力量。四、尚未毕业的第二班，从第二学年改随普通班听课，业务课只着重研究三个问题：（一）报刊工作的基本原则；（二）编辑部群众工作；（三）报纸的文风。

2月5—21日

［**纲　文**］　**文化部召开全国声乐教学会议。**

［**目　文**］　全国各音乐院校及师范学院的声乐教师，部分专业团体的声乐教师及著名歌唱家、演员、声乐专家等150多人出席会议。在中国工作的保加利亚、民主德国、罗马尼亚、苏联的声乐专家及合唱指挥专家应邀参加会议。会议还特别邀请莫斯科音乐学院发音学实验室主任彼德洛夫教授向会议介绍从事声乐科学研究20多年的工作经验。会议期间，音乐家舒模、喻宜萱、周小燕和戏剧家程砚秋①等作专题报告，各音乐院校的部分

① 程砚秋（1904—1958），原名承麟，满族，北京人，京剧四大名旦之一、程派艺术的创始人，时任中国戏曲研究院副院长。

师生举行观摩和汇报性的内部演出。

会议指出，声乐工作者要担负起两大任务。一个任务是继续深入学习欧洲传统唱法，同时逐步使它和中国民族艺术传统相结合，在保存欧洲传统唱法的基本特点及其一切优秀成果的基础上，力求完善地表达我们民族的语言、风格和思想感情，为广大人民群众喜闻乐见。另一任务就是要虚心地向民族声乐传统学习，注意整理中国民族传统唱法的丰富经验，逐步使它提高、发展，同时也吸收外国的有益经验以丰富自己。在学校声乐教学中应该对学习欧洲传统唱法或民族传统唱法的学生采取分别培养的办法。要使欧洲传统唱法为中国广大群众接受；要使民族传统唱法进一步发展提高，要依靠声乐教学工作者、作曲家、歌唱家、医生、科学家、理论家等的共同努力。音乐学校声乐系的培养目标规定为音乐会独唱者、歌剧演员、合唱队员和教师。歌剧演员的培养，在某些条件比较具备的学院中先行试办。民族歌唱专业处在进行试验和积累经验的阶段，应该多方面地尝试和探索具体的培养办法。

2月5—9日

［纲　文］　**中国地球物理学[①]会举行第一次会员代表大会**。

［目　文］　会议代表在会上宣读了地球物理探矿、地震、地磁、气象等研究领域的20多篇论文，并就东亚季风和地震区域划分图问题进行了研讨。会上成立了中国地球物理学会和中国科学院地球物理研究所学术委员会，并制定了工作计划。

2月5日

［纲　文］　**全国总工会电贺全国煤矿职工完成春节增产任务**。

［目　文］　电文说，响应国务院关于春节假期增产煤炭的号召，全国煤矿职工踊跃地参加春节生产，为国家生产45万吨煤炭，缓和了第一季度煤炭供应的紧张情况。职工家属为了保证春节增产煤炭，也积极地进行了许多工作。这种高度爱国主义精神和辛勤劳动，充分表现了工人阶级的主人翁气魄。向你们致以亲切的敬意和慰问。

2月6日

［纲　文］　**中共中央发出《关于调整各省市收购棉花的指示》**。

［目　文］　针对1957年预计收购皮棉数量不足的情况，以及根据各地核查棉花产量情况，《指示》对各地的棉花收购任务进行了重新调整，要求各地党委接到这个指示以后，立即进行一次专门的布置和检查，根据当地的实际情况，把调整后的棉花收购任务分配到

---

① 地球物理学是20世纪二三十年代在国际上迅速发展来起来的一门学科，主要研究地球本体、海洋、大气的性质、状态和自然变化的物理过程，包括气象学、地震学、地磁学、地球物理探矿学、海洋物理学等。新中国成立前从事这方面研究的只有40多人，主要侧重气象学研究。到1957年，从事这项研究的已有上万人，除气象学外，研究工作扩展到地球物理探矿、地震、地磁等方面。全国建立了1000多个气象台站，在一些重要地区建立了几十个地震台和地磁台，配备的设备仪器与苏联同类型的台站所配备的仪器设备相接近，短期的天气预报准确率已达80%，危险天气预报准确率超过80%，尝试使用电子计算机改革天气预报工作，并对我国气候特征、大气环流及东亚大型天气过程进行研究，完成我国历史上的第一套地磁图和地震区域划分图。

农村基层单位，切实保证把应当收购的棉花全部收购起来。同时指示对于棉农真正自用的少量棉花，不要强迫他们出卖，应该留给棉农。

［文　献］　**中共中央关于调整各省市收购棉花的指示**

上海局、各省、市委、自治区党委：

根据全国供销总社的统计，从一九五六年九月一日到一九五七年一月二十日，全国共收购皮棉一、九四八万担，预计到八月底全国只能收购皮棉二、二一九万担左右。比国务院布置的一九五六——一九五七年度收购任务二、五二二万担相差三〇三万担，比一九五五——一九五六年度实际收购二、四七〇万担少二五一万担。这样，再加上出口增加和进口减少的因素，初步估计，一九五七年全国最多只能生产四六二万件纱，比原定供应计划五六〇万件差九十八万件。这种情况是非常严重的。如果不用尽一切可能的办法迅速加以弥补，将会给纺织工业生产、市场纱布供应和国家财政收入带来极为不利的影响。

在最近中央召开的上海局、各省市委、自治区党委书记会议上，农业部曾经同有关地区的党委书记最后核对了棉花产量，肯定一九五六年全国的棉花产量为三、〇四一万担，大体上同一九五五年的产量相平。根据这种情况，中央认为只要切实把工作做好，一九五六年——一九五七年度全国的棉花收购量，无论如何不应该过多地低于一九五五年——一九五六年度二、四七〇万担的数量。为此，要求本年度全国棉花收购量应该力争完成二、四三一万担，即比全国供销合作总社预计完成数增加二一二万担。各地的棉花收购任务重行调整如下：

河北省　原预计完成　四二〇万担，　现调整为　四四〇万担；
山西省　原预计完成　一四〇万担，　现调整为　一六〇万担；
辽宁省　原预计完成　一一〇万担，　现调整为　一一五万担；
陕西省　原预计完成　一七五万担，　现调整为　一九〇万担；
甘肃省　原预计完成　十万担，　现调整为　十二万担；
新疆自治区　原预计完成　六十五万担，　现调整为　七十五万担；
山东省　原预计完成　三一〇万担，　现调整为　三四〇万担；
江苏省　原预计完成　二四〇万担，　现调整为　二六〇万担；
安徽省　原预计完成　三十二万担，　现调整为　三十三万担；
浙江省　原预计完成　二十六万担，　现调整为　二十七万担；
河南省　原预计完成　二一〇万担，　现调整为　二五〇万担；
湖北省　原预计完成　三一〇万担，　现调整为　三四〇万担；
湖南省　原预计完成　三十三万担，　现调整为　三十四万担；
江西省　原预计完成　三十六万担，　现调整为　三十七万担；

四川省　原预计完成　八十五万担，　现调整为　一〇〇万担；
贵州省　原预计完成　二万担，　现仍为　二万担；
云南省　原预计完成　五·二万担，　现调整为　六万担；
北京市　原预计完成　二·八万担，　现调整为　三万担；
天津市　原预计完成　一万担，　现仍为　一万担；
上海市　原预计完成　六万担，　现仍为　六万担；

以上原预计完成二、二一九万担，现调整为二、四三一万担。

同时，也应当看到，完成上述棉花收购任务，确实存在着不少困难。要求各级党委拿出足够的力量，对农业社和农民做好政治动员，说明棉农节约自用棉，多卖棉花给政府，是对国家建设的一种贡献，同时对自己也是有利的。根据有些地区棉农留棉很多、农业社公积金中存棉不少等情况来看，这一任务是可能争取完成的。在棉花统购任务完成以后，应当允许农民将留下的棉花拿到国家领导的市场上出售，对增加国家的棉花收购量也将是有利的。

各地党委接到这个指示以后，应当立即进行一次专门的布置和检查，根据当地的实际情况，把调整后的棉花收购任务分配到农村基层单位，切实保证把应当收购的棉花全部收购起来。同时对于棉农真正自用的少量棉花，不要强迫他们出卖，应该留给棉农。

中　央

一九五七年二月六日

资料来源：中央档案馆馆藏档案。

2月6日

［纲　文］　**中共中央批转中央工业工作部和交通工作部《关于撤销铁道、交通、邮电系统中各级政治机关，加强党的领导问题向中央的报告》。**

［目　文］　中央的批转意见指出：中央同意中央工业工作部和交通工作部《关于撤销铁道、交通、邮电系统中各级政治机关，加强党的领导问题向中央的报告》。中央认为，在目前交通运输企业和邮电企业内部党的组织绝大部分已经建立的情况下，撤销政治机关是适当的，对于进一步加强党对企业的领导是有积极意义的。在撤销政治部的过程中，为了使党的工作能够紧密衔接，防止工作中断或混乱现象的发生，各部党组、政治部和各地党委应积极做好撤销前的准备工作，和加强对撤销工作的领导。至于企业中党组织的设置与双重领导关系中企业党委与地方党委的分工问题，除责成中央交通工作部协同各部党组分别研究外，各省委、市委、自治区党委也需进行研究，提出意见报告中央，以便及早拟定解决方案。

[文 献] **关于撤销铁道、交通、邮电系统中各级政治机关，加强党的领导问题向中央的报告**

中央：

根据中央有关决定，国务院铁道部、交通部均先后建立了政治部及其所属系统的各级政治工作机构，与地方党委分工领导所属企业中党的政治思想工作和组织工作。邮电部的各个省管理局和一部分现业局也设有政治副职和政治办公室。这种组织形式和领导制度，在过去地方党委正忙于社会改革工作，和交通运输企业内部党的基础还很薄弱的情况下，是起了积极作用的。几年来，各级政治机关在企业中所进行的政治工作是有显著成绩的。

但是，现在客观情况已经发生了变化。党在企业中已经有了很大的发展，党的组织绝大部分已经建立，如果继续保留政治机关，不仅在组织上增加一些不必要的复杂关系，而且会影响到企业党委领导作用的进一步发挥。同时，由于社会主义建设事业的全面发展，地方党委也正在全面加强对工业企业和交通企业的领导，如果继续保持政治部对各个企业垂直领导的办法，也势必会影响地方党委进一步加强对企业的领导，这对于交通运输事业的发展是不利的。在建筑和地质部门的政治机关也曾经遇到同类性质的问题，他们已经撤销或者正在准备撤销中。因此近一年来许多地方党委和交通运输企业的许多同志也都先后提出撤销铁道、交通、邮电系统各级政治机关和改变现行领导制度的建议。特别是在党的八次代表大会以后，这种要求更为普遍。现在有的地方已将地方交通企业中的政治机关撤销了，或者实际上已为企业党委的领导所代替。国务院铁道部、交通部和邮电部党组经过充分讨论，也认为政治机关的历史任务已经完成，再无保留的必要。根据上述情况，我们特提出如下建议：

一、撤销铁道、交通、邮电系统的各级政治机关，加强企业党委的组织，实行党委领导下的企业首长负责制。在撤销时对于政治部门原有干部应作妥善处理，并使党的工作能够紧密衔接，避免工作中断或混乱现象发生。

二、根据交通运输企业的特点，对企业中各级党组织的领导，应按照实际需要实行由企业系统的上级党组织和当地党委双重领导的办法，至于企业党组织的具体设置与领导关系问题，以及双重领导关系中的具体分工问题，因情况比较复杂，建议由中央交通工作部协同铁道、交通、邮电三个部的党组分别研究解决。

三、为了使企业党委成为一个强有力的领导核心，企业党委必须由企业中最有经验和最优秀的党员组成，应尽可能包括各个方面工作的党员负责干部。党委会应在力求精简的原则下设必要的工作人员。党的委员会应严格遵守集体领导与个人负责相结合的领导制度，善于运用和推动行政组织和工会、青年团的组织去进行工作。

对现有企业党委的领导干部应依据同行政领导干部大体相当的原则进行适当的调整，使之能够担负起领导的责任。

四、为了加强地方党委对交通、邮电企业的领导，应该适当建立与加强党委管理交通、邮电方面工作的机构。在交通运输任务较为繁重，尤其交通、邮电企业较为集中的地区，可以设立交通工作部，在不单独设立交通工作部的地方，应该在工业交通工作部内建立专管交通工作的机构，和指定副部长一人分工掌管交通方面的工作。

五、加强国务院铁道、交通、邮电部门党组负责同志与省委、市委、自治区党委的联系，并直接磋商解决有关企业工作的具体事项。其联系办法可根据一九五六年七月中央批转工业交通工作部“关于国务院各工业部（局）同各省、市委在领导国营企业工作中加强联系的若干规定”办理。

以上意见是否妥当请中央批示。

中共中央工业工作部

中共中央交通工作部

一九五七年一月

资料来源：中央档案馆馆藏档案。

2月6日

［纲　文］　**中共中央批转中共中央防治血吸虫病九人小组[①]《关于第三次全国防治血吸虫病会议的报告》和《一九五七年全国防治血吸虫病工作要点》。**

［目　文］　中央的批转意见指出：中央认为这个报告和工作要点很好，望你们贯彻执行。1956年全国防治血吸虫病工作，在流行地区各级党委的领导下，由于干部、科学技术工作者和广大群众的共同努力，取得了很大的成绩和许多有效的经验。治疗了40万以上的病人，肯定了锑剂3天疗法，在1.5亿余万平方米的面积上进行了灭螺，根据不同地区的特点创造了不同的灭螺方法，并出现消灭了钉螺的村和乡。事实证明中央提出的实行积极防治的方针，采取综合性措施，充分发动群众和科学技术相结合，防治工作和农业生产、兴修水利相结合，坚决进行反复的斗争，是完全正确的。今后，各地在防治工作中，应当切实贯彻执行。加强党对防治血吸虫病工作的领导，是完成防治任务的基本保证。过去一年来，流行地区的党委凡是把防治工作列入农业生产和兴修水利规划，统一领导、统一部署、统一检查，并把农业、卫生、水利等有关部门的力量组织

① 1955年11月，根据毛泽东主席提议，党中央决定成立防治血吸虫病九人小组（后改为血吸虫病防治领导小组），指定中共上海市委第一书记柯庆施为中央防治血吸虫病九人小组组长，上海市委书记魏文伯、卫生部党组书记徐运北为副组长。

起来协同作战的，其结果是：干部、群众都有了发动，工作有了开展，防治工作与生产得到合适地安排，两者都取得了很大的成绩。这样做的党委，各地都应当效法进行。流行地区各级党委防治血吸虫病领导小组，均应当以农业、卫生、水利以及其他有关部门党员负责干部组成，以党委书记一人为组长，以便各有关部门协同作战而又统一于党委领导。凡是尚未建立党内防治领导小组的，均应当迅速建立起来，确定专人负责。县级以上党委的防治领导小组应当设立办公机构，在党委编制内配备专职干部，在党委防治领导小组直接领导下进行工作。在血吸虫病流行地区中，有些地方还兼有其他严重的病害流行。因此，防治血吸虫病九人小组和流行地区各级党委、政府，应该积极推广防治血吸虫病的经验，并逐步结合防治其他危害严重的疾病。九人小组的报告和中央的指示，以及1957年防治工作要点，可以登党刊。

［文献一］　　关于第三次全国防治血吸虫病会议的报告

中央、主席：

一、我们于一九五六年十二月二十四日到二十七日在上海召开了第三次全国防治血吸虫病会议。出席这次会议的有：十二个流行省（市）的防治领导小组组长或副组长（个别省是代表）、卫生厅厅长或副厅长、防治办公室主任或副主任和中共中央农村工作部、国务院二办、农业部、水利部、铁道部、团中央的代表，以及全国血吸虫病研究委员会的正、副主任委员等共五十七人。会前我们曾进行了准备工作：(1)一九五六年九月先后派出六个检查组，对十二个流行省（市）的防治工作做了一次重点检查。(2)十二月四日到十三日又召开了全国血吸虫病研究委员会第二次会议，对防治工作的科学技术问题作了研究和总结，在此基础上拟订了“一九五七年全国防治血吸虫病工作要点”（草稿）和代中央、国务院起草了“关于防治血吸虫病的指示”（稿）。(3)十二月二十一日到二十二日召开了九人小组会议（除正副组长三人和桂林栖、林乎加两同志到会外，其余组员均因事派代表出席。桂、林两同志在九人小组会议结束后即返省），对前述文件作了讨论和补充，研究了第三次全国防治血吸虫病会议所需要解决的问题和开法。

在这次全国防治血吸虫病会议上，到会同志一致认为一年来的防治工作取得了显著的成绩和不少新的经验，但是也存在着一些问题。就全国来说，由于前年我们还不了解云南、四川、广西、广东四个省有血吸虫病流行，没有邀请这四个省的同志出席第一次全国防治血吸虫病会议，它们又受了少数民族地区和技术条件的限制，因而防治工作的开展就迟缓了一步。就每个地区来说，则存在着三种不同的类型：凡是党委重视又有专人负责的地区，防治工作与农业生产结合得好，工作就取得成绩，这种地区约占三分之一强；凡是党委重视不足，有专人负责而工作抓得不经常的地区，运动时劲头很大，运动过去了，就不闻不问，工作不能巩固，这种地区近三分之一；凡是党委既不重视又无专人负责的、或者把防治工作与生产对立看待的地区，则防治工作很难开展，这种地区也近三分之一。这个事实证明防治工作开展的关键，在于党委领导是否重视，是否抓得紧。

二、这次会议讨论中，对采取积极防治的方针和综合性措施等问题有过争论，经过反复研究，提高了思想认识，解决了问题。

（一）对积极防治的方针和采取性措施问题，开始有着不同的意见，有的同志认为在采取综合性措施前提下，应该抓住一个重点，用突破一环的方法来消灭血吸虫病。因而有的从预防出发，主张以灭螺为重点；有的则主张以治疗为重点；也有的主张在五项措施中应当着重抓紧灭螺、管粪和治疗这三个环节。经过反复讨论，从我国血吸虫病流行范围广大，患病人数众多，流行因素复杂的情况看来：灭螺一时难于灭尽，治疗病人不可能在短期内个个治遍治愈，农民也不能离水而生活，个人防护在目前情况下仍有积极的意义，因此，无论单抓住任何一项，都会为病害传播留下漏洞，不可能达到消灭病害的目的。另一方面，什么地方什么时候，抓什么为重点，又受农村耕作季节限制很大。经过反复讨论的结果，会议认为仍旧采取积极防治的方针和综合性措施，是正确的。至于什么地方什么时候，着重抓紧那一项工作，应当因时因地制宜，不能作硬性地统一规定。

（二）对防治工作与生产、兴修水利的关系有了进一步的理解。开始有些同志认为防治工作与生产有矛盾，认不清防治工作是血吸虫病流行地区农业增产的重要措施之一，不知道防治措施可以与生产、兴修水利工作结合一道进行。事实上防治工作的直接目的，正是为着保护劳动力、为进一步发展生产创造条件的。一年的经验已经证明：三者只要结合得好，不但不影响生产，而且提高了生产。如高邮县艾菱农业社的一个生产队，有劳动力的九十三人中就有四十九人感染了血吸虫病，往年在外力支援生产的情况下，每年还缺粮二万六千五百五十二斤，经过治疗后，他们比过去扩大耕地面积一倍多，收成除全年足吃足用外，还卖给国家余粮七万斤。

（三）由于防治工作和农业、卫生、水利部门关系至大；农村部门尤为重要。大家一致认为应当吸收这些部门的党员负责同志参加各级防治领导小组，在省（市）以下的党委防治领导小组，组长应由党委书记一人担任，以便各有关部门协同作战而又统一于党委领导。

三、送上会议通过的“一九五七年全国防治血吸虫病工作要点”（修正稿），请中央迅速审查批示下达。

中共中央防治血吸虫病九人小组

一九五七年一月八日

资料来源：中央档案馆馆藏档案。

[文献二] **一九五七年全国防治血吸虫病工作要点**

过去一年来防治血吸虫病的工作和经验证明：中央所指示的防治血吸虫病工作，必须采取积极防治的方针，实行充分发动群众和科学技术相结合的原则，并采取综合性措施（就是消灭钉螺、管理粪便、治疗病人、保护用水安全及个人防护），是完全必要的、正确的。根据这一方针、原则和当前防治工作的具体情况，兹提出一九五七年全国防治血吸虫病工作要点，各地应该根据当地的具体情况，参照这一要点，制定一九五七年的防治血吸虫病工作计划。在党的统一领导下，依靠农业生产合作社，密切结合农业生产和水利工程，因时因地制宜，具体地安排防治工作，保证质量和效果。积极地贯彻执行。

一、灭螺的要求和方法：

（一）灭螺工作必须有计划有步骤地进行。根据由近到远、由点到面、由局部到全部消灭的要求，一九五七年首先作到生活用水地区和村庄周围半华里至一华里内没有钉螺，然后向外推开。孤独小块地区的钉螺，应该尽先消灭。在已经取得经验的地区，一九五七年应当作到每县至少有一个乡基本消灭钉螺，以树立榜样，推动全面工作。

（二）灭螺工作的安排和措施，尽可能地同农业生产的安排和措施相结合。按照农业生产的不同季节和不同地区的条件，采取突击灭螺和经常灭螺相结合的办法，达到逐步消灭钉螺。兴修水利工程必须按照可能的条件，紧密结合灭螺工作。疫区兴修水利工程可以结合灭螺的，属于省（市）以下规划范围内的，各地应该尽量提早进行；属于中央水利部统一规划范围内的，各省（市）必须尽早直接向中央水利部提出结合灭螺的意见，以便统一规划。

（三）在不同地区和不同季节按照不同的条件，可以采用不同的灭螺方法：

1. 湖沼洲滩地区在不妨碍水利的前提下，可采用围垦种植，在不能围堤的地方，可采用垦荒冬种早熟作物等方法。

2. 结合整理排水灌溉系统，采用开新沟填旧沟等办法。

3. 清沟除草堆肥、火烧、煤气火焰喷射和水烫等办法。

4. 使用亚砷酸钙、五氯酚钠、六六六、巴豆、石灰氮、茶子饼及闹羊花等药物。

5. 对钉螺分布严重的稻田，确有必要而又适应自然条件的，应该有领导地、有计划地实行轮作制，或将水田改为旱田，改种旱稻、棉、麻、花生、芝麻、薯类等农作物。必须注意农业技术指导；做好田周围沟渠的灭螺工作，防止感染。

采用以上办法，必须注意加强技术指导和反复进行，才能收效。防止不顾条件地机械搬用和不讲效果的做法。

二、粪便管理：

（一）凡是流行地区，要求基本上实行人粪管理。管理粪便应该紧密结合生产积肥，教育农民不随处大便。普遍提倡将粪缸（或粪桶等）适当集中贮存粪便，应该有专人负责，加荫加盖，按期封存使用，以便杀灭虫卵。在急需用肥的季节，可采用化学药物杀灭虫卵的办法，以缩短粪便贮存时间。但是在管理粪便中，必须注意便利农民使用，既要合乎规格，又要避免浪费，并要妥善地处理社员自留田用粪和粪便折价入社等问题。

（二）按照需要和可能，逐步地做到对病疫流行地区船民、渔民的粪便管理，教育他们在船上设置马桶，不把粪便倒入水中。

（三）加强流行地区城镇的粪便管理工作。农村使用城镇粪便时，应当根据可能条件定期贮存，杀灭虫卵。

（四）对牲畜粪便的管理，可以结合积肥，提倡有栏有圈，号召群众拾野粪，合作社可以定价收购。还可以结合除四害工作和保护农作物，组织群众捕杀鼠类和野兽，减少野兽粪便污染用水和传播虫卵的机会。

三、治疗工作：

（一）一九五七年全国治疗任务，根据各地自报，共计治疗病人一百二十一万五千。各省具体数字为：江苏四十万，浙江二十万，湖南七万，湖北二十万，安徽十万，江西十万，四川五万，云南二万，广东一万，福建一万，上海四万，广西一万五千。

（二）治疗病人要切实做好组织工作。根据病人的病情、生产情况，由农业生产合作社作具体的安排，避免医务人员窝工。

（三）治疗工作，应当组织中西医合作进行，对早期和晚期病人必须兼治，尽先治疗有症状的病人。凡是已经取得经验的地方，应当认真地推行锑剂三日疗法，认真地研究和推广有疗效的中医验方，合理地解决中药的规格、供应和价格问题。在农村可进行巡回驻社治疗，在城镇可试行门诊治疗，以利于群众治病。

（四）医药费用可根据病人经济情况，采取收、减、免等不同办法。收、减、免的具体幅度，由各省（市）按情况自行规定。对于灾区和少数民族地区应当给予特别照顾。

（五）农业部门应当有计划地组织兽医研究病畜的感染和治疗问题。

（六）治疗工作必须加强技术指导和经验交流，提高质量、保证疗效、防止发生医疗事故。

四、安全用水和个人防护：

各地都应当普遍地向群众进行安全用水和个人防护的宣传教育，在必须接触疫水时（如吃水、用水和过河、打湖草、采菱、捕鱼、兴修水利等），应当采取可能的安全措施和防护办法，如分塘用水、使用防护药剂、在交通要道有钉螺的河沟上架设便桥等，避免发生感染。

五、科学研究工作

一九五七年的科学研究工作主要任务是：研究不同类型地区血吸虫病流行的特征及钉螺生态（特别是水田钉螺的生态）；改进灭螺方法；研究贮粪杀卵的问题以及保虫宿主的问题；改进锑剂的疗程、疗法（特别是口服药剂问题）；寻找新药；整理中医验方，提高中药疗效。各地党委应当加强对科学家的政治思想领导和组织领导，积极地鼓励和支持科学家的创造，充分发挥广大防治干部进行研究工作的积极性，使科学研究工作密切地为实际的防治工作服务。各有关部门应当积极地帮助科学家解决人力、物力和其他方面的需要和困难。

六、调查摸底工作：

凡是尚未系统地进行调查摸底工作的省（市），必须抓紧时间，在一九五七年内基本摸清情况；凡已基本摸清情况的省（市），应将材料整理上报，并注意结合防治工作的进展，掌握情况的变化，着重地注意研究病害流行的规律。邻近流行地区的地方，应当查清有无血吸虫病流行。

七、在防治血吸虫病的工作中，应该准备条件，逐步结合防治其他严重危害人民健康的疾病。

八、整顿、统一和提高防治队伍。对现有的防治队伍应该进行整顿，统一防治组织，以提高防治人员政治思想和技术水平。有领导地开展先进工作者运动，表扬鼓励先进人物和先进事例，树立榜样，以便不断地提高防治工作质量。充分地运用联合诊所和社会医务人员参加防治工作，根据具体情况分配一定的防治任务，加强对他们的技术领导，按照收费的具体情况适当的给予补助。防止不顾条件地把社会医务人员集中脱产使用的作法和对医疗设备的过高要求。

九、统一规划、加强党的领导，是完成防治任务的基本保证。流行地区乡以上的各级党的组织，必须重视和抓紧领导，把防治工作列入党委每个时期的工作规划；必须把农业、卫生、水利以及其他有关部门的力量组织起来，协同作战。各级防治领导小组应当吸收农业、卫生、水利等有关部门党员负责干部参加。凡是尚未建立党内防治领导小组的，均应于第一季度内建立起来，县级以上的党委防治领导小组应当设立办公机构，按照需要配齐专职干部，在党委防治领导小组直接领导下进行工作。党和政府的各有关部门，按照防治工作的统一要求，把该项工作列入自己的工作计划之内。乡以下的党的组织应当按照防治和生产的需要，领导农业生产合作社，具体地统一安排生产和防治工作，从组织上保证做到生产和防治两不误。

中共中央防治血吸虫病九人小组

一九五六年十二月二十八日

资料来源：中央档案馆馆藏档案。

2月6日

［纲　文］　**国务院召开常务会议。**

［目　文］　会议由陈云主持。主要内容有：一、原则同意外国专家局《关于1957年度聘请苏联专家的报告》。报告说，1957年度各部门提出聘请苏联专家由原来的731人减为373人，聘请的绝大部分是厂矿企业生产技术方面的专家和高等院校新开设的专业课教师。到1957年底，预计苏联专家总数为1485人，比上年减少597人。陈云指出，1957年面临巨大人口就业压力，需研究解决办法。人员不能有进无出，要建立退休制度，除少数必要的外，职工到60岁应该退休，女职工可以更早一些（大约55岁）。我们需要苏联专家，但有些部门过去请得多了些，以后要严格控制。上年11月间，苏共中央给我党中央来信建议取消顾问制度，尽量减少专家。他们提出以后可采用两种形式：一是组织内行人去苏联听讲，一是派专家来中国讲授。会议决议，聘请苏联专家的数字，由各办于下星期内再行审核、压缩。接受苏方提议，逐步地将到期的专家辞聘。各部门一般不要聘请顾问。凡需零星聘请的外国专家，一律经过外国专家局审查后再送总理核批。各部门要教育所属工作人员谦虚认真地向专家学习，防止骄傲自满。由外国专家局根据这个精神，草拟一个文件，送国务院批发。

二、通过《中共中央、国务院关于发展养猪生产的决定》，拟于2月20日内部下达，3月1日登报执行。《决定》说，近两年来，生猪生产严重下降。这主要是1953年下半年实行粮食统购统销后，饲料用粮不足，生猪的收购价格和收购工作有缺点，没有适应农业合作化后的新情况，及时对农民养猪给予明确指导，使农民养猪受到许多限制。为此，要贯彻“私有、私养、公助”方针，切实保证饲料供应，提高生猪收购价格，克服压级压价现象，每购一头肥猪给养猪农民留肉8—15斤。

三、原则批准《中华人民共和国对外国籍船舶进出港口管理办法》① 和《对航行我国的日本籍船舶管理的几项规定》，由交通部公布施行。由于中国与日本无外交关系，《对航行我国的日本籍船舶管理的几项规定》只准日轮进入上海、大连、新港、秦皇岛4港，并规定，未经批准，不得搭乘旅客，严禁装设或携带武器。会议同意交通部、外贸部、卫生部、公安军司令部《关于各港口对外轮进出口联合检查工作的检查报告》。《报告》中提出了改进工作意见：简化海员登陆手续，减少检查外轮时间等。

2月6日

［纲　文］　**国务院发布《关于珠江航运交由广东、广西两省直接管理的决定》。**

［目　文］　《决定》指出，珠江航运工作，自1955年起经国务院批准由交通部直接管理。但鉴于珠江航运主要运输地方性的物资，直接服务于农业生产，与省、县地方经济生活关系更为密切；同时，在珠江水系，木帆船占运力总数达90%以上，对于复杂的地方性运输要求，交通部很难及时解决当地所发生的具体问题。为此决定：一、珠江航运分别交由广东、广西两省直接管理和领导。珠江航运局撤销与广东内河局合并成立广东省航运

---

① 此件3月14日发布，1952年5月20日发布的《外籍轮船进出港口管理暂行办法》同时废止。

厅；在广西省境内的运输设备和人员，全部交由广西省接管。二、1957 年的年度计划仍按交通部下达的计划执行，1957 年的基本建设投资，经批准后，由交通部分别划拨给广东、广西，但利润和折旧仍上缴财政部；第二个五年的运输和基建计划，即全部列入地方计划。三、在珠江航运划归广东、广西两省管理后，交通部即按对地方内河管理的方针政策和业务技术方面予以指导和帮助。四、关于交接问题，由交通部召集广东、广西代表和珠江航运局负责同志开会，研究确定有关一切具体交接手续的工作。

2 月 6 日

［纲　文］　**煤炭工业部发出《关于表扬全国煤矿职工今年春节坚持生产和加强煤矿生产工作的通令》**。

［目　文］　《通令》指出：全国煤矿职工响应国务院关于春节假期增产煤炭的号召，以忘我的、紧张的劳动，胜利地完成了这一光荣任务，超计划生产 45 万吨煤炭，减轻了第一季度煤炭供应紧张的情况。这种个人利益服从集体利益，为国家创造财富的模范行动，博得了全国人民的称赞。为此，特向全国煤矿职工致以亲切的慰问和给予表扬。全体煤矿职工应该把这种高度的政治热情和积极生产、克服困难的精神继续巩固和发扬，在今后的生产中，继续深入地开展增产节约运动，为更多地超额完成 1957 年的计划任务而奋斗。

2 月 6 日

［纲　文］　**中国人民银行、全国供销总社发出《关于1957年绒毛预购办法的通知》**。

［目　文］　预购办法共九项，主要内容如下：一、预购地区：北京、河北、山西、内蒙古、辽宁、吉林、黑龙江、陕西、甘肃、青海、新疆、山东、河南、四川、云南等 15 个省、自治区、直辖市（青海省基本上在农业区预购）。二、预购品种和数量：全国预购绵羊毛、山羊毛、山羊绒、驼毛、牛毛。这些品种都是内外销十分需要的商品，其中山羊绒、牛毛在很多地区群众还无生产习惯，更须通过预购来促进生产。三、预购对象：农（牧）业社和互助组（集体经营的绒毛），社员、组员及个体农牧户（分散经营的绒毛）。对农业社、互助组集体饲养和私有公养以及社（组）员私有私养的，应同时预购，由生产社（组）签订一个合同负责完成，但在签订合同前应由生产社征得全体社员的同意。对个体农（牧）户的绒毛，应由户主签订合同，负责完成预售任务。对国营农（牧）场和生产部队生产的绒毛，进行信用预购，不付定金。一切合同在签订时，应请当地人民委员会监证。四、预购价格：按预购地点进行预购时的国家收购牌价计算，收回时随涨不随落。五、预购定金的比例、发放和收回：预购定金为预购总值的 25%。各省、自治区、直辖市可以分别不同的品种，根据各地的平均价格拟出统一的定金单价（即预购每斤绒毛固定预付定金多少），报请省、自治区、直辖市人民委员会批准执行。在发放定金方面，农（牧）业社应较高于社（组）员，社（组）员应较高于个体农（牧）户。但是相差幅度不宜过大，具体幅度应报经省、自治区、直辖市人民委员会核定。预购定金由各县供销社向人民银行贷款，逐级拨付。贷款利息由县供销社负担，摊入商品成本中。各地所产各种绒毛应同时一次进行预购，定金在签订合同时一次发放。发放定金时应注意不得让有关部

门从定金中扣除各种欠款。定金应在 1957 年出售产品时全部收回。关于收回定金的具体办法，可根据当地具体情况，在保证完成预购数量的条件下，自行制订分一次或多次收回的办法，并在合同内予以明确。关于定金收回时间，原则上进入旺季应随即开始收回，要求在 1—2 个月内全部结束预购定金的回收工作。

《通知》还对预购合同的复查、各部门分工协作、预购合同的格式等问题作出了具体规定。《通知》最后还提出应作预购宣传、建立预购情况报告制度、预购的同时考虑农牧民个人需要、交货时间地点等注意事项。

2 月 6 日

［纲　文］　**教育部发出《关于小学增加农业生产常识教学的通知》。**

［目　文］　《通知》指出，目前暂时决定在小学自然课中增加农业生产常识问题教学，并在 1997 年春季小学自然课本第二册中增加农业生产常识方面的知识。小学教学计划原定五年级第二学期每周 2 节的自然教学时间，在 1957 年 2—7 月间，可暂依照下列规定办理：一、还未开设手工劳动课的各校，可将五年级第二学期每周空出来的 1 节手工劳动课改上自然课，每周上自然课 3 节。小学教学计划每周教学总时数 26 节不变。二、已设置手工劳动课的各校，在五年级第二学期可增加 1 节自然课，每周上自然课 3 节。小学教学计划每周 26 节的教学总时数变更为每周 27 节。三、学校设备比较好，担任自然课教学的教师水平比较高，如果每周 2 节课在学期终能教完自然课本第二册所有的教材，即可不增加自然课的教学时数，每周仍上自然课 2 节。

2 月 6 日

［纲　文］　**新华社讯，中国电影事业在1956年取得新成就。**

［目　文］　1956 年中国电影观众有 13. 9 亿多人次，按全国 6 亿人口的 70%（除去

◀电影《上甘岭》剧照

幼儿）计算，平均每年每人能看 3 次以上电影。这一年，文化部电影事业管理局直属各制片厂生产故事片《上甘岭》、《铁道游击队》、《沙漠里的战斗》、《为了和平》、《祝福》和《家》，传记片《李时珍》，儿童片《哥哥和妹妹》，古典戏曲和地方戏曲片《宋士杰》、《荒山泪》、《十五贯》、《搜书院》、《庵堂认母》和讽刺喜剧片《新局长到来之前》、《不拘小节的人》等艺术片 40 部；动画片《骄傲的将军》等美术片 8 部；新闻纪录片 89 部；科学教育片 39 部；翻译外国艺术片 118 部。

◀电影《铁道游击队》剧照

2 月 6—11 日

［纲　文］　**中国天文学会第一届会员代表大会和中国科学院紫金山天文台学术委员会成立大会在南京举行。**

［目　文］　会上宣读和讨论了有关天文科学的学术论文，紫金山天文台台长张钰哲作《紫金山天文台的工作情况和发展方向》的报告，戴文赛教授作《天文学 12 年远景规划草案报告》，讨论了天文工作的现状和远景规划，选出了天文学会理事会，成立了紫金山天文台学术委员会，张钰哲等 13 人为学术委员。

2 月 7 日

［纲　文］　**中国和锡兰决定建立外交关系并互派大使。**

2 月 7 日

［纲　文］　**中共中央经济工作五人小组决定1957年适当压缩基本建设规模，部分已开工项目要下马。**

2 月 7 日

［纲　文］　**中共中央批转中组部《关于县、区、乡的组织形式和领导方法的若干问题**

的报告》。

［目　文］　批转意见指出，关于现有乡干部的工薪待遇问题，中央不作统一规定，由各省、市委，自治区党委根据当地具体情况作出决定，报告中央备案。一般说来，大乡应具有区级领导能力（人数应少于原来的区级），大多数干部应该是原有的区级各种干部，他们的待遇一般应该是原来的区级各种干部的待遇。小乡则应按原有乡干部待遇，这种乡干部的待遇应当比照当地农民经济情况去规定，不可超出当地农民收入过多，以免使乡干部脱离群众。各地应根据本地实际情况对于乡干部的成分和待遇进行适当的调整，并教育乡干部在实际生活上与群众打成一片，同甘共苦，在工作方法上注意克服命令主义，密切联系群众，警戒脱离群众的危险。撤销区级机构，扩大乡的范围，是为了减少领导层次，加强乡级领导能力，充实农业生产合作社领导骨干。因此，凡撤销区级机构的县，应将区干部下放到乡，乡干部下放到社，而不是上提，在必要时应从县、地两级抽出适合到乡工作的干部放到乡去，使乡一级至少具有原来区级的领导能力。撤区后，县直接领导的单位增多，县委和县人民委员会如何领导乡级工作，这是一个新问题，目前尚无成熟的经验，希望各地随时注意总结这一方面的经验，报告中央。

1 月 17 日，中组部在给中央的《关于县、区、乡的组织形式和领导方法的若干问题的报告》中，报告了随着农业合作化的发展，各地对于县、区、乡的组织形式和领导方法的经验和存在的一些问题，介绍了中组部 1956 年 11 月底召开的各省、市、自治区党委组织部长会议上对于这方面问题进行讨论的情况，对于县、区、乡的组织形式和领导方法问题做了初步研究，对关于并乡撤区问题、关于乡的领导问题、关于改进县的领导等 3 个问题提出了原则性的意见。

［文　献］　**关于县、区、乡的组织形式和领导方法的若干问题的报告**

内容略。详见《建国以来重要文献选编》第 10 册，中央文献出版社 1994 年版，第 16—25 页。

2 月 7 日

［纲　文］　**国务院举行第四十二次全体会议**。

［目　文］　会议由陈云主持，主要内容有：

一、讨论通过《国务院关于接受中国共产党第八次全国代表大会关于发展国民经济的第二个五年计划（1958 年—1962 年）的建议的决议》①，并责成国家计委根据这个建议会同各部、各委员会、国务院各办公室和各省、自治区、直辖市人民委员会迅速编制第二个

① 1956 年 12 月 13 日，中共中央发出《中国共产党中央委员会关于提请国务院讨论中国共产党第八次全国代表大会关于发展国民经济的第二个五年计划（1958—1962 年）的建议的信》，信中说：“中华人民共和国国务院：1956 年 9 月 27 日中国共产党第八次全国代表大会通过了关于发展国民经济的第二个五年计划（1958—1962 年）的建议，现把这个建议送上，请国务院讨论决定。”

五年计划草案，报经国务院审查后，提请全国人大审议决定。讨论时陈云指出，编制“二五”计划比编制“一五”计划有利的地方在于，现在比过去的经验多了一些，但困难也比那时大了，各种比例关系更不容易安排恰当了。好比一间屋子，“一五”时是空的，坐几个人没关系，到了“二五”，人坐满了，再往里坐，如果安排不好，就要东碰西撞。因此，编制“二五”计划的要求应比“一五”时高，要找出“一五”时的矛盾所在，总结“一五”的经验，研究“二五”的恰当的比例关系。

二、原则通过《国务院关于向农民推销1957年国家经济建设公债工作的指示》。

三、讨论关于改进学校教育工作的问题。地质部副部长何长工报告地质部正定干部学校罢课的情况。他说，该校学生3285人，绝大部分十八九岁，有些人是从灾区招来的。事情起因是由于地质部计划收缩，投资减少，去年12月决定该校毕业生不分配工作。本年1月8日学校宣布这一决定的当晚，学生就罢课，不吃、不睡，次日上街游行，拦火车要进京。从这次事件应吸取的教训是，对学校要加强具体领导，特别是波兰、匈牙利事件后，学生中滋长极端民主化情绪，应及时教育。此次宣布决定对学生的不满情绪估计不足，简单从事。讨论时，陈云指出，在人民政府领导下，也会有人民闹事。不仅学生，工人、农民、复员军人都可能闹事，要有这种精神准备。因为：（一）解放7年来，人民政府在提高人民生活水平方面做了一些工作，有进步，但还有困难，有些困难还不能一下子都解决，工人、农民、公务人员生活水平之间的比例关系也存在一些问题，这是人民闹事的根本原因。（二）我们在经济工作、政治工作以及工作方法上都可能犯错误，例如，把学生和工人招收得多了，分配和安排不了，这也是人民闹事的一个原因。中国革命由1921年到1945年，用了24年才摸索出一套规律，经济建设要摸索出规律，也需要一定时间。可以要求这个时间短些，避免出大乱子，但乱子总会出的，是不能完全避免的。（三）中国革命胜利后，人民同蒋介石、帝国主义的矛盾变成间接的了，同我们的矛盾变成直接的了。他们有不满意的地方，就会找我们闹。（四）不能把人民闹事看成反革命，但其中确有反革命分子在利用我们工作中的缺点，鼓动人民闹事。人民政府总比蒋介石的政府要好，因此，估计不会出大乱子。历史有时也会走回头路，例如，苏共批判斯大林，中国推翻清政府后又出来袁世凯和北洋军阀。但历史总是向前进的，只要我们不犯大错误，我们的政权是站得住的。对人民闹事问题的处理方法是，提出的要求凡是对的，都应满足；不对的，要批评；有困难暂时解决不了的，要讲清楚，说老实话；除现行反革命以外，一律不抓、不开除。各部门应当从这件事中接受教训，不但要搞好业务，还要注意政治动态、政治工作，加强对工作人员的思想教育。

2月7日

［纲　文］　**中宣部转发国务院第二办公室《关于扩大〈参考消息〉发行范围的几点补充意见》。**

［目　文］　中宣部同意国务院第二办公室对《中央扩大〈参考消息〉发行范围的通知》提出的补充意见：一、《通知》中规定新闻出版宣传机关的干部，机关、工厂、学校

内的专职党团工作人员，可订阅《参考消息》。但这一方面的干部，有搞业务工作的，有搞行政事务工作的，不需要一律订阅《参考消息》。我们的意见，新闻出版宣传机关中担任编辑、记者和宣传工作的，机关、工厂、学校内的专职党团工作人员中担任政治思想教育工作的，可订阅《参考消息》。至于担任其他行政事务工作的，可不必订阅。二、地委、专员以上的高级干部，如非业务必需，也可采取联合订阅的办法，以节省纸张。三、《通知》中规定"也可以使用公款订阅一部分"。我们的意见，应明确规定限于因业务特别需要而订阅的才可由公款订阅，以免增加国家负担。

2月7日

［纲　文］　**新华社讯，国产金霉素投入临床使用。**

［目　文］　中国自行研制的第一批高效抗生素金霉素，开始供应上海各医疗单位。它是由化工部上海科学研究所研制、上海科发药厂生产的。金霉素对肺炎、斑疹伤寒等疾病有特殊功效，一直依靠进口。上海第三制药厂扩建工程完工后大量生产金霉素，每年可为国家节省几十万元外汇。

2月7—13日

［纲　文］　**解放军防空军积极分子代表大会召开。**

［目　文］　全军270多名先进人物和先进单位代表出席大会。防空军副政委谷景生致开幕词。他说，防空军的广大官兵在祖国的城市、边疆、海岛或高山上，警惕地监视着天空，保卫着祖国社会主义建设。高射炮某连在一年零三个月中，取得了击落、击伤17架敌机的辉煌战绩；福建前线某雷达哨所，常在弹片横飞的情况下坚持观察，两年多来共发现敌机、敌舰13000多批，在每次空战、炮击中从未错报和漏报过情况；某部观测员徐水生，在四个半月中发现敌机63次，其中有33次是在远距离捕捉到目标的；某部雷达操纵手李广荣，去年6月22日深夜，他准确及时地提供了空中情报，配合空军在无光空域击落了B－17型蒋机一架。他说，广大官兵在向军事科学技术大进军中，从指挥员到战士都表现了不辞劳苦、不怕困难的精神和毅力。

会上，29名积极分子代表和先进单位的代表作了典型事迹报告。总政治部副主任甘泗淇上将对到会代表作了指示。防空军领导机关对在执行战斗、训练等各项任务中有显著成绩的227名积极分子和43个先进单位，分别给予奖状、通令嘉奖等奖励；对在发明创造、改进技术、提出合理化建议中作出贡献，对部队作战、训练、教育起了积极作用的184名积极分子和9个先进单位，分别给予奖励。防空军司令员杨成武上将在闭幕式上讲话。他说，防空军必须在战备的基础上完成训练任务，使部队的战斗力大大提高。与此同时，还必须完成保卫祖国领空的任务。防空军是保卫祖国领空的一个军种，它必须天天以备战姿态完成各项工作，保卫祖国领空不受侵犯。尤其东南沿海的防空军部队，更要提高警惕。他要求在国家进行社会主义建设时期，部队应该积极支援国家建设，应当站在社会主义建设和增产节约运动的前列，发扬勤俭朴素和艰苦奋斗的作风，反对铺张浪费，注意爱护武器和装备，在工作中、生活中厉行节约。要部队加强与人民群众的联系，从各方面支援农业生产。参加大会的全体代表写信给毛主席和国防部，表示坚决为建设一支现代化的防空军，为保卫祖国的领空、保卫祖国的社会主义建设而奋斗。15日下午，毛泽东和彭德怀、贺龙、聂荣臻[①]，接见了出席大会的全体代表。

2月8日

［**纲　文**］　**中共中央发出《关于今后干部工作方法的通知》**。

［**目　文**］　《通知》由刘少奇起草，主要内容有：一、1949年中华人民共和国成立前后，中国革命处在一个飞跃发展的时期，干部工作的方法，是大批地迅速地培养和提拔。这样的干部工作方法，在革命飞跃发展的时期，是正确的，必要的。但是，这样的干部工作方法有缺点，对于这些干部来不及进行认真的审查和教育，多数干部对于他们所担负的工作没有充分的准备，又因调动太快，很难积累起工作的经验，在他们的思想中还存在着大量的非无产阶级的思想没有清除。多数干部对于他们所担负的工作，还不能说是完全称职的。进入建设时期，干部工作的方法必须有一个根本的改变，就是要从过去大批地迅速地提升干部职务的方法改变为稳定干部职务、提高干部能力的方法。

二、目前我们的国家机关和企业、事业机关脱离生产和非生产的工作人员已经过多，这在经济上是极为不利的，并且助长官僚主义的发展。为了改变这种情况，必须采取以下各项措施：（一）各级党政机关和群众团体，应该按照国务院关于国家机关停止增设机构和扩大编制的通知，一律停止增设机构和增加人员。所有企业、事业机关的非生产人员必须严格地加以限制。（二）生产人员脱离生产，必须严加控制。（三）所有党政和群众团体的机关以及企业、事业机关脱离生产和非生产的工作人员，凡是可以让他们回到生产中去、而他们又能够回到生产中去的，应该尽量动员他们回到生产中去；暂时不能回到生产中去的，也应该创造条件使他们在以后的适当时机回到生产中去。（四）从上级机关抽调一批能力强的干部到乡去担任工作，以便动员一部分乡干部回到生产中去。

三、基层单位的工作是很重要的，各级党、政、群众团体和经济机关应该十分注意加强基层单位的工作。基层单位在农村是指农业生产合作社和国营农场，在城市是指工厂、矿山和手工业生产合作社，这是最多最基本的两类基层单位；此外，还有交通运输方面的基层单位，商业方面的基层单位，以及学校、机关等。这些基层单位，是我国整个社会和国家的基础。所有的群众，都生活在这些基层单位中。我们所有的思想、政治、经济、文化工作都应该以这些基层单位的工作为基础。在社会主义改造已经基本上完成，几乎所有的群众都已经组织起来，从事伟大的社会主义建设，基层单位的工作较之过去任何时候都更为重要。因此，所有党、政、群众团体和经济机关都应该切实加强基层单位的工作，都应该派能力强的干部到基层单位中去工作，而不应该把能力强的干部从基层单位抽走，削

---

① 聂荣臻（1899—1992），重庆江津人，时任国务院副总理、航空工业委员会主任、第一届国防委员会副主席、中共中央军委委员。

弱基层工作。

四、干部工作方法的这种改变，关涉到很多干部的切身问题，并且同一部分干部的思想状况有抵触。望各省、市、自治区党委，地委、县委，中央各部门，中央国家机关和人民团体各党组，根据这个通知进行讨论。并且有领导地提到各机关、企业的干部中进行讨论。各地讨论的意见，请各省、市、自治区党委和各党组汇集起来，在本年 4 月上旬以前报告中央。

2 月 8 日

［纲　文］　**中共中央政治局通过《关于一九五七年开展增产节约运动的指示》。**

［目　文］　《指示》说，1956 年是第一个五年计划的最后一年，开展增产节约运动，对于保证圆满实现第一个五年计划和为第二个五年计划准备巩固的基础，具有特殊重大的意义。《指示》总结了 1956 年工作的成就，以及年度计划存在的进展过快、在计划执行的某些方面放松了应有的控制的缺点。

《指示》提出，要认真吸取 1956 年经济工作的教训，统一全党的思想认识。1957 年经济调整的具体内容和措施有：必须适当地调整 1957 年度基本建设的规模，根据迅速发挥投资效果、合理调整各经济部门之间的比例关系和照顾第二个五年计划发展等方面的要求，具体安排 1957 年度的基本建设计划。中央各部门和各地方对于原定在本年开工建设的项目，应当进行具体分析，重新排队，各部门和各地方对于列入 1957 年计划的新建和续建的项目，特别是那些新开工建设的项目，在不妨碍建设进度和生产发展的条件下，应当实事求是地再一次审查设计文件。在 1957 年施工的所有单位，应当认真改进管理工作，依靠全体职工，保证工程的质量和完成工程的进度，严格节用建筑材料，努力降低建筑成本。中央决定全国所有施工单位在 1957 年必须在保证质量的条件下至少降低建筑成本 5%。

在工业、农业的生产中，在运输、邮电和商业的经营中，都必须想尽一切办法，广泛地开展增产节约运动。原料工业部门应当尽可能地提高生产指标，尽最大努力超额完成国家计划。原材料的节约是 1957 年工业节约的主要任务。机器制造、化学、纺织、食品、造纸、医药等制造工业部门，必须在保证质量的条件下，大力降低原材料消耗定额，建立和健全材料管理制度，并且加强企业之间的协作，以减少原材料的耗损而增加生产。机器制造部门尤其应当注意金属的节约，并且注意制造为社会所需要的零星产品、部件和零件。所有制造部门都应当在保证质量的前提下，广泛采用代用原料，充分地利用废料，开辟新的原料资源，增加生产。手工业生产合作社应当提高技术，合理利用原料，消除浪费原料的现象，努力增产人民群众需要的日用消费品。原料供应部门必须努力收购工业原料，尽量满足生产企业的要求。各部门和各地方在增加生产和厉行节约的时候，都应当努力提高产品的质量，降低次品率，坚决避免任何名义上是增产节约、实际上反而造成巨大浪费的现象。纠正盲目扩大公私营企业管理机构和随意增加非生产人员的现象。

在农业方面，加强对农业生产的具体指导，进一步巩固农业生产合作社。一切农业生产合作社应当继续执行“勤俭办社”的方针。

铁路、公路、水路、航空和邮电各部门，都应当采取切实的措施，提高设备和人员的效率，加强调度工作，以增加运输和通讯的能力。各个商业部门必须继续努力降低商品流转费用。

《指示》还提出，在1957年的增产节约运动中，必须大量节减各行政部门、事业单位和企业单位的行政管理费用，严格限制人员的增加，合理调整现有的机构和人员，逐步改变某些不合理的工资福利制度，并且彻底地消灭铺张浪费现象。1957年增产节约运动的任务艰巨，要完成这一任务，必须充分发动群众和依靠群众。

2月15日，中共中央将这一指示发往上海局，各省、市、自治区党委，西藏工委，中央各部委，国家机关各党组，人民团体各党组，总政治部，国家机关党委，要求各地收到指示后，立即转发各地委、各县委、城市的区委、军队的团委，并在党内刊物上发表。

2月8日

［纲　文］　**国务院发出《关于向农民推销1957年国家经济建设公债工作的指示》。**

［目　文］　《指示》指出，《1957年国家经济建设公债条例》已经由一届全国人大第五十二次会议通过，并且在1956年12月29日公布。1957年国家经济建设公债，应当根据合理分配、自愿认购的原则，积极地组织推销。根据农业合作化已经基本完成的情况，特作如下指示：1957年对农民推销公债，应当把过去由个体农户分别认购、分别缴款的方法，改变为由农业社组织农户认购、由农业社代为缴款的办法。即根据农民的购买能力，把公债的推销数额逐级地分配到农业社；由农业社根据社内各户的购买能力，向各户提出推销数字，经过群众民主讨论，在农民自愿的原则下，完成认购数字；认购后债款由农业社统一代缴（个别的也可以由社员自缴），并且尽可能一次交清。农业社同社员商议认购数字和代社员缴款时，要注意社员的经济力量，防止发生强迫命令的行为。个体农户购买公债，可以自己办理，也可以委托农业社代为办理。农村公债的推销时间，应当同农业社夏收预分或秋收预分的时间结合起来。农村公债缴款时间，一般应当在11月底结束，最迟必须在12月底以前结束。

《指示》要求各级人民委员会加强对这一工作的领导，除注意防止发生强迫命令的行为外，还要注意防止放任自流的偏向。并且应当大力进行宣传，向农民群众反复说明国家发行公债的意义，说明推销公债的政策和认购公债的方法。各级人民委员会可以根据以往的经验，指定专人负责，及时地掌握公债的推销和缴款情况。

2月8日

［纲　文］　**财政部税务总局发出《关于手工业合作组织交纳工商业税若干问题处理意见的通知》。**

［目　文］　根据财政部（57）财税昂字第19号通知规定，《通知》对若干具体问题提出以下处理意见：一、在（57）财税昂字第19号通知公布以前成立的手工业生产合作社、手工业生产小组，分别按下列情况给予优待：（一）手工业生产合作社的营业税、所

得税优待期限已满，又划出来的社、组，不再重新给予优待；（二）手工业生产合作社的营业税、所得税优待期限未满，又划出来的社、组，可就剩余的时间按新规定对新的社、组给予优待；（三）手工业生产小组按原规定的营业税、所得税优待期限未满的，可按新规定就剩余时间给予优待。二、手工业生产合作社、组吸收成员扩大组织，如果社、组的优待期限已满，一律不予延长。三、集中生产、统一核算、共负盈亏的手工业供销生产社、组，可比照手工业生产合作社、组的规定给予优待。四、对年度中间新成立的手工业合作组织，在年终汇算清缴所得税时，及在并社或改组前，社、组在计算交纳所得税时，不论是否在优待期间，均应换算出全年所得额，找出适用税率，就实际所得额计算交纳所得税。五、手工业合作组织如果采用其主管单位所规定的会计制度的，在计算所得税时，均可按其会计制度办理；如果没有采用其主管单位所规定的会计制度，仍按税法规定计算，但应从宽处理。六、享受减税优待的只限于手工业管理部门领导的手工业合作组织。以上规定自 1957 年 1 月份（营业月份）起开始执行。

2 月 8—21 日

［纲　文］　**青年团中央召开青年团各省市委书记会议。**

［目　文］　会议主要内容是研究青年团的思想教育工作。会议认为，青年团的任务就是要不断提高青年的共产主义自觉性，表现为革命的人生观和科学的思想方法两个方面。青年团要教育青年树立共产主义人生观，具有坚定的工人阶级立场，忠诚为劳动人民服务的思想和不怕困难、不怕牺牲的精神。同时，青年团又要积极地培养青年正确地分析具体事物的能力，用辩证唯物主义去武装青年。会议认为，当前应当特别强调以艰苦奋斗、勤俭建国和集体主义精神教育青年。在教育青年的工作中必须坚持理论联系实际的方法、一方面要系统地向青年讲解马克思列宁主义的基本知识，党的政策和当前形势；另一方面又要选择当时、当地所发生的各种事例，启发和诱导大家讨论。对于有错误思想的青年，必须坚持说服教育的方针，做到以理服人。提高团员的思想是提高广大青年思想的一个重要环节。

会议还研究了勤俭办社、争取今年农业大丰收和在工矿企业中开展增产节约运动等方面的问题。会议最后由团中央书记胡耀邦①作总结。

2 月 18 日，中共中央书记处书记邓小平和谭震林、杨尚昆②、胡乔木等接见了全体会议代表，并一起座谈，对团的工作作出了具体指示。邓小平说，所有有青年的地方都应该做青年工作。青年团总是在党的政策方针下，动员教育青年参加社会主义建设。青年团要研究什么方法适合动员青年。在这方面，青年团要创造经验。青年团要力求代表和反映青年的利益和要求。历史经验证明，只有始终坚持党的领导，紧密团结青年，代表和反映青

---

① 胡耀邦（1915—1989），湖南浏阳人，时任中国共产主义青年团中央第一书记。

② 杨尚昆（1907—1998），四川潼南人，时任中共中央书记处候补书记、中共中央直属机关委员会书记、中央办公厅主任。

年的利益和要求，青年团才能完成好党交给的工作任务。在讲到如何对待闹事问题时，邓小平指出：最近党中央和毛主席在考虑解决这个问题。社会主义改造完成后，现在还有两种矛盾：第一种是敌我之间的矛盾，这种矛盾现在大大减弱了；第二种是人民内部的矛盾，这种矛盾现在突出了，反映在各个方面。社会生活总会有矛盾，有矛盾就要调整。我们把不断地解决问题当成调整人民内部矛盾的一种方法比较有利，因为人有“气”总要出。出的方法有两种：一种叫集中出，一种叫分散出。小出“气”了，就不大出“气”了；有“小闹事”，就没有“大闹事”了；有“小民主”了，就不“大民主”了。这个道理全党都要想通。人民内部的事情要用人民内部的解决方法来对付，不要用对敌斗争的方法。在人民内部主要是用教育的方法，特别是对青年。纠正群众的错误，也只有用群众自我教育的方法、自己讨论的方法。

2月8日

［纲　文］　**新华社讯，中国决定参加国际地球物理年七个学科的科学观测。**

［目　文］　国际科学界商定从1957年7月1日到1958年12月底是国际地球物理年，50多个国家的科学界将同时进行地球物理方面的各种科学观测工作。中国决定参加地震、太阳黑子和其他太阳活动现象、宇宙线、高空电离层等七个重要学科的观测工作。观测地区和项目为在拉萨的地磁和地震观测；江苏省佘山、北京和广州进行地磁要素观测；在北京、兰州、南京、佘山、昆明、广州进行地震的观测；在南京、佘山、昆明和北京四地的太阳黑子和其他太阳活动现象的观测；在北京和东川的宇宙线观测；在满洲里、北京、佘山、武汉、重庆和广州六地的高空电离层观测；在上海徐家汇天文台和天津附近测定经纬度。在气象观测方面，除增强分布于全国各地的地面观测台站外，还在国内24个地点进行高空气象和太阳辐射等要素的量测。在本次国际地球物理年中，苏联、美国、法国、英国、澳大利亚和日本发射火箭，苏联和美国发射人造卫星进行观测。

2月9日

［纲　文］　**国务院发出关于同意将寻邬、虔南、大庾、雩都、新淦、鄱阳、新喻等七县更改名称给江西省人民委员会的批复。**

［目　文］　批复全文如下：内务部转报你省1957年1月7日（57）会政字第4号函收悉。同意将你省的寻邬县改名为寻乌县，虔南县改名为全南县，大庾县改名为大余县，雩都县改名为于都县，新淦县改名为新干县，鄱阳县改名为波阳县，新喻县改名为新余县。希将正式改名日期报内务部备查。

2月9日

［纲　文］　**国务院发出《关于严格控制棉布计划供应的补充指示》。**

［目　文］　《指示》规定，从2月10日起，大小童装和5寸以下的布一律按实收布票；蚊帐布按二折收布票（即一尺收二寸布票），蚊帐成品的顶布、边布和衣着用的网眼布都按实收布票。《指示》还要求各地配合增产节约运动，设法节省棉布以备在秋后旺季

供应市场。

2月9日

［纲　文］　**中国人民银行总行发出《关于地方国营工业、合营工业、手工业贷款问题的通知》。**

［目　文］　《通知》指出，1月6日和1月14日国务院先后发出两个关于工商之间的业务关系仍按现行办法执行的通知，规定：在1957年内关于商业部门和公私合营工业以及和某些国营工业、合作社工业之间原有的加工订货、统购包销的关系，一律按照现行办法，暂不变更。在1957年内一律不再扩大现有的工业部门、手工业部门自销的范围。有些地方对某些工业品、手工业品已经试行了选购、自销的，是否继续实行选购、自销还是把它重新恢复为原来的加工订货、统购包销，由各地人民委员会审查决定。

根据国务院上项决定，总行规定：一、在1957年内地方国营工业、合营工业、手工业如有由加工改购销关系或者扩大自销而要求增加贷款的，银行不予增加贷款（但在国务院通知下达以前已经改变购销关系，而目前主管部门并不要求恢复原有业务关系的，仍可贷款）。二、地方国营工业、合营工业、手工业上年已由加工改为购销关系因而增加贷款的，如将来重新恢复为加工关系时，应相应地收回贷款；其原来增加的贷款指标如系由商业贷款指标移转过来的，在收回贷款时，应将原移转过来的指标额度从工业贷款指标中减去，同时在此额度内，根据商业部门的实际需要增加商业贷款指标，并将此种指标变动情况于季末汇总报总行一次。

2月10日

［纲　文］　**中共中央转发中共监察部、内务部党组《关于山东省改造落后乡工作中违反政策和违法乱纪情况的报告》。**

［目　文］　转发意见指出：对于改造落后乡工作中错划阶级成分的农民，必须说服干部，认真实行“平反”，同时必须注意保护乡村干部的工作积极性，省、地、县领导机关应替乡村干部担负责任，才能使“平反”工作顺利进行。对于在改造落后乡工作中所发现的违法乱纪行为，则应严肃执行纪律，不如此不能平民愤。

2月10日

［纲　文］　**中共中央批转监察部党组向中共中央报送的《关于第六次全国监察工作会议的报告》。**

［目　文］　1月24日，监察部党组向中共中央报送《关于第六次全国监察工作会议的报告》。《报告》说，会议总结了1956年的监察工作并安排1957年监察工作任务，讨论和研究监察机关的体制问题。主要内容是：一、1956年的国家监察工作，着重检查了某些企业中产品和工程质量的低劣，某些地区在贯彻农业增产措施中领导干部的主观主义、官僚主义和区乡干部的强迫命令，某些商业部门的干部在收购农、副、畜产品中违反政策、压级压价以及粮食保管中的严重损失浪费现象。同时，注意了加强对公民控告和申诉案件

的直接调查处理。监察工作存在的问题，主要是和某些国家行政机关的严重的官僚主义作斗争不够有力。各级国家监察机关往往检查了基层单位的许多问题，但很少进一步地检查上级行政领导机关工作中的主要缺点，因而使许多问题得不到彻底解决。同时我们布置检查的问题太多，要求过急，以致许多检查效果不大。二、会议规定1957年各级国家监察机关的中心任务是监督各级国家行政机关、事业和企业管理机关及其工作人员，全面地超额地完成国家第一个五年计划，正确地贯彻党的第八次全国代表大会所规定的各项政策。反对官僚主义、强迫命令作风，坚决向铺张浪费、贪污盗窃、违法乱纪等行为作斗争。为此，各级国家监察机关应检查执行中央和国务院关于增产节约的指示中发生的问题。监督执行国务院关于精简机构、紧缩编制的指示。加强公民控诉和申诉案件的检查处理，加强对各级国家行政机关处理人民来信来访工作的监督。三、关于监察机关的体制，会议确定，国家监察机关和内部监察机关，在组织上应逐渐明确分开。内部监察机关根据各部门的需要自行设立。国家监察机关的组织设置，必须坚持精干、集中、重点设置的原则，不宜分散庞大，对中央国营企业，只是在大型的以及联合的企业中重点设立。县监察机关的设置，可以根据各地实际需要和可能因地制宜地办理，但是不应削弱现有省、自治区、直辖市监察厅、局的机构。国家监察机关的编制，属中央各国家监察局系统的，仍由监察部统一掌管；属地方的，改由各省、自治区、市人民委员会掌管。省、自治区、直辖市监察厅、局仍然由省、自治区、直辖市人民委员会和监察部双重领导。国务院所属财经部门国家监察局，由各部与监察部双重领导，其所属管理局和大型或联合性企业中监察室均属所在行政和上级监察机关双重领导。

2月10日

［纲　文］　**新华社讯，社会主义国家的铁道部代表在华沙举行会议。**

［目　文］　保加利亚、民主德国、中国、朝鲜、罗马尼亚、苏联、捷克斯洛伐克和波兰等国家的铁道部代表举行会议，讨论社会主义国家之间在铁路运输上进行科学、技术合作的新方式。会议讨论通过了1957年的合作计划。计划规定中国、朝鲜、波兰、民主德国和其他国家将直接得到苏联铁路运输经验的帮助。会议还拟定了《关于科学和技术合作的计划条例》，并提交将在北京举行的社会主义国家铁道部长会议通过。

2月11日

［纲　文］　**中国人民银行总行发出《关于做好农业贷款工作支援春耕生产的指示》。**

［目　文］　《指示》指出，1957年春耕季节，银行和信用社的主要工作，在结束冬季收贷之后，发放春耕贷款。根据1957年的农村情况，春季贷款及其他农村金融工作，必须以巩固和提高现有的农业生产合作社，帮助社员解决生产生活困难，全面发展副业生产，作为一切工作措施的出发点。《指示》对1957年春季农贷工作和支援春耕生产有关的工作提出以下要求：

一、立即进行思想准备和工作准备，做好春季各项贷款的安排。必须很好地解决以下问题：（一）要在当地党政领导下，协同各有关部门通盘计算，统一安排投向农村的各项资金。今春预购定金、信用社转存款、银行贷款三项可能动用的数字约有十七八亿元，农贷使用的重点，以发放生产费用贷款为主，长期的基本建设贷款要求尽量少放或不放。（二）党政领导在安排春耕生产时，把农业贷款及其他资金的使用等项工作统一安排进去，使贷款工作成为领导生产时的一项重要内容，使负责领导生产的同志关心贷款及其他资金的分配及分配以后的使用，保证分配合理，使用得当。在分配资金时，对山区和灾区应该给予适当的照顾。（三）要在贯彻执行增产节约与勤俭办社方针下去运用资金，既要适当满足农业社必需的生产投资，又要防止不适当地扩大和加速农业的积累和生产费用的投资。（四）对社员贷款仍应给予适当的注意，春季生活上、生产上（小农具及家庭副业等）的困难应在春贷开始进行了解。（五）在春贷工作中，对“长期的贷款要适当堵住，贷款主要用于生产费用”的原则要贯彻执行。（六）在农业社开展多种经营的情况下，应适当注意农副业的扶植，对发展农业有重大作用的副业，尤应给予特别的关心（如牧畜、养猪等）。

二、必须做好信用社转存款的支付工作。信用社的旺季存款，今春大部分将要支付出去。要关心存款人对于资金的需要，保证存款人（或社）支取的自由与方便。因此，必须在组织力量发放贷款时，注意组织足够的支付存款的力量，保证存户的提取。对于经过宣传自愿来存的存款，仍应积极加以吸收，以扩大支持生产的资金力量。

三、必须加强对于春季农贷工作的领导和帮助。各级人民银行和农业银行，应把春耕生产放款工作当做最重要的工作，统一组织全省银行干部的力量，抽出骨干干部和相当数量的工作人员，分成若干工作组，深入下去做具体的帮助和指导，帮助下边研究情况，解决疑难问题，及时总结经验。

2月11日

［纲　文］　**国务院发出《关于同意将广州医学院改名中山医学院给高教部、卫生部的批复》。**

［目　文］　《批复》指出，为了纪念伟大的革命先行者孙中山先生，同时考虑到广州医学院的沿革，同意将广州医学院改名为中山医学院。其附属医院的名称，也随之相应改变。

2月11日

［纲　文］　**刘少奇、邓小平听取卫生部副部长傅连暲、徐运北、张凯等关于中医和节育问题的汇报。**

［目　文］　刘少奇指出，要把西医里面有经验的老教授请来参加中医的研究、整理和提高工作。西医不学中医是可以的，但不能鄙视、歧视中医，要尊重中医，国家要给中医以帮助。邓小平指出，应该把世界上一切好的东西和中国一切好的东西结合起来，一切好的东西我们都要承认。西医是好的，中医也是我国几千年来证明是好的；但西医也有不好的，中医不好的可能更多些，因为没有经过科学整理。花几十年的功夫，整理出完整的

祖国医学，这是我们的奋斗方向和目标。邓小平还指出，节育问题不是小问题，它涉及改善我国人民长远生活问题，我们要想尽一切办法实行节育。在节育宣传上要同爱国卫生运动那样，做到家喻户晓，深入人心。要采用中西医的一切有效办法，进行节育技术指导，深入居民小组。

2月11—14日

［纲　文］　**全国学联召开第十六届委员会第二次全体会议**。

［目　文］　全国学联委员及北京市学联的干部共58人参加了会议。会议反映和讨论了学生的意见和要求，研究了学校学生会的工作。会议认为全国学生要努力学习共产主义思想，通过社会斗争的实践和马克思列宁主义理论的学习，培养自己用工人阶级的立场、观点、方法分析事物的能力；要继承中国人民的革命传统，发扬艰苦奋斗、战胜困难、全心全意为人民服务的精神；要爱护学校，尊敬师长，加强同学之间的团结，努力掌握建设祖国的知识和本领。

会议认为学生会是全体学生的组织，它的主要任务是沟通学生和学校领导、教育部门之间的意见，组织学生的课外生活，协助学校为培养全面发展的社会主义建设人才而努力。学生代表大会是集中地反映学生的意见和进行自我教育的重要的工作形式，应该有计划地召开。对于代表们提出的各项意见，学生会应该认真地协助学校行政处理，暂时办不到的或不合理的要求应予以交代和解释；对于学生自己能够解决的某些问题，应动员学生自己动手加以解决。学生代表大会召开时应邀请校长和学校党委负责人出席指导。会议应力求简朴，切实地讨论和解决学生所关心的问题。

2月14日，毛泽东、刘少奇、周恩来、陈云、邓小平接见了与会代表。

2月11—15日

［纲　文］　**第四纪[①]学术会议召开并成立第四纪研究委员会**。

［目　文］　参加会议的有地质、地貌和古生物等方面的专家共160多人，提交学术论文共80多篇。侯德封[②]在会上介绍了中国第四纪科学的研究状况，指出，在1929年后，中国学者取得了对于第四纪地层、人类化石和其他动物化石的调查研究成果。近几年来，第四纪各方面的研究工作如古人类学、古动物学、古植物学、考古学及黄土研究等，都有了新的开展。学者们收集了很多关于第四纪地层和地貌的资料，在矿产分布地区、石油普查勘探地区、水利工程建设地区、农业建设地区以及城市建设和工矿建设等地区，在不同程度上作了第四纪地质和地貌的研究，特别是开始了专门性的对第四纪的地貌测量和制图，标志着中国第四纪科学发展的新方向。

---

① 第四纪是地壳发展历史的最新时期，到这个时期人类才在地球上出现。第四纪时期的地质作用，对人类影响很大。第四纪地层是各种民用建设、工业建设等的基础。中国正在进行和计划进行的各大流域的开发工作、水利灌溉工程和广大黄土区域的水土保持工作，都是在第四纪地层上进行的。

② 侯德封（1900—1980），河北高阳人，地质学家，时任中国科学院地质研究所所长、中国科学院学部委员。

第四纪研究委员会由20名学者、专家组成，李四光①、侯德封、杨钟健②分别担任这个委员会的主席、副主席。

2月12日

［纲　文］ **中共中央书记处召开会议**。

［目　文］ 会议讨论北京市控制人口和加强学校思想政治工作问题，决定由胡乔木代中共中央起草一个对学校处理学生罢课、请愿问题的指示。邓小平在讨论北京市控制人口问题时指出：城市控制人口的根本问题是节育。先写社论，再家喻户晓做宣传，在全国设节育指导站，想尽一切办法搞节育。在讨论学校思想政治工作时指出：学校发生一些问题，总的应该说是学校思想政治工作薄弱，领导干部官僚主义。对请愿的不要用武力，也不要让，要讲清道理。凡是合理的要求，找出原因改进工作；不合理的，做工作说服。总的原则是不要动武，要讲清道理，就是用处理人民内部矛盾的处理原则。

2月12日

［纲　文］ **中共中央同意邓子恢③、李先念关于将人民银行、农业银行重新合并的报告**。

［目　文］ 中共中央指示，同意邓子恢、李先念两同志关于将人民银行和农业银行重新合并的报告，另由国务院下达两行合并的命令。合并以后，农行牌子不再保留，人员由人民银行分配工作。人民银行有关农村信贷工作的方针、政策仍接受各级党委农村工作部的指导，并要求立即领导各地两银行进行合并的准备工作。

2月12日

［纲　文］ **中共中央批转公安部党组报送的《第八次全国公安会议关于1956年公安工作的主要情况和1957年工作的意见的报告》**。

［目　文］ 中央批示指出，七年以来，党领导全国人民进行的两次镇压反革命的群众运动，包括肃清内部暗藏的反革命分子的群众运动在内，都是完全必要的，正确的，有伟大成绩的，这点一定要肯定。但是，反革命分子是大大减少了，国内大规模的阶级斗争已经过去了，今后的肃反斗争，一定要完全遵守法制。

1月17日，公安部党组向中央报送《报告》。主要内容是：一、1956年的工作情况。全国继续深入开展了肃清残余反革命分子的群众运动。根据反革命残余势力分化瓦解日益明显的情况，进一步实行宽大政策，广泛地开展政治攻势，号召一切反革命分子投案自首，在农村普遍地评议原来的地主、富农、反革命分子参加合作社，在城市宽大处理和逐

---

① 李四光（1889—1971），湖北黄冈人，地质学家，时任地质部部长、中国科学院副院长、中华全国自然科学专门学会联合会主席、世界科学工作者协会副主席。

② 杨钟健（1897—1979），陕西省华县人，古生物学家、地层学家、第四纪地质学家、地质教育家，时任中国科学院古脊椎动物与古人类研究所古脊椎动物研究室主任。

③ 邓子恢（1896—1972），福建龙岩人，时任中央农村工作部部长、国务院副总理兼第七办公室主任。

步安置残余反革命分子劳动就业。据 1956 年 1 月到 11 月的统计，全国投案自首的反革命分子和其他刑事犯罪分子共有 23.4 万余名，依法逮捕了反革命分子和其他刑事犯罪分子 17.5 万余名。经反复的检查，1955 年以来，镇压反革命运动中所捕的人，约 85% 是正确的，5% 是错捕和不应该捕的，10% 是属于可捕可不捕的。1956 年工作中的缺点主要是，积极分化瓦解敌人强调不够，1955 年底召开的第七次全国公安会议制定的 1956 年捕人数字和继续采取大批集中搜捕的措施，是不切合实际的。当时为侦察、保卫、治安规定的各项工作指标，也有些偏高冒进，带来了一些副作用。二、当前斗争情况的分析。经过两次镇压反革命运动和本年的政治攻势，全国 5 个方面的反革命分子，约有 90% 分别受到了杀、关、管各种打击或者宽大处理。反革命分子赖以生存和活动的社会基础，从根本上受到很大削弱。人民民主专政的对象日益减少，民主的范围日益扩大。三、1957 年公安工作的主要任务是，深入地具体地贯彻党的第八次全国代表大会的肃反方针，坚决打击一切反革命分子的现行破坏活动，继续彻底肃清暗藏在内部和社会上的残余反革命分子，大力开展同刑事犯罪活动的斗争，进一步做好对罪犯的劳动改造工作和对反革命分子的社会改造工作，加强人民公安机关的法制建设，改进和提高各项业务，实行精兵简政，提高公安干部和公安工作的质量。

2 月 12 日

［纲　文］　**国务院发布《关于调整1957年茶叶价格的指示》**。

［目　文］　《指示》说，全国茶叶收购价格 1956 年平均提高了 16% 左右，1957 年只对个别收购价偏低的茶类适当调整，全国平均提高 0.76%。茶叶销售价决定不再上提，只将某些高级茶类销价稍予提高，以补偿提高购价的支出，提高的幅度为全部内销茶平均价格的 1.15%。

2 月 12 日

［纲　文］　**国务院发出《关于临时工雇用期限的解释的通知》**。

［目　文］　《通知》说，国务院 1957 年 1 月 12 日《关于有效地控制企业、事业单位人员增加，制止盲目招收工人和职员的现象的通知》第四项规定：临时工的雇用期限，不得超过 1 个月。有些地区和部门反映，执行有困难。为了防止过多的招收人员和某些单位长期雇用临时工而造成处理上的困难，临时工的雇用期限，一般的仍应按原“通知”规定执行；至于基本建设、森林工业等单位，确因工作需要，雇用临时工必须超过 1 个月时，可在 1 个月期满后，与工人按月续订合同。但完工后，必须根据合同规定辞退工人，不得有所违反。

2 月 12 日

［纲　文］　**财政部发出《关于取消对国营企业、供销合作社、公私合营企业等新建、翻修房屋免征城市房地产税规定的通知》**。

［目　文］　《通知》指出，1951 年 8 月原政务院公布的《城市房地产税暂行条例》第五条第一项规定：新建房屋自落成之月份起，免纳三年房地产税。同条第二项规定：翻

修房屋超过新建费用1/2者，自竣工月份起，免纳二年房地产税。当时国家尚在经济恢复时期，城市居民和私营企业的房地产所占比重较大，这一免税规定对鼓励城市居民和私营企业修建房屋起了一定的作用。自国家进入有计划的经济建设时期以后，国营企业、合作社企业及其他公有房屋的比重日益增大，它们修建房屋都是按照国家计划进行，并且企业的房屋一般都定期提存折旧，保证房屋的重建和修缮，对它们的新建、翻修房屋不需要再予免税。私营企业全行业公私合营以后，已经纳入国家计划，一切制度大都比照国营企业的规定执行，亦应与国营企业同样办理。因此，报经国务院第五办公室1957年1月26日五办字第18号批复：国营、合作社营、公私合营企业及房地产管理部门的新建、翻修房屋，取消免税三年、二年的规定；对一般居民及华侨、侨眷、港澳同胞新建、翻修房屋，仍按原规定执行。为此，特作如下规定：一、国营企业、供销合作社、公私合营企业、手工业生产合作社及房地产管理部门的新建、翻修房屋，不再适用城市房地产税暂行条例第五条第一、第二两项免税三年、二年的规定，均自房屋建成验收并提取折旧或者翻修工竣的次月份起征收城市房地产税。二、对一般居民的新建房屋（包括职工自建公助的和个体手工业者及小商小贩的新建房屋）免税三年，翻修房屋超过新建费用1/2的免税二年的规定，仍照旧执行不变。如果居民翻修房屋所耗费用不到新建费用1/2，不够免税二年条件，而有必要予以免税照顾的，可以报请省、自治区、直辖市人民委员会核准在二年的范围内给予一定时期的免税照顾。三、华侨、侨眷与港澳同胞新建房屋仍照原规定办理，即：除根据条例规定予以免税三年外，并可报经省、自治区、直辖市人民委员会核准，继续免税二年。翻修房屋按照第二项规定办理。

以上规定自1957年起执行。过去对于第一项所列新建、翻修房屋已经核定免税的，亦自同时起不再继续免税。

2月12日

［纲　文］　**全国妇联等七个团体联合发出《关于纪念1957年三八国际妇女节的联合通知》**。

［目　文］　《通知》指出，在国民经济的各个部门、文化教育、医务卫生、国家机关等方面的女职工约有300万人，农业合作社的女社员约有1亿多人，手工业合作社女社员约有150万人，在各种岗位上的女干部约有70多万人，对社会主义改造和建设作出了重大贡献。本年纪念三八国际妇女节，各级团体的各级组织要本着中共“八大”和八届二中全会精神，号召妇女继续提高共产主义的思想觉悟，加强团结、勤俭建国、勤俭治家、继续争取做社会主义建设的积极分子，以便和全国人民一起，努力增产节约，争取完成和超额完成第一个五年计划，迎接第二个五年计划。同时要不断增进以苏联为首的社会主义各国的团结，与全世界各国爱好和平的妇女增进了解，发展友谊，保卫世界和平，支持争取民族独立的正义斗争，维护妇女儿童权益。

《通知》要求各团体的各级组织，在三八国际妇女节纪念活动中要着重宣传下列各点：一、向妇女进一步宣传社会主义制度的优越性，社会主义制度与妇女彻底解放的关系，提高妇女在社会主义建设事业中的责任感，正确认识个人利益和集体利益、国家利益的关系，眼前利益和长远利益的关系，巩固劳动光荣的观点，努力增产节约。鼓励一切在生产、工作、学习岗位上的妇女，发扬艰苦朴素的优良传统，坚持不懈地学习理论、政策和科学、文化，刻苦钻研技术和业务，提高工作能力，争取对社会主义建设作出更大的贡献。向一切家庭妇女宣传贯彻“五好”（即家庭、邻里团结互助好，家庭生活安排好，教养子女好，鼓励亲人生产、工作、学习好，自己学习好）。鼓励家庭妇女努力参加社会活动，贯彻执行党和政府的政策法令。二、提倡保护妇女儿童的健康与安全。在城乡各种生产、工作中，要提倡合理使用妇女劳动力，照顾妇女的家务劳动和特有困难。对必须办而又可能举办的劳动安全措施与妇女儿童福利事业，要本着勤俭精神，依靠群众，群策群力，坚持举办。各团体各级组织要适当提倡节制生育。对于有节育要求的男女群众，我们要引导她（他）们采用现在行之有效的避孕方法。三、向社会、向妇女宣传以共产主义道德对待婚姻、家庭和子女的教养。婚姻方面，提倡在男女平等的基础上，建立和巩固符合社会主义精神的家庭；反对从单纯追求物质享受出发的婚姻观点和轻率的结婚、离婚等行为。同时要教育青年男女认识早婚的害处，继续反对没有到达婚龄的早婚行为。对于到达婚龄的青年，也可适当地宣传晚一点结婚的好处，但不能因此干涉到达婚龄的青年男女的结婚。

《通知》还提出 1957 年纪念三八国际妇女节的四条办法。

2 月 13—25 日

［纲　文］　**朱德视察云南。**

［目　文］　期间，朱德视察了云南农业试验场、昆明机床厂，会见原云南陆军讲武堂教官李鸿祥、黄毓成等人；参观农业展览馆，视察 298 厂、云南水泥厂、云南造纸厂、石龙坝发电站等。2 月 19 日，在听取云南省地质局负责人汇报地质勘探和建厂情况时，朱德说：铜矿应逐步地开采。建设炼铜工厂应先建小厂，得利快，建大厂费时间。钢铁工厂也应先建小型的。稀有金属工厂也应先建小厂。如建设包头钢铁厂时，调用了几万人，吃饭、穿衣都成问题。特别是在深山峻岭内，又修房子，又修铁路，费用很大，如建小厂就合算。他又说：将来钢铁工业可以交给地方，地方工业要自成系统，自产自销。20 日，在听取云南省委财贸部负责人汇报收购烤烟等物资有压级压价问题时，他说：要依靠农民自己评级，完全靠上级和收购员来评级就搞不好。公家又要农民种，又要压级压价，这就成了公家限制生产。凡是原料和出口产品，公家只能高价收购，以刺激生产积极性，不能压级压价。在听取交通运输问题时他说：应考虑恢复马帮，过去历史上马帮就解决问题。现在应把这个力量利用起来，把东西运出去就能赚钱。他还说：云南省的稀有金属和土特产很多，要组织生产，其他如畜牧业也要发展。21 日，朱德在云南省及昆明市党员干部大会上讲话道：云南省气候好，土地也好，雨量也不少，如果把水利搞好，就能争取丰收。要注意发展经济作物，如咖啡、橡胶、剑麻、香茅等，这些东西卖钱多。药材也很

多，价钱也很贵，全国都需要，农业生产合作社要以此为副业。有些矿产也可以组织群众开采，出口换回机器。这里的马也很多，可制造一些胶皮轮车或养一些马，来辅助交通之不足。还说：要注意中国内部的团结，搞好统一战线，统一战线是中国革命胜利的法宝之一。在目前要特别注意实行宽大政策，在过去战争年代真刀真枪打仗的时候，不能不死人，现在是建设时期，一定要实行团结、教育、改造的方针政策。帝国主义对我们是要搞颠覆活动的，但是，如果我们的统一战线工作做得好，就能团结广大人民，打破帝国主义的颠覆阴谋。

2 月 13 日

［纲　文］　**中共中央农村工作部、农业部发出《关于切实做好春耕准备工作的通知》。**

［目　文］　《通知》要求：一、有关业务部门必须在各级党委领导下，对农村冬季生产工作，切实进行检查督促，及时帮助解决工作中所发生的具体问题。二、各种越冬作物如小麦、油菜等的田间管理工作必须进一步加强，及时地动员和组织群众开展灌水、追肥、浇尿、镇压、保苗等工作，以保护越冬作物安全生长。有些地方，由于冬季干旱，可能造成春耕播种的困难，目前除应动员群众利用各种有效办法蓄水、保墒外，还必须从思想上和物质上做好抗旱抢种的准备，如果春季仍然缺雨，也要力争春耕、春种不违农时。三、冬季积肥造肥运动已经开展，必须抓紧春耕前这一段时间大力领导群众，开辟肥源，积肥造肥。四、认真检查各个农业合作社种子的准备情况，检查所储备种子的数量、质量情况，务必在春耕以前做好各种种子的调剂供应工作。本省（区）不能解决需要外省（区）支援的种子，必须及早提出要求，迅速与对方协商，组织调运。但是，鉴于以往的经验教训，对外地良种，在当地尚未经试验得出成功结论以前，不宜大量调进和普遍推广，以免造成损失。五、继续切实做好保畜工作，想尽一切办法解决饲料不足的困难。饲养员的工分待遇不合理的，也应该及时解决。牲口的专责保养制度，必须建立，使用牲口与喂养牲口相结合的办法，应该加以推广，耕畜缺乏，不能满足春耕需要的地区，应该及早组织力量，从产区调运一批牲口进来。六、必须切实做好整修农具的工作和双轮双（单）铧犁等新式农具的修配工作。新式农具的供应工作，亦必须根据各个农业合作社的实际需要，及时供应下去。技术传授工作，要责成有关部门切实领导技术人员认真进行，使农业合作社中的各种新式农具，在春耕生产中充分发挥其应有的作用。南方水田地区不适宜使用的双轮双铧犁，应设法收回。七、各地整顿农业合作社的工作，必须结合生产来进行。通过整社，发动社员民主讨论，根据因地制宜，因社制宜的原则，制定农业合作社1957 年的生产计划，并且根据国家计划与社员和社的需要统一安排。既保证国家需要，又保持农业合作社生产经营的独立性和机动性，把国家、合作社和社员个人利益相结合的原则体现在农业合作社的生产计划中。

2 月 13 日

［纲　文］　**国务院发出《关于浙江省龙泉县和湖北省均县破坏文物事件的通报》。**

［目　文］　国务院通报了文化部和国务院宗教事务局报告的浙江省龙泉县和湖北省

均县先后发生的干部违反国家的宗教政策和文物保护政策，严重破坏重要历史文物的事件。事件经过如下：一、浙江省龙泉县人民委员会部分干部为了修建城关区道路，未经上级同意，在1956年1月间，由该县民政科科长王衍信（已调任该县人民法院院长）率领，先后拆毁具有历史价值的五代的金沙寺塔和北宋时代的崇因寺双塔，并以“废物利用”为理由，拆塔取砖铺路。在拆毁的古塔内，发现文物很多。其中，在崇因寺双塔的塔基下有石函两个，藏有小银塔一座，并有鎏金钱一个，银牌两个，古钱六七十斤，以及极珍贵的唐、宋时代的写经、刻本经100多卷和彩色佛画像等。王衍信和当地干部发现后，以消灭“迷信品”为理由，进行毁坏。其中佛经和佛画像，除经该县文化馆干部尤文贵当场抢救出残余写经12卷、刻本经一残卷零一断片外，其余已被全部焚毁；至于小银塔、鎏金钱，则被卖给人民银行，古钱则被卖给供销社，均遭熔化。二、湖北省均县人民委员会为了“增加地方财政收入”，“想办法，挖潜力”，在1955年旧历四月间，以县文化科为主，以“废铜收集”为名，到武当山的14个宫观打毁神像，取得铜48000斤。后又在1956年3、4月间，经县长召开会议，由县人民委员会秘书带领干部，再次上武当山“收铜”，在48天内打毁21个宫观的神像201尊，得铜20200多斤。中间虽经道教人士的抗议和襄阳专署的制止，但该县文化科干部等并未遵照专署指示，停止毁坏神像的行为。道人、群众都表示愤慨和不满。

《通报》指出，这两起事件，都是严重违反国家的宗教政策和文物保护政策的。从这两起事件可以看到，还有某些干部，不重视国家有关宗教、文物的政策、法令，乱干一气，致使祖国的重要历史文化遗产遭受到不可补偿的损失，而且在群众中造成不良的政治影响。此事，务希浙江、湖北省人民委员会迅予彻查并严肃处理，将结果报国务院；并希各地切实注意检查，吸取教训，将上述事件通报各县、镇，防止类似事件继续发生。

2月13—19日

［纲　文］　**农垦部召开全国国营农(牧)场工作会议。**

［目　文］　各省、市、自治区管理国营农（牧）场的厅、局、处长等出席会议。国务院副总理邓子恢、农业部部长廖鲁言①、农垦部部长王震②等人出席会议并作报告。邓子恢在报告中提出五项任务：扩大农场，扩大耕地面积；发展农牧业生产，供应国家、人民和出口的需要；要从各方面支援合作社；为国家建设积累资金和培养管理大生产的管理、技术人员。会议确定1957年全国国营农、牧场的开荒任务比1956年实际开荒面积扩大20%左右，播种面积增加450万亩，粮食、大豆、棉花等作物的产量和养猪的数量增加一倍左右；牛、羊、马的数量也要增加。各农（牧）场必须贯彻勤俭办场的精神，精简节约，降低成本，坚决克服铺张浪费现象，缩减非生产性的开支。会议提出，各场的生产队长不要脱离生产，场长、副场长和党委书记等人都应该参加生产。各农（牧）场还应按照

① 廖鲁言（1913—1972），江苏南京人，时任农业部部长。

② 王震（1908—1993），湖南浏阳人，时任农垦部部长、解放军副总参谋长、铁道兵司令员兼政治委员。

主、次妥善安排各项生产，积极发展多种经营；合理调度劳动力，增加劳动力、土地的利用率，努力争取大丰收。会议还对第二个五年计划期间在西北、东北、华南地区大量开荒，以及对长江中下游和渤海湾等地区的荒地开垦勘测规划设计等工作进行了讨论，提议在包头、克拉玛依、玉门、柴达木、武汉等新兴的工业基地周围大量开荒，建立国营农、牧场，以支援工业建设。

◀1957年初，黑龙江省密山、虎林、宝清、饶河四县计划开垦300万亩荒地。图为铁道兵转业官兵在开垦土地。

2月14日

［纲　文］　**国家计委上海工作组起草《上海市公私合营工商业全行业合营后盈利和积累情况的报告》。**

［目　文］　《报告》指出，上海市私营工商业全行业合营以前，除已经合营的工业375户，产值26.51亿元外，尚有私营工业21683户，产值30.35亿元，私营商业仅坐商就有54889户，从业人员181591人。《报告》分为四个部分：一、合营后工商业生产增长、营业扩大的情况。上海市计委预计1956年全市合营工业生产总值约可达75.76亿元，较1955年原私营及合营产值增长33%。中央合营工业产值预计约为24.93亿元，增长53.7%，地方合营工业产值预计约为50.83亿元，增长25%。全部合营工业产值较解放后私营工业最高年（1953年）产值61.71亿元增长22.7%，改变了1954—1955年两年私营工业生产逐年下降的情况。合营商业1956年零售额预计约达13.56亿元，较1955年公私合营及私营商业零售额11.06亿元增长22.6%；全市合营商业定息户的零售额预计为7.63亿元，占全市合营商业零售总额的56.2%。

二、合营后工商业盈利增加，积累潜力很大。据市交通银行初步预计，上海市中央和地方合营工业1956年生产利润可达31877万元，加上地方合营工业的销售利润2037万元和全部折旧3310万元，总计全部合营工业收入约37224万元。其中，中央合营工业生产利润约为13844万元，较1955年利润8227万元增长68.3%。地方合营工业生产利润则为18033万元，比1955年的利润增长50%以上，下半年比上半年增长71.75%。合营商业盈利，上海市第一商业局所属合营商业1956年可实现利润3890万元，较1955年（原为私营）利润2544万元增长52%。亏损户由1955年占营业总额的24%降为13%。销货利润率由1955年的2.83%提高到4.94%。定息户盈利额上半年为557万元，利润率2.33%；第三季度为1229万元，较上半年两个季度合计增长12%，利润率提高到5.66%。服务业过去几年都亏本，到第三季度也有盈余，代销店和小业主商户盈利较多。

三、积累减少和资金分散的情况和因素。上海市公私合营工商业生产和盈利虽有显著增加，但为国家积累的资金却不多。据交通银行初步预计，1956年地方合营工业全年的产销利润及折旧收入总数约21552万元，除缴纳所得税净余15462万元，全年支出总数约为19469万元，支大于收约4000万元，不足数由银行信贷解决，到11月底向银行贷款比1955年增加了6337万元。上海市第一商业局所属合营商业定息户，第一到三季度盈亏相抵后的利润总数为1786万元，支出总数为1399万元，3个季度实际盈余仅387万元。公私合营工商业积累减少和资金分散有以下几个主要因素：（一）管理机构庞大，管理人员过多，非生产性开支增大，吃掉了一部分积累。（二）合营企业部分资方人员及职员非法贪污、挪用公款和宕账。（三）实行定息后，股息红利比过去有所增加。（四）合营后调整工资和劳保福利的增加，也相对减少了财政收入。（五）合营企业铺张浪费现象相当严重。（六）对合营企业亏损户采取包下来的办法也是减少积累的一个因素。（七）上海市地方合营工业1956年企业资金增加较多，在资金管理上，有些偏宽、偏松，分散了一部分资金。

四、合营企业需要资金的情况。上海市合营工业生产资金不足、设备陈旧、职工劳动和安全条件较差，确需逐步添补一些资金。在合营初期出现资金不足的情况，1956年增拨资金和贷款9910万元，1957年尚需资金约7000万元，拟由财政上拨款3000万元和信贷1400万元外，尚不足3000万元。为进一步充分利用上海市合营企业现有的生产能力，发挥技术上的优越性，增加生产，增加出口和更多供应国内需要的高级精密的新产品，对平衡设备、改善技术组织措施、新产品试制、改善劳动保安条件等费用的资金，应予逐步解决。根据1956年资金管理偏宽、偏松的情况，应对流动资金需要进一步加以核实。对非生产资金的开支，应加以控制。

2月14日

［纲　文］　国务院五办财金组起草《对于1956年的货币流通情况的回顾和1957年货币流通量的瞻望》的报告。

［目　文］　报告回顾1956年货币流通情况是，1956年全国现金收入为469.4亿元，支出为488.3亿元。支出大于收入16.9亿元，比1955年年底的货币流通量增加发行16.9

亿元（增加了41.1%），超过了以往各年货币增加的数字。1953年由于国家采取了新的经济措施——统购粮食，货币投放的很集中，所以年底货币流通量增加的就较多。1954年和1955年货币流通量的增长幅度，都低于社会商品零售额、采购农副产品额和工资总额这几项经济指标的增长幅度，货币流通量大体上是同经济情况相适应的。1956年货币流通量的增长幅度，除比工资总额增长的幅度较低以外，大大超过社会商品零售额和采购农副产品额的增长幅度。如果按照货币流通量和社会商品零售额的增长比例大体上相适应的规律，并考虑到农业合作化和商业机构下伸的影响来做计算，1956年货币流通量最多只应该增加7亿元。

1956年的国民经济和国家建设事业也有些缺点：基本建设增长速度过快，事业发展较大，国家预算的当年收入不能适应支出的需要，必须动用上年节余10亿余元才能平衡（物资方面也有所动用）。在执行中对劳动计划和增加工资控制不严，就业人数超出计划54万人，干部升级过多过宽，这两项就多支出工资8.4亿元；为了支持农业合作化和农业社的生产，增加一些农业贷款是完全必要的，但是增加了20多亿元，这就多了一些；又由于对预算控制不严追加过多，又遇到了比较严重的风灾和水灾，增加了较多的救灾、防汛、复堤和堵口的费用等因素，就更加扩大了国家预算和信贷的差额。1956年国家预算动用上年结余（实际上是赤字）15亿元，增加货币发行16.9亿元，增加的货币发行实际上大部分是财政发行。

国家预算在一般情况下，年度执行终了，要有几亿元的结余才算合理，而1956年的预算则透支了15亿元。如果再把应该有的几亿元的结余因素考虑在内，去年的预算多支将在20亿元。这是使市场货币流通量增加过多的主要原因。

1956年国家的工资总支出比1955年增长40亿元，农贷比1955年增长20亿元，直接影响到人民购买力的增长。同时期的零售商品额仅增加了65亿元，形成对市场的压力，1956年国营商业商品库存有很大的压缩，市场供应紧张，使有些商品出现黑市的现象。1956年上半年农业贷款和经济作物预购投放两项共计约在20亿元以上，这就基本上抵消了上半年粮食和其他方面的回笼。几年来的规律总是上半年较多地回笼货币，下半年大量地投放货币。但是1956年上半年应该回笼货币的时候，却回笼的很少，下半年应该投放货币的时候又不能减少投放，因而下半年投放的货币，几乎全部是新增加的数字，这就形成了商品库存虽然减少，但是市场货币量仍比上年增加的现象。1956年增加的16.9亿元，根据城乡市场商品销售和货币流通的情况推算，大体上是城市增加了8.5亿元，占50%。农村增加了8.4亿元，占50%。如果按对象划分，农民增加约6.9亿元，职工市民增加约6.2亿元。国家机关、企业、农业生产社、信用社等部门的现金库存增加约3.6亿元。此外，根据1955年和1956年全国城乡银行的现金收支数字来看，1956年增加的货币大体上亦是城市和农村各占50%左右的样子。城市的现金收支总数比农村大，但是就现金收付的差额来看，1955年是农村回笼1.6亿元，城市投放1.6亿元，而1956年城市、农村都是投放货币的。

2月14日

［纲　文］　**中国人民银行总行向国务院五办提出《关于1956年对合营工业放款情况和1957年放款工作的意见》。**

［目　文］　《意见》说，1956年末银行对公私合营工业贷款余额45000万元，较1955年末的9700万元增加3.6倍，增加幅度较大。为此，《意见》作出如下说明：一、私营工业在合营之初，资金极其薄弱，不少企业负债多，自有流动资金少；大多数企业依靠加工、预收定金和赊欠来维持生产。天津1956年二季末全市4138户新合营工业企业的自有流动资金与负债相抵后仅有25万元，平均每户只有60元；辽宁全省私营工业在1956年初自有流动资金只有788万元，而拖欠工资等债务则达989万元。这些企业在合营后，产值增加，国营商业停止预付定金，赊欠关系中断，这样，企业需要的资金更多，而自有资金更显得短缺了。据交通银行估算，1956年初全国新老合营工业自有流动资金约5亿元，而到1956年底企业实际占用资金可以计算的即约达12.5亿元。二、根据11个省、市分行对贷款工作的检查推算，1956年末贷款余额中，约有68%用于正常生产周转，约有26%用于积压物资。其中，约80%即占贷款余额21%属于生产任务变更协作关系不协调等因素，约20%即占贷款余额5%属于企业自已过多、过早储备原材料；约有4.5%用于弥补企业的亏损；约1.5%用于基本建设。即1956年末贷款余额中，约有91.5%、4.1亿元是用得正当、合理的（由于双轮双铧犁、水车等任务过大，生产改组工作有缺点而多占用了资金，视作难以避免的话）；约有8.5%（即用于基本建设的1.5%，经营不善而亏损的2%和过多、过早储备原材料的5%）即约有4000万元是可少贷或不贷的，这是属于我们掌握不当和偏松的地方，须在今后工作中加以纠正。三、从贷款用途的另一个角度来分析，1956年末贷款余额中约有2.18亿元是代替了财政拨款。其中约2亿元是弥补了企业定额流动资金的不足部分，原因是财政采取以收抵支的办法，未将定额资金拨足；此外，贷款用于基本建设的700万元和弥补亏损的1100万元，也是代替财政拨款的性质。1956年交通银行向合营企业（中央所属和地方所属）收缴利润、折旧、专户资金等9.6亿元，除拨付基本建设投资、企业流动资金等7.1亿元外，其余2.5亿元充作上缴财政（1.8亿元）和交行结余（7000万元）。这2.5亿元从表面上看是企业利润上缴，实质是银行信贷资金转移到财政上去了。

《意见》认为，对条件有可能者应该定企业流动资金定额，明确划分人民银行和交通银行的职责分工，提出如下建议：一、1956年已核定定额而未拨足的约2亿元，由交通银行拨给企业，由企业归还人民银行贷款。1956年企业的亏损、基本建设未拨款的约1800万元，由交通银行清查处理，拨给企业，由企业归还人民银行贷款。二、今后，基本建设四项费用技术组织措施投资、安全技术劳动保护投资、试制新产品投资、零星基本建设投资和亏损，由交通银行及时拨款，人民银行不再贷款。三、已核定定额的企业，由交通银行拨足定额流动资金；未核而有条件核定定额的企业（中央所属和省属的全部合营工业，市属及其他所属的一部分合营工业），由交通银行继续核定，拨足资金。今后人民银行不再贷定额内资金。四、人民银行贷款范围将是：没有条件核定定额的企业所需正常生产资金，及已核定额企业所需的定额外短期生产周转资金。

2月14日

［纲　文］ **福建省华侨事务委员会、中国人民银行福建省分行上报《关于争取侨汇问题的请示报告》**。

［目　文］ 为争取完成和超额完成今年3800万美元侨汇的任务，支持解决国家外汇困难，《报告》提出以下建议：一、侨汇的党政领导上，特别是晋江、厦门应加强对侨务工作的领导，把争取侨汇的工作列入今年整个工作必须完成的任务之一。各地具体任务数由人行分配下达到县。二、在增产节约争取农业大丰收的工作当中，注意争取增加侨汇的工作，防止片面宣传节约，而降低侨眷争取侨汇的积极性。对华侨、侨眷的生活习惯仍应予以照顾，对他们举办红白喜事及酬谢等既不提倡，也不予干涉，并根据物资条件尽可能给予适当照顾。三、采取有效措施，为侨汇开辟出路。（一）在全国物资供应紧张情况下，重点照顾，酌量增加侨区物资供应。（二）华侨有“落叶归根”的思想，建屋费用占侨汇比重大。认真处理华侨建屋问题，满足华侨建屋材料供应。（三）辅导华侨投资及兴办公益事业。

《报告》还提出，必须向干部与侨眷进行侨汇政策的宣传教育，提高干部对侨汇的认识，克服把侨汇看为包袱、麻烦、资本主义因素等错误看法。应加强对侨眷社会主义与爱国主义的教育，提高他们的认识。在向侨眷进行增产节约与勤俭治家教育中应贯穿着争取侨汇与“积谷防饥”的精神，防止因片面宣传“节约”而可能引起的消极作用，应着重说明：一、侨汇是侨胞血汗换来的，汇来不易，是“风险钱”；二、晴天要藏雨天谷；三、把死钱变活钱，鼓励投资储蓄、存款。同时把争取来的侨汇节约下来，不至于增加市场供应紧张，又能把侨汇投入生产，有利于社会主义的建设，达到农业大丰收，侨汇收入也大大增加。

2月15日

［纲　文］ **国务院发出《关于调整生猪购销价格的通知》**。

［目　文］ 《通知》指出，关于全国生猪购销价格的调整方案，经生猪专业会议讨论后，中央和国务院已批准。为使各省、自治区、直辖市做好调价前的准备工作，将这次调价的要点通知如下：一、生猪收购价格：全国平均堤高13.89%。各省调高幅度基本上同意省委所提的意见，仅个别省、直辖市有修正。二、猪肉零售价格：城市和乡村一般均作适当提高。全国平均提高8.42%，北京每斤提高5分，天津、上海提高5分5厘，其他城镇由各省根据生猪收购价格及税率的调整情况，并根据以省为单位、经营内销生猪部分稍为有利的原则，在每斤提高3—7分的范围内加以调整，猪肉批发价格也相应提高。三、由于猪的屠宰税率已改为8%，以后不再征营业税及附加税。原来屠宰税、营业税分征的城市，应在零售部门原有费用及利润不变的原则下，将免征营业税部分。在此次调价时，

相应地提高猪肉的批发价格。四、接壤地区的价格应按照商品正常流转方向，根据保证养猪生产者有利与基本摆平的原则，互相联系，协商解决。

这次调整生猪购销价格，定在3月1日执行。在3月1日前各地不能自行提价。3月1日前农民卖出的生猪，一律不得按调整后的收购价格再行补价。

2 月 15 日—3 月 8 日

［纲　文］　**中国剧协和中国音协联合举办新歌剧①问题讨论会**。

［目　文］　来自全国各地的160多名歌剧作家、诗人、作曲家、导演、演员和舞台美术家等参加会议。会议对中国歌剧创作，特别是从秧歌剧到新歌剧的发展历程作了较全面的回顾和总结，对1949年以来歌剧创作的成就和问题、新歌剧的基础和方向、新歌剧的艺术特征、歌剧和传统戏曲的关系、“新歌剧”这一概念的科学性，以及歌剧团（院）的工作和事业发展等一系列理论和实践问题进行了讨论和争鸣，明确了歌剧和戏曲的界限及其相互关系，纠正了某些戏曲化倾向及相关的政策偏差，对“洋教条”、“盲目崇洋”进行了批判。会议指出，中国歌剧应当面对整个中华民族的传统文化和全人类的优秀文化，而不应当把自身的基础局限在某一种或某几种地方戏曲中，否则将束缚艺术家自由创造的手脚。

讨论会的主要发言后来以《新歌剧问题讨论集》为题于1958年由中国戏剧出版社结集出版。

2 月 15 日

［纲　文］　**北京劳动干部学校举行人口研究问题座谈会**。

［目　文］　中国科学院等有关部门和高等院校的专家学者40余人出席座谈会。会议围绕北京劳动干部学校副校长、教授陈达所拟的题为《新中国1953年的人口普查：国家建设及人口研究的基础》的研究提纲进行讨论，吴景超、戴世光、费孝通等14人发言。发言者一致认为，1953年人口普查的准确性很高。这次人口普查的目的在于直接联系普选，保证人民最广泛的履行民主权利，并为国家经济、文化建设提供计划数字基础；这和任何剥削阶级的国家为了征税、抽丁，以压榨人民为目的的人口普查，有着本质的不同。在方法上，学习了苏联的先进经验，采用直接访问、户长报告等调查登记方法，然后进行统计；这同旧中国单凭估计，拼凑数字，同美国的雇佣调查员、收买资料等做法有根本区别。这次的人口普查在中国历史上是空前的，因而大家认为有必要对这次人口普查进行科学研究，以便吸取经验，进一步做好第二次全国人口普查工作。

会议提出，在国民经济发展和人民物质文化生活提高的过程中，出现了不少新问题，

---

① 新歌剧是指20世纪初中国新文化运动以后，中国音乐家尝试以中国民族音乐为基础，借鉴西洋歌剧手法创作的中国歌剧，是具有中国特色的，综合音乐、诗歌、舞蹈等艺术而以歌唱为主的戏剧形式。抗日战争时期，根据地产生了一些优秀的小型秧歌剧及大型的新歌剧如《白毛女》等。解放以后，新歌剧又有新的发展。到1957年，先后创作和演出了《王贵与李香香》、《星星之火》、《长征》、《刘胡兰》、《小二黑结婚》、《草原之歌》、《志愿军的未婚妻》、《嘉陵江英雄歌》、《迎春花开了》等十余部有影响的大型作品，以及许多活跃于城乡舞台的小型歌剧。

亟待研究解决。如何适应社会主义基本经济规律的要求，掌握人口规律，制定人口政策，阐明马克思列宁主义的人口理论，并与新旧马尔萨斯反动论点作斗争，是当前人口研究中的重要课题。新中国的人口科学研究工作十分重要，国家应从速建立专门机构，集中现有研究人才，制定人口研究的科学规划，进行经常性的研究工作，并在有关高等院校加强这方面干部的培养工作。

2 月 16 日

［纲　文］　**中共中央发出《关于一般渔民参加公私合营渔捞公司和参加渔业合作社后私人生产资料的处理问题给福建省委的复示》。**

［目　文］　《复示》说，关于厦门地区一般渔民参加公私合营渔捞公司和参加渔业生产合作社后，对他们的私有生产资料的处理问题，中央认为可以根据具体情况，分别作如下处理：一、厦门市吸收华侨资金组成的公私合营渔捞公司，可以按照中共中央关于对公私合营企业私股推行定息办法的指示，对其资金给予年息八厘的处理办法，这是有利于团结国外华侨，吸收华侨资金参加祖国社会主义建设事业的。但是对“一般渔民”，应该和对沿海广大渔民一样引导他们走渔业合作化的道路。因为公私合营渔捞公司和渔业合作社是两种不同性质的组织形式，如果同一企业内华侨和渔民的资金有两种不同的处理办法，不仅在经营管理上会产生许多困难，而且也不利于企业内部的团结。因此厦门市组织13户“一般渔民”参加公私合营渔捞公司的办法，不宜推广。二、厦门市处在海防前线，为了有利于开展对敌斗争，对一般渔民的生产资料可以采取特殊的办法予以处理：（一）对已经参加公私合营渔捞公司13户“一般渔民”的生产资料，可以采取“折价还本，分年偿还”的办法；尚未偿还部分，付给不超过信用社存款利率的利息。为了不使渔捞公司资金运用发生困难，根据公司资金情况，一方面继续发展华侨投资，另一方面和渔民协商将偿还期限酌予延长（比如一二年）。（二）对参加渔业生产合作社渔民的生产资料，应按现值合理折价归社，扣除公有股份基金后，所余部分，分期偿还，未偿还前应付给利息，付息标准不得超过信用社存款利率。（三）关于渔民债务的处理问题，省委的意见是可行的。渔民向银行、信用社或私人贷款购置的渔船、渔具折价时，其贷款未还部分，应从折价款内扣除，由渔捞公司或合作社定期偿还，但向私人贷款转归合作社时，其利率标准只能按信用社存款利率计算。如折价不敷债务时，其不敷部分由原单位或原贷款人负责按国务院和你省有关债务纠纷处理办法，自行清理。水产部门不作仲裁。

2 月 16 日—3 月 5 日

［纲　文］　**商业部召开全国商业厅(局)长会议。**

［目　文］　会议指出，1957 年市场情况紧张，工作中的困难很多。但是经过国家采取开展增产节约运动、适当削减基本建设投资等重要措施以及各方面的努力，将保证 1957 年社会购买力有控制的增长，促使购买力和商品供应量接近平衡，市场紧张的情况会逐步趋向缓和。根据这一情况，1957 年的商品销售政策是：在人民日用工业品方面，除几种主

要商品如布匹、煤炭、石油、纸张、部分药品和部分化学工业产品，必须严格按计划控制销售以外，其他商品都应该采取积极推销的方针。至于工业原材料的供应，必须兼顾工业和手工业两方面的需要，1957年上半年应当尽可能支持日用工业品的生产。对于国家已经统一分配原料的单位，商业部门不再供应。

会议确定1957年的工业品购销方针，制定了购销计划，对于商业部系统的增产节约、组织机构的设置以及公私合营商业和小商小贩的改造工作进行了讨论。会议确定商业工作必须根据市场需要积极组织货源。在日用工业品中，凡是过去由商业部系统收购的，必须继续保证收购。在组织地方货源时，一方面要注意到有销路，防止盲目发展，另一方面又要有原料，不要打乱国家统一分配原料的计划。会议认为主要日用工业品越是不足，就越需要加强全国的统一调度，互相支援，才能使有限的货源，发挥最大的作用。

会议认为目前商业部系统的组织机构、领导关系和各种制度，都存在着某些与当前情况不相适应的地方，需要进行一些改革。但是普遍进行改革的时机还不成熟，由各省选择若干县根据会议通过的方案在上半年内进行试验。

在公私合营商业和小商贩的改造方面，会议确定已经实行定息的公私合营商业的中心任务，是要逐步地建立民主管理，开展增产节约运动，有计划地总结私营商业经营管理的历史经验。小商小贩改造方面今年的中心任务，是巩固已经组织起来了的合作商店、合作小组和提高小商小贩的社会主义觉悟。

2月16日

［纲　文］　**高教部、教育部批复同意清华大学、北京工业学院、北京铁道学院《关于附设工农速成中学毕业生直升本校的意见》。**

［目　文］　批复说，高教部、教育部原则同意三院校提出的附设工农速成中学的优秀毕业生可以免试直升入本校学习的意见，建议其他附设有工农速成中学的高等学校，也可以仿照三校的办法。批复还提出以下几点意见：一、直接升入高等学校的工农速成中学毕业生条件应该：（一）健康条件符合全国高等学校招生健康检查标准；思想进步、政治条件符合高等学校录取新生的政治审查标准。（二）学习成绩优良（对于学业水平的具体要求，可由有关高等学校和工农速成中学以到高等学校后能够跟班上课为原则，直接商定）。（三）志愿升学的。二、关于工农速成中学优秀毕业生免试直接升入高等学校学习的范围：（一）附设在高等学校的工农速成中学的优秀毕业生，在他们志愿的基础上，经工农速成中学与所属高等学校商定选送办法后，可以免试直接升入各该高等学校学习。（二）原来附设在高等学校现在已经调整为省（市）工农速成中学的优秀毕业生，根据所学的科别（理工、医农、文史），在他们志愿的基础上，经工农速成中学与各原属高等学校商定选送办法后，可以免试直接升入原来所属的高等学校学习。（三）不附设在高等学校的工农速成中学的优秀毕业生，根据他们所学，并在他们志愿的基础上，经省（市）教育厅（局）与就近的有关高等学校联系，同意商定选送办法后，可以免试升入有关的高等学校学习。三、在时间上，要求工农速成中学应将所选送的优秀毕业生名单，连同一切材

料于6月15日以前送至有关高等学校。有关高等学校至迟于6月30日以前将接受免试升入本校的工农速成中学优秀毕业生的名单送交有关的工农速成中学；同时，对于经过审查认为不适宜接收的学生的一切材料，也应该及时退回原工农速成中学。四、工农速成中学优秀毕业生直升入高等学校学习，应该完全按照学生志愿，不能勉强。对于因志愿不合或专业口径不对，不能直升所属（或有关）的高等学校学习或者经高等学校审查而不予接收的工农速成中学毕业生，应该同其他未被选送的工农速成中学毕业生一样，参加高等学校招生考试。五、选送工农速成中学优秀毕业生免试直接升入高等学校是一件新的工作，各工农速成中学必须采取认真负责的态度，尽量选送在政治思想、身体条件以及学业成绩等三方面都合乎高等学校要求的优秀毕业生，以保证高等学校新生的质量。各高等学校应本实事求是的精神，不要要求过高，尽可能地把一些到高等学校后能够跟班上课的工农速成中学优秀毕业生，审查批准他们免试升入本校学习。六、各高等学校在这个工作办理完毕以后，应该将接受免试入学的工农速成中学优秀毕业生的人数及时报送高教部和教育部，并在统一招生计划中扣除已接受入学的学生名额。

2月16日

［纲　文］　**沈阳变压器厂试制成功中国第一台巨型变压器。**

［目　文］　该变压器40500千伏安、154000伏电压，三线卷结构型式，重152吨、高7.4米、安装面积46平方米，是第一个五年计划中自行设计试制的最大的变压器，专供大型发电站中距离输电、降低电压，并供应10个以上的大型机器制造厂工业用电使用。

2月17日

［纲　文］　**中国政府发表关于支持苏联政府维护中近东和平和安全的建议的声明。**

［目　文］　声明指出，1957年2月11日，苏联政府向美、英、法三国政府建议发表关于中近东的和平和安全以及不干涉这个地区国家的内政问题的宣言。中国政府完全支持苏联政府这一重大的倡议。中国政府和人民将继续为维护中近东的和平与安全而努力。

2月17日

［纲　文］　**刘少奇就劳动合同问题致信劳动部部长马文瑞**①。

［目　文］　信中说：以后所有的学徒，包括艺徒学校的学生，都签订个人合同。这就是说，使以后的工人，包括新从农村来的工人，都实行个人合同。此外还有私人雇请工人者，都以签订个人合同为好。其中有两类性质的雇请工人：一种雇请辅助劳动，如私人雇请保姆、大司务、家庭教师，自由职业者雇请助手等；另一种是资本家雇请工人。我们现在还不禁止私人雇请工人进行生产，允许一些私人生产事业发展也还有一些好处。这类工人也以签订个人合同为好。

---

① 马文瑞（1912—2004），陕西子州人，曾用名马法海，时任劳动部部长。

2月18日—4月14日

［纲　文］　**刘少奇率调查组调查研究人民内部矛盾问题。**

［目　文］　刘少奇率调查组在河北、河南、湖北、湖南、广东诸省就工业、农业、工商业、教育、国防等进行调查研究。18日临行前，刘少奇同调查组同志谈话，要点如下：一、现在有些地方发生了工人、农民、学生闹事，我们要好好地研究一下他们为什么闹事，如何才能使他们不闹或少闹，对那些闹事群众采取什么政策，如果没有正确的政策，势必发生像波匈事件那样的情况。二、现在地主阶级已经消灭，反革命已基本肃清，帝国主义也赶走了，因此，和敌人的矛盾已经不是主要矛盾，人民内部的矛盾突出了，它是主要的了。三、由于我们是领导党，什么事情办不好，群众就怪在我们身上。群众怪我们的原因有两条：一是我们有官僚主义，二是我们的政策有错误。当然，某些情况下，可能有敌我矛盾。四、有些地方发生了工人、农民、学生闹事。对于闹事者我们的政策不是高压，也不是退让，而是采取说服教育的办法。要求正确就接受，不正确就解释和批评。五、不要把提意见、告状看作闹事，群众多说话是民主积极性的表现。发扬社会主义民主，反对官僚主义是好事，不是坏事。六、所有制解决了，生产关系的问题出在分配上，表现得很尖锐复杂，我们要十分注意研究分配问题。真正做到分配公平，讲清道理，人民是不会闹事的。

24日，刘少奇在听取中共石家庄地委、石家庄市委及栾城、正定、获鹿等县县委负责人汇报时指出：各方面提出了很多矛盾，主要是领导与被领导之间的矛盾。这个矛盾突出了，阶级的矛盾降为次要的矛盾。这是新的情况。群众起来闹事，第一是不好，第二也是好事，可以纠正我们的官僚主义，纠正我们的错误。26日下午，在听取中共邯郸地委、邯郸市委、邢台地委负责人汇报时指出：凡是中央决定的东西，在地方上如行不通，就应当改变，硬要行下去，就要出乱子。因此，不论任何中央机关来的东西，甚至中央政治局的决议，在你们地方上行不通，都可以报告中央，要求改变。你们地委、县委决定的东西，也应该允许下边提意见，不合情况的，应该允许下面顶你们，当然，也要小心下边顶了不应该顶的东西。28日，在河南新乡听取中共新乡地委负责人关于农业生产合作社情况的汇报时，对新乡地区实行的包工包产到队、固定三年不变、超产奖励的办法十分赞赏，指出：这也是农村生产关系的一种调整。基本的所有制已经定下来，基本不变，但不是生产关系中的一切都不变，时时会有些变动，主要在分配制度上变。大社现在是办多了。社太大了与落后的生产力不适合。生产力只是那么个水平，就适宜于生产单位小一点，特别是分配单位小一点好，太大了则生产关系超过了生产力。社员劳动要有一定的自由，太集体化了不行。实行分组分户小包工，分给社员的农活只要求他几天内作完，随便他什么时候上地，有个劳动自由。有很多小活适于个人劳动，不能完全否定个体劳动。和工业一样，农业也可以实行个人负责制。

2月18日

［纲　文］　**国务院人事局发出《关于停止参照执行〈国务院关于国家机关工作人员福**

利费掌管使用的暂行规定〉(草案)的通知》。

［目　文］《通知》指出，1956 年 8 月 28 日国务院第三十六次全体会议原则通过《国务院关于国家机关工作人员福利费掌管使用的暂行规定》（草案），当时参加会议的省、自治区、直辖市负责同志都将该草案带回，由于情况的变化，该草案没有发布实行。据了解，有的地区对工作人员的福利补助实际上已经参照这个草案规定执行。根据目前大力贯彻“厉行节约，发扬艰苦朴素”的精神，原经国务院原则通过的《国家机关工作人员福利费掌管使用的暂行规定》（草案）经李先念副总理指示后，要重新研究修订。因此，上述草案规定应立即停止执行。特别是按照草案规定的生活费用标准计算不足的部分，不是采取酌情补助，而是采取差一个补一个的做法，应予纠正。

2 月 18—26 日

［纲　文］**农业部召开全国农业劳动模范代表会议**。

［目　文］900 多名全国各省、市和自治区先进人物和先进单位的代表，西藏自治区的代表，农业部、农垦部、水产部以及中央有关部门的代表，以及来宾共 1300 多人出席开幕会。各省、区的代表和农业部等有关部门的代表共 71 人组成大会主席团。农业部部长廖鲁言向大会致开幕词。农垦部部长王震、水产部部长许德珩①、水利部部长傅作义②、林业部副部长张庆孚、全国总工会书记处书记栗再温、青年团中央书记处书记罗毅、全国妇联书记处书记曹冠群和中国农业水利工会筹备委员会主任何英才到会讲话。

21 日上午，国务院副总理邓子恢向代表作报告。邓子恢说，这次会议总结交流经验工作，对巩固我们的合作化事业和进一步发展我们的农业生产，必将起重大的推进作用。他在报告中讲“农业生产在国家社会主义建设中所处的重要地位”、“我国农业生产的经营方针”、“如何提高（农作物的）单位面积产量”和“如何把农业生产合作社办好”等四个问题。22 日，毛泽东、周恩来、邓小平、陈云等接见全国农业劳动模范代表会议的代表。23 日，国务院副总理薄一波就 1956 年生产建设的成就、1957 年的任务以及加强工农联盟等问题向全体代表作报告。农业部农业专家王绶就继续推广各项先进的耕作技术经验和进一步发挥增产潜力问题发言。24 日，全国妇联邀请女代表 80 多人举行座谈会。参加座谈的女代表中有 43 人是农业社的主任或副主任，代表们提出了多办托儿所以及避孕的要求。

会议代表听取了各地有关丰产经验、民主办社、勤俭办社经验以及苏联专家和中国农业科学研究工作者的专题报告，分组讨论邓子恢的报告，参加了水稻、小麦、棉花、油料、养猪、国营农场、牧场和水产等 36 个专业座谈会，进行专业技术交流。全体代表一致通过了一项决议，号召全国农民、各个农业（林、牧、渔）社、各个国营农业（牧业、林业、水产）企业和一切农业科学技术人员、农村工作人员们，立即行动起来，在全国农

---

① 许德珩（1890—1990），字楚生，江西九江人，时任水产部部长、九三学社主席。

② 傅作义（1895—1974），字宜生，山西荣河（今临猗）人，时任国防委员会副主席、水利部部长。

村中开展一个更广泛更踏实的大生产运动，为争取1957年农业大丰收而努力。

26日举行闭幕会。劳动模范李顺达发言，1956年创造水稻和其他农作物全国大面积丰产或高额丰产纪录的13个农（牧、渔）业社和国营农场的代表，宣布了他们1957年的生产计划。北京市第80中学的70个男女少先队员到会向代表们献花。农业部部长廖鲁言、农垦部部长王震和水产部部长许德珩分别向全体代表分发了毛主席和代表们的合影、纪念章、纪念册等奖品。农垦部部长王震致闭幕词。他要求全体代表和全国农民继续发扬艰苦奋斗的精神，充分利用农业合作化制度的优越条件，进一步做好春耕生产的各项准备工作，争取在农业战线上获得更大的胜利。

2月21日，《人民日报》为会议发表了题为《农业战线上的大检阅》的社论。

2月19日

［纲　文］　**中共中央批复《劳动部党组关于各地贯彻执行中央对企业领导干部工资问题指示的情况报告》。**

［目　文］　中央的批复意见指出：对于企业领导干部增加工资的控制限额，即厂长一级不得超过原工资13%、科长一级不得超过原工资20%的规定，目的是为了减少企业领导干部同职工之间工资增加悬殊过大，陷领导干部于被动地位。在执行之始，仍以从严掌握为好，不要更动。你部可根据此原则答复地方有关的请示。

［文　献］　**劳动部党组关于各地贯彻执行中央对企业领导干部工资问题指示的情况报告**

陈云同志并中央：

兹将各地贯彻执行中央批准劳动部党组“关于企业领导干部增加工资问题的报告”的批示后的主要情况报告如下：

一、多数地区已做了传达布置，各企业单位正在贯彻执行中。一般动态是省（市）领导上一致认为中央这个指示是正确而适时的，必须坚决贯彻执行；但有不少基层领导干部（特别是工人增加工资较多的地区和企业）对于工资增加一律不得超过百分之十三、二十的控制，思想上还有些抵抗。贯彻执行以来，企业领导干部因为自己增加工资过多所形成的被动局面已经开始扭转，工人群众的不满情绪已在逐渐消除。

二、不少省市在布置贯彻执行时，对若干具体问题都作了补充规定，主要有以下几点：

1. 对新提拔的领导干部或提升职务者，放宽了控制的幅度，一般按提升前的职务控制工资增加的幅度，如科长提为副厂长，仍按科长增加工资不得超过百分之二十来控制。

2. 对由工人中提拔的领导干部，一般规定在不低于本人原来同等级工人的新工资标准的原则下确定工资，不受百分之十三、二十的控制。

3. 对小企业领导干部的工资也有规定放宽一些的，如天津规定原工资在九十元以下的厂长不按不超过百分之十三而按不超过百分之二十来控制；甘肃规定小企业配备干部在二十一级左右者，厂一级干部按百分之二十来控制。

4. 对党团领导干部的工资，有的规定按干部级别控制，如厂工会主席、如系科级干部即按百分之二十来控制。

5. 补发工资办法，上海决定企业领导干部增资在百分之七以内的从四月份补发，增资在百分之七以上的部分从七月份补发（因为上海工人增加工资的幅度较小）。

6. 在贯彻执行的方法上，一般要求在控制的幅度内，尽可能的重新合理安排，但也有部分企业是将凡超过百分之十三、二十的降下来，未超过的不动，或是一律按百分之十三或二十增加工资。

7. 科长一级多发工资是否扣还问题，天津、北京、湖北、河南决定不扣还，辽宁、吉林、黑龙江、甘肃、山东等地决定一律扣还。

三、四川、广西、黑龙江、广州等省市来电要求中央解决如下问题：

1. 四川省因原工资水平低、工资改革中全体职工提高工资较多，及去年物价上调，要求一九五六年全体职工工资增长在百分之十八以上的企业，厂长不超过百分之十六，科长不超过百分之二十三；厂长中相当于十六级以下二十级以上的干部，按增加百分之二十控制，已经多发的工资也不扣还，相当二十级以下的厂长，工资不再变动。

2. 广西省要求地方国营企业相当十六级（九十三元）以上的厂长工资增长不得超过百分之十八；相当十九级（六十七元）以上的厂长及科长工资增长不得超过百分之二十五；十九级以下的工资增长不受限制；对工人提拔的领导干部，如增长幅度超过规定但不超过本人原等级的工人工资标准时，不再降低。

3. 广州市要求对部分原工资较低的企业领导干部，工资增加放宽为按百分之二十控制。

4. 黑龙江由于工人工资增长较多，要求小厂厂长（如县营厂长只三十三点六元）按不超过百分之二十控制；在四月份以后由于升级和提升职务，工资增加较多的，要求稍加放宽控制百分之十三和二十的幅度；有些厂长如果扣还多补的工资，确实影响生活，要求分别情况，扣还一部、全部或免扣。

对各地所提以上问题，是否应该同意，并且答复他们。请指示。

劳动部党组　马文瑞

一九五七年一月二十六日

资料来源：中央档案馆馆藏档案。

2 月 19 日

［纲　文］　**铁道部确定1957年铁路建设的重点**。

［目　文］　建设重点放在加强和改造原有铁路方面，国家投资的 3/5 左右用在原铁路的改建、修建复线，扩建枢纽站和增加机车车辆。本年新建铁路只有 600 公里。

2 月 19 日

［纲　文］　**新华社讯，中共黑龙江省委召开移民工作会议**。

［目　文］　会议总结 1956 年移民垦荒成绩，确定 1957 年工作任务。黑龙江省 1956 年安置了由山东、河北、河南三省移民 26 万人，为黑龙江省原有人口的 2%。移民从 3 月开始分批来到黑龙江省，在当地农业生产合作社和垦荒拖拉机站的帮助下，一年开垦 38 万公顷荒地，当年播种 24 万公顷，收获 17 万吨粮食，保证移民 1957 年的全部口粮，并卖给国家几万吨余粮。1956 年一年，建起了 2.5 万多间房子，安置移民最多的甘南县，增加了 90 个村庄。萝北县人口在过去 40 年中，发展到 1.4 万人，而 1956 年一年就增加 1.1 万人。1957 年的移民工作，主要是集中力量帮助现有移民争取农田大丰收，做好 1958 年再接收 3 万户移民的准备工作；移民新村所有已经开垦出来的土地都要种上庄稼，每公顷的平均单位面积产量不低于 2000 市斤；积极开展各种副业生产，每个移民的农副业生产收入要达到 350—400 元。

会议要求加强对移民的思想教育工作，教育移民热爱劳动，艰苦奋斗，注意贯彻“勤俭办社”的精神。省、专区、县抽调一批能力较强的干部，充实和调整移民新村的领导力量。对新村的中共党组织和青年团进行整顿，提高党、团员的思想水平。进行整社工作，改善新村的经营管理，订出长远的建设计划、年度生产计划和作业计划；推行行之有效的经营管理制度，并在改进新村的财务管理工作中，解决移民中的平均主义和供给制思想。

2 月 20 日

［纲　文］　**中共中央批复《青海省委关于哈族迁新问题的处理意见》**。

［目　文］　中央批复青海省委、新疆自治区党委：中央同意青海省委和柴达木工委关于哈族搬新问题的处理意见，并且同意由新疆自治区党委派一适当的党员干部去青海协同青海省委派去的工作组进行工作。

［文　献］　**青海省委关于哈族迁新问题的处理意见**

柴达木工委、噶尔穆[①]工委并报中央：

一月八日电悉。省委基本同意柴工委一月八日关于哈族迁新问题的报告意见。

自哈族去年提出迁新后，我们虽然先后在哈族代表人物、群众中进行了一些思想

① 噶尔穆，即格尔木。

教育工作和迁新的酝酿准备工作。目前哈族迁新的时间日渐迫近，但我们的组织工作尚未逐条逐项进行安排。为做好这一工作特提出以下几点：

（一）根据中央一月七日批复甘肃省委“关于阿克塞哈族搬家情况报告”看，暂不组织三省工作组（阿克塞的哈族愿意迁新的已迁走了）。故请柴工委即抽调专人，噶工委全力以赴，共同组织哈族迁新工作组，统一进行筹备工作。对其迁新时间（农、牧）、路线、车辆、人医、兽医、食宿、老弱幼畜及其他物资的处理，迁新后的住地，如何安置，组织方法等项问题，在哈族代表人物、群众中公开的反复进行酝酿协商，并根据他们的意见研究提出迁新的具体计划。

（二）在进行酝酿准备工作的同时，仍应反复交代中央、省委批示精神，在完全自愿的原则下，对愿迁新者进行精确统计（男、女、老、幼），以便具体安排。

（三）噶工委对哈族干部亦应进行通盘安排，根据工作需要，研究决定那些人护送哈族迁新，那些人留噶继续工作，不要勉强处理。

（四）对各项经费所需，请速做出预算报省，以便呈报中央核定。不妥之处请中央指示。

中共青海省委

一九五七年二月八日

资料来源：中央档案馆馆藏档案。

2 月 20 日

［纲　文］　**中国和保加利亚签订《中华人民共和国与保加利亚人民共和国文化合作协定1957年执行计划》**。

［目　文］　《执行计划》确定，1957 年双方将互派文化代表团、科学工作者、作家、造型艺术家进行访问；互办展览会；中国派研究生到保加利亚学习；互相交换科学情报和资料等。

2 月 20 日—3 月 11 日

［纲　文］　**财政部召开全国财政厅局长会议**。

［目　文］　会议研究安排了 1957 年地方预算收支指标，并确定了 1957 年财政工作的主要任务。会议总结 1956 年财政工作的成绩和基本经验教训时认为，这一年的财政工作在保证建设资金和改善职工生活的需要方面是有显著成绩的。国家预算资金分配大部分是必要的、合理的，财政工作的水平也有所提高。主要缺点是对预算、信贷和物资三者必须平衡的重要性认识不足，因此去年预算的安排有不够稳妥可靠的地方，在财政收支的平衡上发生了紧张的情况。而在预算执行过程中也有放松管理的现象，造成了一部分资金使用上的分散和浪费。

会议确定 1957 年的财政工作最重要的是巩固 1956 年国家经济建设的成就，坚持国家预算收支同国家信贷计划收支的平衡相结合，同国家物资供应的平衡相结合，缓和国家现金和物资供应上的紧张局面，为第二个五年计划打下基础。会议详细讨论和初步安排了1957 年的地方预算，提出 1957 年财政工作的努力目标应当是力争在预算的执行当中做到收入超过、支出节省、年终略有节余。会议要求各地在编制 1957 年地方预算草案时，要本着增产节约的精神进一步挖掘潜力，统筹调剂，坚持地方预算收支平衡，同时，从全局观点出发，不能够挤大公补小公，超计划的寅吃卯粮。

会议研究了增产节约方面的潜力，认为只要各机关、团体、企业的非生产性开支节减一点，企业的流动资金进一步加强管理，在基本建设中充分动员内部资源，就可以为国家增加一些收入或者节省一些开支。会议还提出财政部门注意研究增产节约的实际效果，会同有关部门研究制定出计算增产节约效果的具体办法。会议还研究了关于农业税法、工商税法的改革和财政体制等问题。

2 月 20 日

［纲　文］　**内务部向福建省民政厅发出《关于牺牲病故人员的家属系在职干部是否给予抚恤的批复》。**

［目　文］　《批复》说，对于牺牲病故人员家属的抚恤问题，不论牺牲病故工作人员的家属在职与否，只要是牺牲病故者，适合于《革命军人牺牲病故褒恤暂行条例》第 10 条和《革命工作人员伤亡褒恤暂行条例》第 3 条规定的，均应发给一次抚恤费，发给其原籍家属或是在职的家属，可由县市以上民政部门与这些家属协商解决。关于原华东民政部 1952 年 8 月 14 日民优（52）字第 0611 号所作牺牲病故人员家属、已随机关由公家供给及其亲属在职干部不予发给抚恤的批复，与此批复相抵触的可按此执行。

2 月 20 日—7 月 31 日

［纲　文］　**首次举办的全国农业展览会在北京苏联展览馆①举行。**

［目　文］　展览会由农业部会同农垦部、林业部、水利部、中央气象局、水产部共同举办。国务院副总理邓子恢、各部部长和副部长、各人民团体的负责人、北京市党和政府的负责人、各国驻中国的使节、在中国工作的有关农、林、水利、气象等方面的苏联和东欧各兄弟国家的专家、参加全国农业劳动模范代表会议的全体代表，和山西、河南、内蒙古、西藏等省（区）的参观团约 3000 人参加开幕式。

展览会分 11 个展馆，即综合馆、农作物一馆、农作物二馆、增产措施馆（包括农业机械、土壤改良、肥料、种子、植物保护、复种等 6 个展览室）、畜牧馆、国营农场馆、热带作物馆、林业馆、水利馆、气象馆、水产馆，共展出 2000 多种实物和近 5000 件实物标本、模型、机器、仪器等。在展览馆的东西两个广场上，陈列着各种农业和水利机械，气象馆在室外设有气象观测场，在牲畜棚里还展出了各种优良品种的牲畜和家禽。展览会全面展示了几年来农业社会主义改造和农、林、渔、牧、水利、气象等方面的成就，以及

① 今北京展览馆。

全国各地的珍贵产品。展览期间，观众达220多万人次。

2月20日

［纲　文］　**中华医学会总会召开晚婚和避孕问题座谈会。**

［目　文］　参加座谈的有妇产、内分泌、泌尿、生化、神经、生理、内、外科及中医等各方面的专家30多人，全国人民代表大会代表邵力子①应邀参加座谈会。座谈会首先讨论"晚婚从各方面观察在生理上有什么影响"的问题。生理专家张锡钧说，早婚不但对肾脏有害，同时也会影响大脑皮质，造成神经衰弱等症，有损本人的健康，也影响下一代的体质。妇产科专家林巧稚②说，到现在为止，在妇产科还找不出任何根据说25岁左右结婚的女子不易怀孕或怀孕后难产。邵力子说，他的母亲29岁结婚，30岁生第一胎，32岁生第二胎，并没有什么困难，因此女性25岁以后生育困难的说法应打破。内科专家、中国协和医学院院长李宗恩，妇产科专家严仁英认为大学生在就学时结婚是不适宜的，从国家和个人利益来看，应劝大学生不要早婚。会议还讨论了结扎输精管、输卵管对身体有无影响的问题。专家们强调在节育方面应大大提倡男性结扎输精管。妇产科专家宋鸿钊还谈到避孕方法和人工流产的利弊问题。他认为目前推行的用避孕器械、药品以及计算安全期等避孕方法都有效果；但在推广避孕方法时要考虑到社会因素，城市和乡村应有所不同。人工流产有一定的危险性，节育的主要方法是避孕。

中华医学会总会会长傅连暲在座谈会结束时说，在合理的结婚年龄结婚（女性25岁左右，男性30岁左右），以及有计划地生育，对国家的社会主义建设以及个人建立幸福家庭都有好处，应大力宣传和提倡，有关方面应大力宣传节育的积极意义。傅连暲还指出，应当适当放宽对结扎输精管、输卵管的限制。流产对身体有害，应大力宣传解释，但在必要时，也应该予以进行。

2月21日

［纲　文］　**中共中央批转全国供销总社党组向中央的报告。**

［目　文］　1月30日，全国供销总社党组向中共中央报告说：最近，江苏、湖南、福建、云南等省委决定从供销社抽取资金，影响供销社的上缴任务和业务周转，建议各省所需地方资金仍由中央统筹调拨。

本日，中共中央批转这个报告，并指示上述各省停止抽取供销社的资金。

2月21日—3月11日

［纲　文］　**全国计划会议召开。**

［目　文］　国家经委副主任贾拓夫作《关于1956年度国民经济计划执行的基本情况和1957年度计划草案的说明》的报告，国务院副总理李先念作《关于1956年财政执行情

---

① 邵力子（1881—1967），浙江绍兴人，教育家、政治家，时任民革中央委员会常委。

② 林巧稚（1901—1983），女，福建厦门人，医学家，中国妇产科学的主要开拓者之一。

况和1957年财政安排》的报告，副总理薄一波作总结。经过讨论，会议确定1957年计划草案，根据统筹兼顾和全面安排的方针，其中，工业总产值计划为603.4亿元，比上年增长4.5%，钢498.7万吨，煤11727万吨，分别比上年增长11.7%和0.7%；农业总产值611.5亿元，比上年增长4.9%，粮食3820亿斤、棉花3000万担，分别比上年增长4.7%和3.8%。会议确定适当增加农业投资，压缩基本建设、行政费、军费、社会购买力、劳动计划和文教开支等。基本建设投资总额定为111亿元，较上年减少了20.6%，同财力、物力基本上做到了平衡。但在主要原材料方面，如木材、钢铁和主要商品如棉布、食油、煤炭等的供应还比较紧张。

2月21日

［纲　文］　**财政部发出《关于废止出口退税规定的通知》**。

［目　文］　《通知》指出，接国务院1957年2月7日财念字第14号批复：国务院同意自1957年起，将《货物税暂行条例》第10条“已税货物输出国外，经公告准许退税者，得由出口商向税务机关申请退还货物税税款”的规定予以废止。商品流通税按照上项规定办理的，也同时停止。财政部应当根据这个办法的改变，将1957年外贸部门的上缴利润指标和财政部门的税收指标适当地加以调整。除调整利润、税收指标工作已由本部办理外，为了便于各地执行这一规定，特作如下通知：一、废止商品流通税、货物税的出口退税规定，应当自1957年开始执行。但是，为了避免各地办理追补税款手续上的困难，各地可自1957年2月20日起执行。在2月20日以前已经退税的税款，不再由当地追回，责由税务机关将退税品目、税款在2月底以前报告税务总局。二、1956年和1957年2月20日以前已经出口的货品，属于原规定出口退税的品目（包括退还原料税款的品目）还没有退税的（包括在税务机关审核中的），应当自2月20日起一律不再退还原纳税款。三、中国食品出口公司欠税出口的罐头，1957年2月20日以前已经欠税出口的，亦应将欠税数字按照第一点规定报核（如果已经欠税出厂，没有办理出口核销手续的，也可按此办理，不再追回税款）。自1957年2月20日起，对出口罐头废止欠税出口的规定，应于出厂时照章纳税。

2月21日

［纲　文］　**中国和罗马尼亚签订《中华人民共和国与罗马尼亚人民共和国文化合作协定1957年执行计划》**。

［目　文］　两国文化代表团从2月5—9日在北京商定了两国文化合作协定的1957年执行计划。计划规定，双方互派科学家、作家、艺术家访问，双方相应的科学文化机构、学校、出版社、群众文艺团体之间加强直接联系，交换资料。

2月21日

［纲　文］　**高等教育部发出《关于业余高等学校学习时间修订教学计划与整顿巩固提高教学质量的通知》**。

［目　文］　《通知》指出，自全国职工业余教育会议以后，全国业余高等学校（包

括独立夜校和高等学校附设的夜校部、函授部，但不包括业余高等师范）已有95所，共设置了66个专业，在校学生总数达到26000人。其中，工科夜校及工学院附设的夜校部、函授部共82所，学生16000人。根据我部1956年几次调查，绝大部分新建学校于上年秋季开学后，迅速地建立教学制度，按照专业教学计划进行教学，学生大多数能够坚持正常的学习，厂矿企业也能基本上给予必要的学习条件。但是也存在普遍感到学习时间与生产、工作时间有矛盾，工作和学习负担过重的问题。较多的学校，特别是独立高等夜校，存在着教学质量不高的现象。我部就上述问题提出初步意见，邀集有关单位座谈，并将修正后的方案暂予试行一个时期，总结经验，再报中央及国务院审批。

一、关于学习时间问题。一般的业余高等学校每周上课时数减为9学时，修业年限为6年（有条件进行毕业设计的可延长半年）。每年上课时间共38—40周，考试时间4周，假期8—10周，总学时在2160左右。培养目标相当于日校四年制本科毕业的水平。生产单位应尽可能地每周给予工作时间半天（四小时）作为复习时间，并相应地减少其工作量，业务学习和生产会议等不要占用职工业余学习时间。工、农、林、理科夜校（包括函授）每周上课9学时的教学计划中不安排政治课，每周上课12学时的教学计划中则安排一门政治课。原单位的政治理论学习，应在夜校学习告一段落时再补学或是在毕业后再补学，但夜校学生必须积极参加本单位的时事政策的学习。各厂矿、企业、机关对本单位入业余高等学校的学员和在业余高等学校兼课的工程技术人员，给予下列假期：一是每学期的学期考试给予两周脱产假期；二是出差归来，给予一定的补课假期；三是6年理论学习完毕后，如进行毕业设计时，给予半年脱产假期，或3个月（结合生产进行毕业设计）假期。对于在业余高等学校兼课的教师，每周至少应给予半天的备课时间。在以上假期中和备课时间内所在单位均应照发工资。函授生每学年应保证学生有6—8周脱产假期到学校进行面授、考试和实验。假期中照发工资，到学校的路费也由所在单位发给。函授教学计划的课程、修业年限、培养目标、业余时间的保证以及政治理论课程的安排，均与业余高等夜校本科相同。特别班招生对象今后改为相当高中毕业程度的科长级以上的管理干部，培养目标仍为提高其文化技术水平和企业管理的能力。每周上课时数一般改为9学时，总学时数在1260左右，修业年限定为三年半。特别班的教学计划中不排政治课，其复习时间、考试假期的保证与上课时间安排均与本科相同。

二、关于修定教学计划问题。夜校、函授教学计划的修订，应注意统一性与灵活性相结合的原则。课程比重，应该着重学好基础理论知识（包括专业理论）。夜校、函授学生每学期所学课程、考试考查课程，最多不超过三门。工科本科采用12周学时的教学计划，只安排一门政治课，即政治经济学，总学时数增至120学时。外国语、体育及军训课一律不学。工科函授本科修业年限仍为6年，教学计划修订时，尽量要与夜校本科教学计划取得一致。学年、学期，春秋季开学日期照原来规定，但可根据具体情况稍加推前错后。总学时数和每学年的数根据“关于学习时间问题”的暂行规定安排。

三、关于整顿巩固、提高教学质量问题。必须采取“整顿巩固、提高质量、稳步发展”的方针，在师资设备比较困难的独立高等夜校进行整顿巩固、提高质量，必须争取各有关领导支持，争取设法补充专职师资和行政干部，充实教学骨干力量健全行政机构；争取与高等学校夜校部建立经常联系，对于学生所在单位也要建立经常性联系制度，争取通力合作，保证学生的学习条件。

2 月 22—27 日

［纲　文］　**司法部召开16省、市、自治区司法机关宣传工作会议**。

［目　文］　16 省、市、自治区司法厅（局）主管宣传工作的科、处长参加会议，研究司法机关如何加强宣传工作的问题。

2 月 23 日

［纲　文］　**国务院发出《关于在地方召开先进工作者会议问题的通知》**。

［目　文］　《通知》中说，据陕西省人民委员会李启明副省长电话报告：最近由于中央有些部门的要求，在省里将要召开一连串的包括工业、手工业、商业、农业、交通运输、统计工作等行业的先进工作者会议。据统计，如果这些会议都要召开，平均每个月在西安开会的人就有 2000 多人，影响工作很大。此外，在省里召开的各种业务会议，平均每个月也有 600—1000 人。因此，建议各行业的先进工作者会议中，属于省里召开的，可以择其重要的（如工业、农业方面的）开会，其他大部分可以不必召开；属于中央部门召开的，可以由下面选出代表，直接到北京开会，省里可以不再开会。国务院认为陕西省人民委员会的意见是正确的。各省、自治区、直辖市人民委员会遇有类似情况，可以按照这个意见办理。

2 月 23 日

［纲　文］　**国务院发出《关于同意将铜山县的一个镇、437个村划归徐州市领导给江苏省人民委员会的批复》**。

2 月 23 日

［纲　文］　**国务院发出《关于同意将四川省旺苍县的三道乡划归陕西省领导给四川省人民委员会、陕西省人民委员会的批复》**。

2 月 23 日

［纲　文］　**中国人民银行总行向国务院提交《关于将农业银行重新和人民银行合并的请示报告》**。

［目　文］　《报告》说，国务院为了加强农村金融工作，曾于 1955 年 3 月批准中国人民银行的意见，决定建立中国农业银行。现在农业银行已经建立的机构有总行、各省（自治区）分行和大约 70% 的县支行（其中大多数不是独立的会计单位）。在两年的实践当中，发生了一些不易解决的问题：第一，县以下的人、农两行工作很难划分（实际上目前县以下的金融工作仍然是由人民银行一个机构办理，没有另外建立农业银行机构）。因

为在区、乡的银行发放收购农产品的贷款，组织现金供应，组织非现金结算等工作，事实上是同发放农业贷款，吸收农村存款指导信用合作社的工作联系十分密切，如果划分成人、农两个银行分别管理，反而容易在市场关系、资金调剂、政策配合等方面引起若干困难；第二，两行分立须要增加机构、干部、基本建设和费用开支，而原定在人民银行原有编制和基本建设规模的基础上，划分出一整套农业银行机构的方案，在县、区机构中是很难贯彻执行的；第三，即使在已经分设了农业银行的地方，也因为人、农两行的工作划分不清，配合不好，纠纷很多，而且两行干部不便统筹使用，结果真正作农村金融工作的干部比人民银行一揽子管的时候反而减少了。

为了妥善地处理这一问题，1956 年 12 月分别征求了各省、自治区人民委员会的意见。已经回电的 18 个省区一致同意将人、农两行合并。关于合并以后农业银行名义是否存在，除了河南和浙江两省认为可以保留农业银行的牌子外，其他省区认为牌子也不必保留。从目前情况来看，我们认为人、农两行重新合并是适宜的。合并以后，农业银行的牌子可以不再保留。今后农村金融工作即由人民银行负责办理，各级人民银行内部相应的增设管理农村金融工作的部门。人民银行在有关农村信贷工作的方针、政策方面的问题，受国务院第七办公室的指导。

4 月 12 日，国务院发出《关于撤销农业银行的通知》，5 月 7 日，中国银行转发。

2 月 24 日

［纲　文］　**毛泽东指示河北省委调查涿县尚庄乡联盟农业合作社问题。**

［目　文］　毛泽东致函时任中共河北省委书记处书记的马国瑞，要求派人去切实调查莫余平文中所说是否属实，原因何在，并反馈结果。

此前，冶金工业部金属回收管理局副局长莫余平利用寒假回乡探亲时的所见所闻，写了《关于河北省涿县尚庄乡联盟农业生产合作社 1956 年生产情况的调查与整社意见的报告》。报告说：现在农民的生产情绪低落，社员不愿上工，积肥不积极；1956 年灾情同上年差不多，但减产严重，农民收入普遍下降；有的地方出现宰杀耕畜和强行把大车、牲口拉回家的现象。报告认为 1956 年大量减产是人为的灾害，是主观主义、强迫命令和组织管理不善造成的。主要是生产计划指标过高；强行盲目推广新技术；耕作粗糙，荒地不少；收割时随便把粮食丢在地里糟蹋了；副业生产搞得不好。报告还反映了社员对社领导和党支部的意见，说社领导强迫农民入社、投资，作风不民主，经济不公开，办事不公平，关心社员少，干部之间闹宗派，党支部包办社的工作等，因而社员思想极为混乱，任其发展下去，合作社有垮台的危险。

2 月 24 日

［纲　文］　**朱德致电中共中央和毛泽东，汇报在广西、广东、云南三省视察的情况。**

［目　文］　电文中说：我这次外出，着重了解了一下对外贸易问题。从两广、云南和海南岛的情况看来，除云南因滇越铁路尚未修复，交通暂不便外，其他两广和海南岛的

对外贸易局面已经打开。两广、云南和海南岛在出口上有许多有利条件，所以，应该把这几个省看成是我国的出口基地。当前对外贸易的关键性问题，就是货源缺乏，供不应求的问题。外销货源之所以缺乏，除生产能力不能很快地提高和国内需要量日益增加外，有许多货源困难是人为的，是一些组织工作、价格政策、税收政策，以及交通运输上的问题所造成，而不是货源真正缺乏。只要我们的工作做好，这些困难是可以克服的。目前在货源上有以下几个问题：首先是土特产的收购价格一般的偏低，影响了群众的积极性。收购价格之所以偏低，是因为经营环节过多。解决这一问题的办法，可考虑从两方面着手：第一是下决心减少经营环节，下放业务，基层社能够经营的品种，上级社不要再插手。第二是外贸机构协同基层供销社，直接到产地收购或订货。其次是某些出口的工业品和手工业品原料缺乏。解决的办法也可以从两方面着手：一方面少出口些原料，把原料做成成品后再出口；另一方面可采取“以外汇增加外汇”的办法，进口一些原料加工成成品后再出口。电报中还说：我们在对外贸易上历年来都是采取一种“量出为入”的办法，就是出口多少就收多少。某些货源略有增加，就大喊积压，于是便减价收购或停止收购，这是人为地阻止生产的发展。过了一些时候，销路打开，又大喊货源缺乏，以致“临渴掘井”，徒呼奈何！像我们这样的国家，积有几十万吨或几百万吨物资，不仅不算什么积压，而且是必须的储备。“三年不开账，开账吃三年”。在国际贸易上，我们的胃口应该放大些。

2 月 25 日

［纲　文］　**中共中央批转中央统战部《关于继续发挥工商业联合会的作用的意见》。**

［目　文］　1956 年 12 月 2 日，统战部向中央报送《关于继续发挥工商业联合会的作用的意见》。《意见》共有五个部分，主要内容有：一、几年来，工商业联合会在党和政府的领导下做了不少的工作。在全行业合营高潮中，也发挥了积极作用。为了进一步调动工商界的积极因素，组织、推动工商界参加社会主义建设和协助政府继续完成对私营工商业的社会主义改造，我们需要工商联继续工作。二、关于今后工商联的性质，它仍然应该是以原来的私营工商业者为主体的、各类工商业者联合组织起来的人民团体。今后应该在继续加强对资产阶级分子工作的同时，加强对小商小贩和手工业者的工作；县和集镇的工商联则应该主要对小商小贩和手工业者进行工作。今后工商联的基本任务应该是充分代表工商业者的合法利益，向有关国家机关和业务部门反映他们的意见和要求，并提出批评和建议，提高他们工作和自我改造的积极性，并发挥他们对党和政府工作的监督作用；大力推动工商业者积极参加社会主义竞赛，发挥他们的技术和专长；组织工商业者进行学习，组织工商业者参加爱国运动和社会活动；提高他们的政治觉悟和业务水平，为社会主义建设服务。此外，全国工商联和一些主要省、市工商联还应该参加必要的国际活动工作。三、工商联现有组织形式基本上不予改变，但可以根据工商业者的要求和工作的需要，作必要的调整：（一）除保持原来的企业会员外，可以依照自愿原则吸收原来从事私营工商业的个人为会员。个人会员包括：国营企业、公私合营企业、合作社、合作性质的

企业中原来的私营工商业者、其他私营工商业者；不在职的资本家；以及其他与工商界有关的政治代表性人物。（二）同业公会是工商联的专业性组织，是工商联的组成部分；它应该继续保留并发挥作用。（三）大中城市的区工商联一般应该保留，在市工商联的领导下进行工作。（四）县工商联应该保留，集镇的工商联组织一般也应该加以保留。四、工商联机关干部是国家干部的一部分，对于他们的政治待遇和物质待遇应该同国家干部一视同仁。工商联机关中的党员干部，在参加党的会议，听党内报告，看党内文件，参加党内学习等方面，应该和同级党员干部享有完全同等的待遇。五、为了充分发挥工商联的积极作用，必须进一步加强党的领导：（一）各级党委统战部应该在党委领导下改进和加强对于工商联工作的领导。对于工商联要给予信任，尊重它的组织独立性，放手让它去处理它的日常会务。有关工商联工作的方针、政策等重大问题，统战部必须管，但要通过适当方式同工商联的负责人进行协商，不能强加于人；至于它的日常会务，则一定不要干涉。政府的行政和业务部门对于工商联（包括同业公会）提出工作上的要求，应该同它的负责人协商处理。（二）工商联党组可以由负责领导和实际参加工商联工作的负责党员干部组成。工商联党组对于工商联工作中有关方针、政策性的重大问题应该加以讨论；日常会务和具体工作，则应该由工商联自己处理。工商联召开会员代表大会或者举行规模较大的活动的时候，如果需要，可以吸收有关部门的负责党员同志临时组织大会党组，以加强对这些大会或活动的领导。（三）工商联机关中的党员干部，应该努力团结非党干部发挥他们的工作积极性，防止和克服包办代替的工作作风。目前担任工商联秘书长的党员，一般可以撤回，担任副秘书长的，可以根据具体情况酌予保留。在工商联工作的某些作风不好、同工商界人士关系搞得很不好的党员，应该坚决撤回。（四）为了充分发挥工商联的积极作用，应该帮助它加强上级工商联组织对下级工商联的领导，密切它们之间的关系。

2 月 25 日—3 月 21 日

［纲　文］　**朱德在四川视察。**

［目　文］　朱德视察、考察了郫县、灌县、新都县等地的农业生产，和成都、绵阳、重庆的工业生产情况，听取四川省领导及地方官员的汇报。2 月 26 日，听取四川省副省长赵苍璧等汇报工农业生产情况时说：要多养猪，多种胡豆，胡豆可推成粉，粉渣子可喂猪，猪肉可以供应城市。地方手工业可以发展，有原料，人工便宜，只要做得好，就可以销到国外。27 日，在听取中共四川省委第一书记李井泉、书记处书记陈刚、成都市委第一书记廖井丹等汇报副业生产问题时说：副业生产是个宝贝。蚕丝、茶叶、水果等副业的收入，将来会超过粮食的收入。粮食可以喂猪、养马等。猪肉加工后运出去就是大钱。当汇报到农业生产问题时，他说：农业生产中计划，应该由下而上地制定，上面可以审核下面的计划，但不能干涉下面的计划。不要硬性推广，应该搞示范，如果你搞得好，农民会向你学习。

3 月 1 日，朱德在听取四川省商业厅负责人汇报时，就收购山区的物资问题说：要想办法多收购山区的出口物资，只要把山区的东西拿出来，山区的负担就能减轻，还要想办法提高山区物资的收购价格，进货要缩小地区差价。商业和供销社系统，要抽出资金修路，充分利用船和木排搞运输。他就公私合营企业情况说：对公私合营企业，要保证他们所需要的原料，帮助他们扩大生产。就商业体制和利润等问题说：做生意和搞生产应该兼而有之。商业本来就无利可言，主要是靠节省周转费，因为商业不搞生产。就福利问题说：工厂和农业生产合作社的福利要靠他们自己解决，“生产长一寸，福利长一分”。3日，他在听取中共灌县县委、县政府负责人汇报工作时说：你们这里花多，可以多养蜜蜂，蜂蜜是大量出口的好东西。副业的产值应占农业产值的一半。还应注意发展芝麻，每家都可以种几分地的芝麻。核树长得快，可以作各种材料用。要利用山上的条件，多养菜牛，可以赶到成都去卖。4日，听取中共四川省委第一书记李井泉，书记处书记李大章、廖志高，省委常委兼康定地委书记天宝等汇报工作，就通往西藏的交通问题说：过去向西藏进兵后无吃的，站不住。现在有了公路，情况有所改变。将来再修一条铁路，问题就解决了。5日，视察八一农场，在听取负责人汇报时说：四川的广柑很好，可与世界上的广柑相比，但是，产量太少了，不顶事。你们应该大力发展，搞它几十万吨出口，才能把四川搞富。在听取四川省手工业管理局等单位的负责人汇报时说：手工业是长期的，到了共产主义也还存在。现在世界上还很需要手工业品，将来搞手工业的人还可以再多一些。当前手工业的主要问题是缺少原料，手工业合作总社要抓这件事，有了原料，下面就能生产了。四川省的手工业有基础，办好手工业很有前途。

6—21日，朱德视察新都县、成都、彭县、绵阳、重庆等县市的农业和工业生产。7日，在听取四川省委农村工作部负责人、四川省水利厅、林业厅负责人汇报工作时，就水利建设问题和林业问题说：四川雨水多，山的高处也有水，应充分利用山高处的水，一路灌下来，再多修一些山湾塘蓄水。这是利用“天上”的水，同时，对雨量也有帮助。树木要允许人家砍，也要鼓励他们栽，边砍边栽，砍一棵栽一棵，甚至栽两棵。8日，在听取成都市郊区西光农业合作社、西林农业合作社和南郊农业合作社的负责人汇报农业生产情况时他插话说：你们郊区的农业社，要种植多种多样的东西，如大头菜、大蒜、生姜等，可以加工成酱菜出卖。你们要充分利用城市近郊的有利条件，给农民找活做，不能下地的，也要给他们找些其他活做。你们有了钱后，还可以买些机器搞加工工业。在四川省各民主党派人士座谈会上讲话：现在我国已进入社会主义革命和建设时期，中国不走这条路是不行的。我们大家要一条心，要团结起来，共同进步，共同建设社会主义。将来共产党也是要消亡的，到那时，各民主党派也就不需要存在了。今后第一是要团结；第二是要进步。10日，在视察成都机械厂听取该厂负责人汇报生产情况时说：你们厂应该从二机部划出来，既可以给兵工加工，也可以生产其他民用机械。

16日，朱德在四川省工业会议上讲话：这几年，我们在办工业问题上也出现了一些问题，就是贪大、贪多、贪新。希望大家要实事求是、勤俭办工业，勤俭是中国传统的美德。今后办工业应注意以下几个问题：第一，要充分利用旧的、小的和原有的厂矿和设备；第二，要提倡勤俭办工厂，勤俭办企业，反对大少爷作风；第三，要组织当地群众办加工厂，靠山吃山，靠水吃水；第四，要多建一些茶叶工厂，这是四川省的主要出口产品之一；第五，机器制造工业要为生产和人民生活服务，搞得好还可以制造出口产品；第六，军事工业和民用工业的生产必须结合起来，有些军事工业一定要转为和平工业；第七，国营工业和地方工业，都要帮助手工业的发展；第八，要广泛深入地开展增产节约运动。本日，给中共中央和毛泽东写报告，说：成都刃具厂在建设中，从少花钱多办事、勤俭办企业的原则出发，给国家节约了不少投资，使工厂提前投入生产。报告总结了成都刃具厂的主要经验，认为他们的做法是符合中央增产节约指示精神的，应该加以介绍和推广。19日，朱德致电中共中央，报告在重庆市的视察情况：重庆各军工厂的生产任务不足，人员、设备浪费很大，需要很好地解决，否则，将给国家造成严重损失。军工厂转民用生产或军工厂生产与民用生产相结合的问题，是迟早非解决不可的，要转还是早转好，早转少损失些，越转得晚，损失越大。应充分发挥和利用军工设备等的有利条件，为国家生产建设服务。21日，在重庆市民主党派人士座谈上说：为了建设社会主义，就要搞好团结，把过去的事丢开，把个人的事丢开，大家都来考虑建设社会主义问题。在人民内部，要发扬民主，有事大家商量，有话都可以说，以保证我们在政治上的团结。我们所反对的只是那些搞资本主义复辟的人，和民主党派人士是要长期合作的。

21日，朱德又致电中共中央，反映四川等省的生猪收购情况，并提出个人意见：目前农民的生猪已养肥，不卖掉要赔钱；另外，季节已到，又怕闹猪瘟，都在大量卖猪。因此，造成市场肥猪积压。四川生猪现有库存量12万多头。重庆市正常情况下生猪库存量为1.5万头，现在实际库存量已达到22570头，全市约积压肥猪7570头。四川省是供应全国猪肉的一个重要地区，这个问题如不很快采取措施加以解决，不但要影响到淡季市场的供应，而且要严重地打击农民养猪的积极性，再次造成国内供应和出口猪肉的困难与紧张。为了有效地解决这个问题，我的意见还是由国家有计划地大量组织收购。除在地区上进行调剂外，应有计划地就地组织加工，如火腿、腊肉等，以便供应国内市场和组织出口。上述情况，在广东、云南都存在着，但广东的好处是出口方便，问题不大，而云南、四川的问题则比较严重。请中央能够责成有关部门很快研究，提出措施，加以解决才好。

2月25日

［纲　文］　**外贸部负责人对新华社记者发表谈话。**

［目　文］　外贸部负责人说，迄今为止，我国已同21个国家签订了政府间的贸易协定，同68个国家和地区存在贸易关系。一些西方国家政府仍在奉行贸易歧视政策。

2月25日

［纲　文］　**教育部发出《颁发高等师范学校教育实习暂行大纲的通知》。**

［目　文］　《通知》对颁发的《师范专科学校教育实习暂行大纲》和《师范学院各系三、四年级教育实习暂行大纲》作出说明：一、教育实习是师资培养工作中不可缺少的一环，是高等师范学校教学计划的一个重要组成部分。上年，各校对本科教育实习一次或两次的问题，展开了热烈的讨论。在我部本年1月召开的教育实习讨论会上，对各方面的

意见，进行了详细的研究，认为各校所提出的由于两次实习所引起的各种困难还是可以逐步得到克服的，因此，作为一个方向，师范学院的教育实习仍原则上规定为两次。在实习内容上也可以参照暂行大纲所规定的，加以必要的伸缩。二、教育实习是在平时教学的基础上进行的。因此为了从根本上提高教育实习的质量，必须在平时教学中努力贯彻理论联系实际和面向中学的方针，克服教学中的教条主义倾向，加强培养学生的独立工作能力，提高教学质量。特别应该注意改进教育学科的教学，加强平时的教育见习工作。三、必须努力克服教育实习工作上的形式主义，精简不必要的活动和手续，以减轻高师和实习学校师生的负担，切实提高实习的质量。

《通知》要求各校接到本通知后，组织各系科进行一次讨论和研究，并结合本校具体情况，作出决定。同时要求各校在执行教育实习暂行大纲的过程中，注意积累经验，创造经验，及时提出意见，做出总结报部，以便进行必要的修订。

2月26日

［纲　文］　**中共中央批转劳动部党组《关于1956年企业职工伤亡情况的报告》。**

［目　文］　中共中央将此件批转各地，要求各地党委和各工业交通部门，注意检查和加强劳动保护工作，力求减少工伤事故，以保证安全生产。

1月26日，劳动部党组向中央报送《关于1956年企业职工伤亡情况的报告》，汇集了各地企业职工伤亡情况，总结了事故原因。《报告》中说，自从1956年5月中央批转了劳动部党组《关于最近伤亡事故和加班加点的严重情况及意见》的报告，和国务院决议发布《工厂安全卫生规程》、《建筑安装工程安全技术规程》、《工人职员伤亡事故报告规程》等三个劳动保护法规以后，安全生产问题已经较为普遍地引起了各有关方面的重视，有了一些改进。但是在过去一年中，许多厂矿企业、基本建设单位及其领导机关由于对生产高潮到来后所发生的一些新情况估计不足，没有周密地从组织上、制度上和技术上采取相应的安全措施，劳动部门对于劳动保护的监督检查工作也较薄弱，因此，生产中的不安全状况，在程度上较前虽略有减轻，但是总的说来情况仍是严重的，某些地区和产业职工伤亡事故数量较前增多。根据劳动部已经收到的伤亡事故报告统计（尚不够完全），1956年全国厂矿企业由于发生事故而死亡的职工共计3177人，死亡率为0.28‰；与1955年（死亡3023人，死亡率为0.30‰）比较，死亡率虽然降低了6.7%，但死亡的绝对数字却增加了5.1%。1956年1—9月，全国共发生歇工3个工作日以上的负伤事故200036人次，其中确定成为残疾的1429人；职工负伤频率达到28‰。1956年发生的死亡多人的事故，无论从次数上和人数上看，都比过去增多。从1月到11月，死亡三人以上的事故共发生了56次，死亡331人（1955年同期为51次，死亡234人）。

2月26日

［纲　文］　**国务院批准内务部《1957年全国民政工作计划要点》。**

［目　文］　《要点》要求全国民政部门必须根据动员一切力量积极进行社会主义建

设的总任务，进一步做好复员、安置、优抚、救灾、社会救济工作，从解决烈属、军属、残废军人、复员军人和灾民、贫民当前的实际生产、生活困难着手，发动和支持他们积极参加社会主义建设。主要内容有：一、复员安置工作。二、优抚工作。三、农村救灾和社会救济工作。四、城市社会救济工作。五、民主制度方面工作。六、移民工作。七、城市游民安置改造工作。八、1957 年全国民政事业费要加强计划管理，防止积压、挪用、浪费，认真处理人民来信、来访；继续做好婚姻登记、土地征用、社团登记等工作。九、改进领导方法和工作作风。

2 月 26 日

［纲　文］　**朱德就云南省的农业、财贸和矿藏等情况致电中共中央和毛泽东。**

［目　文］　电文说：一、云南农业的潜力还很大，那里气候温暖，四季如春，作物生长季长，一般地区一年可以两熟；南部地区还可以达到一年三熟。因此，今后云南的农业生产，主要是加大复种指数，兴修小型水利，开垦荒地和增设肥料，在经济作物和副业生产上，也大有前途。云南适宜于发展茶叶、咖啡、紫胶、木棉、剑麻等经济作物。今后这些经济作物的种植，应该广泛地推广到农业生产合作社里去，使农业生产合作社的粮食生产、经济作物以及种茶、养蚕、养家畜、养家禽等副业三者多样性地结合起来，不要单靠国营农场来经营经济作物，因为国营农场究竟是少数，只能起示范指导作用，而大量种植还要靠农业生产合作社。二、云南森林资源丰富，树种多为价值极高的云杉、冷杉、云南松等，希望中央重视这一地区。澜沧江下游和元江流域的林区，既有松杉，又有珍贵的常绿林，但因交通不便，大规模开采尚有困难，可考虑在林区设立几个制材厂，将木材加工为胶合板或其他小型材料后运出。三、云南矿产很多，就目前看，铜矿藏量最大，但从远景来看，最大的储藏量为铅矿。目前应动员群众用土法大量开采，暂时运不出来的，还可以积存起来，等铁路修通后，随时可以出口。这样做既搞出了物资，又养活了人，好处很多。四、云南交通不便，多余的产品运不出来，需要的东西运不进去，应注意恢复旧有的马帮的办法。如能把 20 多万匹驮马的力量都发挥起来，在加强运输、互通有无、繁荣经济上将会起很大的作用。

2 月 27 日—3 月 1 日

［纲　文］　**最高国务会议第十一次（扩大）会议召开。**

［目　文］　各方面人士 1800 多人出席会议。27 日，毛泽东在会上讲话，会前准备的讲话提纲题为《如何处理人民内部的矛盾》①，共 12 个问题：一、两类矛盾：敌我阶级之间，人民内部之间；二、肃反；三、社会主义改造——合作化；四、资本主义改造；五、知

① 在后来的讲话记录整理稿上，毛泽东将题目改为《关于正确处理人民内部矛盾的问题》，并对讲话记录作了多次修改和补充，于 1957 年 6 月 19 日在《人民日报》上公开发表。见《建国以来毛泽东文稿》第 6 册，中央文献出版社 1998 年版，第 315、358—360 页。

识分子和青年学生；六、增产节约，反对铺张浪费；七、统筹兼顾，适当安排；八、百花齐放，百家争鸣，长期共存，互相监督；九、如何处理罢工，罢课，游行示威，请愿；十、闹事，出乱子，都不好吗？十一、少数民族与大汉族民族问题，西藏问题；十二、中国可能在三四个五年计划内，初步地改变面貌。关于两类矛盾，毛泽东重点谈了人民内部矛盾，指出，这两类矛盾的性质不同，解决的方法也不同。敌我矛盾是对抗性矛盾，人民内部的矛盾是非对抗性的矛盾。专政就是对付敌我之间的，解决敌我之间的这个矛盾的，就是压服敌人。只要不是敌人，那么就是人民，在这个范围之内就不是专政的问题，不是谁向谁专政的问题。人民自己不能向自己专政，因为这些人有言论自由，有集会自由，有结社自由，有游行示威自由。所有这些是宪法上写了的，这是民主的问题。民主是有领导的民主，是集中指导下的民主，不是无政府主义，无政府主义不是人民的要求。他说，波兰事件和匈牙利事件出来，有些人很高兴，来一下大民主嘛！他们所谓的大民主，几十万人到街上去了。他们搞不清楚大民主是对付敌对阶级的。另外有少数人是带有敌对情绪的，他们希望用大民主把人民政府整那么一下，学匈牙利那样把共产党整一下，就开心了。有些人不懂得世界上的具体情况，以为欧洲的民主自由很好，喜欢议会民主；有人提出早一点取消专政；有人说民主是目的。我们跟他们说，民主是手段，也可以说又是目的又是手段。有人说外国的自由很好，我们这里自由很少。我说，没有抽象的自由，只要阶级的自由，具体的自由，抽象的、一般的自由，世界上就没有那个东西。毛泽东说，如何处理人民内部的矛盾，是一个新问题。团结—批评—团结这个公式由党内推广到党外，对民族资产阶级采用这个方法是可能的。犯错误的人，有各种小资产阶级思想、资产阶级思想的人，有唯心论的人，有形而上学思想的人，对他们都可以用这个方法，发展到整个人民内部。关于“百花齐放，百家争鸣，长期共存，互相监督”，毛泽东指出，这几个口号是怎样提出来的？就是承认社会上各种不同的矛盾。在艺术上、文学上，它就是要表现为百花齐放。这个百花齐放里头包括这样的东西，就是各种不同的花，但是也包括一种性质不同的花，比如讲，百家争鸣里头有唯心论。

▲ 毛泽东就如何正确处理人民内部矛盾的问题发表讲话

28日整天和3月1日上午，全体与会者分组讨论毛泽东的讲话。3月1日下午，大会发言。李济深[①]、章伯钧、黄炎培[②]、马叙伦[③]、陈嘉庚[④]等16人发言。会议结束时，毛泽东作了45分钟的总结讲话，有对27日讲话的补充，有答复讨论中提出的问题，谈到扩大《参考消息》的发行范围，准备从过去2000份扩大到30万份，赞成出蒋介石全集。

2月27日

［纲　文］　**国务院就外汇计划问题发出通知**。

［目　文］　通知说，为了使中国对外国签订的各种协定、议定书等切实做到平等互利、公平合理，并将协定、议定书项下的一切外汇收支纳入国家的外汇计划，今后中国政府各部门（外贸部除外）、各社会团体对外国签订协定、议定书等涉外文件的时候，除经外交部从政治上进行审查外，凡其中列有涉及外汇收支清算条款者，从1957年3月1日起，在未报国务院审批以前，均须送经中国人民银行总行从外汇收支清算方面进行审查，然后再报国务院审定。

2月27日

［纲　文］　**国务院有关负责人就工商之间的业务关系问题对新华社记者发表谈话**。

［目　文］　国务院有关负责人说，国务院已经确定1957年内工商之间的业务关系，仍按现行的办法不变。国务院为此已发出了通知。国家曾考虑把原来商业部门向工业部门实行加工、订货、统购、包销的办法，改变为工厂购进原料、销售成品，商业部门对原来统购、包销的部分商品实行选购的办法。但是，在改变这种关系之后，商业部门批发机构的一部分上缴利润指标，应该移交给工业部门来承担，因此国家必须相应地改变税收办法，才能保证这项收入。由于商业利润转到工业的准备工作极为复杂，制订新的税收制度也还需要时间，为了避免国家财政可能受到的损失，国务院决定在1957年内，仍按原有办法执行。同时在1957年内，工业部门和手工业部门的自销范围也不再扩大。

2月27日

［纲　文］　**国务院发出《关于外贸部和各有关部门的业务关系和结算问题的通知》**。

［目　文］　《通知》指出：关于实行进出口商品国内统一调拨价格的问题，国家经委、外贸部、财政部以及根据国务院1956年4月3日的指示，会同各有关部门进行了多次研究商讨，目前尚未定案。除国家经委、外贸部、财政部应早日拟定方案报国务院批准外，在进出口商品国内统一调拨价格未经国务院正式批准公布实行以前，外贸部同商业部和各订货部门、各供货部门之间的业务关系和结算，仍按原来的办法执行。其中出口方面

---

① 李济深（1885—1959），广西苍梧人，时任全国人大常委会副委员长、政协全国委员会副主席、民革中央委员会主席。

② 黄炎培（1878—1965），上海人，时任全国人大常委会副委员长、政协全国委员会副主席、中国民主建国会主任委员。

③ 马叙伦（1884—1970），浙江杭州人，时任全国政协常委、中国民主同盟副主席、中国民主促进会主席。

④ 陈嘉庚（1874—1961），福建厦门人，华侨，时任全国人大常委会委员、中华全国归国华侨联合会主席。

的内外食品公司的代理关系，如两部同意，可以改为买卖关系，出口方面的个别商品价格，不合理者，也可由有关两部协商调整。凡因此而对有关部门的1957年上缴任务有较多影响时，外贸部应同有关部门把账算清，报送财政部据以调整双方上缴任务。

2月27日

［纲　文］　**《人民日报》报道，中国人民银行总行金融研究所就人民币货币功能问题召开研讨会。**

［目　文］　会议主要针对中国货币流通新情况，即社会主义改造以后农民大量收藏人民币、全国农村货币量中约有1/3处于收藏状态、形成货币“沉淀”现象，讨论人民币是否具有贮藏功能问题。会议有两种不同观点：一种认为人民币是社会主义经济条件下属于信用货币类型的货币符号，具有长期的稳定性，在全国人民中赢得了高度的威信，人民乐于贮藏它。人民币又是全国范围内唯一的流通手段，想用能购买任何商品的一般等价物来保存价值，就只有收藏货币符号——人民币；同时，农村中货币关系的发展和农产品商品化程度的提高，以及农民收入逐年增加，农民按照“耕三余一”的原则进行积蓄，保存货币就成为必然的经济规律。在理论上，人民币可以代替金币执行贮藏功能。在实际工作中，考虑商品流转和货币流通必要量时，得把贮藏在居民手中的货币余额扣除。这样在银行掌握货币发行时，就须在实现商品总价格的货币流通必要量之外，再作适当的发行。

另一种观点认为，沉淀的货币不应该作为货币的贮藏功能来理解。货币“沉淀”现象，除了几年来物价基本上稳定和农产品商品化发展，农民的货币收入有所增加，农民持有货币量增加这一些正常因素外，还由于国家对市场的管理，粮、棉、油料实行统购统销政策后，使货币流入农民手中不一定很快回笼。在农业社会主义改造高潮中，农民对于使用货币有种种顾虑，促使一部分货币不得不处于收藏状态，而不是人民币真正具有了贮藏功能，保存纸币的现象也不仅在社会主义社会才有。贮藏货币既然是贮藏财富，那就不能以任意的货币符号来代替。从贮藏手段的本质来看，因为货币符号可以代替货币发挥其他功能，因而也可以代替货币发挥贮藏功能，这种推论是不够科学的。人民币有很多天然的不适宜于贮藏的缺点，如火可以焚烧，鼠可以咬碎，影响真正价值的保存。居民手中的货币，不管其保留的时间长短，都应该看成是待用的、作为流通手段的准备金。所以在计算货币流通必要量时，应把它作为流通手段备用金来计算在里面，并且相应地再发行一部分货币，否则必会造成社会上货币流通量大于商品流转需要量，促使物价上涨，通货膨胀，影响社会主义建设步调。

2月28日

［纲　文］　**中共中央、国务院发出《关于发展养猪生产的决定》。**

［目　文］　《决定》指出，近两年以来，生猪生产下降严重，使城乡人民肉食供应紧张，农村猪粪肥料减少，猪肉出口数量减缩，直接影响了国家建设的进行和人民生活的改善。自全国解放至1954年上半年，我国生猪生产是逐年增长的。据1954年6月的统

计，全国生猪总数达到10100万头，这是历史上我国生猪生产的最高水平。从1954年下半年起，全国生猪总数已经开始下降。1955年继续下降，到同年6月降到8700万头。1956年6月又降到8400万头，比1954年6月减少了17%。

《决定》中分析了引起生猪生产下降的主要原因：一、由于我国粮食生产增长不快，人的口粮和猪的饲料之间存在着难以很好兼顾的矛盾。二、生猪的收购价格和收购工作有缺点。三、对于农民养猪的领导，没有适应农业合作化以后的新情况。

为根本改变生猪生产的下降趋势，特作如下决定：一、饲料的增长是发展生猪生产的基础。各个地方各个农业生产合作社在积极发展生猪生产的同时，必须统一计划饲料的耕种面积，负责安排饲料的生产和分配，以切实保证生猪生产发展的饲料供应。长江以南的各省、北方的山区和其他地广人稀的地区青饲料比较丰富，应当大量养猪。二、必须认真改正价格政策和收购制度中一切妨碍生猪生产发展的缺点和错误，使国家的价格政策和收购制度能够充分发挥刺激生猪生产的应有作用。国家决定对生猪的收购价格，在全国范围内作较大幅度的提高。今后收购的肥猪，每头给养猪农民留肉8—15斤，发给一年有效的证明，凭证供应。三、农业生产合作社对生猪生产的发展，必须加强组织领导，做好统筹安排。四、全国的国营农场应当积极地发展养猪生产，逐步地建立大量养猪的基地。五、大城市的机关、部队、学校、企业的伙食单位，应当在节约粮食的原则下，把剩汤剩菜供给附近农民，同农民伙养生猪。大城市郊区和中小城镇的上述伙食单位，凡有条件的都可以自己养猪。六、加强对生猪的防疫和治病的工作，减少生猪的死亡。责成各地农业管理部门制定防治猪病疫的规划，同生猪收购单位和农业生产合作社互相配合，经过典型示范，逐步推行防治工作。七、各县应当由农业部门、粮食部门和商业部门共同组织生猪生产指导委员会，负责生猪的生产购销、饲料供应和疫病防治等项工作。八、本决定不应当在信仰伊斯兰教的少数民族中执行。

2月28日

［纲　文］　国务院发出《批转〈中央工商行政管理局关于城市市场管理工作的意见〉的通知》。

［目　文］　《通知》说，国务院同意国家工商局关于当前城市市场管理工作的意见。对市场需要管理但又不要管死，请各地根据新的情况审查和修订市场管理办法，并加强这一方面工作的领导。

国家工商局在《关于城市市场管理工作的意见》中介绍了该局1956年12月下旬召开的北京、天津、上海等10余省市工商局长座谈会讨论城市市场管理的情况。会议认为，目前市场上供求紧张的基本原因是由于物资供应和货币购买力之间存在着相当的距离，解决的办法必须从增加生产、节约消费和改进调运等方面着手，但行政管理仍是一个重要的辅助力量。会议提出，当前市场管理的方针，总的说来应当是需要管理，但又不要管死，一切措施和办法都要有利于生产，有利于流通，并提出了若干管理措施。

［文　献］　中央工商行政管理局关于城市市场管理工作的意见

内容略。详见中国社会科学院、中央档案馆编：《1953—1957 中华人民共和国经济档案资料选编》商业卷，中国物价出版社2000年版，第776—770页。

2月28日

［纲　文］　**国务院发出《国务院转发〈中央工商行政管理局关于工商行政部门1957年主要工作安排的报告〉的通知》。**

［目　文］　《通知》说，国务院基本同意《中央工商行政管理局关于工商行政部门1957年主要工作安排的报告》，现转发给你们，请根据当地具体情况参照办理。

1月26日，国家工商局在《报告》中说，我局在1956年年底召开了北京、天津、上海、广州、武汉、西安、济南、青岛、哈尔滨和河北、四川等十几个省市的工商局长会议，讨论了对城市市场管理工作以及对新发展的个体工商业户和资本主义户的行政管理问题，对1957年的工商行政工作大体上进行了安排：一、在开放部分农副产品的自由市场以后，对市场管理工作，总的要求应该是需要管理，但是不要管死。在做法上要求：（一）根据新的情况，协助领导重新审查原有的市场管理办法，提出废除、修改或重新制订新办法的意见，并加强对市场管理政策、法令的宣传教育工作；（二）会同有关部门对交易所、交易市场进行辅导和管理，并做必要的整顿，根据实际需要逐步地恢复和建立一些贸易货栈和农民贸易市场，以便于农民进城贸易；（三）加强对掮客、行商、小商贩的辅导、管理和教育工作，并会同业务部门对外地来的采购人员，进行必要的辅导和管理；（四）注意市场上发生的新情况和新问题，及时综合研究，提出意见。二、对新开业的或高潮后遗留下来的个体户和资本主义户，进行登记管理；对新申请开业的个体户和资本主义户，应会同有关业务部门进行审查，只要供产销问题不大而又为社会上所需要的，可以允许登记。对上述企业，我们考虑仍应贯彻利用、限制和改造的政策，不宜急于对它们进行公私合营或者合作化。三、对私改造工作，工商行政部门在当地人民委员会领导下做好下列主要工作：（一）了解和研究中小型公私合营企业建立企业管理委员会的经验和私方人员的作用问题；（二）代表当地人民委员会指导工商联合会的工作，并且协助他们开好工商界先进生产（工作）者会议和做好工商界举办互助金的工作；（三）选择若干重点行业，对资本家的定息收入和生活情况进行典型调查，以便研究处理资本家在认购公债和工商界互助金使用等方面的问题；（四）协助人民委员会对私改造办公室，督促检查对私改造政策的执行情况，特别要注意调查研究中小企业在改组改造方面的情况和问题。

2月28日

［纲　文］　**国务院同意并批转邮电部关于接办机要通信业务的报告。**

［目　文］　邮电部报告说，中央机要交通局由于目前所寄递的文件过于庞杂，真正属重要机密的仅占3%—5%，提出把90%以上的一般机要文件寄递业务改由邮电部门统

一办理。

2 月 28 日

［纲　文］　**国务院批复《国家机关文书立卷工作和档案室工作暂行通则》、《关于国家机关一般档案材料保管期限的暂行规定》和《全国档案工作会议报告》。**

［目　文］　国务院在批复意见中指出：国务院所属各部门和各省、自治区、直辖市人民委员会应当加强对档案工作的领导，对于本机关积存的和因机关合并或撤销移交过来的未经整理的档案，应尽可能在 1957 年内组织本机关人员进行一次整理，从而把归档制度和档案室工作健全起来。对于过去接收的旧政权的档案，有关部门亦必须加以妥善管理，尽可能及时地进行清查和整理。国家档案局《全国档案工作会议报告》中提出的建立档案馆筹备机构的问题，由各省、自治区、直辖市人民委员会按照工作需要情况决定，它的编制应在精简原则下于现有编制中予以解决。

2 月 28 日

［纲　文］　**教育部发出《关于指导中小学毕业生正确对待升学和就业问题的通知》。**

［目　文］　《通知》指出，1957 年暑期全国高小毕业生约有 500 多万人，初中毕业生约有 100 多万人。除了部分升学继续学习以外，不能升学的高小毕业生约有 360 多万人，初中毕业生约有 80 万人，高中毕业生约有 8 万人（工农速成中学学业生除外），不能升学的人数，比过去任何一年都多。由于各部门都在精简机构，部分事业也有收缩，因此今年就业的机会比往年要少。希望各地根据中宣部 1954 年 5 月 22 日颁布的《关于高小和初中毕业生从事劳动生产宣传提纲》和以往实际工作经验，领导所属教育行政部门和学校，及早进行宣传教育工作，提出以下参考意见：

一、关于中小学毕业生升学和准备从事生产劳动的宣传教育工作，应在当地党委的领导下进行，各级教育行政部门应把这一工作列为本年上半年的重点工作之一。从教育系统说，宣传教育工作的主要力量应该是学校领导干部和教师，首先是担任班主任工作的教师。各地在指导中小学毕业生升学和就业的宣传教育工作中，必须重视并发挥青年团组织的积极作用。二、宣传教育的主要对象是中小学本届毕业生和他们的家长。三、应该结合往年的经验。首先，要具体地摸清学生的学习状况、家庭状况，要了解学生的志趣爱好、升学就业的打算以及学生及其家长目前思想上所存在的其他问题，针对这些情况和问题进行具体的指导和教育。其次，在对学生进行劳动教育、对家长宣传时，应和爱国主义教育、集体主义教育、纪律教育、社会主义前途的教育以及艰苦奋斗、勤俭建国的教育结合起来，不宜孤立地进行。再次，宣传教育工作主要应该通过课内课外两方面来进行；方式应该是多种多样的。最后，在宣传教育过程中，应该防止急躁情绪和简单化的做法。四、在进行宣传教育工作的同时，教育行政部门还应和当地有关部门进行联系，争取他们尽可能吸收一部分中小学毕业生就业。对不能升学的农村中小学毕业生，应协同当地党和政府，动员和组织他们回到农村从事农业生产劳动；同时，要求农村基层干部和农业生产合作社的干部做好组织安排的准备工作。对不能升学一时又无其他工作可做的城市的中小学毕业生，教育行政部门可以根据过去的经验，协同青年团发动学生或他们的家长出面组织自学小组，小学毕业生的自学小组可以聘请初中或高中毕业生担任辅导员，初中毕业生的自学小组也可以聘请高中毕业生担任辅导员，对辅导人员可以给以少数生活补助费。辅导人员的生活补助费及自学小组所需的其他费用，可以由参加自学小组的学生负担，但收费不宜太多。此外，各地还可以根据当地情况，提倡在城市里举办广播讲座、补习班，或鼓励机关、团体、厂矿企业、私人举办补习学校（但应加强领导），给进行自学的中小学毕业生以可能的指导。五、学校除对毕业班的学生及其家长进行宣传教育以外，对其他班级的学生及其家长也应注意进行劳动教育的宣传。

此外，除了教育行政部门，还应在当地党委和人民政府的统一领导下，组织各方面的力量，通过各级人民代表会议、政治协商会议、家长和学生代表会议等形式，运用报纸、杂志、广播等宣传工具，进行广泛深入的社会宣传工作。

2月28日

［**纲　文**］　**卫生部颁布《职业病范围和职业病患者处理办法的规定》**。

［**目　文**］　《规定》是为保护工人、职员的身体健康，改进劳动条件，做好职业病的防治工作，并合理解决工人、职员患职业病以后的劳动保险待遇问题而制定，共12条，主要内容有：一、本规定适用于实行中华人民共和国劳动保险条例的单位。二、职业病系指工人、职员在生产环境中由于工业毒物、不良气象条件、生物因素、不合理的劳动组织，以及一般卫生条件的恶劣等职业性毒害而引起的疾病。根据目前我国的经济、生产和技术条件，将危害工人、职员健康和影响生产比较严重，并且职业性比较明显的14种职业病，列为职业病名单①。三、职业病的确定，由本单位医疗机构或指定医疗机构负责治疗的医师负责，如果不能确定时，可提交本单位的医务劳动鉴定委员会（小组）解决。凡经确定为职业病者，即应发给职业病证明书。四、职业病的诊断应根据患者临床症状，必要的理化学检查，患者的职业史及其劳动、生活条件等进行全面的观察。患者临床症状虽与某种职业病相似，如果致病原因与职业条件无关或实难确定时，不能列为职业病。五、患职业病的工人、职员，在治疗或休养期间，以及医疗终结确定为残废或治疗无效而死亡时，均按中华人民共和国劳动保险条例有关规定，按因工待遇处理。六、工人、职员调转工作时，原单位应在离职单内填明该工人、职员的工种和工作年限。如果是职业病患者，应将有关确定职业病证明材料（如病历等），一并转交调往新的工作单位。如果该工人、职员到达新的工作单位以后，原患有的职业病未痊愈或新发现的职业病，虽与现工作无关但确与以往工作有关时，均应由新的工作单位按职业病待遇处理。七、患病的工人、职员，如果对医师或医务劳动鉴定委员会（小组）的确定有不同意见时，可按医务劳动鉴定委员会组织试行条例的规定处理。八、各单位的卫生部门应会同工会组织，督促与协助本

---

① 14种职业病是职业中毒、尘肺、热射病和热痉挛、日射病、职业性皮肤病、电光性眼炎、职业性难听、职业性白内障、潜函病、高山病和航空病、振动性疾病、放射性疾病、职业性炭疽、职业性森林脑炎。

单位的行政，做好职业病的防治工作。九、各单位在试行过程中，认为有的职业病确实影响工人健康比较严重，而未列入本职业病名单内者，可报请地方卫生部门会同工会组织审查提出意见后，报送卫生部研究处理。十、本规定由中华人民共和国卫生部颁布试行、解释与修正时间。以前个别地区或企业所规定的职业病名单和办法，自本规定试行之日起一律废止。现正按原规定享受职业病待遇的工人、职员，虽不符合本职业病名单的规定，亦应按本规定第六条规定处理。

2 月

［**纲　文**］　**财政部召开全国税务局长会议**。

［**目　文**］　会议提出以简化税制、调整税利比例关系为目标的税制改革。

2 月

［**纲　文**］　**文化部公布第一批获奖戏曲剧目**。

［**目　文**］　获奖剧目18个：评剧和河北梆子《秦香莲》，评剧《刘巧儿》，京剧《猎虎记》、《黑旋风李逵》，粤剧《搜书院》，梨园戏《陈三五娘》，豫剧《穆桂英挂帅》，闽剧《炼印》，吕剧《李二嫂改嫁》，越剧《春香传》，川剧《彩楼记》，扬剧《挑女婿》，常德高腔《祭头巾》，滇剧《牛皋扯旨》，锡剧《双推磨》，山东梆子《两狼山》，高剧《两兄弟》。

3 月

3月1日

［纲　文］　**毛泽东主持召开最高国务会议第十一次扩大会议并发表讲话。**

［目　文］　讲话内容包括国内问题和国际问题两方面。关于国内问题，毛泽东说：马克思主义者是不怕批评的，无论哪种干部，哪个政府，缺点、错误都应该受到批评，并且成为习惯。“长期共存、互相监督”的“长期”，就是共产党有多长寿命，民主党派就有多长。“监督”主要的方法就是批评，从团结的愿望出发，经过批评达到团结，把工作改善。“百家争鸣、百花齐放”，总要放出一些祸来，鸣出一些不好的东西，不好的东西另一作用，能使人产生免疫。所谓大民主就是群众运动。一般的应该服从领导，用批评的办法克服官僚主义。如个别地方一点民主也没有，对严重顽固的官僚主义采取罢工、罢课、游行、示威、请愿，是调整我们社会秩序的补充方法。这并不是在全国范围内提倡这种“大民主”。毛主席在讲到人口问题时说，人类要控制自己的生产，人民有这个要求。政府应设个部门研究，设想全国人口控制在6亿。关于国际问题，毛泽东说：要使我们的人见世面、见风雨，了解国际情况、敌人的情况。至于是否受帝国主义影响变成他们的人，我看也可能有一两个变。匈牙利、苏联的许多事我们不大清楚，无非是官僚主义、教条主义、脱离群众，工业方针错误，资本家简单的打倒，知识分子没有改造，还有反革命分子没有镇压。于是乎裴多菲俱乐部、记者协会、学生联合会出来了。我们还有很多缺点，人民对我们有许多不满意，社会主义还比较落后（经济、文化）。但不要忘记，外国也有困难，美国的月亮也不一定那么好，他们是建立在一个矛盾更多更大的基础上的。

3月1日

［纲　文］　**中共中央电贺挪威共产党第九次代表大会召开。**

3月1日

［纲　文］　**周恩来电贺摩洛哥独立纪念日。**

3月1日

［纲　文］　**中国农业科学院成立。**

［目　文］　成立大会在北京举行，来自全国各地的农业科学家200多人参加了大会。全苏列宁农业科学院副院长亚历山斯基院士以及在农业部、农垦部、北京农业大学、北京农业机械化学院工作的苏联专家应邀参加了大会。农业部部长廖鲁言致开幕词，他指出：

农业科学院的任务是更有领导、有计划地组织农业科学研究工作的力量，更好地为促进中国社会主义农业经济的发展服务。他要求农业科学家们以现代的科学方法，将中国劳动农民几千年来在生产实践中不断创造和长期积累起来的丰富经验，系统地加以总结，使之上升到科学理论的高度，并且将中国的农业科学遗产，系统地加以整理和提高，使中国的农业科学能够以较快的速度赶上而且超过国际水平。亚历山斯基院士在会上热烈祝贺中国农业科学院的成立，他希望苏中两国农学家更加紧密合作，为发展农业科学事业而努力。中国农业科学院院长、水稻专家丁颖向大会作了《几年来农业科学研究工作和今后的任务》的报告。2日，国务院副总理邓子恢在会上作报告。他说：农业科学院是在中国农业生产基本上完成合作化之后和正在掀起的规模更广泛、工作更加切实的新的生产高潮中成立的，具有极其重大的意义。多年来农业科学工作的成绩是很大的，农业科学机构有了很大的发展，培养了大批的科学技术人员。邓子恢指出：发展农业生产主要依靠五亿农民的积极性和创造性，但是没有科学工作者的帮助，光靠群众的积极性也是不行的。农学家们应该以发扬中国在农业生产方面极其丰富的民族遗产为主，同时引进适合于中国情况的外国先进经验，特别应该首先向苏联学习。他号召科学家和科学技术人员面向大田、面向群众，走群众路线。

3月1日

［纲　文］　**《人民日报》发表题为《大力发展养猪业》的社论。**

［目　文］　社论指出，中共中央和国务院发出了《关于发展养猪生产的决定》。各级党政领导机关和有关部门，应该立即帮助全国各地的农业生产合作社和个体农民，认真地贯彻执行这个决定，使养猪业有进一步的发展。发展养猪业有许多好处。首先，多养猪才能多积肥，多积肥才能多收粮食。凡是养猪较多的地方，肥料问题就容易解决，农作物的单位面积产量也会提高。同时，养猪业是中国农村的重要副业，中国广大城乡人民的肉食消费中以猪肉所占的比重为最大。如果不大量发展养猪，就会影响农民的收入和城乡人民肉食的供应。社论强调，生猪的收购价格必须调整，以保证农业社和农民养猪在正常饲养管理的情况下，都能获得合理的利润。生猪收购价格提高以后，必须相应地提高城乡猪肉的销售价格，这样做是合理的。主管生猪经营的部门，除了要认真做好这次提高收购价格的有关工作以外，必须在各级党和政府的统一领导下，配合主管生猪生产的部门，大力促进生猪生产的发展。各级农业部门和各地农村工作人员，应当更具体地帮助农业社安排生猪生产，加强对生猪饲养工作的领导，加强防治疫病和药物供应的工作，帮助农业社妥善地解决饲料问题。社论最后说：农业社在修订或制定本年的农副业增产计划时，对于养猪工作，必须认真地在整个计划中做好安排。各级党政组织应该监督有关部门，迅速拟定具体实施方案，及时检查，以保证中共中央和国务院的决定迅速地顺利地贯彻执行。

3月1日

［纲　文］　**中国和民主德国在北京签订技术科学合作议定书。**

［目　文］　根据《议定书》规定，中国供给德意志民主共和国有关纺织、食品、冶

金、农业、采煤、医药等方面的技术资料，并且与德方共同研究养羊和获取羊毛的技术；同时接受德方的专家到中国来考察陶瓷及造纸工业等。议定书规定德意志民主共和国供给中国有关光学仪器、机床、印刷机械、客货船、化工、纺织、造纸、铁道、建筑机械、大型变压器及特种玻璃等制造技术资料，并且派遣人造纤维、光学仪器及水文仪器等专家到中国进行技术援助。同时，接受中国专家和实习生到德意志民主共和国有关企业进行考察和实习。两国相应的某些科学研究机构也建立直接联系，以便促进科学研究工作的互相交流和合作。

3月2日

［纲　文］　**国务院发出《关于防止农村人口盲目外流的补充指示》。**

［目　文］　《指示》指出，1956年12月20日国务院发布的《关于防止农村人口盲目外流的指示》，各地正在贯彻，工作有了一定进展。但是不少地区农村人口盲目外流的现象不仅没有得到制止，并且有些地区还日趋严重。外流的人员中多数是青壮年，而且有乡、社干部和党团员，致使当地农业生产的开展和农业社的巩固受到严重影响，使流入地区的社会秩序发生了某些混乱，给他们增加了工作上的困难；同时也给少数地主、富农、反革命分子造成了潜逃外地、混入厂矿的空隙。如果不立即采取有效措施，迅速制止农民盲目外流，农业生产势将受到更大的损失，工作则更加被动。为了切实做好这一工作，除应继续贯彻国务院1956年12月30日发布的指示外，还应着重做好下述几项工作：一、结合当前的春耕生产或灾区的生产救灾等中心工作，对农民盲目外流的情况普遍进行一次检查。同时应通过各种会议、活动，宣传防止农民盲目外流的政策，向农民说明本年基建任务缩减，各地无法安置的情况，如果盲目外出，不仅使个人生活招致困难，并且也会妨碍即将开始的农业生产，减少下半年的收入。二、在外出农民流经较多的交通中心（如徐州、郑州、西安、天津等地），应设立劝阻站。由当地政府、铁道部门和流出地区政府共同抽派干部，负责劝阻和及时遣送外流农民回乡。三、在农民流入较多的城市，应设立专门机构负责外流农民的处理和遣送工作。除少数确实已投靠亲友或已就业安家的可以留居当地外，其余流落外地的农民应一律遣返原籍。外流农民较多地区，应派遣干部，携带旅费，前往接领。四、对遣送返乡的灾民，应予以妥善的安置，对其中生活有困难的，应予以适当的救济。对劳动力和骨干分子外流过多，组织已经涣散的农业生产合作社，县、乡人民委员会应派出干部协助整顿，迅速做好春耕准备，使返乡的农民立即投入生产。

3月2日

［纲　文］　**国务院批转邮电部《关于召开第六次全国邮电工作会议的报告》。**

［目　文］　《报告》说，1956年生产财务计划完成107.5%，上缴利润计划完成114.5%，基建计划国家投资8942万元全部完成。邮电网路有很大发展，邮电局所达2.1万多个，长途电信线路58万条公里，市内电话达59万门，有61%的乡通了电话。但在工作中一度产生了冒进情绪，提出的报刊发行计划偏高，推行农业社邮递员制度的要求偏

急，县内电话建设也要求过快，以致器材供不上，建设质量不好。1957年邮电工作必须从加强基层邮电企业的领导着手，进一步加强业务技术管理和经济管理，精简机构，厉行节约，改进基建工作，加强少数民族地区邮电业务，提高干部的政治、业务水平。

3月2日

［纲　文］　**国务院批转中央机要交通局拟定的《机要交通组织与工作总则》。**

［目　文］　《总则》规定，国务院设中央机要交通局，省级设局或站。中央机要交通局对省局、站在业务上实行统一领导。其任务是传递中央与省、省与省之间的绝密文件。

3月2日

［纲　文］　**商业部召集全国民族贸易处长座谈会。**

［目　文］　会议检查了民族地区贸易工作，1956年的收购总值比1951年增加6倍，销售总值比1951年增加8倍。会议还讨论了少数民族特殊需要商品的经营、少数民族商业干部的培养，以及民族贸易专管机构的工作等问题。

3月2日

［纲　文］　**青年团中央、全国青联、全国学联联合发出纪念亚非学生反殖民主义日的通知。**

［目　文］　通知要求各地青年团和青联、学联组织适当地组织各种活动，来纪念4月24日亚非学生反殖民主义日。通知说：1956年在印度尼西亚万隆举行的亚非学生会议决议，把每年4月24日（即1955年万隆亚非会议的闭幕日）作为亚非学生反殖民主义日。亚非学生会议以来，亚非青年和学生在亚非会议的“万隆精神”启示下，加强了合作和团结。越来越多的亚非青年和学生参加了反帝爱国的斗争，成为民族独立运动中的一支力量。通知要求，中国青年在纪念4月24日亚非学生反殖民主义日的时候，应当更加关心亚非各国和世界上一切被压迫民族青年的生活和斗争，加强和他们的团结，并以自己在社会主义建设岗位上的实际行动，来支持他们的正义斗争。各地在这次纪念活动中应对青年进行一次国际主义和爱国主义的教育，着重揭露帝国主义对殖民地和落后国家人民和青年的残酷压榨和剥削的事实，同时介绍被压迫国家人民和青年的艰难处境和他们所进行的英勇斗争。

3月2日

［纲　文］　**在京西藏人士向毛泽东、周恩来等拜藏历新年。**

［目　文］　本日是藏历火鸡年①元旦。晚8时，身着节日盛装的在京藏族人士来到中南海勤政殿，向毛泽东、周恩来等拜藏历新年。他们当中有西藏参观团的官员，西藏青

---

①　火鸡年，藏历纪年。藏历采用干支纪年，以“阴阳”与“木、火、土、金、水”五行相配代替十干，以十二生肖（鼠、牛、虎、兔、龙、蛇、马、羊、猴、鸡、狗、猪）代替十二支，再以十干和十二支相配成，如阳木鼠年、阴木牛年等。以此计算，1957年是藏历阴火鸡年，也称火鸡年。

年参观团的负责人，出席全国工商联第二届会员代表大会的西藏代表和西藏的青年代表，达赖驻京办事处和班禅[①]驻京办事处的处长，以及西藏歌舞团的负责人。毛泽东和周恩来等站在大厅中央迎接他们。西藏人士向毛泽东、周恩来和在场的领导人员一一献哈达，毛泽东和周恩来向他们一一回敬哈达。

3月2日

［纲　文］　**毛泽东、周恩来等接见贵州各民族参观团和内蒙古参观团的全体团员。**

3月2日

［纲　文］　**卫生部发布《关于1957年流行性乙型脑炎防治工作的通知》。**

［目　文］　《通知》指出，1956年全国流行性乙型脑炎的发病数字已超过历年来的发病人数。造成病例增多的原因，主要是未能积极开展防治工作。有的地方群众性的灭蚊工作几乎未动，直至脑炎流行高潮，尚未根据疫情发展情况进行必要的措施；有的地方工作开展过迟；同时，在一些城市地区，脑炎疫苗预防接种工作也未很好开展。为了做好1957年的脑炎防治工作，特提出下列几点：一、全面开展灭蚊工作。经验证明，全面彻底地开展灭蚊工作，是可以防止脑炎的扩大流行和降低发病率的，因此，必须结合生产和爱国卫生运动及除四害等工作，早期开展群众性的灭蚊工作。二、做好脑炎疫苗预防接种工作：在脑炎流行季节前一至二月内，应重点做好脑炎预防接种工作，使体内产生抗体。接种前应注意体格检查，避免发生不良反应。三、加强临床治疗工作：中西医密切配合，加强对病人的护理治疗，是减低脑炎病死率的可靠保证。各地应在脑炎流行季节前组织中西医务人员进行治疗经验的总结和学习，使中西医务人员能够掌握治疗脑炎方法，以降低脑炎病死率。四、经验证明，在脑炎流行季节前做好灭蚊工作和预防注射工作，能够防止脑炎扩大流行并收到降低发病率的显著成绩，因此，希望各地特别重视，及时做好准备工作，训练必要的人员，组织力量，在流行季节前，想尽一切办法，做好各样预防工作。

3月3—7日

［纲　文］　**中国政府特使聂荣臻应邀参加加纳独立庆典。**

［目　文］　3日，聂荣臻及随员抵达加纳首都阿克拉，在机场上受到加纳贸易和劳工部长科佐·博齐约、不管部长[②]伊杜塞以及其他政府领导人的欢迎。聂荣臻在机场致词，感谢加纳政府的邀请和对他的欢迎。他说，中国人民一向对加纳人民争取民族独立的斗争怀着深厚的同情，在加纳庆祝独立典礼的时候，中国特使给加纳带来了中国人民的热烈祝贺和最高敬意。当晚，加纳总理恩克鲁玛在国家大厦接见了聂荣臻。7日，

① 班禅，即十世班禅额尔德尼·确吉坚赞（1938—1989），藏族，青海循化人，西藏宗教领袖之一，时任政协全国委员会副主席。

② 不管部长即政府中不专管某一部事务的部长级官员，亦有称为不管部大臣、国务大臣、无任所相等的。在实行内阁制的国家，不管部长通常是内阁成员，出席内阁会议，参与政府决策，承办内阁会议或政府首脑交办的特殊重要事务。

聂荣臻离开加纳回国。回国前夕在加纳电台发表广播演说，对加纳的独立表示祝贺，同时祝愿加纳人民在巩固独立、谋求自己国家的发展和繁荣、加强同各国间的友好合作以及维护亚非地区和世界和平的事业中，不断取得新的成就。6日，《人民日报》发表社论《祝贺加纳独立》。

3月3日

［纲　文］　**中国第一座遥远测量水电站——北京西郊模式口水电站开始向北京送电。**

［目　文］　水电站建在石景山区模式口村外，利用永定河引水河道上的落差发电。模式口水电站1956年1月18日开工兴建，经过9个月的施工，全部水工建筑和机电安装工程在同年9月底完成。永定河引水工程放水后，水电站各项工程进行冲水试验和机组试运转。经过一星期的时间，水电站完成20多项试验鉴定，工程质量完全达到设计标准要求。

3月4日

［纲　文］　**高教部发布《关于高等学校暂停试行国家考试的通知》。**

［目　文］　《通知》指出：据上年部分高等学校试行国家考试条例草案的结果，有些学校虽获得了一定的成绩，但因参与的毕业生多，校外主考人员难以聘请，又耗时太多，继续推行此办法确有很大困难，勉强执行会产生形式主义的流弊。为此，决定1957年暂时停止试行国家考试条例草案，各校可沿用原有的毕业考试办法来检查毕业生学业程度。已作毕业设计或毕业论文的学生，是否要进行答辩或采用其他办法来评定成绩，各校可根据学生人数和可能组织的人力等具体条件自行办理。至于国家考试今后究应如何进行，待研究后再作决定。

3月4—9日

［纲　文］　**教育部召开培养与提高高等师范学校师资座谈会。**

［目　文］　会议初步总结了高等师范学校师资的培养与提高工作，讨论今后的工作方针和具体措施，布置1957年度的培养任务。4月16日，教育部将座谈会的报告转发全国各高等师范学校，要求各校采取有效措施，改进工作，并强调：开展科学研究工作是培养提高师资、提高教学质量的根本办法，各校应重视。对助教的培养，应以在职培养为主，加强对助教的政治思想教育工作。对一小部分不适于高等学校工作的助教，有必要考虑调整工作。

3月4日

［纲　文］　**卫生部发布《关于加强预防接种工作的通知》。**

［目　文］　《通知》指出，在开展各种预防接种工作中，应用生物制品，是防治烈性传染病措施不可缺少的一个重要环节。几年来，由于大力推行了预防接种工作，对于控制或消灭传染病，起到了一定的作用。但就全国来说，预防接种工作还未被很好地重视起来，开展还不够普遍。个别的省、直辖市卫生主管单位，往往忽视了预防接种工作，认为

预防接种工作是一件可有可无的工作。有些水灾地区连续有二三年的白喉流行，也没有很好地应用行之有效的白喉类毒素预防注射；也有些省、直辖市在脑炎、百日咳、麻疹、伤寒、痢疾等病的预防工作中忽视了预防接种的作用，以致不能控制这些疾病的流行。另外，也有些地方错误地认为大中城市没有天花流行而不想再普种或按年龄种痘了；在沿海及国防边境地区，片面地认为几年来没有霍乱发生而不愿再注射霍乱菌苗；有的过去是鼠疫疫区的省，由于近两年没有发生鼠疫就不愿再进行鼠疫的预防工作。上述这些问题是严重的，必须引起全国各省、自治区、直辖市卫生部门的注意。为了有效地控制与消灭各种危害人民健康的传染病，除了加强各种卫生管理，改善环境卫生，加强检疫等一般措施外，还必须大力的开展各种预防接种工作，以增强人体免疫力。各省、自治区、直辖市卫生厅、局应加强对预防接种工作的组织领导，以保证防疫工作任务的完成。

3月5、6、8、9日

［纲　文］　**中共中央书记处召开西藏工作会议。**

［目　文］　邓小平主持会议，中央有关部门负责人和中共西藏工委负责人参加。会议听取了西藏工委书记张经武关于西藏工作的汇报。邓小平发表讲话，他指出：所有中央机关在西藏增减机构和人员不能自作主张，一切权力由西藏工委负责，包括企业在内。西藏工委要集中力量做上层统战工作。在西藏，分别左中右，以是否爱国为标准，不能以土改为标准。我们是依靠左派，争取中间派，对右派也要做工作。西藏的经济建设，发展项目，根据西藏的需要定。西藏至少六年内不实行民主改革。这个方针是毛主席提出、经过中央政治局常委多次讨论才决定的。不改革的主要原因是西藏现在不具备改革的条件，即使实行了改革，经济建设等一系列工作也跟不上，多用钱也办不了好事。同时，就国际关系来说，暂不改革，也有利于争取若干年的和平环境从事建设。中央对西藏的领导实行党政军一元化领导，有关西藏的所有财政、人事、经济建设问题，一律交由西藏工委负责。西藏工委直接受中央领导，中央各部门没有给西藏工委发指示的权力。在谈到西康地区民主改革问题时，邓小平指出：同意四川省委的方针，坚决改，不能收，没有理由收，也收不了。改就真改，真改也是和平改革。方针是发动群众，上层协商。在谈到西康民主改革后的民族关系和民族干部培养问题时，邓小平指出：民族关系要经常注意。改革之后，基础更好了，但如果大汉族主义横行，工作还是不能做好。民族干部要年年增加。干部民族化是方针，但一要积极，二不要搞形式，主要看对民族地区各项事业发展是否有利。要提倡县级民族干部学习汉语。

3月5—20日

［纲　文］　**政协第二届全国委员会第三次全体会议在北京召开。**

［目　文］　出席会议的委员共有621人。中华人民共和国主席、中国人民政治协商会议全国委员会名誉主席毛泽东出席了会议开幕式。会议期间，全国政协主席、国务院总理周恩来作了《关于访问亚洲和欧洲十一国的报告》、《中缅边界问题的报告》，副主席陈

叔通[1]作了《政协常务委员会工作报告》和《政协全国委员会学习委员会关于工商业者短期讲习班工作的总结报告》，陈云对增产节约问题作了发言。会议通过了《政协第二届全国委员会第三次全体会议的政治决议》，同意毛泽东在扩大的最高国务会议上所作的《关于正确处理人民内部矛盾问题的报告》及周恩来《关于访问亚洲和欧洲十一国的报告》。会议还通过了《关于常务委员会工作报告的决议》、《关于增产节约问题的决议》、《关于提案审查的决议》。会议期间，政协全国委员会召集广西籍各界人士举行会议，协商建立广西壮族自治区的问题。周恩来主持会议，会议一致赞成建立省一级壮族自治区。3月21日，《人民日报》发表社论：《贯彻人民政协的新精神》。

3月5日

［纲　文］　**周恩来在政协全国委员会上作《关于访问非洲和欧洲十一国的报告》。**

［目　文］　报告说：中国政府一向重视各国之间的相互友好访问，特别是各国领导人员之间的接触对于和缓国际紧张局势和加强各国的相互了解和信任所起的重要作用。从1956年11月18日到1957年2月5日，中国政府代表团对越南、柬埔寨、印度、缅甸、巴基斯坦、苏联、波兰、匈牙利、阿富汗、尼泊尔、锡兰11国进行了友好访问，达到了预期的目的。报告阐明：社会主义国家一贯主张社会制度不同的国家应该和平共处；由各国人民选择自己的政治制度；民族主义国家的和平中立政策应当受到尊重；殖民地人民民族独立的愿望应该得到实现。在谈到中美关系时说："中国人民是愿意同美国人民友好的。但是，中美关系长期没有能够得到改善，责任并不在我们方面。正是美国政府利用中美间的国际争端作为制造远东紧张局势中的一环，阻挠着中美关系的改善。""为了改进中美关系，中国方面曾经作了一系列的努力。"但是，"这一切都没有从美国方面得到应有的反应"。我们愿意通过和平谈判解决中美之间的国际争端，但是，我们维护国家主权和解放台湾的决心是不可动摇的。中国人民将继续为世界和平和人类进步的事业作出坚持不懈的努力。

3月5日

［纲　文］　**国务院同意将安徽省休宁县的扎源乡划归浙江省领导。**

3月5—29日

［纲　文］　**国务院第四办公室和纺织工业部、轻工业部、食品工业部联合召开全国公私合营工业改造座谈会。**

［目　文］　会议首先研究了公私合营工厂开展增产节约运动问题，认为1956年合营工厂在生产改组、改造工作上都取得了很大成绩，这些成绩将有利于克服1957年生产上原料不足等困难。会议指出：为了适应增产节约的要求，有些工厂应该适当调整劳动组织和经营方式。在增产节约运动中，必须特别注意保证和提高产品质量，重视安全生产，节

---

① 陈叔通（1876—1966），名敬第，浙江杭州人，实业家，时任全国人大常委会副委员长、政协全国委员会副主席、全国工商联第一届执行委员会主任委员。

约生产管理费用。在加强合营工厂的管理方面，会议研究后认为，除了在合营工厂内贯彻群众路线，依靠群众办好企业外，对大中城市的工厂应当进行分类管理。针对企业管理上存在的报表多、会议多、手续繁等问题，会议具体研究了精简报表、会议、组织机构和明确规定工厂的权限等问题。会议确定，1957年公私合营工业的主要任务是以开展增产节约运动、搞好生产为中心，进一步改进企业的管理工作和改组工作并继续加强对私方人员的改造。

3月5日

［纲　文］　**教育部发布《关于1957年学校体育工作的几点意见的通知》**。

［目　文］　《通知》说：1957年1月，国家体委和教育部召开了全国体育工作会议，讨论了学校体育的几个问题，取得一致的认识，并作出了一些原则性的决定。根据教育部1956年所发的《关于改进小学体育工作的指示》和《关于中学、师范学校体育的几个问题的指示》精神，以及这次会议共同作出的决定，提出下列几点意见，供执行时参考。一、关于学校体育工作的领导。学校体育工作应由教育行政部门统一领导，体育运动委员会负指导、配分、监督的责任。二、关于试行体育教学大纲，提高教学质量。国家体育教学大纲草案试行以来，一般学校已按照教学大纲有计划地来进行教学，但有一部分学校还缺少必要的场地或设备。对于这样的学校，应当尽量设法利用邻近的公共体育场、空地以及场地较大的学校和利用代用品的办法来克服条件不足的困难。如果一时实在没有办法解决，可暂不教授这部分教材。三、关于课外体育活动。中小学生的身体正在迅速发育，除了体育课外，还需要一定的课外体育活动来巩固体育课的学习，锻炼身体，满足和培养他们对各种运动的爱好，加深和扩大体育的知识和技能。四、关于劳卫制。原则上凡能够按照国家体育教学大纲草案的主要教材进行教学的学校，即可以推行劳卫制。各省、市、自治区教育厅、局可根据所属学校的具体情况决定。五、关于运动竞赛。中小学生除了一般的课外体育活动外，还需要适当地开展校内和校外的各种运动竞赛，以鼓舞学生从事各种运动的兴趣，提高他们的运动技术水平。六、关于体育经费。体育教师的进修、体育专业会议、印发体育参考资料和举办学生运动竞赛等费用，可在教师进修轮训费及其他教育事业费项内编列预算；体育设备购置费和消耗性体育用品，可根据1957年财政部国家预算收支科目中教育支出各目主要分节科目的规定，在第八目第一节教学设备及第十一目第一节教学及实验费内编列预算。

3月5日

［纲　文］　**毛泽东和周恩来分别电贺柬埔寨国王寿辰及柬埔寨国庆，周恩来电贺加纳独立**。

3月5日

［纲　文］　**《人民日报》发表题为《应该适当地节制生育》的社论**。

［目　文］　社论说：中国是全世界人口最多的国家。在世界上的一切事物中，人是最宝贵的。在共产党领导下，中国六万万人民已经创造了许多伟大的奇迹。由于中国人民

政治地位的根本改变，经济、文化、卫生等条件的大大改善，人口的增殖率也提高了。几年以来，我国的人口每年大约增长2.2%左右，超过世界上别的一切国家。同时，我国的工业生产平均每年增长10%左右，农业生产平均每年增长5%左右。这是很高的经济发展速度。正是由于我国的工农业比我国人口增长得更要迅速，保证了我国人民生活仍然能够逐年有所改善。但是，如果人口增长得慢一些，那么，人民生活的改善就会更快一些，这是很明显的道理。在这种情况下，我们主张在全国范围内，除了人口特别稀少的少数民族地区以外，都应该适当地提倡节制生育。这不但适合每个家庭和每一个人的当前利益，而且也适合国家的社会主义建设和人民的长远利益。对应该怎样节制生育，社论提出两点：第一，应该改变早婚的习惯。第二，推广避孕方法。社论最后说：节制生育是人民群众自己的事情，也是国家的事情。我们应当积极地宣传和提倡，普遍地说明节制生育的积极意义，普遍地正确地传播男女生理常识，广泛地介绍简便、有效的避孕方法，充分地供应价廉、可靠的避孕工具。在这些工作中不容许任何强迫命令。

3月6—13日

［纲　文］　**中国共产党全国宣传工作会议在北京召开。**

［目　文］　参加会议的有党内外思想文化工作者800余人。召开此会的目的在于传达和贯彻毛泽东《关于正确处理人民内部矛盾的问题》的讲话，讨论知识分子问题、整风问题、加强党的思想工作问题以及“百花齐放，百家争鸣”方针等问题。会议传达和讨论了毛泽东《关于正确处理人民内部矛盾的问题》的讲话。12日，毛泽东在会议上发表讲话，主要内容有8点：第一点，社会的大变动；第二点，关于我国知识分子的情况；第三点，知识分子的改造问题；第四点，知识分子同工农群众结合的问题；第五点，关于整风；第六点，片面性问题；第七点，“放”还是“收”？这是个方针问题；第八点，各省、市、自治区党委应该把思想问题抓起来。毛泽东的讲话着重谈了知识分子的状况，认为我国500万知识分子中，绝大多数都是爱国的，只有极少数知识分子对我们社会主义制度的国家抱着敌对情绪。指出对知识分子要好好团结他们，知识分子要改造自己的世界观；国家机关工作人员、文学家、艺术家、教员和科学研究人员，都应该尽可能地利用各种机会去接近工农群众。毛泽东在讲话中宣布：中共中央作出决定，党内在本年开始整风，主要是批评主观主义、官僚主义、宗派主义。他指出：“百花齐放，百家争鸣”是一个基本性的同时也是一个长期的方针，不是一个暂时性的方针，不能收，只能放。并且提出：我们现在思想战线上的一个重要任务，就是要开展对修正主义的批判。

3月6日

［纲　文］　**毛泽东电复班禅额尔德尼。**

［目　文］　复电全文如下。亲爱的班禅额尔德尼：你从印度回到日喀则时给我拍来的电报和火鸡年元旦给我的贺电，我都收到了，谢谢你的祝贺。这次你和达赖喇嘛去印度参加释迦牟尼涅槃2500年纪念会，在加强中印友谊方面作出了有益的贡献。祝你在新的

一年内在西藏地区各项工作上取得新的成就，祝你身体健康。

3月6日

［纲　文］　**内务部发出《关于自愿报考军事学校学员的家属应享受军属优待的通知》**。

3月6日

［纲　文］　**铁道部发布《铁道部标准化工作条例》**。

［目　文］　《条例》规定制订标准时应遵循的原则是：制订标准化工作应在调查分析、科学研究或实验工作的基础上审慎进行；标准化应考虑到制造方面、使用方面的要求和国民经济利益；标准化工作应在可能条件下，注意提高部件和产品质量，同时并注意到生产技术和经济效果；专业标准中的指标，如已有国家标准指标时，应符合国家标准指标。《条例》还规定铁路部门标准化工作的主要任务是：制订有关铁路建筑技术装备等标准；使结构或部件逐步达到统一化和标准化，减少紧固零件和附件的类型；制订铁路专用材料、燃料、油脂等标准；制订铁路专用的符号和科学技术术语标准。

3月6日

［纲　文］　**食品工业部、全国供销总社联合发布《关于进一步加强野生植物油脂油料收购工作的指示》**。

［目　文］　《指示》指出：野生植物油料对为国家增加新的油源，供应工业需要，以及支持农业生产，增加农民收入等都具有重要意义。为此特提出如下意见：一、各地供销合作社应将发掘、收购和利用野生植物油脂油料作为一项重要工作，切实加以重视。在1957年内，各地应根据具体情况，必须有重点地做好三至五种主要野生植物油料的收购工作（如华北、西北地区的苍耳子等）。具体品种，各地供销合作社和工业部门可协商研究确定。至于其他野生植物油料，各地应根据需要与可能，尽力有计划地开展收购，以扩大油源。二、根据野生植物油料分散零星、加工技术较复杂的特点，为便于加工和利用，在收购方式上，供销合作社有力量加工经营的地区或品种，原则上由供销合作社自营；而供销合作社确无加工力量不能自营的地区或品种，可为工业部门代购。生产的油脂应尽先供应当地工业部门需要，如当地销售确有困难时，应报请上级主管部门协助解决，不可因此而影响这一工作的继续开展。三、野生植物油料的加工技术是较复杂的，各地应以工业部门为主，配合有关部门加强加工技术的研究和指导，及时地总结经验，加以推广，以提高各种野生植物油料的出油率和降低成本，为国家增加更多的油源。四、我国各地野生植物油料是十分丰富的。为了逐步地将这些有价值的物资充分地利用起来，各地供销合作社和工业部门应将发掘新油源当做一项经常的工作，双方密切结合，进行调查研究和化验、试验等工作，凡经化验明确用途并有收购价值的产品，都应有计划地开展收购。如当地不能化验的产品，可报请上级主管部门帮助解决。

3月6日

［纲　文］　**中国和捷克斯洛伐克在布拉格签订1957年换货和付款协定**。

［目　文］　根据新的协定，1957 年中捷两国的贸易额将比 1956 年有所增长。中国供应捷克斯洛伐克矿产品、皮张、麻类、丝绸、茶叶及其他工业原料和生活必需品等。捷克斯洛伐克供应中国蒸气站设备、各种钢材和钢板、切削机床、焊接机器、农业机械、钢轨、机器用油、化学产品等。代表中国方面签字的是中华人民共和国政府贸易代表团团长、外贸部副部长孔原。代表捷克斯洛伐克方面签字的是捷克斯洛伐克共和国政府贸易代表团团长、外贸部第一副部长奥托·科佐尔。

3 月 7 日

［纲　文］　**中共中央发出《关于检查朝、越实习生工作的指示》。**

［目　文］　《指示》对检查朝鲜、越南来华实习生的有关问题做了具体的规定。

［文　献］　**中共中央关于检查朝、越实习生工作的指示**

北京、上海、天津市委，辽宁、吉林、黑龙江、河北、河南、山东、山西、江苏、陕西、四川、江西、湖北、湖南、安徽、广东、浙江省委：

去年朝鲜、越南政府又先后派遣三、五一四名实习生（朝鲜二、九九六名、越南五一八名）来我国进行生产技术实习，已分配在冶金、一机、铁道等二十八个部门所属的二三〇余个厂矿实习。分布的地区有三个直辖市、十六个省、五十余城市。实习期限大部分为一年，约于今年十月前后结束。

为了了解各厂矿企业关于接待和培训这些实习生的工作情况和存在的问题，以进一步改进关于实习生的工作，中央认为有必要进行一次普遍地检查。除责成国务院各主管部门进行重点检查外，请各省、市委也在今年三、四月份对所属地区各工矿企业中的朝、越实习生工作，参照一九五五年十月中央转发中央书记处第四办公室“关于外国实习生、留学生工作汇报会议向中央的报告”，进行一次检查，并研究和提出改进工作的意见。检查的重点应该是：有关单位的领导上是否重视此项工作，在实际工作中是否有大国主义的思想和作法，对实习生进行政治思想教育工作的情况和经验，实习计划能否完成，实习生在学习上、生活上存在着那些问题等。检查的结果望于今年四月底前报告中央。

中　央

一九五七年三月七日

资料来源：中央档案馆馆藏档案。

3 月 7 日

［纲　文］　**国务院同意并批转商业部《关于呢绒的产供情况和提价意见的报告》。**

［目　文］　《报告》说：自 1955 年第 3 季度以来，呢绒供应极为紧张。为此曾在当

年9月间提价4.89%，并自1956年起进一步采取了重点供应办法。目前呢绒外销价是各种工业品出口价格中最为有利的一项，而呢绒在国内仅为极少数人的消费品，因此可再较大幅度提高国内销价，以缓和内销紧张情况，支持出口。提价的具体意见：纯毛呢绒提高25%左右，混纺（含毛70%—75%）提价15%左右，总水平提高23.45%，调整后平均每米售价提高4.09元。但出厂价不提高，提价收入由商业部门上缴。

3月7—19日

［纲　文］　**农业部召开全国农业生产合作社经营管理会议。**

［目　文］　会议明确了勤俭办社和民主办社是农业社经营管理的基本方针；认为恰当地安排好生产和做好劳动规划及财务管理工作又是勤俭办社、发展生产的重要环节。会议要求各地依照这一精神根据优先发展粮食生产，同时发展其他多种经营的方针来全面部署农业生产。在制订劳动规划时，既要注意农业与副业、集体生产与家庭副业的统筹安排，也要注意农业生产与基本建设计划性，同时在劳动力的组织和使用上，不但要注意做到季节的平衡，还要注意做到全年的平衡，以便有步骤有计划地来进行生产建设。对农业社的基本建设问题，会议认为要尽量利用农业社本身的人力、物力和财力来进行，并且要求尽快得到效益，以便培养再投资的能力。关于贯彻民主办社的问题，会议认为全部经营管理工作都必须在民主的基础上进行，同时勤俭办社离开了发扬社内民主也是不可能的。会议还要求各地要经常加强对农业社社员的政治思想工作，以便逐步消除社员与集体、先进与落后（保守）的矛盾，不断提高他们的觉悟，更好地来发展社会主义农业。16日，国务院副总理邓子恢在会上作报告，着重说明民主办社的道理。他说：农业社的性质是农民集体所有制，它不同于一般为全民所有的国营农场企业等生产组织。农业社的生产经营是应该用民主的管理方法来进行领导的；同时，从领导方法上来说，也应该贯彻从群众中来，到群众中去的领导方法，如果领导与群众不结合，或结合得不好，那么干部就会犯主观主义、包办代替、脱离群众的错误，甚至还会贪污腐化和蜕化变质。从发展生产增加收入来说，更需要依靠社员群众的集体智慧和集体劳动。只有调动广大社员群众的生产积极性和创造性，加上上级组织的指导和科学家、技术员的帮助，才能把社办好。关于民主办社的内容问题，邓子恢说，首先要作好长远的生产规划与当年的生产规划，这些规划的制订，必须根据国家、农业社和社员的需要和合作社所具备的可能条件，同时，国家计划还必须与农业社经营的独立性结合。为了使生产规划切实可行，就必须通过和老年农民商量，吸取他们的有益的意见，并召开干部会、社员大会或社员代表会来讨论审定。此外，邓子恢还谈到了合作社的财务工作、领导干部的工作作风、农业社的规模大小、农业社发展多种经营和团结中农等问题。

3月7日

［纲　文］　**毛泽东和天津、山东、江苏等七个省、市教育厅、局长座谈中小学教育问题。**

［目　文］　参加会议的有文化部副部长钱俊瑞、中宣部副部长张际春、教育部副部长董纯才及与会各省、市教育厅（局）负责人。毛泽东在谈话中提出：全国统一的教学计

划和教材是否合适？江苏和湖南情况就不一样。“戴帽子”（小学附设初中班）这种办法还是好办法，先进经验。农民子女就近上学方便，将来毕业后好回家生产。课程不要那么多、那么高，要砍掉一半，只要入门就行了。要加强政治思想教育，每个省要有一个宣传部长，一个教育厅长管思想教育工作，要抓思想领导。初中、高中加政治课，编政治课本。教材要减轻，课程要减少，古典文学要减少。教材要有地方性，应当增加一些地方乡土教材。农业课本要由本省编。讲点乡土文学。讲自然科学也是一样。省、地、县三级第一书记要管教育，不管教育的现象是不容许的。关于社办、民办学校问题，毛泽东指出，有条件的，应该允许办，并表示同意厂矿、企业、机关办学。

3月7日

［纲　文］　**教育部发布《关于初级中学增设农业基础知识课的通知》**。

［目　文］　《通知》说：在初中毕业生多数不能升学而主要是参加农业生产劳动的情况下，初中三年级可以增设农业基础知识课，以使学生在学过生物知识的基础上，进一步获得比较系统的农业知识与技能，培养参加农业生产劳动的兴趣。这个问题，各地教育行政主管部门可根据学校所在地区与学生的来源（农村）以及其他必要的条件（师资、教材等）加以考虑，如果认为有必要与可能增设农业基础知识课时，在取得当地人民委员会同意后，即可增设。授课的内容，各地可参照初级中学实验园地实习教学大纲草案的精神，结合当地农业生产的情况进行讲授。在以畜牧业为主的地区，可讲授与本地区最主要的家畜有关的知识。同时，要适当地照顾知识的系统性与学生的接受能力。授课时数，原则上以每周二课时为宜，可利用实习课的时间进行。

3月7日

［纲　文］　**中国敦煌艺术展览会在布拉格开幕**。

3月8日

［纲　文］　**中共中央批转二机部党组《关于总结并吸取第一个五年建设计划执行中的经验教训的报告》**。

［目　文］　中央批示说：中央原则同意二机部党组2月12日的报告，特发给各部党组。从基本建设项目的方案和设计中来研究和总结基本建设的经验，既能使我国社会主义的建设适合于中国的经济需要，也能大大地节约基本建设的投资，贯彻执行勤俭建国的方针。各部党组应组织专门小组检查和研究国外、国内设计的重大项目，对已建成的项目的检查可吸取经验教训，对尚未建成的项目应慎重研究，适当修改设计。二机部的报告说：在过去四年的基本建设工作中，虽然根据中央号召节约的精神采取了若干措施以防止浪费，但是，从第一个五年计划少数项目已基本建成的情况看来，特别是通过生产实践所反映出来的若干问题看来，二机部几年来的节约工作还没有完全抓住节约的根子，即建厂方案与设计的问题。二机部在报告中还介绍了该部对某些工厂进行的关于改建方案与设计问题的检查情况，分析了暴露出的浪费问题，并提出改进的方案。

3月8日

［纲　文］　**教育部发出《关于扫除文盲工作的通知》。**

［目　文］　《通知》指出：几年来，扫除文盲工作往往发生消极保守或急躁冒进的现象，1956年又出现了一些消极松懈的现象。为了正确地指导这一工作，《通知》提出：一、扫除文盲工作应按照工农群众的条件，分期分批进行。二、扫除文盲的期限，各地应根据实际情况规定。《中共中央、国务院关于扫除文盲的决定》中所提出的要求是：2年到3年扫除机关干部中的文盲；3年或5年扫除工厂、矿山、企业职工中的文盲；5年或7年基本上扫除农村和城市居民中的文盲。这些要求如果执行起来仍有困难，就应在上述时期内，着重扫除40岁以下的青壮年文盲。在40岁以下的文盲中，一般要求，扫除工人文盲的85%左右；扫除农民、市民、手工业合作社社员文盲的80%左右；干部中的文盲，除少数有特殊情况的人以外，都应该扫除。三、对条件不同的文盲应该区别对待。四、在文盲参加识字教育的时期内，对他们的学习时间必须作很好的安排。五、学习组织必须根据因时、因地、因人制宜的原则，采用多种多样的形式，使各种不同的群众都能进行学习。六、各地扫除文盲工作，必须在各省、市党委和人民委员会统一领导下进行。

3月8日

［纲　文］　**中蒙两国文化代表团在乌兰巴托签订1957年文化合作计划。**

［目　文］　根据计划，两国间为了相互交流经验，拟互派文化、科学、作家和艺术代表团，并且进一步发展科学、国民教育、卫生、电影和广播方面的合作关系。代表团还就两国文化合作与远景规划交换了意见。

3月8日

［纲　文］　**中国和阿尔巴尼亚两国在北京签订两个议定书。**

［目　文］　两个议定书分别是《中阿两国政府关于1957年换货和付款的议定书》及《阿尔巴尼亚人民共和国政府1957年使用中华人民共和国政府的贷款和无偿援助款项的议定书》。中华人民共和国外贸部部长叶季壮[①]，阿尔巴尼亚人民共和国政府贸易代表团团长、贸易部部长基·恩杰拉，分别代表本国政府签字。

3月8日

［纲　文］　**周恩来接见印度驻华大使拉·库·尼赫鲁。**

［目　文］　周恩来说：印度政府避免使亚非国家造成严重的对立是正确的。印巴之间真正的武装冲突不至于发生。中国的态度是不赞成把克什米尔问题提到联合国。

3月8日

［纲　文］　**首都各界妇女举行纪念三八国际妇女节大会。**

［目　文］　大会在首都剧场举行，各界妇女1200多人参加。全国妇联主席蔡畅[②]、

① 叶季壮（1893—1967），原名叶毓年，广东新兴人，时任外贸部部长、国务院五办副主任。

② 蔡畅（1900—1990），女，湖南湘乡（今双峰）人，时任全国人大常委会委员、全国妇联主席。

北京市副市长张友渔和夫人等出席大会。各国驻华使节和外交官的夫人、女外交官，以及在北京的外国女专家和专家的夫人也出席了大会。北京市妇联主席张晓梅致开会辞并报告上年北京市妇女各方面的成就。全国妇联副主席许广平也发表讲话，她号召全国妇女响应党和政府增产节约的号召，勤俭建国，勤俭治家，争取做社会主义建设的积极分子。她还就避孕和晚婚的问题发表了意见。捷克斯洛伐克驻中国大使格里哥尔的夫人应邀讲话。外国驻华使节夫人向大会献花篮。大会结束后，中央歌舞团表演了歌舞节目。

3月9日

［纲　文］　**中共中央、国务院发布《关于捷总理西罗基、波总理西伦凯维兹、苏最高苏维埃主席团伏罗希洛夫主席访华的通知》。**

［目　文］　《通知》说：社会主义各国关系中，团结合作一向是主要的、基本的。但是，过去一年来情况的发展，特别是波匈事件，集中地暴露出社会主义各国的关系中，过去并非一切都是正常的。帝国主义侵略集团总是企图利用这些缺点和错误在社会主义国家内进行挑拨和颠覆活动。苏联根据1956年10月30日宣言的精神，进一步调整了它同社会主义国家的关系，加强了社会主义阵营的团结。上年我国《再论无产阶级专政的历史经验》一文的发表和周恩来总理去苏、波、匈的访问，对于澄清某些混乱思想，加强社会主义国家的团结也起了促进作用。这次三个社会主义国家领导人员相继访问我国的目的，就是本着加强团结的精神进一步发展和巩固同我国的友好关系，并借此机会了解我国社会主义建设事业和社会主义改造事业的情况和经验。在目前形势下，我们热诚接待这3个兄弟国家领导人员和他们率领的代表团访问，就具有特别重要的政治意义。因此，各地和各有关单位应该本着隆重热烈、诚恳亲切和朴素大方的方针做好这次接待工作，并且注意加强政治方面的准备工作和新闻宣传工作。接待中应注意：各地被参观单位都应本着诚恳谦虚和实事求是的精神介绍情况和交换意见；尽可能减少不必要的大型集体活动，多让代表团人员有机会同我国工人、农民和其他方面代表人物进行无拘束的直接接触；新闻宣传和报道方面应该充分体现接待方针，力求生动活泼，迅速及时；宴会要亲切活泼，不宜太多或过分丰盛；送礼要适当，有意义，不必过多过重；除对对方领导人员或代表团团长表示充分的尊重以外，对代表团一般团员和工作人员也应该有足够的照顾，不使感觉冷淡；各地和各单位负责同志同代表团接触时，如果双方意见遇有分歧，应该本着求同存异精神暂予保留，避免陷入争论。

3月9日

［纲　文］　**陈云在全国政协二届三次会议上就市场状况和增产节约问题发言。**

［目　文］　陈云指出：1956年下半年有不少物资供应状况比较紧张，第一类是肉类和副食品；第二类是一些日用品，如自行车、纸张、棉布、呢绒、皮鞋、毛线、收音机等；第三类是生产资料，如生铁、钢材、木材、水泥等。其中除猪肉外，绝大部分物资的产量1956年都比1955年有较大幅度提高。之所以供应紧张，主要是由于1956年的社会

购买力有很大增长，超过了物资增长的程度。而社会购买力增长的原因，在于这一年基本建设投资、工资总额、农业贷款增长得特别多。这三项支出绝大部分是必要的和用得适当的，但也有一小部分是可以少支出或者不支出的。目前，这种紧张正在发生变化，而且，几个月后就会改变。发言还说明了1957年开展增产节约运动的重要意义和进行增产节约的途径。

3月10—25日

［纲　文］　**第二届全国民间音乐舞蹈会演在北京举行。**

［目　文］　参加会演的有27个代表团，约1100人，表演了近300个音乐舞蹈节目。这次会演主要是为了发掘和继承民间艺术的优秀遗产，丰富群众艺术活动节目，并了解农业合作化以后农村群众业余艺术活动开展的新面貌。1956年9月，文化部、国家民委、全国总工会、青年团中央四个单位联合发出关于举行第二届全国民间音乐舞蹈会演的通知，各省、自治区、直辖市随即展开筹备工作。各地并分别举行乡、区、省的会演，最后选拔出优秀节目和人才，组成代表团来京参加会演。25日，会演闭幕。文化部副部长刘芝明在闭幕式上所作的讲话中，给予这次会演以很高的评价。他说：参加会演的节目，内容健康朴素，形式活泼多样，基本上继承了我国民族、民间艺术的优秀传统。这次会演比1953年举行的第一届全国民间音乐舞蹈会演大会已有很大提高，这也说明了几年来各地群众业余艺术活动有了进一步的开展；在发掘整理民族、民间艺术工作上有了新的成就。他要求参加会演的代表们回去以后，作当地群众艺术活动的积极分子，使人民群众的文化生活更加丰富起来。国家民委副主任萨空了也在闭幕式上讲话，希望各民族人民共同为创造社会主义的民族的新文化努力。参加会演的演员代表徐淑英也讲了话。27日下午，中共中央领导人周恩来、朱德等接见了参加第二届全国民间音乐舞蹈会演的演员。

3月11日

［纲　文］　**中共中央批转国家统计局党组《关于改进统计机构的报告》。**

［目　文］　批示指出：几年来统计机构和统计工作的建立是完全需要，而且是有成绩的。统计机构今后应当独立存在，但应适当地精简。国家统计局党组应于本年上半年总结过去几年统计工作的经验，认真研究统计工作和统计方法的改善，提出结合中国实际情况的改进办法，报告中央。国家统计局党组在2月25日的《报告》中说：国家统计局近接黑龙江、湖北、福建、北京等省、市报告，准备将省市统计局并入计委，征求我们意见。为此，特召集若干省市统计局长来京座谈，研究统计工作任务。并据以考虑统计机构的组织形式，结果如下：一、据各省市报告，统计局的合并问题主要是统计局自己提出来的，各省市委认为尚须慎重考虑。二、讨论中我们认为，统计工作在社会主义建设中的重要性是不容怀疑的，社会主义经济是计划经济，国民经济的计划管理显然不能没有统计工作。今后应当继续加强统计工作，而非削弱统计工作。三、过去我们过分强调统计工作的

垂直领导是错误的，不适合我国的具体情况，但统计工作的有些方面必须集中统一。例如：全国的统计核算制度必须统一；主要统计报表必须统一管理，保证指标统一，口径一致；全国性的抽样调查必须统一布置，保证所获得资料能够汇总。今后统计工作仍应当保持一定程度的集中统一，那种把统计工作完全交给业务部门和地方去分散管理的想法是不对的。四、根据以上认识，把统计工作拆散了，分别合并到计委各专业局处的办法，我们认为利少害多。各省市统计局必须保证完成国家统计局所布置的统计任务。合并省市统计局的问题，需要慎重考虑。五、最近国家统计局精减了一部分的统计报表和指标，特别是停止了月报的汇总，计算工作有所减轻。建议在精简统计机构的时候，对过去工作进行检查，废除一切不必要的报表。先把任务确定下来，根据任务来决定机构编制，保证在精简机构以后仍能完成必要的统计任务。此外，关于统计工作的原则、方法和指标，根据几年来的经验证明，确实有许多值得重新研究之处（如工业总产值、劳动生产率、企业利润等指标的计算方法，经研究后均有问题）。但是这不仅是统计指标和统计方法问题，而且也牵涉到计划指标和统计方法问题。因此我们正在总结过去的统计工作经验，并与计委、经委共同研究符合中国实际情况的计划、统计方法，待研究清楚后再报请中央审查。

3 月 11 日

［纲　文］　**国务院发布通知，文史研究馆符定一馆长因病长期不能工作，请叶恭绰[①]副馆长代理馆长职务。**

3 月 11 日

［纲　文］　**公安部、林业部发布《关于加强护林防火工作的通知》。**

［目　文］　《通知》指出：以往全国各地的护林防火工作，由于各级党政的重视和广大林区人民的支持，取得了一定成绩。但由于工作方法一般化，缺乏具体布置和深入检查，有些地区护林工作没有与农业生产密切结合，特别在撤区并乡和农业合作化高潮以后，不少地区的基层护林防火组织已被打乱，新的组织又未建立起来，形成基层护林防火工作无人负责现象。由于烧垦烧荒、烧灰积肥、烧牧场，烧炭、林区群众任意弄火以及反革命分子纵火等原因引起的森林火灾仍很严重。不仅使国家森林资源受到巨大损失，而且大量动员林区农民和职工扑火，也严重影响了工农企业生产。因此，各林区、半林区和新造林地区的各级林业和公安部门，必须密切配合，把护林防火视为保卫国家生产建设的一项重要任务，共同做好以下工作：一、依靠群众开展护林防火工作是我们的基本方针。要加强宣传教育工作，向林区干部和群众深入宣传护林防火的重要意义、政策法令和防火常识，以提高他们的护林积极性。二、各地除了必须切实督促有关部门继续贯彻林业部、公安部、农业部 1956 年 3 月 15 日发布的有关严格执行烧荒规定，防止森林火灾的联合通知外，还应深入动员农民，尽量以其他方法代替生产用火，并广泛开辟肥源，提倡以沤肥、堆肥等办法改变烧灰积肥习惯，以杜绝因生产用火而引起的山林火灾。三、随着农业合作

---

① 叶恭绰(1881—1968)，广东番禺人，书画家、收藏家、政治活动家、全国政协常委，时任中央文史研究馆副馆长。

社开展多种经营，各地入山搞副业生产的群众大量增加，在很大程度上增加了山林火灾，因此，必须加强组织领导，建立切实可行的入山管理制度，以防止进山群众任意弄火，造成火灾。在林区进行烧炭、烧石灰、烧砖瓦等生产时，应远离林木，做好防火戒备，以防跑火成灾。四、为防止反革命分子和坏分子纵火烧山，必须加强林区治安保卫工作。五、每年春秋两季，因群众上坟烧纸，以及进入山林或城市郊区游览任意生火、扔烟头等，也是引起山林火灾的重要原因之一。因此，各地必须通过说服教育，动员群众上坟不烧纸，或以挂纸、植树等办法代替；如果必须上坟烧纸，亦应事先做好戒备，事后要将余火彻底熄灭，保证不引起山火。对于进入山林或城市郊区园林游览的群众，除应事先进行防火教育外，还必须订立防火制度。六、在发生山火以后，应该大力协助当地政府，动员一切可能动员的力量，迅速扑救山火；同时应立即追查起火原因，根据法律程序，严肃处理山火案件。

3月11—25日

［纲　文］　**电机制造工业部举行厂长会议。**

［目　文］　会议拟订了电机制造工业部本年的生产计划和增产节约措施计划，并且要求各工业企业在本年大力加强工艺工作，认为这是改变企业生产的落后状况、完成本年生产计划和增产节约措施计划的一个主要环节。会议强调，要完成本年生产计划和增产节约任务，必须改变企业工艺工作落后的状况。工艺工作落后的原因，是企业原有基础落后，有些单位对这一工作重视不够、经验不足。会议指出：正确制定和贯彻工艺规程，是加强工艺工作的首要环节。此外，加强工艺装备的设计、制造和管理工作，对做好工艺工作也有极大的重要性。为了做好工艺工作，还必须健全工艺工作机构和为生产服务的其他技术机构，加强技术检查工作和设备的维护、保养、修理工作，还要加强计划、科学试验研究、劳动工资、新产品试制、经济核算、技术安全劳动保护等项工作。会议对加强新厂的生产准备工作、改进领导作风等问题，也作了讨论，并且拟订了具体措施。

3月11日

［纲　文］　**周恩来接见由日中文化交流协会常任理事、日本著名电影导演牛原虚彦为团长的日本电影界访华代表团。**

3月12日

［纲　文］　**中宣部批复文化部党组《关于增加报刊接受刊登外商商品广告的意见的请示报告》。**

［目　文］　中宣部的批复说：同意文化部党组再增加《大公报》和《冶金设计》、《有色金属》等19种杂志接受刊登外商商品广告的意见，以及在具体做法上向各报刊所提的注意之点。2月7日，文化部党组向中宣部提出《关于增加报刊接受刊登外商商品广告的意见的请示报告》。报告说：根据中宣部的指示，文化部曾先后规定《北京日报》、《解放日报》、《新闻日报》、《南方日报》、《天津日报》五种报纸和《中国工业》、《机械制

造》、《电世界》、《化学世界》、《染化》、《大众医学》六种杂志可以接受刊登外商广告，其他报刊不接受刊登。但据大公报社反映，该社不断收到日本、英国、法国等国的工商企业和广告公司来信，要求在该报上刊登商品广告。遭到拒绝后表示不理解，要求重新考虑，他们提出苏联和东欧社会主义国家的报纸均已开始刊登资本主义国家的商品广告。此外，机械工业和冶金工业等出版社也接到民主德国广告公司要求在有关刊物刊登广告的来信。文化部经研究后认为，随着国际贸易的发展，外商要求在中国报刊上刊登商品广告也日益增多，已有的五种报纸和六种杂志实不能适应国际往来的需要。此外，在报刊上刊载国外商品的纯商业性的广告，一般不会发生政治上的问题，相反却有利于我们对国外新技术的了解和采用。因此，拟再增加大公报一种报纸和《冶金设计》、《有色金属》等19种杂志接受刊登外商商品广告。为了避免发生问题，在具体做法上，文化部提出以下几点，请各报刊注意：一、各报刊社只在外商要求刊登商品广告时，考虑是否刊登，不主动向国外兜揽广告。在接受刊登外商广告中，如遇有疑问或难于解决的问题，应与当地对外贸易机关或文化行政机关联系解决。二、接受刊登外商广告以后，寄送样本的办法是：原规定可以出口的报刊，可以主动将完整的一份报纸或杂志寄送对方；原规定不能出口者，一般采取剪报方式将样张寄送对方，但对方提出需要完整的一份报纸或杂志作为样本时，也可将完整的一份报纸或杂志寄送对方。三、可以接受刊登外商广告的杂志，如遇有外商要求刊登不适合本刊专业的商品广告时，可转请接受刊登外商广告的有关报刊考虑，或将可以刊登外商广告并适合刊登该项广告的有关报刊介绍给对方。4月1日，根据中宣部的批复，文化部发出《关于在报刊上刊登外商广告事项的补充规定》，将上述事项通知各相关报社和杂志社。

3月12日

［纲　文］　**毛泽东电贺吴温貌出任缅甸联邦总统。**

3月12日

［纲　文］　**内务部、国家经委、商业部、化学工业部、食品工业部、中央手工业管理局、全国供销总社联合发布《关于解决烈属、军属、残废军人、贫民生产原料困难问题的通知》。**

［目　文］　《通知》指出：1956年下半年尤其是第四季度以来，由烈属、军属、残废军人和贫民组织起来的生产单位中，发生了原料供应不足的现象，严重的甚至断绝了原料供应，处于停工待料状态。这些单位的生产是救济福利性的生产，它的目的主要是解决这部分人的生活问题。如果使他们的生产停顿，则他们的生活不但完全需要政府来救济，而且可能使他们流落街头，在政治上将要产生不好影响。为了适当地解决这个问题，《通知》提出：一、民政部门组织的烈属、军属、残废军人和贫民生产，地方各有关部门包括计划部门要给予必要的支持，对原料供应和产品销路，也应给予合理的统筹安排。其主要产品产量应该纳入地方工业及手工业的生产计划中，由当地计划委员会和有关工商业部门妥善安排。二、对原料已发生困难的这类生产单位，应由民政部门主动与有关部门联系，设法帮助他们加以适当解决。三、1957年民政部门在组织这些单位生产时，应先充分估计

到原料的来源，原料来源确有困难的生产可不再组织。对于国家工业建设急需而目前又缺乏的某些主要原料，不可能照顾到这些生产单位时，民政部门不要组织需要这些原料的生产。其已经组织的，应在有关部门协助下，设法采用代用品或改行从事其他生产。

3月12日

［纲　文］　**民革中央与社会各界纪念孙中山逝世32周年。**

［目　文］　上午10时，民革中央副主席蔡廷锴[①]、张治中[②]以及常务委员和各部负责人40多人，前往北京香山碧云寺孙中山纪念堂向孙中山先生像敬献花圈，并且默哀致敬。同日，江苏省和南京市各界人士拜谒中山陵，上海市各界人士前往中山故居瞻仰并敬献花圈。

3月13日

［纲　文］　**中共中央发出《关于转发“内务部党组关于安置复员军人工作的报告”的指示》。**

［目　文］　《指示》说，中央同意内务部党组关于安置复员军人工作的报告。认为报告中所反映复员安置工作中发生的问题是值得特别注意的，所提解决问题的各项意见是正确的，特予转发，望研究执行。至于民政部门的编制问题，各省市可根据情形自行处理。2月27日，内务部党组向中共中央报送《关于安置复员军人工作的报告》。

［文　献］　**中共中央关于转发“内务部党组关于安置复员军人工作的报告”的指示**

（一九五七年三月十三日）

上海局，各省、市、自治区党委，中央各部、委，国家机关各党组，军委各部门，各大军区党委：

中央同意内务部党组关于安置复员军人工作的报告。认为报告中所反映复员安置工作中发生的问题是值得特别注意的，所提解决问题的各项意见是正确的，特予转发，望研究执行。至于民政部门的编制问题，各省市可根据情形自行处理。

复员军人是一批值得宝贵的积极力量，不仅应当把他们安置在适当的生产或工作岗位上，而且更重要的还应当保持和发挥他们的积极性，很好地依靠和使用他们，使他们成为工作或生产中的骨干。几年来，已经复员的约五〇〇万和今年即将复员的七十余万复员军人中，绝大多数是志愿兵，党、团员占很大比例，他们大多数经

---

① 蔡廷锴（1892—1968），广东罗定人，时任全国人大常委会委员、国防委员会委员、国家体委副主任、民革中央副主席。

② 张治中（1890—1969），安徽巢湖人，时任国防委员会副主席、民革中央副主席。

过战争的考验，有着较高的政治觉悟，而且又编入了预备役。不但在和平建设中应该很好地依靠和使用他们，而且在国家一旦有事的时候更需要依靠他们作骨干，以便迅速壮大国防力量。几年来，安置复员军人的工作是有很大成绩的，不但使绝大部分复员军人各得其所，而且大批地培养他们成为生产战线上的模范人物和积极分子。但是，目前在复员安置工作中还存在不少缺点和比较严重的问题，因而引起一些复员军人和人民群众不满。复员军人闹事事件已在各地不断发生，今年新接收的复员任务又比较繁重。如果我们的工作不能迅速加以改进，就有可能使这批积极力量不但不能完全发挥积极作用，反会产生某些消极作用。因此，必须使全党充分地认识做好安置复员军人工作、发挥复员军人积极作用的重大政治意义。一切轻视、歧视复员军人的观点，以及在工作中不妥善安置复员军人，不关心复员军人困难的解决，不加强对复员军人的政治思想教育，都是完全错误的，必须切实加以纠正。各级党委必须重视复员军人安置工作，加强领导，采取有效措施，定期检查，及时解决工作中的问题。

抓紧做好农村复员安置工作，使在农村的复员军人安心于农业生产，这是目前复员安置工作中的主要方面。当然，对城市的复员安置工作也决不允许忽视。但是，只有做好农村的复员安置工作，才算解决了多数复员军人的问题，也才能使农村复员军人不致流向城市，增加城市安置工作的困难。因此，对于目前不愿意回农村和已安置在农村、不愿意从事农业生产而流向城市的一部分复员军人，必须经过充分的思想教育工作，说服他们回到农村去，在农业生产岗位上固定下来，并且争取成为农业生产战线上的积极分子。只要把思想教育工作做得充分，应该相信是完全可以说服他们的。因为既然我们能够动员他们去从事艰苦的战斗生活，不怕流血牺牲，为什么不可能教育他们回到农村从事劳动生产，同农民群众一起建设社会主义的新农村呢？这就要求军队的政治机关、地方党委和政府的有关部门，把有关复员工作中的问题、社会主义建设中工业生产和农业生产的关系、个人利益和集体利益的关系、复员后可能遇到的困难和克服困难的办法以及如何联系群众、团结基层干部等等方面的道理，在军人复员前后，针对他们的思想状况，通过适当的形式，反复地、经常地向他们讲解清楚。

少数复员军人闹事，已经发生过多次，今后也难以完全避免，必须有所准备。闹事原因大半是因工作没有做好，复员军人确有困难没有得到解决，或者没有进行必要的政治思想工作，向他们把上述道理讲清楚；也有的是因为被少数落后分子，甚至个别坏分子所鼓动或利用。因此，要减少或防止闹事，就必须切实做好工作，解决这些方面的问题。如果已经闹起来，要分析事件发生的原因，辨别是非。处理的原则是：我们工作中的缺点，要纠正；应该解决的问题，要负责解决；不可能解决的问题，要说明不能解决的理由；如果他们有错误，也要进行适当的批评。在处理方法上，应该坚决采取群众工作的方法，即说明情况，讲清道理，提出问题，展开讨论，借以教育群众，争取多数，孤立个别坏人。对闹事的人，除个别证据确凿，并为现行犯（如行凶杀人）外，一律不准逮捕。复员军人闹事，其性质是属于人民内部问题，不是敌我问题。因此解决的原则，只能适用解决人民内部问题的原则。

农村基层干部中，应当有一部分是复员军人中的优秀分子，这对于做好农村工作和团结教育全体复员军人都有好处。各级党委应当把这作为一个重要政策来执行。目前有不少地方在这方面已经做得很好，但有些地方不愿意在基层组织中使用复员军人，甚至有打击、排斥复员军人的错误行为，有的复员军人因为被打击、被排斥或者因为婚姻纠纷、生活困难等问题得不到公平合理的解决而逼得自杀，造成了很坏的影响，这是完全不允许的，必须迅速纠正。对于逼害复员军人的案件，必须根据法律迅速处理。

此件可登党刊。

中　央

一九五七年三月十三日

资料来源：中央档案馆馆藏档案。

3月13日

［纲　文］　**国务院批准内蒙古自治区关于借用蒙古国牧场的中蒙会谈纪要。**

［目　文］　同意在雪灾严重，牲畜不能如期返回时，请蒙方允许延期至5月末返回。纪要的主要内容是，蒙古乔巴山省同意将四段牧场从1957年1月至4月底，借给内蒙古呼伦贝尔盟，作为35万头牲畜冬春牧场。

3月13日

［纲　文］　**周恩来接见缅甸驻华大使吴拉茂和印度尼西亚驻华大使维约普拉诺托。**

［目　文］　周恩来接见吴拉茂时说：关于中缅边界问题，中国提出的建议和两国的联合公报，中国人民代表大会代表和政协委员有一些意见，因此，不可能在这次吴努逗留昆明期间签订协定。中国将坚持按过去建议和公报的原则解决中缅边界问题，现在是需要进行说服和解释工作。接见维约普拉诺托时说：万隆精神最大的表现是在埃及事件中，亚非国家团结一致，反对英法对埃及的侵略。这是万隆会议以来最大的成功。对于维约普拉诺托提出的问题，周恩来回答说：准备第二次亚非会议的前提是第一次参加的国家都能到会，而且还要有更多的国家，如果参加的国家数目可能少，那就宁可等一下。要能解决更多的问题，这样才能有利于团结，而不要成为吵架的场所。关于议程，可以讨论如何实施上次亚非会议所通过的促进世界和平和合作宣言中的10点，还可以谈如何加强亚非团结的问题。

3月13—30日

［纲　文］　**第二次全国党的监察工作会议在北京举行。**

［目　文］　各省、市、自治区和六个省属市以及中央国家机关、解放军党的监委书记和副书记等49人出席会议。会议根据中国共产党第八次全国代表大会和毛泽东在最高国务会议上讲话的精神，检查总结了1956年党的监察工作，分析研究了党内违反党纪的情况，确定了1957年党的监察工作的任务。会议首先听了毛泽东在最高国务会议上讲话的录音，并联系各地工作的情况进行了讨论。在讨论中大家一致认为，1956年各地监委先后传达了中央监委召开的第一次全国党的监察工作会议、工矿交通基本建设部门党的监察工作座谈会和案件审查处理工作座谈会的决议和精神，批判了当时党内普遍存在的在执行党纪上的右倾保守思想和某种程度的惩办主义作风，这对全党同志是一次深刻的纪律教育，也提高了监察干部的政策思想水平。同时通过对这些会议的传达，还鼓励了广大党员、群众同违法乱纪行为作斗争的积极性，从而揭发了大批违反党纪的案件。对于这些违反党纪的案件，各地监委在当地党委的领导之下，一般都按照党的“严肃谨慎、区别对待”的方针作了认真的处理。1956年党的监察工作是有成绩的，基本上执行了党对待党内错误的方针。那种认为党的监察工作违背了“八大”精神，犯了惩办主义错误的说法，是没有根据的。会议同时认为，由于部分监察干部还存在着主观主义和官僚主义的不良作风，因而也有部分案件处理得不正确。但是，工作中的这些偏差和错误只是个别的、少数的，同工作中的成绩比较起来，只占次要地位。会议要求各地监委本着实事求是和严肃负责的精神，通过对工作的检查总结，个别地、有重点地对案件进行复查，检查纠正工作中的偏差和错误。

会议认为，1957年党的监察工作的重点应当放在以下几个方面：反对官僚主义、命令主义和违法乱纪行为；反对贪污盗窃、腐化堕落、弄虚作假、欺骗隐瞒行为；反对压制民主、打击报复、争权夺利、破坏党的团结的行为。会议认为，为了进一步做好党的监察工作，正确执行处理党内错误的“严肃谨慎、区别对待”的方针，必须组织监察干部进一步学习党的“八大”文件，特别是其中有关党的监察工作的部分，彻底弄清党的监察工作的方针和任务；必须组织监察干部学习马克思列宁主义的哲学，克服思想上的主观性和片面性；必须加强对基层党组织监察工作的指导，并广泛地在党内开展纪律教育；必须进一步在监察机关中执行集体领导和个人负责相结合的制度，提倡领导干部经常深入实际、调查研究、检查巡视工作，反对个人决定重大问题，反对仅凭会议汇报来指导工作和处理案件的官僚主义作风。

3月14日

［纲　文］　**中共中央发出《关于宗教工作党内归口问题的通知》。**

［目　文］　《通知》说，为了统一管理宗教工作，中央决定，有关天主教、基督教和佛教、道教、伊斯兰教的工作，在党内统一由各级党委统战部门主管（在政府内统一由各级宗教事务部门掌管），宣传、公安、外交、青年团、妇联等有关部门加以协助，并保

留党的宗教工作委员会，继续协助党委研究有关宗教工作的政策，统一宗教工作步调。各地党委统战部和政府宗教事务部门没有专人掌管宗教工作，或专人过少，无力完成工作任务，应当本着精简原则，适当予以补充。

［文　献］　**中共中央关于宗教工作党内归口问题的通知**

上海局、各省、市、自治区党委：

自一九五五年十月中央批准“国务院宗教事务局党组关于宗教工作的领导关系、组织机构和国务院宗教事务局业务范围的意见的报告”以来，根据各地宗教事务部门反映，宗教工作在党委没有一个主管部门，很难保证党委对宗教工作的具体领导，而宗教事务部门不少工作须经党委批示和决定者，亦因党委没有主管部门，工作很感不便，因此要求宗教工作在党委统一领导下应当有一个归口的地方，以利工作。现在天主教、基督教内的帝国主义势力和天主教、基督教、佛教、道教、伊斯兰教中的反革命分子已基本肃清，今后应当加强对宗教界人士的统战工作，搞好团结，以便调动宗教界的力量为社会主义建设事业服务。为了统一管理宗教工作，中央决定，今后有关天主教、基督教和佛教、道教、伊斯兰教的工作，在党内统一由各级党委统战部门主管（在政府内统一由各级宗教事务部门掌管），宣传、公安、外交、青年团、妇联等有关部门加以协助，并保留党的宗教工作委员会，继续协助党委研究有关宗教工作的政策，统一宗教工作步调。各地党委统战部和政府宗教事务部门没有专人掌管宗教工作，或专人过少，无力完成工作任务，应当本精简原则，适当予以补充的，由各省、市、自治区党委自行决定。

中　央

一九五七年三月十四日

资料来源：中央档案馆馆藏档案。

3月14日

［纲　文］　**国务院发出《关于处理建筑业中多余的临时工人问题的通知》。**

［目　文］　《通知》指出：国务院于1月26日发出关于《在建筑业中迅速停止增加固定工人和在旧历年以前根据工作量停止预约临时工人预约合同的通知》后，有关部门已着手处理多余的临时工人和停止了增加固定工人的工作。据北京市反映，有些家在农村的临时工人，因为在农村没有户口买不到口粮，在春节期间回家后，有一部分临时工人又进城来要求工作。家在城市的临时工人，解雇后有一部分就业有困难。此外，有些建筑公司对自己本年的建筑安装工作任务的安排还不清楚，怕将来任务多了再找临时工有困难，任务少了将来处理有困难，进退两难。为了更好地处理多余的临时工人，特作如下通知：一、各部门处理临时工的时候，应当首先处理家在农村的临时工人，以便他们能赶上春季

生产。对于解除合同的临时工人回乡的时候，必须同所在市人民委员会公安机关办好转移户口手续。有些在城市没有户口的临时工，回乡时也要由市的公安机关给予证明。回乡临时工人所在的县、乡人民委员会对于持有上述户口转移或证明文件的回乡临时工，应当负责解决他们的户口转移问题和购粮问题，并且负责地安排他们在农业生产合作社内参加生产，使他们能够安于农村，不再流向城市。二、在处理家在城市的多余的临时工人的时候，应该适当地注意他们是否有其他生活出路，可先辞去那些有其他生活出路的人，逐步做到将不需要的临时工全部辞退。三、各有关部门应该按现在基本建设投资的安排，迅速安排施工单位的任务，以便他们及早处理多余的临时工人。

3月14日

［纲　文］　**教育部、内务部、国务院人事局发出《关于学校幼儿园教职员工退休时工作年限计算和退休金的发放问题的批复》。**

［目　文］　《批复》指出：学校是国家机关所属事业费开支单位，工作人员退休手续和退休金开支与国家机关工作人员相同。

3月14日

［纲　文］　**交通部发布《中华人民共和国对外国籍船舶进出港口管理办法》。**

［目　文］　《办法》共14条，对外国籍船舶进出中华人民共和国港口所涉及的手续办理、号帜悬挂、检验等问题作出规定。

［文　献］　**中华人民共和国对外国籍船舶进出港口管理办法**

第一条　外国籍船舶进出中华人民共和国港口，除应遵守中华人民共和国暂行海关法和其他有关法规外，应遵守本办法。

本办法所称的港口，是指中华人民共和国交通部核准外国籍船舶进出的中国港口。

第二条　外国籍船舶船长应当在船舶预定到达目的港一星期前（或在出发港口开航前）将预定到达目的港的时间、船舶到港前后吃水、载货数量和载客人数，通过船舶在港代理人，向当地港务管理机关办理进口手续。并在到达目的港二十四小时前，将准确到港时间通过船舶在港代理人报告当地港务管理机关。

第三条　外国籍船舶进出港口，应当悬挂各项规定号帜，白昼应当悬挂船舶所属国籍的国旗。

第四条　外国籍船舶进出港口，应当依照国境卫生检疫规章，由检疫机关施行检疫。

第五条　外国籍船舶，非经港务管理机关指派引水员引领，不得擅自进出港口或在港内航行或移泊。

第六条　外国籍船舶进出港口，应当依照进出口船舶船员旅客行李检查暂行通则通则的规定，由当地港务管理机关和有关检查机关进行检查。

第七条 外国籍船舶进入港口后，船长应当将船上所存武器弹药和本款第二项所列物品的名称、数量，向港务管理机关申报，并遵守下列规定：

一、武器弹药予以封存。

二、无线电发报机、报话机、雷达、无线电测向仪、无线电测深仪、六分仪、火箭信号、火焰信号、信号炮禁止在港内使用。

船舶在遇险或发送意外紧急通知时，可以启用前款第二项所列物品，但在启用后，应当立即向当地港务管理机关提出报告。

第八条 外国籍船舶进入港口停泊后，船长应当填具外国籍船舶进口报告书、船员清单、旅客清单和船舶进口载货清单等，交港务管理机关审核；同时呈验船舶国籍证书、航海日志、机仓日志和其他船舶证书。

外国籍船舶出港口前，船长应填具外国籍船舶出口报告书、船员更动报告单（无变动的免送）、旅客清单、船舶出口载货清单等送请港务管理机关审核，办理出口手续。

第九条 外国籍船舶船员，在各有关机关进行检查完毕后，如需登陆，可向边防检查机关请领船员登陆证。

第十条 外国籍船舶的旅客或船员不准在港内摄影或绘图。

第十一条 外国籍船舶进出港口或在港内移泊时，除在引水员的同意和监督下进行锤测外，不准另行测深。

第十二条 外国籍船舶在中国沿海发生海事时，船长应当在到港后四十八小时内，向当地港务管理机关提出海事报告；如果在港内发生海事，应当立即提出海事报告。

第十三条 外国籍船舶有下列一种情况时，当地港务管理机关可以禁止船舶出港：

一、违反船舶证件、船舶适航状态、船舶装载、供应、装备等有关船舶安全技术条件的规定或其他法规的规定。

二、未缴付下列各款项：

1. 各项港口费用。

2. 因违反法规而应交的罚款。

3. 损坏海港工程建筑、航道标志或港内其他财产的赔偿费。

外国籍船舶对于未缴付的款项，如果已经提出适当担保品足以抵付时，可以放行。

第十四条 本办法经国务院批准由交通部发布施行。交通部 1952 年 5 月 20 日发布的“外籍轮船进出口管理暂行办法”同时废止。

资料来源：1957 年 3 月 14 日《人民日报》。

3月14日

［纲　文］　**全国妇联向各级妇联组织发出《关于发动农村妇女大量养猪的通知》。**

［目　文］　《通知》中说：中共中央和国务院2月28日发出了关于发展养猪生产的决定，对于提高农民养猪生产的积极性，帮助农民克服养猪生产的困难，大量发展养猪生产将产生巨大的作用，从而也就有利于增加农业生产，改善城乡人民的肉食供应和促进国家建设事业的发展。因此各级妇联组织应当认真地宣传贯彻这个决定，充分发动妇女自觉地积极地多养猪。《通知》要求各级妇联着重进行下列三项工作：一、要向广大农村妇女说明发展养猪生产的重要意义和养猪是农村妇女的光荣责任的道理。教育妇女艰苦劳动，克服困难，发挥养猪的积极性和主动精神，自觉地多养肥猪。二、要具体地向妇女说明养猪的好处，说明多养猪既有利农民家庭，又有利城乡人民和国家建设。各级妇联要针对当地妇女群众对养猪生产的思想顾虑和实际存在的问题，进行生动的具体的宣传解释，使人人懂得养猪的好处，人人动手养肥猪。三、要经常宣传介绍养猪模范人物及模范事迹，推广她们克服困难，生产、采集和安排饲料的经验，不断地用具体事例鼓舞群众养猪的积极性，提高养猪的本领。各级妇联要善于发现和帮助群众总结经验，推广好的经验，进行具体的示范，运用群众的智慧，组织群众的力量解决可能解决的困难问题。《通知》最后说：各地妇联可以联合有关部门，选择适当的时机召开养猪积极分子会议、妇女代表会议，组织经验交流，扩大宣传养猪的好处。还可以推动协助有关部门举办养猪技术训练班，培养传授技术的骨干。运用多种多样的形式，传播群众中好的经验。

3月14—16日

［纲　文］　**中国新闻工作者代表会议在北京召开。**

［目　文］　会议正式宣布成立中华全国新闻工作者协会。会议讨论并通过了《中华全国新闻工作者协会章程》，它规定协会的工作任务是：积极组织新闻工作者学习、研究和交流工作经验；提高新闻工作者的理论水平和业务能力；开展国际新闻界同行的友好交往，增进中国新闻工作者和各国新闻工作者之间的友谊。会议还选举出了由65人组成的理事会，会长为邓拓①。中华全国新闻工作者协会的前身是1954年9月成立的中华全国新闻工作者联谊会，它是全国各省市自治区新闻工作者协会和新闻学会、各专业记者协会及其他新闻专业机构、新闻从业人员联合组成的全国性人民团体。会议还邀请中共中央书记处候补书记胡乔木出席作报告。

3月14—21日

［纲　文］　**全国总工会第七届执行委员会第五次全体会议召开。**

［目　文］　赖若愚②在会上作工作报告及会议总结。会议着重讨论了在企业中加强群众监督问题。该问题是根据中国共产党第八次全国代表大会决议，关于进一步扩大国内

① 邓拓（1912—1966），原名邓子健、邓云特，笔名马南邨，福建福州人，时任《人民日报》社社长、总编辑。

② 赖若愚（1910—1958），原名耒秉敬，山西五台人，时任全国总工会主席。

民主生活，开展反对官僚主义斗争的精神提出的。会议认为在企业中加强群众监督，就是贯彻执行党的群众路线，吸引群众参加企业管理，而召开职工代表大会则是吸引群众参加企业管理的好方法。在加强群众监督、扩大企业民主管理制度的同时，必须加强工会工作。工会各工作委员会的工作和工会小组的工作，应该与贯彻执行职工代表大会的决议结合起来，以便通过工会各工作委员会和工会小组的工作，使职工代表大会制度更加巩固。会议认为，工会要真正代表群众利益，首先在工会内部必须充分发扬民主，反对官僚主义作风，把工会工作放在群众监督之下。工会处处都要以诱导的方法在群众中进行工作，在选举活动中，不能因为保证某人当选，而采取强迫办法；工会小组会议，应该成为群众发表意见的场所；工会的财务必须公开。会议认为，在增产节约运动中，职工生活福利工作，也应该符合增产节约精神，工会应该发动群众用自己的力量来解决生活困难问题，但是，必需的生活福利设施不能因为提倡节约而削减。会议批判了某些人企图在增产节约运动中削减必不可少的生活福利设施的思想，指出这样做的结果，将会损害职工群众的生产积极性。会议决定召开中国工会第八次全国代表大会，并规定了中国工会第八次全国代表大会代表名额和选举办法。

3 月 15 日

［纲　文］　**中共中央发出《关于民主办社几个事项的通知》。**

［目　文］　《通知》指出：为着继续巩固农业合作社制度，争取今年农业的大丰收，中央认为坚持民主办社的方针是很重要的。就现在的情况来看，应该注意以下的三个主要事项：一、农业合作社要按时公开财政收支，其中包括产品的分配、在银行的存款、国家的预购款、国家的贷款和它的用途、生产资料和用具的购置、干部的补贴、社员的预支、国家救济款的处理，等等。所有这一切财政收支，都必须按时公布（有的随时公布，有的定期公布），让全体社员知道，消除社员对财政问题的疑虑。二、社和队决定问题要同群众商量。各农业合作社可以考虑组织一个技术顾问委员会，吸收有经验的老农参加，各生产队也可以考虑请本队中一个有经验的老农当顾问，以便充分利用老农的有益的合理的经验，特别是关于精耕细作、细打细收的经验。三、干部要参加生产。农业合作社的社长、副社长以及其他干部都应该利用一切可能的时间做到这点。《通知》最后说，中央认为实现上述三项措施，将会大大地改善各农业合作社干部同群众的关系，加强干部同群众的团结，促进本年农业生产的高潮。省、市、县、区、乡各级党委要根据各地合作社的具体情况，加以宣传处理，并使这些措施长期坚持下去，成为习惯。

3 月 16 日

［纲　文］　**中共中央发出《关于传达全国宣传工作会议的指示》。**

［目　文］　《指示》说：中央在 1957 年 3 月 6—13 日召开了全国宣传工作会议。这次会议吸收了党外科学、教育、文学、艺术、新闻、出版等文化人士约 160 人参加（占全

体参加人数的五分之一）。会议首先听取了毛泽东同志在最高国务会议扩大会议上所作的《正确处理人民内部矛盾问题》的报告录音。在会议期间，毛泽东同志分别和宣传、教育、文艺、新闻出版、高等学校、科学等方面的几十位党内外代表人物举行了六次座谈，并亲自向大会作了讲话。《指示》指出：民主主义革命和社会主义革命的胜利，社会主义建设事业的胜利，使我国的社会性质和社会面貌发生大变动。现在，大规模的群众行动的阶级斗争已经结束，人民内部的矛盾开始表露出来。我国有大约500万知识分子，他们可以分为三个部分：极少数是反对社会主义的，因为他们受剥削阶级的影响甚深；有少数人（大约10%左右），包括党内党外，是不但很积极地赞成社会主义制度，而且掌握了共产主义的世界观，他们是马克思主义者，是先进人物；最大部分的人，即80%以上，是愿意接受社会主义的制度，但是他们的世界观还不完全是马克思主义的。知识分子的这种情况，将会长期存在。各种不同的知识分子，表露自己不同的观点，是很自然的事情。在阶级斗争已经基本结束的时候，党中央提出了“百花齐放，百家争鸣”的政策。这个政策的目的，是用说服的方法，用自由辩论的方法，而不是用粗暴的方法，向知识分子进行长期的、耐心的、细致的马克思主义的宣传，促进我国的科学文艺在马克思主义的指导下迅速地繁荣起来。现在，党与知识分子的关系中，存在着一些不正常的状态。这种不正常状态的原因，是党内存在着两种反马克思列宁主义的思想，就是教条主义和右倾机会主义。必须在党内党外，反对这两种错误思想，反对这两种片面性，坚持“百花齐放，百家争鸣”和“长期共存，互相监督”的政策。这次宣传工作会议的一个重要经验，是党员和党外人士一起开会，这不但对于密切党员与非党员的团结有好处，对于了解情况，听取意见，讨论和研究问题，贯彻党的方针、政策，也是很有好处的。《指示》最后强调：这次会议对今后的思想工作有极重要的意义，各地必须组织深入的传达和讨论。各省（市）应该同样召开宣传工作会议，并且吸收党外的教育、文艺、科学、技术、新闻、出版界人士参加。各省（市）委的第一书记必须亲自领导思想工作，并指导会议的进行。各省（市）应该尽量吸收地县（市）委书记听取关于毛泽东同志讲话的传达报告。

3月16日

［纲　文］　**农业部发出《关于帮助农业生产合作社进行土地规划的通知》。**

［目　文］　《通知》指出：1956年全国已有280多个合作社进行了土地规划的试点工作，取得了土地规划的初步经验。为了全面地进行农业社的土地规划工作，各省（市）在1957年内应继续选择有代表性的农业生产合作社进行土地规划的试点工作，以便积累更多经验，为全面开展这项工作打下基础。《通知》指出：要逐步消除合作化前小农经济遗留的土地利用上种种不合理现象，充分利用土地资源，尽量发挥土地的潜力。社与社之间的插花地，在处理上必须慎重。轮作制一般不宜轻易改变。凡是进行山区生产规划、水土保持规划或农业经济区划的地方，农业合作社的土地规划，应当和本地区农业经济区划或山区生产规划、水土保持规划等结合起来进行。农业合作社土地规划工作的具体安排，包括组织力量、试点多少、干部训练等，由各省（市）厅（局）根据各省具体条件考虑

决定，并抓紧进行。农业科学研究机关对农业社的土壤调查、土壤改良、作物配置和农业经济等问题应该配合土地规划工作有计划地进行研究，并且协助进行。

3月16日

［纲　文］　**中宣部发出《关于加强中小学校毕业生劳动生产教育的通知》。**

［目　文］　《通知》指出：从事劳动生产是许多不能升学的高小和中学毕业学生的基本出路。几年来各地对于这些毕业生升学和从事劳动生产的问题，进行了许多宣传教育和组织工作，已往参加工农业劳动生产的不少高小和初中毕业生也已在自己的劳动岗位上，表现出很大的积极性，这是一个重大成绩。但是一年以来，各地对于劳动生产方面的宣传和教育有所放松，特别表现在学校经常劳动教育的薄弱。去年学校在数量上有些盲目发展，今年和以后若干年内各级学校招生数字不能不加以压缩，今年不仅有大批高小、初中毕业生不能得到升学，甚至高中毕业生亦有一部分不能升学。这应该引起各级党政的密切关怀，加强中小学生中的劳动教育。在宣传内容上，可根据1954年5月22日中宣部所制发的《关于高小和初中毕业生从事劳动生产宣传提纲》的基本精神，结合各地新的情况进行宣传，详细说明文化教育的发展必须建筑在生产发展的基础上的道理；说明国家经济力量不可能使所有的毕业生都大部或者全部得到升学。说明建设我们美好的社会主义的祖国是艰巨的创造过程，青年们在党和国家的领导下艰苦奋斗，不论升学与否都会获得结果。即令是不能升学，各方面仍然都是欢迎的。无论在农村或城市，就业的机会还是多的，应该不急不躁耐心等待，只要艰苦奋斗，努力劳动，在任何工作岗位、劳动战线上都会发挥自己的作用的。《通知》最后要求各地党委宣传部、文教部立即督促并协助有关教育行政部门、青年团组织和有关宣传机关，总结以往宣传劳动教育和组织安置的经验，制订宣传工作计划。一方面要有计划的细水长流地进行宣传教育工作，逐渐加强，不搞突击运动；另一方面也要认真严肃，防止工作中束手束脚或消极松懈的现象。

同日，《人民日报》发表题为《劳动教育必须经常化》的社论。

3月17日

［纲　文］　**毛泽东就加强学校思想政治工作问题致信周恩来、陈云、彭真①、陆定一②等人。**

［目　文］　信中提出："大学、中学都要求加强思想、政治领导和改进思想、政治教育，要削减课程，要恢复中学方面的政治课，取消宪法课，要编新的思想、政治课本，要下决心从党政系统抽调几批得力而又适宜于做学校工作的干部去大、中学校工作，要赋予高教部和教育部以领导思想政治工作的任务。"

3月17日—4月7日

［纲　文］　**毛泽东南下天津、济南、南京、上海等地，演讲如何正确处理人民内部矛盾**

① 彭真(1902—1997)，山西曲沃人，时任中共中央政治局委员兼书记处书记、中共北京市委书记、北京市市长。

② 陆定一(1906—1996)，江苏无锡人，时任中共中央政治局候补委员、中宣部部长。

的问题。

［目 文］ 17日上午10时，毛泽东乘专列离开北京，中午抵达天津，当晚在天津市党员干部会议上发表讲话。他说：过去几十年，我们党的精力主要是放在阶级斗争上。现在，阶级斗争这件工作基本上结束。因为阶级斗争基本结束而显露出来的各种东西，各种不满意，许多错误的议论，我们应该采取什么方针？我们应该采取“百花齐放，百家争鸣”的方针，在讨论中、在辩论中去解决。毛泽东又从扩大《参考消息》发行范围问题，讲到党内党外都应该受锻炼，见世面，同那些反马列主义的东西见面，以便同它作斗争，使自己发展起来。当晚，毛泽东离开天津继续南下，次日清晨抵达济南。18日晚，在山东省府大礼堂向省级机关处以上党员干部讲话。他说：去年下半年以来，我们党里头，社会上，人们的思想有一些乱，比如批评共产党的人多了，党外人士敢于讲话了，敢于讲我们党的缺点了。他分析了产生这种状况的国际国内原因，强调大规模的阶级斗争基本上结束，但资产阶级思想和无产阶级思想的斗争还将持续很长一段时间。他还在讲话中谈到了

1957年3月18日，毛泽东（中）在山东省委看整风大字报。

知识分子问题和整风问题。当晚，毛泽东乘专列继续南下，19日晨抵徐州，改乘飞机，12时到达南京。20日上午，毛泽东在南京市人民大礼堂，在江苏、安徽两省及南京军区党员干部大会上讲话。他在讲话中分析了当时所处的时代特点，展望了中国20世纪和21世纪上半叶的历史进程，分析了如何处理人民闹事的问题，如何处理敌我矛盾的问题，如何加强思想教育的方针，如何对待知识分子问题，以及“双百方针”等问题。20日下午1时，毛泽东乘飞机到达上海。5时，在上海中苏友好大厦，在上海党员干部会议上讲话。

讲话内容和南京的讲话内容大致相同，但更为系统。21日，毛泽东飞抵杭州。在杭州，毛泽东先后听取了薄一波关于1957年国民经济计划的汇报，李先念关于1956年度财政收支情况和1957年度财政预算的汇报。4月4—6日，毛泽东连续三天在南屏游泳池召集会议，听取上海、江苏、浙江、福建、安徽4省1市关于思想动态的汇报。4月7日，毛泽东返回北京。

3月17—26日

［纲 文］ **政协二届全国委员会邀请来京的广西代表、委员协商广西建立自治区的问题。**

［目 文］ 来自广西省代表团全体人员、广西籍政协委员和有关的政协委员及在北京、上海、广州、武汉、长春等地工作的广西籍人士共91人（到会82人），就建立广西壮族自治区问题进行协商和讨论。政协全国委员会主席周恩来，副主席李济深、李维汉①、陈叔通、章伯钧、包尔汉（维吾尔），全国人大民族委员会副主任委员张执一、谢扶民（壮），国家民委副主任汪锋、刘春、萨空了（蒙）、杨静仁（回），政协全国委员会民族组组长卢汉（彝）、副组长潘光旦、甘春雷（回）、载涛（满）等都参加了这次会议。会议由周恩来主持，李维汉、梁漱溟②、潘光旦等56人在会上发言。在这次会议之前，中共广西省委根据中共中央的倡议，从1956年10月就开始在党内外酝酿讨论建立壮族自治区的问题；同年12月，政协广西省委员会第三次全体会议也把这个问题作为主要议题，进行了讨论。酝酿讨论中的两个方案：一个方案是把广西全省改建为壮族自治区，即“合的方案”；另一个方案是把广西划分为两部分，即保留广西省的建制，管辖现在广西省的东部，约占全省面积3/10，另把现在广西省西部的壮族聚居地区约占全省面积7/10划出来建立壮族自治区，此方案即“分的方案”。这次会议就以上两个方案和自治区名称等有关问题，进行了历时10天的反复讨论。在讨论过程中，绝大多数人主张把广西省改建为“广西壮族自治区”，但也有个别人士提出了不同的意见，主张仍旧保留广西省的建制。经过反复的协商，在必须建立省一级的壮族自治地方这个问题上取得了一致意见，并且绝大多数人认为把广西省改建为壮族自治区是适当的。个别人士对“广西壮族自治区”这个名称还有不同意见。会议开始时，李维汉作《关于建立壮族自治区问题的一些看法和意见》的发言。周恩来在会议结束时作总结发言。他说：这次会议的收获很大，听到了各方面的意见，经过讨论协商，大家在大的原则上，即在建立壮族自治区问题上，合比分好的问题上取得了一致意见，这就是很大的成功。他指出：民族问题是个复杂的问题，每个民族都有它长期发展过程中遗留下来的历史痕迹。对待民族问题，要作历史分析，并且要有阶级观点。在有阶级的社会里，民族问题离不开阶级问题，但是民族问题又不完全等于阶级问题，这两个问题既有联系又有区别。我国是被帝国主义压迫过的国家，是从反殖民主义的

① 李维汉（1896—1984），湖南长沙人，时任政协全国委员会副主席、中央统战部部长。
② 梁漱溟（1893—1988），广西桂林人，儒学家。

斗争中，从民族解放运动中发展、成长起来的，国内各民族宜合不宜分。采取民族区域自治政策可以防止帝国主义的挑拨，促进各民族的团结。周恩来还指出：汉族和少数民族，不论从全国来看，还是从一个省来看，都需要合。汉族人口众多，经济文化比较发达，将来发展工业，扩大农业，都要大力开发少数民族地区，都需要把地大、物博和人口众多、经济文化发达结合起来。可见，合则双利，分则两害。

3 月 17 日—4 月 16 日

［纲　文］　**全国青年美术工作者作品展览会在北京举行**。

［目　文］　展览会共展出 845 位青年的 900 多件作品，观众达 5.6 万余人。作品包括国画、油画、版画、连环画、年画、漫画、雕塑作品、招贴画、素描和速写等。国画《洪荒风雪》和《赶春会》、油画《到祖国需要的地方去》、年画《渔港之春》、连环画《天仙配》和《我要读书》、漫画《验收图》和《拔萝卜》、木刻《高原峡谷》、水彩画《仇恨》、插图《高玉宝》、雕塑《小画家》和《母与子》等作品受到观众们的欢迎和好评。展出期间，著名美术家们和部分在京青年美术工作者举行座谈会，给予青年们很多鼓励，同时也指出他们作品中的不足之处。4 月 3 日，《人民日报》配发题为《培养青年美术工作者》的社论。

3 月 18 日

［纲　文］　**国务院批准《商业部关于1957年煤炭市场安排的报告》**。

［目　文］　《报告》在分析了 1956 年市场上煤炭供不应求的情况以后指出：煤炭是关系国计民生十分重大的商品之一，它的销售计划必须打在稳妥可靠的基础上。因此，1957 年的市场供应，必须根据以下原则安排：一、城乡都必须大力节约煤炭。二、保证城市最低限度的必要供应，以免影响工业生产和城市人民生活；对非申请单位的一般工业、手工业和服务业用煤，基本上维持 1956 年的供应水平；压缩机关、团体烤火煤和砖瓦窑业用煤。三、适当减少农村供应。报告要求各地党政机关领导商业部门贯彻以下几项具体措施：（一）积极组织小窑煤生产，保证和超额完成煤建公司收购计划；只要不破坏国家资源，能够外运，就可以组织小窑煤生产。（二）各地应当把节约煤炭工作列为增产节约运动的一项重要内容。工业、服务业用煤要大力节约，机关、部队、团体、学校等烤火用煤要严格控制。（三）为了妥善安排销售计划，请各地党政机关领导商业部门按照货源的情况进行供应对象的排队，以便区别轻重缓急，掌握供应。（四）在供应农村煤炭的地区，要把本年可以供应各农业生产合作社的可靠的煤炭数量及早向农业社公布，使农业社早作准备，将烧柴列入本年农业生产计划之内。对灾区和严重缺柴区的农民生活用煤，应有适当照顾。（五）不增设农村销煤机构。农村烧煤户不再发展，并作适当收缩，坚决停止赊销。调整不合理的农村地区差价。（六）工业、手工业所需块煤和焦煤，由生产部门直接申请分配，由国家经济委员会统一安排；冬季烤火及居民生活习惯用块煤者，应早作安排，多生产煤球供应。报告最后要求煤炭生产部门和交通运输部门在市场淡季时多拨多

运，在冬季发运的次序和时间上给以可能的照顾。

3月18—28日

［纲　文］　**教育部在北京召开第三次全国教育行政会议。**

［目　文］　参加会议的有各省、市、自治区教育厅、局长及中央有关部门的代表。教育部部长张奚若①，副部长董纯才、林砺儒、陈曾固作报告。会议着重讨论了1957年教育事业的安排，各级学校加强政治思想教育问题，中小学和师范学校教学计划的安排问题。会议认为：1956年教育事业的发展，多少超过了可能条件，师资、设备、基本建设等都赶不上发展的要求。1957年教育事业的发展必须放在充分可靠的基础上，根据国家的人力、物力、财力的条件，在保证一定质量的原则下，作适当的发展。小学教育的发展必须打破由国家包下来的思想，在城市里，要提倡街道、机关、厂矿企业办学；在农村，要提倡群众集体办学。私人办学可以允许，但不提倡。中学的设置应适当分散，改变过去规模过大、过分集中在城市的缺点，特别是初中的发展，要面向农村。农村中学主要是给青年以必需的基本知识，毕业后能更好地参加生产。农村初中在教学质量上不能强求和城市一律。会议指出：思想政治教育是学校教育的灵魂，中小学教育应该在培养学生的共产主义人生观和道德品质，使他们成为社会主义社会全面发展的人才这个总任务下，着重培养学生艰苦奋斗的精神，加强劳动教育和纪律教育。会议认为，1957—1958学年度从初一到高三应普遍增设政治课；农村初中考虑增设农业基础知识课；教学计划的整个授课时数适当减少，以增加学生的自学时间。

3月18日

［纲　文］　**尼泊尔武装卫队全部撤离中国西藏地区。**

［目　文］　这些武装卫队原驻在中国西藏的拉萨、日喀则、江孜、聂拉木、吉隆等地。本日，这些武装卫队连同全部武器、弹药，从上述地点撤退。撤退这些武装卫队是按照中国驻尼泊尔大使潘自力和尼泊尔王国外交大臣丘·普·夏尔玛在1956年9月20日的换文执行的，换文第二条规定这些武装卫队自照会互换的日期起六个月内完全撤退。

3月18日

［纲　文］　**周恩来电贺突尼斯独立纪念日。**

3月19日

［纲　文］　**中共中央、国务院发布《关于做好春耕工作，争取1957年农业大丰收的指示》。**

［目　文］　《指示》说：1957年是我国实现全面农业合作化的第二年，是我国第一个五年计划末尾的一年，争取1957年农业大丰收，对于社会主义的农业合作化制度的巩固，对于社会主义经济建设的发展，都具有特别重要的意义。1957年的农业生产，比以往

① 张奚若（1889—1973），陕西大荔人，时任教育部部长、中国人民外交学会会长。

任何一年，都具有更为有利的条件。只要善于利用一切有利条件，善于改正工作中的错误和缺点，争取1957年大丰收的任务是能够实现的。为了实现1957年的农业大丰收，必须根据勤俭办社和民主办社的方针，加强农业合作社的经营管理工作，办好农业合作社。必须加强小麦和油菜等作物的田间管理，争取小春和夏熟作物的大丰收，做好春播工作，因地制宜地推行各项行之有效的增产技术措施，提高单位面积的产量。必须贯彻执行优先发展粮食生产、同时发展棉花和各种经济作物、发展多种经济的方针。必须特别注意加强灾区、山区和低产地区的生产领导工作。必须做好农村生产资料的供应工作和农产品的收购工作，做好农业贷款和其他经济工作。《指示》要求各级党政加强领导，选派一批得力干部，深入到乡，深入到农业合作社中去，跟全体农民一起，积极行动起来，掀起一个更深入、更踏实、更健康的农业生产大运动，为实现1957年农业大丰收而奋斗。

3月19日

［纲　文］　**中共中央、国务院发布《关于耕畜问题的指示》。**

［目　文］　《指示》说：根据国家统计局的统计，全国耕畜发生了减少的不利情况，这一情况必须引起各级党政领导机关的重视，迅速加以克服，否则将给农业生产的发展带来严重的后果，从而也将给整个国民经济的发展带来不利的影响。为此，特作如下的指示：一、首先要根据畜力的需要，来全面安排耕畜。每个农业生产合作社都应该根据全社耕地的多少，农业和副业生产中畜力的需要，以及社员家庭副业和日常生活中畜力的需要，来合理地安排全社所有的耕畜和役畜。二、充足的饲草饲料，是养好牲畜的物质基础。农业生产合作社制定各种农作物的播种计划的时候，应该根据社和社员家庭现有的和计划发展的牲畜数量和种类，算出饲草和饲料的全部需要量，来统一安排饲草和饲料的生产和供应。三、改善耕畜的役使和饲养管理工作。在使用耕畜方面，必须把农业增产和保畜这两项要求统一起来，适当地限制役使时间和劳动强度，使耕畜能够有适当的休息，恢复体力。在饲养管理方面，应该指定专人饲养，挑选有养畜经验的积极分子作饲养员，改善饲养员的待遇，使他们安心工作。四、有计划地繁殖和改良耕畜。每一个农业生产合作社，都应该根据本社的需要和可能，定出本社繁殖耕畜的计划，不能单纯依靠从外地采购。五、加强兽疫防治工作。除了加强牲畜的检疫工作以外，还应该指导农业生产合作社建立和健全防疫制度，积极帮助农业生产合作社训练兽疫的防治人员，认真地把民间兽医力量发挥起来，进行兽疫防治工作。六、作好耕畜的贩运调剂工作。应该积极开展耕畜的贩运调剂工作，取消某些地方实行的地区封锁的办法，允许畜贩自由贩运，积极恢复并且进一步活跃国家领导下的耕畜交易市场，逐步规定合理的地区差价，刺激地区间的牲畜交流。七、适当调整菜牛和牛皮的收购价格，使农民养牛能够获得合理的利润。八、合理地淘汰老残耕畜。九、各地党政领导机关要及时召集农业、供销、商业、粮食等有关部门，对耕畜工作进行深入的研究，制定适合当地情况的保护和发展耕畜的具体方案，切实帮助农业生产合作社解决耕畜发展中存在着的各种实际困难和具体问题，使耕畜得到应有的发展，从而保证农业生产发展所需要的畜力，使农业生产获得进一步的发展。

3月19日

［纲　文］　**国务院召开常务会议。**

［目　文］　会议由国务院代总理陈云主持，讨论了以下事项：一、通过《国务院关于1957年预购主要农产品的指示》。二、讨论内务部关于1957年安置80万复员军人的意见和《国务院关于复员军人安置工作的指示》。会议决议：（一）由内务部将指示改写为部的报告，送国务院批复。（二）同意13万有技术的复员军人，归口包干，由劳动部和各部再行商量后予以分配。（三）对于籍属城市而无专门技术的7万复员军人，凡能回工厂的则回工厂，其余的统一分配，分配不了的暂留部队，由劳动部商内务部、国防部提出分配方案后再定。（四）关于选派复员转业军事干部加入各级政府工作专管复员工作问题，由安子文①召集有关部提出方案。（五）中央转业建设委员会秘书长傅秋涛、内务部副部长王子宜负责筹备主持召开各省市转业建设委员会主任会议。三、通过国务院第五、六、八办公室《关于将云南省个碧石铁路和京西斋堂煤矿铁路改为国营问题的报告》。

3月19日

［纲　文］　**国务院发出《关于1957年预购主要农产品的指示》。**

［目　文］　《指示》指出：1957年国家继续对粮食、油料、棉花、茶叶、茧丝、各种主要麻类、绒毛和生猪等主要农产品实行预购。由于物资供应较紧，所以本年发放的预购定金要比上年减少一点，实物优待供应也停止实行。《指示》要求各地应当合理使用预购定金，一般应该将预购定金分为两次发放到农业社和农民手中；既要适当保证农业社和农民生产上的需要，又要适当帮助农民解决生活上的困难。《指示》最后强调指出，各地在进行农产品预购的时候，应该认真签订农产品预购合同，并向农业社和农民进行履行预购合同的教育。

3月19日

［纲　文］　**国务院就京西斋堂煤矿铁路和云南省个碧石铁路改为国营问题批复铁道部。**

［目　文］　关于京西斋堂煤矿铁路改为国营问题的批复共六点：一、京西斋堂煤矿铁路可于1957年1月1日起，由铁道部按国营铁路经营管理办法，统一经营管理。二、私股应按此例扣除债务后的股值实行定息，由铁道部直接付息。定息时间自解放后开始营业的日期算起。1955年以前的利息，转为股金，从1956年1月1日起按期付息。三、债务问题由北京市人民委员会与私股代表负责向债权人磋商，劝其转为私股，自1957年起按定息办法付息。四、待决股亦同样实行定息，由交通银行代管。五、股值、股权的确定，由北京市人民委员会、私股代表磋商确定。私方人员9名由铁道部安排。六、煤炭工业部投资修建的从清水涧到大台的铁路，按固定资产调拨办法，移交铁道部接管。

关于云南个碧石铁路改为国营的问题批复共三点：一、个碧石铁路可于1957年1月1

① 安子文（1909—1980），陕西绥德人，时任中组部部长。

日起，由铁道部按国营铁路经营管理办法，统一经营管理。二、私股按公私合营定息原则，由铁道部直接付息。定息时间自解放后开始营业的日期算起。1955 年以前的利息，转为股金，从 1956 年 1 月 1 日起按期付息。待决股亦同样实行定息，由交通银行代管。三、关于股值、股权的确定，由云南省人民委员会召集私股代表磋商决定。此前，铁道部就上述两个问题请示国务院。

3 月 19 日

［纲　文］　**国务院发布《关于中药材经营管理交由卫生部门统一领导的通知》。**

［目　文］　《通知》指出：关于中药材的经营管理问题，国务院曾征求各地的意见。根据大多数省、自治区、直辖市人民委员会的意见，决定将中药材的经营管理交由卫生部门统一领导。商业部和供销合作社领导的药材经营机构（包括中药材加工厂）、人员、资金等，除了少数地区经过国务院批准，仍由商业部门负责外，全部移交给卫生部门。今后对中药材的生产安排、市场供应、价格掌握和中药商的改造等工作全部交由卫生部门负责，但是各级商业部门对中药材的价格仍应协助卫生部门加以管理。

3 月 19 日

［纲　文］　**内务部发出《关于目前救灾工作中几个问题的指示》。**

［目　文］　《指示》指出：目前灾区情况一般还好，但春荒正在发展，在有些地区发生比较突出的问题是逃荒、闹事。逃荒人中多数是青壮年，不少是乡、社干部或党团员，这就不但影响各大城市和工矿区的社会秩序，而且更重要的是使灾区农业生产因劳动力出走而不能正常开展。个别的闹事已经发生，这就值得有灾各省特别注意。防止春荒发展对争取今年农业大丰收有直接关系，不可忽视。目前国家在财力支持上已做了极大的努力，度过春荒主要依靠各地做好救灾工作。因此，各地要做到：一、立即进行一次普遍的检查，干部深入下去，划区包干，分工负责，依靠基层组织。二、加强灾民的政治思想教育工作。三、本年救济款不可能再增加，有些地方已经核减，要认真贯彻专款专用原则，并加强对救济款的管理，防止浪费。救济款应有计划分批发放，省里要留一点后备力量，以免被动。四、对于灾民外流现象，有灾各省必须大力贯彻国务院 1956 年 12 月 30 日和 1957 年 3 月 2 日发布的关于防止农村人口盲目外流的两次指示，认真加以制止。灾民外流多的省份，应派干部到流入的省、市协助当地党政机关妥善处理。

3 月 19 日

［纲　文］　**中国人民银行总行发布《关于合营商店等因遭受水火等自然灾害无力归还贷款如何处理的补充规定的通知》。**

［目　文］　《通知》指出：关于供销合作社安排改造的合营商店、合作商店和合作小组等，如遭水火等人力不可抗拒的灾害，以致财产受了损失，无力偿还贷款，如何处理的问题，总行曾于（56）银商丁字第 138 号函规定：应视借款户具体的损失情况与损失的程度，确定对贷款减免偿还的额度。凡经减免的贷款，由银行报销，该函除答复全国供销总社外，并已抄知各分行。现据河北省分行反映：以上对合营商店和小商贩等贷款减免的

规定与农贷减免的处理原则不够协调。总行（56）农总农字第475号函规定：凡是直接贷给农业社或农民个人的各种贷款，不论属于哪一种类型（例如对灾区和贫困山区的贷款以及对极贫户的过去旧贷等）都不能减免。因此，两种贷款，在减免的尺度上不一致，表现出对商贩宽对农民严的现象，从而可能招致农民不满，影响农贷收回的工作。为此，特对（56）银商丁字第138号函作如下明确规定：一、供销社安排改造的合营商店、合作商店、合作小组等，因受水火等人力不可抗拒的灾害，以致无法偿还贷款时，应仅限于死亡绝户，既无遗产又无人承担债务的，可以列付呆账核销。属于这种情况者，供销社可不负偿还责任。二、至于一时无力归还的，可以采取分期或缓期收回，不得减免核销。属于这种情况者，供销社仍应担负偿还责任。

3月20日

［纲　文］　**国务院发布《关于新公私合营企业的领导干部工资问题的通知》。**

［目　文］　《通知》说：新公私合营工业企业的正副厂长、脱产的党支部书记和工会主席，商业企业中区店及总店（中心店）正副经理、脱产的党支部书记和工会主席，其增资幅度应该按照企业平均工资增长的幅度计算，最高也不得超过本人原工资的13%；如果该企业职工不增加工资或增加很少，企业领导干部就不增加或少增加。对私方人员不再额外照顾。小厂小店的经理或厂长的工资增长应该与职工一样。公方代表和由国营、老合营企业及国家机关调入新合营企业的职工，此次增加的工资一律从1956年7月1日补发，不得提前。

3月20日

［纲　文］　**《人民日报》发表题为《农业社必须公开财政》的社论。**

［目　文］　社论指出：中共中央发出的《关于民主办社几个事项的通知》，把按时公开财政收支情况列为坚持民主办社方针的一个主要事项。社员对于社里的财政收支情况是非常关心的，这同他们的切身利益密切相关。有些社的部分社员劳动积极性还不够高，有些社的少数社员要求退社，这并不是由于合作社制度本身不好。合作社制度的优越性，是大家都看得见的。发生这些不好的情况的原因是多种多样的，但是，相当重要的原因之一是这些社的财务工作混乱不清，或者财务工作本身并没有什么毛病，却没有按时公布账目，因而社员对社内财务情况不了解，心里有疑问。解决这类问题的一个好办法就是公开财政。各个农业社应该采用中共中央的通知中提出的办法：把各项财政收支都按时公布，让全体社员知道，由群众参加评议。多少时候公布一次？那要看各地各社的具体情况。有些社的财务收支没有完全算清或者没有公布清楚，社员对于这些老账要求清理，这种要求是正当的。只有彻底清理了这些老账，才有利于加强社内团结和发展集体生产。对于公开财政，有些社干部是有些忧虑的。其实，这完全可以不必。公开了财政，就可以把社里的各项重大经济措施建筑在社员群众拥护的基础上。这样做决不会增加领导的困难，更不会削弱领导的力量，正相反，这样做才会使领导更有力量。社论最后强调，农业社应该把经济民主贯穿在日常工作中，使它

经常化、制度化，逐渐成为农业社办事的一条准则和一种习惯。

3 月 20 日

［纲　文］　**周恩来接见苏联驻华使馆临时代办阿布拉西莫夫。**

［目　文］　阿布拉西莫夫面交苏联政府关于调整卢布牌价问题的备忘录。周恩来说：中国政府将研究这个问题，中国人民银行将同苏联国家银行就此问题取得联系。阿布拉西莫夫就撤销沈阳苏联总领事馆问题征求意见，周恩来表示同意。阿布拉西莫夫还告知苏大使馆拟将大连市的苏联中学在本年新学年开始时连同设备无偿地移交中国，周恩来表示感谢。

3 月 20 日

［纲　文］　**周恩来接见日本关西经济界访华友好代表团。**

［目　文］　日本关西经济界访华友好代表团团长吉野孝一，副团长松原与三松、森新治，秘书长川胜传及全体团员与会。接见时在座的还有中国国际贸易促进委员会主席南汉宸[①]，副主席雷任民、李烛尘[②]、冀朝鼎，及廖承志[③]等人。周恩来说：日本人民特别是企业界、产业界的人都希望废除禁运，日本人民可借这些力量同美国讲话，这样摆脱美国的可能性就会大。中国方面是支持这一要求的。中国实行计划经济，需要订长期计划，中日贸易应在长期计划中有它的位置。我们的目标是一致的：真正的友好合作，和平共处。

3 月 21 日

［纲　文］　**中共中央同意并批转商业部党组《关于1957年棉布供应问题的报告》。**

［目　文］　批文认为“少做夏衣，保证冬衣”的方针是迫不得已的情况下较为可行的办法。商业部党组的报告首先分析了 1957 年棉布市场将出现供应紧张的严重形势，指出由于棉花收购量减少，进口棉减少，棉纱生产计划减少，1957 年的棉布生产计划比原定计划减少了 3700 万匹，这势必会严重影响到 1957 年棉布的市场供应。报告根据“少做夏衣，保证冬衣”的方针，决定将 1957 年 5—8 月份通用的第二期布票（第一期从 1956 年 9 月 1 日起到 1957 年 4 月底，但可通用到 8 月底），城乡一律对折使用，即两尺布票购买一尺棉布。同时，报告还建议，坚决削减机关团体公用布，一切未收布票的布制品基本上都收布票。

3 月 21 日—4 月 4 日

［纲　文］　**第八次全国统战工作会议在北京召开。**

［目　文］　中央统战部，各省、自治区、直辖市党委统战部负责人共 55 人出席了会

---

① 南汉宸（1895—1967），山西赵城（今洪洞）人，时任全国人大常务委员会委员、全国工商联执行委员会副主任委员、中国国际贸易促进委员会主席。

② 李烛尘（1881—1968），土家族，湖南永顺人，时任食品工业部长、民建副主任委员、全国工商联副主任委员。

③ 廖承志（1908—1983），广东惠阳人，时任中共中央统战部副部长、中共中央对外联络部副部长、国家华侨事务委员会副主任、青年团中央书记处书记、全国民主青年联合会主席、全国青年联合会主席。

议。会议主要学习毛泽东《关于正确处理人民内部矛盾的问题》的讲话，并研究探讨统一战线内部工人阶级与资产阶级的矛盾，关于“收”与“放”的问题，所谓“重安排轻改造”的问题，以及有关民主党派工作、政协工作、统战部门的精简机构等问题。会议提出了处理这些矛盾的方针和原则。4 月 4 日，中央统战部部长李维汉在会上作了总结发言。他在发言中具体分析了同统一战线工作有直接关系的几个重要矛盾，包括工人阶级和民族资产阶级之间的矛盾、民族矛盾、宗教矛盾，提出了如何处理这些矛盾的意见。他说：毛泽东关于正确处理人民内部矛盾的学说提出了明确的方针、政策和方法。统一战线工作一定要从六亿人口出发，统筹兼顾，适当安排，要坚持“百花齐放、百家争鸣”、“长期共存、互相监督”的方针；要提倡加强思想政治改造工作，要以道理说服人，不要以势力压服人。李维汉指出，从国内总的政治形势说，工人阶级和资产阶级的矛盾发展趋势，是要逐步地转化为劳动人民内部的矛盾。关于民族问题，他说：中国绝大多数民族的人民已经取得了民主革命的胜利，又取得了社会主义改造的胜利，因而在全国范围内，不仅消灭了民族间的对抗，而且在新的即社会主义的基础上，进一步增强了民族间的统一性，巩固了民族大家庭的团结。但是，民族矛盾还存在，基于民族特点的民族差别还要长期存在。经济和文化上的事实上的不平等，还有待长时间的努力才能逐步地消灭。关于宗教问题，李维汉指出：在中国，除个别地区外，宗教矛盾已经从既是人民内部的矛盾又是敌对阶级的矛盾，转化为基本上是人民内部的矛盾。关于如何处理统一战线内部的各种矛盾，李维汉提出三点意见：一要从六亿人口出发，实行统筹兼顾、适当安排的战略方针；二要加强思想政治工作，提倡学习马列主义；三要贯彻“放”的方针，鼓励党外人士唱对台戏。这些意见的基本出发点，是承认矛盾的普遍性，必须严格区分两类矛盾的原理。他强调指出，对统一战线内部的各种矛盾，必须运用民主的、说服的方法，把对同盟者的政治教育和尊重同盟者的利益结合起来，正确地加以解决。会后，中央统战部起草了《关于全国统战工作会议向中央的报告》。

3 月 21—23 日

［纲　文］　**政协二届全国委员会就进一步开展地方政协工作等问题在北京举行座谈会。**

［目　文］　参加会议的有全国 22 个省、2 个自治区、3 个直辖市和 146 市的政协地方委员会主席、副主席、秘书长或常务委员，政协全国委员会地方工作委员会副主任委员、委员以及全国委员会其他部门负责人，共 250 多人。座谈会由全国委员会副主席、全国委员会地方工作委员会主任委员章伯钧主持。在会上，来自各地的政协地方委员会负责人根据各地的具体情况，对有关进一步开展地方政协工作的各项问题，提出了意见和建议。会议认为，政协各地方组织应进一步扩大民主生活，充分发扬协商精神，积极参与当地各种重要措施和有关政策、方针问题的协商，积极发挥“互相监督”作用，更加广泛地联系社会各界人士，进一步组织各界人士的政治理论学习，充实和改进各地政协组织的各个工作组的日常工作。

3月21—23日

［纲　文］　**致公党中央常委会举行第四次(扩大)会议**。

［目　文］　参加会议的除了致公党中央常务委员外，还有在京中央委员、中央各部门负责人和来京出席政协第二届全国委员会第三次会议的致公党成员。会议由致公党中央主席陈其尤主持，着重学习毛泽东在最高国务会议上所作的《关于正确地处理人民内部矛盾的问题》的报告，学习和讨论政协第二届全国委员会第三次会议的各项决议，讨论和检查致公党半年多来的工作。会议作出关于发展组织和进一步开展宣传工作的决议，更具体地明确了发展组织的对象、地方和各地发展组织增建机构的指标，强调发展应与巩固相结合；明确了致公党进行对外宣传和对内教育的方针。会议还作出决议，拥护政协第二届全国委员会第三次会议的决议和指示，各级组织以及全体成员应认真学习这次政协会议的各项文件，并加以贯彻。

3月21日

［纲　文］　**国务院批转轻工业部、纺织部、食品部、化工部、商业部《举办日用工业品质量展览会的总结报告》**。

［目　文］　批文指出：这个报告说明了几年来各地在日用工业品质量的改造和提高方面取得了一定的成绩，并有少数产品的质量达到了国际标准水平，同时也反映了某些工业及商业部门对产品质量不够重视，生产了不少成本高、质量低的产品，并有个别产品由于质量低劣发生伤害人命的严重现象。各地必须充分注意，把改进产品质量、降低产品成本当成一件经常性的工作。商品检验局和国家规格标准局可暂缓设立，有关产品规格标准由各主管部门制订颁布标准。

《总结报告》说：这次展览会共展出与人民生活关系密切的日用工业品4000余种，1.9万多件。通过技术人员对展品的质量鉴定和参观者提的5500条意见，一方面反映了日用工业品从过去许多产品靠进口，到现在已能自己生产、并有少数产品质量接近国际先进水平的成绩；另一方面也集中地反映出许多产品质量低劣、成本很高，部分产品粗制滥造，产品品种规格大大落后于人民文化生活水平日益提高的需要，还突出地暴露了生产企业领导只关心产品数量，不问质量，商业部门对商品质量是外行的问题。为此建议各工厂企业深入进行群众性的产品质量自我检查，揭露存在问题；商业职工学习商品知识，提高业务水平；有关部门制定产品规格标准；设置商品检验局；长期设置一个陈列全国优良产品的日用工业品展览馆。

3月21日

［纲　文］　**国务院同意高教部、教育部《关于高等学校招生政治审查问题的报告》**。

［目　文］　《报告》说，军事、国防工业及外交性质的高等学校招收学生，拟从1957年起，不再采用向各地布置选拔名额的办法，改由学生自愿报考，中学负责初审，省、市招生机构统一复审，经考试合格录取的办法。政审标准按专业性质，区分“一般专业”、“重要专业”和“机密专业”三种要求的，改为“一般专业”和“机密专业”两种。

3 月 21 日

［纲　文］ **中国国际贸易促进委员会同日本关西经济界访华友好代表团在北京签订关于促进中日贸易问题的共同声明。**

［目　文］ 共同声明说：日本关西经济界访华友好代表团应中国国际贸易促进委员会的邀请来中国进行了友好访问。在此期间，双方就扩大中日贸易问题进行了商讨，一致认为从中日两国历史、地理的条件和经济发展的需要来看，在平等互利的基础上，进一步扩大两国贸易关系，不仅符合两国人民的深切愿望，而且具有广阔的前途，并且一致认为这对加强中日两国人民的友谊和促进中日关系正常化有着重要的意义。但是在日本方面还存在着人为障碍，严重地影响了两国贸易关系应有的发展，双方愿为排除这些人为障碍和促进中日贸易关系正常化而努力。在会谈中，双方一致同意：一、根据对等易货的原则，相互间有保证地长期供应对方所需要的重要物资，如中国供应日本煤、铁砂、盐等，日本供应中国重型机器、船舶、电讯器材、黑色金属、有色金属等，并且愿意努力促其尽快实现。二、根据需要与可能，双方愿意努力促进两国贸易的增长和扩大商品品种的交换。三、随着中日经济贸易关系的发展，愿意日益加强两国间的技术交流。

3 月 21 日

［纲　文］ **教育部发出《关于解决各地民族学院师资问题的意见》。**

［目　文］ 《意见》指出：民族学院高等师资的解决，除争取外援外，应以自己培养为主，并订出长期的师资培养规划，其中少数民族师资的培养是关键，应予特别重视。

3 月 21 日

［纲　文］ **文化部、高教部、教育部联合发布《关于全国高等艺术院校1957年提前举行单独招生工作的指示》。**

［目　文］ 《指示》说：为了进一步提高我国艺术教育的教学质量，1957 年全国高等艺术院校招收新生应该贯彻保证质量、完成计划的方针。各艺术院校应从政治、健康、文化知识、艺术才能等四个方面严格选拔，录取合格的新生入学，以完成招生任务。为此，特制定本《指示》。《指示》共 12 个方面的内容，包括 1957 年全国高等艺术院校的招生和报名办法、招考新生的艺术院校、招生人数及专业、各艺术院校招生工作委员会的组成、各省（自治区、直辖市）招生工作委员会应做的工作、报名日期、报名手续、对考生的政治审查、录取标准、录取名单的确定等。

3 月 21 日

［纲　文］ **北京苏联红十字医院改名为北京中苏友谊医院。**

［目　文］ 该院创办于 1952 年 6 月，是经苏联红十字会与红新月联合会的倡议，由中苏两国红十字会合作创办的。为了纪念中苏两国人民的友谊和北京苏联红十字医院的功绩，特改名为北京中苏友谊医院①。3 月 27 日，苏联政府将北京中苏友谊医院财产、设

① 1970 年，该院再次改名为“北京友谊医院”，即今天的首都医科大学附属北京友谊医院。

备、药品移交中华人民共和国议定书在北京正式签字。代表苏联方面签字的是前北京苏联红十字医院院长列昂节夫，代表中国方面签字的是前北京苏联红十字医院副院长朱仲丽。参加签字仪式的，还有苏联驻中国大使馆公使衔参赞阿布拉西莫夫、参赞苏达利柯夫，以及中国卫生部副部长崔义田、前北京苏联红十字医院医教部主任崔子英。

3月21日

［纲　文］　**毛泽东和周恩来分别电贺巴基斯坦国庆。**

3月21日—4月24日

［纲　文］　**中国青年代表团一行10人访问日本。**

［目　文］　此访是应日本青年团协议会邀请而行的，代表团团长为全国青联副主席刘西元。这是中华人民共和国成立后第一个访问日本的中国青年代表团。访问期间，代表团参加了24个群众欢迎集会和39个座谈会，广泛接触了日本青年。

3月21日

［纲　文］　**哈尔滨评剧团获越南民主共和国一级劳动勋章和“团结友谊”锦旗。**

［目　文］　勋章和锦旗由越南民主共和国主席胡志明亲自授予。该团由喜彩岭、喜彩燕等主要演员组成，在越南访问近两个月。

3月22日

［纲　文］　**国务院发布《关于提高菜油、芝麻油、茶油、桐油、木油、桕油和东北、内蒙古豆油销售价格的指示》。**

［目　文］　《指示》说：一年来，国务院曾经先后提高了油菜籽、芝麻、茶油、桐油、木油、桕油和东北、内蒙古大豆的收购价格。为了使国家经营这些油脂油料不致亏损过大，并使这些油脂油料在产需之间和购销价格之间保持正常的比例关系，特决定，对于凡是已经提高收购价格的油脂油料，都同时提高它们的销售价格。提高油脂油料销售价格的原则是：一、芝麻油、茶油和东北、内蒙古的豆油，在产区市场收购价格提高多少金额，销售价格也提高多少余额（只规定提高油料收购价格的地方，应当按照出油率计算油脂提价的余额）；在大、中城市销价可以比产区市场适当多提高一点。对于菜油，因为收购价格提高很多，如果销售价格提高的金额同收购价格提高的金额一样，油脂品种之间的比价就不好安排，因此决定菜油货物税由现行的15%降为8%，然后销价再按照前述原则进行调整。二、对于工业用油（桐油、木油、桕油），在产区市场采取相应提高的办法调整，即按购价提高金额加上因为提价而相应增加的纳税金额来调整；在销区市场可以比照产区销价平均提高的幅度相应调整。三、对于油料的销售价格，按照购价提高幅度相应调整。对于油饼的销售价格，按照原来的饼油比价或籽饼比价适当调整。根据上述原则，决定菜油销售价格全国平均提高12.31%；芝麻油销售价格全国平均提高18.45%；茶油销售价格全国平均提高19.11%；桐油销售价格全国平均提高23.58%；木油销售价格全国平均提高22.74%；桕油销售价格全国平均提高22.37%；豆油销售价格在东北、内蒙古

平均提高9.63%，其他地区不动，全国平均提高5.23%。经过这样调整以后，全部油脂销售价格，包括没有提价的品种在内，平均提高7.49%。其中食用油平均提高5.93%、工业用油平均提高19.76%。上述提高销售价格的规定和菜油减税措施，一律在4月10日开始执行。

3月22日

［纲　文］　**国务院发布《关于蚕茧收购价格的指示》。**

［目　文］　《指示》指出：全国蚕茧产量1956年恢复到145万担，尚不及抗战前最高年产量的1/3。目前的蚕茧收购价格一般（除四川外）已不算低，在粮食不足情况下，受劳力、肥料的限制，提高收购价格也难以刺激蚕茧增产。为此决定1957年春蚕茧收购价格，除四川省每担鲜茧由58元提高到70元外，其他各省不再调高。今后平原地区不再扩大桑园面积，在适宜的山区、丘陵地区应大量开垦新桑园。各地可从现有农贷中拨一部分专用贷款发展桑蚕生产，重点用在新垦桑区。

◀江苏苏中郊区农民在喂二眠蚕

3月22日

［纲　文］　**国务院发布《关于黄麻、大麻、苎麻收购价格不予提高的指示》。**

［目　文］　《指示》指出：几年来，黄麻、苎麻、大麻的种植面积和总产量都是逐渐增加的。从一些调查材料看，农民种植麻类的收益是比较多的。因此，目前麻类的收购价格并不算低。随着国家建设事业的发展，国家和人民用麻的数量增加得很快，麻类的生产不能适应需要的情况日益严重，国需与民用的矛盾也十分尖锐。改善麻类的供应情况，主要应该从提高单位面积产量和发掘新麻源两个方面来寻求出路。为此，第

一、应该加强对麻类生产的技术指导，研究和推广优良品种，努力提高单位面积产量；发动农业社和农民在宅边地头恢复和发展麻类的零星种植；在分散产区，力争逐步做到民用麻自给。第二、积极寻找和利用代用品，发掘新麻源。据了解，全国现有几十种家种和野生的麻纤维都可以利用，棉秆皮也可以大量利用，如果认真地加以发掘、试验和推广，麻源就可以大量增加。这对改善麻类供应紧张状况是有很大益处的。根据以上情况，国务院决定，1957 年黄麻、苎麻、大麻的收购价格应该维持 1956 年的水平，不再提高。

3 月 22—23 日

［纲　文］　**国务院三个办公室联合召开工商座谈会**。

［目　文］　会议由国务院第四办公室、第五办公室和第八办公室联合召开，参加的有 60 位工商界和民主建国会人士，还有政府各有关部门的负责人。这些工商界和民主建国会人士都是二届政协全国委员会的委员。在座谈会上发言的工商界人士有陈叔通、李烛尘、荣毅仁[①]、巩天民、黄长水、毕鸣岐、乐松生、刘靖基、汤蒂因、陈祖沛、厉无咎、王一鸣、张敬礼、温少鹤、刘淑清、邦达养璧 16 人。他们反映了全国各地增产节约运动开展的情况，并着重就公私合营企业的管理、社会主义劳动竞赛、工商业者的工作安排、生活福利、学习以及公私共事等问题，提出了许多意见和批评。关于增产节约问题，他们认为私方人员参加增产节约运动的积极性很高，不少人提出了合理化建议，希望公方人员对他们提出的合理化建议多予支持。对于一年来政府对工商业者的工作安排，许多人表示满意。国务院第四办公室主任贾拓夫、第八办公室副主任许涤新、第五办公室副主任程子华以及商业部副部长吴雪之、纺织工业部副部长陈维稷、外贸部副部长雷任民、交通部公路总局局长连柏生、国务院第八办公室赵忍安、交通银行张平之、全国总工会张立之和王榕等，分别就工商界人士提出的有关问题作了解答。

3 月 22 日

［纲　文］　**高教部、教育部为研究学制改革问题联合邀请北京60多位专家、学者和教师举行座谈会**。

［目　文］　刘仙洲、张维、邰爽秋、陈友松、叶企孙、钱伟长、翁独健、韩作黎、段学复、王静、范至甫等 20 多人发了言。大家的意见是：改革学制要慎重考虑，不宜大改。学制不一定统一，可以有几种并存，建立多轨制的学制。多数人主张小学六岁入学。小学学制有五年、六年、七年三种意见。小学、中学之上要广泛地举办职业教育、技术教育。对中学学制有两种意见：有人主张中学四年，并设二年制的大学预科；有人主张中学三、三分段，高中文理分科。会上，还对教育经费、师资培训、教材等问题提出了意见。4 月 3 日、4 月 20 日，座谈会继续举行。会后，《文汇报》、《教师报》、《人民教育》等报刊报道了这次座谈会，发表有关文章开展关于学制改革的讨论。

---

① 荣毅仁（1916—2005），江苏无锡人，民建成员，时任上海市副市长、市工商联副主任委员。

3月22日

［纲　文］　**民建中央常委会举行扩大会议**。

［目　文］　会议由副主任委员李烛尘主持，会议通过决议，一致拥护二届政协三次会议所通过的各项决议，并决定加强民主建国会的思想教育工作，帮助和鼓励会员积极参加增产节约运动。决议说：民建一定要和全国人民一道，动员全体会员和所联系的工商界群众为贯彻毛主席、周总理的指示和政协的决议而奋斗。加强会员的思想教育工作，帮助和鼓励会员积极参加增产节约运动，应当成为民主建国会的中心工作。决议指出：今后的思想教育工作，除了不断地教育工商业者会员正确地认识自己阶级今天的性质、地位和作用外，应着重地帮助他们认识中国共产党领导全国人民取得人民革命胜利的艰苦奋斗的历史、建国以来的伟大成就、社会主义制度在中国所呈现的优越性，以及建设社会主义的艰巨性等；认识世界持久和平对于我们国家进行和平建设的意义，以苏联为中心的社会主义阵营和不断扩大的国际统一战线对保卫世界和平的作用，以及我们国家在国际事务上应尽的责任；认识中国工人阶级及其先锋队中国共产党对资产阶级的和平改造方针——赎买政策的重大意义，和自己对待这个政策的应有态度以及进一步接受改造的必要性，树立政治责任感，以主人翁的态度和对工作负责的精神对待自己所参加的企业工作和其他岗位工作。关于增产节约问题，决议指出：工商业家有长时期经营企业的经验，不少工商业家还有专门技术，因此，只要他们树立政治责任感，发挥主动积极性，关心国家的需要和人民的需要，他们是有可能在增产节约运动中作出贡献的，而且有的已经这样做了。因此，民主建国会应当帮助和鼓励工商业者会员通过在企业中积极工作，贡献才能，参加社会主义竞赛，搞好公私共事关系等行动来在增产节约工作中作出成绩。不在企业中工作的工商业者与非工商业者会员也应在自己的工作岗位上努力增产节约。会议还讨论了该会地方组织1957年编制等问题，天津、上海和浙江民建组织的负责人汇报了关于该会二中全会决议传达讨论的情况。

3月22—27日

［纲　文］　**全国青联第二届全国委员会召开第四次全体扩大会议**。

［目　文］　会议着重讨论如何改进和加强青联的工作，如何加强向各界青年进行思想教育的问题，以及对不能升学的中、小学毕业生进行安排和教育等问题。会议认为，各地青联要特别重视广泛联系青年群众的工作，要考虑各界青年合理的要求，认真帮助他们解决一些具体问题；同时要按照各界青年不同的特点和要求开展各种有益的活动。在经常工作中要注意充分发扬民主。会议还要求各地青联加强对各界青年进行思想教育的工作，着重向青年说明勤俭建国、艰苦朴素和正确处理个人与集体之间关系的道理，帮助他们树立为人民服务的人生观，动员他们用实际行动来响应党和国家提出的增产节约号召。在向青年进行教育时，对于青年所反映的正确的意见要加以采纳或及时向有关方面反映；对不正确的意见，要耐心地进行解释。对如何组织本年不能升学的高小和中学毕业生进行自学和为他们安排出路的问题，会议要求各地青联本着加强教育、适当安排的方针，配合有关

方面及早做好思想动员工作，并总结以往经验，积极为他们开辟学习和就业的门路。会议期间，全国青联主席廖承志、青年团中央书记处书记胡耀邦到会讲了话，全国青联副主席区棠亮作了工作报告。

3 月 22—28 日

［纲　文］　**九三学社第四届中央委员会举行第二次全体会议。**

［目　文］　参加会议的有九三学社中央委员和列席这次会议的地方组织负责人，共120 多人。会议分组讨论了九三学社主席许德珩在开会词中所提出的当前九三学社工作中贯彻执行“长期共存，互相监督”方针的问题，以及进一步加强政治思想工作，进一步发展与巩固组织，进一步加强领导与健全各级领导机构等问题。28 日下午，会议通过一项决议。决议说：中国共产党提出的和民主党派“长期共存，互相监督”的方针是马列主义结合中国实际的重大发展，是发展社会主义民主，正确处理人民内部矛盾的极其重要的途径。会议一致认为，人民内部矛盾主要是是非问题，应该从团结的愿望出发，经过批评，在新的基础上达到进一步的团结，以求矛盾的解决。决议号召九三学社的社员必须继续学习马克思列宁主义，提高认识，加强国家主人翁的责任感，关心国家事务，协同各方面积极解决矛盾；忠实地接受中国共产党的领导，贯彻党的政策。关于政治思想教育工作，决议说：必须大力推动和帮助社员结合自己的业务，认真学习马克思列宁主义和国家政策；向工农学习，和工农交朋友，培养为工农服务的思想感情，鼓励社员主动地争取参加中国共产党的整风学习；通过各种实践，逐步建立辩证唯物主义的世界观。决议指出，“双百方针”是发展科学、发扬真理、反对教条主义和修正主义、克服资产阶级思想、进行思想改造的重要途径。决议要求九三学社社员和社所联系的群众，解除顾虑，畅所欲言，坚持真理，改正错误，用以理服人的态度，开展争鸣。在向科学进军中，应该加强研究，各就所长，在实践中切实贯彻“百花齐放，百家争鸣”的方针。在发展组织方面，决议提出要根据“发展与巩固相结合”的方针及“需要、可能、自愿”的原则，积极发展组织。关于加强政治思想领导问题，决议说：各级委员会和各工作部门要经常分析情况，研究问题，提高工作质量，加强集体领导，发扬社内民主。决议号召九三学社全体社员要更加紧密地团结在中国共产党的周围，团结一切可能团结的力量，厉行增产节约，勤俭办一切事业，艰苦奋斗，努力学习马克思列宁主义。

3 月 22 日—4 月 5 日

［纲　文］　**民盟在北京召开全国工作会议。**

［目　文］　出席会议的有 190 多人，民盟中央主席沈钧儒①和副主席章伯钧、罗隆基②、史良③、高崇民等出席。会议讨论了民盟的中心工作，即“着重贯彻‘百花齐放、

---

① 沈钧儒（1875—1963），浙江嘉兴人，时任全国人大常委会副委员长、政协全国委员会副主席、中国民主同盟副主席。

② 罗隆基（1898—1965），江西安福人，时任中国民主同盟副主席。

③ 史良（1900—1985），女，时任司法部部长、中国民主同盟副主席。

百家争鸣’的方针，充分发挥盟员和所联系的知识分子的积极性、创造性，向科学文化进军”。此外还对民盟的组织工作和宣传工作进行了讨论。4月5日下午，会议通过一项决议。决议说：对民盟盟员及所联系的知识分子进行政治思想工作，推动和协助知识分子的自我教育和自我改造，仍然是民盟长期的、根本性的政治任务，而贯彻“百花齐放、百家争鸣”的方针是当前民盟的中心工作。决议要求盟员在自觉的基础上，学习马克思列宁主义，重视独立思考，克服教条主义和机会主义，有计划地推动盟员通过工作实践、社会生活的观察和实践，下厂下乡，向工农学习，鼓励盟员自愿参加中国共产党的整风学习。在学习理论、体验生活和参加整风运动中，使盟员逐步树立工人阶级的世界观。决议号召全体盟员为了贯彻“长期共存、互相监督”的方针，改进民盟的工作，要积极参加人民民主政治活动；努力提高业务水平，搞好岗位工作；加强马克思列宁主义的学习，提高盟员的政治思想水平；协助中国共产党搞好各方面的关系，做好知识分子的团结工作。决议说：本盟文教工作必须根据知识分子的特点和知识分子思想发展的规律，协助盟员及其所联系的群众，不断提高政治觉悟和业务水平，以适应国家对于知识分子的不断增长的要求。在进行和开展这一工作时，必须从团结的愿望出发，经过批评和斗争，达到在新的基础上的团结的原则，采用说服教育，讲清道理，又批评又鼓励的方法。

3月22日

［纲　文］　**中巴友协在北京举行电影晚会庆祝巴基斯坦国庆。**

3月22日—4月2日

［纲　文］　**中国人民解放军后勤先进工作者代表会议在北京召开。**

［目　文］　大会上共有35名先进工作者和先进单位的代表介绍了事迹。全体代表划分为31个专业小组，广泛地交流了经验。会议期间，周恩来、朱德等中共中央领导人接见了全体代表。国务院副总理薄一波，国防委员会副主席叶剑英①，中国人民解放军总参谋长粟裕②、总干部部部长肖华③、总政治部副主任甘泗淇，分别到会作指示。中国人民解放军总后勤部部长洪学智④在闭幕式上宣布：全军后勤部门要开展一个广泛的增产节约、反对浪费的运动。他号召每一个后勤工作人员要处处注意节约、事事防止浪费，做到钱要花得少，事要办得多、办得好。他在讲话中指出：本年全军的后勤事业费比去年减少了将近三分之一。为了最有效、最节约地使用这些资金，来充分保证部队的供应，各级后勤部门当前的主要任务是：精减机构，开展增产节约、反对浪费运动；改进业务，提高工作质

① 叶剑英（1897—1986），广东梅县人，时任中共中央军委委员、国防委员会副主席、解放军武装力量监察部长。

② 粟裕（1907—1984），侗族，湖南会同人，时任中共中央军委委员、解放军总参谋长。

③ 肖华（1916—1985），江西兴国客家人，时任中共中央监察委员会副书记、中共中央军委委员、解放军总干部部部长。

④ 洪学智（1913—2006），安徽金寨人，时任中共中央军委委员、解放军总后勤部部长。

量；加强业务训练，提高训练质量。只有这样，才能加速解放军现代化、正规化的后勤建设。

3月22日

［纲　文］　**中国人民解放军驻汕头高射炮部队击落台湾国民党空军F—84型战斗机一架**。

3月22日

［纲　文］　**钱学森主编的《力学学报》创刊号出版**。

［目　文］　创刊号中有周培源教授和他的学生蔡树棠合写的“均匀各向同性湍流在后期衰变时的涡性结构”，他们利用分析涡球运动的结果来计算湍流二元速度关联函数，并指出计算其他高元速度关联函数和别的关联函数的可能性；有吴仲华教授的“透平机械长叶片气体动力学问题”，文中他提供了合理地设计涡轮机长叶片的方法；还有力学研究所研究员林同骥的“翼截面柱体的弯曲问题”，给出了计算具有翼形断面的悬臂梁里的应力分布。

3月23日

［纲　文］　**国务院同意并批转财政部、劳动部、全国总工会《关于整顿现行附加工资提取办法的报告》**。

［目　文］　《报告》指出，我国国营企业附加工资的提取比例是根据1953年1月13日政务院财经委员会颁布的有关规定执行的。提取比例（占工资总额）为：工会费2%；劳动保险金3%；由企业行政方面直接支付的劳动保险费平均3.24%；医药卫生补助费5%—7%；福利补助基金2.5%；合计为15.7%—17.74%。执行上述规定以来，由于职工总数增加，工资提高，因此工会经费、医药卫生补助费和劳保基金每年皆有结余。报告意见认为，除福利补助和工会经费及劳保基金暂不变动外，医药卫生补助金现重新规定为：重工业、森林工业部门提取5.5%；轻工、纺织、铁路、交通、邮电、农业、建筑部门提取5%；贸易部门提取4.5%；全国总平均约为5.09%。

3月23日

［纲　文］　**商业部、卫生部、全国供销总社联合发布《关于加强避孕服务器供应工作和降低价格的指示》**。

［目　文］　《指示》指出：解放以来，我国人口死亡率大大减少，出生率大大增加。城乡劳动人民由于子女过多，纷纷提出避孕和节制生育的要求。各地卫生行政部门，在指导避孕方面虽采取了一些措施，各地医药公司也从1954年开始经营阴茎套、子宫帽、避孕油膏等避孕用具和药品，并受到群众欢迎，但供应的面很窄，经营点很不普遍，还不能满足群众需要，而且价格也偏高。为了及时、充分地供应避孕药品和用具，保证群众的需要，特对避孕药品和用具的供应工作提出如下意见：一、扩大避孕用品的经营。医药公司系统各级经营单位（包括公私合营药房），必须积极做好避孕药品

和用具的货源组织和供应工作，保持合理的储备。各级百货公司、贸易公司、药材公司（包括中药铺）及农村分销店以上（包括分销店在内）的供销社，均应兼营避孕用品（少数民族地区一般不供应）。各级医疗单位（包括综合性医院、妇产科医院、妇幼保健院、保健站、联合诊所及有条件的区卫生所等）除积极进行避孕技术指导及宣传外，均应接受商业部门的委托代销或进行经销，或主动向商业部门联系代销或经销。二、各级商业部门、医疗单位经营避孕用品的品种，暂规定如下：（一）大、中城市对现有的四种避孕用具与药品须全部经营；县和县以下一般以经营阴茎套为主，也可以根据需要情况经营其他品种。（二）大、中城市各级医疗单位，原则上以代销或经销子宫帽为主；县、区级和区以下医疗单位，以代销或经销阴茎套为主。三、各种避孕用品的作价，决定自本年 4 月 1 日起降低销售价格，并实行全国统一牌价，取消地区差价。四、各个经营避孕用品的单位，必须配合有关部门加强避孕用品的宣传和指导使用，改进商品陈设，有条件的单位可以专柜出售，以便利群众购买。货源组织单位，对避孕商品应附加必要的使用说明，并促使生产部门提高质量。

3 月 23 日

［纲　文］　**粮食部发布《关于1957年预付部分粮食、油料统购价款工作的指示》。**

［目　文］　《指示》说，粮食部门在 1956 年春夏间，对全国粮食、油料发放了约 8 亿元预付价款，这对帮助农业社和农民解决生产上和生活上的困难，促进农业社的巩固和发展，起到了一定的作用。但 1956 年发放预付价款工作，也存在不少严重的问题。主要是某些地方对预付价款的扣回工作不够关心，以致拖欠价款的现象相当严重。截至去年年底，尚有 27.8% 的预付价款没有收回。这种情况，必须在 1957 年发放预付价款工作中坚决消除。粮食部根据国务院 1957 年继续对主要农产品进行预购的决定，结合过去预付价款的发放情况，特作如下指示：一、1957 年全国预付部分粮食、油料统购价款的总金额确定为 63535 万元，其中粮食为 57375 万元，油料为 6160 万元。二、预付价款的对象，必须是有粮食或油料交售任务的农业社（户）。三、预付部分粮食、油料统购价款的金额，粮食是按 450 亿斤总值的 15% 计算；油料（包括桐油）是按预购 162 万吨总值的 10% 计算。各省、自治区、直辖市可以根据当地具体情况和要求，在平均不超过上述比例和下达预付金额的原则下，因地制宜地加以规定。四、预付部分粮食、油料统购价款可分两次发放，在春耕前发放一批，中耕施肥以前再发放一批。五、在发放预付价款时，除广泛深入地向农民宣传预付价款的意义和目的外，还必须对农业社干部和农民进行履行合同的教育，认真签订产品预购合同，具体手续由省、自治区、直辖市粮食厅、局规定。六、预付价款不向农民计算利息。

3 月 23 日

［纲　文］　**财政部和中国人民银行发出《关于1957年分成税收新旧比例清理办法的通知》。**

［目　文］　《通知》指出：1957 年调剂分成收入的分成比例已经确定，各省、自治

区、直辖市财政厅（局）在接到新的分成比例后，应将各县（市）的分成比例迅速下达到县（市）财政科（局）和县（市）金库，并指明新比例的执行日期，以便遵照执行。各地金库从指定新比例执行日期起即按1957年的分成比例计算分成，不再按1956年的分成比例计算；以前已按1956年分成比例计算的，应按1957年的分成比例进行清理。清理的具体工作，由原划税金库办理。《通知》还明确了清理的具体方法，包括收入统计表和汇总收入统计表的编制、款项的清理、按新比例重算调整的手续、各分库向总库报送的中央预算收入月份或半月报告内容等。

3月23日

［纲　文］　**国家经委发布《关于改进工业管理体制的初步方案》。**

［目　文］　《方案》指出：我国已有的工业是按照专业分工的原则，由中央部集中管理少数重大企业，地方分散管理大量中小企业，并通过统一的计划和财务制度进行管理的。这种工业管理体制，从基本上看是正确的，但是在实践中也暴露出不少的问题和缺点。主要表现在：工业计划指标管得偏多偏死，使执行计划的部门、地方和企业均无法依据实际情况的变化来适时地调整计划，从而产生一系列的矛盾；财务管理权限过于集中，手续过于繁杂，使企业、地方和各部都缺少机动的余地，影响经济活动的主动性；中央各部主管的建设项目和建筑企业，都是条条下达，垂直领导，和地方主管的城市建设及地区性的经济文化事业发生矛盾，地方有责任全面规划，却无法统一安排；中央主管部门对劳动力的调配也有控制过严或过松的现象；在工资方面也没有很好地实行分级管理的办法，等等。因此，针对上述缺点，根据统一领导、分级管理、因地制宜、因事制宜的原则，有必要对工业管理体制加以改进。为此，对工业管理体制提出如下改进意见：一、扩大工业企业的权限，充分发挥企业的积极性；二、扩大省（市）管理工业的权限，发挥地方的积极性；三、明确中央各工业部的职责，加强工业的全面规划和统一管理；四、国务院及其有关部门根据扩大企业和地方管理权限的要求，相应地改进自己的工作；五、对现有企业的隶属关系进行适当的调整，将中央部管的一部分企业划归地方领导；六、为了适应上述工业管理体制的变革，有必要调整和加强工业管理机构。

3月23日—4月9日

［纲　文］　**交通部召开直属航运局局长会议。**

［目　文］　会议在总结上年工作的基础上，根据中央指示的增产节约的精神，研究和部署了本年的航运工作。会议指出：1957年全国水路运输的任务是繁重的，要完成本年的运输任务，不能单纯地依靠新增的运输设备的能力，而必须更多地充分发挥已有运输设备的潜在力量。会议提出了本年航运工作的各项措施，其主要内容是搞好运输的计划平衡工作，使各方面的工作特别是船舶和港口的工作协调配合，同时要搞好同外部的协作关系。为了很好地实现这些措施，保证完成和超额完成本年的水路运输计划，会议提出必须在航运企业中广泛深入地开展增产节约运动，加强对职工的政治思想教育，改进领导作风。在增产节约运动中，注意提高运输的质量，确保运输安全。

3月24日

［纲　文］ **周恩来在杭州群众大会上作报告。**

［目　文］ 报告分析了国内外形势，提出要恰当安排工农业和轻重工业、积累和消费、生产和生活的关系。指出当前值得注意的两个问题，一是工资改革要有利于稳定农业劳动力，另一是最高工资和最低工资的差距要缩小。还指出改善人民生活只能在增加生产和提高劳动生产率的基础上进行。在谈到中国知识分子的优缺点时说，我们现在适时地提出“百花齐放、百家争鸣”的口号，就是要发展我们的才智，解放我们的思想，目的是搞好国家建设，爱护我们的国家。报告谈到青年的学习和生活问题，要求青年抓紧学习，提高自己的文化和科学技术水平，掌握现代科学技术，成为有文化的劳动者，继承中华民族艰苦奋斗、不怕牺牲的优良传统，并在社会主义建设中发扬光大，还建议青年实行晚婚、晚育。

▲1957年3月24日，周恩来在杭州市群众大会上作报告。

3月25日

［纲　文］ **中共中央发出《关于处理罢工、罢课问题的指示》。**

［目　文］ 《指示》共六点，主要内容为：在最近半年内，工人罢工、学生罢课、群众性的游行请愿和其他类似事件，比以前有了显著的增加。这种现象值得我们严重地注意，决不应该认为这种现象只是暂时的。从根本上说来，在人民推翻了共同敌人，消灭了

剥削制度以后，我国人民已经形成了新的伟大的团结。人民群众和领导者的根本利害关系是一致的，在正常情况下，人民群众一般是拥护他们的领导者的，但是这不是说人民群众和他们的领导者之间没有矛盾。从根本的性质说来，人民群众和他们的领导者之间的矛盾，属于人民内部的非对抗性的矛盾，而不属于敌我之间的对抗性的矛盾。人民内部的矛盾一般地都可以和应该在民主集中制的范围内，用“团结——批评——团结”的方式解决。一般地说，为了解决人民内部的矛盾，不需要采取罢工罢课游行请愿一类的方式，采取这种方式，一般的是不符合人民利益的。因此，我们不但不提倡这类事件，而且应该力求防止这类事件。为了从根本上避免这类事件的发生，而在发生事件后避免采取错误的方针和办法，中央认为，在这个问题上，有引起全党注意和统一全党认识的必要。为了防止罢工罢课一类事件的发生，根本办法是随时注意调整社会主义社会内部关系中存在的问题，首先是克服官僚主义，扩大民主。除此以外，还必须加强群众的思想政治教育，密切注视群众的思想动态，认真解决群众的思想问题。这也是反官僚主义的任务之一。就全国范围说来，少数的罢工罢课和群众性的游行请愿一类事件的发生还是完全可能的。在发生这类事件的时候，党的方针应该是：允许而不是禁止群众这样作，不要强迫中止，以便使群众在闹事的过程中受到充分的教育，作为补偿平时思想政治教育缺乏的一种手段。对群众在事件中提出的要求，应该接受其中正确的可行的部分，对目前做不到的要求进行解释，对不正确的要求加以批判。在事件平息以后，应该认真地对干部和群众进行教育，一面健全民主生活，一面提高群众觉悟，以达在新的基础上增强人民内部团结的目的。各级党委，特别是省、市和自治区一级的第一书记，应该积极了解工厂、学校以及报纸、刊物的思想政治动向，加强思想政治工作，解决这些方面的具体问题，并且教会地委、县委两级和城市区级第一书记抓起这些工作。为了总结经验，取得教训，各地应该将最近时期所发生的各种罢工罢课游行请愿等事件的起因、经过和处理情况写成材料，加上评论，发给干部阅读讨论并报告中央。

3 月 25 日

［纲　文］　**中共中央电贺奥地利共产党第十七次全国代表大会召开。**

3 月 25 日

［纲　文］　**高教部发布《关于研究生的名称问题的通知》。**

［目　文］　《通知》说：在 1956 年高等学校招收研究生时，因国家的学位条例没有公布，研究生的名称尚未确定，而高教部对四年制研究生与过去作为教师进修的二、三年制研究生在招生时需要有所区别，所以根据 1955 年 8 月 5 日国务院全体会议通过的《中国科学院研究生暂行条例》第 21 条“研究生在学位论文通过后即由研究所提请学部审查并报中国科学院批准其毕业，授予科学副博士学位”的规定，将招收的四年制研究生称为“副博士研究生”。这个名称只表明经过四年学习后一般应达到副博士水平，至于是否授予副博士称号或其他称号尚待研究。高教部在通知各校时，曾说明这个名称是暂用的。暂用这个名称以后，在社会上引起了一些误解，在年制不同的研究生中也有意见，认为对四年

制研究生没有必要冠以“副博士”名称。为了避免不必要的误会，高教部经征求各方面意见并请示国务院后，决定不用“副博士研究生”这个名称，去年招收的副博士研究生一律称为研究生。在不用“副博士”这个名称后，各校所有四年制研究生的研究和学习仍照原定计划进行。至于学位名称和研究生结业后的学位授予问题，等国家的有关条例颁布后，按规定办理。

3月25—30日

［纲　文］　**民革第三届中央委员会第二次全体会议在北京举行。**

［目　文］　参加会议的有民革中央委员和候补中央委员共140人。会议听取了民革中央主席李济深《关于中国国民党革命委员会第三届中央委员会常务委员会工作报告》。各位委员在大会和小组会上对国内外形势，“长期共存，互相监督”的方针，争取和平解放台湾问题，“百花齐放，百家争鸣”的方针和加强民革成员的政治思想教育、发展组织等问题进行了讨论。30日下午，会议通过一项决议。决议说：民革坚决拥护中国和平外交政策，加强以苏联为首的社会主义阵营的团结，发展和增进我国同亚非国家的友好合作，反对美国帝国主义的扩张政策，随时提高警惕，粉碎它的侵略阴谋。决议说：我们坚决拥护扩大社会主义民主、正确处理人民内部矛盾的一切措施，贯彻“有反必肃、有错必纠”的方针，继续巩固人民民主专政。决议指出：在“长期共存，互相监督”的方针下，要正确认识和贯彻执行这一方针，忠诚接受中国共产党的领导，坚持为社会主义服务的政治路线，密切联系群众并反映他们的意见和要求，协助政府正确处理人民内部的矛盾，虚心接受共产党的批评，并向共产党积极提出建议和批评。同时还要向领导的中国共产党学习，反对思想上的主观主义、工作上的官僚主义、组织上的宗派主义，并且鼓励成员自愿参加中国共产党的整风学习。关于“百花齐放，百家争鸣”的方针，决议说：要提倡彻底敞开，自由辩论，坚持真理，耐心说服，养成批评与自我批评的习惯，达到互相帮助，共同进步。决议号召全体成员和所联系的群众，继续为争取和平解放台湾而努力，随时揭露美国帝国主义企图长期霸占台湾的阴谋，促使台湾国民党军政人员及早觉醒，体念孙中山先生爱国反帝的精神，响应祖国“爱国一家”、“爱国不分先后”的号召，走和平解放台湾的道路，完成祖国统一大业。决议还要求民革全体成员和所联系的群众，充分认识建设社会主义的长期性和艰巨性，本着勤俭建国的方针，积极投入增产节约运动，反对铺张浪费，发扬艰苦奋斗的精神，做好工作，完成任务。

3月26日

［纲　文］　**一届全国人大常委会举行第五十三次会议。**

［目　文］　会议听取了周恩来作的《关于中华人民共和国政府与捷克斯洛伐克共和国政府代表团进行谈判问题的报告》，并决定派周恩来为签订《中华人民共和国和捷克斯洛伐克共和国友好合作条约》的全权代表。会议通过决定任免驻外大使名单，以及其他人

事任免案。

3 月 26 日

［纲　文］　**薄一波主持召开国务院第四十三次全体会议。**

［目　文］　会议讨论了以下事项：一、原则同意《中华人民共和国和捷克斯洛伐克共和国友好合作条约（草案）》、《中华人民共和国政府和捷克斯洛伐克共和国政府文化合作协定（草案）》、《中华人民共和国政府和捷克斯洛伐克共和国政府保健合作协定（草案）》。二、通过《国务院关于设立河南省三门峡市、平顶山市和鹤壁市的决定》、《国务院关于设置广东省十万山壮族瑶族自治县和钦北壮族自治县的决定》、《国务院关于撤消云南省寻甸县和路南县设置寻甸回族自治县和路南彝族自治县的决定》。

3 月 26 日

［纲　文］　**财政部发布《关于召开劳模、积极分子及先进生产（工作）者会议经费开支划分的规定》。**

［目　文］　《规定》指出：自中央提出展开先进生产（工作）者运动以来，中央级和各省、自治区、直辖市的许多部门均召开了先进生产（工作）者会议。当时在会议费的开支方面，全国总工会、财政部于 1956 年 5 月 25 日曾颁发了关于召开劳模大会经费开支的规定。但在具体执行中，大部分省、市认为会议费不按会议性质划分开支，完全由召开会议的部门负担是不合理的。鉴于 1957 年预算很紧，各项支出指标削减很多，因此在开支方面必须贯彻中共中央关于精简节约的号召，建立严格的会议审批制度，对会议的次数、人数、时间加以严格控制。对会议费开支划分特作如下规定：一、国务院及县以上各级人民委员会召开的全面性的劳模、积极分子及先进生产（工作）者会议，其会议费和奖励费均由行政费开支。二、国务院及县以上各级人民委员会所属各部门召开的劳模、积极分子及先进生产（工作）者会议，其会议费和奖励费按参加会议人员工作部门的性质及人员的多少划分开支。参加会议的人员大部分为行政部门的，全部由行政经费开支；大部分为事业或企业单位的，全部由事业费或企业管理费（奖励费列企业奖励基金）开支，或以参加会议人员的多少按比例分摊。三、企业、事业单位召开的劳模、积极分子及先进生产（工作）者会议，其会议费和奖励费，事业单位列事业费开支，企业分别列入企业管理费和企业奖励基金开支。四、国务院及县以上各级人员委员会所属行政部门、企业、事业单位，委托工会代为举办的劳模、积极分子及先进生产（工作）者会议，其会议费和奖励费均由委托单位按照上述办法开支。

3 月 26 日

［纲　文］　**水利部和农业部联合发布指示，做好灌溉管理工作，争取农业大丰收。**

［目　文］　《指示》指出：全国灌溉面积已发展到五亿亩，是农业增产的重要条件。做好灌溉设施的管理工作，全面地发挥灌溉效益，保证农业生产计划的完成与超额完成，获得农业的大丰收，是农业、水利部门共同的重要任务。指示要求各地：一、切实依靠和帮助农业社健全用水组织，做好用水管理工作。各地首先要把现有灌溉设施，根据工程规

模及类型，采取适当形式全面切实管理起来。农业社里应该建立水利管理组织，设立专人负责领导，制定必要制度，消灭无人管理现象。其次，要积极帮助农业社培养水利技术人员，把灌水员固定起来，提高他们的积极性和技术能力。二、大力提高灌溉技术，推行先进的灌溉方法。实践证明，旱作物的沟灌、畦灌，水稻的合理勤浇浅灌是增产的好办法，并能防止盐碱地盐分的上升。三、积极推行计划用水。农业合作化的发展给扩大推行计划用水带来了更优越的条件。各地应根据可能条件，尽量扩大计划用水实施范围，特别是在干旱地区更应尽先实行。四、充分做好蓄水保水工作。对一些干塘漏塘，应该及早进行检查整修；对所有蓄水灌溉设施，都要注意开辟水源，提高蓄水抗旱能力，同时采取有效措施，合理用水，加强田间保水工作。

3月26日

［纲　文］　**卫生部发布《关于加强流行性感冒等传染病的防治工作的指示》。**

［目　文］　《指示》指出：本年入春以来，流行性感冒、流行性脑脊髓膜炎及麻疹在全国各地有广泛的流行。这几种流行病流行的特点是，主要发生在工厂、学校、机关等集体生活单位，以及人口稠密的大中城市与交通沿线，蔓延迅速，以致严重地影响到生产、学习和工作。根据以上疾病流行情况，各地必须采取积极防治措施，做好下列事项：一、凡已发生有流行性感冒等病流行的单位，对患者应严格采取消毒，和单位隔离。并应组织调配医务力量，重点突击对主要流行病的防治，但须注意防止滥用药品现象（如乱用磺胺、青霉素等）。二、注意掌握疫情，早期发现病人，及时采取防治措施。三、在疾病流行期间，各地应极力减少或推迟一些大型会议；特别是已经发生有流行性感冒的单位，应减少或停止集体活动，以杜绝传播。四、各地结合此次疫病流行，应利用报刊等，认真地进行宣传教育和技术指导。五、各单位应注意工作、学习和休息的安排，防止过度疲劳，注意生活的规律性。应做好春季的卫生工作，进行清洁扫除，注意室内通风换气，随气候变化增减衣服，并加强各行业卫生管理。六、各单位应加强对管理人员，炊事人员的教育，加强与改进食堂工作，注意伙食营养，以增进身体抵抗力。七、在流行性感冒与脑脊髓膜炎流行地区，当地医药公司应加强药品的调配与供应工作。

3月26—31日

［纲　文］　**中国佛教协会第二届全国代表会议在北京举行。**

［目　文］　参加会议的有来自全国各地的汉、藏、蒙古、傣等11个民族的200多位活佛、喇嘛、法师、僧、尼和居士。中国佛教协会名誉会长查干葛根①出席会议，佛教协会会长喜饶嘉措②致开幕词，副会长赵朴初③作《中国佛教协会第一届理事会工作报告》。

---

① 查干葛根（1887—1957），全名查干葛根—扎木彦勒格希扎木苏，蒙古族，内蒙古苏尼特左旗人，时任中国佛教协会名誉会长。

② 喜饶嘉措（1884—1968），藏族，青海循化人，时任中国佛教协会会长、中国佛学院院长。

③ 赵朴初（1907—2000），安徽太湖人，时任中国佛教协会副会长兼秘书长。

国家民委副主任萨空了作时事报告，国务院宗教事务局局长何成湘在闭幕会议上作有关宗教政策的讲话。会议讨论和修改了中国佛教协会章程，选举喜饶嘉措为会长及噶登赛特、应慈、静权、松榴·阿戛本尼亚、能海、赵朴初、噶喇藏、阿旺嘉措、巨赞、周叔迦、伍古腊等11人为副会长，同时选出由220名理事组成的中国佛教协会第二届理事会。会议收到了中国佛教协会名誉会长达赖喇嘛和班禅额尔德尼的贺电。4月2日，朱德接见出席中国佛教协会第二届全国代表会议的活佛、喇嘛、法师、僧、尼和居士们。

3月27日

［纲　文］　**中国和捷克斯洛伐克签署《中捷友好合作条约》、《中捷文化合作协定》和《中捷保健合作协定》。**

［目　文］　《中捷友好合作条约》是继《中苏友好同盟互助条约》和《中德友好合作条约》以后，中国同社会主义国家缔结的第三个国家条约。条约宣布，中捷两国将本着真诚合作的精神，参加一切旨在保障世界和平和各国人民的安全并且同联合国宪章原则相符合的国际行动。两国将本着兄弟般合作的精神，就一切有关双方利益、有关保障和巩固世界和平的重要国际问题互相进行磋商，并注意保障双方领土的不可侵犯和国家的安全。为了双方的利益，两国将在互相尊重主权、互不干涉内政、平等和互利的基础上，巩固和发展友好关系和兄弟般的合作。同时两国将努力在经济上互相帮助，进一步发展有利于双方的经济合作。3月9—17日，3月20日—4月1日，捷克斯洛伐克共和国总理威廉·西罗基率政府代表团访问中国。访问期间，代表团拜会了毛泽东和周恩来。西罗基应邀在政协全委会第三次全体会议上发表演说。中捷两国总理举行会谈，就国际局势、加强社会主

◀3月9日周恩来总理（左一）到机场欢迎西罗基总理（左三）

义国家的团结和进一步发展中捷两国相互关系交换了意见，并取得了一致看法。访华期间，代表团访问了上海、西安、成都、南京、广州、杭州、南宁、天津等城市及东北地区，瞻仰了中山陵，参观了广州农民运动讲习所以及国营和公私合营的工厂。西罗基对资本主义企业的社会主义改造表示很大兴趣。

▲3月12日周恩来总理陪同西罗基总理观看文化部为欢迎捷克斯洛伐克共和国政府代表团举行的歌舞京剧晚会后与演员合影

3月27日

［纲　文］　**中国和捷克斯洛伐克发表《中捷两国政府联合声明》。**

［目　文］　《联合声明》说：以捷克斯洛伐克共和国总理威廉·西罗基为首的捷克斯洛伐克共和国政府代表团应中华人民共和国政府的邀请，于1957年3月间在中国进行了友好访问。在访问期间，中华人民共和国主席毛泽东接见了捷克斯洛伐克共和国政府代表团，两国政府领导人还举行了会谈。双方表示坚决反对帝国主义侵略势力以原子武器武装联邦德国国防军和任命原希特勒的高级军官担任北大西洋公约司令职务等一系列复活联邦德国军国主义的活动，完全支持德意志民主共和国为在和平和民主的基础上统一德意志所作的努力。双方支持苏联政府1957年3月16日关于建立全欧原子能合作机构和在全欧进行经济合作的建议。双方强烈谴责美国最近所提出来的“艾森豪威尔主义”。美国这种新的殖民主义政策是当前对中近东各国主权和独立的主要威胁。双方重申支持朝鲜人民和越南人民为在和平和民主的基础上实现他们祖国统一所作的努力。两国政府将继续把维护和加强以苏联为首的社会主义阵营的团结作为他们头等重要的国际义务。

3月27日

［纲　文］　**国务院发出《关于目前油脂工作安排的指示》，要求增加油脂、油料收购，扩大和开辟油脂货源，适当压缩油脂销量。**

3月27日

［纲　文］　**最高人民检察院发出《关于贯彻执行中央对检察工作的指示的通知》。**

［目　文］《通知》指出：中央认为出庭支持公诉是检察工作最薄弱的一环，要求各级人民检察院向人民法院提起公诉的案件，应全部派员出庭支持公诉，并进行审判监督。

3月27日

［纲　文］**刘少奇电贺康斯坦丁·帕伏列斯库和彼得·斯坦鲍利奇分别当选罗马尼亚和南斯拉夫国民议会主席。**

3月27日

［纲　文］**内务部发出《关于继续做好移民巩固工作的指示》。**

［目　文］《指示》指出：据部分地区反映移民返籍现象仍很严重，对这种现象如果不加以制止，不但会影响移民的春耕生产，使移民的生活发生困难，工作陷于被动，而且会对巩固移民工作成果和开展今后的移民垦荒工作，造成很多困难。为此，特作如下指示：一、大力组织移民搞好农副业生产，争取本年的生产收入达到或超过移出地区的水平，这是做好移民巩固工作的关键。二、为了保证生产的顺利进行，安置地区要对移民村（社），在充分发动群众的基础上，依靠党、团支部和移民内部的积极因素，采取说服教育和批评与自我批评的方法，有领导地加以整顿。三、要做好移民家属的迁送和安置工作。安置地区应根据当地实际情况，由下而上地制订接家属的计划，分批进行。移出地区应当实事求是地向移民家属进行宣传动员，消除他们的顾虑，树立克服困难的信心，使之自愿迁往。四、对返回原籍的移民，凡自愿重返安置地区而又适于参加垦荒生产的，移出地区政府应帮助他们返回安置地区。

3月27日

［纲　文］**全国工商联发出《全国工商业者为贯彻人民政协第二届第三次会议的决议精神而奋斗》的指示。**

［目　文］《指示》说：全国工商业者必须正确地认识国内外对于我国建设有利的形势，进一步坚定为社会主义建设而奋斗的信心。《指示》指出：本年的增产节约运动有着重大的意义。不少工商业者对于生产经营具有一定的技术和知识，能够精打细算，善于挖掘生产潜力。因此必须发扬爱国主义精神，刻苦钻研，勤俭办企业，利用过去的经验，克服生产经营中遇到的各种困难，在以增产节约为中心的社会主义竞赛运动中作出显著的成绩。《指示》还指出：工商业者为了在社会主义建设中能够发挥更大的积极作用，必须进一步加强学习，正确地认识国家利益和个人利益的一致性，逐步改变旧的立场、观点和方法。工商业者应该正确地体会党和政府的政策精神，克服骄傲自满、放松改造等一切消极情绪，在工作岗位上充分发挥积极性和创造性，进一步树立主人翁的思想，以认真负责的态度，积极提出合理化建议，展开批评与自我批评，发挥人民的监督作用，为社会主义建设作出更多、更大的贡献。《指示》要求工商业者必须随时以全国工商业联合会第二届会员代表大会一致通过的五项基本准则，来检查自己的思想和工作，逐步做到“破资本主义，立社会主义”，以增强社会主义的一致性，达到人民内部更巩固的团结的目的。

3月27日

［纲　文］　**首都各界集会纪念格林卡逝世100周年。**

［目　文］　纪念会由中国人民保卫世界和平委员会、中国人民对外文化协会、中苏友协、中国文联、中国音协、北京市中苏友协联合举办。首都各界人士1300多人出席。中国人民保卫世界和平委员会常务委员、中苏友协副会长、中国文联副主席沈雁冰[①]主持纪念会并致开幕词。他说：格林卡的音乐作品是全世界人民宝贵的精神食粮。中国人民对各国人民优秀的文化传统都是尊重和热爱的。人民的这种崇高感情是促进各国人民互相了解、文化交流和保卫世界和平的力量的源泉。中国音协主席吕骥[②]在会上作了题为《格林卡——俄罗斯音乐之父，俄罗斯人民的灵魂》的报告。在中央音乐学院工作的苏联专家、苏联艺术学副博士阿·康津斯基接着作了报告，他分析了格林卡的作品。纪念会上，中国音乐家演奏了格林卡的名曲，中国的男女歌唱家演唱了格林卡的著名歌剧的选曲。出席纪念会的还有中苏友好协会总会副会长吴玉章[③]、邵力子、李烛尘，中国人民对外文化协会会长楚图南[④]，北京市中苏友好协会副会长曹靖华[⑤]、老舍[⑥]等。苏联驻华大使馆公使衔参赞阿布拉西莫夫以及各国驻华使馆文化专员应邀出席了纪念会。

3月28日

［纲　文］　**国务院就广东省与越南过境土地问题批示广东省人民委员会。**

［目　文］　批示指出：关于广东省与越南过境土地问题，除已处理者不必变更外，其余暂维持现状，不必继续动员边民放弃过耕，也不必再就此事与越方边境地方政府协商；关于中越双方渔民在沿海捕鱼问题，双方政府正在谈判，防城县不宜与越南地方另行谈判；关于开放便道，过境放牛、打柴等问题，基于便利双方边民往来和照顾双方边民生产、生活上的需要的原则，同意在不损害越方群众利益的情况下，可适当放宽，由我边境县级地方政府同越方相应边境地方政府协商解决。我边防岗哨现已撤除，所有开放的便道，应由地方公安机关负责管理。

3月28日

［纲　文］　**中共中央批复中共福建省委《关于渔业生产情况和问题的报告》。**

［目　文］　批复指出：中央同意福建省所提出的对渔业生产方面的方针和措施。关于要求中央和广东、浙江省委支持解决的两个问题答复如下：一、关于转移渔场问题，广东省委已电复无问题，欢迎去。转移到浙江有关渔场的问题，为了避免渔场纠纷和取得浙

---

① 沈雁冰（1896—1981），笔名茅盾，浙江桐乡人，作家，时任文化部部长、中国作协主席、中国文联副主席。

② 吕骥（1909—2002），湖南湘潭人，作曲家，时任中国音乐家协会主席。

③ 吴玉章（1878—1966），原名永珊，字树人，时任中国文字改革委员会主任委员、中央社会主义学院院长、中苏友好协会副会长。

④ 楚图南（1899—1994），别名楚介青、高素、高寒，云南文山人，时任中国人民对外文化协会会长。

⑤ 曹靖华（1897—1987），原名曹联亚，河南卢氏人，翻译家。

⑥ 老舍（1899—1966），原名舒庆春，字舍予，满族，北京人，作家、语言大师、人民艺术家。

江的切实支持，福建省须派人赴浙江协商具体解决。二、关于渔需物资供应问题，中央责令水产部党组与有关部门进行了联系，设法解决。3 月 4 日，福建省委就渔业生产的情况和问题向中央报告。报告说：本年 1、2 月福建省的渔业生产的情况很不好，减产很多，主要原因除气候冷、水温低、渔群外游、渔汛推迟，大风很多，渔船不能出海外，还由于台湾国民党军的大肆破坏。金门、马祖、乌坵等地的国民党军队，只要我渔船出海，即进行炮击或抓捕。因之渔民不敢出海，生产生活困难，思想上也有一些混乱，区乡干部对此也产生了某些畏难情绪。此外在渔业生产资料的供应上，由于福建本省出产不足，离需要相差很远，外省有存货的也不好买到，从而也导致了福建省渔业生产上的困难。根据上述情况，福建省委提出：一、必须继续贯彻一面斗争一面生产的方针，加强对渔民的宣传教育工作，揭露国民党军的破坏阴谋，提高群众的斗志，坚持斗争，坚持生产。二、转移渔场到浙江、广东生产，请浙江、广东省委给以支持协助。三、渔业生产资料的供应方面，请求中央能责成有关部门帮助支持解决，其中进口货如能拨给更好，否则请能增拨外汇并准予进口。四、为解决渔民生产生活的困难，福建省已责成水产部门增拨预购款 100 万元，除请各地根据生产条件很好加以运用，已划给之渔贷指标，各地应从农贷中迅速拨出，专做渔贷之用。对少数生活确有困难的渔民，应由各级行政部门适当予以救济，以支持渔民渡过困难。

3 月 29 日

［纲　文］　**国务院发布《关于文史研究馆工作的通知》。**

［目　文］　《通知》说：自从 1952 年 9 月前政务院颁发了关于设置文史研究馆的决定以后，全国已经有 28 个省、自治区、直辖市和市先后成立了文史研究馆，共吸收了 3019 位老年知识分子为馆员。为了进一步加强文史研究馆的工作，通知如下：一、关于适当放宽馆员标准和增加名额的问题。前政务院原来规定的馆员标准不予变更，即：（一）年龄在 60 岁以上；（二）有相当学识和声望；（三）生活困难。但对于馆员的资历条件，在具体掌握上，可以适当放宽。二、关于馆员的工作问题。前政务院规定：对馆员的工作，应照顾其精力条件；馆员得自由进行研究；散在各县的馆员，不必到馆工作，得用通讯方法进行研究。现在仍应按照这一规定精神办理。三、馆员参加政治学习应完全根据自愿，而且应照顾体力条件。四、关于馆员待遇问题。文史研究馆馆员一律不评级，每人按月发给一定的生活费，标准仍按前政务院规定的 30—100 元幅度掌握，个别情况特殊的可以超过此数。

3 月 29 日

［纲　文］　**国家计委发出《关于检查国营企业“一五”计划完成情况的通知》。**

［目　文］　《通知》指出：国务院关于检查第一个五年计划执行情况的几项规定，是指检查各部、省、市五年计划完成情况，至于各部、省、市所属基层单位的“一五”计划完成情况的具体检查办法，应由各部、省、市根据国务院规定的原则自定。

3月29日

［纲　文］　**高教部、青年团中央联合发出《关于加强高等学校毕业生思想教育工作的通知》**。

［目　文］　《通知》指出：历年来国家分配毕业生工作是贯彻“学用一致”的原则，并注意照顾毕业生的工作志愿以及实际困难等问题，对毕业生的分配和使用一般是正确的，发挥了毕业生的专长和工作积极性。但部分毕业生中比较多地考虑个人利益、忽视集体利益、害怕艰苦、贪图享受的倾向有所滋长。本年暑期将毕业的部分学生的思想情况也比较混乱，这种情况应当引起注意。据了解，高等学校毕业生中暴露的思想问题，主要可以分为以下四种类型：一、强调个人志愿，忽视国家需要。二、狭隘地理解“学用一致”的原则。三、夸大个人困难，过分要求照顾。四、片面理解“就地分配，就地就业”。这些问题总的是反映了个人利益与国家整体利益的矛盾，有其阶级根源和社会根源。但是除了极少数毕业生是由于有较严重的个人主义思想外，多数毕业生常常是由于认识片面而产生错误思想。因此，应当加强对毕业生的思想教育工作。应当看到，青年学生热爱祖国，愿意为社会主义建设事业贡献出自己的力量的这种愿望是基本的，只要加强对毕业生进行思想教育工作，向他们讲清楚道理，耐心说服，毕业生的觉悟是可以提高的，有一些毕业生的不正确思想是可以被克服的。在加强思想教育工作的同时，应当主动地深入了解毕业生的情况，对于毕业生的一些应当照顾的实际困难和正当要求，在分配工作时注意适当照顾，妥善解决，确实难以照顾的也要解释清楚。应当很好倾听毕业生的各种意见和要求，不要对学生提出的要求不加分析地都看成是思想问题或都扣上“个人主义”的帽子而不加考虑。毕业生思想教育工作是一项细致、复杂的长期性的任务，除了要在平时注意经常的思想教育工作外，还需要在学生临毕业前，针对毕业生的具体思想情况，集中地进行思想教育工作。学校校（院）长应当亲自向学生作有关思想教育方面的报告，还可考虑请当地党、政、企业的负责同志向学生作有关国内外形势和国家建设情况等方面的报告。对青年学生进行思想教育的方式应当是多种多样，力求生动活泼。

3月29日

［纲　文］　**高教部、教育部、青年团中央联合发出《关于向报考高等学校的青年进行升学思想教育的通知》**。

［目　文］　《通知》说：本年由于招生计划人数比上年减少，部分事业的发展规模也有适当调整，考生在升学或就业方面的思想问题较多；在招生办法上，一般不采取计划分配的办法，完全根据考生志愿录取。这样，一些为考生所不了解或考生还缺乏正确认识的学校、专业，在完成招生任务中会遇到一些新的困难。因此，及时加强对考生的升学思想教育，以提高他们的社会主义思想觉悟，端正升学态度，正确选择升学志愿，就十分重要。《通知》要求各地教育考生正确认识本年高等学校的招生方针，全面温课备考，迎接升学考试。必须使考生了解数量和质量的关系，纠正以往强调数量、忽视质量的倾向。这样做既符合国家的利益，也符合青年的长远利益。考生应该把保证质量的要求，看做是国

家对自己的要求。升学志愿在一定程度上反映青年的爱好和特长，反映青年在选择一生为社会主义建设事业服务的具体道路。《通知》认为，有必要向考生全面介绍高等学校的专业设置情况，引导考生实事求是地选择升学志愿。《通知》要求对考生进行升学思想教育时，要坚持说服教育的方针，注意正面启发，讲清道理，以增加认识，扩大眼界，使考生在提高觉悟和认识的基础上，自行选择升学志愿；应当防止片面、夸张的宣传，尤其要反对包办、强迫和按招生比例分配学生填写志愿等错误做法。

3月29日

［纲　文］　**《人民日报》发表题为《加强学校思想政治工作》的社论。**

［目　文］　社论指出：学校应当培养学生成为全面发展的人才，也就是培养为社会主义建设服务的、体魄健全的、热爱祖国的和具有一定马克思列宁主义思想水平的人才。学校思想政治工作的根本要求，是教育学生树立正确的世界观和人生观，养成共产主义的道德品质，培养学生为人民、为社会主义服务的根本思想。我国的学生绝大多数都热爱祖国，热爱社会主义事业，但是这并不能使我们认为学校的思想政治教育已经可以满意了。相反，在学校思想政治教育中还有许多重大的缺点。主要表现在教育行政部门常常忽视了思想政治教育的领导，中等学校中没有适当的政治教育的科目，政治教育的内容往往没有结合各种实际工作和群众的具体思想情况，思想工作往往停留在比较简单的和一般化的方法上。由于这些缺点，学生对于时事政策往往不很注意或者不能正确地了解，对于学习的意义有时也认识得不适当，对于毕业以后从事生产劳动缺乏足够的思想准备，在思想感情和生活习惯上同劳动人民也缺乏联系。社论强调，为了加强学校的思想政治工作，教育行政部门必须首先担负起责任来。无论初级中学和高级中学，都要设置适合学生需要的政治课程，并且加强课外的思想政治教育。学校对青年学生进行思想政治工作，应该进行耐心的说服教育，循循善诱，对具体事物要深入研究，作具体分析，全面地看待问题，反对片面性。劳动教育是对学生进行思想政治工作的重要内容之一。无论小学校、中等学校和高等学校，都应该经常地进行劳动教育，培养学生热爱劳动、热爱劳动人民的优良品质，培养学生善于把知识、技能和熟练的技巧运用到生产实践中去。社论最后说：我们正处在社会大变动的时期，帮助学生克服不正确的思想影响，培养年轻的一代成为共产主义的战士和新社会的建设者，不但是国家的崇高的任务，而且是学生群众的恳切愿望。所有学校的领导工作人员和教师，应该用充分的共产主义的阳光和雨露，去培养年轻一代的禾苗花卉，使他们健康地成长。

3月29日

［纲　文］　**中国人民保卫世界和平委员会发表反对英国在圣诞岛试验氢弹[①]的声明。**

［目　文］　声明指出：亚洲、拉丁美洲以及全世界其他地区各国人民要求禁止核子

① 1957年3月21—23日，美英两国政府首脑在百慕大举行会谈，讨论中东问题。会谈公报宣布决不无条件地停止原子核试验，英国也坚持要在圣诞岛进行氢弹爆炸试验。1957年5月，英国在太平洋圣诞岛试爆氢弹成功。

武器、反对试验核子武器、反对美国扩建包括设置氢弹和导弹在内的军事基地的呼声正在越来越高涨。日本人民为反对核子武器和反对在日本设立原子基地而进行着不懈的勇敢的斗争。但是，美国侵略集团却始终不顾世界各国人民和广大社会舆论的反对和抗议，还在到处扩建原子军事基地，扩充北大西洋军事集团武装部队和核子武器装备，并且策划在包括日本和台湾地区的亚洲、包括北大西洋集团各国的欧洲和拉丁美洲设置导弹。美英百慕大会谈更违背全世界人民的意志，公然宣布拒绝停止试验核子武器，而妄想依靠美国军事力量来加强自己地位的英国，也不顾各国人民的呼吁和抗议，坚持要在圣诞岛进行核子武器爆炸试验。这一切是对所有爱好和平的人民和国家的直接挑战。声明强调，中国人民一贯反对使用和试验核子武器，赞成苏联在联合国裁军小组委员会上提出的关于禁止使用核子武器和立即停止试验核子武器的主张，也赞成苏联政府提出的在未达成永久停止试验原子武器和氢武器的协议以前缔结一项暂时中止试验这些武器的协定的建议。中国人民愿意和亚洲及全世界人民坚决地站在一起，为击败帝国主义的备战政策，为禁止使用和停止试验核子武器，为进一步缓和国际局势和争取持久和平而继续贡献力量。

3 月 29—30 日

［纲 文］ **周恩来和缅甸总理吴努在昆明就两国边界问题举行会谈。**

［目 文］ 会谈后双方确定：一、吴努同意在中缅边界问题最后解决的同时，两国签订互不侵犯条约。二、对吴巴瑞 2 月 4 日来信中提出的划界建议，周恩来提出对案。在北段，根据地形和双方行政管理的方便，并参照过去英国在致清政府的正式文件中承认的中国在小江流域的管辖范围，要求把归还中国的片马、古浪、岗房三地的面积划得比缅方建议的大。双方就两国政府组织联合边界委员会、执行划界和签订新边界条约达成了协议。

3 月 30 日

［纲 文］ **国务院批转劳动部《关于精简时辞退人员问题的两点意见的报告》。**

［目 文］ 国务院的批文说：国务院同意劳动部《关于精简时辞退人员问题的两点意见的报告》，报告中提出的两点意见是可行的，希即参照执行。3 月 16 日，劳动部向国务院提出《关于精简时辞退人员问题的两点意见的报告》。报告中说：自从国务院和中央通知指示冻结编制、停止扩充机构和增加人员，及必须合理调整和精简现有的机构和人员以来，各部门、各地区在控制人员增加和精简多余人员方面，已经或正在采取一些措施，并且已经取得一些显著的效果。但是在执行中，有些企业、事业、机关未按照中央所指示的原则办事，任意解雇职工，这些人颇多怨言。此外，有些单位在辞退临时工的时候，不做必要和可能的安排，解释教育工作也做得不够，并且不注意区别家居城市的临时工与家居农村的临时工、某些长期临时工与一般临时工的不同情况，草率处理，也引起了一些事端。为此，劳动部特提出以下意见：一、企业、事业、机关编余的人员，应设法在企业、事业、机关内部或部门之间调剂安置工作，一时无工作的，可组

织他们学习或组织他们从事机关生产，待机分配工作，不得任意辞退。有充足理由必须辞退职工时，须得到基层工会的同意，并报当地劳动部门备案。已经辞退而辞退不当的，应由原单位负责安置。试用人员已经超过试用期的，除确实有充分理由无法录用者外，不得因尚未履行转正手续而借故辞退，多余时应同样按编余人员处理。二、雇用临时工均须按照国务院的规定订立合同（已经雇用而没有签订合同的，应该补订合同），合同期满，应予辞退；如因工作需要须继续雇用时，可按月续订合同。辞退的临时工家居农村而城市中一时又不需用的，应该向他们进行充分的解释教育工作，动员他们还乡生产。辞退家居城市的临时工的时候，原单位应该会同劳动部门尽量设法另给安排适当的工作；如果暂时没有工作，生活困难的应由民政部门适当救济。对于雇用时间已经相当长的临时工，如果未有适当安置，就不宜辞退。

3 月 30 日

［纲　文］　**中国和越南在河内签订1957年文化合作计划。**

［目　文］　根据计划，越南方面分别派文化、教育、卫生、新闻、出版、电影（已派）等代表团和歌舞团到中国访问；中国方面派评剧团（已派）、记者、音乐舞蹈工作者和其他专家到越南访问。双方互相加派留学生，促进在新闻、广播方面的合作，加强在翻译、出版和资料交换方面的联系。中国方面在越南举行“中国工艺美术品展览”和“中国版画展览”。中国文化代表团团长夏衍和越南文化代表团团长瞿辉近代表两国政府在合作计划上签字。

3 月 30 日

［纲　文］　**中国人民银行总行发布《关于1957年城市储蓄工作和公债工作的指示》。**

［目　文］　《指示》指出：1957 年是第一个五年计划建设的最后一年。为了保证生产建设计划的实现和缓和财政与物资供应紧张局面，中央已经发出开展增产节约运动的指示，要求在群众中广泛开展储蓄运动，以减轻市场供应紧张。为此，特提出如下几点要求：一、本年的储蓄存款任务规定为在上年年末余额的基础上，全年增加 4. 5 亿元，各行应努力争取超额完成。二、结合增产节约运动，大力开展宣传工作。三、为了便利储户存取，应进一步加强基层机构，在防止错、乱的原则下，简化各种手续。各行应根据精简精神，结合储蓄工作富有群众性的特点，精简管理机构，充实和加强基层机构。四、为鼓励长期存款，拟增加二年到五年的长期利率，同时开办和利率标准，待报请国务院批准后另行下达。五、为发挥地方的积极性，3 月全国分行行长会议决定：储蓄存款超额完成任务时，超额部分归地方使用，用以调剂地方的四项指标。为了便利地方使用此项超额存款解决当年的问题，兹规定各省可按每月实际增加数的 20% 预支（如一月份在去年年底余额基础上实际增加 300 万元，二月份即可预支 60 万元，二月份又在一月末余额的基础上实际增加 200 万元，三月份即可预支 40 万元，如此类推）。如在一定时期已完成总行分配的收储计划任务，在轧除前已预支数额后，其余超额部分全部可以自行运用；如遇连续数月收储数字下降，则应注意在以后的月份内弥补原预支款，不可再预支。到九月份，更要全

面考虑本年度的储蓄任务能否完成和超额完成，按以后储蓄发展趋势结合过去的预支情况，决定以后数月继续或停止预支。如估计没有把握超额完成总行分配的任务，则不应再预支。

3 月 30 日

［纲　文］　**城市服务部下达《1957年现金预购生猪办法》。**

［目　文］　《办法》指出：为了发展生猪生产，认真贯彻“私有私养公助”的方针，1957 年各地应继续采取现金预购生猪的经济措施，以期通过现金预购解决部分资金困难，扶助生产发展，保证完成国家的购销任务，从而帮助社员个人和个体农民以及农业社集体养猪单位实现其养猪计划，并使国家的购销计划能建立在生产的基础上，以适应国家建设和人民生活的需要。同时，通过生猪预购能使农业生产与国家计划直接联系起来，支援生产，巩固工农联盟。为此，特制定本办法。办法详细规定了现金预购生猪的任务分配、预购地区、预购对象、预购定金的标准、预购工作的部署，以及组织管理和工作方法等。办法指出：为切实做好此项工作，开展现金预购生猪的地区，首先要加强组织领导，在各地党委和人民委员会统一领导下，以服务部门为主，结合农业银行、食品公司、供销合作社成立专门机构（生猪预购办公室）或列为生猪生产办公室的工作项目之一，以便统一布置，统一步调，紧密配合，负责到底。预购工作开始时，应广泛向生产者进行预购政策的宣传工作，使其了解预购对国家和生产者的好处和作用，并通过各种会议，消除群众思想顾虑，在自愿的基础上由业务部门直接向生产者签订预购合同，明确规定双方履行的权利和义务以及优待办法等。最后经预购办公室或区乡人民委员会批准，并且组织生产者积极完成。

3 月 31 日

［纲　文］　**一届全国人大常委会第五十四次会议举行扩大会议。**

［目　文］　列席这次会议的，有国务院领导人和政府各部门负责人，政协全国委员会常务委员，各民主党派、各人民团体的负责人，全国人民代表大会在京代表，以及北京市人民委员会委员和北京市人民委员会访问苏联等国代表团团员。会议听取了全国人大代表团团长彭真作的《中华人民共和国全国人大代表团访问苏联、捷克斯洛伐克、罗马尼亚、保加利亚、阿尔巴尼亚、南斯拉夫的报告》。代表团副团长李济深、程潜①、章伯钧、胡子昂作补充报告。会议对全国人民代表大会代表团这次出国访问工作和报告表示满意，认为这次访问进一步加深了兄弟国家之间的相互了解，增进了兄弟国家之间的深厚友谊，加强了兄弟国家之间的亲密团结，学习了兄弟国家的许多先进经验，对于顺利地进行我国的社会主义建设，对于维护世界持久和平和促进人类进步事业，都有重大的意义。

---

① 程潜（1881—1968），湖南醴陵人，时任国防委员会副主席、湖南省省长、民革中央副主席。

3 月 31 日

［纲　文］　**中华医学会总会节育技术指导委员会成立。**

［目　文］　林巧稚担任主任委员，杨崇瑞、吴阶平等 8 人担任副主任委员。委员有北京、上海等各地中西医专家共 49 人。节育技术指导委员会的任务是：提倡节育技术的研究和实验；协助节育技术的经验交流和宣传；对于节育技术的创造和发明提供意见。节育技术委员会的成立是为了响应国家节制生育的号召及 1956 年制订的《1956 年到 1967 年全国农业发展纲要（草案）》中所规定的“除了少数民族地区以外，在一切人口稠密的地方，宣传和推广节制生育”而建立的。

4 月

4 月 1 日

［纲　文］　**财政部、水利部发布《关于农田水利计划年度改变后对财政预算编制的规定》。**

［目　文］　《规定》指出，为适应每年秋后至来年春耕以前兴修农田水利工作的季节需要，水利部在 1956 年已将农田水利事业计划年度改为从上年 10 月 1 日起到当年 9 月 30 日止为一计划年度。由于事业计划年度的改变，有的地区询问财政预算年度是否也变更。为便于农田水利工作及预算安排管理起见，暂提出下列规定：一、农田水利的财政年度仍按国家统一规定办理，从 1 月 1 日起到 12 月 31 日止为一年度，本年国家颁发的财政控制指标也是按财政年度计算的，包括全年经费在内。但为解决农田水利计划与财政年度不一致的问题，在编制年度预算时，对于农田水利第一至三季度的经费，除根据核定计划编列外，第四季度所需经费，在计划未编出前可按历年用款规律并结合当年具体情况先行予以估列，等下半年计划编出后，再由省（市）根据需要和财力的可能调整预算。预算调整后如发生多余或不足，应由省（市）在年度总预算内自行解决。二、对于农田水利下年春季用款，因国家颁发各省（市）的财政总指标在年前即可下达，在预算尚未正式核定前，可由省（市）根据批准计划，结合省（市）财力具体情况，于年初支付一部分，以保证工程顺利进行。

4 月 1 日

［纲　文］　**林业部、农业部、水利部、卫生部、文化部、青年团中央、全国妇联、全国科普协会等单位联合发布《关于开展农村科学技术宣传工作的通知》。**

［目　文］　《通知》说：科学技术知识的普及，对于提高人民群众的科学技术知识，促进社会主义工农业的迅速发展，有着重要的意义。自从《1956 年到 1967 年全国农业发展纲要（草案）》和“向科学进军”的号召提出以后，农村中广大干部、群众学习科学技术知识的要求更加迫切了。为了使农村中的科学技术宣传工作赶上客观形势的发展，以便更好地为农业增产服务，特作如下通知：一、各有关单位的基层组织应紧密合作，根据《1956 年到 1967 年全国农业发展纲要（草案）》和中共中央、国务院《关于勤俭办社的指示》的精神，共同积极开展农村的科学技术普及工作。二、宣传内容应是农业、林业生产技术知识，卫生知识（包括妇幼卫生知识、避孕知识及除“四害”等）以及一般自然科

学知识。三、在开展农村科学技术宣传工作中，各有关基层单位应在当地党委统一领导下密切合作，制订出切实可行的工作计划，采取分工负责的办法进行。农业部、林业部、卫生部、水利部所属各级组织，应负责动员、推荐所属各试验研究与技术推广等单位中具有中等专业学校毕业以上水平的科学技术工作者和具有（或相当）高中毕业以上水平的知识分子积极参加科普协会为会员，并协助推动科普会员工作组的建立；文化馆、站除积极开展所在地的科学技术宣传活动外，并应负责辅导农村俱乐部开展科学技术宣传工作；青年团、妇联等区乡组织应积极建立农业技术夜校或技术学习小组，动员和组织群众学习科学技术知识，进行思想领导，及时收集反映；科普协会应该积极稳步地发展会员，有准备地建立和巩固县的基层组织。区乡科普协会会员工作组主要负责组织讲员，协助开展农村的科学技术普及工作。各文化馆、站，卫生院、所，国营农场，农业技术推广站，林业工作站等有关部门，应协助解决宣传器材问题。四、为了有效地开展农村科学技术宣传工作，农业部、林业部、水利部、卫生部、文化部、青年团、妇联和科普协会各级组织应经常保持联系，交换情况，研究工作，督促检查基层工作的开展。

4月1日

［纲　文］　**青年团中央发出奖励农业增产中的先进青年集体和个人的通知。**

［目　文］　受到奖励的是1956年在农业增产运动中有显著成绩的22个省市、自治区的105个青年先进集体和83个青年先进人物。这些先进集体和先进人物得到青年团中央给予的奖状和书籍、文娱体育用品等奖品。在受奖的先进集体中，有41个青年生产队和13个青年种植小组，他们在农业技术改革中，积极学习和推广先进经验，创造了各种农作物的大面积丰产和高额丰产纪录。此外，还有在植树造林、开垦荒地、保养耕畜、除“四害”以及会计工作等方面的先进青年。

4月1日

［纲　文］　**中国铁路的第一条12路载波电话线路在郑州至北京、郑州至宝鸡间开通。**

4月1日

［纲　文］　**铁道部发出《关于1957年在全国铁路系统开展增产节约运动的指示》。**

［目　文］　《指示》要求：全国铁路系统要提高运输计划组织工作和技术设备养护维修质量，充分发挥运输效率，以满足国家运输需要；以主要力量进行营业线路技术改造，缓和运量与运能的矛盾，继续完成新线的未完工程，并根据运输需要，增加新线。并要求在可能和必需的条件下，增建职工住宅和福利设施，缓和居住困难的严重情况。

4月1日

［纲　文］　**中国和波兰在华沙签订1957年贸易和支付协定。**

［目　文］　协定规定，中国供应波兰的货物有矿产品、有色金属、纺织和化学工业的原料、丝织品、茶叶、烟草、食品、日用品等。波兰供应中国的货物有钢材、成套工业设备、船只、机床、挖土机、拖拉机、化学品等。中国外贸部副部长李哲人和波兰外贸部

部长特隆姆普钦斯基，分别代表本国政府签字。

4月1日

［纲　文］　**周恩来就中缅边界问题致函缅甸总理吴努**。

［目　文］　周恩来在信中说：按照你的建议，我现在用书面的方式把我们过去两天谈过的一个重要问题叙述如下：为了巩固和进一步发展中缅两国在和平共处五项原则的基础上所建立起来的友好关系，中缅两国政府同意在两国边界问题得到最后解决的同时，签订一个体现友好合作和互不侵犯原则的友好条约，双方互相保证不参加针对另一方的军事集团。

4月2日

［纲　文］　**财政部发出《关于免征产制和进口的避孕用具与药品货物税及营业税的通知》**。

［目　文］　《通知》全文如下：为了配合提倡节育、扩大避孕药品和避孕用具的供应及照顾这些药品、用具全面降价的措施，特规定自1957年4月1日起，免征产制和进口避孕用具（阴茎套、子宫帽）及各类专用于避孕的药品（避孕油膏、避孕箱、坐药）的货物税、工业环节的营业税及进口的批发营业税。至于商业单位销售上述避孕药品和用具的零售营业税仍应照纳。

4月2日

［纲　文］　**中宣部就转发《文化部党组关于改进书籍出版工作问题的报告》请示中央**。

［目　文］　请示报告说：中宣部基本上同意文化部党组本年2月19日关于改进书籍出版工作问题的报告。这个报告已由文化部党组同时送给中央一份。中宣部认为可转发各省、市、自治区党委，国家机关各党组，人民团体各党组。《文化部党组关于改进书籍出版工作问题的报告》说：解放以来，出版工作的成绩是显著的，但也存在许多严重的缺点。主要是政治思想领导薄弱，对书籍出版的倾向性问题注意不够，出版供应上有时存在着或者过多或者不足的毛病。改进工作的主要措施是：一、加强思想领导，加强规划，认真掌握出版工作的方针政策。注意组织图书审阅和图书评论工作，提高书籍出版的质量。二、大力整顿出版社，提高编辑干部的政策思想和业务水平。三、改进计划工作、编辑审校工作，修订或制定一些必要的制度。四、进行出版印刷工业的规划，提高印刷质量。五、在纸张资源不足，出版计划已经紧缩的情况下，要更加注意提高图书发行工作的质量和效果，以求比较合理地满足需要。

4月2日

［纲　文］　**卫生部发布《关于注意农村妇女少年劳动保护、加强妇幼卫生宣传和做好托儿组织保健工作的通知》**。

［目　文］　《通知》指出，1955年冬和1956年春农业合作化高潮以来，全国各地

农村妇女积极投入生产。由于缺乏经验及缺乏妇女卫生知识，忽视了对妇女社员生理特点的照顾，因而发生流产、早产、子宫脱垂等妇科病，严重危害妇女健康，甚至发生伤亡事故。儿童因无人照顾，造成跌伤、淹死；农村托儿组织因保育人员缺乏卫生知识，导致传染病流行。针对上述情况，特提出以下几点参考意见：一、依靠党政领导与妇女联合会、青年团、科学普及协会、红十字会等组织的密切配合，发挥农业社、生产队骨干、接生员、保健员、妇女干部等力量，大力宣传妇女少年的劳动保护知识，避孕和育儿知识。二、在开展妇女少年劳动保护的同时，要注意推广新法接生，注意孕期卫生，适当解决接生员的装备与报酬，巩固及提高现有的接生员，减少孕产妇女的疾病和伤亡，保障妇女婴儿的健康。在训练、复训与经常性的辅导接生员时，应增加避孕知识、避孕方法，发挥接生员的力量，来进行广泛的节育知识宣传。三、为了了解农业劳动对农村妇女健康与疾病的关系，各省可根据条件，组织医学专家，深入农村进行一些典型调查，作为提出妇女参加劳动生产如何照顾她们健康的依据。四、加强托儿组织的卫生保健工作：充分发动农村各种医务卫生力量（如卫生所，乡、农业社保健站，联合诊所等）和取得乡、农业社、妇女联合会干部的支持，努力改善托儿所的卫生状况，做好受托儿童的保健工作。

4月3日

［纲　文］　**一届全国人大常委会第五十五次会议和政协二届全国委员会第四十次会议举行联席会议**。

［目　文］　会议听取全国人大常委会副秘书长张苏报告1956年下半年视察工作的情况，讨论并通过《关于1957年上半年视察工作的通知》。《通知》说，全国人大代表、政协委员定于本年4月10日—5月10左右进行视察。《通知》要求全国人大代表和政协委员自行选定视察的地点、对象。代表和委员在视察中发现的问题，凡地方上可以处理的，可以直接交由当地有关机关处理；需要中央处理的，报告全国人大常委会或者政协全国委员会交由中央有关机关处理。代表、委员在视察工作中，应当贯彻精简节约的精神，注意节省开支，避免浪费。全国人大常委会会议还通过《关于处理一届全国人大三次会议交由常委会研究办理或者研究的三个提案的决议》。全国人大常委会会议还任命陈奇涵为最高人民法院副院长。

4月3日

［纲　文］　**国家经委发出《关于山西地区煤炭的运输和供应问题的通知》**。

［目　文］　《通知》指出，1957年全国煤炭的生产资源不足，供应紧张，而山西这个重要的产煤区，生产潜力很大，但因运输能力不足，而形成煤炭积压不能外运，并有自燃和被迫减产的可能性。为了争取运出更多的煤炭供应各地需要，必须采取提高铁路的通过能力、加速施工进度、改变工业用煤煤种和改变煤炭运输流向、减少不合理的运输等有效措施来改善现状。经与国务院六办、铁道部及有关部门研讨后共同商定，在铁路运输方

面，拟采取以下措施：一、加强石太线的运输能力。二、争取提前完成南同蒲线[1]的换轨工程。采取全线集中施工，大力进行抢修。提高南同蒲侯马以北的牵引能力和加强风陵渡黄河浮桥的输送能力，以减轻石太线运输的压力。所需70公里钢轨由经委物资分配局即行调拨。三、关于在风陵渡修架空索道或修便桥问题，请国务院六办研究决定，以便及早施工。四、争取在本年第二季度先将上年积压下的20余万吨煤炭分批运出，以免发生自燃和减产的损失。

4月3日

［纲　文］　**农业部、城市服务部、全国供销总社联合发出《关于大力防治猪传染病的通知》。**

［目　文］　《通知》指出，近几年来，各地猪传染病不断流行，使国家和农民遭受重大的经济损失，影响了农民的养猪情绪。中共中央和国务院已发布《关于发展养猪生产的决定》，提高了生猪的收购价格，降低了生猪的税率，使农民养猪更加有利，这将进一步刺激生猪生产的发展，因此必须加强猪传染病的防治工作，以鼓舞农民的养猪情绪。为此，特作如下通知：一、各地农业、城市服务部门必须密切配合，切实调查和掌握疫情流行规律，贩运猪仔的供销合作社，亦须切实注意疫情流行情况，共同在当地党、政和生猪生产指导委员会的统一领导下，制订防治计划，做出全面安排，有计划有步骤地进行防治工作，争取在几年内基本上控制主要猪传染病的流行。二、各地农业、城市服务、供销合作部门应该大力向农业社宣传防治猪传染病的常识，积极帮助农业社建立防疫组织，订立防疫制度，指定专人领导猪病防治工作。继续培养农业社防疫员，通过轮训，提高其业务水平，由农业社给以合理的报酬，使他们能长期安心做防疫工作。三、大力开展猪瘟、猪丹毒、猪肺疫的免疫预防注射。四、为了充实防疫力量，做好猪传染病的防治工作，除提高农业部门兽医人员的技术水平外，城市服务部系统收购生猪的人员，应该逐步做到能够掌握一般防治猪病的科学技术知识。五、严格制止贩运病猪和出卖未经消毒的病猪肉，以免散布病毒引起猪病流行。六、1957年防疫所需的生物药品，已由各兽医生物药品制造厂扩大生产。各地应该全盘考虑，从实际需要出发，适当扩大订购，并且做到有一定数量的储备，以免临时订购，药厂生产不及。

4月3日

［纲　文］　**朱德就对外贸易等问题和薄一波谈话。**

［目　文］　朱德指出，要大力发展对外贸易。对兄弟国家要互相帮助，互通有无，同时，也要和日本等亚非国家发展贸易。出口物资主要是稀有金属、煤、铁和手工业品。

---

① 同蒲铁路是贯穿山西省中部的南北铁路干线。自山西大同经太原、侯马至永济市蒲州镇以南的风陵渡（属于芮城县）。全长865公里，以太原为界，分为北同蒲和南同蒲。南同蒲段513公里，于1933年5月开工，1935年12月竣工。北同蒲段351公里，于1933年11月开工，修至朔县到大同段，因抗日战争爆发而停工。同蒲铁路是阎锡山在日本帝国主义的支持下，组织晋绥兵工修建的米轨铁路。初建为窄轨，日寇占领期间1940年将北同蒲改为准轨。解放后将南同蒲也改为准轨。1951年8月，同蒲铁路全线恢复通车。

我国的手工业品对亚非国家来说是热门货，供不应求。五岭以南地区要支持出口，要保持香港的转口，每年争取赚回外汇4亿元是可能的。香港的许多食品和用品以及砖瓦等，都要靠内地供应。香港不只是本地需要，而是转口到亚洲和北欧各国。我们同苏联的贸易不是小来小去，而是大来大去，要大进大出。越南出产木材和煤，我们可以同他们交换，以便供应海南和广东的需要。国家可以和地方订合同，规定出口物资的数量、质量。在谈到养猪问题时朱德说：养猪内销和外销都很有利，要坚持出口，把猪肉加工成罐头出口更合算。养猪大有希望，机关、部队可以自给，南方可以普遍养猪。在谈到木材问题时朱德说：木材在四川、云南并不少，但因交通不便，运不出来。要交给地方上，依靠群众去采伐，各省就地解决本省的需要，同时规定上缴的任务。要提“开山护林”，不要再提“封山育林”，“开山护林”也要依靠农业生产合作社和群众去搞。在谈到供销合作社问题时朱德说：国营商业和供销合作社要有分工。供销合作社应成为地方上的商业机构及连接国家和地方的重要环节。国家的专业公司一般不要设到县级以下。中央不能集中得过多过死，要充分发挥地方的积极性，这样可以多办事。

4月3日

［纲 文］ **卫生部发出《关于改进护士工作的指示》。**

［目 文］ 《指示》指出，全国现有护理人员15万余人，几年来在完成医疗卫生工作方面都起了重大作用，是卫生事业中一支重要的力量。但护理工作也存在许多问题，突出表现在：不少在职护士不安心工作；护士学校招生困难，甚至招不到学生；护理质量不高，数量不足，影响了医疗质量的提高和医疗卫生事业的发展。为此，特就护士工作几个主要问题作如下指示：一、关于重视护理工作、合理使用护士问题。必须加强对护理工作的组织领导；明确职责分工；对护士编制予以适当调整；合理使用护士，欢迎已经改行的护士“技术归队”；明确护理工作是科学技术工作。二、关于改进护士教育及加强护理人员进修教育问题。现有的护士学校应指定医院为实习基地，并考虑举办高等护士教育；在有专长的医院或进修学校内举办各科护士专科进修班；加强护理人员的在职业务教育；大力组织编译有关护理学的教材及参考资料，等等。三、关于护士晋级、级别待遇，生活福利问题。护理人员的提升在同职务等级线内可以直接提升。在工资待遇方面，护理人员与其他同级医务人员应相适应。应建立护理人员的休假制度、工龄津贴制度、保健津贴制度和劳动保护制度。护理人员在生活、工作、学习上的困难，应由各地积极设法予以改善和解决。《指示》最后强调，护士工作是一个重要的工作，各级卫生行政部门应给予应有的重视，并做出改进护士工作的具体方案，经常督促检查，贯彻执行。

4月3日

［纲 文］ **毛泽东、刘少奇、周恩来电贺匈牙利解放12周年。**

4月4日

［纲 文］ **国务院转发《关于1957年复员安置工作的报告》。**

［目　文］《报告》说，1957年全国共接收65万复员军人，其中技术兵和籍属城市的20万人，回农村安置的45万人。

4月4日

［纲　文］**国务院批转六办《关于检查推行“分区产销平衡合理运输制度”的报告》**。

［目　文］《报告》说，从检查结果看，粮食分区产销平衡合理运输制度推行得比较好。1956年粮食平均运程比上年缩短50公里，节约运力约8.4亿吨公里，当年节省运费1亿元左右（粮食部门的运费占商品流通费用总额的40%—47%）。但由于其他行业推行这项制度不够，1956年铁路不合理运输仍达58.6万多车，占总运量的8.4%，比上年增加41.5%，浪费运力156.6亿吨公里，多支运费1.94亿元，加剧了铁路运输的紧张状况。《报告》建议，争取在本年内主要物资基本上都能实行合理的运输制度。

4月4日

［纲　文］**国务院发出《关于劳动力调剂工作中的几个问题的通知》**。

［目　文］《通知》说，各企业、事业单位人员多余或不足时，应按下述原则平衡调剂：一、中央各部所属企业的四级和四级以上的技术工人、工人技术学校和工人技术训练班的学员以及生产培训的学徒和某些特殊工种的工人由中央各部负责，在尽量避免远距离调动的原则下，于本系统内部进行平衡调剂。二、中央各部所属企业的三级和三级以下的工人，以及地方企业的工人、学徒等，都由地方负责进行平衡调剂，省、自治区、直辖市人民委员会应责成所属劳动部门做好这一工作。三、建筑和交通运输部门的工程单位的长期工人，都由其主管部门平衡调剂。各部门间应加强合作，尽量避免远距离调动和相向调动。《通知》指出：人员的调配，必须根据生产和工作的需要。各单位在进行平衡调剂时，应做好被调人员的思想教育工作，动员他们自觉自愿地服从国家调配。被调人员如无正确理由而拒绝调配，可以作为自愿离职处理。在不同单位调剂人员时，调入单位应与工人签订个人的劳动合同。各单位对于多余的正式职工和学员、学徒，应该积极设法安置，如果没有做好安置工作，不得裁减。《通知》要求各级劳动部门必须加强对劳动力使用情况的监督检查。检查中如发现有浪费劳动力的情况，应视需要进行调整，被检查单位不得拒绝；企业、事业单位如不按规定私招或随便辞退人员时，应视情节轻重，由其上级主管部门或国家监察部门予以适当处理。

4月5日

［纲　文］**国务院发布《关于作好防汛工作的通知》**。

［目　文］《通知》说：关于本年的防汛工作，水利部在全国水利会议上已作了布置，各地要认真贯彻执行。现在南方如广东省雨季即到，汛期也将跟随而来。全国其他地区正在进行基本建设工程和堤防岁修加固工作，为防汛工作准备条件。为了使各地在汛前都做好准备工作，特提出以下几点意见，请各级人民委员会和农、林、水管理机构注意：一、在汛期即将到来的地区，各级人民委员会要督促有关部门对防汛工作进行妥善的安

排，如人力的组织，物料的调配，都要有充分的准备，做到水汛来时随时都能投入战斗。对汛情要多从坏处估计，提高警惕，克服麻痹思想。二、春修及正在进行的水利工程，要争取按计划或提前完成任务，以防洪水提前到来造成被动。工程一定要保证质量，以提高防洪能力。防汛的具体布置也要提早进行。三、要充分估计特大洪水的可能到来，在事前要做好防御特大洪水的计划，以免临时张皇失措。四、加强已成工程的管理养护工作，克服轻视工程管理的现象，解决工程管理工作中干部配备、政治领导、生活福利等方面存在的问题。希望各级党政机关加强对防汛工作的领导，争取本年避免和最大限度地减轻水灾，保证农业大丰收。

4月5日

［纲　文］　**朱德就木材生产等问题和李先念谈话。**

［目　文］　朱德说：本年发展生产的主要任务，是解决原料问题，只有有了原料，才能制造出成品出口，才能发展生产。木材是重要原料之一，也是国家财政收入的重要来源之一。但是，国家对木材统得太死，不许群众采伐，群众很有意见。要考虑把“封山育林”改为“护山育林”，允许群众采伐。我国的东北、西南、华南地区有木材。东北地区可以学习苏联的办法，用机器采伐。但云、贵、川地区，由于交通不便，就只能用手工办法采伐，不能像东北那样投很多资金用机器采伐。同时，也不能只准种不准砍。解决木材问题的办法，应是地方承包，木材少的省不外调，木材多的省上调一些。不能再搞很多木材加工厂，因为往返运输太浪费，要节省林业投资。朱德还说：国营农场要多种经济作物，发展多种经营。如海南岛的国营农场，如果发展多种经营，可以把橡胶园转为附带生产，以其他经济作物的生产养活橡胶园，不是只种植橡胶一种经济作物。要从各方面考虑节约，节约的资金用在增产上，要把增产和节约二者结合起来考虑。总之，要发展生产，开辟财源。财政要包下去，实行经济核算。要逐步提高农产品的收购价格，降低工业产品的价格。

4月5日

［纲　文］　**邓小平在甘肃省、兰州市干部会议上作报告。**

［目　文］　邓小平着重谈国内外形势、党的领导、人民内部矛盾、企业民主管理等问题。在谈到国际国内形势时指出：上年在国际方面，发生了波兰和匈牙利事件。我们利用波匈事件，批判了事件暴露出的大国沙文主义、狭隘民族主义和教条主义、修正主义错误，结果使社会主义阵营更加团结，使我们的事业从思想上、政治上更加巩固。世界形势总的是好的。就大势而论，争取20年左右的和平环境是可能的。我们的政策就是争取这个和平环境搞建设。国内大势也不坏。社会主义改造、基本建设、农业生产，都取得了很大成绩。当然有些缺点，基本建设搞多了些，工资发多了一些，工人阶级的队伍扩大得多了一些。在谈到党的领导时指出：搞建设我们还没有入门，能不能在比较短的时间学会搞建设，不犯大的错误，关键在于党的领导，关键在于党能否依靠群众，不断地克服自己队伍中的主观主义（特别是教条主义）、官僚主义和宗派主义。在谈到人民内部矛盾问题时

指出：处理人民内部矛盾比阶级斗争更复杂，如果继续用阶级斗争的方法处理人民内部矛盾，就非犯错误不可。在谈到“长期共存、互相监督”和“百花齐放、百家争鸣”的方针时指出：我们党内多数同志不理解这十六个字，心里边想不通，不大赞成。这很危险。没有民主党派的监督，没有人民的监督，共产党单独处理问题，总是要出毛病的。世界上的事物是变化多端的，社会是越发展越复杂，没有“百花齐放、百家争鸣”，我们的思想就会简单化，就跟不上世事、社会的发展变化，我们的党就会衰退。

4 月 5—17 日

［纲　文］　**民建中央常务委员会举行宣教工作座谈会**。

［目　文］　参加会议的有民建四川、江苏、浙江、广东、河北、山东等省工作委员会和北京、天津、上海、南京、武汉、杭州、重庆、西安、兰州、广州、沈阳、济南等市委会宣教部门的负责人和部分工商业者会员。会议根据毛泽东在最高国务会议和中央宣传工作会议上讲话的精神，分析了中国工商业者的基本情况。会议认为，宣教工作的主要依据是工商界的思想动态，必须订出制度经常进行了解和分析，分别其主流、细流和暗流，掌握其变化和动向。会议确定宣教内容的重点是：一、加强爱国主义和社会主义教育。二、继续贯彻民建二中全会《关于当前几个主要原则问题决议》的教育。三、鼓励和帮助会员重视政治理论学习。四、大力宣传和学习“长期共存、互相监督”的方针。五、加强会章教育。会议讨论并通过了 3 个文件——《关于今后宣教工作的意见》、《关于协助国家贯彻以企业为团结、教育和改造私方人员的主要基地的方针的初步经验和意见》、《关于推动工商业者会员进行理论时事政策学习方面的经验和意见》。

4 月 6 日

［纲　文］　**国务院召开第四十四次全体会议**。

［目　文］　会议由周恩来主持，听取和讨论国务院副总理薄一波关于 1957 年国民经济计划草案的说明。薄一波说，1957 年度国民经济计划的各项主要指标，除农业生产有较多的增长外，工业生产、交通运输、社会购买力和工资总额等指标虽比上年有所增长，但速度放慢了。基本建设投资、行政费、军费、劳动计划和文教事业各方面都做了很大的压缩。采取一系列措施后，主要原材料如木材、钢材和主要商品如棉布、食油、煤炭等的供应，还是比较紧张的。1957 年国民经济计划的主要指标为：工业总产值 603. 4 亿元，比上年增长 4. 8%（生产资料、消费资料分别增长 8. 1% 和 1. 5%）；农副业总产值 621. 2 亿元，比上年增长 7. 1%（粮、棉分别增长 6% 和 12. 9%，造林面积下降 9%）；基本建设投资总额 111 亿元（中央和地方分别为 90. 2 亿元和 20. 8 亿元），比上年减少 20 亿元；外汇收入 66. 96 亿元，支出 62. 49 亿元；职工工资总额 141. 5 亿元，比上年增长 8. 9%。总的来看，“一五”计划规定的主要指标，一般的都可超额完成。周恩来在薄一波提到拟由公私合营企业、农业社搞小型煤窑，既增加农业社副业收入又减轻煤炭压力时，发言说，主流是社会主义，小的给些自由，这样可以帮助社会主义的发展。除铁路外，工业、农业、手工业

均可采取此法。工农商学兵除了兵以外，每一行都可来点自由。合作社拥有96%，其余就归个体。三轮车、摊贩等均可自负盈亏。私人办小学可让其办下去。文化也可搞点私营的，这样才好“百家争鸣”嘛。在社会主义建设中，搞一点私营的，活一点有好处。

4月6日

［纲　文］ **《人民日报》发表题为《教育者必须受教育——谈知识分子的改造》的社论。**

［目　文］ 社论指出：马克思在《费尔巴哈论纲》中说：“环境正是由人来改变的，而教育者必须受教育。”我们正在进行伟大的社会主义建设，在这伟大的事业中，知识分子将日益发挥重要的作用。为了使知识分子能够更好地为社会主义服务，必须加强对知识分子的思想政治教育工作。马克思的话给了我们深刻的启示。目前，我国知识界的面貌已经发生了根本的变化，但是，知识分子的思想状况，同他们在政治和社会地位上的变化并不是完全相适应的。在我国几百万知识分子中，还只有少数人对马克思列宁主义比较熟悉；多数人愿意学习马克思列宁主义，但是学得还很少。除此以外，当然也还有极少数人对社会主义不很欢迎，甚至保持敌对的情绪。一部分知识分子还没有接受或者还不赞成马克思列宁主义，这种状况在很长的时间内都会存在。社论说：知识分子是人民的先生，但是，教育人民的人先要受教育，不受教育就无法去教育广大群众。时代变了，并且在迅速地前进着，知识分子如果不丢掉过时的旧东西，不研究新问题，不接受新事物，他就会脱离人民群众，同人民群众找不到共同语言，他就会一事无成，根本谈不到去作人民的什么先生。只有运用马克思列宁主义的立场、观点和方法观察事物，处理问题，才能不犯错误，才能扫除思想上资本主义、个人主义和唯心主义的影响。学习马克思列宁主义的人，应当包括党内和党外的知识分子。实践证明，知识分子不但应当学习马克思列宁主义，而且可以学得很好。为了便利知识分子学习马克思列宁主义，各地党的组织应当积极准备条件，规定一些必修的马克思列宁主义的基本课程，采取自学、上夜大学、函授学校、政治学校、科学讨论会、报告会、学习组等方法，来帮助知识分子学习理论。只要我们采取积极的、热诚的和谨慎的态度，我们就一定可以帮助全国几百万知识分子在当前的伟大的历史变革时期实现自我教育、自我改造的光荣使命。

4月6日

［纲　文］ **财政部发出《关于审核汇编1957年地方预算草案的几项规定》。**

［目　文］ 《规定》说：1957年各省（区、市）的收支预算指标，已经本年2月全国财政厅局长会议确定，并规定各省市于4月10日以前将预算草案送达本部，以便国家总预算草案在规定期限内审编完成，报送国务院。为了保证按时完成此项工作，对地方预算草案审编的有关问题，作如下的规定：一、各省（区、市）的预算草案送到财政部后，由预算司负责验收，在一日以内按费别分送各主管司（局、行、处）。预算司并组织听取各省（区、市）对预算安排的汇报。二、各主管司（局、行、处）在接到预算司分送的各省（区、市）的预算草案后应抓紧进行审核，并在听取汇报后三日内提出审核意见。预

算司接到各主管司（局、行、处）的审核意见和数字后，应即进行平衡复核工作，如有不同意见，由预算司与主管司（局、行、处）研究解决。在审核预算期间，各司（局、行、处）应指定处（科）长一人经常和预算司联系工作，随时研究解决审核上的一些具体问题。三、1957年地方预算草案审核的总的原则，应该根据本年2月全国财政厅局长会议确定的收支指标，保证收入任务完成及支出总额不突破的原则。四、对审核地方预算工作的具体分工，按现行预算管理的分工情况划分。

4月6日

［纲　文］　**财政部颁发《公民财产自愿保险办法》。**

［目　文］　《办法》共7章26条，对公民财产保险的投保条件、保险公司的责任、保险金额、保险期限和保险费、保险手续、投保人义务、赔偿处理等问题作了详细规定。

［文　献］　**公民财产自愿保险办法**

（1957年4月6日财政部颁发）

第一章　投保条件

第一条　公民个人依照本办法的规定，将自有的或者代他人保管的房屋和其他家庭财产向中国人民保险公司（以下简称保险公司）投资公民财产自愿保险。

第二条　保险公司承保下列项目财产：

（一）房屋和附属的装修设备；

（二）家庭财产：1、衣着物和床上用品；2、家具、书籍、文化娱乐用品、交通工具、家常用物、食品；

（三）医务人员、技术人员和其他专门人员的医疗器械、仪器、用具以及其他专业性质的器具设备（投保时注明名称）；

（四）手工工具、原料、商品。

第三条　保险公司对于下列财产不予承保：

（一）文件、证书、稿本、照片和没有一定市价的书籍、图画和艺术品；

（二）货币、邮票、票据和有价证券；

（三）金银条块和金银器皿、首饰、珠钻、宝石、古玩、古物；

（四）手表、怀表、自来水笔、药品；

（五）牲畜、家禽、花木、盆景。

第二章　保险公司的责任

第四条　保险公司对于被保险财产，在保险单有效期间和约定地点，因为遭受下列灾害所造成的损失负赔偿责任：

（一）火灾；

（二）洪水；

（三）爆炸；

（四）雷击；

（五）地震；

（六）地陷；

（七）崖崩。

在发生上列灾害的时候，对于因为进行救护所造成的被保险财产的损失（拆毁、破损、水渍等损失），保险公司也负赔偿责任。

第五条 保险公司对于下列损失不负赔偿责任：

（一）投保人的故意行为或者重大过失所造成被保险财产的损失；

（二）军事行动所造成被保险财产的损失。

第三章 保险金额、保险期限和保险费

第六条 保险金额由投保人自行决定，但是不得超过保险财产在投保时候的当地的实际价值。

第七条 保险期限规定为一年，从保险单上约定的起保日期开始到保险单所订明满期日24时为止。

第八条 保险费依照保险公司规定的公民财产自愿保险费率表计算。投保人应当依照约定的日期缴付保险费。如果保险单在有效期间有所变更，需要加费或者退费，投保人应当向保险公司或其代理机构办理加缴保险费或退还保险费的手续。

第四章 保险手续

第九条 投保人应当依照规定格式填写投保单交给保险公司；保险公司根据投保单制成保险单发给投保人。

投保人对于要保险的财产应当依照本办法第二条规定的项目，在投保单内分别注明每项财产的保险金额（第（二）款1、2两项的保险金额可以不分别注明）。如果代他人保管的财产要投保，应当在投保单内分别注明财产所有人的名称以及投保人和财产的关系。

本办法第二条第（二）款第2项的财产中，如果有价值较贵的物品（收音机、照像机、缝纫机、自行车、乐器等），保险公司可以要求投保人单独注明名称和保险金额。

第十条 保险公司可以对投保财产的安全情况进行检查，决定是否承保，或者对投保财产的安全情况提出适当建议，经投保人改善后承保。

第十一条 在保险期间内，投保人可以向保险公司申请增加或者减少保险金额。应当加缴或者应当退还的保险费一律按照原保险单没有到期的月数计算，不满半个月的不计算，超过半个月而不满一个月的按一个月计算。

第十二条 被保险财产的所有权有所变更，对变更部分的保险效力即行终止。投保人可以及时向保险公司办理退保或者批改手续。

第十三条 被保险财产迁移到外埠，这迁移部分的保险责任即行终止。投保人可以及时向保险公司办理退保手续。

第五章 投保人的义务

第十四条 投保人必须遵守政府有关消防和防灾的规定，保护被保险财产。

保险公司或者当地公安部门发现投保人违反上述规定，根据可能改善的条件向投保人提出了必须改善的通知，投保人如果没有接受执行，保险公司可以终止保险单的效力，并且不退还保险费。

如果投保人对被保险财产的安全情况已经加以改善，并经通知保险公司检查和同意后，或经公安部门同意后，保险单的效力可以恢复到原保险期限届满为止。

第十五条 发生灾害的时候，投保人应当尽力抢救被保险财产。发生灾害后，投保人对于被保险财产应当采取必要的保护措施。如果投保人没有尽力抢救或者没有采取必要的保护措施，以致被保险财产的损失加重，保险公司对于这加重部分的损失可以不负赔偿责任。

第十六条 被保险财产遭受了责任范围内的灾害时，投保人应当用最迅速的方法通知保险公司。如果投保人在 48 小时以内没有通知，保险公司可以拒绝赔偿。

第六章 赔偿处理

第十七条 保险公司接到投保人的出险通知后，应当及时到达现场调查出险原因和损失情况。

投保人应当向保险公司提出被保险财产的损失清单以及有关出险原因和确定损失金额所必需的一切资料。

第十八条 保险公司对于遭受损失的被保险财产，按照下列方式计算赔偿：

（一）全部损失：按照保险金额赔偿，如果被保险财产的实际价值低于保险金额，按照实际价值赔偿；

（二）部分损失：按照损失部分的实际价值赔偿，但不得超过每一项被保险财产的保险金额。

以上被保险财产的实际价值是指灾害发生日当地的实际价值。

第十九条 损余财产属于投保人所有，经保险公司和投保人议定价值后在赔偿金额内扣除。

第二十条 保险公司收到投保人依照本办法第十七条规定提出的各项意气和必需的资料后，应当在 15 天内核定应否赔偿和赔偿金额，并且通知投保人。情况特别复杂或者需要报请上级保险公司审核的案件，可以延长核定期限，但至多不能超过两个月。

赔偿金额经保险公司同投保人达成协议后五天内赔付。

第二十一条 被保险财产如果遭受部分损失，保险单继续有效，但有效保险金额应当是原保险金额减去赔偿金额后的余额。

第二十二条 由于责任范围以内的原因，造成被保险财产的损失，如果应当由第三者负责赔偿，投保人必须先向第三者追偿。如果第三者不能赔偿或者赔偿不足，保险公司应当赔偿其全部或不足部分；同时，投保人应当将相当于赔偿金额部分的追偿权移转给保险公司。

第二十三条 如果投保人虚报损失或者有其他欺骗行为，保险公司查明后可以对被保险财产的虚报损失部分拒绝赔偿。如果赔款已经支付，投保人必须退还。

第二十四条 如果投保人和保险公司对于赔偿责任和赔偿金额发生争执，可以由上级保险公司决定。如果投保人不同意上级保险公司的决定，可以向人民法院提起诉讼。

第二十五条 投保人的赔偿请求权，从发生请求权的当天起，经过二年不行使，即作为无效。

第七章 附 则

第二十六条 本办法经中华人民共和国财政部批准后施行。修改时同。

资料来源：《国务院公报》。

4月6日

［纲 文］ **商业部发布《1957年调拨作价修正办法》**。

［目 文］ 商业部指出，1956年上半年修订了的调拨作价原则已不能概括各方面要求，根据商业部系统的分工改变和机构划细情况，结合改变组织机构的基本精神，将调拨作价原则修订如下：一、根据现行物价政策方针，在巩固物价稳定、促进商品流转的前提下，有利于企业部门经济核算。二、商业利润基本上体现在中央站，同时也应使二级站和三级站商店有一定利润。三、各公司的作价方法应力求统一、简单易行，公司系统内外应待遇一致。四、有些公司的扣率应根据实际需要适当缩小。《办法》还规定了修改调拨作价涉及的几个主要问题：关于调拨作价的掌握权限；关于系统内外待遇一致和部分单位扣率缩小问题；关于仍采用加价办法的3个公司如何改为扣价问题；对零售单位、零售兼批发单位和民贸公司等的作价办法；对城市郊区兼营公司代理批发业务的作价问题；对越区进货的基层批发单位是否按内部调拨作价办法待遇问题；以及对百货、针织、文化用品等小商品一律采用加价办法问题，等等。

4月6日

［纲 文］ **全国总工会致电阿尔及利亚工会总联合会，支援阿尔及利亚人民的解放斗争**。

［目 文］ 电文说：中国工人深刻同情并支持阿尔及利亚工人及全体人民为争取民

族独立与自由而进行的正义斗争，并以无限愤慨的心情，对法国帝国主义殖民当局在阿尔及利亚进行的残暴罪恶行为表示严正的抗议，坚决要求法国政府立即停止这种灭绝人性的侵略战争，在承认阿尔及利亚独立的基础上和阿尔及利亚人民的代表进行谈判。中国工人相信阿尔及利亚人民的英勇斗争必将获得最后胜利。

4月7日

［纲　文］　**中共中央发布《关于研究有关工人阶级的几个重要问题的通知》。**

［目　文］　《通知》指出，如何调动工人阶级的积极性，充分发挥工人阶级在国家政治经济生活中的积极作用，是社会主义建设中的一个极关重要的问题。几年来，全党根据七届二中全会指示的全心全意依靠工人阶级恢复和发展生产事业的方针，在各方面都做了许多工作，取得了很大的成绩和丰富的经验。但是，必须指出：领导经济建设工作，对我们来说是一个新的工作，现在还处在摸索前进的过程中，因而在许多方面都还存在着不少的缺点和问题。最近各地连续发生的一些工人罢工、怠工等事件，表明我们的国家机关和企业、事业单位在领导上存在着严重的主观主义、官僚主义、宗派主义的作风；同时又表明我们在职工群众中的思想政治工作薄弱，更没有随着工人阶级队伍的迅速壮大、新工人成分大大增加的情况而加强起来。为了总结几年来的工作经验，克服各方面存在的缺点，进一步发扬广大职工群众的积极性，完成社会主义工业化的艰巨任务，中央准备在本年内召开的中央会议上，对有关工人阶级的下列几个方面的问题加以讨论：

一、关于职工群众参加企业管理问题。应当结合企业的实际情况和最近几年来的经验，规定适当的制度和组织形式，扩大企业管理方面的民主，保证职工群众能够切实参加企业管理和对行政工作实行有力的监督，以使工人群众不仅通过本阶级的政党和自己的代表实现对整个国家的领导，而且通过他们参加企业管理和自下而上的对企业的监督，体现工人阶级国家主人翁的地位和作用，充分发挥社会主义企业的优越性。二、关于职工生活问题。这方面最根本的问题就是如何正确地实现“在发展生产的基础上逐步改善工人生活”的原则，如何正确解决职工生活水平与全体人民特别是农民生活水平的关系，如何使工人阶级整体利益与职工的个人利益、工人阶级的长远利益与当前利益正确地结合起来。几年来在这方面的工作中有不少经验和教训，需要从思想上、政策上、制度上和作风上进行认真的检查，对于那些正确的好的经验应当加以肯定和推广。对于那些错误的违反上述原则的东西则必须加以纠正，并且在总结经验的基础上，提出对有关职工生活各方面问题的政策、制度和办法以及如何调整和改进的意见。三、关于工人阶级内部的团结和教育问题。最近几年来，工人阶级的队伍发展很快，新参加到工人队伍中来的，有农民、青年学生、转业军人、城市贫民，并且还有少数出身于资本家、地主和无业游民的分子。工人阶级队伍组织的这种变化，对工人阶级的政治觉悟、组织性、纪律性就不能不发生各种不良的影响。这种新的情况，尖锐地提出了必须加强对职工群众进行思想政治教育工作的任务。不仅要注意加强时事政策教育，而且要结合实际情况，进行系统的深入的共产主义教育，才能提高职工群众的主人翁觉悟，发挥他们在企业工作中的积极作用。四、关于企业中党、工会和青年团组织的工作问题。必须在总结已有经验的基础上，适应新的情况，在各方面有所改进。这里最基本的是健全党委的领导，研究如何加强党的思想政治工作，贯彻执行群众路线，巩固党和群众的联系，提高党的领导作用。应该研究如何加强党委对于企业行政和职工代表大会活动的领导，研究如何培养工会独立活动的能力，加强和扩大工会和青年团在群众中的组织、教育活动，使广大职工群众团结在党的周围，形成一支有觉悟、有组织、有纪律、有文化技术的战斗队伍，保证更好地完成社会主义工业化的任务。

《通知》强调，研究有关工人阶级的这些重要问题，是一项复杂的工作任务，必须全党动手，进行准备、讨论和解决。

4月7日

［纲　文］　**中共中央发布《关于进行中苏友好宣传工作的通知》**。

［目　文］　《通知》说，苏联最高苏维埃主席团主席伏罗希洛夫即将来中国访问。根据国内外情况，中央认为：有必要在伏罗希洛夫访华期间及其前后普遍地、大规模地进行关于加强中苏友好、加强社会主义国家团结的宣传工作，以显示中苏两国人民的伟大友谊和亲密团结，并使广大干部和人民群众受到一次深刻的国际主义教育。这一宣传应当依据毛泽东《正确地处理人民内部矛盾》的报告中有关加强中苏友好、学习苏联部分，周恩来《关于访问亚洲和欧洲11国的报告》的第二部分，以及1957年1月18日中苏两国联合声明中所阐明的基本精神来进行。宣传时，可着重下列各点：一、为把我国建成一个强大的社会主义工业国，必须进一步加强全国人民的团结，调动国内的一切积极因素，同时，还必须团结国际上一切可能团结的力量。二、社会主义国家的相互关系，是一种新型的国际关系，它是建立在马克思列宁主义的无产阶级国际主义原则和各民族平等原则的基础上面的。在社会主义各国的关系中，团结合作仍然是主要的、基本的方面。中国和苏联的友好团结，是社会主义国家伟大团结的最重要的因素。继续不断地加强中苏友好，巩固社会主义阵营的团结，乃是我国人民最高的国际主义责任。三、苏联人民在社会主义建设中取得了伟大的成就，对维护世界和平做出了巨大的贡献，并且对其他社会主义国家包括我国的社会主义建设进行了巨大的、全面的援助。正确地向苏联学习，过去是、现在是、将来仍然是我们坚定不移的方针。四、伏罗希洛夫是苏联共产党和苏维埃国家的杰出领袖之一，从青年时代起就把整个生命贡献给共产主义事业。他以苏联元首身份前来我国访问，在其76岁高龄之时亲自为进一步加强中苏友好而努力，我们应当极为隆重、热烈、诚恳、亲切地予以接待和欢迎。在接待国宾工作中，当然应当贯彻执行节约的精神，但是对于那种片面理解精简节约、忽视政治原则、不顾国际影响的错误倾向，必须加以防止和纠正。《通知》最后要求各省、市党委和中央一级的宣传机构迅速制订进行这一宣传工作的计划，并做出具体部署。对于伏罗希洛夫准备参观访问的城市，更应作为重点，安排群众性的中苏友好活动。

4月8日

［纲　文］　**国务院召开第四十五次全体会议。**

［目　文］　会议由周恩来主持，听取并讨论副总理兼财政部部长李先念关于1956年财政收支情况和1957年预算安排的说明，批准本年度国民经济计划草案。李先念说，1956年国家预算的收入和支出总额都有巨大的增长。存在的问题，一是预算支出大于收入17.3亿元。二是由于财政透支和贷款都超过原计划，过多地增加了货币发行（1956年底比上年末货币流通量增加了16.9亿元，其中10亿元是超出正常需要的）。三是国家的商品物资库存因上述原因减少了。本年人员的增加也大大超了计划。1957年预算收入指标288.3亿元，比上年执行数增加0.5%，支出291.6亿元，比上年减少4.1%。1957年银行信贷计划指标收支平衡，不增加货币发行。顺利执行这个预算的关键，在于普遍深入地开展增产节约运动。

4月8日

［纲　文］　**国务院发出《关于进一步加强护林防火工作的通知》。**

［目　文］　《通知》要求各级人民委员会除继续贯彻1956年4月18日中共中央、国务院《关于护林防火的紧急指示》外，应当特别注意以下一些问题：一、林区各级人民委员会必须把护林防火工作列为一项重要任务，结合农业生产，统一布置和进行检查。护林防火的指挥机构要及时地恢复与健全起来，群众性的基层护林防火组织，也应加以整顿和健全。二、开展以乡为单位、以农业社为基础的森林无火灾运动是深入发动群众、提高群众觉悟防止森林火灾的有效办法。开展这一运动，必须同群众反复研究，结合生产去进行，并要经常检查，定期评比，对有成绩的及时给予表扬，树立榜样。三、严格控制火源，特别是生产性的用火，是防止山火的重要环节。推行这一工作，不能单纯限制群众用火，必须积极地采取措施控制火源。四、在人烟稀少、交通不便的重点国有林区的护林防火工作中，必须采取如下的措施：第一，已建立起森林经营机构的地区，应当划分营林区域，健全工作制度，集中力量做好护林防火工作。第二，对林区内部的职工、居民和其他人员应加强组织、教育，建立责任制度，并可以在自愿的条件下，吸收积极分子组成护林队，专门从事护林防火工作。第三，历年火灾严重的地区，应当针对发生火灾的时间和规律，调派一定力量或邀请军队参加，临时进驻林区，加强防护。第四，森林工业部门，必须将护林防火工作，列为经常任务之一，与森林工业生产密切结合起来，指定专人负责，健全制度，并应经常深入到基层进行检查。若用火烧方法清理采伐剩余物时，必须指定专人领导，做好防火准备，严防失火。第五，为了做好护林防火工作，必须加强有关部门的密切配合。各级监察、公安等有关部门以及法院、检察院，都应当加强对护林防火工作的监督与检查，及时地处理山火案件，切实贯彻护林有功者奖、毁林者罚的政策。特别是公安部门，要结合肃清反革命分子的斗争，严防反革命分子纵火破坏森林。各地林区的农场、邮电、交通、铁路、航运、气象、工矿企业（勘测队）和军事有关部门，除认真执行政府护林法令外，并应在运输、通讯及气象预报等

工作上，尽量协助护林防火工作。《通知》最后要求各地人民委员会应当指定负责同志分工管理，认真布置和检查，切实做好护林防火工作。

4月8日

［纲　文］　**邓小平在西安干部会议上作报告。**

［目　文］　邓小平着重阐述勤俭建国、干部的思想情况和工作作风、共产党接受监督等问题。在谈到勤俭建国问题时指出：要把我们这么一个贫穷、落后的国家建设成为社会主义的先进工业国家，需要长期的刻苦的努力，需要有勤俭建国的本领。在谈到经济建设的指导思想时指出：我们在建设方面的指导思想，一是应该面对国家的现实，二是应该面对群众的需要。在谈到干部的思想情况和工作作风时指出：几年来，党内主观主义、官僚主义、宗派主义比过去是多了，不是更少了；脱离群众的现象比过去是多了，不是更少了；一些不健康的思想和作风比过去是更厉害了，不是更少了。其表现是骄傲自满、摆老资格、滥用党的威信、说假话、闹地位、闹享受等等。这些现象，值得全党严重注意。我们的党组织和党员，特别是领导同志，必须保持党的优良传统，依靠群众，相信群众，经常接近群众，了解群众的要求、思想和感情，把握群众脉搏的跳动，同群众同甘共苦。在谈到共产党要接受监督时指出：党要受监督，党员要受监督。所谓监督，来自三个方面。第一，是党的监督。对共产党员来说，党的监督是最直接的。第二，是群众监督。要扩大群众对党的监督，对党员的监督。第三，是民主党派和无党派民主人士的监督。有了这几个方面的监督，我们就会谨慎一些，我们的消息就会灵通一些，我们的脑子就不会僵死起来，看问题就会少一些片面性。

4月8日

［纲　文］　**《人民日报》发表题为《关于中小学毕业生参加农业生产问题》[①]的社论。**

［目　文］　社论指出，解放以来，我国教育事业有很大发展。但由于条件的限制，中小学毕业生还不能全部或多数升学，要有很大一部分转入农业生产战线。这是正常现象，是普通的事情，不要看作是“不得了”、“不能见人”的事情。对于不能升学的学生，不应当有任何歧视，而应当积极安排他们的出路。各地党政机关和青年组织对当地不能升学的中小学毕业生，采取负责的态度，分别情况，做好统筹安排，是完全必要的。社论针对某些青年学生中间出现的认为下乡种地“丢人”、“没出息”、“吃亏”等思想问题，摆事实、讲道理，号召青年从党和人民利益的大局出发，毅然决然地、愉快积极地投入到生产劳动中去，特别是投入到农业生产中去。社论劝告下乡的青年学生，要用心搞好同农民群众的关系。不要对乡村“一切都看不惯”、对一切都乱加指责。下乡以后，应当处处想到帮助别人，使自己真正成为农民的朋友。要采取学习和帮助的态度，去对待乡村干部，使自己成为干部的朋友。这样，下乡的学生和原来的农民才会结成一体，打成一片；他们

① 社论是根据中共中央副主席刘少奇本年二三月间在河北、河南、湖南、湖北和广东等地视察时，针对教育工作和中小学毕业生的安置、就业问题发表的多次讲话整理的，并经刘少奇本人修改。

的书本知识和实际知识才能互相结合，相互为用。

社论最后劝告一切干部和青年，不要怕吃苦，不要怕吃亏。必须懂得，光想占便宜，怕吃亏的人，是思想上、政治上不健康的人，是不值得信任的人。而为了国家和人民的利益不怕自己吃亏的人，才是高尚的、有道德的、脱离了低级趣味的人，才是真有理想，能够站得住脚、能够得到人民信任的人。社论希望青年都能够向着这个方向锻炼自己，把自己锻炼成为具有“先天下之忧而忧，后天下之乐而乐”这种美德的人。

4 月 8 日

［纲　文］　**城市建设部发出《关于1957年在城市公用事业中开展增产节约运动的指示》。**

［目　文］　《指示》指出：1956 年城市公用事业的基本建设和生产管理有很大成绩。对配合国家工业建设、工业生产和其他经济、文化建设，对城市人民生活条件的改善，都起了重要作用，但也存在着不少问题。本年国家对工业建设的规模和速度做了必要的调整，城市公用事业的建设和管理，也应适应着这种情况来部署自己的工作。各地必须按照勤俭建设、勤俭办公用事业的精神，对本年的任务精打细算，妥善安排。为此，特提出如下意见：一、各省、自治区、直辖市公用事业的主管部门，应根据国家对工业项目调整后的情况、实际需要的缓急、国家投资的可能以及设计、材料、设备供应等情况，对原来列入本年度的建设项目进行仔细审查，妥善安排，使本年的计划建立在充分可靠的基础上。二、重新审查设计，切实修改设计。在审查修改设计文件时，应注意采取各种措施，节约金属、木材和水泥，并尽可能做到就地取材。在审查设计文件的同时，还应抓紧对预（概）算的审查修改，凡估价偏高、定额偏宽和取费标准偏大的，均应切实核减。三、加强施工管理，提高施工技术水平，在保证工程质量的条件下，大力节约建筑材料，提高劳动生产率，加速工程进度，降低工程成本。四、加强城市公用事业企业的经营管理，充分发挥潜力，在提高服务质量和保证安全生产的前提下，增加生产，节约原材料，降低生产成本。最后，各地公用事业的主管部门和设计、施工、生产管理单位，必须取得当地党委和人民委员会的领导，充分发动群众，坚决依靠群众，把自己的工作放在党的领导和监督之下，放在职工群众的积极支持之下，以保证增产节约运动的健康发展。

4 月 8—23 日

［纲　文］　**全国邮政工作会议在北京举行。**

［目　文］　会议指出：解放以来，中国的邮政面貌已经起了根本的变化。全国已有自办的邮政局、所 2.1 万多个，比解放初期增加了将近 7 倍。全国有邮政代办所 2.2 万多处，信箱 8.5 万多个，邮路长度已达 190 多万公里。平均每县已有 8 个自办的邮政机构。从分布来看，基本上每个区都有了邮政局或所，邮路已经到了乡，有的到了农业合作社。会议指出几年来邮政工作主要的缺点和错误是：政治工作和管理工作跟不上业务的发展，贪污盗窃现象比较严重，积压和丢失邮件的现象也不少；有的局所的服务态度也不够好。因此必须加强政治思想领导，改进管理工作，贯彻业务制度，从而消灭贪污盗窃现象，提高服务质量，把丢失、积压差错减低到最低程度。会议认为，邮政工作主要是为人民传递

消息，财务本身并不生产物质财富，增产节约的任务主要就是提高通信质量，提高工作效率和设备利用率，充分发挥现有人力物力的作用。对那些办得好的邮政代办所，应予以保留。对那些办得很不好的代办所，原则上应予取消。会议确定了“雇员”的办法，即雇用农业社社员为乡村邮递员。雇员基本上仍能从事农业生产。这样既减少国家开支，又加强雇员与农业社的联系，得到社的领导监督，提高服务质量。

4月8日

［纲　文］　**武汉钢铁联合企业建厂工程正式动工**。

［目　文］　武汉钢铁联合企业是国家第一个五年计划规定开始兴建的重点工程。它利用大冶的铁矿炼铁，利用峰峰、萍乡、淮南等地的煤炼焦。它是一个包括采矿、选矿、烧结、炼铁、炼钢、轧钢、炼焦化工和耐火材料等15个主体生产厂矿和30多个辅助生产车间及附属车间的完整的大型钢铁联合企业。第一批开工的是耐火材料厂和炼焦化工厂的机械修理车间以及材料备品仓库等辅助工程。

4月8—12日

［纲　文］　**农工党举行六届三中全会**。

［目　文］　会议根据毛泽东关于正确处理人民内部矛盾问题的讲话的精神，着重讨论了如何进一步贯彻“长期共存、互相监督”的方针等问题。会议要求农工民主党的成员在新的形势面前，进一步发挥党组织的作用，为扩大社会主义民主、正确处理人民内部矛盾以及动员一切积极因素为社会主义事业而努力。会议通过了政治决议。决议说：“长期共存、互相监督”方针的提出，加重了我们的政治责任。为正确贯彻这一方针，决议要求农工民主党的成员必须忠诚接受中国共产党的领导，坚持为社会主义服务的政治路线，在国家的政治生活中创造性地发挥作用。各级组织要经常向有关方面反映成员和群众的意见和要求，代表和支持他们的正当利益，协助各级领导更好地贯彻中国共产党和人民政府的政策，协助正确处理人民内部的矛盾。决议要求全体成员本着对社会主义事业负责的精神，积极地向共产党提出建议和批评，同时，也要主动地、虚心地接受中国共产党以及各民主党派和人民群众对农工民主党的监督。决议说：加强政治思想教育，帮助成员和所联系的群众进行自我改造，是提高社会主义觉悟和处理人民内部矛盾的一个重要途径。决议还要求要进一步贯彻“百花齐放、百家争鸣”的方针，号召全体人员发挥独立思考的精神，敞开思想，自由辩论，坚持真理，修正错误，充分发挥社会主义劳动热情，向科学文化进军。会议补选黄琪翔为农工民主党中央委员会副主席。

4月8—12日

［纲　文］　**中国道教协会成立会议在北京举行**。

［目　文］　参加会议的有92位代表，其中有些代表是从华山、嵩山、泰山等地来的知名道士。会议期间，代表们听取了中国道教协会筹备委员会主任委员岳崇岱作的关于发起和筹备成立中国道教协会的工作报告、副主任委员孟明慧作的关于中国道教协会章程草案的说明。会议还邀请国务院副秘书长齐燕铭作时事报告和国务院宗教事务局局长何成湘

作关于宗教信仰自由政策的报告。12日，会议通过中国道教协会章程，章程规定中国道教协会的宗旨是：联系和团结全国道教徒，继承和发扬道教优良传统；并在人民政府领导下，爱护祖国，积极支持国家的社会主义建设，参加保卫世界和平运动，协助政府贯彻宗教信仰自由政策。会议选出中国道教协会理事61人，组成第一届理事会，还通过中国道教协会成立会议的决议以及给毛泽东主席的致敬信。

13日，中国道教协会理事会举行第一次会议，选出岳崇岱为中国道教协会会长，陈樱宁、汪月清、孟明慧、乔清心、易心莹为中国道教协会副会长，陈樱宁为秘书长，黎迁航为副秘书长。15日上午，朱德接见出席中国道教协会成立会议的全体代表。

4月9日

［纲　文］　**中国人民银行发布《办理国营商业短期放款办法》。**

［目　文］　《办法》规定国营商业放款工作的基本任务是：为不断扩大与加速商品流转服务，根据国家各个时期的政策和计划的要求，供应扩大商品流转的资金需要，在此前提下，监督企业合理节约使用资金。国营商业放款的原则是：一、对商业部系统的一级站（办事处）、分站、二级站和兼营二级站业务的单位，和城市服务部系统的大、中城市纯零售企业以外的单位（均简称采购供应单位），银行放款根据其批准的进货计划总额（包括进货费用、税金）供应资金。但国家规定充分供应采购资金的商品品种不在此限。二、对商业部系统的基层批发零售单位，和城市服务部系统的大、中城市纯零售单位（均简称销售单位），银行放款根据省（市）批准的季末借款计划余额掌握。国营商业放款的种类分为商品流转放款、临时放款和特种放款3种。此外，《办法》还规定了每种放款的具体办法、超计划放款的发放、借款计划的编制、放款保证检查等相关事宜。

4月9日

［纲　文］　**民进中央常务委员会发出《关于学习和贯彻政协第二届全国委员会第三次会议决议精神的通知》。**

［目　文］　《通知》指出：政协二届三次会议充分显示了政协在我国人民政治生活中所起的重大作用。会议的各项重要报告、发言和决议，将极大地推动我国社会主义事业更加顺利地前进。特别是在这次会议之前，毛泽东在扩大的最高国务会议上就正确地处理人民内部矛盾问题的讲话，是马克思列宁主义的发展，对我们国家社会主义建设事业和全国人民的政治生活都具有重大的指导意义。《通知》号召民进各级组织和全体会员深入认真地学习毛泽东在最高国务会议上的讲话和政协二届三次会议的各项重要文件，并且把它们的精神实质贯彻到工作和行动中去。《通知》说：人民内部矛盾同敌我矛盾是性质不同的矛盾，因此解决矛盾的方法也不相同。对待人民内部矛盾，必须坚决贯彻执行“从团结的愿望出发，经过批评和斗争，在新的基础上达到新的团结”的方针。民进作为一个为社会主义服务的民主党派，必须贯彻“长期共存，互相监督”的方针，协助党和政府在处理人民内部矛盾中发挥积极的作用。《通知》还指出：知识分子加强思想改造有极其重要的

意义。民进各级组织必须加强政治思想教育工作，帮助会员认真地学习马克思列宁主义理论和国家政策，直接同工农群众接触，向工农群众学习，以加强思想改造。同时，必须帮助会员正确领会“百花齐放、百家争鸣”的方针，解除顾虑，畅所欲言，明辨是非，坚持真理，互相帮助，加强团结。《通知》号召各级组织和全体会员积极参加增产节约运动。《通知》最后说：学习毛泽东在最高国务会议上的讲话，是民进当前的头等的政治任务，希望各级领导同志首先要认真地带头学习，并且要根据具体情况，同当地中共党委统战部和政协地方委员会密切联系和配合，动员和帮助会员及所联系的群众认真学习。

4月9日

［纲　文］ **周恩来接见苏联河运部访华代表团。**

4月10日

［纲　文］ **《人民日报》发表题为《继续放手，贯彻“百花齐放、百家争鸣”的方针》的社论。**

［目　文］ 社论说：从党中央提出“百花齐放、百家争鸣”的方针以来，时间虽然还很短，但是已经可以看出，初步的效果是好的。有些人对这个方针表示怀疑和动摇，认为应该停止“放”，实行“收”，这种意见是完全不正确的。“百花齐放、百家争鸣”并不是什么一时的、权宜的手段，而是为发展文化和科学所必要的长时期的方针。要看到这个方针在文化建设上产生巨大的收获，当然需要比较长的时间。有些人对于党的方针抱着不同的想法。照他们看来，这样下去，思想界将会一团混乱，文化科学发展的方向将要模糊，资产阶级思想将要泛滥，马克思主义的理论将要动摇——总而言之，前途简直是不堪设想。很明显，这种估计是对于事实的一种极端的歪曲。社论指出：一切真理从来是在同错误的东西作斗争的过程中发展起来的，马克思主义也是如此。没有这种斗争，也就不能有真理的发展，不能有马克思主义的发展。因此，“百花齐放、百家争鸣”的方针，只能帮助而不会妨碍马克思主义的发展。在各家的争鸣中，出现了正确的新论点，对于马克思主义固然有好处；就是出现了不正确的论点，对于马克思主义也没有什么可怕。马克思主义欢迎一切真理的发现，因为一切真理的发现（无论这些发现者是否赞成马克思主义）都能够丰富马克思主义。马克思主义不害怕各种错误思想的批评，历史表明，即使是在资产阶级思想占统治地位的时代，各种同马克思主义敌对的理论也没有阻止得了马克思主义的发展。思想斗争是马克思主义发展的动力。不进行斗争，马克思主义就会停滞不前，就会转化为它的反面——教条主义。

4月10日

［纲　文］ **毛泽东召集《人民日报》负责人谈话。**

［目　文］ 参加会议的有陈伯达①、胡乔木、周扬、邓拓、胡绩伟、王揖、黄操良、

---

① 陈伯达（1904—1989），福建惠安人，时任中共中央政治局候补委员、中央政治研究室主任、中央宣传部副部长。

林淡秋、袁水拍、王若水等人。谈话从中午12时35分到下午5时10分。毛泽东在会上对《人民日报》的工作提出批评。他说：最高国务会议和宣传工作会议已经开过1个多月了，共产党的报纸没有声音。陈其通4人的文章发表以后，《人民日报》长期以来也没有批评。你们按兵不动，反而让非党的报纸拿去了我们的旗帜整我们。过去我说你们是书生办报，不是政治家办报。不对，应当说是死人办报。邓拓解释说：过去中央曾有规定，党的会议不发消息，主席讲话未公布前，也不引用。毛泽东说：中央什么时候有这个规定？最高国务会议发了消息，为什么不发社论？消息也只有两行。为什么把党的政策秘密起来？宣传会议不发消息是个错误。胡乔木说：《人民日报》曾经搞了个计划，组织过几篇文章，我因为没有把握，压下来了。这事不能全怪报社，我也有责任。毛泽东说：现在对待知识分子的政策究竟是什么？百家者，两家而已：资产阶级一家，无产阶级一家。争取知识分子，用什么办法？一种办法是压，这不会使人心服，口服心不服。我主张松，这样他们就靠拢我们了，有利于改造。毛泽东最后总结说：一、报纸的宣传，要联系当前政治，写按语，写社论，都要这样，如最高国务会议、宣传工作会议。二、中央每一重要措施，报纸宣传都得有具体布置。三、要在现有条件下，努力改进工作，包括领导工作。四、要吸收社外的人参加编辑工作，团结好报社以外的专家、学者、作者。五、将来可以考虑，中央调一个政治局委员到人民日报社工作，从根本上解决领导问题。

4月10日

［纲　文］　**刘少奇在广东省和广州市直属机关干部大会上发表讲话。**

［目　文］　讲话分析了当时人民群众反映比较大的一些问题，如中小学毕业生升学难、工人和农民生活水平悬殊、城市工人要求盖家属宿舍、副食品供应紧张、临时工要求转正等问题，指出：生产关系与生产力之间的矛盾突出地表现在分配问题上。上层建筑与经济基础之间的矛盾突出地表现在主观主义、官僚主义、宗派主义问题上。解决人民内部的矛盾，不能用过去解决阶级矛盾的办法，必须用新的办法，新的方针，新的路线。必须允许人民群众采用小民主的办法来解决他们所要求解决的问题，不允许小民主，不经常采取小民主的办法，势必要来个大民主。

4月10日

［纲　文］　**国家建委发出《关于暂时停止采用竹筋混凝土的通知》。**

［目　文］　《通知》说：自从国家建委发出《关于防止盲目采用竹筋混凝土的通知》以后，又在武汉、长沙、广州、上海等地做了重点了解，证明广泛采用竹筋混凝土在技术上、经济上都存在很多问题。为此，对推广使用竹筋混凝土的问题，提出如下意见：一、考虑从现在起，暂时停止推广使用竹筋混凝土制作建筑物的承重构件。待试验研究得出成果后再行推广。至于对某些非承重构件或不受力的架立筋等，如需采用竹筋时，亦应严加控制，并经建筑和设计机构的主管部门鉴定后采用。二、对于旧竹筋混凝土建筑物及已建成的竹筋混凝土建筑物，应当进行总结，使用单位应负责会同有关施工单位进行观察和检查，如有必要时，应采取一些安全措施，以防发生事故。三、对于竹筋混凝土的研究工

作，仍应继续进行。

4 月 10 日

［纲　文］　**中国和朝鲜在平壤签订《关于植物检疫和防治农作物病虫害的协定》。**

［目　文］　《协定》规定，缔约双方应该各在自己的领土上，对本协定所规定的玉米干腐病、小麦腥黑穗病、梨长介壳虫、美国白蛾等 16 类植物检疫性病虫害情况，进行系统调查，并且采取必要的措施控制和肃清植物检疫性病、虫的危害。缔约双方保证不将带有本协定所规定的植物检疫性病、虫，经输出品或其他途径传入对方领土。缔约双方应该对输出的种子、苗木、谷物、豆类、薯类、水果类、棉花、纤维和其他植物性物品进行周密的检疫检查，并且由输出国植物检疫机关出具证明没有感染上述植物检疫性病虫害的检疫证。

4 月 10—24 日

［纲　文］　**文化部召开第二次全国戏曲剧目工作会议。**

［目　文］　会议总结和交流发掘传统剧目的情况与经验，讨论开放剧目问题，以及在戏曲工作中贯彻执行“双百方针”。会议确定“大放手”地发掘和整理传统戏曲剧目，以便更多更好地绽放出万紫千红的花朵，并在香花同毒草进行长时期竞赛的基础上发展社会主义的民族的新文化。周扬在讲话中提出对传统剧目采取“全面挖掘，分析整理，结合演出，重点加工”的方法。会议期间，对于剧目工作是放、是收，如何放等问题，进行了比较深入的讨论。对于“放”的方式方法，也进行了讨论。文化部副部长刘芝明在会议上作总结报告时指出：戏曲剧目中的香花和毒草，都是客观存在的，毒草并不会因行政命令而减少，要让香花同毒草竞赛，让群众去取舍。在放手发掘和整理传统剧目工作中，必须反对教条主义和机会主义。应有计划地、全面地进行发掘和整理传统戏曲剧目的工作，不仅要挖掘剧目，对表演艺术、唱腔、曲牌也应注意发现和整理。在发掘和整理工作中，要注意依靠广大艺人及社会力量。文化部副部长钱俊瑞希望戏曲工作者要贯彻长期的“大放手”的方针，消除“四怕”——怕坏戏、怕新戏少、怕艺人不负责任、怕群众不识货。应该相信，在“百花齐放、百家争鸣”的情况下，文艺为工农兵服务、为社会主义建设服务的方针一定能得到更好的贯彻，在继承和发扬传统戏曲艺术的基础上，一定会出现更多更好的新戏。中宣部副部长周扬在会议的最后一天讲了话。他指出，要在戏曲事业中进一步贯彻“百花齐放、推陈出新”的方针，使戏曲艺术获得新的更大的发展。不要用行政方法禁止坏戏，不要把整理旧剧目和创造新剧目这两个任务对立起来。整理的好，就是一种创作；也不要只整理旧有剧目而放弃创作新的剧本，要用各种方法鼓励剧本创作。27 日，《人民日报》发表社论：《大胆放手，开放剧目》。

4 月 10 日

［纲　文］　**北京音乐界举行贝多芬纪念会。**

［目　文］　参加纪念会的有音乐界、文艺界人士 1000 多人。民主德国驻华大使纪普纳及其夫人也参加了纪念会。纪念会由中国音协副主席马思聪主持。他说：贝多芬为全世

界人民创造了宝贵的音乐艺术财富，在他的作品中体现了当时德国人民和欧洲人民的民主革命精神，同时以他丰富多彩的创作丰富了音乐的表现力，使音乐成为表达人类心灵最深刻最细致的艺术。中国人民珍视贝多芬的不朽的艺术创造，贝多芬将永远活在我们心中。在北京的民主德国音乐指挥专家维尔纳·戈斯林教授在会上作了题为《贝多芬的精神把全世界的进步人民连结在一起》的报告。他扼要地介绍了贝多芬的一生经历和艺术活动。纪念会后，举行了音乐会。中央乐团交响乐队演奏了贝多芬的名作《C小调第五（命运）交响曲》，由维尔纳·戈斯林亲自指挥。钢琴家周广仁演奏了贝多芬的钢琴曲《奏鸣曲作品第110号》；青年小提琴家彭鼎新演奏了贝多芬的小提琴曲《F大调罗曼斯》。

4月11日

［纲　文］　**国务院批复铁道部关于控制企业人员增加的几个问题。**

［目　文］　批示说，被征用土地的农民，主要应由当地人民委员会采用并社、插社、移民等办法，在农业生产方面妥善安置；但如征用土地过多，用地单位又需要临时工时，可优先吸收这些农民。年老退职、退休和因工、因病死亡的职工的子女，暂不宜吸收。有特殊技能的专业人员，如确因工作需要，在内部又无法调剂时，经劳动部审查批准后，可以吸收。原来由企业和机关批准入高等学校学习的人员，经学校批准中途退学者，企业、机关应予留用。因抢修、抢险急需临时工时，可报经当地劳动部门同意，先行招收，事后备案。铁道部请示的主要内容是：新建、改建铁路征地后是否需要吸收农民参加铁路工作；铁路职工参军后复员，是否由铁路企业接收；雇用临时工可否由企业和当地省、市劳动部门直接办理，不报主管部门批准；在国务院今年初关于制止盲目招人的指导下达前已正式任用和试用的人员如何处理等10个问题。

4月11日

［纲　文］　**中国和苏联在莫斯科签订1957年换货议定书。**

［目　文］　议定书规定：苏联方面1957年向中国供应工作母机、锻压设备、石油钻探设备、矿山设备、地质勘察仪器、电气设备、挖土机、各种仪器、石油、石油产品、各种钢材、有色金属、各种化学产品、医疗器械、药品等货物。中国方面1957年向苏联供应钨、钼、锡、水银、有色金属精矿、水泥、硫磺、化学产品、桐油、羊毛、生丝、毛织品、丝织品、针织品、猪鬃、大豆、茶叶、烤烟、柑橘、手工艺品等货物。中国外贸部副部长李哲人和苏联外贸部部长卡巴诺夫分别代表本国政府签字。

4月11日

［纲　文］　**中国和波兰发表《中波两国政府联合声明》。**

［目　文］　《声明》说：以部长会议主席约瑟夫·西伦凯维兹为首的波兰人民共和国政府代表团应中华人民共和国政府的邀请到中国进行友好访问。中国人民和中华人民共和国政府对波兰人民共和国政府代表团的热烈的欢迎和热情的接待，表现出中波两国人民兄弟般的友谊。波兰政府代表团对中国的访问将进一步促使中波关系和所有社会主义国家

之间的关系更加密切。在访问期间，中华人民共和国主席毛泽东接见了波兰人民共和国政府代表团。波兰人民共和国政府代表团并且同以周恩来总理为首的中华人民共和国政府代表团进行了会谈。在会谈中，双方在1957年1月16日《中波声明》的基础上就目前国际形势中的新问题，以及进一步加强社会主义各国的团结和发展中华人民共和国和波兰人民共和国之间的友好合作关系的问题交换了意见。双方对上述问题获得了一致的意见。双方认为国际局势的总趋势走向和缓，但是帝国主义侵略集团并没有停止破坏和平的活动。这种情况要求社会主义国家加强团结，并且同一切爱好和平的力量加强合作，坚决反对帝国主义军事集团的战争计划。双方认为关于立即停止试验核子武器的建议，在目前情况下具有特别重要的意义。双方反对北大西洋公约组织、马尼拉条约组织和巴格达条约组织等军事集团，并且主张一切对立的军事集团应该为集体安全和集体和平的体系所代替。两国政府谴责一切阻挠民族解放运动的殖民主义企图。双方决心继续尽一切力量进一步加强社会主义阵营各国在马克思列宁主义关于无产阶级国际主义和民族平等的原则的基础上的团结。双方认为，根据马克思列宁主义学说建设社会主义时，既要反对教条主义，又要反对修正主义。中华人民共和国高兴地看到波兰统一工人党自从八中全会以来所取得的成就，并感谢波兰人民给予中国人民的支持和援助。双方满意地指出，中波两国在各方面的合作关系正在日益巩固和发展。4月6—14日，波兰部长会议主席约瑟夫·西伦凯维兹率波兰人民共和国政府代表团访问中国，除北京外，波兰政府代表团还访问了天津、上海、广州、沈阳等地。

1957年4月6—14日，波兰部长会议主席西伦凯维兹率波兰政府代表团来华访问。图为4月9日，西伦凯维兹（左二）在北京饭店举行招待会，毛泽东主席（左一）、周恩来总理（右二）出席招待会。

4月11日

［纲　文］　**公安部、教育部发出《〈关于建立少年犯管教所的联合通知〉[①]的几点补充**

① 该《联合通知》由公安部、教育部于1957年1月11日发出。

意见》。

［目　文］　《补充意见》说：为了正确贯彻对少年犯实行以教育改造为主，轻微劳动为辅的方针，各省、市在建立少年管教所时，应同时在管教所附近选择适当地址，按照收容少年犯数量建立相应的附属工厂（习艺场所即可不建），以便有计划地组织少年犯参加一些适合少年犯身心发育并有利于对少年犯进行教育改造的工业生产。具体的生产对象各省、市公安、教育厅、局，可与省、市计划委员会共同研究解决。工厂用地面积可根据具体情况确定；少年犯的劳动时间根据《劳改条例》的规定，每天不得超过四小时，对一些身体差或年龄小的少年犯，劳动时间还应适当缩短。关于基建投资问题，各地应根据精简节约精神，在原拨款数额内统一研究解决。如果资金不足时，附属工厂的修建可以暂时不建或采取因陋就简的办法，在不过多地影响少年管教所的修建质量的情况下，可以修建临时工棚以适应需要。

4月11日

［纲　文］　**文化部在北京举行1949—1955年优秀影片授奖大会**。

［目　文］　参加授奖大会的，有部分得奖人员、各制片厂负责人、香港得奖影片代表、出席全国电影发行与放映先进工作者代表会议的代表和北京电影界人士，共1400多人。共有69部影片和409人获奖。获奖影片出品厂及主创人员获得了奖状和奖章。这些影片包括故事片，舞台艺术片，木偶片，动画片，长、短纪录片，科学教育片等。获得一等奖的有故事片《钢铁战士》、《白毛女》、《渡江侦察记》、《董存瑞》，舞台艺术片《梁山伯与祝英台》，木偶片《神笔》，长纪录片《中国人民的胜利》、《解放了的中国》、《百万雄师下江南》、《抗美援朝》第一部，短纪录片《交换病伤战俘》、《战胜怒江天险》、《永远怀念苏军》，科教片《淡水养鱼》、《培育壮秧》。文化部部长沈雁冰在授奖大会上发表讲话，肯定建国7年来电影事业的发展道路、创作方向，基本上是正确的，成绩是主要的；国家给予这些优秀影片以荣誉和奖励是完全必要的。文化部副部长夏衍颁发奖状和奖章。得奖人员代表、导演成荫，演员孙道临、上官云珠，新闻纪录电影导演徐肖冰，翻译片演员张玉昆，在会上讲话，表示要创作更好的作品回答国家给予的荣誉。香港得奖人员代表夏梦也在会上讲话，表示以祖国给予的奖励为最大的光荣，要向祖国电影工作者学习，创作出更好的作品。

4月11—16日

［纲　文］　**中国电影工作者代表会议在北京召开**。

［目　文］　出席会议的有包括香港电影工作者在内的全国电影工作者代表350人。14日，毛泽东、朱德、周恩来、邓小平等党和国家领导人接见会议代表。周恩来在接见会议代表时发表讲话，阐述了毛泽东提出的十大关系和正确处理两类不同性质的矛盾以及在党内开展整风运动的必要性，对“双百”方针也作了阐释。他还提出电影剧本的写作和导演的手法要注意中国的情况、特点和风格，做计划要留有余地，不要迷信外国。他要求电影界本着大同小异、通力合作、瞻前顾后、左顾右盼的原则，处理好新与旧、内地与海

外、老与少等十种关系。16 日，中国电影工作者联谊会正式成立。选出理事 175 名（另给台湾保留 10 个名额），蔡楚生当选为主席，司徒慧敏、白杨、沙蒙为副主席，王人美、水华等 23 人为主席团委员。

▲1957 年 4 月 16 日，中国电影工作者联谊会在北京正式成立。图为周恩来（右五）、邓颖超（右七）在中南海紫光阁宴请出席会议的女演员后合影。

4 月 11—17 日

［纲　文］　**中国水利学会第一次全国会员代表大会在北京举行。**

［目　文］　大会讨论确定水利学会的任务是：团结全国科学技术工作者，配合国家需要，开展各种有关水利的学术活动，交流学术经验，迅速提高中国水利科学技术水平，以满足社会主义建设需要。大会选出理事 56 人。17 日，理事会召开了第一次会议，讨论学会发展计划和学术活动的问题，选出常务理事 15 人，并推选张含英为理事长，冯仲云、须恺、李锐为副理事长，中国水利学会正式成立。中国水利学会的前身是中国水利工程学会，该会成立于 1931 年 4 月，以“联络水利工程同志、研究水利学术、促进水利建设”为宗旨。至 1947 年，学会会员共有 1647 人。1948 年初停止活动。新中国成立不久，张含英等以倡议人的身份发起组织中国水利学会，即重建中国水利工程学会。当时在武汉、天津等地的水利科技工作者，都先后筹建了当地分会或分会筹委会，发展了相当数量的会员，有的已进行了一些学术活动。1956 年 2 月，中国水利学会筹委会在北京成立。1957 年 4 月 11—17 日，中国水利学会第一次全国会员代表大会召开，中国水利学会在会上宣布成立。

4 月 11 日

［纲　文］　**周恩来接见前来中国访问的芬兰合作社代表团。**

［目　文］　在介绍中国的国情时，周恩来说：中国 5 亿多农民中，96% 都参加了合作社，主要原因是穷，土地少。中国另一困难是机械化问题，人这样多，如用拖拉机，劳动力就多余了，没办法解决。其次水稻田机械化，技术上也未解决。中国开荒机械化是将

来的事，现在还是在原有的土地上增加单位面积产量，这是中心问题。中国要搞重工业，但如果农业、轻工业摆得不恰当，就要影响人民生活。

4月12日

［纲　文］　**国务院召开第四十六次全体会议**。

［目　文］　会议由周恩来主持，继续第四十五次会议的讨论。会议讨论了以下事项：一、批准国家经委提出的1957年度国民经济计划草案及其说明，提请全国人大常委会审议。二、通过《国务院关于1957年棉布供应的决定》。《决定》说：由于棉花受灾减产和上年放宽了供应，1957年可能供应的棉布比发布票时估计的供应量要少。为保证人民冬衣需要，必须适当减少夏季棉布供应，夏季购布证一律按票面数额对折使用。国务院副总理兼商业部部长陈云作了说明。他说：1956年7月发布票时估产2500万担棉花，后来河北的300万担被风吹掉了，现在估计最多产2200万担。为此要向人民承认错误，解释清楚。这件事给我们的教训是：农业经济对国民经济影响很大，而农业经济还不太稳定，因此要以丰补歉，各方面均应瞻前顾后，真正做到计划经济。三、通过《国务院关于发展小煤窑的指示》。国务院副总理兼国家经委主任薄一波作了说明。他说：这个文件总的精神是开放。拟从煤开始，土铁、手工开采的有色金属、盐等均拟解决。周恩来指出，小盐场应让其开放，应该马上开放，可以搞个类似小煤窑的办法，不要因噎废食。一切东西都靠国家生产不行，各方面都应该有百分之几的自由活动，太死了不行。不仅商业方面如此，工业方面也可以如此。资本主义复活不了。四、通过《国务院关于撤消中国农业银行的通知》。《通知》说：1955年3月，国务院为了加强农村信贷工作，批准建立了农业银行。通过两年来的实践，发现这样既不利于统一安排农村信贷工作，又不合乎精简节约的原则。为此，国务院决定，将农业银行的各级机构同人民银行合并，农业银行的名义即予撤销。

4月12日

［纲　文］　**中国政府同意瑞士联邦将瑞士驻中国公使升格为大使馆，任命时任驻华公使为首任大使**。

4月12日

［纲　文］　**国务院发布《关于批准1957年度国民经济计划草案的决定》**。

［目　文］　《决定》指出：国务院全体会议第四十六次会议批准了国家经委提出的1957年度国民经济计划草案及其说明。国务院各部门和各省、自治区、直辖市应该按照1957年度国民经济计划，并且结合本部门、本地区的具体情况逐级分配下达并组织执行。《决定》同时对同下达1957年度计划有关的一些问题做出规定：一、为了发挥各部和各省、自治区、直辖市在计划执行中的主动性和积极性，各部和各省、自治区、直辖市人民委员会在分配国务院下达的计划指标的时候，在生产方面属于全国性销售的产品可以在保证全国产、供、销平衡和保证完成国家统一分配物资的调拨计划的条件下进行适当调整；

在基本建设方面在不增加投资和材料并且保证完成国家控制的主要项目和生产能力的条件下，也可以进行适当调整。季度和月度的计划，可以由各部和各省、自治区、直辖市人民委员会根据具体情况，进行安排。二、关于检查计划的依据：在检查全国的、各部的和各省、自治区、直辖市的 1957 年度计划完成情况的时候，凡由国务院控制和下达的指标，一律以国务院下达的计划指标为依据；各部或各省、自治区、直辖市人民委员会对于所属各单位的年度计划完成情况的检查，一律以各部或各省、自治区、直辖市下达的计划指标为依据。在检查季度计划完成情况的时候，一律以各部或各省、自治区、直辖市人民委员会和所属管理局或厅、局编制和批审的季度计划为依据。三、各省、自治区、直辖市手工业生产计划，应该报送国务院备案，抄送国家计委、国家经委、中央手工业管理局和国家统计局。

4 月 12 日

［纲　文］　**国务院发出《关于发展小煤窑的指示》。**

［目　文］　《指示》指出：几年来，我国煤炭工业已经有了很大的发展，但仍然赶不上整个国民经济发展和人民生活对煤炭的需求。因此，在有煤炭资源的地区，根据需要情况，有领导地、积极地恢复和开办一些小煤窑，以就地解决民用燃料的供应，是很必要的；过去某些不适当的限制地方和群众采煤的办法，则应取消。为了恢复和开办小煤窑，扩大煤炭资源满足城乡用煤，特别是广大农村用煤的需要，特做如下规定：一、1950 年前燃料工业部所颁布的《公私营煤矿暂行管理办法》、《土采煤窑暂行处理办法》及《公私营煤矿安全生产管理要点》，应该暂行停止执行，责成煤炭工业部重新加以研究修订。各省、自治区、直辖市应该根据本地区的具体情况拟订发展小煤窑的管理办法。二、根据统筹兼顾、适当安排的方针，凡煤炭供应不足，而又有煤炭资源的地区，应当根据自产自销的原则，由县（市）人民委员会、农业合作社或手工业合作社就地开采小煤窑以解决当地民用和工业用煤。三、对现有国营和地方国营矿区内正在生产的小煤窑，亦应该加以规划，划定范围进行开采，如确实对国营或地方国营煤矿的发展影响较大的，省、自治区、直辖市人民委员会应该和煤炭工业部的地区管理局研究解决，采取有限制的开采，不得轻易封闭。四、为了充分利用煤炭资源，避免引起自燃灾害，各地区应该对小煤窑加强指导，尽可能地提高回采率，注意防止将粉煤、碎煤遗弃在井下，只采厚煤不采薄煤等现象发生。五、注意小煤窑开采的组织经营工作。六、对小煤窑的安全生产问题，必须引起足够的重视。

4 月 12 日

［纲　文］　**国务院发出《关于1957年棉布供应的决定》。**

［目　文］　《决定》指出：由于 1956 年水灾以后，部分地区棉田减产，国家收购棉花的计划未能完成，再加上上年放宽了供应，多销了布匹，因此 1957 年市场纱布的供应量将比 1956 年 7 月发出本年度购布证的时候所估计的供应量为少。为了调整已发购布证和可能供应的棉布数量之间的差额，为了保证人民的冬衣需要，必须适当减少夏季的棉布

供应，决定：一、由 1956 年 9 月 1 日—1957 年 4 月 30 日通用的第一期购布证继续十足通用至 1957 年 8 月底。二、由 1957 年 5 月 1 日—8 月 31 日通用的第二期购布证一律按票面数额对折使用。三、凡是发了全年通用购布证而没有分期发购布证的个别省份，自 4 月 20 日起，全部购布证一律按票面数额对折使用。四、凡是按照上述三项规定向全国国营、供销合作社、公私合营出售棉布的商店凭购布证买布的，各类棉布商店保证全部供应。五、针织品、绸缎、呢绒，照旧自由购买，不需凭证。20 日，《人民日报》发表社论：《大家都来节约棉布》。

4 月 12 日

［纲　文］　**粮食部发出《关于加强菜籽统购工作的指示》。**

［目　文］　《指示》指出：菜籽收获季节已届，由于上年秋季油料收购不好，1956—1957 年度全国购销计划虽然勉强平衡下来，但其中菜油的收购数量，要占整个收购任务的 1/5 左右。因此，菜籽统购任务完成的好坏，对于缓和本年油脂紧张局势，起着决定性的作用。各菜籽产区应将菜籽统购列为重点工作之一，积极发动职工，充分利用调高购价的有利因素，吸取上年秋季油料统购中有些农业社（户）多留自榨、私卖而不管国家统购任务等教训，并根据各地不同条件，因地制宜地定出切实可行的统购办法，保证完成或超额完成菜籽统购任务。为确保菜籽统购任务的实现，必须做到以下几点：一、迅速将任务下放到乡和农业社，继续贯彻随粮统购、统一宣传、统一使用力量的原则，与夏粮统购工作密切结合，同时进行，并采取以社为单位统一交售。二、由于本年菜籽收购价调高幅度较大，菜油销价调高幅度较小，有些农业社（户）可能不愿留自用量，在这样情况下，可以除留种外，全部收购进来，再进行供应。三、菜籽商品性大、上市集中，各地应充分做好收购前的准备工作。四、认真贯彻按质论价的政策，是促进生产、保证完成统购任务的重要关键。五、各地应加强油脂市场管理，并积极地配合有关部门对土榨的领导和管理，保证收购任务的顺利完成。

4 月 12 日

［纲　文］　**邮电部、粮食部发出《关于一般居民邮寄粮食、油料问题的通知》。**

［目　文］　《通知》指出：鉴于有居民要求向国内各地和国外邮寄粮食、油料，为了适当满足这一要求，原则上同意居民和农民缺粮户在定量内节约粮食及农民三定留给的粮食和留用的油料内可向国内外邮寄少量粮食、油料和粮食制品（品种不限）。但是，同一寄件人，寄交同一收件人的包件，每次每件以 1 公斤为限。邮寄出国者，还必须寄往国家允许粮食进口。寄往办理国际小包邮件业务的国家，可按国际小包邮件收寄；寄往不办理国际小包邮件业务的国家，可按国际包裹收寄。至于国家机关、团体、国营企业、合作社、公私合营企业、农场、农业院校和科学研究单位，因业务需要向国内各地邮寄粮食、油料和粮食复制品者，可凭各该单位证件收寄，品种、数量均不加限制，但每件最高重量不得超过邮局一般包裹规定。此外，凡非因业务需要邮寄粮食、油料和粮食复制品者，一律按一般居民办理。

4月12日

［纲　文］　**鹰厦铁路全线通车。**

［目　文］　鹰厦铁路北起江西鹰潭，南达福建厦门，全线长690多公里。鹰厦铁路于1953年1月由铁道部中南设计分局进行设计，1954年由铁道兵和当地民工动工兴建，本日竣工通车。

4月12日

［纲　文］　**教育部、青年团中央联合颁发《关于少年宫和少年之家工作的几项规定》。**

［目　文］　《规定》指出：少年宫和少年之家是少年儿童的校外教育机构，它的基本任务是配合学校对少年儿童进行共产主义教育，培养他们具有优良的道德品质；帮助他们巩固和扩大课堂知识，丰富他们的文化生活；发展他们多方面的兴趣和才能；锻炼他们的技能和熟练技巧。它的工作对象是广大的中小学学生和校外少年儿童。文件还对少年宫和少年之家的工作内容和方法、组织机构和领导关系、编制经费等做出规定。

4月12日

［纲　文］　**高教部就留学生在留学期间的结婚问题复函中国驻苏联大使馆留学生处。**

［目　文］　复函就留学生留学期间的结婚问题答复如下：一、为不影响学习，双方均在国外学习者，在学习期间仍不准结婚。暑假归国学生中，如其爱人在国内者，可准结婚。二、如中国留学生（男）要求与苏联女同学结婚者，经中国驻苏联大使馆正式向苏方提出，确无问题时，可在中国留学生将毕业的一年间，由大使馆根据具体情况批准结婚。如中方系女生时，因关系改变国籍问题，故必须附来女学生申请材料请示国内批准。三、关于留学生的恋爱结婚问题，希照前发中央批示办理，应事先多做思想工作，务使同学们了解学习期间应集中精力钻研业务，自觉约束避免发生恋爱问题。同时教育同学们同外国同学结婚，回国后，在当前国内各方面条件下，在工作上，生活上均有很大困难，势必影响归国后本人工作，生活。总之，对此问题，应多做思想教育工作，严格控制，对个别问题，再根据具体情况灵活掌握。

3月16日，中国驻苏联大使馆就留学生留学期间的结婚问题请示高教部。

4月13日

［纲　文］　**《人民日报》发表题为《怎样对待人民内部的矛盾》的社论。**

［目　文］　社论说：从本年2月27日—3月1日，有1800多人出席的最高国务会议听了毛泽东主席关于正确地处理人民内部矛盾的报告，并且进行了热烈的讨论。随后，在全国政协的会议、全国宣传工作会议、各民主党派中央机构的会议上，在中国共产党的许多地方组织所召集的会议上，也都讨论到这一个题目。因此，怎样正确地对待人民内部的矛盾，已经成为全国各界人士当前普遍关心的问题之一。关于这个问题的广泛讨论，无疑将促进我国目前人民内部的某些矛盾得到比较顺利的解决，使我国人民的伟大团结更加巩固，从而使我国的社会主义事业更快地向前发展。那么应该怎样来认识和对待人民内部的

矛盾呢？社论说：矛盾是一切事物发展和进步的动力，是一种普遍的、永恒的现象。在人类社会的发展中，由于社会制度的不同，社会内部矛盾的情况和矛盾的性质虽然有所不同，但是矛盾的存在这一点却是永远不变的。我国人民经过英勇的斗争，建立了强有力的人民民主专政，基本上完成了对农业、手工业和资本主义工商业的社会主义改造。就全国范围来说，敌我之间的大规模的阶级斗争的历史已经基本上结束，也就是说，曾经长期是国内主要矛盾的敌我之间的矛盾，已经基本上解决。但是，这并不是说，在社会主义社会中，人民内部就不再有矛盾了。相反，在社会主义社会的发展过程中，在生产力和生产关系之间，在上层建筑和经济基础之间，在经济制度和政治制度的各个环节上，仍然会产生矛盾。在人民内部，在先进分子和落后分子之间，在抱着正确意见正确态度的人们和抱着错误意见错误态度的人们之间，在这一部分群众和那一部分群众之间，在人民群众和他们的领导者之间，也都存在着这样那样的矛盾。

社论强调指出：我们社会中的许多矛盾，往往通过人民群众和领导者之间的矛盾而集中地表现出来。人民群众和领导者之间之所以会发生矛盾，是由他们在国家生活中所处的不同的地位决定的。这种矛盾跟人民内部的其他矛盾一样，是在根本利益相一致的基础上发生的非对抗性的矛盾。处理人民内部的矛盾的方法，必须从原则上跟处理敌我矛盾的方法区别开来。为了正确地处理这类矛盾，必须是从团结的愿望出发，经过批评或者斗争，在新的基础上达到新的团结。社论说：目前我国人民群众和领导者之间的矛盾，主要是由于领导者在工作中的官僚主义作风。为了有效地克服官僚主义，必须依靠群众，扩大人民民主生活，以便加强群众对领导者的监督。此外，还需要不断地加强在群众中的思想政治工作，不断地提高人民群众的政治觉悟。为了加强对群众思想政治教育工作的领导，各级党委，特别是党委的第一书记，必须把这一工作抓起来，经常了解群众中的思想情况，解决群众中的思想问题。事实证明，领导者愈是注意克服官僚主义，愈是注意对群众的思想政治教育，人民内部的矛盾就愈小，愈容易解决；相反，领导者的官僚主义愈严重，或者群众中的思想政治教育愈薄弱，内部矛盾就愈大，愈尖锐。只要我们既努力克服官僚主义，又努力加强对群众的思想政治教育，人民群众和领导者之间的矛盾就会及时地解决，而人民的团结（首先是人民群众和领导者之间的团结）就会不断地巩固。

4月13日

［纲　文］　**黄河三门峡水利枢纽工程正式开工。**

［目　文］　三门峡水利枢纽在黄河中游的下段，南岸是河南省的陕县，北岸是山西省的平陆县。开工典礼在三门峡河中间的鬼门岛和河南岸的山坡上举行。参加典礼的有三门峡工程局的职工，坝址附近的农民，中央有关部门和甘肃、陕西、山西、河南等省的负责人，坝址所在地陕县和平陆县的党政机关代表，以及进行三门峡工程设计和施工的苏联专家共5000多人。12时55分，三门峡工程局局长刘子厚发布开工命令，三门峡水利枢纽正式开工。

◀ 三门峡水利枢纽工程施工工地

4月13日

［纲　文］　**周恩来接见埃及《共和国报》总编辑艾·卡·古达。**

［目　文］　古达是代表埃及新闻界以观察员身份列席此前在北京召开的国际新闻工作者协会理事会会议的。周恩来说：埃及要准备进行反侵略战争，但在未爆发战争以前，还要多做工作，不要让帝国主义利用弱点。应该团结一切阿拉伯人民。团结的人愈多，帝国主义利用弱点的可能性就愈小，发生战争的可能性也就愈小。反帝国主义的斗争是长期的，不是一下子就结束的，也不能孤注一掷，应该对战争进行充分的准备，这样即使遭受挫折，也不会很大。中国人民对埃及人民进行的长期的反帝斗争，特别是在苏伊士运河问题上所进行的英勇斗争是很钦佩的。在谈到台湾问题时说：解放台湾是中国的内政问题，我们愿意争取和平解放台湾，而和平解放台湾的可能性是一天天增长的。但是我们也不放弃武装解放台湾的准备，因为如果放弃的话，和平解放台湾的可能性就会减少。

4月14日

［纲　文］　**中共中央批准国家计委党组《关于初步总结“一五”计划和研究“二五”计划的重大问题的报告》。**

［目　文］　《报告》提出，根据中央有关总结“一五”计划和制订“二五”计划的基本精神和基本要求，按照研究提纲划分三个研究组：第一组研究国民收入的分配，

即国力和建设的关系，积累和消费的比例关系，分配制度，以及计划统计的体制和方法问题。第二组研究国民经济各部门间首先是工农之间，以及工业，农业内部的比例关系。第三组研究财政金融、内外贸易、轻工业以及人民购买力、利润、税收、物价、成本等问题。《报告》强调，总结和研究上述问题的方法，必须从中国实际出发，贯彻勤俭建国的方针，由理论到实践，由原则方针政策到重大措施，由第一个五年的初步总结到第二个五年计划的安排，结合苏联和各民主国家及某些资本主义国家的经验，来总结我国的经验，由专业到综合，由小综合到大综合，并密切和基层单位，工农群众的经验相结合，和科学技术人员结合，和各部门各省市以及经委，建委，技委和国务院各办结合。《报告》说，系统地，认真地总结过去的经验教训，研究有关的重大问题，对于克服编制与执行国民经济计划中的主观主义，提高计划质量与工作人员的政策水平很有效果。

4月15日

［纲　文］　**中共中央发出《关于纪念1957年“五一”节的通知》。**

［目　文］　《通知》指出：本年“五一”节，各地仍然应该按照上年的规模和形式隆重举行纪念，并且深入向群众进行宣传，解释面临的形势和任务，介绍“五一”节的历史和说明纪念的意义；改正那种只重形式，不针对当前的政治思想去做宣传教育的做法。《通知》说：我们所处的形势是我国社会主义建设已经取得了巨大的成就，社会主义革命已经取得了决定性的胜利，国内阶级关系已经发生了根本的变化；为我国经济的发展创造了极为有利的条件。在国际方面，总形势是趋向缓和，趋向进步的，这对我国的社会主义建设也是有利的。我国人民目前最重要的任务是在中国共产党领导下，大力开展增产节约运动，克服一切困难，全面完成1957年国家各项计划，想尽办法争取本年的大丰收；加强知识分子与工农群众的结合；加强青少年劳动光荣的观点；为争取超额完成第一个五年计划，准备迎接第二个五年计划；为建设祖国，解放台湾，保卫国际和平和促进世界进步而努力奋斗。《通知》还说：本年“五一”节庆祝会场上挂像办法和上年相同。各地游行队伍仪仗队不抬领袖像，游行群众可不拿领袖像。《通知》还随附了游行时的呼喊口号，以供各地游行时选择呼喊。《通知》并要求北京庆祝大会中应增加“伏罗希洛夫①主席万岁”的口号。

4月15日

［纲　文］　**一届全国人大常委会举行第六十四次会议。**

［目　文］　讨论高教部、教育部、水利部、农业部、最高人民法院、最高人民检察院、公安部、司法部的工作报告。

① 伏罗希洛夫（1881—1969），时任苏联最高苏维埃主席团主席，于本年4月15日—5月6日访问中国。

4月15—20日[①]

［纲　文］ **内务部召开全国复员工作会议。**

［目　文］ 国务院秘书长习仲勋[②]到会讲话，中央转业建设委员会秘书长傅秋涛上将作《复员工作报告》。20日，彭德怀到会讲话，他说：复员工作是整个社会主义建设工作中的一部分，既关系到国防建设，又关系到经济建设，这项工作要是做得好，就可以增强我们的力量，如果做不好，对于国防建设和经济建设都是不利的。我们的任务是要把几百万复员军人的巨大力量组织起来，参加社会主义经济建设和国防后备力量的建设。虽然工作中还会有许多困难，但是在国家“统筹兼顾，适当安排”的方针下，依靠各级领导同志的努力和广大人民群众的支持，再加上军队方面的密切配合，这个重大的任务是可以胜利实现的。

21日，周恩来总理接见出席会议的各省市、各军区负责人。他指出：复员军人是国家和人民的财富，是很宝贵的资源，是国家可贵的人才，党政机关应极为重视这部分人才，要很好安置他们，安置不适当的，要予以调整。军队要加强劳动教育。以后任何人都要经过劳动，大学毕业生应派到工厂实习。复员军人回去后要同地方干部搞好团结。还指出，复员工作要分一分工：党委多注意领导，政府多注意安置，军队多注意劳动教育。

5月22日，国务院批准下发了《全国复员工作会议情况报告》和《复员工作报告》。

4月15日

［纲　文］ **毛泽东、周恩来分别电贺叙利亚国庆。**

4月15日

［纲　文］ **中共中央电贺新西兰共产党代表会议召开。**

［目　文］ 贺电全文如下：新西兰共产党代表会议全体代表：中国共产党中央委员会向新西兰共产党全国代表会议致以热烈的兄弟般的祝贺。祝代表会议在维护马克思列宁主义的原则、发展新西兰工人阶级同各国工人阶级的国际主义的团结方面获得成功。祝代表会议在扩大和巩固党的力量、实现新西兰工人阶级的统一行动、团结新西兰的一切民主力量、争取劳动人民的切身利益的斗争中获得新的成就。祝代表会议在加强各国人民之间的友好合作和保卫世界和平的斗争中获得新的进展。

4月15、21日

［纲　文］ **周恩来、毛泽东分别接见以浅沼稻次郎为首的日本社会党访华亲善使节团。**

---

① 此条民政部大事记只有会议开始的时间，无会议结束的时间。根据《人民日报》的报道，20日彭德怀到会讲话。而在《当代中国的民政》（崔乃天主编，当代中国出版社1994年版，第43—44页）中关于此会的描述中有“会后，周恩来总理接见了各省市到会的负责人，并予以指示”一句。《周恩来年谱》（中央文献出版社，1998年版）中记载周恩来接见参加全国复员工作会议的各省市负责人的时间是4月21日。由此推断，会议结束时间可能是20日。此处即采用20日的说法。

② 习仲勋（1913—2002），陕西富平人，时任国务院秘书长。

［目　文］　周恩来说，日本社会党主张只有一个中国，要同中国缔结和约，恢复邦交，和中国人民的主张是一致的，相信是一定会实现的。不过也应该看到日本方面是有困难的，日本政府同蒋介石缔结了“条约”，有“外交关系”，互相派有“大使”。另一方面，美国又拿旧金山条约、日美安全条约来束缚日本，特别是在对华政策上干涉日本。打破恢复中日邦交的困难局面应该采取的步骤是，先从中日两国人民进行国民外交，再从国民外交发展到半官方外交，这样来突破美国对日本的控制。这种工作做到适当的程度，总会发生对台湾的关系问题。至少在中日来往中，要使日本人民了解台湾是中国的一部分，中国人民有权解决而且有能力解决台湾问题。日本人民应该帮助中国人民。希望社会党做出努力。接见时在座的有中国人民外交学会会长张奚若、副会长乔冠华，中国红十字会总会会长李德全①，外贸部部长叶季壮、副部长雷任民，水产部部长许德珩，国家计委副主任薛暮桥②和全国人民代表大会常务委员会委员廖承志等人。

21日，毛泽东接见了使节团。

4月15日—5月26日③

［纲　文］　**苏联最高苏维埃主席团主席克·叶·伏罗希洛夫访问中国。**

［目　文］　访华期间，伏罗希洛夫与毛泽东、朱德，刘少奇，宋庆龄④、彭真，周恩来，陈云、邓小平等中国党和国家领导人进行了会晤和会谈。伏罗希洛夫应邀在天安门

◀4月16日，周恩来总理在北京饭店举行酒会欢迎伏罗希洛夫主席。图为毛泽东（左一）、刘少奇（左二）、周恩来（左三）、朱德（二排右一）和伏罗希洛夫（前排右一）在酒会上。

① 李德全（1896—1972），女，蒙古族，河北通县（今北京通州）人，时任卫生部部长、全国妇联副主席、中国红十字会会长。

② 薛暮桥（1904—2005），江苏无锡人，经济学家。

③ 5月6—24日，伏罗希洛夫及其随行人员前往印度尼西亚和越南访问，24日回到北京，26日，伏罗希洛夫离开北京回国。

④ 宋庆龄（1893—1981），女，广东文昌（今属海南）人，生于上海，时任全国人大常委会副委员长、政协全国委员会副主席、全国妇联名誉主席、中苏友好协会总会会长。

城楼检阅五一劳动节游行队伍，参加五四青年节游园会，在全国人大常委会扩大会议上发表演说，出席了首都北京10万群众欢迎大会。5月26日，发表了《关于苏联最高苏维埃主席团主席克·叶·伏罗希洛夫访问中华人民共和国的公报》，《公报》说：苏联代表对中国工农业和文化教育的发展情况及新中国实现的各项深刻的社会主义改造进行了了解，深信中国共产党在人民群众当中是享有高度威望和声誉的，是善于找到符合于中国实际情况的建设社会主义的方式和方法的。伏罗希洛夫和他的随行人员访问了北京、上海、鞍山、沈阳、天津、杭州、广州、武汉和昆明；参观了工矿企业、农业合作社、科学机关、学校、古迹和文化名胜；同省市党政机关工作人员、工人、农民、各民主党派代表、青年和知识分子见了面，进行了友好的谈话。

4月16日

［纲　文］　**邓小平主持召开中共中央书记处会议**。

［目　文］　会议讨论中组部《关于地方各级党代表大会实行常任制问题向中央的报告》和中共中央《关于加强中小学政治思想工作的指示》稿以及人民日报社有关问题等。在讨论加强中小学政治思想问题时邓小平指出：中小学比较重要的问题是干部太弱、各级文教班子弱。有些宗派情绪很厉害的干部在做领导工作。知识分子主要在文教战线，中等学校以上就有500万，加上剧团、医院更多。毛主席讲，解决文教战线上的领导问题要从三个方面着手：一是教育原有干部改变工作作风、方法和思想，自己要改造。有一部分经教育实在不好的干部要调出来。二是派新干部，采取同财经工业战线一样的办法，全党搞。三是从现有进步的知识分子中选干部，凡是够条件的吸收到党内来。

4月16日

［纲　文］　**财政部发出《关于改进小商小贩纳税办法的通知》**。

［目　文］　《通知》指出：1956年8月颁发《关于对私营工商业在改造过程中交纳工商业税的暂行规定》以后，各地对小商小贩都实行了新的纳税办法，执行结果基本上是符合小商小贩组织起来的纳税情况的。但在执行过程中也存在一些具体问题，为了解决这些问题，经国务院批准，特提出以下改进意见：一、对合作小组可以按年安排计划营业额的，仍由国营、合作社商业按年安排，税务局即根据安排的计划营业额，核定税额，分月交纳，一年不变。二、对合作小组的成员户，因经营积极而获利较多，或者由于自由市场开放而多赚了钱的，还不宜立刻征收所得税，应看看淡季情况后再定；个别因价格不能控制及雇佣工伙而获利很高的拔尖户，可以由对私改造部门和税务部门共同提出意见，报请当地人民委员会同意后，征收所得税。三、小商小贩按营业收入额征税的起征点，可以由90元改为90—150元（其按收益额的起征点不变）。各地可以根据具体情况，在这个幅度内自行掌握。四、合作商店经营工农业产品批发，可以比照公私合营商业批发的纳税规定办理。五、对未经改造的私营商店和自行组织起来的合作组织，可以先由各地对私改造部门确定它们的经济性质，然后税务机关分别按照各种经济性质的纳税规定办理。以上各项

规定自1957年5月份起遵照执行。

4月16日

［纲　文］　**食品工业部油脂工业管理局、公安部十一局、食品工业工会全国委员会、手工业生产合作社联合总社筹备委员会生产局发出《为在肥皂甘油工业中大力开展增产节约运动的联合通知》。**

［目　文］　《联合通知》指出，增产节约运动，是为国家积累资金、减少浪费、增加物资的一个重要方法。从肥皂甘油工业目前生产情况来看，先进与落后之间还相差悬殊，很多地区还存在着严重的浪费现象。为此，食品工业部油脂工业管理局曾在本年3月15—25日在北京召开了全国工业系统的肥皂甘油工业技术会议。会议着重研究了1957年在肥皂甘油工业中开展增产节约运动的方向与措施。会议指出，在肥皂甘油工业中开展增产节约运动，应从下列几方面着手：第一，大力组织甘油回收，进一步提高甘油回收率和脂肪酸利用率，降低肥皂返工率。第二，采取积极措施，保证与提高产品质量。在增产节约运动中，应坚决反对不顾产品质量的片面节约观点，要求在本年内，在洗涤皂方面，尽量减少收缩变形、冒白霜、色泽暗黑、不耐用、层裂、去污差等现象；在香皂方面，减少开裂、腐烂、香味不定型的现象，增加香味的持久性；在甘油方面，要改进色泽，降低易碳化物、重金属等的含量。第三，在保证原有产品质量的条件下，大力寻找代用品与新油源，并合理利用现有资源。第四，降低原材料消耗定额，加强安全技术与清洁卫生工作。《联合通知》说，为了顺利完成上述任务，必须首先树立起先进思想。既要反对强调客观困难看不到积极因素的消极保守思想，也应防止自以为先进不肯虚心向其他兄弟厂学习的骄傲自满情绪，同时还应积极采取下列一些措施：一、全面深入地推广各项有关的先进经验。二、加强职工对重视产品质量的教育，根据工厂具体情况制订或修订工艺操作规程和油脂配方管理制度，同时并应加强检验制度，在大、中型工厂中坚决贯彻产品标准，在新的产品标准尚未颁发前，仍应贯彻原地方工业部颁发的产品标准。三、组织以大力增产甘油和提高肥皂质量为主要内容的厂际竞赛，以及时交流经验，共同提高。四、各地小型皂厂回收的粗甘油，为了便于及时加工，避免不必要的长途运输，根据蒸馏设备的分布及交通情况，对中心蒸馏站的地区分布进行合理划分。

4月16日

［纲　文］　**教育部批转高等师范教育司《关于高师师资培养与提高工作座谈会的报告》。**

［目　文］　教育部批转意见说：教育部高等师范教育司本年3月召开的高师师资培养与提高工作座谈会的报告中提出的几个主要问题及解决的意见是正确的，各校可将师资培养与提高工作进行一次检查并参照该报告的精神，从本校实际情况出发，采取有效措施改进这项工作。另就有关问题再作补充说明如下：一、开展科学研究工作是培养提高师资，提高教学质量的根本办法。各校应予以应有的重视和关怀。二、报告中指出助教培养应以在职培养为主，是完全正确的，但在全国各高师院校师资不平衡的状况下，派遣助教

到外校进修的形式，还是可以继续采用的。三、应该加强对助教的政治思想教育工作，报告中所指出的情况应引起各校的重视，纠正助教中存在的那些不良倾向，端正他们对工作和对学术的态度。四、过去由于高师发展快，留下的助教人数多，其中不免有一小部分难有培养前途或不适于高等学校工作的，有必要对他们的工作，考虑调整。此前，教育部高等师范教育司向教育部报送了《关于高师师资培养与提高工作座谈会的报告》。《报告》说，本年3月4—9日，教育部高等师范教育司召开了高师师资培养与提高工作座谈会。参加会议的有全国16所院校负责同志（包括院、校长，研究部主任，教务长）及部分培养研究生的指导教师共计37人。会议经过了认真的讨论，一致肯定过去几年培养助教、研究生、进修生的成绩，同时也检查出了工作中存在的一些主要问题，对于应采取的方针措施也取得了一致的认识。

4月16日

［纲 文］ **周恩来接见匈牙利驻华大使馆代办沙尔，并说明中国对外援助负担很重，所以向匈牙利的贷款数目和与匈牙利的贸易额都不能增加。**

4月16日

［纲 文］ **中共中央电贺加拿大劳工进步党第六次党代表大会召开。**

4月17日

［纲 文］ **邓小平主持召开中共中央书记处会议。**

［目 文］ 继续讨论进一步办好《人民日报》的问题。邓小平指出：毛主席讲，办报的人一天到头钻到纸堆里，不脱出来看看大问题，办不好报。因此，办报要经常打听气候，在大的方面不走样。大的不走样，小的错误不要求不犯。要求在大的方面不犯错误，首先是思想清楚，第二是方法对头。在谈到思想战线人才培养问题时指出：思想战线怎样形成队伍，现在很迫切。要考虑队伍的真正调整问题。要认真考虑组织一些人专门研究学问、写文章。人员不要单纯从宣教系统找，要从各行各业找。找到好的苗子培养。

4月17日

［纲 文］ **一届全国人大常委会举行第六十五次扩大会议。**

［目 文］ 会议继续讨论教育、农业、水利、政法等部门负责人的工作报告。讨论教育工作报告时，许多人指出教育工作方面的缺点：有些教材分量太重，大、中、小学有些课本内容重复、互不衔接，有的选材不适当、课本里的古典文学太多太深。钱伟长提出应该更注意教师质量的提高；应很好地重视中国已有的教学经验。陆定一还指出：教育部门的领导工作存在着严重的官僚主义和主观主义，办事不注意同有丰富教学经验的老教育工作者商量等问题。在农业和水利工作方面，代表和委员们特别注意晋、冀、鲁、豫、陕五省农产品产量特别低的情况，竺可桢①建议农业部和水利部都应该重视这个问题。对于

---

① 竺可桢（1890—1974），浙江上虞人，地理学家、气象学家、教育家，时任中国科学院副院长。

政法工作，代表们和委员们发表了很多的意见。大家一致认为1956年法院审理的刑事和民事案件的显著下降，说明了社会的巨大进步，但是这种情况不应该使国家机关有丝毫的松懈和麻痹，在有些地方由于放松了向干部和人民群众进行政治思想教育，忽视了遵守法律的教育，刑事犯罪现象在一些地方还非常严重。大家要求司法机关应该坚决采取措施，打击刑事犯罪分子，以保障社会主义建设事业的顺利进行。会上，政府有关部门的负责人答复了代表和委员们提出的将近30个问题。他们还要求常务委员会能够经常检查和批评政府的工作，希望全国人大代表和政协委员到各地视察时，能够更多地发现工作中的缺点和问题，督促政府各部门改进工作。

4月17日

［纲　文］　**国务院发布《关于学徒（练习生）是否按期转为正式工人问题的通知》**。

［目　文］　《通知》指出，1956年各部门、各地区都招收了大量的学徒（练习生）。据工业、交通、建筑、农垦、水产等20个部门统计，共招收51万人，尚在学徒期的37万人。按原计划这些人大都应在本年转为正式工人。由于本年调整了建设规模和速度，为此决定：各企业、事业单位的学徒（包括商业企业的练习生）在本年学习期满时，如果生产上不需要补充正式工人，应当延长学习期限，说服他们在原单位继续学习。在延长期限满后，即行转正，不再延长。原定于本年毕业的工人技术学校学生和技工训练班学员，应根据生产的需要，进行严格的考试，毕业一部分，成绩较差的应当留校继续学习，同时应当向他们进行解释说服工作，打通思想，使他们能够安心地继续学习。学徒中的复员建设军人在同等技术条件下，可以优先转正。

4月17日

［纲　文］　**国务院发布《关于修改私方人员病假期间工资支付办法的通知》**。

［目　文］　《通知》说：关于本人股金在两千元以下的私方人员病假期间工资待遇办法，1956年11月24日《关于私方人员的疾病医疗和病假期间的工资待遇问题意见》中已有规定。根据实际情况，因工龄问题和非工会会员问题，病假工资不能解决他们病假期间的生活问题，为此，特重新作如下规定：计算私方人员病假期间工资时，可根据生活困难情况或病假的时间长短，按照本人工资发给50%—70%，不必按工龄和非工会会员的标准计算。此项办法，自本年4月起实行。

4月17日

［纲　文］　**公安部、中国人民解放军公安军司令部发出《关于解决看押犯人内卫公安部队的营房、营具、警戒设备和物资补助问题的联合通知》**。

［目　文］　《联合通知》说：为了统一解决看押犯人的内卫公安部队的营房、营具、警戒设备和物资补助问题，特作如下规定：一、关于看押部队营房、营具的解决办法，仍按中央人民政府政务院（54）政财密司字第36号通知《关于厂矿企业单位由公安部队派出部队负责警卫所需营房、营具解决办法》的规定执行。各地对于现有营房应当加以检查，发现透风漏雨或有倒塌危险的情况，劳改部门应当负责及时修理，如采取上述措施

后，仍不能解决者，可在节约的原则下，由劳改部门在本年度基建投资内适当补充修理。二、对看押犯人所需要的岗亭、岗楼、围墙、围沟、铁丝网、电铃、照明灯等警戒设备，各地应当进行检查，根据工作上的需要，并在经济许可的情况下，由各地劳改部门适当予以修建或修补。三、根据中国人民解放军总后方勤务部于1956年12月颁发的《中国人民解放军被服、装具暂行供给标准》，对于部队需用的物资用品已有规定。因此，看押部队的生活物资供给，由部队统一解决，劳改部门不再另行补助。但是看押部队需要的粮食、装备等运输问题，劳改部门应当协助解决，凡需要由劳改单位单独派车派人者，部队应该支付运费。如小量物品的附带运输，劳改单位则不应收费。

4月18日

［纲　文］　**中共中央发出《关于酌量增加农业社社员的自留地解决养猪饲料问题的通知》。**

［目　文］　《通知》指出：大力发展养猪，是关系城乡人民肉食供应的大问题，也是农业生产所需肥料的重要来源。但是，能否使农业社和社员把养猪业认真地发展起来，其关键在于是否能够认真地解决饲料问题，尤其是解决青饲料的问题。否则，一切养猪的号召、计划都将流于空谈而不能实现。就各地的成功经验看来，有两种解决猪饲料的办法是应该仿效的：一、适当地增加社员的自留地，用以种植饲料，是解决饲料的有效办法。为此，各地可以根据实际需要和当地条件酌量增加一些社员的自留地，每人所使用的自留地，可以高于社章所规定不超过当地每人平均土地数的5%的水平，某些地区可以达到10%。实行这种办法，虽然减少了若干种植粮食的土地面积，但是能够大大增加肥料，增加土地的肥力，粮食产量一般也不会减少。这种办法各地可以试行。二、解决饲料的另一重要办法，是大力发展青饲料。无论南方和北方，都有多种野菜、树叶及其他水生植物等，可以作为猪饲料，而且可以经过简单加工把这些青饲料储起来，以备冬季之用。这些成功经验各地都有，如果能够把这些民间固有的经验集中起来，加以推广，就能够把养猪业真正发展起来，并将大大减低猪的生产成本。以上两项办法，请各级党委认真研究执行。

4月18日

［纲　文］　**一届全国人大常委会举行第六十六次会议。**

［目　文］　会议听取了国务院副总理兼国家经委主任薄一波关于1957年度国民经济计划的说明。周恩来在会上作了补充说明。

4月18日

［纲　文］　**朱德向中共中央和毛泽东提交关于到湖北、广西等地视察的报告。**

［目　文］　报告在谈到对外贸易问题时说：当前对外贸易最根本的问题是货源困难。解决的办法，只有从发展生产、适当节约消费、寻找代用品等方面着手，以便尽量挤出东西来出口。为了补偿因粮食、油料、肉类等出口减少所造成的外汇损失，应注意发展矿产

品，如煤炭、食盐、稀有金属和石棉等物资的出口。这方面的工作如果做得好，前途是可观的。还说，山区人民的生活是很苦的，山区问题是全国性的问题，单靠农业贷款和民政部门救济还不能解决问题。应该看到，通过外贸系统从价格政策和各个方面来使山区经济获得发展是当前解决山区问题的一个重要手段，这方面的工作做好了是可以收到双重利益的。无论是我国的社会主义建设事业或是为了加强国际交往，我国的进出口贸易必须大大地加强和发展。在谈到工业问题时说：看来军工生产在和平时期兼产一些民用物品或同民用生产相结合的问题，迟早非解决不可。我认为这个问题要及早解决，否则损失更大。还说：据两广、云南、四川了解到的材料看，这几个省的矿产资源是比较丰富的，有金、银、铜、铁、锡和其他稀有金属，问题是国家对这些资源统得太死，地方和群众都没有活动的余地。中央对地方的机械工业不宜统得太死，不要把稍微像样的机械厂都收归中央管理。在谈到林业问题时说：西南几省和长江以南各省，气候温暖，雨量充足，林木生长很快，如桉树、马尾松等 10 年就可以成材使用，“十年树木”的古语的确不是虚传。现已动员群众在山地河边、家庭屋后大量种植，且有显著成绩。森林资源相当丰富，也可以大量采伐。国家应该从速开发西南几省的森林资源。为了节约国家投资，在采伐上应充分利用当地和附近地区群众的伐运技术和力量，因为外地调进的伐木工人，在居住和生活上会有很多不便。还说：水运不必专设机构，可以把这一工作交给地方政府分段管理，并且组织沿河水手或群众进行包运。报告在谈到体制问题时说：“为了更好地发挥地方的积极性，我建议财政、计划、工业、贸易等方面的权力都应该逐步下放，使地方有机动之权。”“体制问题的中心问题是财政问题，应下决心把财权下放，不要害怕放下去以后拿不上钱来。”“财权下放以后，地方上就有胆量来办更多的事，从而就有可能使工农业和各项生产事业获得更大的发展，而随着生产事业的发展，中央通过税收等各项办法所能够拿到的钱将会是更多而不是更少。”

4 月 18 日

［纲　文］　**财政部发出《关于城市服务部系统各企业的预算缴款办法、财政监督及利润监缴工作的通知》。**

［目　文］　《通知》就有关城市服务部预算缴款办法、财政监督及利润监缴工作，暂作规定如下：一、各省、自治区、直辖市服务厅、局及其所属食品、蔬菜食品杂货、糖业糕点、专卖等 4 个专业公司的利润、基本折旧基金、固定资产变价收入均按商业部现行的利润解缴办法规定办理：由省、市专业公司及中央一级站（实行新体制的省、市，取消省、市公司机构后，统一由省、市厅、局及中央一级站为缴库单位）按实现利润于翌月 10 日前缴库；由省、市税务局办理监缴工作；由财政厅、局进行财政监督及年度缴库利润清算工作。财政厅、局的具体工作任务，按财政部（56）财建王字第 193 号通知第七项规定办理。1956 年应缴的预算款项及应由国库退补款项尚未办理清楚者，1957 年 1 月 1 日起应由原单位以城市服务部名义办理清楚。二、由商业部移交给城市服务部的原贸易公司经营的副食品业务（指未合并到专业公司的单位）的利润、基本折旧基金、固定资产变

价收入的解缴问题，除以省、市服务厅、局为缴库单位外，缴库办法比照上条规定办理。三、供销合作社移交城市服务部的单位，自1957年1月1日起即不再按合作社制度提取各种基金及缴纳所得税。实现的全部利润除按规定预提企业奖励基金外，均应按商业部利润解缴办法上缴国库。利润折旧基金及固定资产变价收入均应由接管业务的省、市专业公司缴库，无专业公司者，可以逐级汇解由省、市服务厅、局统一缴库。未成立服务厅、局的省、自治区、直辖市，对服务业务的利润由代管服务业务的单位以城市服务部名义按以上缴库办法缴库。四、国营饮食业、服务性企业及由城市服务部系统各公司归口管理的公私合营企业，1957年的利润缴库办法，另候通知办理。

4月18日

［纲　文］　**教育部、中国教育工会全国委员会就学校职工业余教育工作及经费问题联合发出通知。**

［目　文］　通知规定：各地中等和初等学校职工的业余教育工作，均由教育行政部门、学校行政方面负责统一领导，各级教育工会组织应当积极参加这一工作。关于职工业余教育的经费问题，通知说：高教部、教育部、财政部、全国总工会1957年1月10日联合补充通知中说：1956年3月5日高教部、教育部、财政部、全国总工会关于职工业余教育经费问题的联合通知中曾确定把留在基层工会（按工会法规定拨交工会2%经费中的1%）的经费中的75%用于业余小学（包括识字教育）、中学方面。现将此项规定作如下更改，即将原定的比例一般改为60%，如果用不完可以退回工会作为其他文化活动费用，如果不够，可高于60%，但最多不得超过了75%。各地中等学校、初等学校按此规定执行时，如有些学校因职工（非教学人员）参加业余文化学习的人数太少，用不到上述工会经费的50%的，为了减少来回拨交手续，可按实际参加学习人数由工会经费支付学习费用（不必按50%向行政方面拨交经费，然后再退回工会）。凡由省、自治区、市教育厅、局从工会经费中统扣此项拨款者，均应按此规定改变做法。具体办法由工会和学校行政双方商定。

4月19日

［纲　文］　**中共中央指示各地检查对正确处理人民内部矛盾问题的讨论和执行情况。**

［目　文］　指示全文如下：上海局、各省（市）委、自治区党委，中央一级各部门和国家机关各党组：关于正确处理人民内部矛盾问题，各地正在讨论。请将党内党外赞成反对两方面的意见，你们自己的意见，你们对整个形势的估计，地县两级态度如何，你们委员会和书记处或党组是否深刻地多次地讨论了这个问题，第一书记和中央一级党员部长或副部长（指党外人士当部长的那些部）是否自己将这个极重要的思想政治工作问题认真抓起来了，还是依然委托二三把手去管，自己仍和过去那样不大去动脑筋，第一书记和各书记和各党员部长或副部长将报纸刊物和学校管起来没有，看过报纸刊物上有关这类问题的文章没有，重要社论在发表之前你们看过没有，动笔修改过没有，党和党外人士（主要

是知识界）间的不正常的紧张气氛是否有了一些缓和，你们对人民闹事采取了什么态度，党内某些人中存在的国民党作风（即把人民当敌人，采取打击压迫方法，所谓人民民主，所谓群众路线，所谓和群众打成一片，所谓关心群众疾苦，对于这些人说来，只是骗人的空话，即是说党内有一部分人存在着反动的反人民的思想作风）是否开始有所变化，你们向学校学生和工厂工人做过讲演没有，做过几次，效果如何，以上各项问题，请即写成报告，在接此电报以后15天内用电报发来。北京各部门的报告，用书面送来。

此文件由毛泽东代中央起草。

4月19日

［纲　文］　**国务院批复公安部、外交部《关于中蒙人民在蒙古的婚生子女的国籍问题的报告》**。

［目　文］　《报告》提出的处理办法是：依照蒙古人民共和国的法律规定处理，即：子女未满18岁时，其国籍由父母协商决定；18岁后，由子女自己选择国籍。

4月19日

［纲　文］　**商业部和中国人民银行总行发布《关于合营商业贷款掌握问题的联合指示》**。

［目　文］　《指示》指出：1956年合营商业的商品库存和贷款增加很多，超过了正常需要，资金周转大大迟缓；同时增加某些不足商品的紧张程度，而费用、基建、设备开支亦发生了某些浪费现象。为了做好市场供应和促进合营商业合理节约使用资金，1957年对合营商业的商品贷款，基本上不再增加。各省（市）商业厅（局）对合营商店应总结上年工作经验，根据具体情况逐步规定每个合营商店的库存定额、贷款指标和周转次数。各省（市）分行亦应结合商品流转的安排，相应地做好贷款调整，对库存过大、贷款过多的单位的贷款应逐步收缩，不足者适当增贷。对合作商店、合作小组及个体小商贩的贷款，基本上亦不应再增加。对一部分尚须继续安排的困难户，在贷款用于商品周转的原则下，可适当增加；对过去个别获利过大的过肥户，可适当收缩；在做法上，“商提行贷”做法不变；但为消除现存的工作缺点，商业部门与银行应注意经常共同检查贷款的使用情况，发现问题，及时共同研究改进。

4月19日

［纲　文］　**中国和罗马尼亚在北京签订《1957年中罗交换货物和付款协定》**。

［目　文］　根据《协定》，中国供应罗马尼亚矿产品、皮张、麻类、丝毛织品和其他工业原料及生活必需品等。罗马尼亚供应中国发电设备、钻探设备、石油产品和其他化工原料等。中国外贸部副部长解学恭和罗马尼亚贸易代表团团长、外贸部副部长维德拉希库，分别代表本国政府签字。

4月20日

［纲　文］　**国务院发出《关于消灭血吸虫病的指示》**。

［目　文］　《指示》指出，血吸虫病在我国流行已久，对于人民的危害是极其严重的。病害流行地区遍及江苏、浙江等12个省（市）的350个县（市），患病人数约有一千多万，受到感染威胁的人口则在1亿以上。消灭血吸虫病已成为我们的一项严重政治任务，必须充分发动血吸虫病流行地区的广大群众，坚决为消灭这一病害而斗争。实践证明，血吸虫病是可以预防，可以治疗，直至全部消灭的。由于血吸虫病疫区大、病人多、感染易、复发率高，为了根本消灭这一病害，取得最后的胜利，就必须实行积极防治的方针，采取综合性措施，切实掌握充分发动群众和科学技术相结合，防治工作和发展农业生产、兴修水利相结合，坚决进行反复的斗争。《指示》最后强调，加强党和政府对防治血吸虫病工作的领导，是消灭血吸虫病害的基本保证。流行地区乡以上各级人民委员会，凡是尚未建立防治委员会的，均应当迅速建立起来。为了保证防治工作不被农村中各项繁重的任务所挤掉，流行地区各级人民委员会在规划每个时期的农村工作任务时，应当把防治血吸虫病工作列入生产规划，提出具体任务，同农村生产统一布置，统一检查贯彻执行。国务院有关部门、流行地区各级人民委员会应当根据这一指示的精神，对本地的防治血吸虫病工作进行一次检查和讨论，制订1957年防治工作计划，认真地贯彻下去。

4月20日

［纲　文］　**民盟通知各级组织深入学习毛泽东关于正确处理人民内部矛盾的讲话。**

［目　文］　通知指出：毛泽东的讲话提出了调整人民内部矛盾关系的极为重要的方针，是马克思列宁主义理论在中国新的历史条件下的重大发展。民盟各级组织在学习讨论时要注意以下几点：一、明确国内阶级关系的变化，人民内部矛盾的性质及其解决的办法，从而明确在目前新形势下贯彻“长期共存、互相监督”的重要意义。二、明确对于人民内部的思想问题，应该用讨论、批评、说服、教育的方法来解决，从而正确地领会“百花齐放、百家争鸣”的方针。盟员应在各单位内发挥独立思考的精神，敞开思想，自由辩论，明辨是非，坚持真理，修正错误。以期在这些讨论中逐步提高政治思想水平，进一步发挥知识分子在建设社会主义社会中的积极性和创造性。三、深刻体会毛泽东说的教育者须先受教育的指示，努力学习马克思列宁主义，并经常在实践中用马克思列宁主义的世界观来作为检查自己行动的指针；并应虚心向工农学习，争取有更多的机会直接和工农接触以加速自我改造。四、明确民盟作为一政治团体，必须协助党协调各方面的关系，团结一切可以团结的力量来建设社会主义。同时也必须遵循毛泽东所指示的办法，从团结的愿望出发，经过批评和斗争，然后又在新的基础上取得更好的团结。

4月20日

［纲　文］　**周恩来电贺尼赫鲁连任印度总理。**

4月20日

［纲　文］　**教育部发出《关于1957年中学和师范学校招生工作的通知》。**

［目　文］　《通知》指出：1957年中学和师范学校的招生工作，各地区原则上仍应按照教育部1955年6月9日《关于中学和师范学校招生工作的规定》执行。根据

1957年的情况，提出以下几点意见：一、关于招生方式。本年学生来源较多，各地区应根据具体情况，实行同一地区的学校联合招生或由各校单独进行招生，一般不宜再采取统一招生的办法。在组织领导方面，省、市可按实际需要分别建立招生委员会，各学校可设立招生办公室，负责办理招生工作。二、关于入学年龄。初级中学以13足岁、高级中学以16足岁为原则，各地区可根据具体情况，酌予伸缩。初级师范学校和师范学校的入学年龄，按照师范学校规程的规定为15—25足岁。三、关于考试日期。中学和师范学校的招生考试日期，仍以在7月21—25日举行为原则。毗邻的省、市，如需要划一考试日期，可自行联系确定。本年报考学生较多，各地区仍应积极说服学生在本地区投考学校，以防止学生的流动。四、关于考试科目。初级中学和初级师范学校的考试科目，仍为语文、算术两科；高级中学和师范学校的考试科目，原规定为语文（包括汉语和文学）、数学（包括算术、代数、平面几何）及政治常识3科。本年高级中学和师范学校新生入学的考试科目，一般可暂不考政治常识（有的地区初级中学三年级如仍开设政治常识，这一科是否考试，由省、市教育厅、局自行确定）。对于报考高级中学和师范学校的同等学力的考生，仍按原规定加试理化、史地、生物等科。五、关于保送升学问题。各地区应切实规定保送标准，认真进行选拔，根据学生志愿，分配保送学校。但保送面不宜过大，仍以不超过招生总数的15%为原则。六、关于加强思想教育工作。本年高级小学和初级中学毕业生人数比过去任何一年都多，其中不能升学的人数也比过去任何一年都多，因此在招生考试前后都要做好思想教育工作，务使能升学的升学，不能升学的能够愉快、安心地从事各种劳动。七、关于加强领导和防止差错问题。各地区应在总结过去经验的基础上，周密妥善地计划与部署本年的招生工作，加强对各学校招生工作的思想领导和具体指导，特别在命题、考试、评卷、录取、发榜等工作中，必须严防错误事故的发生，以保证招生工作的顺利进行。

4月21日

［纲　文］　**中共中央批准中央监察委关于处分党员的批准权限的规定**。

［目　文］　批文说，中央监察委关于处分党员的批准权限的规定已经本年4月13日政治局会议批准，现予印发。

［文　献］　**中共中央监察委员会关于处分党员的批准权限的规定**

根据党的第八次全国代表大会通过的党的章程的原则，对于处分党员的批准权限，作如下规定：

一、处分党员的批准权限：

1. 警告、严重警告处分：

给予党员警告、严重警告处分，由支部大会决定，总支部委员会批准，没有总支部委员会一级组织的，由支部的上一级党的委员会批准，或由上一级党的监察委员会批准。

受警告、严重警告处分的党员，如果是党的县、自治县、市委员会和省、自治区、直辖市、自治州委员会的委员和候补委员，由支部大会决定，经过本级党的委员会批准，或直接由本级党的委员会决定，报上一级党的委员会批准。

受警告、严重警告处分的党员，如果是上级党委管理的职务名称表以内的干部，应当报主管这个干部的党的委员会或党的监察委员会备案。

2. 撤销党内职务、留党察看、开除党籍处分：

在乡村，给予党员撤销党内职务、留党察看处分，由支部大会决定，可以由基层党委员会批准，或区委批准，或由党的县监察委员会批准；给予党员开除党籍处分，由支部大会决定，党的县监察委员会或党的县委员会批准。

在机关、工厂、矿山、企业、学校和街道等单位，给予党员撤销党内职务、留党察看、开除党籍处分，由支部大会决定，基层党委会或党的监察委员会批准。

受撤销党内职务、留党察看、开除党籍处分的党员，如果是上级党委管理的职务名称表以内的干部，应当报主管这个干部的党的委员会批准。

撤销党的县、自治县、市委员会和省、自治区、直辖市、自治州委员会的委员和候补委员的职务，或给他们以留党察看、开除党籍的处分，必须由选举他们的代表大会决定；如果有紧急需要，可以由本委员会全体会议以三分之二以上的多数决定，但是必须经过上一级委员会的批准，如果这个党委委员又是上级党委管理的职务名称表以内的干部，应当报主管这个干部的党的委员会批准。

受留党察看处分的党员，经过留党察看，事实证明他已经改正了错误，由支部大会做出恢复他的党员权利的决定，由总支部委员会批准，没有总支部委员会一级组织的，由支部的上一级党的委员会批准，或由上一级党的监察委员会批准。如果被认为不够党员条件，应当开除党籍的时候，根据他的现任职务履行批准手续。

3. 在特殊情况下，支部以上各级党的委员会有权给予党员纪律处分，但是必须经过上级党的监察委员会或党的委员会批准。

二、处分党员必须遵守的几项规定：

1. 党的组织在讨论和决定党员处分的时候，除特殊情况以外，应当通知受处分的本人到会，进行辩护；在通过处分的决议以后，应当把书面的处分决定交给受处分的本人看，让他表示意见，然后上报。

2. 党的组织在批准党员的处分的时候，必须经过会议讨论通过。处分决定经过批准生效，并且由作决定的党组织通知受处分的本人。

3. 党员对于所受的处分如果不服，可以要求复议，并且可以向上级党的委员会、党的监察委员会直到中央委员会申诉；各级党的组织对于任何党员的申诉书，必须负责处理或者迅速转达，不许扣压。

4. 党的组织在批准开除党员党籍以前，必须指定适当的干部同受处分的本人谈话，听取他的申诉。

三、对于党员的处分，如果需要加以修正，或者处分错了，需要取消的，应当做出书面的决定，其决定权和批准权与原来处分的手续相同；上级党的监察委员会或党的委员会也可以直接决定修正或取消党员所受的处分。

四、中共中央直属机关委员会、中共中央国家机关委员会和各省、自治区、直辖市党的监察委员会，可以根据这个规定的原则，结合实际情况，具体规定处分党员的决定权和批准权，经过党委员会批准后执行，并且报告中共中央监察委员会备案。

五、这个规定经中央批准后执行。

资料来源：中央档案馆馆藏档案。

4月21日

［纲　文］　**《人民日报》发表题为《开好社员代表大会》的社论。**

［目　文］　社论说，在农业社规模较大、社员居住比较分散、社员大会不容易召开的情况下，社员代表大会实际上就是农业社的最高管理机关。按照高级农业生产合作社示范章程的规定，社员代表大会可以代行社员大会的职权。社内一切重大问题，必须经过社员代表大会讨论决定，管理委员会必须遵照社员代表大会的决定办事。中共中央本年3月15日关于民主办社几个事项的通知中提出：农业社和它的生产队决定问题要同群众商量。开社员代表大会，正是社的领导干部同社员群众商量事情的一个最重要的方式。社论指出：开好社员代表大会的关键，是使代表们能够毫无顾虑，畅所欲言，对提出的事项能够进行反复的详尽的讨论。过去，许多农业社由于领导干部作风不够民主，或者长时期不召开社员代表大会，或者把社员代表大会只当做“举手通过”计划、方案的工具，使农业社缺乏正常的民主生活，有些本来可以办好的事办坏了，本来可以解决的问题得不到解决。社论还指出：能不能充分发扬民主，开好社员代表大会，这和大会的组织是否得法、代表的人选是否具有广泛的代表性等情况也有很大关系。而社员代表大会能否具有广泛的代表性，决定于代表人选是不是能代表社内各种情况不同的社员。因此，社员代表应该包括各种情况不同的社员，应该有贫农、下中农和上中农，应该有青年人、壮年人、老年人和妇女，也应该有一定数量的干部。社论最后要求各地农村工作同志要帮助农业社学会运用民主办社当中最重要的制度——社员代表大会，把群众的办社积极性充分发动起来，为本年的大丰收想出更多的好办法。

4月22日

［纲　文］　**中共中央批转公安部党组、最高人民检察院、最高人民法院与司法部关于**

全面检查肃反工作的报告。

［目　文］　批示说，中央决定从4月开始，首先在北京、天津两市，河南、山东、山西、江苏四省，对司法工作，主要是肃反工作，开始进行全面检查，以便取得典型，进一步在全国展开。这次全面检查不是对过去所有的案件逐个翻查案卷一一复查，而是进行典型和重点检查，主要是对有疑问的案件和是否依法办事的问题进行检查。全面检查的对象，应该是犯人尚在关押、劳改、被管制中的案件。检查的重点应该是冤案，其次是错案，处刑稍微畸轻畸重的案件，不做错案改判。检查肃反工作一般应该由各级党委和政府领导当地人大代表、政协委员（有政协的地方）和司法机关进行检查。人大代表和政协委员要单独地找被斗争的对象和别人谈话，或者任何人要找人大代表、政协委员单独谈话的时候，应该让他们单独谈，不得阻挠。检查工作必须坚持实事求是的精神。

报告说，毛泽东主席2月27日在最高国务会议扩大会上提出，由全国人大常委会和全国政协常委会共同主持，对肃反工作进行一次包括各方面人士参加的全面检查。为此，各级公检法部门要做好准备，以实事求是、诚恳、谦虚的态度迎接检查。检查的重点是社会和内部肃反运动的情况和案件。这次检查，对肃反运动的必要性以及成绩和缺点，能得到一致的认识；对于少数怀疑、不赞成肃反的人，也是一场政治斗争。

4月22日

［纲　文］　**一届全国人大常委会举行第六十七次会议**。

［目　文］　会议听取了国务院副总理兼财政部部长李先念关于1956年国家预算执行情况和1957年国家预算安排的说明。会议还任命了最高人民法院审判委员会委员。

4月22日

［纲　文］　**国务院发出《关于解决水泥的包装和运输问题的通知》**。

［目　文］　《通知》指出，几年来随着国家基本建设发展的需要，水泥产量的增长很快，但是水泥包装用纸的生产的增长还远不能同水泥的增长速度相适应。根据本年水泥产量计算，包装用纸不足约9000吨，将有160余万吨水泥不能包装出库。这不仅会造成生产部门因库满不能外运而被迫停产，也将使施工部门因水泥供应不上而被迫停工，严重影响本年基本建设计划和重大建设工程的完成。为此，必须采取如下措施：一、加强旧水泥纸袋的回收工作。为了将这项工作做好，由建筑材料工业部统一组织旧纸袋的回收工作，在适当照顾地方回收用纸的原则下，应该组织水泥用量较大的国务院各有关部门共同开展此项工作，规定各部门回收的任务。二、采用集装箱运输水泥。此法可以大大节省包装用纸和运费。为了便于管理，减少浪费，提高集装箱的运用效率（可利用回空装运其他货物），并考虑到制造上的技术问题，责成铁道部负责集装箱的制造、运用与管理，并争取在今年上半年开始试行。三、使用普通棚车散装运输水泥。这是先进的最经济的运输方式，能节约大量包装用纸和劳动力，对于大量和长期使用水泥以及机械化施工的单位更为便利。但技术要求较高，目前只能有计划地逐步推行。

4月22日

［纲　文］　**财政部发出《关于进一步简化商品流通税、货物税照证的通知》。**

［目　文］　《通知》说，关于简化商品流通税、货物税的照证制度问题，1957年2月全国省、自治区、直辖市税务局长会议时曾进行了讨论，认为除雪茄烟、烟丝、焚化品、鞭炮、原竹五个品目还须暂时保留外，其余土烟叶、肥皂、香皂等12个品目，拟一律不再使用完税照（分运照）、完税证、查验证。财政部同意这一意见。为了便于各地贯彻执行，特作规定如下：一、对土烟叶、肥皂、香皂、化妆品、蛤蜊油、表、茶叶、蚕丝、土布、水产品、甲乙类纸、毛制品中的毡帽、毡鞋、毡袜、毡呢等12个品目，一律不再使用原规定的完税照（分运照）、完税证、查验证；在甲乙类纸四周加盖验戳和土布每匹的一端加盖土布专用戳的规定，也一并取消。二、对雪茄烟、烟丝、焚化品、鞭炮、原竹五个品目，仍暂时保留原规定的完税照（分运照）、完税证、查验证。三、对上述统一规定的停用或者暂时保留照证的品目，各省、自治区、直辖市税务局在执行中，仍可根据税源控制条件，在各该省、自治区、直辖市范围内考虑保留照证或者简化照证；但运出省、自治区、直辖市境以外时，应当按照统一规定执行。同时应当加强专管人员的源泉控制的工作，特别注意到各地区自由市场的上市商品的特点，区别不同情况，订出必要的管理办法。四、对上项暂时保留照证制度的五个品目，自国家工商局规定停止使用商业企业商标及监制、包销以后，除了私营企业经营的仍应照章办理照证手续以外，所有国营企业、供销合作社、手工业生产合作社、公私合营企业经营的，在规定贴证的大小包件上，如果标明企业名称及其经济性质（例如公私合营上海××雪茄烟厂）的，都可以免贴完税证或查验证；否则无法区分仍应照贴。运出县、市境以外，除了国营企业、供销合作社经营的仍可持凭其自开的拨货单证运行以外，其余公私合营企业、手工业生产合作社经营的，仍应向当地税务机关领凭完税照或分运照运行。五、税务总局应当指示各地税务机关加强对自由市场的管理，关于自由市场管理的通则，速与有关部门研究确定下达执行。以上各项，自1957年5月1日起在全国范围内统一实行。至于所有作废的照证，应由税务总局进行研究处理。

4月22—30日

［纲　文］　**全国气象先进工作者代表会议在北京召开。**

［目　文］　出席会议的代表有170多人。中央气象局局长涂长望致开幕词。他说，解放以后，我国的气象工作发生了根本的变化：气象台（站）的发展建设相当迅速，质量也在逐渐提高。全国现有气象台（站）的数目比解放前夕的1948年增加了20多倍，地面气象站的密度及观测质量已经基本上达到了国际水平，标志近代化气象水平的高空气象站的建站速度，也远远地赶过了许多最发达的资本主义国家。由于台风、寒潮、霜冻、大风、暴雨等灾害性天气预报警报的发布及时和准确率不断提高，几年来我国生产建设和人民的生命财产因自然灾害所造成的损失有了显著的减少。他说：为了使气象工作更好地为祖国的社会主义建设事业服务，气象工作者必须加强政治思想锻炼。

中央气象局的苏联顾问谢·马立克在开幕式上讲话。他代表苏联水文气象部门工作人员向出席会议的代表们祝贺，同时介绍了苏联气象工作的近况和经验，希望中国气象工作者以后获得更大的成就。中国农业科学院、林业部、水利部、水产部、食品工业部、中国民用航空局、青年团中央等部门的负责人，也都向大会致词祝贺。27 日，国务院副总理、中央农村工作部部长邓子恢在会议上作报告。他指出：气象工作面临的迫切任务是迅速提高业务管理水平，建立技术指导系统，否则质量就不能全面提高。他特别强调气象工作者要安心工作，把气象工作作为自己的终身职业。他批判了那种认为气象工作“简单枯燥”，“没有前途”等错误看法，要求气象工作者从人民群众的整体利益来衡量自己的工作。邓子恢还要求气象部门展开增产节约运动。最后，邓子恢希望气象工作者在钻研业务的同时，努力学习马克思列宁主义，特别要学习毛泽东主席在最高国务会议上关于正确处理人民内部矛盾的指示，来提高自己的政治水平和思想认识，搞好干部团结。29 日，中共中央主席毛泽东、副主席朱德、总书记邓小平接见了出席全国气象先进工作者代表会议的代表。

4 月 22 日

［纲　文］　**教育部发出《关于〈聋哑学校口语教学班级教学计划〉(草案)的通知》**。

［目　文］　《计划》经 1956 年 8 月聋哑学校口语教学实验汇报会讨论修改，包括教学科目、年级、教学课时等内容。《计划》附件《关于各科教学简要说明（草稿）》中说：聋哑学校是专为聋哑儿童设置的特殊学校。它的任务是对聋哑儿童实施普通教育和职业劳动教育，使他们成为社会主义国家的积极的自觉的建设者和保卫者。聋哑学生在受过 10 年学校教育以后，他们所掌握的文化科学知识和技能，基本上和普通小学毕业生所掌握的相等，并掌握一定的职业劳动技能，毕业后能顺利地参加到劳动生产战线上去。

4 月 22 日

［纲　文］　**高教部通知有条件的高等学校试开“唯心主义派别的学说介绍与批判”课程或讲座**。

［目　文］　通知指出：为了贯彻中共中央提出的“百花齐放、百家争鸣”的政策，使学生和研究生具有鉴别唯物主义和唯心主义学术思想的能力，并在学成之后能够较深入地批判唯心主义，更有效地宣传唯物主义，从 1956 年暑假起，高教部即同有关方面酝酿在若干高等学校有关专业中，试开一些在资本主义国家流行的和在旧中国学术界思想影响较大的唯心主义派别的学说介绍和批判的课程或讲座。本学年开学以来，已有个别学校试开了这类课程，取得了初步效果和经验。为了健康地推进这项工作，现特作如下规定：一、试开这类课程或讲座的目的和要求，主要是使学生了解与自己所学专业有关的重要唯心主义派别的学说的内容，教育学生能够正确地区别什么是唯物主义和什么是唯心主义学说；培养学生的独立思考能力和批判唯心主义的能力；教育学生懂得如何批判、改造、吸收唯心主义学说中某些可以用的资料，既要反对和防止对唯心主义的学术思想不加批判地接受或采用调和折中的态度，也要防止和纠正对待文化学术的狭

隘观念和对唯心主义学说单取简单否定一切的态度。二、这些课程和讲座，主要是在综合大学和高等师范院校的人文科学各系，以及财经、政法学院的高年级学生和教研组（包括研究生）中开设，这些课程和讲座的名称，一律叫做“某某学说的介绍和批判”。三、凡是有能力讲授这些课的教师（其条件为：对这门学说真正做过长期的系统的学习与研究并真正通晓者），学校可请他们担任这些课程的讲授工作。四、这些课程或讲座能否开设，决定的条件是有无胜任的师资，在师资条件具备的学校，下学年可试开；在缺乏这类师资或教师水平过低的学校，不要勉强开设。五、这些课程或讲座，在学生和研究生中开设时，均作为选修和加修课程，学生选修这类课程或讲座，应按自愿原则，并应限于三年级以上学生。这类课程（作选修课开设的）不进行考试。成绩的考核，可用考查或其他方式（如写读书报告）进行。讲座既不进行考试，也不进行考查。六、开设这些课程或讲座，应制订开课计划和编写教学大纲，并应尽可能地编写讲授提纲或讲义发给听讲者。七、这些课程或讲座的开设及其开设计划，均须经校（院）长同意，经高教部批准（高等师范院校经教育部批准）。

4月22日

［纲　文］　**刘少奇和宋庆龄在上海接见正在中国访问的缅甸联邦民族院议长、前总统萧恢塔和夫人。**

4月22日

［纲　文］　**中国人民外交学会和日本社会党访华亲善使节团发表共同声明。**

［目　文］　声明中说：日本社会党访华亲善使节团为了增进日本和中华人民共和国的亲善友好，促进两国国交的正常化，访问了中华人民共和国。尽管中日两国尚未恢复国交，中华人民共和国政府和人民仍然欢迎了使节团。经过会谈，双方一致认为日本政府同中华人民共和国政府尽快、正式、全面地恢复国交的阶段已经到来；确立中日两国间长期共同和积极的合作关系是友好地解决各种悬案的基础。日本社会党的基本方针是，不承认存在着“两个中国”，台湾是中国的内政问题，希望围绕着台湾的国际紧张局势得到和平解决。在联合国的代表权应该属于中华人民共和国。必须克服各种困难和障碍，进一步扩大两国间的人员、经济、技术、文化的交流；两国间现存的某些民间协定和其他可能达成协议的问题，应该尽可能迅速地发展成为政府间的协定。双方认为，尽管各国的社会制度和意识形态有所不同，和平共处不仅是必要的，而且是可能的；五项原则和万隆精神必须得到尊重；殖民主义必须予以反对；在国际关系中国家不分大小，必须一律平等。进一步加强亚非各国间的经济、技术、文化的合作是重要的。尽管双方对于国际形势的意见并不一定完全一致，但双方共同认为世界上虽然还存在着战争危险，总的国际局势是趋向和缓的，必须进一步推动它向这一方向发展。必须大量裁减军备，取消对立的军事集团（包括外国军队的驻扎），必须通过协商来和缓紧张局势和防止战争。特别是必须禁止核武器、热核武器的制造、保存和使用，应该积极地促进和平利用原子能，在亚洲，和平利用原子能方面的合作尤为必要。

4月23日

［纲　文］　**《人民日报》发表题为《全党必须认真学习正确处理人民内部的矛盾》的社论。**

［目　文］　社论指出：正确处理人民内部的矛盾，这是一个复杂的问题，并不是所有的人都能够很快地了解的。不仅有许多群众，而且有许多领导，还不善于区别人民内部的矛盾和敌我之间的矛盾，还不善于用正确的方法去处理人民内部的矛盾。尤其需要警惕的是，党的某些工作人员，在居于各种范围的领导地位以后，在不同程度上沾染了旧社会统治阶级的作风，沾染了国民党的脱离群众的作风，沾染了主观主义、官僚主义和宗派主义的作风。他们开始忘记了党关于人民民主和群众路线的教导，开始忘记了党关于为人民服务、同群众打成一片、关心群众疾苦的教导。因此，需要在全国范围内再一次大规模地、有系统地整顿党的作风，展开正确的批评和自我批评，才能达到使全党善于正确处理人民内部矛盾的目的。如果能够深入地学习正确处理人民内部矛盾的指示，纠正在这个问题上的错误认识，克服在这个问题上的抵抗情绪，就将为全党整顿作风运动造成一个良好的开端。

社论强调，为了彻底了解正确处理人民内部矛盾的重要性和必要性，真正在实际生活中贯彻实现党关于这个问题的指示，各级党组织的领导机关必须全力以赴。各级党委的第一书记和其他负责人员必须把关于这个问题的讨论亲自领导起来，必须把思想工作亲自领导起来。我国正处在一个社会大变动的时期，而我们的许多同志还没有认识到这个社会大变动的全部意义，还习惯于用老眼光看新问题。这样，他们就有误用处理敌我矛盾的方法去处理人民内部矛盾的严重危险。因此，党必须向他们大喝一声，让他们注意这个社会大变动是当前国内生活的基本形势，人民内部矛盾是当前国内生活中的新的重大的现象，正确地处理人民内部矛盾是当前国内生活中的新的重大的课题。有些同志虽然听了关于正确处理人民内部矛盾的报告，在表面上似乎也懂得了报告的内容，但是并没有联系本部门的实际情况来研究这个报告，好像他们那儿并不存在什么人民内部的矛盾。有些同志承认人民内部矛盾的存在，也承认必须用说服教育的方法、用批评和自我批评的方法、用自由讨论的方法去处理人民内部的矛盾。但是他们还没有养成这种习惯，或者还没有获得能够以理服人、能够进行有分析的批评和自我批评、能够参加百家争鸣的本领。社论说：领导工作人员看不到人民内部的矛盾，或者虽然看到了而没有能力加以正确的处理，在政治上无疑是一种危险，会使人民内部的矛盾复杂化，紧张化。只有及时地认识社会大变动的历史意义，及时地认识人民内部矛盾在新形势下发展的必然性，只有采取正确的方法处理人民内部矛盾，采取说服教育的方法引导不同的社会阶层继续前进，使社会主义制度日见巩固，只有在领导工作人员中进行充分的工作，使他们坚持深入群众、同群众打成一片的优良作风，坚决纠正主观主义、官僚主义、宗派主义的恶劣作风，我们才能够调动一切积极因素，尽快地把我们的国家建成为一个团结一致的、生动活泼的、先进的、强大的社会主义国家。

4 月 23 日

［纲　文］　**国务院发布《对今后地震烈度的处理意见》。**

［目　文］　其主要内容是：一、在地球物理研究所提供的 180 个点中，凡在 1956 年 7 月以前已经国家计委、中国科学院确定了地震烈度而后来又有提高的地区，一律按原定地震烈度作为设防的基本烈度，不再提高。二、过去已确定地震烈度的地区，其地震烈度在两度之间或两度均可者，一律暂按较低的烈度作为设防的基本烈度。三、在 8 度及以下地震区内的一般民用建筑与建筑均暂不设防。在 9 度及以上地区者，则须考虑降低建筑物的高度及改善建筑物的平面布置。四、今后中国科学院应继续进行有关地震方面的科学研究工作，提出中国的地震烈度表和尚未确定烈度地区的地震基本烈度的意见，由国家建委审核确定。

4 月 23 日

［纲　文］　**劳动部在北京召开全国劳动力调配工作会议。**

［目　文］　国务院副总理李先念到会讲话，指出劳动力南来北往的调动要基本停止。劳动部部长马文瑞作题为《1957 年的劳动力调配工作问题》的报告。会议确定劳动力调配工作的主要任务是：坚决贯彻精简方针，严格控制招工，根据统筹兼顾，适当安排的原则，切实做好劳动力的平衡调剂工作，监督和协助国民经济各部门正确执行国家劳动计划；同时，研究拟订更加切合实际情况的解决城市失业问题的规划，为城市失业、无业人员多方面寻找就业门路和安置办法。

4 月 23 日

［纲　文］　**水产部颁布《水产资源繁殖保护暂行条例(草案)》。**

［目　文］　《条例（草案)》共 6 章 19 条，对我国水产资源繁殖、保护的相关事宜做了详细的规定。

［文　献］　**水产资源繁殖保护暂行条例（草案）**

（1957 年 4 月 23 日）

第一章　总　则

第一条　为了发展水产事业合理地利用水产资源，保护有经济价值的水产动植物繁殖成长，以不断地增加生产，特制定本条例。

第二条　凡从事专业或副业捕捞生产的，对有经济价值的水产动植物的卵子、胞子、幼体和淡水产卵亲鱼均须依本条例的规定加以保护，但为科学试验研究的除外。

第三条　省（市）自治区人民委员会可以指定有关水产工作人员对捕捞工具、捕捞方法（以下简称渔具渔法）和渔获物等进行检查。群众有监督检举的责任。

第二章　保护对象和采捕标准

第四条　对下列水产动植物应加以保护。

一、鱼类：

（甲）海水鱼：小黄鱼、大黄鱼、带鱼、鳓鱼、真鲷、黄鲷、牙鲆、梭鱼、鳕鱼、狗母鱼、红娘鱼、金线鱼、鲳鱼、红鱼、鮸鱼、白姑鱼、黄姑鱼、鲐鱼、鲅鱼、海鳗。

（乙）淡水鱼：鲤鱼、鲫鱼、青鱼、草鱼、鳜鱼、鳙鱼、鲢鱼、鳊鱼、白鱼、鲥鱼、鲑鱼。

二、贝类：海扇、蛏子、鲍鱼、牡蛎、贻贝。

三、藻类：紫菜、裙带菜、石花菜。

四、其他：海参、乌贼、鱿鱼、对虾。

除前项规定外，省（市）自治区人民委员会得根据当地资源情况增减保护对象。

第五条 第四条规定的水产动植物的采捕标准应以达到性成熟期为原则，其采捕最小尺寸由省（市）自治区人民委员会根据当地资源消长的具体情况制定。采捕小于规定尺寸的幼体，国营企业生产不得超过本次总产量的5%，群众生产一般的不得超过10%（以重量计算）。

第三章 渔具渔法的限制和禁用

第六条 各种网具应由省（市）自治区人民委员会依照不同的捕捞对象规定最小网眼尺寸，并禁止制造或出售不合规定的网具。

机轮所用网具的网眼尺寸由中华人民共和国水产部根据各海区的具体情况制定。

第七条 对当地现有的渔具、渔法，省（市）自治区人民委员会应依照危害资源程度的轻重，有计划地予以改进，停止发展或逐步淘汰。

捕捞小型成熟鱼类的小眼网具只准在指定水域和期间内作业。

禁止使用爆炸物、毒物及高压电流捕鱼，但为养殖清塘和捕海兽或经省（市）自治区人民委员会特许的除外。

第八条 省（市）自治区人民委员会应根据当地水产资源和水域条件对渔船渔具的种类、数量进行登记管理，作到有计划地发展或限制。

第四章 禁渔区和禁渔期

第九条 在淡水亲鱼产卵和海洋幼鱼成长期间，省（市）自治区人民委员会必须依照当地水域的具体情况，规定禁渔区和禁渔期，以调节生产保护资源。对拖网机轮特设拖网机轮渔业禁渔区。

第十条 对贝、藻类自然繁殖场所，应划区保护，实行定期轮采，并须留种留株。

第十一条 在鱼类产卵洄游的水域，不得遮断河面栏捕，应留出河流宽度的三分之一。并在其通路上的水坝、涵洞、闸门、桥梁等上下流的一定距离内划定禁渔区。

第十二条 捕捞天然鱼苗，须根据当地季节进行定期计划生产，不得滥捕。对已捕获的鱼苗如无养殖条件时，应放回水中，不得损害。

第五章 有关部门的保护协作

第十三条 修建水利工程，如影响鱼类产卵洄游，水利部门应与水产部门协议，必要时并须修建便于鱼类洄游的通路。

第十四条 工厂、矿山对排弃有害的废水污物，须经处理，达到不危害水产动植物的程度，始得注入或投弃于渔业水域。

第十五条 利用江河流送木材排筏及水工建筑设施应留出河流宽度的三分之一（山区河流非鱼类产卵洄游的水域及水上漂子除外），以供鱼类自由通行，当流送完毕后，流送部门应即清除渔业水域中的沉底木材。

第十六条 农田灌溉沟渠和隔绝沼泽及结冰水域中的鱼类不能继续生存时，当地人民委员会应组织群众放流移养。

第十七条 在市场管理上，对超过第六条规定比重的幼体应降价收购。

第六章 奖励和处罚

第十八条 执行本条例确有成绩的生产单位或个人，由省（市）自治区人民委员会或中华人民共和国水产部酌予名誉或物质奖励。

第十九条 违反本条例者，由当地人民委员会根据情节轻重予以批评教育、警告或没收渔获物等处分，情节严重的得提请人民司法机关处理。

资料来源：中国社会科学院、中央档案馆编：《1953—1957 中华人民共和国经济档案资料选编》农业卷，中国物价出版社 1998 年版，第 1061—1064 页。

4 月 23 日

［纲 文］ **北京市各界青年5000人和来自19个国家的600多名在京留学生集会纪念反殖民主义日**①。

［目 文］ 北京市青联副主席关世雄在会上讲话说：万隆精神已经在全亚非以至全世界人民中发生了深远的影响。1956 年，全亚非人民用坚决支持埃及人民斗争的行动，回答了英、法、以对埃及的野蛮侵略。第二次世界大战以来，全世界摆脱了殖民地地位的人口总数达到了 12 亿。我们所处的时代是反殖民主义不断取得胜利、殖民主义节节败退的时代。中国青年将永远地衷心同情和支持各国青年反殖民主义的斗争。北京市学生联合会主席万泰和，埃及、印度、印度尼西亚、苏联等国的留学生代表也在会上讲了话。24 日，

① 4月24日是“世界青年反对殖民主义、争取和平共处日”。1956年6月在万隆举行的亚非学生会议通过一项决议，规定每年4月24日（亚非会议闭幕日）为“亚非学生反对殖民主义日”。国际学生联合会对该决议表示支持。世界民主青年联盟理事会并在1956年8月的索非亚会议中作出决议，把4月24日进一步定名为“世界青年反对殖民主义、争取和平共处日”，并号召全世界青年在这一天进行广泛的纪念活动。

《人民日报》发表社论《彻底摧毁殖民制度》。

4 月 24 日

［纲　文］　**中共中央批转劳动部党组《关于西藏调出人员分工安置和调送程序的意见》**。

［目　文］　批示指出：中央已决定，西藏的建设只能根据可能的条件缓步进行。所有已进藏人员，除留下一部分必需的人员外，其余一律调回内地安置。劳动部的报告说：西藏的建设规模重新安排后，将有四五千职工须调出该区。由于本年内地职工也都多余，安置这批人有困难。处理原则是：由中央各部门派进藏的人员，回原系统安置工作；由西藏直接招收的人员，回原招收地区安置工作；转业复员军人由原籍的人委负责安置工作。请西藏工委依上述分工原则拟订调送计划，待有关部门和省市人委做好准备工作后，再分批送回。

4 月 24 日

［纲　文］　**周恩来在中共浙江省委第四次会议（扩大）和省委宣传工作会议上作关于国内外形势的报告**。

［目　文］　周恩来指出：一年来一些社会主义国家发生的一些错误不是完全可以避免的，对错的也要分析。斯大林是功大过小，中国从中取得了严重的教训。根据当前的国际形势，我国应争取进行和平建设。对社会主义国家要求同存异，对民族主义国家要扩大争取面，以孤立美帝国主义。在国内要正确处理人民内部矛盾，要善于正确区别不同性质的矛盾。正确处理人民内部矛盾，首先要在党内搞通，使党本身能够认识、掌握和解决这个问题。我们主张从现在开始，自上而下地进行整风。从上层搞起，逐步扩大。党外人士，我们欢迎一道搞。关于同各民主党派实行长期共存、互相监督的问题，讲话作了阐释，并说这必须由共产党提出，而且必须要共产党真正做到。他说：我们党的寿命有多长，民主党派的寿命就有多长，一直要共存到将来社会的发展不需要政党的时候为止。这个方针实际上是扩大民主。我们的民主是有领导的民主，现在要多强调民主的扩大。

4 月 24 日

［纲　文］　**高教部、教育部联合发出《关于全国高等学校1957年招考新生的规定》**。

［目　文］　《规定》提出：1957 年高等学校招生应该努力贯彻“保证质量，完成计划”的方针，要做到从政治、健康、学业三方面选择录取质量较好的新生入学，并力求在照顾考生志愿的基础上，努力完成招生计划。除过去已实行单独招生的学校可以继续单独招生外，基本上仍采取统一招生的办法；少数条件具备而且愿意联合或单独招生的学校，经批准也可以实行联合或单独招生；用少数民族语文教学的高等学校（或班级），可以用少数民族语文单独进行招生考试。为了加强对全国高等学校招生工作的领导，由高教部、教育部会同中央有关部门和部分高等学校组成全国高等学校招生委员会。各地也成立相应的招生委员会，负责领导所属地区的高等学校招生工作，并负责进行新生录取工作。此

外，《规定》还对1957年全国高等学校招考新生的命题工作、考生条件、报名、考试、健康体检、录取、报到等，做了具体的规定。同日，《人民日报》发表题为《提高高等学校新生质量》的社论。

4月24日

［纲　文］　**中国邮电工会和日本全递信从业员工会签订友好合作关系协议**。

［目　文］　协议规定双方将共同为实现两国邦交正常化和通邮正常化而努力，反对制造、试验和使用原子弹、氢弹，采取各种措施加强两国邮政工人的联系和友好关系。中国邮电工会全国委员会副主席刘东岑代表该委员会主席李景韩在协议上签字，日本方面由日本全递信从业员工会访华使节团团长针谷荣次郎在协议上签字。

4月25日

［纲　文］　**财政部、商业部发布《关于公私合营商业企业利润上缴办法的临时规定》**。

［目　文］　《规定》说：自1956年初资本主义工商业全行业公私合营后，国家为了照顾公私合营商业企业在合营初期的资金困难，曾规定1956年公私合营商业企业实现的利润不上缴国库，留存商业厅、局作为拨付基建投资、增拨合营企业流动资金、支付合营企业干部训练经费等开支。这笔资金对解决公私合营商业企业的资金困难是起了作用的。1957年根据国家经济建设资金的需要，决定公私合营商业企业实现的利润应当以一部分上缴国家，一部分留商业厅、局按规定支配。特将有关问题规定如下：一、利润上缴比例：各省、直辖市、自治区商业厅、局将公私合营商业企业（定股定息户）的净利润的50%—70%上缴中央金库，以30%—50%留存商业厅、局。二、缴库单位：直辖市为商业局。省、自治区为商业厅，以国家预算收入科目第48款“公私合营企业收入”科目入库。三、交库时间：每季度交库一次，季度终了后15日内缴库单位按汇总实际实现利润的规定比例数上缴中央金库，会计报表未能按时编出者应由缴库单位估缴入库，待会计报表编出后根据实际实现的应缴利润多退少补，每年清算一次。四、财政监督机关：省、市、自治区财政厅、局为财政监督机关，任务是审查公私合营商业企业的汇总会计决算；办理上缴利润的清算工作；监督商业厅、局按规定使用留存的公私合营商业企业利润。各省、市、自治区、税务局为利润监交机关。任务是督促缴库单位按规定期限上交利润，并按税务总局规定上报缴库利润数。五、关于公私合营商业企业上级管理机构经费及干部训练班经费如何分摊的问题，经财政部和商业部研究，规定处理办法如下：（一）公私合营商业企业上级管理机构（如专业公司、总店、区店、中心店或零售业务部等）的经费分摊办法：1. 专为管理公私合营商业企业而成立的管理机构，其全部经费均由所属公私合营商业企业负担。2. 国营专业公司及其区店、区管理处，零售业务部如兼管公私合营商业业务者，其经费应按国营和公私合营商业企业销货额的比例，分别由国营公司及公私合营商业企业分摊。（二）公私合营商业企业干部训练班经费分摊办法：1. 统一举办的为训练公私合营商业企业干部的训练班经费全部由公私合营商业企业负担。2. 如训练国营商业企

业干部的训练班中有个别公私合营企业干部，其经费可全部由国营公司负担。上述两项费用，由公私合营企业费用中直接分摊或从上缴商业厅、局的利润中抵支均可。六、本规定自1957年1月1日起试行，以前商业部颁发的有关各项规定与本办法抵触者同时废止。

4月25日

［纲　文］　**中越两国政府渔业代表团发布《关于北部湾帆船渔业会谈的公报》。**

［目　文］　《公报》说：中华人民共和国政府渔业代表团和越南民主共和国政府渔业代表团，从1957年3月5日—4月25日，就北部湾帆船渔业问题，在河内举行了会谈。双方为了充分地合理利用北部湾水产资源，促进双方渔业的发展，根据互相尊重主权和平等互利的原则，对北部湾两国渔民的捕鱼问题，经过诚恳的协商，取得了一致的意见。双方对两国渔民共同作业的习惯渔场，做了合理的安排。一方渔民要到对方近海作业，必须持有本国政府发给的许可证。同时为了保证海上生产安全、海难救助、保持海面秩序和渔船到对方国家港口寄泊、渔民登陆应该遵守的事项，分别做出了规定。为了繁殖保护和合理利用北部湾水产资源，以达到永远保持最大限度的渔获量，双方认为相互交换情况、交流经验和进行技术合作是有重要意义的。双方同意指定有关研究机构研究和制订初步计划。

4月25日

［纲　文］　**教育部发出《关于办好盲童学校、聋哑学校的几点指示》。**

［目　文］　《指示》指出：盲、聋哑教育是国家整个教育事业的一个组成部分，必须采取必要的措施，办好盲童学校和聋哑学校。为此，特作如下指示：一、盲童学校、聋哑学校的基本任务是：培养盲童和聋哑儿童具有一定的文化科学知识，掌握一定的职业劳动技能，使他们成为积极的自觉的社会主义的建设者和保卫者。二、盲童学校的修业年限，暂规定在6年内学完普通小学的基本课程。聋哑学校采用手势教学的班级的修业年限为10年，不设预备班。聋哑学校采用口语教学的班级的修业年限暂规定为10年。三、盲童和聋哑儿童的入学年龄均规定为7—11周岁。四、盲童学校每班学生名额以12人为宜；聋哑学校口语教学班的学生名额以12人为宜，手势教学班以15人为宜。这两种学校超龄生的编班人数也可和适龄班相同。五、盲童学校和聋哑学校配备教师的比例应比普通小学稍微高一些，同时配备专门负责领导学生课外学习与活动、管理学生生活的教养员、卫生护理员等。六、盲童教育和聋哑教育的工作方针是整顿巩固，逐步发展，改革教学，提高质量。各级教育行政部门应当加强对盲童学校和聋哑学校的领导。

4月25日

［纲　文］　**九三学社通知所属组织学习毛泽东讲话。**

［目　文］　通知要求九三学社各级组织认真学习毛泽东在最高国务会议和全国宣传工作会议上的讲话，使每位社员了解正确处理人民内部矛盾的重要性和必要性。要求各地在学习中，应结合“长期共存、互相监督”，“百花齐放、百家争鸣”两大方针进行讨论，从而了解正确处理人民内部矛盾的实践意义，使社员基本上掌握正确处理人民内部矛盾的基本方法，并贯彻到工作实际和生活实际中去。

4月25日

［纲　文］　**第一届中国出口商品交易会在广州举行①。**

［目　文］　以后每年在广州举办春、秋季两次出口商品交易会。

4月25日

［纲　文］　**毛泽东接见柬埔寨王国驻中国经济代表团团长扬安和副团长乃瓦朗丹。**

4月26日

［纲　文］　**中国人民保卫世界和平委员会常务委员会举行扩大会议。**

［目　文］　出席会议的有中国人民保卫世界和平委员会常务委员、世界和平理事会中国理事和各界著名人士等。中国人民保卫世界和平委员会主席郭沫若②主持会议。他在讲话中首先谈到了世界和平运动的成绩。他说：世界和平运动有了很大的发展，世界和平运动的号召已发生了重大影响。我们从事和平运动的朋友们，应该更加努力工作，促使世界局势进一步和缓，便于我国发展和平建设事业。接着他谈到了世界和平理事会常务委员会柏林会议的情况。他对柏林会议所通过的决议表示拥护，并说：柏林会议决定本年6月在科伦坡举行世界和平理事会全体会议，这是第一次在亚洲召开的世界和平理事会会议，是一个好消息。出席世界和平理事会常务委员会柏林会议的中国代表、中国人民保卫世界和平委员会副主席廖承志在会上报告了世界和平理事会常务委员会柏林会议的情况。会议最后通过了关于支持世界和平理事会常务委员会柏林会议决议的决议。

4月27日

［纲　文］　**中共中央发布《关于整风运动的指示》。**

［目　文］　《指示》指出：几年以来，在我们党内，脱离群众和脱离实际的官僚主义、宗派主义和主观主义，有了新的滋长。因此，中央认为有必要按照“从团结的愿望出发，经过批评和自我批评，在新的基础上达到新的团结”的方针，在全党重新进行一次普遍的、深入的整风运动。这次整风运动应当以毛泽东同志的两个报告为思想的指导，把正确处理人民内部矛盾的问题作为当前整风的主题。这次整风运动，应该是一次既严肃认真又和风细雨的思想教育运动，应该是一个恰如其分的批评和自我批评的运动。非党员愿意参加整风运动，应该欢迎。但是必须完全出于自愿，不得强迫，并且允许随时自由退出。在进行整风运动的同时，应该在全党提倡各级党政军有劳动力的主要领导人员以一部分时间同工人农民一起参加体力劳动的办法，并且着手进一步建立党和国家的领导工作人员的脑力劳动和体力劳动相结合的根本制度。整风计划应该贯彻整风和工作两不误的原则，并

---

① 简称广交会，从2007年起改称中国进出口商品交易会。

② 郭沫若（1892—1978），四川乐山人，时任全国人大常委会副委员长、政协全国委员会副主席、中国科学院院长、中国文联主席。

且使整风运动的进行同工作的改进结合起来，同人民内部矛盾的具体解决结合起来，防止关门整风，妨害工作。

4月27日

［纲　文］　**中共中央批转最高人民检察院、最高人民法院、司法部党组《关于撤销运输检察院、运输法院的请示报告》**。

［目　文］　中央同意撤销运输检察院、运输法院的意见，并将最高人民检察院党组、最高人民法院党组、司法部党组的报告转发各地遵照执行。4月16日，最高人民检察院、最高人民法院、司法部党组关于撤销运输检察院、运输法院的问题向中央作报告。

［文　献］　**关于撤销运输检察院、运输法院的请示报告**

中央：

根据一九五三年全国二届司法会议的决议，开始在铁路、水运系统试建运输法院和运输检察署。一九五四年宪法、检察院组织法和法院组织法的公布，明确了建立专门检察院和专门法院的原则后，即着手普遍建立铁路的检察院、法院，逐步建立水运的检察院、法院。到现在为止，共建立运输检察院、法院各十九个，并下设检察分院五十一个、法院的派出庭三十一个，现有人数共一、二六七名（检察院八一八名，法院四四九名）。运输检察院与法院建立以来，在党委的领导和企业行政的支持下，配合各种运动，处理了各种刑事案件，计：检察院受理七、六〇七件，法院处理四、二五七件。通过这些工作，对增强运输部门的法制观念、教育广大职工遵守法律、减少运输工作中违法犯罪现象都起了一定的积极作用。

但是，运输系统的犯罪案件一直是不多的，去年更加减少，因而几年来事少人多的现象很普遍，运输法院尤为显著，去年许多单位的干部反映：要求解决人浮于事的现象。有些运输企业与若干地方司法机关也曾建议从体制方面来考虑运输系统检、审机构的设置问题。为此，我们也曾经采取过若干措施，如调整机构与精简人员，并继续对犯罪情况进行调查研究工作。最近，铁道部提出："建议中央撤销运输检察院和运输法院"的意见后，我们三机关党组负责同志于三月十三日召开了联席会议，接着又分别召开党组扩大会议，一致认为可以撤销铁路、水上检察院和法院。原因是：

第一，运输系统内所发生的刑事案件数量较小，因而可以不必专设运输检察院和运输法院。几年来，十九个法院、三十一个派出庭只处理刑事案四、二五七件，如以上年的案件统计：办案最多的北京铁路运输法院（包括三个派出庭）共处理二五七件；办案最少的是天津、重庆水运法院，都只处理四十七件；全国运输法院平均每院一年办案九十六件，每月只合八件。

第二，运输系统内所发生的案件，是完全可以由地方检察、审判机关来处理的。

如运输法院处理的四、二五七案件内，直接危害运输事业的各种事故案件仅六八五件，占四、二五七件的百分之十六，反革命案八九二件，占百分之二十一，其它二、七〇二件占百分之六十三都是属于盗窃、贪污及职工、家属中的打架、奸情等普通刑事案件。我们认为地方检察、审判机关对各种责任事故、破坏事故的案件是可以处理的，其中有的虽然涉及技术性的复杂问题也是可以通过技术鉴定和陪审制度来解决的。至于一般性的刑事案件，分别划归地方检察院、法院去处理，将更容易和当地各项工作密切结合。

第三，为了更好地依靠当地党委与发挥地方检察、审判机关的作用，尤其是为了在检察、审判机关贯彻执行中央精简节约的指示，因而撤销运输检察院、法院是适宜的。

根据以上原因，我们建议中央批准撤销运输检察院和运输法院。在中央批准我们这一意见的请示报告后，我们拟采取以下措施：

第一，一方面由我们分别呈报常委会和国务院履行法定手续，一方面我们可进行撤销的准备工作，以求尽早结合当前地方检察、审判机关的精简节约工作一并进行。

第二，运输检察院与法院撤销后，拟将原属它们管辖的刑事案件改为：直接危害运输的刑事案件由管理局所在地的省、市检察院（或分院）和高级（或中级）人民法院处理；一般的刑事案件，分别由案件发生地的地方基层检察院与基层法院处理。

第三，关于干部的处理，原则上从地方调到运输检察院、法院的干部仍调回地方分配工作，由企业调来的除个别业务熟悉需要留在地方检察院、法院工作的以外，其余的仍调回企业部门重新分配工作。

至于其它各项撤销事宜，拟召开专门会议，进一步进行具体安排。

上述意见，如能批准，并请批转有关省、市委和铁道部、交通部党组。

最高人民检察院党组
最高人民法院党组
司法部党组
一九五七年四月十六日

资料来源：中央档案馆馆藏档案。

4月27日

［纲　文］　**中共中央批转李富春、薄一波两人关于西安二机部工厂基建节约的报告。**

［目　文］　中央批示说：李富春、薄一波两同志关于西安地区二机部所属工厂在基本建设方面节约投资、改进工作的报告很好。二机部在该地区将近10亿元的投资中，采

取各种有效的节约措施，约可节省2.4亿元，占总投资额的25%左右，这是一个很大的数字，证明基本建设中浪费是很大的，有很大的一笔钱可以节省。各省市、各部委在基本建设中，如果仿效他们的做法，也一定可以为国家节省很大的一笔钱。希望各地、各部参照报告中所提出的四项建议，认真组织检查，拟出改进基本建设工作的方法，这样，不但可以节约投资，而且对第二个五年计划基本建设工作，会有极大的帮助。此前，李富春、薄一波向中共中央报送关于西安二机部工厂基建节约的报告。

4月27日

［纲　文］　**刘少奇在中共上海市委召开的党员干部大会上作《如何正确处理人民内部矛盾》的讲话**。

［目　文］　刘少奇指出：国内主要的阶级斗争已经基本上结束了，或者说基本上解决了。现在人民内部的矛盾已成为主要矛盾。人民内部矛盾一般讲来基本上是非对抗性的矛盾，因此，处理人民内部矛盾，不能采取处理对抗性矛盾那样的办法，如果采用处理对抗性矛盾那样的办法来处理人民内部的矛盾，那是在根本方针上面犯错误。人民内部的矛盾现在是大量地表现在人民群众同领导者之间的矛盾问题上。更确切地讲，是表现在领导上的官僚主义与人民群众的矛盾这个问题上。人民内部矛盾还特别表现在分配问题上面。我们现在是社会主义制度的国家，分配的原则是按劳取酬，公平合理。如果不按劳取酬，不公平合理，就阻碍生产力的发展。如果按劳取酬贯彻得比较好，分配得公平合理，大家满意，就会促进生产力的发展。人民内部之间的矛盾激化起来就可能闹事。一些地方的闹事，几乎全部是为了经济性质的切身问题。对付闹事要有正确的办法。我们一些领导干部，没有闹起来时不理，闹起来又惊惶失措，一惊惶失措就采取压制的办法。这是不能解决问题的。我们采取什么方针和方法来解决矛盾，不是凭主观愿望决定的，而是由客观矛盾的性质决定的。只在必要的时候才采取强力的办法、压服的办法。凡是可以采取说服、教育、团结的办法来解决问题的时候，我们都是采取说服、教育、团结的办法。讲话在谈到自由市场问题时指出：社会主义经济的特点是有计划性，是计划经济，但是实际社会经济活动包括各行各业、各个方面，有几千种、几万种、几十万种，国家计划不可能计划那么几千、几万、几十万种，只能计划那么多少类，结果就把社会经济生活搞得简单了，呆板了。如何使我们的社会主义经济同时具有这样几个特点：既有计划性，又有多样性，又有灵活性，这就要利用自由市场。一方面自由市场可以补充当前我们社会主义经济的不足，另一方面它可以帮助我们在经济上搞多样性和灵活性。为了使社会主义经济既有计划性，又有多样性和灵活性，就必须增加地方与企业的自治权力，以及在一定的限度内允许个人的经济活动。增加地方和企业的自治权，增加个人经济活动的自由，这也是个体制问题。地方、企业以及个人必须有一定范围的经济活动的自由，没有这个自由，社会主义经济就不可能有多样性和灵活性。

4月27日

［纲　文］　**全国人大常委会和政协全国委员会分别电贺内蒙古自治区成立10周年**。

4月27日

［纲 文］ **内务部、财政部、国务院人事局发出《关于国家机关工作人员牺牲或者病故以后遗属生活照顾问题给内蒙古自治区人事局、吉林省人民委员会人事局的复函》。**

［目 文］ 《复函》指出：关于国家机关工作人员牺牲病故以后遗留家属的生活照顾问题，在没有统一规定以前，除了应照《革命工作人员伤亡褒恤暂行条例》对他们的家属进行一次性的抚恤以外，如果死者所遗家属生活上有困难的，原工作机关可以根据从严的精神，从机关福利费内酌情给予临时的或者定期的补助。如果机关福利费开支此项费用有困难，可以在原工作机关的行政费内报销，但是，对于受补助的对象，只能限于确实需要死亡者赡养的直系亲属和配偶以及自幼抚养死者长大，而现在又必须依靠死者生活的其他亲属。

4月27日

［纲 文］ **文化部发布《关于国营电影院、放映队提用企业奖励基金的一般补充规定》。**

［目 文］ 《规定》中说：根据前政务院财政经济委员会1953年11月17日公布的《国营企业提用企业奖励基金的临时规定》，及前政务院文化教育委员会颁发的《中央文教各部直属国营企业提用企业奖励基金的补充规定》的精神，对电影院、放映队企业提用企业奖励基金特作如下的一般补充规定：一、凡已实行经济核算的国营电影院、放映队（省、市、专署或县放映核算单位），完成计划指标，映出场次、观众人次、利润及利润上缴计划，并经批准者，得依照本规定申请提取企业奖励基金。二、企业奖励基金的计算基础：（一）凡有计划利润的企业，从计划利润及超计划利润中提取；（二）无计划利润或有计划亏损的企业，按全年工资总额提取企业奖励基金，从超计划利润数或减少计划亏损数中提取超计划企业奖励基金。三、由于下列原因，致使计划利润或计划亏损有显著的提高或降低时，应予调整后计算：（一）因工资标准、票价、税率、片租、劳保标准等升降的原因；（二）因上级临时重要任务及重大自然灾害而影响演出场次、观众人次等的完成。四、提取标准规定如下：（一）国营电影院从计划利润中提取4%，从超计划利润中提取10%；（二）放映队从计划利润中提取5%，从超计划利润中提取15%（须以省、市、专署或县直接管理放映小队的核算单位为提取奖金单位）；如无计划利润及有计划亏损的企业，按全年的工资总额提取4%，从实际的盈余或减少亏损的部分，比照前列各类企业提取超计划奖金的比例分别提取；（三）上列企业全年提取的企业奖励基金总额，不得超过各该企业全年工资总额10%，但亦不应低于4%。五、为了合理使用企业奖励基金，省、市主管部门得集中一部分所属企业应提的企业奖励基金作为进行调剂或全企业的集体福利事业和奖励之用。但集中部分一般不得超过应提企业奖励基金的30%。六、关于企业奖励基金的提取办法及使用范围，应按照前政务院财政经济委员会公布的《国营企业提用企业奖励基金的临时规定》执行。

4月28日

［纲　文］　**国务院发出《关于解决农村畜力不足和及早安排麦收管理工作的通知》**。

［目　文］　《通知》共两点：一、本年牲畜瘦弱死亡情况严重，畜力不够的情况在有的省份已严重影响春耕生产，人拉犁、拉车的现象已不少。望当地部队、机关、商店等在已有畜力中设法调剂，给附近缺畜力的农业生产合作社以临时支援，以解决当前生产中畜力不足的困难。二、长江以北产麦区，还有月余小麦即将到成熟收割时期。各县、市应及早安排，争取更多的人力、物力支援，达到快收、快运、快打、快藏，避免天雨为害的损失。上年在夏收、秋收中，均损失严重，本年要精打细收，争取颗粒还家。

4月28日

［纲　文］　**商业部发出关于买蚊帐布暂不收布票的电报**。

［目　文］　电报说：自蚊帐布二折收票后，南方地区曾反映布票不足，收票困难。经商业部研究，同意自电到之日起蚊帐布暂停收票，但蚊帐成品所用顶边、布仍应按实收票。

4月28日

［纲　文］　**周恩来在上海工商界人士座谈会上发表关于香港问题的讲话**。

［目　文］　周恩来说：香港的主权总有一天我们是要收回的，连英国也可能这样想。我们不能把香港看成内地。对香港的政策同对内地是不一样的，如果照抄，结果一定搞不好，因为香港现在还在英国统治下，是纯粹的资本主义市场，不能社会主义化，也不应该社会主义化。香港要完全按资本主义制度办事，才能存在和发展，这对我们是有利的。我们在香港的企业，应该适应那里的环境，才能使香港为我所用。香港应该化为经济上对我们有用的港口。对在港的民族资产阶级，过去合作过，将来还可以合作。港澳的同胞不要担心前途。他们当中如果有些人主动坚决要求回来，可以同意。但不要动员他们回来，要让他们留在那里经营自己的企业。我们可以同他们内外合作，不使人家吃亏。至于有些人一时还不相信我们，对我们的政策有怀疑，可以让他们再看一看，看一二十年都可以。我们不要歧视他们，责怪他们。如果内地有一些人想出去，也是允许的。但也不是主动去号召。不要强留一些人在内地，有些人在外面过一阵还会回来的。凡有爱国心的人，我们就欢迎，对他们不要强劝回来，也不强留。现在我国社会主义革命已经基本上胜利了，要进行社会主义建设，香港可作为我们同国外进行经济联系的基地，可以通过它吸收外资，争取外汇。我们要打开局面，就得对香港的民族资产阶级讲清政策，使人家有利可图。

4月28日

［纲　文］　**财政部、税务总局发出《关于手工业生产合作社（组）优待期满后在经营上仍有困难的给予照顾问题的通知》**。

［目　文］　《通知》说：据各地反映，对财政部（57）财税昂字第19号通知的第二项关于“手工业生产合作社、手工业生产小组优待期限已满，对个别经营仍有困难的，经

当地市、县人民委员会批准后，可在不超过一年的范围内，酌情再给予一定期限的减税照顾”的规定，对其中减税范围、期限和幅度尚不明确的，特综合解释如下：上述修订的规定是在“手工业合作组织交纳工商业税暂行办法”第三条第一款后段的基础上修订的，所以减税照顾只包括营业税，不包括所得税；照顾的时间应在手工业生产合作社（组）享受营业税优待期限已满后的一年内，以后则不再给予减税照顾；减税的幅度，可根据需要照顾的社（组）的实际困难情况加以掌握，不予硬性限制。

4月29日

［**纲　文**］　**国务院召开第四十七次全体会议**。

［**目　文**］　会议由陈云主持，讨论了以下事项：一、通过《国务院关于取消工商业税暂行条例第十条所得税减税的规定的决议》。决议规定，自征收1957年度所得税时开始取消原政务院1950年公布的工商业税收暂行条例第十条关于根据国家经济建设需要分别对某些行业减征所得税10%—40%的规定。财政部部长助理李予昂作了说明。他说：1950年公布的工商业税收暂行条例第十条规定的精神，是为了促进重工业、机器制造业、交通运输业及生活必需品等生产事业的迅速恢复与发展及配合国家对私人资本主义工商业的利用、限制、改造政策。自国家进入建设时期后，国民经济是有计划按比例的发展，同时，随着1956年私营工商业全面改造以后，客观的经济情况已发生了根本性的变化，原来所得税的减征规定，在目前情况下，已无实际的意义。估计取消所得税减征规定后，每年所得税可增收3500万元左右。二、通过《中华人民共和国和捷克斯洛伐克共和国友好合作条约》、《中华人民共和国政府和捷克斯洛伐克共和国政府文化合作协定》、《中华人民共和国政府和捷克斯洛伐克政府保健合作协定》，提交全国人大常委会审议批准。① 三、通过《云南省大理白族自治州人民代表大会和人民委员会组织条例（草案）》、《黑龙江省杜尔伯特蒙古族自治县人民代表大会和人民委员会组织条例（草案）》，提请全国人大常委会审议。四、通过授予中国人民解放军有功人员第二批勋章，提请全国人大常委会审议决定。军委总干部部军衔奖励部副部长王迪康作了说明。他说：1955年2月公布《中华人民共和国授予中国人民解放军在中国人民革命战争时期有功人员的勋章奖章条例》后，当年9月授予了八一勋章、独立自由勋章和解放勋章的一级勋章818枚。现在这第二批名单，共计申请授予各种各级勋章10.2531万枚。以后除了少数人员（几百人）还需要继续审查研究，基本上授完了。② 五、通过关于撤销出国工人管理局的决议，提请全国人大常委会审核批准。国务院副秘书长张策说明，当初这个局是为了管理去苏联做工的工人。现在苏方提出不需要工人了，该机构就可撤销了。

① 全国人大常委会第六十八次会议5月6日决定批准上述条约和协定。毛泽东主席根据人大常委会的决定，于5月12日批准了上述条约和协定。

② 全国人大常委会第七十四次会议6月17日审议并批准了提请授予各种勋章的第二批名单。毛泽东主席6月28日发布授勋命令。

4月29日

［纲　文］　**国务院发出《关于部分文件运用“国务院公报”下达的通知》。**

［目　文］　《通知》全文如下：为了减少机关行文，节省人力、物力，决定：今后凡在“国务院公报”上注明“不另行文”的文件，即为正式下达，不再另外行文。请中央各部门、地方各级人民委员会加以注意。特此通知。

4月29日

［纲　文］　**国务院电贺内蒙古自治区成立10周年。**

［目　文］　电文说：当内蒙古自治区成立10周年的时候，我们以非常愉快的心情，向蒙古民族人民和自治区内的各民族人民表示热烈的祝贺。在已往的10年中，内蒙古自治区完成了民主改革，又取得了社会主义革命的决定性的胜利；全区的社会主义改造已经基本完成，各项经济和文化建设有了很大的发展，各民族人民的生活得到了改善和提高，各民族的团结和民族内部的团结也日益加强和巩固。内蒙古自治区已经成为我国各民族自治地方的良好榜样。内蒙古自治区的经验，充分证明中国共产党和毛主席的民族政策和民族区域自治政策的正确，也充分证明各民族间平等、团结、互助、合作的兄弟关系是促进各民族共同进步和发展的重要动力。

4月29日

［纲　文］　**林业部发布《山区林业规划纲要》。**

［目　文］　《纲要》指出，山区是林业生产的主要基地。在山区发展林业，既可以供应国家建设和人民生产生活所需要的木材和森林副产品，直接增加群众收入，又可以减免水、旱、风、沙等自然灾害，保证农业丰收和增产。因此林业生产是山区生产中最重要的内容之一。为了有计划地发展林业生产，必须在山区生产规划中，切实做好林业规划。林业规划包括造林规划和经营管理（包括采伐利用）规划等两方面。造林规划就是在划定为造林的荒山、荒地及其他土地上营造新林的规划。造林规划主要包括林种规划、树种规划、造林方法规划、森林更新规划、造林进度和造林顺序规划、经营方式规划、封山育林规划、种苗规划等几项。经营管理规划则是要保护和管理好森林的规划。经营管理规划主要包括森林保护规划、森林抚育规划和采伐利用规划等项。《纲要》对每项规划都作了明确具体的规定。

4月29日

［纲　文］　**全国总工会致电世界工会联合会祝贺五一国际劳动节。**

4月30日

［纲　文］　**毛泽东主持召开最高国务会议第十二次扩大会议并发表讲话。**

［目　文］　参加会议的有党和国家领导人，各民主党派负责人、无党派人士，共44人。会议的议题是关于全党的整风运动。毛泽东在会上说：几年来都想整风，但找不到机会，现在找到了。现在已经造成批评的空气，这种空气应继续下去。整风总的题目是要处

理人民内部矛盾，反对“三个主义”。他希望通过各界人士的批评，使党的作风真正得到改进，而且也设想通过党的若干具体领导制度的进一步完善，来妥善解决实际工作中党与民主党派、党与知识分子的矛盾。

4月30日

［纲　文］　**全国人大民族委员会和国家民委联合举行庆祝内蒙古自治区成立10周年大会。**

［目　文］　会议在中央民族学院礼堂举行。参加庆祝大会的有中央民族学院学生，达赖驻京办事处、班禅驻京办事处、内蒙古驻京办事处的负责人和代表，中国佛教协会和中国回民文化协进会的代表以及来京的各少数民族参观团等，共1200多人。全国人大民委副主任张执一在大会上祝贺内蒙古自治区各族人民10年来获得的伟大成就。他说：这是中国共产党的民族政策的伟大胜利，也是全国各族人民的伟大胜利。国家民委副主任萨空了在会上讲话。他说，在庆祝内蒙古自治区成立10周年的时候，他作为蒙古民族成员之一，感到特别兴奋而愉快。他在会上概括地介绍了内蒙古自治区的建设成就。他说，蒙古民族是一个勤劳、勇敢、朴实的民族，在历史上对伟大祖国的缔造有过光荣的贡献，今后的贡献将会更大。中央民族学院副院长苏克勤、达赖驻京办事处处长顿旺·坚赞扎巴和西藏歌舞团团长孙格顿巴等相继讲话后，内蒙古自治区人民委员会驻京办事处副处长多淑秀在会上讲话，感谢各兄弟民族对内蒙古自治区的帮助和支援。会后举行了联欢晚会和电影晚会。

4月30日

［纲　文］　**财政部、税务总局发出《关于手工业合作组织间相互拨售购进的原材料不纳营业税的批准手续问题的通知》。**

［目　文］　《通知》说：据各地反映，对财政部（57）财税昂字第19号通知的第三项，关于“手工业合作组织间将购进的原材料相互拨售，如系由其上级联社批准，并向税务机关事先备案的，可不纳营业税”的规定，提出其中“由其上级联社批准”应分别不同情况加以处理的意见经报请财政部批准，特此综合答复如下：一、对上下级手工业生产联社之间及手工业生产联社与其所属的基层手工业生产合作社间，相互拨售购进的原材料，为了简化手续，可不办理由其上级联社批准及向当地税务机关事先备案的手续，亦可不纳营业税。二、对非上下级关系的手工业合作组织之间相互拨售购进的原材料，则须经其上级联社批准，并向当地税务机关事先备案的，方可不纳营业税。否则照征营业税。

4月30日

［纲　文］　**中国人民银行发布《办理供销合作社短期放款办法》。**

［目　文］　《办法》规定人民银行办理供销合作社短期放款的基本任务是：为不断扩大与加速商品流转服务，根据国家各个时期的政策和计划的要求，供应扩大商品流转的资金需要，在此前提下监督企业合理节约使用资金。放款方法是：对实行独立经济核算制的供销合作社经营单位直接发放。对供销社放款应遵行的基本精神是：一、对国家规定应

予充分供应资金的主要农、副产品（包括进货费用，进货税金），按实际需要供应资金，不受计划限制。二、对县以上社所经营主要农、副产品以外的业务，银行放款根据其批准的进货计划总金额（包括进货费用、进货税金）供应资金。三、对基层社经营主要农、副产品以外的业务，银行放款根据批准的季末借款计划余额掌握。放款种类分为主要农、副产品放款；商品流转放款；预购放款；临时放款和特种放款五种。连同《办法》一起发布的还有《中华全国供销合作总社、中国人民银行总行为颁发〈中国人民银行办理供销合作社短期放款办法〉及对办法的若干问题的补充规定和说明》。《说明》共10项：一、应充分供应资金的主要农，副产品为粮，棉，油，麻，烟，茶，丝，畜产，废铜、铁，猪、牛、羊肉，鸡、鸭、蛋，及糖料等12种物资及由各省（市）自行选定，报经国务院批准的1至5种农副产品。二、《办法》中规定主要农、副产品，及商品流转两种放款的主要目的，是为了贯彻国务院规定的资金供应方针及便于银行掌握资金。三、取消结算放款后，各级社所需结算在途资金，应由借款单位估编列入借款计划。四、对县以上社所属非独立核算的收购小组及基层社代理的采购业务的资金供应方式，由各省（市）行、社根据具体情况规定。五、对过去赊销占用资金，以特种放款解决。六、供销社所属专门办理商品转运工作的独立核算的转运站或运输站所需临时资金，由各省（市）行、社研究解决。七、供销社所属生产加工企业单位暂按各省（市）现行做法办理，待研究情况后再行规定。八、有些省（市）根据地区情况将商业部或城市服务部所属业务单位与当地供销社合并，实行分别核算，混合经营等做法。此类单位在保证贯彻资金供应方针的原则下，可由各省（市）灵活或另定做法，报总行、社备案。九、新办法自本年三季度起全面实行（个别地区有困难，可以灵活），同时废止过去总行、社颁发的各种放款办法。十、由于供销社将实行内部统一调剂资金作法，各省（市）在执行统一调剂资金做法的同时，应即废止总行、社过去布置的超定额资金专户存储，调剂、建设基金专户管理的做法。另由全国供销总社制订管理办法。

4月30日

［纲　文］　**内蒙古自治区成立10周年庆祝大会在呼和浩特市举行。**

［目　文］　国务院副总理李先念代表中共中央、中央人民政府和毛泽东主席前往祝贺并致祝词。随同前往的有国家民委副主任杨静仁（回族）、高教部副部长周建人、全国人大民族委员会委员田富达（高山族）。前往祝贺的还有新疆维吾尔自治区副主席伊敏诺夫（维吾尔族），西藏自治区筹备委员会委员索康·旺清格来（藏族），青海省副省长喜饶嘉措（藏族）、马辅臣（回族），甘肃省副省长黄正清（藏族），吉林省副省长朱德海（朝鲜族），以及各省的自治州、自治县的代表共53人，包括19个民族成分。前往祝贺的还有各民族青年代表、各地工会代表和文化艺术部门的代表40多人。同日，《人民日报》发表社论：《我国少数民族实行区域自治的良好榜样》。

4月30日

［纲　文］　**周恩来接见以南斯拉夫联邦执行委员会兼联合社会福利委员会主席马尔**

科维奇为首的南斯拉夫卫生及工会工作者代表团。

［目　文］　周恩来请代表团多看些地方，发现有什么问题，请提出来。表示两国要加强联系，互相访问。提出社会主义国家之间尽管意见不尽一致，仍可以求大同、存小异。接见时在座的有中华人民共和国卫生部部长李德全、副部长崔义田，以及南斯拉夫联邦人民共和国驻华大使波波维奇等人。

4 月 30 日—7 月 27 日

［纲　文］　**泰国艺术团访问中国**。

［目　文］　4 月 30 日下午，应中国人民对外文化协会邀请，由泰国著名剧作家和导演乃素瓦·沃拉里洛为团长的泰国艺术团，一行 48 人，到达北京。5 月 6 日，艺术团在北京天桥剧场举行首场访华演出。演出前，举行了艺术团访华演出开幕式。中国人民对外文化协会副会长阳翰笙在讲话中说，泰国艺术团来中国访问是中泰两国文化交流史上的一件盛事。乃素瓦团长说，泰国派这样阵容强大的艺术团到中国访问，在两国文化交流史上还是第一次。泰国艺术家们向观众介绍了多样的泰国艺术——古典舞、民族音乐、哑剧、歌唱、武术等。5 月 12 日晚，周恩来为艺术团举行欢迎酒会，国务院副总理贺龙，国务院秘书长习仲勋，文化部部长沈雁冰，外交部副部长章汉夫，中国人民对外文化协会会长楚图南，以及首都文艺界著名人士老舍、梅兰芳①等出席酒会。

在北京访问期间，艺术团共演出五场，观众达 8000 人。15 日晚，艺术团乘火车离开北京前往沈阳，并先后在沈阳、鞍山、长春、哈尔滨、天津、南京、上海、杭州、广州等地访问演出。6 月底，艺术团在广州做闭幕演出。7 月 27 日，艺术团离开广州回国。临行前，乃素瓦致电周恩来与楚图南，祝中泰人民的友谊日益发展，对在中国享受的荣誉与所获得的愉快表示感激。

① 梅兰芳（1894—1961），江苏泰州人，京剧艺术大师，时任中国戏曲研究院院长等职。

5 月

5 月 1 日

［纲　文］　**首都50万人举行庆祝五一国际劳动节大游行。**

［目　文］　来自全国的工业和农业劳动模范、先进工作者，中国人民解放军和志愿军的代表，各地少数民族代表，归国华侨代表等参加了游行。北京市市长彭真在大会上致词，毛泽东、刘少奇、周恩来、朱德、陈云等党和国家领导人检阅了游行队伍。苏联最高苏维埃主席团主席伏罗希洛夫和随行人员，以及来自罗马尼亚、缅甸等 46 个国家的外宾参加了游行观礼。游行队伍由 84 路纵队组成，历时三小时通过天安门广场。他们不断地向站在天安门上的党和国家的领导人和贵宾们招手、欢呼。在队伍的最前面，排列着几个巨大的字标："全世界工人阶级大团结万岁！""马克思列宁主义万岁！""以苏联为首的社会主义阵营团结万岁！""艰苦奋斗，勤俭建国！"

同日，全国各城市各界人民，分别集会、游行，庆祝国际劳动节。

5 月 1 日

［纲　文］　**中国运动员戚烈云在广州举行的庆祝五一国际劳动节男子游泳比赛中，以1分11秒6的成绩打破了男子100米蛙泳世界纪录。**

5 月 1—3 日

［纲　文］　**内蒙古自治区举办那达慕大会，欢庆内蒙古自治区成立10周年。**

［目　文］　大会在呼和浩特市东郊举行，国务院副总理李先念、内蒙古自治区主席乌兰夫、蒙古国政府代表团团长齐米德道尔吉·苏伦扎布，以及五万多各民族群众参加了开幕式。大会期间，进行了摔跤、骑马、射箭、武术等项目的比赛和表演。此外，还表演了颇列球等一些古老的民族体育项目。到会观众达 11 万多人次。

5 月 2 日

［纲　文］　**《人民日报》发表题为《为什么要整风》的社论。**

［目　文］　社论指出，无产阶级的历史性胜利，常常是随着彻底的自我批判而来。自己批判自己，是为了从过去的错误缺点中取得教训，为将来的胜利准备条件。中共中央决定在我国社会主义革命基本上完成的条件下进行全党范围的整风运动，就是要全党学会用辩证法的态度来对待新的社会形势，对待人民内部矛盾，对待自己的工作，就是要全党

自觉地把我国的社会主义事业、把我国的政治生活、把我们整个国家引导到生动活泼的发展道路上去。

社论最后说，相信整风运动将保证我国的社会主义事业的胜利，保证我们能够在不太长的时间内，把我国建成为一个富强的、先进的、生动活泼的不断向前发展的伟大的社会主义国家。

5 月 2 日

［纲　文］　**中共中央批转国务院秘书长习仲勋《关于国务院各部门1956年召开专业会议、派人下去检查工作、接待地方来人等工作情况的报告》。**

［目　文］　《报告》指出，一、专业会议方面存在的问题是会议次数多、规模大、时间长；会议准备不够，质量不高；会议工作人员过多；铺张浪费较严重。二、中央各部门检查工作方面存在着派下去的工作组和工作人员太多、太乱；目的方法不明确，解决实际问题不多；旅差费浪费严重等问题。三、接待地方来人方面的问题是来京人多、驻京时间长。今后召开专业会议应严格控制，加强计划性；派人检查工作应提高质量，深入实际，研究问题；接待地方来人应简化办事手续，建立相应制度。

5 月 2 日

［纲　文］　**全国妇联和日本妇女访华代表团在北京签订关于中日两国妇女友好交流的协议书。**

［目　文］　协议书说，为了建立中日两国妇女界的联系和合作关系，扩大两国妇女界的交流和友善，双方签署协议如下：一、日本妇女访华代表团归国后，与日本各界妇女团体及妇女群众一起，通过中华全国妇联，同中国各界妇女群众互相合作，进行两国妇女在经济、文化、教育、福利等各种活动方面的经验交流，交换各种有关妇女儿童工作的资料，并加强相互间的通信。二、为了交流两国妇女儿童工作的经验，促进两国妇女之间的相互了解和友谊，互相派遣妇女代表团。三、为了两国人民的利益和幸福，努力实现两国邦交的正常化。四、积极努力扩大中日两国妇女界为和平和建设而进行的交流，并加强全亚洲妇女之间的了解和友谊。

全国妇联副主席许广平，书记处书记曾宪植、曹孟君、沈兹九；日本妇女访华代表团团长久布白落实，副团长春野鹤子、村山柳，秘书长西清子，分别代表双方在协议书上签字。

5 月 2 日

［纲　文］　**中外诗人在北京举行国际诗歌晚会。**

［目　文］　诗歌晚会是为纪念世界文化名人英国诗人布莱克和美国诗人朗弗罗而举办的，400 多位中外诗人参加。诗人肖三致开场白。苏格兰诗人格里夫介绍了布莱克和朗弗罗的生平和作品，并朗诵《在贫民窟中的沉思》等三首诗歌。西班牙诗人阿尔贝蒂朗诵了他在北京所作的《向齐白石致敬》和《京剧》。罗马尼亚作家协会书记米·贝纽克朗诵的《路旁的苹果树》被诗人邹荻凡即席译成中文，并朗诵出来。中国文联主席、诗人郭沫

若朗诵了他的新作《“五一”天安门情景》。

5月3日

[纲　文]　**中共中央发出《关于处理职工和资产阶级出身的干部、军官、教职员及青年学生献股问题的通知》。**

[目　文]　《通知》就职工和资产阶级出身的干部、军官、教职员及青年学生献股问题提出两点处理意见，并要求各省、市、自治区党委教育说服捐股者不要捐股，个别接受的，也不要宣传和动员。

[文　献]　**中共中央关于处理职工和资产阶级出身的干部、军官、教职员及青年学生献股问题的通知**

（一九五七年五月三日）

各省、市、自治区党委：

湖北省委对私改造领导小组一月二十五日私改秘一五一号来文悉。武汉市委对私改造领导小组提出的“关于职工和资产阶级出身的干部、军官、教职员及青年学生献股问题的处理意见”，经我们研究后，有以下意见：

（一）职工股（包括自购股和干股）的处理，凡属自觉自愿坚决申请捐股，经教育说服而仍然要求捐股，同时生活又无困难者，可以个别批准捐献。如果职工以捐献换取救济，更需讲清道理，劝其不要捐献，按季发给定息。任何情况之下，均不考虑退股的办法。

（二）对资产阶级出身的干部、军官、教职员及青年学生继承股的处理，原则上暂不接受捐献，如果坚决不领取定息的，可暂时存在企业内，不采取批准捐献的办法。如本人确实进步，其生活来源已不需要领取定息过活，其股金所有权又不涉及其亲属，经说服后仍坚持捐献者，可以个别接受。

以上两项意见中所述的个别接受捐股，均不宜宣传与动员。

中　央

一九五七年五月三日

资料来源：中央档案馆馆藏档案。

5月3日

[纲　文]　**《人民日报》发表题为《同群众共甘苦》的社论。**

[目　文]　社论说，近几年来，党领导了全国的人民政权，有许多同志却滋长了骄傲的情绪，沾染了旧社会的恶习，逐渐脱离了群众，损害了党同群众的血肉联系。保持和发扬我们党的艰苦奋斗的优良传统，这对于我国的社会主义事业具有决定的意义。最近一

个时期，在党中央的指示下，各级领导机关的工作人员实行“层层下放”，受到了人民群众的称赞。每个革命工作者，都不可以认为自己比“普通老百姓”高一等，或者认为脑力劳动者比体力劳动者高一等。各级领导人员参加体力劳动之所以具有重大意义，就因为这样做可以从根本上改变领导脱离群众的危险倾向。任何一个革命工作人员都应该拒绝享受任何特权，反对使自己的生活特殊化。每个领导人员一定要做到关心群众痛痒，同群众共甘苦，并且尽一切努力帮助群众克服困难。

5月3日

［纲　文］　**中共中央批转中共陕西省委关于省市负责同志春节前后向职工进行政治报告的情况报告**。

［目　文］　批语说：陕西省委关于省市负责同志春节前后向职工进行政治报告的情况报告很好，发给各地参考。陕西省委打算把省市负责同志向职工定期作政治报告形成一项制度，一年之内向当地企业职工作二三次报告，以密切党和工人群众的联系，这种做法甚好，各地可以仿行。

5月3日

［纲　文］　**水产部发出《关于防止风灾事故的指示》**。

［目　文］　《指示》指出，入春以来，河北、广东、福建、山东等省连续发生严重风灾事故，据4省初步统计：死亡渔民98人，重伤19人，轻伤34人，沉毁渔船3万多条，其他各种渔具数千件，价值约130万元以上。造成事故的主要原因是，渔航安全教育不够，某些干部责任心不强和部分渔民存有麻痹思想。为记取教训，加强渔航安全，防止和减少风灾事故，特作如下指示：一、继续深入进行安全生产教育，提高干部、渔民的警惕性，认真贯彻安全第一的原则。二、加强对风暴警报站的领导和政治思想教育，严格执行工作制度，做好渔汛中大风警报工作，树立牢固地为渔民安全负责的观点。三、出海前做好安全准备工作，船只出海，必须进行安全检查，在可能的条件下，增添和携带必要的救生和防风设备。四、妥善处理风灾事故的善后工作。

5月4日

［纲　文］　**中共中央发出《关于继续组织党外人士对党政所犯错误缺点展开批评的指示》**。

［目　文］　《指示》指出，两个月以来，在各种有党外人士参加的会议上和报纸刊物上所展开的，关于人民内部矛盾的分析和对于党政所犯错误缺点的批评，对于中国共产党与人民政府改正错误，提高威信，极为有益，应当继续展开，深入批判，不要停顿或间断。其中有一些批评得不正确，或者在一篇批评中有些观点不正确，当然应当予以反批评，不应当听任错误思想流行，而不予回答。但是大多数的批评是中肯的，对于加强团结，改善工作，极为有益。即使是错误的批评，也暴露了一部分人的面貌，利于我们在将来帮助他们进行思想改造。现在整风开始，中共中央已同各民主党派及无党派领导人士商

好，他们暂时不要表示态度，不要在各民主党派内和社会上号召整风，而要继续展开对中国共产党缺点错误的批判，以利于中国共产党整风，否则对于整风是不利的。他们同意此种做法。只要中国共产党整风成功，就会取得完全的主动，那时就可以推动社会各界整风了。党外人士参加党的整风座谈会和整风小组，是请他们提意见、作批评，而不是要他们批评他们自己。如有不便之处，则以不请党外人士参加整风，而由党邀请党外人士开座谈会请他们畅所欲言地对工作上的缺点错误提出意见为妥。

5 月 4 日

［纲　文］　**中共中央批转公安部向全国人大所作的《关于1956年公安工作总结和1957年公安工作的意见的报告》**。

［目　文］　《报告》说，1956 年通过以政治攻势为主的肃反斗争，使反革命残余势力更进一步分化、瓦解和削弱了。检察、法院、司法和公安机关共同对 1955—1956 年的肃反工作进行了检查。结果表明，肃反运动中所捕的人，93% 是正确的，3% 是错捕的，4% 是虽有罪恶、按宽大政策不该捕的。这些错误现已大部分纠正。1956 年敌人派遣进来的特务分子已发现者比上年增加了一倍多。总的看，解放后结合两次肃反运动，开展了打击刑事犯罪分子的斗争，全国社会治安一年比一年好转，社会风气发生了根本的变化。1957 年公安工作的主要任务是，进一步巩固社会主义建设的秩序，保护社会生产力的顺利发展。为此，应继续打击现行的、肃清暗藏的反革命分子，大力发展同刑事犯罪活动的斗争，进一步做好罪犯的劳动改造工作和反革命分子的社会改造工作，加强公安机关的法制建设；同时精简机构，调整力量。

5 月 4 日

［纲　文］　**国务院批准国防部、邮电部报送的关于撤销国内军邮站，将其邮递任务移交邮电部门的报告**。

5 月 4 日

［纲　文］　**《人民日报》发表题为《向农民说明购销粮食的三条原则》的社论**。

［目　文］　社论说，上一年麦收以后，有些地区没有很好地贯彻执行粮食“三定”政策，片面地强调“多劳多得”，以致有的农业社预分给社员的粮食过多，有的社各户社员预分的粮食多寡悬殊。秋收以后，那些粮食没有增产或增产很少的农业社，又不得不把早先宣布提高的用粮标准再降下来；并且要用很大力量，在预分粮食过多过少的社员之间组织粮食调剂。结果不仅引起了社员的不满，增加了农业社的工作困难，而且影响了国家粮食收支的平衡，造成了多方面的被动。为了避免重复这一缺点，必须按照以下原则向农民进行粮食“三定”政策的再宣传：第一条原则是，仍旧按照“三定”时规定的用粮标准，核定农业社粮食购销数字。“三定”用粮标准虽然是在 1955 年确定的，但大体上是与我国现时粮食生产和消费水平相适应的，还是可以保证农民在粮食消费上的基本需要的。只有这样，才能从根本上防止粮食产销关系的失调，保证国家和全体农民的基本需要，同时促进粮食的增产。第二条原则是，农业社（户）的实际粮食产量多于“三定”时核定

的定产产量的，增产部分可以适当增购，或者相应减销。第三条原则是，余粮社分配粮食，应当“先国家后社员”。“先国家”，是指必须首先完成国家核定的粮食征购任务。“后社员”，是指在完成这一任务以后，才能改善社和社员的粮食消费状况。

5月4日

［纲　文］　**武汉长江大桥钢梁合龙。**

［目　文］　下午2时20分，武汉长江大桥钢梁合龙的庆祝仪式开始。2时59分，江心六号墩架好最后一根杆件，长达一公里的武汉长江大桥接通，武汉三镇连成一体。铁道部部长滕代远①、中共湖北省委第一书记王任重②、中共武汉市委书记李尔重和武汉长江大桥工程局的负责人分别讲话。滕代远在讲话中特别谈到，在中国第二个五年计划中，还要修建郑州黄河复线桥，潼关黄河便桥，重庆长江大桥等。他号召全体职工克勤克俭，艰苦奋斗，为修建更多的桥梁而努力。

5月4—19日

［纲　文］　**中国国际贸易促进委员会参加卡萨布兰卡国际博览会。**

［目　文］　5月4日，卡萨布兰卡国际博览会开幕，有25个国家参展。摩洛哥国王、首相和大臣们在开幕仪式后首先参观了中国馆。5月6日为中国馆日，国王又携妻女第二次前来参观。在博览会期间，中国馆展出的重工业产品，中国精印的可兰经、茶叶、丝绸和手工艺品等，吸引了最多的观众，并获得了高度评价，共接待了120多万名参观者。在贸易活动中，中国绿茶受到摩洛哥人民的喜爱，预先准备的3.3万多包茶叶全部卖出。

5月4日

［纲　文］　**中央军委发出《关于进一步加强对起义人员的团结改造工作的指示》。**

［目　文］　《指示》对在起义人员中成立军政委员会、起义人员的学习、军衔和级别、经费报销等问题做出规定，目的是进一步贯彻执行中央对于团结起义部队的政策，发挥起义人员的积极作用。

［文　献］　**关于进一步加强对起义人员的团结改造工作的指示**

（一九五七年五月四日）

根据中央统战部对55军的检查，和北京军区对69军关于团结起义部队工作情况的报告，为了贯彻执行中央对于团结起义部队的政策，进一步发挥起义人员的积极作用，对有关问题特作如下规定：

一、在起义部队中，凡是起义人员主动提出不再成立军政委员会的情况下，可不

① 滕代远（1904—1974），湖南麻阳人，时任铁道部部长。

② 王任重（1917—1992），河北景县人，时任中共湖北省委第一书记，武汉军区第一政治委员。

再恢复军政委员会的组织。但是，为了便于团结和启发起义人员的积极作用，在不成立军政委委员会的情况下，应该是：凡是有起义人员参加领导工作的部队，在党委开会时，一般均应吸收他们列席会议，征求他们的意见，并采纳他们所提的正确的建议。只有某些个别特殊性质的会议，才不必吸收他们参加。除吸收列席党委会议外，还应该组织讨论工作、汇报工作的行政会议，这种行政性的会议，则应由担任军事首长的起义人员出面主持，并教育各级干部尊重他们的领导，向他们主动地汇报工作和接受指示，以便更好地鼓励和团结他们积极工作。

二、在起义人员中，有些要求进学校学习的，在各军事院校招收学生时，应当针对实际情况，选送他们入校学习，不可歧视。对于某些虽然没有要求学习，但是比较优秀、有培养深造条件的起义人员，亦应在取得本人同意下，选送他们进入学校学习。在举办各种集训时，对于起义人员应该一视同仁，与党的干部一样参加同等集训。

三、对于起义人员的军衔、级别，某些不够合理的，应根据实际情况予以适当调整。在学院（校）工作的起义人员（包括解放军官）尚未评定军衔级别的，所在院校党委应该针对起义人员的实际情况，对他们分别提出评定军衔级别的具体意见，报总干部部审定。

四、各起义部分党委在团结改造起义人员的工作中，对于某些必须的特殊经费开支，可允许报销。

军　委

一九五七年五月四日

资料来源：中央档案馆馆藏档案。

5月5日

［纲　文］　**《中国青年报》以社论形式发表刘少奇的文章《提倡勤工俭学，开展课余活动》**。

［目　文］　这篇社论是根据刘少奇2—4月间在河北、河南、湖北、湖南、广东等省调查过程中的谈话整理，并经刘少奇修改审定的。社论指出，学生参加业余劳动，除一部分是完全属于义务性质的以外，多数都有一定的报酬。学生利用这种劳动所得的报酬解决了自己学费上的不少困难，改善了自己的生活，这是值得加以赞扬和提倡的好事。我们新教育不同于旧教育的一个根本的区别，就是我们的学校不是为剥削阶级培养奴才，培养帮凶和帮闲，而是使青年在学校里学到知识之后，能够更好地从事劳动，参加祖国建设，更好地为人民和祖国服务。学生参加业余劳动，可以学习劳动技能，养成劳动习惯，通过实际劳动操作去体会人类劳动的伟大作用，增加对于劳动人民的了解和对劳动人民的情感。

社论说，我国的教育事业比过去大大地发展了，1949年只有中学生120多万，而现在已有590多万，大学生那时只有11万，而现在已有40万了。1955年教育经费比1949年增加了26倍，1956年又比1955年增加1/4。国家设立了助学金，不少大学里领取助学金的人数高达学生总数的80%—90%。但是，尽管这样，国家也还是只能够解决困难学生的一部分困难。开展课业劳动，可以解决学生学习费用的困难。可以肯定，提倡学生参加业余劳动，提倡勤工俭学，不仅是必要的，而且是可能的。

5月5日

［纲　文］　**《科学普及工作》创刊。**

［目　文］　该刊是全国科普协会创办，公开发行的机关刊物，本日创刊号在北京出版。该刊的主要任务是宣传协会的各项方针和任务，动员广大科学技术工作者积极从事科学技术普及工作。刊物除了经常报道有关协会工作方面的理论性文章以外，还经常报道群众对协会的要求、示范性的讲稿、形象资料、通俗科学读物等宣传资料的评介，以及国内外科学普及工作的动态等。

5月5日

［纲　文］　**中国留美物理学家李政道、杨振宁获得1957年艾伯特·爱因斯坦科学奖。**

［目　文］　授予奖金的是美国耶希瓦大学爱因斯坦医学院，它称赞这两位科学家进行了理论上的研究并且提出了试验的方法。这种试验推翻了宇宙守恒定律，从而驳倒了过去30年来包含在一切物理学理论中的基本定律之一，使我们对研究构成宇宙的基本质点这一方面获得了极其重要的发展。

5月6日

［纲　文］　**一届全国人大常委会举行第六十八次会议。**

［目　文］　会议在听取外交部副部长章汉夫的说明后，通过《关于批准〈中华人民共和国和捷克斯洛伐克共和国友好合作条约〉的决议》、《关于批准〈中华人民共和国政府和捷克斯洛伐克共和国政府文化合作协定〉的决议》、《关于批准〈中华人民共和国政府和捷克斯洛伐克共和国政府保健合作协定〉的决议》。

会议通过决议，批准国务院撤销出国工人管理局。会议还任命了最高人民法院审判员。

5月6日

［纲　文］　**国务院发布《关于援助越南建设工业企业的指示》。**

［目　文］　《指示》说，各部门在援助越南建设工业企业时，必须从越南的国家经济实际出发，力求各项企业经济实用。如越南政府主动要求我帮助建设大规模的自动化的和基建标准过高的企业，我应结合我国建设经验，适当地提出我们的建议，但是最后仍应尊重越方的意见，并按照他们的意见办事。在防止搞大规模、自动化的基建标准过高的思想的同时，还应防止因陋就简、草率从事的思想和做法，必须严格遵守通常的厂矿建设程

序，以使各项企业的建成真正有力地促进越南经济的发展。上述原则，也适用于对蒙古国的援助。

5月6日

［纲　文］　**国务院发布关于省、自治区、直辖市地方预算的审批问题的通知。**

［目　文］　通知说，以往地方预算都是在全国人民代表大会审查批准国家预算后，才由省、自治区、直辖市人民委员会提请省、自治区、直辖市人民代表大会审查批准。但过去两年的全国人民代表大会都在夏末召开，以致省、自治区、直辖市的地方预算要到后半年才能提请省、自治区、直辖市人民代表大会审查批准。由于预算标准过迟，对执行和完成地方预算困难很多。根据宪法精神，国务院认为，各省、自治区、直辖市人民代表大会凡是在全国人民代表大会以前召开的，本地区的地方预算草案可以先提请省、自治区、直辖市人民代表大会审查讨论，但为了避免省、自治区、直辖市人民代表大会所通过的地方预算和全国人民代表大会所通过的国家预算发生抵触，省、自治区、直辖市通过的地方预算只能作为建议数字送国务院审查汇编，国务院有权修改。各省、自治区、直辖市的地方预算，最后仍应按全国人民代表大会审查批准的预算执行。

5月6日

［纲　文］　**农业部、林业部、粮食部、交通部、水利部、教育部、食品工业部联合发出《关于发动社会力量充分利用闲地大量种植油料作物的通知》。**

［目　文］　《通知》说，几年来，根据“一五”计划中关于“应当动员广大群众在住宅、田边、山坡和山地种植那些适合于当地土壤条件的油料农物，以便增加国家和社会所需要的油料”的指示，油脂油料的生产已有巨大发展，特别是本年很多地区抓紧了春季种植，成绩显著。但是，还有些国有或公有闲地没有被充分利用，有些农业社内部的劳动力调配、评分和定额仍未做到合情合理，有些油料的价格偏低，以及收购机构和收购方式等多不能与当时当地的具体情况相适应。因此，为更好地准备夏种秋种季节，农业部等七部经多次研究，提出以下意见，请各地有关部门参照执行：

一、关于土地的使用问题：公路及河堤两旁的国有土地，由靠近的农业社播种油料作物。在播种时应切实保护河堤、路基的巩固和行车的安全。铁路两旁的国有土地，全部交由各地方委员会组织农民生产。对其他公有闲地如荒地、田边、村旁土地等的利用，应本着兼顾饲料、绿肥和种菜的原则，根据各农业社劳动力的配备，动员半劳动力把这些闲地加以充分利用。在以上国有或公有土地上种植的油料，均归农业社自种、自育、自己收获。二、种植的品种：各地种植的油料的具体品种，应当根据当地的土壤条件、群众习惯，因地制宜、因时制宜地选择种植。三、油料种子和树苗的供应：一律由农业社持县、乡、镇政府的介绍信，洽由当地的林业和粮食部门就近作价供应。四、收购与作价：属于统购、统一收购的油料和大宗油料，按国家规定由粮食部门统一组织收购；没有设置粮食机构的地方，由粮食部门委托供销合作社代购；野生油料收购，根据1956年4月16日粮食部与全国供销总社联合下达的关于油脂业务国合分工指示办理。国家有统一收购价格的油料，按国家规定价格收购；国家无统一规定价格的油料，应由各级粮食部门会同有关部门，根据油料的用途、粮棉和其他油料的比价及所花费的劳动，按不同情况、不同幅度，合理拟订价格报省人民委员会批准后执行，同时报粮食部备案，并应及早向农民公布。五、关于社会力量的动员问题：不少地区的经验证明，只要讲清公私两利的道理，群众的积极性是很高的，一定能收到很大的效果的。因此，要求各级领导部门重视这一工作，迅速发动农业社、学校、机关、团体、工厂、部队的广大群众，动员一切可能动员的力量，利用一切可能利用的闲地，广泛而深入地开展种植油料运动。

5月6日

［纲　文］　**《人民日报》报道，北京市从即日起取消蔬菜自由市场。**

［目　文］　市政当局在这项措施执行前的一周中，向菜贩和自产自销的农民进行了宣传解释。仅据全市25个市场统计，经营菜蔬的商贩大约有1000人，取缔这些菜贩以后，国营公司需组织力量加强蔬菜的收购和供应。被取缔的菜贩大部分是外地农民，政府应动员他们回乡生产；对北京市的无照菜贩，也应根据具体情况加以安排。

北京市蔬菜主要依靠郊区生产供应。从1954年以来，北京市已逐步对郊区菜蔬生产做了有计划的安排；到1956年，郊区菜蔬已有80%通过国营公司衔接供应。但是，仍有部分无牌照菜贩和外地盲目流入北京的农民以高出国营公司牌价一倍左右的价钱收购郊区农业社的菜蔬，然后到市场上高价出售，使农业社不能很好地执行它们同国营公司签订的合同，市场有计划的供应受到影响，消费者很有意见。因此，北京市决定将菜蔬列为不允许自由市场经营的物资，并规定国营零售单位、集体伙食团体和联购联销小贩必须通过国营菜蔬公司进货或者同指定的农业社挂钩供应；无照小贩或自产自销农民如果再贩运蔬菜，就由国营公司按牌价收购。

5月7日

［纲　文］　**《人民日报》发表题为《为什么要用和风细雨的方法来整风》的社论。**

［目　文］　社论说，中共中央决定在全党重新进行一次普遍的深入的反对官僚主义、反对宗派主义、反对主观主义的整风运动，这是我们党又一次进行自我教育和自我改造的运动。党对于在新的形势下产生的党内不良作风，不及时地、严肃认真地加以整顿，是非常危险的。但是另一方面，如果我们的党为要整顿自己的作风，就片面地强调给予所有犯错误的同志以纪律处分，甚至用纪律处分代替了思想教育，形成了惩办主义，这对于我们党也是极其危险的。我们的党已经是全国范围的执政党，我们能不能正确地处理党内的错误，这不仅仅是党内的问题，而且是会影响国家生活的重大问题。

社论指出，党内的正确意见和错误意见的矛盾，在一般情况下属于通常所说的是非问题，是人民内部矛盾而不是敌我之间的对抗性的矛盾。在处理党内错误的时候，固然应该看到在工作中犯了错误的同志在思想上有消极的因素，但同时不能忽视这样的同志在思想上也还有积极的因素，绝不应当采取一概抹杀的态度。整风运动是一个提高思想觉悟的批评和自我批评的运动，尤其需要着重依靠教育说服的方法，尤其需要限制使用组织处分的方法。给予犯错误的同志热情的关怀和诚恳的帮助，这是贯彻党的“惩前毖后，治病救人”的原则的一个重要方面，它会使犯错误的同志感到党的温暖，从而更加努力克服自己的错误，更好地为党为人民工作。

5月7日

［纲　文］　**刘少奇就高级党校学员整风问题发表谈话。**

［目　文］　刘少奇在听取中央党校校长杨献珍①、副校长侯维煜关于党校学员开展整风运动情况的汇报时说，在党校的学习中，一定要注意解决思想问题，进行思想改造。思想问题要提得尖锐，原则问题原则对待，是则是，非则非，原则上是不能让步的；但在解决问题的方式上，却要灵活，不能强迫人家承认错误，不能伤害同志的自尊心，不能使人家没有发言权。解决思想问题、处理人民内部矛盾的方式，就是既要团结同志，又要分清是非。

他指出，要把整风和学习理论结合起来，只读书不解决思想问题，不整风，就是教条主义；只整风不读书，就可能犯经验主义。整风学习中研究讨论社会主义社会的经济问题是必要的。在社会主义社会里，生产力和生产关系的矛盾就表现为人民内部的矛盾。这种矛盾是非对抗性的，但处理不好，可以转化为对抗性的。社会主义社会的上层建筑不关心基础，不为基础服务，反而伤害基础，就是官僚主义。总是搞官僚主义、宗派主义，势必搞成人民和官僚主义集团的矛盾，直到这种矛盾转化为对抗性的矛盾，人民就要起来推翻这个上层建筑。现在，社会主义所有制基本上建立起来了，但还有问题，必须调整，经过调整，逐步巩固。新建立的生产关系巩固之后，生产力和生产关系的矛盾主要就表现在分配问题上。社会主义所有制、社会主义分配，这个经济基础反映到社会主义的上层建筑，就是必须要有社会主义民主，让大家讲话，要大家满意，才能促进生产力的发展。研究社会主义经济，还要特别注意一个问题，就是使社会主义的经济，既要有计划性，又要有多样性和灵活性，这是个很大、很复杂的问题。我们要接受苏联的经验。整风学习中要把这些经济问题搞清楚后，再搞思想政治问题。思想政治方面，最重大的问题就是共产党和群众的关系问题，就是共产党和工人，农民、学生、解放军战士、知识分子、各民主党派和少数民族等七方面的关系问题。要认真研究党和各方面的关系，学会正确地、妥当地处理这些关系。

5月7日

［纲　文］　**朱德在全国外贸局长和特派员会议上发表讲话。**

［目　文］　朱德指出，对外贸易是党和国家的重要工作部门之一，是国民经济的重要组成部分之一，也是配合国家和平外交活动的重要武器之一。在对国内外关系上搞得

---

① 杨献珍（1896—1992），湖北十堰人，生于郧阳（今郧县），时任中共中央高级党校党委书记兼校长，中国科学院学部委员。

好，也有助于调动国内外一切积极因素。中国出口货物主要还是农产品和农副产品的加工品，组织出口货源的方向应该是：一、大力培植水产品、畜产品，大量生产各种工艺品、手工业品。二、有计划地开采矿产品，如铁矿、煤矿、有色金属等。对瓷器、石棉、云母、水晶石等，都要增加生产和开采。三、大力扶持和组织农、副、土产品的生产和收购，特别是山区的产品，如药材等。山区群众叫苦，其实山区很富足，就是东西运不出来。山区的物资如能贴一点运费运出来，赔一点钱也可以出口。四、有计划地培植和组织亚热带作物的生产，如菠萝、椰子、剑麻、橡胶、咖啡、木棉、胡椒、香料等作物。五、根据国外市场的需要和国内的加工生产能力，有计划地酌量进口一些原料，制成成品，组织出口，增加外汇收入。六、随着中国工业的发展，有计划地组织某些工业品出口；在生产设计和技术可能的条件下，还可以组织一部分机器和成套设备出口。

他还说：要深入发掘出口货源的潜力，做好出口货源的组织工作，各级党政和外贸部门，必须注意解决以下几个问题：一、做好扶植生产工作。这是扩大出口，解决出口货源问题的根本办法。二、正确地规定和执行价格政策。三、应该很好地解决出口货源组织工作中的交通问题。四、注意解决出口商品生产的原料问题。五、要学习外国的经验，也要吸收过去中国商人的某些经验。要注意了解国外生产和供需情况。

5 月 7 日

［纲　文］　**邮电部党组做出《关于邮电企业1957年开展增产节约方案的报告》。**

［目　文］　《报告》说，几年来，邮电企业有了相当的发展，基本上适应了国家政权、外交、国际、经济、文化各部门和广大群众的通讯需要。但在业务、技术和经济管理方面，还存在着不少问题和缺点。为了更好地完成国家 1957 年的计划任务，在邮电企业广泛而深入地开展群众性的增产节约运动，具有特别重要的意义。邮电企业的增产节约的特点是由邮电企业的生产特点决定的，不是笼统地提增产，应该是，从努力改善服务，提高通信质量，尽可能地适应工矿、企业、机关、学校和广大人民的通讯需要，着重在提高劳动效率，提高设备利用率，降低生产费用开支标准，降低设计预算定额和工程造价，充分发挥现有人力、物力和财力的作用，爱护国家资产，肃清贪污盗窃，反对铺张浪费，来贯彻中央和国务院的指示。

《报告》结合邮电企业 1957 年的工作任务，提出如下要求：一、继续改善和扩大服务，尽量适应客观需要，以增加企业收入。二、提高通信质量，消灭贪污盗窃，为广大用户更好地服务。三、认真地及时地做好通信设备的经常维修、计划预修和定期大修的工作，切实贯彻技术维护规程，严格执行周期测试和检修制度，减少通信设备的障碍次数和历时，提高设备利用率，延长设备使用年限，并在保证通信质量和设备经常处于正常状态的条件下，合理地撙节生产费用和大修费用。四、保证工程质量，降低工程造价，提前和按期完成基本建设任务。五、精简机构，紧缩编制，合理组织劳动，充分发挥现有人力的作用。六、紧缩管理费用，节约流动资金，反对铺张浪费，树立勤俭节约的风气。七、部属各工厂在 1957 年降低产品成本 5%，其中降低产品出厂价格 4%，提高劳动生产率

15%，并根据各厂具体情况制订增产节约计划和具体措施；部属各学校要减少事业经费开支，并制订完成教学任务和节约经费的计划和具体措施。

《报告》强调，为使增产节约运动顺利开展，首先做好对广大职工群众的思想教育工作，提高广大职工阶级觉悟和参加社会主义建设的积极性和主动性，在广大职工群众中树立勤俭办企业的风气。同时，在增产节约运动中，还必须防止处理问题时的片面性和采用各种不正当的办法，防止片面强调节约因而放松或忽视需要解决而又可能解决的职工生产安全、劳动保护的用品和职工生活福利的设施，以及在发展业务中的强迫摊派的偏向。增产节约运动要与开展社会主义竞赛、先进生产者运动和群众性的合理化建议密切结合起来，要与企业的经营管理密切结合起来。

5月7日

［纲　文］　**大连起重机厂试制成功140吨重大型吊车。**

［目　文］　这台巨型的起重机像一座大桥，机体上的一个吊钩重达11吨多。它的大吊钩能吊起一台火车；小吊车一次也能吊起十来台机床。

5月7—11日

［纲　文］　**匈牙利德布勒森城举行中国电影节，放映了《白毛女》、《虎穴追踪》、《山间铃响马帮来》、《渡江侦察记》等影片。**

5月7、10、11日

［纲　文］　**文化部召开各直属出版社、书店负责人和出版局处级党员干部整风座谈会。**

［目　文］　座谈会上反映的主要情况、问题和意见如下：一、出版事业领导工作中的官僚主义、主观主义表现在下列一些方面：（一）缺少对方针政策的领导，抓小不抓大。（二）领导作风简单生硬。（三）学习苏联，存在教条主义。（四）拖拉、脱节，不解决问题。（五）总结经验不够，割断历史传统，人事安排不尽适当。二、关于出版工作中存在的问题和意见：（一）出版领导机关必须彻底改进，否则不足以适应工作发展的要求。较多的同志主张，出版局应该把领导重点放在出书的方向、选题规划以及一些重要问题上，一般事务应少管，要权力下放，让出版社自己有权决定一些事。（二）绝大多数发言认为要解决出版工作中的内外矛盾，必须从解决体制问题着手。有的同志提出“统得太死、统而不通”的体制不能适应“双百”方针。（三）出版社与作家的矛盾，主要表现在组稿面窄，改稿不当；作家认为稿费低、出书慢、印数少、封面丑、架子大等等。（四）出版社内部编辑业务工作与编辑自己业余著译工作的矛盾很突出。（五）出版系统的干部制度和干部配备应研究改变。三、座谈会还研究讨论了召开全国出版会议或地方出版工作会议、“出版社培养新作家”的口号是否合适等其他一些问题。

5月7日—6月13日

［纲　文］　**印度尼西亚军事友好访华代表团访问中国。**

［目　文］　代表团由印度尼西亚陆军副参谋长加托特·苏布罗托少将率领。5月7

日代表团到达广州，中国国防部外事处处长朱开印和驻印度尼西亚大使馆武官茅琛前往深圳迎接。5月10日，代表团抵达北京，中国人民解放军副总参谋长陈赓、李克农①，中华人民共和国国防部副部长李达，总政治部副主任甘泗淇和萧向荣等前往车站欢迎。11日，彭德怀设宴款待代表团。18日，毛泽东和周恩来接见了代表团全体成员。访问期间，代表团访问了北京、南京、上海、杭州、天津、沈阳、长春、广州等城市，参观了这些城市的军事机关和各项建设事业，游览了名胜古迹。6月12日，加托特·苏布罗托应中央人民广播电台邀请发表广播讲话。晚上，解放军总参谋长粟裕为代表团举行欢送宴会。6月13日，代表团结束在中国的访问，乘专机离开北京取道广州回国。

5月8日

［纲　文］　**中共中央政治局开会讨论毛泽东提出的他本人不再担任下届中华人民共和国主席的问题。**

［目　文］　会议由刘少奇主持。他在发言中谈到：毛主席还是党的主席，还是国家的领袖。我们希望他健康长寿，但人总归是不能违背生命规律的，总是要见马克思的。我们要考虑的，是他在余年做什么事情好。主席讲的是对的，要集中精力研究重大的政治问题和理论问题。这是对中国很有意义的事情。会议同意5月5日毛泽东对陈叔通、黄炎培的来信批示的意见。

4月30日，毛泽东在最高国务会议上讲全党的整风运动时曾说：明年二届人大，一定辞去国家主席。第二天，陈叔通、黄炎培联名写信不同意毛泽东辞去国家主席职务。5月5日，毛泽东在看这封信时，在信中写了四条批注并在信后写了一段批语。毛泽东把这封信连同他的批语批给刘少奇、周恩来、朱德、陈云、邓小平、彭真，要求刘少奇召集一次有100人左右参加的政治局会议，就此事展开讨论，并坚持不再连任下届国家主席。他写道：可以考虑修改宪法，主席、副主席连选时可以再任一期，即在今年人代大会修改宪法，请邓小平同志准备。第一任主席有两个理由说清楚可以不连选：一、中央人民政府主席加上人民共和国主席任期已满八年，可不连选；二、按宪法制定时算起，可连选一次，但不连选，留下四年，待将来如有卫国战争一类重大事件需要我出任时，再选一次，而从1958年起让我暂时摆脱此任务，以便集中精力研究一些重要问题（例如在最高国务会议上，以中共主席或政治局委员资格，在必要时，我仍可以作主题报告）。这样，比较做主席对国家利益更大。现在杂事太多，极端妨碍研究问题。现在党内高级领导同志对此事想通了的多起来了，而党外人士因为交换意见太少，想不通的还多，因此，有提出来从容交换意见的必要。他还要求把陈、黄来信和他的批语印发全体中央委员和候补中央委员，八大全体代表，各省市区党委，全国人大全体代表，全国政协委员，把这个问题在更大的范围里谈开。他托付给邓小平去办，告诉邓小平：此事应展开讨论，才能打通思想，取得同

① 李克农（1889—1962），安徽巢县（今巢湖）人，时任解放军副总参谋长。

意。修改宪法，值得考虑。

5月8日

［纲　文］　**中共全国人大常委会机关党组提出健全人民代表大会制度的具体方案。**

［目　文］　根据中共中央和毛泽东的指示，党组经过半年多的研究、探索，正式向彭真并中央提出此方案。其主要内容包括，全国人大增设政治法律委员会、工业委员会、交通委员会等八个委员会，协助全国人大及其常委会开展立法和监督；县级以上地方各级人大设立常委会；给予省级人大及其常委会一定的立法权；加强各级人大代表的工作，建立代表同原选举单位固定联系的制度等。由于反右派斗争的开展，此方案被长期搁置。

5月8日

［纲　文］　**国务院举行常务会，批准给蒙古国援助款1.6亿元，帮助蒙古国发展工业。**

5月8日—6月3日

［纲　文］　**中央统战部邀请各民主党派负责人和无党派民主人士举行座谈会。**

［目　文］　座谈会共举行了13次，有70多位党外人士对党的统战工作和国家政治生活提出了意见。座谈会曾两次休会，分三个阶段进行：第一阶段是从5月8日至16日；第二阶段是从5月21日至22日；第三阶段是从5月30日至6月3日。

在座谈中，有些人提出党内滋长了骄傲情绪；党政应分开，不能以党代政；要发扬民主，健全法制等等，这些意见是富有建设性的。但随着社会上各种批评意见急剧升温，座谈会中的言辞也越来越激烈，一些意见越来越偏激。有人在发言中说共产党已经进退失措，社会主义制度不如资本主义制度，历次政治运动失败的居多，要为反革命“平反”；反对农业合作化、资本主义工商业的社会主义改造；把官僚主义说成是社会主义的产物和代名词，把主观主义、教条主义说成是马克思主义的产物和代名词，提出共产党退出机关、学校，公方代表退出公私合营企业，根本的办法是改变社会制度等。民盟负责人罗隆基提出，现在是马列主义的小知识分子领导小资产阶级的大知识分子，外行领导内行。农

▲中共中央统战部与各民主党派负责人和无党派民主人士座谈会会场

工民主党负责人章伯钧认为，现在工业方面有许多设计院，可是政治上的许多设施，就没有一个设计院。政协、人大、民主党派、人民团体应该是政治上的四个设计院，应该多发挥这些设计院的作用。一些政治上的基本建设要事先交他们讨论。《光明日报》总编辑储安平说，在全国范围内，不论大小单位，甚至一个科一个组，都要安排一个党员做头儿，从而形成了现在这样一个家天下的清一色局面。这个“党天下”的思想问题是一切宗派主义现象的最终根源，是党和非党之间矛盾的基本所在。当听到有人要求和共产党“轮流坐庄”等言论后，毛泽东指出，他们这样搞，将来会整到他们自己头上。决定把会上放出的言论在《人民日报》发表，并指示：要硬着头皮听，不要反驳，让他们放。

6月3日，中央统战部部长李维汉在最后一次座谈会上作了总结发言，他肯定了大家从各方面提出的批评意见，有很多是正确的，应该认真加以接受和处理。有相当一部分是错误的，还需要进一步研究和分析。

5月8日

［纲　文］　**财政部发出《关于国营与公私合营企业间相互调拨或供应原物料器材交纳营业税问题的通知》**。

［目　文］　《通知》指出，国营工业部门供应机构供应所属公私合营企业的进口器材，以及国营企业与公私合营企业间相互调拨原物料、器材交纳营业税问题，经研究，补充规定如下：一、同一工业部门所领导的国营工商企业与定息的公私合营工业企业间相互拨售非本企业产制的原物料、器材，一律比照同一工业系统的国营企业相互调拨原物料、器材不纳营业税的规定办理。二、非同一工业部门所领导的国营企业间和公私合营企业间，相互拨售原物料、器材，仍应交纳营业税。但对个别企业如确因生产上的需要，经企业的上级领导机关批准，按原成本价调拨，不计利润，调出单位应事先向当地税务局报告可专案免纳营业税。三、各工业部门的供应机构向国外订购进口的物资，供应给所属的公私合营企业使用，可比照供应本部门的国营企业纳税规定办理。即：凡按进口成本或国家规定的调拨价格供应的，不纳营业税；如另收手续费的，一律就手续费收益按7%税率交纳营业税。四、建筑、交通运输和地方工业等部门所领导的国营企业与公私合营企业间，以及公私合营企业间有关调拨供应原物料、器材交纳营业税问题，均可按照上述原则办理。《通知》要求，本文自到达之月份起执行，过去有关规定与此有抵触的应予废止。

5月8日

［纲　文］　**毛泽东、刘少奇和周恩来致电捷克斯洛伐克共和国总统安·萨波托斯基、国民议会主席兹·费林格和总理威·西罗基，祝贺捷克斯洛伐克共和国国庆**。

5月9日

［纲　文］　**朱德以报告形式向中共中央和毛泽东汇报4月中下旬到东北三省视察的情况**。

［目　文］　朱德在报告中说：一、东北三省的出口资源是很丰富的。重要的问题是

应当充分动员干部和群众挖掘出口潜力。除应当调整内外矛盾，并适当提高收购价格，改善收购工作外，充分发挥地方在经营出口贸易上的积极性，也是一个非常重要的问题。如果能在国家统一计划下，把一部分出口任务包给地方，允许他们根据出口需要，直接向相邻省份组织某些货源，就会便于更好地因地制宜和因时制宜。这是一个有关体制的问题，应该加以注意。二、东北新建和扩建了许多工厂，这些工厂规模大，设备新，人员多，生产能力高，是实现第二个五年计划的重要基础。但设备能力不能充分发挥。主要原因是原料不足，特别是钢、铁、焦炭最感缺乏。充分发挥地方工业、手工业合作社、农业合作社的力量，小型地开采煤矿、铁矿及其他矿产，是解决原料不足的重要措施之一。三、黑龙江和吉林两个省委的同志，都同意把森林工业部和林业部合并起来，并把工作放下去，由中央规定任务，地方负责经营完成。因为下放之后，第一，不仅便于地方更充分地依靠群众，克服采运中的严重的浪费现象，从而大大增产木材，而且便于组织群众把林区的财富拿出来，真正做到地尽其力，物尽其用；第二，地方可以依靠广大群众，使采伐和育林更好地配合起来，一定会得到更多、更好和更省的效益。采取这样的办法，木材供需之间的矛盾和采伐育林之间的矛盾就可以基本解决。

5 月 9 日

［纲　文］　**中华人民共和国主席毛泽东任命罗士高为中华人民共和国驻阿尔巴尼亚人民共和国全权大使。免去徐以新的中华人民共和国驻阿尔巴尼亚人民共和国特命全权大使的职务。**

5 月 9 日—6 月 1 日

［纲　文］　**阿尔巴尼亚人民议会代表团访问中国。**

［目　文］　代表团共 14 人，由阿尔巴尼亚人民议会主席马尔科率领。他们是应全国人大常委会委员长刘少奇邀请前来访问的。5 月 9 日下午代表团抵达北京时，在机场举行了欢迎仪式，刘少奇、林伯渠①、李济深等国家领导人，以及 500 多名群众到机场迎接。访问期间，毛泽东、刘少奇、周恩来分别接见了代表团全体成员。代表团先后访问了武汉、广州、杭州、上海等九个城市。5 月 10 日，《人民日报》配发了题为《欢迎阿尔巴尼亚人民使者》的社论。

5 月 9 日

［纲　文］　**中国20世纪50年代最长的隧道——川黔铁路凉风垭隧道正式施工。1959年9月30日隧道建成，长4270米。**

5 月 10 日

［纲　文］　**中共中央发出《关于各级领导人员参加体力劳动的指示》。**

［目　文］　《指示》指出，干部们参加生产劳动之后，同群众打成一片，有利于及

① 林伯渠（1886—1960），湖南安福（今临澧）人，时任中共中央政治局委员、全国人大常委会副委员长。

时地、具体地发现和处理问题，有利于改进领导工作，从而可以比较容易地避免和克服官僚主义、宗派主义、主观主义的许多错误，并且有利于改变社会上所存在的那种轻视体力劳动的观念。因此，不仅县、区、乡的干部，而且县级以上的各级党委的主要领导人员、在政府和人民团体中工作的党的主要干部，包括党的中央委员在内，凡是能够参加体力劳动的，都应该每年抽出一部分时间参加一部分体力劳动。县级以上的主要干部参加体力劳动，大体上可以采取以下的一些办法：一、按照各机关和本人的各种具体条件，经常联系一定的生产单位或建设单位，取得该单位的同意，在农民、工人、手工业者以及各种业务人员的指导下，自然地而不是勉强地，参加一些可能胜任的体力劳动，主要的是一些辅助性的简单劳动，各项业务机关的主要管理人员，可以在本行业的基层单位中参加；二、到下面做考察工作的党的干部应当尽可能地在当地的一定生产单位参加体力劳动。由外地回家探亲的干部，也要尽量就地参加；三、在当地党政机关的领导下，同群众一起，参加一些公益事业的义务劳动；四、在本机关中参加种菜、喂猪以及其他可能从事的生产劳动或服务劳动。

《指示》提出，大规模的群众性的阶级斗争已经基本结束，我们面前的艰巨的任务，是要把我国建成为一个伟大社会主义的具有现代工业和现代农业的国家。要实现这个任务，就必须继续发扬中国共产党联系群众、艰苦奋斗的传统。各级的领导干部参加一部分体力劳动，使脑力劳动和体力劳动逐步结合，就是发扬这个优良传统的一个制度，也是整风运动要求达到的一个目的。

经毛泽东批示，这一指示发表于1957年5月15日《人民日报》。5月17日《人民日报》配发了题为《领导人员参加体力劳动的重大意义》社论。社论指出，能否彻底执行党中央的这个指示，是在新的历史条件下共产党员能否为党的总任务而奋斗的一种重大的考验。领导人员参加体力劳动，不是可有可无、可做可不做的小事，而是对于社会主义事业将发生积极作用的大事，是具有极其重大的政治意义的。

5月10日

［**纲　文**］　**国务院召开第四十八次全体会议。**

［**目　文**］　会议由总理周恩来主持，主要内容是：

一、在听取国务院科学规划委员会副秘书长范长江[①]的说明后，通过了国务院科学规划委员会工作情况的报告和国务院科学规划委员会新的名单。报告指出，国务院科学规划委员会的任务有七项：（一）负责监督远景规划的实施，特别是重点研究任务的实施；（二）负责编制科学研究的长期计划和年度计划，成为整个国家计划的组成部分；（三）解决各个系统在科学研究工作中的重大协调问题；（四）负责研究和解决科学研究工作中重要的工作条件问题（如图书、仪器等）；（五）负责统一安排科学研究工作的国际合作问题；（六）管理全国重点科学研究工作的基金；（七）统筹安排高级专家的培养、分配

① 范长江（1909—1970），四川内江人，新闻家，时任国家科委副主任。

和使用的计划，以及争取还在资本主义国家的专家的工作和回国后的工作问题。国务院科学规划委员会组成是：聂荣臻为主任，郭沫若、林枫①、李四光、黄敬②、杨秀峰为副主任，范长江为秘书长，李强、武衡、安东、于光远、王顺桐、刘导生为副秘书长。委员名额由原来的35人增加到106人。周恩来指出，科学研究的协作是大问题，协作好了可以节约人力、物力、财力。科委要有后盾，即在原来的经费中拿出百分之几作基金，周转金就可以不要了。社会科学方面行政上科委管，思想工作还由中宣部抓。

二、通过了《国务院关于设置广东省那大县的决定》。那大县的行政区域为原属儋县的那大区10个乡、镇，大成区11个乡，原属临高县的和庆区19个乡和原属屯昌县的南坤区一个乡，共有8万多人口，县人民委员会驻那大镇。

三、周恩来指出，为了贯彻整风与工作两不误的原则，各单位必须有科长级以上干部昼夜值班。

5月10日

［纲　文］　**国家经委党组向中共中央并国务院总理周恩来报送《1957年第一季度工业生产计划执行情况》。**

［目　文］　《执行情况》包括两大部分：第一季度计划完成情况；第一季度计划执行中存在着的一些问题。《执行情况》说，根据国家统计局资料，1957年第一季度在2.29万个重点企业中，工业总产值计划（占全部总产值计划的74%）完成了104%，比去年同期增长了16.5%。其中，中央所属企业完成了104.5%，地方所属企业完成了103.5%。总的看来，在原材料不足的困难条件下计划完成得还是比较好的，其原因有下列几点：一、各部、各地一般地都注意了发动群众开展增产节约运动，在推广先进经验，改进工艺操作，节约原材料，利用废料和代用品等方面都做了不少工作。二、若干部门和企业抓紧了生产准备和工业内部各生产环节的平衡工作，使生产能顺利进行。三、在原材料很紧张的情况下各部门和各地区的主管机关比较注意抓紧了原材料的供应工作，动员和挖掘了潜在资源，从而使季度计划能够完成。《执行情况》指出，第一季度计划执行中存在着的主要问题是：原材料供应紧张；事故增多，出勤率下降；新种类产品的试制工作计划没完成；部分产品质量下降。

5月10日

［纲　文］　**一机部发出《关于改变现行管理制度的若干规定》。**

［目　文］　《规定》说，为了更好地改进企业管理工作，根据中央关于权利下放及加强企业民主管理的精神，把国家计划的统一性和企业一定范围内的独立经营结合起来，在基本上不影响国家现行制度的原则下，将一机部对企业的若干现行管理制度做出修订。《规定》包括计划、财务、劳动组织和工资、生产技术管理、干部及技工学校管理等五个

---

① 林枫（1906—1977），黑龙江望奎人，时任国务院二办（文教办公室）主任。

② 黄敬（1912—1958），浙江绍兴人，时任国家技术委员会主任、一机部部长。

方面内容，分类逐条对现行企业管理制度做出了新的规定，一定程度上扩大了企业在管理方面的权限。

5月10日

［纲　文］　**一机部发出《关于开展1957年增产节约的具体措施的指示》。**

［目　文］　《指示》共分为四部分：一、基本建设工作方面的主要措施：（一）计划方面，对还未进行建设的各单位计划任务书进行复查，原来规划不妥当的应进行修改。（二）设计方面，对已建成的新建及改建厂进行典型调查和总结，对现行设计标准提出修改补充意见，标准包括防火、卫生、地震、人防、福利、工具机修、计量等。设计概算及预算定额，应根据过去执行的结果进行适当修订和补充。组织复查已批准的初步设计和技术设计。（三）基建管理方面，应按生产要求，成套地、及时地完成建筑安装工程，使之尽快投入生产，以减少当年投资和充分发挥投资效果。对于本年由于部分厂缓建或停建，材料要迅速平衡调拨。建设单位的人员要进行定编。对出国留学生应严加控制，对聘请专家要适当限制。干部和人员的培训采取分期分批的方式。（四）安装力量在现有基础上巩固与提高，不再扩大。

二、生产工作方面的主要措施：（一）在计划和生产组织工作上，各企业部门的生产部门应和计划部门密切配合制订年度生产大纲。（二）在技术工作上，要开发新品种，做好标准化、系统化工作，采用先进工艺方法，建立技术部门的经济分析工作。（三）在劳动、工资、奖励工作方面，要切实做好多余人员的处理工作，对基建工资加强管理。（四）在成本、资金工作方面，以节约原材料为重点，控制费用支出，制定材料定额，开支标准。压缩流动资金，加速资金周转。

三、机关节约和精简各级管理机构的主要措施：一机部机关及各事业单位，克服浪费，要求公用经费在上一年实际开支的基础上节约一半。对部局机关、各事业单位、学校及各企业管理部门要进行精简。

四、由于本年多数企业生产任务不足，部分企业严重减产，不少基建单位停建或缓建，因此增产节约的任务很繁重，必须安排好工作步骤。

5月10日

［纲　文］　**中国人民保险公司发出《关于1957年保险工作安排的指示》。**

［目　文］　《指示》说，1957年的保险工作总的要求是稳一年，同时必须做好以下几项工作：修改有关的规章办法，克服这方面存在的缺点，使之更能符合群众的需要；改善业务的经营管理，加强经济核算的工作，尽量节约费用开支，大力精简机构人员；加强业务的调查研究，特别是对于以农业生产合作社和公民个人为对象的群众性业务，要通过整顿巩固，认真总结经验，进一步搞清不同业务对象的需要、负担和业务的分布情况，以便确定各项业务如何进一步发展。

《指示》要求，一、继续办好各种财产强制保险和运输保险。二、农村业务应当分别类型作不同的安排，既不要盲目发展，也不宜随便收缩。三、木船保险和船舶保险，本年着重在总结经验提出改进工作的意见和办法，在改进工作的基础上，可以稳步发展。四、团体人身保险，根据财政部和全国总工会的联合通知，不向新单位发展业务。五、精简组织机构和改进经营管理。1957年不增设新机构，一般也不扩大机构；减少机构层次，大力精简人员；在开展城市分散业务方面，进行代理人的试点；进一步加强和健全经济核算工作。

5月10日

［纲　文］　**卫生部发出《关于1957年疟疾防治工作的指示》**。

［目　文］　《指示》说，自1956年全国防疟会议召开后，多数省份加强了领导，建立了省寄生虫病防治所或疟疾防治所，培训防疟干部，展开调查摸底和重点地区的防疟工作，并取得了初步经验。1957年要调查疟区性质和流行程度，通过对居民区防蚊灭蚊、治疗病人、预防服药等综合措施，防治疟疾的爆发流行并降低高度疟区的发病率，在各项建设及开垦工作中加强防止蚊虫孳生，防止产生新疟区及疟疾爆发流行的因素。

《指示》要求，一、进一步做好训练干部、调查摸底、物资供应等项准备工作。卫生部将继续举办高级人员防疟训练，各省、自治区应继续举办中级防疟人员的训练，在疟疾流行的县，应对基层卫生人员开展防疟知识学习。调查摸底的方法可组织一定的人力物力选择不同类型的地区进行试点调查。防治药物和杀虫剂供应工作应早做准备。二、根据边准备边战斗的要求积极进行防治工作。必须采取消灭传染源、消灭传染媒介和个人防护的综合措施。在高度疟区应有计划地使用或进行一定范围内的室内喷洒杀灭成蚊，并结合农业生产、整修山溪及灌溉沟渠，铲除微小按蚊的孳生条件，结合爱国卫生运动进行灭蚊防蚊，并应彻底治疗病人，重点使用流行季节健康人的服药预防，达到降低其发病率。对低度疟区和各项建设及开垦地区的要求是防止疟疾爆发流行和防止新疟区的产生。在进行防治工作的步骤和做法上要由点到面。各省、自治区、直辖市卫生厅、局应将防疟工作与防治其他疾病的工作统筹安排，加强领导，根据各地区疟疾流行的不同情况，具体规划，并加以督促检查，及时总结推广经验，以使防疟工作结合其他业务得以顺利展开。

5月11日

［纲　文］　**国务院召开常务会议**。

［目　文］　会议由周恩来主持，主要内容是：

一、通过《国务院关于停止实行企业领导人员、工程技术人员和职员完成和超额完成生产计划奖金的通知》。《通知》说，近年来，有些产业部门给企业领导、工程技术人员和职员建立了完成和超额完成生产计划的奖励制度。这种不分勤奋怠惰完成任务一律得奖的办法，容易助长干部片面追求物质利益的错误倾向，已经出现某些企业干部故意压低计划指标，甚至弄虚作假，诓取奖金现象。因此，国务院决定自1957年第二季度起，全国一律停止实行这种奖励制度。关于企业干部的奖励问题，由劳动部商有关部门提出新办法。

二、听取外贸部部长叶季壮关于向苏联借棉花等问题的报告。会议决议：不向苏联借，也不从资本主义国家增加进口。拟挪用转口棉花，并由新疆内调棉花。

三、通过《国务院关于合理组织运用机关、企业货运汽车问题的指示》。《指示》说，现有机关、企业自用货运汽车数量，几乎发展到相等于全国公用营运汽车的数量，而且大多数是新车。各地应对机关、企业货运汽车加强管理，实行统一的计划运输，有计划地调剂部门间和淡旺季运量的不均衡，组织回程货载和循环运输，以充分发挥其运输潜力。机关、企业应定期报送自备运力和自有运量计划，多余的运力应由当地交通运输部门调剂安排任务。此件5月11日公布。

四、同意《国务院关于处理国家机关、企业、事业内部在肃反运动中查出的反革命分子和其他坏分子的工作年限（工龄）和工资问题的通知》。

5月11日

［纲　文］　**外交部发表关于抗议美国在台湾驻扎导弹部队的声明。**

［目　文］　声明原文如下：1957年5月7日，美国宣布将在中国的领土台湾驻扎装备导弹的美国空军部队。5月8日，美国侵台军事人员宣布，导弹部队的先头部队已经开到台湾。这是美国政府一意推行侵略中国、加剧远东紧张局势的政策中的又一项严重的挑衅行为。中国政府和中国人民对此表示极大的愤慨，并且提出强烈的抗议。

全世界人民都要求和缓国际紧张局势，在国际关系中实现和平共处的原则。长时期以来，美国侵占台湾，已经造成了台湾地区的紧张局势。中国政府一直主张通过和平谈判和缓和消除台湾地区的紧张局势，并且为此作了多次的努力。台湾是中国的领土，解放台湾是中国的内政。在这一内政问题上，中国政府也一再提出了争取和平解放台湾的号召。

但是，美国政府却不仅拒绝对台湾地区紧张局势的问题进行认真的谈判，而且还百般加紧它对台湾的控制，蓄意阻挠和破坏中国人自己解决解放台湾的内政问题。美国在台湾驻扎导弹部队的挑衅行为，不仅揭露了美国在世界各地设置导弹以便制造紧张局势的政策的侵略和好战的本质，而且也更加清楚地显示出把台湾完全变为美国属地和原子战争基地的阴谋。

中国政府庄严地宣告：中国人民解放自己的领土台湾的决心是不可动摇的，美国必须对它的侵略行为担负完全的责任。

5月11日

［纲　文］　**教育部和财政部联合发出《关于对小学收杂费的意见》。**

［目　文］　《意见》概括了群众来信中反映的小学收杂费存在的不合理问题：一、小学生杂费标准不统一，有的收费过高；二、小学杂费抵拨教师工资和教学行政费，影响到了教师生活；三、收费工作增加了教师的负担，同时使学校与家庭，教师与学生的关系都受到了影响。针对上述问题，《意见》提出如下办法：一、收费标准要合理。各省、市、自治区教育厅、局应根据当地经济情况和群众负担能力，实事求是地研究本地区的杂费标

准。二、认真执行1956年财政部、教育部下发的“迅速检查纠正扣发小学教师工资的错误作法”的电文要求。各地不应因杂费收不上来，而扣发教师的工资和教学行政费，更不应将收杂费工作作为教师工作成绩好坏的标准。三、收杂费的工作不应完全加在教师的身上。各地区根据当地具体情况考虑委托乡人民委员会、家长委员会或农业社代收和催收，有条件的农业社对确有困难的家长，可用预付工分的办法解决，借以减轻教师许多事务。

5月11日

［纲　文］　**毛泽东和李淑一词一首《蝶恋花·答李淑一》**[①]。

［目　文］　1957年春节，李淑一写信给毛泽东，谈她读了毛泽东诗词的感想，并附了一首她在1933年写作的悼念丈夫柳直荀[②]的词《菩萨蛮·惊梦》。毛泽东于本日在给李淑一的回信中和词一首，“我失骄杨君失柳，杨柳轻飏直上重霄九。问讯吴刚何所有，吴刚捧出桂花酒。寂寞嫦娥舒广袖，万里长空且为忠魂舞。忽报人间曾伏虎，泪飞顿作倾盆雨。”该词正式发表时，词题改为“赠李淑一”，后又改为“答李淑一”。

5月12日

［纲　文］　**周恩来接见波兰、捷克斯洛伐克在朝鲜的中立国监察委员会代表和朝鲜的停战委员会委员**。

［目　文］　周恩来说：争取朝鲜、越南和德国的和平统一是我们奋斗的目标，但是目前最主要的是维护世界和平和缓和国际紧张局势。在谈到党内整风问题时，他说：七八年来我国社会主义改造基本结束，说明我们的工作有好的一面。但是我们的工作还有不少缺点和错误。执政党的地位也会使一些人骄傲起来。最近我们搞整风运动，承认社会主义国家人民内部有矛盾，并且大力暴露矛盾，加以克服。我们鼓励党外群众和党外人士对我们提意见。其中，少数意见是完全正确的，我们应该全部接受；大多数意见是有正确的部分，同时也有不正确的部分，我们应该接受他们的正确部分，对不正确部分也不忙于做解释，日后慢慢地讲清楚；另外，还有极少数人是对我们怀有敌意的。现在要让大家“放”，让大家“鸣”，党员与党外人士间的隔阂也要清除。

5月13日

［纲　文］　**《人民日报》发表题为《谈职工闹事》的社论**。

［目　文］　社论说，最近一个时期，在某些企业里，发生了一些职工群众请愿以至罢工之类的事件。这些事件虽然发生得极少，范围也很小，但是却应该加以重视，应该从中学习处理人民内部矛盾的正确方法。

---

① 词的原题为《蝶恋花·游仙》。1957年11月25日，在给湖南师范学院中文系学生张明霞的信中改为《赠李淑一》。1963年人民文学出版社出版的《毛泽东诗词》中，又改为《蝶恋花·答李淑一》。

② 柳直荀（1898—1932），湖南长沙人，1924年加入中国共产党，因肃反扩大化被错杀。1945年4月，中共中央给柳直荀平反昭雪，追认其为革命烈士。

社论提出，为什么在我们的国家里会有罢工请愿之类的事情发生呢？分析这类闹事的起因，可以得出一个结论：凡是闹事的地方，大都是官僚主义比较严重的地方；职工群众不能通过“团结——批评——团结”的正常方法去解决问题的时候，才被迫走闹事这条路。解决群众闹事采取禁止的办法是不正确的，因为禁止闹事并不能解决所以闹事的矛盾，反而会加剧这种矛盾。应该利用闹事来解决矛盾，来克服官僚主义，来教育领导者，来教育群众。对于群众在闹事的时候提出来的要求，应该同没有闹事的时候采取一样的原则，就是：凡是合理的、办得到的，就办；不合理的，或者虽然合理而现在办不到的，就说清楚。既不要因为闹了事而拒绝不该拒绝的要求，也不要因为闹了事而答应不该答应的要求。但是更重要的，是要向群众分清领导者的是非。群众有错误，也应该指出来。

社论指出，为了避免同类事件的发生，首先是要克服官僚主义。在企业领导者的工作作风方面，提出几点初步的意见：第一，要放下架子，到群众中去，同群众共甘苦；第二，要把工人群众看作自己人；第三，要谦虚谨慎，乐于听取反面意见。

5 月 13 日

［纲　文］　**国务院发出《国务院批转内务部〈关于灾区农民盲目外流情况和处理意见的报告〉的通知》**。

［目　文］　《通知》说，从历年情况来看，每年五六月份是灾荒最紧张的时期，也是灾区农民能否度过灾荒的紧要关头。如果对灾区工作抓得不紧，重视不够，对灾区农民生活、生产问题，组织不好，安排不当，灾区农民大量外流的现象，随时都有发生的可能，甚至会酿成更严重的后果。在发生了这种情况以后再去处理，不但费力大，花钱多，而且耽误生产，造成工作很大被动。因此，要求各地必须认真加强灾区工作，切实防止和纠正主观主义、官僚主义作风，关心灾民生活。除了广泛深入地进行宣传解释，劝止灾民盲目外流以外，应当特别注意加强灾区生产工作的领导，开展各种有出路的副业生产，做好救济工作。只要生产组织得好，灾民生活有适当的保障，制止灾民盲目外流，减少和避免因灾饿死、自杀和灾民骚动事件的发生，是完全可以做到的。

内务部在 4 月 30 日的《报告》中指出，自上年秋收后，不少灾区发生严重的农民外流现象，以安徽、河北、河南、山东、江苏等省的人为最多。农民外流后，给各方面都带来了不良的后果：一是灾区的劳动力大量外流，严重地影响了农业生产的进行和农业社的巩固；二是农民流入各地后，由于找不到工作，生活困难，流浪街头，影响社会的治安，少数坏分子则乘机大肆活动；三是给铁路运输上增加了很大压力。农民外流暴露出工作中的问题，比较突出的有两点：第一，有些农村的生产救灾工作，还有不少问题；第二，有些厂矿企业不遵守国家统一调配劳动力的制度，私自招用工人，以致农民认为在大城市和工业基地容易找到工作，纷纷跑来。《报告》提出以下处理意见：一、切实掌握灾区情况，逐级包干负责。有些省已对灾区进行了普遍检查，干部深入基层，划区包干，分工负责，依靠基层组织实行逐乡、逐社、逐户分类排队。这对正确掌握情况，及时解决问题，预防发生事故，作用很大。只要农业生产合作社巩固，生产有适当的安排，粮食供应确能保证灾民和真正缺粮户的基本需要，救济款发放的及时、适当，农民是能够安定在农村不向外流的。二、结合当前的中心工作，加强对农民的政治思想教育。一方面要向农民说明1957年国家基建任务缩减，厂矿企业不再招工，流入城市和工矿地区找不到工作；另一方面，也要指出农业生产发展的广阔前途，宣传农业大丰收的意义，引导农民安心就地生产，不要把工人和农民的生活情况放在一起对比。三、对流到外地的农民。应根据处理人民内部矛盾的精神，妥善处理，对这些人的情况，应加以具体分析，分别对待。四、各方面密切配合，劝说农民不要盲目外流。对已流出的人员，在沿途交通中心和车站，政府和铁道部门也应协助劝阻。

5月13日

［纲　文］　**国务院发布关于分配1956年未作处理的军队转业干部的通知**。

［目　文］　通知说，1956年还剩下2493名军队转业干部尚未分配。为了迅速地安置这些转业干部，决定采取回原籍转业的办法处理。这批转业干部大多数要分配在基层单位和农村工作，军区在移交工作以前应注意加强对他们的思想教育。军区向地方移交这批转业干部以前，应先与接收省市商妥交接事宜，然后再移交。各军区和省市应抓紧时间进行，争取在6月底前结束。

5月13日

［纲　文］　**国务院批准外交部、邮电部对解放前邮电业务旧账的处理意见**。

［目　文］　外交部和邮电部在处理意见中说，解放前中国同各国未清理的邮电业务账款，中国总共应净收511万多金法郎。但估计其中有许多国家可能已同台湾清算。因此，清理此项旧账，中国实际可能付出8万多金法郎，合6万多人民币。国家间交换邮电而引起的账务与国家的一般带政治性的债权债务是不同的，原则上是应当清理的。清理的范围，暂只以邮电业务往来账款为限，在时间上，对于抗日战争期间敌伪统治区与各国往来的邮电账款不予承认。对于中国同日本的旧账，应从日本投降时算起。

5月13日

［纲　文］　**内务部发出《关于及早预防新灾的通知》**。

［目　文］　《通知》说，据中央气象台科学研究所预报：本年5—9月，气象变化比较复杂，有些地区雨量可能超过历年同期雨量；7—9月间，可能有台风登陆。本年还有发生洪水的可能，而且时间有可能提早。为了战胜可能发生的自然灾害，争取1957年农业大丰收，各地必须做好新灾的防御和抢救工作。

《通知》要求，一、教育干部和群众克服麻痹思想。特别是上一年已遭灾害的地区，群众元气有所亏损，经不起再一次的灾害，尤其注意防御新灾。二、1956年有灾地区，依靠农业生产合作社预防灾害和进行抢救工作，成绩很好，证明合作化以后防灾和抢救的能力都大大增强了。但有些地区灾前准备过迟，抢救工作组织得不好，吃了不少亏。应对1956年的经验和教训加以总结，以作为本年工作的借鉴。对本年防灾的准备工作，要及早进行全面检查。同灾害的斗争必须再接再厉。三、必须在防灾和抢救工作中，加强对群众的社会主义教育和集体主义教育，还要加强节约教育。四、上一年有的灾区在新灾发生后，由于情况一时不易弄清，向上报告灾情和请发救济款都偏大，向下发款也过多，形成浪费，不但助长了群众依赖思想，不能鼓励群众的生产积极性，而且使基层干部有多占的机会。本年报灾一定要切实，救济款一定要坚持灾初先发急救款，定灾后再继续发的办法，不要一下发放太多，当然也要解决急救之用。五、对于防御新灾的工作，各级民政部门都应当采取积极主动的态度。在党政领导下，配合农业、水利、气象等部门共同研究和采取有效措施。

5月30日，《人民日报》发表题为《及早预防自然灾害》的社论。社论号召各级党政领导机关和广大农村干部，对于预防自然灾害的工作应当有足够的重视，帮助农业社及早筹划和准备，争取1957年农业大丰收。

5月13—26日

［纲　文］　**国际旅客联运协定和国际铁路货物联运协定①代表大会在北京举行**。

［目　文］　13日会议举行了开幕式，来自阿尔巴尼亚、保加利亚、匈牙利、越南、民主德国、朝鲜、蒙古、波兰、罗马尼亚、苏联、捷克斯洛伐克和中国等12个国家的代表出席了会议。应邀参加这次大会的南斯拉夫铁路代表团参加了开幕式。中国铁道部部长滕代远主持会议并致开幕词。他在致词中说，这次大会将本着团结友好和互相帮助的精神，照顾各个国家的共同需要和具体情况，进一步补充和修改国际铁路联运协定和附属规则，并达成协议。国际旅客联运协定、国际铁路货物联运协定事务局局长德郎日结维奇(波兰)、南斯拉夫铁路代表团团长约西夫维奇在开幕式上发言。

开幕式后，大会分成组织专门会议、货协专门会议和车辆使用规则专门会议三个会议进行，分别讨论了为即将召开的铁道部长会议的准备问题、货协条文的修改问题、集装箱货物的运送规则和车辆技术条件问题。26日，大会举行闭幕式，滕代远主持会议并致闭幕词。出席这次大会的各个国家代表团团长，在代表大会的协议书上签字。保加利亚代表团团长格鲁耶夫代表出席这次会议的各个国家讲话。南斯拉夫代表团团长约西夫维奇在会上发言。大会的各个专门委员会经过充分讨论和协商，对铁路合作组织章程作了部分重要的修改，并提交给27日召开的社会主义国家主管铁道部长会议最后通过。

5月13日

［纲　文］　**中国人民银行发出《关于国家经济建设公债1957年度还本付息工作的指示》**。

［目　文］　《指示》说，几年来的公债还本付息，均发生排队拥挤现象，引起广大持券人不满；银行内部柜面压力甚大，突击加班，错账赔款颇为普遍，干部也很有意见，这种情况应引起重视。

---

①　国际铁路客货联运协定1949年在华沙商定，1951年正式实行。中国铁路于1954年参加，并自1954年1月1日按协定规定办理国际联运。协定规定每两年召开一次代表大会，这是第三次代表大会。

《指示》指出，本年还本付息，期次和金额都较以往为多，工作量更大。为做好此项工作，要求各行加倍努力，要在各地党政的领导和支持下，密切依靠社会各方面的配合和协助，设法克服往年排队拥挤的现象。此外，总行重新订定公债还本付息办法和预办公债还本付息办法。为了便于各行早日准备还本付息工作，将前一办法先行下达，各行可根据本年储蓄会议总结精神，着手研究布置。因新疆维吾尔自治区大雪封山，交通阻断，故原则上同意该区将公债兑付日期适当延长。关于按实物上交的公债报告表，原规定按季上报并按性质分类，为简化手续，改为每年年底逐级上报一次，并取消按性质分类。

5 月 13 日

［**纲　文**］　**卫生部发出《关于改进划区医疗服务工作的指示》。**

［**目　文**］　《指示》说，为了随着国民经济的发展有计划地逐步扩大城市的医疗设施，统筹安排医疗力量，充分地发挥作用，提高质量，不断满足人民日益增长的医疗保健需要，在 1955 年全国文教工作会议上决定在北京、天津、上海三个城市重点试行划区医疗服务，又在 1956 年全国卫生工作会议上进一步确定在全国各大、中城市实行。实践证明，实行划区医疗服务是达到合理部署统筹安排城市医疗力量，提高医疗质量，发挥潜力，便利病人的重要措施。在城市中推行，不仅是必要的而且是可能的。

《指示》要求，各省、自治区、直辖市卫生部门，在总结过去经验的基础上，做好以下工作：一、明确城市医疗机构设置和医疗预防服务的原则，解决城市医疗预防工作的长远规划和步骤，使社会主义的保健体制随着城市的发展有计划有步骤地建立起来，并逐步趋于完善。二、将全市医疗机构组成一个统一的医疗预防网，建立医疗机构间的业务、技术领导关系。同时，建立一套就诊、转诊转院、会诊、轮训、学习和进修等办法，对高级医务人员分布不平衡，医疗机构过于集中，医疗机构间医疗收费不合理的情况，应逐步加以合理调整。三、明确市、区中心医院的基本任务，发挥他们的业务、技术领导作用，不断提高全市的医疗质量。四、提高基层医疗机构的质量，充分发挥潜力。在空白地区还要发展新的基层组织，主要是组织联合医疗机构与发挥个体开业医的力量，并根据具体情况把基层的医疗、防疫和妇幼工作统一起来，发挥更大的作用。城市中个体开业医还为数不少，尤其中医仍有潜力。五、根据为生产服务和就近就医的原则，逐渐合理地调整医疗合同关系，组织群众就医。对职工的医疗预防服务，由于他们都有集体的医疗合同关系，早已分配到一定的医疗机构看病，实行划区医疗服务时，主要是对那些距离远、头头多的医疗合同关系，根据各单位的性质与医疗机构的条件，逐步进行合理调整。对市民的医疗预防服务，组织市民就医应当采取积极提倡就近就医与允许群众自由选择就医的办法。六、加强对划区医疗服务工作的领导。在推行时，首先必须依靠当地党委和人民委员会的领导，其次卫生部门的领导干部必须亲自动手，深入实际，具体领导，积极推动工作的开展。

《指示》指出，各省、自治区、直辖市卫生部门应根据各地城市的实际情况切实研究订出实行规划，报经当地人民委员会批准实行。已经实行了的城市，应当进行一次总结，在总结经验的基础上再深入提高。关于划区医疗服务名称问题，各地不一，由于群众已经习惯，不必强求统一。

6月11日，《健康报》配发了题为《改进划区医疗服务工作》的社论。

5月14日

［纲　文］　**中共中央政治局召开会议。**

［目　文］　会议基本通过中共中央对西藏工委关于今后西藏工作的决定的批示，通过中央对四川省委关于甘孜州继续进行民主改革的批复，批准军委关于裁减军队数量加强质量的决定和彭德怀在军委扩大会议上的发言要点等。

中央批示说，原则上批准西藏工委1957年3月19日提出的《关于今后西藏工作的决定》和所附《关于精简机构、紧缩开支的方案》。西藏的民主改革，是和平解放西藏办法的协议的重要内容之一，是迟早一定要实行的。西藏人民必须经过民主改革，才能获得政治的和经济的解放，造成逐步过渡到社会主义的前提条件。但是，现在在西藏实行民主改革的条件还没有具备，不但缺少上层领袖人物的真实同意，而且也缺少基本群众的支持。面对着这种现实，我们必须采取和平改革的方针，并要使进行改革的时机、步骤和方式适合于这个方针。然而，我们主张的民主改革，不管采取多么和平的方式，都不能不触及封建统治的根基，因为它的目的是要把农奴制的西藏改变为人民民主的西藏。中央在重新考虑西藏地区的历史和现实情况后，决定从本年起至少六年以内，甚至在更长的时间以内，在西藏不进行民主改革。六年过后是否即时进行改革，到时候依据实际情况再作决定。但是在四川和云南藏族地区则必须采取和平改革的方式继续进行和完成民主改革，这都是中央已经确定的方针。自从西藏和平解放以来，西藏的工作是有成绩的，在一定程度上改进了中央和西藏之间的关系，在一定程度上改变了西藏人民对祖国的观感，爱国主义在逐渐地增长起来。为了适应西藏情况，加强党的领导，决定西藏工作统一由中央直接领导，中央和国务院各部门均不得直接向西藏指示工作、调动干部，否则西藏工委有权不执行。

中共中央对《四川省委关于甘孜藏族自治州继续进行民主改革》批复说，甘孜藏族自治州和云南藏族农业区必须进行民主改革，是中央既定的方针，应当坚决进行下去。在尚未进行民主改革的地区，应当按照各县的具体条件有准备地分批完成。在改革中，和平改革的方针继续有效。有关民主改革的若干政策问题，须按照1956年7月中共中央和毛泽东的指示办理。在改革中，必须贯彻充分发动群众的工作路线，注意和上层进行充分协商，并做好上层安排工作。对于在改革后如何对喇嘛寺庙给予适当补助，使之能够维持生活和正常的宗教活动的问题，必须采取慎重态度。3月5日四川省委在报告中说，甘孜藏族自治州除牧区、农牧区之间的缓冲地带和早已完成合作化的泸定县（汉族）外，农业区（约32万人）的民主改革，14万人的地区已经完成，其他地区正在进行和准备继续进行。省委认为，这样做符合整个藏族人民的根本利益。理由是：一、有利于巩固已经取得的改革成果，保护和发挥干部、群众的积极性，发展生产，逐步改善人民生活，大量培养和提拔地方干部；二、坚持改下去，将会教育藏族上层，认清前途，消除顾虑；三、完成改革的地区，对寺庙迅速实行包起来的政策，给以长期维持，有利于社会治安和生产发展；四、可以巩固公路交通，利于进藏物资的运输；五、坚决完成这一地区的改革，必将促进整个藏族地区的发展和进步，增进民族团结，也可减少云南后顾之忧；六、如果不坚持改下去，势必伤害干部，加深群众痛苦，助长上层右倾，甚至造成更加混乱局面，脱离群众，前功尽弃。

［文　献］

中共西藏工委关于今后西藏工作的决定

（1957年3月19日）

一九五七年三月上旬中央书记处会议讨论了西藏工作问题，传达了中央关于在西藏至少六年内不实行民主改革的方针，指出应当适当收缩工作，立即坚决实行精简机构、紧缩开支。西藏工委张经武、张国华、范明、周仁山、王其梅、牙含章和慕生忠等同志参加了中央书记处的会议。并在书记处会议以后，举行了多次会议，对中央指出的方针和任务，进行了充分讨论。西藏工委认为这个方针符合西藏当前的实际情况，是正确的，必要的。工委完全同意和拥护这个方针。

根据中央的上述方针和书记处的指示，在今后六年以至更长的时期内，我们在西藏的工作的基本任务是：坚持和平解放西藏办法的协议，继续巩固和扩大反帝爱国统一战线，加强民族团结，巩固祖国统一。至于政治、经济、文化的建设，在未完成民主改革和修建铁路之前，不可能做更多的事情，只能根据国家的财力陆续作一些属于目前急需而又为西藏人所欢迎的事。今后西藏地区的国防、外事和国防公路等事项必须继续坚持中央统一管理的原则和规定，不得变更。至于西藏的内部事务，都应当由西藏人自己管理。党对西藏内部事务的领导，应该是通过统一战线工作进行政治上思想上的领导。而不应该直接干涉和包办代替。驻防西藏的人民解放军既是战斗队又是工作队，必须继续发挥我军艰苦奋斗的优良传统，团结西藏人民，为完成捍卫国防、保卫内防、巩固祖国统一的神圣任务而奋斗。

现在，西藏地方的工作机构和人员都过多，同上述的方针和任务不适应，并且已经造成国家在财政开支和物资供应方面的很大困难。工委根据上述的方针和任务，决定立即将西藏的党、政机关和群众团体以及各企事业单位的机构和人员，坚决加以精简，把大部分的汉族人员和一部分的部队调回内地。

必须继续提高青藏公路标准，加强运输管理，保证畅通无阻，供应不缺。对于经济建设除了硼砂和煤矿以外，应当主要从照顾政治影响出发，进行个别的重点建设。经过国务院批准帮助西藏的各项建设，仍须继续筹办，但是时间可以拖长，规模可以适当缩小。凡属这类建设，原则上都交由西藏自治区筹备委员会办理。对于西藏的对外贸易，对内贸易，原则上可让西藏人自行经营，我们不加包揽，我们的贸易公司一般不向机关、部队以外售货。但是茶叶一项是西藏人民的生活必需品，还须很好地经营，帮助供应。对于经由西藏大量内流的外国货，必须设法防止。除了加强内部纪律教育、严禁非法贩卖以外，建议中央在青海、四川、云南与西藏的边境上设置必要的税卡。对外货课以高额税款，以期尽量减少内流。对于西藏的财政管理应当以精简机构、厉行节约、紧缩开支、加强监督、统一管理、统一分配为原则。对西藏自治区筹备委员会，噶厦、堪厅和昌都解放委员会的经费开支实行"包干"。对机关部队实行实物供应，地方、军队统一待遇；尽量扩大内汇使用，尽量缩小或停止银元、外汇开支。

西藏的反帝爱国统一战线是上层统一战线，是以争取团结教育西藏的上层僧俗人士，提高爱国主义思想为中心内容的。达赖集团是西藏现阶段在政治上起主导作用的因素，因而西藏现阶段的统一战线的工作重点，仍应当继续坚持中央历来所规定的以争取达赖集团为主要对象，同时坚定地团结班禅集团和昌都上层的方针。对于西藏自治区筹备委员会、噶厦、昌都和堪厅的现有关系，我们不要勉强去改变。我们也不要急于促进成立正式的西藏自治区。同时，可以在昌都和堪厅地区多做一些可以作的事，使比较先进地区推动落后地区。但是，必须适当掌握，以不影响争取达赖集团为原则。对于不属于统一战线内部、阴谋制造分裂活动的伪人民会议等反动组织，必须继续宣布为非法，进行坚决的斗争。对参加反动组织的人员应当继续尽量进行争取、分化和瓦解的工作；对于认真改正错误、不继续进行反动活动的分子，一律从宽处理，不咎既往。

在西藏实行至少六年内不进行民主改革方针的同时，在金沙江以东又采取坚决继续完成民主改革的方针，这对于西藏地区肯定会发生积极的影响。江东充分发动了群众，实现了民主改革，将会影响和推动西藏劳动人民的觉悟和打破反动派联合江东地区制造"大西藏独立国"的幻想。但是在一定期间内，也可能引起反动分子和某些右派分子气焰嚣张、大肆造谣，甚至进行破坏活动，同时也可能引起左派分子的情绪波动。因此，我们在进行收缩工作的时候，就必须在政治上、组织上、思想上要有周密的计划、充分的准备、高度的警惕。邻近江东的昌都地区还须在政治上、军事上和其他工作方面作适当部署，以便对江东民主改革的顺利进行作必要的配合。在工作上要行动一致，在宣传解释上要语言一致。对这次西藏的工作和人员所以要收缩的原因，对外要宣传解释得理直气壮，可以公开说明：这样作是因为西藏的改革条件不成熟；是为了尊重西藏领导人员的意见和加强汉藏民族团结的。对金沙江以东藏族地区继续完成民主改革，要宣传解释得辞严义正。要指出：江东继续进行民主改革是江东藏族人民和上层人士自己办的好事情，是符合江东实际情况的，是坚持和平改革政策的。任何人有意见都可以向中央反映。但有些不明大义的人，在暗中支持和指使江东叛乱分子继续制造暴乱，反对江东人民改革，这是不对的，不允许的，是没有好结果的。对那些乘我收缩工作的机会而企图制造暴乱的反动分子，应该向他们指出：我们是坚持和平解放西藏办法的协议的。但是如果反动分子一定要破坏十七条协议，制造叛乱，人民解放军就有平息叛乱的责任。那时人民解放军就一定和一切爱国人民一道，向西藏地区的反动势力进行坚决彻底的斗争。对爱国进步分子要加以支持和保护，要向他们很好地进行说服教育，防止消极、气馁和埋怨。对内部也要做好说服教育工作，务须做到“去者愉快，留者安心”。对已吸收的藏族干部必须采取负责态度，除留少数人在西藏继续培养外，其余愿意来内地学习的，送内地学习，长期培养，愿回家的也可以欢送回家，不要伤了感情。

总之，西藏的情况是复杂的，我们的任务又是十分艰巨的，全体同志必须团结一致，在中央和西藏工委的领导下，提高思想认识，防止消极情绪和简单急躁作风，兢兢业业，积极工作，为完成上述任务而努力。

资料来源：西藏自治区党史资料征集委员会编：《西藏的民主改革》，西藏人民出版社 1995 年版，第 64—67 页。

5 月 14 日

［纲　文］ **中共中央发出《关于报道党外人士对党政各方面工作的批评的指示》。**

［目　文］ 《指示》说，各地党外人士正在展开对于党、政各方面工作的批评，这是很好的现象，不但会帮助党的整风，消除同党外人士的隔阂，而且可以在群众中暴露右倾分子的面貌。对于党外人士的错误的批评，特别是对于右倾分子的言论，不要反驳，必须原样地、不加粉饰地报道出来，近来许多党报加以删节，是不妥当的，这实际上是帮助了右倾分子，并且使人感到是党惧怕这些言论。这种现象，请立即加以纠正。但是，有三类言论的报道必须加以控制：一、对于市场物价容易发生影响的消息和言论；二、违背国家外交政策，易为帝国主义挑拨和利用的消息和言论；三、涉及个别肃反案件具体事实的消息和言论。

5 月 14 日

［纲　文］ **毛泽东就《解放日报》刊登的题为《大胆揭露矛盾，帮助党内整风》的报道做出批语。**

［目　文］ 批语写在 5 月 10 日《解放日报》的第二版上，共两段。第一段是：少奇、恩来、陈云、小平、彭真同志阅。这一整版值得过细一看，不整风党就会毁了。第二段是：请你们注意看上海解放日报，南京新华日报，上海文汇报，北京日报，光明日报，集中看人民内部矛盾和我党整风消息，这是天下第一大事。

5 月 8 日，《解放日报》邀请 22 位中、小学教师举行座谈会，请他们谈谈工作中所遇到的各种问题。5 月 10 日，该报第二版以《大胆揭露矛盾，帮助党内整风》为题，整版刊登了这次座谈会的发言摘要。

5月14日

［纲　文］　**中共教育部党组负责人召开记者招待会，谈关于发动全国教育工作者帮助教育部整风问题**。

［目　文］　教育部党组负责人在记者招待会上说，几年来，教育工作取得了很大成绩。但是，也存在着缺点和错误，教育部过于高高在上，脱离实际，脱离群众，和全国教育工作者之间存在着一道“墙”，如果不拆“墙”，对开展教育工作不利。为此，教育部党组提出了五项措施：一、教育部继续采取有效的办法，征求教师、教育行政干部以及专家对学制、教学计划、教学大纲和教科书的批评和意见，以便进行修改。二、教育部已责成《教师报》组织教师和教育行政干部对教育部工作进行批评和提出建议。同时也欢迎其他报纸帮助进行这项组织工作。三、教育部准备有计划地组织一些座谈会，邀请教师和教育行政干部座谈各方面的问题。此外，还准备组织一定的人力到地方去征求意见。四、教师、教育行政干部、学生家长以及其他各界人士对教育部工作有意见，可以直接写信给教育部。五、地方教育行政部门，在发动教师、干部提意见时，同时也请发动他们对教育部的领导提出批评和意见。

5月14日

［纲　文］　**北京中国画院成立**。

［目　文］　来自国务院、中央机关、各民主党派和相关单位的负责人，以及首都各界人士，共200多人参加了成立大会。文化部部长沈雁冰致祝词，并宣布了由国务院任命的画院负责人名单：叶恭绰为画院院长，陈半丁①、于非暗②、徐燕荪③为副院长。齐白石④为画院的名誉院长。各民主党派负责人李济深、章伯钧、陈铭枢，老画家溥雪斋，工艺美术家庞熏琹和雕刻家刘开渠先后致祝词。中宣部副部长周扬、中国科学院院长郭沫若、中国戏曲研究院院长梅兰芳等出席会议。

国务院总理周恩来出席大会并讲话，他勉励中国画家和西洋画家加强团结，希望画院成立以后，团结中国画家，继承中国绘画的优秀传统，吸取外国绘画的长处，努力创作，加强研究，明确为什么人创作、为什么人服务，并且要培养后代，教育青年，勤学苦练，吃苦耐劳，为创造社会主义中国的新美术而奋斗。画院院长叶恭绰讲话，他宣布画院具体任务是：繁荣国画创作，培养国画专门人才，对国画作理论的探讨，同时还将负责院外国画创作的辅导工作。

画院由文化部直接领导，内设有创作、教学和理论研究三个部门。画院的主要成员是画师、画士和助理画士。为了庆祝画院成立，文化部还在美术展览馆举办了一个国画展览会，展出了古代、近代和现代中国画家的佳作。

---

① 陈半丁（1876—1970），浙江山阴（今绍兴）人，画家。

② 于非暗（1889—1959），山东蓬莱人，画家。

③ 徐燕荪（1899—1961），河北深县人，画家。

④ 齐白石（1864—1957），湖南湘潭人，画家、书法篆刻家。

5月15日

［纲　文］ **毛泽东写作完成题为《事情正在起变化》①的文章。**

［目　文］ 文章指出，在共产党内部，有各种人。有马克思主义者，这是大多数。他们有缺点，但不严重。有一部分人有教条主义错误思想；又有一部分人有修正主义或右倾机会主义错误思想，这些人比较危险。社会上的中间派是大量的，他们大约占全体党外知识分子的70%，而左派大约占20%，右派大约占1%、3%、5%—10%，依情况而不同。最近这个时期，在民主党派中和高等学校中，右派表现得最坚决最猖狂。我们还要让他们猖狂一个时期，让他们走到顶点。我们和右派的斗争集中在争夺中间派，中间派是可以争取过来的。

文章说，资产阶级和曾经为旧社会服务过的知识分子的许多人，总是留恋他们的旧世界，对于新世界总有些格格不入。要改造他们，需要很长的时间，而且不可用粗暴方法。但是必须估计到他们的大多数，较之解放初期是大为进步了，他们对我们提出的批评，大多数是对的，必须接受。只有一部分不对，应当解释。他们要求信任，要求有职有权，是对的，必须信用他们，必须给以权责。右派的批评也有一些是对的，不能一概抹杀。凡对的就应采纳。右派的特征是他们的政治态度右。他们同我们有一种形式上的合作，实际上不合作。他们违背愿意接受共产党领导的诺言，他们企图摆脱这种领导。而只要没有这种领导，社会主义就不能建成，我们民族就要受到绝大的灾难。

文章提出，鉴别资产阶级及资产阶级知识分子在政治上的真假善恶，主要是看人们是否真正要社会主义和真正接受共产党的领导。我们同资产阶级和知识分子的又团结又斗争，将是长期的。但有两三个五年计划，估计也就差不多了。共产党整风告一段落之后，我们将建议各民主党派和社会各界实行整风，这样将加速他们的进步，更易孤立少数右翼分子。现在是党外人士帮助我们整风。过一会我们帮助党外人士整风。这就是互相帮助，使歪风整掉，走向反面，变为正风。人民正是这样希望于我们的，我们应当满足人民的希望。

5月15日—6月8日

［纲　文］ **中央统战部和国务院八办联合举行全国工商界人士座谈会。**

［目　文］ 参加座谈会的有工商业者代表，全国工商联、民建地方组织的负责干部，全国工商联和民建中央的常务委员等。座谈会共举行了25次，先后有108人发言。座谈会上提出很多问题，并展开了讨论，如有关中小工商业者和资方代理人的问题，社会主义改造高潮以后工商联的工作问题、工商联和民建的分工合作问题以及工商联同中央统战部

---

① 文章原题为《走向反面（未定稿）》，署名为“本报评论员”。在审阅第一次清样稿时，毛泽东将题目改为《事情正在起变化》，署名改为“中央政治研究室”。6月12日，此文印发党内。毛泽东在看已经印发的这篇文章时，又将署名改为“毛泽东”，时间定为1957年5月15日。此文后来编入《毛泽东选集》第5卷，于1977年4月第一次公开发表。

的工作关系问题，合营企业的公私共事关系问题等，反映了部分工商业界人士对社会主义改造和共产党领导的不满情绪。

在6月8日举行的最后一次座谈会上，统战部部长李维汉作了总结发言。他说，会上提出的批评和意见，大多数是正确的、善意的；有一部分是错误的，其中一部分错误的性质是严重的。他指出：那些反对思想改造的论调和攻击，是在反对教条主义的幌子下，进行以修正主义攻击马列主义、以资产阶级思想反对工人阶级思想的斗争，这实际上就是社会主义和资本主义之间的两条道路的斗争。最后，他希望工商界坚决地走社会主义道路，并且表示愿意帮助工商界平平稳稳地走过过渡时期，变成社会主义社会的光荣的劳动者。

5 月 15—25 日

［纲 文］ **青年团第三次全国代表大会在北京举行。**

［目 文］ 5月10—14日，代表大会举行了预备会议。15日下午，代表大会在政协礼堂开幕，来自全国各地的1494位代表参加了大会。开幕式由廖承志主持，中共中央主席毛泽东，副主席刘少奇、周恩来、朱德、陈云和政治局委员邓小平、董必武①、彭真，政治局候补委员陆定一、康生②，书记处书记王稼祥、李雪峰③，候补书记杨尚昆，各民主党派、各人民团体的代表，以及来自苏联、越南、罗马尼亚等15个国家的青年团代表出席了开幕式。邓小平代表中共中央致祝词，各民主党派负责人相继致祝词。开幕式后，胡耀邦代表中国新民主主义青年团第二届中央委员会向大会作了题为《团结全国青年建设社会主义的新中国》的报告。

会议期间，代表们就如何处理有关青年的内部矛盾问题和青年参加农业生产等问题展开讨论，到天坛公园的园林场进行义务劳动，还先后听取了陆定一、李富春等中央领导同志的报告。24日，大会通过决议，将中国新民主主义青年团改名为中国共产主义青年团，一致通过《中国共产主义青年团章程》。大会以无记名投票的方式，进行了中国共产主义青年团中央委员会的选举。25日，大会举行闭幕式，通过了《中国新民主主义青年团第三次全国代表大会关于工作报告的决议》。毛泽东、刘少奇、周恩来等中央领导人接见了大会代表。毛泽东在接见时指出：你们的会议开得很好。希望你们团结起来，作为全国青年的领导核心。中国共产党是全中国人民的领导核心。没有这样一个核心，社会主义事业就不能胜利。你们这个会议是一个团结的会议，对全中国青年会有很大的影响。我对你们表示祝贺。同志们，团结起来，坚决地勇敢地为社会主义的伟大事业而奋斗。一切离开社会主义的言论行动是完全错误的。

26日，共青团中央举行第一次全会，胡耀邦当选为团中央书记处第一书记，刘西元、罗毅、胡克实、梁步庭、项南为书记。

---

① 董必武（1886—1975），湖北黄安（今红安）人，时任中共中央政治局委员、中央监察委员会书记、最高人民法院院长、政协全国委员会副主席。

② 康生（1898—1975），山东胶县（今诸城）人，时任中共中央政治局候补委员。

③ 李雪峰（1907—2003），山西永济人，时任中共中央书记处书记、工业工作部部长。

▲ 1957年5月25日，中共中央领导人毛泽东（前排左六）、刘少奇（前排左八）、周恩来（前排右六）、朱德（前排左四）、陈云（前排右三）、邓小平（前排右二）等接见应邀来华参加中国新民主主义青年团第三次全国代表大会的各国青年组织的代表。

5月15日

［纲　文］　**国家计委财金局做出《关于财政结余问题的初步研究》的报告。**

［目　文］　报告说，1953—1956年，四年来财政实收三年超过计划，一年未完成计划，但超收或未完成计划的幅度均不大，表明财政收入计划是较接近实际的，财政收入计划的水平逐年有所提高。存在的主要问题是支出计划的质量较差。前三年支出有大量结余，而1956年支出增长既偏大，又超支很多。

报告指出，根据第一个五年财政计划执行的实践和经验教训，必须明确以下几点：一、提高财政计划水平，坚持当年收支平衡、坚持不动用财政的上年结余存款的原则。二、根据国家预算、国家信贷计划、国家货币流通计划（即现金收支计划）三者相结合平衡的原则，编制财政计划必须留有适当的总预备费，以保证年度和长期的国民经济发展的正常进行。鉴于1956年的教训，在编制财政计划时，必须坚持平衡原则。三、由于农业丰歉而引起年度间财政收入增长速度不同的情况，遇有某年收入增长较快时，在安排收支计划时应注意“瞻前顾后”，除适当留后备外，争取列有收入略大于支出的数字。接受1956年教训，以避免造成下个年度的紧张，对国民经济不利。四、在年度财政预算执行过程中，必须严格控制支出，坚持没有新增的可靠的收入来源就不追加支出预算的原则。不再重复发生1956年的情况。五、预算和决算的计算，必须坚持年终收付实现制的原则，即当年的收支写在当年的账上，以确切反映当年国民经济活动中财政收支的实际情况。我们建议采用银行的财政存款结余数字，便于和国民经济各方面的检查得到配合。

5月15日

［纲　文］　**国家计委做出《第一个五年工业生产计划的预计完成情况》的报告。**

［目　文］　报告的主要内容是：一、工业总产值计划的完成情况。原五年计划规定1957年工业总产值为653.3亿元，五年平均每年递增13.7%。按经委预计，1956年工业总产值为688.3亿元，从达到五年计划最后一年的生产水平来说，已提前一年并超额5.4%完成第一个五年计划。二、甲、乙两类工业生产的完成情况。在工业总产值（不包括手工业）中，甲类（生产资料）工业原计划1957年为243亿元，五年平均每年递增17.8%；预计1957年达到311.3亿元，超额28.1%，每年递增23.7%。乙类（消费资料）工业原计划1957年为292.6亿元，五年平均每年递增12.4%；预计1957年达到292.1亿元，能完成99.8%，每年递增12.4%。三、主要产品产量的完成情况。在原五年计划规定的100种主要工业产品中，可以完成和超额完成的有发电量、原煤、生铁、钢等64种，可能完不成计划的有原油、硫酸铵、机车、货车等14种，五年计划和年度计划的口径不可比的有钉齿耙、中耕器等七种，年度计划中没有指标的15种，估计其中很大一部分可以完成计划。四、新种类产品试制计划的完成情况。新种类产品试制计划的完成情况是较好的，中央八个工业部列入五年计划的重要新产品共有222种，预计可以完成的有矽钢片、优质薄钢板、载重汽车等205种，预计有17种新产品完不成计划。五、第一个五年计划执行的结果，中国的工业生产情况会发生如下的变化：工业在国民经济中的比重有了显著的增长；社会主义经济在工业中已占绝对的优势；生产资料的生产在工业总产值中的比重由1952年的39.7%，提高到1957年的51.6%；工业技术水平有了显著的提高；工业生产水平在世界上所占的地位将有较显著的变化。六、第一个五年计划的工业生产情况，还有以下三个问题应该注意研究：（一）加强发展原料工业问题。（二）对工业和手工业的统筹安排问题。（三）中央工业和地方工业的关系问题。

5月15日

［纲　文］　**卫生部发出《关于人工流产及绝育手术的通知》。**

［目　文］　《通知》说，开展节育工作应积极提倡避孕，宣传避孕知识，加强指导避孕技术，做到普遍供应避孕用具药品和开展有关避孕的研究工作。做好避孕工作对实现有计划地生育，是积极的有效的方法，也是群众可以接受的方法。这一项工作，应列为卫生业务重要工作之一。卫生部1956年3月发布的《关于人工流产及绝育手术的通知》施行以来，各地反映规定太具体、手续较繁，在执行中有困难，决定废止。

《通知》对绝育手术和人工流产重新作了规定：一、绝育手术：绝育手术包括结扎男子输精管或妇女输卵管，凡夫妇有绝育要求向医师申请的，医师检查无手术禁忌症，即可进行手术。二、人工流产手术：妇女由于某种困难不愿继续妊娠，为了防止私自堕胎对健康造成危害，可以考虑允许进行手术，但要求施行人工流产手术的，必须具备下列条件：（一）经医师诊断孕期在三个月之内；（二）经医师诊断孕妇没有手术禁忌症；（三）12个月内没有做过人工流产手术。

《通知》要求，各地卫生部门医疗机构应开展避孕指导门诊，并应提高技术水平，使群众得到良好的医疗服务。对进行避孕和绝育手术等，应进行随访，做好统计分析，总结经验。在推行节育工作过程中，对孕产妇和婴幼儿必须加强保护，认真贯彻执行国家保护母亲儿童的政策。

5月15日—5月底

［纲　文］　**锡兰新平等社会党代表团访问中国**。

［目　文］　代表团由锡兰新平等社会党主席、众议院反对派领袖纳·马·佩雷拉率领，应中国人民外交学会的邀请来中国访问。5月15日，代表团抵达北京，中国人民外交学会会长张奚若，副会长章伯钧等到机场欢迎。18日，刘少奇、周恩来分别接见代表团。刘少奇在接见时表示：亚非各国应该团结起来，互相依靠和援助，共同反对战争、反对帝国主义、反对殖民主义。周恩来说：一个国家的工业化主要依靠本国的力量。中国由于工业基础差，农业人口多，工业化速度不可能很快。农业很重要。中国发展农业的道路与苏联不同，中国的道路是合作化与提高单位面积产量。23日，毛泽东接见代表团。30日，代表团举行辞别酒会，感谢代表团在中国受到的款待和欢迎，周恩来、李济深、陈叔通等出席。

5月16日

［纲　文］　**中共中央发出《关于对待当前党外人士批评的指示》**。

［目　文］　《指示》指出，自从展开人民内部矛盾的党内外公开讨论以来，异常迅速地揭露了各方面的矛盾。这些矛盾的详细情况，中共中央过去几乎完全不知道。现在如实地揭露出来，很好。党外人士对党的批评，不管如何尖锐，包括北京大学化学教授傅鹰在内，基本上是诚恳的，正确的。这类批评占90%以上，对于中国共产党整风，改正缺点错误，大有利益。从揭露出来的事实看，党员中确实普遍存在一些错误问题，必须完全搬过来，而且越快越好。无论文教界和其他方面，凡态度十分恶劣，已为多数群众所不信任的同志应当迅速调动工作，以党外资历深信誉好的人员充任，或以胜任的党员充任，以利团结党内外，改进工作。

《指示》提醒各地、各中央直属部委、各国家机关和人民团体的负责同志注意，近期社会上有少数带有反共情绪的人跃跃欲试，发表一些带有煽动性的言论，企图将正确解决人民内部矛盾、巩固人民民主专政、以利社会主义建设的正确方向，引导到错误方向去。对于这些错误倾向，放手让他们发表，并且暂时（几个星期内）不要批驳，使右翼分子在人民面前暴露其反动面目，过一个时期再研究反驳的问题。要好好掌握形势，设法团结多数中间力量，逐步孤立右派，争取胜利。

5月16日

［纲　文］　**中华人民共和国主席毛泽东任命张灿明为中华人民共和国驻锡兰特命全

权大使。

5月16日

［纲　文］　**中印友好协会在北京举行庆祝协会成立五周年大会。**

5月17日

［纲　文］　**文化部发出《关于开放禁戏的通知》。**

［目　文］　《通知》说，解放初期，文化部曾根据当时社会政治情况，经由戏剧界代表人物组成的改进委员会研究讨论，从1950—1952年先后禁演了26出戏曲。这些戏曲的禁演是有一定理由的，在当时基本上是正确的和必要的。但是即使在当时，由于对这些禁演剧目的解释不够明确，缺乏分析，在执行中又造成了许多清规戒律，妨碍了戏曲艺术的发展。现在，我国大规模阶级斗争已经基本上结束，广大人民群众的政治觉悟已经有了很大提高，戏曲艺人已经能够更好地掌握剧目。为了贯彻"百花齐放、百家争鸣"的方针，1956年举行的第一次剧目会议和本年举行的第二次剧目会议，都曾决定开放剧目，并且收到了好的效果。为了进一步推动艺术事业的繁荣和发展，文化部决定，除已经明令解禁的《奇冤报》、《探阴山》外，以前所有禁演剧目，一律开放。各地对过去曾经禁演过的剧目，或者经过修改后上演，或者照原本演出，或者经过内部试演后上演，或者径行公开演出，都由各地剧团及艺人参酌当地情况自行掌握。

《通知》随文附录了文化部先后禁演的《杀子报》、《兰英思兄》、《黄氏女游阴》等26个剧目。

5月18日

［纲　文］　**中共中央发出《关于迅速制止耕牛瘦弱死亡现象的通知》。**

［目　文］　《通知》指出，一、据河南省委报告，该省耕牛近两年来非正常死亡数量甚大，现有耕牛中还有10%—30%瘦弱不堪，不能役使。希望有关省委立即采取有效办法，找出原因，做出规划，限期停止耕牛非正常死亡瘦弱情况的发展。二、在若干地区造成耕牛大量瘦弱死亡的原因是多方面的，但是其中的主要原因是由于集中喂养、管理不善所引起的。请各有关省委认真总结一下当地耕牛饲养方面的经验。凡是集中喂养发生瘦弱死亡现象的，应当迅速把集中喂养耕牛的办法改变为分散喂养。有的地方实行养用合一制，即耕牛归谁喂养就归谁使用，这个办法很好，望各地注意。三、改变集中喂养办法，实行分散喂养的办法，也应该有领导地去进行，不能草率从事，或简单地分散到户，这样也会造成新的损失。改变耕畜喂养办法时，还要教育广大干部，向他们说明道理，解除他们的思想顾虑。四、在以马、骡为主要役畜的地区，如果不适合集中喂养，也应当实行分散喂养。在历史上有集中喂养习惯的地区（如东北各省的一些地区），也不应当过分集中，以分槚喂养为宜。在建有马棚的社，为了利用现有马棚，而又避免过分集中的毛病，也可以考虑实行分槽喂养的办法，以免招致损失。至于耕畜集体放牧，农民是素有经验的，仍

应照过去经验办理，不要分散放牧。

5月18日

［纲　文］　**一届全国人大常委会举行第六十九次会议。**

［目　文］　会议通过《关于召集一届全国人大四次会议的决议》，决定6月3日在北京召开一届全国人大四次会议，拟定主要的议案为听取国务院工作报告，决定1957年度国民经济计划，审查和批准1956年国家的决算和1957年国家的预算。《决议》要求，全国人民代表大会代表应于5月30日以前报到。

5月18日

［纲　文］　**国务院举行常务会议。**

［目　文］　会议由周恩来主持，主要内容是：

一、听取城市服务部部长杨一辰[①]《关于改变干部肉食供应和改进城市肉食供应问题的报告》及粮食部部长章乃器[②]《关于高级脑力劳动者食用油补助的意见》。会议决定，将上述两文件改成一个文件，经过全国人大常委会和政协全委会座谈后再定；这个文件通过后要公开发表；供应定额之外如果有补助供应的部分应当加价；如果需要有补助供应时，也应有定额，不能无限按需要供应。在讨论食用油补助办法和食用油的黑市问题时，陈云指出：食用油补助办法可以暂不通过，交全国人大和全国政协座谈一下再定。农民把食用油拿到自由市场上卖的情况是有的，这也有好处。现在最主要的问题不在于有无自由市场，而在于有无东西，东西够不够。只要东西够，由农民卖还是由摊贩卖，问题都不大。

二、国务院副总理李先念报告了劳动工资会议的结论：工资标准不提高，不升级，保留工资本年不动，计件量维持上年水平，乡村干部、普通工、学徒工的工资要适当降低。

5月18日

［纲　文］　**国务院批准铁道部报送的《铁路合作组织章程》。**

［目　文］　国务院批示以铁道部的名义将该《章程》正式通知给国际旅客联运协定、国际铁路货物联运协定事务局，以及在北京出席国际铁路联运代表会议的各国代表团。《章程》规定，铁路合作组织的任务是，办理国际客货运输协定及其有关的各种规章和办事细则等事项，制定国际铁路联运运价，组织编制最合理的运行线路，改进国际运输计划工作，改善国境铁路车站的工作，协商新建和改建有关国际意义的线路及组织铁路方面的科学技术合作等。

5月18日

［纲　文］　**电力工业部做出《招用临时工人的补充规定》。**

［目　文］　《规定》指出，一、各用人单位应根据批准的年度劳动计划，按季编制

---

① 杨一辰（1905—1980），山东金乡人，时任城市服务部部长。

② 章乃器（1897—1977），浙江青田人，时任粮食部部长、民建副主任委员、全国工商联副主任委员。

临时工需要补充与补充来源计划，报经总局或管理局负责人认真审查签署意见汇总转电力工业部批准后，按计划就地招收。电力工业部不再批复个别单位零星需工计划。二、招用临时工人时必须签订劳动合同（不得超过一个月），但对基建的野外勘察、施工等单位因处在人烟稀少、工作分散或交通不便的边远地区，如按月续订合同确有困难时，可根据实际需要与工人签订合同，但合同期满后，必须严格按照合同规定解雇。签订这类合同的工种、人数、时间必须按季报总局或管理局核备或在需工计划中详加说明。三、对于生产、基建单位的某些特殊原因，如自然气候突变，为使某些工程或生产设备避免遭受损失，而急需进行预防性或抢修性工作时所需之临时工人，在雇用人数很少、时间很短（不超过一个月）的情况下，可报请当地人民委员会批准，进行调剂或招用，事后用人单位必须向电力工业部备案。以上暂行规定自1957年7月1日开始执行，第三季度临时工需要计划于6月20日前报电力工业部。

5月19日

［纲　文］　**《人民日报》发表题为《继续争鸣，结合整风》的社论。**

［目　文］　社论说，各民主党派人士和科学、文化、艺术、教育等各界人士连续举行座谈会，大胆揭露本地区、本部门的许多矛盾，对中央和地方的领导机关、干部、党员提出了许多尖锐的批评。这对于党的整风运动是一个积极的直接的帮助，对于中国的社会主义建设事业将发生重大影响。实践证明，只有把人民内部的各种矛盾揭露出来，才能够使整风运动进行得更加顺利；同时，也只有在党内开展整风运动，才能更好地处理人民内部的矛盾。因此，要让各方面继续争鸣，结合整风；就是把整风运动和正确地处理人民内部的矛盾问题互相结合。

社论指出，党外人士对于中国共产党和国家工作的批评，不管如何尖锐，基本上是诚恳的，绝大多数意见是正确的、有益处的。只要各部门、各地方的领导机关和领导同志，善于接受一切有益的批评，认真研究各方面所提的意见，切实纠正工作中的缺点和错误，就一定可以达到填平和拆除党内外之间的深沟高墙、加强人民内部的团结和改进工作的目的。党外人士揭露的主要的矛盾问题，同整风运动所要解决的问题，基本上是一致的。继续争鸣、结合整风也将进一步提高人民群众对共产党和马克思主义的认识水平。经过这一次争鸣和整风，要使党内外的思想面貌焕然一新。我们希望在继续争鸣、结合整风的过程中，党内外的意见能够进一步沟通，彼此推心置腹，亲密无间。

5月19日

［纲　文］　**中共中央批转李富春、薄一波《关于解决目前经济建设和文化建筑方面存在的一些问题的意见》。**

［目　文］　批语说，李富春、薄一波的报告意见很重要，所揭发的各种不合理现象，在全国带有普遍性。这些巨大浪费的现象，必须坚决加以纠正。各地、各部门要在整风运动中，彻底揭发各种不合理的和严重浪费的现象；同时，还应组织力量，抓住重点，进行

系统的检查，改变大多数单位迟疑不决、不敢动手的状态。有些意见应立即实行，如退还多余建设用地，降低建筑标准，停止扩大中等技术学校等。有些意见，需要慎重研究以后，才能定出办法，如训练工人办法，工人休假制度，加强基层领导力量等问题。请各省、市、自治区党委，中央各部，国家机关各党组，军事各部门将检查的结果，做出总结，报告中央。

此前，李富春、薄一波在5月1日提交给中共中央和毛泽东的《意见》中，依据在西安和成都了解到的情况，就经济建设和文化建筑提出了五个问题和七点建议。五个问题是：建设用地过大；建设标准过高；每个建设单位都要求“全能”、“单干”；中等技术学校发展过多和建设标准过高；经济部门，特别是工业企业的基层干部过弱。七点建议是：严格控制建设用地；适当降低建设标准；在城市的住宅建设方面，应集中解决职工的集体宿舍，职工的家属宿舍，原则上不再兴建；本年各单位计划建设的修理厂，机修和木工等辅助车间以及实验室等，凡未动工者，应一律停建；现有的中等技术学校和技工学校一律停止扩大，未动工的一律停止建筑，某些学校，因受劳动计划限制，减少或停止招生的，应将多余校舍拨给当地大学或中学使用，或改为小型工厂，并建议劳动部迅速研究从1958年起停止用技工学校训练工人的办法；加强经济部门基层组织的领导力量；城市的公共和服务性的建筑应该大大地降低建筑标准，因陋就简面向群众，如果须新建的时候，亦应注意分布均匀，不要完全建在市中心，而应分别建筑在工厂区域。

5月20日

［纲　文］　**中共中央发出《关于加强对当前运动的领导的指示》。**

［目　文］　《指示》指出，在最近的报纸上，批评、不满甚至谩骂的言论占了主要篇幅。这在前一阶段是完全必要的，但是报纸这样报道的时间过长，特别是正面言论太少，是不利的。各地党委必须根据本地运动的发展情况，切实加强运动的领导。

《指示》要求：一、各地党报的报道方针是：（一）继续登载一些右翼分子的反动言论，最好是能充分暴露他们反动面目的言论，但右翼分子言论在报上所占比重应逐步缩小。（二）中间分子那些比较公道、批评右翼分子某些反动论点或错误观点的言论应该逐步增多，占到报纸的主要篇幅。（三）逐步增加一些左翼分子的言论，特别是一些有说服力的东西，但暂时不宜过多。（四）应登载关于改进工作的事实报道，告诉同志们怎样去改进工作。（五）短期内，党员以暂不发言为好，但各省党委必须指导宣传部门和党报立即着手分类研究右翼的反动言论和其他资产阶级论点，准备适当时机发表一批论文和社论，予以反驳和批判。二、根据上述方针，在各种大小会议上，应该有计划地组织一部分左派分子和中间分子的发言，特别是某些中间分子的发言，以便据以报道。三、应集中力量先在机关、文教系统内解决我们同党外人士和知识分子之间的矛盾，此外不要到处点火，特别不要同时在工厂和学校中发动工人和学生的批评运动。四、关于工厂、学校领导机关的整风，也要做适当的安排。大专学校应结合党外知识分子的批评运动进行整风，中小学校暂时不宜同时展开。工厂的整风可以逐步开始，可先在一部分厂矿中进行。五、对于党外人士的尖锐批评，有些基层单位的党员干部感到惶惶不知所措，甚至感到委屈。应告诉他们善于从这些批评中汲取教训，借以改正自己思想作风和工作方法的错误，但确有许多事情是不应该由下级领导机关和基层干部负责的。请各省市党委召集基层干部的专门会议讲清楚，使他们心中有数，以便虚心听取批评，总结经验教训，达到团结党外人士大多数，改进工作，孤立右派和加强党的领导的目的。六、5月14日中共中央提出的在报纸和宣传上必须注意控制的三点，即关于市场物价、外交政策和肃反具体事实的言论，还需随时检查，不要在这几方面出毛病。

5月20日

［纲　文］　**中共中央批转中央工业工作部《关于改进工业系统干部管理制度的报告》。**

［目　文］　批示说，各省委、市委、自治区党委今后对所有国营工业企业的干部，不仅有责任经常进行考察了解，检查对干部的使用配备情况，而且有责任于必要的时候，在本地区内的国营企业之间在不削弱主要厂矿的条件下，进行适当的调整，以保证干部使用、配备比较合理。

中央工业工作部在4月1日的《报告》中说，为了加强地方党委对工业企业的领导和适当扩大工业企业管理干部的权限，对于干部管理制度可以在下列两方面作若干修改：一、关于中央管理的、国务院工业各部管理的和工业企业管理的干部范围问题。中央管理干部的范围：对于国务院工业各部，仍管理司（局）长和副司（局）长以上职务。对省、市、自治区有关工业厅、局，按中央关于中央管理的一部分干部委托各省、市、自治区党委代管的通知执行。对于工业企业和事业单位的干部的管理范围，我们拟订了中央管理的干部职务名称表。至于原由中央管理的而此次未列入新的职务名称表中的工业企业和事业单位的干部，属于行政系统的由有关工业各部管理，地方党委加以监督管理；党群干部，由地方党委管理，不采取委托代管的办法。国务院工业各部对企业干部只管理不属中央管理的厂矿长、副厂矿长、经理、副经理和相当这些职务的干部和主要技术干部。工业企业的科（处）长、车间主任一级干部一般应由企业管理。至于国务院工业各部所属的专业局和地区管理局是否需要代管一部分属于部管理范围内的干部，由各部自行决定。二、省委、市委、自治区党委在同国务院有关工业部协商后，可以在企业内部和一个部所属的企业之间对不属于中央管理的某些干部进行调整，也可以从企业中抽调少数干部来加强省委、市委、自治区党委的工业工作部门。但如系成批调整和抽调，则须报请中央批准。《报告》还附有《关于国务院工业各部干部工作部门的职责范围的意见》、《中央管理的工业企业、事业单位干部职务名称表》等四个附件。

5月20日

［纲　文］　**中共中央转发《浙江省委全会和全省县（市）委书记会议讨论如何正确处理人民内部矛盾问题的报告》。**

［目　文］　中共中央对《报告》的内容给予了肯定，并要求各省市委、自治区党委在工作中参照。

5月13日，中共浙江省委在《报告》中汇报了4月15—18日举行的省委第四次全体会议，以及4月18—27日召开的全省县（市）委书记和县（市）长以上党员干部会议的情况。《报告》指出，经过学习讨论和会上周恩来的解答以后，到会同志一致反映受到了一次极其深刻的教育。这次学习澄清了许多对人民内部矛盾的混乱思想，警惕到官僚主义、宗派主义和主观主义的危险，也认识到在社会主义建设当中，调动各阶层人民积极性、特别是团结知识分子的重要意义。另一方面，也还有不少同志感到思想弯子一下转不过来，在实际工作中有很多具体问题不好解决，害怕内外夹击、领导上准备不够、广泛传达下去之后会引起某些副作用，因而存在着若干顾虑和怀疑。会议针对这种思想情况，启发到会干部，发挥自由思想，充分暴露矛盾，提倡不同意见的争论。

［文　献］　**浙江省委全会和全省县（市）委书记会议讨论如何正确处理人民内部矛盾问题的报告（节录）**

……

第一，关于国内形势的转变问题

在这次会议以前，不少同志虽然也一般地认识到社会主义改造胜利以后，国内形势发生了根本的变化；但是，绝大多数同志看到这一变化所带来的有利的一面多些，认为一切事情都好办了，问题也简单了；而对于这一转变所带来的新的困难和新的矛盾认识不足，缺乏思想准备。当去年秋季人民内部的矛盾比较明显地暴露出来以后，就感到非常被动和无法理解。对于部分地区发生的农民闹退社、闹粮食、打干部、少数工人和学生罢工罢课等事件，有的同志有委屈情绪，说："我们辛辛苦苦领导你们实行土地改革、农业合作化、发展生产，你们为什么还要闹事呢？"对于人民闹事，干部一方面是害怕、埋怨、束手无策、要求领导支持，另一方面，就用简单粗暴的办法来处理。例如不少干部对农民闹退社，单纯认为是富裕农民自发资本主义思想作怪。许多地方召开大会斗争富裕农民，要"骂臭富裕中农"，"打退富裕中农的猖狂进攻"。也有的把这些现象单纯地归结为地主、富农和反革命分子的破坏。因此要求多捕人，埋怨政法部门"太右""不替干部撑腰"，不少地方发生乱斗的现象。干部的强迫命令的作风也有所滋长。

在讨论中，各地摆出了大量的材料，说明去年秋季以来所发生的许多闹事事件，主要是人民内部矛盾。……

会议分析了最近一年来的情况，认为社会主义改造对于发展工农业生产和其它建设工作带来许多有利条件，这是主要方面，同时也带来若干新的矛盾和困难。主要是在生产关系根本变革之后，人民的生产、生活等切身利益和领导的关系更加密切了，国家与人民、领导与群众之间的矛盾也更加显露出来了。这些矛盾首先表现在分配问题上，人民的生产、生活、就业、升学等问题有了困难；过去主要靠自己想办法，现在则都要靠领导上解决，而我们领导上由于社会主义改造发展很快，经验不足，对于合作社、企业当中的经营管理、思想政治工作等许多问题没有及时正确地加以解决，也有些干部滋长了官僚主义的作风，对于应当并且可能解决问题也没有正确地加以解决，这样就招致群众的不满，特别是去年秋收分配以来，农村群众对于合作社中分配不合理、账目不公开、干部贪污浪费意见很大，全省大约有10%—15%的农业合作社至今尚未公布分配决算，许多闹事都是因此而起的。其次，正由于群众的切身利益和领导的关系更加密切，人民群众对于扩大民主的要求也提高了。不少县委同志反映：过去人民代表大会，就是“吃几餐好饭、说几句好话。”现在大家都要提意见、要批评领导，尤其是合作社里开会，议论纷纷，意见最多，而许多领导干部对于发扬民主却缺乏应有的自觉性，没有认识到在生产关系改变之后，领导干部必须更加谦虚谨慎，更好地发扬民主，以发挥人民群众当家作主的积极性。相反地在不少干部中滋长起官僚主义、脱离群众的倾向，实行家长式的领导，把一切问题都由领导上包办下来，集中过多，解决不了，又不愿听取人家的反面意见。有些干部认为“百姓百条心，越商量越难办事”，有些干部害怕发扬民主会引起混乱，难于领导。大家经过讨论，检查了各种错误思想，认为最根本的原因是形势变化了，而我们领导思想却没有转变过来。人民内部矛盾已经上升到主要地位，敌我矛盾已经退居次要地位，而我们仍然用老眼光、老办法对待新问题，在实际工作中往往害怕矛盾、企图掩盖矛盾或者把人民内部矛盾和敌我矛盾混淆起来。……

第二，关于今后任务问题

在讨论中很多同志反映，对于主席所指出的从革命转到建设，要调动全体人民的积极性特别是重视发挥知识分子的作用，进行一个文化革命、技术革命，过去虽然也有些认识，但是还比较模糊，在社会主义改造基本完成之后，党内不少干部以为“大功告成”，表现出自满松气，缺乏过去阶级斗争中那样“拼命”的劲头，特别是去年调整工资和评级当中，闹待遇、闹地位的风气有所滋长，有些人甚至向党公开伸手，不达到目的就消极不干工作。有些干部对于干部工作“稳定、提高”的方针思想不通，以为得不到提拔就没有前途了，有些农村工作干部认为农村工作前途不大，有些小厂和企业单位的干部认为小厂小店前途不大。这些思想混乱的情况在干部下放以后有些转变，但是对于社会主义建设中的长期性艰苦性仍然认识不足，经过这次学习了主席的报告，大家深深体会到我们的建设是“白手成家”必须艰苦奋斗，建设比过去战争要更长期更艰苦，我们的责任也比过去更加重大。要学会团结广大人民向自然作斗争，一方面要改造自己，学习新的事物，提高自己的政治、业务和科学文化水平，改造自己的思想作风，不断地和官僚主义、宗派主义、主观主义倾向作斗争；同时又要密切联系群众，对人民群众的生产生活等切身问题采取严肃认真的负责态度，时时刻刻防止脱离群众的危险。大家体会到“统筹兼顾、适当安排、加强思想教育”的方针就是要对六亿人民负责，目前虽然还有不少困难，但是必须以对人民负责的态度，对各阶层人民都要适当安排，并且加强思想教育，只有这样，才能调动人民群众的积极性，克服困难，推动社会主义建设事业前进。

对于知识分子和民主党派问题，很多县、市委同志都反映过去重视不够，认为工人、农民是县、市管的，知识分子，民主党派工作是中央和省管的。……

……对于“百花齐放，百家争鸣”和“长期共存、互相监督”的方针很多人都有顾虑，怕“放”“鸣”起来之后领导陷于被动，无法收场；对民主人士的监督不服气，有的甚至认为他们“成事不足、败事有余”。

在讨论中，大家都检查了忽视知识分子工作的倾向和对知识分子的宗派情绪。认识到在社会主义建设中，要进行文化革命、技术革命，必须充分发挥广大知识分子的作用。从本省的知识分子情况来看，几年来经过各项社会改革和思想改造运动，大多数知识分子是有进步的，他们虽然还有各种资产阶级、小资产阶级的错误思想，但是只要加强领导，是可以改造成为革命的知识分子的。虽然部分人对党有些意见，但是绝大多数都是要求党加强对他们的领导，愿意为社会主义建设贡献力量。重要的关键在于领导上重视抓紧这一工作，诚恳耐心地对待他们，和他们交朋友，在实际工作中经常征求他们的意见，鼓励他们提出批评和建议，并且加强对他们的思想教育工作。在讨论中许多同志检查了过去思想上一接触知识分子和民主党派人士，就先存有戒心，要和他们划清界限的缺点，表示今后要经常和知识分子、民主党派人士建立联系，克服不闻不问的偏向，逐步学会领导知识分子的工作。在会议期间，不少地委、市委和县委的负责同志，都和参加宣传工作会议的党外知识分子举行座谈会，听取他们的意见，效果很好。通过实际接触，也进一步认识到“百花齐放、百家争鸣”“长期共存、互相监督”方针的重要性，党外人士能够提出很多批评建议，这些意见大多数都是好的，对我们整风有很大帮助，有些意见虽然是片面的不正确的，只要经过诚恳的耐心的解释，辩明是非，不仅对他们有所帮助，对我们也有很多益处。

第三，关于如何处理人民内部矛盾问题

在讨论中对于如何区分人民内部矛盾和敌我矛盾，还有若干问题界限不清，有些同志认为两类矛盾很难划分，在许多件闹事中，既有人民参加，也有反革命分子、地主、富农分子参加，有的同志认为应当按照不同的阶级成分来分别处理，有的同志认为应当以闹事的性质为标准来进行处理，还有的同志提出，人民犯了法，依法判刑，是否已转化为敌我矛盾了？有的同志提出，毛主席说解除武装的敌人也可以作为人民内部的问题来处理，那么地主和一般受管制的反革命分子也应当按照人民内部矛盾来处理，这样，今后阶级立场、阶级观点是否还要，阶级政策是否要修改？

经过讨论，大家认识到：大规模的阶级斗争已经基本结束，人民内部矛盾占到了主要地位，但是敌我矛盾和阶级斗争仍然存在，忽视这一点也是危险的。反革命分子、敌对阶级分子的残余目前活动的主要方式往往会利用人民内部矛盾来兴风作浪，因此，必须首先正确处理人民内部的矛盾，才能把敌我矛盾暴露出来和孤立起来。而我们工作中的主要的缺点和错误是把两类矛盾混淆起来，一听见闹事就先查有没有反革命分子，习惯于简单化地用行政命令方式解决问题，而不是首先分清矛盾的性质，采取正确的处理办法，特别是着重于检查领导和正确处理人民内部的矛盾，这样不仅不能满足多数群众的要求，相反地给反革命分子活动以可乘之机。对于用阶级观点来分析问题，大家讨论后认为不仅在阶级斗争中是十分重要的，在处理人民内部矛盾中同样是十分重要的，在社会主义社会中，阶级斗争虽然基本结束，但是消灭封建主义、资本主义思想还将是一个长期的艰巨的斗争。必须继续运用阶级分析这一武器，辩明是非，分清无产阶级思想和资产阶级思想、正确思想和错误思想的界限。当然，在处理的方式上，随着形势的发展，采用“专政”“阶级斗争”的方式将越来越少了，说服教育和争取团结的面越来越扩大了，但是绝不能因此而模糊了阶级观念。

对于处理人民内部矛盾应当采取团结——批评——团结的公式，在讨论中有很多争论。有不少同志认为说服教育不是“万能”的，应当采取“七分政治，三分军事”说服与压服相结合的方法。还有的同志举例证明“压服”有一定效果。特别在任务急、要求高、遇到某些落后群众的时候，光靠说服教育是行不通的。……

通过讨论，大家明确了人民内部矛盾是不可能压服的，用压的方法虽然可以使矛盾一时表面上缓和下来，但是矛盾并没有得到解决，甚至滋长着扩大的危机，在某种情况下又会爆发起来。而采取“团结——批评——团结”的公式来处理问题就比较复杂细致，领导上必须有严肃对群众负责的态度和不厌其烦地做好深入艰巨的工作，但是只有这样，才能正确地解决人民内部矛盾问题。大家也批判了有些同志贪图简单化、怕麻烦的思想，认识到只有不怕小麻烦，才能避免大麻烦。

在讨论中大家还检查了过去处理人民闹事的情况，认为有些问题的处理是对的，但也有不少事件的处理是不对的。有不少干部认为凡是闹事，就一定有反革命分子捣乱，首先查闹事人当中有没有地主、富农和反革命分子。查出之后，惩办几个，可以收到打一儆百之效，并且符合“首恶必办、胁从不问”，“打击少数、争取多数”的原则。经过讨论以后，大家才认识到，用这种错误的方法处理人民闹事问题，不但不能使干部群众得到教育，消除闹事的原因，而且会扩大事态。……

在讨论中大多数同志对于如何处理人民内部矛盾问题，认识都有所提高，还有部分同志思想弯子一下转不过来，认为道理好讲，实行起来有困难。看来解决这个思想问题还需要做一番艰巨的工作，特别在基层干部中这种思想更为普遍，需要通过反复讲清道理、总结典型经验，逐步地加以解决。

第四，如何贯彻执行问题

会议最后研究了如何组织全省党组织学习和向基层干部传达等问题。大家一致认为，这次学习收到了良好的效果，但仅仅是初步的，不但在道理上还没有完全搞通，而且还缺乏实践的经验。因此，还必须积极地组织所有党员和干部认真学习毛主席的指示，把这一学习作为整风运动的开始。会议确定：

（一）在5、6两月内组织全省各级党组织普遍进行学习，省委委员、省级机关负责干部分头下去进行具体帮助，作报告，解答问题，并且向工厂、学校、农业合作社等广大群众普遍进行一次宣传教育。

估计到基层干部接受中央这一指示有一定阻力，大家认为必须强调耐心说服教育，既要反复讲清道理，又要具体总结典型经验，逐步地使他们完全接受，在学习中有怀疑、有顾虑要让他们充分暴露出来，提倡不同意见的争论，这样才能对症下药，进行有效的说服。在学习中不能扣帽子、施压力。但是对于各种错误思想必须划清界限。要强调在提高觉悟、辩明是非的基础上保护干部的积极性，而不是用姑息迁就的态度去保护干部积极性。

（二）大家认为贯彻执行主席关于人民内部矛盾的指示，首先要提高各级党组织特别是各级领导干部的自觉性，同时又要依靠广大人民群众的监督和帮助，因此，大家同意党内整风和党外普遍宣传同时进行互相结合的做法：一方面组织各级党组织普遍学习毛主席的报告及有关文件，同时于4月下旬和5月初召开全省宣传工作会议（吸收党外知识分子参加）和全省政协会议，鼓励他们大“放”大“鸣”，用他们的批评和监督，作为我们整风的借鉴。同时，围绕当前农村和城市的增产节约运动，研究和总结乡人民代表大会和合作社建立各种民主管理制度的经验，研究改进工厂企业的民主管理，健全职工代表大会的经验，进一步发挥各阶层人民群众的积极性，并且推动党内的整风运动。

（三）鉴于有些地区和有些方面的人民内部矛盾已经发展得比较突出，如农村的落后地区、第三类型合作社、城市的临时工问题、学生升学问题等，准备组织专门力量，由各级党委负责同志亲自动手，系统地进行帮助，总结处理人民闹事和解决落后乡、落后社的经验。同时运用这些事实和经验，充实和帮助我们党内的整风运动。

这次会议总的说来，收益很大，存在的问题主要是：

(1) 部分同志改造自己、改进工作的自觉性还不够，思想弯子一时转不过来，还需要进行耐心的反复的教育工作。

（2）党内外同时展开学习，大家认为好处很多，但是领导上也有些被动和困难，准备不足，招架不过来，顾虑可能引起某些付作用。

（3）会议中大家还要求毛主席在最高国务会议的报告的正式文件最好能早日发下，以便作学习和讨论的根据。目前的学习文件，除《人民日报》社论外，都是主席和其他中央负责同志的讲话记录稿，只发到部分县、市负责同志，下面同志亟须这一学习文件。

中共浙江省委

1957 年 5 月 13 日

资料来源：中央档案馆馆藏档案。

5 月 20 日

［纲　文］　**毛泽东致信蒙古国人民革命党中央第一书记达姆巴。**

［目　文］　毛泽东对蒙古国政府派代表团参加中国内蒙古自治区成立 10 周年庆典表示感谢，并对 1957 年 4 月 26 日达姆巴给毛泽东的信中提出的，由中国供给蒙古国劳动力的问题做出回复。他说：我们认为这件事情是应该做的。但是，如你们所设想的，大量迁移我国内蒙古自治区的蒙古族居民去蒙古人民共和国定居，是有困难的。因为我国内蒙古自治区的居民有 870 万人，其中 700 多万人是汉族，而蒙古族同胞仅有 100 多万人。其次，我们考虑，如果从中国动员劳动力去蒙古从事生产建设，我们也只能够动员从事工业和农业的劳动力前往，而动员从事牧畜业的劳动力是有困难的。所以，我们设想，只能动员汉族人去蒙古参加工、农业方面需要劳动力的部门的工作。即便如此，我们每年能够派去的人数也不能很多。因为人数过多，在语言方面，在生活习惯方面，在行政管理方面，都会有困难的。我们设想，在派往蒙古参加工业建设的劳动力中，主要应该是些技术工人，以便帮助蒙古居民学会某些生产操作的技能。我们建议，当这些从事工、农业生产的中国技术工人，在双方规定的期限之内教会蒙古居民生产操作的技能以后，他们就可以回国了。根据我们的计算，在最近几年内，每年供给数千人是可能的。为了使前往蒙古工作的汉族人便于工作，便于同蒙古人民团结合作，我们准备每年在派去的劳动力中调配几十名懂蒙、汉两种语言的蒙古族人，以便同蒙古有关管理机构联系，从而减少管理工作中的困难。我们建议关于供给劳动力问题，可以由我们两国政府通过外交途径办理。如果你们认为汉族人不熟悉蒙古语言和生活习惯因而有困难的话，我们可以少派一些，或者不派。总之，一切都应该根据你们的需要，并且对于你们方便，做出决定。

毛泽东还就已派往蒙古国的人员中违犯蒙古国法律一事指出：我们对于这些人，在蒙古有关机关的协助之下，已经作了一些处理，其中有些人已经调回中国，另一些人，则根据他们违犯法律的情节按照蒙古的法律处理了。我们今后也将本着这个原则，凡是违犯蒙古法律的中国员工都应该按照蒙古的法律法办。如果你们认为有不宜于留下工作的人员，可以通知我们，我们准备随时调动他们回来，以免增加你们管理中的困难。

5月20日

［纲　文］　**水利部发出《关于加强防涝排水工作的通知》。**

［目　文］　《通知》说，1956年海河流域、淮河流域和东北部分地区都遭受了比较严重的洪涝灾害。在受灾面积中有70%左右是属于内涝性质的，这使得很多地区认识到防涝排水工作的重要性，并加强了这方面的工作。但还有些地区，对治涝工作重视不够。

为此，《通知》要求各地：一、抓紧时机，积极进行必要的防涝排水工程的修建，对于一些关键性的堤防、涵闸和排水渠道等工程必须指定专人负责限期完成，对群众中行之有效的治涝防涝经验应大力推广，同时要特别注意对已完工程的检查验收工作。二、防涝排水工程种类繁多，工程分散，必须发动和依靠群众进行管理养护。三、在现有设备防涝排水能力不足的情况下，对于万一发生的特大雨水，必须提高警惕，事先研究出妥善的处理办法进行周密安排，力求减免可能造成的灾害损失。对于排水所需要的抽水机器设备，临时滞洪区和排洪河道附近居民的搬迁安置等问题，事先都应当有充分的准备和计划。四、对于上下游已经发生的和可能发生的排水纠纷，应该本着蓄泄兼施，上下兼顾，局部服从整体，整体照顾局部的原则，由双方主动、及早协商，妥善处理。在工作中必须克服地区本位思想，对已经发生而尚未解决的纠纷，尤其应该抓紧处理，以免久悬不决，再度造成本来可以避免的灾害损失。

5月20日

［纲　文］　**国家侨委发表关于南越政府强迫华侨改变国籍事件的声明。**

［目　文］　声明全文如下：一年来，南越政府制造了一系列侵害华侨正当权益、强迫华侨放弃自己国籍的事件。1956年8月21日南越政府颁布了一项歧视华侨的国籍法令，单独规定凡是在越南出生的华侨都要作为南越国民，并且毫无道理地把在这个法令颁布以前在越南出生的华侨一概包括在这个法令的有效范围之内。接着，南越政府又采取种种措施从经济、文化等方面对华侨施加限制和压力，迫使他们放弃自己国籍，加入南越国籍。1957年4月17日，南越政府竟把它过去所发的确认在越南出生华侨的外侨身份的居留证宣布一律作废，并且胁迫他们必须在5月9日前将这项居留证缴回，逾期“将被视为处于不合法地位”。现在南越政府正在加紧强制华侨办理改变国籍的手续。南越政府这种违反国际惯例的迫害华侨的行为，已经引起了我南越华侨的极端愤慨和不安，他们当中有许多人已经被迫离开了南越。

中华人民共和国政府曾经多次表示愿意本着友好协商的精神，根据国际法的原则，同有关国家共同解决华侨的国籍问题。很显然，关于在南越的华侨国籍问题也只有在尊重华侨本人志愿的基础上经过有关国家的协商，才能求得合理的解决。而南越政府目前所采取的强迫华侨改变国籍的做法，不仅粗暴地侵犯了南越华侨的正当权利，而且还严重地违反了国际法的原则。对此，我们不得不表示强烈的谴责，并且提出严重的抗议。

中华人民共和国华侨事务委员会现特郑重声明：南越政府有关改变南越华侨国籍的规定是无理的、片面的，南越政府应该立即撤销这种侵犯人权和违反国际法的措施，凡由这种无理措施而引起的一切后果，应该由南越政府负全部责任。

5月20日

［纲　文］　**周恩来接见印度驻华大使拉·库·尼赫鲁。**

［目　文］　周恩来在询问克什米尔问题的近况和印度对中近东局势的看法后说：亚非国家的民族独立运动不可能不遭受一些挫折，遭受挫折是不好的，但是可以教育人民，所以也会有好处。总是要经过失败才能胜利。委托大使向即将出访西亚和欧洲一些国家的尼赫鲁总理转达中国的意见：美国在进行“两个中国”的活动，虽还未表面化，但值得注意。如有人问起新中国对“两个中国”的立场，希望尼赫鲁总理解释时能说明中国是坚决反对“两个中国”的，中国宁可不参加任何国际组织，也决不承认“两个中国”。

5月20日—6月22日

［纲　文］　**法国前总理埃加·富尔访问中国。**

［目　文］　应中国人民外交学会邀请，法国前总理、激进社会党人富尔同夫人从巴黎出发，取道卡拉奇，16日抵达香港，并举行答记者问。20日，富尔夫妇到达广州，22日从广州飞抵北京。23日晚，中国人民外交学会会长张奚若在北京饭店为富尔夫妇举行欢迎宴会。富尔在宴会上说，法国应该同中国建立外交关系。24日，周恩来在会见富尔谈到发展中法关系时说：法方有困难，与其搞“两个中国”使中法关系受到阻碍，不如迟点承认我们，两国可以继续发展民间性的经济往来。30日毛泽东接见富尔夫妇。在中国访问期间他们先后访问了上海、南京、武汉、重庆和西安等城市。6月21日，富尔在北京

1957年5月30日，毛泽东主席（左一）接见法国前总理富尔（左三）和夫人（左二）。

举行记者招待会，他说：法中两国应当恢复正常外交关系，西方对华政策是不现实的。6月22日，富尔和夫人乘飞机离开北京回国。

5月中下旬—6月初

［纲　文］　**全国高等学校开展“大鸣”、“大放”**。

［目　文］　5月19日，北京大学贴出第一张“大鸣”、“大放”的大字报，此后，大字报数量迅速增加，内容很多是要求取消党委负责制，要求言论集会结社绝对自由，彻底开放一切禁书，反对必修政治课等。这些举动被一些人称为“五一九运动”。有的学校学生仿效英国海德公园式的“民主论坛”，多处设置讲演台，开“辩论会”、“控诉会”，每天晚上都有数百人甚至上千人参加。5月23日晚，中国人民大学的一名学生来到北京大学，公开发表煽动性的演讲，称现在是“封建的社会主义”。5月26日的《光明日报》、5月27日的《文汇报》，分别对这些事态进行了报道。全国各地高等学校一部分学生起而仿效，一时间，大字报铺天盖地。

毛泽东密切关注整风鸣放的动态，5月19日后几乎每天派人到北京大学、清华大学、北京师范大学、中国人民大学等高校去看大字报。9月22日，他在中共八届三中全会前夕与省市委书记谈话时说：右派猖狂进攻时，哪个不急？我看大家都有点着急，我就是一个着急的，着急才想主意。四个大学没有底之前，天天派人去看大字报。匈牙利事件究竟有多大影响，5月20日以后摸到底了，才真不怕。

5月21日

［纲　文］　**中共中央发出《中央关于各省自治区人大代表出席人民代表大会问题的通知》**。

［文　献］　**中央关于各省自治区人大代表出席人民代表大会问题的通知**

（一九五七年五月二十一日）

各省、市、自治区党委：

鉴于整风运动正在各地展开，各省、市、自治区党委第一书记必须在当地主持工作，可以不出席这一次人民代表大会，但是估计到在会议期间对各地工作可能提出意见、质问甚至恶意的攻击，因此各省、市、自治区的代表中必须有负责同志出席，准备回答问题。其他代表除因病和确实离不开工作与生产的外，均应尽可能到会。请各省、市、自治区党委自行安排通知人大常委。

中　央

一九五七年五月二十一日

资料来源：中央档案馆馆藏档案。

5月21日

［纲　文］　**中共中央书记处开会讨论报纸的宣传方针。**

［目　文］　会议由邓小平主持。他在发言中指出：报纸对各种问题发言要及时，不一定是长篇文章，各种各样的形式都可以。要办好报纸，必须及时了解各阶层动态，并把这些动态反映到报纸上。在谈到报社如何报道整风运动中的情况时指出：正面的，应该篇幅占大些。至少在一两周内，主要是刊登中间分子讲公道话、驳右派的言论。左派的言论也可登一点讲道理的、有说服力的。要组织力量搞几十篇东西，由《人民日报》放出去。现在分门别类做准备，累积材料，有的写长文，有的写短文。

5月21日

［纲　文］　**国家统计局做出《历年国家统一分配物资分配概况》的报告。**

［目　文］　报告说，通过国家计划分配的物资，主要是国民经济各部门使用较广、经济意义较重大的生产资料。随着社会主义经济的不断发展，经由国家分配的生产资料是逐年增加的。1956年已经由1952年的28种增至235种。由于物资分配工作的逐渐开展，与此任务相适应的物资供销机构也渐次建立与健全。截至1956年，中央部属的供销机构有200余个单位。

报告指出，纳入国家计划分配的物资资源迅速增加，而企业自产自销的比重则相对下降。这就造成国家计划分配的物资数量呈逐年增长的必然趋势。随着工业生产的扩大和技术水平的提高，国内生产的物资品种和数量日益增多，因此分配量迅速增长的资源，主要是国内生产增加的结果。在过去几年的物资分配上，首先是保证重点建设和主要部门的需要。国家分配物资通过两种形式进行分配。一种是直接分配，即需用单位向国家提出申请，经国家审核分配；一种是间接分配，即非计划申请单位和居民的需要量，由国营商业部门通过市场供应。几年来，主要物资由国家直接分配的范围逐步扩大。随着物资分配工作的逐步加强，国家有可能合理组织供应，节约代用原材料，搜集利用废料和挖掘物资潜力。因而，使有限的物力支持了国民经济高速度的发展，对合理地安排国家经济建设起了一定的积极推动作用。几年来的经验证明，建设的速度和规模，不但决定于国家的财政力量，更重要的还决定于建设物资的供应力量。为此，在扩大基本建设规模的时候，必须充分考虑到生产资料供应的可能性，而生产资料的分配，应在适应整个国民经济计划的前提下，首先保证生产人民生活必需品的最低限度的需要，其次，满足对于国计民生关系重大的生产资料生产的需要，然后再适当安排其他方面的需要。

5月21日

［纲　文］　**铁道部、中国人民银行发出《关于改进铁路运输收入上缴工作的通知》。**

［目　文］　《通知》指出，为了改进铁路运输收入款项的上缴工作，加速这部分资金的周转运用，从而逐步减少国家对清算流动资金的拨付，以及把过去专户存款由银行代办上缴的做法，逐步改为由铁路各单位用汇款方式自行办理上缴，并过渡到废止《铁路运输收入上缴的办法》以达到简化手续的目的，经研究做出如下决定：

铁路管理局和所属车站的运输收入专户存款收入的上缴，由各铁路管理局与当地省（市）分行或当地主管银行协商，除将铁路管理局运输收入专户存款改由铁路管理局财务会计处用汇款方式自行办理上缴外，再指定一些车站也改用汇款方式自行办理运输收入专户存款的上缴。如果铁路管理局根据辖内各车站的能力，可以全部改为用汇款自行办理上缴时，铁路管理局可与当地省（市）分行或当地主管银行协商，在一个铁路管理局范围内废止《铁路运输收入上缴办法》；铁路管理局管辖范围内全部取消《铁路运输收入上缴办法》以后，各运输收入专户再一律改为运输收入存款户，存款并给予计算利息，但在一个铁路管理局管辖范围内所有的运输收入专户存款，虽然部分已改为用汇款方式自行办理上缴而尚未全部改由铁路单位用汇款方式自行办理上缴前，则铁路管理局与所有各车站的运输收入专户存款仍一律不计给存款利息，但银行办理上缴或铁路单位用汇款的方式自行办理上缴所拍发的电报费仍应由铁路管理局与各车站负担。至于办理运输收入上缴所需要凭证的成本费在运输收入专户存款未计算利息以前仍暂免收。

关于已由铁路车站用汇款方式自行办理上缴的运输收入专户，应即停止执行《铁路运输收入上缴办法》的有关规定，但尚没有条件改用汇款方式，仍由银行办理运输收入上缴的专户，则仍按原来《铁路运输收入上缴办法》规定办理。指定改用汇款方式自行办理上缴运输收入的车站以及今后需要增加自行办理上缴的车站或在铁路管理局辖内取消《铁路运输收入上缴办法》时，仍由铁路管理局与当地省（市）分行或当地主管银行协商确定，以联合通知铁路管理局辖内各车站与开户银行遵照执行。

5月21日

［纲　文］　**高教部发出《关于高等院校一、二年级学生体育课不能改为选修课程的通知》。**

［目　文］　《通知》指出，高等院校一、二年级学生正在身体发育成长时期，同时他们的学习任务也比较繁重，为了使学生增进健康，更好地进行学习，培养成为德、智、体三方面全面发展的高级建设人才，高教部和国家体委经研究后，认为高等院校的一、二年级学生的体育课是必修课程，各校应根据本校条件，积极加强体育课的教学工作，提高教学质量。1956年暑假后曾有少数同志认为，要将四年制专业二年级的体育课改为选修，借以减轻学生的学习负担。这种看法是不恰当的。有少数学校在将二年级的体育课改为选修或免修后，产生了使学生不重视体育和学习负担反而加重等不良后果。所以，凡已经把体育课免修，或者选修的院校，应即在本年暑假开学时，恢复起来。有些因体育教师缺少，开课确有困难的院校，应积极设法逐步补充体育教师；可在编班时，将每班的人数适当增多，尽可能使一、二年级学生都必修体育课。

5月21日

［纲　文］　**中国人民保卫世界和平委员会举行常务委员扩大会议。**

［目　文］　会议由中国人民保卫世界和平委员会主席郭沫若、副主席陈叔通主持，讨论了有关出席世界和平理事会科伦坡会议问题。会上通过了出席科伦坡会议的中国代表

团名单，郭沫若为团长，包尔汉为副团长；团员有：巨赞[①]、罗隆基、侯德榜[②]等13人。

5月22日

［纲　文］　**中共中央政治局召开会议，讨论召开一届全国人大四次会议和整风运动等问题。**

［目　文］　会议由刘少奇主持。在谈到开展整风运动和孤立右派的问题时，他指出：我们党实行整风，很有必要。现在党外有很多的意见，党内也有意见。相当严重地脱离群众，不整风，我们党就会慢慢地毁灭掉。党外人士的意见，90%是正确的。有些不正确的意见，不要忙，不要一下子顶回去。现在大家都搞社会主义，社会主义有真有假，包括党内，也是有真有假。国际有修正主义思潮，国内也有这种思潮，党内也有。我们让它放一个时期，然后准备反击。让修正主义攻一下教条主义有好处，但是修正主义不能够克服教条主义，教条主义也不能克服修正主义，必须用马克思主义原理。有许多人用修正主义反对教条主义，所以我们在整风中间要正确地区别。现在党内许多同志受到党外的攻击，这种攻击有好处，使得我们的头脑清醒一点。我们国内各条战线现在都发生重新改组的问题，各个阶级都有左、中、右三派。在斗争没有展开的时候，中派总是跟右派站在一起。因此，我们要考虑做中派的工作，要搞政治的"化学工业"，把中派和右派分开，让中派和我们结合，使右派孤立起来，办法是充分暴露右派。

5月22日

［纲　文］　**民革中央小组举行扩大会议。**

［目　文］　会议由民革中央主席李济深主持，民革中央副主席、常务委员、在京中央委员40多人参加。会议主要议题是研究如何帮助共产党整风。李济深说，中共中央一再号召党外人士对统战工作以至共产党一切方面提出批评，积极帮助共产党整风。民革是在中共领导下，致力于社会主义事业队伍中的长期合作共事者，对于中共通过统一战线的方式推动整风，自应积极帮助。陈劭先[③]、苏从周[④]、龙云[⑤]等先后发言。陈劭先说，帮助共产党整风，应当本着爱护党的精神，在党的领导下进行。从报纸上看，有些人在发表的意见中，有摆脱共产党的领导的想法，这是不好的。苏从周说，反映情况要真实，提意见时不要采取出气态度。

5月22日

［纲　文］　**国务院召开常务会议。**

---

① 巨赞（1908—1984），俗姓潘，名楚桐，字琴朴，法名传戒，字定慧，后改名巨赞，江苏江阴人，佛学家，时任中国佛教协会副会长。

② 侯德榜（1890—1974），福建闽侯人，化学家，时任全国政协常委。

③ 陈劭先（1886—1967），江西清江（今樟树）人，时任民革中央常委。

④ 苏从周（1901—1991），江苏徐州人，时任民革中央候补委员。

⑤ 龙云（1884—1962），彝族，云南昭通人，时任国防委员会副主席、民革中央副主席。

［目　文］　会议由周恩来主持，主要内容是：

一、决定不颁发《国务院关于停止实行企业领导人员、工程技术人员和职员完成和超额完成生产计划奖金的通知》。会议决定：（一）企业中的党、工会、青年团脱产专职干部的奖金，自第二季度起一律停发。请中央书记处发个通知。（二）企业中的行政领导人员、工程技术人员和职员的奖金，由各部门根据以下原则通知所属厂矿立即执行：还没有实行奖励的企业，不要实行；已经取消的，不要恢复；能够取消的取消；实在不能取消的，其季度奖励标准最高不能超过本人月工资的25%。厂长、副厂长的奖金，自第二季度起停发。（三）责成劳动部对企业奖励制度尽快地提出全面的改进方案。

在讨论时，周恩来发言说，我们并未取消奖惩制度，对这个原则是肯定的。过去搞了一些不合理的，但也有合理的部分，可以适当采用。中国是个六亿人口的贫穷国家，物质刺激不能太高了，否则会引起工农联盟内的矛盾。我们生产分配的方法，必须从中国贫穷的实际情况出发。中国的经济基础还是贫穷的，稍不注意就会使工人内部和工农联盟内发生矛盾，增加矛盾。中国现在还没有建成社会主义，多劳多得的原则还不可能完全贯彻。个人利益要和集体利益结合起来，眼前利益要和长远利益结合起来。我们并不否认按劳取酬、多劳多得的原则，但如何根据中国的实际情况贯彻这个原则是个很重要的问题。

二、通过《国务院关于调整国家机关工作人员福利标准的通知》，自6月1日起实行。《通知》规定调整后的标准为：中央各机关工作人员福利费按工资总额的2.8%计算；中央机关分驻外地机构的工作人员及地区以上机关工作人员福利费按工资总额的3%计算；乡镇人民委员会工作人员按1%计算。国务院1956年12月11日电报所下达的原规定废止。

三、通过《国务院关于国家机关工作人员福利费掌管使用的暂行规定》。《规定》明确了福利费由各级人事工作部门掌管，用于解决工作人员家属的生活费、医药费、丧葬费诸方面的困难，补助集体福利事业的费用等。《规定》自1957年6月1日起实行，原政务院和国务院所发关于各级人民政府工作人员福利费掌管使用办法的通知及补充通知，同时废止。

四、通过《国务院关于国家机关工作人员调动中各项待遇问题的通知》，从6月份起实行。《通知》规定，国家机关工作人员调动后工资按新单位标准执行；调动时旅费由原单位办理；调动后宿舍所需家具由新单位租用，一律不发安家补助费；调往酷寒地区可酌发寒衣补助费。废止原政务院发布的《关于国家机关工作人员调动中各项待遇问题的规定》。

五、决定各种训练班本年一律停止从社会招生。

六、听取高教部对改进留学研究生派遣工作的报告和关于高等学校教师学衔晋升问题的报告。报告对留学研究生派遣工作的改进意见是：鉴于派遣人员专业比例有盲目性，质量不高，政治上注意较多，业务水平考虑较差。从本年起只派出研究生，基本不派高中毕业生，在选拔方式上实行自由报考。

5月22日

［纲　文］　**国务院同意国家建委和外贸部《关于援蒙工作问题的请示报告》，批准援蒙工作委员会主任、副主任、委员的名单。**

［目　文］　国务院指示，援蒙工作是一件具体体现我们国际主义精神的工作，应切实督促有关部门进行。各部所承担的援外项目应列入本部门的基本建设计划之内，认真负责做好。同意由财政部按1.6亿人民币作援款拨付，由外贸部统一掌握使用，不得超过。

《报告》说，1956年8月中蒙签订的给予蒙古国经济技术援助协定共包括13个项目。各项工程规模虽不大，牵涉国内部门却很多。为加强统一领导，建议组织援蒙工作委员会，以国家建委副主任王世泰任主任委员。

5月22日

［纲　文］　**国务院批转招聘工作人员委员会主任杨秀峰报送的《关于从知识分子中招聘工作人员若干问题的请示报告》。**

［目　文］　批语指出，为了贯彻国家增产节约的方针，必须严格控制国家机关和企业、事业单位增加工作人员。报告提出的有些科学研究机构、高等学校和中等学校一般确须补充少数科学研究人员、教学人员和翻译人员的问题，只有从现有国家机关、事业和企业单位的工作人员以及大中学校毕业生、部队转业人员中无法调剂解决的时候，经过批准，才可以从报名应聘的失业人员中录用少数人员。

杨秀峰在《报告》中说，从知识分子中招聘工作人员的工作开展以来，全国报名应聘的有三万人，已录用的人员约3000人。由于国家停止扩大编制，各地不再录用人员，各地招聘工作人员委员会的工作实际上已经停顿。对已经报名应聘的三万人，应该区别不同情况，分别慎重处理。有一部分科学机关和大、中学校原即缺少一些研究人员、教学人员和翻译人员，可否考虑在这方面稍加放宽，从应聘的失业人员中录用少数人员。这次招聘工作，在知识分子中影响很大，他们把它看作是政府对于知识分子政策的重要措施，抱有殷切期望。为了贯彻原来招聘的目的，避免在政治上产生不良影响，有关的省、市人民委员会应该继续加强对于招聘工作人员委员会的领导，争取在民主党派和群众团体的协助下，做好解释工作和善后结束工作，要注意防止偏向，做到有始有终，处理妥善。

5月22日

［纲　文］　**农业部发出《关于做好夏收夏播准备工作预防灾害侵袭的通知》。**

［目　文］　《通知》说，为了做到丰产丰收，适时播种，各地必须吸取1956年麦收时期受灾减产的教训，预防可能发生的灾害，及早做好夏收夏播的准备工作。

《通知》指出，本年小麦面积比上年扩大，成熟期也比较集中，又值锄苗、治虫的紧张时机，这就使得夏收夏播工作挤得更紧。为此，各地必须：一、保证做到适时收割，适时下种和插秧。割麦时间不能强求一律，应由各个农业合作社和生产队根据不同的品种、土质、地块，按其成熟先后分类排队，订出夏收夏种的小段计划，依次收割，适时播种。遇到气候变化，还要灵活地调整计划，保证做到收种及时。二、在夏收夏种期间，农业社要充分动员和组织整、半劳力，首先完成夏收夏播任务，其他农活除十分紧急的以外，可推迟一步去做。三、收割、运送、打场、储藏等夏收工作所需的工具和场所，以及场间防雨防火设备，都必须事先准备好，以便做到随割、随运、随打、随分，并且组织社员看场、巡田，避免意外损失。同时，要注意精收细打，并组织辅助劳力拾麦，做到颗粒还家。四、在夏收中，农业社应该根据本社的条件，分别采取穗选或片选的办法，做好良种选留工作。为进一步扩大良种面积，各县农业局（科）应深入了解农业社选种留种情况，及早筹划秋种所需良种的调剂工作。农业社也应根据本社的需要建立留种地，不断提高种子质量。

《通知》最后说，从现在起，到八九月间，是旱、涝、风、雹、虫等自然灾害最易发生的时期，各省农业厅应该根据历年经验，参照本年的气候预报，对一切可能发生的灾害给以充分估计，大力加以预防。

5 月 22 日

［纲　文］　**中宣部就出版《中华人民共和国地图集》一事复函文化部党组。**

［目　文］　复函说，中宣部同意文化部党组对出版《中华人民共和国地图集》的意见，可采取内部发行的办法。

此前，文化部党组在 5 月 17 日给中宣部的请示报告中说，过去国内所出版的供一般人用的本国地图，大部分是材料陈旧不全甚至有严重错误，除申报馆地图外还没有出版过一本比较详细的、有系统的中国地图集。而国内的机关、学校和一般读者都迫切需要这样一本地图，作为工作和学习上的参考。为了适应这种需要，文化部所属新华地图社于 1956 年 4 月起着手编绘一册 16 开本的《中华人民共和国地图集》，该图集的编绘、制版和打样工作已于 1956 年年底完成，即可付印出版。这本图集主要是根据抗日战争前的申报地图并参照苏联 1954 年出版的《世界大地图集》编绘的，有关行政区划、面积、人口等均按最新资料做了订正，并补充了其他一些新的材料。这本图集较之过去出版的一些本国地图，在内容上充实些，资料也较可靠。该图唯一的问题，是国界线的绘法问题。其国界线和现行地图一样，是遵照周恩来 1953 年的指示，基本上以申报地图为版本绘制的；申报地图国界线的绘法较国民党时期一些地图的绘法，要符合实际一些，但有些地方也绘得不准确。由于国界线的问题极为复杂，估计在短时期内定不下来，而为了满足各方面的迫切需要，我们拟采取权宜办法，将这本《中华人民共和国地图集》先行付印出版。为免发生问题，在图上拟加注“根据抗日战争前申报地图绘制。国内行政区域按新资料更正”字样。待中央对上述请示报告批复同意后，再行按照边定边改的原则，在再版时修正。

5 月 23、27 日

［纲　文］　**邓小平分别在中共中央政治局扩大会议和中共中央召开的各省市自治区党委书记会议上，作关于整风运动的报告。**

［目　文］　报告阐明了整风运动的目的、方针和策略等问题。在谈到整风运动的目

的时，邓小平指出：整风运动的目的，首先是要克服党内官僚主义、宗派主义、主观主义，纠正脱离群众的现象。其次是要团结党外人士的大多数，孤立右派。这是随着运动的发展增加的新内容。再其次是加强党的领导，加强人民民主专政，加强社会主义建设。在谈到对运动的估计时，他指出：开展的党外人士批评运动，实际上就是党内整风运动的开始，是运动的第一阶段的重要部分，凡是放得开的地方，已经产生了好的效果。首先，运动暴露了党和政府工作中大量的毛病，暴露了党的组织和党员在思想作风和工作方法上的严重的错误和缺点，就是所谓的“三大主义”①。中央估计，90%以上的意见是诚恳的，是有益处的，是好的、对的，是击中要害的。这些意见对我们整风有很大的帮助，对我们改进工作、联系群众有很大的帮助。所以，我们必须严肃地对待党外人士的批评，虚心地听取他们的批评。他们指出的凡是对的，我们应该认真地改正。其次，凡是运动开展得好的地方，在争取和团结中间分子方面也收到了好的效果。批评我们的，大多数是中间分子，有的骂我们也骂得很凶，但不是想把我们这个政府打倒，无非是过去有一肚子气。如果把凡是骂我们的、没有讲一点好话的人都叫做右派，那危险得很，那就要犯错误。再其次，暴露了右派分子。右派的典型言论必须登报，登出来就会教育共产党，就会教育中间分子，也会教育左派。

5月23日

［**纲　文**］　**国家计委做出《关于全国手工业生产概况及存在的问题》的报告。**

［**目　文**］　报告说，全国手工业总产值，1957年预计可达120亿元，第一个五年计划期间平均每年增长10.4%，可超额完成原五年计划1957年117.6亿元的指标。几年来，手工业在提供人民生活和生产需要、扩大就业、为国家创造外汇等方面做出了重要贡献。成绩的来源，除了国家对手工业的社会主义改造的胜利完成，促进了生产力的发展外，客观上有三个因素：一、城乡人民生活水平逐步提高，需要扩大，而轻工业的发展又不足，因此要求手工业有进一步的发展；二、随着国家基建投资的增长，就向手工业的某些行业提出配合的要求；三、全国工农业的迅速发展，特别是农业的发展，一方面增加了手工业的原料资源，另一方面也向手工业提出了更多地供应小生产资料和修理的要求。从各省市反映的情况看，手工业生产存在五个主要问题：一、对手工业的发展重视不够，一般的省市计委都没有专管手工业的部门，有的省市只有一人兼管，力量不够，因而在安排计划时，对手工业往往缺乏必要的照顾。二、手工业的最大困难是原料不足，而且没有保证。三、在某些产品的价格上不尽合理，影响了生产的发展和出口需要以及手工业者的收入。四、各省市的工业厅缺乏利用手工业来发展地方工业的思想，往往手工业能搞的，地方又建了新厂。自从中央决定将副业性质的手工业交给农业合作社去经营以后，在原料供应和销路方面同手工业合作社的发展有矛盾，两者如何分工和结合，很值得研究。五、各省市均认为手工业的机械化速度宜慢不宜快，但国营企业替换下来的陈旧设备应尽先交给手工

① 中共中央关于整风运动的指示中所说的官僚主义、宗派主义和主观主义。

业部门利用。为提高和发展手工业所必需的技术人员，也希望中央在分配大专毕业生时，适当地给予照顾。

国家计委指出，在第二个五年计划期间，对于手工业的方针应是：在国家和地方的统一规划下，分别不同情况，充分利用，积极发展，并结合手工业的发展以发展地方工业，从而加强社会主义建设。

［文　献］　1952—1956年手工业产值（不包括渔、盐业）增长情况

单位：千元

省市别	1952年	1956年	1956年/1952（%）	每年平均增长（%）
（一）三大城市合计	438,809	1,005,495	229.14	23.0
北京市	121,980	286,013	234.47	23.8
天津市	107,838	358,454	332.40	35.0
上海市	208,991	361,028	172.74	14.6
（二）沿海七省合计	2,916,543	4,445,194	152.41	11.2
河北省	385,526	565,448	146.67	10.1
辽宁省	276,627	597,465	215.98	21.2
山东省	421,507	658,432	156.21	11.8
江苏省	772,451	918,493	118.90	4.4
浙江省	352,290	445,797	126.54	6.1
福建省	174,529	377,228	216.14	21.2
广东省	533,613	882,331	165.35	13.4
（三）内地十省合计	2,672,544	3,915,001	146.48	10.1
山西省	136,549	241,139	176.59	15.3
吉林省	93,119	181,104	194.48	18.1
黑龙江省	193,953	338,338	174.44	14.9
陕西省	132,673	278,996	210.28	20.4
安徽省	157,694	363,157	230.29	23.2
河南省	518,053	469,153	90.56	-2.5
湖北省	236,531	536,891	226.98	22.8
湖南省	329,523	410,203	124.48	5.6
江西省	224,125	308,648	137.71	8.3
四川省	650,324	787,372	121.07	4.9

续表

省市别	1952 年	1956 年	1956 年/1952（%）	每年平均增长（%）
（四）边远七省区合计	798,809	1,221,780	152.95	11.2
内蒙古自治区	53,888	102,825	190.81	17.5
青海省	27,793	37,983	136.66	8.1
新疆维吾尔自治区	104,268	94,724	90.85	-2.4
甘肃省	128,577	119,678	93.07	-1.8
广西省	253,476	321,429	126.80	6.1
贵州省	77,447	221,424	285.90	30.0
云南省	153,330	323,717	211.12	20.5

资料来源：中国社会科学院、中央档案馆编：《1953—1957 中华人民共和国经济档案资料选编》工业卷，中国物价出版社 1998 年版，第 899—900 页。

5 月 23—30 日

［纲　文］　**中国科学院学部委员会在北京举行第二次全体会议。**

［目　文］　23 日上午开幕式在北京饭店举行，中国科学院学部委员和科学院各研究单位、行政单位负责人，1956 年度中国科学院科学奖金（自然科学部分）获得者，宣读学术论文的科学家，科学院的苏联和波兰顾问、专家，以及来自全国各地科研机构、高等学校和产业部门的相关人员，共计 900 多人参加了开幕式。中共中央政治局委员、中国政治法律学会会长董必武，国务院副总理、科学规划委员会主任聂荣臻和政府有关部门的代表等，也出席了开幕式。中国科学院院长郭沫若致开幕词，他指出，这次会议要充分贯彻“百花齐放、百家争鸣”的方针，展开批评和自我批评，对科学研究工作提出建设性的具体建议。他分析了科学院和各学部的基本任务，最后把它归纳为四项要点：一、面向全国，加强学术领导；二、发扬民主，贯彻百家争鸣；三、加强协调，团结科学力量；四、学习先进，加强国际合作。中国科学院副院长陶孟和宣读了科学院向会议提出的《二年来主要工作情况和对今后工作的建议》的报告。各学部的负责人先后报告了各学部两年来的工作情况。

会议分两个阶段进行，23 日下午至 26 日为分学部开会，集中讨论了科学院应不应该和能不能够领导全国的科学研究工作和科学体制，科学院的任务，以及研究工作的条件和学术自由等问题。27—30 日上午为大会发言，来自各个学科的著名专家和青年学者先后作了报告或宣读学术论文。30 日下午会议举行了闭幕式，郭沫若致闭幕词。学部委员们听取并通过了这次会议的提案审查小组的提案审查报告。闭幕式上宣布了增聘的 21 位中国科学院学部委员的名单。这些增聘的学部委员是经过这次会议推选，并经院务常务会议通过的。闭幕式上还宣布由竺可桢等29人组成的中国科学院院章起草委员会名单。郭沫若向中国科学院1956年度的科学奖金（自然科学部分）获得者颁发了奖金。会议还通过了《关于声援台湾同胞的爱国反美斗争》的通电。

5月23日

［纲　文］　**《国务院公报》公布汉字简化第二表中开始使用的简化汉字。**

［目　文］　《国务院公报》（1957年第21号）发布启示：从本日起开始使用汉字简化第二表中的下列95个简化汉字，括号中是原来的繁体字。

摆（擺襬）、笔（筆）、苹（蘋）、买（買）、卖（賣）、麦（麥）、灭（滅）、亩（畝）、飞（飛）、矾（礬）、粪（糞）、导（導）、邓（鄧）、队（隊）、吨（噸）、厅（廳）、宁（寧）、农（農）、来（來）、历（曆歷）、隶（隸）、疗（療）、辽（遼）、临（臨）、龄（齡）、录（錄）、陆（陸）、龙（龍）、虑（慮）、国（國）、龟（龜）、广（廣）、夸（誇）、扩（擴）、亏（虧）、矿（礦）、汉（漢）、华（華）、获（獲穫）、积（積）、阶（階）、节（節）、监（監）、茧（繭）、紧（緊）、仅（僅）、进（進）、惊（驚）、竞（競）、惧（懼）、壳（殼）、窍（竅）、签（簽籤）、亲（親）、庆（慶）、穷（窮）、戏（戲）、吓（嚇）、写（寫）、胁（脅）、显（顯）、宪（憲）、县（縣）、乡（鄉）、悬（懸）、寻（尋）、赵（趙）、郑（鄭）、齿（齒）、产（產）、础（礎）、适（適）、杀（殺）、兽（獸）、审（審）、胜（勝）、术（術）、树（樹）、扰（擾）、杂（雜）、窜（竄）、肃（肅）、岁（歲）、艺（藝）、亿（億）、忆（憶）、爷（爺）、艳（艷）、严（嚴）、隐（隱）、稳（穩）、誉（譽）、园（園）、佣（傭）、踊（踴）

5月23日

［纲　文］　**文化部发出《关于出版用纸供应问题的通知》。**

［目　文］　《通知》说，最近新闻出版用纸的供应情况稍有改善。这是因为：根据中央指示，学校课程要精简，课本种类减少，可以节省一批纸张；增产节约运动开展后，大部分报纸和一部分杂志的发行数字下降；国家经委根据文化部的请求，增拨了一部分纸张；有些省市从地方上自己设法补充了一部分纸张。因此，《通知》要求各省市和各中央出版社，请即对本年纸张使用情况进行一次检查，如果已分配到的纸张，经过统筹调配，仍确实难以安排，难以满足群众迫切需要，可以向文化部申请增拨纸张，文化部可以酌情增拨。然而，纸张供应情况只是稍有改善，供需之间仍有距离，紧张状态仍然存在。因此，本年初提出的"一般紧缩、保证重点、通盘筹划、量米做饭"的原则，还须继续贯彻。课本的供应应予保证，报纸、杂志、图书应按实事求是精神，该增的增，不该增的不增，该紧缩的还该紧缩。

5月24日

［纲　文］　**国务院召开第四十九次全体会议。**

［目　文］　会议由总理周恩来主持，主要内容是：

一、通过《水土保持暂行纲要》。会议决定，三门峡工程问题，由水利部召集在北京的水利、水电、水土保持等方面的专家（并邀请苏联专家参加）讨论，提出方案报国务院。《纲要》规定，在水土流失地区，各级人民委员会应将水土保持工作规划列入农业生产和土地利用规划以内，根据水土流失程度，制订水土保持工作的分期实施计划，统一安排各项水土保持措施，《纲要》强调，水土保持应该列为山区的重要工作。山区应该在水土保持的原则下，根据当地自然条件和群众生产的实际需要合理规划生产，使农、林、牧、水密切结合，以控制水土流失。

水利部副部长何基沣作了说明。他说，全国水土流失面积150万平方公里，比全国耕地面积还大。主要流失区域是黄河、海河和淮河流域，分别流失79%、50%和37%，造成耕地减少、肥力降低，灾害增加。黄河水利委员会在陕西绥德韭园沟搞一个坝高10米的小水库，主要为拦沙，原计划10年淤平，现在只三年就淤起来了。周恩来指出，根据韭园沟的经验，三门峡也不能避免淤塞了。尽管现在已开工，我还是有些不安。三门峡工程如何搞，应该研究。应告诉苏联专家，我们不急，要慎重研究。

二、原则同意水利部关于黄河流域水土保持会议的报告。报告说，这次会议是全河性第一次水土保持会议。会议着重讨论了水土保持工作的方针任务，对合理使用劳力、经费，农、林、水、牧配合问题，加强技术指导和科学试验等主要问题取得一致认识，确定了1957年水土保持任务为2.59万平方公里，虽比上年计划少1/3，但按集中治理及工程质量要求，任务更艰巨了。

三、决定设立全国水土保持委员会，负责领导全国水土保持工作的开展，并且批准了委员会的组成人员名单。陈正人为主任，傅作义、梁希、竺可桢、刘瑞龙为副主任，何基沣等八人为委员。批准海河水系治理委员会组成人员名单。林铁①为主任，钱正英等五人为副主任。5月27日，国务院下发了《关于成立全国水土保持委员会的通知》。

四、通过了国务院关于设置云南省文山壮族苗族自治州、撤销文山专员公署的决定。决定说，文山壮族苗族自治州的行政区域为原文山专区的文山、砚山、丘北、广南、富宁、西畴、马关、麻栗坡等八县。自治州人民委员会驻文山县城。

5月24日

［纲　文］　**最高人民检察院在北京召开19个省、市检察长座谈会，传达贯彻中共中央关于肃反工作的指示，并部署工作。**

5月24日

［纲　文］　**最高人民法院、司法部发出《关于城市中当前几类刑事案件审判工作的指示》。**

［目　文］　《指示》说，历年来，名地人民法院配合有关部门，对刑事犯罪分子进行了严肃的斗争，取得了重大成就。但是，在一些城市，特别是新建、扩建的工业城市，

① 林铁（1904—1989），四川万县（今重庆万州）人，时任中共河北省委第一书记、省长兼省军区第一政委。

偷窃、强奸、奸淫幼女和扰乱社会秩序的流氓活动仍然比较严重。因此，对这几类刑事犯罪活动要进行严厉惩处，保证新建、扩建工业城市经济建设事业的顺利进行。同时，在审判工作中，必须贯彻执行“事实是根据，法律是准绳”的原则，严格依法办事，不得粗率。

《指示》要求，在处理刑事犯罪和未成年人犯罪时，应注意划清以下政策界限：一、在偷窃犯罪中，对于惯窃、偷窃集团的组织者、偷窃大量公私财产的犯罪分子，以及一贯教唆或组织未成年人、儿童进行偷窃的犯罪分子，必须依法严惩。对曾因偷窃、诈骗财物等犯罪行为被法院判处过徒刑，刑满释放后又犯和屡犯偷窃罪行的，应按其情节依法从重或依法加重处刑；但如确因生活无着落而有轻微偷窃行为的，不必处刑，可建议有关部门处理。二、在强奸犯罪中，对于致被害人重伤、死亡、自杀或严重危害被害人健康的，强奸多人的，手段特别残酷的，轮奸的，或强奸未成年少女的，都应依法严惩。对利用职务上的从属关系或教养关系强奸妇女的，分别按其情节依法从重处刑。在处理时应注意在认定事实的基础上，把强奸与通奸、强奸未遂同调戏行为区别开来。三、在奸淫幼女犯罪中，对于奸淫幼女造成严重后果的，奸淫幼女多人且情节严重的，施用强暴、虐待或其他残酷手段奸淫幼女的，都应依法严惩。对利用教养关系奸淫幼女的，分别按其情节依法从重处刑。在处理时应注意把奸淫幼女的犯罪行为同青少年男女之间的不正当性行为严格区别开来。四、对于组织流氓集团的首要分子，一贯用流氓手段猥亵、侮辱妇女因而严重扰乱社会秩序引起公愤的分子，应当依法惩处。对施用强暴、胁迫手段猥亵妇女或在公共场所公然猥亵的行为，如果是属于屡教不改，或情节特别恶劣的，也应依法惩处；情节轻的，不予处刑，可建议公安机关或有关行政机关加以处理。在处理时，应注意把有组织的流氓犯罪集团，同青、少年中间一般的带流氓习性的小组织区别开来，把一贯用流氓手段追逐、奸淫妇女，严重扰乱社会秩序的流氓分子，同由于作风不正派而与多名妇女通奸的分子区别开来。五、对未成年犯，必须贯彻“教育为主，惩罚为辅”的方针。

5 月 24 日

［纲　文］　**劳动部、卫生部、全国总工会联合发出《关于督促检查厂矿企业做好防暑降温工作的通知》。**

［目　文］　《通知》说，各地区、各产业部门应该加紧布置和督促做好本年度的防暑降温工作，尤其是厂矿企业行政在这方面应负主要责任，要求他们在入暑以前，尽早完成一切准备事项，到了暑季，应积极采取各种有效措施，争取本年不发生中暑死亡事故，不发生或者少发生中暑昏倒事故，大力降低中暑发病率，保证暑季生产任务的顺利完成。

《通知》要求，各地区劳动、卫生部门和工会组织以及各产业主管部门，在传达全国防暑降温工作经验交流会议的基础上，应对管辖范围内厂矿企业的防暑降温工作的准备情况进行督促检查，随时发现问题，随时研究解决，准备工作再不能拖延。在防暑降温工作中，必须贯彻增产节约方针和采取综合措施的原则，结合本地区、本部门具体情况，尽可能利用钱少效果大的办法来进行这一工作，对各项防暑降温措施加强技术指导，建立必要的检修制度和经常管理制度，充分发挥各种设备的效能。

5月24日

［纲　文］　**台湾爆发“五二四”反美事件。**

［目　文］　上午10点半，台北市几百名群众聚集在美国驻台湾“大使馆”门前示威。中午，示威群众增加到5000多人，下午增加到一万多人。示威群众冲进“大使馆”，扯下美国国旗，殴打“大使馆”内的美国工作人员。直到下午四点，“大使馆”都处在示威群众的控制之中。另外还有群众冲进并捣毁美国新闻处，包围美国驻台湾军事援助顾问团总部。台湾国民党当局派出装甲汽车、救火车和约100名警察赶到现场，阻止群众的抗议行动。这引起群众极大不满，约三万名群众包围台北市警察局达六小时，要求释放因参加反美示威而被捕的一批学生和市民。警察开枪打死两名参加示威的学生，愤怒的群众夺取了四名警察的手枪并一度冲进警察局，国民党当局派出大批军队镇压，示威群众才散去。这次反美示威事件也蔓延到台中、台南等地。国民党当局在台湾各地宣布紧急戒严，禁止各地居民举行反美示威集会。

“五二四”反美事件由“刘自然案”引起。刘自然是台北草山一个国民党机关的低级官员，3月20日晚上路过草山一幢美军住宅附近的时候，被美国驻台湾军事援助顾问团上士罗伯特·雷诺开枪打死。5月23日最后宣判时，杀人凶手雷诺竟被宣判“无罪”，并且作为最后定案，不能上诉。随后，美国驻台湾军事援助顾问团派飞机将雷诺送离台湾。

5月25、28日，《人民日报》先后发表了题为《台湾人民不可屈》、《台湾的一切爱国力量团结起来》的社论，对台湾群众的反美示威行动表示支持，对美国的无理行为表示抗议。27、28日，各民主党派负责人，各人民团体负责人分别发表谈话，一致声援台湾人民的爱国反美斗争。

5月24日

［纲　文］　**周恩来接见以哈罗·戴维斯为团长的英国工党议员访问越南代表团。**

［目　文］　在回答代表团成员所提建立中英间完整的关系须有哪些条件时，周恩来说：英国应完全承认中国，这种承认应该不仅在两国的首都，而且要在世界范围内实现。在联合国中就不应承认蒋介石，而应承认新中国。我们坚持反对“两个中国”。如英国继续支持美国的“两个中国”的论调，那只会使两国关系恶化。我们愿意通过和平协商的办法解决两国争端，包括台湾问题，但是美国不得干涉中国内政。我们的条件是：一、美国必须撤离台湾。二、不允许“两个中国”的出现。英国应该放弃老式帝国主义的手腕，要看得远些。亚洲民族的觉醒是阻止不了的。要和亚非人民建立新的关系，他们不能被压服，但可以合作。英国在亚非地区有长久的历史，有前途，这可以给英国新的朝气。英国是一个工业国家，科技很发达，也是个文明国家，应该新生。

5月25日

［纲　文］　**一届全国人大常委会举行第七十次会议。**

［目　文］　会议听取国务院总理周恩来对会期的说明，决议改期至6月20日召集第一届全国人民代表大会第四次会议。

会议还批准了最高人民检察院提请任免上海等16个省、市、自治区人民检察院副检察长、检查委员会委员、检察员名单。

5月25日

［纲　文］　**中国和印度续签两国贸易协定。**

［目　文］　中国驻印度大使潘自力和印度工商部秘书斯·朗迦那顿互换函件，续订两国之间的贸易协定。

中印贸易协定于1954年10月14日签订，有效期限为两年。在续签的贸易协定中，中印两国的贸易关系将继续受原协定条款的约束，仅做某些修改。修改的条款主要是关于支付的手续和卢比兑换英镑的办法只通过中国人民银行在印度储备银行所开立的账户进行。新的支付办法自1957年7月1日起生效。续订的协定有效期限至1958年12月31日为止。

同时，中国驻新德里大使馆商务参赞杜毓云和印度工商部联合秘书库·毕·拉尔交换信件，鼓励中印两国贸易机构间的更密切的联系和合作。

5月25日

［纲　文］　**重庆铁路管理局迁往成都，改称成都铁路管理局。**

［目　文］　重庆铁路管理局原为西南铁路工程局领导的重庆管理分局，1953年1月1日改为重庆铁路局，由铁道部直接领导，当年8月1日改为重庆铁路管理局。

5月26日

［纲　文］　**中华职业教育社在北京举行建社40周年纪念会。**

［目　文］　周恩来出席纪念会并讲话。他指出：中国知识分子是具有爱国热情的，在今天中国社会中是重要的，紧急的。知识分子的思想改造是个长期的工作，要和风细雨地进行。活到老，学到老，改造到老。我们自己也是这样做的。停顿就是落后，落后就要思想生锈。共产党员也是一样。中华职业教育社理事长黄炎培在纪念会上介绍了立社40年的历史。中央统战部部长李维汉、副部长于毅夫、平杰三，教育部副部长韦悫，中国教育工会副主席萧项平，以及各民主党派负责人等参加了纪念会。

5月5—7日，在中华职业教育社的诞生地上海已经举行过纪念活动。

5月27日

［纲　文］　**《人民日报》发表题为《怎样保证整风和工作两不误》的社论。**

［目　文］　社论说，党中央关于整风运动的指示要求各单位的整风在不耽误工作的原则下进行。既要防止脱离实际不同改进工作相结合的关门整风的偏向，也要防止把整风运动和解决各种具体问题的日常工作混为一谈的做法。

社论指出，要做到整风与工作两不误，需要注意以下两个问题：第一，整风运动的时间不宜太短。这次整风运动的内容十分丰富，又要求用严肃认真、和风细雨的方法，真正做到明辨是非，以理服人，弄清思想，团结同志。没有充分的时间就很难达到这些要求。第二，整风运动可以甚至必然会波浪式地起伏前进。整风运动的过程既然不可能太短，在这一期间，很多单位都难免会遇到一些紧迫的重大的需要全力以赴的任务。这个时候，整风运动就需要稍稍停顿一下或者减少一些时间。

5月27日

［纲　文］　**国务院发出《关于目前油脂工作安排的指示》。**

［目　文］　《指示》说，据粮食部报告，从1956年第三季度以来，食油方面出现的收购比上年减少、销量比上年增加的趋势不断发展；油脂调拨供应的紧张情况越来越严重。预计本年度国家油脂的收支，大约有15万吨不能平衡。出现购少销多的原因，除了生产赶不上消费增长的基本原因以外，主要是：农业合作化以后，农民留用油料的范围和数量扩大了，它直接影响到国家收购任务的完成。同时，供应控制不严，收购工作抓得不紧，统购工作上存在着缺点，以及有些地区油料作物因灾减产等也有关系。

《指示》指出，国务院要求本年度全国油脂收购量不得低于136万吨，销售量应该控制在112万吨的水平，即较原计划压缩11万多吨；同时要求产区调出油脂39.37万吨，并规定销区只能调入12.65万吨。为了保证这个任务的完成，特作如下规定：一、城乡食品业（饭馆业、熟食业、糕点业等）的油脂供应由于去年增长过快，本年的供应水平应予降低，但可略高于1954—1955年度的水平。二、工业用油（主要指制造肥皂和油漆的油脂）节约的潜力很大，应当基本上维持上年的用油水平，不再增加。三、国家向农业社和农民调剂供应的油料种籽，除了灾区必须照常供应以外，非灾区所需的种籽，应该根据已经留足或者没有留足的情况，分别采取不供应，或少供应的办法进行调剂；至于当地不能解决的优良种籽，国家应该大力进行调剂；但是要尽可能动员农业社和农民以一般油籽调换。四、暂时取消对居民定量供应以外的节日补助用油，如五一、端午、中秋、国庆等节日的补助油。但是对于少数民族的节日用油，仍应本着节约原则予以照顾。五、有些城市供应标准较高的，应适当降低。《指示》要求，各省、自治区、直辖市人民委员会根据此次新规定的购、销、调拨计划，在保证完成调出任务，尽量减少调入数量的原则下，具体进行安排，并从本年4月1日开始实行。

5月27日

［纲　文］　**公安部向国务院报送关于各地执行劝止农民盲目流入城市和紧缩城市人口工作中发生的问题及解决意见的报告。**

［目　文］　报告说，自从政务院发出《关于劝止农民盲目流入城市的指示》和城市紧缩人口以来，各地在执行中发生一些偏松偏紧的现象。首先，各地对有些不应当迁到城市的人，没有很好地加以说服劝止，因而农村人口大量流入城市的现象仍很严重。其次，也有一些地区对一些有正当理由应当迁移和入户的人，不分具体情况一律加以限制，因而

不少职工和群众纷纷写信或亲自到各级党政机关、报社和公安部门申诉、质问、控告，以至吵闹谩骂。

为此，报告对做好此项工作提出以下几点意见：一、农业生产合作社必须合理地组织社员从事多种多样的农副业生产，灾区尤应做好生产救灾工作。二、企业、事业单位需要劳动力，必须按照国务院 1957 年 1 月 12 日秘云 31 号电《关于有效地控制企业、事业单位人员增加，制止盲目招收工人和职员的现象的通知》办理。三、凡机关、团体、学校、企业以及军事部门等单位，对于要求迁来共同居住的干部、职工家属，仍应采取本单位审查批准的办法加以适当控制。四、对于原系盲目流入城市现已在机关、企业等单位内找到固定工作的人，可准予入户；尚未找到职业或者只有临时职业的，应由有关部门动员他们回乡生产。五、为了正确地控制城市人口，对于由劳动部门统一招收调配或经劳动部门批准招收调配的人员，由中等以上学校招收的学生，由转业建设委员会分配在城市安置的复员军人，以及必须与干部、职工一起生活并经所属单位批准的干部、职工直系亲属一般应准予迁入城市。六、应当将控制城市人口的意义和政策界限，通过各级国家机关、军事机关、企业、团体等组织和报纸向广大群众和职工进行宣传教育。

5 月 27 日—6 月 7 日

［纲　文］　**社会主义国家主管铁道部长会议在北京举行。**

［目　文］　5 月 27 日下午会议开幕。参加这次会议的有阿尔巴尼亚、保加利亚、匈牙利、越南、民主德国、朝鲜、蒙古、波兰、罗马尼亚、苏联、捷克斯洛伐克和中国 12 个社会主义国家的铁路代表团。南斯拉夫铁路代表团也应邀出席这次会议。中国铁道部部长滕代远主持会议，并致开幕词。他说：社会主义国家的铁路联运工作和科学技术合作工作，对于促进社会主义国家的经济繁荣，巩固以苏联为首的社会主义国家的团结，起着有益的作用。这次会议将继续本着互相帮助，互相支持，团结友好和亲密合作的精神，来研究和解决进一步加强社会主义国家铁路联运和科学技术合作有关的问题。苏联代表团团长、苏联交通部部长鲍·巴·别谢夫，南斯拉夫铁路代表团团长布·包加瓦奇在会上发言。经过讨论，通过了会议议程。

6 月 7 日会议举行闭幕式，12 个社会主义国家主管铁道的部长，在会议议定书上签了字，会议发表公报。公报说，在北京举行的有 12 个社会主义国家参加的本届会议，讨论并通过了对铁路合作组织章程的某些修改意见，通过了一系列关于进一步发展国际铁路联运，扩大科学技术合作和交流铁路方面经验的具有实际意义的议案。会议核准了它的执行机关——铁路运输委员会的办事细则和 1957—1958 年度的工作纲要，并解决了一系列有关铁路合作组织活动的其他组织问题。会议通过的各项决议对解决摆在社会主义各国铁路面前的技术问题和经济问题将起重要作用。

5 月 27 日

［纲　文］　**卫生部发出《关于做好夏秋季卫生防疫工作的通知》。**

［目　文］　《通知》说，夏秋季是胃肠道传染病和虫媒传染病最多的季节。本年春

季由于呼吸系统传染病流行，忙于突击性防治工作，使计划中的卫生防疫工作受到了一定影响，有些地区防御注射已经推迟，不少地区爱国卫生运动松懈无力。1956年受灾地区，水源被污染和群众生活水平降低，直接影响到身体健康。为此，各级卫生行政领导机构，应按当地具体情况，及早准备，积极开展夏秋季的卫生防疫工作。

《通知》要求：一、全国范围内预防夏秋季节的传染病，应以防止鼠疫、疟疾、乙型脑炎、痢疾、伤寒、食物中毒、脊髓前灰白质炎为主要对象；各地可根据流行情况及结合当地特殊疾病做具体安排。二、应教育所有卫生人员，提高警惕，把做好夏秋季卫生防疫工作视为中心任务，将现有卫生防疫机动力量做适当调配，以发挥最大力量。组织一切公私医疗机构及当地红十字会，遇有传染病发生，要向当地卫生防疫机构或卫生行政机构报告，以及时采取措施，做到早报早治。三、加强爱国卫生运动的领导，通过宣传教育，注意个人卫生和改善环境卫生，结合消毒，消灭病媒动物及其孳生条件。注意港口卫生检疫工作，防止霍乱等检疫传染病由国外传入。四、加强饮食行业的卫生管理，对肉食及清凉饮食品要严格监督检查，改进制造加工运输和贩卖过程中的清洁卫生。对机关、学校、厂矿、工地集体食堂及公共食堂，尤应注意卫生管理。五、各地参照以上精神，做具体布置，如有疾病流行，应将流行情况及所采取措施迅速简要报告卫生部。

5月28—31日

［**纲　文**］　**中共中央办公厅和国务院秘书厅联合召开处理人民来信、来访工作会议**。

［**目　文**］　来自27个省、自治区、直辖市的党委书记、秘书长，省长、副省（市）长或秘书长，以及中共中央和国务院各部（委）、各直属机构的负责人等，共计300多人参加了会议。中共中央办公厅主任杨尚昆、国务院秘书长习仲勋，分别在会议开幕、闭幕式上作报告。

会议着重解决对来信、来访工作的认识问题和领导问题，同时也交流了处理人民来信、来访工作的经验。会议认为，人民群众通过来信、来访，向党和政府提出意见和要求，是人民群众实现民主权利的一种方式。党和政府机关通过处理人民来信、来访工作，可以扩大同人民群众的联系，可以向人民群众解释、宣传党和政府的政策，可以使党和政府及时了解和调节人民内部矛盾。来信、来访工作，绝对不是一件小事，而是一项重要的政治任务，各级党委、各级人民委员会和所有的机关、团体，都必须重视和做好这一工作。根据客观形势对来信、来访工作的要求，以及来信、来访工作中存在的问题，会议决定：各省（市、自治区）的来信、来访工作，党政系统分别由一位省（市）委书记和省（市）长或副省（市）长亲自掌管；中央各部由一位部长亲自掌管。名单要在6月份内按照党政系统分别报告中共中央办公厅和国务院秘书厅。中央机关收到的信件，凡是应该直接处理的，不要下转。应该由地方处理的，少数可以直接转交到县，一般的要转至省（市、自治区），以便省（市、自治区）级机关了解情况，加强对这些信件处理的检查监督。转办手续，一般要在收到信件后的3—7天内办理完毕。关于控告干部的来信、来访，凡是那一级机关管理的干部，就由那一级机关负责处理。但是，控告县级以下基层干部的信件，一律由县级机关直接处理。控告党员干部的交党的县监察委员会，控告党外干部的交县人民委员会。对于积压信件和来信、来访中没有处理的问题要普遍进行一次清理，凡是要求合理，而又有条件及时处理的，一定要加以处理。会议还决定，要加强处理人民来信、来访的机构，从质量和数量上加强干部配备，健全各项制度。并且要对做此项工作的专职干部，加强群众观点的教育。会议还决定，各省（市、自治区）应该根据这次会议的精神，结合当地的具体情况，召开地方来信、来访工作会议，切实检查来信、来访工作中的官僚主义，并且采取有效措施，加强领导、改进工作。

6月3日《人民日报》配发了题为《结合整风运动，加强处理人民来信来访工作》的社论。社论指出，处理人民来信、来访工作是领导机关工作中的一项重要任务，对整风运动很有意义，对克服一些领导机关和领导干部的官僚主义、主观主义和宗派主义很有益处。

5月28日

［纲　文］　**中共中央致电祝贺以色列共产党第十三次全国代表大会召开**。

［目　文］　贺电说，当英国、法国、以色列侵略埃及失败，而美帝国主义正在乘机加紧对中近东各民族的奴役的时候，你们的党正在团结以色列人民，决心为保卫中近东和平、反对艾森豪威尔主义，并且为继续加强中近东各民族的反殖民主义的团结而进行斗争。中国共产党祝贺你们在这个斗争中取得新的成就。

5月28日—6月4日

［纲　文］　**全国科普协会在北京举行全国宣传工作会议**。

［目　文］　会议认为，工作中存在的主要矛盾是：协会的各级领导落后于实际，协会所普及的科学技术知识的数量和质量还不能满足人民的需要。其主要原因是，还没有充分发挥协会会员的积极性。会议指出，协会的主要任务是：在党的领导下，加强对协会系统的领导，发挥会员的积极性，帮助基层组织主动地开展宣传工作，及时供应宣传资料，并提高宣传质量。会上，就协会的性质问题展开了争论，大多数人认为，协会是科学技术工作者自愿组织起来的群众团体，因此科学技术工作者在党的领导下，发扬当家做主的精神，才能搞好科普工作。会上对如何发挥科学技术工作者的积极性问题，参会者认为首先要加强协会各级常委会的领导。在闭幕会上，中宣部副部长周扬讲话，他强调说明了科学技术普及工作在文化技术革命中的重大作用。

5月29日

［纲　文］　**国务院举行常务会议**。

［目　文］　会议由周恩来主持，主要内容是：

一、通过《国务院关于华侨捐资兴办学校的指示》，并决定，华侨兴办的学校一律不发助学金，不统一招收学生。华侨事务委员会副主任廖承志在讨论中说，有五六千名华侨学生从20多个国家回来。我们在北京、广州、厦门办了三个补习学校。为华侨学生办学校不宜普遍搞，拟减少些华侨回国人数。

二、通过《华侨投资于国家经营的华侨投资公司的优待办法》，决定先在广东、福建两省公布施行。

三、听取华侨事务委员会关于争取侨汇问题的报告。报告说，侨汇的升降直接反映华侨与祖国关系的密切程度。解放前曾迅速上升，1956年却因物资供应不足而降为1.143亿美元，比1955年减少176.3万美元。会议决定，为了满足有侨汇收入的侨眷生活资料的需要，可考虑在一般定量外，采取提高价格和凭侨汇证供应的办法。

四、原则同意中国人民银行关于1957年3月全国分行行长会议的报告。报告说，银行工作在支持三大改造方面起了积极的作用。截至1956年底，农业贷款放出数为30.3亿元（比1955年底增加20.3亿元），发放手工业和公私合营企业贷款9.4亿元，比1955年底增加了四倍多。1956年在信贷收支方面主要的经验教训是：（一）要认真地做到财政预算和信贷计划统一平衡。企业的定额流动资金和基本建设投资，不能由银行贷款；长期性投资性的贷款，应当由国家预算拨款解决资金来源。（二）对于农业贷款、手工业贷款和其他不是用来掌握物资的贷款，必须注意掌握，不能轻易批准追加。1957年必须对影响货币流通的各项信贷指标严格控制，尽量讲求合理使用。1957年农贷的重点放在生产费用方面，管好近39亿元的农贷资金。银行要大力发展城乡人民储蓄。本年原则上不能增加货币发行。

5月29日—6月19日

［纲　文］　**国务院秘书长习仲勋邀请党外人士举行整风座谈会。**

［目　文］　座谈会共举行了12次，有48人在会上发言，还有六位党外人士作了书面发言。发言的内容涉及的方面很广，有党政关系问题，法制问题，行政体制问题，机构编制问题，国务院各部门的职权划分问题，肃反遗留问题，人事安排问题，文教卫生问题，思想作风问题等等。在最后一次座谈会上，习仲勋向非党人士表示感谢，建议把这个座谈会上提出的全部问题交参事室进行整理、研究，提出处理意见。应该由国务院办理的，由国务院办理，应该由各部门办理的，交由各部门办理。现在能解决的，就现在解决，今天能解决一件就解决一件。能够很快解决的，研究后就争取很快解决。应该办而条件不成熟的，研究以后酌情办理。不应该办的，说明不办理由。

5月30日

［纲　文］　**国务院批转《国务院专家局关于1957年争取还在资本主义国家的留学生回国的工作计划报告》。**

［目　文］　《报告》说，争取还在资本主义国家的留学生回国的政策，在国内外产生了积极的政治效果，1956年有161名留学生从资本主义国家回国。还在资本主义国家的留学生中获有学位和学术水平较高的约5000余人。1957年争取重点是那些国内迫切需要

而有用的人才，并以美国为主。首先争取那些学术水平较高和有地位的科学家、学者或有代表性的人物回来。

5月30日—6月18日

［纲　文］　**苏联消费合作社代表团访问中国。**

［目　文］　5月30日下午，应全国供销总社邀请，以苏联消费合作社中央联合会主席克利莫夫为团长的代表团，一行九人，乘飞机到达北京。访问期间，全国供销总社安排全面、财务、会计、工资四个小组与代表团交换意见，交流经验。代表团先后参观访问了北京、南京、上海、杭州、天津等地供销社门市部、加工厂、仓库和农业生产社等，并游览了名胜古迹。6月13日下午，陈云接见代表团全体成员。6月15日，团长克里莫夫先行回国，其他团员18日回国。此行代表团实现了加强两国合作社的友好团结、交流双方业务工作经验，对中国合作社体制、合作社经营、对外贸易和参加国际合作联盟等问题交换意见的目的。

5月30日

［纲　文］　**大、小金门岛上的国民党军向厦门、大嶝和莲河等地进行本年来规模最大的一次炮击。**

［目　文］　炮击从上午6时12分开始，一直持续到8时48分。国民党军共发射炮弹1100余发，比4月份向大陆这一地区发射的炮弹总数还多200余发。炮击中，厦门居民一人受伤。大陆海防炮兵进行了还击。

据福建前线指挥机关统计，从5月1—30日，蒋军共向大陆炮击126次，发射炮弹4800余发，炮击次数和发射炮弹数都远超过本年前四个月的任何一个月。

5月30日

［纲　文］　**中国少年儿童出版社成立。**

5月31日

［纲　文］　**国务院举行第五十次全体会议。**

［目　文］　会议由周恩来主持，主要内容是：

一、通过《国务院关于进一步开展增产节约运动的指示》。《指示》指出，增产节约是发展社会主义经济、扩大社会主义积累的基本方法。1957年是我国第一个五年计划的最后一年，在这一年不但要完成第一个五年计划，而且要为第二个五年计划做好准备，因此开展一个普遍的、深入的增产节约运动，就更具有特殊重大的意义。《指示》对进一步开展增产节约运动提出了五项具体工作。6月3日，国务院总理周恩来签发了该《指示》。

国务院副总理兼国家经委主任薄一波作了说明。他说，1957年计划，不管基本建设还是生产方面，特点是速度大大降低了。本年是“一五”计划的最后一年，必须瞻前顾后，前四年工业、基建速度随着农业的丰、歉而升降，今后要建立国家储备，逐步平衡。基本建设投资额虽减少近30亿元，但还普遍占地太多。城市建设规划大。造成这种情况，经委、计委、建委应负责。廖鲁言发言说，本年农业生产的不利因素是，劳动积极性不高，资金有问题，扩大再生产困难。合作化以后，有些较远的不好的地不种了。承德建议将这种地分给个人，不收统购粮和公粮。地少的地方，社员开私荒的不少。李先念发言说，上年 5 月底，粮食库存 600 亿斤，本年估计只有 390 亿斤。几年来粮食增产是否有那么多，值得研究。广西饿死人，中央也有责任。现在淮河以北好几个省粮食都紧张。

二、通过《国务院关于撤销河南省陈留县的决定》，将陈留县所属行政区域划归开封县。

三、会议还决定：(一) 停止北京市城市总体规划方案的展览，在方案未经批准前不得执行。(二) 国家测绘总局在西安占用麦田、乱铲麦苗的问题，监察部负责在三天之内查明情况，从严处分，并将结果在报纸上公布。周恩来讲话指出，要停止北京市的城市规划展览。北京城市不规划，后代子孙不会骂我们。世界上很多大城市都是在旧的基础上建设起来的，这样对后代子孙还有教育作用，他们可以比较一下，不要平地起家。在谈到农业问题时说，不要轻易谈丰收，要加紧工作。我国是农业国家，当前又正在整风，生产稍有松懈，损失就不小。

最后，会议通过了任免事项。

5 月 31 日

［纲　文］　**国务院发出《关于贯彻公私合营企业中私方人员病假期间工资支付办法的通知》。**

［目　文］　《通知》说，本人股金在 2000 元以下的公私合营企业中私方人员病假期间工资待遇，可根据生活困难情况或者病假的时间长短，按照本人工资发给 50%—70%，不必按工龄和非工会会员的标准计算。关于本人股金在 2000 元以上的公私合营企业的私方人员病假期间工资，只要确有困难，也可以参照上述办法办理。

5 月 31 日—6 月 7 日

［纲　文］　**国家建委、国家计委和国家经委联合召开全国设计会议。**

［目　文］　来自全国 100 多个设计院（公司）的负责人和总工程师或工程师，中国著名的建筑学家和中央各经济建设部门的负责干部等，共计 900 多人参加了会议。

会议召开的目的是动员全国 10 万设计人员用整风的精神，检查和总结第一个五年计划期间的设计工作，从中吸取经验教训，以便于在第二个五年计划中更好地贯彻勤俭建国的方针，逐步实现我国社会主义工业化。

会议期间，国务院副总理李富春和薄一波先后向大会作了报告。他们在报告中综述了第一个五年计划取得的成就和某些缺点和错误，分析了当前经济生活的主要情况，并提出编好第二个五年计划要正确地解决的几个主要问题，以及厉行节约、勤俭建国等问题。参会人员通过大会发言、小组讨论，对建设规模的大小、城市规划如何好、多建楼房还是多建平房、各种标准的修订等问题展开讨论，对领导国家经济工作的三个委员会和中央各部的领导工作提出了批评。他们批评中央机关解决问题迟缓拖沓，对建设方面的标准、定额和规章等定得太死，管得太多，地方上不能因地因事制宜，影响了地方积极性。有些人还批评领导机关的技术领导薄弱，又往往不很好地同专家们商量，以致在决定带技术性的问题时，摇摆不定，延长时间。参加会议的不少设计人员认为中央与地方之间或中央各部之间在建设工作中协作配合得不好，经常“扯皮”。

会议结束时，国家建委主任王鹤寿①就会议期间提出的问题作了解答。

5 月 31 日

［纲　文］　**中国邮电部和阿尔巴尼亚交通部签订邮政和电信协定**。

［目　文］　协定的签字仪式在北京举行。中国邮电部部长朱学范②和阿尔巴尼亚人民共和国交通部部长雅科瓦，分别代表双方在协定上签字。协定共包括 4 章 17 条，内容涉及办理各种函件、保价信函、普通包裹和保价包裹的直接互换和经传业务，电报电话业务，以及结算账目等两国间邮政电信联系的各个方面。协定从 1957 年 5 月 1 日起生效，有效期限无限制。

5 月 31 日

［纲　文］　**教育部发出《关于调整、充实职工业余学校领导骨干和专职教师的意见的通知》**。

［目　文］　《通知》指出，由于客观条件的限制和主观努力的不够，职工业余学校领导干部及专职教师的数量不足、质量不高的现象，仍然严重存在，这已成为办好职工业余学校，提高教学质量工作中亟待解决的问题。为解决这些问题，教育部提出如下意见：一、各级教育行政部门，在分配应届高等师范和师范学校毕业生时，应该把职工业余中小学校和普通中小学校的需要，作统一安排。二、各级教育行政部门要建议和协助工业企业管理部门，对现有厂矿企业主办的职工业余学校的专职教师进行检查，对不称职，教学质量太低又无培养前途的教师，作适当的调整或处理。各级教育部门应主动地建议厂矿企业主管部门，不要再把不适于做教学工作的编余人员，调往职工业余学校去。关于厂矿企业在精简编制时，适当选派政治质量较强、文化水平较高的干部，到职工业余学校去充实领导力量，或从现有的专职教师中提拔一些政治质量、业务能力较强的人，担任厂矿职工业余学校领导工作问题，建议中央各有关部门采取措施下达。有些厂矿企业本身无法调整职工业余学校领导干部时，教育行政部门还可以从其他方面抽调少量业务能力较强的干部或教师到职工业余学校担任教学领导工作。

5 月 31 日

［纲　文］　**比利时文化代表团抵达北京**。

［目　文］　代表团是应中国人民对外文化协会邀请来中国访问的，由布鲁塞尔大学教授、前比利时驻苏联大使阿图尔·华特斯率领，一行五人。6 月 8 日，周恩来接见代表

---

①　王鹤寿（1909—1999），河北唐县人，时任国家建委主任兼冶金部长。

②　朱学范（1905—1996），浙江嘉善（今上海金山）人，时任邮电部部长、全国总工会副主席、民革中央常委。

团，客人提出请中国一个民间艺术团去比利时布鲁塞尔国际博览会演出。周恩来说，布鲁塞尔国际博览会如有台湾参加，我们去参加不恰当。任何地方出现“两个中国”，我们都不会去参加，避免给人一种错觉，以为我们容许有“两个中国”存在。我们了解西方有些政府由于美国的压力，暂时不能承认我们，但不要追随“两个中国”的政策。

5 月

［纲　文］　**国务院发出《关于修改〈工厂安全卫生规程〉第21条的通知》**。

［目　文］　《通知》原文如下：1956 年 5 月 25 日国务院颁布的《工厂安全卫生规程》，经过各地一年来贯彻执行的情况证明，基本上是切实可行的，对于改善工厂劳动条件、保证安全生产起了积极作用。但是，在执行的过程中，不少地区和单位认为规程中第 21 条的规定要求有些过高，即目前大部分高温作业地点的温度降低到摄氏 32 度有困难；冬季在摄氏 5—10 度时，并不太冷，可以不取暖。因此，为了使这个规定更加符合现实情况，特决定将第 21 条原文修改为“室内工作地点的温度经常高于摄氏 35 度的时候，应该采取降温措施；低于摄氏 5 度的时候，应该设置取暖设备。”各有关部门应即遵照执行。

5 月

［纲　文］　**劳动部召开全国工资改革工作总结会议**。

［目　文］　会议的主题是总结 1956 年的工资改革工作，安排 1957 年的工资工作。劳动部工资局做出了《关于 1956 年工资改革工作的基本总结》。

《总结》说，1956 年国民经济各部门所进行的工资改革，改进了工资制度，纠正了前两年某些部门工资增加过少甚至没有增加的缺点。这次工资改革的成绩是显著的，但也有一些缺点，就是工资增加过多了一些，工资制度的某些方面也没有改革得好。据国家统计局的初步计算，这次工资改革增加工资 16. 14 亿元，比计划数（13. 24 亿元）多用了 2. 89 亿元；年平均工资增长了 18.1%，比计划数（14. 8%）多了 3. 3%。从改革的结果来看，有一部分工资基金开支不当，主要是：一、多数地区的乡干部、乡村供销合作社营业员、普通工和学徒的工资标准偏高；二、职工的升级面过大，不少部门超过了 50%，许多不应该升级的人也升了级；三、推行计件工资制过急过宽，实行了计件工资率而没有及时修改落后的劳动定额和改进定额管理制度；四、对于奖励制度和津贴制度未作整理，有些奖励、津贴开支不当。几年工资工作的经验证明，基于我国有六亿人口而经济落后这个基本特点，在今后相当长时期内，我国职工的工资福利只应该是也只能是逐步地、缓慢地增长。

《总结》指出，这次工资改革对于地区间、部门间、各类人员间的工资关系和工资制度，都有不少的改进。但是，这次改革后，工资制度方面仍然有许多比较严重的缺点和问题。今后在改进工资制度的时候，必须根据“按劳取酬”原则，认真地从我国当前的实际情况出发，既要反对平均主义，又要防止高低悬殊，既要注意统一合理，又要注意因地制宜，学习苏联和兄弟国家的好的适合我国情况的经验，吸取我国过去工资制度方面的有用的东西，慎重地研究拟订改进现行制度的方案，有步骤地予以实行。

5 月

［纲　文］　**卫生部在济南召开全国麻风病防治工作会议，制订了全国麻风病防治规划**。

5 月

［纲　文］　**广东沿江各地人民抗洪抢险**。

［目　文］　从5月12日起，广东连续受到暴雨袭击，到24日，海丰、陆丰县10天内的雨量比北方黄河流域两年的雨量还要大。经各地集中力量抢险，全省大江大河安全度过第一次洪峰。但由于雨量过猛，山洪暴发，在局部地区造成严重的灾情。据统计，全省有30多个县暴雨成灾，受淹农田260多万亩。暴雨成灾后，广东省派出慰问团深入灾区，先后拨发救济款、贷款和商品肥料等，组织灾民恢复生产。在抗洪抢险中全省有10位解放军和国家机关干部牺牲。

5 月

［纲　文］　**日本物理学家代表团访问中国**。

［目　文］　代表团由日本20位物理学家组成，东京教育大学校长朝永振一郎为团长，日本物理学会会长、名古屋大学教授有山兼孝为副团长。代表团是应中国科学院邀请来访问的。5月10日代表团抵达北京，中国科学院副院长吴有训①、中国物理学会理事长周培源②等40多位科学界人士到机场迎接。5月11日，中国科学院院长郭沫若在北京饭店宴请代表团。13日，周恩来接见代表团。他说，我们要向科学发达的外国学习，科学没有国界。艰苦的传统是好的，我们还应将日本的艰苦传统介绍过来，向日本学。访问期间，代表团参观了北京、天津、沈阳、上海等城市的物理学研究机构和大学，并在所访问的城市作了10次学术报告。周培源、施汝为代表中国物理学会，有山兼孝代表日本物理学会签订了《关于中日两国物理学界的学术交流备忘录》，提出了促进两国物理学界的学术交流，相互访问、相互参加会议与相互讲学的建议。

---

① 吴有训（1897—1977），江西高安人，物理学家、教育家，时任中国科学院副院长、中央文委委员、中华全国自然科学专门学会联合会副主席。

② 周培源（1902—1993），江苏宜兴（今无锡）人，物理学家，时任北京大学副校长。

6 月

6 月 1 日

［纲　文］　**国务院举行常务会议。**

［目　文］　会议由周恩来主持，主要内容是：

一、议定本年留学生暂不回国。留学生每年回国的目的是为了了解国内建设情况。因国内正在进行整风运动，没有力量组织他们到各地参观，而且会增加国家财政开支。整风运动的情况，由国内派人向他们传达。

二、原则批准 1957 年度从苏联和人民民主国家毕业回国留学生分配计划。这批回国留学生共计 371 人，均已在出国前分配了工作部门。为了照顾有关单位的急需，有 40 人作了调整。

三、听取国务院副总理薄一波、李富春关于基本建设等问题的报告。报告说，基本建设存在的问题是：建筑公司多，基地泛滥，临时工房盖成了永久性宿舍。部门分工过细，在和平时期把国防工业与机械工业分得太清会吃亏。城市建设规模大，全国城市非生产性建设搞了 1.9 亿平方米，投资约 100 亿元。城建用地过多，共占了 2000 多亩。房子的标准高，各地都看北京，缺乏统一规划。办技术学校不成功，工厂带徒工是好办法。公费医疗要加以限制，缩小范围。

四、会议决定：（一）基本建设中关于防空、防震、防洪、防火和卫生安全等各项设计标准，划归国家建委掌管。（二）撤销人民防空委员会的组织。（三）高等学校学生停止军事训练。

6 月 1 日

［纲　文］　**监察部发出《关于贯彻整风和工作两不误的几点意见的通知》。**

［目　文］　《通知》指出，县以上各级监察机关，在整风期间，必须切实贯彻整风和工作两不误的原则，恰当地安排各项工作，有计划、有重点地组织检查活动：一、为了帮助各级国家机关正确处理人民内部矛盾，贯彻勤俭建国的方针，各级监察机关必须抓紧检查增产节约运动中发现的重大问题。二、各级监察机关必须及时检查在整风运动中所揭发出来的各级国家机关的严重官僚主义、强迫命令、损失浪费和违法乱纪的案件。同时必须采取具体措施，进一步加强对公民检举控诉和监察通讯员工作的领导，加强省、市以上监察机关处理公民控诉的办事机构。三、要通过检查工作和处理公民控告申诉工作，综合

揭发出来的各种问题，分别写成专题材料，及时向党政领导机关反映，以便依靠党政领导机关解决这些问题，提高监察工作的质量。为此，监察机关的综合研究工作必须相应地加强。

《通知》说，要能切实贯彻整风与工作两不误的原则，关键在于领导干部亲自动手，摸清情况，加强集体领导与分工负责的制度，根据需要与可能，对工作进行妥善具体安排。

6月1日

［纲　文］　**中共河北省委向全省各级党委发出开展抗旱运动的紧急通知**。

［目　文］　通知指出，全省各地普遍呈现的严重旱象已经直接威胁着本年农业大丰收的实现，但是这一严重情况有些地区的党政领导还未引起高度注意。有的县到5月20日麦田一亩未浇，有些农业社4%的劳力不愿做农业生产，热衷于副业和一切商贩活动。这种情况应当立即扭转。

通知强调，六七月份是争取全年农业大丰收具有决定意义的季节，也是能否缓和全省主要矛盾——粮食紧张局面的关键所在。因此，各级党委要集中力量迅速开展一个群众性的抗旱运动，各级党政负责人以及干部和驻军都应直接参加抗旱运动。除粮食征购销工作外，一切妨碍农业生产的工作都应停止或推迟。各地党委要立即研究部署这一工作，地委、县委第一书记要以整风的精神立即抓起对农业生产的领导。

6月1日

［纲　文］　**首都各界人民举行支持世界和平理事会科伦坡会议大会**。

［目　文］　大会在北京政协礼堂举行，各人民团体、各民主党派的负责人和首都各界人民1000多人参加大会。中国人民保卫世界和平委员会主席、出席世界和平理事会科伦坡会议中国代表团团长郭沫若，中国人民保卫世界和平委员会副主席陈叔通，中国伊斯兰教协会主任、出席世界和平理事会科伦坡会议中国代表团副团长包尔汉，以及应邀出席大会的法国、苏联、越南、阿尔巴尼亚和蒙古国的来宾，相继讲话。大会一致通过决议，谴责美国政府拒绝禁止使用和试验核武器，坚持原子讹诈政策和扩军备战政策。决议表示，拥护苏联的裁军建议和要求缔结停止试验核武器国际协定的主张，并且重申中国人民完全支持亚洲、非洲和拉丁美洲各国人民反对殖民主义的正义斗争，支持阿拉伯人民维护民族独立和主权的正义斗争，支持世界上一切反对战争、争取和平的努力。

6月1日

［纲　文］　**苏联撤销驻沈阳总领事馆**。

6月1日

［纲　文］　**中国作协新疆维吾尔自治区分会正式成立**。

6月2日

［纲　文］　**中共中央批转中共江苏省委《关于正确处理农村人民闹事问题的指示》**。

［目　文］　中共中央肯定了江苏省委的《指示》，并要求上海局、各省市委、自治区党委参照江苏省委的办法执行：一、冷静分析夏收前后的农村形势，认真分析农村人民闹事的原因。二、主动解决农村中存在的各种问题，以便防止人民闹事事件的发生。三、总结正确处理人民闹事的经验，教育干部，使他们懂得对待人民闹事，既不能片面地迁就许愿，也不能采取粗暴的态度，应该坚持团结——批评——团结的方针，辨明是非，达到干部与群众在更高基础上的团结，以利生产。四、教育干部，认真对待群众用各种方式提出的意见，如人民来访、告状等，使那些问题在酝酿阶段就得到适当的解决，坚决克服推延、拖拉等官僚作风。同时也要抓紧对群众的教育工作，向群众说明闹事会使生产受到损失的道理，有问题最好用提意见的办法求得合理解决。

5月20日，江苏省委在《指示》中说，1957年春以来，全省各地农村发生了不少人民闹事事件，泰县闹退社事件在几个乡范围内成片发生，有2000多人到县里请愿。在夏季农活紧张繁忙的时节，农业生产工作的好坏，关系到全年的丰歉。因此，正确处理农村中人民闹事问题，是一项严重的政治任务，应该成为当前农村党委整风的首要内容之一。《指示》分析了农村人民闹事的各种原因和干部处理闹事事件的不同态度所带来的不同效果，要求各级党委对基层干部讲清两类矛盾的划分，以及如何正确处理人民内部矛盾问题，对农民群众进行勤俭建国、勤俭办社、勤俭持家和爱国、爱社的教育。各级负责干部应该参加体力劳动，了解群众疾苦。保护基层干部的积极性，对个别违法乱纪的要严肃处理。加强对落后社的领导。严禁强迫单干户入社和对退社农民的歧视行为。下放干部和下去帮助工作的干部，要在改进领导作风和工作方法上以身作则。不论何时，都要抓紧搞好农业生产。

6月2日

［纲　文］　**《人民日报》发表题为《大力推广分散喂养耕牛的经验》的社论。**

［目　文］　社论说，农业社喂养耕牛的办法，大体上可以分作两种：一种是集中喂养，另一种是分散喂养。集中喂养的办法，在少数基础好、设备和技术条件比较齐全的合作社里，已经有了一些成功的经验。而在一般的合作社里，由于各种条件的限制，却一直没有搞好，耕牛普遍瘦弱多病，非正常的死亡为数很多，这种现象在部分的合作社里达到了惊人的程度。但在同一地区、同等条件之下，分散喂养的耕牛，情况却是好得多，多数耕牛并不是那样瘦弱、多病，非正常死亡的数量很少，有些地区或合作社甚至根本没有这种现象发生。

社论指出，对于分散喂养的办法有些同志有顾虑，这种怀疑与顾虑是不必要的。第一，它没有破坏农业社的集体所有制的原则，因为耕牛仍然是社所有的；第二，也没有破坏统一使用的原则，因为耕牛的使用仍然是统一的。而分散喂养只是在管理耕牛方面的一种具体做法而已。在坚持农业社的集体所有制和统一经营的原则下，在具体的经营管理工作方面，采取了一些具体的、灵活的和切合实际需要的办法，不仅没有破坏以上的原则，而且对贯彻实现这些原则和巩固这种集体经济组织有很大的好处，也是在实际工作中所必需的。这种原则性与灵活性正确结合的做法，不仅在解决耕牛问题上是必需的，对于处理农业合作社的各种问题来说，也是非常必要的。

6月3日

［纲　文］　**中共中央主席毛泽东，副主席刘少奇、周恩来、朱德、陈云，总书记邓小平，政治局委员贺龙，先后接见参观全国农业展览会的湖北、广东、贵州、湖南、广西、甘肃、辽宁七个省和内蒙古自治区以及黄河水利委员会、辽宁锦州农业试验站的代表团，出席军械先进工作者代表会议的代表，以及北京劳动学校的学员们。**

6月3日

［纲　文］　**中共中央批转监察部党组《关于检查长江航运工作的报告》和交通部党组《关于改进长江航运工作的意见》。**

［目　文］　中共中央批示，长江是中国内河运输最重要的干线，对国家经济建设有极重要的意义。请沿江各省、市委加强对长江航运局各地党委的领导，帮助他们整风和改进工作。

监察部在《报告》中说，根据周恩来指示，监察部与交通、公安、中央监察委等组成联合检查组于1956年3—5月检查了长江航运工作，发现长江航运工作中存在不少严重缺点，如客货经常积压，海损事故与货损、货差严重，技术干部和高级船员严重缺乏，港口建设落后等。此外，长航局执行公私合营政策也有缺点，对公私合营轮船公司的政治领导较薄弱，对资方人员的团结改造也较差。交通部在《报告》说，为改进长航局的工作，要加强长航局党委的领导，贯彻党委集体领导下的局长负责制；统一党内思想，加强领导干部间的团结，改善原长航局和民生公司干部间与职工间的关系，妥善安排合营公司的干部；改善运输组织和管理制度，加强调度工作，改善现行分段管理办法；抽调较强干部充实业务部门。

6月3日

［纲　文］　**国务院发布《关于进一步开展增产节约运动的指示》。**

［目　文］　《指示》指出，增产节约是发展社会主义经济、扩大社会主义积累的基本方法。为了保证1957年的国民经济计划和国家预算的执行，进一步开展增产节约运动是十分必要的。

《指示》说，基本建设是增产节约的重点，要进一步审查基本建设计划，削减和推迟那些可以削减和推迟的项目，纠正建筑标准过高、技术经济定额过大等缺点，并且纠正只愿建设大型企业不愿建设中小型企业的错误思想。在工业生产中，凡是有社会需要和原材料充分供应的产品，都应该积极地增加产量；凡是有社会需要而原材料供应不足的产品，应尽量节约原材料，利用各种废料、旧料和代用品进行生产；凡是价格高、质量差而不适合社会需要的产品，则应降低成本，提高质量，扩大销路。在农业生产中，应该切实贯彻勤俭办社和民主办社的方针，因地制宜，制订各地发展农业生产的规划，推广行之有效的增产经验。对于交通运输、商业、文化教育部门及一切事业、企业单位，都应该加强管理，提高技术，推广先进经验，提倡合理化建议，发挥原有设备的效能，提高工作效率和工作质量，减少管理费用，动员内部资源，利用闲散废置的器材，节约一切不必要的开支和消耗。在全国人民中宣传和推广勤俭建国、勤俭办社、勤俭治家的思想，使这种思想深入到人民的日常生活中。

《指示》提出五项具体工作任务：一、国务院各部门和各级人民委员会应该把对于增产节约运动的领导当做自己经常的重要任务之一。采取一切必要的形式，有计划地向干部和群众进行关于增产节约的思想教育工作。二、所有有基本建设的单位，凡属占地过多或者征而不用、早征迟用的，都应该将多余的或者现在不用的土地立即退还给农民耕种；凡属非生产性的建筑，都应该按照各该地区的具体情况，立即降低造价，使建筑标准一般同当地居民的建筑标准看齐；城市规划应该作必要的修改，大城市应该做出控制性的规划；只建一两个厂子的小城镇，则不作城市规划，其服务性事业，由建设单位本最节约原则自理；所有建筑公司，一律不再搞所谓永久性的建筑基地；有些单位的任务交由当地机械工厂承担。三、一切国家机关、部队、团体和事业、企业单位，都应该按照增产节约的原则，检查现行的各种制度、定额和标准。凡和增产节约相违背的，都应该加以修改；凡在增产节约运动中行之有效的办法，都应该加以总结，适当地予以推广，并且用制度的形式把它固定下来。四、国务院各部门和各级人民委员会，应该指定一位主要负责人，督促、指导和管理所属各单位的增产节约工作。五、国务院各部门和各省、自治区、直辖市人民委员会，应该根据《指示》精神，制订1957年增产节约实施方案；其所属一切行政机关、事业和企业各单位，应该根据方案制订本单位的年度和季度的具体实施计划。国务院各部门和各省、自治区、直辖市人民委员会应该根据方案和计划分别进行深入的检查，并且采取适当形式，推广增产节约的先进经验。

6月3日

［**纲　文**］　**国家计委发出《关于印发〈对现行计划管理制度的意见〉的通知》**。

［**目　文**］　《通知》说：现将薛暮桥关于《对现行计划管理制度的意见》印发。计划管理体制是个大问题，请计委各单位结合整风发动全体干部研究讨论。

薛暮桥在《对现行计划管理制度的意见》中指出，国民经济随着社会主义改造事业的进展，我国计划管理的范围逐步扩大，方法逐步完善。我们的计划工作是有成绩的。成绩是主要的。但计划工作的缺点和错误也很多。

首先是不全不透。对各经济成分统筹不够，对六亿人民生活的安排比较少。

其次，在计划管理制度方面，存在着集中过多，管理过严，缺乏灵活性。国民经济的计划管理制度必须具备集中性和灵活性两个方面。对于进一步改进计划管理制度，薛暮桥提出下列两条原则：第一，计划管理制度必须集中性与灵活性相结合，既有必要的集中性，又有必要的灵活性，也就是采取陈云所指出的“大计划、小自由”的原则。第二，计划管理制度必须采取统一领导、分级管理的原则，予各部门、各地区、各企业和事业单位以一定程度的自治权利。应该对现行的计划管理制度进行大胆的改革。首先，在计划指标方面，考虑到一方面计划指标体系必须能够反映国民经济全面情况，必须保持其完整性；另一方面又不宜于管得过多过死；因此建议把计划指标分为两类，即指令性的指标和参考性的指标。其次，建议对主要的计划产品，也采取分级管理的制度。国务院只掌握少数最重要的产品，其他重要产品让主管部门和省市自己掌握。

再次，在计划管理范围方面，建议国家计划采取掌握重点，分级管理的原则，国务院除直接掌握中央各工业部的基本工业企业以外，还可以把各省市工业厅局所属基本工业企业，中央和省市非工业部门特别大的工业企业列入自己的计划管理范围，这样的企业在全国大约有4000—5000个，其产值约占工业总产值的70%左右。其余部分也可以估算一个数字，作为参考性或计算性的指标，不必按月按季进行检查。

最后，五年计划应该有分年度的数字，作为编制年度计划时的参考。

6月3日

［纲　文］　**教育部发出《关于提倡群众办学的通知》。**

［目　文］　《通知》说，在解决儿童入学、升学问题上，一些新的工业城市，显得十分紧张。为此，教育部特就关于提倡群众办学问题，提出一些意见，供各地参考。

《通知》指出，中、小学是地方性和群众性的事业，中国地广人多，经济落后，中、小学教育不可能完全由国家包下来，必须采取多种多样的办学形式，才可以适当满足儿童入学和升学的要求。因此，除了国家办学外，还必须大力提倡群众办学，动员城乡居民和工矿企业、机关、团体、院校、合作社等单位的员工，根据需要、自愿和可能的原则，集资兴办学校。此外，还应鼓励华侨办学，并允许私人办学。所办学校不必强求正规，可以根据当地条件办理初中、小学或儿童识字班、文化补习班等各种形式。学校的管理，应由办学群众民主选举组成学校管理委员会或者董事会来负责筹措经费，聘请教师，商定教师的工资福利待遇并监督学校的日常工作。群众办学，应该贯彻勤俭办学的方针，经费的筹措办法，基本上应该根据谁上学谁出钱的原则，由学生家长合理负担。各该厂矿、企业、机关、团体、院校、合作社等单位，可量力给予物质上的帮助。

《通知》要求，各地教育行政部门应加强对群众办学工作的领导，既不应代替群众包办学校的行政事务，或者放任不管，也不应该用强迫命令的方式，硬性布置办学任务。希望在当地党委和人民委员会统一领导下，积极稳步地做好这一工作。

6月3—15日

［纲　文］　**文化部和中国音协在北京举行戏曲音乐工作者座谈会。**

［目　文］　文化部副部长夏衍、刘芝明出席会议并讲话，梅兰芳、程砚秋、杨荫浏①等作专题报告。会议总结了戏曲音乐工作的成绩和缺点，研究探讨了实践中存在的问题和今后工作的方向。

---

①　杨荫浏（1899—1984），江苏无锡人，中国音乐史学家、民族音乐学家。

6月3日

［纲　文］　毛泽东和周恩来接见来北京进行世界足球锦标赛第二场预选赛的印度尼西亚足球队。

1957年6月2日，中国国家足球队同印度尼西亚国家足球队在先农坛体育场进行世界杯外围赛第二场比赛，中国队以四比三胜印度尼西亚队。图为两国运动员入场。

6月4日

［纲　文］　中共中央发出《中共中央关于各学校机关出大字报和学生举行辩论会等新闻一律不登报的通知》。

［文　献］　**中共中央关于各学校机关出大字报和学生举行辩论会等新闻一律不登报的通知**

各省、市、自治区党委：

（一）各学校机关出大字报和学生举行辩论会控诉会等新闻一律不要在报纸上发表，以免影响到中等学校和工厂。

（二）凡出大字报的学校机关应宣布一律不准贴到门外和街上，以免妨碍社会秩序。

中　央

一九五七年六月四日

资料来源：中央档案馆馆藏档案。

6月4日

［纲　文］　国务院就交通大学迁校问题举行会议。

［目　文］　会议召集了交通大学和各有关部门，上海、西安两地有关高等学校的负责人参加。周恩来对交通大学迁校问题作了全面和详尽的分析，并对解决交通大学迁校问题提出了处理方案。他提出，总的原则是求得合理安排，支援西北的方针不变，并指出，这个问题牵涉到四面八方，应该考虑周密。院系调整是必要的。上海支援外地义不容辞。着眼点要根据一切有利于社会主义建设的原则。交大全搬西安虽有困难，但好处多。交大搬回上海有好处，也有不少困难，可否一部分迁西安，一部分回上海，由交大师生研究考虑。

此前，5 月 15 日、28 日，6 月 3 日，周恩来曾分别约中宣部副部长张际春、国务院第二办公室副主任钱俊瑞、高教部部长杨秀峰和交通大学的教授研究过此问题。

6 月 4 日

［纲　文］　**朱德致信周恩来、陈云，建议不设城市服务部。**

［目　文］　朱德在信中说：人民来信简报说，城市服务部没有成立的必要，这是可以考虑的。我的意见，在北京、天津、上海三市的政府中可以设立城市服务局，中央可以不设城市服务部。成都、重庆、广东、汉口等省市，原来的供应很好，也不必再设立城市服务机构。自己能完全供应的地方，设立城市服务机构，不仅花钱多，而且与其他部门有冲突。北京、天津、上海三大城市的物资供应，应先由市周围地区协助，如物资不足，可由较近的地区用合同性质的订货来解决。不要过于顾虑城市供应紧张问题，否则向全国调运物资是不合算的，同时，也妨碍了其他地方的生产。

6 月 4—12 日

［纲　文］　**第一次全国性的职工家属代表会议在北京举行。**

［目　文］　来自全国各地的 1300 多名职工家属代表参加了会议，她们 90% 以上是得过各种奖励的优秀人物。全国总工会主席赖若愚致开幕词。他指出，工人阶级要是没有职工家属操劳家务的配合和协作，是不可能安心劳动生产的。所以，职工家属的家务劳动，在社会主义建设事业中也同样是光荣和重要的。全国总工会女工部部长杨之华作了题为《勤俭建国、勤俭持家，为社会主义建设贡献更大力量》的报告。她指出，全国职工家属工作的基本任务是：教育职工家属提高觉悟，加强团结，贯彻“五好”，为社会主义服务。“五好”就是要做到：勤俭持家好，团结互助好，教养子女好，清洁卫生好，努力学习好。

会议期间，有 89 位代表在会上介绍了她们在勤俭持家、教养子女、互助团结、开展副业生产、举办托儿站和业余文化学校等方面的经验。内务部部长谢觉哉和卫生部部长李德全等先后出席会议并讲话。毛泽东、朱德、刘少奇和周恩来等党和国家领导人接见了出席代表会议的全体代表。在闭幕会上全国妇联主席蔡畅作报告，着重谈家务劳动的意义和它与妇女解放的关系，以及如何帮助国家克服在社会主义建设中的困难两个问题。最后，会议通过了《给全国职工家属的一封信》，通过了拥护国际民主妇女联合会执行局关于要求裁军、反对使用和试验原子武器和核武器，保卫世界和平的决议的通电。

6月4日

［纲　文］　**国家侨委主任何香凝①致电慰问南越侨胞。**

［目　文］　何香凝代表中国政府对因南越政府禁止华侨经营11种行业而告失业的侨胞表示关怀，希望侨胞们能够加强团结，发挥同舟共济的精神，为维护自己的正当权益和解决本身的困难而努力。同日，中国人民救济总会汇款人民币三万元，救济由于上述情况而失业的侨胞。

1956年9月6日，南越政府颁布一项法令，禁止在南越境内的外侨经营包括粮食、布匹、杂货等11种行业。据南越中文报纸估计，如果11种行业全部停止经营后，失业的华侨至少有20万人。

6月5日

［纲　文］　**中共中央发出《关于安排不能升学的中、小学毕业生的指示》。**

［目　文］　《指示》指出，1957年暑期应届毕业不能升学的学生中高中约有8.4万余人，初中约有77.9万余人，高小约有356万余人。对于不能升学的学生，除了由各方面的人民在自愿条件下以集体或个体的形式组织一部分学生继续学习以外，需要统一安排。除了华侨子女由国家负责适当安置，工农速成中学的学生原则上应该由原单位或人事部门安置外，基本的方法是动员说服他们到农村从事农业生产，或在家自学等待就业或升学。这是在相当长时期内所必须采取的方针。不论到农村从事生产或者在家自学等待，所需费用，一般都应该由家庭或本人负担，也可以考虑经过社会团体，筹募一些资金，给下乡生产而家庭困难的城市学生以最低的生活补助费。《指示》还对处理这一问题提出了具体办法和要求。

［文　献］　**中共中央关于安排不能升学的中、小学毕业生的指示**

（一九五七年六月五日）

据教育部的统计，今年暑期应届毕业不能升学的学生高中约有八万四千余人，初中约七十七万九千余人，高小约三百五十六万余人。这些学生的分布大体是：高中毕业生多半在大中城市，初中毕业生，在京、津、沪三市的约八万四千余人，在各省辖市的约十八万二千余人，在一般县市和农村的约五十一万五千余人。高小毕业生在京、津、沪三市的约二到三万人，在省辖市的约十五万二千余人，在一般县市和农村的约三百三十八万余人。

对于不能升学的学生，除了由各方面的人民在自愿条件下集体的或者个体的组织一部分学生继续学习以外，需要统一安排。由于全国工矿企业的职工现在已经多余很多，今后若干年内不能再招收正式职工；有些企业虽然还可能吸收一部分青年学

① 何香凝（1878—1972），女，广东南海（今广州）人，时任政协全国委员会副主席、国家侨委主任、民革中央副主席。

生当学徒工，但是必须等待新的学徒制度确定以后。中等技术学校学生现在已有多余，中央决定中等技术学校今年不再从中学毕业生中招收新生。因此，对于不能升学的学生的安排，除开华侨子女由国家负责适当安置，工农速成中学的学生原则上应该由原单位或人事部门安置外，基本的方法是动员说服（绝不能强制）他们到农村从事农业生产，和在家自学等待就业或升学。这是在今后相当长时期内所必须采取的方针。不能升学的中、小学生，凡是家在农村的（包括各级干部子弟），应该说服他们回农村生产。家在城市的，如果不能在家自学等待就业和升学，他们要求政府安排，而在城市又安排不了，也应该尽可能地说服和安排他们到农村从事农业劳动；但年龄十五周岁以下的毕业生，不要动员他们下乡生产。其他方面，例如：手工业和服务行业可以吸收一些学徒工，有些省区需要调整一些小学教员等等，只要有可能，即使安排的人数量很少，都应该积极想办法。这些方面的就业办法应该实际去作，但是除了参加手工业和服务行业以外，尽力作了，也都不必对外宣传，因为这些方面的就业范围也不大，过多宣传容易陷于被动。已经合作化的手工业和服务行业在招收徒工的时候，小学校在调整教员的时候，应该公开进行，签订合同，不要由私人介绍，以免引起群众的不满。安排城市学生下乡生产，一方面要对这些学生切实地做好思想教育工作，要老实地告诉他们下乡生产有困难、农村生活比城市生活苦，要他们决心吃苦，老老实实地劳动，不要占农民的便宜；另一方面要认真地摸清农村情况，要了解些地方那些农业合作社能安排多少人，在什么时候能下乡生产，不要心中无数，不要盲目地往下送。

不论到农村从事生产或者在家自学等待，所需费用，一般都应该由家庭或本人负担，不应该由国家包下来。但是，由于城市学生缺少劳动习惯，下乡生产初期的劳动收入不会很多，为了避免因此增加合作社的负担，可以考虑试行如下办法：即经过社会团体，筹募一些资金，给下乡生产而家庭困难的城市学生以最低的生活补助费，例如第一年每月二、三元，第二年每月一、二元等，待本人劳动收入能够维持生活时停止补助。

在处理这个问题的时候，必须切实掌握以下三点：

第一，各省、自治区包干负责。凡是在自己辖区内的学生，完全由自己负责安排，不要向外推。京、津、沪三市完全自行安排有困难，中央指定，京、津两市由河北省负责帮助，上海市由浙江、江苏两省帮助。

第二，按照人民日报四月八日的社论，统一思想，统一语言，不要随便开口许愿。即使有部分学生游行、请愿、闹事，也不要改口。不论他们到那个单位或那个地方请愿，都应该根据社论的道理，进行说服，都应该遵守中央关于处理罢工罢课问题的指示的原则，加以处理。全国干部都应该根据社论的精神，注意教育自己的子女。

第三，毕业后不能升学就参加农业生产的号召，已获得不少中小学生的响应，但是有一些家长和社会上的一部分人，却仍然加以阻挠和歧视。当前的报刊广播和口头宣传，除应该继续鼓励学生参加农业生产和服务行业外，要特别着重批判学生家长和干部轻视农业劳动和服务劳动的错误思想，以解除学生参加生产劳动的社会阻力，并且扭转那种轻视体力劳动的不良的社会风气。对于那些自己负责安排子女自学而暂时还不让子女下乡的家长，则不要批评。

时间已经很紧迫，望各级党委接此指示后立即作出部署，并且指导有关的农业生产合作社认真做好欢迎和安排下乡学生的准备。安排学生中新发生的问题，望随时报告中央。

资料来源：中央档案馆馆藏档案。

6 月 5 日

［纲　文］　**国务院举行常务会议。**

［目　文］　会议由周恩来主持，主要内容是：

一、通过《国务院关于夏粮征、购工作的指示》。粮食部副部长陈国栋就此做出说明：本年小麦产量肯定不到各省提出的总数 557 亿斤，维持上年 498 亿斤水平都有问题，因此征购 181 亿斤可改为 170 亿斤。周恩来指出，可按 165 亿—170 亿斤执行。该指示 6 月 11 日公布。

二、会议议定：山区和边远地区粮食价格偏低，可以适当提高。提价方案，由国务院五办根据以上原则，电告有关省、自治区研究后决定，收购价格可根据当地具体情况予以提高。销售价格也相应地调整。经济作物价格不要提高。

三、会议议定：本年的工资标准不再提高，原定两步走的第二步本年不走。

6 月 5 日

［纲　文］　**《人民日报》发表题为《一面劳动，一面读书》的社论。**

［目　文］　社论说，一面劳动，一面读书，勤工俭学，对广大学生来说，是一种很有意义的学习方法。学生的劳动教育，是中国教育工作中的一个重大问题。组织学生参加课余劳动，正是加强劳动教育的一个有效方法。根据中国教育事业的发展情况来看，在相当长的时期中，每年将有更多的小学和中学毕业生不能升学，而要参加劳动生产，主要是农业生产。提倡课余劳动，对学生来说，还可以帮助他们解决一部分学习和生活费用，减轻家庭和国家供应学生求学的负担。

6 月 5 日

［纲　文］　**教育部发出《关于当前中、小学毕业生工作应注意的几个问题的通知》。**

［目　文］　《通知》说，尽管各地对中、小学毕业生升学和从事生产劳动问题都先后有计划地开展了宣传教育工作，但实际上部分学生对参加农业生产和服务性行业仍有严

重的抵触情绪；有些学生消极悲观；甚至也有极少数学生表示考不上学校就要闹事。

因此，《通知》提出以下几点意见：

一、着重进行社会宣传和调查研究工作，各地应根据《人民日报》4 月 8 日社论的精神，在党委领导下，取得有关部门的支持和协助，利用各种宣传方式，通过各种组织，向广大群众进行普遍深入的宣传教育。二、在升学考试以后，发榜以前，各地应对中、小学毕业生工作进行研究和分析，集中力量深入地对毕业学生进行一个短时期的思想教育。除了组织学生进一步学习有关文件以外，还可以请当地党政负责同志向学生作报告，召集毕业学生代表座谈，组织学生访问农业社、和劳动模范或参加工农业生产的往届毕业生会面联欢等。三、在进行宣传教育和调查研究的基础上，各地教育部门应在当地党委统一领导下，及早地具体研究对毕业生的就业安排和自学组织问题。四、在进行中、小学毕业生工作时，各地还应注意：（一）必须重视有关的人民来信的处理工作；（二）各地在进行宣传工作时最好不要公开发表本地区中、小学毕业生升学的比例；（三）各地对家庭经济特殊困难或无依无靠的学生应优先给予就业机会，如一时没有适当的就业机会，应请当地民政部门予以救济；（四）根据中央关于正确处理人民内部矛盾的精神，结合本地区的工作经验和具体情况，对于如何防止和处理学生闹事的问题进行一次研究，从思想上和组织上充分做好准备。

6 月 5 日

［纲　文］　**高教部发出《关于停止实行教师工作量的通知》。**

［目　文］　《通知》原文如下：我部 1955 年 7 月发布的《高等学校教师教学工作量和工作日试行办法》，在试行期间，发现有些规定有不切实际之处，对文史等方面的教师更难于实行，现经检查研究后，决定自 1957—1958 学年起停止试行。1956—1957 学年的超额工资仍可按原规定发给，如有困难，由学校决定是否发给或仅对某些任务特别繁重的教师酌发酬劳金。至于今后如何计算教师编制和分配各类各级教师工作任务的问题，我部正在委托若干学校进行研究。俟研究告一段落后，即发给各校征求意见。在计算教师编制和分配教师工作任务的新办法未确定以前，由各校根据各系各教研组的实际情况自行安排教师的工作。

6 月 5 日

［纲　文］　**西藏外事处处长杨公素和印度驻拉萨代理总领事蔡伯尔分别代表中国政府和印度政府在拉萨市互换信件。**

［目　文］　信件表明，印度政府已经将其在中国西藏亚东除印度商务代理处院墙内需要继续租用的地皮外，曾经使用或占用的地皮，全部交还了中国政府。这是按照 1954 年 4 月 29 日，印度驻中国大使赖嘉文和中国外交部副部长章汉夫互换照会中第四、五项规定进行的。

6 月 6 日

［纲　文］　**中共中央发出由毛泽东起草的《中央关于加紧进行整风的指示》。**

［目　文］《指示》说，各省市一级机关、高等学校及地市一级机关用大放大鸣方法的整风，请立即加紧进行。根据北京的经验，在机关及高等学校内部出大字报，一可以揭露官僚主义等错误缺点，二可以暴露一部分有反动思想和错误思想的人的面貌，三可以锻炼党团员及中间派群众，故利多害少，毫不足怕。但机关学校出大字报的消息，报纸不应登载，以免影响中等学校及工厂。至于各民主党派及社会人士大放大鸣，使建设性的批评与牛鬼蛇神（即破坏性批评）都放出来，以便分别处理，大有好处。

《指示》指出，必须注意争取中间派，团结左派，以便时机一成熟，即动员他们反击右派和反动分子。这是一场大规模的思想战争和政治战争，必须打胜仗，也完全有条件打胜仗。党内团内一部分右倾分子叛变出去，是极好的事，切记不要可惜。对于工厂和中等学校，暂不要整风，但要主动下楼，改善作风，广交朋友，深入群众。不可乱许愿，乱答应，又要避免出乱子，以便上层中层整好，腾出手来，再整好下层。北京的情况证明，各民主党派、高等学校和许多机关中暴露出一大批反动思想和错误思想，反动分子乘机活跃，但是他们只占各单位人数的百分之几，最反动的分子不过百分之一，百分之九十几是中间派和左派。

《指示》要求，各单位在运动中，要将本单位人员按左中右标准，排一下队，使自己心中有数。暑假将届，京沪及各地大学生将回家，其中有些人将到处活动，各地党委应争取主动，并准备适当应付。在各高等学校和各机关，凡不合理的事而又现在能解决的，应当尽快解决一批，以利争取中间派，孤立右派。

6月6日

［纲　文］**毛泽东就印发6月4日一份《高等学校整风情况简报》做出批示。**

［目　文］批语写在中宣部部长陆定一6月5日为报送《简报》写给毛泽东的信上。批语如下：尚昆[①]印发在京各中委一阅。完全造谣，但值得注意。

这份《简报》说，北京大学有一学生写了一篇题为《我的忧虑和呼吁》的文章，造谣说党中央已开始分裂，毛主席的“鸣”、“放”方针遭到了党内90%的人反对和党内保守势力的反击，有人想逼迫毛主席下台。这篇文章油印后在校内外散发，震动很大。

6月6日

［纲　文］**中华人民共和国主席毛泽东任命王国权为中华人民共和国驻德意志民主共和国特命全权大使，免去曾涌泉中华人民共和国驻德意志民主共和国特命全权大使的职务。**

6月6日—9月17日

［纲　文］**中国作协党组召开扩大会议，批判所谓“丁玲[②]、陈企霞[③]反党集团”。**

---

① 尚昆，即杨尚昆。

② 丁玲（1904—1986），女，湖南临澧人，作家，时任《文艺报》主编、中国作协副主席。

③ 陈企霞（1913—1988），浙江鄞县人，作家、文学家。

［目　文］　会议共进行了27次，历时三个多月，先后有140多人发言。会议揭发和批判了丁玲、陈企霞“长时间内的反党活动”，“勾结《文汇报》向党猖狂进攻”，“企图分裂文艺界”等“罪行”。会议期间，中国作协副主席冯雪峰[①]等，被划为集团参加者，遭到批判。

9月1日，《人民日报》发表题为《为保卫社会主义文艺路线而斗争》的社论。社论说，在政治战线和思想战线上全面反击资产阶级右派分子的斗争中，文学艺术界揭发了丁玲、陈企霞、冯雪峰、江丰[②]、钟惦棐[③]等人的反党活动。这是一场辨明大是大非的原则性的斗争，是党的社会主义文艺路线跟反党、反社会主义的文艺路线的斗争。这场斗争的结果，必将在文艺界产生深远的影响。

9月16、17日，中国作协党组扩大会议举行批判“丁玲、陈企霞反党集团”总结大会，参加大会的有各文艺团体的负责人、作协各分会负责人，以及中共各省、市委宣传部门的负责干部等，共1350多人。中宣部部长陆定一、副部长周扬，中国文联主席郭沫若，中国作协主席茅盾、副主席巴金[④]、老舍等在会上讲话，严厉抨击了丁玲、陈企霞等文艺界右派分子。中国作协党组书记邵荃麟代表党组作了总结。他说：这次斗争是1955年党对丁玲、陈企霞反党集团斗争的继续。斗争的性质是党的文艺路线与反党的文艺路线的斗争；是马克思主义文艺思想与反马克思主义文艺思想的斗争；是巩固党的领导，保卫党的团结与纯洁的斗争。

1958年1月，中共中央转发中国作协党组《关于批判丁玲，陈企霞反党集团的经过报告》。

1984年8月，经中共中央书记处同意的中组部《关于为丁玲同志恢复名誉的通知》中说：1955年、1957年定丁玲同志为“丁、陈反党集团”、“右派分子”，都属于错划、错定，不能成立。对1955年12月中央批发中国作协党组《关于丁玲、陈企霞等进行反党小集团活动及对他们的处理意见的报告》和1958年1月中央转发中国作协党组《关于批判丁玲，陈企霞反党集团的经过报告》，应予撤销。一切不实之词，应予推倒，消除影响。

6月6日

［纲　文］　**教育部发出《关于中学、师范学校设置政治课的通知》。**

［目　文］　《通知》规定了以下内容：一、政治课的目的和任务。学校思想政治教育的根本任务，是培养学生正确的世界观和人生观，培养学生的共产主义道德品质和为人民、为社会主义服务的根本思想。二、教学内容和课时。初中一、二年级讲授《青年修养》；初中三年级讲授《政治常识》；高中一、二年级讲授《社会科学常识》；高中三年级讲授《社会主义建设》。各年级授课时数，除初中二年级为每周一小时课时外，其余各年

---

① 冯雪峰（1903—1976），浙江义乌人，诗人、文艺理论家，时任中国作协副主席。

② 江丰（1910—1982），上海人，擅长版画、美术理论、美术教育。

③ 钟惦棐（1919—1987），四川江津人，电影评论家。

④ 巴金（1904—2005），原名李尧棠，四川成都人，作家，时任中国作协副主席。

级均为每周二小时课时。教材按2/3的时数编写，其余1/3的课时作为机动时间，用作进行适于课堂进行的时事政策教育、思想教育等。这些机动时间如何运用，由各省、市、学校自行掌握。三、1957—1958学年度，因教材编写、师资方面都有困难，因此可以采取临时的过渡性措施，初中一、三年级和高中三年级尽可能开课，高中三年级可继续讲授《中华人民共和国宪法》。初中二年级和高中一、二年级有条件的可以开课，条件不够的可以暂不开课。初中三年级因总课时较多，政治课时数暂定为每周一小时。高中三年级的《中华人民共和国宪法》、初三年级的《政治常识》教材可以采用人民教育出版社出版的课本。各地接到通知后，应即着手调配教师，组织师资培训，帮助他们及早进行教学准备。中等师范学校政治课的设置，基本上与中学相同，但在教学中应结合师范学校特点，培养学生的专业思想和作为教师的高尚品质。

6月6日

［纲　文］　**高教部发出《关于改变制订教学计划、教学大纲办法的通知》。**

［目　文］　《通知》说，自1952年进行院系调整和教学改革以来，在中央提出的“学习苏联先进经验与中国实际情况相结合”的方针指导下，各种专业都由高教部组织各校教师，陆续制订了统一教学计划，颁发各校实行，并相应地制订了一部分统一教学大纲，在过去几年的教学改革工作中起过一定的积极作用，取得了一定的成绩。但是，在统一教学计划、教学大纲的制订和执行办法上都存在着不少缺点：一、对苏联培养专门人才的方法及其所要求的条件缺乏全面深入的研究，有些硬搬的偏向。二、教学计划中课程门类及周学时数偏多，教学大纲的内容有些偏重，使学生不能巩固地掌握所学知识，这样就加重了学生的学习负担，妨碍了对学生独立思考、独立工作能力的培养。三、在教学计划和教学大纲的执行上，有统一过多、限制过死、要求过急的毛病，妨碍了学校领导和广大教师的积极性和创造性的充分发挥；有些教学环节规定得过于繁琐和机械，有些课程的开设，特别是对专门化的开设和对作毕业论文、毕业设计的进度，要求过急。四、教学计划的修改和变动过多过快，给学校和教师的工作增加忙乱，陷于被动。

《通知》指出，为了更充分地发挥学校和教师的积极性和主动性，兹决定：一、从下学年起，各类专业各个年级的现行统一教学计划一律改为参考性文件。各校各专业的教学计划，都由学校根据高教部所订关于各类专业教学计划的基本原则，按照现行学制和专业的设置，经过一定程序自行制订与执行，并报高教部备案。二、高教部以前所颁发的各类课程的教学大纲都作为参考性文件，各校可根据各该教学大纲的基本要求，正确贯彻“百家争鸣”的方针，自行修订，还没有部颁教学大纲的课程，各校应自行编写。教学大纲的修改本和新编写的教学大纲，均应报高教部备案。

6月6日

［纲　文］　**周恩来接见以堂森芳夫为首的日本医学代表团。**

［目　文］　周恩来主要向代表团人员了解了日本节育工作的情况和技术水平。他说：

中国与日本不同，中国人口多。人多了会引起种种问题，会带来很多困难，特别是对国家建设。大力宣传节育，可以使邻国安心。有人担心我们人口多了是否会侵占别人国土。中国不会走罗马帝国的道路，也不会侵犯别的国家。但应该有计划地生育，当然要尊重人格，也应当根据人民的觉悟，在自觉自愿的基础上进行。进行时应当强调协商，而不能强制，夫妻也应当协商。我们的节育与马尔萨斯是毫无共同之处的。无论是经济建设、教育、生活，都必须重视起来，都必须在仅有的土地上担当起来。这就是我们节育工作的全部真相和根据，这就是我所要讲的道理。你们日本如有关于医院管理、劳动保险一类的书籍、规定和法令，请给我寄一些来，我们很需要这些材料，应当向你们求得一些知识和经验。中日两国科学家应当长期合作，进一步合作，两国都应当在和平共处的环境里共同努力。

6月6日

［纲　文］　**国际舞蹈协会授予梅兰芳荣誉奖章，并授予楚图南、马少波①、任虹②功勋奖章。**

［目　文］　授奖典礼在瑞典驻中国大使布克举办的庆祝瑞典国庆纪念日招待会上举行。国务院总理周恩来、政府各部门的负责人、社会各界人士和各国驻中国的使节等出席招待会。瑞典舞蹈促进协会主席海格代表国际舞蹈协会致祝词。

梅兰芳代表得奖人讲话。他说，这不单是我们几个人的光荣，也是中国戏剧界的光荣，是中国人民的光荣。他表示中国戏剧工作者要更加努力，在国际文化交流的事业上，在执行中国“百花齐放、推陈出新”的文艺方针上，做出更多的成绩。

6月6日

［纲　文］　**北京市、天津市和河北省负责人在北京共同协商解决三个地区物资交流和物价管理问题。**

［目　文］　北京市副市长程宏毅、天津市副市长宋景毅和河北省副省长马力参加会谈。他们一致认为，河北省和北京、天津两市，在经济上有极密切的联系，经济工作必须本着相互支援互相照顾的精神，尽量取得步调上的一致，才能较正确地处理人民经济生活中的矛盾。在城乡物资的相互支援方面，必须加强工业、农业产品的产销结合，通过协商建立各种合同和协议，把主要和大宗的物资从计划上衔接起来。由河北省内掌握收购和分配的农产品，尽量优先支持京、津两市，并划给两市一定的生产生猪的基地；京、津两市的工业品应保持对河北省的正常供应。在市场管理和价格方面，过去除了统购统销物资有统一管理以外，对统一收购的物资，由于管理口径不一，曾严重地影响了收购任务的完成，并造成价格的混乱，希望能通过协商，逐步统一管理起来。在解决具体经济问题时，为使三个地区有关部门互相通气，任何一地全面部署财经工作时，其他两地要主动互派干

---

① 马少波（1918—2009），山东莱州人，剧作家、戏曲理论家，时任中国京剧院副院长。

② 任虹（1911— ），苗族，贵州黄平人，口琴演奏家、儿童音乐家，时任中国儿童剧院院长。

部参加，以便及时了解情况；每个季度，三个地区的行政负责人共同研究一次当前物资供应中的问题。三个地区互派专门小组，从6月中旬开始，将根据问题的轻重缓急，进行排队，逐一研究；凡急需解决的，立即解决，问题较复杂、一时不能解决、影响又不太大的，将逐步解决。

6月7日

［纲　文］　**毛泽东对转载《知识分子应怎样对待整风》一文做出批语。**

［目　文］　毛泽东将此文批给胡乔木，批语是：此文很好，可以转载在显著地位。

《整风》一文由笪移今[①]撰写，发表在1957年6月6日的《文汇报》上。文章提出，知识分子对待整风应做到：第一，要认识党有伟大的气魄。党是以全国人民意见为制定政策的依据的，是大公无私、敢于公开承认错误、纠正错误的。官僚主义、宗派主义和主观主义，不是党的本性所固有的东西，而是某些党性不纯的党员在执行党的方针时，脱离群众、脱离实际、不从团结人民出发所产生的后果。整风就是党以实际行动来表明克服缺点的决心。第二，要学习整风文件。学好文件能使我们更清楚地了解自己是置身在一个新的剧烈的伟大的变革时代中，使我们善于掌握自己的命运，善于识别社会演变的方向，善于处理个人利益和集体利益的矛盾，懂得拥护什么和反对什么。第三，要掌握和风细雨的精神。现在的矛盾是人民内部矛盾，要搞好团结。要接受过去运动有些过火批评的教训。第四，要明辨是非。非党人士帮助整风，要在接受党的领导下，要在不与党对立的认识下，监督党贯彻整风政策。既要大胆批评，又要避免冤枉人，发现批评离事实太远，要出来说话。第五，要提出解决矛盾的办法。协助领导共同解决矛盾，缩小矛盾。对于人民提出的过高要求，对于暂时办不到的事情，知识分子更应该用笔向群众进行宣传和解释。第六，要从帮助整风来改造自己。第七，要领会整风运动的实质。整风的目的就是巩固党的威信，加强党的战斗力量，使党能更有效地团结六亿人民，充分贡献力量，为加速建设社会主义而奋斗。不能把扩大社会主义的民主生活，与腐朽的资产阶级的自由主义混为一谈。

这篇文章，后来未见转载。

6月7日

［纲　文］　**邓小平在辽宁、吉林、黑龙江三省、市、地党员干部会议上，作关于整风运动的报告。**

［目　文］　邓小平传达了中共中央关于整风运动的指示精神。在谈到整风运动的任务时，他指出，首先是真正改正我们党自己的错误。执政党要经常警惕脱离群众的危险，任何时候都必须把改正错误放在第一位。改正错误的目的，是加强和巩固党在各方面的领导，提高党的威信。其次是争取大多数，关键是争取中间分子。我们要以是否拥护共产党的领导，划分左、中、右。要善于团结中间分子，不要伤害中间分子。第三是孤立右派。

---

① 笪移今（1909—1998），江苏句容人，时任九三学社中央委员、复旦大学教授。

右派不仅仅有资产阶级思想，而且有政治目的，对共产党、对人民民主专政是仇视的。第四是锻炼战斗力。

6月7日

［纲　文］　**国务院召开第五十一次全体会议。**

［目　文］　会议由周恩来主持，主要内容是：

一、同意成立宁夏回族自治区和广西壮族自治区，提请全国人大一届四次会议审议。国家民委副主任汪锋作关于成立宁夏回族自治区的报告。报告说，中共中央1956年2月倡议在甘肃地区建立回族自治区。回族人口有350多万，其中近110多万居住在甘肃境内，在甘肃建立回族自治区是最合适的。自治区以甘肃省所包括的原宁夏省地区为基础，划入邻近地区，面积7.78万平方公里，人口172.8万多，回族占1/3以上。

广西省副省长陈再励作关于成立广西壮族自治区的报告。报告说，壮族是中国少数民族人口最多的民族，较集中地居住在广西省西部、中部地区。1952年12月，建立了相当于行署一级的桂西壮族自治区，属广西省政府领导。1956年2月改为桂西壮族自治州。这显然与壮族在中国民族大家庭的地位不相称。上年，中共中央倡议建立省一级的壮族自治区，得到广西各族人民拥护。大家从各方面权衡利弊，主张采取汉、壮地区合的方案建立壮族自治区。

周恩来指出：在中国，民族区域自治的政策是个原则问题。帝国主义就希望我们分。根据国际国内的形势，中国各民族宜合不宜分，分出去独立，是不利的，它不但不能发展，甚至会被帝国主义利用，因此，要采取有利于国内团结的方案。

全国人大一届四次会议于7月15日批准了国务院成立宁夏回族自治区和广西壮族自治区的议案。

二、经过讨论，会议通过关于适当给农业生产合作社社员增加自留地的议案。议案说，高级农业生产合作社示范章程第16条规定，社员自留地一般不得超过当地每人平均土地数的5%。建议适当增加，以便种植猪饲料。

全国人大第七十六次常委会议于6月25日讨论此议案，并决定对高级农业生产合作社示范章程第16条作如下补充规定：农业生产合作社可以根据需要和当地条件，抽出一定数量的土地分配给社员种植猪饲料。分配给每户社员的这种土地的数量，按照每户社员养猪头数的多少决定，每人使用的这种土地，连同高级农业生产合作社示范章程所规定的分配给社员种植蔬菜的土地，合计不能超过当地每人平均土地数的10%。

三、会议同意由公安部、内务部对解放后人口增长率进行一次典型调查。

6月7日

［纲　文］　**国务院发布《关于国家机关各接待单位实行收费的通知》。**

［目　文］　《通知》说，国家机关的各接待单位在接待国家机关的工作人员和其他各界人士时，应该分别按以下规定实行收费：一、国家机关和军队以及党派、团体的各级人员（以下简称各级工作人员）因事出差凡经当地接待单位接待的，所用旅馆房间、伙

食、交通等费用，都须按照当地的规定交费。二、各级工作人员到外地参加工作会议，应该按规定缴付本人应负担的伙食费用。三、凡未领取国家工资待遇的人员被邀请参观、访问时的招待费用，接待单位应该向原邀请单位收费。四、接待外籍专家的费用，接待单位向聘请单位或介绍单位收费，规定由专家自理的部分，应向专家本人收费。五、前来中国访问的各国政府代表团、文化艺术代表团、贸易科学等团体和个别外宾以及少数民族、归国华侨团体或个别人士的接待办法，按各有关主管部门的规定办理。六、各省、自治区、直辖市人民委员会，应该责成有关部门，依照统一实行收费的原则，结合当地具体情况，拟定各地具体的招待标准和收费办法。

6月7日

［纲　文］　**全国供销总社党组向中央财政贸易工作部报送《关于开展巡回教学工作的情况》的报告**。

［目　文］　报告中反映全国已有24个省、市、自治区供销合作社开展了巡回教学，配备专职巡回教员3112名，还聘请了相当数量的兼职教员，形成了一个全国性的巡回教学网。巡回教学内容，以中心工作为主，结合对干部的思想政治教育和商业政策教育，开展先进工作者运动，调查农民需要，做好旺季物资供应等。报告提出，巡回教学工作要巩固提高，设法保证专职教员专职专长，不要随便调动，并及时帮助兼职教员解决具体困难。

6月7—8日

［纲　文］　**城市建设部召开省、市、自治区城市建设厅（局）长座谈会，讨论在城市规划和设计工作中如何贯彻勤俭建国的方针**。

6月7日

［纲　文］　**中国和南斯拉夫两国文化代表团在北京签订中南文化合作协定**。

［目　文］　中国文化代表团团长沈雁冰和南斯拉夫文化代表团团长约·维德玛尔代表两国政府签字，并互致祝词。沈雁冰说，这个协定显示了两国文化合作的范围更加扩大发展，也充分反映了两国人民间的友谊日益加强巩固。约·维德玛尔说，这个协定的签订，是两国文化交流中的一件大事，是两国友好合作进一步加深的新标志。

在签订协定的同时，还签订了中南文化合作协定1957年执行计划。中国文化代表团团员、对外文化联络局代局长陈忠经和南斯拉夫文化代表团团员、南斯拉夫联邦对外文化联络委员会秘书长伊·弗罗耳，分别代表两国政府签字。

6月7日

［纲　文］　**两位青年学徒在广州文化公园当场捉住放定时炸弹的特务**。

［目　文］　晚上9时50分青年学徒谭青华、李盛昌在文化公园发现装有炸弹的黑布袋，并将扮作游客丢弃布袋的特务分子龙沛强当场抓获。公安人员随即将龙沛强扣押，对定时炸弹采取了紧急的安全措施，并缴获200多张反动传单。

龙沛强被捕后向公安机关供认：他在香港参加了蒋介石集团的特务组织，接受了爆破训练，并奉蒋介石集团驻香港特务机关的命令，把炸弹放到广州文化公园内人群最多的地方。

6月8日

［纲　文］　**中共中央发出《关于组织力量准备反击右派分子进攻的指示》。**

［目　文］　《指示》说，省市级机关和高等学校大放大鸣的时间，大约15天即足。反动分子人数不过百分之几，最积极疯狂分子不过1%，故不足怕。不要为一时好似天昏地暗而被吓倒。反动分子将到本机关本学校以外的工厂学校去活动，要预作布置，实行挡驾。要召集工厂主要干部及老工人开会，切记不要上当。街上贴反动标语，动员群众撕毁。要组织各民主党派自己开座谈会，左中右的人都参加，正反两面意见都让其暴露，派记者予以报道。每个党报均要准备几十篇文章，从当地高潮开始跌落时起，即陆续发表。大字报必须要让群众反驳。高等学校组织教授座谈，向党提意见，尽量使右派吐出一切毒素来，登在报上。可以让他们向学生讲演，让学生自由表示态度。到了适当时机，则立即要组织党团员分组开会，分别哪些是建设性的批评，加以接受，并改正自己的错误缺点。哪些是破坏性批评，予以反驳。同时组织一些党外人士讲演，讲正面话。然后由较有威信的党的负责人作一个有分析有说服力的总结性演说，将空气完全转变过来。整个过程，做得好，有一个月左右就够了，然后转入和风细雨的党内整风。

《指示》指出，这是一个伟大的政治斗争和思想斗争。只有这样做，中国共产党才能掌握主动，锻炼人才，教育群众，孤立反动派，使反动派陷入被动。过去7年，我们形式有主动，实际上至少有一半是假主动。反动派是假投降，中间派的许多人也不心悦诚服。现在形势开始改变，我们形式上处于被动，实际上开始有了主动，因为我们认真整风。反动派头脑发胀，极为猖狂，好似极主动，但因他们做得过分，开始丧失人心，开始处于被动。各地情况不同，你们可以灵活运用策略，灵活做出部署。总之，这是一场大战（战场既在党内，又在党外），不打胜这一仗，社会主义是建不成的，并且有出匈牙利事件的某些危险。现在我们主动地整风，将可能的匈牙利事件主动引出来，使之分割在各个机关各个学校去演习，去处理，分割为许多小匈牙利，而且党政基本上不溃乱，只溃乱一小部分，利益极大。这是不可避免的，社会上既有反动派存在，中间分子又未受到现在这样的教训，党又未受到现在这样的锻炼，乱子总有一天要发生。

6月8日

［纲　文］　**《人民日报》发表毛泽东起草的题为《这是为什么》的社论。**

［目　文］　社论说，民革中央委员、国务院秘书长助理卢郁文因为5月25日在民革中央小组扩大会议上讨论怎样帮助共产党整风的时候，发表了一些与别人不同的意见，就有人写了匿名来信恐吓他。在共产党的整风运动中，竟发生这样的事件，它的意义十分严重。

社论指出，这封恐吓信是当前政治生活中的一个重大事件，因为这封信的确是对于广大人民的一个警告，是某些人利用党的整风运动进行尖锐的阶级斗争的信号。这封信告诉我们：国内大规模的阶级斗争虽然已经过去了，但是阶级斗争并没有熄灭，在思想战线上尤其是如此。在“帮助共产党整风”的名义之下，少数的右派分子向共产党和工人阶级的领导权挑战，甚至公然叫嚣要共产党“下台”。他们企图乘此时机把共产党和工人阶级打翻，把社会主义的伟大事业打翻，拉着历史向后倒退，退到资产阶级专政，实际是退到革命胜利以前的半殖民地地位，把中国人民重新放在帝国主义及其走狗的反动统治之下。尽管如此，共产党仍然要整风，仍然要倾听党外人士的一切善意批评，而人民群众也仍然要在共产党的领导下坚持社会主义的道路。那些威胁和辱骂，只是提醒我们，在我们的国家里，阶级斗争还在进行着，我们还必须用阶级斗争的观点来观察当前的种种现象，并且得出正确的结论。

这篇社论，是第一次用党报社论的形式公开批评整风鸣放以来的错误言论，是开始反击的信号。除《文汇报》和《光明日报》外，各主要报纸都转载了这篇社论。社论在社会上引起了强烈反响。

6月8日

［纲　文］　**中国和匈牙利两国贸易代表团在布达佩斯签订1957年换货和支付协定**。

［目　文］　代表双方在协定上签字的是中国贸易代表团团长、外贸部副部长孔原和匈牙利贸易代表团团长、外贸部副部长德罗帕。根据协定，中国供应匈牙利的货物有各种矿砂、农产品、化学原料、皮革、纺织工业原料和消费品等，匈牙利供应中国的货物有发电站设备、无线电发射机、工作母机、车辆、电讯技术设备、地质勘探设备、农业机器、各种仪器和化学品、医药品等。

6月8日

［纲　文］　**教育部发出《关于1957—1958学年度中学教学计划的通知》**。

［目　文］　《通知》说，减轻学生过重的学习负担是一个十分迫切的问题，而某些必须增设的学科也必须尽速开设，因此必须采取临时措施，使能够减轻学生负担和提高他们的学习质量。主要的办法是：精简教材内容；减少学科门类，暂时停授某些学科；减少每周上课总时数，增加学生自修时间。此外还对某些教材做必要的精简。依此原则，教育部对1957—1958学年度中学教学计划提出一个临时性的调整办法。《通知》要求各地可根据本地区具体情况，做适当的变动。

作为《通知》附件的《1957—1958学年度中学教学计划及说明》做出如下说明：一、削减的学科：取消初中卫生常识科和高中汉语科。实习科一般暂不开设。高中达尔文主义基础、制图、外国经济地理三科暂时停授。二、增设的学科：初、高中各年级增设政治科。初、高中三年级增设农业基础知识科。大、中城市有条件的中学，从1957年秋季起初中一年级开设外国语科。三、调整某些学科的时数。四、农村初中在现有条件下，学科设置不必强求一律。首先应开设文学、汉语、数学、政治、植物、动物、农业基础知识等科。五、初中不设外国语科的学校，一年级的汉语教学时数可考虑不予减少，初中三年级可对文学、世界历史或中国地理等学科教学时数做适当减少，并相应地精简教材。高中暂停讲授的几门学科，如学校师资条件较好，学生学习负担不感过重，可以考虑仍旧开设其中的某几科。另外，工农速成中学实行第一类教学计划的班次，第四学年达尔文主义基础科可以停授，其教学时间由各校根据具体情况自行安排。实行第三类教学计划的班次，第四学年达尔文主义基础科仍应继续讲授，所需课本希各校径向当地新华书店洽购。

6月9日

［纲　文］　**《人民日报》发表题为《要有积极的批评，也要有正确的反批评》的社论。**

［目　文］　社论说，积极的、建设性的批评，对于人民的事业是永远需要的。完全善意的批评，也可以并不正确，或者不完全正确。在这样的情况下，就需要做适当的解释，也就是适当的反批评。很明显，正确的反批评并不妨碍批评的开展。它同对于批评的压制，同对于批评者的打击报复，毫无共同之处。允许正确的反批评是完全正常的，禁止正确的反批评才是不正常的。

社论指出，从整风运动开始以来，已经提出来的对于党和政府的批评和建议，很大部分是正确的，是必须加以倾听、研究和采纳的。可是，不利于社会主义事业的错误言论也出现了不少。对于错误意见没有反批评，不进行辩论，不仅不能把道理弄清，而且必然使社会主义事业受到损害。真理是不怕驳的，怕驳的就不是真理。害怕批评是怯懦，害怕反批评也是怯懦。不许批评是专横；不许反批评，又何尝不是专横？要去掉专横，批评和反批评就不能偏废。为了克服社会主义事业中的缺点，克服党的工作中的缺点，我们必须继续广开言路，坚决地开展积极的建设性的批评，继续坚决地扫除对于有益的批评的任何障碍。同时，为了维护社会主义事业，反对那些破坏社会主义的"批评"，必须坚决地开展正确的反批评。只有这样，党的整风运动才能得到健康的发展。

6月9日

［纲　文］　**新华社讯，上海市委发出通知，干部学习改在业余时间。**

［目　文］　通知指出，取消每星期六上午四小时为干部学习政治理论的规定。干部理论学习一律在业余时间进行。通知说，自从规定周六学习制度的两年来，干部和各界人士的学习习惯已逐渐养成，加以现在干部需要学习的内容很多，学习应贯彻自愿原则，理论学习占用工作时间，已引起了群众一些不满，因此，决定取消这一规定。通知要求各级党组织仍应加强对学习的领导，可采取个人自修、组织讲座、自愿结合学习小组以及举办政治学校等多种办法，吸引干部自愿参加。

6月10日

［纲　文］　**中共中央发出《关于反右派分子斗争的步骤、策略问题的指示》。**

［目　文］　《指示》说，北京条件已成熟，《人民日报》已于6月8日开始反击反动派。各地何时开始反击，要看当地情况决定。在此次浪潮中，资产阶级大多数人表现很

好，没有起哄。民主党派、大学教授、大学生中，均有一部分右派和反动分子，在这次运动中闹得最凶的就是他们。章伯钧、罗隆基拼命做颠覆活动，野心很大，党要扩大，政要平权，完全是资本主义路线，承认社会主义是假的。民盟右派和反动派的比例较大，大约有 10% 以上，霸占许多领导职位。我们的任务是揭露和孤立他们。他们的臭屁越放得多，对我们越有利。在这次运动中，一定要使反动分子在公众面前出丑。对于各地快要放暑假返乡的学生，《指示》要求各地、县、区、乡四级，特别是乡级，预做准备。原则是：一、善意欢迎；二、向回乡学生解释合作化的优越性，并做好富农地主的工作，要他们教育自己的子弟；三、学生如果煽动农民反对政府，就要批评他们的错误，给以坚决的教训，但不可骂人打人，讲理为上，以理服人。

6 月 10 日

［纲　文］　**《人民日报》发表题为《工人说话了》的社论。**

［目　文］　社论说，北京、上海、天津、沈阳、鞍山等地的许多职工举行了座谈会，谴责极少数右派分子的反共、反社会主义的言论。工人阶级的舆论，引起了全国人民愈来愈强烈的注意。

社论指出，在各民主党派和无党派人士、工商业家和知识分子发表的言论中，绝大多数都是对于共产党和人民政府提出的善意的正确的批评，但是也有少数并不如此。广大的职工群众看得清楚，如果听任这种右派野心分子飞扬跋扈，那么，工人阶级所领导的国家就将受到危害，社会主义事业就将受到危害。他们懂得，当有人进行反对社会主义制度、反对共产党领导的活动的时候，最重要的问题首先是团结一致，击退这些人的进攻。因此，他们对于一切反对共产党、诬蔑共产党、反对社会主义、诬蔑社会主义的言论，表示了坚定的斗争的决心。

6 月 10 日

［纲　文］　**国务院发出《关于加强当前农业生产领导的指示》。**

［目　文］　《指示》主要内容如下：一、搞好农业生产，增加农作物的产量，是调节人民内部矛盾的一个最重要的物质基础。为了争取本年农业大丰收，各地在整风运动的同时，必须抓紧对农业生产的领导，切实做到整风、生产两不误。二、各地应该立即深入检查春耕播种的情况。凡是还没有播种的土地，要力争按季节种上；如果季节已过，也要抢种晚庄稼。要求农业生产合作社把可以利用的土地全部利用起来，争取多种多收。三、加强春播作物的田间管理工作。发动群众查苗、补苗、保苗，并且抓紧锄草中耕，追施肥料。加强对病虫害的预测预报，准备好药械，向病虫害做斗争，保护禾苗。四、加强抗旱防涝的工作。五、必须把可能参加劳动的人都组织起来，投入农忙季节的生产。农业生产合作社必须作好各种农活的安排。各地农业生产合作社实行的“产包到队、工包到组、田间管理包到户”的办法，是合作社统一经营、分级管理、明确分工、个人负责的新创造，望各地总结经验，研究仿行。六、有些地方，有些农业生产合作社，在生产资金周转方面还存在着一些困难。因此，一方面农业生产合作社应该从清理公有财物和发动社员投资方

面，积极努力解决生产资金的困难，另一方面有关部门应该把农业贷款和农产品预购款及时发放下去；同时，对于灾区的食粮和耕畜饲料的困难，也应该继续设法调剂解决，以保证劳力和畜力正常投入当前农忙季节的紧张生产。

6月10日

［纲　文］　**新华社讯，解放军帮助农民抢收防汛。**

［目　文］　电讯稿说：中国人民解放军广大部队在“支援农民争取大丰收”的口号下，积极参加各种季节性农业劳动。福建、广东地区阴雨连绵，当地解放军部队抽出大批人力帮助当地农民抢收、防汛。驻守福建某岛部队在狂风暴雨中帮助农民收割小麦、豆子1300多亩。驻闽江口外一个前哨地区的部队，在三天中替农业社抢收了岛上的全部小麦。驻广州地区某部全体官兵和一部分家属，连日帮助珠江黄埔岛上的农民防汛，抢修了危险堤段22处。驻福建漳浦地区的某部也配合当地人民在汛期前完成了海堤加固工程。在云南边疆的苍山脚下、洱海岸旁，解放军官兵和当地各族人民共度着紧张的麦收季节。每天都有大队官兵到农业社去参加收割劳动。驻在保山的某些部队甚至背着背包、炊具，不远数十里到各村庄去帮工。在四川璧山、江津等地区的驻军，已帮助抢收了当地的大部小麦，可以保证农民们及时地转入插秧。此外，在山东、河南、安徽和江苏、浙江等省的解放军部队，也先后投入了帮助农民麦收的活动。许多驻在比较干旱的地区的部队，帮助当地政府和人民展开抗旱、防旱活动。

6月上旬

［纲　文］　**江、浙因桑叶不足春蚕被大批倒掉。**

［目　文］　江苏和浙江两省本年有7.9万多张种的春蚕因缺乏桑叶而被迫倒掉。其中5.9万张种的春蚕是浙江省倒掉的。初步估计本年两省春茧将减产5万多担。发生倒蚕的主要原因是，这些蚕产区桑树老，缺株多，更新工作没有做好，桑园的施肥量很少，有些地方又在桑园里间种了其他作物，加上对桑园包产责任制没有建立起来，或者在包产工作中工分记得不合理。蚕丝是中国重要的出口物资之一。1956年，全国蚕茧产量为147万担，仅为1931年的33.45%。本年两省农民实养的春蚕都比上年减少。由于两省倒蚕数字都比较大，因此严重影响了本年春茧生产计划的完成。

6月11日

［纲　文］　**《人民日报》发表题为《全国人民在社会主义基础上团结起来》的社论。**

［目　文］　社论说，在民主革命取得胜利以后，在我国人民面前出现了一个新的共同的奋斗目标，这个目标就是争取社会主义革命和社会主义建设的胜利。除了社会主义，没有什么别的路好走。

社论指出，要走社会主义的路，没有工人阶级的领导，没有共产党的领导是不能设想的。我国还有少数反对社会主义的右派分子存在，这些右派分子还在利用各种机会积极活动，这并不是什么奇怪的事。大规模的群众性的阶级斗争在我国已经基本解决，但是还有阶级斗争，还有政治战线上的阶级斗争，还有思想战线上的阶级斗争。资本主义制度已经在我国一去不可复返，但是总有一些人还不死心，还不相信社会主义制度真能取得胜利，还想寻找机会来改变历史的进程。为了真正巩固人民内部的团结，必须同坚持反对社会主义的右派分子进行必要的斗争，必须同坚持反对社会主义的右派划清界限。

6月11日

［纲　文］　**国务院发出《国务院关于做好夏粮征、购工作的指示》。**

［目　文］　《指示》指出：一、各省、自治区、直辖市的夏粮征、购任务应该及时下达到农业生产合作社（户），农业生产合作社（户）完成国家夏粮征购的任务数，为全年应该完成的国家粮食征购任务的一部分，在秋粮征购时统一合并结算。二、夏粮征、购工作必须同农业生产合作社内部的夏收分配工作密切结合进行。凡是有余粮的农业生产合作社，在完成国家的征购任务、留下种籽饲料和社员口粮以后，仍有余粮的，由农业生产合作社自由处理，可以对劳动强和出工多的社员给以照顾。三、农业生产合作社在夏收过程中，应该有计划地一面向国家缴纳公粮和交售统购粮，完成夏粮征、购任务；一面把应该分配给社员的口粮及时分到社员手里。四、夏粮征、购工作必须与夏季农村粮食统销工作密切结合进行，同时做好。五、在夏粮统购期间，必须加强国家粮食市场的管理工作。对于以粮食进行投机买卖，从中牟利的非法行为，必须严格制止。六、加强政治思想教育和政策宣传工作。

6月11日

［纲　文］　**国务院发出《关于提高贫瘠山区和边远地区粮食价格的通知》。**

［目　文］　《通知》说，贫瘠山区和偏远地区县城及初级市场的粮食收购价格，可根据下述范围和幅度进行调整：原中原、华东各省稻谷现行收购价格每斤在5分以下的，一律提到5分；四川、云南、贵州省稻谷现行收购价格每斤4.5分以下的，一律提到4.5分；辽宁、吉林、黑龙江、内蒙古东部地区的高粮和内蒙古西部地区的谷子现行收购价格每斤在4分以下的，一律提到4分；山西、河北、河南、山东、陕西、甘肃等省谷子现行收购价格在5分以下的，一律提到5分。凡已达到上述收购价格的，一律不动。上述地区其他粮种的收购价格，均按现行粮种比价作相应调整。凡提高收购价格的粮种，在维持现行购销差率的原则下，应相应提高在当地的销售价，但提高销售价有困难的地区，粮食购销价可少提或不提。

6月11日

［纲　文］　**农业部和城市服务部联合发出《关于在城市和工矿区附近扩大和建立副食品生产基地的联合通知》。**

［目　文］　《通知》要求，在城市郊区和工矿区附近扩大和建立副食品生产基地，使城市和工矿区所需要的副食品能逐步做到基本自给。农业部门和服务部门要密切合作，把促进同领导副食品生产的工作作为重要任务，共同负责制订副食品生产规划。《通知》

指出，副食品的种类很多，在作生产规划时应该分门别类提出不同的要求，除肉类，水果等需要几年时间才能逐步满足市场需要以外，有一些品种，例如蔬菜只要根据需要及时发展生产，扩大菜田面积，很快就能满足供应。因此，各城市和有条件的工矿区的蔬菜供应应该在本年冬季或下年春季基本达到自给。

6月12日

［纲　文］　**《人民日报》发表题为《正确地对待善意的批评》的社论。**

［目　文］　社论说，中国共产党从来都教育党员经常重视群众的批评。为了开展整风运动，从中央到各省市，各机关、各高级学校的党组织都召开了座谈会，或者采取其他各种措施，听取党外人士和广大的工作人员的批评和建议。党外人士对党的批评，一般工作人员对领导人员的批评，在全国范围内活跃地展开。

社论指出，绝大多数群众对党是信任和热爱的，他们对党提出了很多尖锐的批评和积极的建议。各方面对党组织和党员的批评，绝大部分是好的、正确的、对党有益的。在帮助党整风的名义下，也出现了一些仇视社会主义、仇视共产党的恶意的破坏性的言论。为了区别两种批评，我们必须采取谨慎态度，进行全面分析。我们不但要自己学会做好这种区别，而且要帮助一切善意的批评者也都学会同右派划清界限。凡是正确的批评，我们都应该勇敢地接受。凡是能够马上改正的错误要马上改正，能够马上解决的问题要马上解决。

6月12日

［纲　文］　**国务院批转《劳动部关于执行〈关于学徒（练习生）是否按期转为正式工人问题的通知〉中若干问题的意见向国务院的报告》。**

［目　文］　国务院同意劳动部的报告，并批转各地、各部门，要求研究办理。

劳动部在6月6日的《报告》中说，4月17日《国务院关于学徒（练习生）是否按期转为正式工人问题的通知》发出后，辽宁、上海、天津等省、市及冶金、一机、电力、铁道等部对如何贯彻执行这一通知提出了一些问题，要求加以明确。为此，劳动部提出以下意见：一、关于学徒的范围问题。在生产、工作中培训的学徒或练习生，在工人技术学校、工人技术训练班培训的学员或学生，都属于学徒的范围，国务院4月17日的通知，对他们都是适用的。二、关于延长学习的期限问题。学徒于学习期满后因生产或工作暂不需要补充正式工人而须延长学习期限的时候，其延长学习的期限，原则上应该从学习期满之日起，延长一年至一年半，具体时间由各省、自治区、直辖市人民委员会根据具体情况，经和有关的主管部门协商后，统一规定执行。有关主管部门的意见同省、自治区、直辖市人民委员会的意见不一致的时候，按省、自治区、直辖市人民委员会的意见执行。三、关于在延长学习期限内生活补贴的调整问题。学徒在延长学习期限内的生活补贴，可以在学徒生活补贴标准等级线以内进行调整，但是不得超过原来规定的学徒生活补贴的最高标准。四、关于学徒转为正式工人的批准手续问题。学徒在学习期满后因生产或工作需要而转为正式工人的时候，属于国营企业、事业单位的应征得当地省、自治区、直辖市劳动部门同意，报经上级主管部门批准后执行；属于地方国营企业、事业单位的应报经省、自治区、直辖市人民委员会批准后执行。

6月12日

［纲　文］ **国务院批转国家工商局《有关对工商联的指导工作和经费开支问题的报告》。**

［目　文］ 国务院同意国家工商局的报告，要求各地参照执行。

国家工商局在6月8日的《报告》中说，各级人民委员会有责任对同级工商联的工作进行监督与指导。根据反映，在对工商联的指导方面，有的地方形成了工商联的“多头指导”，或者是“办差机构”的现象。而工商联遇有向有关部门要求解决他们的问题时，却又互相推诿，无人负责。在对工商联的经费开支方面，有的人民委员会管得太紧，对该会的一切费用开支都要经过审查批准。为纠正这些做法，提出如下意见：一、为了认真地帮助工商联做好工作，各地人民委员会应该指定一个部门负责指导工商联的工作。其他各有关部门如需要该会协助进行工作时，应事先与负责指导的部门取得联系，并且与该会采取协商的办法统一安排办理。二、工商联的经费是独立的。按工商联章程的规定，该会的财务收支，由各级工商联会员代表大会审查通过。因此，各级人民委员会对它的经费开支，不必再经过审查批准的手续，对该会征收会费遇有困难时，亦应协助它们解决。三、各级人民委员会及所属部门，召开对工商联工作上有关的会议时，可以邀请工商联的有关同志参加；发出对工商联有关的文件时，可以抄送工商联。

6月12日

［纲　文］ **国务院人事局关于工作年限计算问题给内蒙古自治区委人事局复函。**

［目　文］ 复函说：工作人员经组织批准进入高等学校学习，毕业后又参加工作的，其在高等学校学习期间一般不计算为工作年限。但对个别参加工作时间很久的（例如抗日战争时期及以前参加工作）和因本部门工作需要，经组织保送到上述学校去深造并且带职带薪学习的人员，他们的学习期间，可以计算工作年限。

6月12日

［纲　文］ **中国人民解放军驻汕头地区高射炮部队击落击伤美军及台湾国民党军飞机三架。**

［目　文］ 早上7时许，美国航空母舰“大黄蜂”号和四艘驱逐舰从香港起航向中国南海海面进行骚扰。12时许，军舰驶到香港、汕头间海面上。13时1分，在汕头以南东经116.3°、北纬22°，美国AB型海军攻击机四架从“大黄蜂”号起飞，侵入广东省汕头地区上空，遭到中国人民解放军当地驻军高射炮部队猛烈炮火射击，击伤其中一架。从12时33分到20时30分，美军飞机共从“大黄蜂”号起飞23批、66架次。12时21分，台湾国民党F—84型战斗机四架，侵入汕头地区上空，中国解放军高射炮部队击落其中二架，其余二架逃走。

13 日，美国国务院新闻发布官怀特承认，美国海军飞机因为侵入了中国领空而被中国高射炮击伤。但他辩解说这是无意事件，是由于在多雾的天气下飞行，多少飞到它预定的航程西面一些。14 日，中国国防部有关方面负责人接见新华社记者，对此种狡辩进行驳斥。

6 月 12 日

［纲　文］　**北京市委发布《关于加强管理废品市场的几项规定》。**

［目　文］　《规定》指出，一、凡在本市的国营和地方国营厂矿、企业、手工业生产合作社、公私合营企业及机关、团体、部队、学校、医院、建筑工地等单位，所处理的各种废金属和其他废料、废旧器材、包装容器等，除国家另有规定的以外，均须按照统一收购价格，交北京市废品公司统一收购，不得自行处理或标卖。二、本市居民的废金属和其他废品，由市废品公司会同信托公司组织两单位归口商贩进行收购，无照商贩和其他单位一律不准收购。三、凡本市需要废品作为生产原材料的单位，按下列办法供应：（一）铜、锡等废金属、橡胶等物资，由市计划委员会、物资供应局根据各单位申请，按照有关供应办法，统一分配、供应；（二）废纸、棉、布、碎玻璃、塑料等物资，由市废品公司根据各需要单位提出的计划平衡供应。四、凡由外地贩运来京的废金属和废品原材料，必须向市废品公司交售，或在废品市场成交，不准在场外交易。五、各种废金属和主要废品原材料，在未经市物资供应局审查并开给外运证明以前，交通运输部门应予拒运；对于其中的废金属，并应立即通知市废品公司予以收购。六、废品价格应严格按照国家规定的价格，国家没有规定的价格，由市废品公司统一规定。七、本规定由市工商管理局、物资供应局和各区人民委员会监督执行。

6 月 13—19 日

［纲　文］　**全国工商联常委会和民建中央常委会举行联席会议。**

［目　文］　两方面的常务委员共 44 人出席会议。陈叔通、黄炎培、李烛尘①等人先后发言。会议批判了章乃器的种种错误言论，认为章乃器的错误思想是严重的，这是资本主义和社会主义两条路线的斗争，必须和他划清思想界限，有必要在这样的联席会议以至扩大会议上继续深刻地批判章乃器的错误思想，同时也要准备迅速起草和向全国工商界发布批判章乃器错误言论的指示。

联席会议经过四次讨论后，19 日，全国工商联常委会和民建中央常委会发出《全国工商业者团结起来、立即展开对章乃器的反社会主义的活动作坚决的斗争的联合指示》，号召全国工商业者和民建会员立即对章乃器的反社会主义言论展开坚决斗争，并且对章乃器做出组织处分。《指示》说，章乃器的反社会主义由来已久，过去不断地利用机会散播

---

① 李烛尘（1881—1968），土家族，湖南永顺人，时任食品工业部部长、民建副主任委员、全国工商联副主任委员。

他的政治毒素。他的反动政治行为，就是反对工人阶级和中国共产党的领导，反对我国人民建设社会主义、走社会主义的道路。以达到他的反社会主义的政治目的，他对工商界用尽了歪曲、挑拨、煽动、欺骗、麻醉等等一切无耻的手段。他的一系列荒谬言论已经不是一种思想问题，更不是一种理论上的争论问题，而是一种反动的政治行动问题。这是社会主义和资本主义之间的两条道路的斗争。全国工商联常委会和民建中央常委会，根据各地方组织要求，给章乃器以“停止会内全部职务，责令检讨”的处分。

27 日，民建中央和全国工商联举行常委扩大会，通过《中国民主建国会、中华全国工商业联合会关于拥护周恩来总理的报告，继续加强对章乃器等右派分子的反动活动进行斗争的联合声明》，总结了《指示》发出后各地会员和工商业者批判章乃器的情况，提出继续深化对章乃器的批判。

6 月 13 日

［纲　文］　**毛泽东就改进《人民日报》工作做出批示。**

［目　文］　毛泽东在给胡乔木的批示中指出：一、北京日报比人民日报编得好，有工人、农民、学生、左翼党外人士的批判反动言论的大量报道，极为丰富，文字也较人民日报生动，编排也好。请看第二版[①]全部报道。二、请在人民日报召集一个会议，有较多人参加。事先要他们读这第二版，全部读一遍，然后开会。你的编排水平应当提高。文字也有些八股味，例如不感觉“怎样对待批评”[②] 这个概念化的标题是不好的，不感觉这篇文章通体是一个八股调。希望思索改进。

6 月 13 日

［纲　文］　**国务院发出《关于1957年不提高工资标准的通知》。**

［目　文］　《通知》说，1956 年度国民经济计划中所列 1957 年全国职工的工资总额比上年增加了 8.9%。这里所讲的是工资总额。这是由于 1956 年从 4 月份起提高工资标准，7 月份起调整升级和陆续增加人员，这些逐月增加的工资，1957 年须全年照发，这里并不说明本年要增加职工个人的月工资或年工资。因此 1957 年的工资总额不可能用来提高本年职工的工资标准。1956 年人员增加过多，工资调整后工资总额的基数已经很大，同时由于 1957 年调整了生产发展的速度，某些部门的劳动生产率还有下降，国家财产和人民生活资料的供应都存在着一定的困难，因此本年职工的工资标准不能再有增加。为此决定：1956 年 6 月间，国务院批准颁发的国营工业、交通运输、基本建设各部门的工人和生产管理人员 1957 年的工资标准控制数字，凡是尚未实行的，一律不再实行。对于因此而造成的工资上的某些不平衡现象，只能在将来调整工资的时候逐步解决。本年工人的计件工资标准，也应该保持上年的水平，不再提高。

6 月 13 日

［纲　文］　**中国人民银行总行发出《关于改进发行—现金调剂工作的指示》。**

---

① 这两条批语写在 1957 年 6 月 12 日《北京日报》的第一版上，此处指的是这份报纸的第二版。

② 指 1957 年 6 月 13 日《人民日报》的社论，毛泽东在审阅时把题目改为《正确地对待善意的批评》。

［目　文］　《指示》说，自从1955年3月份全行实行“发行—现金调剂办法”以来，使现金调拨、发行基金调拨工作与现金出纳计划密切结合起来。但是，制度本身也存在一些缺点，主要是匡计时期过短，上报、下批匡计，签发、注销出库命令等手续较繁复。

《指示》指出，为简化手续，对存在的主要问题，特作如下决定：一、继续贯彻总行统一掌握发行的原则：各级行仍须在上级行签发出库命令范围内，领出发行基金拨入业务库；每日业务终了，超过业务库存限额部分，必须缴入发行基金保管库，逐级反映至总行，借以及时了解与掌握全国货币流通情况。二、简化分期收支匡计工作：分期收支匡计是具体组织现金收支、进行现金调拨的中心环节。因此，正确地进行分期收支匡计的编制仍是重要的工作。将匡计期限改为按月、分旬、分项目，编制收付及差额，列报上、中、下三旬请领额及回笼额。在掌握与组织执行中，须要充分注意全辖出库命令的调剂，防止签发出库命令过多，注意节约现金使用，保证现金供应。三、调剂支行辖内现金工作：支行在当日业务过程中，必要时可以将辖内营业所上缴款（包括支行本身业务库存）通过发行基金保管库（点）拨给其他营业所使用，但当日业务终了，支行及营业所均不得超过本身业务库存限额；超过限额部分，仍应缴入发行基金保管库（点），不能再行取用，并逐级上划总行。支行在编制匡计表计算请领额时，应将辖内回笼款抵用因素适当考虑在内，以免过多请领。四、有关简化分期收支匡计工作补充规定及支行辖内现金调剂核算手续另以附件规定。分行以下，对于匡计工作，在集中总行统一掌握发行的原则下，本着增产节约的精神，由分行加以具体布置。《指示》附有《关于分期收支匡计工作的补充规定》及《支行辖内现金调拨会计核算手续的补充规定》。

6月13日

［纲　文］　**中国人民银行总行提出《关于1957年对资外汇收支计划中几个问题和意见的报告》。**

［目　文］　《报告》指出，一、外贸部党组对1957年度对资进出口外汇收支计划作了讨论，初步确定出口4.85亿美元，进口5.4241亿美元（其中包括机动外汇261万美元），出进口差额为支差5741万美元，较原计划出口5.12亿、进口5亿扩大了支差6941万美元。二、本年整个对资外汇收支计划修正后总收入为6.25亿美元，总支出为6.6486亿美元，支差为3986万美元。其中进出口贸易支差5741万美元，非贸易收差1755万美元。本年年底国家的自由外汇库存将减为9539万美元，比上年底减少几达30%。同时，此数中如再除去印度尼西亚欠款1033万美元，故实际库存仅为8506万美元。三、根据实际情况：国家必须最少保持8000万—10000万美元的自由外汇库存才能顺利周转贸易并适应各方面需要，在这一个数目中应包括三个组成部分：一是贸易外汇周转资金，最少须保持3500万美元，二是银行业务资金，最少须保持1500万美元，三是国家必须准备一定数量的自由外汇后备，过去周恩来和陈云曾指示应准备1亿美元，如不可能，至少保持3000万—5000万美元是十分必要的，也是不可再减少的。四、综上所述，由于1957年对资外

汇收支计划支差3986万美元，1957年国家自由外汇库存将仅保持8506万美元（包括存苏、捷黄金）。此数仅达国家必须保持8000万—10000万美元的要求之最低水平，似不能再予减缩。

6月13日

［纲　文］　**陈云接见以苏联消费合作社中央联合社主席克利莫夫为首的苏联消费合作社代表团**。

［目　文］　陈云在谈话中指出：中国人多地少，人民生活水平低。合作社社员生活比以前提高了，但还不能与外国比，只能与自己过去的历史比。过去中国农民是“糠菜半年粮”，西北、西南很多人没有衣服穿。现在大部分社员生活还在中农水平以下，每人每年平均收入，好的100元左右，中等的50—70元，差的30元。中国的合作化很快，主要原因之一是穷。我们在整风中，号召党外人士向党提出批评。用这种形式发动群众，只有经过抗美援朝、“三反”、“五反”、知识分子改造、肃反等运动以后才有可能。搞“百家争鸣”不能千篇一律地运用到其他国家，要看各国的具体情况。最近报纸上天天登资产阶级骂共产党的文章，最坏的意见也发表，这是为了教育人民，使人们看到除了共产党的主张外，还有反共产党的主张。如果只有毛泽东思想，革命不一定胜利，之所以能胜利，蒋介石“教育”的功劳并不小。1946年我们在东北与国民党打仗时，国民党还很受群众欢迎，蒋介石是世界四大名人之一，苏联与蒋介石有条约，这些我们都没有。我们宣传共产党好，群众则说国民党好。但是以后国民党把老百姓的猪杀了，房子占了，做了很多侮辱群众的事，群众就骂蒋介石是“二满洲”了，老百姓纷纷参加解放军。现在情况也是这样，只有我们讲马列主义不行，一定要有反共言论，这个先生不可少，他不讲马列主义，却能教育全国人民。现在开始对错误意见进行反批评，同时，批评得对的要接受，要改正错误。对共产党来说，反右斗争是思想战线上的阶级斗争。在国际上，美国还没有承认我们，英国是又承认又不承认。我们的态度是他们承认也可以，不承认也可以，不承认并不一定是坏事。我们可以多打扫房子，等把他们在中国的基础打扫干净，他们再来就找不到了，悔之晚矣。

6月13—15日

［纲　文］　**国务院科学规划委员会第四次扩大会议在北京举行**。

［目　文］　会议由科学规划委员会副主任黄敬担任主席，科学规划委员会委员，各省、市、自治区负责本地科学行政工作的干部，以及某些高等学校、研究机关和产业部门的科学家，共计200多人出席会议。

13日上午，国务院副总理、科学规划委员会主任聂荣臻发表讲话，着重说明了1957年全国科学技术研究计划、科学工作体制和科学研究工作条件等三个问题，并提出解决这些问题的意见。中宣部副部长周扬就开展社会科学研究工作问题发言。科学规划委员会秘书长范长江作了关于编制1957年全国科学技术研究计划的说明。13日下午，科学院副院长陶孟和、国家档案局局长曾三、一机部副部长汪道涵、化学工业部部长助理李苏，分别就改进图书、资料，仪器生产、修配、供应和化学试剂工作方案（草稿）等问题作了说明。哲学社会科学小组举行小组会，讨论实现远景规划下半年应该着手进行的工作，包括成立学科专业小组，成立哲学社会科学规划办公室等问题。14 日进行小组讨论。委员们一致同意聂荣臻在讲话中提出的意见，即中国统一的科学研究工作系统，是由中国科学院、高等学校，中央各产业部门的研究机构和地方研究机构四个方面组成的。在这个系统中，中国科学院是全国学术领导和重点研究的中心，高等学校、中央各产业部门的研究机构（包括厂矿实验室）和地方所属的研究机构则是我国科学研究的广阔的基地。会议讨论了 1957 年全国科学技术研究计划，以及改进图书、资料，仪器生产、修配、供应和化学试剂工作四个方案（草案），讨论了哲学社会科学研究工作的安排等问题。15 日上午举行大会，吴有训、周培源、茅以升①等 23 位委员先后发言，下午会议闭幕，聂荣臻作总结发言。

会议通过了全国图书协调方案，其中的主要内容是决定建立中心图书馆和编制全国图书联合目录。全国性的中心图书馆由北京（第一中心）和上海（第二中心）的若干最有基础的图书馆组成。编制全国联合图书目录，以解决“人找不到书，书找不到人”的矛盾，并且将有助于广泛开展馆际互借，提高图书的使用率。

6 月 13 日

［纲　文］　**首都六所高等学校党委分别在各校师生员工大会上就整风问题作初步检查报告。**

［目　文］　中国协和医学院、清华大学、北京石油学院、北京外国语学院、北京农业机械化学院和北京铁道学院的党委分别主持召开了各校师生员工大会，对 5 月中旬陆续开始的北京高校党组织整风情况进行了检查，向积极帮助共产党整风，向共产党提出善意批评的所有人士表示感谢，同时对于他们所提出的正确的意见表示接受，对于一些须待继续研究的问题也作了说明。14 日，又有北京农业大学、北京地质学院和北京体育学院等 11 所高等学校的党委负责人分别在各校师生员工大会上就整风问题作了初步的检查报告。

6 月 13 日

［纲　文］　**朝鲜新任驻华特命全权大使李永镐乘火车到达北京。21日晚，李永镐偕大使馆参赞金贵南等外交官，向中华人民共和国主席毛泽东递交国书。**

6 月 13 日

［纲　文］　**中国回民文化协进会和中国伊斯兰教协会联合设宴招待来中国参观访问的由苏联各少数民族作家组成的苏联作家代表团。**

［目　文］　宴会前，中国回民文化协进会主任刘格平②和中国伊斯兰教协会副主任

---

①　茅以升（1896—1989），字唐臣，江苏镇江人，桥梁专家、土木工程学家、教育家，时任武汉长江大桥技术顾问委员会主任委员。

②　刘格平（1903—1992），回族，河北孟村人，时任全国人大民族委员会主任委员。

达浦生等，向代表团介绍了中国信仰伊斯兰教的 10 个民族实行民族区域自治、社会主义改造以及文化、宗教方面的情况。代表团成员介绍了苏联信仰伊斯兰教的各民族在十月革命以后的经济、文化建设方面的成就。宴会后，代表团参观了回民文化协进会展出的回族珍贵文物。

苏联作家代表团是 5 月间到乌鲁木齐参加新疆维吾尔自治区作家代表会议的，由苏联的哈萨克、乌兹别克、土库曼、吉尔吉斯、塔吉克等加盟共和国的七位作家组成，6 月 7 日抵达北京，14 日结束对中国的访问。

6 月 13 日

［纲　文］　**全国总工会登山队登上海拔7590米的贡嘎山主峰。**

［目　文］　这次登峰创造了中国登山运动的新纪录。登山队由队长史占春，队员刘大义、刘连满、师秀、国德存和彭仲穆六人组成，在返回大本营途中师秀、国德存和彭仲穆不幸遇难。6 月 17 日，全国总工会致电祝贺和慰问爬山队队员。在 7 月 30 日举行的庆祝会上，国务院副总理兼体育运动委员会主任贺龙把运动健将的证书和证章授予他们。

6 月 14 日

［纲　文］　**中共中央、国务院发布《关于做好夏收分配工作的指示》。**

［目　文］　《指示》说，在农业生产合作社中，在收获之后，做好分配工作，是调节合作社内部矛盾、促进生产发展、巩固合作社的一个重要环节。在分配中做到了公平合理、分别照顾，这才能使大多数社员的收入逐年有所增加。

为此，《指示》指出，一、对国家的利益、合作社的利益和社员的利益必须统筹兼顾。应该按照以下的原则来分配：（一）除了遇到特殊严重的灾荒以外，当年消耗的生产费用必须如数扣除，并且归还到期的生产周转方面的社外贷款和社员投资。（二）必须照章纳税，灾荒地区由政府照章减免。（三）社的全部收入的大部分应该作为劳动报酬分配给社员，具体比例可以因时因地而异。必须照章留足公益金。（四）社的公积金在一般情况下，都应该留下适当数量。二、对于那些收入比入社前可能减少的社员，必须从适当安排劳动、实行互助互济和执行互利政策等方面给以照顾，使他们各尽所长、各得其所，尽量争取不减少收入，以至增加收入。三、合理地分配粮食，是一个很重要的问题。农业社分配粮食的原则应该是：首先留下必需的种籽和饲料，并且保证完成国家应该征购的任务，然后按照“三定”标准留下全体社员家庭所需要的口粮，如果还有多余的粮食，应该分给劳动比较多的社员。四、收益分配是涉及每个社员切身利益的问题。因此，必须充分发扬民主，通过群众的协商讨论来解决可能发生的各种矛盾。分配时不妨提出几个方案，让群众来比较选择。所有的困难都应该向群众摆出来，让大家来斟酌研究，商议解决的办法。有些只涉及某一部分社员特殊利益的问题，也应该尽量征求这一部分社员的同意，然后做出决定。

《指示》要求，在夏收分配中，必须认真查对合作社的账目，凡是检查出贪污、挪用、浪费、制度混乱等问题，应该迅速地通过群众，恰当加以处理，以利全社的团结，不要等问题堆积起来，等到民主整社的时候再做总的解决。

6月14日

［纲　文］　**《人民日报》发表题为《是不是立场问题》的社论。**

［目　文］　社论说，在中国人民内部还是有不同的阶级。资产阶级的成员虽然正在向劳动者转化，小资产阶级的绝大部分虽然已经参加了合作组织，但是这两个阶级的思想影响都还将在长时期内存在。提出立场问题，了解各自的思想实质，正是正确处理人民内部矛盾的一个必要条件。

社论指出，在中国的民主革命、社会主义革命和社会主义建设中，成绩究竟是不是主要的，这是值得展开讨论的一个根本问题。因为承认缺点和错误的存在，现在并不成为问题。整风运动的任务，正是要动员全党以至全国人民的力量，同这些缺点和错误作斗争。倒是否认成绩，现在成了一个根本问题。因为如果认为社会主义革命和社会主义建设基本上是错误的，失败的，人们的面前就会是一片黑暗，新中国就会是一片黑暗，社会主义、马克思主义和共产党就会是一片黑暗。如果是这样，那么问题就根本不是整风，而是要毁灭人民的社会主义事业，毁灭人民的信心和民族的信心。

6月14日

［纲　文］　**毛泽东给达赖喇嘛和班禅额尔德尼分别回复电报。**

［目　文］　毛泽东在给达赖喇嘛的复电中说，西藏和平解放六年以来，在你和班禅额尔德尼的领导下，对于巩固祖国统一和加强民族团结的伟大事业做了很多工作，做出了重要的贡献，望你继续努力，把西藏各阶层各方面的力量团结起来，采取切实可行的步骤，进一步实现和平解放西藏办法的协议，使西藏更加团结、进步和发展。毛泽东在给班禅额尔德尼的复电中说，西藏在和平解放以来的六年期间，已经取得了许多重要的成绩。但是建设西藏还是有不少困难的，希望你根据西藏的实际情况，协助达赖喇嘛领导、团结各方面的爱国进步的力量，一道前进，在执行协议17条、建设西藏的工作中做出更好的贡献。

在两份电报中，毛泽东分别对达赖和班禅的来电表示感谢，并祝他们身体健康。

6月14日

［纲　文］　**《人民日报》发表毛泽东撰写的署名“本报编辑部”的文章《文汇报在一个时间内的资产阶级方向》。**

［目　文］　文章说，下面转载的这篇文章[①]见于6月10日《文汇报》，题为“录以备考”。上海《文汇报》和北京《光明日报》在过去一个时间内，登了大量的好报道和好文章。但是，这两个报纸的基本政治方向，却在一个短时期内，变成了资产阶级报纸的方向。这两个报纸的一部分人对于报纸的观点犯了一个大错误。他们混淆资本主义国家的报

① 指1957年6月10日《文汇报》刊载的姚文元写的《录以备考——读报偶感》一文。

纸和社会主义国家的报纸的原则区别。在这一点上，其他有些报纸的一些编辑和记者也有这种情形，一些大学的一些新闻系教师也有这种情形，不过这两报特别显得突出罢了。错误观点是可以经过研究、考虑和批判加以改变的，我们对他们期待着。从最近几天这两个报纸的情况看来，方针似乎已有所改变。

文章指出，党外报纸当然不应当办得和党报一模一样，应有它们自己的特色。但是，它们的基本方向，应当是和其它报纸一致的。这是因为在社会主义国家，报纸是社会主义经济即在公有制基础上的计划经济通过新闻手段的反映，和资本主义国家报纸是无政府状态的和集团竞争的经济通过新闻手段的反映不相同。在世界上存在着阶级区分的时期，报纸又总是阶级斗争的工具。我们希望在这个问题上展开辩论，以求大家在这个问题上取得一致的认识。

6 月 14 日

［纲　文］　**一届全国人大常委会举行第七十二次会议。**

［目　文］　会议由刘少奇主持，讨论了 1957 年度国民经济计划、1956 年国家决算和 1957 年国家预算。刘少奇指出：1956 年，社会主义革命（即三大改造）是胜利的，建设是成功的，人民生活有所改善。我们工作中缺点错误是有的，但是无论缺点错误有多少，也不能否定这三条。任何历史上的大革命，没有法子不在社会生活上引起若干波动，我们这个大革命引起的波动真少，真是所谓和平革命，应该这样讲：中国胜利了！薄一波、李先念、陈云先后在会上对委员们提出的问题进行了解答和说明。

6 月 14 日

［纲　文］　**国务院召开第五十二次全体会议。**

［目　文］　会议由周恩来主持，主要内容是：

一、听取监察部部长钱瑛[①]关于广西省 1956 年因灾荒饿死人事件的检查报告，进行了讨论，并通过了《国务院关于广西省 1956 年因灾饿死人问题有关失职人员处分的决定》。《决定》给予广西省代理省长职务的副省长郝中士和负责财经粮食工作的副省长萧一舟以撤职处分，撤销陈漫远广西省人民委员会委员的职务（中共中央已撤销其中共广西省委第一书记职务）。《决定》还处分了有关地、县干部。

钱瑛的报告说，经查证实，广西全省因灾外逃的先后共约 1.47 万余人，全省可确定因缺粮饿死的约 550 余人，加上食用代食品中毒致死的以及同期其他非正常死亡人数共 2200 余人。发生这一严重事件的客观原因，是该省 1955 年遭受了严重的水灾和旱灾，致使 1956 年发生了严重的春荒；加上春雨连绵，早熟作物减收 50% 左右。但是，主要原因是中共广西省委和广西人民委员会的主要负责人思想上对人民疾苦漠不关心，事先对灾情估计不足，又缺乏深入的调查研究，没有及时掌握情况，采取有效的措施，致使灾情发展到十分严重的地步，造成了令人痛心的损失。此事不怪中央，1955 年广西省粮食产量开始

---

① 钱瑛（1903—1973），女，湖北咸宁人，时任中共中央纪律检查委员会副书记、监察部部长。

报告为139亿斤，后改为128亿斤，中央来核对，才减为118亿斤（实际产量108亿斤）。粮食部、内务部、农业部和一办的负责人在会上为广西饿死人事件自请处分。周恩来指出，这种事性质是严重的，使我们气愤，必须严肃处理。事情的责任主要在广西省，中央给的粮、款是充分的，他们不用。内务部检查不力，监察部查得慢了，粮食部、农业部相信估计，没有进行直接的典型调查，国务院处理不及时，各部门都要引为教训。我国粮食长期内是紧张的，因此应统购统销，饿死人是工作问题，不是统购统销政策问题。

二、通过《华侨捐资兴办学校办法（草案）》和《华侨投资于国家经营的华侨投资公司的优待办法（草案）》，并决定提请全国人民代表大会审议批准。这两个草案是为了鼓励华侨在国内兴办学校和适应华侨投资参加祖国建设的愿望，满足广大华侨子女求学的要求，保障华侨投资的利益而制定的。全国人大常委会第七十八次会议于8月1日批准了这两个办法。国务院8月2日公布施行。

三、核准《中华人民共和国和匈牙利人民共和国关于中华人民共和国贷款给匈牙利人民共和国的协定》。《协定》规定，中国给匈牙利工农革命政府一亿卢布贷款，年利2%，于1957年1月10日一次支付，自1960年起分10年平均用自由外汇偿还，利息每年计付一次。周恩来针对有人提出援外是打肿脸充胖子的意见指出，穷国也要有穷朋友，帮助人家对双方都有利。我国援外共约20亿人民币。其中朝鲜、越南各八亿。此外援助了蒙古国、阿尔巴尼亚、匈牙利三个兄弟国家和亚非民族主义国家柬埔寨、尼泊尔、埃及。匈牙利提出要贷款二亿卢布，我们答应一亿。如果发生世界大战，把匈牙利大门打开，那就不是一二亿卢布的问题。

四、会议根据辽宁省葫芦岛市工矿企业发展推迟的情况，决定撤销葫芦岛市，将葫芦岛市所属行政区域全部划归锦西县领导。

最后，会议通过了任免事项。

6月14日

［**纲　文**］　**中国人民银行总行发出《关于1957年收贷工作的指示》。**

［**目　文**］　《指示》说，为了贯彻中央关于开展增产节约运动的指示，各地在发放春耕生产贷款以后，应立即抓紧做好夏、秋两季以及经常性的收贷工作。这对加速农贷资金周转，准备下半年和1958年扶持生产的资金力量，以及实现信贷和现金收支的平衡都有极其重要意义。本年收贷工作，应继续贯彻1956年10月国务院发布的《关于农村金融工作中若干问题的指示》精神去进行，各地要接受上年夏季放松收贷工作的经验教训，把各种能收回的到、逾期贷款，努力组织收回。

《指示》要求，一、各地在编制本年收贷计划时，要抱着实事求是的精神，一方面应当根据可靠资料，正确计算到期贷款数额，另一方面，应当深入实地做好偿还能力的典型调查。根据客观材料，合理确定收回的任务数字。要求把收贷计划，订在既积极，又可靠的基础上，防止过高过低，脱离实际。计划订了以后，还要注意做到“长计划、短安排”，工作一段、小结一段、再布置一段。各级领导要亲自动手，组织一定力量，经常深入下层，督促检查，具体帮助，有问题要及时解决，有经验要及时交流，使收贷工作不断得到改进提高，避免计划流于形式。二、要反复向干部和群众进行收贷政策教育，要在收贷工作中，坚决执行“有借有还、按期归还”的信贷原则。三、各地收贷工作，要紧密结合党政中心工作进行，要主动争取在当地党政布置农业社分配工作和安排收购和市场工作的同时，把银行和信用社的收贷工作、农村存款工作，一并加以安排。四、在做好银行收贷工作的同时，各地还要注意指导和帮助信用社制订收贷和吸收存款计划，做好信用社到期贷款的收回和存款工作。这是国家银行应尽的责任，同时也是加强农村信贷资金力量的重要方法之一，各地应当普遍引起重视。五、国营农场的到期贷款，也应根据农业生产的收获季节和其他收入，及时组织收回。六、做好旧贷清理工作，为收贷工作扫除障碍。

6月14日

［纲　文］　**监察部、交通部发出《关于加强对地方交通部门安全生产工作监督检查的通知》。**

［目　文］　《通知》说，地方交通运输工作获得了很大发展，安全工作方面也采取了一些措施。但是由于有些单位领导对安全生产的方针缺乏全面的认识，重视不够，贯彻不力，一直交通事故不断发生。1956年以来，某些地区重生产、轻安全的情续有所滋长，因而交通事故也日趋严重。航运方面，海损事故特别是渡船和木帆船事故经常发生。这些事故不仅造成人民生命财产的重大损失，而且直接影响政府和群众的关系，造成不良的政治影响。

《通知》要求，各级交通部门在增产节约运动中，必须进一步贯彻安全生产方针；做好宣传教育工作，认真贯彻安全措施；加强技术管理和监督检查，确保运输安全。各级监察机关应该协同交通部门加强对安全生产的监督，经常检查安全措施贯彻执行中存在的问题，并且通过对重大事故的检查处理，教育干部，改进工作。希望各省、自治区、直辖市监察、交通厅、局接到这一通知后，有重点地直接检查一些公路、航运企业的安全生产工作，并根据各地情况，布置所属单位也进行一次检查。检查结果，在本年三四季度写成专题报告报送监察部和交通部。

6月14日

［纲　文］　**中国第一座现代化的电刷制造厂——哈尔滨电刷厂基本建成并开始试制产品。**

［目　文］　哈尔滨电刷厂是第一个五年计划的重点工程之一，1954年6月开工兴建。这个厂将利用很便宜的石墨、木炭、焦炭、煤焦油等材料，制造电刷和其他碳素产品①。第一批电刷半成品已经试制出来，本年还要试制出10多种有色和黑色电刷。过去，

① 电刷是各种发电机和电车、起重机等电动机械上所需要的部件，利用它来作为电流的导电体。碳素产品的用途更广。电话机上的震动膜，无线电真空管里的碳素阳极，拍电影用的弧光灯，放映电影用的弧光棒等，都是碳素制品。

中国没有一个专门生产电刷的工厂，需要的电刷都是依靠国外进口。

6月14日

［纲　文］　**国务院发出《国务院批转〈文化部关于1957年进口资本主义国家书刊问题的报告〉的通知》**。

［目　文］　《通知》说，国务院原则上同意文化部的报告。据文化部这一报告，1956年“向科学进军”的口号提出以后，各单位订购资本主义国家书刊数量激增，其间存在着订货重复太多，订购单位过于分散等缺点，国家为此支付了大量的外汇；本年国家分配给国际书店向资本主义国家订货的外汇为150万英镑，其中110万英镑要用于支付上年订货的到货款项，本年实际可用的外汇只有40万英镑，仅等于上年180万英镑的22%强。为了避免浪费和保证不增加国家外汇支出，应根据重点保证科学研究需要的原则来处理本年订购资本主义国家书刊的问题。

文化部在5月27日的《报告》中对本年可用的40万英镑进行了分配：15万英镑作为预订1958年期刊之用；25万英镑作为购买图书和过期期刊的费用，分配的原则如下：一、优先保证国家指定的中心图书馆，共分配外汇约50%，中心图书馆采购图书时应适当兼顾本地区其他专业的需要。二、中心图书馆以外的其他高等学校、研究机构等必须购买外文书刊的单位，亦适当予以照顾。三、军事部门分配外汇10%，由国防部指定购买外文图书的单位。四、国际书店保留外汇20%，供给个人买书和照顾其他单位的特殊需要。五、原则规定中等技术学校、县级机关、中小型医院、中小型厂矿企业所需图书，改在门市零售供应，一般均不予代订。六、国内将影印的现期刊物，国际书店酌订几份供应影印母本和分配给一部分中心图书馆。已有影印的过期、现期刊物和图书，不再进口原本。

6月14日

［纲　文］　**周恩来接见苏联驻华大使尤金**。

［目　文］　尤金通报说，苏联出席科伦坡世界和平大会理事会代表团考涅楚克在发言中提到废除死刑问题，本应与中国协商，但他未这样做。苏共中央现在指示他即同中国协商如何消除或延缓讨论此问题，请中国方面也本此精神指示中国出席和平大会理事会的代表团，说明苏联代表团今后将同中国采取一致行动，并将共同努力取消或延缓讨论此问题。周恩来表示将立即发电给中国代表团。6月17日，周恩来电告出席世界和平大会理事会的中国代表团郭沫若、刘宁一①和廖承志，说苏联代表在会上支持了关于废除死刑的建议，如要纠正，先应由苏联代表团在会上自己设法修改态度和意见，我应帮助苏扭转这种局面，我们可以在会外向法、意朋友和西方和平主义者做些说明工作，争取使他们不再坚持自己的建议，我们只能正面地、冷静地说明我们对这个问题的意见，而不能公开批评苏联的意见。

---

①　刘宁一（1907—1994），河北满城人，时任中共中央对外联络部副部长、中央国际活动指导委员会副主任委员、全国总工会书记处书记。

6月14日

［纲 文］ **中华人民共和国驻锡兰首任大使张灿明向锡兰总督奥利弗·古涅狄莱克递交国书**。

6月15日

［纲 文］ **中共中央批转《中共中央交通工作部关于省(市)委、自治区党委交通工作部部长会议情况向中央的报告》**。

［目 文］ 中共中央将《中共中央交通工作部关于省（市）委、自治区党委交通工作部部长会议情况向中央的报告》，以及《关于铁路、交通、邮电企业中党的基层组织设置与领导关系问题向中央的报告》和《关于改变目前邮电系统干部管理制度向中央的报告》批转给各省、市、自治区党委并铁道部、交通部、邮电部党组。中央指出，同意中央交通工作部的报告和报告中提出的关于基层组织的设置和加强地方党委对于交通企业的领导的意见。

［文献一］ **中共中央交通工作部关于省（市）委、自治区党委交通工作部部长会议情况向中央的报告**

中央：

我们于三月二十日至三十日召开了省（市）委、自治区党委交通工作部部长会议。各省（市）委、自治区党委交通工作部门以及国务院六办、铁道、交通、邮电、民航等有关部门的负责同志都出席了会议。在会议上除集中讨论关于撤销铁路、交通、邮电系统各级政治机关、加强党的领导问题和邮电干部管理体制问题外，并就我部一九五七年的工作计划要点和有关的问题交换了意见。现将“关于铁路、交通、邮电企业中党的基层组织设置与领导关系问题向中央的报告”和“关于改变目前邮电系统干部管理制度向中央的报告”送上，请中央审查批示。其中关于改变目前邮电系统干部管理制度问题，到会同志已基本取得一致的意见。关于铁路、交通、邮电企业中党的基层组织设置与领导关系问题，在会议上是有争论的。争论的焦点是铁路营业线党的基层组织设置与领导关系问题。在我们原报告草稿上提出将党的基层组织设在管理局，管理局所属各个分局的党组织隶属于管理局党委，受管理局党委和分局所在地的地方党委的双重领导。多数省（市）委的同志不同意这个意见，他们主张党的基层组织应当设在分局，分局党的组织隶属于分局所在地的地方党委，对分局党委的领导应以分局所在地的地方党委为主。其理由是：一、管理局党委与分局一般都相隔较远，对分局党委很难进行具体有效的领导，而分局所在地的地方党委又因分局党的组织隶属于管理局党委，在领导上有一定的困难，这就势必削弱对企业党的领导。二、分局党委面临生产现场，其工作的好坏，对于贯彻执行党的方针政策、完成国家计划的关系颇大，必须加强对分局党委的领导。只有将党的基层组织设在分局，才能便于分局所在地的地方党委加强对分局的领导。三、根据双重领导的原则，基层设在分局并不排斥管理局党委在必须统一的工作上进行领导，分局党委的任务是保证国家计划和上级指示的完成，并不会影响企业管理的集中统一。部分省（市）委的同志则认为要加强党对企业的领导，必须联系到铁路的行政体制来加以考虑。他们认为：根据现行体制，分局除管理运输工作外，对机务、车辆等段是不直接领导的，这样在组织指挥运输上就有很大的不便，对于挖掘企业潜力、提高运输是有极大影响的，从加强党的领导和群众的监督来说也是不利的，所以极力主张将现在的运输分局改为管理分局，对所辖范围内的各段实行统一领导，或将大管理局改为小管理局。但在目前铁路行政体制没有改变的情况下，他们认为只好将党的基层组织设在管理局。铁道部的同志和少数省（市）的同志则完全同意报告草稿上提出的意见。其理由是：一、管理局是一个完整统一的企业，为确保党对企业的统一领导，根据党章的规定和铁路上的实际情况，党的基层组织应该设在管理局。将党的基层组织设在分局虽然不排斥管理局党委的领导，但因分局党的组织不隶属管理局党委，在实际工作中对管理局党委的统一领导上是不会没有影响的。二、为便于党领导群众加强对企业的监督，党的基层组织也应该设在管理局而不应该设在分局，因分局不是一个完整的企业，分局职工代表大会难于充分发挥对企业的监督作用。三、将党的基层设在管理局，对发挥分局所在地的地方党委的领导作用是不会有多大影响的，因为在领导关系中已经确定了凡有关因地制宜的问题，分局所在地的地方党委有权作出决定。同时管理局党委为了作好自己的领导工作，也会充分考虑分局所在地地方党委的意见，尊重地方党委的领导。

以上各种意见都有一定的道理，我们考虑要妥善解决这个问题，必须从集中与分散、条条与块块两方面来研究，这两方面本身是矛盾的统一，解决的方针应该是从更有利于加强党的领导出发。因此我们认为改变现行管理体制的意见，是应该考虑的。但在现行体制不变的情况下，还是将党的基层组织设在管理局为好。鉴于我们还没有成熟的经验，省市的意见也确有值得慎重考虑的必要。所以我们建议：沈阳、哈尔滨两个管理局的党的基层组织可设在分局，因其所属分局系管理分局，其职权和其他管理局所属的运输分局是不同的，另外如天津、武汉等交通枢纽地区的分局因与各方协作关系比较复杂，需要所在地的地方党委直接加强领导，也可以将党的基层组织设在分局。这样分别不同情况，采取不同方案试行一个时期，待取得经验以后再进一步研究修订。是否妥当，请中央考虑决定。

另外到会同志一致感到，当前交通、邮电企业党的领导薄弱是比较严重的一个问题，要改变这种情况，必须认真地贯彻执行党委领导下的企业首长负责制和党委领导下的群众监督制。但能否切实加强党的领导作用，尽快地使企业中党、政、工、团的工作适应企业发展的客观要求，其关键除建立与健全企业党委外，还必须加强省（市）委、自治区党委对交通、邮电企业的领导。特别是在各部门的政治机关撤销后，对企业党组织的领导责任完全落到地方党委身上的时候，如何加强地方党委对交通企业的领导就更成为一个急待解决的问题了。因此大家要求凡交通任务繁重的地区应根据实际需要尽速建立与健全党委交通工作部，交通任务不甚繁重的地区亦应在党委工业交通工作部内加强专管交通工作的机构和人员，大家认为只有有了一定的机构和工作人员才可以将工作的情况和问题及时地向党委提出，使交通、邮电工作排到党委的议事日程上去。我们觉得到会同志的意见是很对的，请中央在批转"关于铁路、交通、邮电企业中党的基层组织设置与领导关系问题向中央的报告"时，一并予以指示。

中共中央交通工作部

一九五七年四月十一日

资料来源：中央档案馆馆藏档案。

［文献二］ 关于铁路、交通、邮电企业中党的基层组织设置与领导关系问题向中央的报告

中央：

根据中央"关于撤销铁道、交通、邮电系统各级政治机关加强党的领导问题"的批示，我们对于铁路、交通、邮电企业中党组织的设置与领导关系问题同各方面进行了反复研究，在今年三月召开的省（市）委、自治区党委交通工作部部长会议上，又作了专门的讨论。现将我们的意见报告如下：

（一）铁路、交通、邮电企业一般的都具有集中与分散这两个基本特点，因此一般地说，对企业中各级党组织的领导，都应当实行由企业系统的上级党委和当地党委的双重领导制度，但在双重领导关系中又必须明确主次，划分领导职责。而这一问题又与党的基层组织设置在那一级，党的隶属关系在那里，有着密切的关系。铁路、交通、邮电企业的情况是比较复杂的，在企业规模上，有的大至十万余人，有的则小至数十人。在行政机构的设置上，有的层次很多，分布很广，所属分支机构延伸数千公里，或跨越几个省区；有的则层次较少，分布亦比较集中，和地方行政区划大体一致或完全一致。在生产活动上，有的比较固定，有的则流动性很大。在生产指挥上，有的需要在较大范围内的集中，有的则需要在统一指挥下分区管理。因此在考虑党的组织设置与领导关系的时候，又需根据各个企业不同的特点，分别采取不同的办法。

一、铁路营业线路在经营管理上要求有较大的集中性，在现行的在经营管理上

要求有较大的集中性，在现行的行政体制下，管理局是一个完整的企业管理机关，运输分局则只是担负组织运输方面的业务，为了更好的实现党对整个企业的生产行政工作的领导监督作用，党的基层组织一般的应以管理局为单位建立。即在管理局设立党委，分局设立分局党委，段、站根据党员多寡，分别设立党委、总支或支部（现有的地区党委和线路总支可由各地根据具体情况决定保留或撤销）。管理局党委受所在地的省委、市委、自治区党委的领导；分局党委受管理局党委和所在地的地方党委的双重领导；分局所在地的段、站党组织受分局党委直接领导，非分局所在地的段、站党组织根据工作需要同时还可接受所在地的地（市）、县委的领导，或与所在地的地方党委建立工作上一定的联系。

个别设在管理分局的管理局（如沈阳、哈尔滨管理局），和个别运输枢纽地区的分局，根据实际需要，经过中央批准也可以以分局为单位建立党的基层组织，分局党委直接由分局所在地的省（市、区）、地（市）委领导，和在一定工作上接受管理局党委的领导。管理局党委由所在地省（市、区）委委派组成。

二、航运系统（包括海运、河运）因行政机构的设置情况比较复杂，各个企业也很不一致，因此党的基层组织设置与领导关系，可采取多种办法解决。便于集中领导的管理局可以以管理局为单位建立党的基层组织，受所在地的省委、市委、自治区党委的领导，管理局下属机构的党组织受管理局党委和所在地的地方党委的双重领导。集中领导不便者，则应以分局为单位建立党的基层组织，受所在地的地方党委的领导，同时在一定工作上接受管理局党委的领导。港（大港、小港或办事处）是带有较大地区性，固定在一个口岸进行生产的企业，应当以港为单位建立党的基层组织，直接受所在地的地方党委的领导，同时在一定的工作上接受管理局（或分局）党委的领导。在管理局或分局所在地的港，则一般应由管理局或分局党委直接领导，个别情况特殊的也可同时接受所在地的地方党委的领导。船舶因其流动性很大，应以船舶为单位，根据党员多寡，分别设立总支或支部，直接受管理局或分局党委领导，如工作需要，也可以与各个港的党组织建立一定的工作联系。

三、邮电企业的机构设置，基本上是与地方行政区划一致的，因此应以市、县邮电局为单位建立党的基层组织，由当地市委、县委领导。分散在郊区或广大农村中的分支机构的党组织，除由市、县局党组织直接领导外，并应接受所在地的区、乡党组织的领导。长途线路中心站的沿线党员，一般的应分别编入邻近的市、县邮电局的党组织，中心站本身可根据党员多寡设立总支或支部，对沿线党员可建立一定的工作联系。省、自治区邮电管理局一般的应设立党组，党组对市、县邮电局的党组织可建立一定的工作联系，某些地区根据需要，经过所在地省委、自治区党委的批准，也可在省、自治区邮电管理局设立党委，对市、县邮电局的党组织，在一定工作上进行领导。

四、各工程局、公司、设计院（包括铁路、公路、邮电、筑港、打捞、航务等工程和设计单位）因其所属各个生产单位集中与分散的情况极不稳定，应以局、公司、院为单位建立党的基层组织。即在局、公司、院设立党委，处（段）、总队设立党委或总支，各队根据党员多寡分别设立党委、总支或支部。局、公司、院的党委受当地省委、市委、自治区党委的领导。处（段）、总队党委或总支由局、公司、院党委直接领导。必要时可同时接受施工所在地的地方党委的领导或建立工作上一定的联系。个别远离局、公司、院的工作单位，如果在一个地方工作时间较长，而局、公司、院党委领导又非常不便者，可将党的关系临时转移到所在地的地方党委，委托所在地的地方党委负责领导。

（二）在双重领导关系中，为了避免在许多工作上都管或都不管的现象发生，对双方领导的职责作如下的规定：

凡党的基层组织建立在管理局一级的，各个分局的党组织隶属于管理局党委，其工作以管理局党委为主进行领导，分局所在地的地方党委则在下列职责范围内加以领导：

(1) 领导和监督企业党组织正确贯彻执行中央和上级党委的政策、决议、指示和国家计划，如发现企业有违背上级指示的情况，应即予纠正，并向有关领导机关反映；

(2) 领导企业党组织按照企业上级党委的统一计划，做好党的思想建设和组织建设，以及有关保证生产任务的政治工作，并可根据实际情况和工作需要发出补充指示。属于地方性的政治运动，和时事政策教育则由地方党委统一领导进行；

(3) 协助管理企业干部，并可根据实际需要，在企业内部调整干部和调动个别干部到地方党委有关部门工作，但在调整、调动属于管理局党委管理名单范围内的干部时，则需征得管理局党委的同意；

(4) 领导解决企业在运输上与各方面的配合协作中的政策、思想问题。

为了使分局所在地的地方党委能够经常了解企业的工作情况，及时加强对企业的领导，分局党委应随时将企业工作的情况报告所在地的地方党委，管理局党委也要经常将自己的工作计划、指示抄送分局所在地的地方党委，并将检查分局工作中所发现的重要问题随时向分局所在地的地方党委反映。管理局党委召开布置或总结工作的重要会议，必要时可邀请分局所在地的地方党委派人参加。

凡党的基层组织建立在分局一级的，分局党的组织隶属于所在地的地方党委，其工作应以所在地的地方党委为主进行领导，管理局党委则在下列职责范围内加以领导：

(1) 决定有关生产行政工作的计划、方针、政策的重大问题，并根据各个时期的生产任务，提出必需在全管理局范围内统一的政治工作的要求；

(2) 检查各个分局党组织在组织建设和思想教育方面的工作，提出有关改进工作的意见；

(3) 在全管理局范围内交流工作经验；

(4) 主管有关企业行政干部和协助地方党委管理所属企业的党和群众团体的干部。

为了使管理局党委能够及时了解所属企业的工作情况，加强对企业的领导，分局党委应当经常将自己的工作计划、指示、报告和有关资料报送管理局党委，必要时管理局党委可召开有分局党委书记参加的党委扩大会议，也可以召开分局党委书记联席会议或党代表会议，讨论解决全管理局统一的工作问题，并发扬民主，检查工作，以改进管理局党委的领导。

在双重领导关系中，管理局党委与分局所在地的地方党委在布置企业工作中发生意见不一致的时候，双方应进行磋商。在有关全管理局统一的问题上，分局所在地的地方党委应当尊重管理局党委的意见，在可以因地制宜的问题上，管理局党委则应尊重分局所在地的地方党委的意见。只有两方面互相照顾，彼此结合，共同加强对分局党组织的领导，充分发挥分局党组织的作用，才能更好地保证交通、通信和工程任务的完成。

在党的基层组织设置与领导关系上，这里只是作了一般的规定，各地在执行中，还可根据实际情况作出具体的规定。

（三）地方交通企业，党的基层组织设置及领导关系，因各地情况不同很难作出统一规定，应由各个省、市、自治区党委根据上述原则和不同类型企业的具体情况，分别加以研究作出规定。目前下述两个问题必须尽早予以解决：(1) 所有企业的党组织，都应当执行企业党组织的职权，改变目前某些地区把企业党组织交由机关党委领导的现象；(2) 尽量减少由几种性质不同的企业单位合并组成的联合性的党组织。凡有三个党员以上的企业单位，应尽可能建立单独的支部，以利于加强党对企业的领导。

以上报告，如果中央认为可行，请批转各地试行。

中共中央交通工作部

一九五七年四月十一日

资料来源：中央档案馆馆藏档案。

［文献三］ **关于改变目前邮电系统干部管理制度向中央的报告**

中央：

目前邮电干部的管理制度，是按照一九五五年一月中央“关于颁发中央管理的干部职务名称表的决定”中第二种类型，由地方各级党委分级（分层）进行管理的。邮电部门除协助中央及同级党委管理干部以外，只管理本机关不属于上级党委和同级党委管理范围以内的干部。采用这种干部管理制度，两年多的经验证明，虽然对及时考察了解干部情况，加强干部的政治思想教育，以及正确地使用与提拔干部等方面，有它一定的好处，但这种管理制度，是同邮电企业统一经营和集中管理的要求不相适应的，因为这种管理制度，不仅使任免、调动干部的权力过分分散，手续增多，调度不灵，以致邮电部门有时为支援新建企业或某项紧急任务，需要从各地抽调干部和业务人员时，常常耽延时间，影响工作。而且不利于邮电部门根据事业发展的需要通盘地考虑各类干部的培养与使用。

基于上述情况，邮电部党组过去就要求改变这种管理制度，部分省、市委也曾提出了改变这种管理制度的意见。特别是在中央决定实行“稳定提高”干部的工作方法以后，就更感到有加以改变的必要。对这个问题，原中央工业交通工作部曾经进行过研究，中央交通工作部成立后，又征求过许多地方的意见，并在最近召开的各省（市）委、自治区党委交通工作部（工业交通工作部）部长会议上，专门进行了讨论，多数同志均同意将目前邮电系统的干部管理制度改变为第一种类型，并且认为邮电系统的干部管理工作几年来在各级党委领导下做了一系列的工作，已经为改变现行的干部管理制度准备了有利的条件。因此，我们建议，除了新疆、内蒙古自治区等仍可按第二种类型办法管理，以及云南、贵州、青海等少数民族较多的边远省份，因其情况特殊，可暂时委托地方党委管理以外，其他各省、市均应将目前的邮电干部管理制度，由第二种类型改变为第一种类型，即由邮电系统垂直地管理干部。

但考虑到邮电机构的设置，基本上和行政区划一致，同时，又主要是为当地机关和人民群众服务的，因此，在邮电干部管理制度改变以后，为了管理好干部工作，一方面邮电部门仍需要紧紧依靠各级地方党委的领导，在提拔、调动或奖惩自己主管的干部时，事先应与地方党委协商，取得他们的同意，在发布有关干部工作的指示、决定和计划时，应事先向同级党委报告请示，并应定期地向同级党委汇报干部工作，及时地供给有关资料，以便于工作更好地取得地方党委的领导。另一方面地方党委也要切实加强对邮电干部的监督管理工作，对自己所监督管理的干部，应当负责地进行考察了解和教育，对他们的任免、调动、奖惩等问题，应及时性向主管干部的部门提出意见，并要负责检查、指导邮电部门的干部工作。各省、市委认为必要时，也可以同干部的主管部门协商，在企业内部调整干部，或者抽调某些干部到党委交通工作部门工作。

又鉴于改变现行邮电干部管理制度，是一项重大的工作，必须有计划、有步骤地进行，不能草率从事。各级邮电部门应当在地方党委的领导和帮助下，建立健全干部工作的机构，充实管理干部的力量，在干部较少、工作量不大的企业内，可以不设专门的机构，但须指定专人负责干部工作。并应根据管少管好的原则，研究制定管理干部的职务名称表，和干部工作的计划。在此基础上，分批地做好接交管理干部的各项工作，争取在一九五七年底全部完成。

以上意见是否妥当，请中央批示。

中共中央交通工作部

一九五七年四月十一日

资料来源：中央档案馆馆藏档案。

6 月 15 日

［纲　文］　**国务院批复同意交通部关于苏联大连远东轮船公司移交问题的处理意见。**

［目　文］　国务院批示说：苏轮在我港燃煤供应问题，原则上应和其他兄弟国家同样对待，予以供应。燃料油供应可按原办法，由苏运来燃油（我方代保管）自行供应。

交通部报告说，苏联拟以撤销大连远东轮船公司，以后苏轮到大连港口的业务委托中国交通部外轮代理公司办理。交通部同意自本年 5 月 1 日起由该外轮代理公司大连分公司按外轮代理章则承办苏轮在大连港的代理业务，并与大连港务局等有关部门负责苏轮的供应、维修等问题。

6 月 15 日

［纲　文］　**农业部、全国供销总社发出《关于加强当前病虫害防治和农药械供应工作的指示》。**

［目　文］　《指示》说，到 4 月底，各省、市、自治区、直辖市农药、械的销售均比上年同期有所下降。为彻底防治虫害，争取农业大丰收，各地农药、供销部门应加强领导，及时完成药、械供应任务，为此，特作如下指示：一、各级领导必须对防虫工作予以足够重视。农业部门应该继续贯彻“有虫必治”的方针，加强病虫害测报和指导防治工作，供销合作社要根据病情做好药、械分配、调运，加强调剂，保证做到哪里有虫，哪里有药有械。二、动员有资金的农业社及早购置药、械除虫，资金困难的农业社，可以适当动用一部分农业贷款及预购定金。三、对于灾情严重的农业社，如果确实需要农药、械而资金又无法解决，可以短期赊账，并与农产品采购部门订立“三角合同”，以保证赊销款按时收回。

6 月 15 日

［纲　文］　**中国和民主德国在北京签订文化合作协定1957年执行计划。**

［目　文］　这是两国建交以来所签订的第五个执行计划。根据协定，1957 年两国在文化方面的合作以科学方面为重点。这对两国科学院建立直接合作，互派教授进行讲学和教学，互派研究生和留学生都具有重大意义。两国文化机构将建立直接联系，交换他们的

经验和资料。此外，两国将互派各种文化代表团到对方国家进行考察等。

6 月 15 日—8 月 12 日

［纲　文］　**文化部举办第三届戏曲演员讲习会上海班。**

［目　文］　安徽、江苏、上海、浙江、福建等五个省、市，16 个剧种的演员、乐师、干部，共计 202 人参加讲习会。梅兰芳任讲习会主任，周信芳[①]等为副主任。

6 月 15 日

［纲　文］　**中国田径混合队与苏联“狄纳莫”田径队举行对抗赛。**

［目　文］　比赛在北京先农坛体育场举行，苏联“狄纳莫”队以 53.5 分对 33.5 分取得胜利。在 27 个比赛项目中，中国运动员虽只取得了五个第一名，但是却有八个项目打破全国纪录。五项第一名是：女子的跳高、铁饼、100 米，男子的跳高、110 米高栏。打破全国纪录的八个项目是：女子的跳高新成绩为 1.65 米（全国纪录为 1.61 米）、80 米低栏新成绩为 11 秒 4（全国纪录为 11 秒 5）、800 米新成绩为 2 分 17 秒 2（全国纪录为 2 分 19 秒 5）、男子的跳高新成绩为 1.96 米（全国纪录为 1.95 米）、撑杆跳高新成绩为 4.22 米（全国纪录为 4.20 米）、链球新成绩为 50.68 米（全国纪录为 48.74 米）、400 接力跑新成绩为 42 秒 9（全国纪录为 43 秒）和三级跳远新成绩为 14.95 米（全国纪录为 14.80 米）。

苏联“狄纳莫”田径队共有 25 人，5 月 31 日抵达北京。访问期间，他们在北京、上海与中国田径运动员进行了多场友谊赛。

6 月 16 日

［纲　文］　**农业部发出《关于积极增产油料的通知》。**

［目　文］　《通知》说，本年油菜籽预计比 1956 年增产约 300 万担左右，但大豆、花生在主要产区因受气候影响不仅播种面积较上年减少，而且缺苗严重。因此，要求各地：一、抓紧中耕除草、培土防涝和追肥除虫。二、长江以北及黄淮平原地区应抓紧麦收后的芝麻、大豆播种工作。南方有习惯地区应尽可能增播晚芝麻、晚花生和秋大豆。三、四川、浙江等省利用红苕地间种芝麻，玉米地间种花生的办法很好，有条件的地区可以根据习惯结合夏播、秋播试办。四、安徽、贵州等省利用田埂隙地种植大豆、蓖麻、向日葵，并规定谁种谁收，成效很大。尚能种植这些作物的地区可以仿行。

6 月 16 日

［纲　文］　**建工部提出《建议暂缓实行承包方式改进方案》。**

［目　文］　《方案》提出三点意见：一、1957 年基层施工单位既无新的规章制度可循，旧的办法又有停止执行和涣散无人负责的现象，这就不能不有损于甲、乙双方工作的积极性，造成施工中新的困难。考虑到改进的具体措施一时还难以发下，而工程进行又难

---

① 周信芳（1895—1975），艺名麒麟童，浙江慈城人，京剧表演艺术家，京剧麒派艺术创始人。

以长期处于涣散状态；即使再过一个时期可以发下去，适逢施工高潮时期，又将届年终，许多工作，既不好准备也不便于执行。二、改变建筑安装企业的体制问题，各方面正在酝酿，中共中央亦在考虑。如本年方案能定，下一年即可实行，体制如有改变，就不能不影响到承包方式，如果本年勉强实行新的承包方式，又难以完全适应新的体制，下一年按新的体制再变一次，就不如本年多做些准备工作，下一年再按新的体制做相应的改变为好。三、1957 年的建筑安装工作量计划和物资供应计划尚未达到初步平衡，国家尚未批复，下半年国拨材料订货 6 月份即结束，承包特殊材料已无实际意义，国外材料需要 6 月份提出，建工部负责订货，也已难以准备和安排，1.5% 包干差价问题，即使各方面同意年终审查结算，但以资料浩繁，实际上难以执行。且时过半年，预付款尚未拨付，凡此种种，各施工单位均不断向建工部提出意见，为了避免造成基层工作中的混乱，给工作造成损失，还是照 1956 年原办法继续实行一年，预付款也照 1956 年额度执行。基于以上三点意见，建工部建议明令通知各地 1957 年暂缓执行改进方案，改进办法可结合体制问题再作进一步的研究。

6 月 16 日

［纲　文］　**《人民日报》报道，河南、河北、山东交界地区夏蝗严重。**

［目　文］　这一带发生蝗蝻的面积已有 170 万亩，蝗蝻的密度很稠。河南内黄县，一般地区每方丈约有蝗蝻 30—100 头，蝗蝻最稠的地方，每方丈多达 5000—10000 头。这一带的蝗蝻虽经防治，但是由于一些地区动手过晚和不利气候的影响，还有大面积的五龄蝗蝻亟待消灭。河南、河北、山东、江苏、安徽五个省的蝗区防治夏蝗工作在进行中，先后有 10 架飞机在重点蝗区协助群众喷粉防治。据不完全的统计，五个省防治蝗虫的面积近 200 万亩。

6 月 17 日

［纲　文］　**中共中央政治局召开扩大会议，听取邓小平汇报东北、西北、西南、华东等地区开展大鸣大放的情况。**

6 月 17 日

［纲　文］　**一届全国人大常委会举行第七十四次会议。**

［目　文］　会议听取外交部副部长姬鹏飞代表国务院作的关于中国贷款给匈牙利的报告。

会议听取国家民委副主任萨空了关于黔东南苗族侗族自治州、黔南布依族苗族自治州、云南省大理白族自治州和黑龙江杜尔伯特蒙古族自治县的情况介绍，通过了《关于批准〈黔东南苗族侗族自治州人大组织条例和人民委员会组织条例〉的决定》、《关于批准〈黔南布依族苗族自治州人大组织条例和人民委员会组织条例〉的决定》、《关于批准〈云南省大理白族自治州人大组织条例和人民委员会组织条例〉的决定》、《关于批准〈黑龙江省杜尔伯特蒙古族自治县人大组织条例和人民委员会组织条例〉的决定》。

会议听取中国人民解放军总干部部副部长赖传珠的说明，通过了《关于授予在中国人民革命战争时期有功人员勋章的决议》，决定授予47人以一级八一勋章、授予1467人以二级八一勋章、授予5339人以三级八一勋章、授予196人以一级独立自由勋章、授予4152人以二级独立自由勋章、授予31098人以三级独立自由勋章、授予421人以一级解放勋章、授予4932人以二级解放勋章、授予54879人以三级解放勋章。

6月17日

［纲　文］　**九三学社中央常委会向所属各级组织发布指示。**

［目　文］　指示说，在帮助共产党整风的这一阶段中，有少数右派分子散布反党、反社会主义的谬论。一场拥护社会主义和反对社会主义的激烈的政治思想斗争已经展开。在这场斗争中，无可讳言，有些社员及其所联系的群众，由于思想认识模糊，立场不够坚定，或多或少地为少数右派分子的谬论所迷惑，甚至有的从小资产阶级的温情主义出发，反而程度不同地有所同情，这是错误的。全国人民团结的基础是社会主义，明辨是非的标准是社会主义。一切离开社会主义的言论和行动都是错误的、有害的。不能把对右派分子反社会主义行动的反击，认为是对人民群众批评的压制，两者是有本质的区别的。

指示指出，有些人认为在这样大放大鸣期间，来展开对谬论的批判是否要收？这种看法是不正确的。在“鸣”“放”过程中，有批评，也要有反批评，这本来是应当的。对谬论的坚决驳斥，正是为了使善意的批评不被混淆，是为大放大鸣开辟了正确的道路。

6月17日

［纲　文］　**农工民主党中央执行局通过给农工民主党各省(市)级组织和在各地的中央委员的急电。**

［目　文］　电文说：章伯钧同志的反党反社会主义言论，已激起全国人民公愤。中央执行局一致认为他的错误十分严重，并有其思想根源和历史根源。全党同志必须在思想上和政治立场上与章伯钧严格划清界限，并彻底批判。章伯钧的错误言论不能代表本党。坚决接受中国共产党领导，坚决走社会主义道路，是本党过去、现在和将来的坚定不移的根本原则。我们号召全党同志进一步团结在中国共产党周围，站稳社会主义立场，与章伯钧和一切右派分子划清界限并和一切反社会主义言论进行坚决斗争，同时继续帮助整风。

6月18日

［纲　文］　**民盟中央常委会通过《中国民主同盟中央常务委员会为号召全盟展开反右派斗争并开始盟内整风的决定》。**

［目　文］　《决定》说，本盟副主席章伯钧、罗隆基，其他盟中央和地方组织的某些负责人和盟员，包括《光明日报》总编辑、盟员储安平在内，他们在这个时期内，有意识地发表了一些极端错误的言论和主张。他们要引导本盟向右转，走向资本主义的道路。这是断不能容忍的。

《决定》号召全体盟员团结起来，对右派分子的反社会主义言论战斗到底。《决定》

提出：一、本盟最基本的政治立场是走社会主义道路，接受工人阶级共产党的领导，拥护人民民主专政。二、章伯钧、罗隆基、储安平等所发表的反社会主义、反共产党领导的言论是极端错误的。全体盟员对于这些错误的言论和主张，应当尽情加以揭发和批判。对于一切右派分子和他们的错误的言论行动，都必须随时随地加以揭露。三、盟的组织应当加强对盟员和所联系的群众的政治思想工作。对于犯错误的同志，盟组织应当责成他们坦白交代，深入检查，由盟组织加以帮助，使他们用实际行动，来改正他们自己的错误。四、本盟立即开始在盟内进行整风。在盟内整风的时期内，暂时停止发展组织。盟员应继续帮助共产党整风，毫无顾虑地向党提意见，以改正党的工作中的缺点。另一方面，本盟也应当欢迎和争取党组织和共产党员向盟和盟员提意见，帮助盟内整风。

6 月 18 日

［纲　文］　**中央监察部、劳动部批转了湖南省监察厅、劳动局《关于加强小煤窑领导和安全管理工作意见报告》**。

［目　文］　《报告》指出，小煤窑开采日见增多，缺乏组织领导，管理职责不明确，煤窑设备陈旧，缺乏技术指导，伤亡事故不断发生，死亡增加幅度很大。希望引起各地注意，加强小煤窑的安全生产工作。

6 月 18 日

［纲　文］　**国务院批复同意交通部关于海外华侨船舶参加祖国运输问题的意见**。

［目　文］　国务院同意本着争取、团结、适当扶助的精神，组织利用华侨船舶为祖国运输服务，不必考虑改造的问题。

6 月 18 日

［纲　文］　**高教部、教育部发出《停止实行调干学生由原工作单位发给工资的规定》**。

［目　文］　《规定》指出，1955 年 12 月 28 日高教部、教育部、财政部、国务院人事局机计（55）字第 1122 号、财文范字第 297 号、国人字第 3752 号《关于改进调干学生及产业工人学生人民助学金几个问题的处理办法》的联合通知中第二项规定：调干学生中的特殊困难，……需要特别照顾发给原工资者，由调干学生原单位批准，并一律由原保送厂矿机关负责发给。该项规定执行以来，不少学校和部门反映执行有困难，并且，自本年起，高等学校新生中已取消调干学生人民助学金办法，在旧生中原来可以发给原工资的规定亦不宜继续实行。为此，高教部、教育部研究，并征求得财政部、国务院人事局同意，决定自即日起，原来四个单位的联合通知，调干学生中需要特别照顾，可由调干学生的原工作单位发给原工资的规定予以废止。过去的调干学生已由原工作单位批准发给工资的，可继续发给。如原工作单位今后发给有困难不能继续发给时，应说明理由正式通知学校和学生本人。学校可发给调干学生人民助学金，其中家庭经济困难的可在统一掌握部分内予以适当补助，至毕业时为止。如个别调干学生因家庭经济十分困难，学校又解决不了，需要退学参加工作时，学校也可同意他退学。

6月18日

［纲　文］　**苏联八位美术家作品展览在北京劳动人民文化宫开幕。**

［目　文］　展出的450多件作品中，包括已故的苏联人民艺术家维·伊·穆希娜的雕塑，以及为中国美术界和广大人民群众熟悉的库克雷尼克塞（库普利雅诺夫、克雷洛夫、索柯洛夫）的讽刺画和书籍插图，还有肖像雕刻家托姆斯基、苏联最老的版画家法沃尔斯基、装潢画家毕曼诺夫、童话插图画家拉奇夫具有不同风格的作品。

6月19日

［纲　文］　**《人民日报》等全国主要报纸全文发表毛泽东的《关于正确处理人民内部矛盾的问题》。**

［目　文］　《关于正确处理人民内部矛盾的问题》是毛泽东在社会主义时期的最重要的著作之一。它总结了中国社会主义改造基本完成以后的新的历史经验，也借鉴和吸收一年多来国际共运的历史经验。它提出并系统地论述社会主义社会矛盾的学说，把正确处理人民内部矛盾作为国家政治生活的主题，详细阐明处理人民内部矛盾的一系列方针，是对马克思主义的科学社会主义理论的重要丰富和发展。

自2月27日毛泽东在最高国务会议第十一次（扩大）会议上，发表题为《如何处理人民内部的矛盾》的讲话后，此文经过反复修改，先后共13稿。本日，苏联《真理报》也全文刊载这篇文章，苏联其他几家重要报纸刊载了文章的摘要。

6月19日

［纲　文］　**一届全国人大常委会举行第七十五次会议。**

［目　文］　会议由刘少奇主持，讨论一届全国人大四次会议议程。在谈到1958年上半年全国人大代表的换届选举问题时，刘少奇说：候选人可以多于应选人数，例如选10个代表可以提20个或15个候选人，但在提出候选人名单时，还是要经过协商。

6月19日

［纲　文］　**国务院发出《国务院批转国务院秘书厅〈关于中央国家机关刊物出版情况报告〉的通知》。**

［目　文］　《通知》说，国务院原则上同意这个报告。请各部根据精简节约精神将本部门出版的刊物，包括内部刊物，切实进行一次检查和整顿。凡是作用不大可出可不出的刊物，应坚决停刊；凡是性质相同和内容重复的刊物，应实行合并；凡是需要继续出版的刊物，必须要有明确的方针和目的，并且加强领导。各部门检查和整顿刊物的情况以及需要继续出的刊物，务于7月10日以前报告国务院。

国务院秘书厅在5月4日的《报告》中指出，根据领导上指示的精神，本精简原则，对国务院各部、各委员会、各直属机构和全国供销总社、科学院等75个单位（以下简称中央国家机关）的刊物出版情况进行了一次检查。此次检查的内容，主要着重在刊物的方针任务、质量、用纸量、经费开支等四个方面。一、情况。据调查，75个中央国家机关，

63个机关有刊物，没有刊物的有12个机关。根据不完全统计，中央国家机关共有刊物257种（科学院系统的刊物70余种末包括在内），其中公开发行的108种，内部发行的149种。1956年共用纸124948令，1957年计划用纸629449令。办刊人员总计1118人。1956年开支总数为6603063元，其中事业费占51.3%、行政费占16.6%、企业费占32%；1957年计划开支总数为8724973元，其中事业费占58.1%、行政费占10.7%、企业费占28.3%。二、存在的问题是：缺乏坚强的领导；刊物过多过乱；编辑力量薄弱，水平不高，不能适应刊物的和满足读者日益提高知识的要求；刊物质量差；经费开支方面存在问题；出版社过多，领导不统一。三、改进办法：加强对机关刊物的领导；办机关刊物要有明确的目的和相应的编辑人员；内部刊物应该彻底精简；译刊应该加以调整；公开刊物的经费开支问题；建议各部门对本机关公费订阅的刊物，进行一次检查。

6月19日

［纲　文］　**农工民主党中央执行局举行扩大的第二十九次会议。**

［目　文］　会议讨论并在原则上通过执行局向各地农工民主党党组织发出的题为"坚持社会主义！与反党反社会主义的右派分子斗争到底！"的指示；决议召开扩大的三届四中全会；讨论并通过了《为〈光明日报〉一度被篡改政治方向的声明》；决定全党进行整风而且在整风期间暂行停止发展组织；讨论了"怎样帮助章伯钧认识错误、深刻检讨、认真交代"的问题。

6月20日

［纲　文］　**中共中央发出《关于召开全国粮食会议的紧急通知》。**

［目　文］　《通知》分析了1956—1957年度内粮食征购、销量、库存情况。鉴于粮食收支出现逆差，库存余粮不足，加上夏粮征购有限。中央决定在7月上旬召开一次全国粮食会议，讨论1957—1958年度粮食征购主要是秋粮征购和粮食销售的有关政策和收支计划问题，研究如何正确调整国家同农民在粮食分配上的矛盾。

［文　献］　**中共中央关于召开全国粮食会议的紧急通知**

各省、市委、自治区党委：

最近有许多地区反映，在粮食分配上国家同农民之间的关系是很紧张的，但是，1956—1957粮食年度国家粮食收支发生逆差70多亿斤，这种情况应当引起全党的注意。

根据粮食部报告，在1956—1957粮食年度内，全国预计征购粮食807亿斤，粮食销量预计为815亿斤，加上出口和军粮供应70亿斤，本年度将要挖旧的库存70多亿斤，这样，全国的粮食收支才能达到平衡，才能稳定市场，渡过去年严重的灾荒。中央认为这种情况是严重的。目前，除西南粮食库存有余外，全国有十几个省的粮食库存还低于1954年6月底的库存，也就是粮食统购统销四年来最低的库存。这些省分在今年秋粮上市前，由于库存粮食少，夏粮征购的数量有限，夏、秋两季的粮食供应将是很紧张的。

中央认为有必要在今年七月上旬召开一次全国粮食会议，讨论1957—1958年度粮食征购主要是秋粮征购和粮食销售的有关政策和收支计划问题。根据我国当前的粮食增产和粮食消费增涨的趋势，如何来正确调整国家同农民在粮食分配上的矛盾。这次会议应该由党委负责粮食工作的书记出席。出席粮食会议的省（市、区）委书记，如果是全国人民代表，在开过人民代表大会以后留下来继续开会，如果不是人民代表，可在七月粮食会议召开的时候来到北京，开会的具体日期另外用长途电话通知。

中 央

1957年6月20日

资料来源：中央档案馆馆藏档案。

6月20—25日

［纲 文］ **一届全国人大四次会议举行预备会议。**

［目 文］ 20日会议听取副委员长兼秘书长彭真作常委会关于议程和会期等问题的建议，并同意这一建议。21—25日，预备会议分组讨论毛泽东《关于正确处理人民内部矛盾的问题》的讲话，并对将提交大会讨论的关于国家预算决算草案经济年度计划草案的两个报告进行座谈。

▲一届全国人大四次会议预备会议召开时，江苏代表讨论时的情景。

6月20日

［纲　文］　**国务院批复高教部《关于今年招收四年制研究生的几点意见》。**

［目　文］　国务院同意高教部的《意见》，并要求照此办理。此前，5月4日高教部在《意见》中对1957年招收四年制研究生提出了五点意见：一、招生名额为400名，集中在少数条件（包括导师、科学研究、设备等）较好的学校来招收，以便于积累经验，保证培养研究生的质量。对于导师带研究生的一般限额，高教部的意见是：业务水平高，科学研究开展得好，对培养研究生有经验的导师，如条件许可，一般在同时期内可带4—5名研究生，不能再多；业务水平高，但对培养研究生的经验不够，科学研究开展得还不够好的导师，如条件许可，一般可只带1—2名研究生；业务水平一般的教师，不应招收研究生。二、研究生的来源：以参加工作两年以上的在职人员为主，同时招收一部分优秀的高等学校本届毕业生作为补充。在职人员符合条件者，经原单位同意或负责推荐，均可报考，毕业后分配工作时，在国家统一分配的原则下，优先考虑原单位的工作需要。招收本届大学毕业生，建议由各招生院校根据实际工作需要，组织领导自己慎重挑选，以保证质量，毕业后由国家统一分配工作，但是可以优先考虑研究生所在院校的工作需要。三、招收研究生拟采取各校自办，互相代考的办法，不统一招生。凡符合报考研究生条件的在职人员和大学本届毕业生，均必须经过入学考试，不得免试入学。四、招生时间的安排问题：根据多数学校的意见，在暑假招生，并应提早进行。争取6月间下达招生任务，招生学校于7—8月内办理报名手续和进行考试，9月中旬前放榜，10月初新生入学学习。五、必须切实保证导师和录取新生的质量。负责培养研究生的导师，必须有较高的学术水平，才能培养出好的研究生。录取的新生必须保证质量，除了上面已提出的一些办法外，各校在录取新生时，应从政治、学业、健康三方面切实选择质量最好的录取。

6月中旬

［纲　文］　**安徽、陕西、四川等地小麦获得丰收。**

［目　文］　安徽省淮河两岸小麦穗大籽饱，胜过丰收的1955年。涡阳县小麦亩产最多超过700斤，有的达到500多斤。界首县有些地方小麦亩产达到440斤。阜阳沿淮灾区的小麦一般每亩有150—200斤。陕西省本年共有2400万亩小麦，总产量可达到43.5亿多斤，稍低于1956年，超过丰收的1954年。川西平原小麦获得丰收，素有西南小麦“良种仓库”之称的广汉县，预计全县小麦比1956年增产一成多。

6月21日

［纲　文］　**国务院发出《关于处理高等学校退学的调干学生、工农速成中学退学和毕业的学生问题的补充通知》。**

［目　文］　《通知》说，本年高等学校调干学生和工农速成中学学生退学的人数不仅不会比上年减少，而且因为本年高等学校的招生任务减少了，全国工农速成中学毕业生

很大一部分考不上高等学校。为尽快处理好这一问题，特作如下补充通知：

一、高等学校调干学生和工农速成中学学生在学习期间确因家庭困难要求退学时，学校应该尽量帮助他们解决困难，并且应该向他们讲明全国正在整编精简，说服他们继续坚持学习，不要轻易退学，以免退学以后，长期得不到安置，又荒废了学业。二、经过说服仍然坚持要求退学的学生和不愿意升学或者没有考取高等学校的工农速成中学毕业生，如果有原单位的，由学校直接介绍回原单位处理；如果原单位已经和其他单位合并的，就直接介绍到合并单位处理；如果原单位已经撤销或者原由军队系统选送的，按国务院关于处理高等学校调干学生和工农速成中学学生退学问题的通知第二项和第四项规定办理。三、退学学生和毕业生因为患病，经过医生证明以后，有原单位或有合并单位的，由学校送回原单位或合并单位负责处理。如果原单位已经撤销或者由军队系统选送的，由学校报请所在学校所在省（市）人事部门转卫生部门负责治疗、疗养，在治疗、疗养期间所需经费和身体恢复健康以后的处理，按国务院关于处理高等学校调干学生和工农速成中学学生退学问题的通知第二项第三款规定办理。四、国务院所发的通知如和本通知规定有抵触的，按本通知执行。

6月22日

［纲　文］　**《人民日报》发表题为《不平常的春天》的社论。**

［目　文］　社论说，5月间，共产党开始整风，而且要求党外人士帮助党的整风。资产阶级右派分子认为机会来了。他们在帮助党整风的名义之下，不但夸大党的工作中的缺点和错误，造成一种只许讲缺点错误、不许讲优点成绩的空气，而且把官僚主义说成是社会主义的产物和代名词，把宗派主义说成是无产阶级专政的产物和代名词，把主观主义教条主义说成是马克思主义的产物和代名词，向社会主义制度和党的领导展开了猖狂的进攻。右派“鸣放”，意在攻击社会主义制度、推翻无产阶级和共产党的领导。既然如此，工人阶级、劳动人民和革命知识分子就不能不坚决地进行反攻。

社论指出，大规模的阶级斗争基本上结束了，这是事实，但是在政治战线上，在思想战线上，阶级斗争还将继续存在一个相当长的时期，这也是事实。现在已经有了许多事实证明，某些人老早就是另有企图的，他们不但是不赞成社会主义革命，而且也早就不赞成反帝反封建的彻底的民主革命。因此，无论如何，一场争论是不可避免的。本来有争论，而且是根本性质的、不容含混的争论。经过这场争论，弄清了人们的真面目，就将教育广大群众。这样，就将使政治界、知识界以及社会各界对于社会主义的认识大大得到提高，人民内部的团结将比以前更为加强，而社会主义制度也将比以前更为巩固。历史是在斗争中前进的，人们的思想是在争论中前进的。整风是不可避免的争论，对资产阶级右派的批判也是不可避免的争论。现在有争论，将来还会有争论。

毛泽东对社论第一、二两次清样稿作了修改。

6月22日

［纲　文］　**外交部照会英国驻华代办处，严重抗议英国政府准许逃港蒋介石集团战斗机运往台湾。**

［目　文］　外交部再次就1956年1月31日蒋介石集团F—86型战斗机一架在中国领土上空骚扰后降落香港一事，声明如下：

根据新华社报道，1957年6月14日香港英国当局新闻处发言人在给香港《大公报》记者的书面答复中声称：该机已经在本年3月22日运往台湾。

外交部早在1956年1月31日事件发生当天的口头通知和2月4日的照会中按照国际惯例要求英国当局扣留该飞机和机上人员。后来外交部在1956年3月16日致代办处的复照中，又曾对英国政府不顾国际惯例和中国政府的正当要求，准许上述飞机驾驶员返回台湾，提出了严重抗议，并坚决要求香港英国当局将该机予以扣留不得以任何方式交予台湾。外交部在照会中并声明：中国政府不能容忍蒋介石集团利用香港威胁中国安全的行为得到纵容。

当时英国政府对中国外交部1956年3月16日的照会迄未答复。相反地，6月14日香港英国政府当局新闻处发言人给香港《大公报》记者的答复说明：英国政府竟再次不顾中国政府的严正声明和正当要求，已经将该机运往台湾。这是英国政府再一次违背国际惯例和对中国政府极不友好的行为，中国政府对此提出严重的抗议。英国政府和香港当局必须承担由于公然纵容蒋介石集团利用香港威胁中国安全所引起的一切后果。

6月22日

［纲　文］　**辽宁阜新煤矿平安竖井投入生产。**

［目　文］　上午，阜新矿务局举行了平安竖井移交接收签字仪式。签字前国家验收委员经过讨论，评定这座竖井施工质量为优等。下午，举行了移交生产庆祝典礼，停留在储煤仓下的一列火车装满新开采出来的煤炭开出。这座竖井年产量为150万吨，井田全长6100米，面积约8.4平方公里，倾斜水平方向平均宽度为140米，是中国“一五”计划中最大的现代化竖井。

6月22日

［纲　文］　**北方昆曲剧院成立。**

［目　文］　成立大会由文化部部长沈雁冰主持，中宣部副部长周扬，文化部副部长钱俊瑞、郑振铎，以及梅兰芳、田汉和首都各界人士200人参加了大会。副总理陈毅①出席并讲话说，昆曲虽然过去受到压抑，但凡是对社会主义建设有帮助的、为广大人民所喜爱的、形象健康，能培养人们优美的情感和鼓舞人民前进的东西，就一定会存在和发展。

剧院的领导组成是：韩世昌为院长，白云生、金紫光为副院长。建院大会上白云生在

---

①　陈毅（1901—1972），四川乐至人，时任中共中央政治局委员、中央军委委员、国务院副总理、国防委员会副主席、上海市市长。

筹备建院经过的报告中指出，昆曲剧院方针任务是：继承和发展昆曲艺术，以演出为主，大力进行昆曲传统剧目的发掘、整理和研究工作，在条件可能下，也准备做革新的尝试。剧院的成立意味着昆曲进入一个崭新的时期。

23 日晚举行建院庆祝晚会，梅兰芳和韩世昌、白云生一起演出《牡丹亭》中的三折(闹学、游园、惊梦)，侯永奎、侯玉山、白玉珍演出《单刀会》，青年演员李淑君等演出《昭君出塞》。该院本年共计划演出 100 多场，还准备到外地和工厂农村中巡回演出。

为庆祝北方昆曲剧院建院，著名京剧表演艺术家梅兰芳和著名昆曲表演艺术家韩世昌、白云生等一起演出《牡丹亭》。图为周恩来（右一）观看演出后同梅兰芳（左三）等亲切交谈。

6 月 22 日

［纲　文］　**“陈树人[①]先生遗画展览”在北京美术展览馆开幕。**

［目　文］　展览由文化部、国家侨委和中国美协主办。文化部副部长夏衍、陈树人生前友好叶恭绰等在会上讲话。国务院秘书长习仲勋、全国人大常委会副委员长李济深和首都文艺界人士 200 多人参加了开幕式。会场上陈列的 123 件国画作品，是从陈树人为数众多的遗作中挑选出来的。这些作品，由从广州特地来京参加开幕式的陈树人夫人居若文捐赠给国家。

6 月 23 日

［纲　文］　**民进中央常委会通过关于进行会内整风运动的决议。**

［目　文］　民进中央常委扩大会议由民进中央副主席王绍鏊主持，在京的中央委员、候补中央委员、中央各工作部门负责人，以及来北京参加全国人大的各地方组织负责人等，共 36 人出席会议。秘书长杨东莼传达了主席马叙伦（因病缺席）的指示。经讨论，会议通过了关于会内进行整风运动的决议。决议说：在社会大变动的时期，大规模的群众

① 陈树人(1884—1948)，广东番禺人，岭南画派的创始人之一。

性的阶级斗争虽然已经基本结束，但阶级斗争仍然存在。在民进成员中，由于非无产阶级的出身，对社会主义制度存在着不同程度的不习惯乃至抵触的情绪，也是必然的。因此有必要立即在全会进行整风运动，同右派反社会主义、反共产党领导的思想严格划清界限，展开不调和的斗争，使民进成员通过这次运动明辨是非，端正立场，更好地为中国的社会主义事业贡献力量。决议指出：会内整风的内容，应该以毛泽东《关于正确处理人民内部矛盾的问题》的讲演中所提出的六条政治标准为依据。这六条标准中最重要的是社会主义道路和共产党的领导两条，对不合这六条标准的思想、言论和行动，都应加以批驳和纠正。决议说，会内整风，先在中央领导机构和各省、市领导机构做起。在会内开始整风之后，会员应该继续向党提意见，诚恳地帮助党整风。民进各级组织也应该主动地争取党组织和党员向民进提意见，帮助民进整风。在会内整风期间，各级组织应暂时停止吸收会员、发展组织。

6 月 23 日—7 月 13 日

［纲　文］　**以东巴基斯坦人民联盟总书记穆吉布尔·拉赫曼为首的巴基斯坦议会代表团来中国访问**。

［目　文］　代表团一行 10 人，是应全国人大常委会委员长刘少奇的邀请前来访问的。6 月 23 日，代表团自深圳抵达广州，受到广东省省长陶铸[①]、广州市副市长郭翘然的欢迎。24 日下午，代表团飞抵北京。在机场举行了欢迎仪式，全国人大常委会副委员长李济深致欢迎词，全国人大常委会副委员长陈叔通和委员，国务院秘书长习仲勋，中国驻巴基斯坦大使耿飚，以及各人民团体负责人，北京市副市长和各界人士也到机场迎接。晚上，刘少奇设宴欢迎巴基斯坦议会代表团。刘少奇说，通过这次访问，建立两国议会之间的直接接触，不但会进一步增进两国之间的了解和友谊，而且也会有助于亚洲各国的团结和世界的和平事业。26 日晚，毛泽东和周恩来共同接见了代表团全体成员。访问期间，代表团先后到东北、华东、西北等地参观访问。7 月 13 日早晨，代表团乘专机离开北京回国。

6 月 24 日

［纲　文］　**中共中央批准《中央十人小组关于肃反运动的进展情况和当前任务的报告》及《中共中央十人小组对〈关于反革命分子和其他坏分子的解释及处理的政策界限的暂行规定〉的补充解释》**。

［目　文］　《报告》的主要内容有：根据 4 月份的统计，全国该参加肃反运动的总人数共 18440522 人，开展了运动的 17333766 人。尚未开展的只有 1106756 人。已经甄别定案为反革命分子和其他坏分子的共 81090 名。第二批参加肃反运动的人数最多，主要是

① 陶铸（1908—1969），湖南祁阳人，时任中共广东省委第一书记、省长、省政协主席、广州军区第一政治委员兼军区党委第一书记。

县、区两级机关干部，厂矿、基建单位的职工和中、小学教职员。据基本结束定案工作的15 个省、市统计，定案为反革命分子和其他坏分子的平均占参加运动总人数的 0.3%。第二批运动中查出了一批隐藏较深的血债累累、罪恶和民愤很大的反革命分子；还查出了1225 名现行反革命分子和派遣潜伏特务分子，其中不少是重要的特务反革命分子。另外，在运动中交代或弄清了各种政治历史问题的有 88 万多人。全国第二批共捕了 3186 名，错捕的 190 名，占 6.1%（第一批错捕的占 21%）。第二批运动与第一批运动相比较，斗争方法改进，斗争面缩小，下降的对象绝大多数没有伤感情，错捕是极少数。主要缺点，一是有夹生现象，漏掉了反革命分子；二是在定案处理中，有是非不清的偏差；三是发生了该办不办，无原则宽大的现象；四是某些地区和单位发生过“左”的偏差。第三批运动主要是县、区附属单位、小学教员和一些更加分散的小型厂矿、基建、企业单位。运动进展比较顺利，副作用更少。为了统一认识，中央十人小组根据中央的肃反政策，对 1956 年 3 月中共中央批准下达的《中央十人小组关于反革命分子和其他分子的解释及处理的政策界限的暂行规定》作了补充解释。《补充解释》强调地指出，对具体案件进行具体分析，要从可靠的事实材料出发，首先分析、判定案件的性质，然后再全面衡量情节的轻重，做出结论，加以恰当的处理。

6 月 24 日—7 月 3 日

［纲　文］　**司法部召开第二次全国律师工作座谈会。**

［目　文］　会议听取司法部副部长陈养山作的《一年多来律师工作开展的情况和对于当前律师工作中几个主要问题的意见》的报告，司法部公证律师司副司长许烈作的《对于律师工作中若干具体问题的初步意见》的报告，并围绕这两个报告展开讨论。此外，会议还讨论了《律师暂行条例（草案）》，交流律师工作经验，纠正各地偏重解答法律询问和代书工作而忽视了参加诉讼的倾向，并进一步推动各地特别是一般市、县的律师组织建设工作。

陈养山在报告中说，1954 年司法部就指定北京、天津、上海和沈阳等市试办律师工作。特别是从 1956 年第一次全国律师工作座谈会后，各地律师组织和业务工作都有了很大的发展。一年多来，在大、中城市和中级人民法院所在地的县、市以及少数农村地区都建立了律师组织，律师协会筹备会已由原有的 5 个增加到 19 个，法律顾问处由原有 50 来处增加到 817 处，专职律师工作人员由原有 300 来人增加到 2528 人，另有兼职律师 350 人。报告就各地报来的材料中提出的 30 来个疑难问题中的 10 个主要问题进行了解答，如关于法律顾问处各项业务安排的问题；关于律师接待工作的范围问题；关于如何对待“无理当事人”的问题等等。许烈在报告中对余下的 18 个问题进行了回答。会议认为，30 万人口以上的城市和中级人民法院所在地的法律顾问处一般都已建立，接着就要考虑在一般市、县筹建法律顾问处的问题，对此仍应贯彻“根据需要与可能，重点建设，逐步推广”的方针。各省、自治区、直辖市对律师组织建设与业务建设要一齐抓，但大多数省、市应重点抓业务，以解决不适应群众需要的矛盾。

6月24日—8月12日

［纲　文］　**新闻界在北京召开批判资产阶级新闻观点座谈会。**

［目　文］　座谈会由中华全国新闻工作者协会研究部、中国人民大学新闻系、北京大学新闻专业、复旦大学新闻系联合召开。来自北京、上海、江苏、山东、河北、辽宁等地的新闻界人士，共计400多人参加。会议由中华全国新闻工作者协会会长邓拓主持，集中批判了《光明日报》总编辑储安平、《文汇报》驻北京办事处主任浦熙修、复旦大学新闻系主任王中，被涉及的批判对象还有徐铸成、顾执中、陈铭德等100多人。

▲中华全国新闻工作者协会研究部、中国人民大会新闻系、北京大学新闻专业、复旦大学新闻系在北京联合召开新闻界座谈会，揭露"资产阶级右派分子篡夺某些报纸领导权"的活动。图为座谈会现场。

6月25日

［纲　文］　**一届全国人大常委会举行第七十六次会议。**

［目　文］　会议由刘少奇主持，听取了副委员长兼秘书长彭真关于一届全国人大四次会议的预备会议和四次会议各项准备工作的情况说明。通过一届全国人大四次会议议程草案、会议主席团和秘书长名单草案、会议提案审查委员会主任委员和委员名单草案。上述各项草案作为建议，提交全国人大四次会议通过。

会议在听取了公安部副部长周兴的说明后，通过了《中华人民共和国人民警察条例》。

会议在听取了农业部部长廖鲁言的说明后，讨论并通过了《关于增加农业生产合作社社员自留地的决定》。《决定》指出，对高级农业生产合作社示范章程第16条作如下补充规定：农业生产合作社可以根据需要和当地条件，抽出一定数量的土地分配给社员种植猪饲料。分配给每户社员的这种土地的数量，按照每户社员养猪头数的多少决定。每人使用的这种土地，连同高级农业生产合作社示范章程所规定的分配给社员种植蔬菜的土地，合计不能超过当地每人平均土地数的 10%。

6 月 25 日

［纲　文］　**国家主席毛泽东签署命令公布《中华人民共和国人民警察条例》。**

［目　文］　《条例》经 6 月 25 日一届全国人大常委会第七十六次会议通过，规定了人民警察性质、任务、隶属关系、职责、权限、资格及奖惩等共 11 条。

6 月 29 日《人民日报》配发了题为《进一步加强人民警察的建设》的社论。社论说，条例的公布是人民警察建设中的一件大事。人民警察是武装性质的国家治安行政力量，担负着依法惩治反革命分子，预防、制止其他犯罪分子的破坏活动、维护社会治安、保护人民民主权益和国家利益的重大责任。七年来，我国人民警察在完成上述任务方面，依照法律和宪法，在广大群众的支持下，做了很有成效的工作，积累了丰富的经验，这是必须加以肯定的。随着社会主义改造事业的发展，人民警察工作的任务、方法、作风、管理制度等等，都必须进一步适应形势的需要。因此，根据七年来的经验，根据社会主义建设的需要，把人民警察的性质、任务等等制成条文，用法律的形式肯定下来，既使人民警察明确了解自己的职责，也使人民群众明确了解人民警察的职责，这是十分必要的。

［文　献］　**中华人民共和国人民警察条例（节录）**

（略）

第五条　人民警察的职责如下：

（一）预防、制止、侦查反革命分子和其他犯罪分子的破坏活动，侦缉逃避侦查、审判和执行判决的人犯；

（二）依照法律管制反革命分子和其他犯罪分子；

（三）指导治安保卫委员会的工作，领导群众进行防特、防匪、防盗、防火工作；

（四）警卫法庭，押解人犯，警戒监狱、看守所和劳动改造场所；

（五）依照法律管理爆炸物品、剧毒物品、枪支弹药、无线电器材、印铸行业、刻字行业；

（六）管理户口；

（七）依照法律管理外国人和无国籍人的居留、旅行等事项；

（八）管理城市交通秩序、车辆和驾驶人员；

（九）维护公共场所、群众集会的秩序和安全；

（十）维护车站、码头、机场、火车上和船舶上的秩序，保护旅客和运输的安全；

（十一）保护各国驻华使领馆的安全；

（十二）警卫重要的机关、厂矿企业等部门的安全；

（十三）监督公共卫生和市容的整洁；

（十四）进行消防工作；

（十五）追查被抢劫、偷盗的财物，查找迷失的儿童和下落不明的人，救护被害人和突然患病处于孤立无援状态的人；

（十六）向居民传达自然灾害的预报，积极协助有关部门动员群众采取预防和消灭灾害的措施；

（十七）积极参加和协助进行其他有关群众福利的工作；

（十八）向群众进行提高革命警惕、爱护公共财产、遵守法律、遵守公共秩序和尊重社会公德的宣传工作；

（十九）其他属于人民警察职责范围内的事项。

第六条 人民警察的权限如下：

（一）对反革命分子和其他犯罪分子，可以依照法律执行逮捕、拘留和搜查；

（二）在侦查刑事案件的时候，可以依照法律传问犯罪嫌疑人和证人；

（三）对公民危害公共秩序和社会治安而尚未构成犯罪的行为，可以依照法律取缔或者予以治安行政处罚；

（四）人民警察执行职务遇有拒捕、暴乱、袭击、抢夺枪支或者其他以暴力破坏社会治安不听制止的紧急情况，在必须使用武器的时候，可以使用武器；

（五）人民警察为了紧急追捕人犯、抢救公民的生命危险，可以借用机关、团体、企业和公民个人的交通工具和通讯工具；

（六）法律规定的人民警察的其他权限。

（略）

资料来源：1957年6月26日《人民日报》。

6月25日

［**纲　文**］　**国务院举行第五十三次全体会议**。

［**目　文**］　会议由周恩来主持，主要内容是：

会议讨论和通过了《政府工作报告（草案）》。周恩来就报告作说明：整风中暴露出来的不仅是错误观点问题，已发展到人民内部有关方针、政策的对立斗争，涉及到我们国家的根本制度。当然反社会主义的还是少数，不论是政治斗争或者思想斗争，绝大多数人尽管见解不同，还是好意，这是主要的方面。反社会主义的力量较我们的预料来得清楚。按照各方面的揭发，也比我们预料的多些。因此我们的政府工作报告应该对这方面有所回答。暴露出来的有些现象当然不大好，但如果我们冷静分析一下主客观原因，这种现象不可能没有，因为阶级尚未消灭，这是客观方面。另外，我们过去主观努力不够，还有缺点，三大主义我们还要反对。但是有些人不这样想，他们对形势观察错了，认为有机可乘，想趁火打劫，另搞一套。我们主张百家争鸣，而有些人要放他同社会主义对立的一套。整风的目的是为了达到团结，而照他们的情况发展下去，是不能达到团结的，必须批驳。政府的成绩应该肯定。我们用整风、鸣放、和风细雨、团结——批评——团结的方法是为了发展我们的国家，建设我们的国家。离开或打算离开社会主义道路的人，我们认为是右派，必须进行揭露和斗争。

章乃器在会上发言说，他是总理批判的典型之一。政府工作报告引的几句是他讲的：股息不是剥削，是不劳而获；资产阶级分子和工人阶级分子已经没有本质差别；官僚主义是比资本主义更危险的敌人。李维汉、张奚若、许德珩、朱学范、蒋光鼐[①]等人对章乃器的观点进行了批判。

6月25日

［纲　文］　**国务院发出《国务院批转国家经委〈关于今后组织调剂企业部门库存多余物资问题的报告〉的通知》。**

［目　文］　《通知》说：国务院同意国家经委《关于今后组织调剂企业部门库存多余物资问题的报告》。请即参照《报告》中提出的调剂多余物资的办法，具体组织物资的调剂工作，以利相互支持、调剂有无，为更好地完成国民经济计划提供物资保证。

国家经委在5月7日的《报告》中，对组织调剂企业部门库存多余物资问题提出了如下管理办法：一、建议由各省、自治区、直辖市人民委员会负责组织库存物资的调剂工作。为了组织好此项工作，可以省、自治区、直辖市计委为主，吸收供应局、监察厅（局）、统计局、人民银行、建设银行及其他有关单位参加，组成一调剂库存多余物资的领导机构。各企业报出的库存多余物资，在省、自治区、直辖市组织调剂期间，企业及其主管部门不能自行动用。中央各部门的专用特殊器材，可由各部门按管理系统自行处理，一般可不参加省、自治区、直辖市的调剂。今后一切企业之间相互调剂库存物资，都要经过当地调剂物资主管机构。二、不属于国家统一分配和部分分配的库存多余物资，如省、自治区、直辖市认为有必要、而且有力量时，也可考虑结合调剂多余统配、部管物资的库存进行调剂工作。三、库存多余物资的作价，有调发出厂价者，按照调发价格，如果是陈旧降质的物资，应按新旧程度按质论价，但需要计入运输费用。四、为顺利进行物资调剂工作，各部门、各地区须教育所属单位克服本位主义思想，树立整体观念，制止以任何借口抢购、套购物资，囤积居奇和不正当的物物交换。五、请各部、各省、自治区、直辖市于每季度末向国家经委、监察部、财政部、国家统计局、中国人民银行报送一次物资调剂工作的总结。

6月25日

［纲　文］　**中共中央工业工作部、交通工作部下发《关于企业党群领导干部停止领取奖金等问题的通知》。**

---

① 蒋光鼐（1888—1967），广东东莞人，时任纺织工业部部长、民革中央常委。

［目　文］《通知》指出，5月22日国务院常务会议对于企业领导人员、工程技术人员和职员完成和超额完成生产任务的奖金问题，作了如下决定：一、现在还没有实行这种奖励的企业，不要实行；已经取消的，不要恢复；能够取消的取消，实在不能取消的，其季度奖励标准最高不能超过本人月工资的25%。二、厂长、副厂长的奖金，自本年第二季度起停发。《通知》说，各地企业党和群众组织的脱产干部的得奖办法也应当按照国务院决定的原则办理。

6月25日

［纲　文］**商业部、财政部、城市服务部发出《关于简化商业零售营业税税率问题的通知》。**

［目　文］《通知》指出，为了简化商业零售环节的营业税税率，以节省纳税手续，便利企业经济核算，经三个部研究同意并报经国务院批准，自1957年7月份起（税款所属月份），商业部系统、城市服务部系统和地方国营商业企业所属各销售商品的商业单位，以及由它们领导的定股定息的公私合营商业企业，在交纳商业零售营业税时，均按以下规定办理：一、上述企业单位销售商品的零售营业额（包括出售不适合废旧包装用品3个免税条件的废旧包装用品和下脚废料的营业额），一律不分行业，不分工农产品按照3%的税率计算交纳零售营业税（商业部门所属系统批发环节的批发营业税适用税率照旧不变）。二、上述企业单位销售属于商品流通税征收范围的商品和牲肉的零售营业额依规定不纳营业税；上述企业单位经营服务性业务的收益额和饮食业的营业额，依照原税法规定办理，暂不作变动。三、按照上项规定交纳营业税后，较按照原规定增减的税款，由调整企业本年度利润计划解决，不得因此变动商品零售价格。税款及企业利润的增减变化，由各省，自治区、直辖市商业厅（局）、服务厅（局）、税务局就所属范围，分别按商业部系统、城市服务部系统、地方国营商业企业及实行定股定息的公私合营商业企业，依照本年度计划，共同进行算账，并将算账结果于1957年8月份联合上报商业部、城市服务部及财政部税务总局，以便汇总进行调整税款和利润计划。四、自本规定执行的月份起，过去有关税率的解释规定及各地自行简化的综合营业税税率，应一律废止，按本规定执行。五、未实行批零按对象划分办法的地区，交纳零售营业税时，应按照各省商业部门现行区分批发零售业务办法执行。

6月25日

［纲　文］**中国人民银行提出《关于信用社存、放款利率调整意见的报告》。**

［目　文］《报告》说，信用社的放款利息是月息7.2厘（有些社对农业社放款是4.8厘），存款利息完全和银行的城市储蓄利率一样（2.4—6.6厘）。由于利息较低，农业社和贫农社员是满意的，但是这里发生了两个问题：一、由于存款利息太低的影响，在许多地区社员个人的存款减少了；二、存放利差缩小，也影响到许多信用社收不敷出，发生了亏损现象。这不但给信用社的经营和组织巩固造成困难，而且对于发展生产也是不利的。

《报告》指出，江西、陕西、内蒙古、山西、安徽、河南、广西、山东、江苏、吉林、湖北、广东等12个省已提出调整信用社存放款利率的意见，有的省已报省委批准执行，有的省经省委同意报总行审批。根据各地提出的调整存放款利率的意见，除广西、江苏两省外，其他各省调整幅度放款均未超过一分，存款、放款利差一般保持4—5厘之间，各地提出的这个幅度在中央对于信用合作工作会议的报告未批出以前，可以根据各地省委的意见执行。但是在提高的时候，需要做好宣传解释工作，并且要经过群众民主讨论。在掌握的原则上，应根据存、贷两利和有利于发展生产的精神，在省规定的幅度内，由群众按照具体情况，因地因社制宜，灵活掌握，不必再作具体限制。这样做只能使利息的调整更适合于各社具体情况，便于加强对资金调剂，而不至于发生大的偏差。

6月25日

［纲　文］　**新华社讯，最近解放军部队主动退还了许多过去借用的民房、寺院、旅馆和名胜地区。**

［目　文］　过去由解放军总参谋部直属单位借用的北京西山八大处的大悲寺等五座名寺、香山疗养院、松林别墅和宣武门外法源寺等名胜地区，已经分别交还市民政机关和园林管理机关。由部队部分占用的月坛、卧佛寺、光华寺等处，也将在短期内退还。为了帮助解决北京市的住房问题，解放军还把过去包租的旅馆大部分让出来给人民居住。据总参谋部营房管理处的有关人员说，本年年内，部队将把所有包租的旅馆全部还清。驻沈阳、长春、安东等地的解放军部队，退还了过去租用和借用的部分工厂、学校、教堂和寺院，并退还了250多间民房。驻在山东省曲阜县孔庙和邹县孟庙中的解放军部队，也腾出了2.6万多平方米建筑面积的房屋，供政府扩大展览。

6月26日

［纲　文］　**中共中央做出《关于打击、孤立资产阶级右派分子的指示》。**

［目　文］　《指示》要求，对资产阶级右派分子要实行内外夹击，无情地给他们以歼灭性的打击。使他们以后在国家安定的形势下，再难于组织像现在这样大规模的反共运动。切记不要在阶级斗争的紧要关头，姑息养奸，养痈遗患。《指示》要求各省、市、自治区党委在工作中注意：一、不要把那些虽然对党不满，但实际上还可以接受党的领导中的“中右”分子，误划为右派，并把右派加以分析，区别对待，集中打击右派的骨干分子和代表人物；二、必须认真地组织和开展群众对右派的斗争，使右派感觉到现在除举起双手放下武器之外，已经别无出路；三、要切实在各民主党派内部，在资产阶级高级知识分子内部进行工作，依靠左派，团结“中左”、“中中”分子，争取“中右”分子，从他们内部揭露右派的反动言论，把右派彻底搞臭；四、应把那些真正的右派分子的劣迹，加以揭露，使群众对右派深恶痛绝，使“中右”分子和右派中的一些动摇分子同坚决的右派分子划清界限，以至揭露他们的反动言行。五、划分右派必须实事求是，对于右派的数量，不要估计不足，划得太少。当然也决不要扩大化。《指示》认为，全国暴露出的企图复辟

的右派分子，已经是数以千计。右派分子同人民的矛盾，实际上有些已经超出了人民内部矛盾的范围。但是，还需要按照情况的变化，加以分析，才能分别确定。

6月26日—7月15日

［纲　文］　**一届全国人大四次会议在北京举行。**

［目　文］　26日下午3时，会议在北京中南海怀仁堂开幕。开幕式由全国人大常委会委员长刘少奇主持，1064位代表参加。毛泽东、朱德、周恩来、宋庆龄和在京的副委员长，以及国家其他领导人员都出席了开幕式。会议选举产生了由89人组成的大会主席团和秘书长。全体代表通过了本次会议的议程。

▲ 6月26日刘少奇委员长（前排左四）主持一届全国人大四次会议开幕式

会议听取周恩来作的《政府工作报告》。

同日，一届全国人大四次会议主席团举行第一次会议。会议推定刘少奇、宋庆龄、林伯渠等12人为主席团常务主席，决定张苏、吴克坚、齐燕铭等10人为大会副秘书长。

6月27日—7月15日，大会进行分组讨论和大会讨论。先后有408人在大会上发言。一些代表在分组讨论和大会发言中，对右派言论进行反驳。被点名为右派的20多名全国人大代表作了检讨，有的人为自己进行辩护和说明。在举行的全体会议上，代表们先后听取李先念关于1956年国家决算和1957年国家预算草案的报告；薄一波关于1956年度国民经济计划的执行结果和1957年度国民经济计划草案的报告；董必武关于最高人民法院工作的报告；彭真关于全国人大常委会工作的报告；乌兰夫关于成立广西壮族自治区和宁夏回族自治区问题的报告等等。

7月15日下午，大会举行闭幕式。会议在听取全国人大预算委员会副主任委员程子华的报告后，一致通过决议，批准周恩来的政府工作报告，批准1956年国家决算，修正批准1957年国家预算和李先念关于1956年国家决算和1957年国家预算草案的报告；批准1957年度国民经济计划和薄一波关于1956年度国民经济计划的执行结果和1957年度国民经济计划的报告。

会议通过《关于全国人大常委会工作报告的决议》，批准彭真所作的工作报告。

会议通过《关于最高人民法院工作报告和关于最高人民检察院工作报告的决议》，批准最高人民法院工作报告和关于1956年以来检察工作情况的报告。

会议通过《关于二届全国人大代表选举问题的决议》，决定二届全国人大代表的选举必须在1958年7月15日以前完成，代表的名额仍然为1226人。

会议在听取民委主任委员刘格平关于成立广西壮族自治区和成立宁夏回族自治区议案的审查报告以后，通过《关于成立广西壮族自治区的决议》和《关于成立宁夏回族自治区的决议》。

会议通过《关于死刑案件由最高人民法院判决或者核准的决议》，决定一切死刑案件都由最高人民法院判决或者核准。

会议就周恩来总理兼外交部部长关于中缅边界问题的报告通过的决议，同意政府继续根据解决中缅边界问题的原则性建议同缅甸联邦政府进行具体协商，以求得中缅边界问题的全面的和公平合理的解决。

会议在听取提案审查委员会主任委员李雪峰关于提案的审查报告以后，通过了关于提案审查的意见。报告说，本次会议收到提案243件。

会议根据本次会议主席团的提名，补选了陈其尤、季方①为一届全国人大常委会委员。

6月26日

［纲　文］　**周恩来在一届全国人大四次会议上作《政府工作报告》**。

［目　文］　《报告》分为五部分：关于社会主义革命；关于社会主义建设；关于人民生活；关于国家基本制度；关于国内外团结。在关于社会主义革命部分中，周恩来回顾了建国以来的土改、抗美援朝、镇反、“三反”“五反”和知识分子思想改造运动的成就，阐明了这些运动为农业、手工业和资本主义工商业的社会主义改造铺平了道路，保证了三大改造顺利地进行。对其成绩不应该怀疑，决不能拿革命运动中个别的乃至部分的错误来动摇革命运动的成果。人民内部还存在着严重的阶级斗争，当我们正确处理人民内部矛盾的时候，绝不能无视还有阶级斗争的存在，也不能无视还有敌我矛盾的存在。巩固社会主义革命的成果，继续进行和彻底完成社会主义改造，还是我们今后的一项重要任务。在关于社会主义建设部分中，他肯定了1956年政府对国家建设工作的安排，总的说来是正确的，但是也存在着基本建设投资额大、职工人数和工资总额增加多了造成物资供应紧张的缺点和错误。在编制1957年的国民经济计划草案和国家预算草案的时候，我们就吸取这

① 季方（1890—1987），江苏海门人，时任农工民主党中央执行局委员。

个教训，缩减了一部分基本建设投资，适当地增加了国家的后备。1957 年的国家预算收入比 1956 年增长近 2%；为了避免像去年那样在财政上出现赤字的现象，国家预算支出比 1956 年减少 4%。基本建设投资缩减为 111 亿元，它虽然比 1956 年减少 20%，但是比五年计划原定的 1957 年投资还多 14 亿元。报告批驳了认为中国科学事业在解放后比国民党时代落后了的错误看法。说明现在制定全国性的科学发展蓝图十分必要。提出为了有效地发展我国科学研究工作，必须贯彻协作的原则。批评“外行不能领导内行”的错误说法，对于科学事业的领导有两个方面，一方面是学术领导，另一方面是政治思想上和行政上的领导。对于学术问题，我们的领导方针是“百家争鸣”，就是通过科学界的自由争论和客观实践来解决。对于科学工作中的政治思想、方针、政策、计划等方面，更需要党和政府的领导。《报告》在谈到教育改革时指出，新中国的教育必须为广大劳动人民服务，必须适应我国社会主义改造和社会主义建设的需要。

◀6 月 27 日，一届全国人大四次会议分组讨论周恩来总理的政府工作报告。图为荣毅仁在会上发言。

6 月 26 日

［纲　文］　**毛泽东将新华社《参考资料》刊载的美国《新共和》杂志上的一篇文章[①]批给陈云。**

［目　文］　毛泽东在批语中说：17 页有一句话，值得研究一下。这一句是唱反调的，但也应当促使我们注意。有人提议农业投资应占 20%，少了不利，请你研究一下。

陈云接到批文后批示：拟开一次中央经济工作五人小组会，研究一下第二个五年计划期间的农业问题。

① 这里提到的美国《新共和》杂志上的文章是指题为《在我们的对华政策上的辩论》的文章。文章在“垮台论”的小标题下，一开头便说：“‘一百万人委员会’说：‘北京政权现在并不能牢靠地控制住大陆。’工业产品、猪肉、棉花和煤的缺乏，反映出一种‘严重的经济危机’。”

6月26日

［纲　文］　**中国人民银行总行做出《关于国营工业信贷的变化情况和对当前几个主要问题的意见的通报》。**

［目　文］　《通报》说，本年以来，中央工业企业的资金占用有了很大的增加，表现在银行信贷上，放款上升，存款下降。截至5月底，中央工业放款比1956年末增加3.29亿元，存款比1956年末减少2.91亿元，共向银行取得的资金达6.20亿元，大大超过了全年增加1.5亿的放款指标。

《通报》指出，根据辽宁、北京、浙江、天津、河北、陕西、山西、上海、广西、福建、湖北、甘肃等12个省（市）分行关于一季度信贷计划执行情况的报告，影响存放款增减变化较大的主要情况和主要问题有：一、自增产节约运动开展以来，各工业部门特别是重工业各部门的物资库存都有显著的增加。首先是供销企业由于收购生产企业超产产品、国外到货和由于基建削减等原因商品库存大大增加。其次，生产企业的物资储备亦有不同程度的增加。二、由于基建部门计划削减和工程推迟等原因，造成退货、退合同、延付货款，影响某些工业企业系统产品积压，从而增加了贷款。三、由于财政拨款少、财务计划未定下而影响信贷资金的增加。本年的年度财务计划还未定下来，第一季度财政未拨款，而企业生产所需原材料又须照常储备。因此当前企业资金占用的增加，对存放款增减变化影响很大。四、本年某些轻工业产品供应还感不足，各工业企业为了增加生产，积极采取了加强采购、节约原材料，利用废料、旧料和代用品等有效措施。而银行贷款对这方面的资金需要，也积极地给予合理支持，以保证轻工业部门原材料的供应，在这方面也增加了一定的资金需要。

就上述情况，《通报》提出以下意见：一、重视对供销企业放款的掌握。对计划内合理的增加物资储备和收购国家需要储备的生产企业超产品的资金需要，应予以支持。对计划外采购物资，必须加强审查，对由于收购生产企业成本高、质量低的积压产品和盲目采购物资的资金需要，则不应予以贷款支持。在贷款掌握方法上，除其非商品资金由其自有资金自行解决外，银行贷款仅解决商品库存扣除自有资金解决部分外的合理资金需要。二、由于本年基建计划削减推迟而造成某些物资积压，货款拒付延付，这是基建削减推迟后原合同未相应改变前，过渡期间的必然现象。但也存在一些问题，因此在贷款掌握上，必须根据不同情况区别对待。三、对工业生产企业的流动资金，本年财政总的要求是保持在1956年的基础上，老企业因生产增长的资金需要，要求加速资金周转自行解决，财政原则上不再增拨资金。

6月26日

［纲　文］　**北京大学学生会发出《致全国高等学校同学的一封信》。**

［目　文］　信中介绍了北大整风运动以来的情况，对北大学生中的右派分子谭天荣、刘奇弟等人的言行进行了批判，称他们与社会上资产阶级右派分子相呼应，在校内外散布各种反动言论，歪曲学校党的整风运动，组织反动小集团，猖狂地向党和人民进攻。信中

呼吁全国各高等学校的同学向右派分子进行坚决的斗争，以取得最后彻底的胜利。北京大学的6701名在校学生在信上签名。

6月26日

［纲　文］　**上海通俗话剧团在北京演出获好评。**

［目　文］　上海通俗话剧[①]团在中国青年艺术剧院剧场公演第一个剧目《张文祥刺马》。国务院副总理陈毅在观看演出后，接见了全体演员，祝贺他们演出成功，并鼓励他们为通俗话剧事业更好地努力。这个剧团由通俗话剧老艺人陈旡我、王美玉、田驰等人组成。

6月27日

［纲　文］　**毛泽东对印发《整风专辑》做出批示。**

［目　文］　毛泽东在给邓小平的批示中说：情况简报的《整风专辑》很有用。现请：一、将6月15—25日共11天的“专辑”立即印成一集（印成一本），印若干份，用飞机火车迅即分送各省市委及地市委。每单位多的有十几本，少的有三四本即够，供其参考。二、以后每三天印一集，分送。如你同意的话，请照办为盼！

6月27日

［纲　文］　**国务院发出《关于地质部全国矿产储量委员会和全国地质资料局工作任务的通知》。**

［目　文］　《通知》说，地质部全国矿产储量委员会和全国地质资料局的工作任务和各个地区及一些工业部门均有密切的关系，为了便于进行工作，现将这两个机构的工作任务通知如下，希望参照执行。一、地质部的全国矿产储量委员会，是审查和批准各种矿产储量的国家机关。其工作任务是：（一）审查和批准较重要的、可供国营矿山企业设计使用的矿产储量报告，指出其能够满足工业要求的准备程度并建议地质勘探部门改进工作提高质量；（二）制定矿产储量等级分类总则、各种矿产储量等级分类的应用规范、地质勘探总结报告编制规范以及提交矿产储量报告的手续和程序的规定等；（三）对各审查矿产储量的机构，进行业务上的指导。二、地质部的全国地质资料局，是统一管理全国各种地质资料的国家机关。其工作任务是：（一）收集全国各有关部门所编写的各种地质工作报告，进行整理、登记、统计与保管，并且编制地质资料文献目录供各有关部门使用；（二）对全国各有关部门每年所进行的各种地质工作进行登记与统计；（三）对全国有工业意义的矿产地及地下水进行登记，并结合库存资料编制矿产产地资料汇编和矿产分布图；（四）编制矿产储量通报和全国矿产储量平衡表；（五）综合研究地质资料提供领导

---

① 通俗话剧是我国现代话剧最早的形式，到1957年已有50年历史。它在艺术上继承了民族戏曲的传统，而有着自己的特点和风格。这个剧团是由当时的通俗话剧老艺人陈旡我、王美玉、田驰、董天民、刘一新、秦哈哈、王雪艳、王曼君等人组成的。

及有关部门便于计划地质勘探、矿山开采和安排需要矿物原料工业的基本建设；（六）对各有关部门的地质资料工作进行业务上的指导；（七）制定地质资料汇交、地质工作登记、矿产地及地下水登记等规范。

6月27日

［纲　文］　**中国政府发表《中华人民共和国政府抗议美国破坏朝鲜停战协定以新式武器运进南朝鲜的声明》。**

［目　文］　《声明》指出，1957年6月21日，联合国军片面宣布废弃它对朝鲜停战协定第十三款中关于不得以增援性武器运进朝鲜的规定所承担的义务，并且宣称它将以新式武器运进南朝鲜。这是美国公然破坏朝鲜停战协定、威胁朝鲜和远东和平的严重挑衅行为。

《声明》表示，朝鲜停战协定体现着朝中两国人民和全世界爱好和平的人民维护朝鲜和远东和平的坚决意志，绝不容许任何人加以破坏。美国必须继续遵守停战协定的一切条款；任何片面行动都是非法的和无效的，中国政府和人民决不同意。中国政府完全支持朝鲜民主主义人民共和国政府的严正立场和关于召开与朝鲜问题有关的一切国家的会议的建议。

6月28日

［纲　文］　**中共中央发出《关于在一两个月后吸收一批高级知识分子入党的通知》。**

［目　文］　《通知》说，过去几年来，我们对于在知识分子中发展党员的工作注意得不够，特别是对于在高级知识分子中发展党员的工作更注意得不够。现在看来，这种情况已经被资产阶级右派野心分子所利用。右派野心分子企图在教育、科学、文艺、卫生、技术、新闻等工作中夺取领导权，他们在知识分子中特别在高级知识分子中大量发展组织，并把反动分子和不满我党的分子放在领导地位，利用我们工作中的缺点和错误，提出推翻党的领导的主张，提出资产阶级的路线来同党的路线对抗。为着加强对于教育、文化、科学、卫生等部门的党的领导，为着进一步团结和教育知识分子，同时给反共派一个有力的答复，就必须继续在高级知识分子中发展党员，必须唤起各级党委充分地认识到党的组织工作的方针应该同党的团结知识分子的政治方针相符合，应该是向知识分子开门，而不是向他们关门。

《通知》指出，中央认为有必要在一两个月之后，首先接收一批在这次运动中表现好的左派高级知识分子入党。对于那些已经参加了其他民主党派的高级知识分子，在吸收入党时，除了极个别的关系全国的重要分子须报请中央批准以外，一般按照普通党员入党手续办理，不须报请中央批准。他们入党以后，不要退出原来的民主党派，不要改变他们的社会地位（例如，原为人民代表的，还为人民代表），并且要保证他们有充分的时间进行自己的业务工作，而不是入党之后就荒疏了自己的业务。他们入党时，不必一个一个地登报，但可在征收告一段落的时候，作一次综合的报道。

6月28日

［纲　文］　**全国人大常务委员会举行第七十七次会议**。

［目　文］　会议由刘少奇主持，讨论和通过了由全国人大副委员长兼秘书长彭真所作的《全国人民代表大会常务委员会的工作报告》。《报告》说：从第一届全国人民代表大会第三次会议闭幕到现在已经一年了。在这个期间，常务委员会共召开了35次会议，通过决议案37项，听取国务院、最高人民法院、最高人民检察院工作报告共19次，通过任免案608起。接着《报告》历数了全国人大在国际事务、制定法令工作、民族工作等方面的具体工作。会议在听了法案委员会副主任委员武新宇关于《中华人民共和国刑法草案》的说明后，进行了讨论，并且决定将《刑法草案》发给全国人民代表大会代表征求意见。

6月28日—7月9日

［纲　文］　**印度尼西亚制宪议会代表团应邀访问中国**。

［目　文］　代表团由印度尼西亚制宪议会议长韦洛坡率领。28日下午，代表团抵达北京，全国人大、外交部、中国印度尼西亚友好协会及北京市等相关部门负责人到机场欢迎。晚上，刘少奇举行了欢迎晚宴。7月2日和6日，周恩来、毛泽东分别接见代表团全体成员。访问期间，代表团先后访问了北京、沈阳、鞍山、天津、南京、上海等城市。

6月28日

［纲　文］　**高教部、教育部、国防部联合发出《关于暂时停止高等学校和高级中学学生军训试点问题的通知》**。

［目　文］　《通知》说，关于高等学校和高级中学学生军事训练，自1955年冬季至1956年秋季，先后在全国14所高等学校和127所高级中学（含师范学校）内实施试点训练，取得了一定成绩和经验，但也存在一些不易解决的问题。为了减轻学生负担，使他们集中精力学好专业，以适应国家培养建设人才的需要，故军训在本年秋季开学前暂时停止，今后根据需要再酌情开展。有关停办的具体工作有：一、各军区和有关军种、兵种指派专人协助学校做好停止军训的善后工作。各校领导向学生说明停办理由，做好思想教育工作，避免引起不必要的思想波动。二、各军区、各省（市）教育厅（局）和有关军种兵种会同各校领导，责成各校军事教研组和军事教员，对这一阶段试点经验应很好地进行全面总结，并分别上报。三、对派遣军官的处理：属各军种、兵种的现役派遣军官，分别由原军种、兵种调回处理；步兵现役派遣军官和省、市军训指导员，由所在军区调回处理；预备役军官由各教育部门会同人事部门安置处理。四、武器器材、教材的处理：各军种、兵种和各军事院校借给或拨给的，由该单位负责收回；由总军械部拨给的，要上交所在军区军械部门，并列表分别上报高教部、教育部、总军械部；由训总军事出版部下发的，可就近交军区、省军区或兵役局。教育系统购置的，原则上由学校自行处理。

6月28日

［纲 文］ **兰州市人民法院公开审判杀害陈潭秋①、毛泽民②、林基路③等人的反革命分子芦秉林。**

［目 文］ 芦秉林（原名芦庆福）被判处有期徒刑20年，剥夺政治权利5年。芦秉林供认，1943年八九月间，盛世才曾大批屠杀革命志士。当时，芦犯任伪新疆省公安管理处第二监狱官，他在特务头子李英奇、张光前、刘秉德指挥下，和另外几名刽子手一起，亲手用绳索勒死中国共产党中央委员、驻新疆省代表陈潭秋，新疆财政厅厅长毛泽民和新疆学院教务长林基路等同志。同时被害的还有进步人士臧谷峰、陈秀英等10人。

8月，辽宁省高级人民法院判处杀害陈潭秋等烈士的另一名凶手罗续魁有期徒刑20年。

6月29日

［纲 文］ **中共中央做出《关于争取、团结中间分子的指示》。**

［目 文］ 《指示》指出，争取和团结中间分子，是使反对资产阶级的这场政治斗争、思想斗争，获得完全胜利的关键。必须对当地知识分子和民主人士在这次阶级斗争中的根本态度大体排一个队，主要是划清中间派和右派的界限，以便依靠左派，团结中间派，坚定不移地对右派进行斗争。

《指示》提出了争取和团结中间分子的几个主要问题：一、对工作中的缺点错误要迅速地加以克服；二、实事求是地揭露和批判右派反社会主义、反人民、反共的言行，揭露他们的面目为广大群众所认识；三、用心平气和讲清道理的方法，澄清知识分子中的错误和糊涂思想，清除他们同社会主义的抵触情绪，帮助他们渡过社会主义这一关；四、必须注意防止把仅有右倾思想的人和中间偏右的人也当作坚决的右派打击；五、在“中右”和右派的疑似分子之间，找出突出的“标兵”，同右派分子加以区别对待。把仅有右派言论并无右派行动的人和既有言论又有行动（许多人还有历史上的劣迹）的那些极右派加以区别，对其批评时不要轻易扣以右派的帽子；六、加强同中间分子的联系，关心他们的生活、工作和理论学习，对其带原则性的错误，用诚恳的友谊的态度指出，要用对待同志的态度对待知识分子中的中间分子。七、对于极右分子的策略：必须打得准，打得狠。

毛泽东对《指示》进行了审阅和修改。

6月29日

［纲 文］ **《人民日报》发表题为《再论立场问题》的社论。**

［目 文］ 社论批判了顾执中等人的所谓“资产阶级新闻思想”，并且为“左”和

---

① 陈潭秋（1896—1943），名澄，字云先，号潭秋，湖北黄冈人，中国共产党创始人之一。

② 毛泽民（1896—1943），字咏莲，后改为润莲，化名周彬，湖南湘潭人。

③ 林基路（1916—1943），原名林为梁，广东台山人。

右的问题作了论证：按照事物的发展规律，从已经成熟的条件出发，积极推动事物前进的，就是“左”；违反事物的发展规律，拖着事物不让前进或者向后倒退的，就是右。因此，在中国，凡是积极团结全国各族人民、积极推进社会主义改造和社会主义建设、积极巩固人民民主专政和民主集中制、积极加强国际社会主义力量和世界和平力量的团结的言论行动，就是“左”；积极反对这些的言论行动，就是右。

6 月 29 日

［纲　文］　**李先念在一届全国人大四次会议上作《关于1956年国家决算和1957年国家预算草案的报告》。**

［目　文］　《报告》分三部分：一、1956 年国家决算；二、1957 年国家预算的安排；三、1957 年工作中应当注意的几个问题。李先念说，1956 年国家预算收入和支出都有不小的增长，各方面工作的发展是迅速的，成绩是巨大的，缺点和错误只是部分的。国家预算收支的增长，保证了建设事业的资金供应，促进了工农业生产的发展，有力地支援了农业、手工业和资本主义工商业的社会主义改造，并且在一定程度上改善了人民的物质和文化生活。本年国家预算反映了人民进一步发展社会主义建设事业的要求，反映了人民和平建设的强烈愿望，这个预算的实现，在我国结束第一个五年建设计划后，会把国民经济引向新的高涨。李先念在报告中，对上年国家预算在编制和执行中的缺点作了详细的说明；并指出执行本年国家预算，必须普遍深入地全面地开展群众性的增产节约运动，继续稳定市场物价，进一步加强财政管理和改进财政制度。

6 月 29 日

［纲　文］　**中共中央办公厅转发谭震林关于在湖南攸县贯彻民主办社和整风问题的报告。**

［目　文］　谭震林在 6 月 24 日的报告中，结合他在湖南攸县 40 天的调查和研究工作，阐述了贯彻民主办社和县一级整风两个问题。

报告指出，农业社中各种问题的中心是社干部作风不民主。如果贯彻了民主办社，做到了遇事和群众商量，其他一切问题都能迎刃而解，或者减轻了，缓和了。事实证明，社干部确实是忠心耿耿为国、为社、为社员服务，一心一意想把社办好的。虽然有少数人有一些占小便宜或者贪污的行为，那只是农民的自私心理特点的一种反映，只要领导得法，是容易解决的。从攸县整风中暴露出来的问题看，县一级主要的问题是：一、干部的特权思想较严重；二、狭隘的阶级观点；三、官僚主义已发展到不愿动手动脚的地步。谭震林建议中央作一个规定：县一级干部一年应该有六个月时间深入基层，要写的报告、讲话大纲、文章等，都应该亲自动手。县级整风也应召开党外人士座谈会，听取他们的意见。这样的座谈会对于揭露干部中的特权思想、狭隘阶级观点，很有用处。但是，领导这样的座谈会，需要省委派人去。因为，有些问题县委是解释不了的。

6 月 27 日，毛泽东将此报告批给邓小平。他批示：此件值得一看。除印发政治局、书记处及在京中委外，请考虑可否转发地方各级党委参考。

6月29日

［纲　文］　**周恩来接见12国和平代表**。

［目　文］　周恩来接见了在出席世界和平理事会科伦坡会议后来中国访问的阿根廷、澳大利亚、智利、哥伦比亚、埃及、伊拉克、日本、约旦、葡萄牙、南非、乌拉圭、委内瑞拉等，12个国家的31位和平代表。在接见阿拉伯国家和平代表时，他表明中国永远支持阿拉伯人民争取民族独立的斗争，同时指出斗争主要靠自己，在各个阶段中，都会遇到曲折，并不是很容易的。斗争要谨慎，要有策略，应尽量扩大人民阵线，包括各种爱国人士在内。对世界和平主要的威胁是以美国为首的帝国主义侵略集团的战争政策。美国的战争政策可能暂时成功，但是，只要它在这个地区成功，它就失去了人民。

6月30日

［纲　文］　**中国青年艺术团在北京天桥剧场演出参加世界青年联欢节开幕式的节目**。

［目　文］　周恩来、贺龙、陈毅和董必武等观看了这次演出。节目中有维吾尔族民间舞蹈《盘子舞》和《种瓜舞》，藏族民间舞蹈《草原上的热芭》，根据傣族民间舞蹈创作的《孔雀舞》、安徽民间舞蹈《花鼓灯》和舞蹈家戴爱莲新编的《亚非青年联欢舞》；有杜近芳主演的《嫦娥奔月》、关肃霜主演的《猪龙婆》和黄元庆主演的《应邀赴会》；此外还有民歌合唱、吹打乐、温可铮和梁美珍的独唱。

7 月

7月1日

［纲　文］　**一届全国人大四次会议继续举行。**

［目　文］　出席会议的有本日执行主席李济深、蔡畅、刘宁一、阿沛·阿旺晋美[①]等以及988位代表。国务院副总理兼国家经济委员会主任薄一波作《关于1956年度国民经济计划的执行结果和1957年度国民经济计划草案的报告》，最高人民检察院检察长张鼎丞[②]作《关于1956年以来检察工作情况的报告》。薄一波在报告中总结了1956年国民经济各方面的成就；对1957年度国民经济计划草案安排中的主要问题，作了具体说明；检查了1956年工作中的缺点和错误；对基本建设工作提出各项措施。张鼎丞在报告中介绍了1956年以来最高人民检察院和各级人民检察院进行肃清反革命分子和惩治其他刑事犯罪分子斗争的情况，检查了1955年以来的肃反案件，介绍了对在押日本战犯的侦查起诉工作以及检察业务的发展和改进的主要情况。

［文献一］　**关于1956年度国民经济计划的执行结果和1957年度国民经济计划草案的报告**

内容略。详见1957年7月2日《人民日报》。

［文献二］　**关于一九五六年以来检察工作情况的报告**

内容略。详见1957年7月2日《人民日报》。

7月1日

［纲　文］　**《人民日报》发表毛泽东撰写的题为《文汇报的资产阶级方向应当批判》的社论。**

① 阿沛·阿旺晋美（1910—2009），藏族，西藏拉萨人，时任西藏军区第一副司令员。

② 张鼎丞（1898—1981），福建永定人，时任最高人民检察院检察长。

［目　文］　社论说，自《人民日报》6月14日发表《文汇报在一个时间内的资产阶级方向》以来，《文汇报》、《光明日报》对于这个问题均有所检讨，但是还觉不足。编辑和记者中有许多人原在旧轨道上生活惯了的，一下子改变，不大容易。严重的是《文汇报》编辑部。这个编辑部是该报闹资产阶级方向期间挂帅的，包袱沉重，不易解脱。帅上有帅，攻之者说有，辩之者说无；并且指名道姓，说是章罗同盟中的罗隆基。两帅之间还有一帅，就是《文汇报》驻北京办事处负责人浦熙修，是一位能干的女将。人们说：罗隆基——浦熙修——《文汇报》编辑部，就是《文汇报》的这样一个民盟右派系统。民盟在百家争鸣过程和整风过程中所起的作用特别恶劣。有组织、有计划、有纲领、有路线，都是自外于人民的，是反共反社会主义的。还有农工民主党，一模一样。这两个党在这次惊涛骇浪中特别突出。风浪就是章罗同盟造起来的。

社论认为，《文汇报》在春季里执行民盟中央反共反人民反社会主义的方针，向无产阶级进行了猖狂的进攻，和共产党的方针背道而驰。其方针是整垮共产党，造成天下大乱，以便取而代之，真是“帮助整风”吗？假的，真正是一场欺骗。

社论说，共产党看出了资产阶级与无产阶级这一场阶级斗争是不可避免的。让资产阶级及资产阶级知识分子发动这一场战争，报纸在一个期间内，不登或少登正面意见，对资产阶级反动右派的猖狂进攻不予回击，一切整风的机关学校的党组织，对于这种猖狂进攻在一个时期内也一概不予回击，使群众看得清清楚楚，什么人的批评是善意的，什么人的所谓批评是恶意的，从而聚集力量，等待时机成熟，实行反击。有人说，这是阴谋。我们说，这是阳谋。

社论提出，资产阶级右派就是反共反人民反社会主义的资产阶级反动派，这是科学的合乎实际情况的说明。这是一小撮人，民主党派、知识分子、资本家、青年学生里都有，共产党、青年团里面也有，在这次大风浪中表现出来了。这种人不但有言论，而且有行动，他们是有罪的，“言者无罪”对他们不适用。他们不但是言者，而且是行者。是不是要办罪呢？现在看来，可以不必。因为人民的国家很巩固，他们中许多又是一些头面人物。可以宽大为怀，不予办罪。一般称呼“右派分子”也就可以了，不必称为反动派。只在一种情况下除外，就是累戒不戒，继续进行破坏活动，触犯刑律，那就要办罪。惩前毖后，治病救人，化消极因素为积极因素，这些原则，对他们还是适用。另有一种右派，有言论，无行动。言论同上述那种右派相仿，但无破坏性行动。对这种人，那就更要宽大些了。

《文汇报》编辑部就办报方向问题进行了检查，并公开发表在7月4日《人民日报》上。

7月1日

［纲　文］　**外交部就香港英国当局放走劫夺机帆船“白腾号”的杀人凶犯照会英国驻华代办处。**

［目　文］　照会说：中华人民共和国外交部谨向英国代办处致意，并且就外交部1957年6月21日致代办处的照会和代办处1957年6月24日的复照关于广东省水产供销

公司机帆船“白腾号”被劫驶去香港一事，提出以下声明和要求，请即转达英国政府。

广东省水产供销公司机帆船“白腾号”在1957年6月12日晨8时左右，在从担杆岛开往唐家湾途中驶经芒洲岛中国领海的时候，突被混在乘客中的暴徒用暴力劫夺，将船上一工作人员杀害后强迫该船驶去香港。上述事实已经为6月12日和6月23日香港英国当局发表的公报所证实。

鉴于这项杀害人命的犯罪行为是在中国船只上和在中国领海内发生的事实，英国政府和香港英国当局理应按照国际惯例，根据外交部1957年6月21日照会中的要求，协助将该船和船上全部工作人员和乘客交由中国有关当局领回，以便依法审理。但是，香港英国当局1957年6月23日反将该船和船上工作人员和乘客11人放回，而将包括有关杀害人命的凶犯和嫌疑犯在内的35名乘客在驱逐出境名义下送往台湾。

应该指出，香港英国当局把按照国际惯例理应交由中国有关当局领回处理的有关杀人凶犯和嫌疑犯送往台湾的这种做法，实际上是纵容杀人凶犯逃脱法网，从而妨碍中国政府对这一严重刑事案件的处理。中国政府对英国政府和香港英国当局这种公然违反国际惯例和极不友好的行为提出严重抗议，并且坚决要求英国政府负责将已经被送往台湾的包括有关杀人凶犯和嫌疑犯在内的全部人员交回中国有关当局。中国政府并声明保留对这一事件提出进一步要求的权利。

7月1日

［纲　文］　**城市服务部、水产部发出《关于在城市郊区和邻近地区发展淡水养鱼的通知》。**

［目　文］　《通知》说：近几年来，内地城市的新鲜活鱼越来越供不应求，而新鲜活鱼向来是依靠城市近郊和交通便利的邻近地区淡水养鱼供应的，可是这些地区的淡水生产都没有得到应有的重视，放养的少，捕捞的多，或者是只捕不放，我国可供养殖的5000余万亩淡水水面即有80%没有养鱼。《通知》指出：解决目前内地城市新鲜活鱼供应紧张的根本办法是发展淡水养鱼，尤其是在城市郊区和邻近地区的淡水面发展渔业生产更为重要。而且发展淡水养鱼投资小、收效快、获利大，不需要占用耕地面积，与粮食和其他经济作物的生产没有矛盾，还可以安排一些劳动力，是农业生产合作社较好的副业生产。同时，在城市就近地区养鱼，可以有计划地现捕现卖，质量新鲜，不要加工储存就能调剂淡旺季的供应，避免长途调运，节省费用，减少损耗，降低鱼货成本，节约国家运输力，对国家对农民都是有利的。《通知》指出：发展淡水养鱼，必须贯彻依靠渔业、农业社饲养、国家扶持的方针。群众乐于接受的有如下几种形式：渔业或农业合作社独资经营；或国家帮助合作社（如供应鱼苗或投资一部）经营；国家放养、合作社经营，合理分成的方法（国家分成只能是很少的）。根据鱼苗的生产情况，可先由长江、西江等主要鱼苗产区调剂供应，并逐步贯彻扩大养殖品种，就地育苗、就地放养的方针，要求各地深入调查研究，培育推广适合当地放养的新品种，并采取各种有效措施，提高鱼苗成活率。《通知》要求各城市水产部门及城市服务部门必须在当地党政统一领导下，根据统筹兼顾、统盘安排的原则，结合其他副食品进行具体规划。根据本地区的湖泊、池塘等自然条件，把一切可能

利用的水面利用起来。

7月1日

［纲　文］　**国务院人事局、国务院机关事务管理局发出《关于调剂中央一级机关福利费的通知》**。

［目　文］　《通知》说：根据国务院1957年5月22日议字第19号发布的《关于国家机关工作人员福利费掌管使用的暂行规定》中第二项规定，对中央一级各机关（不包括各机关分驻外地机构）工作人员的福利费，从7月份起作如下调剂：一、工作人员不满500人的单位和工作人员在500人以上，不满1000人，平均工资不到80元的单位，福利费按工资总额的2.8%拨付；二、工作人员在500人以上，不满1000人，平均工资在80元以上的单位和工作人员在1000人以上，平均工资不到80元的单位，福利费按工资总额的2.75%拨付；三、工作人员在1000人以上，平均工资在80元以上的单位，福利费按工资总额的2.7%拨付；四、计算福利费比例，均以6月份实有工作人员人数和平均工资数为准。按上述二、三两项标准调剂出来的福利费，由国务院人事局统一掌管，调剂使用。各单位（不包括分驻地方机构）1—5月份工作人员福利费仍按工资总额3.5%计算，6月份按工资总额2.8%计算；中央驻省（市）所属机构1—5月份按工资总额的3.5%计算，从6月份起按工资总额3%计算。一律包干支报。

7月2日

［纲　文］　**中共中央召开书记处扩大会议**。

［目　文］　会议由邓小平主持，主要讨论拟于7月底8月初召开的中共八届三中全会的准备工作，部署下一步整风运动。邓小平在讲话中指出：中央已发出打击右派的指示，最近还要发出争取中间分子的指示。运动的性质，实际上是对500万知识分子的思想改造问题。下一步的做法，涉及两大类问题：一是对资产阶级知识分子右派的斗争和处理问题，通过右派教育500万知识分子；二是改进工作问题，现在也在搞，能改就改，但大量的是一些具体制度问题。

7月2日

［纲　文］　**一届全国人大四次会议继续举行**。

［目　文］　出席会议的有本日的执行主席罗荣桓①、李雪峰、荣毅仁等以及955位代表。最高人民法院院长董必武作《关于最高人民法院工作的报告》，全国人大常委会副委员长兼秘书长彭真作《全国人民代表大会常务委员会的工作报告》。董必武在其所作的《报告》中说，1956年全国各级人民法院受理第一审刑事、民事案件的总数比1955年下降约1/3，其中显著下降的是刑事案件，反革命案件下降40%以上。1957年第一季度比1956年第

① 罗荣桓（1902—1963），湖南衡东人，时任中央政治局委员、中央军委委员、人大常委会副委员长、国防委员会副主席。

一季度，民事案件略有上升，而刑事案件仍有下降。标志着中国犯罪现象的减少，特别是标志着反革命势力已经基本肃清。但是，同一切犯罪现象作斗争，继续巩固人民民主专政，仍是人民法院的头等重要任务。彭真在其所作的《报告》中说，从一届人大三次会议闭幕以来，常务委员会共召开了35次会议，通过决议案37项，听取国务院、最高人民法院、最高人民检察院工作报告共19次，通过任免案608起。彭真还就国际事务、制定法令、民族工作、任免国家工作人员、授予国家勋章等方面介绍了人大常委会的具体工作。

7月2—5日

［纲　文］　**中共中央政治局讨论《苏共中央关于马林科夫、卡冈诺维奇、莫洛托夫反党阴谋集团的决议》。**

［目　文］　2日，刘少奇、周恩来、朱德、陈云、邓小平等会见苏联大使尤金，听取关于苏共中央全会处理马林科夫、卡冈诺维奇、莫洛托夫问题的情况介绍。3日、4日晚，中共中央召开政治局会议和政治局常委扩大会议，讨论《苏共中央关于马林科夫、卡冈诺维奇、莫洛托夫反党阴谋集团的决议》①，通过中共中央致苏共中央的电报。7月5日，刘少奇、周恩来、朱德、陈云、邓小平飞赴杭州，向毛泽东汇报中共中央政治局和中央政治局常委扩大会议情况，并一起研究关于苏共中央全会的问题。当晚，毛泽东、刘少奇、周恩来、陈云、邓小平等在杭州会见专程来华通报苏共中央全会情况的苏共中央主席团委员米高扬。毛泽东在听取米高扬的情况通报后，向米高扬宣布中共中央政治局决定支持苏共中央的决定。同日，中共中央就苏共中央6月29日决议致电苏共中央。电文称：感谢你们经过尤金同志把苏共中央在6月22日至29日举行的全体会议所作的关于马林科夫、卡冈诺维奇和莫洛托夫反党集团的决议通知我们。我们相信，苏共中央全会所一致通过的这一决议，将有助于苏联共产党的进一步的团结和巩固。中国共产党将坚定不渝地和苏联共产党亲密地团结在一起，为继续加强中苏两国的伟大的兄弟同盟，为争取世界持久和平，为争取马克思列宁主义事业的胜利而共同奋斗。

7月2日

［纲　文］　**国务院发出《关于调整菜牛和牛皮收购价格的通知》。**

［目　文］　《通知》说，1955年年底，为防止滥宰滥杀、保护和发展耕牛，中央指示将菜牛收购价格下降15%；牛皮收购价格先后下降共20%。一年多来，耕牛价格普遍大幅度回升，菜牛的收购价格显得偏低。既不利于老残牛的合理淘汰，也不利于刺激牛只的繁殖。为此，决定将菜牛的收购价格适当提高，牛皮的收购价格相应调整，一般地以恢复到1955年年底的价格水平为原则。综计菜牛收购价：全国33个市场平均上提22.7%；黄牛皮收购价：31个市场平均上提26.3%；水牛皮收购价：12个市场平均上提25.9%。

---

① 1957年6月29日，苏共中央全会作出《关于马林科夫、卡冈诺维奇、莫洛托夫反党阴谋集团的决议》。该《决议》指出：为了改变苏共二十大的政治路线，马林科夫、卡冈诺维奇、莫洛托夫在苏共中央主席团内形成反党集团，使用反党的宗派办法，力图更动苏共中央全会所选出来的党的领导机构。为了党的团结得到全面巩固，苏共中央全会决定取消马林科夫、卡冈诺维奇、莫洛托夫等同志的中央委员会主席团委员和中央委员会委员的资格。

7月2日

［纲　文］　**首都各界人民庆祝世界和平理事会科伦坡会议胜利大会在北京政协礼堂举行。**

［目　文］　大会主席、中国人民保卫世界和平委员会副主席陈叔通讲话。中国人民保卫世界和平委员会主席、中国代表团团长郭沫若作《关于世界和平理事会科伦坡会议经过和成就的报告》。出席科伦坡会议的中国代表团副团长包尔汉在会上讲话。埃及、智利、日本、澳大利亚、伊拉克、南非等国参加科伦坡会议的代表先后在会上发言。会议通过庆祝世界和平理事会科伦坡会议胜利的决议；通过由中国各人民团体的代表18人组成的日本第三届禁止原子弹、氢弹和争取裁军世界大会中国筹备委员会名单，由郭沫若任主席，陈叔通、茅盾、李德全任副主席，郑森禹任秘书长。

7月3日

［纲　文］　**一届全国人大四次会议提案审查委员会举行第一次会议。**

［目　文］　会议由提案审查委员会主任委员李雪峰主持。会议推选李烛尘、管文蔚为提案审查委员会副主任委员，讨论并通过提案审查委员会工作方案，通过提案审查委员会分组名单。

7月3日

［纲　文］　**《人民日报》发表题为《从政府的三个报告看一九五六年》的社论。**

［目　文］　社论说，国务院向一届全国人大四次会议提交的政府工作报告和预决算报告、经济计划报告，实事求是地说明1956年中国取得了社会主义改造的决定性的胜利和社会主义建设的巨大成就，用事实驳斥了右派的反社会主义、反人民民主专政的谬论。社论说，反对社会主义的资产阶级右派分子在1956年没有说多少话，到了1957年，他们利用中国共产党提出正确地处理人民内部矛盾和开展整风运动的机会，向中国人民的社会主义事业发动了攻势。他们把胜利说成“失败”，把人民创造的奇迹，称作“全面冒进”或者“好大喜功”。说什么社会主义革命和社会主义建设全都搞错了，说什么五年计划破产了，说什么社会主义没有优越性，等等。究竟什么是真理，什么是谎言，读者用客观的事实一对照，就会完全明白。右派分子想否认客观存在的事实，想把历史车轮往后拖，这是可能的吗？当然不可能。

7月3日

［纲　文］　**国务院发出《调整生漆收购价格的通知》。**

［目　文］　《通知》说，生漆生产远不能满足经济建设、民用和外销的需要，生漆与粮食的比价偏低，为此决定提高生漆收购价。综计中央掌握的主要产区五个市场，在1956年的价格基础上，生漆收购价平均提高39.5%，于7月15日执行。为保持以生漆为原料、涂料的手工业品和工业品价格的稳定，生漆销售价暂时不宜上提。由此可能产生的暂时性经营亏损，应尽量从减少经营环节改进经营管理求得解决。各地原定的购销计划必

须坚决完成。

7月3日

［纲　文］ **财政部就农业税附加比例问题回复安徽省人民委员会。**

［目　文］ 安徽省人民委员会在《关于1957年夏季农业税征收工作的指示》中提出农业税附加比例问题，要求各县在平均附加15%的范围内，可以进行调剂，正税低者可以提高，但最高不得超过正税的22%；正税较高者亦可以从低。财政部就此问题回复说：按国务院前发《关于编造1957年国家预算草案的指示》中规定：农业税附加，省自筹和乡镇自筹，一般不得超过15%。这是以纳税单位来说的，即各农业合作社及个体农户的附加，不得超过15%。根据1956年执行情况，有的地区附加超过中央规定的最高比例，加重了部分地区的农民负担，农民感到不摸底，增加了一些顾虑，对此很有意见。有不少农民长途跋涉来中央请求解决。全国人大有的代表也提出对附加比例应当严加控制的意见。因此，财政部意见，安徽省农业税附加，以农业合作社（户）为单位，最好不要超过正税15%。

7月4日

［纲　文］ **中共中央批准转发中央统战部《关于在民主党派内部进行反击右派分子的斗争中的意见》。**①

［目　文］ 本日，中央统战部向各省、市、自治区党委统战部发出《关于在民主党派内部进行反击右派分子的斗争中的意见》并报中央。中央统战部在《意见》中说：在民主党派内部进行反击右派分子的斗争中，遇到极右分子顽抗和狡辩的时候，人们每每轻易要求急于给极右分子以组织处分（停职、撤职等），并且每每容易通过这种处分。提议处分的人多数是出于义愤。但是也有因为要急于为自己的党擦去不光彩的黑点而主张急于处分的；某些右派分子也主张或者赞成处分，则是"贼喊捉贼"为了过关；也有由于个人恩怨而积极主张处分的。就民主党派内部的政治情况和思想情况来说，产生这种情况是可以理解的。这种情况对开展反右派斗争特别是深入反右派斗争是不利的。一、这是把斗争简单化了，过早处分每每是草率收兵的信号。我们领导这场阶级斗争则应当采取彻底揭露和批判的方针，以便收到更好的政治教育的效果。要贯彻这个方针，就必须采取搜集更多的证据，激发更多的人员参加揭露和批判，而采取过早的甚至简单的组织办法，就不能贯彻这个方针。二、过早的以至简单的组织处分，不利于甚至妨碍争取中间分子特别是中右分子，因为要教育和争取中间分子，特别需要对极右分子反复、彻底地进行揭露和批判，越是对他们批判和揭露得体无完肤，就越能教育和争取中间分子。三、过早的甚至简单的组织处分的办法，如果不加以必要的控制，在目前反右派斗争的高潮中很容易流行开去，如果流行开了，将造成我们在政治上处于被动，使整个运动受到不易开展和深入的影响，因此我们提请你们注意这个问题，建议你们和党委加以必要的控制。

---

① 根据中央档案馆馆藏档案编写。

7月4日

［纲　文］　**邓小平作关于整风反右问题的报告。**

［目　文］　邓小平向在京中央委员、候补中央委员和中央、国家机关各部委、解放军各大单位和北京市及各高等学校负责人作报告。他强调反右派斗争的必要性时说：这次反右斗争比以往任何一次政治思想改造运动都深刻得多，是一场思想斗争和政治斗争。资产阶级思想反映到政治、军事、经济、文化各方面，甚至反映到党内来，应当引起重视。右派的思想言论还有市场，特别是在青年学生中市场更大。因此，反右斗争必须继续深入。通过这个斗争，可以教育党团员和人民群众。他在谈到反右派的方法时说：不应采取简单口号的办法，而应说理，因为这是思想意识形态的斗争，要在这方面取得大的收获，就得花费一定的时间。

7月4日

［纲　文］　**国家统计局发布《关于我国的房屋建筑面积和造价问题》。**

［目　文］　文件指出，1953—1956年间，国家建筑的房屋面积达15355万平方米（不包括营房和专县建造的房屋，如包括在内则约2亿平方米），提前完成五年计划规定的15000万平方米房屋的建筑任务，其中国务院财经、文教各部达到五年计划的110%。但生产性房屋仅占31%，仅达到五年计划的99.8%；非生产性房屋则占69%，则超过五年计划的16%；其中办公室超过25%，住宅超过18%，其他非生产性房屋（如礼堂、俱乐部、食堂等）则超过一倍，学校和医疗机构建设分别达到五年计划的77%和79%。在全部房屋结构方面，钢铁结构、钢筋混凝土结构、混合结构等高级结构所占比重在1954、1955两年有上升趋势，1956年开始下降，由1953年的34.7%降为21.5%，砖木结构和其他结构则先降后升。各类不同结构房屋的单位面积（平方米）造价见下表：

单位：元

	钢铁结构	钢筋混凝土结构	混合结构	砖木结构	其他结构
各种房屋总计	269	169	72	42	28
生产性房屋	269	174	100	41	28
厂房	269	185	106	48	45
非生产性房屋	—	133	65	42	28
办公室	—	112	74	43	35
住宅	—	96	60	40	30
学校	—	134	67	48	34
医疗机构	—	97	91	54	41

7月5日

［纲　文］　**中共中央批转中国人民银行总行党组《关于信用合作社工作会议的报告》。**

［目　文］　中共中央在批示中说，信用社的组织形式还有待从实践中进一步研究，允许各地试办各种形式的信用社，但须注意总结经验。

3月30日，中国人民银行总行党组向中共中央报送的《报告》说，1956年进行了一系列整顿巩固工作，基本实现了乡乡有信用社。全国已有10万多信用社，社员近1亿农户，股金2.8亿元，经常性存款6亿元，放款额最高达12.1亿元，对支援农村合作化、支持农业增产发挥了重要作用。1956年工作取得的基本经验是：一、农村信用合作社不仅在个体经济占优势的情况下是需要的，实现农业合作化后，它在调剂农村资金，促进农副业发展方面仍有重要作用；二、必须在集中领导下，贯彻民主办社方针，做到业务民主、财务公开；三、信用社的存放款业务，必须便利群众，信用社的经营应贯彻经济核算和勤俭办社的原则。人民银行与信用社在农村业务上的分工应该是：国家对农业社的放款，统由银行办理，不再经过信用社；农民贷款由信用社负责，国家不再直接贷款给农民个人。

7月5日

［纲　文］　**乌兰夫在一届全国人大四次会议作《关于建立广西壮族自治区和宁夏回族自治区的报告》**。

［目　文］　乌兰夫在报告中介绍了关于建立广西壮族自治区和宁夏回族自治区议案的讨论和协商经过。他指出，民族区域自治是中国根据马克思列宁主义的一般原理和中国的实际情况而采取的解决民族问题的基本政策。只有团结在各民族的大家庭——中华人民共和国之内，才能抵抗帝国主义的侵略和威胁，也才能促进各民族共同的进步和发展。乌兰夫说，中国已经建立了2个自治区，1个自治区筹备委员会，31个自治州，54个自治县。已经有31个少数民族建立了自治地方，共约2300万人口，占全国有条件建立自治地方、聚居的少数民族人口的90%左右。在中国，绝大部分少数民族开始进入社会主义社会，少数民族地区的经济和文化有了很大发展。乌兰夫驳斥了资产阶级右派分子反对党的民族政策的阴谋和企图。他指出，中国各少数民族人民根据自己亲身感受的事实，清楚地看到如果没有共产党，他们就会和在旧社会一样，在民族的和阶级的双重压迫下，继续过那悲惨的牛马生活。各少数民族人民在反对资产阶级右派分子的斗争中，必然会同全国人民一道，更加紧密地团结在党和毛主席的周围，更加奋勇地沿着社会主义的康庄大道前进。

7月5日

［纲　文］　**财政部发出《关于改进商品流通税、货物税、营业税纳税期限规定的通知》**。

［目　文］　《通知》主要内容如下：一、商品流通税、货物税部分：国营企业、地方国营企业、供销合作社、手工业生产合作社以及公私合营企业生产的应纳商、货税货品，凡采用托收承付结算方式销售的，可以改为收到货款后纳税，并以银行给销货企业的“收账通知”（包括托收承付结算凭证第二联，电寄补充报单，特种转账传票等）上所载的销货企业收到货款的日期（即收账日期）为准。税务机关可以根据不同企业应纳税款的多少，规定每日或3日交纳一次，最长不能超过5日；企业应按期依据销售产品收到货款的数量结算应纳税款，于次日入库。上述企业生产的应纳商、货税货品，凡不采用托收承付结算方式销售的，税务机关也可以根据企业每日出厂的数量和应纳税款的多少，规定各

种不同的纳税期限。即：对于交纳税款较大的企业，可规定每日或 3 日交纳一次，最长不能超过 5 日；对于一些生产过于分散零星，每月应纳税款不多的企业，当地税务局也可以根据具体情况酌予延长纳税期限，但最长不能超过 1 个月。二、营业税部分：各工业企业销售商品，凡采用托收承付结算方式的，均可以按其会计制度办理，于收到货款作为销货列入当月份销售额内按期交纳营业税；但为不影响本年度国家预算收入，对企业 11 月份出售的商品，不论是否收到货款，其应纳的营业税都应当在 12 月内清交入库，作到“年税年清”。企业销售商品，凡不采用托收承付结算方式的，仍应按现行税法规定，于发出商品时作为销货，列入当月销货额内按期交纳营业税。

7 月 5 日

［纲　文］　**农业部发出《关于加强夏秋农作物病虫害防治的通知》**。

［目　文］　《通知》要求蝗区各省应继续加强对夏蝗的扫残工作，总结防治夏蝗经验，严密监视残蝗产卵活动，划出秋蝗防治面积，做好防治秋蝗的药械和人力准备工作；其他各地，应针对不同病虫，积极推广当地历年比较成功的防治经验，消灭虫害，保证农作物增产。各地要统筹兼顾，妥善安排劳动力的使用；社员的治虫分工报酬，尤需及早研究解决。同时还要防止治虫工作只求数量不顾质量的偏向，对病虫防治器械应该及时检修与保管，做到随坏随修；对田间病虫，也应该及时检查，有虫即治，不能让其蔓延为害。《通知》说，对资金困难或灾情严重的农业社购买问题，可通过贷款或短期赊销办法来解决。在使用剧毒性的农药中，要严格按照操作规程办事，必须切实做到防止人、畜中毒事故的继续发生，对已经开始在果树上使用剧毒性农药的现象，各地应严加控制，凡接近收获期的，要绝对禁止使用。

7 月 6 日

［纲　文］　**国务院批转国务院第四、第五办公室和国家经委《关于重新安排1957年棉纱生产的报告》**。

［目　文］　国务院要求各省、市在 7 月 15 日前，将纺织工业生产安排和停工方案报国家经委和纺织部。

《报告》说，由于棉花收购减少，新疆棉花不能按原计划内调，救灾棉供应增加等原因，尚差棉花 90 万担左右，受此影响棉纱减产 20 多万件，全年只能生产 440 万件。原定生产 463 万件的国家计划暂不改变，因为棉纱计划一修改，即影响到整个国民经济计划的重编，但在提交全国人民代表大会讨论的 1957 年国民经济计划草案中，则必须说明由于棉花减产，收购任务没有完成，可能还要减产棉纱 20 万件左右，棉布等产品也将相应减产。按 440 万件安排，纱、布、印染工厂都需集中停工一段时间，在 8 月份内，以省、市为单位，国营和地方国营、公私合营纱厂统一停工。在原棉不足、纱布生产计划一再削减的情况下，要求各省、市照顾全局，相互支援，完成棉花的统一调度。1957 年新棉上市后，一定要严格控制工业和手工业的生产，一律不要超产，不允许发展土纺土织。也要严格控制絮棉供应量，在 1957

年9月至1958年8月间，供应市场絮棉和救灾棉不超过300万担。

7月6日

［纲 文］ **全国人大民族委员会举行扩大会议。**

［目 文］ 国务院副总理兼民族事务委员会主任乌兰夫、民族事务委员会副主任汪锋、刘春，以及参加全国人大民族委员会扩大会议的委员、人民代表大会各少数民族代表和有关单位的列席代表等，共计135人出席会议。民族委员会主任委员刘格平作《关于民族委员会的工作报告》。会议审查乌兰夫所作的《关于建立广西壮族自治区和宁夏回族自治区的报告》。会议认为，建立广西壮族自治区和宁夏回族自治区是符合中华人民共和国宪法的规定的，是符合各民族人民的利益和要求的。民族委员会建议全国人大批准国务院提出的建立这两个自治区的两个方案。

7月6日

［纲 文］ **民革中央常委举行第十四次会议。**

［目 文］ 会议讨论并通过在民革组织内开展以反对资产阶级右派分子的斗争为主要内容的整风运动的决定。民革中央副秘书长楚溪春作《关于民革中央及地方组织对反击右派斗争及党内整风有关情况的报告》。民革中央秘书长梅龚彬就整风决定作了说明。

7月6日

［纲 文］ **纪录片《向右派斗争》公映。**

［目 文］ 纪录片由中央新闻电影制片厂制作，报道了全国各地群众回击右派分子的情况。

7月7日

［纲 文］ **中共中央批转内务部党组《关于下放干部担任县长和乡长的法律程序问题的意见的报告》。**[①]

［目 文］ 中共中央在批示中说：中央同意内务部党组《关于下放干部担任县长和乡长的法律程序问题的意见的报告》，现将此报告转发你们，希研究执行。为了不致与法律相抵触，还可考虑对下放干部的工作安置，采用一些变通办法，例如：一、下放干部尽量先做党委工作；二、如果县、区、乡（镇）原正职干部非动不可时，尽量由原有副职中推选一人代理。当然各地还可考虑采取其他办法，总之以不违反法律为原则。

6月13日，内务部党组向周恩来并中共中央报送《报告》。《报告》说：近半年来，各地按照“精简上层、充实下层”的精神，从省、专、县各级领导机关抽调了大批干部到县、乡担任领导职务。这一措施，大大加强了县、乡的领导力量，普遍受到人民群众的欢迎。但是，在具体安排下放干部方面，由于有些地区对于下放干部担任县长和乡长、镇长等职务时没有按照法律程序办事，因而产生了一些问题：有的地方由上级领导机关直接委

---

① 根据中央档案馆馆藏档案编写。

派、调换县长和乡长、镇长，引起群众不满，说："咱们选的乡长、镇长，随便就撤掉，还是上边说了算，咱们作不了主!"《报告》提出解决这些问题的意见：一、根据全国人大常委会1955年11月8日第二十三次会议《关于地方各级人民委员会的组成人员是否限于本级人民代表大会代表问题的决定》，县长和乡长、副乡长、镇长、副镇长都应该从本级人民代表大会代表中选出。副县长一般也应该从本级人民代表大会的代表中选出，为了适应工作的需要，个别的也可以不是本级人民代表大会的代表。因此，下放当县长或者乡长、副乡长、镇长、副镇长的原非县或乡镇人民代表大会代表的干部，应该先从本级人民代表大会代表的缺额中，依法补选为代表，然后由本级人民代表大会选举为县长或者乡长、副乡长、镇长、副镇长。二、如果本级人民代表大会代表和人民委员会委员都没有缺额，但是代表和委员名额还没有超过法定最高限额的，可以将下放担任县长或者乡长、副乡长、镇长、副镇长的干部，增选为本级人民代表大会代表，再依法选举为县长或者乡长、副乡长、镇长、副镇长。三、县、乡、镇人民委员会组成人员因调动工作，不能担任原职务时，应该向本级人民代表大会提请辞职。在人民代表大会闭会期间，向人民委员会提请辞职，并在下次人民代表大会上予以追认。

7月7日

［纲　文］　**中共中央转发吉林省委《关于高等学校反右派斗争的情况报告》。**

［目　文］　中共中央在批示中说，吉林省委在《报告》中关于发现"鲨鱼"一点很重要，请各地都注意。吉林省委在《报告》中认为，先前在第一线公开向我们进攻的右派分子，主要是一批虾兵蟹将，更凶恶的"鲨鱼"多在暗地活动。

7月8日

［纲　文］　**中共中央转发北京市委《关于反右派斗争中应注意事项的通知》。**

［目　文］　中共中央在批示中说：现在把北京市委关于反右派斗争中应注意事项的通知转发给你们。中央认为北京市委的处置是对的。北京市委在这个通知中所说的群众在反右派斗争中所发生的一些现象，各地在反右派斗争深入后，也很有可能发生，请你们加以注意。

7月7日，北京市委发出《通知》。《通知》说：目前各高等学校反右派的斗争，已经逐步向深入发展。为了使运动能够健康地发展并且获得完全的胜利，特请各单位在斗争中注意以下几点：一、目前各高等学校的群众已经发动起来（自然，运动的发展是不平衡的，并且还有一些死角），对右派分子的批判，火力集中，声势浩大，右派分子的嚣张气焰，已被打下，斗争已经获得初步胜利。二、在群众反右派的斗志高昂的情况下发生了一些学生自发地跑出学校外边贴标语、贴大字报、讲理质问等行为。各单位要说服群众，目前的反右派斗争，无论开会、贴大字报都应在本单位内部进行，不要上街，不要去别的单位贴大字报。不要去校外找右派分子质问或讲理，至于到外边访问，如果党委认为有必要对本单位以外的单位或个人进行访问时，也只能选派很少几个人作代表去进行，并应切实遵守社会秩序，尊重被访问单位的意见。三、在反右派斗争中，由于右派分子顽抗狡辩，或者由于右派分子的反动思想观点被驳倒，或者由于右派分子的丑恶历史被揭开，激起群众的义愤，因而在斗争的高潮中常常提出停职反省、撤职、开除、法办等要求。对于这些要求，目前一般的不能答应。否则，就会把斗争简单化，就会形成草率收兵，就会妨碍这场斗争在思想政治上的彻底胜利，同时，也不利于争取、团结和教育中间分子和教育群众。个别特殊情况确实需要给以组织处分或逮捕的，须经各单位党委讨论通过，并报市委批准。四、在斗争中追问右派分子的组织关系或反动小集团时，必须慎重。在确实掌握了材料，并且预计到确实有人能够进行揭发的条件下，选择适当的时机，在批判会上揭露右派骨干分子组织上的情况是可以的。如果没有掌握切实可靠的材料，也没有人能够进行揭发（即右派还没有分化，还没人起义），在批判会上就不宜贸然地盲目地追查组织关系或逼令被批判的对象“交代”。

7月8日

［纲　文］　**毛泽东在上海市干部会议上发表讲话**。

［目　文］　毛泽东说：7月还是反击右派紧张的一个月。右派还要挖，不能松劲，还是急风暴雨。这次反右派斗争的性质，主要是政治斗争。思想斗争（整风）主要还在下一阶段，那要和风细雨。他点了上海知识界几个人的名。他说，在民主党派整风时，要把三个问题搞清楚：社会主义革命和社会主义建设的成绩究竟好不好？走社会主义道路还是走资本主义道路？要不要共产党来领导？

7月8日

［纲　文］　**中共中央书记处召开各省、市、自治区党委负责人电话会议**。

［目　文］　邓小平出席会议并作关于整风反右问题的报告。他在谈到对前一阶段的整风反右运动的估计时说：现在运动开始走向深入，已经收到很大效果。群众起来了，中间分子逐步向我们靠拢，右派分子逐步孤立。他在谈到如何开展下一阶段整风反右运动时说：现在要注意两个方面的问题：一方面对右派要狠，来不得温情主义；另一方面必须充分揭露事实，坚持说理原则，防止简单粗暴的方法。所谓“狠”，就是要有充分的论点和事实。用简单粗暴的方法达不到这个目的。反对温情主义同反对粗暴是一致的，“狠”同说理的原则是一致的。他还说：前一时期，我们集中力量对左派、中间分子做工作，现在对右派也要做工作，要向右派指明出路。对右派斗争的方式要以小型会议为主。采用群众大会的方式，容易简单化。要坚持说理，越是说理越有利。

7月8日—8月3日

［纲　文］　**中国与匈牙利科学和技术合作联合委员会第三届会议在北京举行**。

［目　文］　中匈双方委员听取并通过了委员会上届会议的决议执行情况报告，就两国部属科研所建立直接联系的问题进行了讨论并做出相应决议，并就两国科研合作问题广泛交换了意见。根据本届会议议定书规定，中国将供给匈牙利造纸、油漆制造、墨汁墨块、润滑油、水库土坝、桥梁打桩等方面的有关技术资料和设计资料。中方还将接待匈牙

利专家来中国进行煤炭工业、药用植物的栽培与加工、兽医卫生事业的考察。匈牙利将供给中国广播器材、电缆制造、氧化铅、锌选矿以及农业、卫生、煤炭、地质和汽车、拖拉机等方面的有关资料。会议期间，匈牙利代表团还访问了北京、上海、哈尔滨、长春、沈阳、鞍山等城市。

7 月 9 日

［纲 文］ **中共中央发出《关于增加点名批判的右派骨干分子人数等问题的通知》。**

［目 文］ 《通知》说：一、反右派斗争正在深入，准确的右派骨干名单扩大了一倍①，全国不是 4000 人，而是大约有 8000 人。例如北京约有 800 人，上海有 700 多人，包括大学生中的右派在内（清华大学教师及学生中的全部右派骨干分子 50 人）。这些都是在不同范围内点名批判的右派骨干分子。问题是在报纸上点名批判的大约不过占右派骨干的 3% 左右。例如上海有右派骨干 700 多人，报上点名的只有 20 多人，不到 3%。报上老是这几个人，读者也看厌了。因此应当分阶段逐步增加一些人，最后增到右派的 10% 左右为止。其他 90% 的右派骨干，则在所在单位点名批判，不要登报。报上点名的 10%，应包括学生中的著名右派分子在内。凡报上点名的必须证据充分，最好还有历史劣迹、素来不大得人心的人。二、北京哲学社会科学家 16 人已就右派在学术方面的猖狂进攻，开始举行反攻了。北京此种反攻应当扩大，各地应当响应。自然科学家中在政治方面和学术方面的猖狂进攻，只要有准确的事实，也应组织反击。

◀1957 年 7 月 8 日、9 日，交通部在京机关全体工作人员连续举行反击右派分子大会。图为交通部职工在揭发批判交通部部长章伯钧。

① 1957 年 6 月 29 日，中共中央在《关于争取、团结中间分子的指示》中估计：“右派和极右派的人数，以北京 34 个高等学校及几十个机关中，需要在各种范围点名批判的，大约有 400 人左右，全国大约有 4000 人左右。”

7月9日

［纲　文］　**周恩来在一届全国人大四次会议上作《关于中缅边界问题的报告》。**

［目　文］　周恩来报告中叙述中国政府处理中缅边界问题的经过，阐明中国政府在处理中缅边界问题中所遵循的基本政策。他说，新中国自开国以来在国际事务中一贯奉行的政策，就是争取世界局势的和缓，争取同世界各国，特别是同我们的邻国和平共处。中国政府在处理中缅边界问题时所根据的，也正是这个基本的和平外交政策。中国政府在解决中缅边界问题上所采取的立场，是从维护中国的民族利益出发的，同时也是从促进中缅友谊和亚非各国团结的利益出发的。他指出，中缅边界问题直接关系到聚居在中缅边境的各民族的利益。鉴于这种情况，需要同缅甸政府协商采取措施，使将来划定的边界成为和平友好的边界，进一步发展两国边民之间的亲密联系。他说，中缅两国政府根据友好的精神和和平共处的五项原则，对中缅边界问题进行了多次的接触和商谈以后，已经在总的方面取得一致意见。我们相信，通过继续的协商，把双方在具体问题上的意见加以协调以后，中缅边界问题就将得到全面的和公平合理的解决。

7月17日，《人民日报》配发题为《和平外交政策的重要范例》的社论。

7月9日

［纲　文］　**国务院颁布《关于工业、基本建设、交通运输企业工人职员停工津贴的暂行规定》。**

［目　文］　《暂行规定》共七条。主要内容有：一、工人职员因本身过失造成停工的时候，不发给过失者停工津贴。非因工人职员本身过失造成停工的时候，一般的按照本人计时工资标准的75%发给停工津贴。如果某些企业按照75%发给停工津贴有困难的时候，可以由省、自治区、直辖市人民委员会根据不同情况分别拟定较低的津贴标准发布实行，并报国务院备案和抄送劳动部。二、工人职员在试制新产品、试用新机器、试用新工具、试行先进生产经验、试行合理化建议期间，非因本人过失而造成停工的时候，其停工津贴，按照本人计时工资标准的100%发给。三、在停工期间，工人职员原来享有的地区津贴（林区津贴）、野外津贴、生活补贴都按照停工津贴的比例发给。四、季节性生产企业、未定息的公私合营企业、手工业合作社企业的停工津贴，由省、自治区、直辖市人民委员会制定标准发布实行，并报国务院备案和抄送劳动部。五、在一个企业内连续工作已满六天以上的临时工，在停工期间，可以按照本规定办理；学徒在停工期间的生活补贴照发。六、建筑安装企业的工人职员，在冬季非施工期间的工资、补贴支付标准，另行规定。七、本规定自发布之日起实行，凡是过去有关规定与本规定有抵触的，都按本规定办理。

7月9日

［纲　文］　**国务院发出《关于外宾摄影暂行规定的补充通知》。**

［目　文］　《通知》说，外宾拍摄名胜古迹的风景照片，仍按1955年9月30日的规定，可以自由拍照；参观博物馆时，不能将陈列品移动拍摄；博物馆库房及文物保管机关、考古机构的库房，不招待外宾参观；参观敦煌、龙门、云岗、麦积山等地时，谢绝有

计划的、系统的拍摄壁画、雕刻等。

7 月 9 日

［纲　文］　**监察部发出《关于检查防汛工作的通知》。**

［目　文］　《通知》说：为了战胜洪水、保护农业生产和人民的安全，各沿江沿河和滨湖地区的监察机关，应立即主动协同各该级防汛指挥机构和民政部门对防汛工作与救灾工作进行检查。在洪水到来前，主要检查防汛力量的组织、机构的建立和防汛器材的准备工作，以及险工加固工作的进行情形。在洪水发生后，应集中力量检查抢险、堵口工作和对灾民的救济安置工作。发生涝灾地区，应立即抓紧排涝与恢复农田生产的检查。通过检查，督促与改善这一工作。对因麻痹大意抢救不力而造成严重损失的失职干部和机关要及时进行检查处理。《通知》要求各地监察机关必须注意克服拖拉作风，对发现的问题或对改进工作的意见，要迅速及时地向当地党政领导与有关部门反映，并督促有关部门采取措施，切实解决问题，改进工作。

▲ 1957 年 7 月上旬，鲁西南菏泽、济宁专区和鲁南临沂专区，遭受特大洪涝灾害。图为工程兵某部正将受灾群众运往安全地带。

7 月 9 日

［纲　文］　**中国人民解放军炮兵学院在宣化成立。**

［目　文］　该学院以南京军事学院炮兵系为基础，隶属中国人民解放军炮兵建制，设高级速成、地面炮兵、高射炮兵、雷达和仪器侦察等四个系。1958 年 3 月 1 日开学。培训对象主要是炮兵营以上军事指挥员、参谋、教员和外国留学生。1969 年 2 月 19 日撤销。

7月9日

［纲　文］　**毛泽东、刘少奇、周恩来致电蒙古人民共和国大人民呼拉尔主席团主席扎·桑布、部长会议主席尤·泽登巴尔、外交部长斯·阿尔维齐德，祝贺蒙古人民革命胜利36周年。**

7月9日

［纲　文］　**周恩来接见印度内阁统计顾问、印度统计学院院长、联合国统计委员会主席马哈拉诺比斯等人。**

7月10日

［纲　文］　**中共中央批转邮电部党组《关于整编中处理邮电职工退职的情况和意见的请示》。**

［目　文］　邮电部党组在《请示》中提出，上年有的地区邮电部门多增了一些人，吸收的人员也有条件过低，不合要求的。因此，在整编中对于1956年吸收尚在试用的新人员，有些确实不适于邮电工作而又能够参加农业生产者，可动员回乡生产，发给退职费。但处理退职应十分慎重。有的地方为安插国家机关精简的人员和安插干部亲属而辞退邮电人员的做法，则是完全不妥和错误的，应予防止和纠正。邮电生产人员的多余或缺额，应先由企业内部调剂。邮电企业中有一些年老体弱或长期病残，工作效率很低，甚至做不了什么事的人，这大多属于解放前的老职工，暂不宜退职，仍应留在企业适当安排，避免给社会造成负担。

7月10日

［纲　文］　**内务部发出《关于纪念中国人民解放军建军30周年加强优抚、复员安置工作的通知》。**

［目　文］　《通知》要求以进一步加强优抚和复员安置工作作为纪念中国人民解放军建军30周年的重要内容，要求各地在“八一”前后，由县、市以上政府组织检查组，对优抚、复员安置工作进行一次认真的检查。《通知》指出，在优抚工作方面农村应着重检查本年优待劳动日工作的执行情况。在检查中还应当督促农业社妥善安排烈属、军属参加他们力能胜任的生产活路，帮助他们从事副业生产，以增加他们的收入。各地对城市烈属、军属的生产、生活情况也要进行认真的检查，对于生活有困难的烈属孤老户，应该给以定期定量的补助使他们的生活有所保障。在复员军人安置方面，要求各地主要检查对新回乡的复员军人是否已进行了妥善的安置，是否已使他们在各个生产岗位上巩固下来，并是否充分发挥了积极作用。同时，对过去已经安置在农村的复员军人，也应检查他们在生产、生活上存在的困难，帮助他们加以解决。同时，要教育复员军人体贴国家当前的实际困难，鼓励他们继续保持和发扬中国人民解放军艰苦奋斗、密切联系群众的光荣传统，本着勤俭建国、勤俭治家的精神，团结基层干部和群众，积极劳动生产，同全体农民一道，争取在社会主义建设中作出更大的贡献。在城市中应帮助复员军人较多的厂矿、企业、事业单位在对复员军人的培养教育，工作安排，熟习业务，掌

握技术，以及解决他们在生活方面的某些困难等进行必要的检查，借以总结经验，改进工作。还要教育复员军人遵守所在单位的工作制度和劳动纪律，在执行工资政策等方面起模范作用，团结好职工搞好生产，为争取超额完成国家生产任务而努力。

7月10日

［纲　文］ **文化部出版事业管理局发出《关于中苏双方出版社互供翻译书籍的插图照片和新书样本交换办法的通知》。**

［目　文］ 《通知》说：苏联出版工作者代表团本年6月在我国访问时，曾表示苏联出版社对我国各出版社翻译出版苏联书籍所需要的原书插图照片，将尽量设法供给。对交换新书样本问题，建议双方出版社可根据互相交换的出书选题计划，选择需要的书籍，通知对方，进行交换。如果选题有变更时，双方可主动选择书籍赠送对方。

7月10日

［纲　文］ **周恩来接见日本市长、地方议员访华团。**

［目　文］ 日方提出希望与中国进行贸易。周恩来表示贸易必须平等互利，只有推动日本政府打破“禁运”，才能保证双方的和平建设。两国要进行更多的交流，这对两国都有好处，将来我们还想学习你们的技术。7月16日，日本政府正式决定并宣布把对中国的“禁运”限制放宽到对苏联和东欧社会主义国家所实行的水平。

7月11日

［纲　文］ **中共中央批复同意广东省委《关于不在港澳地区开展整风运动的请示》。**

［目　文］ 6月22日，广东省委向中共中央报送《请示》。《请示》说：港澳地区的党，长期以来尚未系统地进行过整风运动，加上党所处的环境比较复杂，资产阶级思想对党的影响也比较深，本来采用整风的方式，对党员的思想加以改造，是很有必要的。但考虑到港澳地区尚未解放，敌我矛盾仍是主要矛盾，党尚处于地下状态，我们是不能也不应该在港澳地区进行大放大鸣的整风运动的。《请示》指出：在港澳地区不进行党内整风，并不等于港澳的党可以完全不关心和不重视国内的整风运动，可以不用切实改进自己的工作和提高党员的思想觉悟，甚至可以完全不听取群众的建议和批评意见，任由“三害”在党内发展。为了巩固党的组织，加强党的领导作用，提高党的对敌斗争的战斗力，特决定在港澳地区的党组织内部，进行一次对整风文件的系统的学习，并按照整风文件的精神，来总结和改进港澳的工作。国内整风运动中牵涉到港澳工作的问题，或港澳人士对当地工作的一些意见及对国内的一些鸣放批评，一律不在报上发表，严格划清界线，以免互相影响。港澳各线党的负责同志，因为负有较大的领导责任，他们应该分批回穗，参加港澳工委的整风，待他们整风告一段落，回到港澳以后，便可以开始领导进行对整风文件的学习和总结工作。整个学习和总结工作的时间，约为6个月左右，从1957年8月份开始，港澳的党开始学习时，港澳工委应选派若干干部到港澳去参加领导。在学习中如发现有重大问题，应即向省委和中央请示报告。

7月11日

［纲　文］　**中共中央批转中央工业工作部《关于基本建设中限制征用农田问题的报告》。**①

［目　文］　中共中央在批转意见中指出：基本建设中浪费土地的情况，是值得严重注意的。事实上，不仅在工业部门中，而且在学校和城市建设、水利建设及其他建设中，浪费土地的现象也同样存在。由于许多建设单位，过多、过早地征用土地，已使很大一部分农田荒废，使有些农民的生活和生产发生困难；并且造成建设单位本身的许多浪费，大大地增加了国家的投资。如果对于浪费土地的现象不很快地加以纠正，则不仅在经济上，而且在国家同农民的关系上，也将引起十分不利的后果。因此：一、中央要求各有关部门和各地党委，在接到这个指示后，迅速地对这方面的情况作一次检查，把各建设单位多占的和占而不用的土地，立即退还给农民耕种；对于在征用土地中的违法乱纪的行为，应当查明责任，严肃处理。二、中央责成建委，会同各有关部门，重新研究工矿企业、学校及其他建筑用地的定额，重新审查和修改各城市的规划草案；在新的城市规划未定之前，某些建设单位急需用地时，应尽可能地在现有的建筑空地中拨给。三、各地在兴建水库和其他水利工程时候，也应力求节用耕地。必须指出：早在1955年中央就曾批转过陕西省委关于用地单位浪费土地的情况的报告，1956年国务院又曾发布过关于防止国家建设中浪费现象的通知。但这个问题，迄今未能很好地加以解决。因此，中央认为有必要再一次提起各有关方面的注意，望各有关部门和各地党委采取坚决的有效的步骤，来改变建设中的浪费土地的状况，并于最近把检查和处理的结果，上报中央。

3月27日，中共中央工业工作部在《关于基本建设中限制征用农田问题的报告》中指出：随着国家建设事业的发展，征用农田逐年增多，存在着忽视农业生产和农民生活等值得注意的现象：如“征多用少”和“早征晚用”；因计划批不准或计划削减而多征用的土地，任其长期荒芜；有些建设单位过多征用土地；选择厂址时缺乏全面观点，过多征用良田；对农民安置不当，影响农民的收入和生活；对工农业用水缺乏全面安排，影响农业生产和农民生活用水。为了纠正上述浪费土地的现象，根据1953年12月《中央为贯彻政务院关于国家建设征用土地办法给各级党委的指示》的精神，《报告》提出以下建议：一、国务院和军委各部应当对各企业、学校及其他建筑用地情况，认真地进行一次检查，并对有关人员进行工农联盟的思想教育，切实地克服只顾经济、文化和军事建设、忽视农业生产和农民生活的片面思想。要求各建设单位进一步贯彻中央关于节用地的指示，暂时不施工的不要过早征用，尽量利用可资利用的荒地和空地，少用或不用人烟稠密地区的土地和良田。二、国家建设委员会在组织厂址选择时，应当尽可能考虑少占用肥沃的农田，并且根据可耕土地面积较苏联狭小的具体情况，会同有关部门，重新制定城市规划、工厂、学校等用地定额，作为征用土地的法定依据。建议水利部会同城市建设部对新工业城

① 根据中央档案馆馆藏档案编写。

市工、农业用水问题，作出全面规划，逐步统一解决。三、各省市人民委员会应加强对土地征用工作的领导，严格监督用地单位的征购土地工作，坚决纠正有些地方主管部门在划拨土地工作上“要多少给多少，要那里给那里”的不负责任的作风。要提倡有些地方所采取的精打细算的办法。同时，为了克服浪费耕地现象，各地党委应该组织用地单位对土地征购和使用情况做一次通盘检查，对于不用的土地，应当尽可能收回交给农民耕种；对于被征用土地后安置不当的群众，应当重新妥善安置；对于拖延未发和不发土地、房屋等补偿费等违法乱纪行为，应当立即加以纠正，补偿农民损失。

7月11日

［纲　文］　**中共中央批转黑龙江省委《关于禁止乡社干部向农业社借款的通知》。**

［目　文］　中共中央在批语中说：同意你们所拟关于禁止乡社干部向农业社借款的通知。并转各省、市委参考。

4月13日，中共黑龙江省委在《通知》中提出：有些乡、社干部任意向合作社借钱，买自行车、买手表、买奢侈品，长期拖欠不还，特别是拖欠家属吃粮款更是比较普遍的现象。社干部也有这种情形，最多的一个合作社就借出3000多元。这不仅占用了合作社的资金，影响了生产，而且严重地影响了干部和群众的关系，发展下去将导致变相贪污的严重恶果。因此，在问题萌芽时期就应该引起注意，严加制止。为此特作如下通知：一、乡干部一律不许向农业社借钱。已经借用的钱款，应该根据个人经济状况，能够马上归还的要马上归还，不能马上归还的也必须按照原计划按期归还；生活确有困难的乡干部，应当酌情由干部福利费用给以适当补助；对生活铺张浪费向农业社借用钱款的乡干部要给予批评和教育。二、社干部在借用农业社的钱款方面，只能和社员享受同样的权利，不能有任何特殊。社干部公出的差旅费必须按照社内规定的开支限额借支，凭单据报销，严禁以公出为名过多借用合作社钱款。以前借用的钱款，凡是不合乎财务制度的应该归还，对应该开支而手续不健全的要及早补全手续。三、乡人民委员会和乡干部，不许接受农业社的送礼；不许随便换农业社的东西；买农业社东西的时候，必须按国营牌价公平交易，不许占农业社的便宜。以前有过这类行为的，应该向农业社认真检讨和纠正。

7月11日

［纲　文］　**陆定一在一届全国人大四次会议上作题为《我们同资产阶级右派的根本分歧》的发言。**

［目　文］　陆定一说，全国人民同右派之间有根本分歧。第一是工人阶级和全国人民要求实现社会主义革命，而且用和平的方法来实现；资产阶级右派则反对社会主义革命，要想对已经基本完成的社会主义革命来一个倒算，来一个翻案。第二是对工人阶级和资产阶级的看法问题，是对工人阶级政党和资产阶级政党的看法问题，也就是中国革命应该由哪个阶级来领导的问题。第三是对资产阶级民主和无产阶级民主的看法的问题。第四是对社会主义苏联的态度。他还说，我们的政策依然是“百花齐放，百家争鸣”，“长期共存，互相监督”。放手发动批评和自我批评，来改正工作中的缺点错误，是我们所要长

期坚持下去的工作方针。右派必须无情批判，整风运动必须坚决继续进行。

7 月 11 日

［纲　文］　**教育部颁发《1957—1958年度小学教学计划》**。

［目　文］　此教学计划对现行教学计划作了两点变动：农村小学（包括大中城市的郊区和小城市的小学）第五、六年级每周增设一节“农业常识”；各年级每周增设一节“周会”。并规定，允许各地在执行教学计划时，因地制宜，作适当变动。

7 月 11 日

［纲　文］　**蒙古驻华大使鲁布桑举行庆祝蒙古人民革命胜利36周年招待会**。

［目　文］　朱德、周恩来、李济深、赛福鼎①、乌兰夫、李先念、聂荣臻等 600 多人出席。朱德在会上讲话说，蒙古人民经过 36 年的艰苦奋斗和辛勤努力，已经在建设社会主义的事业中取得了巨大的成就。中国人民一向把蒙古人民的每一个成就都看为自己的胜利并且以此感到欢欣鼓舞。蒙古人民在蒙古人民革命党和政府的领导下，为加强以苏联为首的社会主义阵营的团结和合作进行了不懈的努力。近年来，蒙古人民共和国又同许多亚洲和平中立的国家，如印度、缅甸、印度尼西亚等国建立了外交关系，这样就加强了同亚洲爱好和平国家和人民的合作，对于维护亚洲和世界的和平事业做出了有益的贡献。朱德谈到中蒙两国人民悠久的友谊，谈到了八年来两国在政治、经济、文化科学等各方面的互助合作的日益发展，两国政府和人民之间的友好往来日渐频繁。他说，这些都充分表现了中蒙两国人民亲密无间的团结。

7 月 12 日

［纲　文］　**中共中央批转林业部党组《关于农林业生产合作社当前林业生产中几个具体政策问题的请示报告》**。

［目　文］　中共中央在批语中说：现将林业部党组《关于农（林）业生产合作社当前林业生产中几个具体政策问题的请示报告》（并略有修改）转发你们，报告中所提几项具体政策问题中央基本同意，可依照执行。中共中央还指出：一、处理林木入社是一项繁重而复杂的工作，各级党委必须加强对这一工作的领导与检查，本着有利生产有利团结的精神，结合照顾林农的经济利益，及时予以处理。事实证明：在目前条件下，对社员私有成片林木采取统一经营比例分益的办法，既有利于中、贫农的团结和社的巩固，也有利于林业生产的发展。因此应向广大干部讲清道理，在一定时间（如在第三个五年计划）内采取这样较灵活的办法，这既不伤害合作化的原则，又不增加合作社的经济负担，对合作社、社员利益，都能兼顾，这是一种易于推行的正确办法。二、在清理林权时，对已经分配而问题不大的山林应不再变动。问题太多维持不下去的，则应从各方兼顾的原则出发，根据林木占有情况，参照

① 赛福鼎·艾则孜（1915—2003），维吾尔族，新疆阿图什人，时任全国人大常委会副委员长、新疆自治区人民委员会主席。

当地历史习惯，适当处理。要注意避免牵动面大，引起群众波动。三、为了贯彻各项具体政策，应注意统一思想认识，加强领导，认真地总结当地经验，向有关群众进行团结生产的教育。有关林权、林木入社的处理，必须经过民主讨论，充分协商，征求群众意见，而后定案。主观主义和强迫命令的做法只会给生产带来不利的后果。

1月22日，林业部党组向中共中央报送《关于农林业生产合作社当前林业生产中几项具体政策问题的请示报告》。《报告》说，林业劳动报酬问题，原则上应和参加农副业的劳动工分统一在当年取酬；林业生产组织形式，应根据合作社生产经营范围和分工分业的需要以及社员的劳动条件而定；处理社员私有成片林木入社问题，在合作社生产还没有显著提高的情况下，宜采取由社统一经营，比例分益的过渡办法；关于林权清理问题，尚未确定林权的成片林木，应将面积较大或虽面积不大但与国有林、大片荒山相连，及在水土保持方面起重要作用的划归国有。土改时分给个人的山林，一般山区每人分一亩为宜，过多者归还合作社或国家。

7月12日

［纲　文］　**邓小平在中央和国家机关各部副部以上干部、在京中央委员、候补中央委员参加的会议上作题为《关于当前整风情况和今后工作的意见》的报告。**

［目　文］　邓小平在报告中谈到整风运动的情况时说：运动的性质总的来说是“灭资兴无”。“灭资兴无”有两种方法。一种方法是把思想垄断起来，不允许资产阶级思想出笼，只允许无产阶级思想一花独放。这种方法只会把思想搞僵化，并在政治上带来严重的后果。另一种方法是“百花齐放，百家争鸣”。这种方法能够经过争辩做到明辨是非，使真理在与谬论的斗争中发展起来。这种方法效果来得慢一些，但最靠得住。我们整风的目的在于开展正确与错误的争辩，发展真理。反右斗争也是为了这个目的。整风和反右结合起来，我们整风的内容就更加丰富了。思想斗争不要采取人人过关的方式，要实事求是，有什么错误就批判什么。他在谈到对右派的处理问题时说：对右派分子点名要慎重，不要忙于做组织结论，组织处理过早坏处很多。他在谈到改进工作问题时指出：右派的很多意见虽然是错误的，但大多数人的意见是针对我们的缺点提出来的。对他们提出来的缺点，我们要认真改正，不能搪塞了事，马马虎虎。只要我们认真改正缺点，才有利于争取中间分子。以后要人家提意见，人家才敢提。

7月12日

［纲　文］　**全国人大三个委员会分别通过审查报告。**

［目　文］　全国人大预算委员会通过《关于1956年国家决算和1957年国家预算草案的审查报告》。《审查报告》说：国务院提出的1956年国家决算，总收入为297.54亿元，总支出为305.74亿元，支出大于收入8.2亿元。预算委员会详细地审查了1956年国家决算数字，同意国务院副总理兼财政部长李先念在报告中对1956年国家决算所作的分析。1956年国家预算收入的完成情况一般是良好的，支出的分配和使用基本上是正确的，解决赤字的办法也大体上是适当的。1956年在国家预算执行的过程中虽然有过若干缺点，

但是这些缺点同1956年所取得的巨大成绩比较起来，只居于极其次要的地位。预算委员会建议全国人大批准1956年国家决算。

预算委员会详细地审查了1957年国家预算草案，认为草案中所列各项收支数字一般是适当的，整个收支的安排是稳妥的，也是积极的。预算委员会认为，在收入和支出的某些方面，可以考虑作如下的调整：一、在收入方面，工商税收增加1.5亿元，铁道企业收入增加7300万元；农业税收减少50000万元，纺织工业收入减少5705.2万元，森林工业收入减少1494.8万元。增加收入同减少收入的数额相抵，净增加收入1.01亿元。二、在支出方面，建议将1957年国家预算支出也核增1.01亿元。其中：中央预算支出增加3200万元，地方预算支出增加6900万元。另外，1957年国家预算支出中列有增拨银行信贷资金6亿元，为了更好地反映国家预算同银行信贷的关系，可以考虑从这笔资金中抽出1.8亿元，归还1956年财政部向国家银行透支的款项。其余4.197亿元，仍然作为增拨银行信贷资金。1957年国家预算草案收支数字按照上述意见调整后，总收入增加为293.94亿元，总支出也增加为293.94亿元。预算收支仍然是平衡的。以上关于调整1957年国家预算草案收支数字的意见，预算委员会建议全国人大加以采纳，经过调整，批准1957年国家预算。

一届全国人大四次会议提案审查委员会通过《关于提案的审查报告》。报告说：一届全国人大四次会议收到提案243件，超过本届全国人大历次会议提案的件数。这些提案，属于政治、法律、国防、人事、编制、民族事务、华侨事务方面的23件，属于财政、金融、粮食、贸易方面的23件，属于工业、交通、基本建设、劳动、工资方面的79件，属于农业、林业、畜牧、水利方面的23件，属于文化、教育、科学、卫生、体育方面的95件。提案审查委员会根据这次会议的提案情况，参考过去审查提案的经验，设立了综合、财金贸易、工业交通、农林水利、文教卫生五个专业审查组，由委员分别参加各组。所有提案，都先由有关的专业审查组分析研究和提出初步审查意见，再由委员会全体会议详加审查，逐案通过。提案审查委员会认为：所有这些提案，反映了中国各民族人民加强团结、和平建设伟大祖国的强烈愿望，对于中国社会主义事业的继续发展具有积极的作用。为此建议：把这些提案分别交由全国人大常委会、国务院，依照审查意见进行处理，并且在下一次会议提出处理情况的报告。

一届全国人大民族委员会通过《关于成立广西壮族自治区和成立宁夏回族自治区的议案的审查报告》。审查报告说：一届全国人大民族委员会听了国务院副总理兼民族事务委员会主任乌兰夫向一届全国人大四次会议所作的关于建立广西壮族自治区和宁夏回族自治区的报告以后，于7月6日召开了扩大会议，对成立广西壮族自治区和成立宁夏回族自治区的两个议案进行了审查。一致认为，成立广西壮族自治区和成立宁夏回族自治区符合中华人民共和国宪法，符合各民族人民的利益和要求。民族委员会建议一届全国人大四次会议批准国务院提出的成立广西壮族自治区和成立宁夏回族自治区的两个议案。

7月12日

［纲　文］　**交通部、粮食部、农垦部、教育部、卫生部、财政部、中国民用航空局、广播事业局联合发出《关于实行由税务机关监督交通等七个部门所属企业解交利润的通知》。**

［目　文］　《通知》说，七个部门所属的生产、供销、建筑安装系统的全部国营企业利润，自1957年7月1日起实行由税务机关监督解交。为有利于国营企业解交利润的执行，便于税务机关监督工作，在《国营企业利润解交办法》未发布以前，特根据各部（局）的具体情况制定《关于监督交通等七个部门所属企业解交利润的几项规定》，随文附发，各企业及各级税务局均应遵照执行。各部门所属的公私合营企业解交利润的办法，亦按本规定执行。

《关于监督交通等七个部门所属企业解交利润的几项规定》共有17条，对解交利润的交库方式、监交兼汇、监督交库根据的核定与下达程序、利润交库和汇解期限等做出明确规定。

7月12日

［纲　文］　**财政部发出《关于铁道等11个部门所属企业的利润实行由税务机关监督解交的通知》。**

［目　文］　《通知》说，为了加强对国营企业解交利润的监督工作，经本部与各有关部、会、社会商决定：铁道部、外贸部、邮电部、水利部、文化部、外交部、国家民委、文字改革委员会、国家体委、新华通讯社、人民日报社等11个部门所属企业的利润，自1957年7月1日起，实行由税务机关监督解交。各部门解交利润的办法除按照本部（57）财税戎字第2号通知发布的《关于监督国营企业解交利润的临时规定》执行外，根据铁道等部门具体情况，作如下补充：一、交库方式：铁道部、外贸部、邮电部、水利部、文化部的利润，均以主管部为交库单位，同时也为交款单位。文化部除直接交款外，其所属的电影局、出版局亦为交款单位，直接解交金库；其他各部均由主管部集中解交金库。外交部、国家民委、文字改革委员会、国家体委、新华通讯社、人民日报社的利润，均以主管部、会、社为交库单位，并委托所属基层企业直接解交金库。二、各部门应解交的利润，均由税务总局委托北京市税务局进行监交。三、外贸部根据预计数额解交利润；其他各部门解交利润的根据，应当按照财政部批准的交款计划规定的数额解交。《通知》并对交库期限等问题做出规定。

7月12日

［纲　文］　**教育部颁发1957—1958学年度中等师范，幼儿师范，三、四年制初师，师范速成班教学计划。**

［目　文］　这些教学计划对原教学计划作了临时性调整，主要目的是减轻学生学习负担，提高教育质量。因而减少了学科门数，减少了每周上课时数。教学计划规定各年级普遍开设政治课。师范学校停开或合并的学科有小学自然、历史、地理、体育、唱歌、图画六科的教学法和少年先锋队工作、学校卫生学、儿童文学、矿物学、达尔文主义基础、教学工厂实习、农业生产基本知识及实习。幼儿师范学校停开或合并的学科有矿物学、自

然地理、外国地理、儿童文学、植物学、动物学等。教育部并规定各地可对个别学科的设置、学科开设的时期和顺序或教学时数作适当的变动。

7月12日

［纲　文］　**教育部、共青团中央发出《关于组织中学生学习毛主席、周总理报告的通知》。**

［目　文］　《通知》说，前一个时期，有一部分中学生由于缺乏阶级斗争知识，对于右派分子向党进攻的言论分辨不清，有的甚至受到一些影响，企图借端闹事。最近各方面展开了对右派的反击以后，有些学生警惕了起来，但因为接近考期，功课紧张，学校在这方面对学生进行的教育也还不够，学生对右派分子反动言论的本质仍模糊不清，对形势和对青年学生的要求以及反右派斗争的意义认识不足。为此，我们认为有必要在暑期中有领导地、普遍地组织中学生进行一次学习，以学习毛主席《关于正确处理人民内部矛盾的问题》的报告和周总理在人民代表大会上的政府工作报告为主，在这一基础上去认识和批判右派分子反社会主义言论的反动本质，从而受到实际的教育和锻炼。

7月13日

［纲　文］　**国务院发出《关于加强企业中的防暑降温工作的通知》。**

［目　文］　《通知》说，企业的防暑降温工作是关系职工群众身体健康和保证完成生产任务的一项重要措施。几年来由于企业领导方面重视防暑降温工作，不少企业已有3年多未发生中暑事故；但是尚有一部分企业，或者由于对防暑降温工作重视不够，放松了对防暑降温工作进行及时布置和具体领导，因而影响了职工健康；或者由于缺乏防暑降温的技术知识和缺乏经验，以致不少降温设备花钱多收效少，甚至还有的发生了技术上的错误。为了使企业普遍重视和加强防暑降温工作，防止发生中暑事故，保证完成生产任务，《通知》提出如下要求：一、各省、市、自治区人民委员会应该统一组织力量，协同工业、交通管理部门和劳动卫生部门，并吸收工会组织参加，将当地企业的防暑降温工作进行一次检查，对防暑降温措施中值得推广的经验，应该组织同一行业或同一类型的企业进行经验交流；对于忽视防暑降温工作严重影响职工健康的单位，应当督促他们迅速采取有效措施，加以改善。二、国务院各工业、交通部门应该密切注视所属企业的防暑降温情况并积极协助各地检查所属企业的防暑降温工作；组织一定力量，有重点地在防暑降温工作比较薄弱的单位，进行检查，督促他们加强防暑降温工作；对于所属企业改善防暑降温所必需而又可能办到的资材、经费和技术力量，应该积极予以解决。三、劳动部、卫生部也应该协同全国总工会积极帮助各地、各部门做好这次防暑降温工作；尽可能邀请若干专家协助各地加强企业中防暑降温工作的技术指导。在暑期过后，应协同各有关部门总结本年防暑降温工作，提出改进措施，及早为下年防暑降温工作做好准备。四、防暑降温工作，必须贯彻节约精神。对添置新的降温设备应该采取花钱少、收效大、收效快的办法；并应把工作的重点放在检查原有的防暑降温设备上，使原有的防暑降温设备管好、用好，有合理的管理和运用制度。

7月13日

［纲　文］　**纺织工业部发出《关于棉纺织和印染企业在增产节约运动中必须保证产品质量的指示》。**

［目　文］　《指示》说，上半年各纺织管理局的增产节约工作基本上可以分为两种类型。一类是有些地区比较注意产品质量，在较差的原棉条件下能加强技术处理，减轻原棉对产品质量的影响，从而保证了产品的一定质量。另一类是有些地区，对于节约原材料这一项工作追求过分，放松了对产品质量的注意，出现了程度不同的片面节约的倾向。为吸取上半年增产节约运动中的经验教训，并促使某些地区更加坚决认真地扭转忽视质量的偏向，《指示》要求各局厂必须根据不同的产品用途和不同的质量要求，摸清现有原棉的情况和性能，合理地善加使用，尽可能多纺一级纱。有关财务、计划、技术部门应该在这个精神下统一认识，统一步调。各局厂应对生产技术、财务和计划部门进行一次检查，凡对保证产品质量不利的各项措施和指标应该立即加以修订，各局厂如订有增产节约方案的，应该重作一次审查，修正其中某些不符合上述精神的要求与指标。各局、厂生产技术部门应该大力加强技术工作，力求减少原棉质量不好对于纱布质量的不利影响，抓住生产中的薄弱环节，努力改进。

7月13日

［纲　文］　**中共中央致电日本共产党中央委员会祝贺日本共产党成立35周年。**

7月14日

［纲　文］　**中宣部、文化部、中国文学艺术界联合会举行座谈会。**

［目　文］　周恩来、陆定一等领导人和老舍、巴金等文艺界人士约200余人出席座谈会。周恩来在会上发言说，知识分子具有两面性，有革命的传统，又受到封建性和资产阶级教育的影响。文艺界特别要警惕旧社会的、个人主义的东西，要改造思想。这次反右派斗争，就是一个考验。首先要把资产阶级、小资产阶级的立场丢掉，站稳社会主义的立场。这次开会的目的，是希望大家积极参加反右派斗争。他还就以下问题谈了看法：一、改革与“鸣放”，过去几年文艺界进行的改革工作是需要的，工作中有缺点，要改正，要反右派，也要继续“鸣放”；二、内行与外行，外行应该向内行学习，有的没有学好，但决不能因此否认党的领导，外行和内行要互相结合；三、集体与个人，二者要正确地结合，要容许有个人的自由；四、新生力量与创作，社会主义一定会产生超过前人的伟大作品，对于前人要尊敬，但也不能盲目夸大；五、整风与自我批评，现在主要是反右派，但是不能忘记整风，各单位对有些可以解决的问题，要马上解决，有了错误就要改正。

7月14、16、20—24日

［纲　文］　**中国科学院连续举行座谈会批判民盟中央“科学规划问题”临时研究组提出的《对于有关我国科学体制问题的几点意见》。**

［目　文］　14日召开的会议由中国科学院院长郭沫若和副院长吴有训主持。会议批

判曾昭抡、钱伟长。郭沫若说，民盟中央“科学规划问题”临时研究组提出的“对于有关我国科学体制问题的几点意见”，是一个彻头彻尾的反党反社会主义的科学纲领。16日，千家驹在会上作题为《接受惨痛教训，深刻检查自己》的检讨。24日，郭沫若在发言中说，反右派斗争和对反社会主义的科学纲领的批驳，好像在大家身上注射了一次防疫针；但防疫针的免疫力不是永久的，还得在一定时期经常进行防疫工作。他向科学家提出辨明是非、站稳立场的四项办法：一、实事求是，发挥艰苦卓绝、克勤克俭的作风，老老实实，为社会主义建设事业服务；二、适当地从事体力劳动，改变“劳心者治人，劳力者治于人”的错误观念；三、靠拢共产党，坚决接受党的领导；四、认真学习马克思列宁主义，认真学习毛主席的著作。郭沫若勉励科学家们丢掉从旧社会带来的“包袱”，努力前进，过社会主义关，不要有一人落伍。

7月15日

［纲　文］　**中央书记处会议通过《中共中央关于纪念中国人民解放军建军三十周年的通知》**。

［目　文］　《通知》分析了国内外形势，总结了解放军的历史，提出了宣传的内容和办法。

［文　献］　**中共中央关于纪念中国人民解放军建军三十周年的通知**

（1957年7月15日书记处会议通过）

今年八月一日，是中国人民解放军建军三十周年纪念日。目前我们的国家正处于一个新的历史时期，从整个国内政治生活来说，敌我矛盾已居于次要地位；但是从世界范围来说，敌我之间的斗争依然是严重的。在过去的各个革命时期，我国人民依靠着党所领导的军队打倒了帝国主义和国民党的反动统治；在社会主义建设时期，我国人民还必须依靠这支军队来保卫国家的安全。因此，不断地加强我国的国防力量仍然是我国人民的一项重要任务。

三十年来，我党在领导武装斗争方面，积累了极为丰富的经验，制定了一条完全适合于中国情况的正确的军事路线。人民解放军同全国人民一道，在这条正确军事路线的指导下，经过长期革命战争，以劣势装备打败了国内外的强大敌人；胜利之后正在有步骤地进行着军队的现代化建设。党和毛泽东同志制定的建军原则和作战原则，不但在过去极端困难的条件下，引导中国革命战争走向了胜利，而且在今后实现军队现代化建设和粉碎帝国主义侵略的斗争中，仍然是我们必须遵循的指导思想。

三十年来，人民解放军经历了英勇艰苦的斗争，表现了我国人民伟大的革命精神和革命传统。人民解放军的英雄事迹、革命精神和军民一致、官兵一致、密切联系群众、艰苦奋斗的优良作风，保证了我们取得革命战争的胜利。现在我们正在进行伟大的社会主义建设，必须继续保持和发扬这些优良传统。

鉴于上述各点，中央认为在今年人民解放军建军三十周年的时候，结合整风，广泛地宣传毛泽东同志的军事著作，宣传人民解放军的光荣传统，宣传在当前形势下加强我国国防建设的重要性，对于军队、对于人民群众、特别是对于青年一代，是有重大教育意义的。

宣传内容可着重以下几个方面：

（一）宣传人民解放军全心全意为人民服务的自我牺牲精神；宣传人民解放军克服困难、艰苦奋斗的优良作风和英勇顽强、坚忍不拔的革命英雄主义气概。号召全国人民，特别是青年一代，以人民解放军的英雄人物为榜样，努力建设我们伟大的社会主义国家。

（二）宣传加强国防建设的重要性，宣传人民解放军几年来保卫祖国、进行现代化建设的成就。号召全国人民加强国防观念，热爱军队，支援国防建设，关怀烈属、军属、革命残废军人和复员军人的生产和生活，发扬军民团结的光荣传统。

（三）宣传党的正确的军事路线的光辉胜利。号召人民解放军的干部，特别是高级干部，认真钻研毛泽东同志的军事著作，系统地总结我军建军、作战和现代化建设的经验，在我军已有经验的基础上，批判地学习苏联及一切外国的军事经验，继续发展党的军事学说，反对脱离我军实际情况的教条主义倾向。号召人民解放军全体官兵，继承和发扬我军的光荣传统，勤俭建军，努力提高自己的现代军事技术水平，热爱人民、拥护政府，积极支援国家建设。

纪念办法，各省市委和各部队领导机关机可根据当地情况，在节约和不误生产、训练的原则下，共同研究决定。兹提出以下几点，可参照执行：

（一）中央和各地方报刊、广播电台，从七月份开始到八月上旬，陆续报道人民解放军的英勇斗争事迹，刊登解放军历史故事、图片和纪念文章，并在“八一”酌情发表社论及其他论文。

（二）“八一”前，各地工厂、农村、学校和机关，可由青年团或工会组织各种小型报告会、座谈会、联欢会，邀请当地军队干部、党政机关干部、复员军人作报告或讲故事，宣传人民解放军的斗争历史及英雄事迹。同时，各部队也可邀请当地党政机关干部和人民群众作报告或讲故事，宣传人民支援军队的事迹和国家建设成就等。

（三）各地区、各部队应结合各种纪念活动，检查拥政爱民、拥军优属和安置复员军人的情况，发现问题即认真加以解决。

（四）各省市委所在城市，由党委和当地军队领导机关组织有党、政、军、民、烈属、军属、复员军人代表参加的“八一”纪念会。在其他城市，亦可由当地党委和军队领导机关酌情举行类似的集会。

（五）由中央文化部负责，在各大城市组织纪念人民解放军建军三十周年电影周。各城市剧院尽可能上演有关解放军的节目。各出版社在可能时，应出版以解放军为题材的文艺创作、通俗读物和画册。

（六）人民解放军各军种、兵种举办的展览会和总政治部举办的军史美术展览会，应尽量吸收人民群众和地方干部参观。此外，国防部和各军区可指定若干部队、学校、舰队、机场、军事工厂，供当地党政机关干部、党外人士、学生、工人、农民参观，并通知地方各有关机关，各地工厂、农村、学校和机关俱乐部，也可视条件酌情组织解放军图片或实物展览。

（七）人民解放军各部队的纪念办法，由总政治部具体规定。驻外各使馆纪念办法，由外交部、国防部规定。

（八）北京市各界拟于“八一”前夜举行建军节游园庆祝晚会，由彭德怀同志作报告。各地可依具体情况拟定纪念办法。

资料来源：《中国共产党宣传工作文献选编（1957—1992）》，学习出版社 1996 年版，第 38—40 页。

7 月 15 日

［纲　文］　**一届全国人大四次会议闭幕**。

［目　文］　本次会议的执行主席是刘少奇、宋庆龄等人。出席会议的代表共 1013 人。会议首先听取预算委员会副主任委员程子华的报告，并就大会的各项议程通过相应的决议。批准周恩来的《政府工作报告》；批准 1956 年国家决算，修正批准 1957 年国家预算和李先念《关于 1956 年国家决算和 1957 年国家预算草案的报告》；批准 1957 年度国民经济计划草案和薄一波《关于 1956 年度国民经济计划的执行结果和 1957 年度国民经济计划草案的报告》。会议认为，周恩来的报告、李先念的报告和薄一波的报告实事求是地反映了一年来政府工作的巨大成绩和某些缺点和错误，正确地总结了政府工作的经验和教训，用事实驳斥了资产阶级右派分子的荒谬言论。会议在《关于全国人民代表大会常务委员会的工作报告的决议》中，批准彭真所作的工作报告。

会议通过决议，批准董必武《关于最高人民法院工作的报告》，批准张鼎丞《关于 1956 年以来检察工作情况的报告》。会议决议：今后一切死刑案件，都由最高人民法院判决或者核准。会议通过《关于第二届全国人民代表大会代表选举问题的决议》，决定第二届全国人民代表大会代表的选举，必须在 1958 年 7 月 15 日以前完成，代表的名额仍然为 1226 人。会议通过关于成立广西壮族自治区和宁夏回族自治区的两项决议。

会议就周恩来关于中缅边界问题的报告通过的决议，同意政府继续根据解决中缅边界问题的原则性建议同缅甸联邦政府进行具体协商，以求得中缅边界问题的全面的和公平合理的解决。

会议在听了提案审查委员会主任委员李雪峰关于提案的审查报告以后，通过关于提案审查的意见。会议根据本次会议主席团的提名，补选了陈其尤、季方为一届全国人大常委会委员。

7 月 15 日

［纲　文］　**全国人大会议本日上午结束讨论。**

［目　文］　章伯钧、罗隆基等人作了书面检讨。章伯钧说，他在 1956 年提出把政协作为“参议院”看待，1957 年在中共中央统战部召开的座谈会上，他又提出“政治设计院”的主张，这些主张是不折不扣地想用资产阶级的民主来代替无产阶级专政，来代替人民代表大会制度，其结果必然走上反党反人民的资本主义复辟道路上去。章伯钧承认曾说过社会主义基本完成后，民主党派的性质与任务应该重新估价，应该把民主党派的性质和任务提高一步。他说，他的这些主张是企图扩大民主党派的政治势力，增加政治资本，以满足个人的政治欲望，形成同党“分庭抗礼”的形势。关于章罗联盟问题，章伯钧说，他们联盟是“由思想上的共鸣，进到政治上的联盟”，联盟的结合，最基本的因素是由于彼此都是站在资产阶级的立场。章伯钧说，他与罗隆基在中共整风开始时在民盟组织四个小组座谈会的目的，是想通过大知识分子一套资产阶级的看法，宣扬资产阶级的民主和科学，混淆人民对于社会主义优越性和党的领导不可动摇性的认识。

罗隆基在书面发言中说，他是“一个有了罪过的人”，并表示向人民代表和全国人民“低头认罪”。首先，他说他 5 月 22 日在统战部座谈会上的发言，“对最近全国各地右派分子，甚至反动分子和反革命分子猖狂向党进攻的造乱行为，有了挑拨和点火的责任”。是“完全失去了中国人民的立场，成了敌人的代言人，为敌人张目”。其次，他谈到他的关于“共产党和民主党派在知识分子中发展的矛盾”的言论，他说，这“实际等于希望共产党不在知识分子中发展，以达到民主党派扩大组织、加强力量，对领导党分庭抗礼的目的”。第三，他承认他“一年多来，同章伯钧合作，把民盟指向了右的方向”。因此，民盟中的右派分子参加了反党反社会主义的猖狂进攻，“这不是偶然的”。第四，他说，从 1949 年起，他在民盟中央闹宗派主义，搞“无形组织”，“这个无形组织不仅在北京有，并且散布在华东、中南和西南许多省份”。第五，他说，匈牙利事件以后，他曾认为是和平阵营的“分裂”。他承认他“任意散布国际形势的悲观空气”。第六，关于他同《文汇报》的关系，他承认，他“通过浦熙修经常灌输右派思想的影响是不能推卸责任的”。关于“章罗联盟”问题，他承认一年多来同章伯钧在政治上互相支持，使民盟走上错误的方向，企图“同共产党共同决定国策，平行执掌政权”，但是他不认为这是章罗的联盟。

章乃器在书面发言中，强调他的错误的性质“是资产阶级的个人主义的思想和作风”。他谈他思想上的“个人主义”、“个人英雄主义”、“个人自由主义”以及“个人主义的意气”、思想方法上的“片面性”等等。章乃器否定了他的“定息不是剥削，而是不劳而获”，“资产阶级分子和工人阶级分子没有本质的区别”、“官僚主义是比资本主义更危险的敌人”的错误论点。他强调这些都是“理论上的错误”。

在会上检讨或作书面检讨的还有民革中央常委谭惕吾，民盟中央副秘书长、农工民主党中央执行局委员张云川，民盟四川省委主任委员潘大逵，农工民主党中央执行局委员李伯球，民盟湖北省委主任委员马哲民，民盟中央常委黄药眠，民盟浙江省委副主任委员宋云彬和江苏省工商联主任委员钱孙卿。

在会上作书面发言的代表还有内务部副部长陈其瑗、铁道部部长滕代远等人。前后在大会上发言的共有408人。到此，大会讨论结束。

7月15日

［纲　文］　**国务院召开第五十四次全体会议**。

［目　文］　周恩来主持会议。会议同意一届全国人大四次会议代表发言中对政府工作所提的建议，由秘书厅集中整理以后，转交有关部门研究处理，不在会上一一答复。会议宣读全国人大一届四次会议主席团向大会提出的，将代表中的右派分子交由全国人大常委会，按照以后他们个人的具体表现加以处理的建议。同意对章伯钧、罗隆基、章乃器三部长暂缓处理，要他们继续检讨。

7月15日

［纲　文］　**国务院批转全国供销合作总社《关于发展短绒棉生产的报告》**。

［目　文］　国务院在批示中说，棉籽短绒全部剥取下来，全国可增加短绒棉300万担，这对解决棉花不足具有重大的现实意义。同意供销合作总社1957年度添置剥绒机414台，所需资金1900万元，由财政部拨给。要求各产棉省、市支持供销社，多收购一些籽棉，将农民手中绝大多数棉籽进行剥绒。

7月15—20日

［纲　文］　**监察部召开全国监察机关处理公民控诉工作会议**。

［目　文］　会议认为，国家监察机关及时、正确地处理公民控告和申诉案件，对正确解决人民内部矛盾问题有着重要的作用。会议肯定各级国家监察机关处理公民控诉的工作有很大的成绩。据不完全统计，全国监察机关1955年和1956年共收到来信32万多件，接见来访群众8700多人次。其中属于监察机关职权范围的公民控诉案件共19万多件。各级监察机关对这些案件一般都作了交代或处理，据1956年的不完全统计，各级国家监察机关直接检查处理的公民控诉案件就有3万多件，占1956年受理案件总数的34%。会议指出，监察机关对公民控诉的处理工作中还存在官僚主义、主观主义等缺点和错误。决定各省、自治区、直辖市监察厅、局和国家各监察局必须有一个厅、局长负责管理这项工作，其他监察机关也应该有一个领导人主管这项工作。各级监察机关的领导人应该经常亲自接见群众和处理、检查案件，并把对于处理公民控诉工作的领导列为领导活动的重要内容；对处理这一项工作的机构和干部也要加强。同时还要实行专门机构、专人负责与大家动手相结合的办法来加强这一项工作。

7月15日

［纲　文］　**教育部发出《〈关于1957—1958学年度中学教学计划〉的补充通知》**。

［目　文］《补充通知》有五条：一、高中外国经济地理、达尔文主义基础、制图、实习等四科暂停，但如学校师资条件较好而学生学习负担不过重，在每周不超过30课时的原则下，可考虑少停一科或二科。二、初中外国语科，在1957—1958学年一般暂不开设，大、中城市个别有条件的学校可以开设，作为试点。三、初、高中文学课中应适当增加应用文，如总结、报告和书信等，教材由各地自行解决。四、卫生常识科取消后，应通过有关方面，特别在体育课中加强卫生教育。五、初、高中各年级政治科教学时数，可根据具体情况自行调整。为了提高政治课的教学质量，应特别注意师资的挑选和训练工作。

7月15日

［纲　文］**文化部就举办庆祝“八一”建军节30周年电影展览发出通知。**

［目　文］通知说，电影展览自8月1日开始，由文化部和解放军总政治部联合主办。参加展览的新片有故事片《战斗里成长》、《激战前夜》、《沙漠里的战斗》，纪录片《移山填海》、《在长征的道路上》和《空中比武》等。此外，参加展览映出的还有历年来各制片厂出品的有关军事题材的影片，如《翠岗红旗》、《钢铁战士》、《董存瑞》、《上甘岭》、《钢铁运输线》、《伞兵生活》、《飞行在世界屋脊上》、《护航》、《在和平建设的岗位上》等29部。

7月15日—8月2日

［纲　文］**中国天主教代表会议举行。**

［目　文］出席会议的代表来自全国26个省（自治区）、市的100多个教区共241名（因病因事请假4人），代表300多万天主教徒。会议讨论天主教走社会主义道路还是走资本主义道路问题、教会内的肃反问题、中国天主教徒反帝爱国运动的问题、中国天主教同梵蒂冈的关系问题以及宗教政策等重大问题。

会议抗议梵蒂冈教廷于7月10日发布的否认张士琅为上海教区代理主教，制造教会分裂的“信件”，谴责梵蒂冈费特通讯社于5月18日和7月13日发表的诬蔑中国政府和中国天主教徒反帝爱国运动的谰言。8月1日，会议通过《对梵蒂冈教廷否认上海教区合法代理主教张士琅的抗议》。《抗议》说，梵蒂冈竟赞扬反革命分子龚品梅为“最称职的主教”，诬蔑中国政府逮捕他是“不合理”的措施，这是企图“在上海教区制造分裂与混乱，再重新把上海教区置于反革命控制之下”。《抗议》说：中国天主教代表会议严正地声明：上海教区依法选举张士琅为代理主教，既合乎法典规定，也合乎教区利益。罗马教廷无理剥夺上海教区合法权利的“命令”，是错误的，无效的，决不能接受的。

会议认为，中国天主教徒应该发扬爱国主义精神，积极参加祖国社会主义建设和各项爱国运动，保卫世界和平，并协助政府贯彻宗教信仰自由政策。会议正式成立“中国天主教友爱国会”，选出150名委员，其中包括一名总主教和10名主教。会议还通过中国天主教友爱国会章程。

8月2日，会议通过《中国天主教友爱国运动情况和今后任务》的报告和一项决议。决议中强调提出中国天主教会必须实行独立自主，由中国神长教友自己来办教会，彻底割

▲ 1957年7月24日，朱德（右七）、林伯渠（右五）、李济深（左四）、陈叔通（右四）、董必武（右三）等接见参加中国天主教代表会议的全体代表。

断同梵蒂冈在政治上、经济上的联系，坚决反对梵蒂冈教廷利用宗教干涉中国内政、侵犯中国主权、破坏中国正义的反帝爱国运动的任何阴谋活动。沈阳总主教区总主教皮漱石致闭幕词。

6月17日至7月13日，中国天主教代表会议召开预备会。参加预备会议的有来自全国100多个教区的总主教、主教、神甫和教徒等241人。预备会议批判了教会内部的右派谬论，拒绝接受梵蒂冈的反社会主义的命令，强调走社会主义道路是教徒爱国爱教的方向。

8月3日，《人民日报》配发题为《深入开展天主教反帝爱国运动》的社论。

7月16日

［纲　文］　**中共中央政治局召开会议。**

［目　文］　会议由刘少奇主持。会议同意粮食部党组关于粮食统购统销问题的报告，基本批准国务院《关于高等学校1957年暑期毕业生分配工作的几项原则规定》，通过中共中央《关于处理本届高等学校毕业生中有严重反社会主义言行的分子的通知》。

7月16—20日

［纲　文］　**中共中央召开全国粮食会议。**

［目　文］　会议由陈云和李先念主持。会议针对粮食购少销多、供销关系紧张的情况，强调坚持粮食“三定”，控制销量，粮食自由市场和农产品自由市场可根据各地情况

自行决定关闭或保留。会议着重讨论了五个问题：一、产需关系。粮食生产赶不上人口增长的需要。节制生育很有必要。二、以丰补歉。丰年歉年收购总量波动不算大，但销售量相差140亿斤，因此要增加国家积累。三、国家与农民的矛盾，在粮食问题上突出。农民要求多吃粮少征购些，灾区要求多供粮。基层干部不能理直气壮地做工作。去年挖了60亿斤库存，还有不少闹事的。解决矛盾的办法，继续坚持“三定”不变。四、统一管理与分片包干的矛盾，大家同意统管。五、国家粮食市场问题在理论上和实践上均未解决。在粮食较充裕地方起了调剂作用，在粮食紧张地方则是起破坏作用。

陈云在开幕式上指出：国家的粮食库存要能够应付两个灾年，做到了这一点，中华人民共和国就是稳定的。当然，问题不仅仅在于是否需要准备两年的库存，主要还在于粮食增产问题有没有出路。17日，陈云在会上传达中共中央政治局关于粮食问题的几点意见：粮食自由市场可否考虑不搞，农民要卖粮食可以卖给国家。农业合作化和农村三坊恢复以后，农业社和农民愿意在自由市场上买一些粮食搞副业，价格高过国家牌价很远。如果这样下去，就会严重地影响粮食的统购统销。所以粮食自由市场要不要，值得重新考虑。陈云指出：粮食出了乱子全局就要乱，统一购销统一调度的制度不能轻易改变。20日，陈云作会议总结。他指出：在粮食增产问题没有根本解决、农业的技术改造没有完成以前，要渡过粮食工作的困难，必须在坚持统购统销的政策下实行以丰补歉的方针。丰年增加粮食收入是重要的，但控制销售更重要。因为，丰年、平年和灾年之间粮食收入数量的差别不大，而库存的增减同粮食的多销少销关系很大。要做到以丰补歉，一方面要适当多收，一方面要少销，而且，少销应该重于多收。粮食管理要处理好两个关系，一个是中央和地方的关系，一个是国家和农业合作社的关系。在粮食管理上试行包干的办法必须规定两个前提：第一，在粮食产量稳定的地区才能包干；第二，有了充分的经验和把握之后才能全面实行。粮食和其他农副产品的自由市场开放与否不作统一规定，由各地视实际情况自行决定。

7月16日

［纲　文］　**中共中央发出《关于处理本届高等学校毕业生中有严重反社会主义言行的分子的通知》。**①

［目　文］　《通知》说，在这次整风运动中发现高等学校（包括中等专业学校和中等技术学校）本届毕业生中有少数思想行为严重反对社会主义的分子。关于他们毕业后的工作安排，国务院在《关于高等学校1957年暑期毕业生分配工作的几项原则规定》的第六项中做出了处理原则的规定。为了使各地党组织在执行中便于掌握起见，现在中央再发出这一通知。《通知》说：各校在进行学生的左、中、右排队的时候，应该实事求是，不要强求一律。各高等学校必须根据每个学生的日常表现和在整风运动中反右派分子斗争的最后表现，认真负责地进行排队，给他们作出政治审查结论。今后每届毕业生也都应该有政治审查结论。在这些反对社会主义的分子中，除了有反革命罪行的以外，可以分为最严

① 根据中央档案馆馆藏档案编写。

重的、严重的、比较严重的和一般的四类。最严重的是学校反社会主义的骨干分子，他们有成套的反对社会主义理论，组织小集团，到处点火，在校内校外进行反对社会主义的宣传和组织活动，并且和社会上个别的右派上层分子有联系。严重的是在学校内的突出的反对社会主义的分子，他们已形成小集团，在全校进行反对社会主义的宣传和组织活动，也有个别的校外活动。比较严重的是在校内一个班或一个系的突出的反对社会主义的分子。一般的是跟着活动或随声附和的反对社会主义的分子。对每个反对社会主义的分子应该根据他在反右派斗争后期改悔的程度，划分类别；并且必须交由有关党委审核。在这些反对社会主义的分子中，凡是考试及格的，同样发给文凭；凡是考试不及格的，不要留级，只发给结业证书。这部分学生在毕业后都应该规定出工作考查时期：一般分子考查一年；比较严重的考查一年到两年；严重的考查两年到三年；最严重的考查三年。考查期满，没有认真改悔的，考查期限应该延长；确实表现十分好的可以缩短。有反革命罪行和违法乱纪行为的应该判处劳动改造或者劳动教养。为了便于了解和掌握起见，最严重的和严重的反对社会主义的分子应该留校工作考查；一般的反社会主义的分子仍可以统一分配工作，由用人部门负责他们的工作考查。比较严重的反社会主义的分子，可能按照具体情况确定为留校或者统一分配。考查期间，分配他们作辅助工作，不给名义，不正式评级评薪，只给以生活补助费；不愿意或者不服从国家分配的，可以自找职业，由他所在的地区的政府机关负责考查。

毕业生中的反对社会主义的分子（有反革命罪行的除外）的政治情况，一律交由各有关的人事部门掌握。在他们调动工作或者回家乡的时候，都应该把他们的情况通知有关部门或者地方，并且责成有关部门或者地方负责考查。

7 月 16—22 日

［纲　文］　**国务院在北京召开13个省市蔬菜会议。**

［目　文］　22 日，陈云在会上讲话。他指出：保证蔬菜供应，稳定蔬菜价格，是城市人民的普遍要求。购买力愈低的人，对这个问题愈关心。大中城市的党委和政府面临很多重要问题，蔬菜供应问题是其中之一。蔬菜和其他副食品的供应问题其意义绝不在建设工厂之下，应该放在与建设工厂同等重要的地位。如果只注意工业建设，不注意解决职工的生活问题，工人就可能闹事，回过头来还得解决。保证蔬菜供应的前提，是要有足够的种植面积，而且要打上“安全系数”。为了扩大菜地，征公粮可以改征代金（指以货币代替粮食缴纳农业税的一种办法），统购粮也应该相应减免。大中城市除靠郊区生产蔬菜外，还必须有蔬菜生产基地。要合理规定价格，保证农民能够得利，不能“菜贱伤农”。种菜比种粮收入大得太多不好，少了更不行。摆在我们面前的是这样的问题：一是年年蔬菜供应不够，老百姓吃不上骂娘；一是多种一些，难免要烂掉一点。两者比较，宁可多种。有损失由国家出钱，而且，菜多了总能想办法解决。解决蔬菜的储藏问题，第一靠农民，要保证他们有利可得；第二靠机关、部队、学校伙食单位；第三靠商业部门。蔬菜自由市场要根据供应情况，多则搞，少则不搞。每一个城市应有一个副市长来管蔬菜供应工作。

7月16日

［纲　文］　**《人民日报》发表题为《反右派斗争的一次伟大胜利——祝第一届全国人民代表大会第四次会议闭幕》的社论。**

［目　文］　社论说，一届全国人大四次会议已经胜利地完成了它的任务。大会通过了关于周恩来总理的政府工作报告，关于1956年国家决算和1957年国家预算和关于1957年度国民经济计划的决议，关于全国人民代表大会常务委员会的工作报告的决议，关于最高人民法院工作报告和最高人民检察院工作报告的决议，关于第二届全国人民代表大会代表选举问题的决议，关于成立广西壮族自治区的决议，关于成立宁夏回族自治区的决议，关于死刑案件由最高人民法院判决或者核准的决议，关于周恩来总理兼外交部长关于中缅边界问题的报告的决议。社论指出，这次大会开会期间，正是全国人民反对资产阶级右派分子的斗争进入高潮的时候。这一斗争实际上是1956年的社会主义革命在政治战线和思想战线上的继续，它对于整个国家的前途和全国人民的命运关系十分重大。代表们用自己亲身经历的事实驳斥了右派分子散布的错误言论，证明中国必须坚持走社会主义道路，而要走社会主义道路就必须坚持共产党的领导。社论提出，在政治上、思想上完全粉碎右派的活动，还是一个长时间的任务。应该在已经取得的胜利的基础上，继续采取揭露右派的反动活动事实和说理的方法，使斗争深入下去，使社会主义革命在政治战线和思想战线上得到彻底的胜利。

7月16—17日

［纲　文］　**国防委员会举行第三次全体会议。**

［目　文］　参加会议的有副主席、委员共69人。会议听取和讨论了国防部部长彭德怀《关于中国人民解放军军事建设概况》的汇报，并讨论了《中国人民解放军纪律条令》和《关于军官退休优待办法的暂行规定》两个草案。

彭德怀所作的《概况》主要包括六个大问题：一、军事建设的方向和步骤；二、积极防御的战略方针；三、军队建设；四、如何解决平时养兵少、战时用兵多的矛盾问题；五、国防工程建筑；六、军事科学研究工作。关于军事建设的方向和步骤，彭德怀提出，首先搞一些迫切需要的建设，然后有条件时搞那些比较需要的建设，发现帝国主义完成战争准备确有征候向我国进攻的时候，再适时地集中力量，扩大军事建设。彭德怀指出，中国的性质、任务和外交政策，说明中国的战略方针只应当是防御的。就是说，在战争爆发之前，要不断地加强中国的军事力量，继续扩大中国的国际统一战线活动，从军事上和政治上来制止或推迟战争的爆发。当帝国主义不顾一切后果向中国发动侵略的时候，要能够立即给予有力的还击，并在预定设防地区阻止敌人的进攻。彭德怀说，根据保卫祖国的任务和战略方针，应当建设一支强大的现代化的革命军队。关于军事学术研究工作的任务，彭德怀提出：继续系统地介绍苏军先进经验，系统地总结中国人民解放军的军事工作和政治工作经验，研究和编写中国人民解放军的战史资料。并以毛泽东同志的军事著作为指针，参考苏军先进经验，以中国人民解放军现实装备、制度、自然条件为主，照顾中国人民解放军最近将来装备可能发展的情况，编写自己的军事教范和条令，把中国人民解放军历史的经验在新的条件下加以恰当地应用和发扬，使之能够贯彻到全军并保持下去。同时，为了战胜敌人，还必须研究帝国主义，主要是美帝国主义的战争潜力、备战措施、战略战术及其特点等。在军事技术研究方面，彭德怀提出：应该研究、学习苏联和人民民主国家的各种成就，研究资本主义国家包括美、英等帝国主义国家在内的各种技术发明，同时还应与全国工业和科学系统很好地分工合作，以争取在几种重要的技术方面，尽快赶上或接近先进国家军队的水平。

7月16日

［纲　文］　**新华社讯，中国人民解放军总政治部最近向全军提出了关于建军30周年的纪念办法**。

［目　文］　纪念办法包括军内活动和对外活动两方面。在部队内，要举行纪念会，由负责干部向部队作报告，并向基层干部和士兵进行一次传统教育；领导干部应与士兵共同进行节日活动，参加士兵勤务工作，与士兵谈心，征求士兵意见；要利用军内刊物、有线广播等展开纪念宣传；部队文工团队、电影队、俱乐部等应组织各种文娱活动。在对外活动方面，部队要组织在各个时期参加革命的部队干部和英雄模范人物向工厂、学校、农业社宣传军队斗争历史和建设成就；约请地方党、政干部和模范人物向部队报告祖国建设情况，组织群众参观军内各种展览和部队生活；组织军民联欢以及慰问烈、军属等活动。部队还可与驻地附近的复员军人代表举行座谈会，请他们参加部队的纪念活动，或派代表对他们进行慰问。

7月17—21日、26—30日

［纲　文］　**中共中央在青岛召开会议**。

［目　文］　17—21日，毛泽东主持召开部分省市委书记会议。刘少奇、周恩来、朱德、邓小平、彭真、陆定一等人出席会议。会议着重讨论了反右斗争问题。会议根据毛泽东的建议，确定整风分为四个阶段：大鸣大放阶段；反击右派阶段；着重整改阶段；研究文件，批评反省，提高自己阶段。会议期间，毛泽东找一些省市委书记谈话，把谈话要点归纳起来，写了《一九五七年夏季的形势》。

26—30日，毛泽东主持召开另一部分省市委书记参加的会议。参加会议的有陈云、李先念、邓子恢、张鼎丞等人。会议讨论《一九五七年夏季的形势》、《农业发展纲要四十条》等。

7月17日

［纲　文］　**国务院召开常务会议**。

［目　文］　会议由周恩来主持。为了加强和统一领导市场物价的管理工作，会议决定设立全国物价委员会，任命牛佩琮为主任，并通过《关于各级人民委员会设立物价委员会的通知》。

陈云发言指出：过去物价统一由商业部管，现在分了好几块，管不了了，有些混乱。八大以后，中央批准了几种商品价格的调整，地方就乱提价。价格没有专管机构，各搞各的，老实人就吃亏，有些人就占便宜。物价不可能做到所有商品都全国统一，但很多商品应该统一起来，需要有全国物价委员会来管。第一、二类物资是统一收购的，作价由中央掌握。第三类物资，小土产的作价由地方管，每年价格的升降幅度要由中央规定；工业、手工业品的作价，原则仍归中央管，等体制确定了以后再划分。在会议讨论国有林区实行“以林养林”的财务制度时陈云指出：林业是个大问题，根据我国情况，解决林业问题的出路主要靠造林。个体造林、合作造林、国家造林的办法都可以用。

关于在国有林区实行“以林养林”的财务制度的问题，会议决定：一、财政部收的育林费是否划归林业部，和采取什么形式划拨，由李先念加以研究并提出意见。二、解决木材困难问题最根本的办法是造林。如何造法，林业部应该好好加以研究，可以公开讨论，征求专家们的意见。三、第二个五年计划林业投资应该作为一个重点，究竟投资多少，由林业部加以研究。四、林区采伐剩下的次材不少，将这些次材伐运出来对国家是有利的。为了使林场采伐次材不致赔钱，可否采取国家补助的办法，由财政部加以研究。

会议原则通过《国务院关于军队转业干部及复员的副排级以上干部参加工作后工资待遇问题的规定》，本《规定》于 7 月 29 日以通知的形式发布。会议通过《国务院关于中国人民解放军班级以下复员建设军人就业后的工资问题的通知》。本《通知》于 7 月 29 日发布。

会议通过《国务院关于工人、职员在企业之间调动工作后的工资和补助费的暂行规定》。本《暂行规定》于 7 月 29 日发布。会议修改通过《国务院关于高等学校 1957 年暑期毕业生分配工作的几项原则规定》，并于本日发布。周恩来在会上指出：5 月 22 日常务会议讨论的《高教部关于改进留学生派遣工作》的文件有缺点。5 月 29 日高教部未经国务院正式批准，在《人民日报》自行发布消息，说得到国务院同意，研究生派遣方法改为自由报考，并说“过去留学生选拔工作表现出重政治轻业务的偏向”。这说明高教部有错误，应该批评高教部。

会议原则通过国家经委《关于 1957 年度高等学校毕业生分配问题的报告》。《报告》说，1957 年度国家统筹分配工作的高等学校毕业生共 5.6 万余人。分配计划以科研机关、高等学校师资、中央各工业部门为配备重点，适当加大了地方分配比例。

会议同意卫生部《关于解决北京医院高干家属医疗问题的报告》。《报告》说，北京医院现有 120 张床位，高干家属医疗占用了一半以上，且全部公费。为改变不合理现象，今后北京医院将过渡为普通医院，兼收治市民。高干家属在职者到机关的医疗单位就诊，未享受公费医疗的家属看病费用自负。

会议通过国务院批转华侨事务委员会、外贸部、中国人民银行《关于争取侨汇问题的报告》并指示，为对有侨汇收入的侨眷和归侨的生活资料的需要适当予以照顾，从 1958 年起，各省在制定物资供应计划的时候应该根据侨眷和归侨的需要情况和侨汇收入情况，在一般人民供应指标之外，另行订出侨区物资供应指标。中央各有关部门在确定物资供应指标的时候，也应该根据全国货源情况予以适当分配。广东、福建两省对侨眷和归侨的物资供应，可以根据省内具体情况，试行一种适合争取外汇的供应办法。对于某些统购统销物资，发给规定限度以内的特制的证票，设立一定数量的高级消费品商店，对于市场供应不足的某些非定量供应的副食品，也可以在指定的供应单位多供应一些；特别是一些建筑材料，广东、福建两省可以根据侨眷和归侨的建筑需要，向国家申请分配，由国家经委批核供应；这两省可在省人民委员会内或指定有关商业部门设立一个专门管理侨眷物资供应的机构。

华侨事务委员会等三部门《关于争取侨汇问题的报告》说，侨汇的升降直接反映华侨与祖国关系的密切程度。1951 年侨汇回升到 16923 万美元；1954 年下降了 36%；1955 年国务院颁布保护侨汇政策，侨汇比上年增加 7%；1956 年侨汇又下降为 11430 万美元，比上年减少 176.3 万美元，只完成预定任务的 91.44%。导致侨汇下降的因素很多，但对侨眷的物资供应不足是主要原因之一，造成华侨寄物代汇，引起侨眷大批外流。为此建议在可能范围内满足有侨汇收入的侨眷对生活资料的需求。

7 月 17 日

［纲　文］　**国务院发布《关于高等学校1957年暑期毕业生分配工作的几项原则规定》。**

［目　文］　《规定》主要内容如下：一、1957 年毕业生的调配计划，应该采取分批拟订计划，分批下达，并且争取能够早些分配的原则进行。国家经委负责拟订毕业生分配计划草案，高教部负责根据国家经委所拟订的计划草案制订具体调配计划草案。调配计划草案拟好一批即下达一批。学校和有关部门接到调配计划草案以后，即应该按照草案进行酝酿动员，作好调配和派遣的准备工作，俟国家经委和高教部对各项专业毕业生的调配计划全部订出，并且报经本院核准后，再由高教部正式通知各学校和用人部门开始派遣和接受。二、根据国家建设的长远需要和目前的实际状况，补充和加强高等学校的师资力量和科学研究部门的研究力量。三、分配在高等学校、科学研究机构和行政机关工作的大专学校毕业生，各单位都应该注意使他们尽可能地先到工厂、企业或者农业生产中去参加一定时期的体力劳动，加以锻炼，并且把这种办法逐渐地固定起来，成为制度。四、为了作好毕业生的分配工作，应该掌握实际情况，贯彻群众路线。五、在具体调配和派遣工作中，应该做好思想动员工作，说服学生自觉地接受国家所分配的工作，鼓励他们积极参加祖国的社会主义建设。六、在这次整风运动中发现高等学校（包括中等技术学校、中等专业学校）本届毕业生中有极少数思想行为严重反对社会主义的分子和其他坏分子。对于这种分子，一般地国家仍应该给以生活的出路和继续改造的机会。

7 月 21 日，《人民日报》配发题为《到祖国需要的地方和岗位上去》的社论。

7 月 17 日

［纲　文］　**中苏科学技术合作委员会第六届会议签订会议议定书。**

［目　文］　议定书说：在这届会议上讨论了有关交流工业、建筑业和农业方面先进经验和科学技术成就的问题，并听取了委员会上届会议决议的执行情况报告。会议决定进一步开展中苏两国相应的部门、科学研究机构和设计机构之间的直接接触，决定在1957年召开讨论工农业迫切问题的科学技术会议。会议审核了关于共同解决农业和地质方面一系列问题的计划。

根据所签订的议定书，苏联将无偿地供给中国：建设水电站和建筑材料工业企业、制造电站和冶金生产设备以及轻工业机床和机器的设计与工艺资料；炼钢，生产橡胶、轮胎，制浆造纸工业制品，制造染料和医药的工艺资料；农作物种子和苗木以及各种参考情报资料；各部门文献和某些工业制品的样品。苏联将接待中国专家考察电机和测量控制仪器的工业生产工艺，考察水力机组的生产和某些重要化学产品生产方面的科学研究工作。

中国则将无偿地供给苏联：生产某些有色金属及其生产原料的准备和利用天然石作耐火材料的工艺资料；耐火材料工业和选煤厂所用的某些设备，粮食加工及茶叶分级机的图纸；煤井中采煤巷道的水砂充填工艺说明；各种厚煤层标准开采方法说明；粘度测量方面的研究和蘑菇栽培资料；工业制品、某些接触剂和医药、农业产品和植物的样品；多年棉花、黄麻和其他农作物种子、高产量的桑树和茶树的插条和苗木的参考资料和情报资料。中国将接待苏联专家考察机器设备在热带气候条件下的试验与工作状况，考察茶叶工业的成就以及陶瓷制品的生产。

7月17—20日

［纲　文］　**全国科联第一届全国委员会召开第二次扩大会议。**

［目　文］　全国科联副主席侯德榜宣读全国科联主席李四光的开幕词。开幕词说：这次会议的首要任务是在全国人民进行激烈的反右派斗争高潮中，应当积极地展开反右派分子的斗争，特别是要严正地批驳和揭露科学界中右派分子的荒谬言论和罪恶阴谋。对全国科联的工作，李四光的开幕词指出：贯彻中央提出的百花齐放、百家争鸣的方针，明确各专门学会和科联学术方向，适应今后科学事业的发展和国家建设的需要，各专门学会必须逐步地实事求是地从组织与活动上使自己名副其实地成为以科学家为主体的专门性学术团体，提高学术质量，以期迅速地全面地赶上国际科学水平。

聂荣臻在讲话中指出，党中央召开关于知识分子问题的会议和提出“向科学进军”的号召后，科学事业有了更迅速的发展。八年来科学队伍大大地扩大了；原有的科学研究机构充实了，大批新的科学研究机构设置了；工作条件有了显著的改善；规模巨大的设备有的已经建设起来，有的正在建设；急需并且重要的空白部门也开始建立。特别是国家已经有了长期的科学远景规划，这个规划指出了中国科学发展的方向，显示了科学事业的光辉远景。聂荣臻指出，为什么在短短的八年中，中国科学工作能够取得较多的成绩呢？这是由于社会主义制度的优越性。在发展科学事业中同样存在着资本主义和社会主义两条道路的问题。在发展科学事业中走社会主义道路，就是科学事业要有为社会主义建设服务的明确目标，科学家在选择研究题目时要根据国家建设需要和个人专长相结合、理论和实际相结合的原则，而走资本主义道路，就是否定科学事业应该为国家社会主义建设服务，提倡为科学而科学，主张科学家可以不顾国家需要单凭个人兴趣来进行研究工作。聂荣臻指出，右派分子的言论之所以必须反对，绝不是由于他们提供了意见，而是因为右派分子的这些言论包含了对社会主义的深厚的敌意，是因为他们企图反对社会主义，反对共产党领导，篡夺国家领导权。聂荣臻最后表示，各学会的主要任务是团结本学科的研究工作者通过各种学术讨论会、座谈会、刊物等，来推动科学研究工作。他希望学会这个作用今后进一步发挥起来，贯彻百家争鸣的方针，使学术活动更加活跃起来。国务院科学规划委员会将尽力支持各专门学会和全国科联的工作。

会议通过了《中华全国自然科学专门学会联合会关于反对资产阶级右派分子的决议》。《决议》说：全国科联第一届全国委员会第二次扩大会议一致严厉谴责资产阶级右派分子有组织有计划有纲领地反党反人民反社会主义的阴谋活动，严正驳斥了科学界的资产阶级右派分子的荒谬言论和反动行为。会议还通过《关于全国科联今后工作方向与任务的决议》，决议同意李四光的开幕词和侯德榜所作《全国科联成立以来主要工作和今后方针任务》的报告。

7月18日

［纲　文］　**中共中央批复西藏工委《关于接收训练藏族学员问题的指示》。**[①]

［目　文］　中共中央在批示中说：中央民族学院和西北、西南民族学院由于校舍和经费限制，本年已不可能继续接收藏族学员。中央民族学院已有藏族学员900多名，不宜过多接收而影响其他民族的学员名额。同时，今后各院招收新生，将按高教部规定，采取统一招考的办法进行招生。西藏情况特殊，只可适当照顾。为此，我们意见：可以少调几百名藏族学员由甘肃山丹的藏干校接收训练较为适当；如果内调学员超过4000名时，则可考虑在四川再办一所藏干分校。至于干部、教员等工委调配有困难时，可由民委设法调配帮助解决。以上望工委研究后报告中央。

7月11日，西藏工委向中央报送的《请示》说：据张经武同志7月4日电称，今年中央、西南、西北三民院因财经控制很严，无法为我区代训1000名藏族学员，所调内地之藏干、学员全由工委负责在甘、川办校自训。原我区送各民院学员900人，其中中央民院200人（歌舞团、参观团留京者约50人），西南民院400人，西北民院200—300人；现已动员并陆续介绍去成都、兰州集中，准备入学。同时，我们已在甘肃山丹办一藏干校，学员约3000人，若该校再扩大或再办一所干校，在干部配备和教学力量上均感困难。因此，建议中央让中央民院、西南民院今年仍按原计划接收我区学员；如果西北民院准备不及，可不接收，由我们在山丹干校自训。

---

① 根据中央档案馆馆藏档案编写。

7月18日

［纲　文］　**《人民日报》发表题为《在肃反问题上驳斥右派》的社论。**

［目　文］　社论说，肃清反革命分子的斗争是一场艰苦的、复杂的斗争。1955年肃反运动的成绩，有以下四个主要的方面。一、清查出来的反革命分子，就现在已经定案的来说，有8100多名（普通的历史反革命分子，由于国家采取了更加宽大处理的政策，不以反革命分子论处，没有计算在内）。二、由于肃反运动，反革命分子内部日益趋向于分化和瓦解。一年多来，全国有19万余名反革命分子投案自首，其中包括不少长期潜伏的和美蒋派来的特务间谍分子。1956年全国的反革命案件，比1955年减少了40%以上，其他刑事案件也减少很多。三、在肃反运动中，还有130多万人弄清楚了各种各样的政治问题，例如隐瞒参加反动组织、隐瞒反动身份、隐瞒历史上的恶迹等等的问题。四、经过肃反运动，群众比较懂得了怎样去识别隐蔽的敌人。

社论比较系统地回答了否定肃反运动、肃反运动成绩太小、得不偿失等三种观点，分析了肃反中存在的错误及原因，指出，每一个能够客观地权衡利弊得失、分清大是非和小是非的人，对于肃反斗争中的错误，以及其他革命的群众运动中的错误，也不难做出正确的而不是片面的、感情用事的判断。在一方面，暂时受伤害的人应该看到事情的本质和整体，不要怨恨不已，必报复而后甘心；在另一方面，在斗争中误伤了好人的人，特别是各单位肃反斗争的领导人，必须向一切受了伤害的好人公开承认错误，进行赔礼道歉。无论如何，凡是站在革命的人民的立场上的人，凡是坚决主张肃清反革命的人，决不能给肃反运动泼冷水，决不能给参加肃反运动的群众、积极分子和干部泼冷水。社论强调，反革命分子虽然不多了，但是还有，因此还需要继续警惕，继续识别，继续清除。“有反必肃，有错必纠”，这就是革命的人民的方针。

7月18日

［纲　文］　**国务院就日本籍船舶进出青岛港问题批复交通部、外贸部。**

［目　文］　国务院在批复中同意由交通部单程批准日本籍船舶进出青岛港，交通部在已批准的日籍船未进港前，应事先告知海军司令部和公安司令部。

交通部、外贸部在报告中说，山东每年可向日本出口物资约45万吨。由于青岛港对日本船不开放，这些物资多经烟台出口。而烟台港通过能力较小，还增加运程131公里。适当利用青岛港不仅可减轻其他港口负担也可降低出口成本。为此拟将禁止日籍船进出青岛港的限制，放宽到单程批准可以进出。

7月18日

［纲　文］　**监察部、粮食部发出《关于1957年下半年粮食监察工作的指示》。**

［目　文］　《指示》要求各地粮食、监察部门继续加强检查粮食安全情况，督促业务部门采取积极措施，加强检温、检质，及时处理虫害粮和危险粮，尤其是要做好防汛、防雨的准备工作，以保证粮食安全度夏。油脂油料及饲草的保管工作，有的地区注意不够，损失浪费现象很严重，必须及时检查纠正。在夏粮、秋粮入库前，必须深入检查粮食

仓库是否做好清仓消毒、仓房修缮、粮食摆布以及送粮入仓的各项必要的组织工作，对不认真做好准备工作的现象，必须建议并督促其纠正。新粮入库后，除应组织力量进行重点检查外，还应推动粮食部门开展自查，及时采取措施，防止粮食生虫、霉变。《指示》说，在统购期间，必须注意检查统购工作中依质论价政策的贯彻执行情况。防止压级压价和提级提价的现象，以及工作人员不认真检验粮质等不负责任的工作作风。在统购工作上，继续有重点地深入检查粮食供应政策和供应计划执行的情况。在市镇供应工作上，首先要检查粮食供应部门是否严格执行市镇粮食供应制度及各种业务制度，还应有重点地检查和纠正机关、团体、学校、工矿企业单位及食品行业所发生的浮报冒领、囤积、浪费粮食的现象；在农村供应工作上，除继续检查灾区的粮食供应外，还应该注意重点检查一般地区缺粮户的供应情况。《指示》要求各地粮食部门及其监察机构，必须有重点地对基建工作加以检查，着重检查仓、厂摆布是否合理，以及修建中的铺张浪费、违反制度和工程质量低劣等现象。必须及时检查在粮食系统整风运动中所揭发出来严重的官僚主义、强迫命令、损失浪费和违法乱纪案件。各地粮食部门及其监察机构，应该采取有效措施加强对公民控告申诉和粮食部门中监察通讯员工作的领导。

7月18日

［纲　文］　**《光明日报》编辑部发表《光明日报在章伯钧、储安平篡改政治方向期间所犯错误的检查》**。

［目　文］　《检查》说：我们不能不愤怒地来控诉章伯钧、储安平把我们的报纸拉出了社会主义轨道、作为他们反共反人民反社会主义工具的罪行。章伯钧、储安平篡改《光明日报》政治方向这一严重罪行，是属于章罗联盟政治阴谋的组成部分，已由各民主党派中央向章伯钧、储安平追究政治责任，并将做出严肃的处理。从编辑部工作来说，也犯了不同性质的、不同程度的错误。根据这一惨痛的教训，我们要庄严地指出：离开了共产党的领导，就一定犯错误。作为各民主党派主办的《光明日报》，是一张革命的社会主义报纸，中国的民主党派是在共产党领导下的社会主义的民主党派。现在由民主党派独立自主来办这张报纸，是为了各民主党派中央更好地运用这张报纸，使这张报纸更好地起它应有的作用，进一步地为社会主义建设服务。因此，我们就要更好地争取和接受党的领导。我们全体同志宣誓要忠心接受党的领导；并要求党对这张报纸加强领导、监督和帮助。

7月18日

［纲　文］　**中国和匈牙利在布达佩斯签署《1957年文化合作执行计划》**。

［目　文］　《计划》规定了两国在科学、教育、文化等方面进行合作的项目。根据《计划》规定，双方在本年将互派作家、记者、造型艺术家、歌舞团或木偶剧团、教育代表团等进行访问。

7月18日

［纲　文］　**国务院发出《关于1957年复员军人技术兵分配安置工作的通知》**。

［目　文］　《通知》说，1957年复员军人中需要安置工作的技术兵以及籍属城市或

无家可归而没有专门技术的人员约有20万人。按照“归口包干，统一安排”的原则，决定由中央各部门负责安置14万人，由各省市人民委员会负责安置6万人（包括业已回各地的人数）。上述人员必须在1958年6月底以前全部安置完毕，其中在1957年内必须安置6万人。在组织调配时，除边远地区需要的人员外，应尽可能就地和就近安置，避免远距离调配。对于有各种技术的复员军人，应根据他们的特长尽可能地安置到技术性质相同或相近的工作岗位上去，使其能在国家生产建设事业上充分发挥他们的积极作用。

7月19日

［纲　文］　**国务院批转财政部和中国人民银行《关于预办国家公债还本付息办法的报告》。**①

［目　文］　《报告》说，建国以来，国家已陆续发行了五种全国性公债，每种公债都规定于发行后一年起，逐年按比例抽签偿还一部分本金并付给全部到期利息。根据几年来的兑付规律，在9月30日至10月10日的10天内，兑付金额占全期应兑总数70%以上。广大人民对兑付公债本息的排队拥挤现象很感不满。建议实行“预办国家公债还本付息办法”。由各单位提前2个月将债券集中起来，办妥手续，银行提前于15天内采取预约日期、分批兑付的办法。实行这种办法对整个国家财政预算并无影响。

7月20日

［纲　文］　**中共中央发出《关于知识分子工作中三项组织措施的指示》。**②

［目　文］　《指示》说：在这次同资产阶级右派的斗争中，看出右派的阴谋，是首先夺取民主党派、知识分子和工商界的领导权，然后夺取全国的领导权。反动的右派分子经过民主党派，在知识分子中大量发展组织，依靠右派分子，争取中间分子，打击左派分子，来同我们争夺领导权。在教育界、新闻出版界、科学技术（工业和农业）界、文艺界、卫生界，右派的活动都是很积极的。由于我们在上述各界知识分子中，过去工作很差，右派得以乘机而入。必须在各界知识分子中，逐步建立党的核心力量，巩固党的领导权。否则，社会主义的胜利和发展是没有希望的。《指示》说：现在，在中央和省市两级，批判资产阶级右派的斗争已经取得决定性的胜利，这个斗争还正在深入中。在地、县两级和城市的区，也将逐步展开这个斗争。必须采取组织上的办法，来巩固和发展这个胜利。一、要像过去调派工业干部一样，下最大决心，从党的系统、政府系统和工矿企业系统中抽调一批得力干部，去担负高等学校、中等学校、报纸、刊物、出版社、广播、文化机关、卫生机关等的领导工作。对于现在这些部门工作的干部，应该通过整风和反右派斗争，提高思想水平，改正错误和缺点。对于那些不适宜于这些工作的干部和党内右派分

① 根据中央档案馆馆藏档案编写。

② 根据中央档案馆馆藏档案编写。

子，应该调离这些部门，改作其他工作。广播和电信事业要完全掌握在党的手中，把右派分子调出去，不让其他民主党派建立和发展组织。二、要在上述各界知识分子中发展一批党员，发展对象从大鸣大放、反右派斗争中的可靠的左派分子和有威信的政治上好的科学家中挑选。特别注意党的力量薄弱的部门。三、党委的宣传文教部门，要配备一批有文化知识、经过政治斗争考验、能够团结知识分子的干部。政府的文教部门，应该掌握在可靠的党员和非党左派及中间偏左的分子的手中。

7 月 20 日

［纲　文］　**国务院发出《关于科学研究机构基本建设设计任务书应经国务院科学规划委员会批准的通知》**。

［目　文］　《通知》决定：今后所有关于科学研究机构基本的设计任务书一律经过科学规划委员会审查批准。科学规划委员会在审查这些设计任务书时，应认真贯彻勤俭办科学事业的精神，并根据需要与可能，注意与各方面工作的配合平衡，因之，可以吸收国家计委和国家建设委员会及其他关部门参加。各部门各地方有关科学研究机构的设计任务书，今后一律报送科学规划委员会并抄送有关的部、委；在国民经济计划中有关科学研究的部分应报送科学规划委员会，并抄送国家计委和国家经委。

7 月 20 日

［纲　文］　**中央转业建设委员会、内务部联合发出《关于复员军人退职后安置问题的综合批复》**。

［目　文］　《综合批复》指出：近来接到陕西、四川、湖南、江西、广西、天津等省、市转业建设委员会及民政厅函、电，询问关于军队工薪制人员和复员军人改薪留用人员退职后安置问题，及复员军人参加地方工作后又退职回乡，是否仍以复员军人看待问题。对此类问题的处理意见是：一、军人办理了复员手续仍留军队工作改为工薪制的，退职回乡后应与在乡复员军人同等待遇，在安家生产方面确有困难者当地政府予以帮助。其中具有专门技术的，应和军队复员技术人员一样，由当地政府俟机安置工作。军队中没有军籍的工薪制人员，他们退职以后，按普通退职人员办理，不按复员军人对待。二、复员军人参加了地方机关、团体、厂矿、企业单位工作后，个人要求辞退或自行离职的，政府应组织他们从事劳动生产，不再负责介绍工作，但在政治待遇上仍按一般复员军人看待。对于个别有特殊困难，持有原单位证明文件，由外地返回原籍的，经所在地有关部门考察属实，凡符合就业条件的人员，可尽先介绍其就业。

7 月 20 日—8 月 6 日

［纲　文］　**国家民委和全国人大民族委员会在青岛召开民族工作座谈会**。

［目　文］　参加座谈会的有 105 位全国人大代表，包括 29 个民族成分。他们是在北京出席一届全国人大四次会议后，应国家民委和全国人大民族委员会的邀请参加座谈会议的。

座谈会检查了民族政策执行情况，交流了民族工作经验，讨论了民族关系、民族区域自治等民族工作中的一些重大问题。代表们研究了国家民委和财政部共同草拟的《民族自治地方财政管理暂行办法（草案）》和《关于民族自治地方的自治机关管理企业事业的范围和职权的暂行规定（草案）》，基本上同意这两个草案初稿的内容。全国人大民族委员会主任委员刘格平就有关民族区域自治问题、对民族杂居区和散居民族的工作问题发表讲话。国家民委副主任汪锋就国家民委自1956年以来所进行的主要工作发表讲话。

4日下午，周恩来就处理民族问题的几个根本原则向代表们作报告。他的报告包括：反对大汉族主义和地方民族主义两种民族主义，民族区域自治，民族繁荣和社会改革，民族自治权利和民族化等四个问题。

乌兰夫作总结发言。主要谈关于社会主义革命中民族发展问题、关于民族关系问题、关于民族区域自治问题、关于加强党的领导问题等。乌兰夫说，建立一个强大的社会主义工业国，是各民族人民的共同目标。各民族共同建立统一的多民族国家，实行民族区域自治政策，乃是符合中国的实际情况和各民族人民的最大利益的。在我们统一的国家中，各民族间的关系，是平等、团结、互助、合作的兄弟关系。我国各民族都应当不断努力加强祖国大家庭的统一和各民族间的团结。乌兰夫指出我国实行民族区域自治所取得的伟大成就。他说，现在就全国范围来说，贯彻民族区域自治政策的主要任务，是充分实现少数民族的自治权利。乌兰夫强调，少数民族地区一切工作的成就，关键在于党的领导。今后必须进一步加强党在少数民族地区的思想领导，加强党对各族人民和干部的政治思想教育工作。所有党员都应当参加此次全党的整风运动，认真检查在工作中的主观主义、宗派主义和官僚主义，批判资产阶级民族主义倾向，并且和资产阶级右派分子在思想上政治上严格划清界限。

8月24日，《人民日报》配发题为《进一步增强民族团结》的社论。

7月20日

［纲　文］　**毛泽东、刘少奇、周恩来联名致电波兰人民共和国国务委员会主席亚历山大·萨瓦茨基、部长会议主席约瑟夫·西伦凯维兹、外交部长阿达姆·拉帕茨基，祝贺波兰国庆13周年。**

7月21日

［纲　文］　**全国人大代表梅兰芳、周信芳、程砚秋、袁雪芬、常香玉、陈书舫和郎咸芬向戏曲界提出提高戏曲质量、不演坏戏的意见。**

［目　文］　意见中说：从1950年到1952年间，先后经中央戏曲改进委员会决议停演了26出戏曲剧目。这对澄清上演剧目混乱状况，曾起了积极的作用，也受到广大群众与戏曲工作者的拥护，当时这样做是对的。在1956年第二次全国戏曲剧目工作会议之后，文化部根据“百花齐放、百家争鸣”的方针，宣布了对所有传统剧目一律开放的决定。开放剧目的目的，是为了更好地发扬我们戏曲艺术中的优良传统，虽然政府不用行政命令来取缔坏戏，但我们必须认识到这不等于艺术上没有好坏的标准。本来我们在艺术事业中，

首先就要有辨别精粗美恶的修养，才不会走错道路，在剧目的选择上当然也应如此。所以我们应该有所提倡，也有所反对。我们提倡的是富有思想性艺术性的优秀剧目，至于内容和表演无甚价值甚而丑恶、淫猥、恐怖，对人们身心健康有害的东西，则是我们所坚决反对的。意见提出下述三点意见征求戏曲界的响应：一、继续努力在党的领导下，提高戏曲的思想质量与艺术质量，以社会主义、爱国主义精神锻炼自己，影响观众。二、相约多演富有教育意义和技术的优秀剧目，并把一些虽无甚意义但有技术的戏加以改进。三、相约不演丑恶、淫猥、恐怖、有害人民身心健康的坏戏。

7 月 25 日，《人民日报》发表题为《有毒草就得进行斗争》的社论。社论说：全国戏曲剧团和艺人一方面必须坚持大胆放手挖掘剧目的方针，另一方面又必须以认真负责的态度对待上演剧目。哪些剧目可以原封不动地搬上舞台，哪些剧目必须加以适当修改，哪些剧目没有修改条件，都要认真研究和讨论。演出剧目应该力求广泛、多样，不但要珍重有高度思想性和艺术性的剧目，而且要珍重一切内容比较健康而又能给予观众以美感享受的剧目，甚至对某些一时不易辨别好坏的剧目，也不应该轻易地加以否定，可以让观众和社会评论来做鉴定。但是显然对观众有害无益、又没有修改条件的剧目，如果搬上了舞台，当然必须加以严正的批判。对于坏戏的上演采取听其自然的态度是错误的，那是一种右倾观点的表现。

7 月 22 日

［纲　文］　**周恩来接见捷克斯洛伐克共和国驻中国大使杨·布希尼亚克。**

［目　文］　周恩来说，美国想搞“两个中国”，我们的态度是坚决反对。我们宁愿不参加国际组织，也不能同蒋介石的代表一起参加。美国要破坏朝鲜停战协定十三条卯项，瑞士、瑞典人有些动摇。希望通过波兰和捷克斯洛伐克共和国同志说服瑞士、瑞典人留下来。中立国监察委员会的存在对朝鲜的和平有好处，希望你们能进行一些工作。在杨·布希尼亚克提到 6 月底在华沙举行的经互会，建议社会主义各国加强经济合作问题时，周恩来说，合作当然是必要的，但中国还不会做到像兄弟国家那样的程度。中国需要建立起独立的经济体系。中国是个大国和穷国，大国有大国的困难，人口增加很快，所以提高人民生活水平是缓慢的。

7 月 22—28 日

［纲　文］　**全国工艺美术艺人代表会议在北京召开。**

［目　文］　来自 27 个省市自治区、13 个民族、106 个自然行业的 465 位代表出席会议。中华全国手工业生产合作社联合总社筹备处主任白如冰在会上作报告。他说，党和政府对工艺美术事业采取保护、发展和提高的方针。要保护民族遗产，使工艺美术的优良传统保存下来；工艺美术应该为人民的物质、文化生活和社会主义建设服务；要提高工艺美术品的经济质量和艺术质量，以适应广大人民和国际市场的需要。他还阐述了爱护和提高工艺美术艺人、培养新艺人，广大艺人、工艺美术工作者和科技工作者密切结合，结合生

产、加强工艺美术的设计工作，改进花色品种等发展工艺美术事业的措施。

与会代表表示拥护党和政府保护、发展和提高工艺美术事业的政策，赞成工艺美术生产要面向六亿人民，为适应人民的需要、美化人民的生活，为社会主义建设服务。会议最后通过了倡议书，向全国工艺美术艺人提出五项倡议：一、公开技艺，大力培养接班人；二、努力提高技艺，加强创作设计，改进花色品种；三、不骄傲，不自满，虚心学习，加强团结；四、认真贯彻“勤俭办社”“勤俭办企业”的方针，努力搞好生产，巩固社会主义所有制；五、加强政治学习，提高思想觉悟，积极参加反右派斗争。22日，朱德接见全体代表，勉励艺人们带更多的徒弟，把中国几千年来传统的工艺美术事业永远传下去，越来越好。28日，国务院第四办公室主任贾拓夫作题为《面向六亿人民，发展工艺美术生产事业》的报告。

29日，《人民日报》配发题为《工艺美术的方向问题》的社论。

7月22日

［纲　文］　**全国总工会劳动保险部发布《关于革命军人军龄如何计算工龄的问题》。**

［目　文］　《问题》指出：关于革命军人的军龄如何计算工龄的问题，经征求中央转业建设委员会和内务部的意见，提出如下处理意见：一、革命军人不论是转业或者复员以后转入企业内工作的，其原来在革命部队期间的军龄，可以计算为一般工龄和与转入企业后的本企业工龄合并计算为企业工龄；二、革命军人转入（包括直接转业或复员后转入）以后非经组织调动而自动离职，离职后又到其他企业工作，因为在其第一次转入企业以后已经是一个职工，根据中华人民共和国劳动保险条例实施细则第39条“本企业工龄应以工人职员在本企业连续工作的时间计算之，如曾离职，应自最后一次回本企业工作之日算起”规定的精神，其本企业工龄同样应自再转入企业之日算起，原来的革命军龄只能计算为一般工龄。三、由部队经过复员生产以后才转入企业工作的，如果复员后未转入企业前是参加农业生产的，或者暂时没有参加生产的，不合于中华人民共和国劳动保险条例实施细则第38条的规定的，此一段期间不能计算工龄（包括一般工龄和本企业工龄）。

7月22日

［纲　文］　**捷克斯洛伐克共和国新任驻中国特命全权大使杨·布希尼亚克向中华人民共和国副主席朱德递交国书。**

7月22日

［纲　文］　**国防部部长彭德怀致电埃及共和国国防部长兼武装部队总司令阿卜杜勒·哈基姆·阿密尔，祝贺埃及武装部队建军节。**

7月23日

［纲　文］　**中共中央政治局召开会议。**

［目　文］　会议由刘少奇主持。会议基本通过毛泽东所写《一九五七年夏季的形势》一文，决定交中共中央政治局常委处理；通过《治安管理处罚条例》和《关于劳动

教养的决定》；基本批准《关于当前普通刑事犯罪活动情况和开展对刑事犯罪斗争的请示报告》和《关于处理盗窃、流氓、凶杀、抢劫等刑事犯罪分子政策界限的规定》。

7月23日

［纲　文］ **中共中央批准公安部党组《关于当前普通刑事犯罪活动情况和开展对刑事犯罪斗争的请示报告》等文件。**

［目　文］ 中共中央在批示中说：中央批准公安部党组《关于当前普通刑事犯罪活动情况和开展对刑事犯罪斗争的请示报告》和《关于处理盗窃、流氓、诈骗、凶杀、抢劫等刑事犯罪分子的政策界限的规定》等文件，望各省、市、自治区党委根据当地情况具体部署执行。

4月22日，公安部党组向中共中央报送《请示报告》。《请示报告》概述了1956年全国普通刑事犯罪活动的情况，分析了1956年下半年以来盗窃、流氓等刑事犯罪活动在某些地方和某些方面趋于严重的原因，提出了加强同普通刑事犯罪作斗争的方法。

［文献一］ **中央公安部党组关于当前普通刑事犯罪活动情况和开展对刑事犯罪斗争的请示报告（节录）**

中央：

根据各地报告和公安部最近在北京、沈阳、包头、西安等十二个城市的调查，一九五六年全国普通刑事犯罪活动情况比一九五五年一般的有好转。一九五六年全国共发生各类普通刑事案件十八万多件，比一九五五年二十三万多件下降了百分之二十三点三，国家财产和人民生命财产的损失也有减少。但是，当前这个方面情况还是值得严重注意的。一九五六年发生的案件还有不小的数量，而且一九五六年下半年以来，发展的趋势是逐渐严重的，下半年发生的案件比上半年增加百分之十一点一，第四季度上升更快。

犯罪分子对国家和人民利益所造成的损失，仍然是很惊人的。一九五六年内，被犯罪分子杀害的干部、群众九、一九四人（其中已死三、四二六人）；财物损失仅就可以统计的，价值一、四三四万余元，其中属于国家和集体的财产约八〇〇万元。

盗窃和强奸、侮辱妇女的案件，是当前刑事犯罪活动中最突出的两个方面。盗窃案件数量最大，强奸和侮辱妇女的案件，情节最恶劣，群众的义愤极大。这两个方面的案件最近半年以来，发展也比较严重。

……

强奸、污辱妇女的案件，在城市、农村都有；但主要地是发生在城市、特别在某些新建、扩建的城市，简直严重到不能容忍的程度。一九五六年共发生强奸案件六、三六一件（在刑事案件里占第三位），有些城市强奸案件比一九五五年还有上升。在流氓活动猖狂的地方，曾经发生了丈夫送妻子上班，父母送女儿上学，以及工人多不愿上夜班等紧张现象。

……盗窃、流氓的罪恶活动，激起了广大群众的不满。……《中国青年报》一九五七年二月二十五日揭发流氓犯罪分子的活动后，全国各地职工、干部和群众，纷纷来信表示愤慨，要求严惩盗贼和流氓，尖锐批评公安、司法机关对犯罪分子宽大无边、放弃职责。这样的信，半个月内，就收到了五百多封。

……

为什么一九五六年下半年以来盗窃、流氓等刑事犯罪活动在某些地方和某些方面趋于严重呢？

第一，旧社会遗留下来的惯盗、惯窃、流氓和反革命分子，虽然经过历次运动受到了沉重打击，但是还有少数漏网的惯犯未受到打击，已经被打击过的有的又重新犯罪，他们或者已经改头换面，随着各种安排，混入了工厂企业内部，特别是混入了新建、扩建工程的基建队伍。或者流落在社会的某些阴暗角落，继续进行犯罪活动。这类分子虽然数量不大，但他们不仅长于作案，作大案，更严重的是有意教唆别人，特别是教唆少年儿童以及一些流氓懒汉犯罪，对社会起着严重的腐蚀作用。这种人积习太深，一般的难于在短期内改造好。去年下半年许多城市惯犯作案所以有上升，就是因为有一批惯犯经过判刑劳改，释放出来了又继续犯罪。这是一九五六年下半年以来刑事犯罪活动又趋于严重的重要原因之一。也给了我们以重要的经验教训，对于这批惯犯应该有更为严格的对策。

第二，是因为在社会主义改造胜利以后，我们在许多方面，特别是在工人、学生、干部和农民中，政治思想工作落后了，资产阶级和其他剥削阶级思想残余，以及旧社会的传统恶习，就在某些角落里滋长蔓延起来。调查材料证明：犯罪分子中除少数人确是由于失业或遭受灾荒，为一时的生活困难所迫外，大多数还是由于受了剥削阶级思想的腐蚀，贪图享受，希望不劳而获，或者少劳多获，因而堕落以至于犯罪。不少罪犯，在犯罪之前，本来还是善良的工人、农民、学生，有个别的还是模范工人，优秀学生，一旦堕落犯罪，就完全丧失理智和羞耻，沉溺其中，不思自拔。说明了剥削阶级经济基础虽然基本上消灭，但是剥削阶级的腐朽思想，不是短时期内就容易消灭的，这种腐朽思想对一些人，特别是对某些意志薄弱的男女青年身心的腐蚀作用，是很值得警惕的。农村中犯罪的思想根源，主要是自私自利，个人利益与集体利益发生了矛盾，以及缺乏法制观念等等。这些是发生盗窃、流氓等刑事犯罪的带根本性的原因，是在今后长期内还会经常发生影响的原因。

第三，在工矿、企业、机关、学校、合作社中比较普遍地存在着麻痹大意的现象，财物管理制度不严，漏洞很大。有些单位的某些领导干部还认为："家大业大、丢点没啥"。盗窃案子发生后，不报不查，不了了之，甚至报销了事。有的单位，当公安机关或群众破了案送回失物后，还不认账。这就给盗窃分子大开方便之门，也助长了内盗案件的滋长。

第四，最重要的原因，是我们对于当前刑事犯罪活动的严重性估计不足，对于进一步维护社会秩序，保护社会主义生产，保护人民切身利益不受侵犯认识不够，没有根据普通刑事犯罪活动的新的情况，适时地提出新的斗争方针和有效的办法。另一方面，有的同志把那些盗窃犯、诈骗犯、杀人犯、放火犯、流氓集团和各种严重破坏社会秩序的坏分子，误解为人民内部问题，束手束脚，不敢处理。因而，在一个时候、在某些地区就放松了同刑事犯罪分子的斗争。

为了有效地巩固社会治安，加强同普通刑事犯罪的斗争，解决的办法：

第一，首先应当对当前刑事犯罪活动的情况以及这种犯罪活动对国家和人民利益的危害性，在思想上有统一的认识。这就是：既要看到一九五六年普通刑事案件比一九五五年有所下降，形势确有好转，因而不应该把一个时期某些地方某些方面犯罪严重的情况夸大了；也要看到，目前的情况确实还是严重的，如果不采取有效措施，加以解决，这种情况还可能要继续发展。同时，还应当看到在刑事犯罪分子中，确实还有少数仇视社会主义、仇视人民的反革命分子和反动分子；也确实还有一些严重危害国家、人民利益的盗窃犯、诈骗犯、杀人犯、放火犯、流氓集团和各种严重破坏社会秩序的坏分子。对于他们必须用专政的办法来处理。不然，就不能够有效地保障社会主义建设和人民生命、财产的安全。即使人民当中的少数分子犯了法，应当坐班房的，还是要坐班房，个别情节极为严重，其罪应依法严办的，也还是要严办。当然，对于有些犯罪轻微的分子，主要还是采取教育改造的方法。但是，所谓教育改造，决不是放任不管或仅仅批评一下了事，而应当分别情节，采取治安行政处罚、行政纪律处分、群众批评、家庭管教等方法，才能真正达到教育改造的目的。总之，在对待刑事犯罪问题上，必须有正确的理解和严肃的、有效的处置。

第二，各省、市（自治区）公安机关应在各级党委和人民委员会统一领导下，同检察、法院和其他有关部门，协同一起，经过充分准备，在那些刑事犯罪活动比较严重的城市、交通要道的城镇和盗窃流氓犯罪活动情况严重的厂矿、企业单位，充分发动群众，开展一次或几次反对盗窃、反对强奸和污辱妇女、反对扰乱公共秩序及其他犯罪活动的斗争。主要是通过群众大会公开宣判罪犯，组织座谈会以及运用报告、展览会等多种形式，有系统的对广大人民以及干部、职工、青年、少年儿童开展社会主义道德品质教育和法制教育，提高群众警惕，批判资产阶级腐朽思想，反对堕落腐化行为，树立社会的舆论，达到抵制、预防犯罪的目的。同时，必须有计划地侦破一批刑事案件，依法坚决惩办一批进行各种刑事犯罪活动、应当惩办的犯罪分子。但是，在斗争当中，不必强求各个地区统一行动，那里有必要而且准备好了，那里就发动。捕人必须实事求是，并且一定要完全遵守法制，按照法律程序办事。在农村和那些不需要开展群众性的斗争的城市，也应当努力提高破案率，并在适当时机，选择典型案件，公判处理，教育群众。同时，相应地做好各项防范工作，以减少刑事犯罪的发生。

第三，对刑事犯罪分子的处理，必须坚持依法惩办与教育改造相结合的原则。对那些构成了犯罪的盗窃犯、诈骗犯、杀人犯、放火犯、流氓集团和各种严重破坏社会秩序的坏分子，应当依法逮捕判刑。其中，屡教不改、刑满释放再犯罪的惯犯和罪大恶极、民愤很大的犯罪分子，应当依法从严惩治即依法判处长期徒刑，劳动改造。对于犯罪情节较轻，不够逮捕的分子，应当分别给以治安管理处罚的拘留、罚款或警告。对于那些无正当职业、危害社会治安、屡教不改、但又不够逮捕的分子及无家可归屡教不改的少年犯，应当强制收容劳动教养。为了准确打击犯罪分子，又防止打击面过宽，必须区别犯罪与不犯罪，区别犯罪的各种情节，分别对待。对于那些因为灾荒、失业、生活困难，偶尔有小量偷窃行为、贪污行为，占小便宜，群众中的私人纠纷、打架斗殴，以及一般的闹事、退社等并未构成犯罪的行为，必须与刑事犯罪活动严格区别开来，并须坚持采取教育说服的方法处理。因为这是属于人民内部的问题。同刑事犯罪绝对不能混淆。但是，在人民闹事和群众纠纷中不论是干部、民兵打死打伤了群众或者是群众打死打伤了干部以及严重破坏了公共财物等，触犯了刑法的，都应当追究刑事责任。据此精神，公安部制定了一个政策界限的规定，经中央批准后，各地公安机关应当认真向全体干警交代明白，遵照执行。

第四，必须进一步加强各级公安机关的刑事侦察破案工作，及时打击犯罪分子现行破坏活动，必须想尽一切办法改变目前很多大案长期不能破获的状况。县公安局应以主要力量做好破案工作。省公安机关亦应根据斗争需要，建立和健全侦察机构，并自己掌握一些特大案子的侦破工作，以便吸取经验来加强对破案工作的具体指导。工矿企业保卫组织应当协助党政领导健全各项制度，并有专人负责，配备一定力量来防范和打击内部犯罪分子的活动。市、县公安局、公安派出所和治安保卫委员会，对于发动群众预防犯罪和协助破案工作，也应加强。在某些治安秩序很坏的地区和方面，公安机关还应组织民警力量，进行必要的巡逻工作，切实保障安全。

第五，建议工会、青年团、妇联、机关、学校党委，农业生产合作社，加强对广大职工、干部、青年、妇女、学生和农民的政治思想教育和纪律教育，在一切偷窃、流氓活动比较严重的单位，要结合增产节约运动，对所属人员开展一个：反对资产阶级个人主义思想和腐化堕落行为，树立遵守法制的思想，遵守公共秩序的宣传教育工作。提倡新的道德风尚和爱护国家财产的观念。特别是对于一时尚不能就业，或者还没有固定职业的职工，一时不能升学和就业的学生，包括那些半日学习半日在家的学生在内，应当建立适当的工作，加以必要的管理，防止他们接受坏的影响，堕落犯罪。并建议各有关部门应该有计划地检查财物保管情况，建立严格的保管制度，加强防范工作。

第六，必须加强对刑事犯罪分子的改造工作。对于已经管押、劳动改造的惯犯，根据过去的经验，必须调配较强的干部针对其思想情况进行教育。在劳动改造中不仅要注意他们劳动好坏，而且应特别注意他们思想改造的程度。对刑满释放分子要妥善安置就业或组织移民，帮助他们找到生活出路，对那些刑满而思想还未改造好的惯盗、惯窃、流氓及其他严重犯罪分子，除了自己可以确实找到正当职业的以外，一部分应当经过动员，留场工作。一部分坚持不愿留场，又别无生活出路的，可以送去劳动教养。对城市少年犯，各地必须迅速健全和建立管教机构，选择一批有社会经验和政治素养的人去作管理工作。一定要下很大功夫，耐心地把这批少年儿童犯改造好，教育好。

第七，同刑事犯罪分子的斗争，是全国人民长期的任务。仅仅依靠专门机关的工作是不能完成这个任务的。在斗争中必须取得广大人民群众的支持，必须发动各界人民来参加这一斗争。因此，在经常工作中必须密切联系群众，倾听群众的呼声，重视和研究群众的意见，发动群众清查、检举和监视犯罪分子。在处理犯罪分子时，在不影响生产、工作、学习的情况下，尽量采取公开审判的方式，吸引大多数群众参加，用具体事例教育群众，提高他们的警惕，严防犯罪分子的活动。只有在广大群众力量监视之下，犯罪分子才无机可乘，才能达到制止和减少犯罪的目的。

以上报告连同“关于处理盗窃、流氓、诈骗、凶杀、抢劫等刑事犯罪分子政策界限的规定”，请中央审查批示。

公安部党组

一九五七年四月二十二日

资料来源：中央档案馆馆藏档案。

［文献二］

关于处理盗窃、流氓、诈骗、凶杀、抢劫等刑事犯罪分子政策界限的规定

几年来，我们给了普通刑事犯罪分子特别是惯犯严重的打击，犯罪案件逐年下降，社会秩序日益安定。但是，目前在城市特别是某些新建、扩建的工业城市，盗窃、流氓、诈骗等活动仍然比较严重。农村的偷盗、凶杀、抢劫、毒害、纵火等案件，也较为突出。犯罪成员有了新的变化。反革命分子和惯犯作案比过去大为减少，但还有一定的数量，没有受到惩办或处理后又重新犯罪。另外有相当一部分人，因为受了剥削阶级思想的侵蚀和旧社会传统恶习的影响，发展到犯罪。根据这种情况，为了进一步维护社会秩序，保障社会主义建设，当前在同这些刑事犯罪分子作斗争

中，我们应当采取“依法惩办与教育改造相结合”的原则，依法逮捕那些构成了犯罪的盗窃犯、诈骗犯、杀人犯、放火犯、流氓集团和各种严重破坏社会秩序的坏分子；对于犯罪情节较轻、尚不够逮捕的分子，给予治安管理处罚的拘留、罚款或者警告；对于危害社会治安，屡教不改，尚不够逮捕的分子，予以强制收容劳动教养。同时必须把那些因生活困难偶尔进行小量偷窃或作风不正派以及群众中的纠纷、闹事等不属于刑事犯罪的行为，与刑事犯罪活动严格区别开来。具体政策界限如下：

第一，下列分子，应依法逮捕：

一、危害严重的盗窃分子：

1. 以盗窃为主要生活来源的惯盗、惯窃分子；

2. 盗窃国家、合作社和个人的大量财产的分子或偷盗价值虽然不大，但引起严重后果的分子；

3. 组织或参加盗窃集团的分子；

4. 唆使或组织少年儿童进行犯罪的分子；

5. 包庇罪犯，窝藏赃物情节严重的分子；

6. 以销赃为主要生活来源的分子。

二、强奸妇女、奸淫幼女的分子。

三、严重破坏社会秩序的流氓分子：

1. 扰乱社会秩序，破坏公共财产的流氓集团的主要分子和有严重罪恶的流氓分子；

2. 殴打国家公务人员和群众，情节严重的流氓分子；

3. 污辱、猥亵妇女，情节恶劣、群众义愤或引起严重后果的流氓分子；

4. 组织暗娼卖淫或诱骗、胁迫妇女卖淫的流氓分子。

四、危害严重的诈骗分子：

1. 拐骗妇女、儿童的分子或诈骗财物、情节严重的分子；

2. 冒充国家干部、革命军人或共产党员等名义进行招摇撞骗，为非作歹的分子；或骗取了政府职位与政治荣誉的政治骗子；

3. 妖言惑众，骗取钱财，或者影响生产引起严重后果的分子。

五、人民闹事中，打死、打伤他人或者严重地破坏了公共财产的分子。

六、进行凶杀、抢劫、毒害、纵火的分子。

七、一贯聚赌抽头的赌头和一贯赌博、群众愤恨的赌棍。

八、走私的惯犯或大犯。

九、制造毒品或贩运大量毒品的分子。

十、伪造、变造假钞、假支票、公债券及其他有价证券或非法贩卖金银、外币、外汇等扰乱金融的分子。

十一、出售、出租业经政府取缔的淫书、淫画，向青年、少年灌输淫乱毒素，情节恶劣的分子（其淫书、淫画应予没收）。

第二，下列分子，应分别给以治安管理处罚的拘留、罚款或者警告：

一、进行小偷、小扒，或小量窝赃、销赃，经教育不改的分子；

二、有污辱、猥亵妇女行为，尚不够逮捕的分子；

三、破坏公共设施、扰乱公共秩序，尚未造成严重损失的流氓分子；

四、殴打国家公务人员，情节较轻，尚不够逮捕的流氓分子；

五、强讨、白吃，影响很坏、经教育不改的分子；

六、帮助暗娼卖淫、从中渔利的分子；

七、嗜好赌博、妨害生产，屡教不改的分子；

八、对自己子女的偷窃、流氓犯罪行为放纵不管，屡经政府指出，仍不纠正的分子；

九、在国家机关、团体、工矿、企业、学校、社会服务部门无理取闹、妨害公务、不听教育的分子。

第三，下列分子，应予以强制收容劳动教养：

一、刑满释放出来的惯匪、惯盗、惯窃、诈骗分子，有妨害社会治安的行为，尚不够逮捕，必须收容改造的分子；

二、有盗窃、流氓犯罪行为，屡教不改、无家可归或家庭确实管教不了，要求政府收容改造的少年犯；

三、无家无业或不务正业，进行小量偷窃、诈骗、强讨、白吃，尚不够逮捕，必须收容改造的分子；

四、以卖淫为生，屡教不改或无家可归，必须收容改造的暗娼。

第四，下列几种情况，不属于刑事犯罪的范围，应与刑事犯罪分子严格区别开来，可根据具体情况，分别作适当处理：

一、因为灾荒、失业、生活困难，偶尔有小量偷窃行为或贪图小便宜的人，应与盗窃犯罪区别开来；

二、在农业合作社内，为了部分人的利益，集体隐瞒、暗分合作社的粮食财物，应与有组织的盗窃行为区别开来；

三、因对子女缺乏教育，致使子女犯罪的人，应与唆使或有意放纵子女犯罪的分子区别开来；

四、不知情的窝赃、销赃，应与窝主、销赃犯区别开来；

五、作风不正派，搞不正当的男女关系，互相通奸，应与强奸、侮辱、猥亵妇女等犯罪行为区别开来；

六、一般群众因民事纠纷，打架斗殴，应与流氓分子聚众斗殴，蓄意殴打干部、群众区别开来（但是打死、打伤了他人触犯刑法的，也应该追究刑事责任）；

七、农业社中因工作上或干部作风上的缺点和错误引起的群众闹粮、闹社、拉牛出社等行为，应与反革命分子和刑事犯罪分子的破坏公共财产，破坏合作社严格区别开来；

八、群众中的借债不还或因为婚姻关系而产生的私人经济纠纷，应与诈骗行为区别开来；

九、贪图小利，偶尔以劣货充好货的小商贩，应与诈骗分子区别开来；

十、群众中偶尔或节日赌博，应与专靠赌博营利的赌头、赌棍区别开来；

十一、灾民和失业人员，因生活无着，偶尔抢夺食物，应与抢劫区别开来；

十二、边境地区群众偶尔的小量走私行为，应与走私犯罪区别开来。

第五，刑事犯罪分子，凡能自动向政府坦白自首的；或自动检举揭发了其他犯罪分子，有立功表现的，均可根据其具体情节，从宽处理。对于在坦白、处理以后又继续犯罪的分子，则应加重惩办。

第六，这个政策界限的规定，不适用于少数民族地区。各少数民族地区可以根据自己的实际情况，提出具体的政策界限，报中央批准后执行。

资料来源：中央档案馆馆藏档案。

［文献三］ 关于处理盗窃、流氓、凶杀、抢劫等刑事犯罪分子的犯罪证据和“未遂犯”的解释和处理的说明

一、关于犯罪证据问题：目前在处理盗窃、流氓、凶杀、抢劫等刑事犯罪分子的工作中，有的是不注意搜集证据，证据不足就草率捕人，以致造成错捕；但也有的对证据的概念不清，片面地强调直接证据，忽视了经过查实的犯人口供和间接证据的作用，以致束手束脚，对某些犯罪分子惩办不力。为了纠正这些偏向，今后公安部门必须重视对证据的搜集工作，任何一个案件，都必须经过反复认真的调查、鉴定，力求证据充分、准确。同时，对证据也必须有正确的理解。怎样才算取得了证据呢？我们初步意见，凡具备了下列一种情节的，都算取得了证据：

1. 凡是有直接人证或物证，确能证明其主要犯罪事实的，不管被告人是否承认，都算取得了证据，可以依法逮捕；

2. 凡是被拘留、传讯的嫌疑分子，其口供经过反复地侦察、调查属实，且与现场勘查笔录、科学技术鉴定或被告人的申诉，情节相符，就算取得了证据，可以依法逮捕；

3. 凡是凶杀、毒害、抢劫、纵火、重大盗窃等案件，经过充分的侦察、调查，虽未获得直接证据，但有几个方面确凿的间接材料一致证明：被告人确有犯罪的重大嫌疑，为了侦查工作的需要，也可以拘留或逮捕审查；

4. 凡是惯犯和扒手，在拘留或逮捕后所供出的犯罪次数和事实，经查对其现金、财物和经济开支，互相吻合，尽管找不到事主，也应根据其口供并案依法处理。

二、对“未遂犯”的解释和处理问题：凡已经着手实行犯罪，但在犯罪过程中，因某种客观原因阻止，没有达到目的的，均称为“未遂犯”。未遂犯中，对一般情节轻微的犯罪分子，可从宽处理，免予逮捕；对凶杀、纵火、毒害、抢劫、重大盗窃、重大诈骗等有严重罪行的分子，虽然未遂，亦应逮捕。

资料来源：中央档案馆馆藏档案。

7 月 23 日

［纲　文］　**《人民日报》发表题为《用人可以不问政治吗?》的社论**。

［目　文］　社论说，党和人民政府历来的选择干部的标准就是德才兼顾，或者说既重视政治情况，又重视业务能力。党和人民政府的干部政策和人事工作，不是普通的行政事务问题，而是关系国家命运、影响国家政权性质的原则问题。社论指出，历史上的任何国家政权都是以一定的阶级、一定的政治力量为基础组成的。世界上的任何一种政权在选用人才和培养人才方面都是有政治标准的，所不同的只是各有具体内容，有拥护劳动人民利益和反对劳动人民利益的区别罢了。真正不管干部的政治情况的国家，在世界上是没有的。那些向党和人民政府要求所谓任人唯才、要求用人不问政治情况的议论，如果不是由于反对社会主义事业和无产阶级专政，就是由于在政治上无知。右派分子恶毒地攻击党和人民政府的人事工作部门，把它说成是“宗派的窝子”，说成是“阎王殿”。他们如此仇恨人事工作部门，可见人事工作在阶级斗争中的地位是怎样重要了。社论指出，在我们的人事工作中，宗派主义的倾向是有的，党的整风运动的任务之一，正是要同这种有害的、非工人阶级的、非社会主义的倾向作斗争。但是反对宗派主义，绝不是说用人可以不问政治。恰恰相反，在反对宗派主义的同时，我们还必须同党内外的那种认为用人可以不问政治的倾向作斗争。只有这样，才能贯彻德才兼顾的原则，才能在人事工作问题上达到整风运动的目的。取消效忠于人民群众、效忠于人民民主、效忠于社会主义的政治标准，势必出现另一种只有利于少数人的政治标准。那不但是彻底的宗派主义的政治标准，而且根据历史的客观规律，那必然是一种反动的、反人民的、反社会主义的政治标准。

7 月 23 日

［纲　文］　**国务院发出《关于恢复与发展民营盐滩的指示》**。

［目　文］　《指示》说：一、对于现有已停晒的民营盐滩，应以恢复为主，并根据具体条件，适当发展。不应过分强调集中与正规化，生产上必须修建的工程设备亦应因陋

就简，从小到大，逐步解决。二、恢复与发展民营盐滩的重点，应放在海盐产区。交通不便的地区，应根据当地需要和外运力量，适当恢复与发展，以防止大量发展后无法销售。发展地区应以辽宁、河北、山东及苏北等地盐区为主；浙江、福建、广东等省盐区只能适当恢复或发展。内地生产的土盐，因为燃料困难、产量少、质量差、成本高，一般不宜恢复或发展。三、所有恢复或发展的民营盐滩，产品纳入国家计划，由国家统一收购，不得自产自销。收购价格由省、直辖市人民委员会核定。四、为了使计划恢复与发展的民营盐滩能够迅速投入生产，要求各有关省、直辖市立即进行布置，加强领导，做好各项准备工作。因经营分散，管理不便而发生的走私漏税情况，有关省、直辖市应加强对群众的思想教育工作和行政管理工作。

7 月 23 日

［纲　文］　**高教部颁布《关于生产实习期间兼职总领导人及兼职技术指导人员酬劳金问题的决定》。**

［目　文］　《决定》规定：在国家各级政权机关及其所属由国家预算开支经费的事业单位进行生产实习的，对实习单位指派的兼职总领导人或兼职技术指导人员的酬劳金一律取消；已付出的不收回，未付出的停付。同时也不得用公款赠送纪念品。在上述以外的其他单位进行生产实习的，因情况比较复杂，酬劳金问题暂维持原状，待研究后另行决定。

7 月 23 日—8 月 4 日

［纲　文］　**北京市第二届人民代表大会第二次会议召开。**

［目　文］　北京市副市长张友渔作《关于北京市 1956 年财政收支决算和 1957 年财政收支预算的报告》，北京市计委主任王纯作《关于北京市 1956 年度国民经济计划执行情况和 1957 年度国民经济计划的报告》。王纯说，1957 年国民经济计划完成后，除个别指标外，北京市绝大多数生产和事业发展计划指标都可以完成或超额完成第一个五年计划。几年来社会主义建设事业的伟大成就，是任何反动政府统治时期所不能比拟的。解放前 1948 年全市工业的总产值仅为 1 亿元，1956 年为 18.5 亿元，比 1948 年增加 17 倍之多。解放以来，北京市的面貌日新月异地在由消费城市向伟大的社会主义生产城市发展着，首都已经建设了许多现代化的大工业企业。自 1949 年到 1957 年新建的房屋建筑面积共为 2100 万平方米，超过了解放前北京市旧有房屋面积的总数。1948 年，北京市的高等学校为 17 所，学生仅有 17700 人，而现在已经发展到 31 所，学生达到了 79100 人，增加了 3.6 倍；1948 年中等学校只有 85 所，学生 50000 人，而现在已有 151 所，学生达到了 180000 人，增加了 2.6 倍；现有小学 1245 所，在学人数 422736 人，比 1948 年也增加了 2.6 倍。

会议通过《关于北京市人民委员会工作报告》、《1956 年财政收支决算和 1957 年财政收支预算》、《关于北京市高、中级人民法院工作报告》等决议。会议选出新的北京市人民委员会组成人员。彭真当选为北京市市长，张友渔等七人当选为副市长。

8 月 4 日晚，北京市人民委员会召开第一次会议。彭真提出北京市几项主要工作的意见。他指出：应当继续深入开展反对资产阶级右派分子的斗争，继续深入开展整风运动，这是保证社会主义事业顺利进行的关键。要认真精简行政机关和企业事业的管理机构，抽调30%到50%的机关工作人员和企业管理人员到基层去参加生产和工作。在工业方面，要认真精简管理人员，提高产品质量，降低成本，并且切实注意工人的生产安全。在商业方面，要做到损耗少、费用少、管理人员少，商品质量好、服务态度好和便利群众。关于学校教育工作方面，他说，凡是没有考取学校的中、小学毕业生，年龄和体力适宜参加劳动，可以在劳动中锻炼和学习。对于既没有考上学校又不能参加劳动的中、小学毕业生，应该动员学生家长想办法，以便群策群力，不增加国家开支，使学生能够继续学习。在传染病容易流行的时节，主管部门要抓紧爱国卫生运动和做好预防工作。

7月23日

［纲 文］ **山东省最高人民法院公开审判三名美国派遣特务**。

［目 文］ 经过检察长和辩护律师辩论了特务分子李天庆等背叛祖国、危害国家安全等反革命罪行的事实后，审判员宣布判决：李天庆在被捕后有立功表现，故根据“坦白从宽、抗拒从严、立功折罪”的政策，判处有期徒刑一年；袁阿木在被捕时无拒捕行为，并有认罪悔改之意，亦予从轻判处，判有期徒刑五年；任龙仁效忠美国间谍机关，多次驾驶船只偷越国境，判处有期徒刑七年。罪犯李天庆等的一切反革命用具和活动经费，全部没收。

这两批美国中央情报局原属东京间谍机关的派遣特务，是在1956年5月10日和6月6日分别由海上登陆的。第一批特务分子李天庆（组长）、袁阿木和就捕时畏罪服毒自杀的昊伯钧，接受美国间谍机关特务训练，在美国间谍分子雷蒙（译音）上尉指挥下，于1955年12月至1956年3月间，曾五次企图在中国东北和山东登陆未逞，第六次在海阳县董家庄登陆，但登陆后不到12小时，被中国驻军与公安机关、民兵迅速捕获。第二批特务分子任龙仁和郑允海（已淹死）、崔昌镇（朝鲜人，已被当场击毙）在董家庄登陆，企图将李天庆等三人接回去，结果遇到中国驻军和公安机关围剿捕获。任龙仁自1953年初至1955年6月，先后向朝鲜龙岩浦、瓮津、长山川、汉川等地输送六批特务分子，1955年7月以后，向中国东北、山东地区输送过四批特务。

7月24日

［纲 文］ **中共中央批准中央监察委《关于第二次全国党的监察工作会议情况的报告》**。

［目 文］ 中共中央在批示中说：中央批准中央监察委关于第二次全国党的监察工作会议情况的报告和第二次全国党的监察工作会议总结。请你们督促所属党的监察组织讨论执行。

4月30日，中央监察委向中共中央报送的《报告》说：1957年3月13日到3月30日，我们召开了第二次全国党的监察工作会议。出席会议的有各省、市、自治区和六个省属市，以及中央国家机关、解放军监委书记和副书记等49人。到会同志首先学习了毛主席在最高国务会议上关于正确处理人民内部矛盾问题的讲话和在全国宣传工作会议上的讲话，然后根据主席讲话和党的八大会议的精神，检查总结了1956年党的监察工作，肯定了成绩，批评了工作中的缺点和错误，讨论了纠正对少数案件处理上发生的偏差和错误的方法；同时，讨论了1957年党的监察工作任务，并讨论了党的监察干部中存在的一些思想作风问题。

《第二次全国党的监察工作会议总结》的主要内容有：对1956年全国党的监察工作的估计、1957年党的监察工作的任务、反对违反党纪的行为必须贯彻的方针、作好检查处理案件的工作、正确地对待处理错了的案件、加强党的基层组织的监察工作、加强党的监察工作的宣传工作、加强领导、机构和干部问题等。

［文　献］　**第二次全国党的监察工作会议总结（节录）**

（一九五七年三月三十日）

一、对一九五六年全国党的监察工作的估计

一九五五年十二月和一九五六年三、四月间，中央监委先后召开了第一次全国党的监察工作会议、工矿交通运输部门党的监察工作座谈会议和案件审查处理工作座谈会议。在这三次会议上批判了监察工作中的右倾保守思想和自由主义、惩办主义的倾向，提出了一九五六年党的监察工作在农村和工矿中的斗争任务，交流了党的监察工作的经验。各级地方监委将这三次会议的内容向党员进行了传达，听到传达的党员大约占党员总数的百分之八十以上。经过这三次会议的传达和贯彻执行，提高了监察干部的思想水平和工作能力，向党员进行了关于党的监察工作的宣传和纪律教育，并且发动了广大党内外群众对党员进行监督、向违法乱纪的行为进行斗争的积极性，从而检举揭发出大量的党员违法乱纪的案件或工作上的缺点错误。

各级监委在检查处理案件的时候，都认真地贯彻了“严肃谨慎，分别对待”的方针，因此，对违反党纪的党员的处理绝大多数是正确的。经过对这些案件的处理，纯洁了党的组织，有效地反对了党内的各种不良倾向，加强了党员的纪律性。

各级监委去年也积累了一些重要的经验，如依靠党、依靠党内外群众开展监察工作的经验；县监委开展监察工作的经验；开展党的基层组织监察工作的经验；正确检查处理案件的经验等等。

各级监委的机构绝大多数都已建立起来。全国监察干部一九五五年监委成立时只有七〇〇〇多人，由于各级党委的支持，到一九五六年底增加到一四〇〇〇人左右。中央监委和一些地方监委为了提高监察干部的政治思想水平和工作能力，开办了监察干部训练班，对监察干部进行了训练。

但是，一九五六年党的监察工作中也还存在着一些缺点和错误。主要是在一些监察干部中存在着主观主义、官僚主义的思想作风，以致有少数案件处理有偏差或错误；有些重大案件处理不够及时；有些监察干部对监察工作的任务、职权范围了解的不够清楚，以致有些该做的工作没有做，不该做的反而做了等等。

总之，一九五六年党的监察工作在中央和各级党委领导下是有进步有成绩的，但是也有一些缺点和错误。成绩和缺点、错误比较起来，成绩是主要的。成绩必须肯定，缺点和错误必须克服和纠正。

二、一九五七年党的监察工作的任务，应当是：根据“八大”决议和毛主席在最高国务会议上关于正确地处理人民内部矛盾问题的讲话和在宣传工作会议上的讲话的精神，结合一九五七年的增产节约运动和整风运动，从监察工作方面来保证第一个五年计划的最后一个年度计划的胜利实现和党组织的纯洁性。各级党的监察委员会应该针对目前党内违反党纪的状况，反对严重损害国家和人民的利益的官僚主义、命令主义的行为；反对贪污盗窃、腐化堕落、违法乱纪的行为；反对弄虚作假、欺骗隐瞒的行为；反对破坏党的团结、压制民主、打击报复、争权夺利的行为。此外，对其他方面的违反党的纪律的行为，也必须认真地进行检查处理。各省、市监察委员会应该根据以上任务，结合本地区的具体情况，提出本地区的工作重点，安排自己的工作。

三、为了有效地反对各种违反党的纪律的行为，正确地执行党纪，必须贯彻执行“严肃谨慎，分别对待”的方针。对于混入党内的反革命分子、在党内坚持进行分裂破坏活动的阶级异己分子、反右派斗争中的叛党分子、不可救药的腐化堕落分子和其他坏分子，必须坚决把他们清除出党；对于犯了错误的党员，只要按照党章规定，所犯错误可以留在党内改正，并且本人愿意改正，就应该采取“惩前毖后，治病救人”、“既要弄清思想，又要团结同志”的方针，把他们留在党内加以教育，帮助他们改正错误；对于那些坚决不改正错误并且进行危害党的活动的分子，必须进行坚决斗争，直至开除他们出党。有些同志没有真正领会“八大”提出的对待犯错误的党员的方针和原则，认为“八大”执行党纪的精神是“一律从宽”是错误的。这是他们不了解党中央对犯错误的人一贯执行了“分别对待”的方针，“八大”则是进一步地系统地总结了党怎样对待犯错误的党员的经验。党的监察干部必须努力学习“八大”文件，真正领会“八大”的精神。不认真领会党对犯错误的党员所采取的方针和原则的精神，对它片面地了解或只从字眼和词句上去了解都是不对的。

四、作好检查处理案件的工作

根据过去各地监委检查处理案件的经验和教训，应该切实作好以下工作：

（一）弄清情况，分清性质，正确处理。弄清情况是正确处理案件的基础。因此，对党员违反党纪的情况，必须以实事求是的精神和客观冷静的态度进行全面的调查研究。在调查中要兼听各方面的意见，既要听取检举人的意见，又要听取被检举人的意见和党内外群众的意见。既要听取正面的意见，又要听取反面的意见。要抓住主要的关键性的问题查深查透。不调查，不研究，主观臆断，捕风捉影，偏听偏信，先入为主，查不清事实就作结论，是检查处理案件发生偏差和错误的重要原因。只有克服主观性、片面性，才能将案情彻底检查清楚。

查清事实以后，就要分清问题的性质。首先就要严格地区别是党内是非问题还是混入党内的反革命分子、蜕化分子和其他坏分子的问题。如果是党内的错误，还要进一步分析错误是什么性质的。根据过去的情况看，以下问题易于混淆，应该注意分清：是一般的政治历史问题还是反革命问题；是工作上不同意见的争论还是破坏党的团结；是政治麻痹任用私人还是有意包庇反革命分子；是贪污盗窃还是占小便宜，不要把农村中的贪污盗窃和隐瞒产量混淆起来；是一般两性关系上的错误还是腐化堕落。对于反右派斗争中犯错误的党员，则要审慎地区别是思想动摇还是投降叛变问题。分清性质以后，还要具体分析错误的情节轻重。然后，根据党员所犯错误的事实、性质、情节轻重、是一贯的还是偶然的、对党的危害性、产生错误的历史根源和思想根源、本人对错误的态度、本人在工作上和历史上的表现等等情节，再根据党的政策原则，决定是否处分，给予什么处分，正确地作出完全符合每个犯错误党员具体情况的恰当的结论。

检查处理犯了属于党内是非性质的错误的党员，应该从团结的愿望出发，经过批评教育，帮助犯错误的同志认识错误，弄清思想，接受教训，找出改正错误的方法，达到纠正错误、团结同志的目的。对于不能很快认识错误的同志要进行耐心的说服教育，但这并不是说要团结同志，就不要给予处分，给犯错误的党员以处分，也是为了达到教育和团结同志的目的。

必须注意听取犯错误党员的辩护和申诉，认真地执行党章第十八条的规定。党的组织讨论决定党员的处分，除特殊情形外，应当通知受处分的本人到会申辩；党员对处分不服，应当允许向上级党的组织申诉。有些党的组织不允许犯错误的同志参加会议，不允许辩护，不准申诉，这是违反党章的。

党的监委应该通过处理申诉案件来保护党员的正当权利，监督党的组织正确地执行党的纪律和党章第十八条的规定。

（二）检查处理案件必须依靠党、依靠群众。各级监委必须依靠党委，在各级党委的领导下，作好检查处理案件的工作，要求党委直接指导，并且动员有关部门参与检查案件。上级监委派出的监察人员，在检查处理案件的时候，必须依靠当地党的组织，在当地党委领导下进行工作。还要善于同有关部门联系，特别是同国家监察部门密切联系，要善于把有关方面的力量组织起来，进行联合检查，或委托某个党的组织负责检查，监委进行督促、帮助。

要加强来信来访的处理工作。受理控诉、申诉是党的监察工作的任务之一，是各级监委联系党员、群众的一个重要的环节。各级监委必须重视这项工作，加强对这项工作的领导，指定一个副书记或监委委员亲自领导这项工作。对于控诉、申诉中的重大案件，要派遣监察员协同有关部门，直接进行检查。要改变不分轻重一律“照抄照转”的办法和长期积压不作处理的现象。对于转交下级监委处理的控诉、申诉案件，要认真地进行督促检查，负责到底。各级监委应该认真地执行中央监委“关于处理控诉、申诉案件的规定”，经常研究控诉、申诉工作中的问题，系统地总结经验，改进工作方法，提高工作效率。

（三）要积极主动，不能坐等办案。受理控诉申诉案件、审理报请批示的案件，是各级监委的重要任务，但是，除此以外，还应该积极主动地去检查党员遵守党纪的状况。我们检查党员遵守党纪状况目的，是为了发现和进一步检查处理党员违反党纪的问题，而不是检查党员的行政业务工作或一般的政治思想问题，因此在检查党员遵守党纪状况的时候，应该注意不要超越范围。

在处理案件时，为了争取工作的主动，各级监委应该对受理的大量案件经常地进行案件排队，分清轻重缓急，有计划地进行处理。

（四）结合中心工作检查处理案件。监委为了在党的各项中心工作中消除和防止消极因素，保证中心工作的完成，检查处理案件应该结合中心工作。但是，结合中心工作，不是不看具体情况对于任何一项中心工作都去机械地结合。结合中心工作的方法主要是经常了解党员在执行中心工作中有无违纪的情况，发现违纪问题，进行检查和处理。因此，监委在结合中心工作的时候，应该将力量主要放到检查处理妨碍中心工作的完成的案件方面。在处理这类案件中，要切实防止为了推动中心工作、赶浪头而草率处理、加重处分的偏向。

五、正确地对待处理错了的案件

去年处理的案件，绝大多数是正确的，少数有偏差，个别有错误。处理有错误和偏差的案件，各地情况虽然不同，但是，必须引起各级监委的重视。对搞错的案件，必须纠正。在研究这类案件的时候，必须“坚持真理、修正错误”，不能因为工作上有些偏差和错误，就说一切都错了，而去改变那些不应该改变的案件；也不能因为工作上的偏差和错误是少数的，就不注意纠正那些应该纠正的案件。凡有下列情形者，就应当纠正：完全搞错了的，也就是本人没有错误而受到处分的，应当予以平反；不应该开除党籍而开除了党籍的，应该改变原来处分，因为这是涉及党员的政治生命的大问题。至于处分偏轻偏重的，各地应该根据每个人的具体情况，分别研究，加以处理。在衡量犯错误的党员所受处分是否恰当的时候，要考虑到处理这个党员当时的情况和当时党的政策，不能离开历史情况完全以今天的政策标准去衡量和复议。在进行这一工作的时候，应该是结合处理申诉案件和明显的处理错误的案件，作重点复查，不要普遍复查，不要形成运动。为了做好复查这类案件的工作，要统一干部的思想认识，把政策界限的标准一致起来。同时，还要注意找出发生错误和偏差的原因，以便从错误中得到教训，改进今后的工作。

六、加强党的基层组织的监察工作

从去年以来，党的基层组织的监察工作取得了重要经验，但从全国来看，还不普遍、不平衡。做好党的基层组织的监察工作，是监委贯彻群众路线、依靠党员、群众正确及时地处理案件的重要方法。因此，监委应该放手依靠党的基层组织做好监察工作。

监察工作是党的基层组织的一项经常任务。党章规定：对党员执行党的纪律是党的基层组织的任务之一。党的基层组织应该经常注意进行以下工作：（一）经常了解和向上级党委和监委反映党员违纪的情况；（二）经常地对党员进行纪律教育；（三）受理群众对党员的检举、控告；检查处理党员违反党纪的案件；（四）对受处分的党员进行考察教育。

各级监委，特别是县级监委应该把指导党的基层组织做好监察工作作为自己的任务之一，每年要召开几次党的基层组织兼管监察工作干部的会议，布置党的监察工作；具体地帮助和指导基层组织检查处理案件；采取召开案例座谈会、开办短期训练班的办法，训练党的基层组织兼管监察工作的干部，提高他们的工作能力；监委在指导党的基层组织做好监察工作的时候，应该只限于监察工作，不可包揽支部的其他工作。

各级监委必须重视这一工作，把这一工作提到议事日程上来，订出计划，经常总结经验，逐步开展。

七、加强党的监察工作的宣传工作

要依靠群众，必须教育群众。去年的经验证明，加强党的监察工作的宣传工作，是动员广大党内外群众对党员进行监督、向党员违反党的纪律的行为作斗争的重要方法，是对党员进行纪律教育、克服党内错误倾向的重要方法。各级监委应该作好这一工作。宣传的内容主要是：党的监察工作的任务、方针、政策；执行党纪的基本知识；犯错误党员的典型事例等。宣传的方法是：广泛地传达监察工作会议的精神；通过各种会议、上党课等多种多样的方式向广大党员群众进行宣传；大张旗鼓地处理案件，在党报、党刊上和发通报公布典型案件，特别是在报纸上公布典型案件、撰写评论、组织讨论，所起的教育作用尤其重大。大张旗鼓处理的案件应该是能够代表党内当前的一种错误倾向的，错误事实必须查清，结论和处分要正确。这样才真正能够起到教育广大党员的作用。

八、加强领导

（一）加强思想领导，提高监察干部的马克思列宁主义的思想水平。一九五六年各级监委批判了监察干部中的右倾保守思想和慫办主义、自由主义倾向，对于提高监察干部的思想水平、开展监察工作起了很大的推动作用。一九五七年各级监委应该着重批判和克服监察干部中的主观主义和官僚主义的思想作风，同时注意批判某些宗派主义以及慫办主义、自由主义等错误思想，以便从根本上克服检查处理案件工作中所发生的偏差。为此，就要领导监察干部努力学习，认真学习“八大”文件，特别是要深入学习其中和党的监察工作有关的部分，认真地学习毛主席在最高国务会议上和宣传会议上的讲话等整风文件；还要学习党的政策、指示和监察工作的业务；学习马克思列宁主义的哲学。学习的方法，应当采用整风的方法，认真领会文件的精神和实质，联系实际检查自己的思想和工作，认真地开展批评和自我批评，以便克服缺点和错误，提高思想，改进工作。监察干部要根据中央关于整风的指示，积极地参加整风，并且严肃认真地处理好某些党员在整风中违犯党纪的案件。

（二）必须坚持执行集体领导和个人负责相结合的制度。去年各级监委强调了集体领导，反对了个人决定重大问题的现象，在健全集体领导和个人负责相结合的制度方面有很大进步；但是还有一些监委的集体领导流于形式。因此各级监委今后仍然必须坚持集体领导的原则。为了健全常委会议，可以补选几个候补常委。凡不需要委员会（常委会）集体决定的日常工作问题和委员会（常委会）已经决定的问题，可由委员会（常委会）委托个人负责处理。为了加强兼职委员的责任心，委员会也应该经常地给各兼职委员分配适当的工作任务。

（三）规划问题。根据去年的经验看，监察工作制定规划是必要的，有了规划可以使领导心中有数，工作主动，便于组织力量和检查工作。监委制定年度、季度的比较全面的计划和办理现有案件的具体计划，是需要的，也是可行的。制定规划必须从实际出发，切实可行，不要规定处分党员的具体数字指标。规划制定后就要认真执行，防止形式主义。在执行当中发现不适合实际情况的地方，要及时修改。

（四）监察工作的领导干部要深入下层，了解情况，直接或帮助下面检查案件，研究问题，总结经验。监委的领导干部要把大部分时间和力量放到这方面，这是克服主观主义、官僚主义的重要方法。深入下去不能只“走马看花”，泛泛了解，还要“下马看花”，一定要抓住典型，系统地了解情况，加以分析，取得经验，推动一般。上级监委应当加强对下级监委的业务指导。为了作好这件工作，除进行一般的业务工作指导外，各级监委应当特别注意经常派人帮助下级监委检查处理案件，从检查处理案件中总结经验，教育干部，提高干部的工作能力。

九、机构和干部问题

根据监察工作任务的需要和中央精简机构的精神，仍需要健全各级监委的机构和加强现有干部的质量。一年来监委的干部状况虽有很大改善，但是质量差、监察干部不能作监察工作的问题，目前在一些地方仍然是严重的，而且有的地方，在今年精简机构中，监察干部减的过多。因此，希望各地党委根据监委是新建机构、事情较多的情况而因事设人，不可精简过多，并且适当地调整监察干部的质量，对于不适于作监察工作的干部加以调整。现有监察干部的骨干应当稳定下来，并且使他们能够以主要力量从事监察工作，不要过多地抽调监察干部去搞其他工作，以便积累经验。

资料来源：中央档案馆馆藏档案。

7 月 24 日

［纲　文］　**国务院召开常务会议。**

［目　文］　周恩来主持会议。会议同意粮食部副部长陈国栋关于粮食会议的报告。决定城市粮食销量要作适当压缩，城市临时人口的粮食供应标准，应低于城市常住人口的标准。

关于三门峡工程问题，议定：一、由水利部提出具体方案，经中央原则确定一两个方案，交全国专家讨论后，再作最后决定。二、批准苏联专家对三门峡工程的初步设计，技术设计暂缓进行。三、由水利部搞个有关水利方面的基本知识手册，印发中央负责同志参阅。

会议决定将国家经委《关于 1958 年度计划控制数字》问题的文件发各部党组书记分口研究，再由国家经委汇总修改，印发各省、自治区、直辖市征求意见。会议通过《关于 1956 年度国民经济计划执行结果的公报》。

会议同意调整中苏非贸易汇兑的比价方案。对 1950 年 11 月 4 日中苏两国政府签订的非贸易款项协定中规定的清算办法更改为相互非贸易支付，按贸易协定价格折算：中方在苏联的非贸易支付总额按 8.60 折 1.00 的折算率计算；苏方在中国的非贸易支付总额按 2.60 折 1.00 折算率计算。

会议原则批准国家民航局《关于与各外国航空公司建立互相代理业务关系的问题的报告》，将凭签证买票的内容加进去。报告说，建立代理业务的方案是，循外国航空公司要求，与各该公司订立互相代理业务的合同，双方互代售客票，代收运货物，互承认对方票证，提取一定的手续费。

会议原则同意《国务院关于〈1956 年 11 月 16 日发布的国家机关停止增设机构增加人员的通知〉的补充通知》。《补充通知》说，在中央各部门之间，中央与地方之间，以及这个地区与那个地区之间的现职干部需要调整的，均可根据需要与可能经过协商同意，由人事部门作合理的调整，由于调整而减少人员的单位，一律不得再从社会上新招收人员进行增补。

会议通过中央救灾委员会名单。邓子恢任主任，习仲勋、谢觉哉任副主任。

7 月 24 日

［纲　文］　**外交部就港英当局强迫九龙中国居民迁移等问题照会英国驻华代办处。**

［目　文］　《照会》称：从1957年6月25日开始的连续几天中，香港英国当局出动大批警察，保卫九龙启德机场以北的竹园乡和临近地区，强迫竹园乡以西一带地区中国居民迁移，并强行拆毁和铲平该地区民房、田园和果木，使该地区中国居民陷入毁家破产、流离失所的境地。对此，中国政府向英国政府提出严重的抗议，并且要求英国政府和香港英国当局立即停止执行强迫中国居民迁移和毁坏他们的房屋和田园财产的无理措施，并且对已经被强迫迁移的中国居民给予妥善的安置，对他们的房屋和田园财产的损失给予公平的赔偿。香港和九龙的中国居民的传统权利和正常生活必须受到尊重，否则，由此产生的一切后果，应该由英国政府和香港英国当局负责。

8月6日，英国政府对外交部7月24日抗议香港英国当局强迫九龙中国居民迁移和拆毁民房，铲平田园、果木的照会提出复照。8月24日，《人民日报》发表题为《英国当局应尊重九龙中国居民的权益》的评论员文章，对英国的复照给予驳斥。

7月24日

［纲　文］　**财政部、交通部发出《关于简化和统一制发船舶牌照办法的通知》。**

［目　文］　《通知》的主要内容有：一、关于船舶牌照制发办法：（一）各种机动船，不论征收使用牌照税或者免税的，税务部门一律不再制发“使用牌照”。（二）凡在开征车船使用牌照税地区的各种非机动船，统一由税务部门制发“通用牌照”，港务（航运）部门不另行制发牌照。（三）税务机关对各种非机动船应根据不同情况分别按照以下规定办理：1. 对于应税的各种非机动船，如果是已经参加组织并且经常经营运输业务的，一律制发长期使用的牌照；对于未参加组织的及已经参加组织而非经常经营运输业务的（即临时兼营运输业务的），一律制发短期（半年的、年度的）使用牌照。2. 凡属长期免税的各种非机动船，一律制发长期使用的免税牌照；凡属应税的各种非机动船，如果给予定期（几个月或一年）免税的，可以发给长期或短期使用的纳税牌照代替，不另制发短期使用的免税牌照。二、关于制发船舶牌照工作中应注意的事项：（一）为便于各地鉴别牌照的式样、大小、颜色和质料，均须依照所附各图例说明规定办理，不要自行变更。（二）制造牌照和“纳税期限标志”时，应精确估计需要的数量，以免过剩或不足。（三）不论长期或短期使用的各种船舶牌照，不是损坏或遗失的，不予更换；牌照上面所附的“纳税期限标志”，须按照船舶征收期限换发（即征税一次，换发一次），在换发的同时将原发“纳税期限标志”收回（即上期的）。但是，在发放第一次牌照时，为了节约费用，可以不另行制发“纳税期限标志”。（四）港务（航运）和税务部门今后办理船舶的登记、注册和征税、发放牌照工作，应当互相密切配合。此《办法》从1958年度起全国一律施行。

7月24日

［纲　文］　**中共广东省委向全省农村党组织发出向农民展开一次社会主义宣传教育运动的指示。**

［目　文］　中共广东省委指出，最近一个时期，有些地区的残余反革命分子、不法

地主、富农分子进行破坏活动，有些地主甚至向农民进行倒算。另一个值得注意的情况是，部分富裕中农的资本主义自发思想又有所抬头，而且正在扩大影响。为了进一步巩固农村社会主义阵地，保证当前生产工作、夏收分配和征粮购粮等工作的顺利进行，各地应贯彻执行下列四项措施：一、普遍向农民群众展开一次社会主义宣传教育运动。要结合当前工作，向他们说明今天仍然存在两条道路的斗争，使他们更加自觉地坚决走社会主义的道路。同时，要结合他们的切身体验，宣传合作化的优越性和统购统销政策的好处，说明合作社服从国家计划的重要性。对于部分富裕中农抵抗统购统销政策，过高要求留粮等只顾个人、不顾国家，只讲民主、否定集中的错误言行要展开说理批判；对于其中少数有意识地串连别人退社，企图瓦解合作社的人，给以严格的批评。二、各级公安、检察、法院等部门要坚决及时地打击反革命分子的破坏活动和不法地主、富农的倒算活动，发动群众进行说理斗争。对于应该逮捕的反革命分子以及其他刑事犯罪分子，应该依法加以逮捕。三、继续改善干部作风，贯彻执行群众路线，遇事和群众商量，做好当前生产工作、夏收分配和粮食征购工作，及时解决应该解决的各项问题。四、加强农村政治思想工作。各地可以召开党员、干部战地会议，批判右倾思想。县委第一书记要把农村思想工作亲自抓起来；地委、县委负责干部都要亲自动手，调查研究当前思想动向，用当地生动事实向群众作报告，并且立即组织宣传队伍下乡向农民作报告。

7月24日

［纲　文］　**第三届禁止原子弹氢弹和争取裁军世界大会中国筹备委员会举行会议。**

［目　文］　会议推选出以蔡廷锴为团长、赵朴初为副团长等人组成的中国代表团。会议通过声明，对日本政府向中国代表团提出的入境条件表示严重抗议。声明称：中国筹备委员会最近收到了日本禁止原子弹氢弹协议会寄来日本政府所制定的关于中国代表团入境签证的申请书，要中国代表先填写寄去。日本政府在申请书上提出了无理的条件：一、须随时用书面把住址的改变情况通知日本法务大臣；二、在日本旅行的时候，须在48小时前将行程通知日本法务大臣；三、不做入境目的以外的任何其他活动。申请书上还规定要出席大会的代表宣誓保证遵守上述条件，否则将被驱逐出境。声明说：这是日本政府近来对中国极不友好的带敌视性的一系列行为之一，其目的是想阻挠中国代表团参加大会。日本政府这种做法是违反日本人民和各国人民反对原子核武器的崇高意旨的。中国代表团绝不能填写这种无理的和带有侮辱性条件的申请书。如果由于日本政府的阻挠，中国代表团的行期受到影响，甚至无法出席大会，这应该由日本政府负完全的责任。

7月24日—8月15日

［纲　文］　**以缅甸联邦民族院副议长德钦登貌为首的缅甸联邦国会访华团访问中国。**

7月24日

［纲　文］　**刘少奇电贺波格达迪当选埃及国民议会主席，并祝埃及国民议会成立。**

7月25日

［纲　文］　**中共中央转发中央经济工作五人小组《关于在若干工作中划分中央和地方管理权限问题的意见(草稿)》。**

［目　文］　中共中央在批转意见中说：现将中央经济五人小组提出的《关于在若干工作中划分中央和地方管理权限问题的意见（草稿)》转发给你们研究。这些意见准备提到下次中央全会上讨论。在中央全会以前，中央经济五人小组准备分区召集各省市同志组织几次讨论，和地方交换意见并进行修改。请各地党委即行准备参加五人小组最近召开的会议，会议的时间和地点，由国务院另行通知。

7月15日，中央经济工作五人小组主持起草的《意见（草稿)》指出：中央和地方需要划分管理权限的方面是很多的，但是不可能把全部应该划分的权限一下子统统划清。应该把急需划分的几个方面首先划分，其他方面以后再陆续划分。同时，也只有在试行中才能逐步取得经验。应该首先划分中央和地方管理权限的是下列几个方面：一、关于工业的管理；二、关于商业的管理；三、关于财政的管理。对上述三个方面已经由国务院有关部门作了若干次研究，提出了初步意见。这些意见，还没有提到中央政治局和国务院讨论。将来经过政治局和国务院讨论，并经政治局和国务院认为这些意见可以与各省委同志讨论时，中央经济五人小组准备分区召集各省、市同志组织几次专门的讨论，吸收地方意见，加以修改，以便提到中央全会或政治局会议讨论定案。

7月25日

［纲　文］　**国务院批转监察部、劳动部《关于目前企业、事业、机关私自招收人员的情况及处理意见的报告》。**

［目　文］　国务院就某些单位仍然在私自招收人员问题提出：一、各地区、各部门，应当对执行国务院上述通知的情况进行一次普遍的检查。对于私自招收人员的现象，应即查明责任，进行纠正。其中有些情节严重的，应当给以应得的批评甚至给以处分。二、对于各单位私自招收来的人员，家在农村的一般应当动员他们回乡生产。家在城市的，如果生产确实需要，报经省、自治区、直辖市人民委员会或者中央主管部门批准，可以暂时留用；生产不需要的应另作安排，慎重处理。在处理过程中，原招收单位及有关部门应当负责做好政治思想工作，进行必要的说服教育，防止任何事故的发生。三、新建企业和个别原有单位确实需要增加人员的，除因用内部调剂反而会引起人员过多的流动造成困难，在批准后允许就地雇请外，一般的只能在现有在业人员、部队转业干部、高等学校、中等专业学校、技工学校毕业生中调配解决。至于个别单位因情况特殊需要就地吸收临时工的，也必须按国务院的规定严格控制，不得私自招收。

7月2日，监察部、劳动部向国务院提交《报告》。《报告》分析了有些企业、事业、机关随意招收人员的现象，指出，必须责成各地区各部门认真地贯彻执行国务院的通知，不得随意从社会上招收人员；凡是没有将国务院的通知进行讨论传达和布置的，都应当迅速加以讨论传达和布置；已经作过布置的，则应对执行的情况进行一次检查。各地劳动、监察部门应该组织力量对企业、事业、机关（包括中央和地方管辖的单位）私自招收人员的情况进行一次普遍的检查，发现有私招的单位，必须查清责任，进行纠正；情节严重的应该提请当地人民委员会或企业（事业）主管部门给予有关负责人以处分，必要时还应将处理结果在报上公布。对于私招来的人员，凡家居农村的，一般都应当动员他们回乡参加农业生产，但必须作好政治思想工作；对于家居城市的，如生产需要可以继续留用，如不需要也应该尽可能地另作安排，慎重处理，不宜简单地辞退。

7 月 25 日

［纲　文］　**国务院发布《中华人民共和国水土保持暂行纲要》。**

［目　文］　《暂行纲要》经 1957 年 5 月 24 日国务院全体会议第 49 次会议通过，共 21 条，对水土保持工作的范围、主要工作、奖惩措施等都做出规定。

［文　献］　**中华人民共和国水土保持暂行纲要**

（1957 年 5 月 24 日国务院全体会议第四十九次会议通过，1957 年 7 月 25 日国务院发布）

第一条　为了开展水土保持工作，合理利用水土资源，根治河流水害，开发河流水利，发展农、林、牧业生产，以达到建设山区，建设社会主义的目的，制定本纲要。

第二条　为了加强统一领导和使有关部门密切配合，在国务院领导下成立全国水土保持委员会，下设办公室，进行日常工作。有水土保持任务的省，都应该在省人民委员会领导下成立水土保持委员会，下设办公室；任务繁重的省还可以成立水土保持工作局。水土流失严重地区的专区、县也应该成立水土保持委员会和专管机构或设专职干部（人员由农、林、水等有关部门抽调，不另增加编制）；一般地区的专区、县仍由原农林水利科（局）或建设科负责。专区、县以下的农业技术推广站、造林站、水土保持试验推广站，都应该积极帮助农业生产合作社进行水土保持工作。

流域机构应该同流域内各省水土保持委员会在工作上保持密切的联系，并可对流域内各省水土保持局保持技术和业务上的指导关系。

第三条　各有关业务部门，在统一领导下，必须密切配合，分工负责。

各业务部门担负水土保持工作的范围，划分如下：

（一）省水土保持委员会负责统一规划、布置、检查推动各有关部门进行工作；

（二）省水土保持工作局负责特定的水土保持任务，如水土保持全面情况的掌握、总结工作、领导地方试验场站，并且负责水土流失严重地区的梯田、淤地坝、谷坊、沟头防护以及与水土保持有直接关系的水利工程的修筑；

（三）地方农业（农牧）部门负责水土流失地区农业土壤改良措施，农业技术措施，及改善管理天然牧场、草籽供应等工作；

（四）地方林业部门负责采种育苗、造林、封山育林、育草、森林抚育、护林防火等工作；

（五）森工部门采伐森林必须兼顾水土保持，并为森林更新创造有利条件。有采伐迹地上要采取有效的措施以防水土冲刷；

（六）交通、铁道、工矿部门，应在当地水土保持委员会的统一规划领导下，分别负责公路、铁道邻近地区和工矿区所属地面有关的水土保持工作；

（七）地方水利部门负责山区的小型水利和一般水土流失地区的谷坊等工作；

（八）科学研究部门负责综合性水土保持试验研究工作的技术指导；

（九）流域机构负责流域性的查勘规划及流域内有关测验研究工作。

第四条 在水土流失地区，各级人民委员会应该将水土保持工作规划列入农业生产和土地利用规划以内，根据水土流失程度，制定水土保持工作的分期实施计划，统一安排各项水土保持措施。

国营农、林、牧场和农业生产合作社，应该根据统一的水土保持规划，制定全场、全社分期实施的水土保持计划，采用一切有效的水土保持措施，以防治水土流失的危害，提高各种作物的产量，保质保量地完成任务。

第五条 水土保持应该列为山区的主要工作。山区应该在水土保持的原则下，根据当地自然条件和群众生产的实际需要合理规划生产，使农、林、牧、水密切结合以全面控制水土流失。

第六条 各地应该在合理规划山区生产的基础上，有计划地进行封山育林、育草，保护林木和野生树草等护山护坡植物。为了照顾群众对燃料、饲料、肥料的需要，各地应该根据当地条件，制定定期封山、定期开山、轮封轮放和保护树苗、草根的具体办法。

第七条 25度以上的陡坡，一般应该禁止开荒。各省可以根据当地土壤结构、降雨强度和降雨量，森林、耕地和人口分布等具体情况，规定各种不同的禁止开垦的坡度；但不论坡度大小，均不得毁林开荒。并在开荒时，必须同时做好水土保持的必要措施。以后合作社或个人开垦荒地，应报请县水土保持委员会审查，并经县人民委员会或经县委托的乡人民委员会批准。

第八条 原有陡坡耕地在规定坡度以上的，若是人多地少地区，应该按照坡度大小、长短，规定期限，修成梯田，或者进行保水保土的田间工程和耕作技术措施，若是人少地多地区，应该在平地和缓坡地增加单位面积产量的基础上，逐年停耕，进行造林种草。在规定坡度以下的耕地，也应该进行必要的水土保持措施。轮歇地应该种植牧草，以增加地面被覆。

第九条 高山和陡坡水土流失严重地区的水土保持林、农田防护林、固沙林、大水库周围一公里和大江河及其主要支流两岸各宽一公里范围以内的森林、在通过山区和水土流失区的铁路两侧的森林，一般都应该规定为禁伐林。对于禁伐林，只许进行抚育性的采伐，禁止全部采伐。省（自治区）人民委员会可根据具体情况划定禁伐林的地区范围。

第十条 林区、山区和水土流失地区的山林所有者，必须根据政府规定，积极保护森林，禁止滥伐林木破坏水土保持。如果因为生产、生活上的需要，必须采伐较大面积森林时，应该报经所属县级以上人民委员会批准，并进行必要的水土保持措施。

第十一条 林区、山区和山林附近地区的机关、部队、企业、农业生产合作社和全体居民，必须积极负责地保护森林，防止发生山林火灾。应该逐步改用不会引起山林火灾的各种办法来代替烧垦、烧荒等生产性用火习惯；如果确有必要进行生产性用火时，必须报请当地乡人民委员会批准，在安全时期，采取必要的防火措施，有组织有领导地进行。在山林火灾危险期间，禁止进行各种生产性用火。

第十二条 县级以上人民委员会，对于当地经营的挖药材、烧木炭、采木耳、采蘑菇等副业生产，应该结合山区生产规划，制定具体办法，有组织有领导地进行，防止破坏山林，引起水土流失。

第十三条 各工程、事业、企业等机构，为了修筑水利、公路、铁路及其他工程必须开山和开采土、石、沙料和开采矿山占用土地的时候，均应该负责做好必要的水土保持措施，防止水土流失；同时应该接受当地人民委员会与水土保持机构的指导和检查。

第十四条 农业生产合作社如果愿意在国有荒山荒地，采用水土保持措施以发展农、林、牧业生产，可以提出使用土地的面积、界址和经营方案，经县人民委员会批准后长期使用。土地经营所得的效益，归合作社所有。

在本纲要发布前承领的国有荒山荒地，也应该遵照本纲要，逐年做好水土保持措施。

第十五条 国营农、林、牧场或者农业生产合作社承领国有荒山荒地进行农、林、牧业生产，在没有收益或者收益不多的时候，或者因为停耕还林、改种牧草的土地，以及农业生产合作社举办的坝埝工程所淤出的土地，应该分别收益情况照章减免农业税。

第十六条 公闸谷坊交当地农业生产合作社管理养护的，收益归合作社所有。国家投资兴修的较大工程所淤出的土地，由当地县级以上人民委员会掌握，分配给国营农场或者农业生产合作社耕种。

第十七条 对于已经修建的大、中、小型水库和原有森林、新造幼林、护山护坡植物以及各种水土保持工程等，当地的国营农、林、牧场，农业生产合作社和全体居民，都有保护的义务。

第十八条 对于水土保持工作有成绩的，由县人民委员会给予荣誉或者物质奖励；成绩卓著或者有创造的，由省人民委员会给予荣誉或者物质奖励。

第十九条 对于违反本纲要的规定，而滥垦、滥伐、滥牧、烧山、开矿、在陡坡上铲草皮和挖草根等破坏水土保持的，应该给予教育制止，情节严重的依法惩处。

第二十条 各省人民委员会可以根据本纲要的精神和当地的具体情况，制定实施细则；各乡、村、社可以制定各种防护公约。

第二十一条 各自治区、州、县人民委员会，可以参照本纲要的精神和当地民族习惯，自行制定当地的水土保持办法；自治区报国务院备案；自治州、县报上一级人民委员会批准转报国务院备案。

资料来源：《中华人民共和国环境保护研究文献选编》，法律出版社 1983 年版，第 148—153 页。

7 月 25 日—8 月 22 日

［纲　文］　**第五次全国计划会议在北京召开。**

［目　文］　会议主要讨论 1958 年国民经济发展方针和计划控制数字。国家经委主任薄一波在报告中指出：我国经济的特点是人口多，耕地少，经济落后。因此，1958 年必须贯彻执行中央发展工业同发展农业同时并举的方针，增加农业和有关发展农业的工业投资，积极发展农业和化学肥料工业，以逐步改变我国农业落后的状况。其次，要积极发展燃料和原材料工业，以克服我国经济发展中燃料和若干种原材料工业落后于加工工业发展的状况。薄一波最后详细报告了国家经委初步拟订的 1958 年度国民经济计划控制数字草案。国家经济委员会副主任贾拓夫就讨论 1958 年国民经济控制数字作总结发言。

会议通过的 1958 年经济计划的控制数字是：工业总产值 666. 1 亿元，农业总产值 632. 9 亿元，分别比 1957 年预计增长 8% 和 4. 8%；钢和煤比 1957 年分别增长 16. 1% 和 11. 9%；粮和棉分别增长 5.1% 和 7. 8%；基建投资为 116 亿元，预计比 1957 年增长 8. 7%。

7 月 25 日

［纲　文］　**国家工商局发布《关于公私合营企业清产核资遗留问题的处理意见》。**

［目　文］　《处理意见》提出：一、对老合营企业清产核资偏松偏紧与公积金问题的处理，根据 1956 年 2 月 11 日国务院颁布的关于私营企业实行公私合营的时候对财产清理估价几项主要问题的规定第十二条的规定，这类老合营企业，不论清估时是否偏紧偏松，提取公积金是否过大，其清估结果不应再作变动。如个别企业因种种原因，必须予以照顾的，可由当地有关部门与私方代表协商，适当提高定息息率，以资照顾。增加的息率自 1956 年 1 月 1 日起计算。二、对未用准备金的处理，可以转作原企业私方的股本（如企业原来有公股的，按原私股比重转作私方的股本）。增加的定息自 1956 年 1 月 1 日起计

算。如因数字过小，无法分摊给各个股东，或有其他原因不宜于采取上述处理办法时，亦可由公私协商，采取其他办法处理。三、对私方无力偿还的对公欠款，有关部门应根据“宽了”精神予以减免。四、企业合营时的待处理财产，除了已经明确一时无法处理的财产如冻结外汇等外，其他待处理财产，有关部门应积极加以处理了结。

8月23日，国务院作了批复同意报告。

7月25日

［纲　文］　**全国供销总社发出《关于加强与改进供销社系统储运工作的指示》。**

［目　文］　《指示》说：1957年储运工作的方针任务是：加强领导，依靠全体职工，加强与有关部门的协作，及时总结与交流经验，提高储运工作的质量，保证储运任务的完成，以逐步降低仓储运输费，更好地为商品流转服务。《指示》还对仓储工作、运输工作、加强和改进运输工具的经营管理工作、商品包装工作、增产节约等作了详细规定。

7月25日

［纲　文］　**中央军委召开第一一七次会议。**

［目　文］　会议讨论了军事科学院筹备委员会有关军事科学院组建问题的建议，决定批准军事科学院的编制总数，具体人员由该院再作调整。关于干部选调、营房等问题，请示总干部部和总后勤部解决。会议还讨论了总参谋部关于编纂全军战史问题的请示，并确定将作战部的战史与战争经验研究处全部人员和资料，移交给即将成立的军事科学院接收。会议还讨论了粟裕《关于检查和部署西昌、凉山、康定等少数民族地区平息叛乱工作情况的报告》。

7月25日

［纲　文］　**周恩来同以田尻正泰为首的日本民间广播联盟代表团和日本共同社、《朝日新闻》记者谈中日关系。**

［目　文］　周恩来说，最近几年来，中日两国很多民间团体、半官方团体签订了不少的协议，这些协议大多数已经在实行。这样先从民间的频繁来往并且达成协议开始，把两国的关系大大发展，最后就剩下在外交上宣布结束战争状态，恢复正常关系了。我们这样的做法，可以说是在国际关系史上创造了新的范例。我们是抱着这样愉快的有希望的心情来进行国民外交的，我们把国民外交看成是我们整个外交的重要组成部分。这种看法在许多日本朋友中得到了共鸣。至于日本政府方面，吉田前首相是敌视中国的，但是鸠山、石桥两位前首相是有这种愿望的。至于岸信介首相，他本来应该更进一步地表明这种愿望，但是事实证明，岸信介内阁反而比鸠山、石桥两内阁后退了。

关于岸信介到台湾去和在台湾发表支持蒋介石“收复大陆”的谈话①，周恩来说，岸信介支持蒋介石“收复大陆”，这就是岸信介不惜公开地敌视六万万中国人民的表现。周

① 据日本6月4日《朝日新闻》报道，岸信介在台湾曾对蒋介石说：“如果能够收复大陆的话，我认为是非常好的”。

恩来总理驳斥岸信介所谓“中国共产党将试图渗入整个亚洲”的言论，指出，很多事实证明，我们是愿意同亚洲各国和平相处的。我们也屡次说过，在我国和日本恢复了正常关系以后，中国和日本就可以签订互不侵犯的友好条约。毛泽东主席和我在同日本社会党代表团的谈话中都指出，只要日本取消日美安全条约和美国取消在日本的军事基地，并且从日本撤出美国驻军，使日本能够获得完全独立，那么，中苏友好同盟互助条约中关于以防止日本军国主义的再起和被人利用为目的的条款是可以修改的。

周恩来接着驳斥了岸信介在访问印度时候发表的所谓“中华人民共和国在联合国不是会员国，而是侵略国，这一决议仍然有效。由于这个理由，我们不能承认共产党中国”的谈话，指出，岸信介在印度发表的这次谈话是很可笑的。印度是支持新中国恢复在联合国地位的。印度认为中国是可以信任的友邦。岸信介却对印度挑拨中印关系，这是非常不友好的表现。

周恩来说，中日贸易正在发展，将来还会有更大的发展。我们甚至考虑同日本有关方面签订长期贸易合同。但是岸信介政府对第三次中日贸易协定所规定的互设民间商务代表机构问题始终不予支持，强调要我们的代表打手印，使通商代表团变成非正式的。这是对我国的侮辱，实际上是破坏通商代表团的设立。至于我国，我们从未设想过对日本通商代表团的设立附加任何条件。

周恩来还谈到关于日本政府提出的调查所谓“下落不明”的日本人的问题。

7月30日，《人民日报》发表题为《评日本岸信介内阁的对华政策》的社论。

7月25日

［纲　文］　**中国驻日内瓦总领事沈平就所谓“下落不明”日本人问题函复日本驻日内瓦总领事佐藤正二。**

［目　文］　沈平在信中说：自从1953年3月中国红十字会在中国政府同意之下，同日本红十字会、日本中国友好协会、日本和平联络委员会就协助日侨回国问题达成协议以来，在总数约3.5万名的在华日侨中，经过中国红十字会和上述日本三团体的共同努力，已有2.9万多名回到了日本。目前在我国的日侨还有6000人左右，他们都是愿意长期或者暂时留居我国的。中国政府还曾经多次表示，如果以后他们中间有人申请回国，他们也将继续得到中国政府给予的各种便利。在1954年11月中国红十字会代表团访问日本期间，还曾经根据上述日本红十字会等三团体的建议，双方就探询个别日本人近况的问题达成一项协议，在协议中中国红十字会表示愿意对此尽量予以协助。但是一切上述协议都同日本政府提出的所谓“下落不明”的日本人问题毫无关系。十分清楚，在中国根本没有什么“下落不明”的日本人。在我国外交部发言人1955年8月16日的声明中和1955年11月4日我以驻日内瓦总领事的名义答复日本驻日内瓦总领事田付景一的信中，都曾经说得非常明白。关于那些被日本军国主义政府驱使参加侵略中国的战争而下落不明的日本人问题，是应该由日本政府向日本人民交代的问题。现在日本政府为了推卸责任，竟然毫无道理地要中国政府代它做出交代，而对于中国政府一再提出的在日本侵略战争期间，成千成

万的中国人被掳到日本去被奴役和杀害的问题避不答复，这是绝不能容许的。

同日，中国红十字会和李德全分别致电日本红十字会、日本中国友好协会、日本和平联络委员会三团体联络事务局和日本众议院议员广濑正雄，表达上述观点和立场。

1957 年 5 月 13 日，日本政府通过日本驻日内瓦总领事佐藤正二向中国驻日内瓦总领事沈平交来一封要求中国政府调查在中国的所谓“下落不明”日本人问题的信件和一份载有 35767 名所谓“未归国者”的名册。6 月 5 日和 14 日，日本众议院议员广濑正雄又以众议院“海外同胞撤退委员会”委员长的身份两次致电周恩来，要求允许他率领代表团来中国就上述问题进行谈判，并且将来电抄致中国红十字会要求协助。

7 月 25 日

［纲　文］　**邓小平会见越南妇女访华代表团。**

［目　文］　邓小平在介绍中国妇女工作情况时指出：我们党的方针是，任何事情都要男女一起发动。我们已经取得了社会主义决定性的胜利，在某种意义上说，也是由于发动了妇女。做妇女工作，要照顾妇女的特殊情况，考虑妇女自身的条件，工作方法也应该有所不同，否则，妇女工作是搞不好的。妇女工作没做好，很多情况下并非不重视妇女工作，而是不懂得做妇女工作的方法。妇联是搞妇女工作的主要部门，但妇女工作不只是妇联的工作。妇女工作是党和国家整个工作的一部分，必须由党、团、工会、国家机关、妇女组织共同努力。

7 月下旬—9 月中旬①

［纲　文］　**陈云、李先念等就工业、商业、财政工作划分中央和地方管理权限问题征求各方面的意见。**

［目　文］　7 月 24—30 日，陈云、李先念在青岛会议期间，就工业、商业、财政工作中划分中央和地方管理权限问题，同与会的地方负责人交换意见。

8 月 4 日，陈云致信辽宁、吉林、黑龙江三省负责人黄欧东②、吴德③、欧阳钦④，说他和先念等人于 8 月 7 日到沈阳，召集辽宁、吉林、黑龙江三省开关于体制问题的座谈会，请三省负责人派有关人员于 8 月 7 日晚到达沈阳（请向省委接洽）参加会议。8 月 8 日，陈云、李先念主持召开辽宁、吉林、黑龙江三省经济管理体制改进工作座谈会。座谈会在沈阳北陵休养所举行，东北三省部分负责人和三省有关厅长等出席会议。陈云说：体制问题是很重要的问题，是中央和地方分权问题。分权问题是在许多地方分权。这次会议是解决最必要的。这次工业、财政、商业的解决了后，主要问题就算都解决了，其他问题

---

① 1957 年 7 月 24 日，陈云同李先念前往青岛参加毛泽东主持的会议。7 月 25 日，中共中央转发中央经济工作五人小组《关于在若干工作中划分中央和地方管理权限问题的意见（草稿）》。之后，陈云、李先念就工业、商业、财政工作划分中央和地方管理权限问题进行征求各方面的意见。因此本条在 7 月 25 日之后。

② 黄欧东（1905—1993），江西永丰人，时任中共辽宁省委第一书记。

③ 吴德（1913—1995），河北丰润人，时任中共吉林省委第一书记。

④ 欧阳钦（1900—1978），湖南宁乡人，时任中共黑龙江省委第一书记、省长、省政协主席。

下年解决。9 月中央全会解决政府、农村问题，体制也要讲一下。陈云还介绍了中央经济工作五人小组关于在工业、商业、财政工作中划分中央和地方管理权限的设想，听取了与会者的意见。对那些合理的而又能够办得到的建议，表示可以采纳。陈云还说：在改进体制、扩大地方权力后，地方上要把权力用好。计算中央在 3 年内要拿出 30 至 36 亿元给地方。这个钱做什么用？许多同志有兴趣搞农业、搞水利，还可能搞肥料生产，也可能建设工业。地方使用这笔钱，使用在什么方向，各地要很好注意。

8 月 13—20 日，陈云、李先念出席在北戴河召开的国务院常务会议。期间，陈云向与会者介绍了改进工业、商业、财政管理体制的设想，并就国务院有关部门的合并、下放和人员的精减发表了意见。8 月 15 日，陈云、李先念向上海市委和江苏、浙江、安徽、湖北、湖南、江西、广东、四川各省委发出通知。通知说，陈云、李先念等人定于 8 月 21 日到上海，22 日起在上海召集沪、苏、浙、皖、鄂、湘、赣、粤、川 9 个省市的同志讨论中央经济五人小组草拟的《关于在若干工作中划分中央和地方管理权限问题的意见》。根据陈云、李先念 7 月下旬在青岛时与（柯）庆施①、（江）渭清②、江华③、（曾）希圣④等同志交换的意见，准备把第三部分关于改进财政管理的意见中地方财政收入部分，加以修改，修改为：原属地方省市企业的收入，全部划归地方，不与中央分成；中央下放给地方管理的企业，以每年企业利润收入的 15% 分给省市，作为地方收入。这一条修改请你们在会前一并加以考虑。并派出有关负责人员于 8 月 21 日前到达上海（请与上海市委接洽），参加会议。

8 月 21—28 日，陈云同李先念在上海主持江苏、浙江、安徽、湖南、湖北、江西、广东、四川、上海 9 省市经济管理体制改进工作座谈会，听取对《关于在若干工作中划分中央和地方管理权限问题的意见（草稿）》的意见。

从上海回北京后，陈云根据沈阳和上海座谈会上各地方有关负责人的意见，对《关于在若干工作中划分中央和地方管理权限问题的意见（草案）》加以修改，分别写成《国务院关于改进工业管理体制的规定》、《国务院关于改进商业管理体制的规定》、《国务院关于改进财政体制和划分中央和地方对财政管理权限的规定》三个文件草稿。9 月 10 日，陈云通知将这三个文件发给国务院各部委，并致信国务院各部，要求他们加以研究，准备在最近召集一次各部委负责同志会议讨论（时间另行通知），再作修改，以便提到党中央和国务院会议上讨论定案。9 月 20 日至 10 月 9 日召开的中共八届三中全会基本通过上述三个文件。

7 月 26 日

［纲　文］　**国务院举行第五十五次全体会议。**

［目　文］　会议由周恩来主持。会议通过国务院《关于国家机关工作人员参加整风

---

① 柯庆施（1902—1965），安徽歙县人，时任中共中央上海局书记、上海市委第一书记、市长。

② 江渭清（1910—2000），湖南平江人，时任中共江苏省委第一书记、省政协主席。

③ 江华（1907—1999），瑶族，湖南江华人，时任中共浙江省委第一书记、省政协主席。

④ 曾希圣（1904—1968），湖南资兴人，中共安徽省委第一书记、省政协主席。

运动和反对资产阶级右派斗争的决定》。《决定》说：目前我国人民在中国共产党的领导下，正进行着整风运动和反对资产阶级右派分子的严重斗争。这一斗争，是保卫我国社会主义革命和我国国家基本制度的斗争。根据中华人民共和国宪法关于“一切国家机关工作人员必须效忠人民民主制度，服从宪法和法律，努力为人民服务”的规定，一切国家机关的工作人员应当把参加这一运动和斗争看作是自己的崇高的义务和应有的责任。因此，国务院决定：凡是进行整风的单位，所有工作人员，都应当积极地参加这一运动和斗争。在运动和斗争中应当站稳立场、明辨是非，彻底揭发和批判资产阶级右派分子的一切言论和行动，从而提高自己的政治思想觉悟，认真地克服缺点，改进工作，使我国的社会主义革命和社会主义建设获得进一步的胜利。

周恩来指出，本年4月份提出党内整风，党外自愿参加。初期要大鸣大放，目的是把问题暴露出来，分别研究解决。现在看来，整风运动不能限于党、团内部和中央、省两级，必须普及，工农商学兵党政七方面都要展开，揭露反社会主义言论，反击右派，大家都过社会主义这一关，迟过不如早过。

会议通过《关于劳动教养问题的决定》，这个《决定》将报请全国人民代表大会常务委员会审核批准后由国务院公布施行。会议通过《关于设置黑龙江省伊春市的决定》，设置伊春市，撤销伊春县，以原伊春县的行政区域为市的行政区域，市人民委员会驻伊春镇。会议通过任免事项。会议还通过成立中央救灾委员会，主任为邓子恢；副主任为习仲勋、谢觉哉；委员为傅作义、李德全、廖鲁言、牛佩琮、王首道、袁任远、戎子和、陈国栋、张启龙。

7月26日

［纲　文］　**国务院发布《关于渤海、黄海和东海机轮拖网渔业禁渔区的命令的补充规定》。**

［目　文］　规定说，近来由于北纬29度以南海面的治安情况好转，渔业生产也逐渐恢复。为了保护沿海水产资源和避免机轮拖网渔业和渔民帆船渔业的纠纷，将第十七基点（北纬29°、东经122°45′）、第十八基点（北纬27°30′、东经121°30′）、第十九基点（北纬27°、东经121°10′）这三个基点的联结线以西的中国沿海划为拖网渔业禁渔区。

7月26日

［纲　文］　**财政部、公安部发出《关于简化和统一制发车辆牌照办法的通知》。**

［目　文］　《通知》主要内容有：一、关于车辆牌照制发办法：（一）各种机动车原由公安部门制发机动车通用牌照，税务部门不另行制发牌照。（二）凡在开征车船使用牌照税地区的各种非机动车，统一由税务部门制发通用牌照，公安部门不另行制发行车牌照。（三）税务机关对各种非机动车，应根据不同情况分别照以下规定办理：1. 对于应税的各种兽力车和人力车，原则上应一律制发短期使用的牌照（如半年的、年度的）；但是，对于已经参加组织并且能够完全控制的，亦可以制发长期使用的牌照。2. 对于应税的脚踏车（自行车），应当一律制发附有“纳税期限标志”的牌照。3. 凡属长期免税的各种非机动车（包括脚踏车），一律制发长期使用的免税牌照；凡属应税的各种非机动车（包括

脚踏车），如果给予定期（几个月或一年）免税的，可以发给长期或短期使用的纳税牌照代替，不另制发短期使用的免税牌照。二、关于制发车辆牌照工作中应注意的事项：（一）为便于各地鉴别牌照的式样、大小、颜色和质料，均应依照所附各图例说明规定办理，不要自行变更。（二）制造牌照和“纳税期限标志”时，应精确估计需要的数量，以免过剩或不足。（三）不论长期或短期使用的各种车辆牌照，不是损坏或遗失的，不予更换；牌照上面所附的“纳税期限标志”，须按照各种车辆征收期间换发（即征税一次，换发一次），在换发的同时将原发上半年或上年的“纳税期限标志”收回。但是为了节约，在发放第一次牌照时，不要另行制发“纳税期限标志”。（四）公安和税务部门今后办理车辆的登记、检验、征税和发放牌照等工作，应当互相密切配合。此办法从1958年度起施行。

7月26日

［纲　文］　**卫生部发布《关于中药材自由市场的领导与管理问题的几项规定》**。

［目　文］　《规定》主要内容如下：一、中药材管理范围；经国务院批准列为国家统一收购的38种中药材为：大黄、甘草、当归、川芎、白芍、茯苓、麦冬、生地、黄连、黄芪、贝母、枸杞、泽泻、白术、银花、党参、附子、枣仁、山药、园参、牛黄、麝香、鹿茸、全虫、枳壳、槟榔、萸肉、红花、药菊、牛夕、白芷、三七、玉金、君子、云木香、元胡、玄参、北沙参。凡属以上品种在全国范围内，不分主要产区或次要产区，均由产地药材公司（包括暂未移交卫生部门的药材经营单位）或委托供销合作社，按国家计划统一收购，并按商品流转计划或会议平衡签订合同，调拨供应全国各地。其他国营、供销合作社、联合诊所、公私合营药店、药厂以及商贩等一律不得采购或贩运。其他品种应坚决开放，允许自由收购和贩运。二、价格管理：凡属国家统一收购的38种药材，在收购价格掌握上，应该大体上保持全国平衡的水平，为此主要产区与次要产区之间，必须密切配合。如有统一收购的品种，由产地流到销区时，统一由所在地之药材公司或直接委托之单位，按照产地收购牌价加合理费用作价收购，其他单位或个人均不得收购。三、各级卫生行政部门与当地工商行政部门结合，加强对药材行栈和交易所的领导，加强对采购人员（包括公私合营人员）的教育，加强对收购工作的领导，加强对自由市场的管理。

7月26日

［纲　文］　**周恩来就中缅边界问题致函缅甸总理吴努**。

［目　文］　周恩来在信中说：我全国人大第四次会议已通过决议，同意中国政府继续根据解决中缅边界问题的原则性建议，同缅甸政府进行具体协商，以求得中缅边界问题的全面的公平合理的解决。信中除陈述了3月底在昆明向吴努说明的中国政府关于解决中缅边界问题的各项建议外，又代表中国政府建议，中缅两国签订一个新的边界条约，以代替一切旧有的有关中缅边界的条约。还重申中国政府同意吴努3月底提出的中缅两国政府分别派出高级官员组成边界委员会，商讨双方对于划界的各项具体建议和新的中缅边界条约的建议。

7月27日

［纲　文］　**国家统计局发布《关于1956年我国工业生产与技术发展情况的报告》。**

［目　文］　《报告》称，1956年，全国工业（不包括手工业）总产值586.6亿元，较1955年增长31%，在1956年世界各国工业发展速度中居第一位。其中，电力为166亿度、原煤10592万吨、生铁478万吨、钢447万吨、水泥639万吨，分别是1955年的124%、113%、126%、157%、142%。1956年，生产资料生产增长41%，消费品增长22%。1956年工业部门的技术装备有较大增长，年底全国原动机能力510万千瓦，电动机能力650万千瓦，较1955年年底分别增长了19%、23%。

7月27日

［纲　文］　**中国人民解放军总部、各军种兵种和驻京部队联合举行授勋典礼。**

［目　文］　国防部副部长李达上将宣读中华人民共和国主席授予中国人民解放军在中国人民革命战争时期有功人员勋章的命令。国务院副总理贺龙元帅代表毛泽东把勋章授予杨成武上将等394名在中国工农红军时期、抗日战争时期，参加革命战争的有功人员。参加典礼接受勋章的是全国人大常委会第七十四次会议通过的第二批授予勋章人员名单中的在京人员。这些人员分别获得了一、二、三级八一勋章、独立自由勋章和解放勋章。

7月28日

［纲　文］　**中共中央发出《关于高等学校录取新生政治审查问题的通知》。**①

［目　文］　《通知》说：在整风运动初期的鸣放中，暴露出高等学校学生中有一些思想极端反动的反党反社会主义的分子。这一方面说明过去高等学校对学生的政治思想教育工作做得不够；另一方面，是由于历年来高等学校招生政治审查不够严格，招收了一些政治上反动的分子。为了保证高等学校招收学生的政治质量，对本年招收的学生在政治条件上应当有更高的要求，除基本上仍按国务院批准的《高等学校录取新生的政治审查标准》进行审查外，应该特别注意不应录取以下人员：一、反革命分子和坏分子；二、思想反动、坚持反动立场、反党反社会主义的分子；三、品质作风极端恶劣（例如一贯偷窃、严重的流氓作风等）屡教不改的分子。

7月28日

［纲　文］　**《人民日报》发表题为《反右派斗争是对于每个党员的重大考验》的社论。**

［目　文］　社论说，反右派斗争正在向全国各阶层、各地方发展。这是政治战线上和思想战线上的一次伟大的社会主义革命。政治战线和思想战线上的社会主义革命涉及到全国每一个人，每一个人都要过社会主义这一关。中国共产党是这一次革命斗争的

---

① 根据中央档案馆馆藏档案编写。

组织者和领导者，每一个党员在这场斗争中采取什么态度是一个重大的政治上的考验，每一个党员也要过社会主义这一关。社论指出，这一次，资产阶级右派借口帮助党整风，向共产党和社会主义发起了猖狂的进攻。这是资本主义道路和社会主义道路在中国的一次恶战，是中国资产阶级和无产阶级的一次恶战。资产阶级右派在整风运动中，利用党的生活和国家生活中个别的、局部的缺点、错误，同党外右派联成一气，向党实行了内外夹攻。很明显，我们必须用严肃的态度来对待党内的右派分子，必须在思想上政治上和右派分子严格划清界限，并且向他们进行坚决的斗争。对党外右派不能有温情主义，对党内的右派分子同样不能有温情主义。为了使党的肌体不被右派分子腐蚀，为了保持党在思想上、政治上的纯洁，必须对党内外的右派分子“一视同仁”地展开斗争。社论要求，共产党员一定要坚持无产阶级的共产主义的立场，密切联系人民群众，一定要克服资产阶级的个人主义和自由主义，永远保持朝气，永远具有坚强的革命意志，否则就不是一个名副其实的共产党员。凡是愿意献身于伟大的社会主义事业的共产主义者，一定要在反右派斗争中，坚决地服从党的领导，站在斗争的最前线，使我国的社会主义革命，通过这一次全民性的大辩论，在政治战线上和思想战线上取得根本的胜利。

7 月 28 日

［纲　文］　**中国和阿富汗在喀布尔签订交换货物和支付协定**。

［目　文］　根据协定，中国向阿富汗出口茶叶、纺织品、机械、建筑材料、纸张。阿富汗向中国出口生羊毛、原棉、羊皮、干水果和油料种籽。协定有效期是两年，如果双方到期都没有提出要求，将自动延长一年。

7 月 28 日—8 月 11 日

［纲　文］　**胡耀邦率中国代表团参加在莫斯科举行的第六届世界青年与学生和平友谊联欢节**。

［目　文］　参加本次联欢节的有 127 个国家的约 10 万名青年代表。每天的活动项目达 350 次到 400 次之多。联欢节的目的是增进各国青年的友谊和了解。中国在联欢节艺术竞赛中获得金质奖章 34 枚，银质奖章 31 枚，铜质奖章 18 枚。

8 月 11 日，《人民日报》配发题为《和平万岁！友谊万岁!》的社论。

7 月 29 日

［纲　文］　**国务院发出《关于军队转业干部及复员的副排级以上干部参加工作后工资待遇问题的通知》**。

［目　文］　《通知》由 7 月 17 日国务院常务会议原则通过。《通知》规定：一、军队转业干部的工资待遇，应该按照所在单位的工资制度和工资标准执行。转业到国家机关工作的，一般的应该按照军队干部级别与国家机关行政人员工资级别比照表（附后）确定；转业到事业、企业单位工作的，应该参照比照表中同级工资款额确定。被分配到乡一

级机关工作的军队转业干部的工资待遇，在按照上述规定确定以后，其高于同职人员的工资的部分，不予降低。二、复员的副排级以上干部参加工作以后的工资待遇，应该按照所在单位的工资制度和工资标准执行，并且根据“同工同酬”的原则，予以评定，不能按照军队干部级别与国家机关行政人员工资级别比照表评定。复员干部在参加工作初期一时不好评定工资的，可以采取临时借支办法，待评定以后，多退少补。三、已经参加工作的军队转业干部及复员的副排级以上干部，在本通知发布以前确定的工资，一般不再变动。四、过去所颁发的军队转业干部和复员干部参加工作以后工资待遇问题的各项规定，凡与本通知有抵触的，都按照本通知执行。

军队干部级别与国家机关行政人员工资级别比照表

<table>
<tr><th colspan="2">军队干部级别</th><th>国家机关行政人员工资级别</th><th>附注</th></tr>
<tr><td rowspan="3">师级</td><td>正师</td><td>11</td><td rowspan="3">转业的军级以上干部按其新任职务，结合其具体条件评定。</td></tr>
<tr><td>副师</td><td>12</td></tr>
<tr><td>准师</td><td>13</td></tr>
<tr><td rowspan="3">团级</td><td>正团</td><td>14</td><td rowspan="3"></td></tr>
<tr><td>副团</td><td>15</td></tr>
<tr><td>准团</td><td>16</td></tr>
<tr><td rowspan="2">营级</td><td>正营</td><td>17</td><td rowspan="2"></td></tr>
<tr><td>副营</td><td>18</td></tr>
<tr><td rowspan="2">连级</td><td>正连</td><td>19</td><td rowspan="2"></td></tr>
<tr><td>副连</td><td>20</td></tr>
<tr><td rowspan="2">排级</td><td>正排</td><td>21</td><td rowspan="2"></td></tr>
<tr><td>副排</td><td>22</td></tr>
</table>

7月29日

［纲　文］　**国务院发出《关于中国人民解放军班级以下复员建设军人就业后的工资问题的通知》。**

［目　文］　《通知》由7月17日国务院常务会议原则通过。《通知》规定：一、班级以下复员建设军人到企业、事业单位或国家机关中充任工人职员的，都应该根据按劳取酬、同工同酬的原则，自录用之日起，按照所在单位现行的工资制度和工资标准，评定他们的工资；当学徒的，可以适当照顾，给予所在单位学徒生活补贴标准的最高标准的待遇；到工人技术学校或其他学校学习的，给予所在学校从社会上招收的一般学员的助学金标准的待遇，其中由行政上分配到工人技术学校学习的，可以给予学徒生活补贴标准的最高标准的待遇。二、在本通知实施以前已经就业（或入学）的班级以下复员建设军人及

1956 年预备役军官训练队结业的学员，在企业、事业单位或国家机关中充任工人职员的，凡已经按照本人所担任的工作评定了工资的，一律继续实行，不再重评；尚未评定工资的，应该按照本通知第一项的规定评定他们的工资，并且自录用之日起实行，原来预支工资的标准少于评定的工资的部分，应该如数补发，多于评定的工资的部分，免予退还；当学徒的，给予一级工人的工资标准的待遇，如果原来的待遇高于这个标准的，仍按照原来的标准实行，低于这个标准的，自学习开始以来少发的差额部分，应该如数补发；在工人技术学校或其他学校中学习的，仍按照原来的待遇标准实行。三、计算工资待遇涉及工龄的时候，应该将复员建设军人的军龄合并计入工龄之内。四、企业、事业单位和国家机关招用新人员的时候，对于条件适合的复员建设军人，都应该尽先录用。五、本规定适用于中国人民解放军和中国人民志愿军的志愿兵复员建设军人。六、本通知自 1957 年 8 月 1 日起实施。以前各部门、各地区的有关规定与本通知有抵触的，都按照本通知的规定办理。

7 月 29 日

［纲　文］　**国务院发布《关于工人、职员在企业之间调动工作后的工资和补助费的暂行规定》。**

［目　文］　《规定》共 12 条，主要内容有：一、企业之间调动工人职员，必须在确因工作需要、非调动不可的情况下，才可以调动。工人职员从一个企业调到另一个企业工作的时候，自到达调入单位之日起，即执行调入单位的工资标准和各种奖励、津贴、福利等制度。二、工人职员前往调入单位的时候，本人及其随同迁移的家属（应该严格限于非随同迁移不可的、原来由他供养并一起居住的父母、配偶、子女等。下同）所需要的车船费、行李搬运费、住宿费、伙食补助费，按照原工作单位所在地国家机关的开支标准，由调入单位报销。三、工人职员调动工作期间（包括旅途、安家所需的时间）的工资，由调入单位依照计时工资的标准按日计算发给补助费。旅途所需时间，按实际必需的时间计算；准备起程和安家所需的时间，有家属随同迁移的，以不超过六日为限，没有家属随同迁移的，不得超过两日。四、工人职员及其随行家属在到职途中患病的时候，所花费的医疗费用，由调入单位按照本单位的规定办理。五、工人职员调动工作以后，一律不发给安家补助费。宿舍里面所需要的家具（床铺、桌椅等），由调入单位租给。调入单位不能租给家具的，可以根据工人职员的具体情况，借给一定数额的款项使其自行购买；并且应该根据工人职员的经济情况，从工资中分期扣还借款。六、工人职员调动工作后，其家属暂时留居原地，经调入单位证明，原工作单位必须允许其继续居住；并且应当在医疗方面给以照顾，所花费的医疗费用，由调入单位按照本单位的规定办理。七、暂时留居原地的家属日后迁往工人职员工作地点的时候，仍得享受本规定第二、第四条所列的各项待遇。八、工人职员不按照劳动合同的规定到调入单位工作或者在合同期限以内擅自离职的，其所领取的本规定以上各条所列的各项费用，必须退还一部或全部。九、本规定第三条所列的补助费，在工资基金项下开支；第二条所列的费用，在行政管理费项下列支。十、各

省、自治区、直辖市人民委员会得根据需要依照本规定的原则制定本省、区、市的补充规定，报国务院备案，同时抄送劳动部。十一、国家机关或事业单位的工人职员调动到企业单位工作的时候，也适用本规定。未定息的公私合营企业和手工业合作社调入工人职员的时候，不适用本规定。十二、本规定自1957年8月1日起实行。过去各部门、各地区有关规定与本规定有抵触的，都按照本规定办理。

7月29日

［纲　文］　**国务院批准湖北省人民委员会关于处理省内河航运管理局“圻州轮”事故的请示报告和对有关人员处分的决定。**

［目　文］　4月26日，“圻州轮”在湖北黄冈县西河铺附近的江面上起火失事，死亡117人。经过检查，判明造成这一次严重事故的主要原因是“圻州轮”机务人员违反了操作规程。湖北省人民委员会对有关失职人员做出处分决定，决定给予省内河航运管理局局长陈英以撤职处分；给予船长汤显刚、大副陈玉福以撤职处分，并建议检察院对汤显刚提起公诉，依法惩办。这一次事故的直接责任者、圻州轮值班轮机长余士远和值班加油陈如意已经在事故中死亡，免予追究。湖北省人民委员会和交通部认真进行了捞尸、医治、赔偿、遣送回家和安葬、抚恤等善后工作。

7月29日

［纲　文］　**农业部发出《关于大力贮备牲畜粗饲料的通知》。**

［目　文］　《通知》要求各地趁夏秋野草繁茂季节切实发动群众，尽量多打多贮。付款的办法，可以根据社内经济条件，分别采取现金收购，短期赊账，定期付款，部分记工分，部分付现款等办法，把社员个人利益和社的集体利益正确地结合起来。在牧区大力推动和协助牧民有组织有计划地进行打草，并及时运回垛好。充分利用各种青绿秸秆、藤蔓、青草等大量制作青贮料。青贮所需劳动力必须很好地组织安排，既要做到收割、运输、铡短、装窖等各个工序，又要做到青贮、农活两不误。收贮农作物副产品工作必须与收贮粮食工作同等重视，同时进行，在收割后及时晒干，运回上垛，防止遭受风吹雨淋，降低质量。《通知》要求协助农业社订立粗料保管、拨用制度，把共有分散喂养和私有家畜所需的粗料，早日分给社员各自保管。

7月29日

［纲　文］　**教育部、国家侨委发出《关于避免归国华侨学生盲目流动和协助个别归国华侨学生转学的通知》。**

［目　文］　《通知》的主要内容有：一、对归国华侨学生，除非有特别原因（如观光团回国，需与子女见面等），不得批准他们离开学校赴外地或未经联系便介绍他们赴外地就学、就业和医治疾病。就业和医疗问题一般应就地设法解决。转学问题是过去引起归国华侨学生流动的重要原因之一。对归国华侨学生中没有正当理由要求转学的，要积极进行说服教育，使他们安心留原校学习；确有实际困难需要转学外地者，有关教育行政部门和学校应积极协助他们转学。中等学校学生转学问题，由两地教育厅（局）

联系解决。二、为避免归国华侨学生流动，增加安置处理上的困难，不要随便准许他们退学；对于有特殊原因，需要退学者，需与当地人民委员会或侨务部门联系以便妥为安置。三、在假期华侨学生除了由于必要，需到外地者外，一般要组织他们留校学习或在当地活动，避免到处流动，浪费金钱，增加各地接待的困难。特别是北京、上海、天津等大城市，住宿条件困难，凡是要到这些大城市来度假的，应注意加强说服教育，并适当控制。

7 月 29 日

［纲 文］ **新华社讯，本年中国人民解放军的复员退伍军人已达62万人**。

［目 文］ 本年复员的军人绝大部分是在 1953 年以前参军入伍的志愿兵。一般都有四五年军龄，有的军龄在七年以上。其中共产党员、共青团员占 90% 左右，功臣、模范人物占 30% 左右。还有一部分是退伍的义务兵。本年度的复员、退伍军人在 4 月份开始大规模复员和退伍。此前，中央召开了全国各省市转业建设委员会主任和军区首长会议，专门研究今年的复员和退伍工作。内务部曾指示各级民政部门要做好这一次安置复员退伍军人的准备工作。

7 月 30 日

［纲 文］ **劳动部发出《关于工人、职员、学徒在工人技术学校学习期间的津贴待遇的通知》**。

［目 文］ 《通知》规定：一、工人、职员、学徒经过本单位领导准许入工人技术学校学习的时候，学习期间的津贴按照本人原来的计时工资标准（或学徒津贴标准）的 75% 列支，70% 发给本人（学徒津贴标准的 70% 低于工人技术学校一般学生助学金标准的时候，可以按照学生助学金标准执行）；其中，全国劳动模范和省、自治区、直辖市特等劳动模范学习期间的津贴，可以按照本人原来的计时工资标准 100% 列支，95% 发给本人。所留 5% 由学校掌握用于解决上述人员的生活困难问题。二、工人、职员、学徒离职学习期间，他们供养的家属，如果仍然居住原来单位的房屋的时候，原来单位必须让他们继续居住，在留居原地期间患病的时候，原来单位必须在医疗方面给以照顾。三、在本规定颁发前已在工人技术学校学习的上述学员的学习津贴标准，高于本规定的，可以仍然按照原来享受的学习津贴标准执行，从 1957 年 8 月份起新入校学习的学习津贴一律按照本规定执行。

7 月 30 日

［纲 文］ **中国人民解放军总政治部、文化部、中国美协在北京劳动人民文化宫联合举办中国人民解放军建军30周年纪念美术展览会**。

［目 文］ 展览会共分三个展览馆，展出反映解放军 30 年历史和各方面生活面貌的油画、国画、彩墨画、版画和雕塑等美术作品共 420 多件。解放军总政治部宣传部部长刘志坚中将致开幕词，国防部部长彭德怀等人参观。

7 月 30 日

［纲　文］　**毛泽东致电瑞士联邦主席汉斯·斯特罗伊利祝贺瑞士国庆。**

7 月 31 日

［纲　文］　**国务院发出《关于1957年暑期全国高等学校毕业生统筹分配工作的指示》。**

［目　文］　《指示》共有 10 项内容，对 1957 年高等毕业生分配情况、原则、岗位教育、组织领导、工资待遇等问题做出明确规定。《指示》说，本年度高等学校毕业生共 56820 人（包括各部门、学校及各省、自治区、直辖市委托高等学校培养的毕业生 4887 人），根据国家各项建设事业的轻重缓急和毕业生的专业、人数等情况，进行重点配备和适当安排。分配给中国科学院、高等学校师资共 9702 人，占毕业人数的 17. 08%，其中工科毕业生 3411 人，占工科毕业人数的 18. 9%。分配给中央工业部门共 13190 人，占毕业人数的 23. 21%，其中工科毕业生 10524 人，占工科毕业人数的 58. 3%。分配给运输、邮电、农、林、水利、财经、文教等部门共 4519 人，占毕业人数的 7. 95%。分配给中国人民解放军系统共 1284 人，占毕业人数的 2. 26%。分配给各省、自治区、直辖市共 28125 人，占毕业人数的 49. 5%。《指示》要求，对高等学校毕业生的工作分配，在适应国家建设需要的基础上贯彻“学用一致”的原则。对毕业生的实际困难和工作志愿，尽可能地给以适当的照顾；对不应该给以照顾的，不要迁就；对应该给以照顾，但是一时难于照顾的，也应该向他们解释清楚。《指示》规定，本年高等学校毕业生参加工作后的工资待遇问题，按照 1956 年的规定办理。

7 月 31 日

［纲　文］　**高教部发出《关于1957年高等学校招收四年制研究生的规定的修改通知》。**

［目　文］　《通知》说：我部 7 月 11 日（57）干载字第 167 号通知附发的《高等教育部关于 1957 年高等学校招收四年制研究生的规定》，在内容上作了重要的修改。现将经过修改的规定发给你们，前文中附发的规定作废。

《规定》共有 14 条。主要内容如下：一、为培养高等学校师资和科学研究工作人员，决定部分高等学校（包括综合大学、工科、农林科和语文院校）1957 年继续招收四年制研究生，负责培养研究生的高等学校招生的专业和名额由高教部确定。二、本年的研究生一般是招收高等学校本科毕业并有二年以上实际工作锻炼的在职人员，但少数专业亦可招收本届部分优秀的高等学校本科毕业生和工作不满二年的本科毕业生。凡年龄在 40 岁以下，在政治上拥护社会主义制度、拥护共产党的领导、愿意全心全意为人民服务，并在当前反右派斗争中表现好的，以及在学业、工作方面具有下列条件之一者，经原在单位同意或推荐，可向招生学校申请报考：（一）高等学校本科毕业，有两年以上科学技术工作、教育工作或其他与科学有关的实际工作经验的。（二）高等学校本科毕业，参加工作不满二年，但学业和工作成绩优异的。（三）高等学校本科应届毕业生，学业成绩优异，本人愿作研究生，经原毕业学校选拔推荐的。（四）未经高等学校本科毕业，有三年以上科学技术工作、教育工作或其他与科学工作有关的实际工作经验，经科学机关、高等学校或本人工作部门证明确实具有高等学校本科毕业水平和从事科学研究工作能力的。三、招生学校应对报考人进行是否具备报考条件的审查（政治审查标准另有规定，健康情况按全国《高等学校招生健康检查办法》及《全国高等学校招生健康检查不合格之规定》办理），决定是否批准报考人参加入学考试，并将审查结果和有关事项通知报考人或报考人所在单位。四、研究生学习年限暂定为四年，在学术导师指导下确定学习计划进行学习和研究，培养能够独立进行教学工作和科学研究工作的高等学校教师和科学研究人员。五、研究生在学习期间，一律享受人民助学金。其标准是：高等学校本届本科毕业生和参加工作不满二年的，一律每人每月发给45元，另加地区差价补助；凡参加工作二年以上的，一律按离职前原工资的80%发给助学金（折算结果不满45元的，可按45元计算）。

7月31日

［纲　文］　**首都军民在中山公园举行大会欢庆中国人民解放军建军30周年。**

［目　文］　参加大会的有朱德、刘少奇、周恩来等国家领导人和群众2万余人。北京市市长彭真致词。朱德在题为《彻底解放人民坚决保护革命成果》的讲话中说，中国人民解放军是一支以彻底解放人民和坚决保护人民革命成果作为自己的唯一宗旨的武装力量，现在它已经成为一支现代化的人民军队，正在担负着保卫社会主义建设、保卫国家安全和积极准备解放台湾的光荣任务，并且同苏联和各人民民主国家的兄弟军队共同担负着保卫世界和平的伟大任务。

彭德怀在讲话中概述了30年来依靠党的正确领导取得革命战争和军队建设的伟大胜利的历程，强调在保卫社会主义建设的更为繁重和艰巨的任务中，必须继续加强党对军队

◀1957年7月31日晚，贺龙、陈毅、聂荣臻（正中右起）和北京市两万多群众在中山公园举行大会，欢庆中国人民解放军建军30周年。

的领导。企图削弱党对军队的领导，就是企图改变我军的性质，就是企图破坏我国社会主义制度的最有力的支柱，就是企图使资本主义在中国复辟，这是绝对不能容许的。他说，为了有效地保卫祖国，必须在可能条件下继续努力加强国防建设，把中国人民解放军建设成为一支优良的现代化的革命军队，把我国建设成为一个有坚强防御设施的国家。应当继续发扬艰苦奋斗、克服困难的精神，永远保持劳动人民军队的本质，永远保持克勤克俭的优良作风。

8月1日，《人民日报》配发题为《伟大光荣的三十年》的社论。

7月31日

［纲　文］　**中国和越南政府贸易代表团在河内签订中越两国1957年度互相供应货物和付款协定**。

［目　文］　根据协定的规定，中国将供给越南棉布、棉纱、轮胎、钢材、文教用品、中药和成药等货物；越南将供应中国农产品、林产品、土产品、矿产品和手工艺品等货物。同时，中越双方根据两国政府1955年7月7日发表的联合公报，签订关于1957年度中华人民共和国援助越南民主共和国的议定书。议定书规定，在1957年度，中国将无偿地供应越南棉花、布匹、药品、车辆、钢材、机器和工业生产所需要的其他器材。代表两国政府签署上述文件的，中国方面是外贸部副部长林海云，越南方面是商业部部长潘英。

7月

［纲　文］　**毛泽东撰写《一九五七年夏季的形势》**。

［目　文］　文章指出，在我国社会主义革命时期，反共反人民反社会主义的资产阶级右派和人民的矛盾是敌我矛盾，是对抗性的不可调和的你死我活的矛盾。我们的目标，是想造成一个又有集中又有民主，又有纪律又有自由，又有统一意志、又有个人心情舒畅、生动活泼，那样一种政治局面，以利于社会主义革命和社会主义建设，较易于克服困难，较快地建设我国的现代工业和现代农业，党和国家较为巩固，较为能够经受风险。

文章指出，总题目是正确地处理人民内部的矛盾和正确地处理敌我矛盾。整风的方法是批评和自我批评，摆事实，讲道理。整风的目的是把斗争方向引导到端正政治方向，提高思想水平，改正工作缺点，团结广大群众，孤立和分化资产阶级右派和一切反对社会主义的分子。

文章强调：所谓正确处理人民内部矛盾问题，就是我党从来经常说的走群众路线的问题。共产党员要善于同群众商量办事，任何时候也不要离开群众。党群关系好比鱼水关系。如果党群关系搞不好，社会主义制度就不可能建成；社会主义制度建成了，也不可能巩固。

文章说：这一次批判资产阶级右派的意义，不要估计小了。这是一个在政治战线上和思想战线上的伟大的社会主义革命。单有1956年在经济战线上（在生产资料所有制上）的社会主义革命，是不够的，并且是不巩固的。匈牙利事件就是证明。必须还有一个政治战线上和一个思想战线上的彻底的社会主义革命。

文章指出：必须懂得，在我国建立一个现代化的工业基础和现代化的农业基础，从现在起，还要10年至15年。只有经过10年至15年的社会生产力的比较充分的发展，我们的社会主义的经济制度和政治制度，才算获得了自己的比较充分的物质基础（现在，这个物质基础还很不充分），我们的国家（上层建筑）才算充分巩固，社会主义社会才算从根本上建成了。现在还未建成，还差10年至15年时间。为了建成社会主义，工人阶级必须有自己的技术干部的队伍，必须有自己的教授、教员、科学家、新闻记者、文学家、艺术家和马克思主义理论家的队伍。这是一个宏大的队伍，人少了是不成的。这个任务，应当在今后10年至15年内基本上解决。10年至15年以后的任务，则是进一步发展生产力，进一步扩大工人阶级知识分子的队伍，准备着逐步地由社会主义过渡到共产主义的必要条件，准备以8个至10个五年计划在经济上赶上并超过美国。

8月1日，中共中央将此文印发县委及其他相当于县委一级的党组织和干部阅读。

7月

［纲　文］　**中国人民银行总行公布《公私合营银行机构、人员、业务财产移并我行处理原则》。**

［目　文］　《原则》主要内容如下：一、机构人员：（一）公私合营银行（以下简称合行）总处人员并入我行总行储蓄局编制，国内分支行人员并入当地我行编制，对外保留合行名义，悬挂合行招牌。（二）合行所属香港各行，对内对外仍沿用原名进行业务，归我行总行国外局领导。（三）合行董事会暨所属上海办事处等机构，仍予保留，唯关于发付股息公费及其他服务事宜，由我行各地分支行派员以合行名义代为办理。二、业务：（一）合行国内各分支行代理储蓄及公债业务，改由我行直接办理，其他旧有业务，尚未移转当地我行或其他业务主管部门的，亦全部移转当地我行分支行继续办理，或再行结束。（二）合行所属香港各行业务照旧进行，今后盈亏，仍报转该行总处计算。三、财产：（一）合行总处及各地分支行所有房地产投资等财产，均仍保留所有权，除应尽量交由房管部门或交通银行代管外，凡一时不能托管的，由我行当地分支行代为全权管理，所有收支按年报该行总处转账。（二）合行各地分支行所有现金及外汇（包括国外行往来）应随业务同时转移，其他与移转业务有关的资产负债，器具与低值及易耗品，及悬记过渡性科目各款，均按账面归并我行各地分支行。四、财务、账务：（一）合行各地分支行办理业务财产移转后，应将账务结束，凡移交我行或其他机关代管的财产，其账面集中总处；凡直接归并我行的，经由往来科目报总处汇总处理，其具体手续由总处拟定，经总行批准后办理。（二）合行总处今后账务及年度决算工作，由总行储蓄局指定人员以合行名义代为办理。五、其他事项：（一）合行总处及国内各地分支行所有建行以后之档案材料，及接管原行庄档案材料（包括文卷账表），由总行及我行各地分支行，视事实需要，指派人员办理整理存毁及保管事宜。（二）合行代原行庄保管之冻结外汇，伪政权所发之外币证券，及国内军管企业股票等，由合行总处委托我行上海市分行集中代理。（三）对外业务上的签证及密押：甲、国外业务上应视事实需要，继续使用各行原名。乙、对外印鉴授权，逐步改由我行主办人员办理。丙、合行总处原有密押，移交总行国外局。（四）合行代外商银行保管品及出租保管箱，均移交当地我行，视事实需要以合行名义继续办理或清理。

8 月

8月1日

［纲　文］　**中共中央政治局召开会议。**

［目　文］　会议由刘少奇主持。会议通过毛泽东代表中共中央起草的《关于召开中共八届三中全会的通知》。《通知》说，决定于1957年9月下半月召开中共中央八届三中全会。请各省委、中央直属市委、自治区党委、地委、省属市委选派代表一人参加，最好是第一书记。省级第一书记为中央委员或候补中央委员者，不再选派代表。议程主要为：一、整风问题；二、农村问题。特此通知，请各有资格到会的同志们在会前对此两项问题加以研究为盼。

会议通过《关于继续深入反对右派分子的指示》和《一九五七年夏季的形势》一文。同意周恩来提出的有关民族问题和西藏问题中的几个问题的意见。

8月1日

［纲　文］　**中共中央发出《关于进一步深入开展反右斗争的指示》。**

［目　文］　《指示》主要内容如下：一、在深入揭发右派分子的斗争中，现在一方面正向地县两级（在城市是向区级和大工矿基层）展开，一方面又必须在中央一级和省市自治区一级各单位深入地加以挖掘。这样，右派分子将继续发现和挖掘出来，人数将逐步增多。右派中的极右分子，即骨干分子，登报的人数，也应适当增加。不是百分之几，也不是10%，而是要按情况达到极右派的20%、30%、40%或50%。他们既是极右派，既是实事求是地鉴定了的极右派（不是普通右派分子），多一些人在报上，揭露他们的反共反人民反社会主义的反动言行，使他们在公众面前出丑，就会越有利于教育广大群众，争取中间派，也有利于分化右派。这一点必须坚持，不要犹豫。二、深入挖掘期间，必须实事求是，有些单位右派少，或者确无右派，就不要主观主义地勉强去找右派。三、要准确地鉴定极右派、普通右派和中间偏右分子这三种人的界限，以免泛滥无归，陷入被动，丧失同情。此点必须注意。四、反右斗争，必须坚持辩论方式，摆实事，讲道理。而且事实要是准确的事实，不是虚构的“事实”，讲理要讲得使大多数人心服，切不可以强词夺理。五、地县两级、城市区级及工厂基层的领导人经验较少，有些人鉴别水平不高，你们必须谆谆给以教育，随时检查，使他们站得稳、打得准。这是要十分注意的。六、党内团内右派分子，只要是同党外团外右派分子政治面貌相同，即反共反人民反社会主义，向党猖狂

进攻的，必须一视同仁，一律批判。该登报的，即应登报。七、深入挖掘时期，党和政府工作中错误缺点，边整边改，取信于人，十分重要。这点请你们同样加以注意。

8月1日

［纲　文］　**全国人大会常委会举行第七十八次会议。**

［目　文］　会议由刘少奇主持。会议在听取公安部部长罗瑞卿①的说明后，讨论和通过一项决议：批准国务院《关于劳动教养问题的决定》，由国务院公布施行。刘少奇在发言中说：现在社会上有不少这样的人，他们不愿意劳动，却要吃好的，穿好的，靠的是偷、骗、抢。这种人在整个人民中是少数，但是带破坏性，在生产上、政治上、道德风气上、人民内部的团结上，都带有很多的破坏性。对这些人单靠教育是不行的，还要有改造他们的办法。这个办法就是把一些工厂、农场，凡是以偷、骗、抢为生的人，都送到那里去劳动教养，教给他们劳动技术，培养劳动习惯。进去以后，不准自由出入，这一条带一点强迫性质，但他们不是劳改犯，政治权利并未剥夺，劳动多少照给工资，基本上按劳付酬，改造好了再回到社会上去。还要开一些工读学校，把年纪小的送到这里，一面读书，一面劳动。采用这种办法，社会秩序就不会受到这些人的危害，我看对社会对他们本人都有好处。

会议在听取周恩来的说明后，经过讨论通过决议，批准国务院《关于华侨捐资兴办学校办法》和国务院《关于华侨投资于国营华侨投资公司的优待办法》；会议还通过全国人大访问芬兰代表团的名单；通过全国人大常委会任命的名单。

8月1日

［纲　文］　**中共中央批转教育部党组、共青团中央《关于当前中小学毕业生工作的一些情况和问题的报告》。**

［目　文］　中共中央在批示中说：现在已经到暑假了，各级党委和政府必须抓紧时间进一步加强中小学毕业生就业和学习的宣传教育工作和组织安排的准备工作。特别是在升学考试以后这段时间，最容易发生问题，各地必须切实注意积极想办法，多做工作，尽可能地防止学生闹事。对于城市不能安排的中小学毕业生下乡参加农业生产问题，应有计划有步骤地进行，应先摸清农村情况，然后制定具体的安排计划。

6月28日，教育部党组、共青团中央在报告中说，关于毕业生安排问题，当前最突出的是如何组织家在城市的中小学毕业生下乡。这条路是可行的，但阻力很大，需大力做工作。应向学生和家长介绍农村的真实情况，切实做到个人自觉自愿，家庭完全同意。一般应先选那些家庭较贫寒、本人思想觉悟较高的先下乡；首先组织学生到郊区一些基础较稳固的社，分散安置在积极分子的家里住，以便于巩固下来。各个需要和可能组织学生下乡的城市，特别是京、津、沪等大城市，都应根据实际情况，着手组织一批“先行者”下乡，为安排城市学生下乡开辟道路。为解决不能升学和就业的中、小学毕业生的学习问

---

①　罗瑞卿（1906—1978），四川南充人，时任公安部部长、国务院第一办公室主任。

题，提倡群众集体和个人办初中是必要的；对于大量既不能升学、就业，又无法进补习学校的中小学毕业生，要组织他们个人或集体自学。对群众办学或学生自学小组形式不必强求一律，要求不宜过高。各地党政领导还应防止部分学生企图以闹事的办法发泄抵触情绪，迫使政府让步，要消除可能引起事端的“导火线”；中等技校本年不招中学生的方针必须统一口径，干部子弟入学必须一视同仁，应当明确宣布，中学生不能搞鸣放。

8月1日

［纲　文］　**国务院发出《关于农业税夏征工作问题的通知》。**

［目　文］　《通知》说：在部分地区的农业税夏征工作中，发现有片面强调社员利益、轻视国家税收的偏向。据江苏省财政厅对2414个农业社的检查，其中有307个社（占12.7%）的夏收全部分光，对于应交国家的公粮颗粒未留；有513个社（占21.3%）没有留足应交的公粮。另据财政部在安徽、河南等8个省的了解，也发现类似情况。有的地区先留口粮后交公粮；有的灾区减征、缓征公粮过多；甚至收成较好的地区也有大量减征、缓征公粮的现象。以上情况，如不改正，势必影响夏征公粮任务的完成和对国家财政预算的保证。为此，特提出如下意见：一、夏粮分配应当首先保证国家公粮征收任务的完成，某些地区先留口粮然后交公粮的办法，是不对的。二、适当地安排农业税夏征和秋征的比例。夏征税额占全年税额的比例，大体应该根据夏季收入占全年收入的比例，并且参照往年灾际征收情况确定。在夏粮商品性较大的地区，群众为了调剂吃粮品种又愿意多交夏粮少交秋粮的，夏征税额的比例，可以酌情提高。某些地区原定夏征比例确实过高的，也可以适当降低，留至秋季再予征收。三、缺粮社（户）和粮食仅够自给的社（户）应该照章交纳农业税。交粮食有困难的，可以交纳代金。四、对受灾地区，应该认真核实灾情，进行合理减免。必须反对虚报灾情、多减税额的偏向。同时也要防止应减不减、应免不免的偏向。对于社会减免，一般应根据农业合作社困难户的多少，分别不同情况，适当减免。没有困难户或困难户极少的，可以不减。

8月1日

［纲　文］　**国防部颁布《中国人民解放军纪律条令》。**

［目　文］　《纪律条令》是在1953年公布执行《纪律条令（草案）》的基础上，根据几年来执行中取得的经验修改制定的，共5章75条。新《纪律条令》的总则部分，概括了纪律条令的主要内容和基本原则，根据宪法的精神进一步阐明了解放军的本质和解放军纪律的本质。新《纪律条令》规定了实行奖励的原则、范围和权限，在奖励方法上强调了群众路线，恢复了“记功”、“上光荣榜”、“送喜报”等广大指战员欢迎的传统方式。在关于惩戒的一些规定中贯彻了“惩前毖后，治病救人”的精神。新的《纪律条令》体现了反对军阀残余、反对侮辱士兵等精神，如：具有体罚性质的“禁闭”一项惩戒方法被取消。

8月1日

［纲　文］　**国家统计局发布《关于1956年度国民经济计划执行结果的公报》。**

［目　文］　《公报》共分八个部分。一、社会主义改造的巨大胜利。1956 年农业合作化已经基本完成。参加秋收分配的农业生产合作社的入社农户达到 1.1 亿多户，占全国农户总数的 92%；集体经营的耕地面积达到 15 亿多亩，占全国耕地总面积的 90%。私营工业基本上转变为公私合营。1956 年内由私营转变为公私合营的工业企业约有七万户，总产值约占原私营工业总产值的 99.6%，职工人数约占原私营企业职工总数的 99%。个体手工业者基本实现合作化，私营商业、私营运输业的社会主义改造基本完成。

社会主义改造事业在改变生产资料私有制方面的胜利完成，基本上解决了社会主义经济同资本主义经济之间的矛盾、社会主义经济同个体经济之间的矛盾，使社会主义经济在国民经济中占居绝对优势，使工、农业生产能够在新的基础上得到进一步的发展。

二、工业生产的增长和技术水平的提高。全国工业产值（不包括合作化手工业和个体手工业，以下同）完成年度计划 109%，超过“一五”计划规定的 1957 年的水平，比上年增加 31%，其中生产资料的生产增加 41%，消费品的生产增加了 22%。1956 年中国工业技术水平迅速提高，新产品继续增加。各工业部门的主要技术经济指标比 1955 年继续有所提高。

1956 年工业生产的迅速发展，基本上保证了国家建设和人民生活所需要的生产资料和消费品的供应。但是，由于国家的建设事业发展更快，钢铁、木材、电力、煤炭等重工业产品仍出现了一定程度的供应紧张的现象；某些消费品由于人民购买力的迅速提高和原料供应的限制，也出现了一些供不应求的现象。

三、农业生产的发展。1956 年全国耕地总面积达到 16.8 亿亩，比上年增加 1.5%，农作物播种总面积达到 23.9 亿亩，比上年增加了 5.4%。粮食总产量（不包括大豆）达到 3650 亿斤，完成计划 96%，比上年增加了 4.4%，达到“一五”计划规定的 1957 年的水平。棉花产量 2890 万担，完成计划 81%；大豆产量 205 亿斤，完成计划 102%。1956 年主要牲畜的生产计划大都没有完成；某些农业地区由于饲料不足、饲草困难和饲养管理不善等原因，耕畜的头数有下降现象。全国国营机械化农场增加到 166 个，共有耕地面积 672 万亩，比上年增加了 66%，拖拉机 4422 标准台，谷物联合收割机 950 台。全国国营牧场增加到 328 个。

四、基本建设的增长。1956 年国家实际完成基本建设投资总额为 139.9 亿元，比上年增加了 62%。由投资而新增加的固定资产比上年增加 39%，占投资总额的 75%。

五、运输和邮电事业。1956 年铁路通车里程达到 209071 公里，比上年增加 8%；公路通车里程达到 22.7 万多公里，比上年增加 40%；内河通航里程达到 10 多公里，比上年增加约 4%；民用航空航线长度达到 1.9 万公里，比上年增加 23%。

六、国内贸易。1956 年国内贸易进一步扩大了。商业机构的商品零售总额达到 385 亿元，比上年增加 19%。供应居民的主要商品的数量除少数商品外，大都有了较大的增加。1956 年国家征收和收购的粮食比上年减少了 16%。但是，销售粮食总量比上年增加了 6%。

七、职工人数的增加、劳动生产率的提高和职工生活的改善。1956 年底全国职工人数达到 2400 多万人，平均人数达到 2230 多万人（列入国家年度计划以内的职工年底人数为 2240 万人，平均人数为 2118 万人）。除去在社会主义改造过程中，由手工业者、小商贩、小业主、资本家等转变为职工的人数外，实际新增加的职工平均人数为 255 万人（按国家年度计划所包括的范围计算，实际增加的职工平均人数为 230 多万人）。

八、教育文化卫生事业的发展。1956 年，在校学生数，高等学校（包括研究生）是 40.8 万人，中等专业学校是 81.2 万人，普通中学是 516.5 万人，小学为 6346.4 万人，分别是 1955 年的 140%、151%、132%、120%。1956 年摄制影片 176 部，译制影片 238 部。1956 年全国医院、卫生研究机构和疗养院的床位达到 32.8 万张，比上年增加了 18%，其中医院床位达到 26.1 万张，比上年增加了 18%；疗养院床位达到 6.6 万张，比上年增加了 15%。

8 月 1 日

［纲　文］　**国务院副总理兼国防部部长彭德怀元帅和中国人民解放军总参谋长粟裕大将分别为庆祝中国人民解放军建军30周年举行招待会。**

8 月 1 日

［纲　文］　**民革中央机关报《团结报》公开发行。**

8 月 2 日

［纲　文］　**中共中央批转中央统战部《关于帮助各民主党派整风的意见》。**[①]

［目　文］　7 月 20 日，中央统战部向中共中央报送《意见》说：各民主党派中央已经接受我党建议，决定在他们的党内进行整风，并宣告当前反右派斗争就是他们整风的开始。反击资产阶级右派的斗争指明：社会主义改造高潮以来，资产阶级、上层小资产阶级和他们的知识分子的政治分野（过社会主义关的分野），已在各民主党派的政治面貌和组织状况上深刻地和集中地反映出来。在政治上，各民主党派都有左、中、右三派。左派分子坚决拥护社会主义和共产党领导，他们在政治上已经站在工人阶级的立场上，但他们为数较少。占多数的是中间派，他们对社会主义和共产党领导有不同程度的动摇，他们没有完全解决或者没有真正解决的，是资本主义还是社会主义这个根本的政治立场问题。少数右派分子，站在反共反社会主义的立场上，他们中间的骨干分子，即坚决反共反社会主义的极右分子，则积极阴谋推翻共产党和人民民主专政。一年多以来，大多数民主党派都有很大的发展，发展是大势所趋，也是需要的；但是右派野心分子借此搞"大发展"，吸收了一大批对社会主义和共产党心怀不满的分子，被斗争过的反革命嫌疑分子，被处过刑或者管制过的反革命分子，扩大了反共反社会主义的组织基础。《意见》说：这个整风运动的方针和目的应当是：按照毛泽东在《关于正确处理人民内部矛盾的问题》中所指出的六

① 根据中央档案馆馆藏档案编写。

条标准，经过反右派斗争和自我教育，巩固、提高和扩大左派，争取、团结和教育中间派，孤立和分化右派；改造政治立场，使大多数人向左转一大步，改造组织，使左派和中左取得领导优势，真正接受共产党的领导和监督。各民主党派要在这次整风运动中实现这个方针和目的，才能够为长期共存、互相监督获得政治上和组织上的基础。《意见》提出：为了争取完满地实现这个方针和目的，应当适当地处理如下的有关政策、步骤和方法的问题：一、必须胜利地开展和深入反右派斗争。二、一般的整风运动在反右派斗争胜利的基础上进行。三、在反右派斗争胜利和一般整风运动的基础上，进行整顿和改造民主党派的组织。四、为了深入反右派斗争，为了摸清各民主党派的底细，要分别专案进行调查、研究和整理的工作，可以一党一案，其中又包括若干重要右派分子的专案。可以分成若干小组来进行，人手不够的，临时补充一些力量，使能够用。五、反右派和一般整风的学习文件，以毛主席《关于正确处理人民内部矛盾的问题》、周恩来的《政府工作报告》为主，参考《人民日报》有关的重要社论，参考当地反右派斗争的材料，并要利用反面材料。六、各民主党派中央和各省、各大城市的组织，可以同时开始进行整风。基层单位什么时候进行整风，应当同我党基层组织整风步骤一致。七、各民主党派的各级领导机关采取何种方式领导整风，由他们自己决定。为了保证整风和反右派斗争顺利进行，左派应当联合中左在整风领导组织中取得优势，同时吸收相当数量的中间分子参加。八、各级党委对于各民主党派的整风运动必须积极地加以领导和帮助。

8月2日

［纲　文］　**中共中央批转四川省委《关于中央单位和外省在精简中送回四川人员情况的报告》和云南省委《关于请求控制省与省间人员调动的请示》。**

［目　文］　中共中央在批示中说：四川省委和云南省委关于中央单位和各省之间在精简中下放干部和工人以及遣送回籍的人员的处理意见，中央基本同意。现在把四川省委的报告和云南省委的请示发给你们，请你们注意掌握。

5月29日，四川省委在《报告》中对中央各部门和外省在川招收人员的处理问题提出以下意见：一、凡1956年在四川招收了青年知识分子或其他人员的各有关单位，对精简人员仍尽量采取就地安置生产的办法，如必须送回者，需事先与四川省有关部门联系，待我们准备好后再分批分期送回。二、处理回家的人时，应充分地进行动员教育工作，使其在思想上对国家精简机构、裁减人员，对建设祖国的意义要有正确的认识，并使其在精神上有参加生产的准备。三、中央某些单位需要成批交回四川处理的人员，应事先与有关方面联系并经取得同意后再有领导、有组织地送回，送回人员在新的工作还未安置之前，所需经费应仍由原有关部门继续负责供给。四、在专业学校或专业训练班的学员不应自行解散送回，或任其流散社会。如必须处理时，在处理前应照常组织他们进行学习，不宜随意停课，以免引起学员思想混乱。另外，关于军队转业的外省干部和西藏送来的个别藏族干部，有的因语言不通，或生活习惯不同，安置时困难很多。因此，四川省委建议：凡能回原籍或者民族者，最好尽可能地使其回原籍或者民族安置，以减少安置的困难。

6月15日，云南省委在《请示》中对省与省之间人员调动问题提出如下建议：一、除大专学校毕业的专业人才、工程师和特种技术工人由中央主管各部统一掌握，在全国范围内调配外，普通职工和学生应尽可能在省的范围内调配，多余的在本省调配安置，今后要增加的也尽可能在本省安置培养。二、编余职工的安置应由省负责统一平衡，确实无法安置的可就地成立训练班让他们学习提高，中央各部不要直接下放。中央各部必须下放和由一省向他省调动成批职工时，应事先征得地方党委和政府的同意。省内各单位需增加职工时应先由本省调配；省内不能解决，必须从外地调配的，亦需经省的主管机关批准后再向外要。三、必须远距离调动的少数职工和学生，需由调出单位和接收单位据实介绍所到地区和单位的情况，做好思想工作，做到真正自愿；不要简单从事，更不要欺骗。

8月2日

［纲　文］　**国务院公布《关于华侨投资于国营华侨投资公司的优待办法》。**

［目　文］　《优待办法》提出：华侨汇款投资于国营华侨投资公司，可以享受下列优待：一、华侨投资于国营华侨投资公司的股金，到社会主义建成后，仍为投资人所有。凡投资满12年的，可以收回股金，以人民币支付。二、华侨投资于国营华侨投资公司的股息定为年息8厘，以人民币支付。三、华侨投资于国营华侨投资公司所得的股息，经过外汇主管机关批准后，可以汇往国外，但是不得超过本年股息的50%。四、投资于国营华侨投资公司的投资人，如果要求工作，可以根据公司有关企业的需要和投资人的具体情况，优先录用。《优待办法》也适用于港澳同胞汇款投资于国营华侨投资公司。

8月2日

［纲　文］　**国务院公布《关于华侨捐资兴办学校办法》。**

［目　文］　《办法》共12条。一、国外侨胞热爱祖国、热爱家乡，一向有捐资在祖国兴办学校的优良传统。为了进一步鼓励华侨在国内兴办学校，发展文教事业，满足广大华侨子女求学的要求，制定本办法。二、华侨兴办学校，由创办人提出建校计划、筹足开办经费并且确定经常费的来源，报请当地市、县人民委员会批准或者转请上级人民委员会批准。三、华侨兴办的学校（以下简称侨校），名称由创办人自定。需要新校址的，由创办人提出意见，依照国家建设征用土地办法，经当地市、县人民委员会核定，划拨地基。当地人民委员会和国营建筑公司应该把它作为公共事业给予协助，解决它的建筑材料和施工等困难。四、侨校应该与公立学校同样贯彻执行国家的教育政策、法令，并且接受主管教育行政部门的领导。五、侨校设立校董会监督校务，负责筹措学校经费，保管学校基金，审核预决算，并且与捐款人保持联系。六、侨校校长由创办人或者校董会提请主管教育行政部门任免，或者由主管教育行政部门征得创办人或者校董会同意后任免。校长应该定期向校董会报告工作。七、侨校教职员由教育行政部门统一调配，但是创办人或者校董会也可以向学校推荐。教职员的政治待遇与公立学校相同。八、侨校可以征收学杂费，以补经费的不足。九、侨校对侨眷子女和华侨学生入学应该予以优先录取，但是对非侨眷子女也应该按适当比例招收。十、华侨捐资兴办学校，各级人民委员会应该积极鼓励支持，

并且予以指导和协助；对于侨校，不得任意停办、接办或者更改校名。十一、华侨捐资兴办学校卓有成绩的，各级人民委员会应该给予表扬和奖励。十二、本办法自公布日起实行。

8月2日

［纲　文］　**毛泽东电贺布尔吉巴当选突尼斯共和国[1]总统。周恩来致电突尼斯共和国外交部部长莫卡德姆，正式承认突尼斯共和国。**

8月3日

［纲　文］　**国务院公布《关于劳动教养问题的决定》。**

［目　文］　《决定》说，根据《中华人民共和国宪法》第一百条的规定，为了把游手好闲、违反法纪、不务正业的有劳动力的人，改造成为自食其力的新人；为了进一步维护公共秩序，有利于社会主义建设，对于劳动教养问题，作如下决定：一、对于下列几种人应当加以收容实行劳动教养：（一）不务正业，有流氓行为或者有盗窃、诈骗等行为，不追究刑事责任的违反治安管理、屡教不改的；（二）罪行轻微，不追究刑事责任的反革命分子、反社会主义的反动分子，受到机关、团体、企业、学校等单位的开除处分，无生活出路的；（三）机关、团体、企业、学校等单位内，有劳动力，但长期拒绝劳动或者破坏纪律、妨害公共秩序，受到开除处分，无生活出路的；（四）不服从工作的分配和就业转业的安置，或者不接受从事劳动生产的劝导，不断地无理取闹、妨害公务、屡教不改的。二、劳动教养，是对于被劳动教养的人实行强制性教育改造的一种措施，也是对他们安置就业的一种办法。对于被劳动教养的人，应当按照其劳动成果发给适当的工资；并且可以酌量扣出其一部分工资，作为其家属赡养费或者本人安家立业的储备金。被劳动教养的人，在劳动教养期间，必须遵守劳动教养机关规定的纪律，违反纪律的，应当受到行政处分，违法犯罪的，应当依法处理。在教育管理方面，应当采用劳动生产和政治教育相结合的方针，并且规定他们必须遵守的纪律和制度，帮助他们建立爱国守法和劳动光荣的观念，学习劳动生产的技术，养成爱好劳动的习惯，使他们成为参加社会主义建设的自食其力的劳动者。三、需要实行劳动教养的人，由民政、公安部门，所在机关、团体、企业、学校等单位，或者家长、监护人提出申请，经省、直辖市、自治区人民委员会或者它们委托的机关批准。四、被劳动教养的人，在劳动教养期间，表现良好而有就业条件的，经劳动教养机关批准，可以另行就业；原送请劳动教养的单位、家长、监护人请求领回自行负责管教的，劳动教养机关也可以酌情批准。五、劳动教养机关，在省、自治区、直辖市一级建立，或者经省、自治区、直辖市人民委员会批准建立。劳动教养机关的工作，由民政、公安部门共同负责领导和管理。

8月4日，《人民日报》发表题为《为什么要实行劳动教养》的社论。

---

① 突尼斯制宪议会7月25日决议废除王国，成立共和国，原首相哈比布·布尔吉巴被选为总统。

8 月 3 日

［纲　文］　**周恩来就达赖访问印度情况同阿沛·阿旺晋美谈话。**

［目　文］　周恩来的谈话内容主要有：一、中央、毛主席和国务院对你是信任的，你在工作上有困难，我们会支持你，希望你积极地把工作搞好。西藏工作的逐步前进，需要两个条件：一是要提高人民的觉悟，一是上层分子的觉悟也要一天天地提高，对上层的工作很重要。一方面要尽可能地为人民办点好事，一方面要在上层团结多数。关键问题是正确地对待达赖，要尊重他，对他的家属进行分析，做达赖家属工作的目的，在于保护达赖，要使他看清大局。达赖一到印度，美国和台湾蒋介石当局就加紧搞“西藏独立”活动，公开提出“欢迎达赖到美国”，夏格巴等一批人积极活动，噶伦堡有一部分从江东跑出去的叛乱分子和夏格巴结合在一起，想在西藏煽动叛乱。印度也有一小部分人想乘此机会挑动一些事情，总想对西藏的独立性搞得多一些，增加印度在西藏的影响。由于这些情况，影响了达赖的随行官员（包括达赖的家属），使达赖发生了动摇，下不了决心。美国的所谓帮助西藏“独立”，只不过是一个骗局，顶多也不过拿些钱把达赖一家养活起来。二、达赖这次去印度还是对的，毛主席是主张他们去的，出去看一看，增加了见识，知道了帝国主义的阴谋活动，希望他能从这一次取得经验，更好地领导西藏今后的工作。必须请达赖认清帝国主义的阴谋还会不断地搞，印度一些人和西藏逃亡出去的反动分子也不会死心。希望有了这一次事件的经验，达赖能提高警惕，不要上他们的当。请转告达赖。说这段话是爱护他的。三、总起来说，中印关系是友好的，可以和平共处，但究竟是两个国家，所以无论在政治、经济和宗教上，西藏和印度的来往都应当经过中央，经过外交部，要划个界限。四、关于达赖和班禅之间的关系，中央的方针是帮助他们团结和好，希望在西藏自治区筹委会的工作中，两方面能够互相尊重，合作共事，改善关系。五、关于进行社会改革问题，决定西藏在“二五”期间不进行，目的是使西藏地区的改革搞得更好些，要使上层分子有所准备，使他们知道改革后他们的生活水平不会降低，最主要的是要使他们懂得不改革就不能发展经济，就不能使民族繁荣起来，要在上层分子中进行些教育。

8 月 3 日

［纲　文］　**中国天主教友爱国会委员会举行第一次会议。**

［目　文］　会议选举辽宁沈阳总主教区总主教皮漱石为中国天主教友爱国会主席；杨士达（上海天主教友爱国会副主任）、李伯渔（陕西盩厔教区主教）、李维光（江苏南京教区代理主教）、王文成（四川南充教区主教）、赵振声（河北献县教区主教）、董文隆（山东济南教区代理主教）、李德培（天津教区神甫）和曹道生（山西太原天主教友爱国会副主任）等当选为副主席。李君武（北京教区副主教）、易宣化（湖北襄阳教区主教）、杨高坚（湖南常德教区代理主教）和汤履道（上海天主教友爱国会副主任），分别当选为秘书长、副秘书长。委员们表示要站稳中国人民立场，带领全国神长教友更深入地开展反帝爱国运动。

8月4日

［纲　文］　**周恩来在民族工作座谈会上作重要报告。**

［目　文］　周恩来作题为《关于我国民族政策的几个问题》的报告。报告分四部分：一、关于反对两种民族主义的问题；二、关于民族区域自治的问题；三、关于民族繁荣和社会改革的问题；四、关于民族自治权利和民族化的问题。

关于反对两种民族主义的问题，周恩来指出，我们反对两种民族主义，就是既反对大民族主义（在中国主要是反对大汉族主义），也反对地方民族主义，特别要注意反对大汉族主义。这两种错误态度、两种倾向，如果任其发展下去，会造成我们各民族间的对立，甚至于分裂。对这个问题，应当用处理人民内部矛盾的原则来解决，就是运用毛主席提出的公式，从民族团结的愿望出发，经过批评或斗争，在新的基础上达到我们各民族间进一步的团结。这个新的基础，就是我们各民族要建设社会主义的现代化国家。关于民族区域自治的问题，周恩来指出：我们是根据中国民族历史的发展、经济的发展和革命的发展，采取了最适当的民族区域自治政策，而不采取民族共和国的制度。中华人民共和国是单一体的多民族的国家，而不是联邦国家，也无法采取联邦制度。我们的民族区域自治制度，是从我国的实际出发，分别情况，成立自治区、自治州、自治县或者民族乡，使所有少数民族不论聚居或者杂居都能实行真正的自治。这就有利于少数民族普遍行使自治权利，也有利于民族之间的合作互助。实行民族区域自治，是我们解放以后在民族问题上的一个根本性的政策。在中国适宜于实行民族区域自治，而不宜于建立也无法建立民族共和国。我们采取的是适合我国情况的有利于民族合作的民族区域自治制度。我们不去强调民族分立，否则，帝国主义就正好来利用。关于民族繁荣和社会改革的问题，周恩来指出：民族繁荣是我们各民族的共同事业，对此不能有任何轻视。只有改革才能使民族繁荣。经济改

▲8月4日，周恩来总理（左一）在民族工作座谈会上作《关于我国民族政策的几个问题》的报告。

革是各民族必须走的路。走这条路才能工业化、现代化。工业化、现代化了，经济生活才能富裕，民族才能繁荣，各族人民才能幸福。关于民族自治权利和民族化的问题，周恩来指出：凡是宪法上规定的民族自治权利，以及根据宪法制定的有关民族自治权利的各种法规、法令，统统应该受到尊重。既然承认各民族的存在，而我们又是多民族的国家，民族化问题就必须重视。因为经过民族化，民族自治权利才会被尊重。如果不重视民族化的问题，就不符合我们建立社会主义民族大家庭使各民族共同繁荣的政策。这两个问题，政府机关要多注意。

8 月 5 日

［纲　文］　**《人民日报》发表题为《粮食问题和思想问题》的社论。**

［目　文］　社论说，1956 年国家征购所得的粮食比上一年度少了 39 亿斤，国内市场销售的粮食比上一年度增加了 127 亿多斤。其中农村多销 68 亿多斤，城市多销 59 亿多斤。1957 年粮食销量还有继续增加的趋势。征购减少了，销售要增加，这就不能不动用国家的粮食库存。这是十分不利的情况。社论说，粮食问题里面有思想问题。在思想向着资本主义方向倒退的时候，粮食问题就紧张起来；相反的，在思想朝着社会主义方向前进的时候，粮食问题就会趋向缓和。粮食问题显然是由于有些思想问题没有解决而引起的。农民群众和农村干部中有一些错误的思想需要加以批判。首先应该批判只顾自己、不顾国家的个人主义思想。其次，在社和乡的干部中，有一些人有严重的本位主义。还有，县以上的干部有些也把合作化的目的了解得非常狭窄，以为合作化就是单纯为了大家现在分得多一些，吃得更饱一些。他们很少想到整个国家的社会主义事业和农民的前途问题。社论说，我们已经面临着一个严重的思想工作，这就是要向广大的农民群众和农村干部说明：如果不顾国家利益和整个社会主义事业，要把个人的和本单位的利益放在第一位，那就是在实际上取消了社会主义，取消了党的领导，同时也取消了农民的远大前途。在粮食问题上完全可以考验每一个农业社的社员和干部，究竟谁是真正拥护社会主义的，谁是真正爱国的。

8 月 5 日

［纲　文］　**财政部、税务总局发出《关于自由市场税收管征工作的指示》。**

［目　文］　《指示》分析了从国家领导下的自由市场开放以来，在税收管征工作上出现的若干新情况和问题，要求遵守以下原则贯彻既要对正当的交易予以保护，又要对非法投机的商贩加以管理的政策精神：一、税收管理必须是在有利于自由市场正常发展的前提下适当加以管理，不能妨碍物资交流。二、必须在市场管理委员会统一领导下来参加管理，税务机关不要另外建立一套管理机构和办法。三、手续应该尽量简化，并适当从宽掌握。四、邻区要保持密切联系，相互配合。《指示》说：自由市场的税收管理重点，主要应该放在对专业行商、无证临商和无证工商业户上，以防止投机商人套用农民自产自销证明或利用小商小贩名义偷漏税收。《指示》提出以下意见：一、加强与国营、合作社营、公私合营等的交易所、行栈、货栈的联系，以掌握市场发展变化情况，控制税源。二、根

据市场管理组织所规定的市场管理制度，加强对市场交易员的税收业务和税收政策教育，帮助他们熟悉税法，运用他们的力量教育鼓励他们发扬爱国守法精神，维护国家税收。三、做好税收宣传工作，要求所有在自由市场进行交易的企业、商贩遵守纳税规定和明了纳税手续。四、对于行商的检查，一般应着重在落货地检查行商登记证和行商货物运销单，不准拦路检查。行商登记地的税务机关还应该对于在当地登记的行商进行适当地组织和检查，加强销地和住地的配合，以防止行商偷税漏税。五、对于无证商贩和无证工业户，必须严格要求他们照章纳税。六、对于农民贸易，应经常地联系乡人民委员会及农业社，要求他们认真做好农民自产自销证和农业社外销证的开发工作，以利区别应征应免并防止错开冒领。对农业社社员和个体农民兼营临时商业的，不得开给自产自销证明，税收上应按照行商进行管理征税，但应掌握以教育、辅导为主的精神，防止强迫命令。七、对于流入自由市场的应纳商品流通税、货物税的产品，除了还暂时保留照证的品目如烟丝、焚化品、鞭炮等，在最低分运量以上的，仍须查验完税照或分运照，规定每小件应贴查验证的，虽在最低分运量以下，仍应查验。此外，对于废除照证的应税产品或者尚保留照证而不及最低分运量以上的应税产品，各地可根据具体情况考虑采用在投入市场以前先报验原发货票的办法。对于流入自由市场的应纳商品流通税、货物税的农、林、渔、牧产品，除了数量较大由国、合企业收购的应由收购单位纳税以外，其余农民自销的，原则上也应进行管理。八、对于在自由市场出售应纳屠宰税的牲肉，应该查验屠宰税完税证或肉上的验戳。

8月5日

［纲　文］　**农垦部、公安部、食品工业部、粮食部、农业部、全国供销总社联合发出《关于防除棉花越冬红铃虫的通知》**。

［目　文］　《通知》说，本年是执行全国农业发展纲要（草案）第十八条规定7—12年消灭棉花红铃虫为害的第二年，做好越冬红铃虫防除工作，将为“二五”计划内消灭红铃虫打下基础。防除越冬红铃虫是有关各部门的共同任务。国营农场、农业试验研究单位所属农场应掌握晒花、贮花、枯铃、棉种等四个环节，全面系统地进行防除，彻底消灭爬出和潜伏的越冬红铃虫。《通知》说，棉种熏蒸是消灭红铃虫为害的综合防治有效措施之一。从有红铃虫地区向新发展棉区及无虫区的省间调运棉种和良种，扎花厂、供销合作部门所保良种，都必须进行熏蒸。为培养大面积彻底防除棉花红铃虫的典型，各省示范区要加强领导，并确定全省重点示范县，做出成绩，组织参观，扩大影响。

8月5日

［纲　文］　**中共中央同意中组部、中宣部《关于为抽调干部加强大、中学校及科学研究机关的领导向中央的报告》**。

［目　文］　中共中央在批示中要求各省市委、自治区党委，中央国家机关各党组，党中央各部门依照实行，下决心抽调一批合格的优秀的同志到文教战线上去工作。

8月1日，中组部、中宣部向中共中央提交《报告》。《报告》说，为执行《中共中央关于从中央机关抽调干部加强大、中学校及若干科学、文教单位工作的指示》，中组部、中宣部在6、7月听取了北京、上海、江苏等16个省市有关高等学校现有领导干部情况的口头汇报。浙江、江西等8省也送来书面报告。根据以上24个省市的汇报和报告，24个省市共有高等学校214所（占全国总数227所的94%以上），其中有43所学校没有正校（院）长，161校缺专职党委书记。除北京外，23个省、市的185所学校中，由于不宜在高等学校工作，需调出的正副校（院）长66人，党委正副书记48人。少数学校的领导干部需作很大调动，个别学校则需逐步地全部加以调换。高等学校中的中层政治工作干部也很弱，普遍文化程度很低，不适应工作需要。为此，上述24个省市提出要求，补充正副校（院）长200人，正副党委书记183人，校（院）长助理8人；中层政治工作干部545人；政治课师资535人；教务长、总务长及其他行政干部137人。以上合计，24个省、市的高等学校即需配备1500余人。此外，有些省、市也要求配备所在地区的科学研究机关、卫生机关和省、市文教部门的干部，共160余人。

《报告》指出，中央原决定从中央党政系统中抽出1000名条件合适的干部分配到高等学校和其他一些文教单位去工作，经中组部、中宣部同有关各单位研究，一致认为应十分强调干部的质量问题，并对如何使用这1000名干部提出以下意见：一、在中央抽调的1000名干部中，确定应有司局长以上（包括部长）干部200名，这200名干部以150名左右派往高等学校担任党政领导工作（正副校、院长，正副党委书记）；以50名左右分配到科学研究机构和其他急需的文教单位担任行政领导工作。另外800名左右的中层干部，以300名左右派到高等学校做政治工作或教学工作；其余500名左右主要派到重要城市的大型中学担任领导工作（校长、副校长或少数教导主任）；少数派到大医院或其他重要的文教基层单位去担任领导工作。二、使用的方向在于加强各单位的领导骨干，因此，抽调的干部必须保证质量。三、根据各地需要的急缓情况，计划采取分配选派重点配备的办法，配备的重点是首先照顾国防、工业、师范院校和综合大学的迫切需要。四、除中央抽调者外，建议中央责成各省、市委、自治区党委应就所属地区大、中学校及其他重要文教单位所需干部情况，作出通盘计划，下决心自行解决。五、从中央各机关抽调干部到学校工作，可能在干部中遇到抵触情绪，因此应由中央各部、委党组帮助做好动员说服和挑选工作。六、各地均有一些干部不宜继续留在学校工作，这些干部应由省、市委加以慎重处理。此外，关于马列主义政治课师资问题，此次还不能得到解决，应作为专门问题进一步加以研究。

8月6日

［纲　文］　**中共中央发出《关于加强夏粮征购和销售工作的指示》。**[①]

［目　文］　《指示》说：7月份无论是粮食收购方面或者销售方面，都是很不正常

① 根据中央档案馆馆藏档案编写。

的，夏粮收进少，销量却比往年大。据粮食部的统计报告，7月份征购粮食65亿斤，比上年同期少收了27亿斤，其中小麦只收到43亿斤，比上年同期少收了13亿斤。1957年7月到1958年6月小麦征购两项国家原定为160亿斤，现据各地反映，似乎只能收到130多亿斤。7月份国务院规定的销售计划是60亿斤，但实销72亿多斤，超销12亿斤，比上年同期多销7亿斤。今年7月份的粮食销量比1954年和1956年两个灾年的同期都大。这种少收多销的情况是严重的，如果这种情况不能马上扭转，那么1957年到1958年这个年度的粮食情况是十分危险的。中央要求各省、市、自治区党委立即认真检查一次粮食工作。在检查中应该注意下列几点：一、必须说服小麦产区的各级干部以及农业社的干部和社员，除留下接上秋熟的小麦以外，应当按照国家计划如数完成征购任务。二、全国粮食库存还在下降，7月底库存比上年同期减少了96亿斤。其中西南、西北各省减少了17亿斤，减少得最多的是华东、中南、华北、东北地区，这四个地区的十几个省市共减少了库存79亿斤。现在这十几个省市的库存粮食很少，其中京、津、沪、翼、辽、吉、黑等省市库存接不上秋粮，必须要其他地方接济，方能接上当地秋粮；否则，京、津、沪、冀、辽、吉、黑在秋粮上市以前，有粮食脱销和全局混乱的危险。因此，必须要求华东、中南各省在早稻、中稻和早秋杂粮登场的时候，及时进行征购或提早预收一部分，以应急需。三、切实掌握八、九两月的粮食销量。凡是夏粮和早秋作物登场的地方，农村应当做到基本上不销粮食，应当根据国务院早经发出的七、八、九三个月的销售计划指标，按季分月严格掌握，不使突破。请各省、市委检查一次，究竟突破销售计划指标的原因，哪些地方是由于销售计划指标确定得太小，哪些地方是由于当地销售工作没有严格控制，得出经验教训，改进工作。

8月6日

［**纲　文**］　**国务院发出《关于各级人民委员会应即设立物价委员会的通知》**。

［**目　文**］　《通知》说，为了加强和统一领导市场物价工作，各省、自治区、直辖市和省辖市、县及相当于县的镇，需要设立在党委和人民委员会领导下的物价委员会，由省长或副省长、市长或副市长、县长或副县长直接领导，吸收有关方面的人员参加，并应在不增加编制人员的条件下，从工商业务部门抽调必要的少数干部，设立办事机构，处理具体工作。《通知》说，各省、自治区、直辖市物价委员会成立以后，关于中央同省、自治区、直辖市物价工作的分工和对物价的审批工作，暂作以下规定：一、农副产品中统购和统一收购物资的收购价格和销售价格由中央管理审批工作，调整这两类商品价格，由各主管业务部提出方案，报经国务院批准执行。在某些非集中产区的基层市场，委托地方政府根据中央规定的差价和比价原则，制定收购价和销售价。二、农副产品中小土产（即第三类物资）的价格，由各省、自治区、直辖市根据地方具体情况加以掌握。国务院对全国小土产的价格水平，每年规定一次。三、工业品和手工业品中若干种主要商品和主要市场的销售价格，由中央掌握；其他市场以及次要商品的销售价格，由各省、自治区、直辖市根据中央原来规定的物价管理分工原则，和1956年12月国务院五办会议纪要关于调整工

业品价格的规定，加以掌握。工业品的出厂价格和商业部门对手工业品的收购价格的作价原则，都维持现状，暂不变动；待改进工业和商业体制以及改变工商关系问题决定以后，再作相应的改变。

8月6日

［纲　文］　**国务院批转《国务院四办、纺织工业部、轻工业部、食品工业部关于召开全国公私合营工业座谈会的报告》。**

［目　文］　国务院在批示中要求各省市注意研究公私合营工业，特别是小厂的生产和管理工作，逐步摸索出一些好的经验；中央各有关部门要及时加以总结和推广。

四部门在报告中说，会议着重研究了加强公私合营工厂的管理工作，认为应当从以下几个方面着手改进：一、加强公私合营工厂的政治思想工作，切实贯彻群众路线和勤俭办厂的方针。在公私合营工厂中建立包括职工代表、公方代表和私方代表在内的工厂管理委员会。二、工业管理部门应当根据公私合营工厂规模的大小，分类进行管理。管理办法应该比国营大厂简便灵活些。大中城市公私合营工厂除了一部分由工业局或工业专业公司直接管理的以外，对地区相邻、行业相近的小厂，可以按片联管，不便联管的可以交给区级机关管理；专区、自治州、县的工业管理部门对所属小厂，也可以只监督和检查生产财务情况，不要自上而下地提出过多过高的要求。三、必须认真精简报表会议。四、上级各有关部门对公私合营工厂，特别是小厂，不应该强调上下对口。五、公私合营工厂的财权和人权管理的过渡办法应有一个一般的规定。会议认为1956年改组并厂存在不少问题，本年一般不再并厂；采取联管形式的，一般不再实行统一计算盈亏。为了加强对私方人员的团结教育和改造工作，在公私共事方面，应该强调“互相尊重，互相协商，互相批评”，而不是“相敬如宾，相对无言，相安无事”。关心和推动私方人员参加社会主义劳动竞赛和政治理论学习，继续放手使用私方人员，使他们在自己的工作岗位上有职有权，同时督促和帮助他们守职尽责。对他们的缺点和错误，应该进行适当的教育和批评；违法和严重失职的，应该适当处理。

8月6日

［纲　文］　**国务院发出《关于设置无线电台授权由邮电部审批的通知》。**

［目　文］　《通知》说，为了简化设置电台的审批手续，国务院所属各部门和各级人民委员会如果需要设置无线电台，请经报邮电部负责审批，不必再报国务院。邮电部对于此项工作，须定期向国务院报告。

8月6日

［纲　文］　**国务院批复同意甘肃省人民委员会关于将广通县改名为广河县的报告。**

8月6日

［纲　文］　**教育部和共青团中央联合发出《关于发榜前后做好中小学毕业生工作的通知》。**

［目　文］　《通知》要求：一、在新生考试发榜前后，教育行政部门和学校以及共

青团组织，应立即组织力量，开展对毕业学生的教育工作和对他们家长的宣传工作。原毕业学校尤其要着重对那些思想问题较突出和实际困难较多的学生给以关怀和帮助，消除他们的消极悲观情绪。同时，各校应协助学生居住地区的基层组织（乡、社、城市街道办事处、居民委员会）进行有关的宣传教育工作。对于不能升学的学生的家长，应采取开座谈会等方式向他们进行宣传，要求他们以正确的态度对待自己的子女；鼓励和支持子女参加劳动；在可能情况下尽力为子女谋求就业门路；或帮助子女自学和参加补习。二、各地有关部门对不能升学的中小学毕业生作好具体安排，使他们从事生产劳动或自学、补习，各得其所。三、组织城市学生下乡从事农业劳动是一个新问题，也是一项艰巨、复杂、细致的工作。各地应根据已有的经验，分期分批的进行。四、组织自学和鼓励群众办学，是对部分一时没有参加生产劳动条件的或一些年龄较小的毕业生的安排方式之一。各级教育行政部门、共青团组织对自学、补习和群众办学必须积极支持和指导。五、各地结合反右派斗争，严密警惕右派分子在毕业生特别是不能升学的学生中进行挑拨活动；教育学生认清右派分子的阴险面貌，及时揭破他们所散布的各种谰言；教育毕业生正确地对待自己的升学和从事生产劳动问题，要他们相信党和政府，紧密依靠组织，而不要去听右派分子的话，接受他们的煽动。

8 月 10 日，教育部、共青团中央又联合发出《关于发榜前后做好中小学毕业生工作的补充通知》。《补充通知》主要内容有：一、对不能升学的中小学毕业生的组织安排工作，应当在发榜以前做好准备。在确定城市中小学毕业生参加各行各业的工作时，应当充分发挥群众，特别是学生家长的积极作用，尽量避免引起由政府“分配工作”的误解。二、关于解决城市中小学毕业生下乡参加农业生产经济困难的补助问题。有些地区已采取了向社会募捐的办法（如举办义演、组织球赛、义务劳动和收集废品等），这种办法可以参考。但是在募捐过程中，必须坚持自愿原则，采取群众易于接受的方式。应当把募捐的每一个活动，都当作一种宣传教育的主要活动，千万不要采取简单的强捐硬派，更不能采取提高某些影、剧院售票价钱、卖西瓜、卖冰棍附加“助农金”的办法，以免引起群众的不满。三、在发榜前后，必须提高警惕，防止中小学毕业生闹事。发榜以前，应即组织专人检查出题、评卷以及有关考试和发榜问题，有无差错。发榜以后，各级教育行政部门和共青团组织应当抓紧对没有考取学校的学生进行教育工作。应当特别注意作好对学生和家长的来访工作。对于学生提出的各项问题，只能进行耐心的解释、说服教育工作，决不能用简单粗暴的态度对待。对于他们所提出的不合理的要求，如索阅试卷、坚持要政府介绍某种职业等，一定要坚持原则，统一解释、统一行动，不能轻易改口、许愿。一旦在毕业生中发生了闹事问题，应根据中央关于闹事问题的指示，妥善加以处理。四、近来学生自杀、出走和神经失常的现象，各地都不断发生，部分学生在考试后，有盲目乐观和消极悲观情绪，应及时加强个别教育，防止发生意外事故。

8 日，《人民日报》发表题为《在暑期中做些什么?》的社论。

8月6日

［纲　文］　**陈镜开在第三届国际青年友谊运动会最轻量级举重比赛中创世界新纪录**。

［目　文］　陈镜开挺举成绩为139.5公斤，是本届青年运动会的第一个世界纪录。他的抓举、推举、挺举总成绩是322.5公斤，荣获运动会最轻量级举重冠军。

8月6—16日

［纲　文］　**蔡廷锴率领中国代表团参加在东京举行的第三届禁止原子弹、氢弹和争取裁军世界大会**。

［目　文］　蔡廷锴在8月6日的预备会上说，中国人民一贯主张和平，主张禁止原子弹氢弹和实现普遍的裁减军备，并且支持第三届世界大会的召开。中国人民愿意和日本人民及世界各国人民一道，为反对侵略战争、保卫亚洲与世界和平而共同努力，绝不让12年前发生的广岛、长崎事件重演。他表示，在为了实现人类这一共同目标而努力的道路上，中国人民将永远是日本人民和世界爱好和平人民的忠实朋友。蔡廷锴还代表中国人民对日本的原子弹受害人表示衷心的同情和深切的慰问。在12日的正式会议上，蔡廷锴说，中国人民正在努力从事于和平建设，从我们切身的体验中，特别感到和平的可贵，我们把保卫世界和平看作是自己的光荣而神圣的任务。我们坚决要求禁止原子武器，主张立即停止这些武器的试验，让原子能为人类的幸福服务。他指出，全世界人民共同的迫切要求是：有关国家尽速就禁止原子武器和普遍裁军问题达成协议；在这方面尤其重要的是应该立即无条件停止原子核武器的试验，并且不允许在这些问题上以任何借口故意混淆是非，拖延躲闪。

8月6日，《人民日报》发表题为《人类的良知必将胜利》的社论。

8月7日

［纲　文］　**国务院批转林业部、农业部、粮食部、食品工业部《关于垦复和发展油茶等木本油料问题的联合报告》**。

［目　文］　国务院在批示中说，除油茶外，对油桐、乌桕等亦应引起重视。同意由林业部建立专管机构，负责对全国木本油料的全面规划和管理。

四部门在《联合报告》中说，油茶不与粮食争地，又能充分利用荒山，为我国大宗的木本油料之一。到1956年底，全国尚有荒芜林700多万亩，约占抗战前原有面积的35%左右。造成油茶产量下降及垦复进度迟缓的主要原因，在于对经济林在发展国民经济中的作用认识不足。为鼓励农民垦复、抚育管理油林的积极性，必须加强领导和规划，全面垦复现有荒芜林；规定合理的油林入社办法；统一安排劳力，贯彻同工同酬；执行国务院关于调高茶油、桐油等价格的规定；对垦复油茶发放无息长期贷款并补助口粮，拟垦复600多万亩，需贷款3200多万元，从有收益时始，五年还清。

8月7日

［纲　文］　**国家经委、国家建委发布《1957年上半年基本建设执行情况》**。

［目　文］　国家经委、国家建委指出：1957年上半年完成基本建设投资额36.9亿元，为年计划的33.3%，比1956年同期水平低1.8%，其中地方完成稍好，中央各部完成较差，特别是工业部门投资额仅完成年计划的31%，比上年同期水平低6.4%。建筑安装工程上半年完成23.2亿元，为年计划的35.3%，其中建筑安装承包企业承包部分完成19.2亿元，为年计划承包工作量的38.6%，比1956年同期水平提高3%，但所完成的建筑安装工作量却比1956年同期降低了2.9%。各承包部门，铁道、交通、水利部门完成较好，工业部门完成较差。

为全面完成1957年的基本建设计划，国家经委、国家建委建议：一、各部应立即扭转各种各样的松劲思想，通过检查计划的执行情况进一步对下半年计划进行合理的安排。二、加强施工协作，特别是总分包、甲乙方之间的协作。在建筑业体制没有改变以前，各方面均应本着协作精神，共同保证相互支援，以完成计划为准则，来处理工作中的具体问题。甲乙双方可组织联合检查组，深入基层检查，处理在计划执行中的一切问题。三、进一步在基本建设中贯彻勤俭建国的方针，各部、省、直辖市、自治区应按照国务院6月4日《关于进一步开展增产节约运动的指示》，提出节约投资的方案，同时深入基层单位对上半年的节约工作作一次全面检查，以纠正某些单位仍然存在的浪费现象。四、在纠正松劲思想，争取全面完成年度基本建设计划的同时，各部门也应防止发生不顾工程质量和安全的偏向，以免造成新的损失。

8月7日

［纲　文］　**卫生部发出《关于加强基层卫生组织领导的指示》。**

［目　文］　《指示》指出，为了进一步发挥基层卫生力量的作用，对于国家举办的、群众性质的基层卫生组织和个体开业医生必须统筹安排，密切结合，使之各得其所，尤应贯彻群众路线，充分依靠群众力量。各地可在这一总的原则下，因地制宜，采取适当措施，加强基层卫生组织的领导，并应着重解决以下几个问题：一、进一步明确基层卫生组织的性质、任务、组织形式和领导关系：基层卫生组织担负医疗预防、卫生防疫、妇幼卫生、卫生宣传教育等工作，一般是在行政基层单位或在生产企业单位、事业单位中组织起来的卫生组织。在城市的基层卫生组织形式为街道卫生所、门诊部、联合诊所、联合妇幼保健站、妇幼保健站，受区人民委员会或街道办事处领导；在生产企业、事业单位和机关、学校的，行政上受各该主管单位领导，技术上受区（或市）医疗卫生机构指导。二、整顿基层卫生组织必须有正确的认识和坚持正确的政策：应加强对联合诊所的领导，着重进行整顿巩固工作；正确解决联合诊所成员的报酬和待遇；加强政治思想教育和业务技术的领导，加强药材供应。加强整顿和巩固农业社举办的保健站，使其稳步发展。三、充分发挥个体开业医生的作用，尊重他们行医和取得报酬的习惯。四、整顿区卫生所，充实其力量，提高其工作质量，使之逐步地有重点地成为地区基层卫生组织的技术指导中心。五、整顿县级卫生机构，逐步充实高级技术人员，组织省、专、市医院对县级卫生机构实行技术指导。同时，应切实贯彻勤俭办院的原则，以减轻群众负担。县卫生院内部除医疗

部分外，应设置卫生防疫股和妇幼卫生股，明确其工作任务。整顿各种专业防治机构，各省可集中力量设立一个综合的地方病或寄生虫病防治机构。

8月7日

［纲　文］　**卫生部发出《关于加强卫生干部在职业务教育工作的指示》。**

［目　文］　《指示》共10条。《指示》要求各级卫生行政部门在有关群众学术团体的配合下，利用多种多样的方式统一组织业余学习活动；学习的目的是提高业务，提高干部质量，改进工作；坚持贯彻“做什么，学什么，缺什么，补什么”的原则和“学少点，学好一点；细水长流，长期坚持”的精神；并合理安排干部的学习活动和社会活动，保证学习时间。《指示》要求按照对象、条件、专业性质的不同，采取不同形式，以便利各级卫生人员选择。各地卫生行政部门应注意发挥各地中华医学会、中华护士学会、全国科联、全国科协等团体的作用。

8月7日

［纲　文］　**外贸部副部长卢绪章就延长中芬1956年贸易协定有效期限复文芬兰驻中国特命全权大使孙士敦。**

［目　文］　孙士敦在来信中建议，将1957年4月30日期满的芬兰和中国之间的贸易协定有效期延长至1957年10月31日为止，并且在上述期间内，双方应在不规定任何进出口商品货单的情况下，尽最大努力签订供货合同。卢绪章在复信中表示同意。

8月8日

［纲　文］　**中共中央政治局召开会议。**

［目　文］　会议由刘少奇主持。会议讨论并通过《关于向全体农村人口进行一次大规模的社会主义教育的指示》。《指示》说：在农村中，有必要进行一次大规模的社会主义教育。教育的中心题目是：一、合作社优越性问题；二、粮食和其他农产品统购统销问题；三、工农关系问题；四、肃反和遵守法制问题，等等。教育的方式是：利用生产间隙和休息时间，在全体农村人口中就这些中心题目举行大辩论，提问题，提意见，摆事实，讲道理，回忆、对比解放前后和合作化前后农民生活的变化。对于这些问题的辩论，实质上是关于社会主义和资本主义两条道路的辩论。《指示》要求，凡是还没有展开这种辩论的地方，各级党委都必须有准备地、有次序地、自上而下地派遣工作组协助乡社的党组织主持这种辩论，以便有力地批判富裕中农的资本主义思想，反对一切不顾国家利益和集体利益的个人主义和本位主义，使爱国、爱社和管家的观念在群众中统一起来，并普遍地养成勤俭办社和勤俭持家的风气。《指示》说，这些关系农村两条道路的根本问题的大辩论，是农民群众和乡社干部的社会主义自我教育，是农村的整风。各省、市、自治区党委和地委、县委对于农村中的这场大辩论，必须很好地掌握领导。群众在大辩论中，对于乡社干部作风所提出的批评，各级党委必须认真研究，适当处理，以便改进工作，团结群众。

▲ 1957年秋，全国开展大规模的农村社会主义教育运动。图为安徽省桐城县石河乡翻身农业社干部、社员正在进行社会主义大辩论。

8月8日

［纲　文］　中共中央发出《关于加强农村思想工作为完成今年征粮购粮任务的指示》。

［目　文］　《指示》说，全国粮食会议后，各地已开始在农村中进行社会主义宣传运动。短短时间的经验证明，粮食问题主要是思想问题。事实说明，只要认真进行了思想工作，就不但能够完成粮食的统购统销任务，而且会使合作社更加巩固，农村其他工作更易于进行。农村的思想问题主要有：一、农民的个人主义思想。余粮地区的农民，除了吃饱、用够之外，还把较多的粮食去发展个人副业生产，只顾个人收入增加，不顾全国人民粮食的需要。缺粮地区不仅不节约用粮，而且也拿出较多的粮食发展个人的副业生产。灾区本应更多的节约用粮，但也不愿节约，也有拿粮食去搞副业的。二、干部的本位主义和尾巴主义思想。乡、社干部只看到本乡本社的粮食需要，不顾全国人民粮食的需要，因此，他们对农民的个人主义思想，不但不加批判和教育，而且加以鼓励，对农民瞒报产量的行动，不但不加批判，而且还帮助瞒报产量，有些社干还带头瞒报产量。三、富裕中农利用粮食，进行黑市投机活动的资本主义思想，没有受到及时的批判和制止。四、地主、富农利用粮食问题，进行破坏社会主义事业的活动，但未遭到应有的揭发和打击。五、对单干户的粮食管理不严，他们的征购任务完不成，也无人过问，他们进行黑市活动，也无人管理。

《指示》说，为了保证全国350亿斤征粮和500亿斤购粮的任务，全国各地应立即开始，并在秋收之前，在农村中普遍深入地进行一次社会主义的宣传运动。透彻地说明全国粮食的情况，重申统购统销的重要意义，通过回忆对比的教育，批判个人主义和本位主义的危害性。批判富裕中农利用粮食进行黑市活动的资本主义思想和个人主义行为。对地主、富农的破坏行为，应该给以必要的法律制裁。要注意对单干户的管理，不允许他们破坏统购统销政策，破坏市场管理政策。

《指示》要求，各省市委、自治区党委除了继续抓紧整风和反右派斗争之外，应该拿出足够的力量和时间抓紧粮食问题，同时对于保证完成棉花以及其他统购物资的任务，也应该引起同等的注意。必须认识巩固农村社会主义阵地、贯彻统购统销政策的严重意义，力争在9月中旬做好农村社会主义宣传工作，以保证粮食和其他物资统购统销任务的完成。

8月8—22日

［纲　文］　**中国回民文化协进会举行第二届代表会议**。

［目　文］　会议讨论了在回民中贯彻社会主义的思想教育，推动回民中的一切积极因素参加社会主义建设的问题。会议期间还反击了回族中的右派分子向共产党的进攻。协进会主任刘格平作《关于民族政策问题的报告》。刘格平全面阐述了中国回族发展过程之后说，解放八年来回族人民在共产党的领导下有了很大发展，全国各地建立了10个回族自治县和100多个回族乡，全国已有150万回族人口的地区实行了区域自治。全国人大四次会议已批准成立相当省一级的宁夏回族自治区。这说明回族人民已获得了当家作主的权利。全国专设的回族小学有1000多所，小学生达30多万人，入学儿童占学龄儿童的60%多，一般城市的回族学龄儿童入学的达90%以上；回族中学有30所，中学生达到3.4万多人；高等学校的回族学生也增加到3000多人。在谈到回族与伊斯兰教的关系时，刘格平说，“回族”并不等于“回教”，“回教”是中国回族信仰伊斯兰教的别称，正确的名称应为伊斯兰教。关于回族文字问题，刘格平说，回族和汉族在历史上使用同一语言和文字，这对回族的发展起了很大作用，但有些人主张用阿拉伯文作为回族文字，这种主张是不符合现实情况的。阿拉伯文在回族中只能在宗教上使用，不能作为社会生活的工具，回族使用汉文汉语，才会有更大的发展前途。

该会秘书长甘春雷作《中国回民文化协进会四年来的工作情况和今后工作意见的报告》。会议通过刘格平和甘春雷的报告，通过中国回民文化协进会新的简章草案，改选了主任、副主任和委员。选出刘格平为中国回民文化协进会主任，王兴让、吴鸿宾、马腾霭、赵钟奇、白寿彝、李微冬为副主任，丁振徒等107人为委员。委员会并推选丁毅民为该会秘书长。

8月8日

［纲　文］　**周恩来向外交部全体干部作报告**。

［目　文］　周恩来在报告中阐述外交形势、外交队伍、过社会主义的政治关、无产阶级专政和整风反右派斗争等五个问题。他指出：世界形势给我们争取和平的可能，但要警惕帝国主义的挑衅和争取扩大和平统一战线。警惕他们搞军事突然事变，这种可能较小，但并非没有，我们任何时候都不要在国防方面忽视这一点。但是一般说，美国目前进

行的是挑拨、破坏、阴谋、颠覆的活动，这类活动常常不被人注意。对外交人员来说，不允许我们放松外交战线上的警惕。要分清国际阵线中的敌、友、我三方面。他在谈外交队伍问题时，讲到知识分子有两面性，有积极的一面，这使他们容易接受和参加革命。但知识分子需要改造，从家庭出身、学校教育、社会影响三方面，可以看出知识分子消极、落后、反动的一面。这是知识分子阴暗的一面，如果不自觉地进行改造，他们的阴暗面就会妨碍他们前进。知识分子的改造具有复杂性和长期性，不能把改造看得太容易。对知识分子进行社会主义改造，不简单是读几本马列主义著作，还要有实际生活的锻炼，要同工农群众相结合，在思想感情上打成一片。周恩来在报告中提出，外交部要制定一个制度，让干部到工厂、合作社去参加劳动，锻炼一段时间，半年、一年或两年再回来，使干部与工农的思想感情打成一片。

8月9日

［纲　文］　**国务院举行第五十六次全体会议**。

［目　文］　周恩来主持会议。会议主要议程是：一、听取姚依林代表商业部所作的《商业部关于棉布计划供应第四年度中民用布供应问题的报告》后，经过讨论批准了这个报告。

二、听取程子华的说明后，通过了国务院《关于由国家计划收购（统购）和统一收购的农产品和其他物资不准进入自由市场的规定》，《规定》于8月18日公布。周恩来在会议讨论这一问题时讲话说，在国家领导下的自由市场，对活跃城乡经济生活是需要的，但只能是辅助的，需要有点限制。关于棉布供应紧张问题，要把历史上我们国家生产多少布、现在生产了多少告诉人民，证明现在比过去是增加了，紧张的原因是我们对合作化后人民生活改善了、人民需要量增加了估计不够，这是我们的缺点，要自我批评。大家的需要量的确增大了，机关干部个人节约也不够。所以，现在还要提倡节约，勤俭建国。我们国家的这种困难是前进中的困难，我们是要克服的。

三、听取沈雁冰的说明后，通过《中华人民共和国政府和南斯拉夫联邦人民共和国政府文化合作协定》。该协定规定，缔约双方将促进教育科学和文化方面的相互合作，有效期五年，期满可顺延。全国人大常委会第八十二次会议于10月23日批准。

四、审议外交部和交通部《关于承认1930年国际船舶载重线公约的请示报告》，决定我国承认并加入这一公约。这个问题将提交全国人大常委会审议批准。《请示报告》说，国际船舶载重线公约是1930年7月5日在伦敦签订的。公约对国际航行船舶的载重线规定统一的标准，以使航行安全和促进国际贸易，是一个技术性国际公约。国民党政府1935年7月31日加入的该公约。中国准备开辟远洋航线，迫切需要解决国际船舶载重线证书，这就只有承认该公约。这样，我国船只航行国际港口时，可享受港口结关等手续的简化。全国人大常委会第八十二次会议于10月23日决定承认1930年国际船舶载重线公约。

五、通过国务院《关于国家行政机关工作人员的奖惩暂行规定》，并决定提请全国人大常委会审议批准。《暂行规定》的主要内容为：奖励分记功、记大功、授予奖品或奖金、升级、升职、通令嘉奖六种，可同时并用；纪律处分为警告、记过、记大过、降级、降职、撤职、开除留用察看、开除八种。原政务院《关于国家机关工作人员行政处分批准程序》和《关于撤销国家机关工作人员行政处分暂行办法》即行作废。全国人大常委会第八十二次会议于10月23日批准此《暂行规定》。

六、通过国务院《关于撤销铁路、水上运输法院的决定》。

会议还通过《国务院关于处理国家机关、企业、学校在肃反运动中查出的反革命分子和其他坏分子的工龄和工资问题的规定》。《规定》的主要内容是：一、工龄问题。受刑事处分的反革命分子和其他坏分子服刑期满后，自再参加工作之日起重新计算工龄；受管制和缓刑处分仍留用者，其工龄自管制和缓刑期满后，重新计算。二、工资问题。停职期间只酌发生活费用；逮捕后凡定案为反革命分子和其他坏分子的，逮捕期间一律不发工资；开除后又改变处理的反革命分子和其他坏分子，不补发开除期间工资；受管制和缓刑等刑事处分仍留用的，根据同工同酬原则发给相当的工资。

8月9日

［纲　文］　**陈云出席中共辽宁省、市、地委书记和省直机关党员负责干部大会并讲话。**

［目　文］　陈云说，解决经济基础的所有制革命，一定会在政治上思想上反映出来，整风反右的斗争是不可避免的。粮食问题是最重要的问题，物价稳定，头一条就是靠粮价稳定。粮价动摇，物价就要动摇，整个五年计划统统都要动摇。我们是大国，粮食不能依赖进口。要从根本上解决粮食问题还需要很多年，在此之前，保证粮食不出问题的办法只有一个，即以丰补歉。在粮食工作中要反对不顾国家、集体的个人主义和本位主义。农业问题对我们压力很大，搞不好就要拖经济建设的后腿。解决这个问题，一靠增加化学肥料和化学纤维；二靠兴修水利，抓好治涝和灌溉；三靠搞好计划生育。我国的基本建设取得了很大成绩，苏联帮助设计了156项，我们自己搞了800多项，不是社会主义制度是办不到的。我们在基建方面还是比较勤俭节约的，但现在看来，有许多方面还可以再省一点，慢一点，把轻重缓急分得再清楚一点。

8月9日

［纲　文］　**薄一波在天津市干部会议上作《关于编制1958年计划控制数字的几个问题的报告》。**

［目　文］　《报告》说，中国国民经济发展中新出现的主要矛盾是消费资料生产的发展赶不上生产资料生产发展的需要，特别是农业生产的发展赶不上整个国民经济发展的需要。原材料工业的发展又赶不上加工制造工业发展的需要。解决上面所说的矛盾，是编制1958年度国民经济计划和第二个五年计划期中的主要任务。因此，编制1958年度计划控制数字的方针，应该是贯彻执行发展工业同发展农业并重的方针，加速农业的发展；积极地发展原材料工业，特别是发展某些特殊的和供应不足的原材料工业；继续贯彻执行大、中、小型企业相结合和充分利用小工业、手工业的政策；注意使铁路运输的发展适应

于生产发展的需要；加强对外贸易对于国内生产和市场的调剂作用。同时，应该进一步贯彻执行党的勤俭建国的方针。

8月9日

［纲　文］　**卫生部、劳动部联合颁布《橡胶业汽油中毒预防暂行办法》。**

［目　文］　《暂行办法》共有13条，主要内容有：一、溶解橡胶用的汽油，其规格应符合：不饱和烃含量不应超过2%，芳香族烃含量不应超过3%；初馏点不应低于80℃；不应含有四乙基铅和硫化物。二、橡胶业接触汽油的作业环境空气中汽油蒸汽含量不应超过0.3毫克/升。三、蒸发汽油蒸汽的车间，每名工人应保持适当的作业面积；避免拥挤，车间内应安装全面通风设备；接触汽油的工序应安装局部通风设备；根据条件并应安装汽油回收装置。对这些设备应加强检修和管理。四、配制和使用胶浆的操作，应与其他工序隔开，并尽量做到机械操作和密闭生产，改善生产工具和劳动组织，以尽量减少汽油蒸汽的蒸发和接触。五、涂胶浆后的成品和半成品，不应放在车间内干燥，如因特殊原因，必须放在车间内干燥时，应集中隔离堆放，并在堆放地点安装吸气和密闭设备。六、接触汽油和胶浆的工人，应由企业行政供给工作服和口罩（必要时发给活性碳口罩）等个人防护用品并建立经常的洗濯和检修制度。七、企业行政应为经常接触汽油和胶浆的工人设置洗手设备和淋浴设备，供给洗脸肥皂和毛巾，并建立个人卫生制度。八、在蒸发汽油蒸汽的车间里，禁止就食和存放衣物，工作服和便服应分别存放。九、对直接从事接触汽油作业的工人应进行就业时的健康检查，患有神经系统疾病、心脏血管疾病、血液系统疾病和肝、肾疾病的患者，不得从事接触汽油的工作。对现职工人每年应进行一次定期健康检查，以便早期发现中毒患者，及时处理。十、各企业或其主管部门可根据本办法，结合本单位具体情况，制定实施细则。

8月10日

［纲　文］　**中共中央批转邮电部党组《关于撤销政治工作办公室、政治副职后如何加强邮电企业党的领导的请示》。**

［目　文］　中共中央同意邮电部党组的意见，并指出，在撤销邮电企业的政治工作机构，实行党委集体领导下的企业首长负责制之后，各省（区）邮电管理局成立党组（或党委）由省（区）直接领导；党团干部的配备采取专职与兼职并行的办法。中共中央还指示：各企业单位应尽可能地减少专职的党、团、工会工作干部，凡是没有必要设这种专职干部的，以不设为好。

8月10日

［纲　文］　**国务院发出《关于组织城市、工矿区和林区的机关、部队、工厂、学校等集体伙食单位储存和加工冬、春季自用蔬菜的通知》。**

［目　文］　《通知》说，几年来，为了改进城市、工矿区和林区的蔬菜供应，各地做了很多工作，取得了一定的成绩。但是各地秋季蔬菜的储存和加工工作却远远落后于城

市、工矿区和林区人口增长的需要。在秋季蔬菜上市旺季的时候，便形成供过于求，以致发生很多蔬菜腐烂的现象，价格也迅速下跌；而当进入冬、春蔬菜淡季的时候，市场上又发生严重缺菜的现象，价格也随着上涨。这种情况对于生产者和消费者都是很不利的。为了改变这种情况，各地人民委员会除了继续加强对蔬菜生产的领导和适当加强国营商业部门经营蔬菜的力量以外，还必须动员和组织消费者做好秋菜的储存和加工工作。为此，《通知》要求：一、各地人民委员会应广泛地向机关、部队、工厂、学校等集体伙食单位说明，自己储存和加工蔬菜可以保证冬、春缺菜季节的蔬菜供应，可以减少季节性价格上涨的差额，吃到廉价的蔬菜。二、各地人民委员会应当责成经营蔬菜的国营商业部门根据当地情况提出机关、部队、工厂、学校储存和加工蔬菜的规划方案，通过各主管行政部门进行安排。各单位储存和加工蔬菜的品种和数量，应当根据需要、可能和技术准备情况来规定。三、各机关、部队、工厂、学校等单位储存和加工所需要的蔬菜，应当由当地蔬菜经营部门统一组织采购和分配，以免引起市场的紊乱；储存和加工蔬菜所需要的设备由各单位自筹解决。四、各地国营蔬菜商业部门对于储存和加工蔬菜的方法，应当加强技术指导，总结和推广群众行之有效的储菜、腌菜经验。

8月10日

［纲　文］　**中国人民银行总行发出《关于灾区贷款工作的指示》。**

［目　文］　《指示》说：入夏以来部分地区发生了水灾和旱灾，以山东、河南两省的水灾和江西、湖南的旱灾为严重，另外，江西、福建、湖北等省部分地区出现了夏荒。受灾严重地区的生产救灾工作已成为当前的中心任务，各级银行应集中力量配合有关部门积极发放生产救灾贷款。《指示》提出五点要求：一、受灾地区各行，应在整风和工作两不误的前提下，对灾区贷款加强组织领导。二、灾区贷款的资金要进行适当安排，主要依靠原有农贷资金周转使用，应在加强领导发放灾区贷款的同时，加强领导非灾区及轻灾区的收贷工作；指导信用社开展业务；省内灾区资金不足，可由分行在地区之间，进行必要的调剂。灾区农贷资金应在党政统一领导下，与救济款，以工代赈等资金明确分工，紧密结合，做到统一安排使用。必须明确救济款是国家对灾民的无偿援助，而贷款则必须贯彻有借有还原则，在对象和用途上，应有严格划分，该救济的以救济款解决，该贷款的以贷款解决。不能以贷款来代替或垫付救济款，以免贷款与救济混淆不清，影响农村信用原则的贯彻，受灾社员的短期生活贷款，可由信用社解决，信用社资金不足时，银行给予支持。三、灾区贷款要做到适时发放。对急需的生活、口粮和种子贷款迅速帮助解决。在支持生产方面要帮助农业社结合物资供应、生产时间、副业条件等计划与组织好生产以后发放。四、救灾贷款主要扶持受灾农民恢复和发展生产，通过生产自救，安定灾民生活，贷款应与组织生产相结合，贷款过程就是组织生产过程。五、对夏荒地区群众生活困难，也应给予积极支持。发放生活贷款时应事先调查摸底分类排队，该救济的用救济款解决，能找到副业门路的通过扶持副业生产解决。口粮确实困难需要贷款的即应给予贷款扶持。

8 月 10—23 日

［纲　文］　**商业部召开第八届商业厅局长会议。**

［目　文］　会议确定 1957 年下半年商业部门的主要任务是：动员全商业系统的一切力量，做好工业品的收购和供应工作，首先是农村的工业品供应工作，支援粮食和其他农产品的采购，保证市场物价的稳定。会议认为，旺季市场的工业品供应应该采取如下措施：一、尽可能增加生产，以便增加供应。二、作好商品摆布工作，合理调度和调节商品，尽量消除死滞商品，发挥现有商品的供应力量。三、区别不同商品，分别贯彻不同的供应政策。四、对于供应紧张的商品，在妥善安排、合理供应的同时，还需要注意社会节约的宣传和具体指导工作。社会节约不仅对商品供求起一定的调节作用，而且对节省国家资财，减少浪费也有重大的意义。

会议根据现有库存力量，对各地要求增加供应的商品作了调剂和补充。会议要求，各地商业部门立即根据现有的商品进行部署，并且从缩短商品在库和在途时间、合理摆布商品、挖掘地方货源等方面来发挥物资潜力。各地要支持全国商品的统一调度。商品库存较大的地方应当支援商品脱销的地方；城市应当支援乡村；如果有任何一个地方发生了严重的市场波动现象，全国各地都有支援的责任，因为全国的市场是不可分割的。全国统一调拨的计划商品应当坚持调拨制度，不应当派人到外区去采购，以免打乱原定的分配计划，影响其他地区的人民需要。会议建议各地党政领导机关经常地召集各商业部门举行联席会议，以统一领导市场并发挥互相支援的作用。会议还讨论了组织机构和制度的改革问题，讨论了进一步开展增产节约运动，加强对小商小贩社会主义改造和改进工商关系等问题。

8 月 11—17 日

［纲　文］　**印度尼西亚国会议长沙多诺应刘少奇邀请访问中国。**

［目　文］　全国人民代表大会常务委员会副秘书长余心清等人到南宁机场迎接。沙多诺访问了杭州、上海、深圳等地。

8 月 12 日

［纲　文］　**财政部发出《关于代用品、废弃果木酿酒征税问题的通知》。**

［目　文］　《通知》主要内容如下：一、凡在 1956 年 7 月以后（包括今后）投入生产的纯代用品、纯废弃果木酿酒，自文到之日起暂一律减按 20% 税率征收，文到日以前已征税款不予退税。在此两项酿酒中的个别品种，如减按 20% 税率征收仍有困难的，还可由省、自治区、直辖市人民委员会批准减按 15% 的税率征收。二、凡在 1956 年 7 月以前投入生产的纯代用品、纯废弃果木酿酒，仍应按照原规定税率 35% 征收，一般不作变动。个别的如果目前生产仍有困难，企业发生亏损，或销路不好须降价出售，而利润不能弥补甚至亏损的，可由税局、企业共同提出意见，报请省、自治区、直辖市人民委员会批准，也可按照 20% 的税率征收。三、上项酿酒属于搀兑酒精、白酒、漏水酒制成的酒征税问题，

仍应按照规定分别征税。为了简化手续，对全能厂产制的，可分别计算合并征收。四、上项酿酒属于装瓶销售的计税问题，除其成品为白酒、黄酒、土甜酒的可按净酒征收外，其他酒仍应连同瓶装计税。五、关于代用品、废弃果木的范围，根据现有材料，暂作如下解释，希再与有关部门结合具体情况研究掌握。（一）代用品指野生植物；（二）废弃果木指死角果、次果、烂果、落树果、废橘瓣（如四川用广柑做陈皮剩下的广柑瓣）、废果木汁（如湖南做橘饼榨出的橘汁）、果皮、果心（做罐头剩下的）。

财政部接到食品工业部、城市服务部7月18日《关于代用品酿酒销售价格、专卖利率和生产利润问题的规定的联合通知》抄件。《联合通知》要求财政部在税收方面给予照顾，以发展代用品和利用废弃果木酿酒。财政部对此表示同意。

8月12—24日

［纲　文］　**手工业管理局召开全国服装技术交流会议**。

［目　文］　来自各地的服装行业职工代表在会上提出，缝纫行业节约用布的潜力还很大。一般的男制服可以由过去一身服装用布16尺减少到13尺9寸5分，女服装也可以由一身服装用布15尺减少到13尺6寸。棉衣每套节约一尺布也是可能的。其他服装节约用布潜力也大。为此，会议号召全国服装行业职工提高剪裁技术水平，大力开展节约服装用布运动，并要求各级手工业领导部门加强对缝纫行业职工的思想教育，有条件的地区可以举办技术交流会、短期训练班、展览会等，提高广大职工的技术水平。会议认为，各地的服装公司、商业部门可以成立技术研究室，专门研究服装的规格、质量标准和操作规程以及服装式样等。

8月12、15、28日

［纲　文］　**《人民日报》分别发表题为《粮食销量是能够减少的!》、《分清粮食问题的大是大非》和《吃粮要有计划》的社论**。

8月13日

［纲　文］　**中共中央批转《浙江省委转发杨心培①同志关于仙居县群众闹事问题的报告》**。

［目　文］　中共中央在批示中指出：浙江仙居县合作社一哄而散的教训，应该引起各地认真重视。这样的情形虽然只是在个别的县份发生了，但是，像仙居县这样对于社员的意见和要求不去及时加以适当解决，而让问题成堆，放松社会主义的思想政治教育；对错误的言论，不敢理直气壮地加以批判；对于少数地主、富农、反革命分子的反攻、破坏活动，缩手缩脚，不去认真弄清楚、坚决予以反击等现象，并不是个别存在的现象，应该

---

① 杨心培（1915—1989），山东日照人。1938年5月加入中国共产党。新中国成立后，曾任浙江省委委员，省委组织部副部长。1957年任温州地委书记。后调任山东。1978年后任上海革委会副主任、上海市委常委、组织部长兼纪委筹备组组长。是第十一届中纪委委员，第五届全国人大代表。

引起严重注意。

7 月 15 日，浙江省委转发此《报告》时说：仙居县在群众闹事中合作社一哄而散，入社农户由占总农户 91% 退到 19%，主要原因是在合作社的发展过程中没有严肃地贯彻执行农村阶级路线，合作化以后在经营管理、政策处理等问题上存在一系列的问题。这些问题暴露之后，长期拖延，县委没有领导广大干部采用民主办社的方法认真地予以解决。有些群众提出退社、分社的要求，由于领导对群众的觉悟估计不足，又不肯做艰苦的工作，害怕“一枝动百枝摇”，错误地采用了“硬压”的办法，使合作社内问题成了堆，因而闹事发生以后合作社一哄而散，一时不可收拾。这一问题教训极为深刻，各地应该引为鉴戒。

6 月，杨心培在《报告》中说，浙江省仙居县自 1956 年秋收后，个别地区发生退社问题，至 1957 年 4 月中旬到 5 月下旬，全县 33 个乡镇中有 29 个先后发生闹事事件。闹事的特点，主要是闹退社闹分社，干部不许，就殴打干部，哄闹政府或自动解散。闹事后，全县 302 个合作社中，完全解体者 116 个，部分垮台者 55 个。入社农户由 91% 降至 19%。被打干部 107 人，社干部家庭被搜查者 430 户。

杨心培在《报告》中说，仙居县重要闹事事件中约有三类情况：一是由于内部矛盾没有处理好，引起广大群众不满，群众闹事中，坏分子渗透进来；二是反革命分子制造的；三是纯系内部矛盾。第一种占大多数，后两种占少数。三类矛盾互相渗透，内部矛盾是客观存在的。官僚主义作风使客观矛盾不能正确处理，使矛盾扩大到尖锐化的程度，成为闹事最主要的原因。他在《报告》中还阐述了处理闹事问题的具体方针政策，以及巩固合作社的主要环节。

8 月 13—20 日

［纲　文］　**国务院在北戴河召开常务会议。**

［目　文］　会议由周恩来主持。会议讨论关于发展国民经济第二个五年计划和 1958 年计划、预算以及 1958 年国务院的体制问题。

李富春谈了第二个五年计划的方针政策性问题，薄一波谈了农业发展问题，邓子恢谈了 1958 年财政预算问题，陈云就节制生育、解决吃穿问题的出路、处理增加工资与安排就业的关系等问题发言。20 日，周恩来作总结发言。他说，八天的座谈有成绩。“八大”的建议中未将结合中国的具体情况突出地提出来。1956 年所有制改变后，在建设上没有根据毛泽东的报告从六亿人口出发，来安排工作，在农业国的穷底子上建立独立的工业体系，时间要拖长些，估计要三四个五年计划。不抓农业这一重要环节是不行的。农业生产靠合作化加上增产措施。设想“二五”计划产粮达到 4800 亿斤。工业方面原材料无论数量、质量都落后于机械工业。尖端科学要花点本钱搞。财政安排“二五”可收入 1800 亿—1850 亿元，国防行政支出最好不超过 400 亿元，应设法裁军简政。其他支出包括：还外债、外援 50 亿左右，还内债 22.4 亿，总预备费、信贷等约 100 亿，文教支出 270 亿，剩下的 960 亿可用于经济建设。计委、经委现在不能合并，计委要抓项目和其他重大问题，经委还要抓生产。各部要加强对整风的领导，利用整风解决劳动就业、工资改革、退休制、请假制，大学毕业生待遇，以及劳保、福利、公费医疗、学徒制等问题。

会议决定：一、发展国民经济的第二个五年计划，由国家计委根据座谈情况进行准备，并将执行第一个五年计划的经验加以总结。二、1958年计划和预算，可先把主要项目定下来，于中共八届三中全会以前下达。三、国务院体制问题，由李富春负责组成一个专门小组研究提出方案。四、由陈云担任中央节育委员会主任。五、从东欧人民民主国家进口成套设备的项目，能撤销的撤销，不能撤的不要勉强撤销。外贸部部长叶季壮作了说明。他说，中国自1950年至今共向东欧国家正式签协议订购成套设备119项，进口总值24.92亿卢布，转入“二五”期间须支付15.86亿卢布。按1958年的出口额计算，当年自东欧成套设备进口额最多支付四亿卢布，相差近3亿卢布。建议由外贸部组织代表团与东欧国家商谈，采取撤销、推迟和分交三种办法解决。

8月13日

［纲　文］　**国务院批转《卫生部关于领导工业卫生工作的分工办法的通知》。**

［目　文］　国务院在批示中原则同意卫生部提出的关于领导工业卫生工作的分工办法。批示说，几年来工业卫生工作有很大进展，但也还存在着一些亟待解决的问题。首先是各级卫生部门还没有把工业卫生的业务认真地领导起来，工作上缺乏明确步骤和具体办法；其次，工业部门和卫生部门之间缺乏明确的分工和密切的合作。因此，在不少厂矿企业中，职业病和多发病仍在继续发展，严重地危害着职工的健康。为做好工业卫生工作，保证工业生产顺利进行，批示要求卫生部、地方卫生部门、各工业部门和各省、自治区、直辖市人民委员会都应该进一步加强对工业卫生工作的领导，根据关于领导工业卫生工作的分工办法，分工合作，共同解决工作中存在的问题，认真贯彻第一届全国工业卫生会议决议，积极开展疾病预防工作，逐步改善职工的劳动、卫生条件，逐步减少和消灭职业病、多发病和工业外伤，以保证职工的健康和生产的顺利进行。批示还要求各省（市）的工业卫生专管机构、工业部门的卫生行政机构和厂矿企业的医疗单位本着精简节约的原则，按照实际需要，予以适当加强和充实，但要一律在本地区本部门现有人员中调剂解决，不得增加编制。各级卫生部门应该有计划地组织厂矿企业医疗卫生人员的轮训和进修，适当调整和加强厂矿企业的医疗技术力量。

《关于领导工业卫生工作的分工办法》共两项，对工业卫生工作的领导关系、工作任务做出具体规定。

8月13日

［纲　文］　**《人民日报》发表题为《国家对华侨事务的又一重要措施》的社论。**

［目　文］　社论说，国务院公布《华侨捐资兴办学校办法》和《华侨投资于国营华侨投资公司的优待办法》。这是国家对华侨事务的又一重要措施。社论说，很多侨胞早就具有侨居国国籍。中国政府在1955年亚非会议期间和印度尼西亚共和国政府签订了关于解决华侨双重国籍问题的条约，并且说明过这一条约是解决华侨双重国籍问题的范例。中

国政府还表示愿意同各有关国家经过外交谈判解决这个从历史上遗留下来的华侨双重国籍的问题。1956年周恩来和新加坡前首席部长马歇尔发表了关于解决新加坡华侨双重国籍问题的谈话，在缅甸和柬埔寨也发表了相类似的谈话。这些措施，贯彻着中国和平外交政策与和平共处五项原则的精神，目的是从华侨问题上改进同东南亚各友邦的友好关系。社论说，关于解决华侨双重国籍的方针，中国主张华侨根据自愿原则，选择侨居国国籍或者保留中国国籍；对于愿意保留中国国籍的，表示欢迎；对于愿意和能够参加侨居国国籍的人，也欢迎他们这样做。参加了侨居国国籍的人，就不再具有中国国籍；而且他们既然以侨居国为自己的国家，就应当效忠他们所选择的国家，积极地参加所在国的建设事业。保留中国国籍的侨胞，也应当尊重侨居国的政策法令，遵守当地法律，促进同侨居国人民和政府的友好关系，从事和协助有利于当地国计民生的经济文化事业，并且加强华侨本身的爱国团结。这就是中国政府反复宣布了的基本政策。关于华侨的经济和回国投资问题，社论说，华侨经济是侨居国社会经济构成部分之一，历来是为侨居地经济建设服务的。国外华侨积极地参加所在国的经济建设，也就是从经济方面增进了万隆精神的团结力量，这对所在国固然有利，并且对增进祖国和这些侨居国的友谊以及对华侨的长远利益也是有利的。

8月12日，国家侨委发言人曾向中国新闻社记者发表关于欢迎侨胞投资和办学的谈话。

8月13日

［纲　文］　**文化部发出《关于一般书籍的印数应该由出版社决定和改进社店经销关系的通知》**。

［目　文］　《通知》说，书籍的印数和订货数，由出版社和书店进行充分的协商，并在协商的基础上，由出版社决定印数，书店决定订货数，是正确的。为了使出版社能够根据书籍出版意图和读者需要决定印数，应将以书店的订货数来决定印数的实际情况，加以改变。《通知》说，文化部出版事业管理局提出基本报销、不报销、半报销三个方案，实行这三个方案中的任何一个，都可以使出版社实际掌握书籍印数的决定权。各出版社可以视自己的需要和可能，采用任何一个方案。但这三个方案，只是原则规定，有关细节，还必须由各出版社和书店继续协商，用合同形式确定下来。

8月13日

［纲　文］　**毛泽东、刘少奇、周恩来联名致电朝鲜民主主义人民共和国最高人民会议常任委员会委员长金科奉、内阁首相金日成、外务相南日，祝贺朝鲜解放12周年**。

8月14日

［纲　文］　**中共中央发出《关于宣传报导农村社会主义思想教育运动的指示》**。

［目　文］　《指示》指出：在全国农村中，正开始进行一场社会主义教育的大辩论。各地报纸、刊物、广播电台等宣传机关对于农村这个运动的报导，应着重于好的经验的介

绍，正面道理的宣传（包括对于资本主义思想的驳斥）。在反映农村反社会主义的言论和行动时，要恰如其分，不要使人感到漆黑一团。省市委、地委、县委必须注意对于报刊电台这方面宣传工作的掌握和领导。

8月14日

［纲　文］　**周恩来致电印度共和国总理贾瓦哈拉尔·尼赫鲁，祝贺印度独立10周年。**

8月15日

［纲　文］　**毛泽东、周恩来致电印度尼西亚共和国总统苏加诺、总理朱安达，祝贺印度尼西亚独立12周年。**

8月15—25日

［纲　文］　**中国回民文化协进会在北京举办中国回族发展面貌综合展览。**

［目　文］　展品包括图片、图表和实物等。全部展览分为五个部分。第一、二、三部分，介绍新中国成立8年以来中国回族人民在政治、经济、文化、教育等方面的发展和成就，并且介绍各个工作岗位上的回族工作模范和他们的事迹；第四部分介绍将要建立的宁夏回族自治区的概况和发展远景；第五部分介绍中国回族的发展历史以及科学和文化艺术遗产。

8月16日

［纲　文］　**国务院批准商业部《关于棉布计划供应第四年度中民用布供应问题的报告》。**

［目　文］　国务院在批示中说：各省、自治区、直辖市人民委员会应当按照《报告》的精神和棉布供应办法，从速安排第四年度第一期布票的发放工作。由于棉布供应比较紧张，在发放布票的时候，必须根据实有人口数字严格加以控制。工业用布和一切公用布匹，必须按照节约的精神进行供应，切实保证供应指标力求减少而不被突破。一切用棉、用纱、用布的工业部门，必须严格节约原料。应当向城乡人民，特别是应当向大城市的职工、干部和学生广泛地进行解释工作，使他们了解国家目前棉布供应的困难情况，自觉地节约用布。为了缓和1958年棉布供应紧张的情况，各产棉地区还应该做好以下三件工作：一、必须抓紧对棉花生产的领导，加强棉花的田间管理工作，争取今年棉花的丰收。二、动员棉农把棉籽交给供销社脱绒加工厂并且认真领导供销社做好剥取棉籽短绒的工作，力争完成今年的剥绒任务。三、加强对棉农的政治工作，加强购棉的组织工作，以争取多购些棉花。

8月3日，商业部向国务院提交《关于棉布计划供应第四年度中民用布供应问题的报告》。《报告》说，1957年9月1日至1958年8月31日是棉布计划供应的第四个年度。1957年全国的棉花种植面积共约8700余万亩，较1956年减少了600余万亩。国家供应给全国人民每人的平均棉布定量，一般保证16尺，争取在棉花丰收的条件下达到18尺。

《报告》提出：本年减少每人棉布供应定量的时候，城市减得多，乡村减得少，大大缩小城乡之间棉布定量的不平衡。在分配办法上，取消过去职工、干部和中等学校以上学生定量高于当地居民的规定，改成与当地居民定量一致。在工业用布上，除了国家经委批准必须增加的工业用布外，原则上应一律维持上一年度供应水平，不予增加。

8 月 20 日，《人民日报》发表题为《人人都要节约棉布》的社论。

8 月 16 日

［纲　文］　**《人民日报》发表题为《使斗争深入，再深入！》的社论。**

［目　文］　社论说，从 6 月上旬开始的反击右派的斗争，已经进行两个多月了。由于坚持团结教育大多数、孤立右派分子的方针，由于坚持说理和揭露事实的方针，由于一部分人在斗争中的右倾思想和简单粗暴的倾向受到纠正，斗争在深入发展的过程中得到了很大的收获。共产党员、共青团员、群众中的广大进步分子，经过了右派猖狂进攻的大风大浪，经过了同右派的大辩论，社会主义的觉悟程度大大地提高了，社会主义的立场更加坚定了。许多原来认识模糊的人，也大都辨明了是非，深切地体会到反右派斗争是一场必须进行的斗争。社论说：反右派斗争是我国过渡时期不可避免的一场阶级斗争，是政治战线和思想战线上的社会主义革命。中国人民已经在 1956 年的社会主义改造的高潮中，基本上完成了生产资料所有制的改革。但是如果还没有取得政治战线和思想战线上的胜利，还没有在这些战线上把无产阶级的领导权巩固地树立起来，那就不能认为社会主义革命是已经成功了。相反，如果听任敌视社会主义、敌视无产阶级专政的资产阶级右派在政治战线和思想战线上猖狂进攻，那么，社会主义的生产资料所有制也就有归于失败的危险。1956 年 10 月的匈牙利事件，就是一个明证。因此，必须在政治战线和思想战线上，首先是在政治界、教育界、新闻界、科学技术界、文学艺术界、卫生界、工商界，全面巩固地树立无产阶级的党的领导，取得社会主义道路对于资本主义道路的彻底胜利。社论称：反右派斗争既然是决定我国命运的斗争，既然是关系于社会主义事业的生死存亡的斗争，那么，显而易见，这个斗争决不容许半途而废。反右派斗争和社会主义建设同样是国家的中心任务。

8 月 16 日

［纲　文］　**周恩来批准外贸部《关于向苏联借用棉花的请示》。**

［目　文］　周恩来在批示中说：同意向苏联从下年起分五年借棉花 50 万吨，年利 2%，自 1963 年起，分 10 年还完。

外贸部在《请示》中说，因国内棉花产量不足，造成纺织工业吃不饱和供应居民棉布减少。1957 年植棉差 600 万亩未完成任务，1958 年每人只能穿布 17.32 尺。在化肥和人造纤维工业未大量发展前，棉花不足问题短期是不易解决的。可行的办法是在第二个五年计划期间，每年向苏联借用 10 万吨棉花，每年则可多开 70 万纱绽，增产 2000 万匹布，平均每人可增穿布 3.6 尺。借用的 50 万吨棉，约 17.5 亿卢布。偿还办法以钱还棉为宜，建议从 1963 年开始，15 年内还完，按年利 2% 算，本息共 21 亿卢布。

8月16—29日

［纲　文］　**全国农田水利工作会议在北京召开。**

［目　文］　出席会议的有各省、区、市的水利厅、局负责人、工程师、技术员和各重点县的县长等110多人。国务院副总理邓子恢，中共中央农村工作部副部长、国务院第七办公室副主任陈正人到会作报告。会议总结了五年来中国农田水利工作的经验，认为依靠群众，因地制宜，大量兴办各种各样小型农田水利，有重点地举办大型工程的农田水利建设方针，是完全正确的，是几年来农田水利工作取得成就的重要原因之一。会议认为，农田水利工作还要全面规划，统筹安排。会议对第二个五年计划时期特别是1958年的农田水利工作做了安排。在第二个五年计划期间要贯彻执行发展工业同农业并举的方针，加速农业的发展。发展农业生产主要靠提高单位面积产量，提高产量的主要关键，一是水利，二是肥料。会议提出，农田水利工作的具体方针是，积极稳步，大量兴修，小型为主，辅以中型，必要的可能的兴建大型工程。兴修和管养并重，巩固和发展并重，数量和质量并重，继续贯彻依靠群众，社办公助，全面规划，因地制宜，多种多样，投资少，收效快的原则。对已有水利设施，本修管并重精神，积极整修和扩建，加强管理，挖掘潜力，充分发挥效益。内涝灾害和水土流失严重地区，应分别把排水除涝、水土保持工作摆在首要地位。会议强调，1957年农田水利计划年度即将结束，1958年冬春修就要开始，各地要充分发动群众，及早动手。

邓子恢在报告中说，在“一五”期间，农田水利工作取得伟大的成绩，这个成绩超过了历史上任何朝代的成就。按照“二五”计划，1958年将增加灌溉面积4000多万亩，原有的4300万亩面积的灌溉能力也将得到提高。还要在4万多平方公里的土地上开展水土保持工作，在4000多万亩低洼地区的土地上兴修防水排涝工程。邓子恢说，发展农田水利的方针路线是依靠群众，依靠合作社，走群众路线；依靠党委重视以取得各方面的配合；在技术上的因地制宜；加上国家有计划的支援。在工作部署上，应该抓住重点兼顾一般，同时还要统筹计划全面安排，即防洪排涝、灌溉、水土保持等相结合，不能孤立进行。发展中小型水利是第二个五年计划时期工作的主要方向。

8月16、17日

［纲　文］　**中共北京市委邀请陆定一、康生向北京市马列主义教师作报告。**

［目　文］　北京地区的学校、机关、军队等单位的全体马列主义教师与党的宣传工作人员听取了报告。8月16日，由陆定一作报告。他在报告中说，批判右派是关系社会主义事业和国家民族生死存亡的斗争，是关系国家前途向什么方向发展的斗争，是关系每一个人的切身利害的斗争。我们必须把反右派斗争进行到底，争取彻底的胜利，决不半途而废。历史证明了，在中国，只有两条道路：或者是新民主主义、社会主义到共产主义，或者是殖民地、半殖民地。中间道路、第三条路线是没有的。所谓中间路线、中间道路就是资本主义道路，这条道路在中国是不可能实现的。资产阶级的猖狂进攻，目的就是要推翻我国的无产阶级专政。党内党外的右派分子很想在中国也来一个匈牙利事件，他们企图首

先夺取对知识分子和工商界的领导权，然后夺取全国的领导权。我们采取了全国人民大辩论的方法，粉碎了资产阶级右派的猖狂进攻。陆定一指出，要造成一个工人阶级的知识分子的广大队伍，这是历史向我们提出的伟大任务。为了建成社会主义，工人阶级必须有自己的技术干部的队伍，必须有自己的教授、教员、科学家、新闻记者、文学家、艺术家和马克思主义理论家的队伍。这个新队伍，包含从旧社会过来的真正经过改造站稳了工人阶级立场的一切知识分子。

8 月 17 日，康生作报告。他在报告中着重讲了 1957 年下半年高等学校怎样进行马列主义政治课，怎样进行社会主义思想教育问题。他说，1957 年下半年各高等学校的政治思想教育，经过中宣部、高教部等各方面的座谈和讨论，一致认为除了继续运用课外一切方法及通过各种专业进行政治教育外，还必须在课程之内有系统地进行这种教育。它的一个重要方法，就是把原有的政治课改变它的内容和方法，在全国高等学校各年级普遍开设《社会主义思想教育》这门课。这一种课程的性质，是社会主义革命运动中的阶级教育，是整风和社会主义教育的课程，是全民大辩论的组成部分。康生说，进行马列主义的政治课，注意它的系统性、完整性是对的，但是脱离当前阶级斗争、革命运动、党的任务和具体的教育对象来进行备课是不对的。马列主义理论和实践密切结合的教育方针是任何时候都要注意的。全部教学过程和学习过程，是以无产阶级的思想来批判资产阶级、小资产阶级的思想，是以马列主义的立场、观点、方法，来克服非马列主义的立场、观点、方法的过程。这门课程在教学过程中的关键性问题，是在讨论中要把各种观点、各种思想、言论及右派分子反党反社会主义的各种准确的事实，都摆出来，经过充分说理、争论、反驳，放手争鸣。他说，除了少数右派分子外，在辩论中对有错误思想的学生和教师，应当贯彻团结——批评——团结的方针，应用和风细雨、说服教育的方法，以达到真正从思想上解决问题的目的。康生最后说：这个工作最重要的环节，是在各地党委和各高等学校党委的亲自领导下，把社会主义的思想教育工作，作为领导工作的一个中心任务，动员所有党员、团员教师，团结一切非党教师，共同来进行。

8 月 16—23 日

［纲　文］　**中国青年代表团参加在乌克兰首府基辅举行的第四届世界民主青年联盟代表大会。**

［目　文］　中国青年代表团同意会议执委会向大会提出的各项文件，并在大会发言、小组委员会讨论、会外协商中，对一些具体问题和分歧意见提出看法。19 日，团长胡耀邦作题为《为发展各国青年的友好合作而奋斗》的发言。胡耀邦在发言中说：世界民主青年联盟最迫切的一项工作，是要动员各国青年为禁止原子武器和氢武器的试验和彻底消灭原子武器氢武器而斗争。支持民族独立和保卫和平并不是互不相关的两回事。种族的歧视和民族的压迫不仅违反人类的良知，而且是一个蕴藏战争的祸胎。胡耀邦说，在世界民主青年联盟内，必须采取一律平等的态度，在世界民主青年联盟新的章程中规定尊重各会员组织的内部事务、允许会员组织有双重会籍、增设联系会员的制度。对重大问题应该力求

一致，但不是事事都强求一致。对多数人的意见要尊重，对少数人的意见也要尊重。

来自80个国家会员组织的320位代表、来自141个非会员的国际性和全国性组织的174位观察员和14位特邀来宾参加了本届大会。本届大会的中心议题，是如何进一步争取和平，扩大同各种不同倾向青年组织的合作，以实现世界青年大团结的问题。世界民主青年联盟主席布伦诺·柏尼尼代表执委会向大会作总报告；总书记雅克·德尼代表执委会作了修改章程的报告，提出新章程草案。大会通过关于总报告的决议、呼吁书以及其他决议，制订了新的章程，选举了新的执行委员会。

8月17日

［纲　文］　**中共中央转发北京市委《关于反右派斗争情况的报告》**。

［目　文］　《报告》称，一、截至8月7日，全市已发现右派分子7511人，已在大小不同范围内重点批判3529人，占右派总数47%。全市有极右分子1257人，占右派总数16.7%。全市已登报的极右分子135人，近日又决定增加55人。北京各高等学校共发现右派分子4230人，占高校总人数113213人的3.74%；其中极右分子1125人，占右派分子总数的26.6%。教授中右派分子192人（其中极右分子85人），占教授总数1390人的13.8%。其中重点批判108人，占教授总数的8%。对毕业生中犯有严重错误的党员、团员提出处理意见：对于需要开除的党员（约50人，约占2%）、团员（约400人，约占5.7%）暂不分配工作，等将来处理后再分配工作。二、北京市各高等学校反右派斗争的群众斗争高潮已告一段落，有些学校对教职员中的右派分子仍在斗争。高等学校的工作重点是毕业生的处理和改进工作问题。三、其他各个战线上的反右派斗争，发展得很不平衡。主要是在大鸣大放阶段我们把主要精力集中在高等学校方面，对其他方面，如中小学、医院、市区级机关、党校等，有的是当时有意识地搁下来了，有的是由于及时地、不断地、反复地督促检查（这是放的决定条件）不够，因而没有放开。四、关于在农民中进行大规模的社会主义教育问题，我们已根据毛泽东同志的指示作了讨论，对农村中的大鸣、大放、大争，已经作了布置，在近日内就可以发动起来。关于在工矿企业工人中的社会主义教育，拟在一两个工厂试点，取得经验后，即普遍进行。街道中的社会主义教育，准备于最近以粮食问题为中心，通过区人民代表大会，发动大辩论，逐步展开。①

8月17日

［纲　文］　**国家统计局发布《1957年上半年全国工业生产计划执行情况报告》**。

［目　文］　《报告》主要内容如下：一、1957年上半年全国工业总产值超额2.6%，完成了上半年计划，达到全年计划49.7%，较去年同期增长11.2%。其中：中央工业超过上半年计划1.8%，较去年同期增长11.0%；地方工业超过上半年计划3.5%，较去年

① 本条二、三、四根据中央档案馆馆藏档案编写。

同期增长11.3%。49种主要工业产品有38种超额完成了上半年计划。市场供应紧张的原煤、生铁、钢材、硫铵、焦炭、青霉素、蒸汽锅炉、电动机、变压器、纸、平板玻璃及糖等重要产品都较计划增产了。二、1957年上半年电力、煤矿、机械制造、纺织、造纸等部门在节约原材料方面取得显著成绩。电力部煤耗率比去年降低，上半年节约标准煤7万吨以上；煤炭部坑木消耗量比去年降低，上半年节约坑木6.5千立方米；棉纺织工业上半年降低棉纱用棉和棉布用纱，共可增产棉布约6千万米（按纺织部及重点市地方工业资料推算），占上半年棉布产量的3%以上。三、1957年上半年大部分产品的质量是稳定的。重工业产品中钢铁及机械产品的质量有所提高，但原煤质量却较去年降低，第二季度又较第一季度下降。轻工业产品中，纸、卷烟、罐头、白砂糖的质量有所改善，赤砂糖合格率虽较1956年减少，但基本上消灭了咸、苦和水分过多等质量不良现象。棉纱的标准品率虽较1956年提高，但因原棉质量差及回用棉的比例提高，棉纱的杂质增多、强力下降（下降幅度多达15%），一等一级品率在50%以下（去年为89.5%），对棉布、印染布质量都有影响。四、1957年上半年重工业部门原料供应的紧张情况趋于缓和，原料库存逐季增加。木材、优质钢材等原材料市场供应较紧张，但生产部门的库存却较充裕。五、1957年基本建设规模缩小，部分基本建设用器材和设备开始出现积压现象。六、1957年上半年全国工业生产事故的情况值得引起注意，全国工业系统（包括附属基建单位）上半年事故死亡932人，较1956年同期841人增加91人。

8月17日

［纲　文］　**卫生部发布《关于中药材经营管理上的几项规定》。**

［目　文］　《规定》说，中药材生产，几年来逐步均有增长。但由于中医工作的发展、药材生产中的矛盾仍未解决、经营管理存在缺点等因素，中药供应仍然紧张。1956年下半年全国各地逐渐开放中药材的自由市场后，刺激了药材生产，增加了货源，不仅缓和药材供应紧张情况，也促使各级药材经营单位改善了经营管理，但也出现抬价抢购、黑市交易等混乱现象。《规定》说，中药材的经营管理，是一件极为艰巨复杂的工作。根据中药工作的生产分散、品种繁多、技术性大、牵涉面广等特点，其经营管理的基本任务应是，积极发展生产，大力进行收购，继续完成中药商的安排和社会主义改造，加强对中药材市场的领导，改进经营管理，提高工作质量，逐步缩小和解决脱销品种，医药密切结合，更好地为人民健康服务。根据上述情况和任务，特做出如下规定：一、生产安排。卫生部门应主动要求各级党委和人民委员会，把中药生产列入各省发展副业生产安排的规划，适当地统一解决生产所需的土地、资金、劳动力、种籽、肥料等问题。卫生部门则应积极协助农业部门加强调查研究，提出生产品种，数量计划，总结药农的生产经验，指导生产，并检查督促生产计划的执行情况。二、加强供应工作，改善经营管理。要积极组织货源，大力发掘潜力；加强调拨工作；制定年度、季度所需药材品种数量计划；对珍贵奇缺原料，如麝香、牛黄、犀角等重点使用；中国药材公司和各省（市）、自治区以及县（市）公司明确分工和职责等。三、做好交接工作，做到交接、业务两不误。原属商业部、

供销合作社中药材业务、财产、干部等原摊移交卫生部，接收方由省（市）卫生厅（局）负责，移交方由商业厅（局）或省（区）、市供销合作社分别负责。

8月18、21日

［纲　文］　**中共中央政治局召开常委会。**

［目　文］　会议由刘少奇主持。会议讨论并基本通过《1956到1967年全国农业发展纲要（草案）》的修改稿。

8月18日

［纲　文］　**毛泽东致信达赖喇嘛。**

［目　文］　毛泽东在信中说：西藏自治区筹备委员会在你领导下工作是做得好的，有成绩的。去年对实行民主改革提得早了，工作机构也太大了，这是缺点。现在决定在第二个五年计划期内不改革，并且把过大的机构作了精简，这就改正了缺点。工作中发生缺点总是难以完全避免的。对缺点，我们的态度应该是正确分析，积极改正，记取经验，继续前进。我们改掉了缺点以后，工作就会做得更好一些。你在访问印度期间，拒绝了那些逃亡国外的反动分子出的坏主意，是做得很对的。他们大概还要找机会进行反动活动，要教育僧俗官员对他们保持警惕。西藏地方政府和堪厅间的关系问题，希望都能从团结愿望出发，双方好好协商加以解决。

8月18日

［纲　文］　**国务院发布《关于由国家计划收购（统购）和统一收购的农产品和其他物资不准进入自由市场的规定》。**

［目　文］　《规定》主要内容有：一、凡属国家规定计划收购的农产品，如粮食、油料、棉花，一律不开放自由市场，全部由国家计划收购。国家计划收购任务完成以后，农民自己留用的部分，如果要出卖的时候，不准在市场上出售，必须卖给国家的收购商店。不是国家委托收购的商店和商贩，一律不准收购。如果某些省区由于当地粮食供求情况比较缓和，认为可以开放国家领导下的粮食市场的时候，经过省人民委员会的批准，可以开放当地国家领导下的粮食市场①。凡是决定取消国家粮食市场的地方，当地粮食部门应当尽可能帮助群众解决粮食品种调剂方面的困难。

二、规定下列各种农产品和其他物资属于国家统一收购的物资②：烤烟、黄洋麻、苎麻、大麻、甘蔗、家蚕茧（包括土丝）、茶叶、生猪、羊毛（包括羊绒）、牛皮及其他重要皮张、土糖、土纸、桐油、楠竹、棕片、生漆、核桃仁、杏仁、黑瓜子、白瓜子、栗

---

① 1957年10月11日《国务院关于粮食统购统销的补充规定》中又规定：今后为了加强粮食管理，此种粮食市场应该关闭。

② 1957年10月26日国务院将核桃列入统一收购物资，其通知如下：自国务院将核桃仁列为统一收购物资以来，有不少商贩抬价套购核桃，影响了国家对核桃仁货源的掌握。核桃主要是用来砸核桃仁，国务院原规定统一收购的核桃仁应包括核桃在内，希各地对核桃亦按国家统一收购办法进行管理。

子，集中产区的重要木材，38种重要中药材（具体品种，另由卫生部通知），供应出口的苹果和柑橘，若干产鱼区供应出口和大城市的水产品，废铜、废锡、废铅、废钢。这些统一收购的物资都由国家委托国营商业和供销合作社统一收购。不是国家委托的商店和商贩，一律不准收购。农民自己留用部分如果要出卖的时候，不准在市场上出售，必须卖给国家委托的收购商店，这些商店必须负责收购。对于手工业合作社需要的原材，由有关部门按计划供应，或者由省人民委员会指定地区，限定数量，按照国家牌价由手工业合作社自行收购。

三、不属于以上计划收购和统一收购两类的物资，如：鸡、鸭、鹅、鲜蛋、调味品、分散产区的水产品、非集中产区的干果和鲜果、不属于统一收购的中药材等等，仍然开放国家领导的自由市场。如果上述商品中的某些商品，在当地供应紧张的时候，省人民委员会可以命令规定为当地统一收购的物资，按照统一收购物资的规定办理。凡属允许进入国家领导的自由市场的商品，国营商业和供销合作社也必须根据需要情况，经营一定的比重。当地人民委员会对于国家领导的自由市场应当实行必要的管理。凡属不准进入自由市场的商品，一律不准在自由市场买卖。对于违反这一规定的企业和个人，一般地将其商品按国家牌价予以收购，情节严重的，送人民法院处理。

四、对于国家规定计划收购和统一收购的两类物资，国家只委托一定的国营商业部门和供销合作社执行收购任务。其他不是由国家指定担任收购任务的企业、机关和团体，都不准进行收购。既不准派人到农村去收购，也不准在城市中收购私人贩运进城的计划收购和统一收购的物资。对于违反这一规定的企业、机关和团体，当地人民委员会应当给以严格的处分。

8月9日，国务院第五十六次全体会议通过此《规定》。

8月18日，《人民日报》配发题为《自由市场要严格管理》的社论。

8月18日

［纲　文］　**中日签订100万吨盐的协议**。

［目　文］　日本盐业访华代表团和中国粮谷油脂出口公司签订了一项为期一年的100万吨盐的协议。代表进口方面签字的是日本盐业访华代表团团长田中秀男，代表出口方面签字的是中国粮谷油脂出口公司经理李范如。

8月19日

［纲　文］　**农业部发出《关于做好秋收秋种工作的通知》**。

［目　文］　《通知》号召各地加强对秋收工作的组织领导，做好劳力、畜力规划和安排（劳力、畜力不足的地方，可以商请当地的部队、学校、机关尽可能在人力、畜力方面给以支援），保证及时收割，不误秋种，对谷类作物，要熟一块，收一块，做到细收净打，颗粒还家。水稻要大力推广打谷机，以提高收获效率。籼稻容易落粒，应注意轻割轻放，随收随打，遇雨要设法打净弄干，防止发芽霉烂损失。甘薯要适时收获，提倡各种适

合当地的防止腐烂损失的办法。棉花应随开随收，精细收摘，特别是烂花、霜后花要与好花分收、分轧、分存、分晒、分卖，并注意收净尾花。花生应当在霜前收获，精收细获，收净拾净。《通知》说：在秋种中，要注意小麦、油菜、大麦、蚕豌豆及绿肥等各种冬作物及来年春地的合理安排，既要保证完成国家粮食、棉花、油料生产计划，又必须根据群众种植习惯和轮作需要，达到培养地力、全年增产的要求。《通知》指出：秋季是收集牲畜饲料，喂好牲畜的关键性季节。而且今冬明春牲畜所需饲草饲料，主要依靠秋收中做好准备。因此，在秋收时，应当注意提高秸秆的收获量，凡能充作饲草饲料的都收集起来，并且大量收储野草。各地畜牧兽医工作站和农业技术推广站应当向农业社传授制作青贮饲料的方法。秋收秋种期间畜力很感紧张，必须注意耕畜的合理使役和保养。《通知》指出：在做好灾民救济工作的同时，首先把一切能够收获的庄稼全部收获下来，不让再受损失。水灾区要组织力量迅速排除积水，争取及时播种。灾区所需种子，主要是以就地筹措，就近调剂的办法加以解决，但要加以检验和选择。灾情严重无法解决的，要及早提请上级调拨支援，并且要在播种前及时交到农业社。旱灾地区要求采取一切抗旱措施，及时下种。旱情严重无法下种的，应考虑改种其他晚播的作物。同时，还应加强灾区牲畜疫病防治，防止牲畜散失、饿死、病死等情况发生。通知还提出解决肥料、种子、资金等问题的一些办法。

8月19日

［纲　文］　**《人民日报》报道，冶金工业部确定在18个省、自治区和市建设18个中小型钢铁厂方案。**

［目　文］　这个方案中拟订：在河北、山东两省各建设一个年产生铁35万吨和钢30万吨的钢铁厂；在山西、江西、江苏、湖北、广西、四川等省各建设一个年产生铁15万吨（广西的年产20万吨）和钢10万吨的钢铁厂；在河南、浙江、安徽、福建、甘肃等省各建设一个年产生铁10万吨和钢5万—8万吨的钢铁厂，浙江的钢铁厂将根据正在建设中的杭县炼铁厂扩建；在湖南、贵州两省和新疆维吾尔自治区各建设一个年产生铁6万吨和钢4万—5万吨的钢铁厂，新疆维吾尔自治区的钢铁厂将根据原八一钢厂扩建；在广东建设一个年产生铁14万吨和钢5万吨的钢铁厂；在北京市建设一个年产5万吨钢的合金钢厂。

8月20日

［纲　文］　**粮食部、纺织工业部、农业部、全国供销总社联合发出《关于做好棉花的群众选种自留种和良棉保种工作的通知》。**

［目　文］　《通知》主要内容如下：一、群众选种留种：1958年不准备更换新品种或更新棉种的棉田，要求群众都要选好、留够1958年所需的棉种，在一般情况下，国家不再供应棉种。各省、区（市）农业部门在秋季要及早规定群众选种留种数量和质量的标准，随同1958年植棉计划布置自留棉种任务（一般每亩留20市斤左右的棉种，其中包括

补种和粒选时剔出的部分），同时供销合作部门制定收购计划时，应将此情况估计在内，避免脱离实际上市量的情况。二、国家有计划地进行良棉保种：保种计划由各省、区（市）农业部门与有关部门共同研究制定。在农业部门经营良种轧花厂的地区，原则上应由农业部门自行贮备；在供销合作部门经营轧花厂的地区，由供销合作部门负责按保种计划，轧花保种，并严格实行分收、分轧。三、良种的供应和经营：凡县内就地供应的棉种，由负责保种的轧花厂（站）直接向农村供应；专、县间调运供应的棉种（包括省与省间），由供销合作部门根据农业部门计划按其所列的地区、数量负责经营运销；在保种计划以外临时发生扩种棉田，和补充需要的棉种，因棉籽已拨交粮食部门，应由当地粮食部门负责从当地生产的棉籽中择优直接向农村供应。良种定价：良种的出厂（站）价格，按当地一般棉籽出售价格，加上轧花厂（站）因保种和检验支出的费用为计算售价的标准。经营棉花良种，以按实际成本出售为原则，调运过程中根据实际需要，可酌加必要的手续费，由掌握棉种的部门会同农业部门提出，经当地人民委员会核定。四、收购良种籽棉加价4%的办法：凡是接受国家特约、委托繁殖作为目前推广的新品种或更新的复壮种，在收购籽棉时仍继续执行加价（自己有轧花设备的繁殖农场或西北、西南群众习惯出售皮棉的地区加价办法，得改按皮棉计算）。基层收购单位根据规定加价籽棉的标准、地区和数量，凭农业部门所发的良棉证进行收购，必须严格掌握，防止浪费。其余一般繁殖的与当地普遍栽培的品种和品质相同的棉种，不应适用加价办法。4%加价费用，由纺织工业部和供销合作社各分担2%（供销社负担的2%，由当地加入棉花调拨成本，不另上报）。

8月20日

［纲　文］　**国家统计局发布《关于煤炭工业部1957年上半年生产计划执行情况的检查报告》。**

［目　文］　《报告》说：1957年上半年全国原煤产量5705万吨，完成全年计划48.7%，其中煤炭部为4358万吨，完成上半年计划103.93%，完成全年计划49.29%。煤炭部上半年总产值7.4亿元，完成上半年计划102.48%，完成全年计划48.66%。与前两年同期比较，1957年上半年全国煤矿，特别是煤炭部系统，计划完成率显著升高了。1957年上半年全国原煤产量完成全年计划48.7%，而1956年上半年只完成计划46%；1955年上半年完成计划46.6%。1957年上半年煤炭部系统原煤产量完成计划103.93%，而1956年上半年只完成计划100.75%，1955年上半年完成计划100.09%。1957年上半年煤炭部系统因原煤超额完成计划，较计划多生产了煤165万吨。

8月20日

［纲　文］　**城市服务部、铁道部发出《关于铁路旅行服务行业与城市服务供销关系的决定》。**

［目　文］　《决定》指出，铁路旅行服务业务（餐车、站台售货组，旅客食堂，车站售货部、列车售货组）是国营商业在铁路系统内设置的零售商业机构，专为供应国内外旅客在火车上旅行生活中生活饮食必需品。各铁路管理局在旅行服务业务工作上应接受各

级城市服务部门的指导和监督。各级城市服务部门在政策、业务、货源上要经常给以指导和支持。对国际列车应按照外宾宾馆、饭店等标准供给。铁路供应需要的商品由当地批发部门供给。凡城市服务部门经营的计划商品，纳入当地城市服务部门供给计划之中；属于开放自由市场和商品和地产地销的非计划商品，铁路旅行服务部门可自行在市场采购，也可委托当地城市服务部门代购或签订供销合同。

8月20日—9月3日

［纲　文］　**最高人民检察院在北京召开审判监督会议。**

［目　文］　会议批判右倾麻痹思想，批判教条主义和旧法观点，讨论制定了《人民检察院刑事审判监督工作细则（草案）》，明确规定了人民检察院刑事审判监督工作范围：一、对于决定起诉的案件，提起公诉，支持公诉；二、对人民法院审理案件是否按照法律规定进行，实行监督；三、审查判决和裁定，处理不服判决和裁定的申诉案；四、对于错误判决和裁定，提出抗议；五、审查处理下级人民检察院对于人民法院错误判决和裁定提出的抗诉；六、列席本级人民法院审判委员会会议。

8月20—30日

［纲　文］　**以赛福鼎为团长的全国人大代表团访问芬兰。**

8月21日

［纲　文］　**国务院发出《关于禁止在城市套购计划商品的通知》。**

［目　文］　《通知》说：在商业部门经营的工业品中，有两类商品，一类是计划商品，由商业部和各总公司按地区平衡分配，各地不得向产地自行采购；一类是非计划商品，各地可以向产地自行采购。由于1957年下半年工业品供应比较紧张，近来发现有些地方的商业部门，派人到其他地区去采购计划商品，在零售商店中进行套购，甚至委托公私合营商店、小商贩代为套购，其中到上海、天津等大城市去的人，为数最多，套购的商品，主要是毛线、针织品、布胶鞋等供应十分紧张的商品。这种情况如果发展下去，势必打乱原定的分配计划，影响产地的人民需要，加重市场的紧张状态。这是一种只顾一个地方的局部利益而不利于其他地区，不利于全国市场稳定的错误行为，必须坚决纠正。请各省市和自治区人民委员会对于所属的商业部门（包括国营商店、合作社、公私合营商店、合作商店）进行检查，如果发现已经派出了采购这类计划商品的人员，应当坚决召回。对于采购非计划商品的人员，应当通知他们不许采购计划商品。上海、天津、广州等大城市的人民委员会应当加强市场管理工作，制止各地派去的采购工业品的人员在市场上投机、套购商品，如果其中有些人不服从管理，可以扣留他们所采购的商品，要他们限期回去，并通知他们所属的人民委员会给以必要的处分。

8月21日

［纲　文］　**国务院发出《关于修改高等学校和中等专业学校毕业生分配工作以后临时工资待遇的规定第四条规定的通知》。**

［目　文］　《通知》说，1956 年 8 月 11 日，国务院颁发了《关于高等学校和中等专业学校毕业生分配工作以后临时工资待遇的规定》，其中第四条规定："高等学校和中等专业学校毕业生中，原系机关、事业、企业的职工，经过机关单位抽调去学习的，他们分配工作以后的工资待遇，一般的应该在不低于他们原来的工资待遇的原则下，由现在工作机关单位根据他们现任职务和具体条件评定；原系中国人民解放军干部分配到国家机关、事业、企业单位工作的，他们的工资待遇，按照有关军队专业干部工资待遇的规定办理"。执行以来，由于各系统和各类人员之间的工资关系上，尚存在很多问题，因之产生不少新的不合理现象。为了贯彻"按劳取酬"和"同工同酬"的原则，现将上述规定中的第四条修正如下："调干（包括产业工人）毕业生分配工作以后，不实行临时工资待遇，他们的工资待遇，由所在工作机关（单位）根据他们的现任职务结合具体条件评定。对于原工资较高的，可以适当照顾。某些人员到达工作岗位初期一时不好评定的，可以暂按临时工资标准借支，待评定以后再行结算。"此项规定自 1957 年 8 月起实行。

8 月 21 日

［纲　文］　**最高人民法院就复员、转业军人犯罪后对其所获得的荣誉称号、勋章、奖章、奖状应如何予以剥夺和没收问题批复贵州省高级人民法院、司法厅。**

［目　文］　最高人民法院批复说，并非所有转业、复员军人犯罪的案件都要剥夺和没收被告人在服役期间所获得的荣誉称号、勋章、奖章、奖状，而转业、复员军人在服役期间所获得的荣誉称号、勋章、奖章、奖状，也只是转业、复员军人的政治权利的一部分。如果普通人民法院在处理转业、复员军人犯罪的案件中，对应否剥夺和没收被告人所享有的荣誉称号、勋章、奖章、奖状发生问题时，可就近与当地军事法院或部队政治机关联系解决。

5 月 15 日，贵州省高级人民法院和司法厅向最高人民法院提出请示。请示说：近据贵定县人民法院请示：关于处理复员、转业和残废军人犯罪案件，是否应剥夺和没收他在军队服役期间所获得的勋章、奖章、奖状等物品问题。根据最高人民法院 1956 年 3 月 30 日法刑字第 2692 号对安徽省高级人民法院有关批复的抄件中规定，关于处理复员、转业军人犯罪案件，对"他在军队服役期间所获得的荣誉称号、勋章、奖章、奖状等的剥夺和没收，应按已有规定执行"。但查不出此项规定。为此特报请给予指示。

8 月 21 日

［纲　文］　**最高人民法院批复上海市高级人民法院《关于公私合营企业的私方人员利用职权违法取利的行为应如何适用法律问题》。**

［目　文］　最高人民法院在批复中说：公私合营企业的私方人员利用职权违法取利的行为，如系发生在公私合营企业的清产核资、人事安排之后的，即应按照惩治贪污条例第二条规定，以国家工作人员贪污论罪。最高人民法院同意上海市人民法院这个意见。另外，根据惩治贪污条例第二条、第八条规定，公私合营企业的私方人员的侵吞、盗窃、骗取国家财物、强索他人财物、收受贿赂以及其他假公济私违法取利的行为，虽系发生在公

私合营企业的清产核资、人事安排之前，同样也应适用惩治贪污条例的有关规定。

5月24日，上海市高级人民法院向最高人民法院报送《关于公私合营企业的私方人员利用职权违法取利的行为应如何适用法律问题的请示》。《请示》说：上海市人民法院接到不少区人民法院请示，私营工商业社会主义改造高潮以后，公私合营企业的私方人员利用职权，进行违法取利，对其身份能否认定为国家工作人员并比照中华人民共和国惩治贪污条例第二条以贪污论罪问题。陈云在中共八大上关于《资本主义工商业社会主义改造高潮以后的新问题》的发言中指出："公私合营企业中资方人员有职有权，已经不是公私合营以前的三权，而是国家给予他们的一种普通工程技术人员和管理人员的职权，是公务人员的职权。"因此上海市人民法院的意见：私方人员是否具有国家工作人员的身份，不能笼统地以公私合营前后加以区别，而应从清产核资与人事安排以后为界限，即凡私方人员的违法行为发生在公私合营企业的清产核资、人事安排之后，即应按照惩治贪污条例第二条以国家工作人员贪污论罪。因涉及对贪污条例第二条的解释，特报请核示。

8月21日

［纲　文］　**国家经委提出《关于改进计划工作制度的初步意见》。**

［目　文］　《意见》指出，现行的计划工作制度，经过几年来的实践证明，基本上是符合社会主义经济建设有计划按比例发展和实现国家的总路线及各种方针政策要求的。但是，存在着集中得过多和控制得过严的问题，不能充分发挥各部和各地方、基层单位的积极性。改进计划工作的基本要求是，使计划工作既能保证国家对于国民经济的发展进行全面规划和统一领导，同时又能够充分发挥各部、各省、自治区、直辖市人民委员会以及基层单位的积极性。因地、因时制宜，更完满地完成国家所规定的任务。改进计划工作制度的具体原则是：一、实行"大计划、小自由"的计划工作制度。对国民经济有重大意义的工农业主要产品产量、基本建设总投资额、重大建设单位、职工总数、平均工资以及各项主要事业的发展，由国家统一平衡和控制。对于不需要全国统一平衡的一部分产品产量，一部分建设单位和一部分事业的发展，可以由各部、各省、自治区、直辖市按照国家规定的方针政策和社会需要的情况进行平衡安排。此外还有一部分产品可以由生产企业按照原料和市场的情况进行生产；一部分经济活动，由基层单位根据实际情况的变化，自行安排，作为经济计划的补充。二、实行分级管理、层层负责的制度。国民经济计划，在国家统一领导下，分为国务院管理的计划指标，部和省、自治区、直辖市人民委员会管理的指标，以及基层单位自行管理的计划指标。国务院管理的指标，分为三类：第一类指标（即指令性指标）是国家控制的指标，必须保证完成。一经批准，一般不作修改，在执行过程中，如果必须修改，则需报请国务院审查批准。在不要求国家增加资金和物资而且适合社会需要的前提下，实际执行结果超过计划指标时，作为超额完成国家计划处理。第二类指标（即参考性指标），是经国务院下达给各部和各省、自治区、直辖市人民委员会供参照执行的指标。在执行过程中，可根据实际情况进行调整，并报送国务院审查备案。检查计划执行情况，以报送备案的计划为根据。第三类指标（即计算性指标），是供作国务

院审查计划，平衡计算时分析研究用的根据和参考指标，只上报不下达。各部对各省、自治区、直辖市有关厅（局）提出的计划要求，必须经过国务院审查，并统一由国务院下达给各省、自治区、直辖市人民委员会布置有关厅（局）执行。各部不得直接向各省、自治区、直辖市有关厅（局）布置计划任务。三、简化计划程序、简化不必要的表格，加强各级计划机关的综合平衡和调查研究工作。

8月21日

［纲　文］　**教育部发出《关于继续推广普通话的通知》。**

［目　文］　《通知》说：全国已经有60多万名中、小学语文教师受过北京语音训练，约占语文教师总数1/3；大多数小学、部分师范学校和中学的语文课已经开始用普通话教学；中央和多数省、市的广播电台举办了普通话语音教学广播讲座，收听人数估计在200万人以上；已经出版的普通话教材和参考书约450万册；已经灌制的普通话教学的留声片约138万张；大多数省、市都进行了初步的方言调查，预计本年底可以完成。《通知》要求各省、市教育厅、局根据形势和工作情况，采取适当的措施，使普通话推广工作能够在已有成绩的基础上继续坚持下去，不要半途而废。

8月21日—9月3日

［纲　文］　**全国工会积极分子代表会议在北京召开。**

［目　文］　出席会议的代表有1062人。各地区各级工会组织的专职干部和企业党组织、行政的负责人263人应邀参加会议。会上介绍了工会基层委员会的工作经验，按专业举行座谈会，交流了工会积极分子的工作经验。会议还举行了发奖仪式。到会的1000多个工会积极分子代表分别得到奖品和奖状。全国总工会主席赖若愚致开幕词。他说：1953年以来，全国工会基层工作积累了许多新的经验。特别是去年中共中央提出在企业中要建立党委领导下的厂长负责制和职工代表大会制以来，工会基层工作有了更大的发展。研究、总结和推广这一时期的基层工作经验，是工会领导机关的一项重要任务。要总结基层工作经验，就必须总结工会积极分子活动的经验。这次会议的目的，就是传播与推广这些经验。中共中央书记处书记、中共中央工业部部长李雪峰作《关于在工矿交通企业中开展整风运动和进行社会主义教育的报告》。会议还听取了全国总工会组织部部长刘实所作的《关于职工代表大会中的工会工作的报告》。

9月3日，赖若愚作总结发言。他说，从这次会上交流的许多经验来看，工会工作的好坏，主要决定于工会同群众的关系，而它的效果却是集中表现在生产上。所以，工会的一切工作都应该围绕着生产来进行。同时，工会也必须时刻关心职工的生活，保护职工的利益。这方面可以有两种不同的做法，一种是只照顾群众暂时的局部的利益，忽视长远利益和整体利益；另一种是从工人阶级整体利益出发来关心工人的切身利益。工会首先应该注意的是职工的整体利益，同时在不妨碍整体利益的前提下来努力解决职工的生活问题。赖若愚还就工会如何正确地对待同企业行政的关系问题、工会在解决企业内部矛盾中的调节作用问题、建立职工代表大会、企业中整风和开展先进生产者运动等问题作了说明。

9月2日，刘少奇、周恩来、朱德、邓小平等接见了全体代表。

9月4日，《人民日报》发表题为《工会要依靠积极分子贯彻群众路线》的社论。

8月21日

［纲　文］　**《人民日报》报道，卫生部在上海设立血吸虫病防治局。**

［目　文］　过去，全国血吸虫病防治工作的业务领导是由卫生部防疫司担负的。而中共中央防治血吸虫病九人小组设在上海，血吸虫病的科学研究机构也设在上海，工作配合上有时不够迅速及时。防治局在上海设立以后，将可以避免和克服上述缺点，提高防治业务工作效率。

自从1955年底毛泽东对消灭血吸虫病作了重要指示，和1956年农业发展纲要草案提出限期消灭几种危害人民健康最大的疾病以后，血吸虫病防治工作被列入地方党委的工作议事日程，从中央到各省、市、县、乡，相继成立了各级党组织防治血吸虫病的领导小组，行政上也先后成立了各级防治委员会。卫生部把防治血吸虫病提到了各种疾病防治工作的首要地位，按照7年基本消灭血吸虫病的方针，建立了19个防治所，236个防治站，1346个防治组，培养训练了17000多名专业防治干部，在流行区309个县市开展了大规模的防治工作。

8月21日

［纲　文］　**中国人民解放军总政治部和总后勤部联合向全国部队发出《关于节约用布的指示》。**

［目　文］　《指示》说：由于棉田受灾减产，1957年棉布供应很紧张。但国家为了照顾军队的不同需要，决定在第四个计划供应年度内，仍供应军官每人30尺；士兵零星缝补用布每人按三尺计算，由总后勤部掌握2/3机动使用，团掌握1/3作为零星修补之用。公用布必须严格控制，机关设备用布如沙发套、窗帘、桌布等在第四个计划供应年度一律不换发新的，新建单位或新举办的事业必需用布，应尽可能利用旧的。确实没有旧的可利用时，才准申请购买。团掌握的士兵布票不准移作他用。《指示》要求各单位要对官兵进行深入的宣传教育，使广大官兵体谅国家暂时的困难，了解棉布供应量减少的原因，和国家对军队的照顾，发扬我军艰苦朴素与人民同甘共苦的光荣传统，自觉自愿地节约用布。

8月21日

［纲　文］　**毛泽东、刘少奇、周恩来联名致电罗马尼亚人民共和国国民议会主席团主席彼·格罗查、部长会议主席基·斯托伊卡、外交部部长扬·格·毛雷尔，祝贺罗马尼亚国庆13周年。**

8月22日

［纲　文］　**周恩来复信达赖。**

［目　文］　复信说：西藏在决定了六年不进行民主改革的方针以后，顺利地实行了

精简机构的工作，这将使西藏的工作能在更加稳妥可靠的基础上继续前进。西藏的经济文化建设在改革以前，是不具备大规模进行的条件的，但是那些为人民所欢迎，各阶层同意，而又有条件办的事业，还可以有重点地举办一些，以适当地解决人民在生产和生活上的迫切需要。

8月22日

［纲　文］　**新华社讯，上海开始成为综合性工业城市。**

［目　文］　据上海市统计局统计，如以1949年上海的工业总产值为100%，1956年就已增长为371.7%，每年平均发展速度为20.6%。其中增长最快的是重工业，每年平均发展速度是42.5%。由于重工业发展速度特别快，几年来工业中轻、重、纺织工业之间的比重已经起了显著变化。1949年重工业所占的比重是9.7%，轻工业是29.6%，纺织工业是60.7%；到1956年，重工业所占的比重已上升为31.1%，轻工业是30.9%，纺织工业是38%。1957年上半年，重工业比重又上升到40%以上。上海重工业的产值比重已在全市工业总产值中跃居第一位。原来以纺织工业为工业主体的上海，已经开始形成一个重、轻、纺织工业合理发展的综合性工业城市。

8月22日

［纲　文］　**《人民日报》发表题为《没有考上高等学校的学生应该做什么?》的社论。**

8月22日

［纲　文］　**中国人民解放军高等军事学院在北京成立。**

［目　文］　该军事学院以原军事学院战役系为基础，刘伯承①任院长兼政治委员。1958年3月1日开学。高等军事学院的任务是：培养人民解放军陆、海、空军正师职以上的军事、政治、后勤干部和高级参谋及军事理论人员，使他们提高马克思列宁主义的政治、军事理论水平，提高组织指挥现代化的诸军兵种合成作战的能力。

8月23日

［纲　文］　**《人民日报》发表题为《当前增产节约运动的关键问题》的社论。**

［目　文］　《社论》说，继续开展增产节约运动的首要关键，是要解决干部的思想问题。正确地认识和处理增产节约运动同整风运动和社会主义教育运动的关系，对于继续深入开展增产节约运动，是十分重要的。扭转增产节约运动的松劲现象，还需要大力加强运动的组织工作：一要总结和推广先进经验，继续开展先进生产者运动，这是开展增产节约运动的重要环节；二要发动合理化建议，开好生产会议。这是集中群众智慧、解决生产关键的好办法；三要及时评比竞赛的成绩，对先进生产者进行奖励；四要对这一时期增产节约计划完成的情况，进行认真的检查。

---

①　刘伯承（1892—1986），四川开县（今重庆）人，时任中共中央军委委员、国防委员会副主席、中国人民解放军训练总监部部长、中国人民解放军军事学院院长兼政治委员。

8月23—29日

［纲 文］ **中国人民外交学会会长张奚若邀请日本社会党顾问有田八郎访问中国。**

［日 文］ 周恩来、张奚若、中国人民外交学会副会长乔冠华、中国红十字会总会会长李德全等人同有田八郎分别进行会谈。25日，周恩来在会谈中，对于有田八郎提出的战争时期所谓下落不明的在华日人的责任问题，严词反驳说，侵略战争是日本军国主义打的，是日本人侵略中国，中国人比日本人死的要多得多，责任问题不分清是不行的。日本政府想逃避这个责任，现在说清这个责任是必要的。对所谓下落不明的人的调查，中国没有责任，要向日本政府追究责任。总的说来，中国是既往不咎的。“八·一五”前所谓下落不明的，应由日本政府负责。如提出具体材料，中国红十字会可给予协助。中国人在日本牺牲者的名单也希望通知中国。至于日本政府一下子提出35000人，那是不能接受的。

29日，张奚若将会谈备忘录交给有田八郎。备忘录共分三个部分：一、关于中日友好和中日国交的正常化。中日友好有助于保卫亚洲和平和世界和平。为了尽速促进中日两国国交正常化，应该根据中国人民外交学会会长张奚若和日本社会党访华亲善使节团团长浅沼稻次郎在1957年4月发表的共同声明，促进中日两国人民间的来往和增进互相的理解和友谊，严防第三者的破坏，使中日友好关系日益增进。二、关于在中国的日本侨民问题。（一）对于1945年8月15日以前，曾经在中国境内进行战争或者生活的日本人的下落，应该由日本政府负完全责任向日本人民做出交代。（二）从1945年8月15日到1949年中华人民共和国成立以前，在中国境内的日本人的遣返或者居留，是由当时的蒋介石政府负责处理的，中国人民政府对此不负任何责任。（三）1949年中华人民共和国成立以后直到今天，还留在中国居住的日本侨民大约6000名。如果日本三团体提出要求了解这些日本侨民的情况，中国红十字会总会愿意给予必要的协助和调查。如果日本三团体申请了解1945年8月15日以后到中华人民共和国成立以前这一段时期中个别的日本侨民的情况，而且有现实材料可查，中国红十字会总会也可以视为个别的例外，在可能范围内予以调查。（四）根据日本方面提出的现实材料，中国方面如果发现这些日本人已经死在中国，而且有遗骨可寻，中国红十字会总会愿意进行协助，并且把寻到的遗骨骨灰送还给日本的三团体。（五）关于以上问题，中国红十字会总会仍将根据同日本三团体签订的协议处理上述各项问题，并且以此作为正常手续。但是，这并不排除由有田八郎先生所领导的留守家族全国协议会，通过日本三团体或者直接向中国红十字会总会提出请求的可能，在所提出的要求有了一定的结果的时候，中国红十字会总会将通过日本三团体，告诉有田八郎先生领导的留守家族全国协议会。（六）由于中日两国直到今天尚未恢复邦交，中国方面不可能把在中国的大约6000名日侨的名单交给日本。但是，如果日本方面提出在中华人民共和国成立以后确实还在中国的日侨的名单，中国方面可以接受下来，并且根据日方提出的确实材料，进行个别调查。根据以上谅解，中国红十字会总会接受了有田八郎先生所交来的有关解放以后在中国的日侨名单。三、日本侵略中国战争时期曾经掳去大批中国人到日本强迫劳动，其中许多人被当时的日本政府杀戮或者虐待致于死亡。中国方面希望有田八郎先生在返回日本之后，设法促使把在日本侵略战争时期在日本死亡的中国人的名单交给中国红十字会总会。

8月23日

［纲　文］ **周恩来接见巴基斯坦驻华大使阿赫默德和叙利亚国会议员哈·莫·约瑟夫。**

［目　文］ 周恩来对阿赫默德说，由于存在困难，亚非国家的经济合作一时还不会开展，但前途是会合作的，只有这样，才有利于亚非国家的发展，才有利于改变西方国家同亚非国家的经济关系，使西方国家也在平等互利的原则下同亚非国家合作，这需要时间。关于克什米尔问题，印巴双方是姊妹国，民族上是同一来源，有问题可慢慢解决。希望双方和解。一切问题宜和解不宜对立。

周恩来对哈·莫·约瑟夫说：中国因为刚站起来摆脱落后，我们对阿拉伯国家的援助，充满道义上的支持，实际力量很小。社会主义国家与亚非国家团结一致，为和平而奋斗，这力量必会日益增长。阿拉伯各国人民的觉醒，日甚一日。斗争时间虽长些，最后必走向胜利。

8月24日

［纲　文］ **中宣部批复文化部党组《关于报刊出口问题的报告》。**

［目　文］ 中宣部在批复中基本上同意《关于报刊出口问题的意见》，并提出以下两点意见：一、中央一级机关出版的一些属于交流工作经验，指导具体政策的刊物（非学术性也不是技术研究的刊物）原则上不出口为好。二、省、自治区出版的报纸应和省、自治区以下的报纸同样对待，即原则上不出口，但如苏联和人民民主国家需要，要求订阅时，可以个别接受他们订阅。

文化部党组于7月11日在报告中提出报纸、杂志出口工作的处理意见：一、杂志方面：（一）凡是国内公开出版的杂志，原则上都可以出口。但有些杂志可以向国外主动发行，有些杂志则不宜向国外主动发行，应该有所区别。主动向国外发行的杂志，除以国外读者为发行对象的外文杂志外，主要是质量比较高，在国外受到重视或拥有较多读者、而又不致发生政治上不良影响的学术性和文学艺术方面的杂志；质量低、地方性强、在国外很少需要、完全以国内读者为发行对象的杂志，都不宜向国外主动发行。宗教杂志也不主动向国外推广。（二）国外要求订购我国公开出版但是不准备向国外主动发行的个别杂志，也可以由国际书店斟酌情况接受订阅。二、报纸方面：（一）中央一级和直辖市公开出版的报纸原则上可以向国外作一般发行。（二）省、自治区一级出版的报纸可以接受苏联、人民民主国家订阅。（三）侨乡报纸可以接受海外华侨订阅，具体事项可由邮电部和华侨事务委员会研究决定。（四）省、自治区、直辖市一级以下公开出版的报纸，因偏重报道地方情况，不宜适应国外阅读，原则上不出口。但如苏联、人民民主国家的机关、团体因工作需要参考要求订阅者，自治区、直辖市一级以下不出口的个人报纸时，可以供应。至于资本主义国家，一律不予供应。文化部于9月20日就上述内容发出《关于国际书店向国外发行报纸杂志的通知》。

8月24日—9月3日

［纲　文］　**第四次全国宗教工作会议在北京召开。**

［目　文］　参加会议的有27个省、自治区、直辖市宗教事务处（局）的负责人及中央国家机关有关部门负责人共44人。国务院宗教事务局局长何成湘主持会议；国务院秘书长习仲勋在会议上作报告；中央统战部副部长张执一出席会议。会议主要讨论了在汉族宗教界中，以天主教、基督教为重点，进行社会主义教育的问题。

8月25日

［纲　文］　**中共中央发出《关于在反对资产阶级右派斗争中应注意的事项的通知》。**[①]

［目　文］　《通知》说，此次反对资产阶级右派的斗争，是政治战线上和思想战线上的社会主义革命。我们的目的，是要经过大辩论，在政治上思想上给全国人民特别是青年一代以社会主义教育。越是在政治上思想上把道理争辩得透彻，教育进行得越广泛越深刻，就能收到越为巨大的成效。因此，必须反对草率收兵，也必须防止采取一些简单的不适当的斗争办法。《通知》指出：有两种已经表现出来的不适当的办法必须避免。一种是，从追究历史问题转到简单地追究同国民党和帝国主义特务的关系，以为只要把某一个右派分子同特务的关系公布出来，就把这个右派分子搞臭了。这样来搞臭一个以至极少数有特务关系的右派分子，的确是比较容易的。但是这种做法，会发生下列的副作用：第一，人们的注意力，被吸引到特务问题上去了，对于这个右派分子的政治上思想上的深入的细致的批判，反而不被注意了，这就会使斗争简单化，而且使斗争再不能发展下去。第二，特务问题往往需要长期的侦察和研究，特务分子的交代也常常是一点一滴地吐出来的，用群众的力量来轰是轰不出来的。第三，为了轰出特务分子，往往要在会上公开公安机关的材料，和别的特务分子的有关口供等，这样做法是极其不利的，常常使真正的特务分子摸到我们的底，有时也会因为别的特务分子作了假口供而使我们冤枉好人。另一种办法是，追究右派分子的龌龊的私人生活，以为只要把这种材料加以公布，就把这个右派分子搞臭了。这样从私人生活方面来搞臭一个右派分子，的确也是容易的。但是这种做法，也妨碍了在政治上思想上的更加深入的斗争，把群众的注意力转移到私人生活方面去。右派分子龌龊的私人生活，如果大量在报上公布，其作用会像“黄色新闻”一样影响社会风气。最后，这种做法，还会引起一些不必要的后果。在反对资产阶级右派的斗争中，这两种办法都是不足取的，都会妨碍政治斗争和思想斗争的展开，妨碍从政治上、思想上教育全国人民的任务。《通知》要求在反对资产阶级右派的斗争中，注意执行下列各点：一、必须坚

① 根据中央档案馆馆藏档案编写。

持斗争的目的，就是在全国人民特别是在资产阶级分子、知识分子中进行政治上思想上的社会主义革命，给年轻的一代以社会主义的政治、思想的教育。二、应该看到，在反右派的斗争深入后，会发现某些右派分子在解放后还有特务活动或者特务嫌疑的。对于有特务活动或者特务嫌疑的右派分子，我们只要在适当时机在会上和报上点出其历史上可疑之点就够了，决不要在会上发动追究，在报上则应有意识地不加报导。对有特务活动或者特务嫌疑的人，应组织专案小组进行调查研究，听取这些分子的交代和别人对他们的揭发。如果有人在会议上揭发特务，不要加以阻止，但领导人员不许在会议上暴露公安机关的材料和其他特务分子的口供。三、右派分子的龌龊的私人生活，在会议上，也只要点出一两句就够了。除了有关政治的以外，不要追究。如有人在会议上主动揭发，不要阻止，但也不要鼓励，在必要时还需要加以控制，报纸上应尽量少报导。领导人员不要把会议引导到追究私人生活的方面去，而应当把会议引导到讨论政治问题和思想问题的方面去。

8月25日—9月5日

［纲　文］　**共青团中央召开省、市团委书记会议。**

［目　文］　会议着重讨论了在整风、反右派斗争中加强青年的政治思想教育工作的问题。会议分析了青年特别是知识青年的政治思想面貌，研究了教育青年的主要内容和工作方法，并且对团的组织建设问题进行了讨论。胡克实和罗毅分别代表共青团中央常委会先后在会议上作了报告和总结。会议认为，党所领导的整风、反右派斗争和社会主义思想教育运动，是关系到全体人民走社会主义道路还是走资本主义道路这样一个最根本的问题的斗争；对于共青团来说，是坚持青年运动的共产主义方向的斗争。共青团必须很好地团结和引导广大青年，胜利地过好社会主义这一关。

会议全面分析了青年的政治思想面貌。从总的情况来说，青年继承了光荣的革命传统，热爱祖国，拥护社会主义。但是一代青年特别是知识青年本身也存在着弱点。会议认为，在教育青年问题上，还应当注意下列几点。这就是要爱护青年，但不能娇惯青年，捧青年；对青年的教育要严格一些，对政治思想和道德品质要抓紧一点，但是严格不等于简单粗暴；要发扬青年的积极性和创造性，同时要教育青年克服个人主义，风头主义，巩固地树立起服从党的领导观念；尊重老年工人、农民、革命前辈，并向他们虚心学习。在教育青年的方法上要吸取这次反右派斗争的经验，要大大提倡群众路线的方法，反对教条主义的方法。对于青年中的政治思想问题，要采用鸣放和辩论的方法，要善于运用典型去教育青年。

会议指出，在反右派斗争和社会主义思想教育运动中，团的组织必须特别帮助广大青年在下列四个问题上提高思想认识：一、坚定无产阶级的立场，分清社会主义革命时期的敌我界限，坚决地走社会主义道路。要使青年懂得，无产阶级立场是符合于最大多数人民的最大利益。没有立场，就分辨不了是非，找不到真理。政治立场问题是一个人的方向问题，是个根本问题。二、树立为人民服务的思想和集体主义精神。坚决清除资产阶级个人主义，要正确理解民主和集中、自由和纪律的关系，加强组织性纪律性，反对自由主义、平均主义和民族主义的思想影响。三、发扬艰苦奋斗、勤俭建国、勤俭持家、勤俭办一切事业的精神，帮助青年树立正确的劳动观念，特别是知识青年要坚定和工农结合，为工农服务。四、要更加热爱党、服从党的领导、永远和党站在一起。

会议要求各级团委把对青年的政治思想工作当做自己的第一工作。结合整风、反右派斗争和社会主义大辩论，应当认真整顿团的队伍，加强团的组织建设，提高团的战斗力，以便更好地发挥共产主义青年团在全国青年中的核心作用。团的组织建设中的首要问题，是整顿和加强团的干部队伍，是提高团的领导骨干的政治质量，也就是阶级质量的问题。必须把团的干部问题，提到组织路线的原则高度来看待。会议要求各级团委认真执行团的第三次全国代表大会关于组织团的干部参加生产劳动的决定，在若干年内，有计划地分期、分批地把团的干部特别是把没有参加过劳动的知识分子干部下放到农村或厂矿中去，较长时间地参加体力劳动的锻炼，取得工人或农民的资格。会议还讨论了加强团的基层组织建设，各级团委机关进行整风、如何边整边改、坚决改进工作等问题。

8月25—28日

［纲　文］　**全国游泳、跳水锦标赛在北京陶然亭游泳场举行。**

［目　文］　12个省、市和解放军等共21个单位的300多名运动员和16个城市190多名少年运动员参加。本次锦标赛的成人和少年运动员分别进行比赛，少年（15—17周岁）运动员分男、女两个组；成人运动员根据性别和技术水平的高低，分成男、女、甲、乙共4个组。其中参加成人男、女甲组比赛的运动员，必须达到二级运动员的标准。这次的游泳锦标赛除照例举行自由泳、蛙泳、蝶泳和仰泳比赛外，在成人男女甲、乙组中，第一次增加了侧泳比赛。在成人男子甲、乙两组的跳水比赛中，也第一次举行十米高跳台跳水比赛。在本次锦标赛中，成人组有两名运动员达到运动健将的标准，达到一级运动员标准的有49人次，达到二级运动员标准的有227人次，达到三级运动员标准的有132人次。获得男子成人甲组比赛总分前三位的是广东、解放军、天津。获得女子成人甲组比赛总分前三名的是解放军、广东、上海。28日，邓小平、贺龙、彭真等观看游泳和跳水比赛，彭真为打破全国纪录的林锦珠、唐宛架颁奖。

8月26日

［纲　文］　**中央统战部部长李维汉就工商界全面开展整风运动的问题发表谈话。**

［目　文］　李维汉说，中国正在进行一次政治战线上和思想战线上的伟大的社会主义革命运动。这次革命运动是以全民性的大辩论的形式来进行的，中心的问题是辨明资本主义和社会主义两条道路谁劣谁优，何去何从。他指出：左派分子站稳了社会主义立场；右派分子企图使资本主义复辟；人数最多的中间分子具有不同程度的两面性。从政治上思想上说来，在工商界的面前还摆着一个资本主义和社会主义两条道路何去何从的严重问题。这就必须同右派分子坚决进行斗争，必须努力改变自己的政治立场，真正转到社会主义这一边来。为了这个目的，工商界就必须全面开展一个以反对右派、破资本主义立场、

立社会主义立场为教育内容的整风运动。他说：根据毛泽东在《关于正确处理人民内部矛盾的问题》中所提出的六条标准，结合现时工商界的特点，我可以把下列问题作为辩论的中心题目：第一，社会主义制度的优越性问题；第二，资本主义经济和资本主义立场的反动性问题；第三，当前资产阶级的两面性问题；第四，继续接受社会主义改造问题；第五，接受共产党领导问题；第六，同工人的关系问题；第七，公私合营企业的公方代表制度问题等。李维汉还根据工商业者的不同情况对工商业界的整风运动做出部署。

8月26日

［纲　文］　**中国农业科学院举行专业研究所(室)成立大会**。

［目　文］　成立的专业研究所（室）有作物育种栽培、土壤肥料、植物保护、畜牧、棉花等五个研究所，以及原子能利用、农业气象两个研究室。中国农业科学院副院长陈凤桐宣布各研究所和研究室负责人的名单以后说，国家的农业生产建设对农业科学提出了迫切的任务。必须在党的领导下加强对研究工作的组织领导，集中力量解决生产上迫切需要解决的各种重大问题。各专业研究所应该采取迅速有效的方法，分别进行各种主要作物，特别是稻、麦、棉的选种和育种工作；同时，进行不同地区耕作栽培制度的研究工作，并且结合不同地区、不同作物、不同耕作栽培制度进行土壤研究和肥料试验工作。农业部副部长刘瑞龙向科学家作报告。他指出，农业科学家应该为加速中国农业的发展，为建立中国现代化农业基础而努力。农业科学是在农业生产发展的基础上发展起来的。

各专业研究所是在华北农业科学研究所有关各系基础上建立的，中国农业科学院各专业所（室）建立后，华北农业科学研究所的名义即行取消。

8月27日

［纲　文］　**国务院发出《关于公私合营企业董事会、业务(生产)改进委员会问题的通知》**。

［目　文］　《通知》说，在全行业公私合营高潮期间，曾经提出过成立行业董事会和业务改进委员会。一年以来，根据各省、市的材料反映，商业系统正在试行业务改进委员会的办法，工业系统则在专业公司内设立了一些技术小组、生产小组，组织技术人员解决行业内的一些技术问题。至于行业董事会，由于它的作用和任务与业务改进委员会、同业公会的作用和任务有重复，各地成立行业董事会的极少。对于原有企业董事会董事的薪金和车马费，除个别地区外，都已按照1956年10月12日国务院关于新公私合营企业工资改革中若干问题的规定办理。根据以上情况，并考虑到这次中央统战部召开的工商界座谈会中工商界人士在这方面提出的意见，特就有关公私合营企业董事会和业务改进委员会的问题提出如下几点。一、除某些有特别需要必须成立行业董事会的行业以外，一般行业不必普遍成立行业董事会。行业董事会成立以后，企业原有的董事会一般仍可以继续存在。它们之间没有领导与被领导的关系。原有企业董事会董事的薪金和车马费，应当根据国务院关于新公私合营企业工资改革中若干问题的规定办理。二、工业系统已在专业公司

内成立了技术小组或生产小组的，可以在小组基础上逐步扩展成为生产改进委员会，集中一些技术人员（包括有技术的资本家）研究与解决行业内的有关生产、技术问题。已经成立行业性生产改进委员会的，各地工业厅、局应加强领导，充分发挥其作用。还没有成立行业性生产改进委员会的，可以根据需要逐步成立。三、商业系统按专业公司成立业务改进委员会的办法正在试行，可以由商业部将试点经验总结以后，再逐步推广。四、不成立行业董事会的行业，董事会的任务，可以由同业公会和业务（生产）改进委员会分别担当。五、原来准备安排为行业董事会的董事长、董事，由于没有成立行业董事会而没有安排的行业代表人物，可以在整风、反右派斗争告一段落以后，根据具体情况和他们在运动中的表现另作适当安排。六、行业董事会和业务（生产）改进委员会专职成员的工薪、办公费等由专业公司或者主管部门开支。七、有关成立业务（生产）改进委员会的具体问题，可以由各主管部另作具体部署。

8月27日

［纲　文］　**农业部、全国供销总社发出《关于加强新式农具技术指导工作的指示》**。

［目　文］　《指示》要求各级（特别是县、区）农业、供销合作部门，应根据实际需要，配备相应的农具技术干部，并使他们学会农具的使用技术。供销社（特别使县社和基层社）应积极协助农业部门做好使用技术的传授工作。省、专农业部门负责训练县及重点农业技术推广站的农具干部，作为传授技术的师资，县负责组织训练农具手。要注意总结和传播推广使用新式农具的经验，帮助农业社合理规划，考虑到使用新式农具的土地、耕牛、工分以及耕作质量、时间等具体问题。新推广的农具品种，亦应经过多次不同条件的确切试验，确实证明适合一定地区使用，并能达到增产效益，又为群众自愿接受时，再在类似条件的地区，由点到面，由少到多，逐步推广。在耕作季节，农业技术推广站和基层供销社的农具技术人员，应深入田间帮助农具手解决使用中发生的问题。提倡和鼓励农村工作干部学习新式农具技术，达到能用能教，以扩大技术指导力量，帮助农民生产。

8月27日

［纲　文］　**教育部、共青团中央联合发出《关于对中学和师范学校学生进行社会主义思想教育的联合通知》**。

［目　文］　《通知》说：1957年下半年（即1957—1958学年度上学期）中学和师范学校原定各年级政治课的内容（初一、二“青年修养”、初三“政治常识”、高一、二“社会科学常识”、高三“中华人民共和国宪法”）决定改为进行以反右派斗争为中心的社会主义思想教育，目的在于使学生受到一次实际的阶级教育，提高社会主义思想觉悟，明确在社会主义大革命时代中青年学生的任务和学习的目的。《通知》规定：课程内容改变之后，授课时数也应当调整，初一、二每周一小时，初三以上每周两小时。《通知》说：向中学和师范学校学生进行以反右派斗争为中心的社会主义思想教育，应当根据毛泽东在《关于正确处理人民内部矛盾的问题》中所指出的六项政治标准的精神，贯穿着批判右派

分子反共反人民反社会主义的言行，着重解决学生的政治思想上的主要问题。学生政治思想上有哪些问题，望各地教育行政部门和学校领导人亲自动手，进行调查和分析研究，然后制订教育计划，指导编写讲授提纲，配备和训练教师。开学后，在反右派斗争思想教育计划未制定之前，各地可以考虑先讲授普通教育方针和学生学习目的的问题，参加生产劳动和升学问题。此外，还可以考虑讲合作社优越性问题，粮食和其他农产品统购统销问题，农民生活是否改善了等问题。总之，讲授内容必须针对本地本校学生政治思想上最突出的大是大非问题。

8月27日

［纲　文］　**中国科学院哲学社会科学部召开常务委员会会议**。

［目　文］　会议决定立即在社会科学界展开反右派斗争，捍卫马克思列宁主义，粉碎资产阶级社会科学复辟的阴谋。一些与会人员在发言中认为，右派分子图谋使资产阶级社会科学复辟，进行反共、反社会主义、反马列主义的活动，是章罗联盟政治阴谋的重要组成部分，因此在社会科学界开展反右派斗争，具有重要意义。会议还对费孝通、陈振汉等人进行批判。

8月28日

［纲　文］　**中共中央批转山东省委《关于如何在乡、社开展社会主义思想教育运动的紧急通报》**。

［目　文］　批语说，山东省委的《通报》很好，转发给各省市委、自治区党委参考。

8月18日，山东省委向山东省各地委、县委下发《通报》，并报送中共中央。《通报》提出以下问题要求各地注意研究掌握：一、在农村进行大规模的社会主义教育，应首先从向农村人口开展社会主义宣传教育，进行说理辩论入手，对于有严重的破坏社会主义言行的地主、富农和其他反社会主义分子，除个别现行犯必须立即惩处外，一般地应放在后期，在经过说理辩论使其在群众中完全孤立之后，再分别依法处理为好。二、关于是否先鸣放，后辩论，还是先正面批判，后辩论问题，应根据实际情况灵活运用。凡是问题已经比较明显地暴露出来的乡、社，就不必再有一个鸣放阶段；凡问题没有暴露或暴露得不够的乡、社，一般应先鸣放后辩论为好。三、运动展开的具体步骤大致如下：首先开好乡或社支委会或支委扩大会；然后开好党团员骨干分子会。只要党团员骨干分子会开好了，贫农、下中农、富裕中农以及地富分子和单干户，全民在一起鸣放、辩论为好，这样容易放得开，辩得好，搞得深透。四、要坚定不移地贯彻执行依靠贫农团结中农的政策，必须使党团员干部和所有骨干分子了解，鸣放说理辩论的目的是要做到团结中农的绝大多数。让已经觉悟的中农起来讲话，对于驳倒有严重资本主义思想与活动的富裕中农和各种反社会主义的谬论作用最大。五、为了做到心中有数，便于掌握控制，各地在试点中应注意摸清几个底：（一）地主、富农、反革命分子中有违法破坏活动须做处理的有多少，其中须逮捕法办的有多少？（二）富裕中农中有严重资本主义思想和违法破坏活动须作处理的有多少？（三）党团员和乡社主要干部中，资本主义思想严重、违法乱纪、蜕化变质的分子，须作处理的有多少？在进行处理时，必须坚持按照法定手续办事，不得随便向下交权。六、在粮食问题上注意掌握以下两个问题：（一）征购没有完成的地方，应当具体分析，是思想问题，还是任务确定不当？要实事求是地解决问题，坚持按“三定”政策办事，应征购多少，就征购多少，该增购就增购，不要买过头粮。（二）不要去搞某些富裕中农家中积存的余粮。对于家有余粮而不交公粮，不卖统购粮的个体农民，应按照政策要其交售本年应交公粮、余粮，否则依法处理，但不要算旧账。七、在辩论中必须注意分析区别正确的意见和错误的意见，区别反社会主义的谬论和农民中某些怀疑、不解与不满言论。对于干部群众在工作上的一些不同看法和意见，领导上应慎重考虑，不要盲目批判。八、在运动过程中注意听取与接受合理的正确的意见，积极改正领导上和工作中的一些缺点和错误，以便更好地教育团结多数群众，做好工作，办好合作社，转变作风。九、在开展社会主义教育运动的同时，必须切实做好生产、整社工作。

8 月 28 日

［纲　文］　**内务部就因错判致使当事人的家属生活困难的救济问题复函河北省民政厅。**

［目　文］　批复全文如下：河北省民政厅：你厅 1957 年 8 月 14 日请示关于因错判致使当事人的家属生活困难的救济问题，国务院已于 1956 年 7 月 17 日以（56）国一内罗字第 129 号文批复司法部转发各省、区、直辖市司法厅（局）执行。批复中规定：“各级人民法院因错判致使当事人的家属生活困难时，可由民政部门予以救济；如果因错判致使当事人遭受大的损失的，根据宪法第九十七条规定的精神，需要赔偿损失时，仍应由司法业务费开支。”你们可按这个规定办理。特复。

8 月 29 日

［纲　文］　**中共中央发出《关于对右派分子不宜过早地作组织处理的指示》。**[①]

［目　文］　8 月 27 日，四川省委向中央报送《关于撤销张志和代表资格的请示》。本日，中共中央批示四川省委并告各省、市、自治区党委说：目前反右派斗争正在继续开展和深入，对于右派分子的斗争，应是从政治上和思想上进行彻底揭露把他们搞臭，但还不宜于过早地作组织处理，因为这样做会使斗争简单化，不利运动的深入和开展。

8 月 29 日

［纲　文］　**《人民日报》发表题为《各民主党派的严重任务》的社论。**

［目　文］　社论说，在整风过程中暴露出来的反共反人民反社会主义的资产阶级右派分子，有一大批是民主党派的领导人员和成员。这班人在全国资产阶级右派的猖狂进攻

① 根据中央档案馆馆藏档案编写。

中扮演了骨干作用。他们在全国、在地方上或者在一个方面、一个单位中充当主帅和大小头目，筹划、发动、号召和组织向党向人民向社会主义的猖狂进攻。社论说，在这个社会主义革命的重大历史关头，右派发动猖狂进攻，各民主党派在政治上和组织上出现严重情况，都非事出偶然，都具有深刻的社会阶级根源和历史根源，都是不可避免地要发生的。资产阶级右派则决心起来同工人阶级、贫苦农民、革命知识分子和共产党进行一场较量，企图为资本主义复辟打开道路。现在这一场较量，胜负已见分晓，这个阶级及其知识分子和政党中的多数人已开始清醒过来，开始向左转了。经过较量，右派失败了，多数人就会获得教训，觉悟就会有所提高，因而有可能转向死心塌地走社会主义道路。社论提出，就现状说，各民主党派在总的方面还是资产阶级性的政党，还没有成为真正为社会主义服务的政治力量。这里有一个不小的距离，就是说有一个大矛盾。要克服这个矛盾，只有进行根本的自我改造。这一个改造之所以是根本的改造，因为是由资产阶级政党到社会主义政党的本质改造。社论指出，什么是改造的标准？毛泽东主席在《关于正确处理人民内部矛盾的问题》一文中，提出了判别是非的六条标准，其中最重要的是社会主义道路和共产党领导两条。为此，各民主党派必须对自己的成员进行“破资本主义立场、立社会主义立场”的教育，对个人对集体进行彻底的改造，而目前，首先要进行普遍深入的整风运动，在整风运动中彻底粉碎右派集团，孤立、分化右派分子，帮助多数处于中间状态的人们同右派划清界限，进一步改造政治立场。这是各民主党派当前的严重政治任务。社论说，各民主党派都已经决定并已经开始在自己的组织中进行批判右派、破资本主义立场、立社会主义立场的整风运动。而批判右派是整风运动的主要关键和决定性步骤，是各民主党派进行根本改造的转折点。社论提出，在划分和批判右派分子的时候，必须准确掌握是否反共反人民反社会主义这一标准，防止错划和错斗。在斗争中要坚持辩论的方式，摆事实，讲道理，并允许右派分子进行辩驳。真理愈辩就愈明，愈是辩论得彻底，就愈能教育、团结大多数，孤立、分化右派。

8 月 29 日

［纲　文］　**外贸部、中国人民银行总行发出《关于预购定金放款掌握办法的补充指示》。**

［目　文］　《补充指示》指出，全国预购定金的发放数由国家根据各个时期物资供应情况来确定，一般不应另外再增加预购金额。但是，为了照顾外贸货源困难的这一特殊情况，对那些专门为出口而生产的或主要为出口而生产的不属于国家批准预购范围内的物资及新品种，外贸非预购就不能掌握出口货源时，在花钱少收效大，产品国外有销路，规格、质量、数量有保证的原则下给予适当的支持还是必要的。但是预购比例应该尽可能小，一般不能超过货值的 25%。特殊情况必须超过 25%，经省市外贸局及银行审核同意后于上报计划时说明理由。为此，再作如下补充指示。一、预购订金放款只限于对农业、手工业合作社、手工业作坊的农副产品及手工业品的预购订金款。二、此项贷款必须在上级批准的贷款额度内掌握贷放。各借款企业应于年度开始前将全年预购订金分别对象、品种、金额及有关情况报送当地省（市）、自治区外贸局（分行）审查，省（市）自治区外

贸局（分行）审查后应于年前联合上报外贸部（总行）经批准下达执行。在批准的额度内品种之间可以流用，但须经省（市）自治区分行批准。三、预购订金放款期限一般根据交货时间确定，但最长不能超过12个月，并应按期收回。四、1957年已过去七个多月，在此以前所需预购订金有一部分已在信贷中解决了，预计还需要的预购订金数字已不大，因此总行不拟另批指标，仅下达一个预购订金控制数字。各省（市）自治区分行可在总行下达数字范围内，根据上述精神掌握贷放，所需资金在当地总指标内调剂解决。五、本条文颁发前已解决的预购订金部分，如比例或时间超过本条文规定者，概不调整。

8月29日

［纲　文］　**农业部发出通知，奖励1956年首批农业增产模范68个单位和个人。**

8月30日

［纲　文］　**监察部颁布《关于国家检察机关处理公民控诉工作的暂行办法》。**

［目　文］　《暂行办法》共16条。对处理公民控诉工作的各项制度、控诉案件的范围、控诉案件的分工办法、原则、时间、结案等问题作了规定。

［文　献］　**监察部关于国家检察机关处理公民控诉工作的暂行办法**

（1957年8月30日）

处理公民控告、申诉案件是监察机关的一项基本任务。各级监察机关必须负责安排一切条件，便利公民行使控告、申诉的权利，及时地、正确地处理公民的控告、申诉案件。为此，特作以下的规定：

一、各级监察机关均应该把处理公民控诉工作列入议事日程，定期研究讨论。监察机关的领导人员，必须经常督促检查这项工作，并且亲自批办和检查处理重要案件。上级监察机关的领导人员巡视检查工作的时候，必须检查所属监察机关的处理公民控诉工作。

各级监察机关的领导人员，应该根据具体情况，亲自接见控诉人。

二、各级监察机关均应该设立专门机构或者专人负责管理公民控诉工作，并且建立登记、接见、转办、催办、统计、检查回报、档案管理、综合研究等各项制度。各级监察机关每半年应该总结一次公民控诉工作，报告党、政领导和上级监察机关审查。上级监察机关应该认真检查所属监察机关的处理公民控诉工作。

三、监察机关受理公民控诉案件的范围如下：

（一）控告国家行政机关、企业、事业单位及其工作人员违反国家纪律的案件。

（二）国家行政机关工作人员不服行政纪律处分的申诉案件。

凡不属于上列范围的公民来信、来访，应该按照问题的性质，分别移送同级主管业务部门或者当地人民委员会处理；如果是党、群部门的问题，应该移送党、群部门自行处理。

四、各级监察机关直接检查处理公民控诉案件，应该按照以下分工办理：

（一）监察部、省、市监察机关收到控告国务院、省、市人民委员会任命的工作人员或者经选举任职的相当人员的案件，应该直接检查处理。但是其中情节轻微的，可以交由下一级监察机关直接检查处理。

（二）专署监察处收到控告专署任命的工作人员的案件和控告县人民委员会科长、局长、区长的案件，及控告区、乡干部的重要案件，应该直接检查处理。

（三）县监察机关收到控告县人民委员会任命的工作人员的案件和乡人民委员会工作人员的重要案件，应该直接检查处理。

（四）部门和企业的监察机关收到控告该部门和企业任命的工作人员的案件，应该直接检查处理。但是其中情节轻微的，可以交下一级监察机关直接检查处理。

（五）对于国家行政机关工作人员不服行政纪律处分的重要申诉案件，应该由申诉人所在机关的同级监察机关或者上级监察机关直接检查处理。

（六）对于不服监察机关检查处理的控诉案件，直属上级监察机关应该直接检查处理，或者交由原处理的监察机关复查或者复议。

（七）上级监察机关收到按照本条上述分工不需要本机关直接检查处理的案件，如果情节严重，或者由于其他原因需要由本机关直接检查处理的，均应该直接检查处理。

（八）下级监察机关收到按照本条上述分工应该交由上级监察机关直接检查处理的案件，可以进行直接检查处理。如果检查处理有困难，应该报由上级监察机关直接检查处理。

五、监察机关对于不要由监察机关直接检查处理的公民控诉案件，应该根据案件的性质和情节，按照以下的原则办理：

（一）对于控告一般工作人员，性质不严重，情节比较简单的案件，可以交由被控诉人的所在机关检查处理。对于控告区、乡干部，性质不严重，情节比较简单的案件，如果该县没有监察机关，可以交由县人民委员会处理。

（二）对于控告领导人员性质和情节轻微的案件，可以交由被控诉人的直属上级机关检查处理。

（三）对于国家行政机关工作人员不服行政纪律处分的一般申诉案件，可以交由原处理机关或者其上级机关进行复查或者复议。

六、各级监察机关受理的属于监察机关职权范围的公民控诉案件，凡根据本办法第四、五条转交其他机关或者下级监察机关检查处理的，应该将承办的机关通知控诉人，并且按照下列规定，要承办机关报告处理结果：

（一）监察部收到的，控告国务院任命的工作人员和经选举任职的相当人员情节微的案件，或者中央各部、省、自治区、直辖市人民委员会的处长（或者相当人员）和县长的案件，以及其他认为需要报告处理结果的案件。

（二）省、直辖市监察厅、局收到的，控告省、市人民委员会任命的工作人员和经选举任职的相当人员情节轻微的案件，或者县人民委员会的科长、局长、区长的案件，以及其他认为需要报告处理结果的案件。

（三）专署、市、县监察机关收到的公民控诉案件，一般均应该要承办机关报告处理结果。

（四）部门的监察机关收到的，控告本部门任命的工作人员情节轻微的案件，或者企业单位科长、车间主任以上工作人员的案件，以及其他认为需要报告处理结果的案件。

凡要承办机关报告处理结果的案件，应该进行必要的督促检查。对于不要承办机关报告处理结果的案件，也应该进行必要的抽查。

七、各级监察机关对于应该直接检查处理的控诉案件，必须认真地、及时地检查处理，不得转办。直接检查处理的公民控诉案件，自收到公民控诉之日起至处理结案，一般不应该超过三个月。如果案情复杂，或者有其他特殊原因，不能在三个月内处理结束的，应该告知控诉人。如果系上级机关交办并且要报告处理结果的案件，同时应该报告交办机关。

八、各级监察机关受理的公民控诉案件，应该转交其他机关或者是下级监察机关检查处理的，必须迅速转办，一般不得超过一周。

九、监察机关检查处理公民控诉案件，必须深入群众，认真查对事实。应该注意听取控诉人的意见，也应该注意听取控诉案件所涉及的机关和个人的意见。要注重人证物证，并且证人应该在调查材料上签字，要根据事实进行全面客观的分析和研究，分清是非，作出结论，恰当处理。切忌偏听偏信，主观臆断。

十、各级监察机关处理公民控诉案件，要分清是非，认真贯彻国家的各项政策：

（一）对于公民控告，经过检查属实的，应该根据具体情况，提出意见，建议主管部门进行处理；对于控告不完全真实的，除对控告不真实的部分应该予以解释说明外，对其真实的部门，应该根据具体情况，提出意见，建议主管部门进行处理；对控告不实的，必须分清是误告还是诬告，属于误告的应该予以解释，属于诬告的必须严肃处理。

（二）对于国家行政机关工作人员不服行政纪律处分的申诉案件，必须根据当时、当地的具体情况，认真负责地、实事求是地进行复查或者复议。如果原处分所根据的事实有出入或者结论有错误的，应该修正；处分重了的，应该减轻处分；不该处分的，就要取消处分；对于原处分正确、而本人不认识错误的，应该批评教育，耐心地帮助，使其认识错误，改正错误。

（三）对于公民控诉案件，已经正确处理，并且向控诉人作了交代，如果控诉人仍继续来信，提出不合理的要求，可以不再处理。如果控诉人来访，经过耐心解释后，仍无理取闹的，应该予以批评教育；如果批评教育后，滋事取闹，扰乱机关秩序的，应该采取适当办法予以制止。

十一、各级监察机关处理公民控诉案件，应该作到以下几点，才能结案：

（一）对于控告工作人员的案件，经过检查以后，如果发现被控告人犯有错误，应该查明错误的性质、情节和犯错误人员的责任，作出书面结论。如果对犯错误人员须给予行政纪律处分，应该按照有关行政纪律处分的规定给予处分。在案件处理结束以后，应该将处理结果，通知控诉人。对于工作人员有教育意义的案件，在检查处理以后，应该在适当范围内宣布或者发布通报；必要的时候，可以在报刊上发表。

（二）对于国家行政机关工作人员不服行政纪律处分的申诉案件，经过复查或者复议后，应该作出书面结论。如果申诉人同意复查或者复议的结论，就可以结案。如果申诉人不服，而又不能提出正当理由的，监察机关可以将复查或者复议的结论和有关材料以及申诉人的意见，一并报告行政领导审查解决。

（三）对于一切控诉案件的处理，只有所作决定已经执行的时候，才能认为案件已告结束。如果系上级机关交办并且要回报结果的案件，在处理结束后，应该迅速将结果报告交办机关备查。

十二、各级检察机关对所收到的公民控诉案件，应该经常加以综合研究，从而发现某一地区、某一机关或者某项工作中所发生的突出的或者带有普遍性的问题，以便及时报告党、政领导，加以解决。

十三、各级监察机关在处理公民控诉案件的时候，不准将控诉材料转交被控诉人或者与该案有利害关系的人处理。如果控诉人要求将他的姓名保密，或者是为了便利于该案的检查处理，需要保密，均不得暴露控诉人的姓名。

十四、各级监察机关对于控诉人，应该坚决予以保护。如果有人不尊重控诉人的权利、压制批评、打击报复或者陷害，应该追究责任，根据情节的轻重，予以批评教育或者适当的行政纪律处分，情节特别严重的，应该建议司法机关依法惩处。

十五、各级监察机关对于控诉人，应该采取欢迎的态度。对于来监察机关控诉的人，应该热情相待，使来访人能畅所欲言。对于公民控诉案件，应该认真负责地、公正无私地处理。如果监察工作人员对处理公民控诉案件采取不负责任的态度，长期拖延，不作处理或者置之不理，或者遗失公民控诉材料，应该予以批评教育，情节严重的，必须予以行政纪律处分。

十六、本办法由监察部决定后执行。各级监察机关可以根据本办法制定本机关的工作细则。

各自治区、自治州的监察机关可以参照本办法，制定本地区监察机关处理公民控诉工作办法。

资料来源：《中华人民共和国国务院公报》1957 年第 39 号，第 814—819 页。

8 月 30 日

［纲　文］　**毛泽东和周恩来分别致电马来亚联合邦[①]最高元首端古·阿卜杜勒·拉赫曼和总理兼外交部长东古·阿卜杜勒·拉赫曼，祝贺马来亚联合邦独立。**

8 月 31 日—9 月 6 日

［纲　文］　**中共中央召开全国粮食会议。**

［目　文］　会议由陈云、李先念主持。会议主要解决两个问题，一是确定 1957 年 7 月至 1958 年 6 月的粮食征购和国内销售的数字；二是交流各地农村开展社会主义教育的经验。会议根据粮食形势趋紧的情况，强调粮食工作的重要性，并确定 1958 年的购销量，要求各地和部门必须坚决执行，同时决定关闭国家粮食市场。

陈云在总结发言中讲了 1957 年的成就和工作方针，征购方面的问题，统销方面的问题，全党要重视粮食工作等。他说，从全局来看，1957 年是个平年偏丰的年景。我们的方针是，必须抓住机会，保证正常的粮食收购和实行少销，以便以丰补歉。在征购方面，要向农民征购 850 亿斤粮食，这一头必须定死，要做好工作，要求农民如数缴纳，并且保证质量。增产了，就要适当地多购一些，这是以丰补歉所必需的。

在统销方面，陈云说，农民口粮可以实行一人定量，至于定量分几等，等级间的差距多大，由各省规定。分配的口粮总量，不得突破国家核定的统销指标。市镇的粮食统销工作也必须抓紧。市镇居民的口粮标准应该降低和可以降低的，就适当降低。为保证不多销，必须按季、按月下达销售指标。下达的销售指标，各地和各部门必须坚决执行，不得任意突破。

陈云说：粮食工作是一项关系全国人民切身利益的重要工作。不仅要向五亿多有余粮的农民征购粮食，而且要向一亿城镇居民和一部分农村缺粮人口供应粮食。它同全国每一个人都有切身的利害关系。粮食分配同农业生产和国家建设有直接的关系。要照顾国家和

① “马来亚”，指的是马来亚半岛的统一体。所谓“马来西亚”，则指马来亚半岛的十一州加上砂拉越和沙巴，但不包括新加坡。马来亚半岛的十一州也叫西马来西亚或简称西马；而砂拉越和沙巴则合称东马来西亚或东马。马来亚半岛包括柔佛、森美兰、马六甲、雪兰莪、吡叻、槟榔屿、吉打、玻璃市、吉兰丹、丁加奴和彭亨等十一州及吉隆坡联邦直辖区。1942年日本占领马来亚。马来亚共产党领导人民英勇抗敌。日本投降后，英国在马来亚恢复殖民统治，并于1948年2月成立“马来亚联合邦”，把新加坡划分出来成为单独的“直辖殖民地”。1948年6月，英国颁布“紧急法令”，宣布“马共”和其他进步组织“非法”，对马来亚人民实行武装镇压。马来亚共产党领导各民族人民进行了九年多的抗英民族解放战争，终于迫使英国承认马来亚联合邦在1957年8月31日独立。1963年9月6日，英国把马来亚联合邦、新加坡、砂拉越和沙巴合并起来，组成“马来西亚联邦”。文莱因为在石油税收和苏丹地位等问题上持有不同意见，拒绝参加马来西亚。新加坡由于同马来亚联合邦在政治上、经济上矛盾尖锐化，于1965年8月9日又被从马来西亚分割出来，成立“新加坡共和国”。

农民两个方面的利益。如果只顾国家需要，而不顾农民的需要，就会影响农民的生产积极性，不利于农业生产以至整个国民经济的发展。如果不顾国家的需要，只是片面地强调农民的需要，就会影响城镇居民的口粮供应，就会妨碍国家的建设。粮食是稳定市场、保证建设的最重要的物资，现在没有任何物资比粮食更为重要的了。总之，粮食工作极为重要，它绝不仅仅是一项单纯的经济工作，而且也是一项重大的政治工作。各级党委必须加强领导，切实解决问题。

陈云指出：粮食如果节约使用，还可以够吃够用，敞开来吃，吃和用就不够。如果不大力地去抓分配，粮食收下来就会被吃掉很多。节约使用同敞开来吃的矛盾，是我国当前和今后一段时间粮食问题的症结所在。一方面，为了保证国家建设，我们要求群众不要敞开吃、敞开用。另一方面，又要保证农民大体够吃、够用，以鼓励农民的生产积极性。

8月31日

［纲　文］　**城市服务部发出《关于改进对回民供应工作的通报》。**

［目　文］　《通报》附发了中国回民文化协进会第二届代表会议代表对副食品商业和服务性行业工作提出的意见，并要求各地服务部门，对牛羊肉的供应，在货源不足的情况下，应尽先供应回民的需要，特别是节日的供应更须照顾。凡是专门供应回民需要的牛羊肉，在屠宰、销售、使用家具等方面，要严加区分，避免猪、牛混淆。过去在回民聚居区专门生产供应回民需要的糖果糕点的作坊或车间可适当恢复。

8月31日

［纲　文］　**陈云就接待外国船客问题致信罗瑞卿、齐燕铭。**

［目　文］　陈云在信中说：我此次去上海，见了锦江饭店经理宣铎，是兼旅行社经理的。他说，每只外国货轮到上海装卸货至少三天，多者七天。外国旅客现在下船后半夜12时必须回船。如果由旅行社招待（我们全国大码头的许多高级旅馆空着没有客人住），如果允许他们下船住夜，同时允许下船外客到杭州、苏州等地游玩（要停船3—7天时完全可能），所有旅客的吃喝玩住，我统统可得外汇。即使现在船客每天晚12时回船，我上海今年新组的服务公司（卖高级消费品、洗衣服、陪同游玩等）可得200万美元。如果全国各码头都搞，而且有计划地允许一些自费旅行者来中国玩（有计划地开放些玩的城市），全国高级旅馆又都空着，很可以赚一笔外汇的。自费游玩人中可能混进坏人，但我开放地点有限制，只要加以注意，由旅行社为他服务，我们可以监视他们的。宣铎所讲对外名义上旅行社属什么系统为好是可以考虑的，但这项工作基本上要由公安部领导的。现将宣铎报告送上，请阅。已请示总理，请燕铭召集公安部、外贸、人民银行、旅行社等有关单位研究一下，提出个意见。

宣铎在报告中建议，允许停靠我国港口的外国货轮上的旅客下船过夜和去一些地方游玩，并允许一些外国自费旅行者到一些城市旅游，以赚取外汇。

8月31日—9月6日

［纲　文］　**“亚洲电影周”在北京举行。**

［目　文］　参加这次电影周的有缅甸、锡兰、柬埔寨、中国、印度、印度尼西亚、日本、朝鲜、黎巴嫩、蒙古国、巴基斯坦、新加坡、叙利亚、苏联、泰国和越南16个亚洲国家。中国人民对外文化协会会长楚图南在开幕式上讲话。他说，在“亚洲电影周”，在北京等十个大城市将上映许多部各国的影片，这是一次亚洲各国电影艺术的大荟萃，是一次各国电影朋友的充满和睦友谊感情的大会见。亚洲团结委员会主席、印度亚洲团结委员会主席拉米希瓦里·尼赫鲁夫人在开幕式上讲话。周恩来等出席开幕式，并接见了各国电影代表团人员。开幕式结束后，放映中国彩色故事片《女篮五号》。

8月31日

［纲　文］　**毛泽东、刘少奇、周恩来致电越南民主共和国主席胡志明、国民大会常委会委员长孙德胜、总理兼外交部部长范文同，祝贺越南民主共和国成立12周年。**

8月

［纲　文］　**中共中央办公厅转发中央农村工作部《关于当前接待群众来访的重要情况和今后意见的报告》。**

［目　文］　《报告》称，到农村工作部上访的群众，1956年平均每月不过150人左右。1957年上半年已接待来访群众2700人。除本年1月外，各月均在400—500人。7月5—20日，半月之内来访达334人，平均每天20余人，多时达四五十人。虽投入大批力量接待，但每天积压、留宿均在三五十人，多时达七八十人。

来访群众涉及14个省、市，但大量为京郊、河北、山东部分县。反映的主要问题是退社。原因一是收入减少，生活水平降低，发生困难无法解决。二是干部不民主，大骂群众，违法乱纪，财务账目不公开。三是生产资料入社作价过低。河北、山东提出退社没有解决的，一县之中大约有100户、300户至500户不等。虽不到1%，但态度坚决，背后尚有一批动摇户观望，占入社百分之几到十几不等。闹退社，大多是工作上的原因造成的。

8月

［纲　文］　**北京市计委发布《关于北京市居民居住水平典型调查报告》。**

［目　文］　《调查报告》选择的重点地区在西单区西南角。南起月台大门，北至鲍家街，东起回回营、南至闹市口，西至太平湖中街，占地面积约13.3公顷（133000平方米），共包括13条街，两个居民委员会。共有1191户5066人，平均每户4.25人。《调查报告》指出，这一地区共有住宅居住面积18108.5平方米，居民5066人，平均每人占用居住面积3.57平方米（包括1%的寄宿人口）。这个地区有64.9%的人口即3289人，占用居住面积不足或者仅仅达到3.5平米，也就是说有大多数的人达不到3.57平方米的平均居住水平，住得很挤。居住面积若按不同职业家庭分类，以无职业（大部是房主）和其他职业家庭水平最高，每人平均占用4.97平方米；其次是干部，每人平均占用4.3平方米；再次是教员和医务人员，每人平均占用4平方米。以下按占用居住面积多少排列是：

小商贩、售货员、工人、手工业工人、三轮车工人、临时工、大车工人。以临时工、大车工人占用的居住面积最少，每人平均仅2.55平方米。这说明各种不同职业家庭之间占用的面积是悬殊的。再就各种职业家庭每户每人平均占用的居住面积分类比较一下，在同一种职业的家庭之间，占用面积的多少也是悬殊的，每人平均占用面积从0.83—20平方米以上不等。这个距离是很大的，但每人平均占用面积在5平方米以上的人数是不多的，仅占总人口的15.9%（即807人）。《调查报告》还分析了住房拥挤的原因，提出房租负担不合理、房子质量差等问题。

8月

［纲　文］　**周谷城著《中国通史》（上、下册）由上海人民出版社出版。**

9 月

9月1日

［纲 文］ **中共中央批转河北省委关于在农村进行社会主义宣传教育的两个文件。**

［目 文］ 批语说：农村社会主义教育运动已逐步展开，时间虽然还短，但效果显著，运动发展一般是健康的。运动中也发生了一些偏差，各地一般已注意纠正。转发河北省委的两个文件，希望各地研究这些文件，切实注意领导和掌握，使这个伟大的运动获得健康的发展。

◀河北省大兴县魏庄农业社举行实物展览会，进行社会主义优越性的教育。图左是该社14户贫农1943年在外面要饭时穿的衣服和盖的被子；图右是解放后新添置的暖水瓶、胶鞋、矿石收音机等。

此前，《河北省委关于在农村大规模地开展社会主义宣传教育的指示》说，河北省农村中，社会主义与资本主义两条道路的斗争，仍然非常尖锐。在资产阶级右派分子趁整风运动向党大举进攻的同时，农村中的一些反社会主义分子与资产阶级右派分子互相呼应配合，突出地在粮食统购统销、合作化与工农关系等问题上向社会主义展开进攻。在农村中形成了一股反社会主义的逆流，给各项工作的推行造成了困难。广大农民大多数是拥护社会主义的，但是在农民中，由于还存有小私有观念和习惯势力，有些人闹个人主义本位主义，不顾社的集体利益与国家利益；隐瞒产量，企图少购多销，总想自己多吃点吃好点，不关心全民需要与国家困难。有些人对社会主义新制度新生活还不习惯，对于大变革中前进中出现的一些问题和局部性暂时性的缺点，也还缺乏正确理解。因而在“合作化搞糟了”、“统购统销搞糟了”等等反社会主义的叫嚷中，划不清界限，思想上引起混乱。党内也存在着右倾机会主义思想，有些人由于对前进中的一些困难与暂时性的缺点缺乏正确认识，而感到理屈腰软，不能直起腰来同反社会主义谬论进行理直气壮的斗争；有些人迁就附和一部分动摇的富裕中农的资本主义思想；甚至有人丧失立场，叫嚣抵抗党的政策。针对这一严重情况，必须在政治思想战线上展开斗争，击退反社会主义的逆流，端正政治方向。为此，决定在农村全体人民中开展一次大规模的社会主义宣传教育运动。《指示》提出了开展社会主义教育运动的七条具体措施。

《河北省委批转保定地委关于徐水、清苑两县在社会主义教育运动中发生的问题向省委的报告》要求各地党委注意教育农村干部和群众，采取大辩论的形式解决思想问题，在辩论中，要用会议、对比、摆事实、讲道理、批评与自我批评的方法，对极少数动摇的富裕中农，也只能采用说理斗争，不要扣右派帽子，更不允许打人、拉人。保定地委的报告汇报说，清苑县自开展政治宣传运动以来，有11个乡六个人被打，七人被拉，二人游街，七个人被斗争。高阳、定县、涿县也发生了打人、拉人、斗争人的现象。报告还分析了问题出现的原因，汇报了保定地委采取的措施。

9月1日

［纲　文］　**《人民日报》发表题为《为保卫社会主义文艺路线而斗争》的社论。**

［目　文］　社论说，在政治战线和思想战线上全面反击资产阶级右派分子的斗争中，文学艺术界揭发了丁玲、陈企霞、冯雪峰、江丰、钟惦棐等人的反党活动。这是一场辨明大是大非的原则性的斗争，是党的社会主义文艺路线跟反党、反社会主义的文艺路线的斗争。这些反党分子的共同思想基础，是严重的资产阶级个人主义。他们所提倡和实行的资产阶级个人主义的文艺路线，跟党的社会主义文艺路线，跟大多数愿意为人民服务，愿意进步的正派的文艺工作者的愿望和实践，显然是不能相容的。因此，他们就千方百计地破坏党对文艺工作的领导，一方面在文艺思想上散播种种反党、反人民、反马克思主义的观点，另一方面，用挑拨离间，拉拢这个、打击那个的手法，从组织上破坏和分裂文艺界的团结。为什么这些文艺界的“老作家”、“老党员”敢于这样无法无天，长期进行反党活动呢？除了因为他们有根深蒂固的资产阶级个人主义的思想根源之外，文艺界的党组织对他们监督不严，在批判和处理他们的错误思想行动的时候，往往采取了姑息和温情主义的态度，也是重要原因之一。这是严重的教训。所以，这一次对反党集团的斗争，必须坚决地进行到底。从这次斗争中，我们可以看到，在社会主义的制度之下，也并不是不会产生浸透资产阶级思想的所谓“文艺家”的。为了培养出工人阶级的广大的文艺队伍，我们要从过去的工作中吸收经验，规定出办法，来尽可能地保证我们的文艺队伍成为工人阶级的而不是资产阶级的文艺队伍。这需要文艺界大家来讨论，大家来努力！

9月1日

［纲　文］　**中共中央批转中央手工业管理局、全国手工业合作总社筹委会党组《关于召开省、市、自治区手工业改造座谈会的报告》。**

［目　文］　批语说，中共中央同意《报告》，特转发给上海局、各省、市、自治区党委、中央各部委、国家机关和人民团体各党组、人民日报，希望结合各自具体情况研究执行。批语进一步指出，手工业的问题比较复杂，有些问题还没有成熟的经验，各地党委应当加强领导，研究这些经验，解决有关问题，把手工业合作社（组）进一步巩固和发展起来。

3月21日至4月25日，中央手工业管理局和全国手工业合作总社筹委会党组分两批召开省、市、自治区手工业改造工作座谈会。7月11日，中央手工业管理局、全国手工业合作总社筹委会党组向中共中央提交《报告》。《报告》总结手工业改造的情况说：据1956年统计年报综合，全国有手工业社（组）10.4万多个，社（组）员463万人（连同非社员在内共530万人）。不论社会主义或半社会主义性质的大社、小社和小组，生产都有很大发展。

《报告》指出，由于在生产关系方面发生了根本变化，新的矛盾和问题不断出现，手工业改造工作中也存在不少缺点。为此，1957年手工业工作的任务，应该是加强合作社的思想政治工作，坚持贯彻“民主办社”和“勤俭办社”的方针，积极解决手工业生产的原料困难，广泛、深入地开展增产节约运动，继续调整生产组织形式，改进经营管理，正确处理国家、合作社和社员之间的收益分配，合理解决同有关方面的关系，从而进一步发展和巩固提高合作社。

《报告》就解决手工业原料供应问题、合作社改组和调整的问题、工资和社员的资财折价存社处理问题、社（组）内部的矛盾问题、手工业归口管理等问题，提出解决意见。《报告》决定于本年第四季度内召开全国手工业合作社代表大会，总结工作经验，制定社章，正式选举成立总社领导机构。为此，要求尚未选出代表的省、市、自治区抓紧在会前做好选举工作。

9月1日

［纲　文］　**新华社讯，上海11万多名公私合营商业、粮食、外贸企业清财定股户的职工从今天起享受劳动保险集体合同待遇。**

［目　文］　电文说：上年社会主义改造高潮以后，全市公私合营商业、粮食和外贸单位，就实行了职工疾病医疗和生活困难补助暂行办法。现在，这些合营单位职工除继续享受原来的疾病医疗和生活困难补助以外，还进一步享受劳动保险集体合同待遇。劳动保险集体合同对职工病假、产假、因工负伤的工资，以及因工残废、疾病死亡等抚恤补助费都作了详尽规定。例如，对女职工生育，给予产前产后56天假日，工资照发。职工因病停工在6个月以内，工龄不满二年的，按本人工资额60%付给，工龄满八年的，按本人工资额90%付给。劳动保险集体合同对各项待遇的经费开支也作了规定。

9月1—28日

［纲　文］　**法国经济代表团访问中国。**

［目　文］　代表团由法国参议员、参议院经济事务委员会主席亨利·罗谢罗率领，应中国国际贸易促进委员会邀请访问中国。在北京访问期间，代表团与中国国际贸易促进委员会就发展中法两国贸易关系问题进行会谈，并访问国家计委、国家技术委员会和有关工业部门，两国专家就双方技术合作问题进行了会谈。26日，代表团受到周恩来接见。代表团还分别赴大连、抚顺、兰州、天水、丰沙线和宝成路、淮河等地区进行了参观。

9月1日

［纲　文］　**《人民日报》报道,少数民族地区卫生落后状况逐步改善,医疗卫生机构迅速发展,基本上控制了传染病的流行。**

［目　文］　报道说，根据1956年底的统计，全国少数民族地区卫生部系统医院有508所，病床13700多张；疗养院6所，病床300多张；医疗保健所（站）1500多个；专科防治所（站）93个；卫生防疫站150多个，医疗防疫队61个；防治组18个，中蒙医研究所1个，其他卫生事业机构17个。卫生技术人员共有27000多名。1956年与1953年相比，医院病床增加146.9%，门诊部及区卫生所增加149.3%，妇幼保健所（站）增加316.3%。在医学教育方面，据1956年10月统计，有1590名少数民族学生在全国各医学院校学习，比1952年增加了两倍多。各地还培养了大批接生员、卫生员等初级卫生人员。

几年来，内蒙古、新疆两自治区及甘肃、青海等地区治疗了25万名性病患者，有些地区已基本上控制了性病的蔓延。由于在这些地区大力开展妇幼卫生工作，推行科学的接生和新育儿法，妇女生育率逐渐提高，婴儿死亡率逐年降低，人口显著上升，改变了历年来人口下降的趋势。如锡林郭勒草原婴儿死亡率已由1952年的318‰下降到109‰。由于普种牛痘，大部分地区控制了天花的流行。由于训练了大批初级防疟人员，建立了防治网，推广药物灭蚊以及通过服药预防和治疗，使重点防治的地区基本上控制了疟疾的流行。如云南省芒市郊区，1952年8—12月的疟疾发病率为70.2%，1955年同时期下降为6%。以前被称为超高度疟疾流行区的耿马、芒市等地，已经控制了疟疾的流行。

9月2日

［纲　文］　**中共中央发出《关于严肃对待党内右派分子问题的指示》。**

［目　文］　《指示》说，随着反右派斗争在全国各地、各界的深入开展，党内的右派分子更多地暴露出来，据统计，已经发现的党内右派分子约有3000余人。但是，还有一些同志在反对党内右派分子的斗争中存在着比较严重的温情主义，对于同党外右派分子政治面貌完全相同的“党员”，往往姑息宽容，不愿意把他们划为右派。有的单位甚至因此影响了反右派斗争的深入和开展，这是完全错误的。既然他们的言行同党外右派分子一样，就没有理由不根据一视同仁的原则，把他们同样地划为右派分子，并与之进行坚决的斗争。《指示》强调，党内右派分子有着“共产党员”的招牌，有较多的政治资本，因而

也就容易欺骗、蒙蔽和影响群众。同时，他们又和党外的右派分子相呼应、相配合，从堡垒内部向党进攻，因而对党的危害就更加严重。这种党内右派分子，他们的党龄愈长，职位愈高，对党的危害就愈大。因此，对于那些同党外右派分子政治面貌完全相同的人，决不应该因为他们是党员而有所宽容，决不应该漏掉真正的党内右派分子。

9月2日

［纲　文］　**《人民日报》发表题为《城市用粮必须努力减少》的社论。**

［目　文］　社论说，在1956—1957粮食年度中，全国市镇销售粮食420多亿斤，保证了1亿左右居民的食粮，保持了粮食价格的稳定，有力地支援了国家经济建设。但是，这一年度较上一年度多销了59亿斤粮食，其中有15亿—20亿斤是不应该多销而多销了的，原因是有的城镇或城镇中一部分居民吃粮的标准过高。在全国粮食并不充裕的情况下，城市粮食供应偏宽、销售过多的现象必须坚决改变。所有城市的粮食供应必须严格控制：一方面要保证合理的需要，一方面也必须堵塞供应中的漏洞，大力提倡节约，反对浪费。

城市节约用粮不仅有很大的经济意义，而且有很大的政治意义。城市节约粮食运动的开展，统销数量的适当压缩和部分居民偏高的供应标准的适当降低，有利于使农民消除误解，与市民亲密团结，共同努力节约粮食，使工农联盟更加巩固。就城市居民这方面来说，现在压缩销量，只是压缩过去浪费了的部分，并不是压缩必不可少的口粮，并不会降低城市人民生活水平。只要我们向广大人民群众说清楚了节约粮食对于建设祖国和进一步巩固工农联盟的政治和经济意义，城市居民就一定会积极地支持和执行节约粮食的号召。事实说明，市镇方面节约粮食的潜力还很大。应当在保证基本需要的原则下，适当控制城市销量，并且确定居民口粮定量标准不再增加，把供应水平稳定下来。在供应过宽和标准过高的地区，应作适当的压缩。同时，市镇粮食部门还应当进一步健全定量供应制度，严格掌握供应人数、供应标准和供应水平，自上而下地控制供应计划，加强对集体伙食单位的用粮管理，坚持流动人口凭粮票供应粮食的制度。对于工商行业用粮，也应当维持在目前的供应水平。

9月3日

［纲　文］　**粮食部发出《关于动员粮食系统全体职工积极参加粮食节约工作的指示》。**

［目　文］　《指示》说，各地以农村为重点，以粮食问题为中心开展了一次广泛深刻的社会主义教育运动，节约粮食是这次社会主义教育运动的一个重要内容。粮食部门对节约粮食负有特别重大的责任，全体粮食工作人员应配合这一运动，积极做好以下工作：一、建立与健全各项业务制度，从粮食的入库、保管、调运、加工等各个业务环节开展粮食节约工作。同时，向不重视节约粮食的思想与浪费粮食的现象进行坚决斗争；培养和巩固全体粮食工作人员爱护国家粮食的新道德品质，发挥他们工作中的积极性和创造性，挖

掘各个业务环节上节约粮食的潜力，使粮食节约工作首先在粮食系统内更好地开展起来。二、通过算账、回忆、对比等各种办法，向城乡人民说明节约粮食的重要性和必要性；通过说服教育，克服过高过急地要求改善生活、盲目要求国家放宽供应、主张依靠从国外进口粮食解决我国粮食问题等错误思想。通过节约粮食的宣传教育，使节约粮食的道理深入人心，在全社会形成节约粮食光荣、浪费粮食可耻的风气。三、提倡计划用粮，严格控制粮食销量。深入宣传计划用粮的好处，使每个人、每个家庭、每个集体伙食单位，都能本着节约精神，合理安排用粮计划。在农村要教育农民严格服从国家的粮食统购统销政策，坚持三定留粮标准，特别是要加强对缺粮农民“先吃自己粮食，后吃国家粮食”和“什么时候缺粮、什么时候供应”的教育。同时，要严格管理农村以粮食为原料的副业，取缔一切投机贩运粮食的活动。在城市要严格控制销售计划。四、积极配合农业部门，教育农民在粮食的生产、收割和保管中注意节约粮食。《指示》最后强调，节约粮食是一件长期、艰巨的经济工作和政治任务，各级粮食部门必须给予高度的重视，全体粮食工作人员必须在各项工作上成为节约粮食的模范。同时，要使节约粮食形成一种更广泛的社会风气，把节约粮食运动更进一步地开展起来。

9月3日

［纲　文］　**《人民日报》发表题为《提倡群众自己举办福利事业》的社论。**

［目　文］　社论说，依靠群众自己的力量，举办一部分社会福利事业，是减轻国家负担，改善人民生活的一个有效方法。中国人民一向就有集资举办社会福利事业的优良传统，许多地方仍然保持了这个优良传统。例如，据不完全统计，几年来铁道部、煤炭工业部、纺织工业部所属企业发动群众，依靠自己的力量，修建职工住宅200多万平方米，解决了10多万职工的住房问题。这说明，在生产发展的基础上，群众的生活逐步有了改善，并且有了一定的经济潜力，对于群众自己所关心的社会福利事业，只要有计划有领导地加以动员和组织，群众自己就能够解决。

社论指出，有些人以为，在全民所有制的社会中，一切事业应该统统由公家举办。这是不正确的想法。因为国家为了社会主义工业化的需要，必须把主要的财力用到生产建设上去，对于某些非生产性的建设，只能按照生产发展的水平而适当增加。例如，据国家统计局上年9月在全国99个城市的普查，职工要求拨给家属宿舍的约有110万人，加上后来新增加的职工，估计全国共有250万人左右需要房子。如果统统解决这些人的宿舍问题，至少就需要40.88亿—56.15亿元。这些钱相当于上年工业投资的70%—86%。要国家拿出这样大量的钱，用到非生产性的项目上去，就等于要国家放弃社会主义建设的计划。这是不可以的。我国有六亿人口，国家对于许多重大问题的决定，必须从六亿人口出发，统筹兼顾，适当安排。生产的发展赶不上人民日益增长的物质文化的需要，这在一个长时期内仍然是不可避免的现象。必须坚持勤俭建国的方针，动员一切积极因素为社会主义服务。群众用自己的力量举办一部分社会福利事业，正是建设社会主义的积极因素之一。必须充分估计群众的潜在力量，并将其吸引到社会主义建设中来。

9月3日

［纲　文］ **沈阳、旅大等地举行纪念“九三”抗日战争胜利暨苏联军队解放东北12周年的祭扫仪式。**

［目　文］ 本日上午，辽宁省、沈阳市各界代表先后祭扫了苏军烈士墓和苏军阵亡烈士纪念碑，沈阳市副市长张力克在祭扫仪式上讲话。旅大市党和政府负责人及各界代表500多人在市内斯大林广场上的苏军烈士塔前敬献花圈。

9月3日

［纲　文］ **中国科学院院长郭沫若被罗马尼亚科学院选为荣誉院士。**

9月3日

［纲　文］ **新华社讯，全国各地5.5万多名本届高等学校毕业生，已开始陆续地走向工作岗位。**

［目　文］ 新华社讯中说，这批社会主义建设的新战士，在学校里经过了反右派斗争，并且作了政治审查结论，政治觉悟有了很大的提高，服从国家分配的热情空前高涨。本年国家从社会主义建设需要和更有效地培养和锻炼青年这两方面出发，把很大一部分毕业生分配到边疆地区和基层单位去工作。毕业生们都兴高采烈地整装出发。各高等学校的毕业生分配工作有许多改进。整个分配过程中都细致地考虑了每个学生的具体情况，在学生们填写分配志愿书以前，各校都公布了分配方案，使学生们对国家的需要心中有数。在分配方案公布前后，各校都进行了思想教育工作，因此在分配后绝大多数学生都表示满意。

9月3—30日

［纲　文］ **罗马尼亚现代美术家作品在北京展出。**

［目　文］ 展览由中国对外文化联络局主办，在北京故宫博物院神武门楼上展出。展出的110件展品是64位画家的作品，代表了罗马尼亚国内所有不同画派，各个画家们不同风格和个性的作品。

9月4日

［纲　文］ **中共中央发出《关于在工人、农民中不划右派分子的通知》。**

［目　文］ 《通知》指示，各省市、自治区党委和北京各单位，在农村开展社会主义教育运动和在工厂开展整风运动时，不要在农民和工人中划右派分子。对于农村中的地主、富农、反革命分子和其他坏分子，没有改变成分的，即照原来成分对待，已经改变了成分又进行捣乱破坏的，可以分别恢复原来的成分，戴上原来的帽子，但不要叫右派分子。富裕中农的资本主义思想应当批判，不要戴右派分子的帽子。工厂中科室以上干部和技术人员可以划右派分子，在工人中只定先进、中间、落后的界限，不作左中右的划分。是阶级异己分子、反革命分子、流氓分子、坏分子的，可按各人具体情况加以确定，但一律不用右派分子的名称。工人农民中已经划了右派分子的，应当改正。

9月4日

［纲　文］　**中国人民解放军总政治部向全军发出《关于在连队中进行社会主义教育的指示》。**

［目　文］　《指示》说，进行这一教育的目的，是帮助广大士兵和连队干部进一步弄清关于社会主义和资本主义两条道路斗争的大是大非，使他们在全国反右派斗争和农村社会主义大辩论中能够站稳立场，提高觉悟，并且使他们了解农业合作化、粮食及其他农产品实行统购统销和巩固工农联盟这几项根本政策在社会主义革命中的重大作用。

《指示》规定了在连队中进行社会主义教育的五项中心题目：一、合作社优越性问题；二、粮食和其他农产品统购统销问题；三、工农关系问题；四、遵守纪律和改善服役态度问题；五、官兵关系问题。《指示》指出，进行教育的主要方式是组织群众辩论。在辩论之前，由部队首长作启发报告，发动士兵提问题，提意见，有次序有准备地发起辩论。辩论中，用讲道理摆事实和回忆、对比的方法来说明问题。在辩论中，充分发挥群众的自由思想，使士兵畅所欲言。对于错误意见进行批判时，必须坚持说理，采用和风细雨的方法去解决问题和进行说服。在辩论后，要进行总结，达到分清是非、提高认识的目的。

9月4日

［纲　文］　**国务院召开常务会议。**

［目　文］　会议由周恩来主持，主要内容是：一、原则批准李富春所作的《关于修改在第一个五年计划期间签订的苏联援助我国建设项目两国协议的报告》，并转报中共中央。《报告》说，按“一五”期间签订的协议，苏联援助中国建设项目255项，由于中国对国防工业的安排有变化、适度控制重工业不能发展太快、投资和外汇支付能力受限制、自行设计和生产能力有所增长、地质情况发生变化、苏联某些设备供应有困难等原因，撤消74项，保留181项（“一五”内建成63项，“二五”建设118项）。撤销的74个项目中，包括早经过双方同意撤销的23项，不建的41项，撤回自建的10项。通过清理255个项目，对“一五”计划是个总结，反映过去有些搞得急了些，国防、机械工业的规模大了，专业划分过细。援建项目减少后，“二五”计划可减少支出26亿卢布，建设费减少1亿—2亿卢布。“二五”计划期间，应强调自力更生，有些方面可请苏联重点援助，但不要全面援助。9月18日，中共中央批准此报告。二、审议国家计委、国家经委《关于科学技术研究计划由科学委员会统一归口审核平衡的通知》，并做出决议：科学规划委员会应先对科学技术研究机构、研究项目、经费指标等大的方面本着精简节约的精神初步平衡，不要管得太多。三、通过《国务院关于公私合营企业私方人员死亡待遇的试行办法》（内部下达）。《办法》规定，私方人员因公（工）死亡后，其丧葬和抚恤费用，给以和本企业职工相同的待遇，非因公（工）死亡后，可按其家庭经济情况发给1个月左右的企业平均工资作为丧葬补助费用。四、批准冶金工业部、中国人民银行《关于目前黄金生产情况及今后发展黄金生产的意见的报告》；通过《国务院关于大力组织群众生产黄金的指示》。9月7日，国务院发布了《指示》。

9月4日

［纲　文］　**国务院发布《1957年工业产品不变价格的决定》。**

［目　文］　《决定》全文如下：一、国家统计局编制的《1957年工业产品不变价格》决定自1958年起在全国使用。各部门、各地区在编制第二个五年计划和1958年计划的时候和对这些计划的执行情况进行系统统计的时候，应一律依照1957年不变价格计算工业产品的产值。二、凡未编入全国通用的不变价格的工业产品和虽已编入但规格复杂、价格差异较大的产品，可由中央各部和各省、自治区、直辖市统计局分别负责补充编制其所属企业产品的不变价格在本部门、本地区范围内使用。三、其他有关工业产品不变价格在执行中的若干具体问题，均依国家统计局《关于1957年工业产品不变价格的使用与补充办法的若干具体规定》执行。

9月4日

［纲　文］　**国务院人事局发出《关于做好处理国家机关工作人员退职工作的通知》。**

［目　文］　《通知》说，从1955年12月29日国务院发布国家机关工作人员退职处理暂行办法以来，各级国家机关在精简机构、紧缩编制工作中，把调整出来的一部分人员按照退职办法作了退职处理。根据中央51个部门和25个省、自治区、直辖市的统计，1956年1月至10月共处理了8023人。从这些部门和地区处理退职的情况来看，一般是认真负责的，工作人员退职后绝大部分有了生产和生活出路，影响较好。但是，也有一些单位仅从精简人员出发，没有切实考虑到这些人员退职后的生产和生活出路问题，工作方式也比较简单生硬，造成人民的内部矛盾，政治影响很不好。精简机构、紧缩编制的工作仍需要继续进行，为了做好国家机关处理工作人员退职这一工作，提出以下意见：一、处理整编精简出来的人员时应切实贯彻“合理使用、妥善安置”的方针。严格防止不适当地扩大退职范围，把一些不应作退职处理的人员作退职处理。二、处理工作人员退职时应该从全局出发，既要考虑到本地区、本单位的精简，也要考虑到工作人员退职后的生产和生活出路问题，还要考虑到是否增加其他地区、单位和社会上的负担问题。三、根据国家机关工作人员退职办法的规定和现实情况，对于哪些人员可以作退职处理，哪些人员不作退职处理，提出下列各点：（一）工作人员年老不能继续工作，不符合退休条件，而生活有出路的，可以作退职处理。但对于无家可归、无人供养、没有生活出路的人员，可以暂不作退职处理。（二）在治疗期间的患病工作人员，一般不作退职处理。治疗终结后经医师证明长期不能恢复工作，又不符合退休条件且生活有出路的，可以作退职处理。但对于无家可归、又无其他生活出路的人员，可以暂不作退职处理。（三）工作人员自愿回家从事农业生产或其他劳动的，经过任免机关批准，可以按退职处理。一些工作人员因为对职位、待遇不满或者要求调动工作未能实现，借故要求退职的，所在单位应向他们说明退职后的工作和生活问题由本人负责，经过说服教育仍坚持要求退职的，可以作退职处理。自愿申请退职的人员，如果所在单位需要他们继续工作时可以不批准他们退职。（四）不适宜现职工作，又不愿接受其他工作、经说服教育无效，但不宜给予行政处分的人员，可以作退

职处理。（五）对于自动离职、逾假不归的人员，应该按照国务院发布的奖惩规定办理，不应作退职处理。四、各级人民委员会除切实教育全体工作人员和人民群众不得歧视退职人员以外，对于退职人员生活和工作上的困难，亦应尽可能地予以帮助解决。

9月4日

［纲　文］　**全国供销总社发出《关于加强旺季工作的指示》**。

［目　文］　《指示》指出，本年上半年供销社系统的采购、供应计划都没有完成，特别是农产品采购计划和生产资料供应计划完成得差，棉花、麻类、茶叶、棕片等的采购量比上年同期下降很多。从下半年的情况来看，绝大多数地区的农作物生长良好，农村购买力会比上年提高，供销社系统的职工经过反右派斗争和批判右倾思想以后，社会主义觉悟和工作积极性也有提高。根据这些有利条件，除因灾减产的地区以外，各省供销社应该争取完成与超额完成农产品采购计划，丰收增产地区更应该争取超额完成采购计划；在供应方面，凡是由供销社负责供应的地区，应该深入调查群众需要情况，努力组织货源，尽可能地满足人民需要。《指示》认为，完成农产品采购计划的关键在于依靠各级党委的统一领导，向农村干部、农民和商贩进行宣传教育，使他们懂得国家计划收购、计划供应、统一收购、自由市场和物价政策，提高他们执行政策的自觉性，为完成购销计划创造有利条件。

9月4日

［纲　文］　**新华社讯，中国医药公司决定从本月5日起降低51种主要医疗药品、器械、器材的销售价格**。

［目　文］　降低价格的品种中，有常用的药品和制剂24种，降低的幅度从10%到44%不等。其中有应用范围很广的金霉素胶丸、合霉素胶丸、治麻风病及抗结核病用的铵硫脲片等。治高血压症用的六种进口特种药品也平均降低价格40%左右。

9月4日

［纲　文］　**广西壮族自治区筹委会成立**。

［目　文］　筹委会委员共40名，主任委员为韦国清①。

8月23日至9月4日，广西省一届人大五次会议在南宁召开，大会审查通过《关于建立广西壮族自治区的决议》，并根据决议通过筹备委员会名单，在大会闭幕式上宣布筹委会成立。

9月4日—10月3日

［纲　文］　**民主德国军事代表团访问中国**。

［目　文］　代表团一行共16人，由民主德国副总理兼国防部长维利·斯多夫上将率领，应中国副总理兼国防部长彭德怀元帅邀请访问中国。9月8日，朱德、周恩来接见代表团。10月2日，毛泽东接见代表团。代表团先后参观访问了沈阳、鞍山、南京、上海等地。

---

① 韦国清（1913—1989），壮族，广西东兰人，时任广西省省长。

9月初

［纲　文］　**中共中央召开粮食工作会议。**

［目　文］　会议着重研究1957—1958年度粮食征购问题，主要是秋粮征购和粮食销售的有关政策和收支计划。

9月6日，陈云在会上作总结发言，主要讲了四个方面的问题：一、本年的年成和我们的估计。本年虽然有个别省区灾情严重，但是从全局来看，大概是个平年偏丰的年景。根据这种估计，粮食工作的方针是：必须抓住机会，保证正常的粮食收购和实行少销，以便以丰补歉。所谓机会，一是年成偏丰，二是农村正在开展社会主义教育运动。所谓正常收购，就是必须保证征购数量能够维持在850亿斤多一点的水平上。二、征购方面的问题。增产了，就要适当地多购一些，这是以丰补歉所必需的。增购的数量，一般不得少于增产数量的40%。丰收了，农业生产合作社应该多留一点，农民也应该多吃一点，以刺激农民的生产积极性。要做好工作，要求农民如数缴纳，并且保证质量。三、统销方面的问题。农民的口粮可以实行以人定量。分配的口粮总量不得突破国家核定的统销指标。要特别强调一下粮食统销的纪律问题，要保证不多销，就必须按季、按月下达销售指标。下达的销售指标，各地和各部门必须坚决执行，不得任意突破。四、全党重视粮食工作。一方面，为了保证国家建设，要求群众不要敞开吃、敞开用。另一方面，又要保证农民大体够吃、够用，以鼓励农民的生产积极性。在这种情况下，粮食工作就必然是个广泛的艰巨的群众工作，而且这样的群众工作要长时间地做下去。

9月5日

［纲　文］　**中共中央批转湖北省委《关于农村整风部署和当前执行情况的报告》与中共中央办公厅整理的《十三个省农村整风简况》。**

［目　文］　批语说：对于农村整风，湖北省采用层层发动，层层提高，大胆地放、坚决地放、彻底地放的做法，是完全正确的。从71个县放开以后的效果来看，也证明是成功的。由于各地情况和各类社的情况均有所不同，采取不同的做法是需要的。但是不管采用哪一种作法，都应该有利于大放大鸣。有些地区和三类社，为了搞好生产和粮食工作，是可以先给那些有现行破坏活动的反革命分子一个打击的。但是这个打击也应该约束在一定的范围内，打击的主要对象也应该仅仅限于有现行破坏活动的地主、富农、反革命分子和其他坏分子。如果打击的对象涉及富裕中农，就应当特别慎重。而且要及时地转入大放大鸣，以免影响大放大鸣，不利于运动的开展。不少试点的经验说明，运动深入到社的时候，大放大鸣特别是大争大辩的会议，一般以小型的生产队、生产组为单位来开为好。各地运动仅在开始，效果已很显著，一般发展是健康的。但是，个别简单粗暴的毛病和干部党员惧怕群众鸣放的现象，也开始露头，各级党委要抓紧领导，及时发现问题，解决问题，以保证运动健康发展。

湖北省委在8月24日的《报告》中，介绍了7月底召开的省委扩大会议对农村整风运动的部署，以及8月份以来的进展情况。《报告》指出各县三级干部会议鸣放中暴露出来的思想问题，主要是：反对统购统销，反对合作化，反对党的领导，为农民叫苦，认为“国营商业是剥削”，要求恢复自由市场。

中共中央办公厅的《简况》总结了8月中旬以来农村整风运动的开展情况。《简况》说，根据6个省比较详细的汇报材料，他们的做法大体可分三种：一、广东、云南首先向全体农村人口进行一次正面社会主义教育，同时集中力量打击地主、富农、反革命分子的破坏活动，以便遏止歪风，完成粮食任务。广东全省已斗争地主、富农、反革命分子以及其他犯罪分子1.6万人，其中已捕2000多人，重新戴上帽子1100多人，管制135人。二、山东提出首先展开辩论，对地主、富农、反革命分子，除个别现行犯外，一般放在运动后期处理。河南也考虑到，全省反右派斗争已传开，有些人已有警惕，如果先打击敌人破坏活动，可能不利于大鸣大放。三、湖北提出，一般地区主要进行鸣放和教育。甘肃提出，一类社从辩论入手，三类社从反击三类坏分子入手。《简况》指出，运动中暴露出干部思想问题相当严重。湖北应山县三级干部会1000多人，其中反对统购统销占7%，主张解散合作社占6%，敌我不分占6%。运动中还存在发生粗暴和政策不清现象、有些地区展开辩论缺乏坚强领导、有的省运动与夏季粮食征购工作结合不够等问题。

9月5日

［纲　文］　**《人民日报》发表题为《坚定地相信群众的多数》的社论。**

［目　文］　社论说，整风运动和人民群众反对资产阶级右派的斗争，经过几个月的发展，正在扩大成为一个全民性的整风运动。但是，也还有不少同志对于在工厂农村展开群众性的大辩论抱着怀疑的态度，不敢发动群众起来大鸣大放大争，担心这种办法会搞得“天下大乱”。其实，就在高等学校和国家机关中间，在大鸣大放的初期，许多同志也有过这样的疑虑。但是事实证明，人民的“天”非但没有坍下来，相反地，由于广大群众在辩论中认清了是非，提高了革命积极性，人民的天下是更巩固了。这说明，党所领导的事业的正义性质是不容怀疑的；任何重大的问题，首先是涉及革命和建设的根本问题，只要坚定地依靠群众的多数，相信群众的革命性和觉悟性，有领导地在群众中展开讨论和辩论，群众就一定能够分清是非，辨明善恶；只有在同错误的和反动的言行作斗争中，才能给予干部和群众最好的教育和锻炼，使他们增长见识、经验和才干。对于一个共产党员来说，害怕群众性的大辩论是没有丝毫理由的。共产党人是人民利益的坚决捍卫者，他们所从事的革命和建设事业是人民群众自己的事业，在推进这个事业的过程中碰到的困难和矛盾，只能依靠群众的集体力量、集体经验和集体智慧来克服。

依靠群众的力量和通过群众的辩论解决问题，这当然不是说可以放弃领导，可以放弃民主基础上的集中，放弃劳动纪律和行政纪律。相反，辩论的目的正是为了加强领导，加强应有的集中和纪律。就是在辩论的过程中间，也必须遵守一定的集中和纪律，不允许妨碍生产和造成无政府状态，而且必须有领导有步骤有计划地展开讨论和辩论。通过群众路线处理人民内部的矛盾，改进党和人民政府的工作，进行社会主义的教育，通过群众路线开展反右派的斗争，开展政治战线和思想战线上的社会主义革命，这就是当前的全民整风的内容。这对于中央和省市的许多领导干部，已经逐渐熟悉起来了；对于专区、县、区、乡和厂矿企业的许多干部，还需要一个熟悉的过程。为了熟悉，就需要大谈特谈。要认真地总结经验，广泛地传播教训。久而久之，人们也就会习以为常，不以为怪了。做到这一点的关键，就是要相信党，相信群众。

9月5日

［纲　文］　**国务院批转《化工部关于改进化工企业的管理和精简部、局机构的报告和决定》**。

［目　文］　国务院要求各部、各委员会、各直属机构根据改进国家行政体制的精神在反右派斗争进入整改阶段时，对本部门的企业、事业管理体制和机构编制问题，认真进行一次研究，提出改进体制、精简上层、充实基层的方案，报送国务院审批。

化工部在《报告》中提出了企业管理方面的主要问题和解决办法：部管直属企业比较分散，有些企业不必要直接去管；部局领导干部较多，企业领导干部则一般较弱；部局两级并存，机构重叠、效率不高。为改善上述情况，化工部决定将部属的31个企业交给所在地人民委员会管理。在同一化工区内的几个厂子，建立联合企业或加以合并。在吉林、南京和太原地区分别建立极其短小精悍的化工企业公司。撤销合并相关司、局，进一步减少人员，使部、局、司编制总人数由1400人减到800人。

9月5日

［纲　文］　**国务院批转《中央工商行政管理局、国家档案局关于前私营工商业的文书材料、账册的保管、处理意见的报告》**。

［目　文］　国务院批语如下：国务院同意国家工商局和国家档案局关于前私营工商业的文书材料、账册的保管、处理意见，现在转发给你们参考执行。

8月31日，国家工商局、国家档案局向国务院提交的《报告》说，据各地反映，公私合营企业在私营时期积存下来的文书材料、账册等工商档案的保管现状很不划一。其中，有些有历史价值和实际价值的工商档案被任意销毁；有些企业随意放置，听其自然霉烂；有些企业在经济改组中把成套的、有系统的档案任意分散。这些工商档案中的较大部分在一定年限后可以销毁，有一部分则反映着前私营工商业生产、经营上的经验及科学研究上有用的经济、历史资料，是国家的文化财产。为利用这些有用的资料，需要有领导地加以整理和保管。为此，提出以下建议：一、各行业中有代表性的企业，规模大或历史较长的企业，它们的还存在的档案，应当全部保留下来。由合营企业负责单独保管和整理，并准备在国家规定的期间将应该永久保存的部分转交中央的或地方的国家档案馆。二、其他企业的工商档案，都由公私合营企业单独保管和整理。没有保存价值的，经鉴定后编制销毁清册，报请企业主管机关批准后送造纸厂做造纸原料或销毁。三、已歇业的企业，原资方人员还保存的工商档案，已停业的会计师、律师及个人保存的工商档案，报请当地人民委员会指定一个机关与上述有关人士协商，他们愿意交出来的工商档案统交这个指定的机关集中整理。四、工商档案的具体整理和管理办法，由各省、自治区、直辖市人民委员会办公厅档案管理处会同有关工商主管部门拟制。

9月5日

［纲　文］　**《人民日报》报道，苏联《外国文学》杂志9月份出版中国文学专号。**

［目　文］　报道说，杂志刊载了周恩来给杂志的题词，苏尔科夫的《我们的友谊》，茅盾的《一幅简图——中国文学的过去、现在和远景》，徐怀中的小说《我们播种爱情》，老舍的剧本《茶馆》中的一段，还刊载了瞿秋白的杂文，郭沫若、臧克家的诗，以及古代诗人孟浩然、白居易、陶渊明的诗。

9月5—15日

［纲　文］　**全国总工会党组召开扩大会议。**

［目　文］　会议主要任务是澄清工会干部中存在的关于工会根本方针、任务的思想混乱。会议对于工会工作中在三个主要问题上面的分歧意见进行讨论，做出结论。会议认为，在人民民主专政下工会的主要任务应当是生产、生活、教育三个，而不只是其中的一个，工会组织的作用是多方面的而不是单一的。中国工会第七次代表大会所规定的方针和任务是正确的，贯彻这条方针和任务所采取的步骤基本上也是稳妥的，工作中的成绩是基本的，主要的。工作中的缺点和错误是执行过程中的缺点和错误，它和成绩比较起来，则是次要的。有些甚至是难免的。会议着重指出，工会工作中的成绩，是和党的领导、行政的支持、广大职工群众和全体工会干部的努力分不开的。

此前，《工人日报》于本年2月发表全国总工会办公厅副主任李修仁随刘少奇出巡时写的《八千里路走马观花记》。文章涉及了工会工作的几个重要的基本思想，认为工会由于同行政“一个鼻孔出气”，已经“失去了群众”，遇到了“危机”。文章发表后，引起了许多工会工作者主动探讨工会工作中的问题。讨论中反映出工会干部对于工会工作的意见有着根本的分歧，这种分歧集中在三个主要问题上：关于1951年以后在工会系统内反对经济主义、反对工团主义的问题，关于中国工会第七次全国代表大会以来工会工作的估价问题和关于当前工会工作中的主要问题。

9月6日

［纲　文］　**国务院召开第五十七次全体会议。**

［目　文］　会议由周恩来主持。讨论和通过以下文件与事项：一、讨论中央救灾委员会关于本年灾情和救灾工作的报告，通过《国务院关于进一步做好救灾工作的决定》和《中央救灾委员会组织简则》。二、讨论并原则批准聂荣臻所作的《关于国务院科学规划委员会第四次扩大会议的报告》。《报告》总结了6月13—15日召开的国务院科学规划委员会第四次扩大会议的情况，提出本年下半年打算解决的主要问题：健全各专业小组，并建立图书、资料、仪器、化学试剂等科学研究工作条件的小组；制定科学经费的方案，并

对少数高级科学家使用不当问题以及高级科学家的助手和研究生等问题，提出解决方案；制定1958年的科学研究计划，并修订第二个五年计划的科学研究计划。三、通过《中华人民共和国治安管理处罚条例（草案）》，决定报请全国人大常委会审批。四、通过《中华人民共和国消防监督条例》和《国务院关于加强消防工作的指示》。前者经全国人大常委会第八十六次会议批准，11月30日公布施行。五、核准外贸部、外交部《关于修改中国与叙利亚两国间贸易协定和支付协定的议定书》。六、通过《国务院关于设置湖南省湘西土家族苗族自治州并撤销湘西苗族自治州的决定》。《决定》规定，湘西土家族苗族自治州的行政区域为原湘西苗族自治州的吉首、古丈、泸溪、凤凰、花垣、保靖六县，和原由省直辖交自治州代管的永顺、龙山、桑植、大庸四县。自治州人民委员会驻吉首县城。七、通过《国务院关于设置云南省红河哈尼族、彝族自治州并撤销蒙自专员公署、红河哈尼族自治区的决定》。《决定》规定，红河哈尼族、彝族自治州的行政区域为原蒙自专区和原红河哈尼族自治区的蒙自、开远、建水、石屏、屏边、龙武、曲溪、河口、红河、金平、元阳等11县和弥勒彝族自治县、六村办事处。自治州人民委员会驻蒙自县城。弥勒彝族自治县在建州后改建为弥勒县。八、通过《国务院关于改进企业、事业机关等单位接受学校师生前往参观、实习、进修等工作和为科学研究提供资料工作的指示》。九、通过《国务院任免行政人员办法》。十、通过《关于中国科学院院长、副院长人选任命问题的议案》和《县级以上人民委员会任免国家机关工作人员条例（草案）》，报请全国人大常委会审议。《议案》说，中国科学院院长、副院长人选应当由院士中选举产生。由于院士选举制度尚未实行，院长、副院长人选的决定，建议由国务院总理提名，全国人民代表大会决定，中华人民共和国主席任免。《条例（草案）》规定了省、自治区、直辖市，自治州，设区或不设区的市，县、自治县，市辖区的各级人民委员会的任免权限，并规定，县级以上人民委员会任免的国家机关工作人员，必须经各该级人民委员会会议通过。《条例（草案）》于11月6日公布。会议还通过任免名单。

9月6日

［纲　文］　**国务院总理周恩来签署任免命令。**

［目　文］　任命钱信忠为卫生部副部长；免去刘墉如的财政部副部长的职务、孔原的外贸部副部长的职务。此外，还包括多位人员的任免。

任免名单经9月6日国务院第五十七次全体会议通过。

9月6日

［纲　文］　**国务院第五十七次全体会议通过《国务院任免行政人员办法》。**

［目　文］　《办法》根据《中华人民共和国国务院组织法》第九条制定，规定了由国务院负责任免的行政人员的职位以及相关程序。《办法》规定，国务院任免下列行政人员：一、国务院副秘书长和秘书长助理，各办公室主任、副主任，秘书厅主任、副主任，各直属机构局长、副局长、行长、副行长、社长、副社长、主任、副主任、委员，国务院参事。二、各部副部长和部长助理，各委员会副主任和委员，各部门的司长、副司长、局

长、副局长、委员会主任、副主任、办公厅主任、副主任、参事室主任、副主任、设计院院长、副院长、研究所所长、副所长，各部门所属局的总工程师，海关总署署长、副署长。三、各省、各自治区、各直辖市人民委员会的秘书长、副秘书长、各办公室主任、副主任、厅长、副厅长、局长、副局长、委员会主任、副主任、办公厅主任、副主任、参事室主任、副主任。四、各专员公署专员。五、驻外代办，驻外使馆参赞、武官和驻外总领事。六、重要的国营企业和重要的中央公私合营企业的厂长、副厂长、经理、副经理、场长、副场长，局长、副局长、总工程师。七、高等学校校长、副校长、院长、副院长。八、中央直属的重要医院院长、副院长。九、其他相当于上列各项职位的人员。

《办法》规定：国务院任免的行政人员，必须经国务院全体会议或者国务院常务会议通过。经国务院任命的行政人员，都发给任命书。《办法》从发布之日起施行。

9月6日

［纲　文］　**国务院第五十七次全体会议通过《中央救灾委员会组织简则》。**

［目　文］　《简则》共六条，对中央救灾委员会的职责、机构设置等问题做出规定。《简则》主要内容如下：一、中央救灾委员会在国务院领导下主管全国救灾工作。二、中央救灾委员会执行下列任务：指导全国救灾工作，检查监督各有关部门和地方对救灾方针政策的贯彻执行；联系有关部门研究解决灾区存在的问题，并提出要求或建议；掌握灾情的发展变化情况，总结和交流救灾工作经验；草拟有关救灾工作的法规性文件。三、中央救灾委员会应根据历年救灾和救济情况注意和研究有关防荒备灾和农副业生产的问题提出资料和意见，供国务院和有关部门制定防灾和生产规划的参考。四、中央救灾委员会由主任一人、副主任和委员若干人组成。委员会会议由主任召集，一般每季度召开一次。委员会会议应邀请有关部门和地方负责人列席；会议决议事项应由有关部门和地方分别负责执行，并将执行情况向委员会汇报。五、中央委员会设秘书长，在主任、副主任领导下负责进行日常工作；设办公室，在秘书长领导下掌管和反映灾区情况，联系有关部门处理具体事务，办理委员会会议事务，了解委员会会议的执行情况，办理主任、副主任和秘书长交办事项；办公室设主任、副主任，由内务部农村救济司司长、副司长兼任。

9月6日

［纲　文］　**国务院第五十七次全体会议批准《全国图书协调方案》、《改进档案、资料工作方案》、《改进科学仪器生产、修配和供应方案》、《改进化学试剂工作方案》。**

［目　文］　《图书方案》说，图书馆工作中还存在着一些缺点，如积压的图书还没有完全整理好；专题联合书目和新书通报还很少编制出来；复制工作还做得很少。为了克服这些缺点，改进为科学研究服务的图书条件，决定在国务院科学规划委员会下设图书小组，由文化部、高教部、中国科学院、卫生部、地质部、北京图书馆的代表和若干图书馆专家组成，负责全国为科学研究服务的图书工作的全面规划，统筹安排。《图书方案》对首先需要开展的建立中心图书馆和编制全国图书联合目录工作做出具体部署。

《档案、资料方案》说，在全国的档案、资料工作中还存在不少问题。许多部门的资料未经整理，无从利用；至于解放前的历史性资料，管理情况更差。有些单位对档案、资料的保密范围仍嫌过宽，使得档案、资料的利用受到限制。因此，档案、资料工作必须大大改进。《方案》提出，必须建立统一的档案、资料工作的管理制度，加强对档案、资料的整理、保管和组织利用等工作。国家档案局对建立国家档案馆和各个专业的档案馆、资料馆的工作应当进行监督和检查。除档案馆已另有计划外，可以由国家技术委员会、国家建设委员会、地质部、农业部和国家统计局分别对工业交通、基本建设、地质、农业和经济等方面着手建立统一的资料管理工作。《方案》还就利用和交流资料，资料供应工作中保密方面所存在的问题提出具体方法。

《仪器方案》说，自从中共中央提出 12 年内在主要科学技术上接近世界先进水平的号召以来，科学仪器需要日益增大。国内生产情况是生产能力小、品种规格少、质量低，不论在生产数量上、品种上和质量上都不能满足需要。科学仪器的供需也存在互相脱节、缺乏有机联系的现象，为此必须加以改进。《仪器方案》对科学仪器的生产、修配、供应、进口等工作作出具体规定。还决定在国务院科学规划委员会下设一个仪器组，负责科学仪器供应的全面安排，并对仪器生产提出建议。在北京、上海、天津、沈阳和广州五市的科学工作委员会下成立仪器小组，除负责解决本市科学研究机构和高等需要的仪器问题外，同时也要互通声气、互相支援，解决全国其他地区科学研究机构和学校的仪器问题。

《试剂方案》说，化学试剂的生产和供应工作仍然赶不上客观需要，特别是不能满足科学研究工作的需要。国内生产化学试剂的单位有 33 个，多数都规模较小或很小，技术力量薄弱，生产条件很差，经常生产的品种只有 400 多种，质量不高。化学试剂的供应工作也满足不了各方面的需要。《试剂方案》就改进试剂的生产和加强科学研究问题，提出统一规划生产、布置生产基地，增加品种、改进质量，争取国外援助等措施。在改进供应方面，提出拟定通用化学试剂供应目录、建立化学试剂的国家储备制度、布置全国化学试剂的供应网点等措施。在协作方面，提出在国家科学规划委员会下设化学试剂小组，在北京、上海的科学工作委员会领导下，建立化学试剂的专门小组等措施。

此前，6 月 13—15 日，国务院科学规划委员会扩大会议讨论并同意上述四个方案，并决定在科学规划委员会下设图书、资料、仪器、化学试剂四个小组负责指导这方面的工作。7 月 12 日，科学规划委员会将四个方案提交国务院。

9 月 6 日

［纲　文］　**内务部向湖南省民政厅发出《关于人民代表大会代表、人民委员会委员牺牲、病故抚恤问题的批复》。**

［目　文］　《批复》指出，人民代表大会代表和人民委员会委员是选举的，同时任期有限，不是长期职业，他们一般有其工作岗位或生产单位，因此在他们牺牲、病故后，除在国家机关、团体或企业、事业单位工作并列入编制的，应分别以职工身份按照《革命工作人员伤亡褒恤暂行条例》和《劳动保险条例》或本部门有关劳保福利规定办理以外，其余不脱离生产的代表和委员，一般均系合作社社员或其他成员，可由所在的生产单位自

行处理，而不应以人民代表或委员的身份按《革命工作人员伤亡褒恤暂行条例》给予抚恤或埋葬费。

9月7日

［纲　文］　**国务院召开常务会议。**

［目　文］　会议由周恩来主持，主要议程如下：一、审议关于追加救济费和水利投资等问题。会议决定：（一）同意追加救济费预算5000万元。救济费的使用，由地方负责安排，并尽可能以工代赈。（二）关于追加2000万元水利投资和1500万元防汛、复堤、堵口费以及提前使用1958年水利投资的问题，由国务院副总理薄一波召集有关部门对建设项目进行审查后再定。（三）农村信贷应该在已有的40亿限额内周转。（四）采用义务劳动和少分现金等办法增加农业合作社的积累，对城乡人民提倡储蓄、勤俭持家。（五）耕牛的增殖数字，可以考虑给各省市规定增长指标的办法。二、审议华侨事务委员会党组《关于农村举行社会主义大辩论中侨区应注意的几项问题的报告》。会议认为，这是一个政策性的文件，大体可用，送请中共中央讨论。《报告》说，在大辩论中应尽可能缩小打击面，集中打击极右分子，对有一时的、个别的反动言行但情节不严重的侨眷、归侨，能不戴就尽可能不戴右派帽子，尽可能不进行大会斗争。对情节严重的极右分子，彻底批判后不登报，对国外也不发消息。对一般有错误言论的，主要是教育说服。特别是不应在大辩论中去追查归侨、侨眷的侨汇来源及国外关系。三、批准《中华人民共和国打捞沉船管理办法》，通过《国务院关于批准〈中华人民共和国打捞沉船管理办法〉的决议》。10月11日，交通部发布《办法》。四、原则同意文化部《关于请公安部对香港古玩商勾结国内走私集团盗运我国文物加以破案的报告》。《报告》说，美国博物馆及其他国家古玩商人，在香港以高价收购我国文物。有27家香港古玩商与广州16家古玩旧货等商行，共同勾结，组织了几乎是公开的走私大集团。建议国务院通知公安部对这一国内外勾结的走私大集团给以彻底打击，并尽可能追回古物。

9月7日

［纲　文］　**国务院发布《关于撤销铁路、水上运输法院的决定》。**

［目　文］　《决定》说，国务院批准司法部关于撤销铁路、水上运输法院的报告，同意将已建立的19个铁路、水上运输法院和31个派出庭予以撤销。并决定：一、运输法院撤销后，运输方面的一般刑事案件，分别由案件发生的地方基层法院处理；直接危害运输的刑事案件，由运输系统的管理局、分局所在地的中级人民法院处理。二、运输法院的干部，除了少数需要留在地方的人民法院工作的以外，其余的原则上仍调回原来地区或企业部门重新分配工作。三、运输法院的档案，分别由所在地的中级人民法院和省、市司法厅、局接管。四、运输法院的结束工作，各地由司法部门会同企业部门办理，并应于撤销通知下达后3个月内处理完毕。

8月9日，《决定》经国务院全体会议第五十六次会议通过。

9月7日

［纲　文］　**中共中央、国务院发出《关于本年度棉花统购工作的指示》。**

［目　文］　《指示》说，1956年9月到1957年8月这一年度，由于棉田受灾和国家收购工作方面存在着缺点，国家收购棉花的数量减少，严重影响了棉布的供应。本年棉田播种面积比上一年度少，但本年的棉花大部分生长良好，如无重大自然灾害，多收购一些棉花是可能的。为顺利完成棉花统购任务，《指示》要求各产棉区切实做好以下工作：一、通过说服教育，本着少留多卖、留用次棉交售好棉的精神，对棉农留用量加以适当压缩和控制。一般情况下，每人只能留二斤棉花；少数集中区如果压缩到二斤确有困难，可以少压缩一点，但是每人的留棉量不得超过二斤半；农业社公共需用的棉花，也包括在留用标准以内。二、加强对土纺土织和棉花、土布市场的管理。说服农业社和棉农，一般不要进行以棉花做原料的副业生产。原来以土纺土织为主要生活来源的手工业户，应当由国营商业部门或者供销社有计划地安排土布的生产和收购。农民用自己留用的棉花织出来的土布，出售时也必须卖给国家指定的商业部门。禁止棉花、土纱、土布进入自由市场。三、适当压缩絮棉供应。责成全国供销合作总社，在厉行节约同时又保证人民必不可少的需要的原则下，认真压缩不合理的供应量，制订絮棉供应计划。絮棉供应指标确实不够的地区，应当准备加工再制一部分旧棉花，以弥补絮棉供应的不足。同时，号召人民节约使用絮棉。四、加强棉花采摘工作的领导，增加棉花收购数量。上年不少地区实行细摘细收、拾干拾净，以及分摘、分存、分晒、分售的经验，不仅提高了生产量和收购量，同时也提高了棉花的品级，增加了农业社和农民收入。本年各地应注意推广这些经验。绝不能轻视低级棉花的采摘，要把所有的棉花统统采摘起来。五、为了鼓励棉农少留多卖，稳定棉花播种面积，棉农出售100斤皮棉，可以在计划供应外，优待供应棉布五尺。此外，在棉花收购期间，还必须做好物资供应工作和其他经济工作。

9月7日

［纲　文］　**国务院发布《关于大力组织群众生产黄金的指示》。**

［目　文］　《指示》说，由于工业与外贸的发展，国家对黄金的需要日益迫切，但是，由于国家对黄金生产缺乏统一的规划和组织领导，没有把它作为一种重要的生产事业在经营，加上收购价格过低和资源不清，黄金生产反而日呈萎缩状态。为迅速发展黄金生产以满足国家的需要，《指示》做出如下决定：一、各省、自治区必须把黄金生产作为一项重要的生产事业来领导，按期完成黄金生产任务。国家经委和国家计委要把黄金生产列为国家的主要产品指标之一，下达给各省和自治区。二、发动组织群众探金、采金、淘金是发展黄金生产的可靠办法。小型的采金企业一般都应该采取群众生产、国家收购的办法。三、对沙金及矿金的收购价可提高至每两130元，收购黄金的标准成色一律定为含金100%。四、为便利群众出售黄金，产金地区的人民银行县支行要加强对收购黄金工作的领导，设置收金工具，培养配备收金技术人员。五、要加强黄金资源的地质勘探工作，除了组织群众性的报矿、找矿外，特别指定地质部和冶金工业部分驻各省的地质局协助地方

勘探黄金。各省、自治区对群众报矿、探矿而获得一定成效者，应给予一定的物质奖励。此外，《指示》还就支援金矿基本建设投资、取消5%的黄金生产课税等做出规定，以推动和鼓励黄金生产。《指示》随文附发冶金工业部、中国人民银行《关于目前黄金生产情况及今后发展黄金生产的意见的报告》，供各省、自治区参考。

8月30日，冶金工业部、中国人民银行向国务院提交了《报告》。《报告》提出的主要意见为《指示》所采纳。9月4日召开的国务院常务会议批准了《报告》，通过了《指示》。

9月7日

［纲　文］　**《人民日报》发表题为《编好1958年度国民经济计划》的社论。**

［目　文］　社论说，编制1958年度的国民经济计划应该既积极又可靠地安排各项计划指标，以便于在第二个五年计划期间，解决经济发展中所出现的一些新的突出的问题。经济发展中各部门相互之间存在的突出问题，主要是农业生产的发展，还落后于国民经济的其他部门，特别是工业发展的需要；人民消费水平的提高，不能不受到一定的限制。正确地解决这一问题，是编制1958年国民经济计划的主要任务。

社论着重谈了发展农业、发展工业和勤俭建国三个问题。社论指出，要发展农业，必须把国家对有关发展农业的基本建设投资、农业贷款、农业事业费开支和农业生产合作社本身的投资结合起来考虑，统一规划，适当安排。农业投资的用途，主要有兴修水利、发展肥料工业、开垦荒地三个方面。在兴修水利方面，应该着重中、小型水利建设，打井、修渠、修塘、排涝等等。发展肥料工业方面，应该适应各地土壤和农作物的需要，分别建设生产不同种类肥料的工厂，主要建设中、小型的工厂。开垦荒地方面，应该首先把重点放在土壤肥沃、收获量高以及交通方便、接近工业基地的地区。在工业生产的发展方面，应该把化学肥料工业的发展放到重要地位上来，同时应该积极发展燃料和某些特别缺乏的原材料工业的生产。在采掘工业方面，除了必须建设一些大型的近代化的企业作为原料基地之外，还必须建设更多的中、小型的和用手工开采的企业。在机械工业的生产方面，凡是社会上需要的产品，应该积极增产，尽量提高机械设备的自给率。努力进行新种类产品的试制和生产，争取在第二个五年计划期间国内建设所需要机械设备的绝大部分由国内解决。1958年机械工业的基本建设投资主要用来发展重型的和精密的机械工业。在轻工业生产方面，主要是对于棉纺织工业生产的安排问题。必须认真做好收购棉花的工作，增加收购量，以增产纱布。同时，对于国内各种纤维原料充分加以利用。社论最后强调，继续开展增产节约运动，继续贯彻执行勤俭建国的方针，这是编好1958年度国民经济计划的关键。

9月7日

［纲　文］　**农业部发出《关于加强多年生经济作物的秋冬管理工作的通知》。**

［目　文］　《通知》说，本年蚕茧、茶叶、香蕉、柑桔等经济作物出现减产和质量下降，影响了外汇和工业生产。其原因是多方面的，主要的一个原因是放松了对发展经济

作物的领导，未能供应必需的商品肥料，农业生产合作社对桑、茶、果树的经营管理也未像对粮食作物一样的适当安排。为保证下年的增产，关键在于秋冬之间开展所有桑园、茶园、果园的肥培工作和防冻工作。为此，作出如下决定：全面开展桑、茶、果园的冬季中耕及肥培管理；进行防冻准备；研究改善经济作物的领导问题，讨论改善现状、加强经营管理和提高增产的办法；加强保护管理新培育的桑园、茶园、果园和苗圃。

9月7日

［纲　文］　**国务院发布《关于集体转业部队人员补办复员或者转业手续的通知》**。

［目　文］　《通知》说，1952年4月15日中央军委、政务院发布《关于集体转业部队的决定》以来，有31个师和4个团集体转业到中央各部门参加社会主义建设。上述集体部队中的干部和战士，没有办过复员或转业手续的，班以下人员，补办复员手续，发给生产资助金和复员证；副排以上干部未发给转业补助金的，应补发转业补助金，并发给转业军人证明书。凡已领过转业补助金（或者复员资助金）的，只发给转业军人证明。

9月8日

［纲　文］　**中共中央发出《关于自然科学方面反右派斗争的指示》**。

［目　文］　《指示》指出，科学界的高级知识分子是资产阶级右派和党夺取领导权的一个重要方面。因此，在科学界高级知识分子中间，必须认真严肃地开展反右派斗争，决不能有温情主义。但是，对于自然科学方面的反右派斗争应该按照不同的情况区别对待，特别是对那些有重大成就的自然科学家和技术工作人员，除个别情节严重非斗不可外，应一律采取保护过关的方针。在反右派斗争中，对挂帅点火的，进行深入的揭露批判；对有较高科学成就的，不可轻易划为右派，必须划的，也应“斗而不狠”；对有的人，“谈而不斗”。对于老右派，主要应该拿社会主义这一政治标准来衡量，而不可简单地拿他们在民主革命阶段是否是右派来衡量；对于日内瓦会议后争取回国的欧美留学生，一般要“不排不斗”。

9月8日

［纲　文］　**《人民日报》报道，北京厂矿企业掀起鸣放高潮**。

［目　文］　报道说，8月中旬以来，北京市各主要工厂、矿山和交通运输企业先后全面展开整风运动，国营厂矿和市属交通运输企业已经掀起鸣放热潮。到9月5日止，40多个国营厂矿企业的11.7万多名职工贴出了11万多张大字报。

9月8日

［纲　文］　**《人民日报》发表题为《改造自然的一项重大任务》的社论**。

［目　文］　社论说，《中华人民共和国水土保持暂行纲要》的制定和公布，对于开展山区生产，根治河流水患，都有极其重大的意义。解放以来，党和人民政府为了减轻水旱灾害，发展山区生产，领导广大群众开展了水土保持工作，已经获得了一定的成绩。至1956年年底，全国已初步控制水土流失面积14万多平方公里。不少地区经过综合治理以

后，已经基本上制止了水土流失现象，因而农业生产显著增加，山区面貌发生根本变化。但是，水土保持工作的发展还远不能适应农业生产和国家建设的需要。我国山区和丘陵区的耕地，在耕地总面积中占很大的比例。而这些地区，特别是北方广大的黄土高原地区，农业产量仍然很低，水土保持工作大部分还没有做好，这对于改善当地人民生活，对于河流的治理和水旱灾害的防治，都非常不利。为了发展国民经济，水土保持工作必须大大加强。

社论指出，"全面规划，综合开发，坡沟兼治，集中治理"，是开展水土保持工作的正确方针，今后必须认真贯彻执行。水土保持规划应该以农业合作社为单位。水土保持工作必须坚持群众路线，以群众自办为主。水土保持工作和其他生产所需要的劳力要统一安排。技术力量薄弱是目前水土保持工作中普遍遇到的困难问题之一。为了解决这种问题，一方面要加强水土保持工作干部的培养，一方面要在群众中加强技术传授，特别要注意总结和推广群众中已有的成功经验。

9月9日

［纲　文］　**中共中央、国务院发出《关于今年国庆节前后几起国宾访问我国的通知》。**

［目　文］　《通知》说，国庆节前后，有6起国宾来访问中国，他们是：南斯拉夫联邦执行委员会副主席伏克曼诺维奇、保加利亚部长会议主席于哥夫率领的保加利亚政府代表团、印度副总统拉达克里希南、印度尼西亚前副总统哈达、匈牙利总理卡达尔率领的匈牙利政府代表团、阿富汗首相达乌德。还有几个重要的议会代表团和军事代表团在9月份先后到中国访问，其中有苏联最高苏维埃代表团。在6起国宾中，南斯拉夫、保加利亚、匈牙利是社会主义国家。它们的领导人和他们率领的政府代表团来中国访问，必将有助于加强社会主义国家的团结。印度、印度尼西亚、阿富汗是亚洲执行和平中立政策并同中国友好的国家。它们的领导人或代表人物来中国访问，也必然加强中国同这些国家的友好关系。伏克曼诺维奇的来访是南斯拉夫国家领导人第一次访问中国。南斯拉夫是一个社会主义国家，中南两国建交后关系有所增进。南斯拉夫同苏联的关系也有了些改善。但是，南斯拉夫领导上的修正主义和民族主义的思想作风，都是我们所不同意的。他们表示不能接受《再论无产阶级专政的历史经验》一文中的一些基本论述。不过，这并不妨碍中国和南斯拉夫关系的增进。

《通知》要求，在大批外宾访问中国的时候，必须有领导地做好有关对国外和对国内的宣传工作，以扩大国宾和其他外宾访问中国的影响，并结合国内全民性的关于社会主义道路的大辩论，向广大干部和人民群众进行一次有关中国外交政策的宣传工作。对这几起国宾的接待既要一视同仁，都给予隆重热烈、亲切友好的接待，又要注意掌握他们之间的差别性。既要隆重热烈和朴素大方，又要避免铺张浪费。

9月9—18日

［纲　文］　**农业部和城市服务部联合召开全国养猪重点县座谈会。**

［目　文］　根据座谈会提供的数字，到 8 月底全国养猪已达 11800 多万头，比历史上养猪最多的 1954 年增加了 1634 万头。会议认为，大量养猪不仅是解决肥料来源、增产粮食的有效办法；同时也是增加社员收入、改善社员生活的重要途径。中共中央和国务院提出的“私有、私养、公助”的方针，是扶助养猪业发展的关键，必须继续贯彻执行。“以青绿粗饲料为主，适当搭配精饲料”养猪的方针是适当的，农产品应该尽可能就地加工，增加养猪的精饲料；过去农产品集中在城镇加工而后再将副产品运往农村的不合理状态应加以改变。会议要求各地贯彻“防重于治”的方针，在第二个五年计划期间，基本上消灭猪瘟，并控制猪丹毒、猪肺疫的流行。要大力加强收购工作，有计划有重点有步骤地促进副食品生产的全面发展。会议着重指出：各重点县的养猪经验极为丰富，各地应互相学习，各级领导还需不断加强对生猪生产的组织领导工作，建立基地，培养典型，进一步推动生猪生产的发展。

朱德、邓子恢、谢觉哉先后到会讲话。9 月 12 日，朱德在会上讲话说：发展养猪事业，主要是解决饲料、收购和出口三个问题。要大力推广用粗饲料养猪的经验；收购要切实按照国家规定的价格，反对压价；要多出口，可以多建立几个出口基地。发展养猪事业是一项具有巨大的国民经济意义的工作，大家要努力把它做好。

9 月 9 日

［纲　文］　**国务院发出《关于1957年冬季职工宿舍取暖补贴问题的通知》。**

［目　文］　《通知》全文如下：国家机关和事业、企业单位的职工宿舍冬季取暖补贴，今后如无另外的通知，仍旧按照国务院 1956 年 12 月 31 日《关于国家机关和事业、企业单位 1957 年职工冬季宿舍取暖补贴的补充通知》的规定办理。1956 年冬季没有按照上述规定执行的地区和某些单位，今年应该一律遵照执行。

9 月 9—20 日

［纲　文］　**第三次全国妇女代表大会在北京召开。**

［目　文］　出席大会的有全国各族妇女代表 1200 多人，其中少数民族的妇女代表有 170 多人。来自匈牙利、蒙古、波兰、保加利亚、苏联、朝鲜等 13 个国家的妇女代表也出席了会议。大会主要议程是：总结 4 年来的工作，确定以后妇女工作的任务；根据新的形势和工作经验，修改妇联的章程；选举全国妇联第三届执委会。

9 月 9 日，刘少奇、周恩来、朱德、陈云、邓小平等中共中央负责人出席大会开幕式。全国妇联主席、大会主席蔡畅致开幕辞，谈到大会任务时说，这次大会要进一步团结和动员全国妇女为建设社会主义祖国而奋斗，要使这次大会成为厉行勤俭建国、勤俭持家的动员大会，要成为反右派的战斗大会。大会宣读了全国妇联名誉主席宋庆龄向大会的贺词。全国妇联名誉主席何香凝致辞。郭沫若代表一届全国政协向大会致辞。国际妇联副主席什帕莫耶·鲍斯代表国际妇联致辞。朱德代表中共中央在大会上讲话，指出：在新的历史时期中，全国妇联组织要能够更好地团结全国妇女在建设社会主义中发挥出更大的力量，就必须进一步加强群众观点，贯彻执行群众路线的工作方法；就必须关怀和反映妇女的权益

▲ 1957 年 9 月 20 日，毛泽东（前排右五）、朱德（前排左四）、周恩来（前排右三）、陈云（前排左二）和邓小平（前排右一）在中南海与应邀出席中国妇女第三次全国代表大会的各国妇女代表合影。

和要求，对歧视和损害妇女、儿童的思想和行为，继续进行坚决的斗争；就必须在各个方面努力为妇女服务，特别是组织群众自己的力量来进一步发展妇女儿童福利事业，使妇联和妇女群众更加密切地联系起来。全国妇联副主席章蕴代表全国妇联二届执委会在大会上作题为《勤俭建国、勤俭持家，为建设社会主义而奋斗》的报告。报告总结了自 1953 年 4 月第二次全国妇女代表大会以来的妇女工作，以及 4 年多以来各民族各阶层妇女地位发生的巨大变化。报告提出，占人口半数的 3 亿以上的已经获得解放的妇女，对于建设社会主义的伟大祖国，负有极重要的责任。勤俭建国、勤俭持家，为建设社会主义而奋斗，是以后妇女运动的根本方针。

大会期间，代表们开展了反右派斗争的讨论，对妇女界右派分子进行了揭发和批判。大会讨论并通过章蕴的报告，认为报告确切地反映了 4 年多来中国妇女地位的巨大变化，实事求是地肯定了妇女工作的重大成就，并指出了工作中的缺点，概括地总结了妇女工作中的经验和教训，正确地提出了现阶段全国妇女的任务。大会号召全国各族各阶层妇女为贯彻执行这个报告中所提出的任务不懈地努力。大会选举了新的全国妇联领导机构，有 202 人被选为第三届全国妇联执委，另有 43 人被选为候补执委。大会讨论并通过《中华人民共和国妇女联合会章程》。

此前，中共中央书记处于 8 月 14 日召开的会议讨论了全国妇联第二届执委会准备向第三次全国妇女代表大会作的工作报告稿，邓小平提出把“勤俭建国，勤俭持家”作为妇女工作的长期方针，中央书记处一致同意。9 月 2 日，中共中央政治局会议通过全国妇联第二届执委会准备向第三次全国妇女代表大会作的题为《勤俭建国、勤俭持家，为建设社会主义而奋斗》的报告和《中华全国妇女联合会章程（草案）》及关于修改妇联章程的报告。

9月9日

［纲　文］　**蓝公武因病在北京逝世。**

［目　文］　蓝公武，字志先，1887年出生，江苏吴江县人。享年71岁。9月12日，公祭仪式在北京中山公园举行。刘少奇、董必武、林伯渠等国家领导人、全国人大常委会委员和各界代表共500多人参加公祭。公祭仪式上，根据蓝公武临终前申请，董必武代表中共中央宣布追认蓝公武为中国共产党正式党员。

蓝公武早年留学日本、德国。后任《国民公报》社长，《时事新报》总编辑，北京大学教授。1937年后，在北平进行抗日爱国宣传，1940年被日本宪兵司令部逮捕，在狱中受刑一年。1945年后，投奔晋察冀解放区参加革命，历任察哈尔省教育厅厅长，北岳行署民政厅长及华北人民政府副主席。1949年后，任第一任人民检察署副检察长。是一届全国人大代表、全国人大常委会委员。

9月10日

［纲　文］　**中国驻英国代办处就“台湾中国古典剧团”9月中旬到英国举行演出一事向伦敦各报发表声明。**

［目　文］　声明说，所谓“台湾中国古典剧团”实际上是盘踞在中国领土台湾的蒋介石集团空军部队所属的“大鹏剧社”。它到英国的目的显然是企图在文化活动的名义下进行诬蔑中国政府和破坏中英两国人民友好关系的活动。声明指出，在英国国内也有人利用这件事来进行制造“两个中国”的宣传。这就不能不有损中英两国的关系，不能不受到中国政府和人民的坚决反对。

21日，中国驻英国代办处再次发表声明。声明说：某些英国官员、英国报纸上的一些消息和评论以及主持蒋介石空军的剧团上演事宜的代理人在《曼彻斯特卫报》上发表的声明，都竭力要把让蒋介石空军的剧团在英国演出的政治阴谋说成是纯粹“私人商业事务”，并且指责中国驻英国代办处在艺术演出上加上政治色彩。声明在列举一系列事例后指出：“台湾中国古典剧团”不是什么民间性剧团，而是蒋介石集团空军的一个宣传团体。它不是以中华人民共和国台湾省这种地方性的名义演出的。它公然打着所谓“中华民国”的招牌，并由专机送到伦敦，目的是要进行背叛祖国和破坏中国国家统一的政治活动。因此，这种活动的性质显然不是交流文化和促进中英两国人民的友谊关系。恰恰相反，它的目的是要毒化中英关系，和制造“两个中国”来干涉中国的内政。当然不能把这个轻率地看成是“私人商业事务”，或者看成是某种“同政治无关的”事情。从这件事可以清楚看出，是谁在实际上把政治色彩加到艺术活动上去的。

9月10日

［纲　文］　**外交部照会英国驻华代办处，再次强烈抗议香港英国当局在九龙地区进行**

的第二批强迫拆迁。

［目　文］　照会对英国政府8月5日的复照进行了批驳，对香港英国当局继从7月29日开始在九龙地区进行第二批强迫拆迁，提出严重抗议。照会说：香港和九龙地区的绝大多数居民都是中国人，中国政府有责任和权利要求香港英国当局尊重和保障他们的传统权利和和平生活。英国政府企图否定中国政府行使保障香港和九龙的中国居民的正当权益不受侵犯所应享的权利，是违背一般国际法原则的。照会重申：英国政府和香港英国当局必须停止执行强迫中国居民迁移和拆毁他们的房屋和田园的无理措施，并且对已被强迫迁移的中国居民给予妥善的安置，对他们的财产损失给予公平合理的赔偿。香港和九龙的中国居民的传统权利和正常生活必须受到尊重，否则，英国政府和香港英国当局必须承担由此产生的一切后果的责任。

此前，外交部于7月24日照会英国驻华代办处，抗议香港当局自6月25日以来强迫九龙地区中国居民迁移的行动。

8月5日，英国政府复照中国外交部。

9月10日

［纲　文］　**文化部发出《关于继续贯彻报刊定期定额发行的方针的通知》。**

［目　文］　《通知》说：纸张计划供应和报刊定额发行，不仅是从纸张资源不足出发的，更重要的，这是保证党的领导，保证党和国家政策方针的执行，保证社会主义方向和按比例发展的一个极重要的手段。我部5月23日发出的《关于出版用纸供应问题的通知》，取消对纸张计划供应和报刊定额发行的控制，是错误的，违反了纸张计划供应的制度和报刊必须有计划有领导地实行定额发行的方针。而且上述通知发出的时间，恰恰在大鸣大放、右派分子向党举行猖狂进攻的时期，使得有些右派分子所掌握或篡改的报刊，任意突破定额，或增加篇幅，大肆放毒。因此，上述通知的发出，应当说是政治上麻痹右倾的错误。同时，纸张计划分配和报刊控制数字都是中央批准下达的，我部未请示中央即通知取消控制，也是严重无组织无纪律的行为。《通知》提出，为纠正错误，上述通知正式撤销，请各省、市、自治区文化局（厅）和各出版单位，继续认真贯彻纸张计划供应制度和报刊计划定额发行的方针，并从政治上着眼，进行检查。有些报刊内容很好，而定额确实过低，可以由文化行政部门主动地调整。所有报刊非经上级主管机关批准，不得任意突破计划。

9月10日

［纲　文］　**中国和罗马尼亚人民共和国签订科学技术合作议定书。**

［目　文］　议定书规定，中国供给罗马尼亚石油、纺织和陶瓷工业、手工艺、造林、药材和寄生虫学等方面的技术资料，接受罗马尼亚技术人员在印刷、陶瓷、棉纺、丝绸和手工艺品等生产方面进行专业实习。罗马尼亚供给中国有关石油工业、石油设备、各种农作物的种子和微生物学等技术资料和样品，接受中国的专家考察氮肥、甲烷气化学加工以及罐头生产等问题，并且派遣一名罗马尼亚专家到中国解决与原油电力脱乳装置有关的

问题。

8 月 28 日至 9 月 10 日，中国和罗马尼亚科学和技术合作联合委员会第五届会议在布加勒斯特举行，会议通过一系列旨在进一步发展两国科学技术合作的决议，并于本日签订议定书。

9 月 11 日

［纲 文］ **《人民日报》发表题为《严肃对待党内的右派分子》的社论。**

［目 文］ 社论说，随着反右派斗争的深入开展，党内的右派分子也更多地暴露出来了，必须同他们进行严肃的斗争。因为只有这样，才能保卫党的纯洁，才能增强党的战斗力，使党无愧于革命和国家建设的领导者。我们党的许多同志是懂得这个道理的。但是必须指出，在反对党内右派分子的斗争中，也有一些同志存在着比较严重的温情主义，这说明他们没有站稳立场。

社论指出，党内和党外的右派分子，在性质上没有什么不同，都是反党反人民和反社会主义。如果在我们党内容许右派分子存在，他们就会同党外的右派分子串通起来，从内部来打击我们，从内部来反对我们。必须同党内的右派分子作坚决的斗争，还因为他们挂着一块“共产党员”的招牌，更容易欺骗、蒙蔽和影响群众，会比党外右派分子带来更为严重的危害。在对党内的右派、特别是有较长党龄的党内右派作斗争中，有些同志所以采取姑息宽容的态度，还因为他们过于看重了这些人的“党龄”。他们不懂得或者忘记了，这样的党员背叛了党，这就说明他并不爱惜自己的历史，并不看重党的教育和党的纪律。特别要指出的是，在那些堕落成为党内右派分子的人中间，有许多都是混入党内的阶级异己分子、投机分子和个人主义野心家，他们是抱着各种各样的动机加入我们党的。很明显，这些人虽然加入了我们党，但是和我们走着不同的道路。他们的党龄愈长，职位愈高，对党的危害就愈大。对待党内的右派分子必须严肃，决不应该有任何的姑息宽容，这当然不是说，在划党内右派分子时可以草率从事。各级党委在大力纠正温情主义的时候，也要注意防止错划右派的现象。

社论强调，反右派斗争是一场极为严肃的阶级斗争。只有在党内和党外的反右派斗争中都取得胜利，才能更加巩固我们的党和我们的国家，才能更好地推进社会主义革命和社会主义建设。因此，不论对党内或党外的右派分子，每个共产党员都要同他们进行坚决的斗争，在斗争中锻炼和提高自己。这是党和人民要求于每个共产党员的，也是每个共产党员应有的态度。

9 月 11 日

［纲 文］ **国务院召开常务会议。**

［目 文］ 会议由周恩来主持。会议原则同意国家经委关于 1958 年度国民经济计划控制数字的报告。并决议，工农业生产总值先按照经委提出的控制数字下达。基本建设投资暂定为 116 亿元。凡是没有争论的，各部门即按照控制数字布置。会上提出要求增加投

资的，一律不能增加，但是在安排项目的时候，可以准备预备项目，如果基本建设投资可能增加，再补上去。

国家经委报告说，1958年国民经济计划控制数字的主要指标是：工业总产值安排为666.1亿元，比上年增长8%。农副业生产总值安排为632.9亿元，比上年增长4.8%。粮食总产量安排为3960亿斤，比上年增长5.1%。棉花总产量安排为3250万担，比上年增长7.8%。基本建设投资额安排为116亿元，比上年增长4.5%。铁路运输的货物周转量安排为1444亿吨公里，比上年增长9.5%。社会购买力计算为498亿元，比上年增长5.2%。社会集团的购买力维持上年的水平。各级学校的招生数安排为：高等学校10.97万人，比上年增加0.27万人；中等专业学校10.6万人，比上年减少5.26万人；高中招生28万人，比上年增加4.4万人；初中招生170万人，比上年增加12.3万人；小学招生2100万人，比上年增加483万人。医院病床数增加9820张，达到24万余张，增长4.2%。包括在国家计划以内的职工总数，年末达到2421.9万人，比上年增加55.1万人；工资总额为157.2亿元，比上年增长3.9%。

9月11—15、17—21日

［纲　文］　**南斯拉夫联邦执行委员会副主席伏克曼诺维奇及随行人员访问中国。**

［目　文］　这是南斯拉夫联邦领导人首次访问中国。伏克曼诺维奇在访华期间受到朱德、刘少奇、周恩来接见，并分别同周恩来、陈云、邓小平等举行了会谈。伏克曼诺维奇在周恩来举行的欢迎宴会上说，这次访问以及在双方关心的问题上交换意见和经验，将有助于进一步发展两国在政治、经济、文化和其他方面的联系。13日，陈云同伏克曼诺维奇会谈，介绍中国经济情况时说：中国农业落后于工业的发展，造成生活必需品供应紧

1957年9月，周恩来（前排右三）和伏克曼诺维奇（二排左三）在中央民族学院与学生合影。

张。我们的困难根源于地少人多。这方面的困难将是长期的。根据这个实际情况，我们以提高单位面积产量作为发展农业的方针，并把兴修水利、大搞化学肥料、生产人造丝和合成纤维、大量造林作为解决农业问题的办法。14日，邓小平在会见谈话时说：我们兄弟国家的大使不应该像资本主义国家的大使那样，仅办外交，而且还应办一些内交。中南两国互派代表团，不仅是形式上的友好，而且应该广泛地交换意见，加强相互之间的了解。虽然我们对有些问题的看法有分歧，但是有一点是一致的，那就是要增进了解和加强相互之间的团结，多多来往。

9月15日，伏克曼诺维奇和随行人员离开北京前往蒙古访问，17日，经由内蒙古回到东北继续参观。21日，从广州回国。

9月11日

［纲　文］　**《人民日报》报道，全国各地国家机关普遍进行了精简工作，回到生产岗位和下放充实基层的干部达30多万人。**

［目　文］　报道说，根据北京、天津、上海、河北等19个省（区）、市的不完全统计，下放的干部有20余万名。安徽、江苏、河北、山西4省，抽调了省委副部长、处长，省人民委员会副厅长、局长、处长、地委委员等干部740多名，下放到县和工矿企业、文教卫生等单位中担任领导工作。县、区干部下放到乡（区）任正副党委书记、正副区长、正副乡长等职务的约有1万多名。区、乡干部下放到农业生产合作社任正副社长、党支部书记、共青团书记、会计等职务的约2万多名。下放的干部，都是能力较强、适合于作基层工作的，特别是县一级下放的干部，不仅数量大而且质量好。如安徽省霍山县下放干部415名，其中党、团员即占90%以上。

报道说，各地还特别注意动员干部回到生产岗位。根据安徽、江苏、江西、四川、吉林、山西、陕西、甘肃、青海、天津等10个省、市的统计，回到生产岗位的干部约有10万名。

9月11日

［纲　文］　**国务院发布《关于加强消防工作的指示》。**

［目　文］　《指示》说，由于社会主义建设的发展，物资财富不断增长和集中，火源火险逐渐增多，消防工作任务日趋严重。但是，有些地区和部门对于同火灾的斗争还不够重视，在发动群众防火方面，在消防的组织、业务建设和科学技术水平上，都落后于客观实际的需要。为进一步加强消防工作，有效制止火灾发生，特作如下指示：一、各级人民委员会和各有关部门必须切实加强对消防工作的领导，批判和纠正对火灾的严重情况熟视无睹和不关心消防工作的错误思想，并对城市消防设施进行规划。二、依靠和组织群众自防，引导群众积极参加消防工作。为此，必须广泛开展群众性的防火宣传教育工作，并在城市的街道、企业单位、县城、集镇、棉粮仓库、国营农场和大型农业生产合作社，建立义务消防组织，设置必需的灭火工具。三、加强消防工作的组织建设。各级公安机关应把消防监督机构建立健全起来，并调配一定数量的工程技术人员。根据城市需要建立和充

实公安消防队，实行两班制的值勤制度。加强消防队的训练和教育，改善消防技术装备。对企业专职消防组织进行一次调整，一般企业单位，应当视实际需要配备一定的专职防火人员，并组织这些专职消防人员所领导的义务消防队。四、中央各有关工业、财经部门应根据所属单位的不同特点，分别制定相应的防火办法或防火技术规范。各地方和各单位也应因地制宜规定一些具体的防火制度，使人民群众有所遵循。在工厂、企业中实行防火责任制度，以保证各项消防措施的贯彻执行。五、各级公安机关必须进一步加强消防监督工作，在国民经济各部门有步骤地推行预防火灾的安全措施，监督各种防火规则、办法的贯彻执行，组织经常的防火检查工作。此外，应有计划地培养消防技术干部，逐步开展消防科学技术研究工作，以适应同火灾作斗争的需要。

9月12日

［纲　文］　**中共中央发出《关于在企业中进行整风和社会主义教育运动的指示》。**

［目　文］　《指示》说，用大字报、辩论会、批评和自我批评的方式，进行整风和社会主义教育运动，业已在若干城市的企业中创造了不少模范的事例。这些事例证明了以下各点：一、党的一贯信任群众多数的政策完全正确；二、工人群众提问题，提意见，摆事实，讲道理，迅速地提高了自己的社会主义觉悟；三、有些干部的脱离群众、脱离实际的错误作风正在迅速地改变；四、企业管理工作的改进，收到显著的成效；五、工人群众重新整顿、提高和巩固了劳动纪律，出现了新的劳动热情；六、工人群众和干部在批评、自我批评和改进工作的新基础上，改善了相互间的关系，形成了新的团结。中共中央认为：全国各地工厂、矿山、交通等企业的领导方面，都应该吸收上述经验，放手发动工人

▲ 1957年全国各地工业企业开始分批分期进行整风和社会主义教育运动。图为重庆钢铁公司的职工在整风运动中观看大字报。

群众提意见，诚恳地倾听群众的批评。对于群众有关本企业的各种意见，领导机关都必须件件研究，贯彻执行中央提出的边整边改的方针，凡是能够立即改正的，应该立即改正。

《指示》要求，各企业在经过群众“大鸣大放”和边整边改的一定段落之后，应该结合工人们在大字报和小组会上所提的一些问题，组织讨论以下几个主要题目：一、新旧社会的比较，工人阶级在新旧社会中的地位和生活的比较，工人阶级怎样在全体人民中尽到领导责任的问题；二、个人和集体、个人和国家的关系；三、改善生活和发展生产的关系；四、自由和纪律、民主和集中的关系；五、工人阶级和农民的关系。除了这些一般性的问题以外，各企业还可以根据本地方本企业的具体情况，提出其他问题，以供讨论。企业的技术人员和职员还应该辩论党能否领导企业，能否领导科学技术，知识分子是否应该同工农群众结合，发展技术是否可以不问政治等问题。在公私合营企业中，还可以讨论是私营好还是合营好这一类的问题。

《指示》要求，在讨论中，党的领导机关必须注意引导群众进一步地认识社会主义和资本主义是两条根本不同的道路；认识工人阶级在社会主义改造和社会主义建设中的领导作用；认识资产阶级右派企图篡夺国家领导权、恢复封建制度和资本主义制度的阴谋；认识建设社会主义是工人阶级和全国人民的根本利益，而增产节约是建设社会主义的基本方法；认识勤俭建国、勤俭办企业和勤俭持家是建设社会主义工业和逐步提高人民生活水平的根本方针；认识工人阶级必须建立和巩固自觉的、严格的社会主义劳动纪律，发扬艰苦奋斗的优良传统，经常同一切二流子、懒汉和各种破坏劳动纪律的现象作斗争。在整风期间，一切企业都应该保持正常的生产秩序，做到整风和生产两不误。

9月12日

［纲　文］　**国务院批复同意《高等教育部关于交通大学迁校及上海、西安有关学校的调整方案》。**

［目　文］　《方案》说，根据周恩来批示的瞻前顾后，左顾右盼，四面八方都要考虑到，和既要支援西北、又要实事求是、不必勉强的原则，交通大学分设西安、上海两地，两个部分为一个系统，统一领导，各负担不同的任务。西安部分的任务为，完整地设置机、电方面的主要专业，逐步添设新技术和理科方面的专业，在提高质量的基础上适当发展数量。上海部分的任务是，办好机、电各专业，着重提高教学质量。教职工调配以支援西北、保证两地教学质量为原则，根据专业设置的需要并照顾本人自愿，由学校统一调配。

《方案》对上海和西安有关院校的调整做出了安排。上海有关院校的统筹安排如下：上海筹办的南洋工学院撤销，并入交通大学上海部分；上海造船学院与交通大学采取合作形式，保留校名，行政上由交通大学统一领导。西安地区院校的调整方案是：西安动力学院全部并入交通大学西安部分；西北工学院除采矿、纺织两系外，全部与西安航空学院合并，成立一所综合性的国防工业大学，定名为“西北工业大学”；西北工学院的纺织、采矿（包括地质）两系及西北农学院的水利土壤改良专业并入交通大学西安部分。

9月12日

［纲　文］　**中美大使级会谈举行第七十次会议。**

［目　文］　中方代表王炳南在会议上向美方代表约翰逊提出中美两国在平等互惠的基础上，准许对方新闻记者前来各自的国家，进行新闻采访的协议草案。

会议结束后，中方于本日下午举行记者招待会，公布了协议草案。同日，约翰逊发表声明，表示美国不能考虑同中国达成协议，因为根据美国移民法，美国不能保证这样的互惠。

16日，王炳南发表声明说：平等互惠是国际交往中公认的原则，每一个国家实现这一原则的办法尽管有所不同，但是任何一个有诚意促进国际交往的国家都不应该妨碍这一原则的实现。中国像任何一个主权国家一样，也是根据每一个申请来华采访的美国记者的具体情况来决定批准与否的，但是这并不妨碍中国同美国达成有关记者来往的互惠协议。美国以移民法为借口，拒绝同中国达成关于两国记者来往的互惠协议。这样，美国就无法逃避阻挠中美两国人民来往的责任。中国方面提出的在平等互惠的基础上准许中美双方记者来往的建议，是切实可行的建议，并且完全符合中美两国人民要求增进彼此的接触和了解的愿望。美国方面拒绝这一建议，正好说明美国政府无意采取相应的步骤来满足中美两国人民的这种愿望，相反的，却企图用新的欺骗手法来继续阻挠中美两国人民的来往。

9月12日

［纲　文］　**中国和捷克斯洛伐克签订科学技术合作议定书。**

［目　文］　议定书规定，捷克斯洛伐克无偿供给中国机械、仪表制造、装配式水工建筑物、混凝土水坝、乳胶制品、真空下使用的胶垫、皮革加工、聚氯乙烯漆布制品、菌种及抗生素制造等技术资料和一些文献、样品；派遣汽轮发电机专家到中国帮助工作；接待中国专家考察森林工业、仪器仪表制造工业；接受中国实习生实习高压化学设备、制糖机械、水轮机实验室设计、石棉水泥制品、电视机设计等。中国无偿供给捷克斯洛伐克球墨铸铁、选矿、菱镁矿加工、偏心压力机、钢管自动焊接机、兽医针疗、钢筋混凝土电线杆等技术资料；接待捷克斯洛伐克专家来中国考察化学工业及手工业。

9月上半个月，中国和捷克斯洛伐克科学与技术合作联合委员第五届会议在北京召开，会议讨论了有关两国间交流科学与技术的经验和相互援助的问题，并于本日签订议定书。

9月12日

［纲　文］　**全国科联、中国人民保卫世界和平委员会、中国人民对外文化协会和中国科学院等团体和单位联合举行瑞典博物学家卡尔·林内①诞生250周年纪念会。**

---

① 卡尔·林内（1707—1778），瑞典博物学家，毕生从事植物和动物的分类学研究，是近代生物分类学的奠基者。1753年创造“双名制”拉丁文简洁叙述法，鉴定了数以千计的植物、动物学名，为以后全世界生物学家所采用，廓清了过去动植物命名混乱不清的状态。

9月13日

［纲　文］　**国务院第八办公室召开工商界人士座谈会**。

［目　文］　座谈会由国务院第八办公室副主任孙起孟主持，民建中央委员会委员、全国工商联执行委员会委员和政府各有关部门的代表共500多人出席座谈会。座谈会的主要议程是，由国务院第八办公室等各有关部门向民建中央委员会委员和全国工商联执行委员会委员报告政府对工商界人士提出的意见的处理经过和改进办法。国务院第四办公室副主任周光春、劳动部副部长刘子久、商业部副部长吴雪之和国务院第八办公室副主任许涤新分别就有关问题作了报告。

周光春就公私合营的情况和问题汇报说，公私合营工业一年多来取得很大成绩，显示了合营企业的优越性。存在的缺点和主要问题是，政治思想薄弱，企业管理方面还有些一般化的做法，不少合营企业的报表多、会议多，管理机构和其他非生产人员增多，工厂的权限还缺乏明确的规定。针对这些问题，周春光提出加强公私合营工厂的政治思想工作、根据公私合营工厂具体情况分类进行管理、精简报表和会议等具体改进办法。

刘子久从国家生产发展情况、城乡关系、国营企业和公私合营企业的关系、工商业者同工人的关系等各个方面，说明多增加工资是有困难的。他指出，要正确地认识生产和生活的关系，从全局观点来处理工资问题。在现有条件下，只能适当地保证生活，在发展生产的基础上逐步改善生活。

吴雪之就小商贩社会主义教育、改造以及合营商店的一些具体问题发表意见说，可以通过开展大辩论的形式让小商小贩认识到：组织起来走社会主义道路比单干好，应该爱国守法，服从国营经济的领导；国家对小商贩采取“统筹兼顾、适当安排”的政策是正确的，个人利益必须服从国家和集体利益。他还就公私合营企业董事会和业务改进委员会问题，大城市商业布局，专业公司和市辖区的区委、区人民委员会对基层商店的领导分工问题、对小商贩进一步改造的问题，作了说明。

许涤新发言说，5、6月间中共中央统战部的工商座谈会上大家提出的意见共归纳成24个问题，除上述几位同志所报告的问题以外，已经解决和处理的还有以下一些问题：公私合营企业清产核资遗留问题、华侨企业的相关问题、女性私方人员在生育期间的待遇问题、工会同工商联的国内工作关系问题、工商联同各有关业务部门的关系和经费开支问题、私营工商企业的文书和账册的处理问题。许涤新对上述问题分别作了说明后指出，公私共事关系、私方的福利待遇同工商联互助金的界限等问题，因牵涉面较广，还在进一步研究中。

孙起孟最后发言说，这次会议有力地驳斥了右派，事实证明：政府对于工商业者提出的善意批评和意见是十分重视的，只有社会主义的国家才能坚决地同官僚主义作斗争，并且认真加以克服。

9月14日

［纲　文］　**中共中央发出《关于整顿农业生产合作社的指示》。**

［目　文］　《指示》对农业生产合作社整顿工作做出部署。一、整顿干部作风，就是要帮助那些在联系群众、经手财政、管理生产、处理人事等问题上存在着某些缺点和错误的干部，改善他们的工作方法，提高工作能力，提高政治水平和思想水平，并把那些全心全意为人民服务而带有某些缺点和错误的多数干部，同那些违法乱纪、严重错误的极少数人分别开来。各地合作社可以按照自己的具体情况拟定整风部署，但大体上要依序采取如下做法：（一）先在合作社干部和党团支部中，充分说明整风的必要性。（二）放手让社员群众在社员代表大会上，生产队全体大会上，或全体社员会议上，对干部的缺点或错误提出批评。（三）组织有群众代表参加的小型会议，查清事实，分别缺点错误的大小轻重，分清责任，然后由犯错误的人在一定的群众会议上作自我检讨。（四）党支部和上级工作组要同群众一起研究处理方案。（五）合作社干部的改选，应由社员群众自下而上地层层酝酿，充分协商，提出候选人名单。二、调整社和队的组织，要力求便于经营管理和发挥社员集体劳动的积极性。它们的组织规模大小，应该照顾地区条件、经济条件、居住条件和历史条件，容许有各种差别。根据一年多的经验看来，在多数情况下，一村一社是比较适当的。生产队是合作社的基本生产单位，一般以20户为宜，按照各地方的特点，可以有所伸缩。在慎重地调整社和队的组织之后，都应当长期稳定下来，以利于生产和建设。在社、队关系的问题上，应该实行统一经营、分级管理的原则。三、统筹安排，使全体社员各得其所。对于缺乏劳动力的困难户，应适当安排他们在社内的劳动，或适当帮助他们发展家庭副业。对于五保户，也应该根据他们的能力，分配一些可能的轻便工作。对于富裕中农，多数应该按期归还他们入社生产资料折价的款项。对于有丰富劳动经验和较高生产技术的老农，要发挥他们的特长，并给以合理的报酬。对于从事手工业、运输业、渔业和其他非农业劳动的社员，应该照顾他们的劳动特点，适当处理有关的各种问题，使他们得到合理的收入。四、改善生产管理，拟定生产规划。整社工作必须不误生产，各地合作社应该根据民主办社和勤俭办社的方针，遵照中央指示和部署，结合具体情况改进生产管理工作，克服缺点。同时，发动全体社员，讨论全国农业发展纲要草案，结合本地本社特点研究增加农业生产和发展多种经济的措施，实事求是地拟定下年度和长期的生产规划，作为全体社员努力奋斗的目标。

9月14日

［纲　文］　**中共中央发出《关于做好农业合作社生产管理工作的指示》。**

［目　文］　《指示》说，为了进一步加强合作社的生产管理工作，建立和健全合作社的生产管理制度，中共中央认为：一、合作社必须在有利于巩固统一领导、发展生产的前提下，建立“统一经营，分级管理”的制度。管理委员会是合作社统一经营的领导机构；生产队和副业组是合作社组织劳动，管理农、副业生产的基本单位。生产队和副业组

管理农、副业生产，必须遵守社管委会的统一领导。但是，它们在生产管理过程中负有自己的一定职责，因而也应该赋予它们一定权限。各地必须改变社管委会集中过多、统得过死的毛病，同时防止分散主义、本位主义的倾向。二、必须普遍推行“包工、包产、包财务”的“三包制度”，并实行超产提成奖励、减产扣分的办法。这是社队分工分权的一项根本措施。三、生产队在管理生产中，必须切实建立集体的和个人的生产责任制，按照各地具体条件，可以分别推行“包工到组”、“田间零活包到户”的办法。这是建立生产责任制的一种有效办法。四、合作社必须坚持集体劳动的根本原则，既要明确分工，又要互相协作，并要合理使用劳力。五、合作社必须充分利用社员的一切劳动力，合理分配社员的分工，切实执行统筹兼顾、逐户安排的方针。社管理委员会，特别是生产队，应该仔细了解每个社员及其家庭成员的特点和特长，做到“用其所长，各得其所”。六、合作社和生产队的规模大小，对于农业生产管理工作的好坏，关系很大。社的组织规模，一般应以百户以上的村为单位，实行一村一社。生产队的规模，一般应以居住接近，20 户左右为宜。在社与队的规模调整之后，生产管理上都应实行两级制，取消原来的三级制或四级制。社和队的组织规模调整确定之后，应该宣布 10 年内不予变动。七、合作社的技术措施和耕作改制，必须强调因地制宜，因时制宜。上级农业部门应该指示方向、积极提倡、典型示范、交流经验，而不应该机械规定计划强迫合作社执行。新的农业科学技术必须结合当地农业发展的历史，与当地农民经验相结合。八、所有的合作社，都必须积极地、在适当增加社员收入的基础上，逐年增加公共积累，不断地扩大再生产，经常设法扩大生产门路，使当年生产与扩大基本建设相结合、目前利益与长远利益相结合。为此，所有合作社都应该从全国农业发展纲要草案要求出发，根据当地具体条件及近年来的经验，发动社员参加讨论，制定合作社五年或十年的生产规划。

《指示》强调，在贯彻上述各项指示的同时，必须加强社员的政治思想教育工作，务使合作社的生产管理工作，在广大社员的自觉行动和监督之下逐步地加强起来。

9 月 14 日

［纲　文］　**中共中央发出《关于在农业合作社内部贯彻执行互利政策的指示》。**

［目　文］　《指示》说，正确执行贫农和中农之间的互利政策，是实现依靠贫农联合中农顺利完成农业合作化的基本因素之一，也是巩固合作社的一个重要保证。合作化实现以后，互利政策的重点，主要是经过合理的生产分工和分配，恰当地调节各社员之间，尤其是贫农和中农之间的收入问题。实施这样的互利政策，对于加强社内团结、巩固合作社有重大意义。为此，做出如下指示：一、对于可能收入减少的社员，首先是对于贫农、下中农的困难户，应该在劳动生产分工上和经营社内及家庭副业方面，给予适当照顾，使他们能够充分发挥家庭辅助劳力的作用，增加自己的收入。二、非农业户在入社后减少收入者，应该适当调整其工作。原来的小商贩，可以经过商业供销部门的同意，组织代销代购小组，划归供销社管理。原来有其他技术的，应尽量利用其生产技术，组织合作社的或个人经营的各种手工业生产。三、某些特殊的生产资料，如鱼塘、苇地、果园、桑园等，

原主投入劳力较多，现在收益较大，如果是属于小量的，可以部分或者全部暂不入社，归原主经营。四、成片的果树、林木应该统一经营。但它是多年劳动的成果，各个社员占有数量悬殊较大者，一般应该由社统一经营，实行比例分红。在山区、丘陵地区多数社员的林木占有悬殊不大者，可以折价入社，分年还款。五、对于入社的牲畜农具等生产资料多余的折价款和社员的投资，应该如期归还，并应付给应得的利息。六、多民族地区的民族联合社，除必须尊重民族的生产、生活和宗教的习惯外，还必须注意在经济利益上的互利，特别是要照顾人数较少的少数民族社员的经济利益。七、为鼓励发展畜牧业，除了合作社统一经营外，应该允许社员家庭饲养一定数量的家畜，如牛、马、骡、驴等，完全归自己所有。八、对于个体农民，要加强领导，教育他们遵守政府法令，争取他们在自愿原则下，逐步地加入合作社。

《指示》强调，所有上述调整各社员之间，特别是贫农和中农之间具体经济利益的工作，都必须通过社员群众的讨论和有关方面的充分协商，使之合情合理地得到贯彻。应该通过政治思想教育使干部懂得：在合作社内部，首先必须依靠原来的贫农和下中农，坚决保护他们的利益，这是巩固合作社的基础；同时又应该切实注意上中农的利益。上中农是劳动农民的一部分，应该坚持对他们的团结。对于上中农的团结，必须建立在首先巩固合作社内部贫农和下中农的优势，加强对动摇分子的思想改造，和在多数农民与上中农之间坚决贯彻互利政策这样三个条件的基础之上。只有这样，才能达到真正团结全体农民、巩固合作社和发展农业生产的目的。

9月14日

［纲　文］　**中共中央批转广西省委《关于在农村鸣放的简况报告》。**

［目　文］　批语说：在地主、富农、反革命和破坏分子活动猖狂的地区，首先给他们一个有力打击，镇压邪气，伸张正气，是需要的。但要掌握火候，适可而止，才有利于大鸣大放的展开。广西省委提出的两点体会是正确的。

广西省委9月8日的《报告》说，广西省于8月初在全省开展了一次反击地主、富农及反革命分子反攻倒算的斗争。因为如果不把他们的反革命活动打退，就不能坐下来在农民中展开关于两条道路的大辩论。有的地方经过15天，有的地方经过20天，就把地富、反革命分子活动压了下去。有几个情况比较严重的县，从2月开始闹迷信，一直闹到8月，少则几千人，多则上万人，此起彼伏，绵延不断，虽然做了不少“说服”工作，并没有收到效果，但是斗争一经开展起来，一切迷信活动就烟消云散了，可谓打中了要害。反击地富、反革命分子进攻的斗争已经停止下来，因为再反下去可能发生左的倾向，而且不利于农村大辩论的开展。继续追击敌人的任务会在以后的大辩论中，通过辩论彻底驳斥他们的谣言，进一步孤立他们。

关于大辩论的开展情况，《报告》说，参加三级会议的干部，一反过去自上而下布置工作的方法，采取了大辩论的方法。凡这样做的效果都很好，证明了干部极需要这样的大辩论，富裕中农思想在干部中很有市场。辩论的方法，就是大鸣大争，先鸣放而后争，因为没有放出方面东西来，就没有争论的活的对象，活的题目。鸣放和争论的焦点，自然地集中在粮食问题上。争论的发展规律是：开始由少数人和多数人辩，再到多数人和少数人或几个人辩，因为开始总是少数清醒，多数不清醒，展开辩论后，这个局面很快起了变化，到这一步就胜利了。方法是摆事实，讲道理，由眼前道理，提高到新旧两个制度的对比。经过算账对比，摆事实，揭示出来农村合作化以后农民生活真实情况，大大提高了干部的觉悟。

《报告》进一步指出，开展大辩论中，看出干部大部分习惯自上而下布置工作的方法，不习惯领导这种自下而上的自由争论、群众自己教育自己的方法。同时也看出许多干部简单化，不会说理，平时只按上级布置机械办事，越来越简单，真是可虑的事。因此，使全省农村大辩论开展得好，还要很大努力。另外，开展这场辩论最主要的障碍，是怕乱，实际上是不相信群众的多数，不相信自己的真理。开展大辩论是最好的群众路线工作方法，也是正确解决人民内部矛盾的方法。如果广大干部学会了这一套，就是作风上的革命，思想上的革命。

9月14日

［纲　文］　**国务院发出《关于防止农民盲目流入城市的通知》。**

［目　文］　《通知》全文如下：近据各方报告，农民盲目入城现象又日益增多。务希各地加强对农民的社会主义教育，积极准备开展今冬明春的兴修水利和积肥的大生产运动，并向农民说明城市和工矿区不用人的道理，将农民稳定在农村。灾区应做好救灾工作，稳定灾民情绪，不使外流。各城市一律不许随意招工用人，对盲目入城农民采用随到随遣返办法，以免越来越多和发生流浪街头的现象。铁道部门应严格查票，对无票或打短程票走长途的，应交就近车站转由地方政府立即遣返。流入地区与流出地区并应密切联系，互相协助，防止秋收后大量农民盲目流入城市的现象发生。

9月14日

［纲　文］　**粮食部发出《关于做好1957年秋季油料统购工作的指示》。**

［目　文］　《指示》说，本年油料统购工作较往年有利，但是，在油料增产速度还赶不上消费增长的情况下，本年油脂收支平衡仍然需要做艰巨的工作。为保证城乡人民的正常食油供应和完成必要的出口任务，以及适当充实库存，各地对油料收购工作必须予以足够重视并切实做好以下工作：一、由于秋季粮油上市季节大体相同，除棉籽统购随棉花统购同时安排外，其他秋季油料收购工作应与粮食统购工作密切结合，继续实行随粮统一布置、统一宣传、统一使用力量组织入库。各地可按照既要坚决完成国家统购任务，又要适当照顾农业社（户）的需要，同时又有利于发展生产力的原则，因地制宜地采取各种不同的统购方法。二、各地仍须积极贯彻执行多产多得、增产多留的政策。丰产地区争取多收，增产部分可增购50%—60%。农业社交售和分配应首先完成国家核定的油料统购任务，然后才进行社内分配。农村留油标准一般应按上年水平不动。三、配合农业部门做好宣传教育，使农民在油料的后期田间管理、收割、打场和保管过程中注意节约油料。收购

油料时必须正确贯彻优质优价、按质论价的政策，加强收购验质人员的政策教育与培训工作。四、桐油、木油、柏油等工业用油，仍应贯彻统一收购政策；葵花籽、蓖麻籽、线麻籽、苏籽等其他零星油料，也应认真进行收购。五、本年油料的预购范围扩大，定金发放较多，各地应按照预购合同在统购的同时，积极做好定金收回工作。此外，必须继续严格控制销量。城乡居民和职工的消费水平，一般应稳定在现有的供应标准不能提高。

9 月 14—24 日、9 月 30 日—10 月 6 日、10 月 9—12 日

［纲　文］　**保加利亚人民共和国部长会议主席于哥夫率政府代表团访问中国**。

［目　文］　代表团受到毛泽东、朱德、刘少奇、周恩来接见。访问期间，中国政府领导人和保加利亚政府代表团进行了会谈。中国方面参加会谈的有国务院总理兼外交部长周恩来、副总理李先念、外贸部部长叶季壮、外交部副部长张闻天等，保加利亚方面参加会谈的有部长会议主席于哥夫、部长会议第一副主席格奥尔基·特莱科夫、国民议会外交委员会主席吉米尔特·加涅夫等。双方讨论了有关国际形势、加强社会主义国家团结和进一步发展中保友好关系的各方面的问题。10 月 11 日，两国政府发表联合声明，指出：双方对国际形势、加强社会主义国家团结合作和进一步发展中保友好关系等问题等看法完全一致。双方支持苏联政府在 12 届联合国大会上就裁军问题提出的建议；支持民主德国政府关于实现德国统一的建议；双方坚决谴责美国对中近东的侵略政策，继续支持叙利亚反对侵略和中近东各国人民争取自由和民族独立的斗争；双方支持朝鲜和越南人民要求和平统一自己祖国的合理愿望；中国政府支持保加利亚为同希腊、土耳其建立真正睦邻关系以利巩固巴尔干地区和平而采取的和平政策，两国政府同意和支持罗马尼亚政府关于召开巴尔干国家高级会议和签订一项保证该地区和平和繁荣进步的共同协定的倡议；保加利亚政府完全支持中国在解决国际问题上所执行的和平政策，并认为中国根据五项原则和万隆会议各项决议，为发展亚非各国之间的友好合作关系所作的努力，大大有利于巩固亚非地区的和平。两国政府坚决地继续巩固以苏联为首的社会主义阵营各国的团结；为了有计划地扩大中保经济和文化交流，两国政府签订了 1958—1960 年间交换货物和付款的协定。

代表团访问了北京、长春、旅顺、大连、沈阳、上海、杭州、广州、汉口等城市，参观了一些主要的工厂、农业生产合作社、文化科学机关和历史古迹。

9 月 24 日，于哥夫率领保加利亚政府代表团由沈阳去朝鲜访问，9 月 30 日回到北京；10 月 6 日，由广州去越南访问，9 日回到北京。

9 月 15 日

［纲　文］　**中共中央发出《关于1957年国庆节纪念办法的通知》**。

［目　文］　《通知》对 1957 年国庆节庆祝活动做出部署：首都举行阅兵式和群众游行，各省会及其他大城市举行群众游行，中小城市可举行庆祝集会。农村是否举行庆祝集会，由各地党委考虑决定。游行队伍不抬像不拿像，庆祝会场上可悬挂毛主席及马克思、恩格斯、列宁、斯大林、孙中山的像，也可只挂毛主席像。

《通知》对国庆节前后，报纸、刊物、广播及其他群众性的宣传活动中应着重宣传的内容作出指示：一、国内政治形势的基本特点是，国家处在政治战线和思想战线上的社会主义革命运动的高潮中。反右派斗争已取得很大的胜利。反右派斗争的结果证明，党和国家是经得起风浪和考验的，证明人民群众的绝大多数是坚决地站在党和社会主义一边的。各地和各单位反右派斗争的发展情况还是不平衡的，凡是斗争进行得不深不透或尚未发动斗争的地方和单位，应该继续进行斗争，不应有丝毫懈怠或企图草率收兵。凡是斗争进行得深入的地方，要逐渐转到着重整改阶段和批评反省、提高自己阶段，一方面是认真克服官僚主义、宗派主义和主观主义作风，切实改进工作；另一方面是对全国人民（特别是知识分子）进行系统的思想教育工作。二、第一个五年计划取得伟大的成就，国家对农业、手工业和资本主义工商业的社会主义改造于1956年基本上完成，在1957年又在组织上和思想上进行了巩固工作。社会主义建设在工业增长速度和主要工业产品、粮食总产量和农副业总产值、基本建设投资额等方面都提前、超额或接近完成五年计划的所规定的水平。执行第一个五年计划的这些伟大成就，充分证明了社会主义制度的巨大优越性和人民民主专政的伟大力量，说明了党的领导的正确性，说明了党所规定的社会主义建设的总路线的正确性，说明了第一个五年计划的基本方针的正确性。在宣传建设成就的同时，应当号召全国人民继续努力开展勤俭建国、增产节约运动，为更好地完成和超额完成第一个五年计划和准备执行第二个五年计划而努力。此外，还应把国家面临的困难向人民讲清楚，并且不要掩盖工作中的错误和缺点。三、国际方面，社会主义阵营的团结已经进一步加强，苏联及其他社会主义国家的经济力量又有新的增长。美国的对华政策无论在国内或在国外都受到愈来愈大的反对。这对于中国的社会主义革命和社会主义建设，以及对争取和平解放台湾的斗争，都是有利的。对这些，也应结合国内形势加以适当的宣传。除以上宣传内容外，各地还应注意结合当地的具体工作任务，如秋收工作、秋粮征购工作等进行宣传。

《通知》规定，国家节庆祝会上和游行队伍可呼喊“庆祝中华人民共和国成立八周年！”、“庆祝我国八年来的伟大成就！”等20条口号。

9月15日

［纲　文］　《人民日报》发表题为《为什么说资产阶级右派是反动派?》的社论。

［目　文］　社论说：反动和革命是矛盾斗争的两种倾向，反动就是逆革命之潮流而动。划分革命和反动，在不同的历史时期有不同的具体标准。现阶段中国前进的方向是彻底完成社会主义革命。因此，反对资本主义道路，拥护社会主义的革命事业和建设事业，就是把社会推向前进，就是革命；坚持资本主义道路，敌视和破坏社会主义的革命事业和建设事业，就是把社会拉向后退，就是反动。工人、贫苦的农民和革命知识分子是革命派的主力；而反对社会主义的资产阶级右派就是反动派。在社会主义道路和资本主义道路之间，没有折中的余地。它们之间的矛盾是对抗性的、不可调和的、你死我活的矛盾。

社论指出，如果资产阶级右派上台，如果他们的政治阴谋能够实现，那最后的结果就不会同国民党当政有什么根本区别。而且在实际上，他们如果一定要推翻无产阶级和共产党的领导，他们就非依靠帝国主义和国民党不可。因此，要他们继续反对帝国主义等等是不可能的。共产党的领导是建设社会主义的最重要的保证。反共必然反社会主义，反社会主义必先反共。社会主义是全国最大多数人民的最高意志和最高利益，所以反社会主义就是反人民。“反共”“反社会主义”“反人民”这三件事本来是一种必然的联系，不是什么人可以任意联在一起，或者可以任意不联在一起的。右派分子是根本不要共产党的领导，不要社会主义，根本背叛人民的事业。一般地说，右派分子的办法是从具体问题着手来展开进攻。这就是说，对于党的领导和社会主义的道路，抽象地肯定，具体地否定，“原则上”拥护，实质上反对，表面上赞成，暗地里捣乱。他们要党退出这里，退出那里，说党不能领导这个，不能领导那个，那就是要党放弃对各个部门的领导权；叫嚷肃反搞糟了，统购统销搞糟了，其他等等都搞糟了，那就是党根本不应该领导无产阶级专政和社会主义改造。所有这些都不是枝节问题，而是带根本原则性的问题。

社论说，我们一般地不称呼右派是反动派，并且一般地不办罪，这是因为我们国家的巩固程度足够允许这样做，而且这也给右派分子一个重新做人的机会。我们坚持把反右派的斗争进行到底，这是为了彻底粉碎右派的进攻，同时也因为只有这样，才有可能使一部分右派分子认识到没有别的出路，因而不能不向人民认罪投降，改过自新。

9 月 12 日，毛泽东对社论中的部分段落作了修改。

9 月 15 日

［纲　文］　**中国驻叙利亚大使陈志方拜会叙利亚总理阿萨利**。

［目　文］　陈志方向阿萨利表示，他代表周恩来和中国政府对叙利亚政府和人民当前所进行的反对殖民主义、维护民族独立的正义斗争表示深切的同情和支持。陈志方说，中国政府谴责美国国务卿杜勒斯 9 月 7 日就叙利亚局势所发表的声明，认为这是对叙利亚内政的粗暴的露骨的干涉。

16 日，叙利亚首都所有有影响的报纸都在显著位置刊载了陈志方和阿萨利会谈的消息。《光明报》发表题为《阿拉伯人向伟大的中国致敬》的社论说：中国大使是代表终于在中国打败帝国主义并且取得胜利的 6 亿新人发表谈话的；我国人民今天都理解这篇谈话的重要意义。

此前，美国国务卿杜勒斯于 9 月 7 日就叙利亚局势发表声明，表示美国政府要运用“艾森豪威尔主义”，向中东国家运送军事物资，来直接干涉叙利亚局势。声明还要求“叙利亚人民”采取行动来消除美国对叙利亚局势的“不安情绪”。

9 月 16 日

［纲　文］　**国务院发布《关于进一步做好救灾工作的决定》**。

［目　文］　《决定》说，本年 7 月以来，山东、河南、安徽、江苏、黑龙江、吉林等省部分地区遭受水灾，内蒙古、山西、陕西、江西、湖南等省、区部分地区遭遇旱灾，广东省部分地区遭受台风灾害。从全国范围看，灾情较 1954 年、1956 年轻，但在局部地

区还是严重的，救灾工作艰巨。为进一步做好救灾工作，做出如下决定：一、各地应结合发展农业生产来进行救灾工作，本年特别要结合农田水利建设和积肥运动进行救灾。二、受灾地区应把救灾工作摆在重要地位，领导负责，全体动手。派得力干部到重灾区从始至终地负责指导工作；对轻灾区也要经常派干部下去检查；灾区的干部应同群众密切联系；加强生产救灾委员会及其办公室的力量，有关部门密切配合，发挥一切救灾的潜在力量。三、发挥合作社在救灾中的作用，更加巩固合作社。教育农民认识到依靠合作社战胜灾荒的优越性，克服悲观、散伙、外逃等错误思想。四、灾区应当进行全面规划、逐社逐户安排，核实灾情，安排生产和灾民生活。五、水情紧张的地区，要做好护堤、抢险工作，做好抢救、转移灾民的准备工作。六、灾区应当掀起生产运动的高潮。加强受灾作物和晚秋作物的田间管理，做好冬麦耕种工作；有条件的地方抢种蔬菜、荞麦和红薯；有灾省、区的非灾地区，尽力争取超额增产；开展防洪、防涝、防旱等各项水利建设，开展积肥运动；保护灾区牲畜，解决饲草不足的困难；实行多种经营，开展集体副业和家庭副业生产。七、入冬前迅速修复水灾地区的被毁房屋，设法解决灾民缺乏烧柴的困难。八、做好防止灾区疫病流行的工作，纠正干部只重救灾疏于防疫的偏向，发动群众开展卫生运动，组织中西医务人员深入灾区巡回治疗。九、把救济款用在最需要的时候和必须救济的灾民身上，严防滥发；酌情降低救济标准，反对平均主义和发放不公的偏向。十、灾区大力提倡节约，发动灾民搜集一切可供食用的代食品，禁止用粮食煮酒熬糖；纠正送礼、请客等铺张浪费行为；有灾省、区的城市、工矿区和非灾农村适当降低粮食供应标准。十一、有些灾区需从外省调运粮食以及恢复灾区生产和农民日用必需的物资，各省、区必须全盘计划，保证需要。十二、加强灾民思想教育，城市和工矿区严格执行用人制度，铁道部门严格查票，及早制止灾区农民外逃现象。十三、各地结合全国农业发展纲要草案的讨论，定出切合本地情况的具体规划，开展小型水利建设，做好水土保持工作，加强植树造林，争取逐步减少灾荒。丰收地区开始储积余粮，以备紧急时的需要。《决定》要求，各地结合具体情况研究执行以上各项决定，每季度向中央救灾委员会作一次报告，临时重大问题随时报告。

9 月 16 日

［纲　文］　**齐白石在北京逝世。**

［目　文］　享年 97 岁。22 日，公祭仪式在北京嘉兴寺举行。周恩来、陈毅、林伯渠、陈叔通、董必武、李维汉、周扬、沈雁冰等国家和文化艺术界领导人，以及各界代表共约 400 人参加公祭仪式。据新华社 22 日讯，齐白石先生治丧委员会几天来收到来自世界和平理事会以及苏联等 17 个国家的 40 多封唁电。

齐白石，著名画家，1861 年出生，湖南省湘潭县人。中国美术家协会主席、北京中国画院名誉院长、中央美术学院名誉教授、一届全国人大代表、1955 年国际和平奖金获得者。

9月16日—10月4日

［纲　文］　**南斯拉夫联邦国民议会代表团访问中国。**

［目　文］　以南斯拉夫联邦国民议会主席彼得·斯坦鲍利奇为团长的代表团共10人，应中国全国人大常委会邀请来华访问。17日、29日，代表团先后受到周恩来、毛泽东接见。访华期间，代表团先后参观访问了北京、沈阳、旅大、杭州、上海等地。

全国人大常委会委员长刘少奇与斯坦鲍利奇主席握手

9月17日

［纲　文］　**国务院发出《关于改进企业、事业、机关等单位接受学校师生前往参观、实习、进修等工作和为科学研究提供资料工作的指示》。**

［目　文］　《指示》就高等学校和中等专业学校师生前往企业、事业、机关等单位进行参观、实习、进修、参加科学技术合作工作与必要的科学技术会议，做出如下指示：一、凡是高等学校和中等专业学校的师生，一般都应当允许他们到一定的企业、事业、机关等单位去参观、实习和进修。接受单位应把这个工作作为一项重要任务，积极提供帮助，前往参观、实习、进修的人员应当尊重接受单位的业务指导，遵守接受单位的工作制度和劳动纪律。二、中央各业务部门、各省、自治区、直辖市人民委员会，应当把所属厂矿、工地、设计部门、科学研究机关重新划清保密范围和机密等级，改变过去某些保密范围过宽的状况，便利学校师生前往参观、实习和进修。三、为了简化审查手续，派出单位不必把派出参观、实习、进修人员的人事档案材料寄往接受单位，接受单位对他们一般不进行政治审查。派遣手续和派遣人数，一般也由派出单位向接受单位直接接洽介绍，不再经过他们的领导部门审查批准。四、中央和地方有关业务部门以及厂矿、工地、设计部门

举行专门的科学技术会议时，应当主动邀请有关科学技术人员和学校教师参加；各科学研究机关和学校在举行讨论有关科学和教学问题会议时，也应当邀请有关厂矿、工地、设计部门的工程技术人员参加，及时交流先进生产经验和科学研究情报。五、科学研究机关工作人员前往有关企业、事业、机关等单位进行参观、调查和考察参照上列各项规定办理。

《指示》还就改进资料保管和为科学研究提供资料的工作，对中央各业务部门提出以下要求：一、逐步建立起一套资料管理制度，对机密资料实行一年或者几年检查一次的制度，以便及时改变一部分资料的机密级别。二、加强现有的资料室，着手清理积累起来的资料，同时着手制定简便可行的资料借阅的办法。三、可以定期出版有关的年鉴或者资料汇编等，以便于更广泛地为科学研究人员、工程技术人员和学校师生供应必要的资料。四、对于前往进行生产实习和参加科学技术合作的人员，原则上允许他们以接受单位工作人员的身份查阅和摘录有关资料。五、国家建设委员会应当组织资料的交流工作，并尽速定出可行的制度和办法。

9月18日

［纲　文］　**共青团中央发出《关于分期分批组织干部参加体力劳动的决定》。**

［目　文］　《决定》说，共青团的干部大部分是出身于小资产阶级或剥削阶级家庭的知识青年，许多人没有做过基层工作，没有直接从事过体力劳动，缺少艰苦斗争的锻炼，缺少工农群众的感情，缺少工农群众生活和工农业生产的知识。为提高干部队伍的质量，共青团中央要求，各级共青团的领导机关在六七年内，采用分期分批的办法，基本上做到把所有干部都放到农村或工厂，参加一年到两年的体力劳动。

《决定》指出，组织干部参加体力劳动，应当去农村和比较艰苦的地方，这样才利于对干部的锻炼和改造。参加劳动的干部应当接受所在的基层单位党组织的领导，一律和农民、工人同吃、同住，过同等水平的生活，不得特殊化；大多数人在开始的时候，不宜于担任基层单位的领导工作。没有轮到下放的干部，要用以下几种方式参加劳动锻炼：一、每年都到农村或工厂去集中参加一个时期的体力劳动，如一个星期、半个月或一个月。二、每周或每月抽出一定时间如半天、一天、两天，去农村或工厂参加劳动，或进行其他的公益劳动。三、在机关里经常参加一定的清洁、卫生或其他内务劳动。

9月18日

［纲　文］　**《人民日报》发表题为《这是政治战线上和思想战线上的社会主义革命》的社论。**

［目　文］　社论说：我国人民群众反对资产阶级右派分子的斗争的任务，是为了在政治战线上和思想战线上彻底完成社会主义革命。这个革命是没有完成的。许多人还认识不到这一点。右派分子则从来就反对这种革命，并且发展到在行动上反共反人民。这个革命是1956年达到高潮的生产资料所有制方面的社会主义革命的必不可少的补充和必不可免的继续。我们现在所说的社会主义革命，许多时候叫做社会主义改造。在1956年，在

▲ 1957年9月18日，毛泽东在上海参观正在开展整风和社会主义教育运动的国营上海第一棉纺织厂。图为毛泽东观看该厂大字报。

经济制度方面，即在生产关系方面，主要是在生产资料所有制方面的社会主义改造，基本上完成了（没有最后完成），人的改造则没有完成。而资产阶级右派分子则最坚决地反对这种改造。中国共产党曾经再三再四地指出人的改造的必要性和可能性，可是无法说服反动的资产阶级右派。

在各民主党派和资产阶级知识界中，都有一部分右派。他们在全国人民中间是孤立的；在各民主党派中和资产阶级知识界中也处于少数的地位。鉴于这种情况，资产阶级右派在1956年决定按兵不动，等待时机。按照右派分子的观点，对他们“有利”的时机总是会来的。匈牙利事件是他们的时机。毛泽东报告正确处理人民内部矛盾又是他们的时机。1957年5月，共产党决定整风，对于右派分子更是好时机。于是他们向无产阶级、劳动人民和革命知识分子，向共产党发起了大举进攻。资产阶级右派的拥护社会主义的假面具撕破了，反对劳动人民的凶恶面目露出来了。这使人民群众认识到，生产资料所有制方面的社会主义革命，不能不随之以政治战线上的社会主义革命，也就是对敌视社会主义的资产阶级右派进行坚决的彻底的政治斗争，直至他们投降为止。如果这一仗不打胜，社会主义是没有希望的。反对右派分子的方法，仍然是群众性的辩论，仍然是摆事实，说道理，把右派分子一一驳倒。要坚决粉碎右派的进攻，也要使一切愿意真诚悔改的右派分子得到改造的机会，尤其是要使广大群众在反右派斗争中得到教育。

使广大群众在反右派斗争中得到教育，这里包括左派和中间派。所谓思想战线上的社会主义革命，主要地就是对中间派说的。右派之所以敢于进攻，就是由于中间派的存在，就是由于右派还有可能同左派争夺中间派。因此，不解决这一部分人的政治立场问题，反右派斗争就不能获得彻底的胜利。无产阶级、广大的劳动人民和革命的知识分子的任务，就是要团结一切还处于中间状态的人们，帮助他们尽量缩短动摇的时间。

社会主义的物质基础还很不充分，这是右派还敢于进攻和中间派还在动摇的一个客观原因。只有建立了比较充分的物质基础，社会主义经济制度和政治制度，才算充分巩固。

全国的无产阶级、劳动人民、革命知识分子和全体拥护社会主义的爱国人民应当团结一致，加紧努力，改进工作，为尽快地和尽可能完满地完成整个社会主义革命的全面胜利，建成完全巩固的社会主义社会而奋斗。

9月18日

［纲　文］　**教育部发出《关于加强中学、师范文学课的反右派斗争的思想政治教育的通知》**。

［目　文］　《通知》要求，中学、师范文学课内外的教学活动，应该适当配合政治课对学生进行社会主义的思想政治教育。本年秋季的中学文学教学，各地自行增选的“应用文”应该注意选择反右派斗争的文章；文学课本中，见诸报刊的右派分子丁玲、艾青等的作品，应该由教育厅、局统一通知各校一律暂予停授，由各地自行补选有关反右派斗争的作品；文学课的各种形式的课外活动，应该有计划地进行以反右派斗争为重点的社会主义思想教育。中等师范学校的文学教学参照上述意见执行，但有些年级的文学教学时数比中学少，需要适当精简原有课文，各地教育厅、局自行精简。

9月18—28日

［纲　文］　**印度副总统萨瓦帕利·拉达克里希南访问中国**。

［目　文］　拉达克里希南受到毛泽东、朱德、刘少奇和周恩来接见，参加了毛泽东为他举行的欢迎宴会。毛泽东在欢迎宴会上说：中印两国人民都在建设自己的国家，都在

◀1957年9月19日，毛泽东（前排右一）设宴欢迎拉达克里希南（前排中）。图为宾主一起步出宴会厅。

为争取世界和平而努力。为了这些共同的目标，我们两国进行着亲密和友好的合作。中印两国10万万人民团结在一起，是一个伟大的力量，是亚洲和世界和平的重要保证。

访问期间，拉达克里希南还出席了全国人大常委会副委员长宋庆龄在上海寓所为他举行的宴会，在全国人大常委会扩大会议上以及科学工作者集会上发表演讲，并向全中国人民发表广播演说。他在讲话中多次重申：中印两国间有着2000多年的文化交流和商业往来的友好关系，从未发生过政治和军事冲突。印度支持中国加入联合国，因为没有中国人民的代表出席，联合国组织本身就是有缺陷的。拉达克里希南还访问了上海、广州等地。

9月19日

［纲　文］　**中共中央政治局召开扩大会议**。

［目　文］　会议由毛泽东主持，讨论召开中共八届三中全会事宜。毛泽东在讲话中谈到中共八届三中全会的讨论内容时说：这次会议如何开？整风是一个纲。其他问题，工业、农业、商业、学校、机关，不仅是作风问题，而且是制度问题，要花几天工夫讨论。

毛泽东在讲话中提出两类矛盾和主要矛盾问题时说：整个过渡时期，总的矛盾是社会主义与资本主义，即工人阶级与资产阶级的矛盾。我们过去一个时期，主要是提人民内部矛盾，敌我矛盾没有提。甘肃省委去年提出两个矛盾究竟哪个矛盾为主？当时没有答复，要看一看。现在看来，两个矛盾都同时存在。去年所有制是改变了，但人并没有改造。工人阶级与资产阶级的矛盾、社会主义与资本主义的矛盾是整个过渡时期的主要矛盾。工人阶级与资产阶级、社会主义与资本主义的矛盾中，包含两类矛盾。八大讲目前敌我矛盾基本上解决了，现在看来也对，但只能是在经济方面的，如从政治方面、思想方面看，就不能这样说了。

毛泽东在讲话中谈到要抓农业的问题时说，几年来偏重于工业的宣传，这在当时也对，好处是把工业搞起来了。现在要宣传农业。农业是工业的基础。有两只手，一只手抓工业，一只手抓农业。要偏一下才能平衡。

9月19日

［纲　文］　**中国和锡兰两国政府在北京签订《中华人民共和国政府和锡兰政府贸易和支付协定》、《1958年中国和锡兰换货议定书》、《中华人民共和国政府和锡兰政府经济援助协定》**。

［目　文］　《贸易和支付协定》共九条。第一条表明：缔约双方愿意采取一切适宜的措施来发展两国间的贸易，并且同意对两国间换货给予便利。其他条款对两国间的贸易平衡原则、相互出口的商品及价格、关税方面的最惠国待遇等作出规定。《贸易和支付协定》自1958年1月1日起生效，有效期为五年；有效期期满前三个月，由双方谈判予以延长。

《换货议定书》是两国政府代表根据《贸易和支付协定》进行换货商谈后签订的，共四条。《换货议定书》约定双方保证购买对方一定金额的出口货物，并约定两国努力扩大相互间贸易，尽可能增加各自的进口和出口，以达到所约定的金额。《换货议定书》自1958年1月1日起生效，有效期为一年。

《经济援助协定》共六条。根据《协定》规定，中国政府从协定生效日起的五年内，每年给予锡兰政府总值1500万锡兰卢比的经济援助，五年共计7500万锡兰卢比。中国政府给予锡兰政府的一切援助，都以商品来支付。中国供应锡兰的一切商品都按照国际市场价格作价，并以锡兰卢比为计价单位。《经济援助协定》自1958年1月1日起生效，有效期为五年。

9月20日—10月9日

［纲　文］　**中共八届三中全会（扩大）在北京召开。**

［目　文］　出席会议的有中央委员91人，候补中央委员62人。中央部委和各省市区党委主要负责人，各省的地委书记和直辖市的区委书记列席会议，与会人数共416人。会议着重讨论整风运动和反右派斗争的方针政策和具体部署，重申1956中共中央提出的多、快、好、省地建设社会主义的方针。

会议听取和讨论了以下三个报告：一、邓小平关于整风运动的报告。报告全面阐述了党对整风运动的指导方针和基本政策。二、陈云关于改进国家行政管理体制和农业增产的报告。报告介绍了经济体制改进的主要内容，提出中央某些职权下放后应该注意的几个问题。三、周恩来关于劳动工资和劳保福利问题的报告。报告提出对待劳动工资和劳保福利问题的基本观点，分别就劳动就业和精简机构、合理安排工资水平和改革工资制度、整顿劳保福利工作和制度三个方面的问题提出意见。

会议基本通过《1956年到1967年全国农业发展纲要（修正草案）》。10月26日，《纲要（修正草案）》在《人民日报》公布。会议还基本通过《关于改进工业管理体制的规定（草案）》、《关于改进商业管理体制的规定（草案）》、《关于改进财政体制和划分中央与地方对财政管理权限的规定（草案）》，以及有关工人、职员的劳动工资和劳保福利问题的规定草案等文件。

毛泽东在会议结束前发表题为《作革命的促进派》的讲话。讲话改变了中共八大一次会议关于中国社会主义时期主要矛盾的提法，认为无产阶级和资产阶级的矛盾、社会主义道路和资本主义道路的矛盾是中国社会的主要矛盾。批评了中共中央在1956年采取的纠正冒进倾向的方针，认为反冒进扫掉了“多快好省”、“农业发展纲要四十条”和“促进委员会”①。

9月20日

［纲　文］　**《人民日报》发表题为《农业税秋征的任务一定要完成》的社论。**

---

①　促进委员会是对在执行农业发展纲要40条关于农业发展速度问题上持积极态度的人的一种意喻。

［目　文］　社论说：1956 年，我们国家在与严重的自然灾害斗争中争得了农业增产，国家在农业税收上又给了灾区农民以充分的照顾，把农业税的正税和附加，减少了 54 亿斤。但是，上年竟有 15 个省、市没有完成任务。本年夏季丰收的省份中，也有的没有完成夏征任务。发生这种情况的主要原因是没有很好地贯彻执行先公后私、国家利益和农民利益兼顾的原则。针对这种情形，本年农业社秋收分配必须严格按照规定执行。在留出合作社必需的种籽和饲料以后，首先要如数交清公粮，再分配社员口粮，然后按照国家的计划出售余粮。对于个体农户，同样应该抓紧征收，不能因为这部分税额为数不多就不加重视。

在交公粮的时候，各地应当注意教育农民发扬交好粮的优良传统，要把公粮晒干扬净，保证质量。近一两年来少数地方出现了“好粮自留、次粮出售、坏粮交税”的现象。广西省武鸣县上年夏征时检查了几个区的征购粮 969 万斤，其中不干的 823 万斤，半干的 100 多万斤，干的只有 46 万斤。公粮质量不好，不但影响国家的财政收入，而且容易霉烂。各地必须注意努力改变这种情况。

农业税的减免，应当实事求是。既要防止减免过宽，也要防止应减不减或应免不免的偏向。要教育农民实报灾情，对下面所报灾情要复查核实。对于交纳粮食确有困难的合作社和个体农户，可以将应征税额的一部或全部改收经济作物或代金。农业税正税和附加的分配，应当根据统筹兼顾的精神适当安排，先中央、后地方，不得将农业税正税拨作地方附加。

从目前情况看，本年农业是平年偏丰，仅有少数省份受了较重的灾害，农村社会主义大辩论的广泛展开，农民的社会主义觉悟的进一步提高，都给秋征工作创造了良好的条件。只要各级党政机关加强领导，就一定能够完成本年公粮征收的任务。

9 月 20 日

［纲　文］　**文化部发出《关于国际书店向国外发行报纸杂志的通知》。**

［目　文］　《通知》指出，根据国际形势发展，以及国内出版的报纸、杂志编辑质量和保密工作都有所提高的情况，决定扩大报纸、杂志出口范围，以利于对外宣传和国际文化交流。

9 月 20 日—10 月 11 日

［纲　文］　**民主德国政府代表团访问中国。**

［目　文］　代表团由民主德国副总理厄斯纳率领，受到周恩来、薄一波接见。代表团还访问了武汉、天津，参观了长江大桥、新港以及由民主德国设计的天津第一电线厂。

9 月 20 日—10 月 16 日

［纲　文］　**波兰人民共和国国防部长斯彼哈尔斯基上将率领军事代表团访问中国。**

9 月 21 日

［纲　文］　**中共中央发出《关于庆祝伟大的十月社会主义革命四十周年的通知》。**

［目　文］《通知》说，纪念十月革命40周年，具有十分重大的意义。由于国际共产主义运动发展情况和反对帝国主义斗争的需要，这个纪念日会成为社会主义各国和全世界劳动人民庆祝马克思列宁主义的胜利、检阅社会主义国家和国际共产主义运动的力量的盛大节日。在中国国内，经过反击资产阶级右派的斗争以后，也很有必要借庆祝十月革命40周年纪念的机会，并且密切结合普遍开展的社会主义思想教育工作，广泛深入地向广大干部和人民群众进行一次关于马克思列宁主义和社会主义问题的宣传教育。

《通知》要求在宣传的内容上着重宣传以下几点：一、十月社会主义革命的伟大国际意义。二、苏联是伟大的社会主义国家，是保卫世界和平的坚强堡垒。三、高举十月革命的旗帜，保卫十月革命的道路。坚持马克思列宁主义，反对修正主义和教条主义。驳斥资产阶级右派反苏、反共、反社会主义、反马列主义的谬论，为争取政治战线上和思想战线上的社会主义革命的彻底胜利而斗争。四、维护和加强全世界无产阶级的国际主义团结。巩固和加强以苏联为首的社会主义阵营的团结。不断地巩固和发展中苏两国的友好合作。

《通知》对纪念和宣传工作做出如下部署：一、本年庆祝十月革命的规模应当比往年为大。宣传活动从国庆节以后即应开始。在10月7日到11月7日期间，大体以一个月时间，比较集中地进行各项纪念宣传活动。二、11月7日（或节日前夕）首都举行有各界代表参加的庆祝大会，会上由中央负责同志作报告。各直辖市、各省会和各中等城市也应当举行代表性的庆祝会，由党委第一书记在会上讲话。三、为了广泛深入地向人民群众进行宣传，各地应尽可能举办各种纪念十月革命的报告会、展览会和文化艺术活动。四、报纸、刊物、广播电台除了连续报道各种纪念活动情况和介绍十月革命历史以及苏联40年来的伟大成就外，还应当准备一批有内容的纪念文章，并广泛组织各行各业群众的稿件，陆续发表。各文化部门，戏剧、音乐、美术、电影等方面，应当举办苏联文化艺术成就和纪念十月革命的展览和演出。五、在庆祝会和纪念会上挂中苏国旗和红旗，奏国际歌，挂马、恩、列、斯像。呼喊“伟大的十月社会主义革命万岁！”、“中苏友好合作万岁！”等8条口号。六、中央级人民团体和解放军总政治部应根据此通知精神，向所属组织发出具体的纪念办法。各有关宣传机关也应当拟定宣传计划贯彻执行。

10月23日，中共中央又发出《关于庆祝伟大的十月社会主义革命四十周年纪念办法补充规定的通知》，就悬挂国旗、党报发表纪念社论或论文、招待苏联专家等事项作出补充规定。

9月21日—10月12日

［纲　文］　**印度尼西亚前副总统穆罕默德·哈达博士访问中国。**

［目　文］　哈达博士应周恩来邀请访问中国。访问期间，受到毛泽东和周恩来接见，参加了中华人民共和国建国8周年的国庆观礼，在政协全委会扩大会议上发表了演讲。周恩来在答谢讲话中赞扬了哈达博士在争取印度尼西亚的独立自主和增进中国与印度尼西亚友好关系方面所起的卓越作用。哈达博士还访问了北京、广州、长春、武汉、南京、上海等地。在上海访问期间，受到全国人大常委会副委员长宋庆龄的接见。

9月22日

［纲　文］　**内务部发出《关于评残中的两个问题的复函》。**

［目　文］　《复函》指出，革命军人在战斗中神经受伤，造成严重精神病者，可予评残。如果在参加战斗中由于受敌人的恐吓而致精神失常者，不应评残。但军人评残，一般是由部队评定的，这一精神应由部队掌握。至于离开部队时，没有评残的精神病员，地方上不要轻易补评。

9月23日

［纲　文］　**邓小平在中共八届三中全会作关于整风运动的报告。**

［目　文］　报告总结了整风运动的一般情况，全面阐述了党对整风运动的指导方针和基本政策，并分别就资产阶级和知识分子、农村、工人阶级、少数民族、军队、党和团等各方面的整风运动做出总结，提出意见。

报告谈到资产阶级和知识分子问题时说：党对资产阶级和知识分子的政策是一贯的。对资产阶级工商业者实行赎买政策，并且争取他们继续为社会主义服务；对各民主党派实行“长期共存、互相监督”的方针；在学术文化范围内主张“百家争鸣、百花齐放”。所有这些方针都是以社会主义为前提。党始终坚持：资产阶级分子和资产阶级知识分子必须彻底改造，逐步工人阶级化。把无产阶级和资产阶级的矛盾作为人民内部矛盾来处理，条件之一是资产阶级接受党的方针，接受社会主义改造和党的领导，否则就会转化为敌我矛盾。

关于反右派斗争问题，报告指出：应该把反右派斗争进行到底，但是要防止打击面过宽和简单粗暴的危险；要注意严格掌握划分极右分子、右派分子和中右分子的界限，对划分不当的必须随时纠正；要十分注意团结中间派的工作，并且注意促进右派分子的分化，帮助其中已有悔改表现的人逐步改造。

关于改进工作与反右派斗争的关系，报告指出：改进工作和反右派具有同等重要意义，不可忽视任何一方面。反右派斗争是为正确处理人民内部矛盾扫清道路。我们绝不允许任何人用反右派斗争来阻塞人民内部的言路，用强制的压服的方法去解决人民内部的争论问题。为了教育广大群众，特别是解除中间分子的顾虑，反右派斗争本身也必须特别注意坚持说理、摆事实、以理服人的原则，防止简单粗暴，竭力避免夸大和片面性；对于中间分子和工人、农民的错误观点，要采取耐心说服教育的方法；对于学术上的争论，尤其要反对轻率和武断。对于右派分子的处理也要恰当。必须使反右派斗争的结果有利于而不是不利于“百花齐放、百家争鸣”方针的贯彻执行，有利于而不是不利于培养人民群众敢讲话的风气。

9月23日

［纲　文］　**《人民日报》发表题为《在企业中大鸣大放边整边改》的社论。**

［目　文］　社论说：北京、上海、天津等地工矿企业的整风运动正在逐步开展。这些地方的国营企业和一部分公私合营企业里，大鸣大放已经形成高潮。北京 40 个国营厂矿企业，已经从职工们提出的 50 万条意见中，整理、归纳出 15000 多个问题，列为第一批要解决的问题着手解决。北京等地的经验证明，我们的企业管理工作中的问题还不少，唯有放手发动群众大鸣大放，才能充分揭露缺点；也唯有认真地边整边改，才能鼓励群众继续大鸣大放的积极性，收到整风的实际效果。因此，一切已经开展整风运动的企业，要特别注意边整边改；一切正准备开展整风运动的企业，在发动群众大鸣大放的同时，也要注意边整边改。

有些同志担心群众发动起来以后，会发生纪律松弛的现象，影响生产的正常进行。8 月下旬，北京各工厂开始进入鸣放高潮的时候，全市工业生产总值超额 7.7% 完成了计划，比上年同期的总产值提高 12.5%。这个事实充分说明了，只要领导上掌握得好，大鸣大放不但不会影响生产，而且会有力地推动生产。群众是不是会提出一大堆难题来为难领导呢？这种情况当然会有，但群众的意见绝大多数是好的，基本上是正确的，所以边整边改就是完全可能的。至于一部分原则上虽然正确，但确实办不到的意见，只要向群众耐心解释，也完全可以取得群众的谅解。有些领导人员因为有比较严重的缺点，怕“引火烧身”，因而不敢发动群众大鸣大放。应当认识，如果不把官僚主义、宗派主义和主观主义的缺点和错误烧掉，我们就不能巩固地团结群众的多数，就必然会严重地危害社会主义的建设事业。

在企业中的社会主义和资本主义两条道路的群众性的大辩论中，工人阶级应当有自己的鲜明立场，应当无情地揭露和粉碎资产阶级右派企图篡夺国家领导权、恢复封建制度和资本主义制度的阴谋。工人阶级必须经常注意克服自己队伍中的某些涣散现象，使自己的队伍成为一支有觉悟的、团结的、有战斗力的队伍。在企业的大辩论中，还要使群众认识：在我国这样一个地大、人多、经济落后的国家中，建设社会主义必须经历长时期的艰苦奋斗。工人阶级必须发扬艰苦奋斗的优良传统，保持大公无私的高贵品质，努力生产，克勤克俭，以身作则，带动全国人民勤俭建国，战胜前进道路上的各种困难。

9 月 23 日

［纲　文］　**国务院发布《关于工人职员在罢工请愿期间工资路费等待遇的通知》。**

［目　文］　《通知》说，国务院决定：对于参加罢工和到其他地区请愿的工人职员，在罢工和请愿期间一律不发给工资和路费。但是，对于确因领导犯有严重错误而造成罢工请愿的工人职员，经省、市、自治区人民委员会查明属实批准，可酌情发给在罢工请愿期间的工资和路费。工人职员征得企业行政领导的同意，推派少数代表到上级领导机关反映情况和提供建议时，除发给工资以外，还应该按照所在单位对工人职员因公出差的有关规定发给旅途中所需的费用。

9 月 23 日

［纲　文］　**国务院批复同意浙江省设置台州专员公署并变更余杭等县的领导关系。**

［目　文］　台州专署辖原宁波专区的临海、宁海、天台、仙居、三门5县，以及原温州专区的温岭、黄岩2县；原嘉兴专区的余杭、临安2县划归建德专署领导；原金华专区的诸暨县和原省辖的萧山县划归宁波专署领导；原省直辖的杭县委托杭州市领导。

9月24日

［纲　文］　**中共中央、国务院发出《关于今冬明春大规模地开展兴修农田水利和积肥运动的决定》。**

［目　文］　《决定》说，为了更好地迎接第二个五年计划的到来，实现进一步发展农业生产的需要，一定要在本年冬季，集中大力开展一个大规模的农田水利建设运动和积肥工作。为顺利组织和指导这个运动，中共中央和国务院做出以下指示：一、必须全面总结过去几年来，特别是1955年冬季和1956年春季水利建设高潮时期的经验教训。应尽力避免水利任务计划数字偏大、未充分与当地群众协商、工程多样性和因地制宜不够等缺点。二、根据我国农田水利条件的有利特点，必须切实贯彻执行小型为主，中型为辅，必要和可能的条件下兴修大型工程的水利建设方针。三、要加强领导。各级党政领导机关应及时发布指示，深入动员干部和群众。工作指导上既要有一般号召，更要有具体指导。四、要根据各地不同条件和现有经验，做好水利建设规划。务使灌溉与除涝，防洪与防旱，中、小型与大型，都能够做到因地制宜，统一安排。五、要正确贯彻执行农田水利的有关政策。水利工分的报酬应该相当于同等劳动力农业工分的报酬，要注意根据各地冬季生产条件合理安排劳力。六、加强技术指导。应继续采取“以工地为学校、以工程为教材”的方式，积极培训农民水利技术员；使用好对兴修水利有经验的老农和老师傅，并注意培养提高他们；下放或临时抽调一批技术干部，到县以下的基层单位负责进行技术指导工作。七、水井工作。在适当的地区要继续打井，发挥其增产和抗旱作用。同时，必须注意防止和纠正不顾地区和条件，只重数量，忽视质量和效益的缺点。八、解决与防止水利纠纷。各地要认真贯彻执行《水利部关于用水排水纠纷处理意见的报告》，强调自觉遵守纪律，警惕坏人利用水利纠纷进行挑拨煽动的破坏活动。九、水利经费。工程不论大小，都应该认真贯彻勤俭办水利的精神，少花钱，多办事。群众性的农田水利，主要是依靠合作社的人力、物力、财力，并且鼓励社员积极投资，国家只能作必要的补助。十、器材准备。修建工程的器材，应该依靠群众，就地取材。必须采购调配的水泥、钢材、提水工具、机电器材等，均应精打细算，及时提出计划。中央和地方的有关部门要积极支持，及时供应。十一、在兴修农田水利的同时，必须同样地大力展开冬季积肥运动。各地党政领导机关，必须领导各地农业社，制定可行的积肥造肥计划，采取一切有效的办法和鼓励积极造肥的政策，动员群众，保证如期实现。十二、开展造林运动。各地务须抓紧季节，采取必要步骤，在保证数量和质量的条件下，做好今冬明春的造林工作。

9月24日

［纲　文］　**陈云在中共八届三中全会作《关于改进国家行政管理体制问题和关于农**

业增产问题的报告》。

［目　文］　关于改进经济体制，《报告》提出要注意以下问题：一、中央某些职权下放后，必须加强对各个地方的平衡工作。因为经济单位是分散的，没有全局、整体的平衡，就不是有计划的经济。因此，一方面要有适当的分权，同时又要加强综合。二、地方要切实掌握资金的投放方向。地方资金主要应该投向与发展农业生产有关的方面，例如化肥工业、兴修水利、可垦荒地的开垦等。三、财政体制一经改变，必须建立相应的财务管理制度。各地方和各企业，都有机动的财力，比较好办事；但如果管理不好，就会坏事。为了防止和减少贪污、浪费的现象，必须建立会计制度、报告制度、检查制度等各种管理制度。四、中央和地方各种分成制度，基本上3年不变。3年之内，地方财政分成不超过30亿—36亿元，外汇分成不超过4500万—5000万美元。地方分成过多，会影响全国的重点建设。执行1年以后，如果有不适应的地方，应该有局部的调整。

关于农业增产问题，《报告》说：第二个五年计划期间，由于人口和就业的增加，粮食、布匹的人均供应量难于增加，而且会有下降趋势。农业已成为建设中的弱点。第二个五年计划期间如果不注意农业的发展，到第三个五年计划再来注意就晚了。错过5年，就要耽误10年。大规模地发展化学肥料，这是农业增产的最快、最重要的一条。发展化肥比起开荒来，既便宜，又快。年产100万吨化肥只要10亿元投资，可增产粮食300万吨即60亿斤。解决穿衣问题的主要出路在于发展化学纤维。化学纤维有人造纤维和合成纤维，特别是合成纤维品种很多，都要研究，争取多种多样。中国农业的灾情中，水灾多于旱灾，涝灾又多于洪灾。易涝地区约有1亿亩。国家钱少，应先用于治涝，这比开荒有利。灌溉是农业增产最可靠的办法之一。如果把2亿亩旱地改变为水地，每亩平均增产150斤，即可增产300亿斤。上述化肥、化学纤维、治涝、扩大灌溉面积4个问题，应该在报纸上展开讨论，让党内党外各界人士都发表意见。这样做，只有好处，没有坏处。制定第二个五年计划要从有吃有穿出发，否则，社会主义建设事业便站不稳，必然还要回头补课，还要回过头来搞农业。解决吃穿的问题并不只限于农业，为了农业的工业投资，应该看作解决农业问题的一部分。不看到这一点，只强调投资比例，是不对的。要提高人民的生活水平，还要有一个重要条件，就是娃娃要少生一点。

《报告》分两部分收入《陈云文选》，题目分别为《经济体制改进以后应该注意的问题》和《解决吃穿问题的主要办法》。

9月25日

［纲　文］　**中共中央发出《关于农业合作社干部必须参加生产劳动的指示》**。

［目　文］　《指示》说，中共中央多次指示，农业合作社的干部，从主任、副主任起，都必须参加生产劳动。许多合作社已经很好地解决了这个问题，但是也有不少合作社还解决得很不妥善，甚至迟迟未决。在整风运动中，各地各级党委都必须检查各合作社执行中共中央指示的实际情况，指导各合作社通过群众讨论，拟出解决这个问题的办法。在

讨论和拟定这类办法的时候，可以参考下列规定：一、合作社干部处理日常事务的工作，采取轮流值班制，或者分日值班，或者分上下午值班。在值班或者开会以外的时间，干部都同一般社员一样参加生产劳动。二、干部的劳动，同一般社员一样，按劳动的数量和质量领取工分。因此，干部的生活费用，不要完全由社补贴，可以由社补贴那些因公误工的部分。补贴也可以采取定额的办法，但一般的补贴定额都不宜太高。会计因为有经常的技术性的业务，补贴数量应该另定。三、在实施前两项规定的条件下，合作社干部参加社务工作的补贴工分总数，一般应该力求不超过全社工分总数的1%。为保证以上的规定能够更顺利地实施，县、区、乡各级党委应该按照中共中央关于民主办社几个事项的通知，改进领导方法，减少一些不必要的会议。

9月26日

[纲　文]　**中共中央转发《河南省委关于当前农村社会主义教育运动中存在的几个问题的报告》。**

[目　文]　《报告》转发至各省、市委、自治区党委，全文如下：兹将河南省委关于农村社会主义教育运动报告中的一段（当前运动中存在的几个问题），转发各地参考，请各地也注意这些问题。

[文　献]　**河南省委关于当前农村社会主义教育运动中存在的几个问题的报告（节录）**

当前运动中存在的几个问题：

一、干部中急躁情绪比较普遍。

（1）有的入乡后没有认真武装骨干，发动群众，就急于在群众中进行鸣放争，结果鸣不开，辩不起来。……

（略）

三、据新乡地委反映，当前辩论中，基层干部认为最难解决的问题是工、农业产品的差价问题。他们认为工业品价格高，农业品价格低，不好说服农民。

四、部分干部对这次运动主要是批判富裕中农的资本主义思想不够明确，有的单纯认为是打击敌人的破坏活动，或单纯认为是完成粮食征购任务；有的地方斗争的面过宽；有的在辩论中没抓住粮食这一中心问题，甚至有的把男女关系也作为辩论内容。

资料来源：中央档案馆馆藏档案。

9月26日

[纲　文]　**一届全国人大常委会第七十九次会议和政协二届全国委员会常委会第四**

十五次会议举行联席会议。

［目　文］　联席会议由全国人大常委会副委员长、政协全国委员会副主席彭真主持。联席会议根据中共中央的建议做出《全国人大常委会、政协全国委员会常委会联席会议的决议》，决定成立中国人民庆祝伟大的十月社会主义革命40周年筹备委员会。筹委会由44位委员组成，刘少奇为主任委员，宋庆龄、郭沫若、吴玉章为副主任委员，钱俊瑞为秘书长。联席会议认为纪念十月革命40周年具有极其重大的意义；号召全国各地和各界人民庄严和隆重地庆祝十月革命40周年；决定筹委会立即开始工作。

全国人大常委会会议通过《关于死刑案件由最高人民法院判决或者核准的决议如何执行问题给最高人民法院的批复》。《批复》说，按照法院组织法由高级人民法院负责或者终审判决的死刑案件，仍由最高人民法院判决或者负责审核。高级人民法院认为应当判处死刑的案件，应当报请最高人民法院核准后执行。高级人民法院认为不应当判处死刑的案件，即由高级人民法院依照法律的规定发回下级人民法院再审或者提审。全国人大常委会会议还通过任免事项。

9月26日

［纲　文］　**中华人民共和国主席毛泽东签署任免命令**。

［目　文］　任命张霖之[①]为煤炭工业部部长，免去余秋里[②]的中国人民解放军总财务部部长职务，陈郁[③]的煤炭工业部部长职务。

上述任免人员于本日经一届全国人大常委会第七十九次会议通过。

9月27日

［纲　文］　**文化部、轻工业部发出《关于变更新闻出版用纸申请分配和供应办法的联合通知》**。

［目　文］　《通知》说：为了适应计划体制和改进物资供应工作，文化部与轻工业部对全国新闻出版用纸的申请分配和供应，根据统一领导、分级管理的原则，经过协商研究，并征得国家经委同意，决定从1958年起变更方式下放职权。《通知》随文寄发《轻工业部供销局与文化部出版事业管理局关于1958年轻工业部分配物资（纸张）的申请分配的协作问题的会议记录》一份，供各省、市、自治区文化出版行政机关以及相关单位查照。

上述会议记录指出，6月25日，文化部致函轻工业部提出变更新闻出版用纸申请分配和供应办法的两点具体建议：一、中央出版单位需用的新闻出版用纸，由文化部汇总填报申请书，向轻工业部申请分配；二、地方出版单位需用的新闻出版用纸，由各省、市、自

① 张霖之（1908—1967），河北南宫人，此前任电机制造工业部部长。

② 余秋里（1914—1999），江西吉安人，此后任解放军总后勤部政治委员。

③ 陈郁（1901—1974），广东宝安（今深圳）人，自1957年8月起任广东省省长。

治区文化出版行政机关汇总报当地计委申请分配。轻工业部研究了上述建议。7月25日，轻工业部供销局与文化部出版局进行具体商谈，就1958年起变更新闻出版用纸申请分配方式、下放职权，达成一致意见，并就双方协作的具体问题达成七项协议。

9月27日

［纲　文］　**文化部发出《关于编制1958年课本出版计划和印造地区的规定》**。

［目　文］　《规定》指出，教育事业计划、出版事业计划和用纸计划自本年起均先后下放，由各省、市、自治区自行统筹安排；据教育部通知，某些教育科目和教材也可以由各地区因地制宜自行增删。这些改变与原来课本分区集中印造和课本出版计划由印造地区统一编列的办法发生矛盾。为保证课本供应，防止积压和不足，使课本出版、印刷、发行和纸张供应工作，更好地与各地区教育事业的发展和需要相结合，同时又能稳步转移，以免造成混乱，对1958年度课本出版计划的编列方法和造货地区做出修改和调整。一、从1958年秋季课本开始，各省、市、自治区所需课本，不论由本地区自印或委托其他地区印造，课本出版计划，一律由本地区自行编列，纳入本地区的出版事业计划。二、鉴于全国印刷生产能力尚有一定剩余，而且地区分布很不平衡，因此，1958年课本印造任务的调配仍需根据“统筹兼顾、全面安排”的方针，采取逐步划回本地区印造的做法。1958年课本造货地区和印造品种已做出调整，各地遵照办理。三、从印造1958年秋季课本起，凡规定由其他地区印造的课本，双方造货关系一律改为委托代印，按调度印刷任务处理。纸张、资金、盈亏，均由委托地区负责。

11月15日，文化部又发出《关于编制1958年课本出版计划和印造地区规定的补充通知》，要求各省、市、自治区文化出版行政机关督促所属有关单位签订委托代印课本合同，明确责任，加强联系，并检查它们工作的情况。《通知》随文寄发《委托代印课本双方签订合同的注意事项》一份，供委托方和代印方的出版单位结合具体情况参照协商。

9月27日—10月18日

［纲　文］　**捷克斯洛伐克国民议会代表团、布拉格市中央人民委员会代表团访问中国**。

［目　文］　两代表团分别由捷克斯洛伐克国民议会主席兹德尼克·费林格、布拉格市长阿·斯沃波达率领，先后参观和访问了北京、鞍山、旅大、重庆、西安等城市。访问北京期间，两代表团受到毛泽东和周恩来接见，并出席庆祝中华人民共和国成立8周年国庆招待会等活动。

9月29日，毛泽东接见两代表团时说：你们可以看到，我们是一个落后的国家，落后了几十年。现在我们已经进行了革命，扫清了道路。但还没有扫清，还在革命。扫清道路，进行另一个革命，这是技术革命。我们的政治革命、经济基础的革命已经花了几十年，技术革命恐怕也得几十年，才能达到你们的水平。我们的外交政策原则，首先是和社会主义阵营各国团结；第二是和亚洲、非洲、拉丁美洲及北欧的一部分国家建立关系；第三是对西方主要国家，现在主要是和他们斗争，不忙于建交。所以这和杜勒斯的方针相同，他们怕我们去闹事，不同我们建交。

9 月 27 日—10 月 5 日

［纲　文］　**匈牙利人民共和国工农革命政府代表团访问中国**。

［目　文］　代表团由匈牙利人民共和国工农革命政府总理卡达尔·亚诺什率领。访问期间，代表团受到毛泽东接见。代表团同以周恩来为首的中国政府领导人进行了会谈，并于 10 月 4 日签署两国政府联合声明。声明说：双方在会谈中回顾了自本年 1 月两国政府代表团在布达佩斯发表联合声明以来的国际局势的发展，同时就当前国际形势中的重要

10 月 3 日，北京市各界在北京体育馆举行大会，欢迎以卡达尔总理为首的匈牙利工农革命政府代表团。

问题，以及进一步巩固社会主义国家的团结和加强两国友好合作的问题交换了意见，并取得完全一致的看法。双方完全支持苏联在裁军问题上的建议；支持民主德国政府和苏联政府在德国统一问题上的主张；双方支持亚非各国人民反对殖民主义、争取民族独立的斗争，坚决谴责美国对叙利亚的侵略行为，以及英国和法国对阿曼和阿尔及利亚人民的武装进攻。中国政府完全支持匈牙利政府维护国家主权的正义立场和为巩固无产阶级专政、维护社会主义制度所采取的坚定措施，并谴责美国侵略集团妄图利用联合国继续干涉匈牙利内政的阴谋。双方决定互派经济代表，进一步研究扩大两国经济合作的可能性。

访问期间，代表团还参加了中华人民共和国建国 8 周年国庆观礼，访问了北京、沈阳。

9 月 27 日—11 月 13 日

［纲　文］　**日本日中友好协会代表团访问中国**。

［目　文］　代表团由日本日中友好协会会长松本治一郎率领。代表团受到周恩来接见。周恩来在接见谈话时说：关于中日两国恢复邦交问题，不必着急。为什么？因为美国长久不承认中国是有困难的。情况不断在变化，历史是前进的。我们不急，七年、八年甚

至十年、十二年都没关系，中国是不急的。假如我们急躁起来，日本朋友们急躁起来，美国是会提出另一种办法的，就是一方面要日本承认新中国，另一方面把台湾作为一个国家来制造“两个中国”。这种运动在英国已抬头，在美国也有这种舆论。如果到了那个时候，美国提出条件，要日本在承认台湾的情况下承认中国，日本政府就不好办了。任何国家若是承认“两个中国”，我们是不允许的，而且也不同它往来。

访问期间，代表团与中国人民对外文化协会、中国人民外交学会、中国人民保卫世界和平委员会、中国国际贸易促进委员会、中国红十字会的多位代表就增进两国人民友谊、日中邦交正常化等问题进行了会谈，并于10月28日与上述五团体签订关于增进两国人民友谊和促进日中邦交正常化诸问题的共同声明。

9月28日

［纲　文］　**国务院召开常务会议**。

［目　文］　会议由周恩来主持，主要内容是：一、通过《国务院关于粮食统购统销的补充规定》。《规定》指出，国家对于粮食的分配在长时间内必须统筹兼顾、全面安排。当前的方针是，在坚持粮食“三定”的基础是，实行以丰补歉，保证国家正常的粮食收入，严格控制粮食的销售。《规定》于10月11日发布。二、批准《高等教育部关于改进留学研究生派遣工作的报告》。《报告》总结了新中国成立以来派遣留学生情况，决定自本年起只派出研究生，并提出每年选派留学研究生的总名额以及名额分配办法。三、批准《邮电部关于统一和调整邮电资费的报告》，调整方案自1958年1月1日起实行。《报告》指出了邮电资费方面存在的各地费率不统一、差价过大等不合理现象，提出统一全国邮电资费收费标准和制度、简化手续等措施，以使邮电资费逐步趋向合理。四、同意《中国人民银行关于清理农业贷款问题的报告》。《报告》指出了农业贷款中存在的贷款关系不清、账目混乱等问题，提出清理农业贷款要达到的要求和原则。10月19日，国务院批转了《报告》。

9月28日

［纲　文］　**国务院常务会议批准《高等教育部关于改进留学研究生派遣工作的报告》**。

［目　文］　国务院常务会议决定：一、留学生的专业派遣计划，科学研究系统的由科学院提出，工业、交通产业部门的由国家技术委员会提出，农林水利系统的由七办提出，其余的由高教部拟定。二、高教部负责初步综合平衡，提出方案，并送国家经委、国家计委汇总平衡。三、此后派遣的留学生，取消家属补贴，此前派遣的留学生的家属补贴是否照发，由高教部研究提出方案。

高教部在《报告》中说，新中国成立以来，中国派赴苏联、各人民民主国家及印度、埃及等国家的留学生共计7075人（研究生1331人，大学生5744人），其中有637人已毕业回国。自本年起，只派出研究生，不再派高中毕业生出国。每年选派留学研究生的总名额（每年至多550名，其中派往苏联的400名），由高教部会同各有关部门，提出分配给高教部、科学院及各产业部门所占比例的控制数字，报国家经委审定。研究生的专业派遣计划，由高教部汇总有关部门提出的计划，送国家经委、国家计委平衡，报国务院批准，交由高教部负责组织派遣。在留学生选拔工作中，要改进选拔办法，纠正重业务、轻政治的错误倾向。派遣的留学生应从大学毕业并具有二年以上实际工作经验的人员中选拔，数学、物理等基础理论专业可例外。选拔方式上实行公开招考的办法。

9月28日

［纲　文］　**《人民日报》发表题为《用革命的精神精简企业管理机构》的社论。**

［目　文］　社论说：要精简企业的机构，必须用革命的精神，采取革命的办法，才能实现；而只要有决心，有实事求是地改进领导的真诚愿望，也就可以找到精简机构和管理人员的良好办法。这是石景山钢铁厂在精简机构方面提供的一个重要经验。

石景山钢铁厂在1954年和1955年曾经进行了精简机构的工作，但是由于当时经验不足，决心不够，办法不多，成绩很小。半年多以来，该厂领导人员下了最大决心，经过了深入系统的研究以后，提出了一个用革命的精神精简管理机构的方案。按照这个方案，原有31个职能科室合并为20个，原有17个车间和股队合并为10个；原有生产管理干部1975人减至896人。精简下来的干部，分别下放到基层工作或者直接到生产岗位上去。这个工厂现有管理人员占全体职工17.4%，精简以后，占全体职工的8.58%。劳动生产率可以提高10%。这是彻底克服官僚主义、改进生产管理的有力措施，是厂矿企业边整边改中“开花短，结果快”的良好榜样。

过去，在资本主义私营企业里，有些中小型工厂的管理人员一般只占总人数7%到8%，而我们现在有好多工厂的管理人员一般都占总人数的15%以上，有的甚至占了一半。近几年来，由于生产建设的需要，有些单位相应地增设和扩大了一些机构，增加了一些管理人员；但是，也有一些机构不是从当前实际需要出发，而是在追求大规模和正规化的目标下扩大起来的。机构庞杂，形式主义和文牍主义的现象就严重起来，忙闲不均的现象也跟着出现。干部思想问题和互相扯皮的事情也多起来，解决问题的大大小小会议也就随之而来了。许多领导人员沉没在表报中、会议中、文件中，不能及时了解下情，滋长了官僚主义和主观主义。这种现象在其他厂矿企业中也有，因此，积极采取有效措施，革除机构庞杂的病害，是企业整风运动中的一个重要任务。

9月28日

［纲　文］　**《云南日报》报道，云南省占全省少数民族人口70%以上的地区实现合作化，超越一个或几个社会发展阶段，跨入社会主义。**

9月28日

［纲　文］　**中国人民保卫世界和平委员会、中国对外文协、中国文联、中国作协和中国剧协等团体联合举行意大利剧作家卡洛·哥尔多尼诞生250周年纪念会。**

9月29日

［纲　文］　**中共中央转发《中央交通工作部关于铁路系统现行奖金制度的调查报告》。**

［目　文］　《报告》转发至铁道部党组并劳动部党组和全国总工会党组。转发批语说：兹将中共中央交通工作部关于铁路系统现行奖金制度的调查报告发给你们参阅。并请铁道部党组结合整风运动进一步加以研究，求得逐步妥善解决。其他工矿企业中的奖励制度问题，亦请劳动部和全总党组注意研究。

8月17日，中共中央交通工作部向中共中央提交《报告》。《报告》总结了铁路系统奖励制度的情况，指出存在的问题和某些不良后果，并提出改进建议。

［文　献］　**中央交通工作部关于铁路系统现行奖金制度的调查报告**

中央：

我们对铁路系统现行奖励制度的情况作了一次调查，觉得存在的问题很多，并已造成某些不良后果，实有研究整顿的必要。现将我们所了解的情况和问题报告于后。

（一）

铁路系统现行的奖励制度，分为两大类。一类是固定的生产奖，奖金从工资总额中支付。另一类是竞赛奖和为解决某项关键问题或为突击完成某项任务而发给的一次重点奖，奖金从企业首长基金内支付。

铁道部统一制订的固定的生产奖励项目，共有二十九种，此外各管理局还根据需要制订了一些单行的补充项目。以北京铁路管理局为例，现行的固定的生产奖励项目共有四十六种，其中管理局制订的就有十七种。奖金的支出很大。去年全国铁路运输系统共支出奖金一八、一四二万元，占全国铁路运输系统工资总额的百分之四·七五，其中固定性生产奖金占工资总额的百分之二·四三，竞赛奖和一次重点奖金占百分之二·三二。去年北京铁路管理局的奖金支出，占工资总额百分之七·七,这是一个不小的数字。

（二）

根据对天津机务段、车辆段、列车段和东站等四个单位的实地调查，在现行的二十七项固定性生产奖励办法中，按其对生产所起的实际作用来说，大体可划分为三类。第一类：对生产有推动作用，基本上可行的有十三项。在这一类奖励项目中，有的由于奖励条件包括了几个主要的生产指标，并且是集体奖励（如机务和车辆检修厂的检修质量奖）对全面均衡完成生产任务和加强各工种间的协作都能起促进的作用；有的奖励条件虽然只有单项生产指标（如搬道、信号、给水人员安全奖和固定锅炉节煤奖），但能够体现受奖工种最基本的职责，对于推动生产也有好处，问题在于其中有些工种的定额过低，绝大部分工人都可以月月得奖，实际上已成变相增加工资失去了奖励的意义。第二类：对生产有一定的推动作用，但副作用极大的有十二项。这一类奖励项目主要集中在运输部门的几个主要工种。由于一个工种的几个生产指标同时可以分别得奖，很容易使职工在生产中挑肥拣瘦，只注意抓奖金高或容易得奖的生产指标，或者在几个指标不能同时兼顾时，就有意识地抓一头放一头，影响到全面均衡地完成生产任务；同时也容易助长职工个人主义、本位主义思想的发展，这是与铁路运输要求各个工种高度协作的特点不相适应的。有的奖励办法甚至影响干部同工人的团结。例如：货物列车检修所领工员、值班员实行的是正点奖，而检修工人实行的是合格列车奖，领工员、值班员为了得正点奖，有时不组织工人检查就让列车开走，而检修工人则往往强调技术检查时间，而不顾列车正点，这样不仅造成干部同职工之间关系紧张，而且对生产不利。第三类：对生产根本不起作用。如指导司机和指导车长奖和列检工人的计件累进补加奖等项目。这些项目的计奖办法根本不能反映他们本身工作的好坏，不少职工往往在得奖后还弄不清奖金从何而来？为何得奖？因此他们把这种奖励通称为“副收入”或“额外收入”。

各种形式的竞赛奖（红旗竞赛、先进生产者和联合劳动竞赛奖等），对于促进全面均衡地完成生产任务，加强各工种的协作和推广先进经验等方面是能够起到良好的作用的，问题是奖金过少，不为一般职工所重视。至于一次重点奖则副作用很大，它只能起到一时的刺激作用，对生产的正常发展并没有多大帮助。值得注意的是，有些领导干部往往以这种奖励办法作为突击完成任务的主要“法宝”，在工作中遇到薄弱环节，即以一次奖去号召，而放松了必要的政治思想工作和组织工作。

从调查材料看来目前铁路系统奖励工作上主要存在如下几个问题：

（一）片面强调物质刺激和一时的经济效果，这是促使职工经济主义思想发展的一个重要的原因。有的职工为了追逐奖金，忽视国家整体利益，不顾工作质量，有的甚至弄虚作假。例如：天津机务段乘务员为了追求节煤奖，就有八种以上的作假方法。天津货物列车检修所七个工组中，有四个工组假报合格列车数。据天津原列检所主任和一位领工员称，如果严格地检查，则该所检修的列车合格率最多不会超过百分之二十，但他们却以百分之八十的合格率上报，这已经是公开的秘密了。

（二）许多奖励条件低于计划指标，不能起到鼓励先进的作用。往往是奖金支出很多，但生产计划却完不成。如去年天津机务段共支出节煤奖一七、〇八〇元，但该段实际耗煤量却比管理局所订计划指标多超三、九八九吨。工人得了奖，国家赔了煤。

（三）奖励条件不全面，偏重对多和快的奖励，对安全强调不够。有的乘务员为了追求赶点奖，往往违犯作业规章，行车速度超过允许的最高技术速度，致行车事故不断发生。一部分参加联合调车劳动的搬道员，过去在实行安全奖时是反对调车违章作业的骨干，安全奖改为计件累进补加奖以后，他们便同调车组一起违章作业了。据天津铁路分局统计：行车事故去年比前年增加一四四件，伤亡事故也比前年多。今年一月份发生的九十三件事故中因违章作业造成的就占到百分之八十六，其中显然为赶多、赶快、盲目蛮干，故意违章而造成的事故占百分之三十一。

（四）奖励项目大多数集中在运输部门的少数工种上，以致少数工种奖金过分突出，打乱了正常的工资等级关系。天津地区有六个以上奖励项目的工种有十四个，个别工种（如线路值班员）奖励项目多至九种。有七个工种职工的奖金收入占标准工资百分之二十到三十，个别工种则远远超过此数。如古冶机务段司机田振先去年十月份得奖金一五七元，占基本人标准工资的百分之一五五，如果再加上计件工资和各种津贴，全月收入共达二九九元。这种司机工资过高的情况是比较普遍的。

由于少数工种奖金突出，影响到职工内部的团结和部分职工不安心于现任工作，奖金收入少的工人把奖金收入高的工人称为“贵族工人”，双方感情上产生了很大隔阂，奖金低的工人比较普遍的要求调到奖金高的运转部门去工作，领导上很难说服。此外由于对工资、奖金、津贴等缺乏全面安排，在职工的全部收入上又出现了某些一般工种高于技术工种，辅助工种高于主要工种，新工人高于老工人的倒置现象，这也影响到各部分职工之间的关系。

少数工种奖金的过分突出还影响到干部的生长和提拔。某些工种的工人奖金和计件收入过高，特别是司机收入远超过领导干部，有所谓“气死段长、赛过处长、当个局长还得商量”的说法。因此他们普遍表示不愿意当干部，认为当干部是“明升暗降”。已经当了干部的，还有不少人想回去当司机。这种情况对现有的基层干部有不少的影响，甚至有些干部因而长期闹情绪，不太安心工作。

（三）

根据以上情况我们对整顿铁路系统现行奖励制度提出如下几点建议：

一、奖励目的应当是有利于鼓励职工全面地均衡地完成生产计划，凡是与此目标不符合的都应予以修改或废除。据此我们认为：少数工种奖励过多的，应适当压缩；对生产已失去鼓励作用的奖励应即取消；一个工种同时存在几个互不联系的单项指标奖励的办法，应改为综合奖励的办法，对于某项指标需要着重鼓励者，也不宜孤立突出，而应与其他指标联系适当计奖。同时，除适当照顾主要工种外，也要注意在一般工种中建立适当的奖励制度，以鼓励多数人的生产积极性，使各个生产环节都能均衡发展相互配合。

二、奖励应贯彻鼓励先进的原则。现行的奖励制度有些计奖办法是不符合这个原则的，如合格列车奖是按合格一列奖一列，因此出现了全月指标没有完成工人仍可得奖的现象。我们认为这种计奖办法应加以改变，实行按月或按季计奖，并限于完成月度和季度计划指标者才可获奖。

三、各工种之间的奖金率不宜悬殊过大。在整顿奖励制度时，宜连同标准工资、计件工资和各种津贴作通盘考虑，避免工种之间奖金率悬殊过大，造成工资关系的混乱及影响到工人群众的内部团结。

四、对副作用较大的一次重点奖应严加控制，奖励范围应予缩小，除对有特殊贡献者给予奖励外，一般的应予取消。可考虑建立一些必要的荣誉奖励制度和充分发挥各种竞赛奖的作用。在奖励工作中应注意加强政治思想工作，教育职工正确认识奖励的意义，正确对待劳动，增强主人翁的责任感和荣誉感，防止和克服个人主义、经济主义思想。

以上几点建议，如中央认为有进一步研究的必要，请批转有关部门结合整风工作研究处理。

中共中央交通工作部

一九五七年八月十七日

资料来源：中央档案馆馆藏档案。

9月29日

［纲　文］　**中共中央转发《湖南省服务厅关于湖南省在农村“大辩论”中出现农民大量出售、宰杀生猪和家禽现象的反映》。**

［目　文］　批语说，湖南省在农村进行大辩论时，有些干部在宣传节约粮食问题上有片面性，把过去有些地方浪费粮食的现象归咎到养猪和养家禽上面，引起农民思想顾虑，发生大量出卖、宰杀生猪、架子猪、鸡、鸭和大量阉割母猪的严重破坏生产现象。批语要求各省市委、自治区党委对上述现象加以注意。

本月，湖南省服务厅在《反映》中说：湖南省在农村进行大辩论时出现了农民大量出售、宰杀生猪现象。全省于8月上旬在农村中开始大辩论以后，9月上旬服务系统共收猪85376头，较上年同期实绩39565头增加一倍多，其中9个重点县8月第五个五日(21—25日）收4865头。以此为100%计算，8月第六个五日收9481头，增加94.88%；9月第一个五日收11171头，增加130%；9月第二个五日收14997头，增加219%。常德专区9月14日一天就收2000余头，超过上年同期实绩的三倍多。9月1—9日，湘潭县在9天内就完成了该县全月收购计划。平江县在开始大辩论后即出现宰杀架子猪，出卖鸡、鸭和乱阉割公、母猪的现象，据中共平江县委统计，8月下旬全县农村宰杀生猪1200余头，其中100斤以下的小猪561头，占45%以上。长寿县11个农业社几天内就阉割了136头母猪，21个农业社挑了242只小猪到外地廉价出售，有的社把猪分给队里养，结果队里不接受。

产生以上情况的主要原因是，在进行社会主义教育和农村大辩论过程中，在粮食问题上有些干部宣传片面，做法不够妥当。如有的地方把过去所有的粮食浪费全部归到喂猪和养禽上面；有的还扣上浪费户的帽子，集会展开斗争；又如有的地方宣布不留猪饲料，留地不再留粮；有的地方还批判养猪就是发展资本主义，养猪吃肉是个人主义，因此敌人和一些富裕农民造谣、破坏，投机分子乘机低价收买，这都促使农民大量杀猪卖猪。湖南省认为，上述情况如任其发展下去对以后猪源有很大影响，不利于生产，并因此对上述问题保持注意，有的地区还提出“既要养猪又要节约粮食”的口号，以扭转过去的偏向。

9 月 29 日

［纲　文］　**中国人民对外文化协会、中国伊斯兰教协会、中国人民保卫世界和平委员会等16个人民团体在北京举行联席会议，决定成立中国叙利亚友好协会。**

［目　文］　会议通过中叙友好协会的章程，确定协会的宗旨是发展中叙两国友好关系，促进中叙两国文化交流，增进两国人民的相互了解。协会的工作主要是，促进中叙两国的文化来往，支持叙利亚人民保卫独立和反对帝国主义侵略的正义斗争。会议一致通过中国伊斯兰教协会副主任达浦生为中叙友好协会会长。

30 日，中国叙利亚友好协会举行成立大会，来自各界的1500多位代表，以及在中国访问的叙利亚、埃及、黎巴嫩、摩洛哥、突尼斯等国的来宾参加了大会。周恩来在成立大会上讲话说，美国侵略集团在近东推行所谓“艾森豪威尔主义”，在叙利亚国内进行活动。这不仅是对叙利亚的严重挑衅，对阿拉伯各国人民的严重挑衅，也是对亚非和平和世界和平的严重挑衅。因此，叙利亚人民的斗争是亚非人民反殖民主义斗争的一部分。中国人民把叙利亚人民的斗争看作是自己的斗争，把叙利亚人民的胜利看做是自己的胜利，中国人民和叙利亚人民是站在一起的。

9 月 30 日

［纲　文］　**农业部发出《关于迅速开展抗旱种麦的紧急通知》。**

［目　文］　《通知》说，黄河流域各省干旱，严重影响适期种麦。各级农业部门必须在各地党政统一领导下，千方百计完成种麦任务。为此，《通知》做出以下指示：一、在农业合作化的基础上，全力发动群众抗旱种麦，坚决适时完成种麦任务。二、加强技术指导，同时要因地制宜推广群众性的抗旱播种经验。三、充分利用一切水源，力争多浇一亩地，多种一亩麦。水源不足的，用浇水点种沟种或水耧等办法播种。四、各级农业行政部门的领导干部，应亲自出马，亲临前线，具体帮助农业社制订计划，安排劳力、畜力，寻找水源。

9 月 30 日

［纲　文］　**《人民日报》发表题为《下决心整顿作风改进工作》的社论。**

［目　文］　社论说，把反右派斗争进行到底，在全国各界深入开展社会主义的大辩论，同时又认真地整顿作风，改进党和国家机关的工作，这是全民整风的主要内容，是摆在面前的主要任务。必须坚决贯彻边整边改的精神，认真处理群众的批评和建议，及时地解决一切能够解决的问题。凡是反右派斗争已经接近于结束的单位，更应该积极准备及时

地转入着重整改的阶段。

有不少单位的领导人由于集中力量于反右派斗争，放松了边整边改的任务。他们不了解，即使在集中力量反击右派的时候，也应该分出必要的时间和人力，专门研究和处理群众的意见。凡是能解决的问题应该立即解决；凡是暂时不能解决的问题，也应该积极进行准备工作，并且向群众解释清楚，以免群众发生怀疑和失望。不这样做，对于改进工作固然不利，对于深入反右派斗争也是不利的。总之，整顿作风、改进工作和反对右派，是整风运动的两个不可分离的组成部分。不但必须狠狠地打击右派，而且必须狠狠地整顿作风，改进工作。反对右派不能允许温情主义和草率收兵，改进工作也不能允许温情主义和草率收兵。

9月30日—10月29日

［纲　文］　**日本恢复日中邦交国民会议访华使节团访问中国。**

［目　文］　使节团一行共15人，日本恢复日中邦交国民会议代表委员小畑忠良为团长。周恩来、陈毅分别接见了日本恢复日中邦交国民会议理事长风见章、使节团团长小畑忠良和全体团员。使节团同中国人民外交学会进行了会谈，并于10月10日签订《关于恢复中日邦交的共同声明》。《声明》内容如下：一、中国人民外交学会代表指出，中国人民对日本人民友好的方针无论过去、现在和将来都是不变的。访华使节团表示，日本人民希望恢复日本同中国的邦交，恢复日中邦交国民运动是恢复日本同中国的邦交的运动。二、中国人民外交学会代表指出，台湾是中国的领土，企图制造所谓“两个中国”的态度和政策，是中国人民绝对不能容忍的。访华使节团表示，台湾问题是中国的内政问题；恢复日中邦交的国民运动，不是制造“两个中国”，也没有制造“两个中国”的意图，而且也不应该被任何制造“两个中国”的阴谋所利用。三、不应该容许来自两国以外的势力和它的追随者违背两国人民的意志，阻碍中日邦交的恢复，外国势力对台湾的干涉是危害亚洲的和平和安全的。四、应该通过亚非各国的合作，迅速恢复中国在联合国的代表权。五、中国和日本应该就两国间的长期经济交流，继续保持相互协商的机会，并且大力发展两国间的贸易，实现长期和广泛的合作关系；发展渔业合作；增进文化和技术交流；同时为了进一步发展许多民间协定所表现的合作关系以及两国人民在其他各方面的友好合作关系，不应只是要求政府对民间协定的保证，或者把民间协定发展成为政府协定，而应该大力促进两国邦交的早日正常化。

9月

［纲　文］　**各民主党派和全国工商联分别召开会议，决定在全国范围开展以反右派为中心内容的整风运动。**

9月

［纲　文］　**粮食部发出《关于粮食、油料市场管理的规定》。**

［目　文］　《规定》根据国务院8月9日全体会议通过的《关于由国家计划收购

（统购）和统一收购的农产品和其他物资不准进入自由市场的规定》而制定，共九条。主要内容如下：一、凡粮食、油料供不应求的地区，一律停止开放国家粮食、油料市场。农业社（户）在完成国家的粮食、油料统购任务以后，如果需要继续售出自己留用而有余的部分粮食、油料，或者买卖周转粮和进行粮食品种调剂，必须通过国家的粮食、油料购销站（店），按照国家规定的统购统销牌价进行买卖。二、农业社（户）用粮食、油料作原料进行副业生产（如油品、粉条、挂面等），其所需的原料一律限于农业社（户）在完成国家的粮食、油料（包括油品）统购任务以后，自己留用的部分粮食、油料；或者接受国家的委托，进行粮食、油料加工。禁止农业社（户）自行收购粮食、油料作为副业生产的原料。农业社（户）用粮食油料作原料进行副业生产，其所生产的产品限于供应农业社（户）自己的需要，或者出售给当地的国家粮食、油料购销站（店）和供销合作社，禁止农业社（户）自行运销或者出售给商贩。三、机关、团体、学校、部队、企业以及城市中用粮的行业、作坊、居民等一律不准在农村收购粮食、油料，也不准在城市收购私人贩运进城等粮食、油料。四、禁止私人贩运粮食、油料。严格取缔一切对粮食、油料进行黑市投机买卖的活动。也不准农业社（户）在收获季节以前将未成熟的粮食、油料贩运进城卖青。城市郊区的菜农因赶季节改种，必须卖青的，须持区以上人民委员会批准的证明文件，始得进城卖青。五、凡通过邮局邮寄粮食、油料的数量，每次不得超一公斤。农民进城携带粮食和花生不超过二公斤，花生和芝麻不超过一公斤，用以赠送亲友或者自食的应当允许。国家机关、国营农场以及科学研究单位，因进行业务工作所必需的粮食、油料样品，可凭国家粮食、油料主管部门的证明文件携带或邮寄。六、在粮食、油料供求情况比较缓和的地区，也可以继续开放国家领导下的粮食、油料市场，但必须经省人民委员会的批准，始可开放。七、关于薯类以及粮食、油料的副产品（糠、麸、油饼等）市场管理，由各地人民委员会结合当地的实际情况，采取适当的措施加以管理。八、凡违反本《规定》，采取任何方式进行粮食、油料买卖和投机活动者，一般应予批评教育，按国家统购价格收购其粮食、油料（包括油品）；情节严重者，送人民法院处理。

9 月

［**纲　文**］　**全国第四次农村工作会议召开。**

［**目　文**］　会议着重讨论了农业生产合作社的组织整顿与政策调整问题。9 月 14 日，会议通过《关于整顿农业生产合作社的指示》、《关于做好农业合作社生产管理工作的指示》、《关于在农业合作社内部贯彻执行互利政策的指示》。16 日，以中共中央名义发出上述三项指示。

15 日，邓子恢在会上作总结报告。关于如何巩固合作社，报告谈了以下四个方面的问题：一、改进生产管理工作。这是保证农副业增产、巩固合作社的主要关键之一。一年来各地不同程度地创造了一套生产管理制度，这就是“统一经营、分级管理、明确分工、个人负责制”。这一套制度的特点是：（一）三包制，即生产队包工、包产、包财务，这是处理社与队关系的一种最好办法。（二）两个指标，即超产提成，减产扣分制度，这是队与社关系的进一步合理化。（三）工包到组、组包片，是处理队与组关系的一种好办法。（四）田间零活包到户，是处理组与组员关系的一种灵活办法。（五）大活集体干、小活分开干，使得劳动组织适合于生产的需要。（六）统筹兼顾、逐户安排、用人所长、各得其所，是以后互利政策的主要内容，也是生产管理的重要内容。（七）牲口分户喂养、养用合一，利于提高社员爱畜、保畜的积极性，减少生出的瘦弱、死亡。（八）副业生产的管理和劳动计酬，应注意总结经验。

二、不断扩大再生产。这是巩固提高合作社的一个基本关键。扩大再生产的办法有两条：（一）扩大公共积累，在增产的情况下，合作社公共积累增加的速度，应该大于劳动报酬提高的速度。（二）最主要最根本的是动员社员多出基建劳动日。合作社应该进行劳动力的全面规划，最好在春前把社员参加社内劳动、家庭副业劳动、国家义务劳动和社内基本建设劳动日规划到户，保证劳动力的均衡调配。

三、正确贯彻执行合作社的经营方针。合作社的经营方针是：（一）优先发展粮食生产，同时发展多种经济。（二）勤俭办社、勤俭持家。（三）善于经济核算，多举办一些投资少、收效快、收益多的生产。（四）合作社的计划必须和国家的计划相衔接。

四、贯彻阶级路线。一年来各地的经验证明，坚决拥护合作社的是占农村人口60%—70%的贫农、下中农，这是合作社能够办起来和能够巩固的最根本的社会基础。要坚决依靠贫农和下中农。同时还必须团结占农村人口20%左右的上中农。

9月

［纲　文］　全国供销总社土产采购管理局与轻工业部供销总局联合发出《关于进一步开展收购和利用橡子制酒精的联合通知》，号召各地供销合作社积极收购和利用橡子仁生产酒精和白酒。

10　月

10 月 1 日

［纲　文］　**国务院发布《关于编制1958年度国民经济计划草案的指示》。**

［目　文］　《指示》认为，1957 年国民经济有了很大发展，但是也暴露了一些比较突出的问题。首先是农业生产仍然落后于国民经济其他部门，特别是落后于工业发展和人民生活改善的需要；其次是原材料、燃料、化学工业仍不能满足工农业生产的需要；第三是新产品、新资源的开发落后于国民经济发展的需要；第四是增产节约的潜力还很大，勤俭建国的方针还要继续大力贯彻执行。《指示》指出，1958 年度国民经济计划的编制，必须根据第一个五年计划执行中所取得的经验和中共八大关于发展国民经济的第二个五年计划的建议的原则，针对国民经济发展中存在的突出问题，瞻前顾后，统筹兼顾，适当安排。

《指示》提出如下要求：一、要想尽一切办法，促进农业增产。要求粮食（不包括大豆）达到 3960 亿斤，棉花达到 3250 万担。二、工业生产必须有进一步的增长。1958 年全国工业总产值要求比 1957 年预计增长 8% 以上。三、交通运输业，随着工农业生产和基本建设的发展，应该有相应的发展。四、基本建设投资总额，初步定为 116 亿元。五、同经济发展相适应，人民生活应有一定的改善。职工工资总额将比 1957 年预计增长 4%，农民购买力增长 6.4%。六、适应国内经济发展的需要，必须进一步加强对外贸易工作。1958 年进出口贸易总额初步安排为 93.9 亿元。七、文教卫生和科学研究事业，应该在巩固和提高质量的基础上稳步地发展。1958 年度计划安排高等学校招生 10.97 万人，中等专业学校招生计划控制在 10.6 万人以内。1958 年医院病床预计比 1957 年增加 9820 张。八、继续开展增产节约运动，继续贯彻执行勤俭建国的方针。这是编好 1958 年国民经济计划的关键。

《指示》要求各部和各省、自治区、直辖市立即抓紧时间编制 1958 年度国民经济计划草案，报送国务院。

10 月 1 日

［纲　文］　**首都举行盛大阅兵式和50万人大游行，庆祝中华人民共和国建立8周年。**

［目　文］　毛泽东、朱德、刘少奇、周恩来等党和国家领导人，在天安门检阅台上检阅了中国人民解放军部队和群众游行队伍。彭德怀乘车检阅中国人民解放军陆军、海

军、空军各部队，并在天安门检阅台向全体陆海空军讲话，号召全体官兵为解放台湾、保卫祖国的社会主义建设、保卫世界和平而奋斗。

应邀访问中国的50多个国家的外宾，各国驻华使节和外交官员，苏联、各人民民主国家和其他国家援华专家；工农业劳动模范，民主党派和机关团体的负责人，中国人民解放军、中国人民志愿军、海外华侨和各民族代表等1万多人，在天安门前的观礼台上出席了国庆观礼。

本日，《人民日报》发表题为《欢呼国庆八周年》的社论。社论说，由于解放以后八年来国民经济的迅速发展，特别是第一个五年计划的顺利实现，我们国家的面貌已经发生了巨大的变化。我国人民的物质生活水平和文化生活水平比之解放前已经有了令人注目的提高。从1958年起，我国就开始实施第二个五年计划。在今后的建设计划中，我们必须实行工农业并举的方针，一方面要保证工业经济稳步上升，一方面要适当地增加农业投资的比重。

此前，周恩来于9月30日晚在北京饭店举行招待会，庆祝国庆节。应邀出席的有来自50多个国家的外宾，以及各国驻华使节和外交官等共1800多人。周恩来在招待会上讲话说：新中国已经巩固地屹立在世界上，没有任何力量可以阻止新中国一天天壮大起来，没有任何力量可以阻止新中国在国际事务中发挥应有的作用。

10月1日

［**纲　文**］　**《人民日报》报道，国家计委负责人谈第一个五年计划执行情况和成就。**

［**目　文**］　报道说，国家计委负责人在国庆节前夕应《人民日报》和新华社记者的要求，对第一个五年计划的成就和意义发表了谈话。谈话主要内容如下：一、经过第一个五年计划，中国国民经济发生了巨大的深刻的变化。首先应当指出的是国家提前和超额完成了对农业、手工业和资本主义工商业的社会主义改造的任务。本年又在组织上和思想上进行了巨大的巩固工作。由此，中国的国民经济已经基本上由多种成分转变为单一的社会主义成分，基本上结束了几千年来阶级剥削制度的历史，确立了社会主义的经济制度。应该特别指出的是，社会生产关系的这种巨大的剧烈的变革，在进程中不仅没有破坏社会生产力，而且明显地推动了社会生产力的发展。

二、社会主义建设方面的成就十分显著。工业基本建设按投资额计算，5年合计将超额完成计划5%以上。以苏联帮助设计的156项为骨干的限额以上的工业建设单位，5年内开始施工的共825个，本年底能建成的共448个。这800多个项目是中国现代大工业的第一批骨干，它们虽然还没有全部建成，但是已经为中国的社会主义工业化建立了初步基础。农业、水利和林业5年内基建投资达到38亿元以上，超过原计划50%以上。交通运输方面，重要的有新建铁路干线和支线4920多公里，由中央投资修建的公路干线12000里，都超过计划20%左右。大规模的经济建设壮大和锻炼了中国的技术力量，1952年国民经济各部门的工程技术人员不过17万多人，预计1957年达到80万人。一般的大型企业都可以自己设计。

三、第一个五年计划采取了发挥原有企业的生产潜力来加速新企业建设的方针，工业生产、农业生产和运输取得了很高的发展速度，并且使多数指标大大超过了原定的计划。1957 年工业总产值，已经为 1952 年的 223.4%，平均每年增长速度为 17.4%，为原计划的 112.7%。农业方面，1957 年的农业总产值为 1952 年的 126.4%，平均每年增长速度为 4.8%，为原计划的 102.5%。运输方面，1957 年铁路货运量为 1952 年的 193.8%，平均每年增长速度为 14.1%，为原计划的 104.3%；1957 年公路货运量为 1952 年的 503.2%，平均每年增长速度为 38.2%，为原计划的 154.5%。

四、第一个五年工业和农业之间的关系基本上是协调的。1957 年比 1952 年，农业约增产了粮食 700 多亿斤和棉花 400 万担，其他经济作物和牲畜也都有了较多的增长，保证了人民生活的需要，保证了国家建设的顺利进行。第一个五年计划的经济建设和文教建设是密切结合进行的。第一个五年计划高等学校毕业的学生达到 27 万多人，中等专业学校毕业的学生达到 84 万多人，其中大部分分配到经济各部门和科学研究机关中担负技术方面的工作，大大地加强了我国的科学技术队伍。

五、一方面保证国家建设事业的发展，另一方面保证人民生活得到适当的改善，这是中国社会主义建设的一条重要方针。与此相联系的建设方针是，经济建设一方面必须以重工业为中心，另一方面必须充分注意农业和轻工业的发展，发展工业必须和发展农业同时并举。事实证明，社会主义建设的方针是完全正确的，避免了国民经济各部门，特别是工业和农业之间发生脱节的现象。

10 月 1 日

［纲　文］　**青海柴达木盆地兴建的第一座炼油厂正式投入生产。**

10 月 1 日—11 月 17 日

［纲　文］　**日本日中友好协会在东京等地举行“日中友好月”活动，促进日本政府早日恢复日中两国正常邦交。**

10 月 2 日

［纲　文］　**《四川日报》报道，四川藏、彝地区农业区180万人口中，80%的人口摆脱了封建、奴隶制度的束缚，沿着农业合作化的道路向社会主义迈进。**

10 月 3 日

［纲　文］　**国务院批转国家工商局《关于当前城市市场管理工作若干问题的报告》。**

［目　文］　批语说，国务院同意国家工商局的《报告》，请各地参照执行。

8 月 26 日，国家工商局向国务院提交《报告》。《报告》主要内容如下：

一、关于商品的管理问题。各地在领导和管理自由市场的工作中，必须首先注意加强对农、副产品和小土、特产品，工业品和手工业品，旧品和废料商品的分类管理。

二、对外地采购的管理问题。一些大、中城市仍然存在着外地采购人员用抬价和在零售市场套购的办法抢购某些工业品、工业原料、农副产品中缺俏货的现象。这对于稳定市场物价十分不利，必须加强这方面的管理。总的来说，各地区间应该互相支援、互相配合，本地应该尽量照顾外地采购单位的需要，外地采购单位也必须遵守国家的政策法令，服从当地的市场管理。

三、对小商贩、行商和经纪人的管理问题。开放自由市场以来，城市中的无证商贩迅速增多。对他们应该及时进行清理整顿，并适当控制其发展。行商在开放自由市场以后，人数也有增加，经营活动比较活跃，投机性也较大。对行商的发展应该从严掌握，也要进行清理整顿，适当限制他们的业务范围。有些城市还存在着一些经纪人，对他们也要进行清理整顿，对他们的业务活动范围和代客佣金的标准，也可做适当规定。必要时，在某些商品市场上，可以取缔经纪人。对国家计划收购和统一收购的商品，应严禁经纪人的活动。

四、关于自发工业户的管理问题。1956年社会主义改造高潮之后，在一些大、中城市中发展了不少自发工业户。对他们应该利用其积极作用，限制其消极作用，并在具备了一定条件的情况下，逐步将它们纳入社会主义改造的轨道。当前不可能采取完全包下来的办法，也不宜急于对他们实行公私合营或者合作化，主要应该做好对他们的管理、教育和辅导工作。

五、关于行栈和交易市场问题。许多城市陆续恢复和建立了一些国营、公私合营的行栈和集中的交易市场。它们不仅是提供服务、便利交易的经济组织，同时也是国家领导和管理自由市场的重要工具之一。要改进行栈工作中存在的设备太差、收费标准偏高、工作人员政策水平偏低等问题。

六、关于开放商品的市场价格管理问题。许多城市中，有不少开放的商品价格上涨过高，如果听任自流，就会影响人民群众的生活，不利于市场物价的稳定。因此，必须积极采取经济方法和行政方法，加强对自由市场商品价格的领导和管理，避免价格摆动过大的情况。

七、关于市场投机违法行为的处理问题。开放自由市场以后，市场中的投机违法行为有了一定程度增长。各地在处理市场投机违法行为时应该遵循以下原则：正确掌握市场正当交易和投机违法行为的界限；对市场投机违法行为的处理应该采取说服教育为主、处罚为辅的方针；凡属市场投机违法行为，统一由各地市场管理部门负责处理。

10月3日

［纲　文］　**国务院批复邮电部《关于统一和调整邮电资费的请示报告》。**

［目　文］　批复同意邮电部所拟的统一和调整邮电资费方案，并准许自1958年1月1日起实行。批复还提出，在不影响邮电资费政策和邮电资费主要内容的原则下，某些个别问题以及各种附带费，可由邮电部与有关部门或地区协商后决定执行，报国务院备案。

8月12日，邮电部向国务院提交《报告》。《报告》说，几年来，社会情况发生了根本变化，第一个五年计划就要完成，社会主义的三大改造取得全面的决定性的胜利，我国经济性质已经根本改变。解放初期制定的邮电资费方案存在各地费率不统一，各项资费偏高或偏低等不合理现象，公私有别、军政优待等办法也已经不适宜，必须统一和调整邮电资费。统一和调整邮电资费的出发点是：统一邮电资费在全国范围内的收费标准和制度，使邮电资费逐步趋向合理；对军政机关使用电信，不再给予资费优待，而在传递次序上优先传递；简化计费标准和手续，以便利群众和有利于企业的管理。《报告》提出邮电资费调整的主要内容如下：一、汇兑资费：汇款额大多出费，汇款额小少出费，汇费按汇款额1%收取，每张汇票起码汇费一角。二、包裹资费：普通包裹按照主要代运邮件的铁路、公路、水路等运输部门收运包裹的平均运价，酌加邮电企业内部处理费用及应纳的税金来核定资费。将一局一费的办法改为一区一费的办法；快递小包资费，每件按普通包裹收费标准加50%收取；航空包裹原则上与普通包裹资费相同，经由航空运输一段的运费，按照邮局付给民航局的运价外，另按运价加10%。三、印刷品类资费：印刷品（包括定期出版物）、贸易契（包括新闻稿件）每重100克，货样每重50克，国内互寄收费三分，本埠投递收费一分五厘；新疆、青海、西藏之间及与其他各省之间互寄收费五分。四、国内电报资费：全国统一规定一个价目，不分地区，不分省内、省外，不分明码、密码，不分军政、企业、普通，寻常电报每字一律收费三分，加急加倍。五、国内长途电话资费：在华北区现行资费的基础上，统一全国的长途电话价目，将现行36级话价简化为18级，2000公里以上的长途电话不再分级。六、市内电话资费：不分地区，不分人工机、自动机、桌机和墙机，全国按一个统一价目收费。将全国市内电话局分六级收费的办法，改为根据市内电话的机械容量简化为三级。改变过去根据有无营业性质作为用户分类的标准，而以多使用、多付费的原则重新划分用户类别。

10月3日

［纲　文］　**中国人民银行总行发出《关于至1957年底对中央工业生产、供销企业特种积压物资放款全部收回并废止此种放款的决定》。**

［目　文］　《决定》说，自1956年对各工业企业办理特种积压物资放款以来，各级行通过贷款的发放与检查，协助企业处理了积压物资，不仅促进企业加强了财务管理，也节约了财政预算拨款。但是，在实际工作中也存在一些缺点：由于此项放款当年不制定处理计划，利息也低，客观上促使企业处理时不够认真和严肃，把一年以内能处理的物资或设备，甚至把正常储备物资也列入长期积压物资中，某些行由于情况了解不够也给了贷款；有些企业积压物资虽已处理，但未能按期或主动偿还贷款，而又被其他超定额物资占用；由于企业长、短期积压物资一般不分库分账，实际混在一起，在贷款掌握上也较困难。据各行反映，至1957年年底尚有一部分贷款不能收回。根据上述情况，中国人民银行总行与财政部研究并征得冶金、二机等主要工业部同意，决定仍按原办法规定于1957年年底将此项放款全部收回，原颁发的此项放款暂行规定亦即废止。至1957年年底个别企业原报（指1955年度）积压物资不能处理时，可根据具体情况，按如下办法处理：一、企业单位有权处理的属于生产上短期内能应用的物资合乎银行超定额放款办法者，由1958

年 1 月 1 日一律由企业提出计划转入计划内超定额放款，利息也按照超定额放款计算。二、企业单位无权处理的统配和专用物资或属于变质应报废报损的物资，应报主管部、局解决。在主管部、局研究处理过程中，这部分贷款亦由 1958 年 1 月 1 日转为临时放款（利息亦按临时放款计算），待主管部、局决定处理计划后，再按处理计划收回全部放款。各分行在第四季度内应积极协助督促企业，按照上述办法对原来贷款的特种积压物资进行彻底清查处理。

10 月 4 日

［纲　文］　**商业部、文化部、全国供销总社发出《关于妥善安排农村图书供应的联合通知》。**

［目　文］　《通知》说，1956 年 3 月以后，各地供销总社普遍经营了图书业务，受到农民欢迎。但是，自本年 1 月以来，许多地区由于农村商业机构的变动，图书发行工作受到很大影响。许多地区的农村图书发行工作，陷入萎缩或停顿状态，如果听任这种现象发展下去，会对农村文化生活产生不利影响，会引起农村知识分子和农民的不满。为迅速扭转这种状况，妥善解决农村图书发行问题，《通知》根据调整商业网络不能使原经营业务中断的原则做出以下规定：凡是供销社将日用工业品供应工作移交给国营商业部门的地区，农村图书供应工作原则上应由国营商业部门担任；凡是供销社继续负责供应日用工业品的地区，仍应积极负责供应图书；新华书店如要在某些集镇设立销售点，须与供销社、国营商业部门协商，并经当地党政领导机关批准。国营商业部门与新华书店批销图书的往来办法原则上仍按全国供销合作总社与新华书店总店《关于供销社担负农村图书发行工作的实施办法》执行。《通知》要求，各省、市根据上述规定，立即责成各县迅速进行检查。

10 月 4 日

［纲　文］　**新华社讯，全国邮电通信网建成。**

［目　文］　一个完整的邮电通信网已在中国建立起来。这个邮电网拥有自办局、所 23800 个，长途电话线路长度 306000 对公里，市内电话容量 658000 门，邮路长度 2170000 公里。这个邮电通信网的绝大部分都是在第一个五年计划期间建立的。

邮电通信网的迅速发展，改变了中国旧有邮电通信支离破碎的状况。以北京为中心沟通全国各地的邮电通信网，使北京和全国每个地区都脉脉相通。全国各省市人民委员会所在地和首都有直达电报和长途电话的电路，上海、沈阳和汉口及其他主要工业城市都装置了高频多路载波机设备，洛阳、西安、兰州、包头、乌鲁木齐和石家庄等城市都能及时同首都取得通话联系。包兰铁路、兰新铁路、康藏公路、大伙房水库等建设工程地区，也建立了许多临时邮电局、所，架设了电话线路。邮电工作人员还在江河沿岸和高山丛林中组织了 300 多个流动电台服务组。每个县城和区都可以通达电报和电话，全国 62% 的乡都安装了电话，绝大多数的国营农场和拖拉机站也安装了电话。国际事务方面的邮电通信联系也有很大发展，已和世界上32个国家建立了直达有线或无线电报和长途电话联系，并同46个国家通邮。

邮政通信方面，北起满洲里，南到海南岛，东起沿海，西到西藏拉萨，都能很快地传递邮件。5年来，农村的邮路已发展到190万公里，比解放前的乡邮路增加了10多倍。从1953年到本年8月底，全国通过邮寄的函件、包裹共50多亿件，超过五年计划规定的指标。

10月4—15日

［纲　文］　**中国工会代表团出席在民主德国莱比锡召开的世界工会第四次代表大会。**

［目　文］　来自59个国家的工会代表和观察员等共635人出席大会。以全国总工会副主席刘长胜为团长的中国工会代表团出席了大会。大会的主要任务是进一步发展各工会组织之间的友好联系，促进世界工会的团结。大会议程涉及争取提高工资、缩短工作时间、争取工会权利、支援民族独立、争取实现裁军和维护世界和平等问题。大会改选了世界工联的领导机构——执行委员会和理事会，意大利的维多里奥当选为世界工联主席，刘长胜等12人当选为副主席。大会通过一系列决议，提出一系列加强国际工会团结的措施。

5日，刘长胜在大会发言，介绍了中国工人阶级在各方面所取得的成就，并表示：中国工会愿意与各国各派工会组织发展友好联系，并且同它们一起共同努力，来促进国际工会运动的统一团结。

此前，邮电部于9月30日发行了一套纪念邮票庆祝大会召开。全国总工会于10月2日致电祝贺大会。10月4日和18日，《人民日报》先后发表题为《进一步加强工人阶级的国际团结——祝世界工会第四次代表大会开幕》和《工人阶级国际团结的新胜利》的社论，分别祝贺大会召开和闭幕。

10月5日

［纲　文］　**新华社报道，新藏公路建成。**

［目　文］　报道说，世界最高的公路——新藏公路已经建成。新藏公路从新疆维吾尔自治区南部叶城起，越过昆仑山和冈底斯山，到西藏高原阿里地区的噶大克止，全长1179公里，其中有915公里在海拔4000米以上，海拔5000米以上的线路有130公里，最高点海拔5500米。

报道说，解放前新疆和西藏阿里地区之间有几百公里不但没有路，也没有人迹。解放以后组织了骆驼运输队往来新疆和噶大克之间，走完这段路程需一个多月。新藏公路自1956年3月开始施工，历时19个月建成。新藏公路建成后，满载的试线汽车平均行驶速度在每小时20公里以上，从叶城到噶大克全程只需5天。

10月5日

［纲　文］　**国营华北无线电器材厂举行开工生产典礼。**

［目　文］　该厂是中国第一座规模巨大的现代化的制造无线电元件的综合性工厂，

由民主德国政府援助建设。

国务院副总理薄一波出席典礼并讲话，他说，华北无线电器材厂的建成，是继 1956 年北京电子管厂建成之后中国无线电工业建设中的又一个新的光辉的成就。民主德国政府派出以副总理厄斯纳为团长的代表团出席了典礼。国家验收委员会在开工典礼仪式上宣布了验收结论，结论认为，该工厂设计完整，技术先进，质量完全合乎标准，具备了开工生产的条件。

10 月 6 日

［纲　文］　**《人民日报》发表题为《到农村去！到劳动战线上去！》的社论。**

［目　文］　社论说，北京市最近抽调了并且要继续抽调大批干部参加农村劳动和基层工作，在许多机关的工作人员中形成一种热潮。他们的口号是：到农村去，到基层去，到劳动战线上去！锻炼自己，建设新农村！这是整风运动的一个重大收获。全国各级党政机关，从中央到县，都应该这样作。

大批干部下放到劳动战线上去，是国家机关避免干部积压、提高工作效率的先决条件。管理机关如果过于庞大，不但浪费人力物力，把许多生产的力量变为消费的力量，而且不可避免地产生官僚主义和主观主义。把管理机关的过多的工作人员下放到劳动战线上去，在一定的意义上说来，乃是一种生产力的解放。

在国家工作人员中，不能允许那种只能脱离生产、不能回到生产，只能“为官”、不能“为民”的荒谬思想作怪。一切新提拔的工作人员即使还不能都是劳动人民家庭出身，至少也必须都经历过一定时间的生产劳动，首先是体力劳动，并且担任过基层工作。对于各级国家机关中没有经过生产劳动和基层工作锻炼的青年知识分子来说，参加农村劳动和基层工作是必不可少的“补课”。应该让他们参加生产劳动，当农民，当工人，经过几年的锻炼。这样，他们增强了劳动观点和群众观点，懂得了生产的基本过程，了解了劳动人民的生活、思想和情感，认识了群众的智慧和力量，同群众建立了密切的联系，这样，他们才能够真正站在劳动人民的立场，学会从群众的实际状况出发考虑问题，按照群众路线的工作方法解决问题。

下放大批干部参加生产劳动，参加基层工作，对改进和加强各方面的工作，对干部本身的锻炼，都有很大的意义。问题是对于下放的干部要做好思想的动员，做好具体的安排，使他们能够顺利地长时期地劳动和生活在农村、工厂、基层。

第一个五年计划的经验，充分证明了大力发展农业生产的必要，证明了那种醉心城市而轻视农村、轻视农民、轻视农业生产和农业劳动的观点是完全错误和十分可耻的。下放干部的大部分要到农村，参加社会主义新农村的伟大建设事业。为了帮助农村的建设，必须无条件地放下“城里人”的架子，虚心地、刻苦地向农民学习，特别是向农村干部学习。

10 月 6 日

［纲　文］ **中共中央、国务院发布《关于发动群众抗旱种麦的紧急通知》。**

［目　文］ 《通知》说，入秋以来，不少地区遭受干旱，影响小麦适期播种。冬麦地区各级党委必须把抗旱种麦列为压倒一切的紧急任务，停止一切可以缓办的工作。所有机关干部和当地驻军，都应支持农民抗旱种麦。

10 月 6—10 日

［纲　文］ **1957年全国田径运动会在南京五台山体育场举行。**

［目　文］ 来自全国各地的 27 个代表队的 743 名田径运动员参加了运动会。由 7 名田径运动员组成的苏联男子田径队应国家体委邀请参加运动会，并与中国田径运动员举行了友谊比赛。运动会举行期间，观看比赛的观众达 45 万多人次。解放军男子队和四川女子队分别获得了男、女团体总分第一名。在本次运动会上，有 15 人打破 11 项全国最高纪录，有 9 名运动员达到了运动健将级标准，有 52 名运动员达到一级运动员标准。

10 月 7 日

［纲　文］ **毛泽东召集中共八届三中全会各组负责人开会。**

［目　文］ 毛泽东在会上主要谈了社会矛盾和阶级斗争问题。他说：有两次革命。一次是反帝反封建的民主革命，第二次是无产阶级的社会主义革命。社会主义革命进行了一半，所有制问题解决了，但是上层建筑问题（政治战线上和思想意识形态上）还没有解决。八大文件上是肯定基本上解决了无产阶级与资产阶级的矛盾。现在看，这也没有错。基本上解决，并不是说完全解决。所有制解决了，政治上思想上还没有解决。资产阶级和资产阶级知识分子、富裕中农中的一部分人不服，八大没有完全看清楚。那时对阶级斗争强调得不够，因为他们表现服服贴贴；现在他们又造反，所以又要强调。要使到会同志懂得，无产阶级与资产阶级的斗争是过渡时期的主要矛盾。要肯定这个提法是对的，但报纸上不要发表，不要引起风波。而且现在大讲阶级矛盾是主要的，就容易把党内的三个主义都挂在无产阶级与资产阶级矛盾的账上。要集中搞整风，否则只把主要矛盾集中到资产阶级与富裕中农身上，容易放松了人民内部矛盾处理。

阶级矛盾与敌我矛盾有区别。资产阶级同我们的矛盾，有对抗的和非对抗的两面。一般说来，资产阶级、富裕农民仍作为人民内部矛盾来处理，是非对抗性的，但处理不好也会转化为敌我矛盾。阶级矛盾重要的是在资产阶级、上层小资产阶级及他们的知识分子这三部分人民中间，他们有的不对抗，有的对抗。人民内部矛盾包括着阶级矛盾（因为资产阶级还有选举权）。敌我矛盾是阶级矛盾，但阶级矛盾不一定就是敌我矛盾。阶级矛盾内有敌我矛盾，但不是主要的，大部分是人民内部矛盾。

八大文件上只讲所有制、生产关系与生产力的关系，没有讲人与人之间的关系，这反映那时的情况。八大决议说，目前主要的矛盾是先进的社会制度与落后的生产力之间的矛盾。这个矛盾将来还会有，因此这句话从长远讲也对，但现在看则不适当。现在我们的生产关系与生产力基本上还是适合的，但不是完全适合，与斯大林的提法不一样。八大决议那句话是不适当的，但也没有坏处，它不妨碍生产，不妨碍反右派，同时也反映了一个要求，要求加强物质基础（和国外比较，我们是很落后）。既然没有害处，现在就不必去改它，否则会引起麻烦和争论。将来再作适当的解释。

10月7日

［纲　文］　**国务院同意《高等教育部、农业部关于高等农业院校的领导关系转移给农业部并将多数院校下放到省（区）的意见》。**

［目　文］　《意见》说，根据国务院体制会议上事权下放的精神，同意把原由高教部直接领导的16个院（校）和委托各省（自治区）领导的九个院（校）以及农垦部直接领导的两个院（校），除北京农业大学和北京农业机械化学院由农业部直接领导外，其余划为所在省（自治区）的事业单位，以省（自治区）人民委员会为主和农业部实行双重领导。

10月18日，高教部和农业部联合发出高等农业学校转移领导关系的通知，要求上述院校一律从9月起实行双重领导。

10月7—16日

［纲　文］　**中国教育工会全国委员会召开第二次省、市教育工会主席联席会议。**

［目　文］　会议分析了教师队伍的状况，讨论了整风和反右派斗争中教育工会的任务。会议认为，以知识分子为主要对象的教育工会，应当在党的领导下继续帮助教师进行思想改造，把加强教工的社会主义思想教育作为以后很长一段时期内的重要工作。会议还讨论了实行党委领导下的群众监督和整顿工会组织等问题。

10月8日

［纲　文］　**《人民日报》发表题为《经过大辩论整顿落后社》的社论。**

［目　文］　社论说，落后社，有的地方叫做三类社，也有的叫做后进社。不论叫它什么名称，总之，说的是办得不好的一些农业生产合作社。一般地说，这些社的生产是搞得不好的；社里的思想教育工作做得很差；社的领导权落到了资本主义思想严重的富裕中农手里，甚至落在一些地主、富农、反革命分子和坏分子手里，或者社干部力量比较薄弱而又受到社内外反动势力的围攻或侵蚀；由于缺乏经验，这些社的经营管理也比较混乱，没有贯彻执行互利政策。改变这些农业社的局面，最好的方法就是有领导地大鸣大放，开展大辩论。

一般地说，落后社还有一个特点：敌我矛盾和人民内部的矛盾都比较尖锐，而且是混杂在一起的；资本主义活动比较严重，社的工作缺点也比较多。在大鸣大放大争中，要注意把社员要求改进工作的意见同根本反对社会主义制度的反动言论区别开来，把一些因为不了解情况而产生的怀疑同恶意的攻击区别开来，把一般富裕中农的错误言行同地主、富农的反革命活动区别开来，用不同的态度、不同的方法对待他们。社干部工作上的错误和缺点也必须坚决改正。在大辩论的过程中，能改的要边整边改；大辩论结束以后，更要集中力量比较系统地按照中共中央关于改进农业社工作的三个指示，把整社工作做好。

10月8日

［纲　文］　**新华社讯，中国第一个天然石油基地——玉门油矿基本建成。**

［目　文］　它成为拥有地质勘探、钻井、采油、炼油、机械修配、油田建设和石油科学研究等部门的大型石油联合企业。

10月8日

［纲　文］　**新华社讯，五年来我国造林共1032万多公顷，超过第一个五年计划指标的71%。**

10月8日

［纲　文］　**中国人民解放军海军军事学院在南京成立，方强任院长兼政治委员。**

10月9日

［纲　文］　**毛泽东在中共八届三中全会上作题为《做革命的促进派》的讲话。**

［目　文］　毛泽东讲话的主要内容如下：一、八届三中全会开得很好。这样扩大的中央全会，有省委和地委的同志参加，实际是三级干部会，有必要一年开一次。建议各省也开一次全省性的三级或四级干部会议。

二、整风运动要大胆地放、彻底地放、坚决地放，要大胆地改、彻底地改、坚决地改。大鸣、大放、大辩论、大字报的群众斗争形式，使社会主义革命的内容找到了很合适的形式。抓住了这个形式，事情就好办得多。

三、要在农村中组织一次关于全国农业发展纲要的辩论和讨论，省、地、县、区、乡、社都要抓紧搞出自己的农业规划。中国就是要靠精耕细作吃饭，要变成世界上第一个高产的国家。要教育每一个中国人有远大的目标，有志气，勤俭持家，作长远打算。要改革红白喜事大办酒席的旧习惯。要动员人人除“四害”、讲卫生，中国要变成一无老鼠、二无麻雀、三无苍蝇、四无蚊子的“四无国”。计划生育也要搞十年规划。有必要搞包括工业计划、农业计划、商业计划、文教计划的综合计划，互相配合。要推广种试验田的经验。要摸农业技术的底，各行各业的干部都要使自己成为内行，又红又专。要在10年内，建立无产阶级知识分子的队伍。

四、做事情要考虑两种方法，一种是慢一点、差一点，一种是快一点、好一点。大鸣大放好，还是小鸣小放好？要大字报还是不要大字报？这两种方法究竟哪一种好？这种问题很多，就是放不开。学习苏联的经验，要争取把苏联走过的弯路避开，比苏联搞的速度更快一点，比苏联的质量更好一点。

五、1956年扫掉的几个东西，一是扫掉了多、快、好、省；二是扫掉了全国农业发展纲要“四十条”；三是扫掉了“促进委员会”。党委会的性质应该是“促进委员会”，而不是“促退委员会”。党的总的方针，总是要促进的。

六、社会主义革命的锋芒是对着资产阶级，同时变更小生产制度即实现合作化，主要矛盾就是社会主义和资本主义，集体主义和个人主义，概括地说，就是社会主义和资本主义两条道路的矛盾。“八大”决议上有一段，讲主要矛盾是先进的社会主义制度同落后的生产力之间的矛盾。这种提法是不对的。整风运动要搞到1958年5月1日，接着要缓和一下，下半年不再搞。1959年要再搞一次。假使后年也不搞，几年不搞，那些老右派、新右派又要蠢蠢欲动；还有些中右分子、中间派，甚至于有些左派会要变。

七、中国共产党同苏联在一些问题上有不同意见。斯大林的成绩是主要的，缺点、错误是次要的。无论哪个国家的无产阶级政党，都要有和平和战争这两条。关于百花齐放、百家争鸣的方针，讲的是社会主义范围的、人民内部的百花齐放、百家争鸣，反革命不包括在内。

八、要振作精神，下苦功夫学习。无产阶级的“小知识分子”就是要领导资产阶级的大知识分子。无产阶级是最先进的阶级，它要领导全世界的革命。

10月9日

［纲　文］　**邓小平在中共八届三中全会闭幕会上作总结发言。**

［目　文］　邓小平的发言涉及整风运动、体制、农业生产和减少脱产人员等问题。在谈到中共中央关于《划分右派分子的标准》时指出：主要精神是把右派的范围限于社会主义革命高潮以后，重点是大鸣大放时期，限于反对社会主义和反对共产党，而把一般历史上的老账、个别问题的意见和学术性问题撇开。右派分子的处理，原则上应该是严肃与宽大相结合，政治思想上要斗透，处理则不宜过分。对中右分子也应该团结、教育、改造。在谈到体制问题时指出：这次会议提出的关于改进工业、商业、财政管理体制的规定，主要精神是下放一部分权力，以利于发挥地方的积极性，利于加强各种企业和事业的领导，利于克服主观主义和官僚主义，同时也不致损害统一领导和重点建设。在谈到农业问题时指出：要实现全国发展农业生产四十条纲要，没有一股劲，不经常同保守倾向作斗争，是不行的。应该着重宣传关于发展农业的重要意义，把社会上出现的看不起农业生产、农民想进城、城里人不愿意下乡、平地人不愿意上山的不良风气改变过来。为了在农业增产的基础上改善农民生活，在一切人口稠密的地区必须认真提倡节育。各省、市应该分别制定具体计划，控制本省人口的增加。

10月9日

［纲　文］　**《人民日报》发表题为《在政法战线上还有严重的斗争》的社论。**

［目　文］　社论说，在过渡时期中，仍然存在着资产阶级和无产阶级的斗争、资本主义道路和社会主义道路的斗争。政法战线上的斗争恰恰是这种斗争的突出表现。各级法院、检察、公安、司法等部门，作为人民民主专政的政权机构的重要部分，必须掌握在忠于劳动人民利益的坚定的革命干部手里，这是不能动摇的原则。可是，在这些要害部门中，却潜伏着不少资产阶级右派分子。他们分布得相当深而且广，他们在政治上和思想上的流毒和实际的危害十分严重。在北京、广州等地都发现有的右派分子充当了地方人民法

院的审判员，公然为反革命分子开脱罪责；有的对反革命罪犯采取重罪轻判的方法，使该判死刑的只判了很轻的徒刑。我们的立法处处要使“专政的武器”拿在劳动人民手里；要使“专政的锋芒”对准革命的敌人。资产阶级右派分子却一心只想将这种武器抢到他们手里，把“专政的锋芒”对着人民。这就是说，他们想实行“复辟”，他们要“变天”，要使无产阶级领导的社会主义的国家变质。

我们的一部分政法工作人员有严重的右倾思想，他们根本忽视了过渡时期的阶级斗争，以为阶级斗争已经停止了。有的人甚至宣扬“法律没有什么阶级性”的右派言论。为了把政法战线上的反右派斗争进行到底，应该把右派分子在政治法律方面同我们的根本分歧点都摆出来，展开全面的大辩论。

现在政法战线上的右派分子，极力攻击党对于政法工作的领导，完全抹杀8年来政法工作的成绩。解放8年来，国家制定了各种法律4072件。为什么右派说我们没有法？这是因为，右派所需要的是保护反革命的法，是反对人民民主专政和反对社会主义的法。右派分子还提出所谓“司法独立”、“审判独立”等口号，他们说，如果不让司法独立就是违反宪法。其实，我国现行的司法审判等制度是完全符合宪法的，倒是右派分子要在我国搬用西方资产阶级国家的所谓“三权分立”的做法，这才是真正的违反宪法。右派分子自以为只有他们懂得法律，他们自称“专家”，并且公然说，“现在谁够条件就由谁来干”。事实证明，他们除了死守住反人民的旧法观点以外，对于人民的法律根本无知。有的右派分子声称他并不企图推翻共产党的领导，而仅仅认为对于旧法学和旧法人员不应该“一棍子打死”。我们对于反动的旧法的态度是决不能调和的，旧法人员只有在彻底地批判和否定自己的旧法思想之后，才有可能为人民的政治法律工作效力。

10月9日

［纲　文］　**国务院批复同意《国家经委关于实行棉花提成使用办法的报告》**。

［目　文］　《报告》说，为鼓励产棉区的积极性，建议按棉花年度收购总量实行全额分成，地方提成1%，供各省、自治区在国家计划外安排纺织生产使用，但是所产纱布及其他成品由商业部门统一安排销售，列入销售计划，不得作为省、市、区计划外销售。

10月10日

［纲　文］　**《人民日报》发表题为《统计工作应该怎样改进》的社论**。

［目　文］　社论说，资产阶级右派分子攻击我们的调查统计方法不科学；说我们不应向苏联的社会主义统计工作学习，应该向英美的资产阶级统计学学习等等。他们企图以此来篡夺统计工作的领导。社会经济统计学是一门社会科学，是有阶级性的，它属于上层建筑的范畴。社会主义的统计学，是为人民服务的，是为社会主义建设服务的。而资产阶级的统计学则是为资产阶级服务的，是为维护资本主义制度的。这就是我们和资产阶级右派分子的根本分歧所在。

过去一个时期，我们在统计工作中不可避免地还存在着不少缺点。如调查统计方法简单，不灵活，往往一要资料就是颁发报表进行全面调查，不会利用抽样调查，形成了长时期以来一直存在的统计报表过多和混乱的现象。在这次整风中，各级统计部门应当会同计划部门和财务会计部门，就现有各厂矿企业和农村中的各种报表加以彻底清理，并积极提出改进的措施。

我国的第一个五年计划即将胜利完成，第二个五年计划已在着手编制。统计工作，不仅要反映国民经济各部门的具体情况，而且要计算国民经济的全面大账；要研究国民经济发展中的各项重大比例关系。必须进一步加强和提高各项专业统计工作，迅速克服目前的某些薄弱环节。必须大力做好农业统计。必须加强人民生活和分配方面的统计工作。

10 月 10 日

［纲　文］　**文化部就内部读物的出口问题复函外贸部、海关总署。**

［目　文］　复函阐明文化部关于内部读物的出口问题的意见：凡是不在市场上公开发行的内部读物，原则上不准出口。国内机关、团体、企业、学校等如因交换、赠送等特殊原因，邮寄某些内部读物给兄弟国家的机关、团体、企业、学校及中国驻兄弟国家的机关，由出版该内部读物单位的主管部门批准并出具证明书者，可以放行。

10 月 10—23 日

［纲　文］　**中国国民党第八次“全国代表大会”在台北举行。**

［目　文］　500 多人出席大会，蒋介石主持大会。大会确定了“反共复国”的总方略，提出“建设台湾、策进反攻”的口号与行动纲领。大会认为，国民党在台湾统治已逐渐巩固，因此应“保卫台湾，进而建设台湾，并由建设台湾而策进反攻大陆”。大会强调要“扩大党的基础，加强组织”，要“团结反共力量”，“摧毁敌人”。大会认为中共提出的关于第三次国共合作的建议是“统战阴谋”、“和平攻势”。大会选举蒋介石、陈诚①为国民党正、副“总裁”。

10 月 10 日

［纲　文］　**蒋介石发表“双十”节文告。**

［目　文］　文告提出反攻大陆后恢复“六项自由”、“三大保证”。鼓动大陆民众反共，推翻中共政权，“复国建国”。

10 月 3 日，蒋介石在答联邦德国记者问时称，“反攻复国基本国策”不会改变，国民党军反攻大陆，苏联不会参战。如怕打局部战争、不敢反攻，就正好中了苏联奸计，承认大陆政权就是承认苏联的侵略成果。

10 月 11 日

［纲　文］　**国务院发出《关于国家机关工作人员在游览名胜古迹时不准乘坐人力车轿的通知》。**

---

① 陈诚（1898—1965），浙江青田人，时任台湾当局“副总统”。

［目　文］《通知》全文如下：我国是社会主义国家，国家机关工作人员必须保持和发扬我们所固有的艰苦朴素、与劳动人民同甘共苦的优良传统。据查：某些人员在游览名胜古迹时，或者陪同外宾、外国专家游览名胜古迹时，有乘坐人力车轿的情形。这不仅会在劳动人民中产生不良的影响，而且是和我们国家机关所固有的优良传统不相容的。为此，特规定：今后各级国家机关工作人员在游览名胜古迹的时候，或者陪同外宾、外国专家游览名胜古迹的时候，陪同人员和外宾、专家都一律不准乘坐人力车轿。特此通知，望遵照执行。

10 月 11 日

［纲　文］**国务院发出《关于粮食统购统销的补充规定》。**

［目　文］《规定》介绍了实行农业合作化以来粮食生产的增产情况和粮食消费的增加情况，并指出，国家对于粮食的分配，在长时间内必须统筹兼顾，全面安排；应该在坚持粮食“三定”的基础上，实行以丰补歉，保证国家正常的粮食收入，严格控制粮食的销售。根据上述方针，《规定》对粮食统购统销做出补充规定。

补充规定的主要内容如下：一、国家在计算和核定农业社和单干户粮食征收、收购或者供应数量的时候，1955 年实行粮食“三定”时所规定的留粮标准不得提高，国家核定的粮食定购数量不得减少，定销数量不得增加。灾区人民的口粮标准，应该适当降低；收成较差地区农民的口粮标准，也应该比平常年景有所降低。二、农业社和单干户生产的粮食，超过粮食“三定”定产数量的部分，国家对于余粮的和自足的农业社和单干户，必须增购一部分粮食；对于缺粮的农业社和单干户，必须减销一部分粮食。国家增购的数量，一般应为增产部分的 40%。三、国家在核定农业社的粮食征收、收购或者供应数量的时候，不能因为分给社员自留地而减少国家的粮食征收、收购任务或者增加供应指标。社员的自留地，一般只能种植饲料和蔬菜，不能种植别的经济作物。四、对于单干户的粮食的统购统销、农业税征收和国家负担，必须严格按照国家的规定办事。单干户必须服从国家的种植计划。五、为了加强粮食管理，粮食市场应该关闭。关闭以后，由国家粮食机构在可能范围内，帮助农业社和农民进行粮食品种的调剂。六、国家在核定农村和市镇的全年粮食供应数量以后，必须按季分月逐级下达粮食销售指标，坚决执行。七、国家的粮食统购统销，应该同农业社内部的粮食分配结合进行。农业社分配粮食，必须首先完成国家核定的粮食征收、收购任务。农业社由于缴纳农业税而发生缺粮情况，国家征收农业税的时候，对缺粮部分可以全部和部分改征代金或者经济作物。农业社在新粮收获以后，预分一部分粮食给社员是应该的，但在完成国家核定的粮食征收、收购任务以前，预分的部分必须低于“三定”时规定的留粮标准。农业社在不减少国家核定的粮食征收、收购任务或者不增加供应指标的条件下，对于社员口粮的分配，根据实际情况，可以采取以人分等定量的办法或者其他适宜的办法，力求公平合理。八、在城市统销方面，居民口粮标准偏高的地方，应该把标准合理地降低下来。集体伙食单位用粮，应该严格整顿，不准虚报人数和多购粮食。市镇居民的口粮供应，应该尽可能搭配一定数量的红薯。工商行业用粮应该严格节约和控制。

10 月 11 日

［纲　文］　**《人民日报》发表题为《在五年内赶上和超过富裕中农的生产水平》的社论。**

［目　文］　社论说，我国农业生产的发展速度应该和可能更快些，争取多数地区的多数合作社，在第二个五年计划期间，赶上或超过富裕中农的生产水平。这是我国农业生产的一个大跃进，也是社会主义在农村两条道路斗争中获得最后胜利的一个标志。全国的合作社如果都能赶上和超过富裕中农的生产水平，我国的农田单位产量和农业总产量就将提高约 20%—30%，或者更多一些。作为一个阶层来说，富裕中农还有一些不信服社会主义。只有绝大多数合作社的生产水平超过他们，他们才能心悦诚服地站到社会主义这一边来。

从各个地区办社的经验看来，凡是办得好的合作社，有两三年的时间，就能赶上和超过当地富裕中农的生产水平。其他的合作社再有五年，当然也应该办到了。为了迅速提高农业生产合作社的生产水平，必须充分地发挥集体经营的优越性，必须主要依靠合作社本身的积累和本身的人力。在生产水平和生活水平逐步提高的基础上，合作社适当地多积累一些，对生产有莫大的帮助；社员适当地少分配一些，对生活不会发生严重的影响。应该教育全体社员从大处着眼，积极支持这种做法。

合作社的基本建设应该有计划、有步骤地进行。根据多用力、少花钱的原则，首先举办关键性的建设项目。为了在五年内赶上和超过富裕中农的生产水平，还要特别加强合作社的经营管理，贯彻民主办社、勤俭办社的方针。

10 月 11 日

［纲　文］　**交通部发布《中华人民共和国打捞沉船管理办法》。**

［目　文］　《办法》共 13 条，适用于除军事舰艇和木帆船外，在中华人民共和国领海和内河的沉船，包括沉船本体、船上器物以及货物。《办法》规定：严重危害船舶安全航行的沉船，有关港（航）务主管机关有权立即进行打捞或者解体清除；但是，应将所采取的措施立即通知或公告沉船所有人。妨碍船舶航行、航道整治或者工程建筑的沉船，有关港（航）务主管机关应当根据具体情况规定申请期限和打捞期限，通知或公告沉船所有人。沉船所有人必须在规定期限内提出申请和进行打捞；否则，有关港（航）务主管机关可以进行打捞或者予以解体清除。打捞 500 总吨以上或者 300 匹指示马力以上的沉船，由交通部批准；不满前述规定的沉船，由有关港（航）务主管机关依其行政系统分别报请交通部或者有关省人民委员会备案。未经批准，任何人都不得擅自打捞或拆除沉船。有修复价值而不严重妨碍航行安全的沉船不得解体。各地沉船勘测工作，由交通部打捞专业机构负责进行，但是有关港（航）务主管机关因业务上的需要，也可以自行勘测。

9 月 7 日，国务院常务会议通过《国务院关于批准〈中华人民共和国打捞沉船管理办法〉的决议》，批准《办法》发布施行。《决议》还提出：《办法》发布前尚未解决的沉船产权问题，责成交通部根据《办法》有关规定研究具体措施，及时加以清理；从沉没的国际航行船舶上捞起的进口货物或者从外籍沉船上拆下的材料等应按《中华人民共和国暂行海关法》第五十一条的规定办理；前政务院1954年1月21日批准公布的《中华人民共和国海港管理暂行条例》第十五条第六项修改为："对在海港水域、航道或港区附近之沉船、沉物，得要求原主限期打捞。如其危害航行，可不经原主统一径行打捞或清除。"

1951年4月18日，原政务院公布《中华人民共和国暂行海关法》，其第五十一条内容如下：国际航行船舶在海上遇险或沉没时抛置在岸上的货物，或由海上捞起的货物等，应由有关船长或持有人或保管人向附近海关申报，其处理办法由海关总署订定之。

10月11日

［纲　文］　**教育部发出《关于函授师范学校（师范学校函授部）、业余师范学校若干问题的规定（草案）》。**

［目　文］　《规定（草案）》指出，由于形势的发展和工作的逐步深入，教育部1955年7月《关于加强小学在职教师业余文化补习的指示》中关于函授师范学校和小学教师业余进修学校的规定，不再完全适用。为此，特作如下规定：一、函授师范学校（师范学校函授部）、业余师范学校（即小学教师业余进修学校）的教育任务在于提高某些小学教师（包括幼儿园教养员、工农业余小学教师）的文化科学基础知识，使具有高小毕业或初师、初中肄业程度的小学教师在基础的文化科学知识方面，提高到相当于初级师范学校毕业水平；使具有初师、初中毕业但不及师范毕业程度的在职小学教师在基础的文化科学知识方面，提高到相当于师范学校毕业水平，从而提高他们教学工作的能力。二、函授师范学校（师范学校函授部）、业余师范学校分初师班和师范班（即原初级部和高级部）。初师班相当于初级师范学校程度，修业年限三至四年；师范班相当于师范学校程度，修业年限四至五年。此外，《规定》还对函授师范学校（师范学校函授部）和业余师范学校的课程设置、领导关系、编制规模、行政经费等方面做出规定。

10月12日

［纲　文］　**中共中央做出关于在船员中不划右派的批示。**

［目　文］　9月30日，中共湖北省委在向中共中央的请示中提出，大、小船只上的船员概不扣右派帽子为好。中共中央表示基本同意并指示：在普通船员中，同工矿企业工人一样，不划右派，不用右派名称；在高级船员中，一般的也不划右派。但个别情节严重者，可戴右派帽子。

10月12日

［纲　文］　**国务院发布《关于1957年农业税征收指标的通知》。**

［目　文］　《通知》说，1957年农业税征收指标，全国原分配为357亿斤细粮，根据各地年景丰歉的情况，调整为348亿斤。各地应切实执行先公后私、先征后购的原则，采取有效措施，保证完成。

10月12日

［纲　文］　**国务院对《交通部关于中捷航运合作问题的报告》做出批示。**

［目　文］　《批示》说，捷克斯洛伐克为中国代营船舶，对打破“禁运”，运输外贸物资作用很大。中捷双方虽然感到这种代营形式，工作上有些困难，捷方表示希望与中国组织合营公司，但是为了不影响与南斯拉夫等兄弟国家关系，仍不组织合营公司为好，可在已有代营形式的基础上加以改进。

10月12日

［纲　文］　**国务院发出《关于修改〈工厂安全卫生规程〉第二十一条的通知》。**

［目　文］　《通知》全文如下：1956年5月25日国务院颁布的《工厂安全卫生规程》，经过各地一年来贯彻执行的情况证明，基本上是切实可行的，对于改善工厂劳动条件、保证安全生产起了积极作用。但是，在执行的过程中，不少地区和单位认为规程中第二十一条的规定要求有些过高，即目前大部分高温作业地点的温度降低到摄氏32°有困难；冬季在摄氏5°至10°时，并不太冷，可以不取暖。因此，为了使这个规定更加符合实际情况，特决定将第二十一条原文修改为：“室内工作地点的温度经常高于摄氏35°的时候，应该采取降温措施；低于摄氏5°的时候，应该设置取暖设备。”各有关部门应即遵照执行。

10月12日

［纲　文］　**国务院发出《关于职工绝育、因病施行人工流产的医药费和休息期间工资待遇问题的通知》。**

［目　文］　《通知》全文如下：关于全国职工施行绝育和因病施行人工流产（指为了治疗本人原有疾病，和为了防止因生育使本人原有疾病恶化而施行的人工流产）的手术费、医药费以及施行手术后必须休息期间的工资，可参照劳动保险条例第十三条甲款和乙款的规定办理。但对非因病施行的人工流产的手术费、医药费一律自费，其必须休息期间按事假办理。没有实行劳动保险条例的部门也可参照执行。

原政务院于1951年2月26日公布，1953年1月2日修订公布的《中华人民共和国劳动保险条例》第十三条甲款和乙款的内容如下：工人与职员疾病或非因工负伤，在该企业医疗所、医院、特约医院或特约中西医师处医治时，其所需诊疗费、手术费、住院费及普通药费均由企业行政方面或资方负担；贵重药费、住院的膳费及就医路费由本人负担，如本人经济状况确有困难，得由劳动保险基金项下酌予补助。患病及非因工负伤的工人职员，应否住院或转院医治及出院时间，应完全由医院决定之。工人与职员因病或非因工负伤停止工作医疗时，其停止工作医疗期间连续在6个月以内者，按其本企业工龄的长短，由该企业行政方面或资方发给病伤假期工资，其数额为本人工资60%—100%；停止工作连续医疗期间在六个月以上时，改由劳动保险基金项下按月付给疾病或非因工负伤救济费，其数额为本人工资40%—60%，至能工作或确定为残废或死亡时止。

10月12日

［纲　文］　**全国供销总社发出《关于加强山区小土产采购工作的指示》。**

［目　文］《指示》指出，必须认真贯彻执行国务院确定的“发展山区经济，应贯彻在保证粮食能够自给并稍有储备的基础上，积极开展多种经营”的方针。各地供销社要继续勘察资源，积极开展采购业务，积极建立生产基地，全面安排产销工作；要动员一部分干部上山，有计划地建立小型、简易、综合性加工厂，开展山货、土产就地加工业务，进行技术指导；还要发动群众自办或民办公助，解决山区交通运输问题。

10月13日

［纲　文］**最高国务会议第十三次会议召开。**

［目　文］会议由毛泽东主持。会议讨论了整风问题和全国农业发展纲要问题。会议同意继续深入开展整风运动及其步骤；同意召集全国人大和政协的两个常委会的联席会议；讨论修改后的全国农业发展纲要草案，然后提交全民讨论。

邓小平在会上通报中共八届三中全会精神，并作关于整风问题的报告。他指出：整风、反右派，是全国在这个时期的中心政治问题。它的广泛性是过去历史上的运动没有的，是最深刻的运动之一。开展这个斗争，为的是使大家从运动里边得到教育，得到改造，得到进步，许多问题经过辩论以后认识更加一致。

毛泽东在会上作题为《坚定地相信群众的大多数》的讲话。他在讲话中说，整风找到了大鸣、大放、大辩论、大字报这种群众创造的新形式，适合社会主义革命。大鸣大放，一不会乱，二不会下不得台。应当相信群众的大多数，这里所谓多数，不是51%，是90%—98%。许多人民主革命阶段可以过来，过社会主义这一关就难过了。坚定地相信群众的大多数，有两个出发点：第一，我们有90%的人赞成社会主义；第二，在不赞成或者反对社会主义的人里边，最顽固的大概只有2%左右。90%的人不愿意国家乱，愿意建成社会主义。2%的人乱不了。所以，大鸣、大放、大辩论、大字报的方式和方法，归根结底有利于多数人，有利于社会主义。整风有四个阶段：一个是大鸣大放；一个是反击右派；一个是整改；最后一个是学点马克思列宁主义，搞点批评和自我批评。三年不整风，资本主义思想又要抬头。以后大体上一年搞一次，一次个把月就行了。中国有“五张皮”，即帝国主义所有制、封建主义所有制、官僚资本主义所有制、民族资本主义所有制、小生产者所有制即小资产阶级所有制。民主革命革前三张皮，社会主义革命革后两张皮。“皮之不存，毛将焉附?”知识分子要靠社会主义所有制这张皮吃饭，因此要承认有改造的必要。

10月14日

［纲　文］**国务院发出《关于对防护用品的发放和管理进行整顿的通知》。**

［目　文］《通知》说，几年来，厂矿企业根据国家的劳动保护政策发放了各种防护用品，对保护工人在生产中的安全和健康起了一定作用。但是，防护用品的发放和管理方面存在着不少的缺点和问题。主要问题是，发放面过宽、发放标准过高，管理制度混

乱。因而产生了应该发的发多了，不应该发的也发了等不合理现象，造成国家资财等严重浪费，其中以工作服的浪费情况最为严重，甚至有的企业工人为了要求发给工作服，发生过怠工、闹事等事件。造成上述情况的主要原因，一方面是企业或地区各有一套规定，发放标准普遍过高；另一方面是某些企业的发放目的不明确，导致工人群众误认为这是一项福利待遇，尽量向标准高的看齐，结果造成越发得多，工人的要求越难满足，并引起许多纠纷。

为扭转这一情况，首先必须明确：发放防护用品是为了保护工人在生产过程中的安全和健康所采取的一种防护性的辅助措施，不是改善生活的福利待遇。企业必须根据不同工种在操作过程中的实际需要发给工人防护用品。特别是国家正处在棉布供应紧张的情况下，节约工作服就成为当前重要的任务。因此，各产业部门和省市劳动局必须根据勤俭建国、增产节约的精神，对防护用品的发放和管理进行一次检查，加以整顿、平衡，以保证需要，杜绝浪费。整顿工作要遵循以下要求：一、各产业部门应根据《工厂安全卫生规程》第十章和《建筑安装工程安全技术规程》第八章规定的原则，对所属企业防护用品的发放标准和管理制度进行审查和整顿；必须发放的应该给以保证；可发可不发的不应发给，不应该发的坚决不发；不应该发给但已经发给的，应采取停发、撤销的办法。二、各地劳动部门应会同工会组织进行地区平衡，使同一地区的企业在防护用品的发放上逐步达到基本统一。三、企业应按照新的标准加强管理，制订管理办法，以保证防护用品的使用正确、有效。四、广泛细致地做好思想教育工作，使各级领导人员和职工群众明确防护用品与福利待遇的区别；并应教育职工爱护防护用品，充分提高利用率，逐步减少在发放和使用中的浪费现象。

10月14日

［纲　文］　**内蒙古大学在呼和浩特开学。**

［目　文］　内蒙古自治区主席、内蒙古大学校长乌兰夫，高教部副部长周建人等在开学典礼上讲话。

内蒙古大学设有蒙古语言文学、汉语言文学、历史、数学、物理、化学、生物等七个系。在建设过程中，北京大学、南开大学、复旦大学支援教师130多人。

10月15日

［纲　文］　**中共中央发出《关于〈划分右派分子的标准〉的通知》。**

［目　文］　《通知》说，自反右派斗争以来，不少地方和部门分别拟定了一些划分右派分子的标准，并要求中共中央予以审查批准。考虑到斗争中的实际需要，中共中央认为有必要制定一个统一的标准，以免各单位在划分右派分子时有畸轻畸重的地方。《通知》随文附发经过中共中央讨论通过的《划分右派分子的标准》，供一切进行反右派斗争的单位在划分右派分子的时候参照执行。《通知》还就划分右派分子时应注意的问题提出以下意见：一、全国反右派斗争中所划的右派分子一般是适当的，但是也有划多了和划少了的

情况。无论划多了或者划少了，都应该按照正确的标准及时地实事求是地予以改正。二、为了正确划分右派分子，达到既不多划又不少划的目的，除了要有适当的标准，还要有适当的审查批准手续。三、上级领导机关除必须认真审查所属单位上报的右派分子名单外，还必须教育党员和群众十分重视对于实际情况的认真研究和具体分析，力戒浮夸和片面性。同时，还必须及时纠正偏宽偏严的错误，切实帮助下级掌握正确划分的标准。

[文 献] **划分右派分子的标准**

(一)

凡言论、行动属于下列性质者，应划为右派分子：

(1) 反对社会主义制度。反对城市和农村中的社会主义革命，反对共产党和人民政府关于社会经济的基本政策（如工业化、统购统销等）；否定社会主义革命和社会主义建设的成就：坚持资本主义立场，宣扬资本主义制度和资产阶级剥削。

(2) 反对无产阶级专政、反对民主集中制。攻击反帝国主义的斗争和人民政府的外交政策；攻击肃清反革命分子的斗争；否定“五大运动”的成就；反对对资产阶级分子和资产阶级知识分子的改造；攻击共产党和人民政府的人事制度和干部政策；要求用资产阶级的政治法律和文化教育代替社会主义的政治法律和文化教育。

(3) 反对共产党在国家政治生活中的领导地位。反对共产党对于经济事业和文化事业的领导；以反对社会主义和共产党为目的而恶意地攻击共产党和人民政府的领导机关和领导人员、污蔑工农干部和革命积极分子、污蔑共产党的革命活动和组织原则。

(4) 以反对社会主义和反对共产党为目的而分裂人民的团结。煽动群众反对共产党和人民政府；煽动工人和农民的分裂；煽动各民族之间的分裂；污蔑社会主义阵营，煽动社会主义阵营各国人民之间的分裂。

(5) 组织和积极参加反对社会主义、反对共产党的小集团；蓄谋推翻某一部门或者某一基层单位的共产党的领导；煽动反对共产党、反对人民政府的骚乱。

(6) 为犯有上述罪行的右派分子出主意，拉关系，通情报，向他们报告革命组织的机密。

(二)

有下列情形之一者应划为极右分子：

(1) 右派活动中的野心家、为首分子、主谋分子和骨干分子。

(2) 提出反党反社会主义的纲领性意见，并积极鼓吹这种意见的分子。

(3) 进行反党反社会主义活动特别恶劣、特别坚决的分子。

(4) 在历史上一贯反共反人民，在这次右派进攻中又积极进行反动活动的分子。

（三）

有下列情形之一者，其错误应予批评纠正，但不应划为右派分子：

（1）在根本立场上并不反对社会主义和党的领导，而只是对于局部性的工作制度，局部性的不属于根本原则的政策，工作中的问题，学术性的问题，共产党的个别组织，个别工作人员表示不满，提出批评的人，即使意见错误，措词尖锐，也不应划为右派分子；同样，在根本立场上并不反对社会主义和党的领导，而只是在思想意识上有某些错误的人，也不应划为右派分子。

（2）有过类似右派的思想，但是并未发表过或散布过，而且已经认为错误、自动检讨出来的人，或者偶然讲过类似右派的话，现在已经承认错误，而在历史上一贯不反党反社会主义的人，不应划为右派分子。

（3）对于社会主义的经济政治制度或共产党的领导发表了错误的言论，但是并未积极宣传，事实证明不是出于敌意，经过指正表示愿意转变的人，不应划为右派分子。

（4）一度盲目地附和了右派反党反社会主义的言行，或者一度被蒙蔽参加了右派小集团，或者一度被右派利用，在了解右派错误以后，迅速地站在正确立场，同右派决裂的人，不应划为右派分子。

（5）历史上曾经站在反动立场，现在也没有显著的转变，但是在右派进攻时期并未进行反动活动的人，不应划为右派分子。

（6）凡是界乎右派分子和中右分子之间的疑似分子，在尚未查出足以确定为右派分子的充分材料之前，一概不划为右派分子，并且不用斗争右派分子的方法来对待他们。

资料来源：中共中央文献研究室编：《建国以来重要文献选编》第10册，中央文献出版社1994年版，第615—617页。

10月15日

［纲　文］　**中共中央发出《关于在少数民族中进行整风和社会主义教育的指示》。**

［目　文］　《指示》说，几年来，在党的领导下，经过各族人民和各民族干部的努力，绝大多数少数民族的面貌发生了根本性的变化。这证明了党的民族政策的正确。但是，在少数民族地区社会主义制度一般还不巩固，有些地方还很不巩固。其所以不巩固或者很不巩固，除了同汉族地区相同的原因外，还有少数民族地区的特殊的原因。总的说来，在许多少数民族中，社会主义的经济基础、阶级基础和领导核心力量，都比较薄弱。值得注意的是，实现了生产资料所有制的社会主义改造以后，在许多少数民族中，地方民族主义的思想有了新的滋长。全国人民的整风运动正在深入开展，在少数民族中也要分别不同情况，在党内进行整风，在人民中适当地进行社会主义教育。要把批判地方民族主义

列为进行整风和社会主义教育的一项重要内容。应当通过整风和社会主义教育，在少数民族中，大大提高广大人民和干部的觉悟，孤立反动派，巩固社会主义制度，加强党的领导，进一步巩固民族团结和祖国的统一。

《指示》分三类地区对少数民族中的整风和社会主义教育做出部署：一、基本上实现了生产资料所有制的社会主义改造的地区。二、基本上完成了民主改革并开始进行社会主义改造的地区。三、还没有进行民主改革和某些不需要经过民主改革而直接向社会主义过渡的地区。在上述三类地区进行社会主义教育的时候，都应当结合进行爱国主义的教育。在第二类和第三类地区，党内外一般不进行反右派斗争。在进行社会主义的宣传教育的时候，可以根据需要，就全国反右派斗争的意义作适当的说明。无论第一、第二、第三类地区，在部署上和实际工作上，都必须把整风和社会主义教育的重心放在党内。在一切少数民族地区和少数民族中，必须认真纠正各方面工作中的缺点和错误，并且尽可能解决当地人民迫切需要解决的问题。

10 月 15 日

［纲 文］ **中共中央发出《关于在中等学校和小学的教职员中开展整风和反右派斗争的通知》**。

［目 文］ 《通知》指出，全国中等学校和小学校有教职员 200 多万人，其中大多数都是好人。但是，队伍很大，社会出身和政治思想情况可能比大专学校还要复杂。城市学校教职员可以采用机关整风的办法，农村学校教职员可以参加当地农村中的社会主义大辩论。思想政治问题，利用寒暑假集中起来解决。要做到整风和教学两不误。

10 月 15 日

［纲 文］ **中国和苏联签订《关于生产新式武器和军事技术装备以及在中国建立综合性的原子工业的协定》**。

［目 文］ 《协定》签字仪式在苏联国防部大楼进行，聂荣臻代表中国政府，苏联部长会议第一副主席别尔乌辛代表苏联政府，分别在《协定》上签字。根据《协定》，苏联在原子能工业、导弹、火箭武器、航空新技术以及导弹和核试验基地建设等方面，对中国进行援助。此前，9 月 7 日，聂荣臻为团长的中国政府工业代表团抵达莫斯科。9 月 9 日，代表团开始与苏联政府代表团就《协定》内容进行谈判。

1959 年 6 月 20 日，苏共中央致函中共中央。函中说，苏联与美国等西方国家正在日内瓦谈判关于禁止核武器试验的协议，若西方国家获悉苏联正在新技术方面援助中国，“有可能严重地破坏社会主义国家为争取和平，缓和国际局势所作的努力”。因此，中断若干重要援助项目，两年以后看形势发展再说。函中特别提到不再提供原子弹教学模型和技术资料。从这时起，苏联对部分项目单方面终止执行《协定》。

10 月 15 日

［纲 文］ **武汉长江大桥落成通车**。

［目 文］ 大桥全长 1670 米，其中跨江面部分为 1155 米。大桥共有 8 个桥墩，每

个桥墩有 50—60 米高。桥下可航行最大的轮船。桥有上下二层，上层可并行 6 辆汽车，下层可对开 2 列火车，两岸桥头堡里装有楼梯、电梯，供行人上下桥使用。大桥铁路部分原计划 1958 年 10 月 1 日通车，公路部分原计划 1959 年通车。总投资原预算 17232 万元，实际用了 13840 万元。

◀1957 年 10 月 15 日，万里长江上第一座铁路公路两用桥——武汉长江大桥宣告正式交付使用。图为武汉长江大桥落成通车典礼。

武汉长江大桥工程是第一个五年计划中的主要建设项目之一，1955 年 9 月正式开工。大桥施工过程中，在苏联专家帮助下，第一次以大型管柱钻孔法代替压气沉箱法，克服了基础工程施工因高水位间歇施工的限制，一年四季不停施工，大大缩短了工期。本年 9 月 25 日，大桥全部完工。8 月中旬，举行非正式试通车。9 月上旬经过科学鉴定，这在中国桥梁建筑史上是第一次对新建桥梁进行正规科学鉴定。9 月 25 日，大桥举行了试通车。落成通车典礼于本日在大桥上举行，李富春、滕代远等国家和相关部门领导人出席典礼，约 5 万群众参观了典礼。本日，《人民日报》为大桥落成通车发表了题为《伟大的理想实现了》的社论。

10 月 16 日

［纲　文］　**中共中央批转《广播事业局党组关于广播宣传会议的报告》。**

［目　文］　批语说，中共中央同意《报告》，希各地党委检查一次广播电台的工作，帮助他们总结经验，改进工作。批语指出，各地党委应加强对广播电台的领导，使之严格控制在党的领导之下。若干广播电台中干部政治不纯的严重状况，应该迅速加以改变。广播电台的领导岗位、编辑播音部门和技术部门都应当掌握在党员干部和党外左派人士手

中。领导骨干缺乏的地方，党委应设法加以配备。广播电台的高级技术人员，政治上可靠而又具备入党条件的，应吸收其入党，以便加强党对广播技术部门的领导。在广播电台内部，应该建立和健全党的领导核心和加强编委会，经常注意改进党的组织工作和保卫工作，并加强对党员和群众的政治思想教育。在广播电台机关内部，应继续深入开展整风和反右派斗争，批判各种右倾政治观点和资产阶级的新闻观点。

8月28日，广播事业局党组向中宣部并中共中央提交《报告》。《报告》总结了7月17—24日召开的广播宣传会议的情况，就会上讨论的5个问题及意见作了汇报。一、关于"鸣放"的报道和反右派斗争宣传的问题。根据中共中央指示"广播是第四道防线"的精神，"鸣放"期间在新闻节目中以报道左派的意见为主，同时有选择地报道中派的意见和揭露主要右派分子的反动论点，并剔除其恶意诬蔑中伤的内容，这种做法是容许的。但是不应该播送右派分子的反动言论。二、关于正确处理人民内部矛盾的报道问题。应该适当播送根据党的政策正确处理人民内部矛盾的值得推广的经验，避免采用可能发生副作用的稿件。社会主义建设和人民政治、经济、文化生活的报道，仍然是广播的主要内容。三、关于在广播中进行批评的问题。由于广播电台的影响很大，它不宜于进行单纯的揭露和指名指姓的批评。凡是有关重要事件的指名指姓的批评除有特殊需要并经当地党委批准者外，一般不应当播送。四、关于广播如何贯彻"百花齐放、百家争鸣"方针的问题。文艺广播应该以满足多数听众的需要为主，同时适当照顾少数听众的喜好，尽量扩大取材的范围和放宽选材的标准。文艺广播既不应该生硬地庸俗地强求和政治任务配合，忽视它在满足广大听众文化娱乐要求方面的作用，也不应该过分强调满足文化娱乐的要求以致忽视它对人民的政治倾向、思想意识和社会风气的积极影响。广播电台可以规定一定时间，对一般社会问题开展自由讨论。这种讨论应该是有领导的，但是不必急于对每一个问题做出结论。五、关于纯洁广播队伍和加强党的领导的问题。广播是一种新的事业，队伍普遍很弱，有些电台干部政治不纯的情况十分严重。所有各广播电台都普遍感到在运动中可以依靠的党员干部太少，许多广播电台长期不能建立编辑部党的领导核心。全国还有一些广播电台经常得不到党委的指示，不能参加党委的会议。建议中共中央对上述情况做出相应的决定，以加强党对广播的领导，纯洁、充实广播的队伍。

10月16日

［纲　文］　**一届全国人大常委会第八十次会议和政协二届全国委员会常委会第四十六次会议举行联席会议。**

［目　文］　联席会议由全国人大常委会副委员长、政协全国委员会副主席彭真主持。联席会议听取了中共中央书记处书记谭震林关于修改后的全国农业发展纲要草案的说明，并决定，从10月17日开始，会议分成四个小组对纲要草案进行讨论。联席会议讨论之后，将纲要草案提到全国人民中讨论。

谭震林在联席会议上说，纲要草案是中共中央在1956年1月间提出的，在实际生活中已经起了积极的作用。在这个纲要草案提出以后，经过上年和本年两个生产年度，全国入社农户达到97%，其中参加高级社的占93.7%。1956年是解放以来灾情较为严重的一年，但是，全国仍然增加了生产。两年的生产实践，证明了纲要草案的方向和基本内容是完全正确的，同时也提出了一些新的问题和新的经验，需要加以解决和吸收。经过中共三中全会基本通过了的修正草案，就是根据两年来一些事实的变化和工作的经验，作了一些必要的修改和补充的。

10月16日

［纲　文］　**国务院召开常务会议**。

［目　文］　会议由周恩来主持，主要内容如下：一、原则通过《国务院关于加强对煤矿企业的领导，发挥生产潜力以增加煤炭产量的指示》，并决定经国务院三办修改后，送国务院批发并登报。二、原则同意《关于柴达木盆地劳动工资问题的具体改革意见》，并决定修改后送周恩来转中共中央审批。三、讨论关于调整苏联和东欧人民民主国家非贸易汇兑比价问题，议定东欧各兄弟国家非贸易款项由卢布改为用本国货币定直接比价等相关事项。四、原则批准财政部《关于1957年追加支出预算的报告》，并决定：支出预算的追加，除500万元盐场投资和417万元淮河复堤堵口费由财政部研究确定外，各办和各部门要注意控制；由国家经委清理1957年计划外进口的设备。财政部的《报告》说，在1957年国家预算执行过程中，中央各部、各省市要求追加的支出，截至9月底已批准6.2亿元。中央预算总预备费原列4.7亿元，已经动支完了。中央各部、各省又提出追加支出3.6亿元，拟同意追加2.3亿元。五、原则批准《中、匈、苏、波、捷、德关于在中华人民共和国湿热带气候条件下共同进行强电电器设备试验研究工作的协定（草案）》和《关于执行中、匈、苏、波、捷、德关于在中华人民共和国进行强电电器设备试验研究工作的协定的共同条件（草案）》，并决定两草案的相关后续工作仍由国家技术委员会主持，由电机部出面与各有关国家政府谈判，并作为具体执行机关。

10月16日

［纲　文］　**国务院发布《关于农村植物油征税问题的通知》**。

［目　文］　《通知》说，国务院同意财政部的意见，决定已经执行征税的地区，应当继续征税；停止征税和没有征过税的地区，应当逐步征税，使全国执行一致。少数民族地区，必须予以免税照顾的，可以由省、自治区人民委员会根据具体情况批准执行。

10月16日

［纲　文］　**农业部发出《关于做好灾区牲畜安全过冬渡春的紧急通知》**。

［目　文］　《通知》说，本年山东、黑龙江、江苏、安徽、浙江、山西、内蒙古等省（自治区）部分地区发生严重水灾、雪灾或旱灾，对畜牧业的损害相当严重。如内蒙古灾区内的牲畜约有500万头，已死120万头。灾区牲畜体质普遍乏瘦，如不及时采取紧急措施，还会发生大批死亡现象。为保证牲畜安全过冬，必须用尽一切力量，做好以下工作：一、大力贮备饲草饲料。水灾地区必须把收集野草工作列为灾区生产自救的重要内容之一，除组织各生产队进行收割外，还要广泛发动社员利用半劳力收割，由社按质论价合理

计酬收买。旱灾地区除打贮野草外，要收集、利用一切可以做饲草的残枯作物秸秆、树木落叶、园田副产品等，充做冬春饲料。牧区打破按行政区界线放牧的习惯与限制，由有关机关具体协商进行牧场调剂工作，组织牧民打井开辟利用新的草原。畜群适当化大群为小群，分群放牧，延长每天放牧时间，延迟进入冬季牧场时间。各地农牧业部门应积极主动与粮食供销合作部门联系，做好商品精饲料及饲草的调剂供应工作。二、实行分散饲养管理。除少数社、队确有集中养畜的条件与经验，并准备了充足的冬季草料者外，一般应在入冬前做好分散包养到户工作。对养畜户必须合理规定劳动报酬及奖励办法，同时可组织他们从事正当的畜力副业生产，以畜养畜。三、加强牲畜疫病防治工作。无论农区牧区都要加强防疫工作。农区应充分利用中兽医的力量，深入各社逐槽检查牲畜的健康情况，加强防治。四、加强各地对群众和干部的保畜思想教育工作。必须深刻认识保畜工作对恢复发展灾区农牧业的重大意义；在灾荒特别严重的地区，还要注意克服悲观情绪；防止盲目大量出售牲畜，尽可能把牲畜保存下来。

10 月 16 日

［纲　文］　**《人民日报》报道，中国和摩洛哥确定一年内交换商品的项目。**

［目　文］　双方确定从摩洛哥出口的商品是：过磷酸肥、磷酸盐、冻羊肉、香料油、棉花、小麦、沙丁鱼罐头、橄榄油等；从中国出口的商品是：茶叶、棉布、机器设备、丝绸等。

10 月 17 日

［纲　文］　**中华人民共和国主席毛泽东致电叙利亚共和国总统舒克利·库阿特利，重申坚决支持叙利亚保卫独立、和平的正义斗争。**

［目　文］　电文说：当美帝国主义正在驱使土耳其向叙利亚进行挑衅，阴谋发动侵略战争的时候，我谨重申中国政府和中国人民坚决支持叙利亚人民保卫独立、保卫和平的正义斗争的严正立场。

19 日，叙利亚首都大马士革所有报纸都以首版显著位置刊载了毛泽东致库阿特利的电报，以及中国政府支持叙利亚反对美国侵略阴谋的消息。《阿利夫巴报》发表题为《来自中国的导弹》的社论说：美国应该知道，6 亿人民正在注视着我们。在这种情况下，中国人民的支持是一件值得给予重大注意和估价的严重事件。

10 月 22 日，《人民日报》发表题为《保卫叙利亚，保卫和平！》的社论。

10 月 17 日

［纲　文］　**新华社讯，中央国家机关过半数单位的整风运动开始进入以整改为主的阶段。**

［目　文］　中央国家机关的反右派斗争已取得决定性的胜利，有大约 60% 的司、局单位在反右派斗争胜利的基础上，开始进入了以整顿作风、改进工作为主的整风第三阶段，整改的大鸣大放形势在中央国家机关的一些先进一步的单位出现。二机部、商业部、

轻工业部、外贸部、城市建设部、公安部等所属的一部分司、局中，群众已经开始发动，就一些需要改进的重大问题展开了讨论，有的通过座谈会和大字报等形式开始掀起了大鸣大放的热潮。在开始转入整风第三阶段的60%的单位中，大多数单位都在进行准备工作，例如总结反右派斗争的收获和经验，特别是如何依靠群众、发动群众的经验，以便利用这些经验为进一步发动群众反对“三个主义”而斗争。有的单位如冶金工业部、水产部、外贸部、商业部、粮食部、合作总社等还对过去群众提出的批评和意见，进行了问题排队，做出整风第三阶段的大体规划。很多单位都组织干部学习整风文件，进行酝酿讨论。为了加强领导，许多机关还充实和加强了领导整风的办事机构。

10月18日

［纲　文］　**国务院召开第五十八次全体会议。**

［目　文］　会议由周恩来主持，讨论并通过以下文件和决定：一、原则通过《1958年国家经济建设公债条例（草案）》，提请全国人大常委会审议决定。全国人大常委会第八十三次会议于11月6日通过此条例。二、核准《中华人民共和国和阿富汗王国交换货物和支付协定》。三、通过《中华人民共和国国境卫生检疫条例（草案）》，提请全国人大常委会审议决定。全国人大常委会第八十八次会议于12月23日通过此条例。四、通过《国家建设征用土地办法（修正草案）》，提请全国人大常委会审批。全国人大常委会第九十次会议于1958年1月6日批准了《办法》，国务院于同日公布施行。五、通过《吉林省前郭尔罗斯蒙古族自治县人民代表大会和人民委员会组织条例（草案）》，提请全国人大常委会审议。全国人大常委会第八十六次会议于11月29日批准此条例。六、通过国务院关于四川等五省区行政区划变更的决定：（一）撤销四川省合川市，原行政区划归合川县。（二）撤销内蒙古自治区集宁县，该县行政区域分别划归集宁市、察哈尔右翼前旗、察哈尔右翼后旗、兴和县领导。（三）青海省设置玛沁县，行政区域为甘德县所辖的然洛、下莫巴、大武三个部落，县人民委员会驻中心站（依盖奇）；设置玛多县，行政区域为达日县所辖的合科部落和甘德县所辖的垮科、查科两个部落，县人民委员会驻黄河沿。以上玛沁、玛多二县，受果洛藏族自治州领导。（四）云南省撤销楚雄专署，设置楚雄彝族自治州，行政区域为原楚雄专署的楚雄等16个县，自治州人民委员会驻楚雄县城。（五）辽宁省撤销阜新县，设置阜新蒙古族自治县，行政区域仍为原阜新县的行政区域，自治县人民委员会驻原阜新县城；撤销喀喇沁左旗，设置喀喇沁左翼蒙古族自治县，行政区域为原喀喇沁左旗的全部区域，及凌源县的玉皇庙等7个乡和建平县公营子乡的铁道南部地区，自治县人民委员会驻大城子镇。

10月18日

［纲　文］　**周恩来批示同意高教部党组《关于外国来华留学生参加社会主义思想教育课程问题的报告》。**

［目　文］　《报告》说，在中国高等学校及中等专业学校学习的外国来华留学生共

有来自21个国家的1543人。中共中央规定1957—1958学年各高等学校的政治课改开社会主思想教育课程，为统一外国来华留学生是否上这一课程的问题，高教部与中宣部、外交部等有关单位研究认为，外国留学生原则上以不参加为好。因为外国留学生所属各个国家的政治情况互不一致，吸收他们参加可能引起思想混乱，甚至影响两国关系。如果有的驻华使馆或留学生提出要求时，可欢迎他们参加全校性的学习报告会，或组织专门的报告会向他们介绍情况，解答他们的疑问。其他活动均以不参加为宜。鉴于越南留学生的党组织生活委托中国共产党代管，有关学校党委可另外通过越南留学生的党组织向他们作必要的情况介绍和有关思想教育的报告。

10月18、19、21、22日

［纲　文］　**中国人民保卫世界和平委员会等团体发表声明或致电叙利亚相关团体，表示支持叙利亚反侵略斗争**。

［目　文］　18日，中国人民保卫世界和平委员会和中国伊斯兰教协会、中叙友好协会、中埃友好协会发表联合声明，谴责和反对美帝国主义驱使土耳其阴谋发动侵略叙利亚的行为，全力支持叙利亚反侵略斗争。

同日，全国学联也致电叙利亚学生联合会、叙利亚大学生联盟，表示全力支持叙利亚的反侵略斗争。

19日，全国总工会主席赖若愚致电叙利亚工会联合会，声明中国工人与全体阿拉伯工人和人民在反对帝国主义侵略的斗争中永远站在一起。全国青联致电叙利亚学生联合会并转叙利亚全体青年，表示坚决支持叙利亚人民为保卫祖国独立和反抗侵略的斗争。

21日，中华人民共和国全国妇女联合会致电叙利亚妇女联合会主席乔赛利夫人，并转全体叙利亚妇女，表示坚决支持叙利亚人民为保卫祖国独立和反抗侵略的正义斗争。

22日，全国工商联致电叙利亚总商会，支持叙利亚人民为保卫祖国独立及维护世界和平而斗争。

10月19日

［纲　文］　**国务院召开常务会议**。

［目　文］　会议由周恩来主持，主要内容是：一、审议《卫生部关于医院经费开支问题的报告》，决定对北京市各医院的经费开支问题作一次典型调查后，于11月初提出全面报告，再作决定。二、审议关于三门峡水利枢纽问题的报告，并决定：三门峡水利枢纽势在必修，而且坝址要选在三门峡。由水利部根据这个精神，联系防洪、灌溉、发电、水土保持、水土浸润影响以及有关各省存在的其他顾虑，将修建三门峡水库的利弊作全面的分析比较。11月10日前改好报告，报国务院批发有关各省征求意见。三、原则通过《中华人民共和国户口登记条例（草案）》，送中共中央审阅后，提交国务院全体会议讨论。10月25日，《条例》经国务院第五十九次全体会议通过，1958年1月9日，经全国人大常委会第九十一次会议通过，并即日公布。

10 月 19 日

［纲　文］　**中共中央、国务院原则批准中共新疆自治区党委、自治区人民委员会《关于调整新疆地区工资问题的请示报告》。**

［目　文］　批语说：对干部的工资先行降低，对工人的工资暂时不降低的办法是妥当的。但是干部最好一起调整，不再分为两步，以免在干部之间发生不必要的影响。乌鲁木齐生活费补贴降低的幅度，似小了些，可以考虑再多降低一些。降低工资牵涉到每个干部的切身生活问题，必须用鸣放和辩论的方法做好思想教育工作，使绝大多数干部都能愉快接受，尽量减少思想上的波动。因此，在调整的时间上可以延至 11 月或者 12 月份开始。

此前，新疆自治区党委、人民委员会的报告说，新疆地区工资高于内地是有客观原因的，实际工资也高于内地则是不合理的。这是执行工资分制度遗留下来的问题，须逐步降低实际工资来予以解决。解决的意见是，先减干部的工资，工人工资暂时不降，地区间不平衡也要本着"削高就低"原则分别调整。拟从 10 月份起先将乌鲁木齐市部分干部生活补贴从 36% 降至 30%，即工资总水平降低 4.42%。

10 月 19 日

［纲　文］　**国务院批转财政部《关于今后推销公债工作的意见》。**

［目　文］　批语说：1957 年国家经济建设公债推销工作，截至 8 月底，认购总额虽已超过计划发行的总额，但是地区间、各阶层间认购和缴款还完成得不够均衡。一部分省、市完成的情况不好，特别是分阶层来看，农民认购数达不到计划发行数的 50%，这值得引起应有的重视。本年年成中上偏丰，农民收入有所增加；经过农村的大辩论和社会主义教育运动，农民的社会主义觉悟会进一步提高，这是本年农村推销公债工作的有利条件。各省、市应该抓紧秋收季节有利时机，结合中心工作，大力开展公债推销工作，争取保证顺利完成本年的公债任务。

此前，财政部《报告》说，截至 8 月底，1957 年经济建设公债认购总额超过计划发行 6 亿元的 5.29%，但是农民的认购数仅占计划发行数的 49.66%，低于 1956 年同期。农村正值秋收季节，农村推销公债的时间已很紧迫，若不立即采取有效措施，本年农村公债任务有完不成的可能。此外，公债缴款进度也低于上年同期，8 月实际入库仅 5999.1 万元。

10 月 19 日

［纲　文］　**国务院批转《中国人民银行关于清理农业贷款问题的报告》。**

［目　文］　批语说，国务院同意《报告》，请各地参照办理。国家发放的农业贷款总数已近 40 亿元，此后发放农业贷款，除了确有困难的地区以外，一般地区只能依靠现有贷款的收回，收了再放，放了再收。省、自治区所属各县的农业贷款指标，应由省、自治区在全省、全区范围内统一调剂使用。必要的时候，中央也可以在省、区间作若干调剂。为有效运用贷款资金，使之保持正常的周转，各地有必要在做好本年收回农业贷款工

作的同时，对过去的农业贷款进行一次认真清理，查对账据，核对债权债务关系，并将历年拖欠的贷款进行必要的排队整理，以利这些贷款的逐步收回。

9月5日，中国人民银行向国务院提交《报告》。《报告》说，农业贷款工作在取得巨大成绩的同时，也发生了贷款关系不清、账目混乱等急待解决的问题，有必要在全国一切有条件的地区，对原有贷款进行一次清理。清理农业贷款要达到两个要求：第一是将历年贷款的债权债务关系加以查对，使账据同实际相符，笔笔贷款都有下落；第二是将历年拖欠的贷款，进行必要的摸底排队，能收回的积极收回，收回有困难的分别情况处理。清理农业贷款的做法，应当结合秋收分配和冬季整理农业社的工作，在做好到期贷款收回工作的同时，有计划有步骤地分批分片进行。债务关系清理中的若干问题应按照以下原则办理：社员个人、互助组、农业社所借的贷款，在入社、转社、并社或者大社分小社以后，应当按照谁借谁还的原则，由原贷款户（社）负责归还。由银行发放给农业、林业、水利、移民部门和供销合作总社的农业贷款，如果承贷部门已经把贷款转贷给个体农民、社员个人或农业社，经承贷部门与贷款人双方协商，同意转移债务关系的，可由贷款户（社）向银行换立新借据，转移债权债务关系。贷款户外迁他处，原贷款的银行机构应与迁入地区的银行机构联系，同贷款户核对账目，将债务关系转移到迁入地区的银行机构。到期未还贷款处理中的若干问题应按有借有还的原则办理：某些贷款户（社）有归还能力而拖欠不还的，应通过讲清道理积极说服他们按期归还；确实无力在本年内归还贷款的可以允许延期归还；乡社干部拖欠贷款问题，建议结合干部整风使他们在提高思想的基础上自觉带头归还。家庭人口死亡后无继承人又无遗产的贷款户，或迁往他处经多方寻找下落不明的贷款户，经乡人民委员会证明，县人民委员会审查批准，可由银行把他们的贷款作为呆账注销。配合推广新式农具所发放的农具贷款，如果贷款户买到的新式农具不具备使用条件，应由原来供给新式农具的部门收回实物，将价款退还银行，作为贷款户归还贷款。由农业、林业、水利等部门经手使用和转放的贷款，应由这些部门负责催收和归还。

10月19日

［纲　文］　**国务院同意云南省撤销思茅专员公署。**

［目　文］　原思茅专员公署辖区的思茅、景谷、镇沅、普洱等四县和景东县南部的振太、勐大、民乐、景谷、里岁五个区划归西双版纳傣族自治州；墨江县和江城哈尼族彝族自治县划归红河哈尼族彝族自治州；景东县划出南部五个区后仍保持原建制，划归大理白族自治州领导；澜沧拉祜族自治区、孟连县傣族拉祜族佧佤族自治区及西盟地区划归临沧专区。

10月20日

［纲　文］　**内蒙古鄂伦春自治旗的最后一批猎民，迁入人民政府为他们新建的房屋，自治旗境内的鄂伦春人从此全部转入定居游猎生活。**

10月21日

［纲　文］　**《人民日报》发表题为《大胆地改，坚决地改，彻底地改》的社论。**

［目　文］　社论说，现在反击右派的斗争，已经在许多地区许多单位取得了决定性的胜利，凡是这样的地区和单位，就应当适时地转入运动的第三阶段，即着重整顿作风、改进工作的阶段。在进入以整改为主的第三阶段的时候，我们对于群众的口号仍然应该是大胆地放，坚决地放，彻底地放；而对于领导人员的口号就应该是大胆地改，坚决地改，彻底地改！这两个口号是互相关联的。如果不发动广大群众，继续大鸣大放，形成第二次鸣放的高潮，那么，我们就不可能彻底整顿作风、改进工作。

有人担心，在反右派斗争以后，群众不敢大胆鸣放。这种估计是不正确的。虽然有少数群众存在着顾虑，但是只要做好思想动员工作，这些顾虑很快就会消除的。事实证明，只要动员工作做得深入，群众就会积极地投入运动。要贯彻执行依靠群众改进工作的方针，关键在于领导人员必须有决心。

在着重整改的阶段中，在群众大鸣大放的又一高潮中，一切领导人员都必须勇于接受群众的批评，及时地改正工作中的错误和缺点。当解决这些问题的时候，不仅应该充分贯彻群众路线，而且应该防止不负责任、轻易乱改的偏向。对于某些群众的过高要求，要坚持说服教育，而不要迁就。为了使问题解决得完满、彻底，在解决了问题以后还应该组织力量，进行复查。

对于群众在大鸣大放中的一切善意的批评，如果有的领导人员不但不接受，反而加以打击报复，或者掩盖自己的错误，逃避整改，都是绝对不能容许的。各地党委应该随时督促和检查整改工作，不许有人蒙混过关。为了我们伟大的社会主义事业，全党同志和全国人民一定要把整风运动进行到底，不获全胜，决不收兵。

10月21日

［纲　文］　**国务院批复《甘肃省人民委员会关于职工棉衣补助费问题的意见》。**

［目　文］　批语全文如下：甘肃省人民委员会来电，建议取消调往酷寒地区职工冬衣补助的制度，我们考虑这个意见是正确的。但是，由于今年即届冬季，有的地区冬衣补助已经发出，今年可以暂时按照原来的办法执行不变，确定从1958年起取消这种制度，以后所有职工调动，一律不再补助冬衣。取消这种制度以后，个别职工如有特殊困难的，可以当做困难补助另行解决。

甘肃省人民委员会于9月向国务院提出的《关于职工棉衣补助费问题的意见》说，关于由一般地区调到酷寒地区的职工（包括招收人员）发给一次棉衣补助费问题，自1954年执行以来，对调入酷寒地区的职工是很大的照顾和鼓励，但是在执行中存在一些问题。如地区津贴、取暖补贴以及防寒用品等已经在各方面照顾了寒冷问题，再加上棉衣补助显得有些重复，也增加了国家开支。地区间寒冷程度很难截然划分，职工调动的情况也不一样，有的是调动时补助了，后又调出调回的，有的是由酷寒地区调一般地区不久，又调到酷寒地区的，发与不发，执行很困难，职工也有意见。因此，建议可取消棉衣补助制度。如个别职工有特殊困难，可作困难补助。由于这个问题涉及全国其他地区，请国务院考虑。

10月22日

［纲 文］ **一届全国人大常委会第八十一次会议和政协二届全国委员会常委会第四十七次会议举行联席会议。**

［目 文］ 联席会议由全国人大常委会副委员长、政协全国委员会副主席彭真主持。联席会议经过讨论，基本通过《1956年到1967年全国农业发展纲要（修正草案）》，并决定在报上公布《修正草案》，征求全国人民意见。在本次联席会议之前，联席会议曾分4个小组对修改后的全国农业发展纲要草案进行了讨论，认为修改后的纲要草案是完全适应国家情况变化的，它的内容非常全面、详尽、周到，指出了12年农业发展的目标和远景，对全国农业的发展会起巨大的推进作用。在小组讨论中，还对修改的纲要草案提出许多修正意见。

全国人大常委会会议还听取了公安部部长罗瑞卿的说明，讨论通过《中华人民共和国治安管理处罚条例》。《条例》所要对待的问题，是属于违反治安管理的轻微的违法行为。这种轻微的违法行为，还不到触犯刑法的程度，够不上给予刑事处分；但又超过了一般批评教育所能解决的限度，需要执行一定的行政处罚。处罚的范围大致分为四类：第一类是扰乱公共秩序的；第二类是妨害公共安全的；第三类是侵犯公民人身权利的；第四类是损害公、私财产的。处罚分警告、罚款、拘留三种。《条例》于本日公布施行。

全国人大常委会会议还通过任免事项，任命连贯为全国人大常委会副秘书长，批准最高人民检察院提请任命李贞为最高人民检察院军事检察院副检察长，山西等11个省人民检察院副检察长、检察委员会委员、检察员名单。

10月22日

［纲 文］ **《中华人民共和国治安管理处罚条例》发布。**

［目 文］ 《条例》依据中华人民共和国宪法第四十九条第十二项和第一百条规定的精神制定，共34条。《条例》主要内容如下：一、第二条对《条例》适用范围做出规定。扰乱公共秩序、妨害公共安全、侵犯公民人身权利、损害公私财产，情节轻微，尚不够刑事处分，依照本条例应当受到处罚的行为，是违反治安管理行为。中华人民共和国公民、外国人在中华人民共和国领域内的违反治安管理行为，都依照本条例处理。二、第三条、第四条分别对违反治安管理的处罚种类、违反治安管理行为所涉及的用具和财物的处理做出规定。违反治安管理的处罚分为警告、罚款、拘留三种。实行违反治安管理行为的用具，必须没收的，应当没收；由于违反治安管理行为做得的财物，应当没收。三、第五条至第十五条对扰乱公共秩序、妨害公共安全、侵犯公民人身权利、损害公有财产或公民财产、违反交通管理、违反户口管理、妨害公共卫生或市容整洁的行为及其处罚做出规

定。如：有结伙打架、扰乱车站码头等公共场所秩序、扰乱国家机关办公秩序等8种扰乱公共秩序行为之一的，处10日以下拘留、20元以下罚款或者警告。有用猥亵的言语和举动调戏妇女、殴打他人等4种侵犯公民人身权利行为之一的，处10日以下拘留或者警告。四、第十六条、第十七条分别对违反治安管理案件的管辖机关、治安管理处罚的裁决机做出规定。违反治安管理案件由市、县公安机关管辖。治安管理处罚，由市、县公安局、公安分局裁决；警告可以由公安派出所裁决。五、第十八条对执行治安管理处罚的程序做出规定。传唤违反治安管理的人使用传唤证；对现行违反治安管理的人，可以当场口头传唤。违反治安管理行为必须做出记录，由违反治安管理的人签名。治安管理处罚的裁决必须做出裁决书，交给违反治安管理的人。违反治安管理的人不服公安机关做出的裁决，可以在48小时内提出申诉。原裁决机关为市、县公安局的，应当在接到申诉后的5日内进行复查，做出最后裁决；原裁决机关是公安分局、公安派出所的，应当在24小时内将申诉书连同裁决书送上一级公安机关，由上一级公安机关在接到申诉后5日内做出最后裁决。六、第十九条至第三十条对免于处罚、从轻或者免于处罚、从重或者加重处罚、处罚的合并裁决、不予处罚等的具体情形做出规定。例如，违反治安管理行为有下列3种情形之一的，从轻或者免除处罚：确实不懂治安管理规则的，出于他人强迫的，自动坦白或者真诚认错的。七、第三十一条至第三十三条对《条例》的适用范围做出补充规定。

《条例》于本日经全国人大常委会第八十一次会议通过，并于本日由中华人民共和国主席毛泽东发布主席令予以公布，自公布之日起实施。

10月22日

［纲　文］　**公安部部长罗瑞卿在一届全国人大常委会第八十一次会议上作《关于中华人民共和国治安管理处罚条例草案的说明》。**

［目　文］　《说明》就处罚条例的制定背景等七个问题做出说明。一、许多人对新的社会主义制度还不习惯。旧社会遗留下来的各种坏分子，以及损人利己、不劳而获、败坏道德等剥削阶级的坏思想、坏习惯、坏作风，都在对新社会起着腐蚀和破坏作用。人们头脑中进行的政治上和思想上的社会主义改造还没有完成，有些人仍然保持着资产阶级损人利己、不讲公德、不遵守公共秩序的恶习。制定并公布一个治安管理处罚条例，对一些扰乱公共秩序、妨害公共安全、侵犯公民人身权利、损害公私财产等违反法纪、败坏道德的行为，实行必要的强制性的行政处罚，十分必要。二、处罚条例是人民对各种坏分子实行专政的一个武器。同时，也对人民中间少数违反纪律的人实行强制性的处罚。这同用说服教育的方法正确处理人民内部矛盾问题的原则，并没有矛盾，而是相辅相成的。三、处罚条例规定的处罚范围分四类，共11条，68款，基本上概括了需要给以治安管理处罚的行为。其中主要部分在城市和农村都适用，如偷盗、诈骗、侵占少量财物、调戏妇女、赌博等；一部分大体上只适用于农村，如伤害牲畜、损坏农作物等；少数条款只是在城市中适用，如扰乱车站、码头、公园秩序等。违反交通管理行为的处罚，则一般只适用于大、中城市。四、执行处罚应当同刑事处分的界限严格加以区别；应当同批评教育的界限相区

别；应当根据违反治安管理行为的具体情节、影响大小和受处罚人的认错态度等情况，全面加以分析，作出适当处罚，防止片面和草率处理。五、治安管理处罚的裁决控制机关，根据农村或城市的具体情况分别规定，是比较恰当的。条例中规定的裁决程序，既反映了法律应有的严肃性，又保障了受处罚人的申诉权利。六、在执行治安管理处罚条例的时候，必须依靠广大群众，对于要求人民遵守国家纪律这一部分说来，必须坚决贯彻说服教育的精神。为此，应当在群众中广泛地进行宣传教育，号召人民群众自觉遵守，并督促别人遵守，号召人民群众监督坏人，不容许坏人破坏秩序。各级公安机关应当经常听取人民群众的意见，教育干部和民警，严守法纪，既不包庇、放纵违反治安管理的人，也不利用职权，滥施处罚。在执行治安管理处罚条例的时候，对于干部和民警的一切违法乱纪行为，都必须依法严肃处理。七、处罚条例牵涉范围很广，内容还不可能十分完善。因此，在第三十一条中规定：凡本条例没有列举的违反治安管理行为，可以比照类似的条款，报经市、县人民委员会批准后给以处罚。这样的规定是必要的。

10 月 22 日

［**纲　文**］　**国务院发出《关于统一管理农村副业生产的通知》。**

［**目　文**］　《通知》就统一管理农村副业生产问题向各省、自治区、直辖市人民委员会，以及农业部、水利部等相关部门做出如下指示：一、农村中的畜牧、渔业、运输业、手工业等副业生产，应该由农业生产合作社分别情况，合理利用劳动力，采取大公经营、小公经营和个体经营的方式统一安排。二、农业生产合作社可以根据自己集体经营的各种副业规模的大小，分别成立副业生产队或者副业生产组负责经营，并根据各种副业生产的特点及其与农业的关系分别采取不同经营办法和分配办法。某些适合于分散经营的家庭副业，在农业合作社的统一安排和帮助下，由社员家庭分散经营，收益全部归个人所有。三、农村中尚未组织起来的个体手工业者和兼营手工业的农民，一般可以根据自愿的原则参加农业合作社，组成副业生产队（组），而不要单独建立手工业生产合作社。农村中已经组织起来的手工业生产合作社（组），可以根据自愿原则同农业生产合作社合并，作为农业合作社的副业生产组织，而不再作为县以上手工业联社的基层组织。四、农业合作社安排副业生产时，要充分考虑到原料的来源和产品销售的可能。所需原料主要靠自己就地取材；所生产的副业产品，除国家统购和规定统一收购的物资种类以外，可以自产自销。在某些手工业原料的集中产区，农业合作社发展副业生产时不能把自己所生产的手工业原料垄断起来，应该仍然接受国家计划的统一安排。五、农村中的理发、缝衣、阉猪、补锅、磨刀等服务性质的行业，是个人单独作业的，不需要也不便于集体作业。从事这些行业的人，自愿决定是否参加农业合作社。六、对于农村中的人力和畜力运输力量，农业合作社也要统一安排，把农业生产不需要的剩余运输力量，投入季节性的或常年性的运输，发展副业生产。除了一向专门从事运输并不经营农业的运输力以外，不要单独组织运输合作社。

10月22日

［纲　文］　**国务院批准农业部发布《国内植物检疫试行办法》。**

［目　文］　《办法》共14条，主要内容是：本办法是为防止为害植物的危险性的病、虫、杂草传播和蔓延，保护农业生产而制定的。国内植物检疫工作，由农业部、各省（自治区、直辖市）农业（农林、农业建设、农林水利）厅（局）及其所属各级植物检疫和植物保护机构执行。《办法》对植物疫区的划定方法，从国外引进农作物种子、苗木及其他繁殖材料的办理办法，调运植物和植物产品必须经过检疫检验的具体情况，突然发现少量植物检疫对象存在危险性病、虫、草害的处理措施等，做出规定。

12月4日，农业部发布了《办法》，自1958年1月1日起施行。

10月22日

［纲　文］　**《工人日报》发表题为《坚持工会运动的正确路线》的社论。**

［目　文］　社论认为，在中国现时条件下，工会运动的错误思想倾向主要表现在三个问题上，即：工会接受党的领导、工会对行政的关系和工会对群众的关系的问题上，必须在这三个问题上划清正确同错误的思想界限。社论指出，由于党的正确的领导，在工会问题上的错误思想倾向没有在全国形成一条完整的、系统的路线，只是少数工会干部的问题，但是绝不可以低估这种错误的严重性质，否则会发生消极的作用。因此，明辨是非，澄清思想，坚持工会运动的正确路线，反对各种错误思想倾向，这是工会在思想战线和政治战线上的一项严重的任务。

10月24日，《工人日报》又发表题为《增强团结，教育群众》的评论。评论认为，目前工会同群众的关系从总的方面看是好的，工会在一些主要问题上做了许多工作，有很大的成绩，在大多数群众中是有威望的。同时指出，工会在处理企业内部工人群众同企业行政之间的矛盾的时候，应当采取分析的态度，而不应片面地不加区别地一概责怪行政有官僚主义、不支持群众意见，也不应片面地不加区别地支持职工群众的一切要求。应当从团结的愿望出发，把工作做好；从提高群众的觉悟水平出发，来联系群众。

10月22—30日

［纲　文］　**阿富汗王国首相萨达尔·穆罕默德·达乌德访问中国。**

［目　文］　访问期间，达乌德受到毛泽东接见，并拜会了朱德、刘少奇和周恩来，并与周恩来进行会谈。周恩来在会谈时提出，在促进世界和平问题上，国不分大小都可为和平努力。希望在联合国内外造成舆论，使反对裁军的人和继续试验核武器的人受到压力，使问题达成协议，这对和平有好处。具体做靠大国，因为他们武力最多，但道义上的力量对不愿裁军的也是压力，在世界人民面前有很大作用。全世界人民都需要道义力量，而这道义力量是来自许多小国，特别是亚非国家、新兴的国家。

10月26日，达乌德与周恩来代表两国政府签署联合公报。公报说，两国总理就共同关心的问题交换了意见，并讨论了国际形势。两国总理再次确认双方于1957年1月22日在喀布尔发表的联合公布的内容；重申他们对于亚非各国在万隆会议结束时发表的公报中

朱德（左一）、周恩来（右一）与来华访问的阿富汗王国首相达乌德（中）在宴会上祝酒。

所阐述的各项原则的信念；表示了对按照联合国宪章的原则增强亚洲和非洲国家以及世界其他部分的团结精神的共同愿望。两国总理认为，原子能只被允许用于和平目的和为人类谋福利。双方愿意进一步加强两国间友好关系，并为了两国的利益继续保持和促进各自邻国进行合作的精神。

27日，达乌德在中央人民广播电台发表讲话。达乌德还访问了鞍山、沈阳、上海、武汉、昆明等地。

10月23日

［纲　文］　**一届全国人大常委会第八十二次会议召开。**

［目　文］　会议听取监察部副部长李景膺的说明，讨论并原则批准《国务院关于国家行政机关工作人员的奖惩暂行规定》。《暂行规定》将奖励分为六种：记功、记大功、授予奖品或者奖金、升级、升职、通令嘉奖；将惩戒分为八种：警告、记过、记大过、降级、降职、撤职、开除留用察看、开除。《暂行规定》于10月26日公布实施。

会议听取文化部部长沈雁冰的说明，讨论并决定批准《中华人民共和国政府和南斯拉夫联邦人民共和国政府文化合作协定》。《协定》共8条，规定缔约双方促进教育、科学和文化方面的相互合作，并在上述范围内交换情况。《协定》于11月1日经中华人民共和国主席毛泽东批准，于11月15日经南斯拉夫联邦人民共和国总统批准，并于12月20日在贝尔格莱德交换批准书，即日起生效。

会议根据周恩来提出的议案，在听取外交部副部长曾涌泉和交通部副部长孔祥祯的说明后，审查了1930年7月5日在伦敦签订的、并且以中国政府名义加入的《国际船舶载重线公约》，决定予以承认；并审查了对于该《公约》附件二的澳大利亚联邦政府修正建议，决定予以接受。《国际船舶载重线公约》是一个技术性的国际性公约，它对国际航行船舶的载重线规定统一的标准，以达到航行的安全和促进国际贸易；澳大利亚的建议是对该《公约》附件二所作的某些技术方面的修改。会议认为，承认该《公约》和接受澳大利亚修正建议对中国是有利的。会议还审查了1948年伦敦海上人命安全国际会议制定的《海上避碰规则》，决定予以接受，并作如下保留：属于中华人民共和国非机动船舶，不受海上避碰规则的约束。《海上避碰规则》也是一个技术性的国际公约，它对船舶在海上航行应使用的信号灯及号型、在海上相互驶近时的操作规则等做出统一的规定，以避免船舶碰撞事故发生。

会议最后还通过任免事项，任命了最高人民法院审判员。

10月23日

［纲 文］ **国务院召开常务会议。**

［目 文］ 会议由周恩来主持，主要内容是：一、审议关于1958年发行公债和第二个五年发行公债问题，并决定：1958年公债发行额确定为6.3亿元。公债利息改为3厘，10年还清，付息办法改为一次付息。第二个五年公债发行总额为35亿元，每年发行数字为：1958年6.3亿元，1959年6.6亿元，1960年6.95亿元，1961年7.35亿元，1962年7.8亿元。11月6日，全国人大常委会第八十三次会议通过了《1958年国家经济建设公债条例》。二、审议关于劳动计划的综合平衡和编制工作问题，并决定：仍然按照1957年1月15日国务院关于各部负责综合平衡和编制各该管生产、事业、基建和劳动计划的规定，由劳动部负责综合平衡和编制全国的劳动计划和工人培养计划。三、审议《农垦部关于修订国营牧场附加工资标准的报告》，并决定：国营农场的生产水平高于农业生产合作社，生活水平也可以比农民高一点，但差别不能过大，不能按工矿企业的一套办法。同意农垦部报告的原则，国营农牧场附加工资标准应当规定一个幅度，最高不能超过8%。《报告》根据上述原则修改并报国务院批准后，拿到全国各农牧场进行讨论。四、审议关于全国艰苦气象台站工作人员津贴问题，并决定由劳动部召集有关部门修改研究。五、原则同意《关于监察机关的体制方案》，修改后送中共中央政治局讨论。

10月23日

［纲 文］ **国务院发布《关于克什米尔地图的绘制问题的通报》。**

［目 文］ 《通报》说，克什米尔和查谟地区的归属问题是印度和巴基斯坦两国间长期争执的问题，印、巴两国政府对各种地图上关于这个地区的画法极为敏感，常被认为是代表各国政府的态度。为此，通报各部门注意，各种对外公开的刊物或其他印刷、宣传品中印有地图并且必须绘出克什米尔地区时，应该对该地区四界的标准特别慎重。在克什米尔问题未解决之前，一般可将克什米尔和查谟作为独立单位画出并用虚线表示对印、巴两国都是未定界，以免引起涉外纠纷。

10月23日

［纲　文］　**农业部发出《关于积极开展冬季防治病、虫、鸟、兽害工作的通知》**。

［目　文］　《通知》说，防治病、虫、鸟、兽害是冬季农业生产的重要内容之一，对于保证1958年农业增产有积极作用。《通知》要求各级农业部门做好以下几项重点工作：一、水稻地区根据各地不同条件，区别早稻、中稻田，迟熟中稻、单季或双季晚稻田等具体情况，采取不同对策积极防治过冬水稻螟虫。二、杂谷螟虫发生严重地区，采取高温积肥或铡碎充当饲料、燃料及造纸原料等方法，彻底处理玉米、高粱秸秆、根茬、穗轴及谷茬。三、棉区应发动群众在1958年5月前彻底处理枯铃、花渣，清除贮花仓库用具及棉籽内潜伏的红铃虫。四、果树蔬菜地区要发动农业社积极清洁田园，处理残株、落叶，结合整枝剪除有病虫的树枝烧毁，做好树干涂白及喷药工作，彻底消灭过冬病虫。五、飞蝗发生地区要在查清残蝗的基础上，于11月底以前彻底查清蝗卵分布地点、面积及密度，制定1958年防治飞蝗的计划。六、鸟、兽害严重地区要解决好猎枪、弹药供应，毛皮收购等问题，积极发动农业社组织打猎队或组，有计划地进行捕打，并认真总结群众打猎经验，及时推广，把冬季防治鸟、兽害工作开展起来。

10月24日

［纲　文］　**中共中央转发周恩来在八届三中全会上所作的《关于劳动工资和劳保福利问题的报告》**。

［目　文］　转发批语说，在整风已经转入整改阶段的单位，可以经过党委批准，将《报告》中所提出的方针和原则，适当地在职工中进行传达，组织群众讨论争辩。各地党委应该对群众在鸣放争辩中提出的关于工资和福利问题的意见，进行系统地研究，提出改进方案。凡是属于全国性的问题，必须报告中央统一解决。凡是本地区、本单位可以解决的问题，也必须事先拟好方案，经过群众充分地讨论和争辩，报告省、市委批准后再办，切不可草率孤立地解决，以免造成被动。

《报告》共两个部分：一、关于过去劳动工资和劳保福利问题的估计。8年来，劳动工资和劳保福利工作取得重大成绩，同时工作中也有不少缺点和错误。在劳动就业方面，基本上安置了失业人员，初步解决了城市就业问题；缺点是未能更广泛地开展就业门路，安排就业的工作缺乏计划性。从工资方面看，工资水平的提高和工资制度的改革，保证了职工生活的改善，对生产的发展起了推动作用；但是，部分职工工资有些偏高，工资制度结合我国实际情况不够。从职工劳保福利方面看，为职工办了许多好事；但是，某些方面走得快了，某些项目办得多了，某些规定不切合实际和不够合理。二、关于今后劳动工资和劳保福利政策的意见。我国的劳动工资和劳保福利政策，必须从统筹兼顾全国人民生活首先是工农生活、适当安排城乡关系这个基本观点出发，实行合理的低工资制，尽量使大家都有饭吃，并且在发展生产的基础上，使工农生活能够逐步得到改善。必须将劳动就业和精简机构、改革工资制度和逐步改善职工生活、整顿劳保福利和各项生活待遇，这三个方面的问题结合起来统一安排。（一）劳动就业主要是面向农村山区，参加农林业生产。在整风运动和反右派斗争中，各机关、企业和事业单位首先应该精简机构和精简人员，合理地安排生产人员和非生产人员的比例，并且将精简出来的机关职员和非生产人员尽量设法下放到农村生产中去。（二）根据现实条件合理安排工资水平。第二个五年计划期间，约有500多万新增职工的工资水平会低于现在职工的年平均工资，在现有2400万职工中，约有20%的工资水平偏高的职工不增加工资，约有80%的职工增加工资。改革工人的八级工资等级制度；研究和改进国家机关、企业、事业单位的干部工资制度；研究和改进计件工资制度；全面整顿各种奖励、津贴制度，取消各种不合理的奖励、津贴，建立确实对于增产节约有鼓励作用而不是助长职工中经济主义倾向的奖励制度。（三）在第二个五年计划期间应该对劳保福利工作和制度着重进行整顿。整顿的方针是：简化项目，加强管理，克服浪费；改进不合理的制度，适当降低过高的福利待遇；提倡少花钱、多办事；提倡依靠群众集体的力量举办福利事业；提倡用互助互济的办法，解决职工生活中的某些困难问题。着重研究和改进劳动保险制度、医疗制度、城市房租政策和住宅管理制度以及企业和机关福利费制度。

10月24日

［纲　文］　**政协二届全国委员会常委会举行扩大的第四十八次会议。**

［目　文］　全国人民代表大会常务委员会、中国文字改革委员会、汉语拼音方案审订委员会的委员列席会议。会议听取国务院副总理李先念关于生猪和食油的生产和供应情况的说明，就《国务院关于改进城市、工矿区猪肉供应的规定草案》、《国务院关于高级的脑力劳动者食油补助供应的规定草案》进行了讨论，一致表示赞同这两项规定中体现的密切党和人民政府同人民群众关系的精神。10月25日，这两项《规定草案》经国务院第五十九次全体会议讨论通过，并于28日发布。

会议听取郭沫若代表汉语拼音方案审订委员会所作的《关于汉语拼音方案（修正草案）》的说明，决定会议之后分组对《修正草案》进行讨论。

10月25日

［纲　文］　**国务院召开第五十九次全体会议。**

［目　文］　会议由周恩来主持，讨论和通过以下文件：一、通过《国务院关于高等学校和中等专业学校毕业生在见习期间的临时工资待遇的规定》，内部发表。二、通过《国务院关于高等学校和中等专业学校毕业生中反对社会主义分子及其他坏分子在工作考察期间生活补助费的规定》，内部发表。三、通过《国务院关于改进城市、工矿区猪肉供应的规定》。《规定》于10月28日公布。四、通过《国务院关于高级脑力劳动者食用植物油补助供应的规定》。《规定》于10月28日发布。五、通过《中华人民共和国户口登记条例（草案）》，由公安部修改后，报请全国人大常委会审定。全国人大常委会第九十一次会议于1958年1月9日通过此条例，中华人民共和国主席毛泽东同日发布主席令，

公布此条例。

10月25日

［纲　文］　**国务院第五十九次全体会议通过《关于高等学校和中等专业学校毕业生在见习期间的临时工资待遇的规定》**。

［目　文］　《规定》主要内容如下：高等学校和中等专业学校的每个毕业生，在工作初期都必须有至少一年的见习时期，见习期内不评定正式工资，只发给临时工资。毕业生的正式工资，应该在见习期满以后，由所在单位根据他们各方面的表现，予以评定，并且从见习期满后的第一个月起执行。评定的正式工资，一般应该不低于他们的临时工资，但是也不应该差别过大。调干（包括产业工人）毕业生分配工作后，不实行临时工资待遇，而由所在单位根据他们的现任职务结合具体条件评定正式工资。所有毕业生的临时工资待遇，都从他们向所在单位报到之日起计算。已经参加工作的1956年寒假毕业生实行临时工资的时间，应该由半年延长为一年。本《规定》内部发表，从1957年8月起实行。国务院1956年8月11日颁发的《关于高等学校和中等专业学校毕业生分配工作以后临时工资待遇的规定》，同时废止。

10月25日

［纲　文］　**国务院第五十九次全体会议通过《国务院关于高等学校和中等专业学校毕业生中反对社会主义分子及其他坏分子在工作考察期间生活补助费的规定》**。

［目　文］　《规定》说，国务院关于高等学校1957年暑期毕业生分配工作的几项原则规定中第六项规定，对于毕业生中思想行为严重反对社会主义的分子及其他坏分子，除了有反革命罪行和违法乱纪行为的，应该依法判处劳动改造或者劳动教养以外，其他都应该给以工作考察，在规定的考察期间给以生活补助费。根据上述规定精神，对高等学校和中等专业学校毕业生（包括调干学生）中对反对社会主义的分子及其他坏分子在工作考察（包括体力劳动）期间的生活补助费的标准，做出规定。规定主要内容是，考察期间生活补助费标准分11类，高等学校毕业生为25—32.5元，高级中专毕业生为20—26元，初级中专毕业生为15—20元。生活补助费自到达工作单位之日起发给。考察期满正式分配工作后，可根据本人所任职务和考察期间的表现评定工资；考察期间表现不好的，应延长考察期。

10月25日

［纲　文］　**吉林肥料厂、吉林染料厂、吉林电石厂三大化工厂正式开工生产**。

［目　文］　三大化工厂是“一五”计划的重点工程，于1955年年初动工兴建，在建设过程中得到苏联的援助，原计划在1958年投入生产。23日，三大化工厂举行了验收接交签字仪式，国家验收委员会认为，三大化工厂的各项建设工程的质量都达到了设计要求。

本日上午9时，开工生产典礼在吉林市举行。国务院副总理薄一波出席典礼并发表讲话，他指出，这三个工厂的提前完成投入生产，不仅对于推动中国化学工业的发展有深远影响，而且对于促进农业发展、促进合成纤维的发展，有重要的作用。

本日，《人民日报》配发了题为《我们要建设强大的化学工业》的社论。

10 月 26 日

［纲 文］ **国务院公布《关于国家行政机关工作人员的奖惩暂行条例》。**

［目 文］ 《条例》制定和实施的目的，是为了不断提高国家行政机关工作人员的社会主义觉悟，发扬工作积极性和创造性，防止和纠正国家行政机关工作人员的违法失职行为，以切实保障社会主义建设事业的顺利完成。《条例》共 17 条，主要内容如下：一、国家行政机关工作人员有下列表现的，应该予以奖励：忠于职守，成绩优良，遵守纪律，起模范作用的；在工作上有发明、创造，提出合理化建议，对于国家有显著贡献的；防止或者挽救事故有功，使国家和人民利益免受重大损失的；爱护公共财产，节约国家资财有重大成绩的；同严重的违法失职行为坚决斗争，有显著功绩的；其他应该予以奖励的。奖励分为记功、记大功、授予奖品或者奖金、升级、升职、通令嘉奖六种，可以单独使用，也可以同时并用。二、国家行政机关工作人员有下列违法失职行为，尚未构成犯罪的，应该予以纪律处分（如果情节轻微，经过批评教育后，也可以免予处分）：违反国家的政策、法律、法令和政府的决议、命令、规章、制度的；玩忽职守，贻误工作的；违反民主集中制，不服从上级决议、命令，压制批评，打击报复的；弄虚作假，欺骗组织的；搬弄是非，破坏团结的；丧失立场，包庇坏人的；贪污盗窃国家财产的；浪费国家资财，损害公共财物的；滥用职权，侵犯人民群众利益，损害国家机关和人民群众关系的；泄露国家机密的；腐化堕落，损害国家机关威信的；其他违反国家纪律的。纪律处分分为警告、记过、记大过、降级、降职、开除留用察看、开除八种。国家行政机关对于违反国家纪律的工作人员，在追究纪律责任和纪律处分的时候，必须本着严肃和慎重的方针，按照所犯错误的性质和情节的轻重，参照本人平常的表现和对错误的认识程度，分别予以适当的纪律处分或者免予处分。三、国家机关行政人员违犯刑法，情节轻微，不予追究刑事责任的，可以给予适当的纪律处分，或者经过批评教育后免予处分。国家行政机关工作人员经人民法院判处管制、徒刑、剥夺政治权利的，或者被判处徒刑宣告缓刑的，其职务自然撤销。此外，《条例》还对做出纪律处分的期限、权限、程序，国家监察机关管理奖惩工作的范围，《条例》适用的范围等作了规定。《条例》自公布之日起施行。前政务院《关于国家机关工作人员行政处分批准程序和关于撤销国家机关工作人员行政处分暂行办法》即行作废。

10 月 26 日

［纲 文］ **中共中央在《人民日报》公布《1956年到1967年全国农业发展纲要（修正草案）》。**

［目 文］ 《纲要》主体部分共 40 条。关于农业合作化，《纲要》提出，争取在第二个五年计划期间或更多一点时间内，把所有的农业生产合作社巩固起来；数目不多的初

级合作社，在条件成熟的时候，应当引导它们自愿转为高级合作社。关于粮食和其他农作物产量，《纲要》提出，从1956年开始的12年内，粮食每亩平均年产量，在黄河、秦岭、白龙江、黄河（青海境内）以北地区，由1955年的150多斤增加到400斤；黄河以南、淮河以北地区，由1955年的208斤增加到500斤；淮河、秦岭、白龙江以南地区，由1955年的400斤增加到800斤。按照各地情况，棉花每亩平均年产量（皮棉）由1955年的35斤（全国平均数）分别增加到40斤、60斤、80斤和100斤。在优先发展粮食生产的条件下，各地应发展多种经济，保证完成国家所规定的纺织原料、油料、糖料、茶叶、烤烟、果类、药材等项农作物的指标。关于发展畜牧业，《纲要》提出，按照各地情况分别规定畜牧业合作化的发展规划，有计划地发展国营牧场；大力保护和繁殖牛、马、驴、骡等家畜，适当繁殖各种家禽，建立配种站，改良畜种；分别在7年或12年内，基本上消灭危害牲畜最严重的牛瘟、猪瘟、鸡瘟、口蹄疫等病疫；1962年以前，农业区的县或者区和牧业区的区或者乡，应当建立起畜牧兽医工作站。

《纲要》指出，推行增产措施和推广先进经验，是增加农作物产量的两个基本条件。推行增产措施的项目主要是：兴修水利、增加肥料、改良旧式农具和推广新式农具、推广优良品种、扩大复种面积、多种高产作物、改进耕作方法、改良土壤、保持水土、保护和繁殖耕畜、消灭虫害和病害、开垦荒地以扩大耕地面积。推广先进经验的方法主要是：收集、编写和传播各地丰产经验；举办展览会；定期召开劳动模范会议，奖励丰产模范；组织合作社之间的参观和评比，交流增产经验；组织技术传授，发动农民和干部学习外社外乡外省先进的管理经验和技术知识。

《纲要》还提出以下要求和基本方法：发展山区经济；发展林业，绿化一切可能绿化的荒地荒山；发展海洋和淡水的水产品生产和水产养殖业；办好国营农场；改善农业科学研究工作和技术指导工作；加强气象水文工作；勤俭办社、勤俭持家；提高农业合作社的劳动力利用率和劳动生产率，发展多种经济；储备粮食；改善居住条件；除“四害”；努力消灭危害人民最严重的疾病；保护妇女和儿童；实行“五保”，优待烈属和残废革命军人，供养和尊敬父母；扫除文盲，发展农村文化教育事业；发展农村广播网；发展农村电话网和邮政网；发展农村交通运输；调整农村商业网；发展农村信贷合作事业；发挥复员军人建设社会主义农村的积极性；提高农村青年的社会主义积极性；改造地主、富农、农村中的反革命分子和其他坏分子，保护农村的社会主义秩序；城市工人和合作社的农民互相支援。

1960年4月10日，二届全国人大二次会议讨论、通过，并公布了《纲要》。公布时只将《纲要》第二十七条关于除“四害”的条文中，“打麻雀是为了保护庄稼，在城市里和林区的麻雀，可以不要消灭”一句删除，其他各条没有变动。

10月26日

［纲　文］　中共中央发出《关于组织全民讨论〈1956年到1967年全国农业发展纲要（修正草案）〉的通知》。

［目　文］　由毛泽东起草的《指示》说，修正的农业纲要四十条本日已发表，各级党委应注意以下几点：一、在全民中展开一次讨论，即在农村、工厂、机关、学校、部队和街道居民中展开一次大辩论，目的在认清方向，坚定信心，人人努力，改造中国。二、农村讨论应在冬季，以便掀起一个生产高潮，争取1958年丰收。讨论时间大约7—10个晚上，每一个晚上讨论几条，征求意见。三、工厂、街道、机关、学校、部队讨论办法大体仿照农村。四、地方性的问题，应在各级地方规划列入，不可能都列入全国纲要。此点应在讨论结束时加以说明。五、群众所提修改意见，由省、直属市、自治区党委加以分析，汇报中央。六、此项辩论与整风的鸣放辩论相辅而行，但时间应分开，应以一段时间专门讨论纲要。七、群众最有兴趣的问题多作讨论，兴趣不大的问题讨论的时间应当少些。八、应注意组织民主党派、知识分子、工商业者参加讨论。

10月26日

［纲　文］　**中共中央复电上海局同意成立经济协作委员会。**

［目　文］　电文说，上海局7月召开的五省一市经济协作会议，研究并着手解决了不少问题。同意上海局成立经济协作委员会，通过经常的协作关系，互相支援，在国家统一计划的指导下，充分发挥地方的积极性。同时，通过上海局的意见，可为全国经济区域的划分作准备。

10月26日

［纲　文］　**国务院召开常务会议。**

［目　文］　会议由周恩来主持，主要内容是：一、审议《关于在工农速成中学、中等技术学校、高等学校采取措施培养工农干部的意见》。会议认为通过正规教育、业余教育和辅助教育培养工农干部的问题，应当制定十年规划。规划应遵循以下方针原则：教育的方针是着重培养工人、农民出身的干部和工农子弟，使他们成为我国知识分子的骨干。教育的总任务是为了劳动，在过渡时期，除了正规教育外，必须要有辅助教育以培养工人、农民和工农出身的干部。对于工矿所办的子弟学校，政府和企业单位应当给予帮助。工人、农民和工农出身的干部考入学校以后的待遇原则上应该照顾，但是应该和在职时有所不同，应该艰苦些。周恩来在会上讲话时说：国家要前进，就要培养工农出身的知识分子。在学校的教育方针上要更重视培养工农出身的子弟、贫农、下中农，乃至工农出身的干部。过去重视不够，现在要加重，使他们成为骨干。另外，对非无产阶级出身的子弟和知识分子，还要使用，还要加强对他们的思想改造工作。在教育方针上必须贯彻阶级路线。以后高等学校招生，政治质量要成为重要条件。办各种学校都要和中国的实际情况结合，办教育任务要明确，办法要多样。

二、审议石油部关于五十七师降低转业费问题。决定同意此前军委会议研究的意见，仍按照原规定标准发给，不予降低。

10月26日

［纲　文］　**国务院发出《关于将核桃列入统一收购物资的通知》。**

［目　文］《通知》全文如下：近据陕西安康等地反映，自国务院将核桃仁列为统一收购物资以来，有不少商贩抬价套购核桃，影响了国家对核桃仁货源的掌握。查核桃主要是用来砸核桃仁，国务院原规定统一收购的核桃仁，应包括核桃在内，希各地对核桃亦按国家统一收购办法进行管理。

10 月 26 日

［纲　文］ **粮食部、农垦部、公安部、农业部发出《关于国营农牧场粮食统购统销的联合指示》。**

［目　文］《指示》适用于地方国营农场、军垦农场、劳改农场、垦殖农场的粮食购销，主要内容如下：一、国营农牧场生产的粮食，余粮应全部卖给国家粮食部门。新建国营农牧场所需的种子、口粮、饲料用粮，如果农牧场不能自行解决，应由国家粮食部门负责供应。二、国营农牧场如果需要增加种子、口粮、饲料用粮，要求国家调整原定的购销数字时，必须将增加用粮的计划报经当地县级以上人民委员会审查批准后，才得调整。三、国营农牧场员工的口粮和耕畜的饲料用粮标准，一般可以稍高于当地农村的用粮标准；但是，员工家属的口粮标准，不得高于当地农民的口粮标准。四、国营农牧场负有代国家繁殖优良种子的责任。国营农场生产的粮食，如果是优良种子，需要交售给当地农业部门推广使用的，有余粮的农场，可以凭农业部门的收良种证据抵国家的粮食统购任务；缺粮的农场，可以凭农业部门的收良种证据，向国家粮食部门购买粮食。国营农牧场也可以直接以良种和农民生产合作社串换，委托农业社按串换数向国家交纳粮食，以抵补国营农牧场的统购任务。

此外，《规定》还对国营农牧场向国家交售粮食的质量、运输和保管等做出规定。

10 月 27 日

［纲　文］ **《人民日报》发表题为《建设社会主义农村的伟大纲领》的社论。**

［目　文］《社论》说，《1956 年到 1957 年全国农业发展纲要（修正草案）》是建设社会主义农村的伟大纲领，它给五亿农民指出了 10 年奋斗目标，规定了实现这些目标的基本方法。实现这些目标，中国的农业和农村的面貌将焕然一新。《社论》认为，只要把生产潜力挖掘出来，《纲要》提出的目标不仅可以实现，在许多地区还可能超过。为了克服在农业生产上的各种各样的保守思想，最有效的方法是在农村中以四十条纲要为中心，进行一次生产建设问题的大鸣、大放、大争。在大辩论的时候，应该集中力量彻底打破那种认为“生产已经到顶了”的保守思想。当前的重大任务，就是一定要利用大辩论的时机，把社、乡、区、县的规划同时制订出来，付诸讨论和实行，并在实行过程中，根据实际情况随时加以补充和修改；而不要求全责备，错过农民群众生产积极性空前高涨的良好时机。

《社论》说，能否实现农业发展纲要，关键在于第二个五年计划。1958 年是第二个五年计划的第一年，在农业生产上，应该全力争取大丰收，给第二个五年计划做一个良好的开端。必须在今冬明春掀起一个农业生产和农业建设的高潮，弥补本年秋旱的损失，给下一年的丰收打下坚实的基础。在农田基本建设方面，应该向广大农民提出一个响亮的口号：努力、努力、再努力，超过1956年！《社论》动员包括工、商、学各界的全国人民以及各级党和政府的相关部门共同努力，争取农业发展纲要的彻底实现；号召各地在大辩论中让农民看到四十条纲要的好处，鼓起干劲儿，万众一心地为实现这个伟大纲领而奋斗。

10月28日

［纲　文］　**中共中央批示同意并转发《公安部党组关于全国公安厅局长座谈会的情况报告》。**

［目　文］　《报告》说，在资产阶级右派猖狂进攻的形势下，残余的反革命、坏分子和一部分地主、富农又乘机猖狂活动。在农村，有些地主、富农认为复辟的机会到来了，纷纷反攻倒算，抗拒改造，破坏生产，打骂干部，甚至行凶暴动，阴谋暴动。在城市，主要是右派猖狂进攻，特务间谍活动，不法资本家翘尾巴。反革命活动的特点是：搞宣传、搞组织、搞武装活动，海外敌人极力策划行动破坏。本年1—7月，全国发生反革命武装暴动34起，其中已暴动的14起，国民党特务在港、澳地区和云南省境外，有16个特务单位负有行动破坏任务，并且拟出了行动破坏计划。根据上述情况，《报告》提出，必须采取坚决措施，给残余反革命势力一次有力的打击。逮捕一批，管制一批，杀掉少数，劳动教养，戴回帽子，斗争批判，重新定案，加刑惩办，取缔会门，禁赌禁毒，剿灭土匪，侦察破案，挖掘外逃，追驳谣言。对于人民闹事，任何时候都必须坚持要说服不能压服的原则。对人民罢工、罢课、游行、请愿、闹粮、退社等等，只是在采取了各种制止措施都无效，而又有发生死人或其他重大破坏危险，非使用武装武器不可的时候，才能使用武器。解决人民内部矛盾问题，仍要坚持公安机关不直接出面处理的原则。

10月28日

［纲　文］　**国务院公布《关于改进城市、工矿区猪肉供应的规定》。**

［目　文］　《规定》说，为了稳定市场，适应城市、工矿区人民对猪肉的需要，合理调整职工、干部和市民的供应标准，密切党和人民政府同人民群众的关系，对城市、工矿区的猪肉供应问题作如下规定：一、市民供应标准，由各省、自治区、直辖市人民委员会根据货源情况自行规定。各地是否需要采取凭票（或凭证）定量供应办法，各地也可以根据具体情况自行决定。二、对机关、团体、学校、厂矿、企业的干部和职工所需猪肉，不分级别和职别，一律比照市民标准供应。过去如有特殊供应办法的，应该取消。三、对加工复制业和饮食业所用猪肉，根据适当维持经营需要，结合货源情况，加以审核，定量供应。四、对军队所需猪肉，按全国部队每人每月平均不超过1.5市斤的标准计算供应量，在这个供应量内，由国防部另行规定各兵种官兵的供应标准。对部队军官家属所需猪肉，一律比照市民标准供应。五、对高温、高空、井下、水底作业人员和产妇、医院病员所需猪肉，可在略高于一般市民供应水平的原则下予以适当照顾。六、对外宾、外使、外

籍专家和宴请外宾的宴会所需猪肉，根据实际需要保证供应。七、本规定自1957年12月1日起实行。

10月28日

［纲　文］　**国务院公布《关于高级脑力劳动者食用植物油补助供应的规定》。**

［目　文］　《规定》说，为适当照顾高级脑力劳动者的食用植物油的需要，并且使各地对于高级脑力劳动者的食用植物油补助供应办法大体取得一致，作如下规定：一、凡是副专员、副厅局长、副司局长级以上干部和高级知识分子，每人每月在当地的食用植物油供应定额之外补助供应1.5市斤。二、对个别素食的和生理上有特殊需要的高级干部和高级知识分子，经过一定的批准手续，可以酌量稍加供应。三、在供应定额之外补助供应的食用植物油，一律按照当地的零售价格增加两倍予以供应。四、补助供应的食用植物油，应由当地国家粮食机构发给专用的购买证（票），凭证（票）购买。五、所有补助供应的食用植物油，均由各地在保证完成国家调拨任务的原则下自行调剂解决。六、各省、自治区、直辖市可以根据上述规定，结合当地实际情况，规定具体实行办法。七、各地对于其他方面食用植物油的额外照顾和补助，比如医院病员、产妇、少数民族节日和侨眷等方面的照顾和补助，一律维持现行的补助标准和办法。八、本规定自1957年12月1日起实行。

10月28日

［纲　文］　**国务院批示《国务院专家局提请各单位在整改阶段注意进一步改善高级知识分子工作条件的报告》。**

［目　文］　批示说，知识分子工作中最根本的问题是思想改造，但是，注意改善高级知识分子的工作条件，以保证科学研究和文化事业的迅速发展也是非常重要的。在整改阶段中，凡是高级知识分子较多的单位，都要注意把改善他们的工作条件问题列入计划。凡是需要而且能够解决的问题都应切实研究解决。整改结束后，将改进情况向国务院作一次报告。

国务院专家局于10月22日向国务院提交的《报告》说，自知识分子会议后，各地区各单位对于改善高级知识分子工作条件方面已经做了不少工作，并且获得很大成绩，但仍有缺点和不足。在大鸣大放期间专家们对于这方面提出来许多意见，大多数都是很好的。反右派斗争已经要告一段落进入整改阶段，各单位在这个期间对知识分子主要是抓思想工作，但是，提出进一步改善高级知识分子的工作条件也是需要的。为此提出以下建议：一、在高级知识分子比较多的地方，在整改阶段中应把改善专家工作条件的问题列入议程，分别加以处理。凡是正确的意见而本单位又能解决的应该采纳改进；时下不能解决的意见，应说明情况或者指定专人拟出方案再行考虑；本单位解决不了的问题，汇报主管部门统一研究处理。二、根据国务院科学规划委员会所制定的有关图书、资料、仪器、化学试剂等四个方案，各有关部门应采取具体措施贯彻执行。国务院保密委员会要求各单位划分保密范围的工作应该加紧完成。三、对于高级专家的助理人员的问题，各单位在精简机构和调整科学研究机构的时候，注意解决。四、对于保证专家每周有5/6的时间进行业务工作的问题，属于本单位的会议多、内部兼职多、事务繁杂等各单位自行解决。负责组织各种典礼和接待外宾等机关，邀请高级专家参加活动，应尽可能地通过其工作单位，以便控制调剂。这样做了以后仍不能解决的，应根据本人意愿结合工作需要，对兼职和社会活动项目进行合理的调整。五、对于有特殊专长的高级专家，如果用非所长必须调整而在本系统、本地区之内又调整不了的，可以提交国务院专家局协助调整；各单位如缺少某种专门人才亦可向国务院专家局提出，以便从其他单位商调，或者从资本主义国家回国留学生和回国的科学工作者中选择。

10月28日

［纲　文］　**商业部发出《关于加强有关兴修农田水利和积肥运动的商品供应工作的指示》。**

［目　文］　《指示》说，中共中央和国务院于9月24日联合发布关于今冬明春大规模开展兴修农田水利和积肥运动的决定，运动的高潮就要到来。这不仅可能引起农村部门购买力的变化，而且会给若干工业器材商品供应带来巨大任务。商业部所属五金、煤建、交电等公司经营的一些主要商品，尤其是小型钢材、铁管、煤炭、水泥、黑白铁皮、五金工具等等，以及部分电工器材和室内电料，都是兴修农田水利、建设小型发电站和积肥所不可缺少的物资。各地必须及时对商业部门所经营的商品进行认真妥善的安排。鉴于兴修农田水利和积肥运动所需的物资、品种及数量还不可能摸清，根据各地物资力量可按以下原则进行安排：一、货源充足、估计应付今冬明春的需要问题不大的商品，如大车轮胎、铁锹、洋镐和部分五金工具等，应该积极地大量组织供应。二、货源基本可以平衡或者偏紧一些，运动开展起来后在某些地区可能出现紧张情况的商品，如钢材、水泥、部分电工器材、室内电料等，各地应积极组织货源，并尽可能从其他方面挤出一部分支援农田水利需要。三、煤炭等市场供应已经很紧张的商品，在国家没有统一解决供应货源前，应由省级领导机关根据既有货源统筹安排，进行掌握供应。此外，各地商业部门及有关公司应密切联系水利建设部门和各农业社，摸清各种器材物资的需要情况，并结合当地库存力量和进货计划，分别轻重缓急，妥善安排。同时，结合当地需要情况做好库存摆布和调剂工作。贯彻就地取材原则，防止抬价抢购、宽打窄用以及使用浪费现象。各地还应注意研究市场变化并及时反映主要商品的需要情况。

10月28日

［纲　文］　**卫生部发布《全国麻风病防治规划》。**

［目　文］　卫生部在发布《规划》的通知中说，《规划》经1958年6月在济南召开的全国麻风病防治专业会议讨论通过，并已征得内务部、公安部、农业部等有关部门的同意。

《规划》介绍了中国麻风病的流行及防治的基本情况。麻风病在中国分布地区很广，据初步统计，全国有麻风病人约38万—39万人，以广东、山东、江苏、浙江、福建、广西、四川、云南、江西等省的病人为多。几年来，麻风病防治工作取得初步成绩和经验。截至1956年年底，全国共新建、扩建麻风病院52处，有病床13652张，麻风村114处，麻风病防治所（站）157所，共收容病人19148名。在隔离方面，出现了麻风村、就地隔离等较好的隔离病人的组织形式。在治疗方面也取得较好效果。几年来有不少麻风病患者已经治愈，仅据不完全统计，已达2527人。干部培养方面，各地共训练了2000多名各级专业防治人员。在防治规划方面，已有14个省制定了本省的麻风病防治规划，或对麻风病防治工作作了具体安排，并已开展了防治工作。但是，由于过去着重是防治急性烈性传染病，对麻风病防治工作未能全面规划，妥善安排。在具体防治工作中，又未能很好地取得各有关部门的密切配合和人民群众的支援，因此防治工作进展缓慢，收效不大。此外，还存在防治机构不健全、专业防治干部量少质低、防治宣传不足等缺点，使得绝大多数麻风病人仍分散在全国各地，尚未得到适当的隔离和治疗，麻风病仍在继续传染蔓延。这对广大人民的身体健康和精神还是一种极大的威胁，并严重地影响着生产。因此，将各地的麻风病人尽快予以严密隔离，杜绝麻风病的传染，已成为人民群众的普遍要求。

《规划》提出全国麻风病防治工作的总的原则和要求。对麻风病防治工作必须采取“积极防治，控制传染”的原则，并应采取综合性防治措施，坚持“边调查、边隔离、边治疗”的步骤和做法。对所发现的具有传染性的麻风病患者逐步予以集中收容、隔离治疗；对于非传染性的麻风病患者，按其病情适当地注意隔离，并予治疗。关于麻风病防治工作的进度和要求，应因地制宜地加以适当安排。麻风病人较少、防治工作又有一定基础的地区（如辽宁、河北、陕西、上海等省、市），应当争取在2年内把隔离和治疗工作搞起来。麻风病人较多、防治工作基础薄弱的地区，应尽可能地争取在5年内，把已发现的全部麻风病人按照不同病型分别隔离管理起来，并予以治疗。个别地区（如西藏、青海等少数民族地区）防治工作的进度，根据各该地区的具体情况和条件，可以适当延长。

《规划》还提出麻风病防治的基本措施，并对麻风病防治工作中的几个必须解决的基本问题做出安排。

10月28日—11月7日

［纲　文］　**中国政府代表团和中国红十字会代表团出席在印度首都新德里召开的第十九届国际红十字大会。**

［目　文］　代表83个国家的红十字会或政府的400多位代表参加会议。分别由潘自力和李德全率领的中国政府代表团和中国红十字会代表团参加了会议。印度总统普拉沙德在开幕式致词中说，大会的重点在于禁止原子试验来保护人类。大会议程中的项目有：禁止原子试验、关于保障平民防止玉石俱焚的战争的危险的建议、红十字会作为维护世界和平的因素。

开幕式当天，会议厅内除了悬挂着各国的国旗以外，还挂着“台湾国民党当局”的旗帜。中国代表团提出抗议，印度红十字会副秘书乔利向中国代表团道歉，并摘掉旗帜。28日下午，大会举行全体会议。李德全在会上发言，对红十字国际委员会常设委员会主席庞

◀中国政府代表团和中国红十字会代表团在第十九届国际红十字大会会场上

赛邀请“台湾国民党当局”参加会议的行为提出抗议；并就会议的进程向会议提出紧急动议，建议会议严厉指责美国代表团进行的政治阴谋和庞赛的非法行为，要求立即采取紧急措施禁止“台湾国民党当局”参加会议。潘自力在会上发言指出，中国代表团的建议是一个紧急动议，应该在考虑任何其他问题前先予以考虑。庞赛在会上讲话，为他发出电报邀请“台湾国民党当局”的行为作辩护，并说：可以有两个中国政府和两个中国红十字会存在，就像德国、朝鲜和越南有两个政府和两个红十字会一样。29 日，大会继续举行全体会议。李德全再次在大会上发言，谴责庞赛在 28 日大会上的言论。庞赛以法国首席代表身份发言时说，他对于给“台湾国民党当局”的所谓“外交部”送去邀请，并不感到遗憾。历时一小时的全体会议结束后，会议分成几个委员会分别开会。

11 月 7 日，大会举行全体会议。会议通过美国代表提出的让“台湾国民党当局”以所谓“中华民国”的名义出席会议的提案。中国政府代表团和中国红十字会代表团当即宣布退出会议。印度红十字会主席考尔女士以大会主席身份宣布：美国政府代表团提出提案的方式对印度红十字会说来是严重的失礼行为。为表示抗议，她辞去大会主席职务，同印度红十字会代表团团员走出会场。苏联、白俄罗斯、乌克兰、捷克斯洛伐克、罗马尼亚、保加利亚、匈牙利、阿尔巴尼亚、民主德国、越南、朝鲜、波兰、南斯拉夫的政府代表团和红十字会代表团，叙利亚政府代表团和印度尼西亚红十字会代表团也走出会场表示抗议。

11 月 9 日，《人民日报》配发题为《“两个中国”是永远不能实现的妄想》的社论。

10 月 29 日

［纲　文］　**政协二届全国委员会常委会举行扩大的第四十九次会议。**

［目　文］　全国人大常委会、文字改革委员会和汉语拼音方案审订委员会的委员列席会议。会议对汉语拼音方案修正草案进行讨论，发言者指出了汉语拼音对学习汉字和推广普通话等方面的许多好处，表示同意修正草案。1956 年 2 月，文字改革委员会发表《汉语拼音方案草案》，1956 年 8 月，文字改革委员会根据各方面提出的意见作了初步修正，又经国务院专门设立的汉语拼音方案审订委员会进行审订，并于本年 10 月 16 日在审订委员会的会议上获得一致通过。11 月 1 日，国务院第六十次全体会议讨论通过了修正草案。12 月 11 日，国务院公布《汉语拼音方案草案》，供全国人民讨论。1958 年 2 月 11 日，一届全国人大第五次会议批准了汉语拼音方案。

会议还决定政协全国委员会增设副秘书长一人，决定由张执一担任。

10 月 29 日

［纲　文］　**文化部发出《关于支付外国作家稿酬问题的补充规定》。**

［目　文］　《规定》指出，1955 年 10 月文化部发出《关于我国处理国际著作权问题的通知》以来，有关出版社对支付外国作家稿酬问题，均按上述《通知》处理。为节约外汇起见，做出如下补充规定：各出版社按照上述办法支付外国作家稿酬时，除极个别情况（如尼赫鲁的稿酬）外，一般不再动用外汇。支付办法是，凡经批准支付的外国作家的稿酬，可存入中国的银行，由国际书店通知原著作人或其代理人领取，在中国使用。

10 月 29 日

［纲　文］　**中华人民共和国卫生部与波兰人民共和国保健部签订保健事业合作议定书。**

［目　文］　《议定书》共六条，主要内容如下：一、缔约双方通过下列方法促进保健组织和医学科学方面的经验交流：在医学科学上进行合作；交换重要的医学文献、书籍和影片；交流卫生防疫方面的经验，特别是防治传染病方面的成就；交流各种治疗方法和药品制造方面的经验；交流医学统计方面的资料；交换菌种和疫苗；交换对方关心的保健事业规划和卫生组织方面的主要指标以及关于计划财务方面的资料。二、缔约双方通过下列方法在培养保健工作者方面建立合作：互派医师、科学工作者和其他保健工作人员；交换高级和中级医学院校的教学计划和大纲。三、缔约双方在保健措施方面互相帮助，在必要情况下，根据可能的条件接受对方病人，进行治疗。此外，《议定书》附有《财务规定》，作为《议定书》的组成部分，对《议定书》涉及的财务问题予以确定。

《议定书》于本日在中华人民共和国卫生部签订，即日起生效，有效期不定。如缔约任何一方愿意废止《议定书》，则《议定书》在一方通知另一方之日起一年后失效。

10 月 30 日

［纲　文］　**国务院召开常务会议。**

［目　文］　会议由周恩来主持，主要内容是：一、通过《国务院关于编制 1958 年国家预算草案的指示》，决定城市公用事业附加改由地方人民委员会管理，不要列入国家

预算。

二、同意《中国人民银行关于调整现行贷款利率的报告》。11 月 13 日，国务院批转了《报告》。

三、通过《关于三门峡技术设计问题》，决定提请中共中央政治局会议讨论。水利部副部长李葆华和电力部部长刘澜波①在联名报告中说，最好在近期先向苏联提出技术设计的新要求，以便争取时间施工，提前起拦洪作用。向苏联电站部提出的技术设计要求是：大坝按正常高水位 360 米设计，按正常高水位 350 米施工。水电站厂房定为坝后式，按正常高水位 360 米留出装机位置。在技术上允许的条件下，应该考虑适当增加泄水量与适当增加排沙量，并要求大坝的泄水底孔的位置尽量低些。

四、通过《关于签订中苏两国国境及相通河流和湖泊商船通航协定的问题》。本协定于 1958 年 3 月 18 日、3 月 24 日，先后经中华人民共和国主席和苏维埃社会主义共和国联盟最高苏维埃主席团批准，并于 1958 年 4 月 9 日由双方在北京互换批准书。

10 月 30 日

［纲　文］　**国务院发出《关于加强煤矿领导、发挥生产潜力、增产煤炭和大力节约用煤的指示》。**

［目　文］　《指示》说，全国煤矿企业在增产节约运动中取得了很大成绩，本年煤炭生产 1—9 月份超额完成了国家计划，增产原煤 304 万吨，并提前五个月达到第一个五年计划规定的 1957 年的生产水平。但是，煤炭生产仍然不能满足国家经济建设和人民生活的需要，在一个较长时期内煤炭的供应仍十分紧张。为此，必须继续挖掘生产潜力，尽最大可能努力增产煤炭；同时，采取各种具体有效措施大力节约煤炭。

煤矿企业中存在着的生产准备工作差和出勤率低的问题，是煤炭生产提高的主要障碍。煤矿的重大事故也比 1956 年同期增多，有些煤矿的产品质量也有下降的情况。为解决这些问题，除要求煤炭工业部对各地煤矿加强领导以外，要求各省（市）、自治区人民委员会对所辖范围内全部煤矿也应加强领导，认真开展整风运动，坚决贯彻边整边改，改进管理制度，调整劳动组织，搞好正规作业，整顿劳动纪律，提高出勤率。必须注意提高煤炭质量；严格执行规程制度，力争做到安全生产；对本年第四季度和 1958 年第一季度的生产要做统筹安排，改善井下维修工作和机电维修工作，为 1958 年尤其是第一季度生产做好准备。对于煤矿所需器材（尤其是坑木）、设备、电力等供应，各有关部门必须大力予以支援。铁路运输方面，本年冬季要优先运输煤炭。对于小煤窑的开采，各省（市）、自治区也应切实加强领导，注重安全，防止自燃发火，合理规定煤价和运价，积极组织运输，以满足当地人民的需要。

全国工业、交通运输业、机关、学校、部队和城乡居民必须采取有效措施大力节约用煤。一般锅炉用煤在改进烧火技术和改善部分设备后可以节约 20% 左右。有些部门虽然用

① 刘澜波（1904—1982），辽宁凤城人，时任电力工业部部长。

煤在产品成本中所占比重很小，但是也不应放松对降低耗煤定额的有效措施。本年农历是闰8月，寒季来得迟一些，各机关、团体、学校、部队烤火期可适当推迟一些。关于节约用煤的具体办法，中央各部门，各省、自治区和直辖市要结合整风，展开群众性的讨论和研究，根据具体情况制定出切实可行的节约指标和措施，贯彻执行。

10月30日

［纲　文］　**中共中央批转《邮电部党组关于乡村邮递工作和农业社邮递员问题的请示报告》。**

［目　文］　中共中央同意《报告》并转发各地执行。

邮电部党组于9月28日向中共中央提交的《报告》说，解放后乡邮网路有了很大发展。但邮局人员也只能通达80%左右的乡和30%左右的社，从乡、社到户，过去几年主要靠捎转。本年初，为适应农业合作化发展的需要，开始推行由农业社记工分给报酬的农业社邮递员制度。截至4月底，全国一部分地区农业社共设置6.9万多个邮递员。一般受到当地党政的支持和社员的欢迎。但有的地方，不分大社小社，一律每社设置一个，个别地方甚至要农业社给邮递员配备自行车和雨衣等。在农业社创办初期，这样增加社的非生产开支是不妥的。勤俭办社指示下达后，对农业社邮递员有的省紧缩了，有的省撤销了，人数减至3万多，各省均在等待中央新的办法，情况十分混乱。主要问题是：已撤销和未撤销的农业社邮递员报酬如何解决？乡村邮递工作究竟应怎么办？

《报告》认为，在三两年内采取下列办法比较适宜：一、为了便利农民，邮电局应扩展邮路，把报刊、邮件投送到农业社，一般三天投送一次。二、各社或乡要指定专人兼办，按时和邮电局的人交接邮件。至于如何到户，一般可利用便人捎转或由收件人自取。有些社具备条件，经社员同意后也可设人投送。三、邮电局对社或乡应加协助，切实进行业务指导；按月或按季，依业务量大小，给社或乡以业务酬金。上述办法如属可行，全国各省最好都自11月份执行。至于11月份以前的农业社邮递员的报酬问题，均可按下列原则处理：凡已由地方政府拨款解决了的，不再处理；凡已决定由农业社记工分的，邮电局应补给社以业务酬金；凡在等待中央决定的，则可由社按照本年社内劳动和分配情况评定工分，支给报酬。邮电局除照补给社以业务酬金外，其不足之数，也由邮电局补助。自11月份起，仍应按上述办法由社斟酌，邮电局除给业务酬金外，不再担负更多开支。扩展邮路所需的1.5万人，拟不增员，而由邮电局与就近农业社签订合同，按合理价格，雇用他们的人力。此外，关于业务酬金问题，邮电局给经办邮政业务的外界以酬金，是一种惯例的业务支出，只是对农业社邮递员没有实行，是不妥当的。已通知各省、市、区邮电管理局，先把一年来应发的酬金补发出去。

10月30日

［纲　文］　**教育部、全国扫除文盲协会、共青团中央、全国妇联联合发出《关于今冬明春农民文化教育工作的通知》。**

［目　文］　《通知》说，冬、春两季是农民学习文化的良好时机；实现合作化以后，

农民迫切要求提高文化水平，同时又有了较好的学习条件。这种情况下，应当善于使农民业余文化学习同大生产运动和社会主义教育配合起来进行，以求既不耽误中心任务的完成，又要继续推进农民业余文化教育。为此，提出如下意见，供各地参考：一、各地应逐级提出今冬和1958年农民业余文化学习（包括扫盲）的具体计划，并着手组织群众入学。结合讨论《1956年到1967年全国农业发展纲要（修正草案）》，修订或制订农民业余文化教育的12年规划（包括扫盲规划）。几年内农民业余文化教育的主要任务是扫除文盲。同时为了满足一部分农民在摆脱文盲状态后进一步提高文化水平的要求，适应大量中小学毕业生参加农业生产后继续学习文化的要求，各地还应积极发展业余小学，适当举办业余中学，并组织各种形式的自学小组。二、农民业余文化教育必须同社会主义教育相配合，根据农村社会主义教育进展的不同阶段安排文化学习。一方面，要防止不适当地强调文化教育，影响政治教育的进行；另一方面，要防止只注意政治教育，放松甚至挤掉文化教育的现象。三、对农民的业余时间要及时作统一安排，帮助农民挤出一部分业余时间来学习。四、乡、社、生产队除了管生产之外，还要管学习，指定专人负责领导、督促检查文化学习；应通过扫除文盲协会、共青团、妇联等组织团结一批积极分子，作为工作中的有力助手和联系群众的纽带；要特别注意发挥中小学毕业生的作用。五、各级教育行政部门应加强对农民业余文化教育工作的具体指导，及时提出工作计划、工作意见和有关重大问题，请求党、政领导加以统一安排和解决。同时要协同有关方面及时检查这项工作的进行情况，帮助下面解决工作中的一些困难问题。

10月31日

［纲　文］　**中共中央发出《关于党的地方各级代表大会的代表名额和代表改选、补选问题的规定》。**

［目　文］　《规定》就党的地方各级代表大会的代表名额、代表的改选和补选做出规定，供党的地方各级委员会在确定各自党的代表大会的代表名额、改选和补选代表时作为依据。

《规定》随文附发了《中央组织部关于地方各级党代表大会实行常任制问题向中央的报告》。《报告》就地方各级党的代表大会实行常任制的情况、各级代表大会的代表名额等问题，向中央作了汇报，并呈报中共中央组织部代中共中央草拟的《规定》。

［文献一］　**中共中央关于党的地方各级代表大会的代表名额和代表改选、补选问题的规定**

（1957年10月31日）

党章规定，党的地方各级代表大会的代表名额和代表的改选、补选办法，由党的地方各级委员会决定。为了使党的各级委员会在决定上述问题的时候有所依据，特对于党的地方各级代表大会代表名额和代表改选、补选问题作如下规定：

一、关于党的地方各级代表大会的代表名额

1. 党的省、自治区、直辖市代表大会的代表名额一般200人至500人。党员和所辖单位特多的省，代表名额可以多于500人，但至多不得超过600人。

2. 党的自治州代表大会的代表名额为100人至300人。党员和所辖单位特少的自治州，代表名额可以少于100人，但至少不得少于50人。

3. 党的县、自治县、省辖市代表大会的代表名额为100人至300人。党员和所辖单位特多的县、市，代表名额可以多于300人，但至多不得超过450人；党员和所辖单位较少的县市，代表名额可少于100人，但至少不得少于30人。

党员人数很少的县，可以召开党员大会，也可以召开党的代表会议。党的代表会议可以执行党的代表大会的职权，但不实行常任制。

4. 党的省、自治区、直辖市、自治州的代表大会都可以设置一定数额的候补代表。候补代表由各选举单位选出，候补代表名额，由省、自治区党委酌情确定。

党的县、自治县、省辖市代表大会，一般地不设置候补代表，遇有代表出缺时，由原选举单位补选。

5. 党的地方各级委员会，可根据上述规定，依照便于集中党员意见、便于开会和监督党委工作的原则，具体确定本级代表大会的代表名额；每一届代表大会的代表名额，应当报告上级党的委员会备案。

在每一届代表大会代表任期未满以前，不论党员数目增加、减少，所辖单位增设、撤销，或者其他原因，本届代表大会的代表名额，一般不得变动。

二、关于党的地方各级代表大会代表的改选和补选

1. 党的地方各级代表大会的代表，按照党章规定的任期届满时，应该按期改选。本届代表大会代表任期虽然未满，但有下列情况之一的，经过上级党的委员会批准，也可以改选：(1) 由于组织变动，或者代表调动很多，该级党委认为有必要进行改选的；(2) 半数以上的选举单位要求进行改选的。

2. 党的地方各级代表大会代表，凡有下列情况之一的，都作为代表出缺：(1) 死亡；(2) 由于患精神病不能履行代表职务的；(3) 本人要求辞去代表职务的；(4) 由于受到留党察看、开除党籍的处分或者受到刑事处分的。

代表出缺，由该选举单位的候补代表依次递补（按照候补代表所得选票的多少，排列次序）。在没有候补代表的地方，则由该选举单位补选。

3. 党的地方各级代表大会的代表，凡因工作调动、离开本级代表大会的范围的，可征得本人同意，解除其代表职务，由原选举单位候补代表依次递补或者另行补选。

代表调动工作，只离开原选举单位，但未离开本级代表大会的范围的，应该保留其代表职务。

4. 在代表任期以内撤销不称职的代表时，需经原选举单位半数以上的成员通过。因撤销不称职的代表而造成的缺额，由原选举单位候补代表依次递补或者另行补选。

5. 凡由候补代表递补的代表或由原选举单位补选的代表，其任期与本届代表大会的任期相同，即至本届代表大会代表任期届满时为止。

6. 选举单位撤换代表或补选代表，应当事先报告上级党的委员会；由候补代表递补的代表，或者另行补选的代表，都应该报告上级党的委员会备案。

本件和附件均可登党刊。

资料来源：中央档案馆馆藏档案。

［文献二］

中央组织部关于地方各级党代表大会实行常任制问题向中央的报告

中央：

关于地方各级党代表大会实行常用任制的问题，各地根据“中央关于党的第八次全国代表大会以前召开的地方各级党的代表大会实行常任制问题的规定”，大都进行了研究和安排。

省、市、自治区一级的党代表大会，一般地都从这一届起实行常任制（西藏除外）。自治州一级的党代表大会，除有四个单位尚未作出决定外，其他的则须经过选举以后再实行常任制。县、自治县、市一级的党代表大会，大体是：凡在1956年内经过选举并且召开过会议的，从这一届起实行常任制；凡在1955年年底以前召开会议的，则在1957年经过改选以后，再实行常任制。但是，有少数县、市，虽然在1956年召开过会议，但由于代表的变动较大，决定改选后再实行常任制（如青海省）；还有少数县、市，虽然代表大会是在1955年召开的，但由于代表的变动不大，决定从这一届起实行常任制（如吉林、江西省的某些县、市）。此外，全国还有一百五十二个县、市没有召开过代表大会，其中大多数将于一九五七年内经过选举代表、召开代表大会后实行常任制。据初步计算：全国县、自治县、市从这一届起实行常任制的约有1,500个左右，需要经过改选或选举后实行常任制的约有五百个以上。

各级代表大会的代表名额，据统计：省、市、自治区一级党代表大会的代表共有12,262人，其中代表最多的是河南省（九百七十九人），最少的是青海省（二百六十九人）。县、市一级党代表大会的代表，据2,060个单位的统计，共有代表525,415人，其中代表最多的是江苏省，平均每县四百〇一人，最少的是青海省，平均每县六十五人；如果以县为单位计算，则代表最多的是安徽寿县（七百八十四人），最少的是青海天峻县（十九人）。各地党代表大会的代表名额，一般地较人民代表大会的代表名额为多。同时，从代表人数和党员人数比例来看，代表名额也是多了些。按全国计算，平均每二十个党员就有一个代表，某些代表名额较多的县，四、五个党员中就有一个代表，有的基层单位的代表甚至多达二、三十人。造成代表名额过多的原因，主要是由于各地在进行选举时都没有估计到要实行常任制，对代表的名额，过去又没有一个统一的规定，有些地方按照召开干部会议的习惯，认为代表越多越好，便多选了一些代表。事实上，代表过多使召开大会很不方便，同时，在一个选举单位内，代表人数过多，反而会失掉代表的意义和作用。目前，有些地方的代表大会在实行常任制后，已感到代表名额过多是一个需要解决的问题。为了健全党代表大会的制度，我们认为，各级党代表大会的代表名额，以略少于同级人民代表大全的代表名额为好，并且应该参照人民代表大会选举法，对各级党代表大会的代表名额作一个统一的规定。在规定的代表名额的幅度内，各级党委可以根据所属党组织和党员的具体情况，研究确定代表名额。

由于对选举代表的工作缺乏经验，过去有些地方所选的代表存在着不少问题。如有的代表，系由少数人指定，大多数党员不承认他作为代表；有的虽被选为代表，但本人怕麻烦，不愿履行代表的职责；有的选举了消极落后的或犯有严重错误的人作代表，不能履行代表的职责。同时，在近一年来，各地由于组织和人事的变动，很多代表调离了原选举单位。因此，我们认为，对于各级党代表大会代表的改选、补选的问题，也有统一规定的必要。

至于在代表大会实行常任制后，代表如何进行经常工作的问题，由于缺少经验，目前还难作出统一的规定。

现将我们代中央草拟的“关于党的地方各级代表大会的代表名额和代表改选、补选问题的规定”送上，请予审核。

中央组织部

资料来源：中央档案馆馆藏档案。

10月31日

［纲　文］　**国务院发出《关于基本建设上年应完未完工程结转问题的决定》。**

［目　文］　《决定》说，财政部向国务院提出的关于上年基本建设应完未完工程结转的意见，经国务院常务会议讨论，决定如下：一、为统一平衡基本建设所需物资、施工力量和财政收支，各部门上年基本建设应完未完工程的结转工程应当包括在国家经委颁发的下年度基本建设投资控制指标总数之内，并编入下年度基本建设计划。二、各部门在申请1958年第一季度基本建设拨款限额的时候，可以将上年应完未完工程所需资金，一并向财政部提出申请，财政部和中国人民建设银行应当保证在本年年底以前，将各部门分配

的拨款限额，下达到经办基本建设拨款的分支机构，以保证跨年结转工程的顺利进行。财政年终清理颁发的有关规定仍照旧不变。

10 月

［**纲　文**］　**学校的整风运动进入整改阶段，首都高等学校首批下放人员去农村劳动。**

［**目　文**］　清华大学教职员工 179 名、中国人民大学教职员工 612 名，本月中旬分别去农村参加生产劳动。除下放劳动外，首都高等学校在校师生员工参加体力劳动，逐步制度化、经常化。许多学校的校部干部、党委工作人员还下放到班、系，加强基层工作。各地学校师生到农村或在校内参加体力劳动。

至 1958 年 1 月，北京、上海、南京等地高等学校下放农村的知识分子已达 6300 多人。据教育部调查的 100 所高等学校的材料，共下放教师 3900 人，占教师总数的 11. 8% 。1958 年 2 月 28 日，中共中央发布《关于下放干部进行劳动锻炼的指示》后，高等学校教职员下放劳动锻炼形成热潮。

11　月

11 月 1 日

［纲　文］　**《人民日报》发表题为《全民整风是我国社会主义民主的重要发展》的社论。**

［目　文］　社论说，整风运动和反右派斗争，是过渡时期在政治上和思想上的社会主义革命运动，也是一个全民性的社会主义民主运动。这个运动所要解决的问题是过渡时期的两种不同性质的矛盾，即敌我矛盾和人民内部的矛盾。解决这些矛盾所采取的方式，是大鸣大放、大辩论、出大字报、开座谈会、开辩论会和在几乎一切报纸刊物上作报道、写文章等已经普及的方式。这是适合于目前政治上和思想上的社会主义革命内容的一种社会主义民主的新形式。社论指出，社会主义的民主同资产阶级的民主根本对立。社会主义民主，是为了保障最大多数劳动人民的利益，并且保障他们能用自己的力量来建设新生活，是为了消灭剥削，消灭生产资料的私有制，而为社会主义的公有制度的经济基础服务的。采用这种形式进行党的、国家机关的和全民的整风运动，是党的民主工作方法的一个重大的新发展。

11 月 1 日

［纲　文］　**中共中央批转中宣部《关于高等学校和党校设立社会主义教育课程的报告》。**

［目　文］　批示同意中宣部关于高等学校和党校设立社会主义教育课程的方案，要求各地采用，并建议高教部和教育部采用这个方案，根据具体情况，提出执行的办法。

中宣部 10 月 21 日的《报告》指出，高等学校和中级以上的党校，都有必要设立社会主义教育的课程，以便改造知识分子的旧思想，提高学员的社会主义觉悟。全党中级以上干部，国家机关、军队和企业的主要干部和知识分子，也应该在适当时间内组织学习。根据理论和实际相结合的方针，这个课程应该以毛泽东《关于正确处理人民内部矛盾的问题》为中心教材，同时阅读一些必要的马克思列宁主义经典著作、党的文件和其他文件。按照这样的拟议，中宣部试编了一个阅读文件目录。《报告》提出学习的方法应该精读文件，又进行自由的和充分的讨论。教员和辅导员，应该在党委的领导下，首先组织自己的学习，理解文件的基本内容，密切结合学员的思想情况，进行讲授和辅导。为了教好这一课程，省、市、自治区高等院校和国家机关等党委，都必须注意培养教员和辅导员，给他们以必要的帮助。每个省、市一级党委，都应该直接掌握一个或二个高等院校关于这一个课程的教学情况，经常组织教学经验的研究和交流。高等院校中这一课程，可以在一个学年内教完。如果感到时间不足，可以把最低限度的阅读文件加以减少，也可以延长到二个学年。

11月5日，由《学习》杂志编辑部编辑的《社会主义教育课程的阅读文件汇编》出版发行。

11月1日

［纲　文］　**国务院举行第六十次全体会议**。

［目　文］　会议由周恩来主持，主要内容是：一、通过《汉语拼音方案（草案）》，决定由全国人民讨论后提请全国人大审议。会议通过《国务院关于公布汉语拼音方案草案的决议》，此件12月11日公布。1958年2月11日，一届全国人大五次会议通过《关于汉语拼音的决议》。二、通过《中华人民共和国政府和苏维埃社会主义共和国联盟政府关于黑龙江、松花江、乌苏里江、额尔吉纳河、喀喇额尔齐斯河、伊犁河、松阿察河和兴凯湖的商船通航协定（草案）》。中苏双方在此《草案》基础上，签订了《中华人民共和国政府和苏维埃社会主义共和国联盟政府关于国境及其相通河流和湖泊的商船通航协定》，提请全国人大常委会审议。全国人大常委会第九十四次会议于1958年3月7日批准此《协定》。三、同意接受《1948年国际海上避碰章程》，并作如下保留："属于中华人民共和国的非机动船舶，不受1948年国际海上避碰章程的约束。"全国人大常委会第八十八次会议于12月23日决定接受《海上避碰规则》，并同意国务院第六十次全体会议提出的保留意见。四、通过国务院《关于提请全国人民代表大会常务委员会批准修改省、直辖市人民代表大会每年举行会议次数的议案》。《议案》建议将地方各级人民代表大会和地方各级人民委员会组织法关于省、直辖市人民代表大会每年举行两次的规定，改为每年一次。全国人大常委会第八十四次会议于11月14日决定，省、直辖市人民代表大会会议可以每年举行一次。五、通过《国务院关于工人、职员退休处理的暂行规定（草案）》，提请全国人大常委会审议后，发给全国各工矿、企业讨论，征求意见，再由国务院公布施行。全国人大常委会第八十五次会议于11月16日原则批准此《规定》。六、通过《国务院关于调整获利较大的经济作物的农业税附加比例的规定》。《规定》说，对于种植经济作物和园艺作物比较集中而获利又超过种植粮食作物较多的地区，省、自治区、直辖市人民委员会可以酌情提高农业税的附加比例，但是最高不得超过正税税额的30%。全国人大常委会第八十七次会议于12月7日原则批准此《规定》。

11月1日

［纲　文］　**国务院发出《国务院批转城市服务部〈关于发展代用品酿酒问题的报告〉的通知》**。

［目　文］　《通知》指出，国务院同意城市服务部的《报告》。在粮食供应紧张的情况下，发展代用品酿酒，以节约粮食，增加社会财富，适当地满足人民饮酒的需要，这是

必要的。各地对那些生产集中、交通便利地区的酿酒代用品，已经开始注意利用；但是，对那些生产分散、交通不便地区的酿酒代用品，还没有注意利用。这种状况，应该加以改变。为此，各级人民委员会对于发展代用品酿酒要加强领导，全面规划，并且督促有关部门贯彻执行；同时，要防止粗制滥造、不合规格、降低质量、有损健康的现象发生。中央各有关部门，也应该从各方面大力予以支持，及时注意总结和推广这方面的经验。

城市服务部在9月16日给国务院的《报告》中说，本年以来，各地工商部门利用代用品酿酒已做出了一些成绩。各地可以利用的代用品是很丰富的，如橡子、废弃果、蔗渣、糖蜜（糖卤水）、糖泡、糠饼、红薯茆等，据不完全的材料估算，以上7种代用品如能利用一半来酿酒，一年即可产酒90万吨，大约相当于1957年全国酒的产量。但是，对这些宝贵的资源还没有充分地加以利用。为了大力发展代用品酿酒，城市服务部认为必须采取以下措施：一、发展代用品酿酒是一项长期的任务，建议各省、自治区、直辖市人民委员会根据普遍调查、多做试验、抓住重点、建立基地的原则，制定一个较长期的发展代用品酿酒的规划，并且督促与检查有关部门贯彻执行。二、发展代用品酿酒，应当充分利用现有酿酒工业设备的潜力。三、为了发展代用品酿酒，各有关部门必须密切配合，互相支援。要求工业、卫生、农业、林业、供销社等部门，在资源培植、采购、加工、化验、鉴定等方面，予以大力协助。四、为了保障消费者的健康，城市服务部计划商同工业、卫生等部门迅速制定出各种代用品酒的规格和标准，不合规格的代用品酒，一律不准进入市场。

11月1—19日

［纲　文］　**中共中央农村工作部召开全国山区生产座谈会。**

［目　文］　参加会议的有各省省委书记、农村工作部部长和中央有关各部负责人。11月18日朱德到会作题为《必须重视和加强山区建设》的讲话，指出：山区的经济建设事业有了不小的发展，人民在衣、食、住、行等方面得到了显著的改善。但是与平原地区相比较，山区人民的生活还是困难的。山区的富源还没有开发出来，山区工作中还存在着不少问题。最大的问题是许多同志不重视山区工作，他们不懂得，如果不把山区的富源开

▲ 11月18日朱德（左一）在全国山区生产座谈会上作《必须重视和加强山区建设》的讲话

发出来，中国的社会主义建设是有困难的。山区的建设方向，应该是从山区原来的自给自足经济发展成为全国统一经济的一部分，同全国经济相交流。建设山区不仅是农业部门的任务，也是工业、商业、财政、税收、文教、科学、卫生等各部门的任务，需要各部门做一系列的工作。各部门都要加强整体观念，把支援山区建设的工作认真重视起来。

邓子恢作总结报告，着重阐述发展山区生产的方针、任务和措施。他说，我国大陆国土面积中有80%左右是山区和半山区。山区面积辽阔，资源丰富，在国民经济中占有战略性地位。山区生产的特点是多样性、长期性、商品性以及地区性和季节性强。山区生产建设的方针一是不要单一化，二是不要一般化，三是力争粮、油自给有余，四是必须大力植树造林，五是做好水土保持，六是全面规划。此外，还对发展山区提出了八大任务，十项措施。关于山区合作社，邓子恢指出，山区合作社的规模和劳动组织及副业经营范围的划分要因地因社制宜，不应采用平原的一套办法。座谈会经过充分讨论，交流了经验，统一了认识，明确了方向，制定了初步规划。会议认为，全面发展山区的农业、林业、牧业和土特产、采矿等生产对经济建设有着极重要的意义。面向山区，向山区进军，全面发展山区生产是发展农业生产的重要方向之一。会议确定山区建设的总目标是：把现在经济上文化上落后的山区建设成为社会主义的经济上文化上进步、繁荣、康乐幸福的山区。山区生产建设的方针是：要在做好水土保持，力争粮食、油料等自给有余的基础上，有计划地、因地制宜地全面地发展农业、林业、牧业和土特产、矿产等多种经济。

11月1日

［纲　文］　**卫生部发布《关于贯彻领导工业卫生工作的分工办法的指示》**。

［目　文］　《指示》说，8月13日，国务院批转了《卫生部关于领导工业卫生工作的分工办法》，这是加强工业企业医疗卫生工作的一项重要措施，各级卫生部门应认真执行。工业企业医疗卫生工作是关系着广大职工群众的健康和生产任务完成的重大问题，各级卫生部门必须予以重视，作为本部门重点工作之一，积极地按照《办法》的要求，把这项工作开展起来。《指示》就工业企业医疗卫生工作中存在的一些主要问题，提出改进办法：一、加强工业企业医疗预防、卫生防疫工作的组织领导，各省、自治区、市卫生厅（局）应指定一名厅、局长负责领导这项工作。各省、自治区、市卫生防疫站内应根据实际情况设专人或另设工业卫生（或劳动卫生）科、组负责劳动卫生和预防职业病的具体业务。二、注意培养与提高工业企业部门卫生干部的政治和业务水平。设在地方的工业企业中卫生干部的在职学习和脱产进修问题，自1958年起，由所在省、自治区、市卫生厅（局）统一领导，列入该省、自治区、市卫生干部培养进修计划之内，并应使他们和本地区所属的医疗卫生单位一样，有同等的培养进修机会。对于在偏僻地区的厂矿企业，可由所在省、自治区、市卫生厅（局）考虑重点试行按期轮换制度。厂矿企业对医务人员特别对卫生医师使用不合理的情况还比较严重，各省、自治区、市应认真地贯彻本部公布的关于合理使用厂矿中卫生医师的通知，在最短期间内进行适当的调整。厂矿企业分配卫生干部时，首先必须照顾新兴工业城市和新建厂矿企业的需要。三、各城市应根据“划区医疗

服务”为生产服务的原则，对厂矿企业医疗卫生工作进行适当安排。

11月1日

［纲　文］　**新华社讯，中国访苏科学技术代表团组成。**

［目　文］　代表团由郭沫若任团长，由各方面的科学家、专家60人担任顾问，代表团团员和顾问中有32人是中国科学院学部委员。代表团大部分成员已经分批到达莫斯科。其任务是：征求苏联科学家对中国12年科学技术发展远景规划的意见；同苏联政府商谈进一步加强中苏两国科学技术研究合作的协议。

11月1日

［纲　文］　**《人民日报》报道，全国各地广泛展开庆祝十月革命40周年的活动。**

［目　文］　本日起，天安门广场东西两侧的红墙前，悬挂起了马克思、恩格斯、列宁、斯大林的巨幅画像，北京全市许多的高大建筑物上和机关、工厂、商店的门口挂起了庆祝十月革命40周年的巨幅标语。北京、上海、天津、沈阳等地，都举行了各种报告会、展览会和其他庆祝活动。中共安徽省委书记桂林栖、云南省委书记马继孔、武汉市委书记李尔重、贵州省副省长陈璞如等党、政负责人，分别向干部、群众作了有关十月革命节和苏联建设成就的报告。

11月1日

［纲　文］　**中国国际贸易促进会、日本访华通商使节团发表共同声明。**

［目　文］　声明全文如下：中国国际贸易促进委员会同日本日中贸易促进议员联盟、日本国际贸易促进协会和日中输出入组合所组成的日本访华通商使节团在北京为了促进中日两国间的贸易，解决1955年第三次中日贸易协定中规定的尚未解决的事项、1956年10月15日在北京签订的共同声明中所列的各项悬案及签订第四次中日贸易协定，进行了40多天的商谈。双方在平等互利的基础上，就有关促进两国贸易的各项问题进行了讨论，同时并就进一步发展两国贸易和经济交流进行了协商。双方就中国方面所建议的第四次中日贸易协定草案进行了讨论，并在双方全体会议上达成了协议。双方一致同意特将互设常驻的民间商务代表机构的有关事项制成备忘录。这一备忘录构成协定不可分割的一部分。日本方面表示对于备忘录里的互设商务代表机构的某些问题，需要回国进行商讨，因而建议休会。中国方面基于日本方面的要求，同意了休会。会谈始终在友好气氛中进行。双方认为这次会谈是有收获的，并希望尽早恢复谈判，签订第四次中日贸易协定。在第四次中日贸易协定签订以前，双方愿中日间的贸易继续进行。

11月1日

［纲　文］　**中国和缅甸签订《中华人民共和国和缅甸联邦邮政协定》、《中华人民共和国和缅甸联邦邮政包裹协定》。**

［目　文］　中缅两国政府为了建立和改进两国间的邮政包裹业务，便利两国间经济和文化关系的发展，经由各自授权的本国邮政主管机关，签订这两份《协定》，由中国政府代表邮电部邮政总局局长苏幼农、缅甸政府代表邮政总局局长吴妙盛签字。两《协定》

自签字之日起生效，有效期限直到缔约任何一方以书面通知对方拟取消本《协定》之日起算满6个月为止。两份《协定》由缔约双方的代表分别在北京和仰光签署。

11月1日

［纲　文］　**年产原煤45万吨的河南鹤壁市第一对煤矿矿井正式投入生产。**

11月1日

［纲　文］　**济南肉类联合加工厂正式投入生产。**

［目　文］　该厂是在苏联帮助下建设的，包括饲养、宰杀、复制、冷冻、储藏等部分，整个生产过程大部分采用机器操作。宰猪的肉脂车间，按设计能力每天能宰生猪2500头左右。

11月1日

［纲　文］　**兰新铁路二期工程武威至疏勒河段建成通车，1958年7月交付运营。**

11月1—12日

［纲　文］　**新华书店北京分店、中国书店、外文书店在北京劳动人民文化宫举办首届书市。**

◀中国作协主席茅盾佩带“书市服务员”证章站在书柜前接待读者

11月2—21日

［纲　文］　**毛泽东率领中国代表团访问苏联，并参加十月革命40周年庆祝大会。**

［目　文］　应苏联共产党中央委员会和苏联部长会议的邀请，中共中央、全国人大常委会、国务院派出以毛泽东为团长的中国代表团访问苏联，参加十月革命40周年庆祝大会。代表团副团长为宋庆龄，成员有邓小平、彭德怀等13人。

2日，代表团抵达莫斯科。在苏联期间，中国代表团同苏联共产党和国家领导人举行了会谈和会见，参观了苏联在莫斯科红场上举行的盛大阅兵式和游行，出席了苏联最高苏维埃庆祝十月革命40周年的会议。6日，毛泽东率中国政府代表团出席苏联最高苏维埃庆祝苏联十月革命40周年大会并讲话。毛泽东在讲话中谴责了美帝国主义对于美国和社会主义阵营之间的中间地带各国内部事务的粗暴干涉，并重申了和平共处五项原则，宣布中

▲ 1957年11月2日，毛泽东主席率领中国代表团抵达莫斯科。图为毛泽东主席（左二）由苏联最高苏维埃主席团主席伏罗希洛夫（左一）陪同检阅仪仗队。

国坚决反对新的世界大战，主张各国内部事务应由本国人民按照自己的意愿解决。14—16日，代表团参加12个社会主义国家共产党和工人党代表会议；16—19日，代表团出席64个共产党和工人党代表会议。会议文件起草期间，中苏两党代表团在关于从资本主义向社会主义过渡等问题上发生原则性分歧。为了全面系统地表明自己的观点，中共代表团于10日向苏共中央提交了一份《关于和平过渡问题的意见提纲》，备案存查。此外，中共代表团和其他代表团还对苏共二十大提出的关于帝国主义，关于战争与和平等问题上的观点表示不同的看法。17日，毛泽东接见中国留苏学生并讲了话。20日，毛泽东在克里姆林宫会见了苏联各界著名人士，并写信给《真理报》，感谢苏联人民的情谊。21日，毛泽东率中国代表团从莫斯科回到北京，结束对苏联的访问。代表团团员彭德怀、郭沫若和沈雁冰，分别率领中国军事友好访苏代表团、中国访苏科学技术代表团、中国文化代表团留在苏联继续进行访问。

11月2日

［**纲　文**］　**国务院举行常务会议。**

［**目　文**］　会议由周恩来主持，主要内容是：一、听取张际春关于培养工农干部规划问题的汇报，决议：规划的内容要适当增加，订出指标。除了规划培养工农干部外，还

应该包括通过体力劳动改造知识分子问题、在职的知识分子下放基层工作或者参加生产劳动问题等各方面。二、审议《关于手工业生产合作社所需原材料改用调拨价格和调整手工业合作社所得税税率的报告》，决议原则同意手工业合作社所需要的国家统配、部管原材料一律按调拨价供应以及关于手工业合作社所得税税率的设计方针和原则。三、原则同意《国务院关于选调现役军官到政府民政系统工作的决定》。决议调到政府民政部门工作的现役军官，不作转业处理，仍应为现役军官，其工资待遇按军队标准还是按政府标准，由其自行决定。四、通过《国务院关于处理地方各级行政区域变更事项的规定》，提请全国人大常委会审议。五、讨论中央建筑工程部西北工程管理局干部学校学生闹事问题。决议对下放学生回乡生产不要忙，应该经过充分动员教育。

11月2日

［纲　文］　**中共中央批准中央统战部《关于在汉族宗教界进行社会主义教育的意见》。**①

［目　文］　中央批准《意见》转发至各省市委、自治区党委，要求依照执行。

10月17日，中央统战部给中央的《意见》指出：一、解放后，经过几年的工作，宗教界已发生了很大的变化。但是，在过社会主义革命这一关，即在两条道路的斗争中，宗教界的情况仍然非常复杂。因此，利用全国整风运动的机会，采取比较谨慎的方针有计划有步骤地在汉族宗教界进行一次社会主义教育，是完全必要的。二、教育对象是宗教职业者（一般教徒群众应当参加一般群众的学习，不要参加上层的辩论和学习），并以天主教、基督教为重点，采取召开代表会议的形式，通过鸣放和辩论，明辨大是大非，划清敌我界限，坚定爱国、反帝、守法，走社会主义的道路，并达到提高左派，争取中间派，孤立、分化右派的目的。三、宗教界社会主义教育运动的部署，大体如下：分别召开各宗教全国性的代表会议（天主教已开过）或其他相当的会议，并作出各宗教全国学习运动的统一部署；各省（市）分别召开各宗教的代表会议或座谈会，进行社会主义教育；整个运动，一般应在1958年夏季结束。各地可根据这一部署结合当地具体情况制定计划。四、应当根据宗教界人士在此次运动中的言论和行动，结合1956年社会主义改造高潮以来的表现，进行一次政治排队，排队标准，与其他各界同。五、为了更好争取上层人士中的中间分子和广大教徒群众，支持左派和中左分子，在运动中，必须采取坚决的态度，切实改正我们在执行宗教政策中的缺点和错误。六、建议各地党委加强领导，调配一定力量参加此项工作。为了推动运动和教育群众，建议中央和地方报纸，适时地作重点和综合性的报导；宗教团体刊物，则应以报导这个运动为其主要内容。

11月3日

［纲　文］　**新华社讯，苏联全面援助的57项重点工程全部或部分投入生产。**

① 根据中央档案馆馆藏档案编写。

［目　文］　据国家统计局统计，作为五年计划的建设中心，苏联全面援助建设的“156”项工业工程，截至本年第三季度为止，已经有57项全部或部分建成投入生产。其中已经全部建成投入生产的是37项。

11月3日

［纲　文］　**新华社讯，全国12个城市设立卫星观测站。**

［目　文］　中国科学院在北京、南京、兰州、昆明、拉萨、武汉、长春、广州、西安、乌鲁木齐、天津和上海等12个城市设立观测苏联人造卫星的观测站。苏联将供给中国120架宽视野（11度）的天文望远镜作为观察人造卫星之用。能够收听20兆赫到40兆赫的强力收报机已经开始运往各地观测站。各观测站配备了专门观测的科学技术人员。

11月3日

［纲　文］　**《人民日报》报道，《黎文词典》和《黎文农民课本》编写工作完成。**

［目　文］　海南黎族苗族自治州黎文工作者，在中国科学院少数民族语言调查工作队的帮助下，先后完成《黎文词典》、《黎文农民课本》的编写工作。《黎文词典》共有3000多个词汇，所选的词是以基础方言词为主，并吸收有普遍性的方言词。黎族文字是本年初才创造的新文字，它采用拉丁字母拼音，发音固定，简单易学。

11月4日

［纲　文］　**国务院发出《关于编制1958年国家预算草案的指示》。**

［目　文］　《指示》主要包括以下几方面内容：一、编造1958年国家预算草案的方针。1958年的国家预算，应当在继续开展增产节约运动的条件下，根据中共中央所提出的在优先发展重工业的基础上，大力发展农业使工农业同时并举的方针和第二个五年计划期间发展国民经济的基本原则，瞻前顾后，统筹安排。必须充分考虑到各种增加收入的积极因素，把收入计划打得积极可靠，以适应国家建设的需要。应当根据财力、物力的可能，首先保证经济建设的需要，并且应当根据当前建设事业发展的要求，适当地调整各项投资的比例。必须同银行信贷和国家物资供应的安排密切结合，更好地实现财政、信贷、物资的平衡。二、核算和编造各项收支的要求。编造1958年国家预算的时候，要首先总结过去几年国家预算执行中所取得的经验教训，研究国民经济的发展情况，并且根据1958年国民经济计划规定的各项经济指标以及增加收入和节约支出的实际可能，反复进行核算。在收入方面，必须积极挖掘潜力，既要抓紧主要的收入，也不能忽视次要的收入；在支出方面，必须削减一切不必要的支出，核减次要的支出，以保证主要的支出。三、在中央和地方预算的收支划分上应当注意的问题有：编造1958年中央预算和地方预算，基本上应当以现行的财务管理制度和当前企业、事业的划分情况为准；1958年部分中央国营企业和公私合营企业的收入要同地方实行比例分成；在地方预算执行过程中，如因重大灾荒，预算收入减收较多，以及需要增加救济、防汛、复堤、堵口等支出的时候，中央应当给予必要的补助。此外，地方预算需要增加新的支出的时候，中央各部门要求由地方举办的建设

事项，由中央各部门在本部门的当年预算内拨款；中央各部门建议地方举办的建设事项，地方可以根据具体情况考虑举办或者不办，如果举办，由地方自行解决支出；地方自行举办或者报请中央批准举办的建设事项，所需费用由地方在本地区预算内解决。四、预算草案的编造程序和报送期限：中央各部门负责编造财务收支计划、经费预算和收入计划草案，在1957年11月20日以前送达财政部，并抄送国家经济委员会；各省、自治区、直辖市负责汇总编造各该省、自治区、直辖市预算草案，在1957年11月30日以前送达财政部，并抄送国家经济委员会；财政部负责审核中央各部门提送的收支计划草案和地方提送的地方预算草案，汇总编造1958年国家预算草案，在1957年12月20日以前报送国务院，并抄送国家经济委员会。

11月4日

［纲　文］　**中共中央批转中国人民银行党组《关于解决乡、社干部欠款问题的报告》。**

［目　文］　批文指出，中国人民银行党组关于解决乡、社干部欠款问题的报告反映农村某些基层干部，由于历年积欠贷款过多，到期不愿归还，也不积极动员群众归还贷款，造成大量农贷资金到期不能收回，积压了国家大量农贷资金。这种情况如不加以扭转，对基层干部的政治威信和加速农贷资金的周转，进一步支持农业生产，将产生不利的后果。国家拨出的农贷指标已达40亿元。据估计到1957年年底，到期和逾期农贷约为28.7亿多元。这些贷款如果能够大部分收回来，充分周转运用，是可以满足农业生产资金的需要的。因此相当时期以内，在一般情况下，国家不再增加新的农贷指标，各地每年所需要的贷款，依靠做好到期贷款的回收工作，加速农贷资金的周转，是解决农贷资金需要的主要途径。在收回到期贷款的工作中，应该特别注意教育基层干部积极归还拖欠的国家贷款，提倡勤俭持家，养成艰苦朴素的良好习惯，克服干部多占用贷款，到期不还，挥霍浪费，脱离群众的现象。望各地党委结合目前的整风运动，在群众中讨论农业贷款问题，对干部普遍地进行一次教育。

10月7日，中国人民银行党组《报告》说，在一部分地区的贷款工作中，曾经发生干部多占贷款和拖欠到期贷款不还的现象，引起群众的不满。还有少数品质不好的干部，利用职权，贪污挪用贷款，进行挥霍浪费，在群众中造成了极坏的影响。这种现象，各地虽然已经引起重视，情况已略有改善，但在不少地区，问题还是比较严重的。部分乡、社干部这种利用职权，多占贷款和拖欠贷款不还的情形，在政治上和经济上造成的损失是很大的。乡、社干部拖欠贷款不还的情况，除部分确因有困难不能按期归还者外，主要是由于有些干部存在着特权思想。此外有些地区的银行、信用社的贷款制度、手续不完整，使乡、社干部有机可乘，多占贷款；有些银行、信用社干部怕麻烦怕困难，不敢积极动员乡、社干部还款，也助长了干部拖欠贷款的偏向。对干部多占贷款和到期不还的问题，需要引起各级地方党委的重视，并及时加以解决。具体意见是：一、建议各级党委，结合整风运动，把干部多占贷款和拖欠贷款不还的情况作为整风内容之一，使干部认识这些行为在政治上、经济上对国家和对自己所造成的损失，在提高干部思想认识的基础上，正确对待他们的问题，根据具体情况，有分别地处理。二、对于少数贪污挪用贷款，情节比较严重，群众意见较大的，应根据实际情况给予适当处分，并令其限期归还到期贷款。

11 月 4 日

［纲　文］　**文化部发出《关于社会主义国家出版业会议情况的通知》。**

［目　文］　《通知》指出，1957 年 4 月 7—16 日，在莱比锡举行了社会主义国家出版业会议。出席的有 12 个社会主义国家的代表 220 人，南斯拉夫派观察员参加。会议体现了社会主义国家之间团结、友好、合作的精神，气氛热烈和融洽。会议取得的成就表现在以下几方面：一、实现了社会主义国家出版业的团结。二、交流了业务经验，增进了相互之间的了解和友谊。三、增进了出版方面的国际合作。会上通过的关于合作问题的建议性的决议，强调在平等、自愿、互利的基础上，由各国通过双边或多边协商办法进行合作。这个建议包括六项具体内容，即：互相交换选题计划和推荐翻译书目；合作编辑书籍和翻译书籍；共同研究一些书籍出版方面的问题，如统一书目分类法，改进装帧设计，互相交换休假、旅行、帮助培养干部等；各国同类性质的出版社之间建立直接的联系；交换书籍世界市场的情况；各国出版行政机关帮助促进上述合作，特别要检查和补正文化合作协定工作计划的出版项目。《通知》说，这次会议将使中国出版业能有更多的机会了解和吸取其他兄弟国家的出版工作经验，改进和提高中国的出版工作。各出版单位着重对六项建议中的第一项进行了研究，依据建议规定的原则处理相关业务。涉及第二、三项建议的问题须统一经文化部批准。

11 月 4 日

［纲　文］　**中国和波兰技术和科学技术合作联合常任委员会第四届会议在北京闭幕。**

［目　文］　委员会讨论了过去几届会议的决议执行情况，并认为双方已经很好地完成了自己的义务，通过了一系列的有关互相提供技术和科学技术经验的决议。根据所签订的议定书规定：中国在 1958 年将供给波兰石油工业、食品工业、金属分析方面的技术资料，同时并接待波兰专家考察化学工业、地质、耐火材料和食品工业方面的技术成就；波兰在这个期间将供给中国化学工业的设计研究资料，供给建筑、造船、煤炭、轻工业方面和国民经济其他部门的技术资料，同时并接待中国专家和实习生考察有色金属、化学、森林工业方面的技术成就，此外，并派遣专家到中国在抗生素和冶金方面给予技术援助。根据委员会决议规定：两国在相应的部门和科学研究机构之间进行直接的科学技术合作。

11 月 4 日

［纲　文］　**中国和越南签订《关于越南在中国设立学校的议定书》。**

［目　文］　教育部副部长林砺儒代表中国政府与越南政府代表阮康签订《议定书》。《议定书》规定：越南政府在中国广西省南宁市设立普通学校一所，师生员工总数为 3000 人；在广西省桂林市设立普通学校一所，师生员工总数为 1000 人。这两所学校的有关事务，教育部委托广西省教育厅协助管理。从 1970 年开始，这两所学校陆续迁回越南。

11月4—28日

［纲　文］　**中国劳动人民代表团访问苏联。**

［目　文］　应苏联工会中央理事会、苏联对外文化协会、苏联列宁共产主义青年团中央委员会、苏联妇女委员会和苏联保卫和平委员会的联合邀请，全国总工会、中苏友好协会总会、共青团中央、全国妇联和中国人民保卫世界和平委员会等有关人民团体组织中国劳动人民代表团，赴苏联参加庆祝伟大的十月革命40周年盛典和参观访问。代表团成员包括工人、农民、知识分子、青年、妇女以及其他有关方面的代表性人物，共计36人，其中有6位是十月革命和苏联国内战争的参加者。代表团团长为刘宁一、副团长为钱俊瑞、许广平、老舍、梅兰芳、钱三强。

在苏联期间，代表团分别参加了苏联最高苏维埃、莫斯科劳动人民代表庆祝十月革命40周年的大会，并且在红场参观了阅兵式和群众游行。代表团在莫斯科、列宁格勒和基辅等地参观了工厂、集体农庄、国营农场、大中学校、纪念馆、博物馆、美术馆以及其他许多文化教育机关，访问了苏中友好协会、全苏工会中央理事会、苏联对外文化协会、苏联列宁共产主义青年团中央委员会、苏联妇女委员会、苏联保卫和平委员会以及其他的一些团体，并且同许多苏联工人，农民，科学、文学、艺术界人士以及参加过十月革命和国内战争的苏联老同志们进行了友好的会见。代表团在列宁格勒、基辅两地同其他外国劳动人民代表团一起，参加了当地工人积极分子的友谊集会。

11月4日

［纲　文］　**全国总工会主席赖若愚致电悼唁世界工会联合会主席维多里奥。**

［目　文］　意大利总工会总书记、世界工联主席朱塞佩·维多里奥于3日逝世。本日，全国总工会主席赖若愚分别致电世界工联书记处、意大利总工会书记处和维多里奥夫人，对维多里奥逝世表示哀悼。

11月5日

［纲　文］　**全国总工会发出《关于召开中国工会第八次全国代表大会的宣传大纲》。**

［目　文］　《宣传大纲》的主要内容是：一、中国工会第八次全国代表大会将于1957年12月2日开幕。这次大会要总结中国工会第七次全国代表大会以来的工作；研究与确定当前工会工作的任务；讨论修改中国工会章程和选举中国工会第八届执行委员会。工会各级组织应该重视这次大会，结合当前的社会主义教育运动向广大职工宣传这次大会的意义与精神，动员广大职工用自己的实际行动迎接这次大会。二、中国工会第七次全国代表大会所通过的工会在建设时期的基本任务完全符合党在过渡时期总路线的精神，符合工人阶级的根本利益。各级工会组织应向广大职工广泛宣传中国工会第七次全国代表大会以来的工会工作的成绩，驳斥右派分子否定工会作用的谬论；继续总结工会工作的各项经验，把工会工作提高一步。三、中国工会第七次全国代表大会以来，中国基本上完成了社会主义革命，社会主义建设取得了重大成就。但国内阶级斗争还未完全结束，还需要在政

治战线与思想战线上进行一次彻底的社会主义革命。工会各级组织要通过组织辩论，在工会干部中进行一次关于工会组织的性质、任务与作用的教育，坚持工人运动的正确路线，批判一切脱离党的领导、党的方针及其他错误的思想倾向，为这次大会做好思想准备。四、为了迎接我国即将开始的第二个五年计划与整风后即将到来的新的生产高潮，工会各级组织应把教育职工提高觉悟、加强团结、艰苦奋斗、勤俭建国作为中国工会第八次全国代表大会宣传的中心内容。五、厂矿企业正在进行整风和社会主义教育运动，中国工会第八次全国代表大会在此时召开，对提高职工觉悟、改进与提高工会工作具有特别重要的意义。工会各级组织要在党的领导下，做好党的助手，深入地开展整风和社会主义教育运动，帮助企业领导克服官僚主义、主观主义、宗派主义，同时也要切实地改进工会工作在这方面的毛病。要发动职工开展批评和自我批评，进行自我教育，克服各种非工人阶级的思想，达到提高觉悟，增进团结，改进工作，搞好生产，办好企业的目的。六、工会各级组织在进行宣传时，还要注意加强工人阶级的国际团结的教育。

11 月 5 日

［纲　文］　**农业部在北京召开的全国植物保护和植物检疫工作会议结束**。

［目　文］　会议决定在第二个五年计划期间基本消灭水稻中的螟虫等害虫和棉花中的红铃虫、棉蚜等害虫。关于危害小麦生长的吸浆虫、甘薯的黑斑病，以及蔬菜、果树的病虫害等，都要大力开展防治工作。为了适应大力发展农业生产的要求，会议提出：1958 年全国病虫害防治任务要比 1957 年扩大 65%，其中彻底防治面积扩大 16 倍。防治对象主要是粮、棉作物的病虫害，同时要防治山区、草原牲畜和农作物的病虫害，保证牲畜的繁殖和山区生产的繁荣。对于治蝗一定要做得比往年更好，并要进一步开展植物检疫工作。

11 月 6 日

［纲　文］　**毛泽东率中国政府代表团出席苏联最高苏维埃庆祝苏联十月革命40周年大会并讲话**。

［目　文］　毛泽东在讲话中首先对苏联十月革命 40 周年表示祝贺，他说，苏联人民在 40 年前举行的这个伟大的革命，开始了全世界历史的新时代。历史上发生过各种的革命，但是，过去的任何一次革命，都不能够同十月社会主义革命相比拟。建立一个没有人剥削人的社会，曾经是世界上的劳动人民和进步人类千百年来的梦想。十月革命破天荒第一次在世界六分之一的土地上，把这个梦想变成了现实。苏联人民在 40 年中经历了艰苦的路程，苏联的面貌在 40 年间完全改变了。苏联共产党创造性地运用马克思列宁主义的理论来解决实践中的任务，保证了苏联人民的建设事业不断取得胜利。苏联共产党第二十次代表大会为苏联的共产主义建设所提出的奋斗纲领，就是一个范例。世界各国人民从苏联人民所获得的成就中，一天比一天明显地看到自己的将来。苏联的道路，十月革命的道路，从根本上说来，是全人类发展的共同的光明大道。现在全世界踏上十月革命道路而赢得胜利的，已经有欧洲和亚洲的一系列国家，包括了九亿多人口，形成了强大的社会主义

◀11月6日，毛泽东在莫斯科卢日尼基体育宫苏联最高苏维埃举行的庆祝十月革命40周年大会上发表讲话。

的世界体系。他说，资本主义早已丧失了优势，社会主义早已变成了不可战胜的力量。社会主义制度终究要代替资本主义制度，这是一个不以人们自己的意志为转移的客观规律。社会主义各国的政府和人民是和平的新生活的建设者，坚决反对新的世界大战。我们坚决主张，社会主义国家和资本主义国家实行和平竞赛，各国内部的事务由本国人民按照自己的意愿解决。我们坚决主张，一切国家实行互相尊重主权和领土完整、互不侵犯、互不干涉内政、平等互利、和平共处这样大家知道的五项原则。美帝国主义顽固地要干涉各国的内部事务，包括社会主义国家的内部事务。帝国主义任意摆布人类命运、任意宰割亚非国家的时代，已经一去不复返了。毛泽东指出，增强以苏联为首的社会主义各国的团结，是一切社会主义国家的神圣的国际义务。以美国为首的帝国主义者采用一切挑拨离间的手段，企图破坏以苏联为首的社会主义各国的友谊和团结。但是，以苏联为首的社会主义阵营团结得愈来愈紧密了。

11月6日

［纲　文］　**一届全国人大常委会举行第八十三次会议。**

［目　文］　会议通过《1958年国家经济建设公债条例》和《县级以上人民委员会任免国家机关工作人员条例》，并于同日公布。《1958年国家经济建设公债条例》指出：为加速国家经济建设，逐步提高人民物质和文化生活水平，促进人民节约储蓄，决定发行1958年国家经济建设公债。本次共发行6.3亿元公债，从1958年1月1日开始发行，年息4厘，分10年作10次偿还。本公债债券不得当做货币流通，不得自由买卖；伪造本公债债券或破坏本公债的信用者，依法惩处。《县级以上人民委员会任免国家机关工作人员条例》共有14条，列举了县级以上各级人民委员会有权任免的国家机关工作人员的范围，

并规定在此范围外的国家机关工作人员的任免，由各级人民委员会自行规定，可按本《条例》有关规定，制定各该级人民委员会任免国家机关工作人员的办法，报上一级国家行政机关备案。该《条例》还特别规定，内蒙古自治区所辖的盟，拥有《条例》中给予自治州的任免权力。

会议决定任命萧克为中国人民解放军训练总监部部长，余秋里为中国人民解放军总后勤部政治委员，免去刘伯承的中国人民解放军训练总监部部长职务。会议还通过决定任免驻外大使名单。

11 月 6 日

［纲　文］　**国务院召开常务会议。**

［目　文］　会议由周恩来主持，讨论并通过以下文件和决定：一、会议同意内部发布《国务院关于国家机关和事业、企业单位 1957 年职工冬季宿舍取暖补贴的补充通知》。二、会议通过《国务院关于建筑安装企业工人、职员在冬季非施工期间的工资待遇的规定》，内部下达。

11 月 6—20 日

［纲　文］　**农业部召开全国棉花工作会议。**

［目　文］　参加会议的有各产棉省（市）的代表和 17 个有代表性的县（市）的县委书记或县长，会上着重交流了各地棉花大面积丰产经验，讨论了组织 1958 年棉花生产大跃进的意见，对增产规划做了初步研究。会后，农业部向中共中央、中央农村工作部和国务院七办提交了《农业部关于 1957 年全国棉花工作会议的报告》。

《报告》说，1957 年全国棉田播种面积 8652 万亩，比第一个五年计划原定的 9500 万亩的播种面积指标减少了 8.9%；总产量 3280 万担，比第一个五年计划原定的 3270 万担的总产量指标略有超过；比本年的年度计划 3000 万担超过 280 万担。本年的棉花生产出现了新的情况：单位产量有跃进式的提高；各地涌现了许多大面积的丰产典型；增产情况全国不平衡。在会议中交流了各地增产的经验，湖北省的麻城、新洲、天门等县，提供了在棉麦两熟套种地区的比较完整的经验；河南新野、江西泗阳、山东临沂县提供了由低产变高产的成功经验；陕西的高陵、河北的藁城，提供了粮棉同时增产，有效地克服粮棉争地的成功经验；山东省的夏津县、高唐县，提供了在北方老棉区发展养猪的成功经验。各省提出的 1958 年棉花生产的指标，汇总起来是：棉田面积 8906 万亩，亩产量 41.5 斤，总产量 3694 万担。农业部认为：棉田面积仍然应该按照经委下达的 9000 万亩的计划来完成，亩产量 39 斤，总产量 3500 万担，各省所提的亩产量和总产量可以作为省的计划。关于棉花增产的长远规划，会议亦作了初步的研究。会议一致认为：1958 年棉花生产的大跃进，是完全可以办到的。为了实现 1958 年棉花生产的大跃进，要着重抓以下一些措施：在 1957 年冬大规模开展的兴修水利运动中，加强棉区抗旱排涝的基本建设工作；通过群众积肥运动，大量增加棉田肥料；彻底防治病虫是增产的关键性措施；推广岱字棉等良种；加强技术传授和技术训练工作，推广实施先进的丰产技术；“抓两头带动中间”，要搞好集中高产棉区的增产工作，同时也必须提高分散低产区的产量。

11 月 6 日

［纲　文］　**全国人大常委会办公厅就全国人大代表毕鸣歧因民事纠纷被诉法院可否传唤问题给天津市中级人民法院答复。**

［目　文］　答复称，经全国人大法案委员会讨论，认为宪法第三十七条的规定，在于保护全国人大代表的人身自由不受侵犯，以便利其执行代表职务。但民事案件并不涉及限制人身自由问题，因而不属于宪法第三十七条规定的范围。毕鸣歧代表因民事纠纷被诉，法院可以依法传唤，无需经过全国人大常委会许可。

11 月 6—7 日

［纲　文］　**首都各界举行盛大集会庆祝十月革命40周年。**

［目　文］　庆祝大会在北京体育馆举行，参加大会的中外人士有 1.8 万多人，刘少奇、周恩来、朱德、陈云、彭真等出席大会。彭真致词，刘少奇和苏联驻中国大使馆临时代办顾悌克夫在会上讲话。刘少奇在讲话中，阐述了十月革命的重要意义。他指出：中国革命是十月革命的继续，中国革命的目标同十月革命一样，是要建成社会主义社会并在以后建成共产主义社会，中国在整个过渡时期的历史任务就是要在经济战线和政治思想战线上同时彻底地完成社会主义革命。刘少奇驳斥了种种反动论点，阐述了有关中国社会主义革命和社会主义建设的一些根本问题。他说，在我国实行的人民代表大会制度，也是和苏维埃同一类型的国家制度，也是历史上最广泛的社会主义的民主制度。正在进行着的全民整风运动，是社会主义民主生活的一种很好的形式，是社会主义民主的重要发展。他号召在社会主义建设事业中，应当提倡勤俭建国、艰苦奋斗的精神，应当坚持向苏联学习。在维护世界和平、促进人类进步的崇高事业中，中国人民坚决地永远地同苏联人民站在一条战线上。

会后举行了庆祝晚会，几百名在中国访问的苏联艺术家们和首都文艺界的演员们合作表演了节目。在北京体育馆外面五个运动场上，还同时展开了各项体育表演比赛。7 日，庆祝活动达到了顶点，约 50 万人在天安门广场举行了群众联欢晚会。

本日，《人民日报》发表了题为《十月革命万岁！社会主义万岁！》的社论。

11 月 6 日—12 月 3 日

［纲　文］　**中国军事友好访苏代表团访问苏联。**

［目　文］　代表团团长是彭德怀（先期到达莫斯科），副团长是叶剑英，团员有粟裕、谭政等。7 日，代表团参加了苏联最高苏维埃庆祝十月革命 40 周年在莫斯科红场举行的阅兵式和群众游行，并出席了苏联最高苏维埃主席团、苏联共产党中央委员会、苏联部长会议在克里姆林宫举行的庆祝十月革命 40 周年招待会。8 日，代表团参加莫斯科各界庆祝十月革命 40 周年大会。期间，代表团拜会了苏联国防部长马利诺夫斯基，并受到苏联共产党和政府领导人赫鲁晓夫、伏罗希洛夫和布尔加宁在克里姆林宫的接见。

11 月 6 日

［纲　文］ **广州造纸厂扩建完成。**

［目　文］ 扩建后的广州造纸厂，设备比较完善，并且采用了先进的生产技术，年产新闻纸和其他纸张 6 万多吨，比扩建前的 1952 年多 6 倍以上。这个厂是中国的设计人员第一次自行设计和施工的大型制浆造纸综合工厂。

11 月 6 日

［纲　文］ **化工部决定成立南京化学工业公司，统一领导南京永利宁厂、南京磷肥厂、南京化工厂。**

11 月 6 日—12 月 10 日

［纲　文］ **中国文化艺术代表团赴柬埔寨访问演出。**

［目　文］ 代表团由中国武汉京剧团、武汉实验歌剧团等组成，文化部副部长丁西林任团长，团员有京剧演员高盛麟等 70 人。代表团应柬埔寨王国政府的邀请进行访问演出，以答谢 10 月间访问中国的柬埔寨文化艺术代表团。代表团先后在金边、磅湛、暹粒、马德望、贡吓等地演出 19 场，观众达 4.5 万人，受到柬埔寨国王、王后和王国政府的接待。柬埔寨舆论赞扬中国艺术家的演出，各种文字的报纸发表了数百篇有关的消息和评论文章。

11 月 6—10 日

［纲　文］ **全国17城市击剑、技巧运动锦标赛在天津举行。**

［目　文］ 锦标赛技巧项目包括男女自由体操、单人技巧、男子双人用力动作、男女混合双人动作和三人团体动作；击剑项目包括男子、女子轻剑和男子花式剑。参加锦标赛的城市有北京、天津、上海、沈阳、旅大、长春、哈尔滨、西安、郑州、石家庄、南京、济南、杭州、武汉、广州、成都和重庆。北京队获得击剑团体冠军，西安队获得击剑团体亚军；天津队获得技巧团体冠军，沈阳队获得技巧团体亚军。

11 月 7—27 日

［纲　文］ **苏联各界代表团参加中国人民庆祝十月革命40周年纪念活动。**

［目　文］ 代表团一行 13 人，由苏联最高苏维埃主席团委员、苏中友好协会主席安德烈耶夫担任团长，团员中有十月革命的参加者、工人、集体农庄主席等苏联各界代表。7 日，代表团抵达北京。9 日，代表团分别访问了中国各有关团体，会晤了中国各人民团体的负责人。北京各界人民 2 万多人在中山公园举行盛大的游园晚会，庆祝十月革命 40 周年，并欢迎苏联代表团。11 日，代表团离开北京到上海、广州、武汉等地参观访问，受到热烈欢迎。25 日，毛泽东接见了代表团，宋庆龄设宴招待，苏联驻华大使尤金和使馆人员，正在北京访问的苏联国民教育展览代表团和苏联电影代表团的部分团员也应邀参加了宴会。刘少奇等领导人以及各民主党派、各人民团体的负责人，首都各界人士出席了宴会。26 日，安德烈耶夫写信给《人民日报》编辑部，向中国人民、向所有寄给代表团

信件和礼物的团体和个人表示感谢。苏联驻华大使尤金为代表团举行宴会，刘少奇、周恩来和宋庆龄等应邀出席。27 日，在南苑机场举行的欢送仪式上，宋庆龄和安德烈耶夫在讲话中一致强调中苏两国人民的牢不可破的伟大友谊，是世界和平的坚不可摧的支柱。

11 月 7—11 日

［纲　文］　**中国法律工作者代表团参加亚非法律工作者会议。**

［目　文］　会议在叙利亚首都大马士革举行。参加会议的有阿尔及利亚、印度、日本等 20 个亚非国家。中国代表团团长陶希晋在会上发言说，中国人民跟亚非人民一起全心全意地支持叙利亚和阿拉伯国家人民反对艾森豪威尔主义的正义斗争，并且认为他们的斗争就是我们自己的斗争。会议分成五个小组委员会讨论了国有化、帝国主义、公众自由和天赋权利、侵略和侵略的法律后果以及世界和平等问题。中国代表陈守一在讨论世界和平问题的第五小组委员会上作了关于世界和平问题的报告。会议通过了关于世界和平、关于军事联盟和基地的决议。关于世界和平的决议指出，会议郑重表示赞成中国和印度两国总理所倡议的和平共处五项原则。会议还通过了关于朝鲜和越南的特别决议，关于支持积极中立政策和国有化的特别决议，以及关于民族自决、侵略的定义和巴勒斯坦问题的决议。1958 年 1 月 2 日，中国政治法律学会常务理事会举行会议，听取了陶希晋关于出席亚非法律工作者会议的情况报告，并且通过决议，坚决支持亚非法律工作者会议所作的各项决议，号召全国的政治法律工作者，同全世界爱好和平民主的法律工作者一起为实现这些决议而共同努力。

11 月 7 日

［纲　文］　**中国第一对水力采煤竖井——河南省鹤壁四矿的风井工程动工兴建。**

11 月 8 日

［纲　文］　**国务院召开第六十一次全体会议。**

［目　文］　会议由周恩来主持，主要内容有：通过《国务院关于改进工业管理体制的规定（草案）》、《国务院关于改进商业管理体制的规定（草案）》(附《国务院关于鼓励地方产品出口实行外汇分成的通知（草稿）》)、《国务院关于改进财政管理体制的规定(草案)》，提请全国人大常委会审议批准，再由国务院下达。以上 3 个文件下达时均不发西藏。全国人大常委会第八十四次会议于 11 月 14 日原则批准了上述 3 个改进体制的规定。11 月 15 日，国务院内部下达了《关于改进财政管理体制的规定》，同日公布了改进工业管理体制和商业管理体制的两项规定。会议通过《国务院关于工人、职员回家探亲的假期和工资待遇的暂行规定（草案)》、《国务院关于国营、公私合营、合作社营、个体经营的企业和事业单位的学徒的学习期限和生活补贴的暂行规定（草案)》、《国务院关于企业、事业单位和国家机关中普通工和勤杂工的工资待遇的暂行规定（草案)》。11 月 16 日，全国人大常委会第八十五次会议原则批准了上述 3 个文件。国务院 11 月 20 日将这 3 个文件，连同国务院第六十次全体会通过的《关于工人、职员退休处理的暂行规定》下

发，要求各地于12月20日将意见汇总报国务院。

11月8日

［纲　文］　**刘少奇做出关于试办半工半读的批示。**

［目　文］　刘少奇对11月8日《参考资料》刊载的转译自美国《大众科学》杂志上《美国大学生有三分之二半工半读》一文做出批示：此件送团中央一阅。中国是否可以个别试办？请你们研究。11月19日，共青团中央发出关于印发刘少奇这一批语和这篇转译文章的通知，要求各省、市、自治区团委在请示各省、市、自治区党委后，和有关方面一起，选择个别单位，重点试办勤工俭学、半工半读的制度，并将有关经验上报团中央。

11月8日

［纲　文］　**中国和瑞典贸易协定在斯德哥尔摩签字。**

［目　文］　协定的主要内容如下：一、中国政府和瑞典政府将按照两国有关进出口及外汇法令，具体地就"甲""乙"两个参考附表所列的商品尽最大努力以发展两国间的贸易。"甲""乙"两个参考附表将作为本协定的组成部分。对"甲""乙"两个参考附表未列入的商品的贸易，本协定并无限制之意。二、瑞典当局对参考附表"甲"所列的商品在瑞典进口申请许可证时准备给予有利的考虑。中国当局对参考附表"甲"所列的商品在中国出口申请许可证时准备给予有利的考虑。三、中国当局对参考附表"乙"所列的商品在中国进口申请许可证时准备给予有利的考虑。瑞典当局对参考附表"乙"所列的商品在瑞典出口申请许可证时准备给予有利的考虑。四、缔约双方在签发以上第二条和第三条所指的进出口许可证时应适当地考虑继续维持两国间贸易交流和贸易结构的必要以及为双方所同意的、逐渐发展两国间商业关系的目的。任何一方在考虑许可证申请时，均保留适当地参照当时供应情况的权利。五、中国和瑞典对一切有关关税、附加税和规费以及办理海关手续方面的规章、程序等事项，相互给予无条件的和无限制的最惠国待遇。六、悬挂缔约任何一方国旗的船只驶入、停泊和驶出对方港口时，在各方面均应享受最惠国待遇。七、缔约双方政府不得采取任何措施或者带有歧视性质的行动以致导向限制任何一方国家船只对第三国船只进行正常竞争的自由权。八、两国间的支付应按照各该国家现行的外汇法令和条例，使用通过中国居民在瑞典指定外汇银行所开立的"中国可转移经常账户"的瑞典克朗，或者可转移英镑，或者缔约双方能接受的其他货币办理。两国中央银行将相互协商作出实施本条规定所必需的技术安排。九、本协定于签字之日起暂行生效，并且于换文后正式生效，其有效期至另行通知时止。本协定经双方同意后可以修改，或于任何一方提出书面通知三个月后即告终止。协定1958年1月23日换文正式生效。

11月9日—12月20日

［纲　文］　**保加利亚教育考察代表伊万·科莱夫·特拉干诺夫考察中国国民教育情况。**

［目　文］　特拉干诺夫根据中保文化合作协定1957年执行计划前来考察中国国民教育情况，他先后到南京、上海、杭州、广州、武汉等城市考察中国的普通教育，并同教育部和北京市教育局负责人员交换了有关普通教育方面的意见。

11 月 10 日

［纲　文］　**中共中央批转中央国家机关党委《关于目前反右派斗争和转入第三阶段的情况与问题的报告》。**①

［目　文］　中共中央批文指出，凡是在反右派斗争已经取得决定性胜利的单位，应该及时地转入以整改为主的第三阶段，同时对资产阶级思想进行有系统的批判。必须认识到，整改是这次整风运动的主题，较之反右派斗争的任务，更加艰巨。各单位应当重视总结整改经验，创造更多更好的方法，把整改阶段的工作做好。

中央国家机关党委在10月29日的《报告》中说，中央国家机关的反右派斗争已进行4个月，在10月底约有90%的司、局转入整风第三阶段。整风第三阶段是全部整风运动的一个主要环节，是决定我们整风成败的关键。整风第三阶段的内容应该是：着重整改；开展辩论；同时还有反右派的任务。必须以反对“三大主义”（整改）为贯穿第三阶段的中心任务，抓紧进行。整改的具体内容，各机关必须根据本单位的具体情况，从实际出发，抓紧解决本单位迫切需要解决的几个主要问题。对整风第三阶段的领导方法，要注意下列几个问题：解除群众顾虑；加强对大鸣大放的领导；在群众大鸣大放的基础上组织群众大争大辩；整风是处理人民内部的矛盾问题，因此必须坚持既严肃认真又和风细雨的整风方法，一般不应采取大会斗争的形式。对右派分子的处理问题，要求各单位按照区别对待的方针，对已经斗争结束的右派分子进行排队，找出各种类型的“标兵”，并在适当时机，提交群众讨论，通过群众提出处理意见和建议。在整风第三阶段，领导应组织有关大是大非问题的辩论，但时间不宜占用过多，整个第三阶段整风应把整改放在主要地位，成为整风第三阶段的主要工作。根据中央三中全会的指示，要求中央国家机关各院、部、会（局），从他们本单位的实际情况出发；掌握整风与业务两不误的原则，适当安排业务工作，拟订出本单位第三阶段的整风计划。整风第三阶段的时间，大体需要3个月左右，各单位将根据他们的实际情况，适当延长或缩短。整改是整风运动的全部过程的一个重要阶段，必须加强领导，强调党组书记亲自动手，具体深入的领导，不能有任何松劲思想。此外，还应充实与加强整风办公室的人员和工作。

11 月 10 日

［纲　文］　**水利部和农业部联合发出《关于积极开展冬灌及储水保水工作的通知》。**

［目　文］　《通知》说，冬灌是保证小麦增产和明春适时播种的有效措施。本年秋季以来，全国大部分地区雨量稀少，普遍出现干旱现象，受旱的面积很大。《通知》要求

① 根据中央档案馆馆藏档案编写。

各级水利、农业部门应该把冬灌及蓄水保水工作，作为农业生产的一项重要措施，加强领导，及早安排。北方各省冬小麦底墒不足的，要普遍进行冬灌，对冬闲地的储水灌溉，要争取在小麦春灌用水以前一律浇完；南方各省应该修沟培土，做好田间排水工程，使麦田免受积水为害。通知说，在抗旱种麦的基础上，要继续把一切可能利用的水源都利用起来，争取多浇。在进行冬灌时还要做到日夜轮浇，以提高用水效率。所有灌区的管理机构和农业技术推广站，应该把冬灌工作的技术指导列为重要任务，根据各地气温及土壤含水情况，加强对灌水时间和灌水量的具体指导，防止由于灌溉不当而影响小麦正常生长。冬灌必须与农业耕作技术密切结合。《通知》还要求南方地区的塘坝、小水库等蓄水工程，应该结合冬春修进行一次全面检查。整修补漏，健全养护制度，专人负责，及时做好蓄水保水工作，以保证稻田用水。

11 月 10—11 日

［纲　文］　**铁道部在北京召开铁路管理局长会议**。

［目　文］　根据中共八届三中全会的精神和勤俭建国、勤俭办企业的方针，结合铁路实际情况和特点，会议集中讨论了改进铁路管理的体制问题。根据会议讨论的结果，铁道部于 12 月 14 日发出《关于改进铁路体制工作的决定》。《决定》指出，一、自 1958 年 1 月 1 日起撤销铁路分局一级组织机构。一切调度工作，原则上全部集中到管理局，对完全集中到管理局确有困难的，可暂时保留调度所；在主要政治、经济地区或铁路主要枢纽，可设办事处；撤销现有列车段，成立车务段，负责领导列车工作和二等站以下各站的日常行政事务工作；特一等站直接由管理局领导；铁路分局撤销以后，公安分处可改设公安段。二、由于撤销分局，必须相应地解决运输指挥与管理上的不便的问题，以减轻某些管理局的过重负担。为此，在撤销分局的同时，适当调整各局现行管界，并于 1958 年 1 月 1 日起成立牡丹江、南昌两个铁路管理局。三、精减管理局的现行机构和人员。各管理局机关包括撤销分局，应按行政管理人员的定员精减 30%—50%。

11 月 10—27 日

［纲　文］　**林业部召开全国林业厅(局)长座谈会,讨论林业建设长远规划和林业体制问题**。

11 月 10 日

［纲　文］　**中国人民银行召开全国信用社工作会议,提出长期办社、民主办社和勤俭办社的方针**。

11 月 10 日

［纲　文］　**铁道部撤销大桥设计事务所、工厂设计事务所、定型设计事务所、航空勘察事务所、电务设计事务所,合并组成铁路专业设计院,院址在北京**。

11 月 10 日

［纲　文］　**中国作协同日本文学代表团发表联合声明**。

［目　文］　声明称：中国和日本两国的文学工作者，在此第二次日本文学代表团访

问中国期间能够聚首欢谈，就两国文化上各种问题交换意见，深感愉快。中日两国文化，不仅有悠久的历史关系，而且由于相互间的密切联系，才获得了今天的繁荣，目前特殊的政治形势，更使我们深切地感觉有加强文化交流的必要。在日本文学代表团访问中国期间，两国文学工作者对于为了促进两国文化的发展必须进一步加强文学工作者与作品的交流，取得了完全一致的意见，并愿意尽一切力量促其实现。

11月11—15日

［纲　文］　**卫生部在北京召开爱国卫生运动经验研究会议。**

［目　文］　为进一步大规模开展以除“四害”为中心内容的爱国卫生运动做准备，卫生部召开经验研究会议，总结几年来爱国卫生运动及除“四害”的典型经验。出席会议的有来自北京、上海、广东、江苏等15个省、市的34个基层爱国卫生典型单位的45位代表，中央有关各部门的代表42人应邀参会。卫生部副部长徐运北在会议开始时作了简短的报告。北京市、广东歧乐乡、九江市等典型单位作了经验介绍。各地的先进经验是：紧密结合生产，积极培养骨干，充分发动群众，建立必要制度。会议要求到会各单位，在进一步做好总结的同时，还必须积极地带动群众立即开展冬季卫生工作，并制定出在今后较长时间内经常坚持开展爱国卫生运动的规划。

11月11日

［纲　文］　**《人民日报》发表题为《要在农村中安家立业》的社论。**

［目　文］　社论指出，本年全国有300万左右城乡中小学毕业生参加了农业生产。这些学生下乡以后，在短短几个月的生产劳动当中，大多数表现很好。但是，也有一部分学生思想上动荡不安。因此，如何加强对本年参加生产的学生的思想政治教育，如何巩固他们参加生产的信心，并且在生产中发挥他们的作用，是值得各地注意的事情。中国普通教育的任务主要是培养有社会主义觉悟的有文化的劳动者，其次才是为培养专门人才打基础。中小学毕业生能升学的只是一小部分人，其余的应当参加生产劳动。这是国家对于不能升学的学生的一条根本方针，也是建设社会主义的农村所必需的。党和共青团的组织尤其是乡社基层组织，应当经常地对这些参加生产的毕业生进行社会主义思想教育，围绕着“热爱祖国、热爱农村、热爱劳动和爱社如家”这个中心去进行。帮助知识青年学会掌握农业生产本领，及时解决他们生活中的问题，也是使他们安心农业生产的重要措施。我们既要继续动员更多的中小学毕业生下乡和上山去，同时又要巩固已经到农村中的人的劳动热情，使他们扎下根来，并且成为在农村生产建设和科学文化事业中一支积极的力量。

11月11日

［纲　文］　**京汉、粤汉两条铁路联通，改名为（北）京广（州）铁路。**

11月11日

［纲　文］　**《光明日报》社务委员会邀请各民主党派中央负责人举行会议。**

［目　文］　会议一致决议：撤销章伯钧的《光明日报》社社长职务和储安平的《光

明日报》总编辑职务。会议决定任命杨明轩为《光明日报》社社长，陈此生为副社长兼总编辑，穆欣、高天为副总编辑。

11 月 11 日

［纲　文］　**中央人民广播电台壮语节目开始播音。**

11 月 12 日

［纲　文］　**中国人民银行总行发出《关于发行金属分币的指示》。**

［目　文］　《指示》指出，在物价长期稳定、商品交易日益扩大的情况下，为了便利流通，决定发行金属分币（简称硬币），逐步代替纸分币。为做好发行硬币工作，各行应注意以下几点：一、硬币的发行办法，主要是通过商业、公用事业等单位找零和银行付款（各单位发薪和存款零数等）逐步发出。不专门办理兑换，除残破纸分币和商品交易等找零需要分币，可以兑换分币外，一般不予兑换。二、因硬币数量在一定时期内，还不能完全满足需要，故发行的步骤采取逐步与群众见面的原则。即各行在硬币分配、调拨上对城市和纸分币少的地区，可以多给一些，但要考虑各地分币流通量，不能分配过多，超过流通需要，对乡村和纸分币多的地区，可以少给一些，在纸分币多的地区和 11 月底硬币运送不到的偏僻地区，可以暂不发行。硬币发行初期需要付分币时，可以尽先付硬币，但如果估计库存硬币不充分，即应同时搭配纸分币付出（现各地保存的硬币，已发现少数氧化，各行付款时，发现有氧化的硬币，应按挑剔标准剔出）。由于硬币每月生产数量很少，现分配给各分行的硬币，在短时间内不能进行调剂，故各分行应注意掌握辖内纸分币库存情况，进行调剂，以保证供应市场需要。三、各行应与有关部门配合，根据宣传要点和各地具体情况做好宣传工作。各分行须在国务院公布发行硬币命令的第二天在地方报纸上刊登“中国人民银行通告”，中支和县（市）支行所在地是否出通告，由各分行规定。四、防假工作。制造硬币的铝，虽是国家统一分配的物资，但是居民的铝制日用品，还是不少的，且居民亦常有铝质废品出售。铝制日用品与废品价格大大低于硬币币值，如以假造硬币，可获利数倍，为此发行硬币后，应注意防止少数坏分子和反革命分子伪造硬币图利或在国外伪造硬币私运入境进行破坏，各行应配合公安、司法部门和海关、边防部队加强这方面的发现工作。五、硬币发行后，回笼的纸分币，仍须按照规定进行整点封装，将确实不能流通的残破券剔出，按规定手续呈请销毁。完整券整点后，与硬币分别保管，以便继续使用。发行基金保管簿，硬币与纸分币应分别立户记载，不得混淆。六、发行硬币正值旺季，虽不组织专门兑换，但由于货币种类增加和整点不熟悉的原因，出纳任务是比较繁重的，各行应根据具体情况，抽调力量支援出纳工作。七、为了解发行硬币工作情况，在本年 12 月、1958 年 1 月，每月月底各分行应将工作部署情况、全辖硬币发行、纸分币库存（完整券）、市场分币变化、各方面反映和存在的问题等，向总行作书面汇报。在 1958 年 2 月底将发行硬币工作作一全面总结，于 3 月底前报告总行，总结内容除包括上述汇报内容外，应对全辖分币流通和库存情况进行研究。

11月12日

［纲　文］　**中央监察委就湖北省建始县三级干部整风会议上对县监察委提出批评意见发出通报。**

［目　文］　通报肯定了湖北省建始县三级干部整风会议对县监察委提出的批评意见，指出，建始县1957年8月2日召开的“三干”会议，采取了大鸣大放的方法，揭发批判了县委官僚主义、主观主义等缺点和错误。同时也对党的监察工作和监察干部的官僚主义、主观主义和宗派主义的工作作风提出了尖锐的批评。他们批评县监委执行纪律上有两种纪律，只监察小干部，不监察大干部；只监察农村党员，不监察机关党员；对一般党员处分严，对负责干部处分宽。还批评县监委检查处理案件上有拖拉作风和不实事求是的现象，对某些监察干部骄傲自满、官僚主义、强迫命令等作风也提出批评。这些批评有很多是正确的，甚为可贵，对党的监察工作帮助很大，希望各级监察机构，吸取这一经验，经常请党委、党代表会，干部会对党的监察工作给予批评和指导。

11月12日

［纲　文］　**周恩来接见越南海宁省民族代表赴华参观团。**

［目　文］　周恩来就华侨的双重国籍问题阐明中国的态度，委托越方说服海宁的6万多华族和越南其他地区的华族留在越南。主张凡有越南公民权的，就不能再是华侨；尚未取得公民权的，如果他愿意取得，我们也赞成；如是华侨，就不是所在国的公民。至于坚决不愿做那里的公民，愿意做华侨的，那么他就要遵守那里的法律。中共和各民主党派也不在华侨中发展组织。

11月13日

［纲　文］　**《人民日报》发表题为《发动全民，讨论四十条纲要，掀起农业生产的新高潮》的社论。**

［目　文］　社论说，1956年公布全国农业发展纲要草案以后，曾经鼓舞起广大农民的生产热情，造成了全国农业生产高潮，但是，有些人却把这种跃进看成了“冒进”，他们害了右倾保守的毛病，像蜗牛一样爬行得很慢，不了解在农业合作化以后，我们就有条件也有必要在生产战线上来一个大的跃进。这是符合客观规律的。1956年的成绩充分反映了这种跃进式发展的正确性。有右倾保守思想的人，因为不懂得这个道理，不了解合作化以后农民群众的伟大的创造性，所以他们认为农业发展纲要草案是“冒进”了。他们把正确的跃进看成了“冒进”。社论号召批判右倾保守思想，在生产建设战线上“来一个大跃进”。

11月13日

［纲　文］　**国务院召开常务会议。**

［目　文］　会议由周恩来主持，主要内容是：一、会议原则通过《中共中央、国务院关于坚决制止农村人口盲目外流的联合指示》。二、审议《卫生部关于高等医药学院学

制和领导体制问题的报告》，并决定，可以将有条件的高等医学院（3—4 个学校）的学制改为六年制。三、审议关于卫生工作的规划和卫生运动问题。决议：（一）卫生工作规划和医务人员下放问题，应结合国务院二办对培养工农干部的规划作统一的研究。（二）全国范围内开展除“四害”卫生运动，应在 1957 年冬加紧准备工作，由卫生部起草指示。（三）爱国卫生运动委员会主任林枫因病休养，决定暂由张际春代理主任。四、通过《国务院关于卫生监督工作的规定》。各级卫生行政部门根据有关卫生标准、规定、章则对城市规划和基本建设进行预防性卫生监督；对厂矿、交通运输企业、建筑企业、饮食品企业、医药企业、公用事业（给水、排水等）、公共场所、机关、学校和住宅等进行经常性卫生监督。参加城市规划和基本建设的地址选择、设计审查工作，并参与基本建设的验收工作。五、通过《国务院关于加强处理人民来信和接待人民来访工作的指示》和《国务院关于 1957 年度征兵的命令》，提交国务院全体会议讨论。六、审议关于集美侨属子女学校基建经费问题。原则上同意拨给集美学校一部分基建经费，由福建省人民委员会同陈嘉庚商量拨给。七、同意发行硬分币和拾元券。发行硬分币的命令，提交国务院全体会议讨论。

11 月 13 日

［纲　文］　**国务院批转《中国人民银行关于调整现行贷款利率的报告》。**

［目　文］　国务院批文同意此《报告》。

10 月 30 日，中国人民银行向国务院提交《报告》的主要内容如下：一、关于国营企业的贷款利率。工商企业的贷款利率应当统一起来。统一的办法是把工业贷款利率提高到商业贷款利率的水平，就是国营商业贷款利率按月息 6 厘不变，国营工业（包括地方国营工业）贷款利率从现行的月息 4.8 厘提高到月息 6 厘。将贷款利率作这样的调整，对于节约使用流动资金所能起的作用是有限的。为了推动用款部门精打细算，注意流动资金的管理和使用，除了调整利率以外，还打算进一步采用银行参加定额贷款的办法，将企业需要的定额流动资金从全部由财政拨给不收利息的办法，改为 70% 仍然由财政拨给，不收利息，30% 由银行贷给，照章收取利息。二、关于农业贷款的利率。国家为了大力支持农业生产，巩固农业合作化，对农业的贷款仍然继续贯彻执行低利扶持的方针。因此，农贷的利率不作改变。对国营农场和农业、牧业、渔业生产合作社的贷款利率，仍照月息 4.8 厘不变；对农业生产合作社社员及个体农民的贷款利率，仍照月息 7.2 厘不变；贫农合作基金贷款利率仍照月息 4 厘不变。三、关于手工业生产合作社的贷款利率。手工业生产合作社受国家优待较多，积累较快，而且手工业生产合作社的流动资金当中贷款所占的比重也不大。手工业生产合作社的贷款利率，也应当同国营工业的贷款利率一样，一律由月息 4.8 厘调整为 6 厘。至于手工业生产联社、供销生产社和生产小组的贷款利息，仍然照月息 6 厘不变。四、关于信用社转存银行和银行对信用社的贷款利率，仍然按照存款利率同贷款利率一致的原则，即月息 5.1 厘计息。有些地区的信用社，由于经济条件较好，经常有很多定期存款，定期存款利息高，因此，他们转存银行按利率 5.1 厘计算，有时要亏本。对这类信用社，可以允许他们根据资金力量，向银行储存1年以上的定期存款，按月息6.6厘计息。如果这些信用社有时资金周转不灵，可以提前从银行支取定期存款。但是不到1年的定期存款仍按月息5.1厘计息。在银行有定期存款的信用社，即不能再向银行贷款。五、关于合营企业的贷款利率。1955年10月规定的合营工业贷款利率月息6.9厘，合营商业贷款利率月息8.1厘，现在将已经实行定股定息的合营工商业贷款利率，视同国营工商业，按月息6厘计息；未实行定股定息的合营工商业，按月息7.2厘计息。城乡个体劳动者、独立的小商贩的贷款利率也都按原定的月息7.2厘不变。新利率实行的时间，建议从1958年1月1日开始执行。

11月13—18日

［纲　文］　**中国人民哀悼捷克斯洛伐克总统安托宁·萨波托斯基逝世**。

［目　文］　13日，捷共中央政治局委员、共和国总统安托宁·萨波托斯基逝世。全国人大常委会、国务院、中共中央委员会致电捷克斯洛伐克国民议会主席团、政府、捷共中央委员会，哀悼安托宁·萨波托斯基总统逝世。朱德、刘少奇、周恩来等前往捷克斯洛伐克驻中国大使馆吊唁，面请捷克斯洛伐克驻中国大使布希尼亚克转达中国人民、中国政府和中国共产党对安托宁·萨波托斯基总统的沉痛悼念。14日，毛泽东前往捷克斯洛伐克驻苏联大使馆吊唁，随同前往吊唁的有中国代表团团员宋庆龄、邓小平、彭德怀等。15日，中共中央、全国人大常委会、国务院决定派中国政府代表团参加葬礼，团长李先念，团员赛福鼎、曹瑛。18日，萨波托斯基总统殡葬日，全国各省、自治区、直辖市人民委员会和各市人民委员会所在地的机关、部队、工厂、矿山、企业、学校和人民团体一律下半旗一日致哀。

11月13日

［纲　文］　**朱德接见苏联《新时代》杂志副总编别列什柯夫**。

［目　文］　朱德谈到中国民主革命的历史时说，中国民主革命的时间很长，从1921年到1949年，经过了很长时间的革命战争。第一次国内革命战争是国共合作，以后的几次革命战争是中国共产党独立领导的。在中国共产党的坚强领导下，创立了自己的军队。由于这个军队历来就受党的领导，有党委，有政委，做群众工作，走群众路线，同群众血肉相联，所以才取得了胜利。在几次革命战争中，党依靠军队作战，军队依靠党的领导。另外，我们在民主革命中还实行了统一战线的政策，团结全国大多数人民，共同反对帝国主义和封建主义，这也是取得民主革命胜利的一个重要原因。在谈到中国的社会主义革命问题时说，由于中国民主革命的彻底胜利，使我们有可能团结进步力量，和平地改造民族资产阶级。我们和苏联的基本原则是一样的，就是彻底消灭剥削制度，但具体做法不同。由于中国的民族资产阶级很同情革命，所以我们采取赎买的方法，将他们的资产收归国有，他们一点也没有遭受损失。对手工业者和农民，是用组织生产合作社的方式把他们组织起来进行生产，在这方面是成功的。

11 月 13 日

［纲 文］ **周恩来致信程砚秋。**

［目 文］ 周恩来作为程砚秋的入党介绍人，把在程砚秋入党志愿书上写的一段意见，抄录给他：程砚秋同志在旧社会经过个人的奋斗，在艺术上获得相当高的成就，在政治上坚持民族气节，这都是难能可贵的。解放后，他接受党的领导，努力为人民服务，政治上积极要求进步，这就具备了入党的基本条件。他的入党申请，如得到党组织批准，今后对他的要求，就应该更加严格。我曾经对他说，在他被批准为预备党员期间，他应该努力学习，积极参加集体生活，力图与劳动群众相结合，好继续克服个人主义思想作风，并且热心传授和推广自己艺术上的成就，以便提高自己的阶级觉悟，发扬为劳动人民服务的精神。

11 月 13 日—12 月 28 日

［纲 文］ **南斯拉夫伯朗柯·克里斯曼诺维奇歌舞团来中国演出。**

［目 文］ 这是继 1955 年南斯拉夫“科罗”民间歌舞团之后，来中国访问的南斯拉夫第二个规模比较大的歌舞团，全团共 43 人。16 日晚，歌舞团在北京大学首次演出，观看演出的，除北京北郊八大高等学校的学生外，还有北京其他 30 多个大中学校的学生代表和各国在北京的留学生。11 月 28 日晚，歌舞团在南斯拉夫驻中国大使波波维奇举行的庆祝南斯拉夫国庆 12 周年歌舞晚会演出，周恩来、贺龙、陈毅等应邀出席并接见了歌舞团负责人。访问期间，歌舞团先后在北京、长春、吉林、武汉、南昌、上海等 8 个城市演出了 20 场，观众近 4 万人。

11 月 13 日

［纲 文］ **“一五”计划期间，内蒙古自治区草原上最长的一条有线电讯线路建成。**

［目 文］ 该线建在锡林郭勒草原上，从集二铁路的赛汉塔拉起，到锡林浩特止，全长 367 公里，于本年 9 月动工兴建。至此，自治区内 86% 以上的旗县都通了电话，79 个旗县通了电报。

11 月 14—16 日

［纲 文］ **中国代表团出席在莫斯科举行的社会主义国家共产党和工人党代表会议。**

［目 文］ 参加会议的有阿尔巴尼亚、保加利亚、匈牙利等 12 个国家的共产党和工人党代表。

会议着重讨论了国际局势与争取和平和社会主义的斗争中的迫切问题，各国党之间的关系问题，以及国际共产主义运动中的共同问题。会议一致通过《社会主义国家共产党和工人党代表会议宣言》(《莫斯科宣言》)，《宣言》指出：根据当前条件在苏共第二十次代表大会的决议中得到了进一步发展的关于两种制度和平共处的列宁主义原则，是社会主义国家对外政策的不可动摇的基础，是各国人民之间和平友好的可靠基础。中国和印度共同提出的五项原则，以及亚非国家万隆会议所通过的各项原则，是符合于和平共处的利益的。各国共产党认为争取和平的斗争是自己的首要任务。它们将同一切爱好和平的力量在一起，竭尽全力来防止战争。加强各社会主义国家、各国共产党和工人党之间的团结和合作，加强国际工人运动、民族解放运动和民主运动的团结，具有特别重大的意义。参加会议的共产党和工人党肯定了它们在社会主义革命和社会主义建设的根本问题上的意见是一致的。苏联和其他社会主义国家的经验，完全证明了马克思列宁主义理论的下述原理的正确性：社会主义革命和社会主义建设的过程，遵循着普遍适用于各个走上社会主义道路的国家的一些主要规律。在现阶段中，加强反对工人运动和共产主义运动中的各种机会主义流派的斗争，具有重大的意义。会议强调指出，必须在共产党和工人党的队伍中坚决克服修正主义和教条主义。会议参加者声明，他们支持任何国家、政党、团体、运动和个人维护和平、反对战争的一切努力，支持他们争取实现和平共处、建立欧洲和亚洲的集体安全、裁减军备、禁止使用和试验核武器的一切努力。参加会议的各国共产党和工人党声明，为了社会主义各国大家庭的进一步团结的利益，为了国际工人运动以及和平和社会主义事业的利益，它们将始终不渝地加强彼此间的团结和同志式的合作。会议参加者交换意见以后，得出了结论，认为在现代条件下，除了举行领导人员的双边会谈和相互交换情况以外，在必要的时候还应该举行更广泛的共产党和工人党的会议，以便讨论迫切的问题，交流经验，了解彼此的观点和立场，协议为和平、民主和社会主义的共同目的而进行的共同斗争。会议参加者一致表示坚定的信念，相信各国共产党和工人党通过自己的团结和在这个基础上的各国工人阶级和各国人民的团结，一定能够战胜前进道路上的一切障碍，促进和平、民主、社会主义事业在世界范围内取得新的伟大胜利。

▲ 毛泽东主席（左一）在莫斯科会见阿尔巴尼亚劳动党中央委员会第一书记霍查（右一）

14日、16日，毛泽东发表讲话。14日，他重点谈了“以苏联为首”的问题。他说，第一，现在承认以苏联为首有必要，承认以苏联共产党为会议召集人有必要；第二，这在现在没有害处了。16日，毛泽东针对大会通过的宣言指出，我认为我们的宣言是好的。我们用了一个很好的方法达到目的，这就是协商的方法。坚持了原则性，又有灵活性，是原则性、灵活性的统一。这么一种进行协商的气氛现在形成了。这个宣言是正确的。它没有修正主义或者机会主义的因素。

毛泽东代表中国共产党在《社会主义国家共产党和工人党代表会议宣言》上签字。前排右起：毛泽东、邓小平、郭沫若、胡乔木、杨尚昆。

11月14日

［纲　文］　**一届全国人大常委会举行第八十四次会议。**

［目　文］　会议原则批准《国务院关于改进工业管理体制的规定》、《国务院关于改进商业管理体制的规定》和《国务院关于改进财政管理体制的规定》。会议讨论了周恩来提出的《关于提请修改省、直辖市人民代表大会每年举行会议次数的议案》，《议案》说，地方各级人民代表大会和地方各级人民委员会组织法第十条规定关于省、直辖市人民代表大会会议每年举行两次，交通不便的省可以每年举行一次。最近两年，不少省人民委员会反映，由于省、直辖市人民代表大会会议的主要议题如经济建设、文化建设、重大政治运动、地方预算和决算等，有的本来就是年度性质的，有的一经规划之后，即按计划进行，在半年时间以内，很难找出一个明显的反映全面结果的段落作为议程，提到本级人民代表大会会议讨论和决定。又由于多数省的地区辽阔，代表参加会议旅途较长，费时较久；加以省人民代表大会代表很多是县、市的负责同志或者是各个生产战线上的先进分子，他们的工作和生产十分繁忙，到省开会次数多了，会使他们所负任务的完成受到一定的影响。鉴于上述情况，地方各级人民代表大会和地方各级人民委员会组织法第十条关于省、直辖市人民代表大会会议每年举行两次的规定，建议改为每年举行一次，在提请全国人民代表大会对地方各级人民代表大会和地方各级人民委员会组织法进行修改以前，提请全国人民代表大会常务委员会先予批准，以便各省、直辖市遵照执行。会议根据周恩来提出的建议，决定省、直辖市人民代表大会会议可以每年举行一次。

11月18日，《人民日报》发表题为《改进工业、商业和财政的管理体制》的社论。社论指出，这三个规定的总的精神，是把一部分工业管理、商业管理和财政管理的权力，下放给地方行政机关和厂矿企业单位，以便进一步发挥地方的、企业的主动性和积极性，因地制宜地完成国家的统一计划。权力下放，是事情的一个方面；事情的另一个方面，也可以说是更重要的一个方面是责任下放。权力和责任总是联系在一起的。工业管理、商业管理和财政管理的体制改进后，地方行政机关的权力扩大了，厂矿企业主管人员的权力也扩大了，但同时应当看到，地方行政机关和厂矿企业主管人员由于管理体制的改进，所负的责任也加重了。同时，还应当看到在职权下放的同时，必须更加加强综合平衡的工作。

11月14日

［纲　文］　**国务院发出《关于国家机关和事业、企业单位1957年职工冬季宿舍取暖补贴的补充通知》**。

［目　文］　据黑龙江、辽宁、内蒙古等地反映，在乡村（镇）的国家机关、学校、事业单位和商业、金融、合作社等单位一律不发给宿舍取暖补贴，执行确有困难，要求修改。因此对1957年职工冬季宿舍取暖补贴，补充通知如下：一、甲类地区在农村（镇）的国家机关、事业和企业单位的职工，可以一律发给宿舍取暖补贴。二、宿舍取暖补贴的数额，仍旧按照职工本人工资标准的4%计算。宿舍取暖补贴的最低额不得超过1956年各省、自治区、直辖市人民委员会的规定，1956年规定的最低额有些偏高的，应该适当降低，在农村（镇）工作的职工宿舍取暖补贴的最低额，一般应该低于同一地区城市的宿舍取暖补贴最低额的25%左右。三、某些部门原发煤贴的，一律不发给宿舍取暖补贴。四、乙类地区的省辖市（包括专署代管市）、工矿区的国家机关、事业和企业单位的职工以及铁路的职工，可以发给宿舍取暖补贴。县城和农村（镇）的国家机关，事业和企业单位的职工，不发给宿舍取暖补贴，但是，对某些县城确有困难需要适当照顾的，可以在1957年已经核准的宿舍取暖补贴的款项中，自行调剂解决。五、有宿舍取暖补贴地区的省、自治区、直辖市人民委员会可以根据本通知的原则结合本地区的具体情况制定宿舍取暖补贴的实施办法。铁道部可以根据铁路系统的特点，在征求各有关省、自治区、直辖市人民委员会的意见后，自行制定宿舍取暖补贴的实施办法。

11月14日

［纲　文］　**国务院发出《关于建筑安装企业工人、职员在冬季非施工期间的工资待遇的规定》**。

［目　文］　《规定》全文如下：一、工人、职员继续工作者，工资照发。二、冬季既不进行施工，又不能临时调做其他工作的固定工人和职员，参加企业行政组织的学习的时候，按照本人计时工资标准75%发给津贴；企业行政不组织学习或者工人、职员不参加学习的时候，按照本人计时工资标准40%发给津贴，家在城市生活确有困难的，可以酌予提高，但是发给津贴的最高额不得超过本人计时工资标准的50%。三、有地区津贴和生活补贴的地区，工人、职员参加企业行政组织的学习的时候，其地区津贴和生活补贴都按照津贴、补贴标准的75%发给；企业行政不组织学习或者工人、职员不参加学习的时候，其地区津贴和生活补贴，按照津贴、补贴标准的40%发给。工人、职员不论参加学习与否，原有的建筑施工津贴、工地津贴一律停发。以上三项规定同样适用于学徒；但是学徒不参加学习的时候，按照本人工资标准50%发给津贴。四、各省、自治区、直辖市人民委员会

认为某些建筑安装企业执行以上津贴标准有困难或者不适当的时候，可以根据具体情况，规定较低的标准，发布实行，并报国务院备案和抄送劳动部。五、本规定自发布之日起实行。凡过去有关规定与本规定有抵触的，都按照本规定办理。

11月14日

［纲　文］　**周恩来接见联邦德国《南德日报》记者凯普斯基**。

［目　文］　周恩来阐明反对“两个中国”的立场，希望德国人民从两次战争中取得教训，和中国一起为世界和平而奋斗。周恩来还说明中国同苏联、东欧国家都是互相帮助的关系，社会主义国家的共同信念就是搞好自己的事情，中国绝不像西方国家宣传所说，要向外扩张，中国的制度和人民都不允许我们这样做。

11月14日

［纲　文］　**中美两国大使在日内瓦国联大厦举行第七十二次会谈**。

11月14—25日

［纲　文］　**1957年全国篮球甲级队联赛在广州举行**。

［目　文］　全国有12个男子甲级篮球队和11个女子甲级篮球队参加比赛。比赛采取单循环制竞赛办法进行。14—17日，这些男女篮球队将各分三个组分别举行预赛。然后取各组的前两名，从18日开始举行决赛，分别争夺男子组和女子组的前六名名次。各组的第三和第四名将另分一组进行决赛，分别男子组和女子组第七至第十二名的名次。联赛共举行了88场比赛，男子组“八一”红队获得第一名，第二名是北京队；女子组北京队获得第一名，第二名是“八一”队。由全国各地的篮球指导、裁判员和运动员组成的20多个参观团，观摩了这次的联赛。

11月15日

［纲　文］　**国务院召开第六十二次全体会议**。

［目　文］　会议由周恩来主持，主要内容有：一、批准《监察部关于监察机关体制改进方案》。此件于11月22日发出。二、通过《国务院关于1958年基层选举工作若干问题的决定》。因涉及宪法第五十七条的解释问题，改写后，提请全国人大常委会审议。全国人大常委会第八十六次会议于11月29日决定，1958年县、市、市辖区、乡、民族乡、镇人民代表大会的选举，必须在1958年5月31日以前完成；直辖市人民代表大会代表的选举，必须在1958年6月15日以前完成。三、通过《国务院关于处理地方各级行政区域变更事项的规定》。因涉及宪法第二十七条的解释问题，修改后，提请全国人大常委会审议。四、通过《国务院关于1957年度征兵的命令》，内部下达。《命令》说，1957年度征兵35万人，在年满18岁的男性公民中征集，如完成任务有困难，可征19岁的男公民。在校学生缓征，独生子或家中唯一劳动力不征。征集时应严格审查，保证新兵政治纯洁。五、通过《国务院关于发行金属分币的命令》。此件于11月19日公布。六、通过《国务院关于加强处理人民来信和接待人民来访工作的指示》，并决议，总理、副总理、秘书长

也要亲自批办一部分群众来信和接见一些来访群众。此件于 11 月 19 日发布。七、原则同意《水利部关于三门峡水利枢纽问题的报告》，修改后发有关各省讨论。由中央有关部门组成一个综合利用小组进行研究。报告说，为了彻底解除黄河下游广大地区的洪水威胁，三门峡水库是必须修建的。同时，为了华北平原的农业生产和黄河中游的工业用电，三门峡水库必须考虑综合利用。但是，三门峡水库的淹没损失也的确是巨大的，在中国人多地少垦荒困难的情况下，也必须考虑尽量减少淹没损失和移民的困难。本此原则，建议大坝按正常高水位 360 米设计，按正常高水位 350 米建成。水库运用的基本方案是逐步抬高设计水位，这样，不但可以减少移民困难，而且可以改善水库的淤积状况，将泥沙尽量淤到死库容里。为了适当地增大下泄流量和适当地增加排沙量，大坝应增设泄水底孔。在技术设计中，应当进一步研究水库蓄水后水库尾端回水淹没（包括淤积引起的影响）及地下水浸润对上游的影响，特别是对西安和咸阳的影响。建议各有关省区早日制定水土保持十年规划，争取到第五个五年计划期末下游河道基本稳定。三门峡水利枢纽（包括水电站）经费估计 1958—1967 年共 10. 5 亿元，加上相关工程，总计 34. 8 亿元。国务院 11 月 13 日致信陕西、河南、山西、河北、山东、甘肃省人民委员会，要求他们组织讨论水利部的方案，特别要对水库蓄水水位问题，浸润和回水问题，泥沙淤积速度和水土保持速度问题及其他可能受到的影响，提出意见。八、通过《国务院关于公私合营工业和手工业生产合作社所需国家统配部管原材料改用调拨价的规定》，内部下达。规定的主要内容是，自 1958 年 1 月 1 日起，公私合营厂矿和手工业生产合作社所需国家统配和部管原材料，按国家调拨价格供应，上述单位应事先提出计划，由地方统一申请和分配。严格禁止倒卖统配和部管原材料的投机行为。九、会议责成国务院各部、各委员会、各办公室、各直属机构在 11 月 18 日以前，提出本部门下放人员的初步计划报国务院。

11 月 15 日

［纲　文］　**国务院公布《关于改进工业管理体制的规定》和《关于改进商业管理体制的规定》。**

［目　文］　《改进工业管理体制的规定》主要内容是：现行工业管理体制存在着两个主要缺点：一个是地方行政机关对于工业管理中的物资分配、财务管理、人事管理等方面的职权太小。另一个是企业主管人员对于本企业的管理权限太小，这两个主要缺点限制了地方行政机关和企业主管人员在工作方面的主动性和积极性。为此规定：一、适当扩大省、自治区、直辖市管理工业的权限。（一）调整现有企业的隶属关系，把目前由中央直接管理的一部分企业，下放给省、自治区、直辖市领导，作为地方企业。一切仍归中央各部管辖的企业，都实行以中央各部为主的中央和地方的双重领导，加强地方对中央各部所属企业的领导和监督。（二）增加各省、自治区、直辖市人民委员会在物资分配方面的权限，在保证完成国家计划的条件下，有权进行数量、品种和使用时间方面的调剂。省、自治区、直辖市管理的企业所生产的统配物资和部管物资，如果产量超过了国家计划，当地政府可以按照一定比例提成，中央各部所属企业的超过计划的产品，地方政府也可以按照

中央批准的比例分成。（三）原来属于中央各部管理现在下放给地方政府管理的企业，全部利润的20%归地方所得，80%归中央所得。（四）在人事管理方面，凡是下放给地方政府管理的企业，都按照地方企业办理。二、适当扩大企业主管人员对企业内部的管理权限。原由国务院规定的12个指令性的指标减为四个：主要产品产量、职工总数、工资总额、利润。企业的利润，由国家和企业实行全额分成。各省、自治区、直辖市的工业管理部门也可以在它直属企业（包括中央下放企业）所得的利润分成中，抽出一部分，作为当地各企业间调剂之用。改进企业的人事管理制度，除企业主管负责人员、主要技术人员以外，其他一切职工均由企业负责管理。

《改进商业管理体制的规定》主要内容是：一、地方商业机构的设置，由各省、自治区、直辖市根据地方的具体情况决定。地方商业行政机构和企业管理机构，原则上实行合并。二、中央各商业部门设在生产集中的城市或者口岸的采购供应站，实行以中央各商业部门领导为主、地方领导为辅的双重领导。三、中央各商业部门所属加工企业，除了某些大型企业，地方认为管理有困难的以外，其余全部移交给地方。四、商业计划指标，国务院每年只颁发四个：收购计划、销售计划、职工总数、利润指标。同时允许地方在收购计划和销售计划总额的执行中，有5%上下的机动幅度。五、中央各商业部门的企业利润，实行与地方全额分成。六、商品价格管理的分工。农副产品方面，凡属于计划收购和统一收购的物资的收购、销售价格，由中央各商业部门统一规定；工业品方面，国家经委统一调拨的物资的收购价，或各工业部门所管的统一分配的物资的收购价，都按照国家规定的调拨价格办理。次要市场和次要商品由省、自治区、直辖市根据中央各商业部门规定的订价原则自行订价。中央和地方设立统一的各级物价管理机构，中央每年制定全年的物价水平。七、实行外汇分成。

11月15日

［纲　文］　**中国人民解放军总政治部制发《对国民党军队宣传的基本口号》。**

［目　文］　总政治部根据中央提出的争取用和平方式解放台湾的政策重新拟制了对台宣传基本口号，作为部队对国民党军宣传工作的依据。基本口号共14条，强调中国内部的事务由中国人自己来解决；只有热爱祖国和全国人民重新携手团结，实现和平解放台湾和祖国的统一，才是光明前途；爱国一家、爱国不分先后。呼吁国民党官兵发扬爱国传统，维护民族尊严，摆脱美国控制。

11月15日

［纲　文］　**周恩来在外交部接见各国驻华使节。**

［目　文］　周恩来说，美国为什么要转到制造“两个中国”上来，问题的焦点就是美国要把台湾掌握在它手上，以便在远东制造紧张局势。从日内瓦中美大使级会谈到这次国际红十字大会，都可以看到美国制造“两个中国”的活动。最直接的证明是美国在国际红十字大会上把蒋介石代表带进会场。这种情形我们是绝对不能容许的。中国解放台湾是中国的内政问题，我们在任何时候都不能承认美国霸占台湾这一非法的行为。美国要把台

湾变成它的保护国，我们是绝对不允许的。他指出，应当区别两件事：我们愿意和缓国际紧张局势，这是一件事；但是我们不能接受美国的威胁，承认美国侵占台湾和“保护”台湾，这是另一件事。我们愿意在此声明：任何国际组织、国际会议、国际活动中，如果出现“两个中国”，即在中华人民共和国之外还有其他“中国”，不论是用“中华民国”、“台湾中国”、“台湾政府”、“台湾当局”或其他的名义出现，我们宁可不参加。参加了就是默认，默许其存在。周恩来说，应当说明：参加国际活动的方法很多，我们不一定要同蒋介石代表坐在一起参加国际活动。我们可以同蒋介石的代表或同蒋介石本人坐在一起会谈，或者是他派人到北京来，或者是我们派人到台北去，那是为了解决国内问题。这是我们国内的事。但是在国际场合中不能出现“两个中国”的情况。致力于和平，我们是决不落人之后的，但如果在国际场合中有蒋介石的代表在，我们就决不参加。周恩来强调，一个国家只能承认有一个政府，我们是遵守这一原则的，我们还是承认美国政府是美国的政府。这是一件事。第二件事，在国际组织、国际会议中支持新中国还是支持蒋介石，也是对新中国友好不友好的问题。我们只要求各位所代表的国家在会议上支持我们，不支持蒋介石，这就是友好。我们不是不跟诸位所代表的政府合作，而是我们不能同蒋介石的代表坐在一起，让“两个中国”出现。对于有些友好国家担心中国同美国搞得太尖锐，能不能和缓些？周恩来给出了回答：我们为和缓紧张局势作了不少努力，但得到的结果却是美国要制造“两个中国”。我们必须明确，在这个问题上，我们不能妥协，不能含糊，也不能默认。

11月15日—12月4日

［纲　文］　**中央军委在上海组织在职高级干部方面军抗登陆战役集训。**

［目　文］　科目是方面军抗登陆战役。总参谋长粟裕担任总导演，陈赓①、甘泗淇担任副总导演。集训期间，参观见学的高级干部达300多人。

11月15—21日

［纲　文］　**中国和苏联在莫斯科举行关于1958年文化合作的会谈。**

［目　文］　这次谈判是为执行1956年7月5日签订的中苏文化合作协定而举行的。参加谈判的中国代表团团长是文化部部长沈雁冰，苏联代表团团长是文化部部长米哈伊洛夫。会谈期间，双方检查了1957年执行计划的执行情况，制订了两国文化合作1958年执行计划。双方一致确认，中苏两国人民之间建立在平等、深厚友谊和互相帮助的基础上的文化联系，几年来得到了特别巨大的发展。双方在拟订1958年执行计划的时候，以进一步全面地发展和加深文化交流的愿望为指导方针。计划包括戏剧、音乐、造型艺术、电影、博物馆和图书馆、新闻出版和广播、教育和卫生保健等方面的合作事项。双方决定大力鼓励有关机关和组织之间以及个别文化教育和卫生保健工作人员之间扩大直接联系。

---

① 陈赓（1903—1961），湖南湘乡人，时任中共中央军委委员、解放军副总参谋长。

11 月 15 日

［纲　文］　**中国第一座用玻璃纺纱织布的工厂——上海斯美玻璃纤维厂正式开工生产。**

11 月 15 日

［纲　文］　**纪念捷克教育家夸美纽斯《教育论著全集》出版300周年大会在北京举行。**

［目　文］　纪念大会由中国人民保卫世界和平委员会、中国人民对外文化协会、中国科学院、教育科学研究所、中国作协五个团体联合举办。中国人民保卫世界和平委员会常务委员、中国人民对外文化协会常务理事张奚若在纪念大会上致开幕词。出席纪念大会的有中国人民对外文化协会会长楚图南、中国人民保卫世界和平委员会常务委员邵力子等800 多人。响应世界和平理事会关于 1957 年纪念世界文化名人的号召，本年 3 月开始，各地报刊发表文章介绍夸美纽斯的生平、教育思想及论著，师范院校组织专题报告，人民教育出版社重新出版夸美纽斯的教育论著《大教学论》。

11 月 16—19 日

［纲　文］　**中国代表团参加在莫斯科召开的64个国家的共产党和工人党代表会议。**

［目　文］　参加这次会议的有澳大利亚、奥地利、阿尔巴尼亚等 64 个国家的共产党和工人党。中共中央主席毛泽东在会上就党内团结问题作了讲话。会议对国际局势中的迫切问题和国际共产主义运动中各个党所关心的问题交换了意见，通过了《和平宣言》。《宣言》分析了当时世界情况和力量的变化，指出战争不是不可避免的，战争是可以防止的，和平是可以保卫住和巩固起来的。和平的力量是巨大的，这种力量能够阻止战争维护和平。共产党人认为自己有责任提醒全世界的人们：可怕的、杀人的战争危险并没有过去，没有比共产党更一贯反对战争，更坚决拥护和平的人了。社会主义不能从外边移植，它应该首先是每个国家的工人阶级和一切进步力量进行斗争的结果。因此社会主义各国完全不想干涉别国内政，但也不允许别国干涉它们的内政。

11 月 25 日，《人民日报》发表社论《伟大的革命宣言》，指出，在莫斯科举行 12 个社会主义国家的共产党和工人党会议、64 个共产党和工人党的代表会议，分别通过了两项宣言，这是世界政治中一个有伟大意义的事件，也是国际共产主义运动历史上一个有伟大意义的事件。

11 月 16 日

［纲　文］　**一届全国人大常委会举行第八十五次会议。**

［目　文］　会议原则批准《国务院关于工人、职员退休处理的暂行规定（草案）》、《国务院关于企业、事业单位和国家机关中普通工和勤杂工的工资待遇的暂行规定（草案）》、《国务院关于国营、公私合营、合作社营、个体经营的企业和事业单位的学徒的学习期限和生活补贴的暂行规定（草案）》和《国务院关于工人、职员回家探亲的假期和工资待遇的暂行规定（草案）》。这些规定，从六亿人口出发，统筹兼顾，适当安排，对劳

动工资和劳保福利中存在的问题进行了调整和改进。其主要内容是：新录用的普通工的工资标准应该相当于当地一般中等农业生产合作社中劳动力较强的农民收入加上城乡生活费用的差额，新录用的勤杂工的工资标准最高不超过国家机关工作人员工资标准表第三十级的标准，纠正了过去这部分人工资待遇偏高，刺激农民纷纷进城的弊病；学徒学习期限为三年，学习期间的生活补贴标准为伙食费加少数零用钱，纠正了过去几年中学徒学习时间过短和待遇偏高的严重缺点，为扩大就业和坚持实行低工资制度打下基础；适当放宽退休条件，调整退休后的待遇，并且规定凡同父母、配偶不住在一起的职工每年给假一次，以便回家探亲，所需往返车船费超过本人月工资的1/2时，由行政方面补助超过部分的1/2，适当改善了职工的劳保待遇。

11 月 16 日

［纲　文］　**国务院召开常务会议。**

［目　文］　会议由周恩来主持，会议主要内容是：一、听取高教部部长杨秀峰关于高教体制问题的口头报告。会议决议，高教部应将现有高等院校的领导关系加以划分：一是由高教部直接领导的，一是归中央主管业务部门领导的，一是交地方领导的。同时，应该将高教部的方针任务、高等学校的职权写出初步方案，征求各省市、各高等院校的意见，于 12 月报国务院。二、审议文化部直属单位下放地方和旁交有关业务部门的报告。决议指出，文化部提出的这个方案，下放的过多了。文化部应该直接管一些典型单位，以便取得经验，提高业务水平。由周扬召集文化部党组、北京市负责同志研究，重新提出方案，报国务院。三、原则同意国家计委党组关于松花江堤防整修及防洪问题的报告，由计委代国务院起草一个决定。批准松花江流域规划委员会以黑龙江省委第一书记欧阳钦为主任，吉林省委第一书记吴德为副主任。四、通过《国务院关于严格管理外国货物经由西藏地区和其他边境流入内地的规定》。规定的主要内容是：经由西藏地区流入内地的外货，一律由国家统一收购，并且照章征收税款；在西藏以外某些还有银元流通的地区，一律禁止银元流通，并且禁止民间银元流往西藏；加强西藏同内地间交通运输的管理；保护和发展西藏与内地之间的合法商业活动；制止外货经由广东、云南、福建和其他边境自由流入内地；加强内地的市场管理和缉私工作；严格处理违法走私行为。五、原则同意《关于召开华侨事务委员会第二届第一次全体会议的报告》。报告说，侨委决定 11 月 21—25 日在北京召开二届一次全体会议。议程除传达周恩来对华侨工作的根本方针的指示和由侨委主任何香凝作《当前国内外侨务工作问题》的报告外，并拟讨论国内侨务五个具体工作方案。六、审议关于参加社会主义国家邮电部长会议问题。决议这个会议应该参加，其任务力求只限于技术性范围，部长会议不必要每年举行一次，必要时可以开区域性的会议。在这个前提下，中国参加作为会员国，否则，中国以观察员的身份参加。

周恩来在会议上就改进外事工作体制问题发言说：我们是个大国，在世界上是有很大影响的，和帝国主义国家少来往是对的，但不能不协作。目前我国对尚未建立外交关系但有民间来往的 60 多个国家，可通过和平友好、文化交流、贸易来往等活动打开局面，不一定要加入联合国，可以通过双边、多边区域性的会议进行活动，这是完全可能的。这种形势要求有一种新的组织形式与之相适应。我们在外交关系上要创造一种新的形式，不通过外交途径也可以做很多工作。

11 月 16 日

［纲　文］　**《人民日报》发表题为《大家都来支援农业》的社论**。

［目　文］　社论指出，发展农业首先需要工业的支援，工业必须为农业生产更多的化肥、农机、药剂、医药用品与生活资料，这是发展农业生产和改善农民生活的一个基本条件。发展农业还要求科学机关、水利部门、气象单位等进行巨大援助。支援农业另一个重要力量是知识分子，从科学、卫生、文化、教育等各战线为发展农业服务。我们还必须改进财贸工作，更好地为农业服务。国家的设计、交通、邮电等部门也要动员起来，给农业以巨大支援。更重要的是还须动员一批干部去农业战线。

11 月 16 日

［纲　文］　**中共中央批转石油工业部《第一个五年基建计划初步总结与第二个五年计划的建议》**。

［目　文］　批文指出：我国执行第一个五年计划的成绩是巨大的，但是因为缺乏大规模建设的经验和业务钻研不够，工作中还有不少错误和缺点，因而产生了一些损失甚至严重的浪费，有些是难以完全避免的，有些是可以避免的。重要的是如何认真总结这些经验，并且据以改进今后工作。中央认为石油部在总结了以往这些经验的基础之上，考虑今后改进的办法，提出第二个五年的技术使用方向和原则来编制计划的做法是完全必要的。只有如此，才能使我们既能有清醒的头脑，又能保持一股劲头来贯彻执行勤俭建国方针，又多、又快、又好、又省地推进我国社会主义的建设事业。中央希望各部、委，各省、市均能认真地总结第一个五年计划的经验教训，并且抓紧第二个五年计划的研究和准备工作。

石油部在 8 月报送的《建议》中说，国家五年中给石油工业投资 19.6 亿元，其中 53% 以上用在地质勘探方面。在 29 万平方公里范围内找到了 2 个新油田，3 个气田，至 1956 年年底获油田可采储量 4625 万吨，每米探井获储量 80 吨，属国际中等水平。现在共有新老油田 6 个，气田 4 个，生产能力约 90 万吨。石油部 5 年上缴利税共计 11.6 亿元，约占国家投资的 60%。由于我国石油工业基础很差，工作中有不少经验教训，主要是地质勘探没有采用区域性调查，科研工作落后，钻井设计标准偏高，勘探基地和探区建设铺张浪费严重。按现在的水平衡量，“一五”计划中节约 25%—30% 的投资是完全可能的。另外 1956 年多招了 3.5 万人，每年窝工费 2500 万元。我们在“一五”计划中提出的加速发展石油工业的几个大方案，现在看来非但国力所不及，且欲速则不达。“二五”计划中，我们仍以 50% 的投资从事资源勘探，采用区域勘探方法，全面调查 10 个有含油希望的地区，找出油气聚集有利地带，以提高每米探井获得储量率。“二五”计划投资总额为 36.6 亿元，获油田可采储量 1.5 亿吨，天然气储量 100 亿立方米，原油生产水平 1962 年达到

320 万—350 万吨。

11 月 16 日

［纲 文］ **农业部发出《关于抓紧冬季积肥运动的紧急通知》。**

［目 文］ 《通知》指出，自中共中央、国务院发出《关于今冬明春大规模地开展兴修农田水利和积肥运动的决定》后，有些地区已经采取行动迅速掀起冬季积肥的高潮。但是，从总的情况看，积肥运动的热潮在一些地区尚未认真展开。为保证 1958 年农业大丰收，还须用最大努力增积肥料，要求各地领导抓紧时机，迅速采取一切有效措施，在领导群众大规模兴修水利的同时，组织群众，开展积肥运动。《通知》提出以下要求：一、积足越冬作物的追肥和春播作物的基肥，是冬季积肥运动的总要求。各省各县都根据本省本县的具体条件，提出积肥造肥的指标和措施，督促各合作社讨论执行。冬季积肥门路很广，既要注意抓大宗肥源，也不忽视零星肥源，首先要开展圈猪积肥活动。二、种植冬季绿肥，在部分地区对解决早稻基肥有决定性的作用。必须认真做好绿肥的培育管理工作，注意开沟排灌及防冻措施，力争提高单位面积的鲜草产量，做到种一亩绿肥能肥田 2—3 亩。三、因地制宜地挖掘、利用各种地方肥源。四、农业社要制定常年积肥计划和社员积肥报酬办法。大力推广先进积肥经验，奖励积肥劳模，从多方面鼓励社员积肥积极性。五、加强积肥工作的领导。各省、专区、县、区、乡、社都把积肥、造肥当做实现农业增产的主要措施之一，切实抓紧；并且指定一定的干部，深入重点，总结积肥增产的先进经验，组织参观访问，交流推广。《通知》要求，各省（市、自治区）农业部门从 11 月份起到下年春耕开始为止，按月将冬季积肥、造肥运动的进展情况报告农业部。

11 月 16 日

［纲 文］ **共青团中央发出《关于加强团报团刊的通讯、阅读、发行工作的指示》。**

［目 文］ 《指示》指出：团报团刊是向青年进行共产主义教育和组织青年积极参加社会主义建设的有力武器。《中国青年报》和《中国青年》杂志所以能够广泛地联系群众，并且在群众中有很大的影响，是和各级团委的重视有密切关系的。但是根据最近调查，有些具有阅读能力的团员和团干部，不阅读或者很少阅读《中国青年报》和《中国青年》杂志，不注意研究报刊上的重要文章和报道，不注意运用报刊来推动和改进自己的工作。为了改进《中国青年报》和《中国青年》杂志，团中央已经加强了对《中国青年报》和《中国青年》杂志的领导，但是要使它更加密切结合我国社会主义建设的实践，同广大青年呼吸相应，必须进一步贯彻大家动手、全团办报的方针。为此，特规定以下几项办法：一、各级团委要加强对《中国青年报》和《中国青年》杂志的通讯报道工作。二、加强组织阅读团报团刊的工作充分发挥团的报刊的宣传教育作用。三、加强团报团刊的发行工作。各地团委应在最近期间将《中国青年报》、《中国青年》杂志和地方团的报刊的通讯、阅读、发行工作进行一次检查和讨论，并拟定出改善这些工作的具体措施，督促所属组织贯彻执行。

11月16日

［纲　文］　**罗马尼亚新任驻中国大使鲁登科向朱德递交国书。**

11月16日

［纲　文］　**中国人民银行总行发出《关于发行十元券的指示》。**

［目　文］　《指示》称：1955年国务院关于发行新币命令中已规定发行十元券，当时因考虑我国货币流通的习惯，没有发行。现决定从本年12月1日开始发行十元券。由于十元券面额较大，总的数量不多，计划在5年内发行的总数仅占市场流通量6%，因此发行的面不宜过宽，仅限于大、中城市，同时在向外投放时应适当掌握。对大额现金支付单位，可根据库存力量和市场货币流通比例情况，适当搭配十元券；一般小额现金支付单位和要到小城镇支付现金的单位，不宜付给十元券。为了适应市场需要，并避免因大票过多造成流通不便，根据各行三、五元券流通量占全国总流通量的比例，分配给各行一批十元券。这部分十元券，各分行可根据上述发行精神，结合当地具体情况掌握，陆续发行。

11月16日

［纲　文］　**西北最大的热电站——兰州热电站正式发电。**

［目　文］　该热电站是甘肃工业的主要动力基地，它的机器设备是当时世界上最先进的，除了向各建设生产单位供电外，还能同时大量供应化学净水、取暖用热水和蒸气。该热电站在1955年年底开始施工。

11月17日

［纲　文］　**毛泽东在莫斯科大学会见中国留学生和各单位中国实习生。**

［目　文］　下午6时，毛泽东和中国代表团团员邓小平、彭德怀、乌兰夫、陈伯达、

▲11月17日，毛泽东走进莫斯科大学大礼堂，受到留学生和在苏中国实习生的热烈欢迎。

杨尚昆、胡乔木等在中国驻苏联大使刘晓的陪同下来到莫斯科大学，在莫斯科大学大礼堂会见了在莫斯科的中国留学生和实习生，并发表讲话。参加会见的中国留学生和实习生大约3500人。

毛泽东首先向留学生、实习生们问好，说：世界是你们的，也是我们的，但是归根结底是你们的。你们青年人朝气蓬勃，正在兴旺时期，好像早晨八、九点钟的太阳。希望寄托在你们身上。接着谈了当前国际形势，他说，68个国家的共产党和工人党参加了伟大十月社会主义革命40周年的庆祝，这是一个有伟大意义的事件，它表现了社会主义国家以苏联为首的团结一致，表现了全世界共产党和工人党的团结一致。社会主义阵营必须有一个头，这个头就是苏联。各国共产党和工人党也必须有一个头，这个头就是苏联共产党。国际共产主义运动的团结，和苏联的两颗人造卫星上了天，这两件事标志了两大阵营力量对比的新的转折点。十月革命产生了新世界，经过40年，新世界的力量已经超过了旧世界。现在全世界有27亿人口，社会主义各国的人口将近10亿，独立了的旧殖民地国家的人口有7亿多，正在争取独立或者争取完全独立的国家的人口有6亿，帝国主义阵营的人口不过4亿左右，而且他们的内部是分裂的。现在不是西风压倒东风，而是东风压倒西风。然后谈了国内的情况。他说：真正的彻底的社会主义革命不是一朝一夕可以成功的。在我国真正的社会主义革命的胜利，有人认为在1956年，我看实际上是在1957年。1956年改变了所有制，这是比较容易的，1957年才在政治上、思想上取得了社会主义革命的胜利。他说，现在右派是打垮了，我们工作中的缺点还是有的。这

▲ 11月17日，毛泽东主席在苏联莫斯科大学大礼堂向莫斯科各校中国留学生和各单位中国实习生发表讲话。

次整风是件很大的事，我们要认真地改。世界上怕就怕“认真”二字，共产党就最讲“认真”。最后，祝贺大家，向大家说，世界是属于你们的。中国的前途是属于你们的。之后，毛泽东来到学生俱乐部，对聚集在那里的中国留学生发表简短讲话，勉励同学们三件事：第一，青年人既要勇敢又要谦虚；第二，祝你们身体好、学习好、将来工作好；第三，和苏联朋友要亲密团结。随后，毛泽东等参观了莫斯科大学经济系宿舍。晚8时左右，离开莫斯科大学。

同日，毛泽东等到达之前，陆定一在莫斯科大学大礼堂向莫斯科的全体中国留学生、实习生作了关于国内情况和整风问题的报告。

11月17日

［纲　文］　**周恩来就“人员下放必须统一安排”致信中共中央书记处。**

［目　文］　全文如下：为配合国务院及其各直属机构和事业单位进行体制改革、机构精简和工作改进，我们拟在整风的目前阶段，加紧安排人员下放。但是人员下放又必须在统一安排和全面改造的方针下进行，否则就有卸包袱、收摊子使地方难以接受和工作遭受损失的危险。因此，提议在中央书记处领导下成立一个10人小组，专门商讨国务院人员下放的方针和具体部署问题。人选以安子文同志为首，包括习仲勋、龚子荣、于江震（代雪峰）、张子意、马明方、曾山、龚饮冰、王观澜、章夷白九同志组成。我已经约他们谈过两次，他们均同意，请书记处予以批准，并转中央政治局常委传阅。工作计划和方针，另报。

11月17日

［纲　文］　**《人民日报》发表题为《应当坚决紧缩机构，减少人员，改进工作》的社论。**

［目　文］　社论说，这次紧缩机构和减少人员的工作，是根据党的八届二中全会和三中全会的决议进行的。党的八届二中全会就向全党和全国人民发出了增产节约的号召。其中重要的内容之一，就是必须认真地紧缩机构和整顿编制，以提高机关工作效率，节约行政费和事业、企业管理费。我们的行政机关是为人民办事的，我们的事业和企业管理部门，是直接为生产建设和人民的生活服务的。它们都应该具有高度的工作效率，应该用较少的人力办更多的事，而且要切实地把事情办好。但是，庞大的机构和过多的人员，却不仅不能达到这样的目的，而且会给我们的事业带来严重的危害。应该看到，机构臃肿和人员过多的更严重的弊害是，它助长了机关工作中的官僚主义、文牍主义和事务主义。总之，不论从哪一方面来看，紧缩机构和减少人员都是十分必要的，是认真地整顿我们的作风、改进党和国家的工作、贯彻执行勤俭建国方针的一个不可缺少的重要措施。

11月17日

［纲　文］　**二机部为改进部局的领导作风规定四项具体办法。**

［目　文］　二机部党组针对群众在大鸣大放中对部、局领导作风提出的批评和建议，定出了四项改进的办法：一、建立部长、司长和局长定期参加下一级业务会议的制度；二、建立领导干部定期接见群众的制度，部长、司长和局长每周定期接见群众；三、各级

领导干部亲自动手做具体工作。四、建立各级领导干部必须坚持参加体力劳动的制度。

11月17日

［纲　文］　**毛泽东电贺摩洛哥国王穆罕默德·本·优素福加冕28周年和摩洛哥国庆。**

11月17—27日

［纲　文］　**全国乒乓球锦标赛在北京体育馆举行。**

［目　文］　这是历年来规模最大和比赛项目最多的一次全国性乒乓球锦标赛。参加锦标赛的共有31个代表队的252名男、女选手，是由27个省、市、自治区选拔出来的。比赛项目几乎包括了世界乒乓球锦标赛所有的比赛项目。王传耀、叶佩琼分别获得了男、女单打冠军，王传耀、胡柄权和邓竹君、李麟书分别夺得了男、女双打冠军。庄则栋、章宝娣取得了男、女混合双打的冠军。

11月17日

［纲　文］　**郑凤荣创女子跳高世界纪录。**

［目　文］　在北京市运动会田径比赛中，郑凤荣跳过1.77米的高度，打破了美国黑人运动员麦克丹尼尔1956年12月1日创造的、保持了还不到1年的1.76米的世界纪录。这是继陈镜开、戚烈云之后，中国创造世界纪录的第三人，也是中国运动员在田径运动中第一次创造世界纪录。国际业余田径联合会于1958年1月14日在伦敦宣布正式接受这一世界纪录。

▲ 11月17日，郑凤荣在北京市运动会田径比赛中打破女子跳高世界纪录，成为新中国第一个女子世界纪录创造者。

11月18日

［纲　文］　**毛泽东在莫斯科64国共产党和工人党代表会议上发表讲话。**

［目　文］　毛泽东就形势问题和团结问题指出：国际形势到了一个新的转折点。世界上现在有两股风：东风，西风。中国有句成语：不是东风压倒西风，就是西风压倒东风。目前形势的特点是东风压倒西风，也就是说，社会主义的力量对于帝国主义的力量占了压倒的优势。有10件证据来说明这个问题。这次大会反映了全世界无产阶级和人民的上升的朝气、东风压倒西风这么一种形势。在团结问题上，对同志不管他是什么人，只要不是敌对分子、破坏分子，那就要采取团结的态度。对他们要采取辩证的方法，而不应采取形而上学的方法。对待另一种人就不同了，对他们无法采取帮助态度，因为他们不可救药，只能打倒。在这个意义上来

说，他们没有两重性，只有一重性。对于帝国主义制度、资本主义制度在最后说来也是如此，它们最后必然要被社会主义制度所代替。在各个策略阶段上，要善于斗争，又善于妥协。同志之间有隔阂要开谈判。这样我们就有两只手，对犯错误的同志，一只手跟他作斗争，一只手跟他讲团结。斗争的目的是坚持马克思主义原则，这叫原则性，这是一只手。另一只手讲团结，团结的目的是给他一条出路，跟他讲妥协，这叫做灵活性。原则性和灵活性的统一，是马克思列宁主义的原则，这是一种对立面的统一。

11 月 18 日

［纲　文］　**财政部发出《关于公私合营企业与国营企业合并后征收所得税问题的通知》。**

［目　文］　《通知》称，关于公私合营企业与国营企业合并后，如何征收所得税问题，财政部已于 1956 年 6 月通知各地。兹根据国务院（56）财念字第 33 号电示：对定息的合营企业仍应征收所得税的规定精神，经请示国务院第五、八办公室同意，凡是挂合营牌子的公私合营企业，仍继续征收所得税。为了便于各级税务局正确掌握执行，特再作补充规定如下：一、公私合营企业与国营企业合并后，若只挂公私合营一块牌子，不论企业内部财务制度如何改变，仍应视为公私合营企业照征所得税；如合并后，原公私合营的名义已不存在，并由国营企业统一编制财务计划，核算盈亏，利润统一上交，仅付给私股定额股息的，可依有关规定，不再缴纳所得税。二、若挂国营与合营两块牌子的，其经济类型与预算收支的处理，由当地人民委员会确定。如预算收入和支出均确定按国营企业处理的，可不征收所得税；预算收支确定按合营处理的，可依照对公私合营企业征收所得税的办法办理，应就其全部利润课征所得税。三、为了照顾特殊情况，过去对个别合营企业经专案规定不再课征所得税的，可以仍按原规定办理。

11 月 18—25 日

［纲　文］　**卫生部、劳动部、全国总工会在北京联合召开防止矽尘危害工作会议。**

［目　文］　出席会议的有冶金、建筑材料、煤炭等工业部门的领导人员和专业干部 282 人，各省、市代表 138 人，教学科研机构 47 人，列席 337 人，共计 804 人。会上，全国总工会主席赖若愚致开幕词，卫生部部长李德全作了关于“目前防止矽尘危害的工作情况和对今后工作的意见”的报告，国务院副总理薄一波作了指示，劳动部副部长毛齐华作会议总结。会上交流了防止矽尘危害的技术、卫生保健、组织领导以及处理矽肺病患者等工作经验；讨论了工厂防止矽尘危害的技术组织措施方案、矿山防止矽尘危害技术措施方案、矽肺医疗预防工作实施方案、生产场所矽尘测定暂行实施方案、产生矽尘的厂矿企业防痨措施方案，以及调整作业时间与处理矽肺病患者的方案等 6 个草案。会议对如何开展防止矽尘危害工作取得了一致认识。会议认为防止矽尘危害，应该采取预防为主、综合措施的工作方针。为了防止矽肺病的发生，中心问题在于把矽尘浓度降低到每立方米空气中不超过 2 毫克的国家标准。

11月18—30日

［纲　文］　**轻工业部召开全国第一次缝纫机专业会议。**

［目　文］　会议商讨了中国缝纫机继续采用英制标准的技术政策，统一了全国JA1—1型缝纫机零部件的尺寸，并决定对家用缝纫机产品进行统一设计。这是中国缝纫机标准化的开端。

11月18日

［纲　文］　**《光明日报》社务委员会举行讨论编辑方针问题的会议。**

［目　文］　会议由杨明轩主持召开，这是《光明日报》社改组后的第一次社务会议。经过讨论，会议通过《〈光明日报〉编辑方针》，指出：《光明日报》是各民主党派和无党派民主人士共同主办的报纸。它的基本任务是：贯彻共产党和人民政府的方针政策，宣传社会主义建设与社会主义改造，特别是文化教育的建设和知识分子、民主党派成员的思想改造。它的主要读者对象是：中上层知识分子和民主党派成员。根据上述的特点，决定编辑方针如下：一、在中宣部和统战部直接领导下，宣传报道国内外大事，并定出每个时期的宣传报道中心任务。二、以文化教育事业的发展和人民民主统一战线的活动为宣传报道的重点。三、注意典型报道、经验介绍和建设性的批评，多发挥报纸对于实际工作的指导作用。四、贯彻百花齐放、百家争鸣的方针，力争宣传报道的多样化；倡导对重大问题展开辩论。

11月19日，《光明日报》报道报社改组和社委会召开会议新闻时，发表了题为《办好一张社会主义的报纸》的社论，阐释了新的编辑方针。

11月18日

［纲　文］　**云南省红河哈尼族彝族自治州成立。**

［目　文］　新成立的红河哈尼族彝族自治州由原来的红河哈尼族自治区和蒙自专区合并而成，首府为蒙自。这里是全国唯一的哈尼族聚居区，在全州17个民族的148万人口中，汉族占40.6%，彝族占26%，哈尼族占18%。13—18日，云南省红河哈尼族彝族自治州第一届人民代表大会第一次会议召开，402名代表参加，对自治州的各项重大问题进行了讨论。各族代表本着多数照顾少数、各族共同进步的精神，一致同意自治州以哈尼族彝族命名，并且哈尼族领先。

11月19日

［纲　文］　**国务院发布《关于加强处理人民来信和接待人民来访工作的指示》。**

［目　文］　《指示》指出，各级国家机关，必须在整风运动中贯彻大胆、坚决、彻底改进工作的精神，切实加强处理人民来信和接待人民来访工作，充分发挥它的作用，以便更有成效地密切联系群众，克服官僚主义，加强对社会主义事业的领导。为此，指示如下：一、各省、自治区、直辖市人民委员会，中央各部门，以及其他各级国家机关，都必须有一个领导人亲自掌管机关的处理人民来信和接待人民来访工作。要亲自批办一部分群

众来信，接见一些来访群众，帮助干部积累经验，改进工作。机关中其他领导人，也要抽出时间做。二、处理人民来信和接待群众来访工作，应该以发扬人民民主，密切联系群众，并且遵照国家政策、法令，尽可能满足群众的正当要求为原则。三、处理人民来信和接待人民来访工作，要实行专人负责和大家动手相结合的办法。四、处理群众提出的问题要采取多种多样的方法。五、建立和健全必要的手续和制度。《指示》要求结合本地区、本部门的整风运动，采取具体措施，切实改进工作。

11 月 19 日

［纲　文］　**国务院发布《关于发行金属分币的命令》**。

［目　文］　《命令》规定：自 1957 年 12 月 1 日起，发行 1 分、2 分、5 分三种硬分币。上述硬分币与现在流通的同面额纸质分币的币值相等；硬分币发行以后，纸分币和硬分币在市场上混合流通，任何人不得对上述任何一种分币拒绝使用；严禁假造或熔化硬分币，违者依照 1951 年 4 月 19 日政务院公布的《妨害国家货币治罪暂行条例》处理；各种硬分币的形状、特征，由中国人民银行公告周知。

11 月 15 日，国务院全体会议第六十二次会议通过《关于发行金属分币的命令》。

11 月 19—20 日

［纲　文］　**国家民委举行关于在少数民族地区和少数民族人口中进行反对民族主义的社会主义教育问题的座谈会**。

［目　文］　国家民委副主任汪锋主持会议，国家民委在京委员及有关的民族工作干部出席座谈会。出席座谈会的委员和各民族的同志，纷纷发言表示一致拥护中共中央的指示，并列举了充分的事实来说明在全国少数民族中进行一次反对民族主义的社会主义教育的必要性。

11 月 19 日

［纲　文］　**《人民日报》发表题为《发展农民业余文化教育》的社论**。

［目　文］　社论说，解放以来，农民业余文化教育工作，获得了显著的成绩。为了建设现代化的农业，今后必须继续积极地改变农村文化落后的面貌。现在，大多数农民仍然处于文盲状态。根据一些地区的估计，现在 14—40 岁的农村人口中，仍有 60%—70% 的文盲（半文盲），某些地区文盲还更多一些。这就是说，扫除文盲的工作仍然要用极大的努力来进行。与此同时，为了使部分摆脱文盲状态的农民和参加生产的中小学毕业生有可能继续学习文化，还必须根据条件，发展业余小学，重点举办业余中学，并且建立自学组织。在全国广大地区大规模地扫除文盲，主要是在“二五”计划期间内进行。做好今冬明春农民业余文化教育工作，就可以为执行“二五”计划做出一个良好的开端。要做好农民业余文化教育工作，必须同农村生产和其他各项工作有适当的配合。农民业余文化教育要同生产运动和社会主义教育紧密配合，因此，对于农民的生产和学习（包括政治学习和文化学习）及社会政治活动，各级党委和政府，首先要作通盘筹划，统一安排。农民业余文化教育工作必须贯彻群众路线。希望各地很好地利用今冬明春的时间，切实地把农民业

余文化教育工作迅速地开展起来。

11 月 19—23 日

［纲 文］ **各国共产党和工人党党史研究机构代表在布拉格举行国际会议，讨论十月革命对工人阶级运动和各国的影响，并研究了各国党史研究机构进行科学合作的问题。**

11 月 20 日

［纲 文］ **国务院召开常务会议。**

［目 文］ 会议由周恩来主持，主要内容如下：一、原则批准青海省人民委员会关于在柴达木地区改革工资制度的报告及所附方案。会议认为，过去把盆地地区职工的工资待遇规定得偏高，人员编制过多，因此决定对柴达木地区职工工资进行改革。改革方案在工资水平和工资制度两方面都作较大改进，工资降低幅度也较大，对特殊需要作了必要的照顾。每个职工食油定量可提高为每月 1.5 斤；轻便汽车司机与客车司机实行统一工资标准即可；职工探亲路程往返超过 20 天的，可延长假期。职工伙食包干费用及精简的人数和节省的开支等须再详加核算。二、批准叶季壮和沙千里[①]《关于准备对埃及出口造纸厂设备等的报告》。《报告》说，埃及造纸工业总公司拟建立年产 2.5 万吨的造纸厂，希望我国参加投标。外贸部和轻工业部认为，我国如能对埃及出口一个工厂，不仅可以扩大我国在中近东的影响，并可解决部分中埃贸易平衡上我方逆差的问题。拟采用以甘蔗渣或芦苇做原料制造印刷纸和书写纸。按我国目前造纸工业水平对埃及要求的造纸厂的设计、设备制造和技术方面均可完成，但附属电站的主要设备和某些试验室用的仪器我国尚不能制造，可在投标时建议埃方自行解决或我方转口供应。三、成立三门峡水利枢纽综合利用领导小组，李富春为组长，黄敬为副组长。

11 月 20 日

［纲 文］ **中共中央发出《关于禁止用个人名字作地名、街名和企业等名字的通知》。**

［目 文］ 《通知》全文如下：早在 1949 年的 3 月，党的七届二中全会根据毛主席的提议，就决定禁止用个人名字作地名、街名和企业的名称。去年邓小平同志在党的八次全国代表大会上作“关于修改党的章程的报告”的时候，又重申了这个决定。但是，尽管这样，近来仍有个别地方提议用个人名字作企业和学校的名称。因此，中央认为有必要重申前议，请各级党委注意。

11 月 20 日

［纲 文］ **国务院发出《关于在企业、事业和机关单位中组织工人、职员广泛讨论退休处理暂行规定等四个草案的通知》。**

［目 文］ 《通知》说，《国务院关于工人、职员退休处理的暂行规定》、《关于企业、事业单位和国家机关中普通工和勤杂工的工资待遇的暂行规定》、《关于国营、公私合

---

① 沙千里（1901—1982），江苏苏州人，时任轻工业部部长。

营、合作社营、个体经营的企业和事业单位的学徒的学习期限和生活补贴的暂行规定》、《关于工人、职员回家探亲的假期和工资待遇的暂行规定》等四个草案，于11月16日经全国人大常委会第八十五次会议原则批准。国务院把四个草案发给各省、自治区、直辖市人民委员会，各部、各委员会和各直属机构，由它们转发到所属厂矿企业、事业单位和机关、团体、学校，并指定一些重点单位，组织工人、职员，结合整风运动进行广泛传达和讨论。讨论中所提出的意见，汇总后报国务院，以便根据这些意见，修改定案，然后公布施行。

11月20日

［纲　文］　**国防部发布《关于执行新的〈中国人民解放军内务条令(草案)〉的通知》。**

［目　文］　《通知》要求全军应按此条令执行。在执行中，应广泛收集意见，并将意见报告国防部，以便汇总修改，再正式颁发。同时宣布1953年5月1日由中央人民政府人民革命军事委员会颁布的《中国人民解放军内务条令（草案)》，即行作废。

11月20日

［纲　文］　**水利部召开全国农田水利电话会议。**

［目　文］　水利部副部长何基沣在会上对全国农田水利建设运动作总结，对以后的工作提出了意见。河北、河南、山东、吉林、甘肃、陕西、四川七省的水利厅厅长（副厅长）在会上汇报了工作。根据河北等省的汇报和水利部的分析，全国农田水利建设运动的发展是健康的、顺利的。水利部要求各地对农田水利建设运动加强具体指导，克服运动发展不平衡的现象，把本年的农田水利建设运动更踏实更全面地开展起来。各级领导机关要

▲ 1957年11月，江苏省以兴修小型农田水利工程为主的冬季水利建设广泛展开。到19日止，全省约有40多个县市的小型农田水利工程和30项以上大、中型工程先后开工。图为徐州专区民工在水利工程工地施工。

全面深入地对水利工作进行检查，依靠群众指导这一运动健康地发展，在克服右倾保守思想的同时防止盲目乐观情绪产生。

11 月 20 日

［纲　文］　**中国人民银行总行发出《关于发行硬币的补充指示》。**

［目　文］　《补充指示》要求：一、硬币发行后，与纸分币混合流通是一个长期的办法。一方面是由于目前硬币数量不足，另一方面，从长远考虑，为了防止万一发生的情况，即使硬币全部占领了市场，也不宣布废止纸分币，以便在万一需要时，可以主动地继续发行纸分币。二、硬币在一二年内，虽还不能完全满足市场和库存的需要，但是已接近目前的市场流通量。各行在发行硬币后，应根据市场需要，尽先投放硬币，可以少保留或不保留硬币库存，以纸分币库存作调剂的后备。这样做的原因是硬币流通寿命长，纸币流通寿命短，硬币早日大量投入市场后，一部分较好的纸分币即可陆续回到银行，作为发行库存。如果硬币投放的慢，市场纸分币完全残破，发行库存就不够，势必被迫再印纸分币。三、由于以上原因，各级行对收回的纸分币，凡可以使用的，必须按规定整点、封装，以备随时支付；并且要做长期保存的打算。

11 月 20 日

［纲　文］　**地质部印发《地质部全国地质资料局组织简则及省、自治区地质局资料处组织通则》。**

11 月中旬

［纲　文］　**中央气象局协助辽宁复州湾盐场建立中国大、中型盐场的第一个气象台。**

11 月中旬

［纲　文］　**紫金山天文台发现“紫金六号”小行星。**

［目　文］　“紫金六号”是一颗靠近太阳的小行星。一般小行星和太阳的距离平均约有 2.7 个天文单位（一个天文单位相当于地球到太阳的平均距离），“紫金六号”绕太阳运行轨道的平均半径不到 2 个天文单位。“紫金六号”是紫金山天文台台长张钰哲和青年技术员张家祥利用天文望远镜照相方法找到的。紫金山天文台 1955 年以来先后发现了“紫金一号”到“紫金四号”等 4 颗小行星，本年 10 月下旬发现“紫金五号”。

11 月 21 日

［纲　文］　**文化部、中国人民银行总行发出《关于国外广告商、公司、私人在我国报纸、杂志上刊登广告收取外汇费用的通知》。**

［目　文］　《通知》说，本年来各出版单位已经开始接受刊登国外广告，国外广告商、公司、私人（包括华侨）要求在我国报纸杂志上刊登广告者日益增多，在交付广告费方面，有的从国外汇入外汇交付，但不少国外广告商非法套取国内人民币交付。按照我国外汇管理原则，对国外广告收费办法作统一规定：一、国外广告商、公司、私人在我国报

纸、杂志刊登广告者，必须自国外汇入外汇并经银行结汇证明交付广告费，不得以在我国内的人民币交付。（一）国外直接向我出版单位洽登广告并将广告费外汇直接汇交我出版单位，各单位收到外汇应向银行结汇后刊登广告。（二）国外委托其驻我国的代表团体或在我国内的代理人向我出版单位洽登广告以人民币交付广告费者，必须提供银行结汇证明后再刊登广告。二、各出版单位向国外广告商、公司、私人收取广告费暂以瑞士法郎、英镑、港币、卢布、国外汇入的人民币（人民币作为我国与社会主义国家间的支付货币者）为限。国外要求以其他外国货币交付者，各单位应取得银行同意后方得收受。三、国外广告应一律以人民币对外报价。向国外算收外汇时，对社会主义国家除以国外汇来人民币结算者外，均以1卢布折合0.5元人民币折收；对资本主义国家均以银行买入牌价折收外币。各单位向银行结汇牌价与向国外算收外汇折合率相同，但均不收财务费用。四、各单位收入国外广告费外汇（不包括人民币交付部分）应列入国家外汇收入计划内，其中属于中央级各单位应根据财政部规定关于非贸易外汇收支计划编制程序办理；属于各省、市的各单位应报当地人民银行。

11月21日

［纲　文］　**文化部发出《关于请转知所属限制国内影印的资本主义国家书刊向香港及其他资本主义国家出口的通知》**。

［目　文］　《通知》发给公安部、海关总署，全文如下：据上海市出版局来函称：有少数读者，将国内影印的资本主义国家图书，用“印刷品”、“包裹”等方式，由邮局寄往香港等地。该局认为，应该由有关部门加以限制。资本主义国家的出版商对我国出版单位翻印（影印）他们的书刊这件事十分注意，他们正从各方面搜集材料，来对我国进行攻击。虽然我国并未参加国际著作权同盟，不受国际著作权法的约束，我国的出版单位影印资本主义国家书刊并不是不可以的，但为了避免引起资本主义国家出版商对我国出版单位影印他们书刊的不满，防止他们寻找借口，在国际间散布对我不好的影响，前出版总署曾于1954年规定，国内影印的资本主义国家书刊，只限于在国内发行，除国际书店对兄弟国家可少量出口外，对香港以及其他资本主义国家，一律不出口。我部于1956年又规定国内影印的资本主义国家书刊，由新华书店等单位采用内部发行方式发行，不在门市部公开出售。为了避免国内影印的资本主义国家书刊流入香港等地，请你部、署通知各地公安、海关部门，如发现将国内影印的资本主义国家书刊，邮寄出口至香港或资本主义国家，应予检扣。如辨别影印资本主义国家书刊有困难，可与当地文化行政机关联系解决。

11月21日

［纲　文］　**中国人民解放军总政治部发出《关于动员军官家属还乡生产、参加社会主义建设的指示》**。

［目　文］　《指示》说，动员军官家属还乡生产、劳动就业、安家落户、参加社会主义建设，既符合军队建设和国家建设的整体利益，也符合军官的个人利益。随军家属还乡生产，有利于军队建设和密切官兵关系与军民关系，有利于军官本人的工作、学习和进

步，有利于家属劳动就业、增加收入、减少开支，有利于军官子女的培养、锻炼和教育。据统计，随军家属有80%是农村劳动妇女，她们政治觉悟较高，有生产经验和劳动习惯，只要动员和组织她们还乡生产，她们就会立即变成社会财富的创造者。这一富有政治意义的光荣行动，对于增加农业生产，促进社会主义建设，树立勤俭建军、勤俭持家、热爱劳动、厉行节约的社会主义风气，必将起着积极的作用。《指示》说，军队是国家的武装力量，是一个战斗组织，一切成员的家属原则上都不能随军居住。目前，应该动员已经随军的绝大部分军官的妻子、儿女和所有军官的父母、弟妹及非直系亲属还乡生产，安家落户。其中，1949年10月1日以前随军的家属、有工作岗位的家属和红军时代入伍无家可归的尉官家属，原则上可以允许暂时随军。其中没有工作的、愿意和能够还乡生产的，也应尽量动员他们还乡生产。对所有批准暂时随军的家属，除住房、治病、子女入学入托等，原则上由军官本人自理外，也应组织她们参加就近的农业、手工业生产合作社或军垦农场进行生产，并提倡军官自建或自租房舍定居，使家属逐渐离开营房。子女多、身体弱、不能参加生产劳动的家属，应动员她们好好料理家务。军官家属还乡后，可准许军官每年在休假期间探家一次。在部队服务的工薪制职员的家属，也按上述原则处理。《指示》要求全军各级党委和政治机关采用群众路线的办法，大张旗鼓地、有步骤地、分期分批地向全体军官和家属进行深入的充分的思想工作和组织工作，争取在1958年春节前后，将应该还乡的家属大部动员还乡。

11月21日

［纲　文］　**毛泽东电贺安托宁·诺沃提尼当选为捷克斯洛伐克共和国总统。**

11月21日

［纲　文］　**习仲勋在国务院直属机关及国务院各办公室的干部大会上作第二次整风动员报告。**

［目　文］　习仲勋在报告中谈到了如何利用鸣放所造成的形势进一步推动当前国家机关整风运动的一些重要问题，号召继续深入大鸣大放，大整大改。他指出，每人都有一个改造自己的任务。对“小缺口”不能忽视，“小缺口”也能变成“大缺口”。中央国家机关整改形势已经形成，谁要阻挡也阻挡不住。现在有意见要不讲，那就要怪自己落后。个别单位有约法三章，限制鸣放的现象。鸣放有两个段落；第一段是一般鸣放；第二段是专题鸣放。第一段大字报是主要形式；第二段座谈会、辩论会可能成为主要形式。在整改中，既要有思想领导，又要有群众运动。不要搞得太斯文，要有领导运动的气魄。可以采用“先拣芝麻，后抱西瓜”的办法进行整改。整改的主要步骤：大鸣大放；集中整改；下放干部劳动锻炼，结合辩论，正常的、深入的整改。下放干部参加体力劳动，是很大的革命措施，不是为了“卸包袱”、“收摊子”，而是为了“统一安排，全面改造”。干部下放参加农业劳动的目的，是为了改造自己，每一个干部特别是青年知识分子，都要经过这一课。年纪太大和有病不能从事体力劳动的干部就不要下去，技术人员也要分别情况，不一定都要下去。

11月21日

［纲　文］　**“一五六项工程”项目——西北无线电厂（后改名长岭机器厂）建成投产。**

11月21—27日

［纲　文］　**国家侨委第二届第一次全体委员会议在北京举行。**

［目　文］　国家侨委主任何香凝就当前侨务工作问题作了报告，侨委副主任方方传达了周恩来历次有关侨务工作方针的指示。在会议结束以前，侨委副主任廖承志就当前侨务工作的一些主要问题作了报告；方方作了总结报告，回答了讨论中所提出的问题。云南、广西等14个省、市侨务部门的负责人列席会议。

会议总结了八年来侨务工作的成绩，进一步肯定了社会主义的侨务路线，批驳了破坏侨务政策的右派言行，检查了侨务部门在执行政策上的缺点和错误；并且根据从6亿人民出发，统筹兼顾、适当安排的基本方针和“勤俭建国，勤俭办社，勤俭持家”的精神，讨论了如何发动侨眷、归侨积极参加大规模生产运动，积极参加全民性的整风运动，对他们加强社会主义思想教育，坚决引导他们过好社会主义关的问题。会议决定，要坚决地领导侨眷、归侨走社会主义道路，发展农业，使他们增加收入。会议还对1958年度归国华侨团结教育和接待、安置工作，归国华侨学生教育工作方针、政策的若干问题，辅导华侨投资工作问题，侨汇政策问题，进行了详尽的讨论，并且拟定了具体的方案。

11月21日

［纲　文］　**周恩来为石家庄丝弦剧团题词。**

［目　文］　题词为：发扬地方戏曲富有人民性和创造性的特长，保持地方戏曲的艰苦朴素和集体合作的作风，加强学习，努力工作，好好地为广大人民服务。

11月22日

［纲　文］　**国际劳工组织第四次亚洲区域会议否决印度代表提出的要求由中华人民共和国代表出席会议的提案。**

［目　文］　国际劳工组织第四次亚洲区域会议于11月13—25日在印度新德里召开，印度、日本、缅甸、锡兰等18个国家（其中也包括美国、英国、法国等非亚洲国家）的政府、企业主、工人三方面的代表组成的代表团出席会议，台湾蒋介石集团的代表被允许以正式代表的身份出席会议。此前，国际劳工组织于3月在日内瓦举行国际劳工组织领导机构会议，印度代表麦拉拉尼在会上提出由中华人民共和国代表出席第四次亚洲区域会议的建议，国际劳工组织主席、英国人米尔丁·伊凡斯以国际劳工组织领导机构无权处理这个问题为借口，拒绝了这一建议。第四次亚洲区域会议开幕式后，印度代表团即提出要求由中华人民共和国代表出席会议的提案。提案说：没有亚洲区域最大国家之一的真正的代表参加，会议作出的结论的价值将会受到损失。苏联代表团也向会议主席提出声明，反对蒋介石集团分子非法出席这次会议，并要求恢复中华人民共和国的代表权。21日，提案选择委员会根据日本雇主代表三城的动议决定暂不考虑这一问题。

本日，印度政府代表阿比德·阿里在全体会议上重新要求讨论这一问题。会议通过投票否决了印度代表团的提案。投反对票的有美国、英国、新西兰、澳大利亚等一些非亚洲国家的代表团，很多雇主代表也投了反对票。缅甸、锡兰、印度尼西亚和苏联等国家的代表团支持印度代表团的提案，投了赞成票。

11 月 22 日

［纲　文］　**国务院发出《批准监察部关于监察机关体制改进方案的报告的通知》。**

［目　文］　《通知》指出：国家监察机关在建国八年来配合各项民主改革和国家的社会主义建设，积极地发动了群众，开展了监察工作，向各种违法失职行为进行了揭发和斗争；并且在维护国家纪律、贯彻政策法令、保护国家财产、教育干部和改进工作各方面，发挥了一定的作用，取得了很大的成绩。根据改进国家行政体制的精神，国家监察机关的体制也应该有所改进。国务院全体会议第六十二次会议批准监察部关于监察机关体制改进方案的报告，现在通知你们，希即遵照。

10 月月 24 日，监察部在《报告》中提出改进监察机关体制的 5 条意见：一、原设置在中央和地方各财经部门及其所属企业、事业单位的国家监察机关，改为各该部门和单位的监察机关。二、监察部、各省、自治区、直辖市监察厅、局，以及专署、自治州的监察处的组织设置仍旧不变。三、地方各级国家监察机关受该级人民委员会的领导。四、中央和地方管理的厂矿企业所发生的违法失职的案件和事故，除由各该部门和单位的监察机关进行检查以外，地方各级国家监察机关也应进行检查，监察部只对其中一些重大的案件和事故进行检查。五、各级监察机关必须加强骨干，提高干部质量，抽出不适宜做监察工作的人员。

11 月 22 日

［纲　文］　**中国人民银行发出《关于大力推行信用社服务站组织形式的通报》。**

［目　文］　《通报》说，10 月下旬，总行召开了 11 个省的信用合作工作汇报会，会议上各地反映了信用社自并乡并社后，社区范围扩大了，为解决不便利群众和保持信用社独立形式的问题，试办了多种服务形式。归纳起来，大体有以下三类：一、办理存放款业务的服务站、代办站、业务站、理事分会、信用工作组等。这些形式的共同特点是：业务范围小，便利群众，干部一律不脱产，业务活动都是在生产间隙时间进行，可以自存自放，资金由信用社统一调剂，盈亏由信用社统一核算。二、只办理存款、收贷业务的协储员、业务员、代办员、储蓄小组等。这些形式较简单，主要是选择在群众中有威信，热心信用社工作，老实可靠的干部或群众来协助信用社开展业务。设置的范围较广，数量亦多，一般不保留现金，不设账簿。业务手续上，有的动员了存款、收回贷款即主动送到信用社，代存款或贷户办理手续，有的只进行宣传登记，俟信用社来专职干部定时定点服务时，再办理具体手续。在报酬上一般是奖励办法，也有的给手续费，有的是义务职。三、服务箱。这种形式是在信用社专职干部定时定点定线流动服务的基础上，以自然村或生产队为范围，在群众活动较集中的地方设箱，社干部按时开箱，登门办理业务。

《通报》指出，以上三类形式，第一类比较完整，能及时给群众解决困难，便于发挥干部和群众的积极性；第二类形式，只能吸收存款和收回贷款，不能满足群众贷款要求；第三类形式，专职社干往往跑不过来，易流于形式。因此，应该普遍推行第一类形式，大量建立服务站，服务站主要应依靠领导信用小组开展业务，但也可根据实际需要酌量聘请协储员、业务员或设置服务箱等。《通报》还对建站中要掌握的原则作了具体规定。

11 月 22 日—12 月 11 日

［**纲　文**］　**日本社会党亲善使节团访华**。

［**目　文**］　使节团应中国人民外交学会的邀请来华访问，共 13 人，由日本社会党顾问、国会议员铃木义男担任团长，团员中另有九人也都是国会议员。22 日，使节团从广州乘飞机到达北京。铃木义男在飞机场发表谈话说，使节团作为日本两大政党之一的代表来到中国，将充分利用这个良好机会，同中国各方面人士进行亲切交谈，交换意见，以便早日实现恢复中日邦交，促进两国经济、贸易、技术和文化的交流，为增进亚洲和平做出贡献。使节团先后受到陈毅、周恩来接见。周恩来接见时说，我们绝对不能承认“两个中国”，希望日本对中国友好的朋友采取同一看法。日本政府对中国问题可以采取三种态度。一种是承认新中国，不承认台湾，这是上策，第二种是维持暂时不承认新中国，承认台湾，等待时机，这是中策，第三种是跟着美国跑，制造“两个中国”，这是最坏的，我们不能接受。现在日本政府如不能采取上策，也不应采取下策，暂时采取中策也好。希望动员各个团体推动实现中日邦交的工作。

访华期间，使节团参观访问了北京、沈阳、鞍山、抚顺、天津和上海等地。12 月 11 日，使节团离开广州回国。途径香港时，铃木义男对《大公报》、《文汇报》等新闻记者

◀11 月 28 日，周恩来总理（右）接见日本社会党亲善使节团团长铃木义男（左）。

说，美国用武力霸占台湾是为了要实现它制造“两个中国”的阴谋；日本首相岸信介11月12日在日本参议院外务委员会上散布的所谓要对“两个中国”问题进行调整的论调，是非常明显地针对中国内政的干涉；台湾问题应该由中国人民自己来解决。

11月23日

［纲　文］　**国务院召开常务会议。**

［目　文］　会议由周恩来主持，会议主要内容有：一、通过《国务院关于煤炭工业部招工问题的批复》。批复说，因生产、建设任务的增加而确实需要补充的长期性的生产、建设工人，可按照国家批准的劳动计划，首先在本单位、本系统内的多余人员中调剂解决；不足时，可经过当地省、自治区、直辖市人民委员会批准，从煤炭系统现有较长期的临时工人中转正一部分，或者由当地劳动部门从矿区附近其他企业、事业单位内的多余人员中调配一部分。仍不足时，可经过省、自治区、直辖市人民委员会批准，在矿区和矿区附近的城市或农村招收一部分。二、通过《国务院关于协助军官家属还乡生产劳动就业的通知》。三、审议《国务院机构调整方案》和《关于中央各国家机关干部下放和劳动锻炼问题的报告》。会议决定：撤销中央转业建设委员会、国务院拟制学位学术称号学衔制度委员会、研究物价指数生活费指数小组、国务院体制问题小组；国务院军工产品定型委员会、国务院授勋工作办公室划归国防部；人民防空委员会取消，人民防空局设在公安部；国务院山区生产规划办公室划归国务院七办；保密委员会、国务院编制委员会改组；凡是不准备进行调整的单位，即可进行精简下放的工作。四、审议《国家经委、外贸部关于1958年对外贸易计划控制数字的请示报告》。议定：原子能进口计划，不能减少；欠苏联的外汇，可以用滚账的办法解决；技术资料以少进口为原则；砂糖的进口不要减少；对于各部门要求增加的进口，要严格控制。应该采取措施，想办法增加出口，以缩小进出口之间的差额。五、原则同意国家计委提出的“二五”计划期间捷克援助中国成套设备问题的处理意见，由外贸部相机办理。

11月23日

［纲　文］　**中共中央批转《文化部党组关于报刊的发行数量应该按计划控制的请示》。**

［目　文］　批语说，中共中央同意文化部党组的意见，望通知有关部门遵照执行。

9月1日，文化部党组向中宣部、国务院二办并中央提交《请示》及附件《邮电部报刊推广局给文化部出版局的信》。《请示》指出，关于报刊的发行数量，是否应该按计划实行控制的问题（也就是定额发行问题），几年来一直有争论。我们主张报刊的发行，应该按照党和国家的文化宣传政策，按照各种报刊的不同性质，有计划地实行定额发行。为了纠正错误，同时也是为了澄清思想、统一认识，我们认为必须明确以下各点：一、报刊的计划发行方针，必须坚决贯彻。二、文化行政部门核定的报刊发行定额或印张指标，如果执行过程中发现与党的要求和实际情况不符，应该及时地主动调整定额；或者各报刊社发现读者增加，需要超过定额，可以报请文化行政部门批准修改定额。在没有批准前，报刊社和发行部门不得任意突破。读者如有不满，报刊社和邮局应该尽力解释。三、报刊如果要缩短刊期、扩大开张、增加篇幅，必须经文化行政部门批准；没有批准以前，不得擅自改变。四、报刊社的企业储备纸，不得随便移用。文化行政部门应随时进行抽查。五、1957年报刊发行数量（或印张指标），如果已经突破年初颁发的控制数字，一般应从第四季度起限制收订，遵守原定的控制数字（因第三季度已收订）；如果年初颁发的控制数字对个别报刊社确有考虑不周的缺点，可以由文化行政部门重新核定一个新的控制数字。

［文　献］　**邮电部报刊推广局给文化部出版局的信**

你局代文化部党组拟的“关于报刊的发行数量应该按计划控制的请示”草稿收悉。经研究后提出以下意见：

根据党和国家的政策，有领导有计划的发行报刊的方针是完全正确的，我们同意这个方针。但如何正确执行这一方针，应该从多方面采取措施，单纯用硬性控制发行份数的办法，根据以往经验并不成功。

1953年和1957年我们曾两度控制报刊发行份数，但都没有从根本上解决定额发行问题，首先没有从党内（各省市委）从文化出版系统把问题弄清楚，取得认识上的一致。其次没有向广大群众进行应有的宣传解释，取得读者的支持和谅解。因此在提出定额发行数字后，有的党委不同意，有的报刊社不同意，广大读者因订不到报刊都不满意。这些阻力都集中在邮电部门的发行工作上，使发行工作四处碰壁，无法应付，发生了极大的困难，两次控制发行份数的办法，都是在读者、报刊社和地方党委的压力下取消的，邮电部门的发行人员并不是什么阻力，而是上述矛盾的集中点，同时两次控制发行虽都层层分配了数字，而且也花费了很大的力量，但收订结果也并未能恰好限制在控制数字上。

在目前情况下，我们也认为一般的不应该大量发展报刊份数，从1956年下半年起，各级邮电部门即已认真执行了不主动发展不上门劝订的发行方针，但报刊社却至今仍在积极追求发行份数。硬要求我们扩大发行数量，有的并自行派员到各地大肆宣传推广，这种现象应加以制止。

此外，今年文汇报、光明日报在大鸣大放期间，发行份数增加了不少，原因也很多，不能单纯看成是取消了控制数字后，让右派分子钻了空子。

根据以上情况，加强报刊计划发行的办法应该是：文化部门应积极采取有效措施加强对报刊社的领导管理，统一各报刊社的思想认识，彻底改变各报刊社单纯追求数量的偏向；邮电部门仍应继续贯彻不主动发展不上门劝订不下达分报分刊发行份数指标的发行方针。这样即可解决问题，不必采取硬性控制发行份数的办法，至于个别报刊由于某种特殊原因，必须适当发展或适当控制时，可由你我两局随时协商或通过更高级的领导解决。

以上是我们初步研究的意见，不一定对，仅供你参考。

1957年8月20日

资料来源：中央档案馆馆藏档案。

11月23日

［纲　文］　**国务院发出《关于协助军官家属还乡生产劳动就业的通知》。**

［目　文］　《通知》要求各省、自治区、直辖市人民委员会督导有关的县（市）、乡人民委员会积极设法协助军官家属还乡生产，做好以下几项工作：一、军官家属还乡以后，当地政府应该积极地安排她们参加农业生产；对过去曾经在乡、社人民团体担任过工作的军官家属，如现在仍有参加工作条件的时候，应该尽可能地吸收她们参加工作。二、有些军官家属因无家可归，或者离家较远，愿意在部队驻地附近参加劳动生产的，当地政府应该设法安置她们加入就近的农业生产合作社或者手工业生产合作社，或者协助军队开办农场，组织她们进行生产。三、军官家属还乡生产、安家落户的时候，没有房舍或者房舍不够住的，当地政府应该设法动员群众借给，或者租给她们居住；需要修理或者新盖房舍的时候，亦应该动员群众予以协助。四、军官家属还乡以后，日常生活的必需用具，如桌、凳、床铺、锅、碗、瓢、盆等，一时购置不及，可以动员群众借给她们暂时使用，但是家属用后应该及时归还原主，如有损坏，应该由家属负责赔偿。五、军官家属参加农业生产的，可以按照当地农业生产合作社的具体情况，分给她们与其他社员以同等数量的自留地，以解决她们自种蔬菜的困难。六、军官子女还乡以后的入学、转学问题，当地政府应该协助解决，尽量设法使他们不因还乡而发生失学、辍学的现象。七、动员和教育基层干部、社员群众，对军官家属还乡生产，劳动就业，应该抱欢迎态度，并且积极主动地团结她们，经过一定时期的锻炼，使她们逐步改变习惯，在生产和生活上同群众打成一片。

11月23日

［纲　文］　**公安部发出《关于新疆逃往内地的一般犯人由捕获地区就地关押改造的通知》。**

［目　文］　《通知》全文如下：据新疆生产兵团10月23日报称，最近该兵团有些犯人逃回内地，为了妥善处理，他们意见："一般的犯人逃跑，刑期不重或逃出后未发生作案，与其他案件未牵连者，在捕获后由捕获的公安机关就地关押劳改，并通知我们将材料转去。"鉴于新疆交通不便，为了节省人力和财力，同意他们的意见。并请有关省、市遵照执行。

11月23日

［纲　文］　**佳木斯综合纸浆造纸厂举行工程验收和开工生产典礼大会。**

［目　文］　佳木斯综合造纸厂是"一五六项工程"之一，由苏联设计并且供应最新

式的全套设备，投入生产以后，每年可生产五万吨工业技术用纸，相当于全国1956年工业技术用纸产量的两倍，并可生产过去不能生产或不能大量生产的电缆纸、浸渍纸、电气卷缠纸、电话用纸、管纸、抄纸、原纸、水泥袋纸等。

11月24日

［纲　文］　**《人民日报》发表题为《争取明年小麦大丰收》的社论。**

［目　文］　社论说，开展小麦大面积丰产运动，力争1958年夏季丰收，对国家经济建设和人民生活有重要意义。本年有些地区秋粮因灾歉收，为了缩短灾荒，早接口粮，必须保证明年夏粮丰收。增产小麦对全面提高粮食产量也有重要意义。水利和肥料是一切农作物丰收的主要保证，对小麦来说自然也不例外。开展小麦丰产运动，必须同今冬明春兴修水利和积肥的活动密切结合起来。一方面通过小麦丰产运动来推动兴修水利和积肥，另一方面通过兴修水利和积肥，尽量扩大麦田浇水、追肥面积。目前，各地农业合作社正在讨论“四十条”纲要，制定农业发展规划。在一切产麦区，都应把如何争取小麦丰产，列为讨论和规划的一个重要内容。同时，对油菜和其他冬季作物，也要加强管理，冬耕和冬季治虫工作也要按照预订计划积极进行。有种植春小麦条件的地区，还要准备好春播的种子。总之，要从多方面一齐动手，争取明年夏季小麦大丰收。

11月24、25、28日

［纲　文］　**九三学社中央委员会和《光明日报》社联合举行批判储安平的大会**。①

［目　文］　大会由九三学社主席许德珩、《光明日报》社社长杨明轩主持，九三学社社员、《光明日报》社职工以及中央国家机关工作人员、高等学校代表等1000多人出席了各次会议。大会系统深入地揭露和批判右派分子储安平的“党天下”言论。

11月24日

［纲　文］　**新华社讯，中央机械制造工业部门制订措施保证成套供应制造化学肥料的设备。**

［目　文］　报道说，在“二五”计划期间，国家决定发展化学肥料工业所需的全套设备，全部由自己供应；并且决定由一机部、二机部和电机部共同协作制造。为了保证完成1958年的制造任务，国家技术委员会已经同一机部、二机部、电机部和化工部商讨，决定采取以下措施：一、由一机部、二机部、电机部、化工部四个部分别指定1位副部长共同组织一个领导小组，定期举行会议，检查进度，解决协作及配合问题。二、由一机部、二机部、电机部和化工部分别指定高级技术人员组成技术小组，对设计单位和制造工厂进行技术指导，集中力量研究和解决设计和制造上的重大技术问题。三、建立专责制度，各有关生产、技术、供应部门都应指定专人负责，定期汇报，及时反映问题，迅速解决。关于制造设备所需的金属材料，有关部门希望冶金工业部能够早日试制。

---

① 1957年11月30日《人民日报》，第4版。

11 月 25 日

［纲　文］　**中共中央发出《关于在整风期间资方人员下放问题的通知》。**

［目　文］　《通知》指出，对于资产阶级分子的改造，当前的中心工作是在工商界进行全面整风，进行反右派斗争和广泛深入的社会主义教育。为了集中力量做好工商界的全面整风，不应该在这个时候就忙着把公私合营企业中参加管理工作的资本家和资方代理下放。资方人员下放问题，涉及阶级关系，需要全面考虑，切不可操之过急，给予资产阶级分子以逃避整风的机会。至于在工商界整风结束后资方人员下放问题如果处理，需要作进一步研究。对这个问题要反复向干部交代政策。

11 月 25—30 日

［纲　文］　**中组部召开审查干部工作会议。**

［目　文］　会议讨论了原来确定列入审查范围的干部的审查工作结束中的问题，并着重研究了原来未列入审查范围的一部分人是否需要加以审查的问题。12 月 23 日中共中央批转了《中央组织部关于全国审查干部工作会议情况的报告》。

11 月 25 日—12 月 7 日

［纲　文］　**农村工作部、国家民委和农业部联合召开牧区畜牧业生产座谈会。**

［目　文］　参加座谈会的有内蒙古、青海等 14 个省、自治区畜牧部门以及部分县、旗和中央有关各部的负责人。座谈会总结交流畜牧业工作经验，研究了各类地区的特点，提出了发展畜牧业的方针和任务。座谈会还研究了畜牧业的社会主义改造、牧区的生产建设以及同畜牧业有关的经济工作问题。12 月 7 日，朱德在会上发表讲话，指出畜牧业是我国国民经济的一个重要组成部分。全国可分为三类地区，要根据不同特点发展畜牧业。邓子恢作会议总结报告。

座谈会认为，草原牧区发展畜牧业生产的方针应当是：在积极而又稳步地进行社会主义改造的基础上积极发展畜牧业，逐步改游牧为定居放牧，实行农牧业结合（首先是饲料生产）兼营畜产品加工业等副业生产，发展以牧业为中心的多种经济。山地牧区的方针应当是：在争取粮食、油料自给有余的基础上，在不破坏水土保持的原则下，积极发展畜牧业，发展农林牧副业相结合的多种经济。座谈会指出，不论草原牧区和山地牧区，它们的任务都是：不仅要发展牲畜，而且要外调牲畜，不仅要供应肉食和畜产品，而且要对农业区畜力不足的地方提供耕畜和役畜。一般农业区必须克服对畜牧业重视不够的现象，要充分认识农业和畜牧业的相互依存关系，必须大量发展畜牧业，逐步做到所需牲畜自养自给或部分自给。座谈会要求当前各地必须做好保护牲畜安全过冬的工作，同时立即着手进行耕畜调剂工作，以解决部分地区的耕畜不足问题，保证 1958 年春耕能够适时进行。

11 月 25 日

［纲　文］　**商业部发出对今后物价工作安排意见。**

［目　文］　意见要求：严格掌握工业品的批发牌价和零售价格；工业品价格实行分

工管理制度；改进工业品按质论价工作；合理调整工业品地区差价。

11月25日

［纲　文］　**全国总工会发出《关于组织职工讨论国务院关于工人、职员退休处理暂行规定等四个草案的通知》。**

［目　文］　《通知》说，11月20日国务院公布了关于工人、职员退休处理暂行规定等四个草案，并要求结合整风，组织职工进行讨论。工会各级组织应该积极地协助政府和企业行政进行这项工作。劳动工资和劳保福利问题，是关系着广大人民生活的重大问题，也是体现社会主义生产和分配之间的关系的重大问题。在组织职工讨论的时候，要充分运用大鸣大放、大辩论、大字报等形式，采取摆情况、讲道理、算细账、回忆对比等方法，使职工真正理解中央所规定的从六亿人口出发、统筹兼顾、适当安排的基本方针，理解生产与生活、工人与农民以及工人阶级内部的正确关系。工会各级组织应当组织职工以高度的责任心踊跃地参加这次讨论。工会组织除了向职工进行宣传解释之外，还应当注意汇集职工在讨论中的意见与要求。各省、自治区、直辖市工会联合会应将职工讨论的情况和意见，于12月20日前后汇总报告全国总工会。

11月25日

［纲　文］　**周恩来出席中共天津市二届代表大会二次会议并会见天津各民主党派和无党派民主人士。**

［目　文］　11月23—30日，中共天津市二届代表大会二次会议召开。出席会议的代表649名。会议的中心议题是总结前一阶段整风和反右派斗争，讨论和确定如何继续整顿作风，改进工作的问题。

周恩来在会议上作了《关于世界形势和整风任务》的报告，报告说：我们正处在世界形势进入一个新的转折点的时代，世界形势的发展，决定于两个对立的社会制度的竞赛的过程和结果。社会主义体系占了优势。有了这样强大的社会主义阵营，我们还是要争取和平共处、和平竞赛。同时，要警惕帝国主义挑起战争的危险。今天美国发动战争的可能性并不是大过推迟战争的可能性。这个缓和世界局势的趋势，也就是我们在世界上的任务。关于国内的整风问题，右派分子利用我们党的整风，提出大鸣大放的口号，我们就让他们多放一放，一方面可以暴露，首先是资产阶级知识分子当中到底有多少反社会主义的议论和人物，另一方面也考验我们这个党经不经得起这种风浪。现在进行社会主义革命，不能说政治上、思想上解决了胜负的问题。改变政治关系、改造思想作风是长期的任务。反右派斗争也是个大任务，是过社会主义的关。

同日，周恩来会见天津市各民主党派和无党派民主人士周叔弢、杨亦周、张国藩、刘锡瑛等20余人，同他们交谈了全民整风的问题，并且希望他们积极参加这一全民整风的工作，支持国家工作人员下乡实行劳动锻炼，转变整个社会的风气。

11月25日—1958年1月7日

［纲　文］　**捷克斯洛伐克教育代表团考察中国教育事业。**

［目　文］　捷克斯洛伐克教育和文化部副部长杨·科托奇为团长。访问期间，代表团受到陈毅接见，并访问了南京、上海、杭州、广州、武汉等城市，考察了师范教育和普通教育。

11月26日

［纲　文］　**《人民日报》发表题为《储粮备荒，以丰补歉！》的社论。**

［目　文］　社论指出，我国的粮食虽然够吃够用，但是并不十分宽裕，特别是农业的收成因为经常受着自然灾害的影响还很不稳定，遇到灾荒，就有许多困难。因此，我国在粮食增产问题没有根本解决以前，在农业的技术改造没有完成以前，要渡过粮食的困难，保证人民生活的稳定，并使国家建设计划立足稳固，就必须举国一致地实行储粮备荒的方针。这就是说，除了国家必须在坚持统购统销的政策下实行“以丰补歉”、“增产增购”的方针以外，农业合作社和农民家庭也要在可能的条件下，设法筹集一定数量的粮食作为储备粮，以备灾年需用。这样做，对国家、对农业合作社、对农民都是有极大好处的。

储粮备荒是我国劳动人民世代相传的好办法。几年来我国粮食产量逐年增加，农民的用粮情况也有了很大改善，农业社和农民家庭已有可能开始逐步有计划地储备粮食。现全国农户中已有20%—30%的储粮户。各地的经验证明，储粮备荒的关键，在于精打细算，农村中节约粮食的潜力很大，特别是在秋收当中节约粮食更大有可为。农业社和农民家庭筹集储备粮，必须严格执行先国家、后自己的原则。就是说，农业社应该在保证完成国家粮食征购（包括增产增购）和压缩粮食销量的任务，以及解决社内投资的开支以后，从扩大公共积累中逐年拿出一定数量的粮食作为储备粮；农民家庭储粮主要是依靠平常精打细算过日子，省吃俭用，一点一滴地积累粮食储备。

11月26日

［纲　文］　**国务院转发监察部、劳动部《关于北京地区某些中央部门违反国务院指示增设机构增加人员和私自从社会上招收人员的检查报告》。**

［目　文］　国务院批示：各地区、各部门对增设机构，增加人员的现象进行一次检查，通过整风运动，坚决加以改正。重申必须加强劳动力平衡调剂工作，严禁从社会上私自招收人员。

11月26日—12月13日

［纲　文］　**全国对外贸易局长会议在北京召开。**

［目　文］　会议安排了1958年对外贸易出口计划，初步拟订了“二五”计划期间的出口货源长期规划草案。会议根据“二五”计划的要求，并配合农业发展纲要的实现，一致认为在“二五”计划期间，对外贸易必须大大发展。会议在讨论“二五”计划期间出口货源长期规划时，认为总的来说出口货源是比较紧张的。必须看到中国幅员广阔，资源丰富，农副土特产品品种繁多，因此出口潜力十分巨大。因之，除若干同人民吃、穿关系重大的主要商品必须继续限量出口外，各种工业品、矿产品、水产品、小土产、山货、手工艺品等与人民生活关系不大的物资，必须大力组织出口。会议要求各省、市、自治区

对外贸易局应在当地党政领导下，协同有关部门具体安排出口物资的生产规划，并且在统筹兼顾的原则下，正确安排这些出口物资的内外销比例，把出口物资的生产和供应规划列为地方国民经济规划的一个组成部分。为了有计划地发展出口商品生产，会议强调外贸部、各对外贸易专业公司和各口岸对外贸易机构要密切与供货部门的联系，依靠基层合作社，组织力量上山、下乡、深入厂矿，加强收购工作。在组织出口商品生产时，必须注意按照国外市场的需要，改进品质、规格、包装，以利对外推销。鉴于对外贸易对国家建设的重要作用，以及今后地方对外贸易任务势必大大增加的情况，会议认为各省、市、自治区对外贸易机构必须继续加强，因而单独设置很有必要。

朱德、陈毅到会讲话。12 月 6 日，朱德在讲话中指出发展对外贸易的重要意义，并对如何解决出口货源问题做出指示。

11 月 26 日

［纲　文］　**中国人民银行总行发出《关于调整现行放款利率的通知》。**

［目　文］　《通知》规定：一、废除过去各项特殊利率规定。过去几年来由于适应各种经济成分及某些特殊情况的需要，利率规定比较复杂。社会主义的经济制度已经确立，多种利率已无存在的必要。为简化手续，便于工作起见，把过去规定的各项特殊利率予以废除。二、合营银行往来利率因其本身不进行独立核算，支出完全由银行贴补，故无计息的必要，此项利率可予废除。建设银行往来利率改为月息 1.2‰。三、侨眷生活贷款，侨生小额贷款，市民房屋修缮贷款以及中西医联合诊所放款利率一律比照城乡个体放款利率 7.2‰执行。四、对全国各地外交机构存款的利率统一为月息 1.8‰。五、为鼓励国外保险公司积极将外汇调回国内，规定国外保险公司人寿险准备金外汇调入时，专户存储利率按年息 5% 计；其他保险公司存款利率仍一律按月息 1.8‰执行。六、逾期放款利息按原订利率加息 10% 的规定不变。七、各地在执行利率中，如遇特殊情况或个别业务总行未规定有利率者，可由各省、直辖市、自治区分行酌情处理，必要时报请省人民委员会批准后执行，并报总行备案。八、关于存放款结息期问题，自从 1953 年中财委规定银行存放利息的结息期为“半年以上者半年结息一次，半年以下者到期结息”以来，各地执行情况不一。为了便于和企业财务计划结合，各地可结合企业财务管理制度的具体情况，与企业协商后，由各省、市分行自行规定；一般地对国营及定息的合营企业的存放款可以按季结息一次，对农业社放款，个体农民放款，个体手工业放款，小商贩及其他个体放款，未定息合营及私营企业放款可在还款时结息。对活期储蓄一年结息一次，定期储蓄到期结息。九、新的利率方案自 1958 年 1 月 1 日开始实行，1957 年 12 月 21 日至 31 日的利率仍按原订利率计算。1958 年各行计算利息时可分两段计算。

11 月 26 日

［纲　文］　**卫生部发出《中国协和医学院与中国医学科学院合并的通知》。**

［目　文］　《通知》指出，合并后仍称中国医学科学院。协和医院为其附属医院，称为北京协和医院，受中国医学科学院领导。

11月26日

［纲　文］　**毛泽东、刘少奇、周恩来电贺阿尔巴尼亚独立45周年、解放13周年。**

11月26日

［纲　文］　**国务院六办发出《关于确保飞行安全的指示》。**

［目　文］　《指示》主要内容如下：一、根据整风精神，对全体人民必须推行深入的政治思想教育和加强组织性、纪律性教育；经常的反对骄傲自满、纪律松弛等不良倾向，对每件违纪事件要严格追查处理并在全体人员中进行教育，培养自觉的遵守纪律、贯彻制度的良好习惯。二、各级领导应经常重视飞行安全。要勤于检查，总结经验，抓住典型的责任事故，认真处理，教育大家。三、结合大整大改，对现行工作条令、制度等进行审查，交群众广泛讨论后加以改进，贯彻执行。四、根据《国务院关于国家行政机关工作人员的奖惩暂行规定》，民航局应结合民航企业的具体情况，制定实施办法，认真执行。

11月27日

［纲　文］　**国务院召开常务会议。**

［目　文］　会议由周恩来主持，原则同意《关于改进外事工作体制的方案》、《关于调整加强对外文化工作机构的方案》。会议决定，根据以下各点修改两个《方案》：一、中国是个大国，目前外事活动的局面已经打开，今后的国际活动还会逐渐增多。我们正在创立一种新型的国际关系，它的特点是通过和平友好、文化交流和贸易来往来进行广泛的活动，远较通过外交途径进行活动的范围为广。这种形势要求有一种新的组织形式与之相适应。二、外事工作的组织形式应该根据集中领导、统一安排、分工负责、加强联系的方针加以考虑。建议在中共中央设立一个外事小组，制定对外工作的方针、政策、统一规划。同时在国务院设立外事办公室，根据中央确定的方针、政策，进行统一安排和督促、检查、总结等。三、对外事工作要求是：提高质量、发生作用、扩大活动、加强协作。

《关于改进外事工作体制的方案》说，对外工作的现行体制的基本缺点是，对外工作缺少一个总口。这不仅妨碍了方针政策步调上的统一掌握，而且也不利于对外工作的专业化。建议设立六个口子分管各方面的对外工作：外交部、外贸部、对外文化联络委员会、廖承志同志办公室（管理各部门对日本、泰国、马来亚、菲律宾的各种性质的对外活动）、科学规划委员会、党中央联络部。成立国务院外事办公室统一掌管六个口子的对外工作，机构应该短小精干，编制在20人左右。

《关于调整加强对外文化工作机构的方案》提出，在国务院之下，设立对外文化联络委员会，总管对外文化工作。委员会在国务院领导下，承办对于全盘对外文化活动的规划、审核、检查和督促，直接集中领导一些不属于各有关部门，或不宜由某一部门单独进行、或牵涉到较多部门的对外文化工作。原对外文化联络局予以撤销。中国人民对外文化协会和对外文化联络委员会对外是两块牌子，对内基本是一个班子，全部编制人数，不超过300人。

11 月 27 日

［纲　文］　**中共中央批转中共北京市委《关于国营厂矿企业整改工作情况的报告》。**

［目　文］　批语指出：中央认为，北京市在工人群众大鸣大放之后，紧接着就坚决转入整改阶段的做法是正确的，经验已经证明，这样做是比较好的。各地在工人群众大鸣大放以后（科室人员在外），在农民群众大鸣大放以后，除开个别有特殊情况的单位以外，一般地说，都应该紧接着进入整改阶段。应该在群众鸣放高潮的基础上，干部和群众齐心努力狠狠地改进工作。

11 月 19 日，中共北京市委在《报告》中指出：北京市的 73 个国营工业和交通、运输、邮电、市政企业的整风运动从 9 月下旬开始进入改进工作的高潮。在整改（大鸣大放）期间，广大职工群众围绕着如何办好社会主义企业这个中心问题，提出了大量的有利于改进企业管理、增产节约、提高生产、改进领导作风等方面的意见，表明群众要求改进工作的积极性很高。截至 10 月 31 日，40 个大单位 13.6 万名职工提出了 85 万条意见，其中有 69 万条已经解决，6 万条正在解决，两项共占 88%。属于生产行政工作方面的问题解决得最多，效果也比较显著。许多干部开始纠正简单粗暴和工作不深入的作风，并且开始改进和群众的关系。在生活福利方面，主要是解决了一些在工厂权限内能办到的事情，其中有些问题因为关乎群众切身利益，看来事情好似不大，但解决以后，影响很好。领导上又快又狠地改进工作，使工人群众政治积极性和生产积极性大为发扬。国营工业 9 月份生产总值完成计划 106.8%，比上年同期提高 10.5%；第三季度总产值完成计划 111.5%，比上年同期提高 12.9%。保证了整风生产两不误。从以上的情况来看，充分说明了在群众鸣放高潮中解决问题、改进工作的速度是很快的。但是开始的时候，有些工厂的领导对大鸣大放以后是转入反右，转入批驳工人中的错误意见，还是转入整改，是不明确的。因此，有些领导同志想在工人大鸣大放之后就立即转入反右，或立即转入社会主义大辩论，反驳职工对于工资福利方面提出的错误意见。整改还在刚刚开始，如果这样做就会妨害群众积极性的发挥，增加群众的顾虑，并且会放松整改工作，不利于整改。我们认为必须抓紧时机，在高潮中把工作切实改好，目前还不宜转入以大辩论为主的阶段。

11 月 27 日

［纲　文］　**中共中央批转《河北省委关于当前水利建设运动情况向中央的报告》。**

［目　文］　批语指出，这个报告说明，党委负责，书记动手，全党动员，依靠群众，勤俭办水利，是能够掀起一个千军万马的群众运动的。群众的力量，不仅能够兴修小型水利，而且还能够做到不要国家补助修建一些中型工程，他们说："不用国家投资也能办，何必把好事推迟。"全国各地兴修水利运动已开展起来，很多地方的情况大体上和河北相仿，但也有些省、地、县委，没有亲自动手，而把运动都推给水利部门去管。在这样的地区，除了有些乡社的好的典型外，还看不出全专区、全县的有计划有领导地兴修水利的热潮，或者虽然有个别专区和若干县做得较好，而其他专区和县却干得很不起劲。请各地检查一次。务必加强兴修水利和积肥的领导，加强冬季的田间管理，以争取明年的大丰收。

这是目前农村几项中心工作，务请抓紧做好。

［文　献］　河北省委关于当前水利建设运动情况向中央的报告

（一九五七年十一月十三日）

目前规模壮阔的群众性的水利建设运动，正以千军万马之势，在全省普遍展开，目前已经形成高潮。全省投入水利建设的劳力达三二〇万人以上。不少县出动的劳力占总劳力的百分之七、八十；威县投入水利、积肥运动的有十二万人。宁津县田庄乡一天打井十二眼，该乡二五〇眼井的任务，年前可全部完成。许多农业社做到“村村无闲人，队队有活动”。沧专计划在十一月份发动一三〇万人投入运动，其中搞水利的八十万人。为加强运动领导力量，全省参加水利的各级干部约两万余人。

平原地区的打井、开渠、低洼地区的改造和山区的水土保持运动已全面展开。据不完全统计，打新井、修旧井二十二万多眼，打机井四五八眼，销售水车一万多辆，抽水机一二二台，开新渠、修旧渠六、三〇〇条，平整土地近百万亩。平原防涝和低洼地改造工程，仅天津、沧县、石家庄三个专区已完成沟洫畦田二三八万多亩；洼地改造完成土方二、〇〇〇多万公方，天津专区的进度是一天四十多万公方。沧县专区南运河两岸十五华里地带的洼改工程，每天有四十多万人挖渠，现已完成土方近千万方。

山区水土保持工程，据张家口、唐山、保定、石家庄、邢台、邯郸六个专区的统计，已完成和正施工的中、小水库四〇五座，完成谷坊二万七千多座，梯田等田间工程八四、〇〇〇多亩，行唐县计划今冬动工小水库七十四座，现已开工一〇三座，超过原计划百分之三十九。张家口专区各县已组成八八七个水土保持专业队，共二三、〇〇〇多人，蔚县、万全、怀安等县先做阴坡，后做阳坡的方法，延长冬季施工期，并争取春天的活冬天做，提前完成明春的任务。内邱县柳林乡的群众提出“山硬、硬不过决心，山高，高不过脚心，沉香劈山救母亲，我们劈山为人民。”“荒山岗岭变水田，沟谷挡坝修水库”动员全乡农民积极投入水土保持工程。

大、中型基建工程已有二十八项开工，投入三十多万人，完成土方一、〇〇〇多万公方。四女寺减河工程由于开展了劳动竞赛，进度加快，我省今冬七〇〇万公方的土方任务，半个月的时间已完成百分之九十以上，有的县已开始了一九五八年的施工任务。土方定额提高了百分之三十，可节省国家投资一、三〇〇万元。

今年水利建设运动的突出特点是动手早，行动快，规模大，劲头足。大部分地区的这次水利建设高潮，从十月中旬开始，到十一月初，半月多的时间，即组成三百多万劳动大军，一齐出动，声势迅速遍及全省。运动一开始就在山区、平原、洼地全面展开并做到与当前生产活动密切结合。很多地区都是一面修工程，一面抗旱浇麦；有的是“月光之下修好渠，次日清晨就浇地”；为了争取时间，不少地区灯笼火把，连夜轮班，突击打井，做到"修成一口用一口，能浇一分是一分。"从当前情况看，运动的规模比一九五六年更为壮阔，更为广泛，更为深入；群众的劲头比一九五六年更足。

从前一段运动当中，我们感到有以下几点体验：

第一、书记动手，全党办水利。运动一开始，省委即提出全党全民办水利，并强调第一书记亲自动手，抓深抓透，这对迅速掀起水利高潮有重要的作用。目前从省委第一书记，到村支部书记，都亲自动手掌握起运动。省、专、县也都建立了水利建设委员会和办公室，大部分乡社成立了水利指挥部或增设了水利股。邯郸、邢台两专区参加水利运动的县委委员有二六〇多人，均由书记挂帅。张家口蔚县、涿鹿等十四个县已有三八〇个乡成立了委员会，参加这些机构的县、乡干部达二、二九八人。柏乡县半数以上的社成立了水利股。唐山地区决定从地委书记到乡党委书记，每人都要亲手搞好一个重点；地委第一书记抓到乡，县委第一书记抓到村。这样层层抓下去，就便于通过重点，指导全面；并且有助于克服领导上的官僚主义和改变领导落后于群众的现象。

在省水利积肥积极分子会议之后，省委随即组织处长以上干部三十多人，由省委书记带领深入各地检查，亲临战场，就地指挥。各地委的主要力量也都深入乡、社和工地具体指导水利运动。有的地、县委书记和群众在一起担土、挖坑泥，影响很大。承德地委书记、专员、司令员带领专、市干部六千人参加劳动，搞水土保持工程。十一月初省委又召开电话会议，用鼓励先进，督促落后的方法，推动运动。通过这些措施，对克服保守思想，迅速轰开局面，掀起高潮，有很大的推动作用。

第二、提高社会主义思想，克服右倾情绪。一九五六年下半年以来，出现一股歪风，因而右倾思想严重滋长，障碍了群众性水利事业的发展。为了纠正右倾思想，组织生产大跃进，我们曾召开了一系列的会议，肯定和总结了一九五六年水利运动的成绩和经验，批判了右倾保守思想。在三中全会之后，省委当即在北京召开了地委书记会议，突出地研究了水利问题，在会上谭震林作了指示，提出生产大跃进的口号，对大家鼓舞很大，因而信心与劲头就更足了。十月份省又召开了水利、积肥积极分子代表会议，会上许多先进的增产事例，说明组织跃进完全可能，进一步坚定了领导上和群众的信心。同时各地委召集专门研究水利的县委书记会议大都有三次之多，最近更普遍召开了或正在召开三级、四级干部会议和积极分子会议，广泛发动与组织了以水利建设与积肥为中心的农业生产运动。同时省、专、县组织了三万二千多干部到各先进地区进行了参观，通过实地学习，交流经验，大大地提高了积极性。

由于克服了右倾保守思想，提高了水利建设的积极性，全省发展灌溉的计划，经过各地讨论研究之后，由原定六五〇万亩，提高到八〇〇——一、〇〇〇万亩。水土保持任务由原定六、〇〇〇平方公里，提高到七、二〇〇平方公里。不少地区在贯彻布置任务中，多是下面比上面的计划增大，县比专大，乡比县大。承德、邢台专区水土保持经县讨论后，比原计划增加一倍多。不少的县份提出为实现生产大跃进，在一九五八年内达到全面水利化，并拟定了具体措施。满城县的口号是“五亩一口猪，每亩万斤肥，全县水利化，产量过黄河”“千斤粮、万斤薯、皮棉一百斤、稻谷一千五”，通过打新井修旧井三、二一〇眼，开渠扩浇七五、〇〇〇亩，平整土地十万亩，水土保持控制流域面积一二二平方公里，达到全县水利化，加上积肥和其他措施，平均亩产由一九五七年三二三斤提高到四四四斤，皮棉提高到亩产七十斤。文安县崔马庄农业社在今年洼地改造亩产稻谷六五〇斤的基础上，继续改造洼地四七五亩，亩产提高到一、一五五斤。

在乡、社，结合目前农村社会主义教育，展开生产大辩论，是打破干部群众保守思想和推动水利运动的动力。如抚宁县长征农业社，经过一场水利大辩论，一致认识到过去打井增了产，经过讨论，重新修订了今冬明春的水利建设计划，把四、〇〇〇亩旱地变为水浇地，粮食计划亩产由三八〇斤提高到六五〇斤，全乡的公积金提高到百分之八，扩大公积金一四、〇〇〇元投入水利建设。邢台县前炉子乡，讨论全国农业发展纲要（修正草案），展开了大鸣大放，经过讨论后，全乡十一个社在今年平均亩产粮食四〇四斤的基础上，今冬明春再把六、〇〇〇亩旱地变为水浇地，明年有六个社的产量可以过黄河（五〇〇斤），四个社可以过长江（八〇〇斤）。经验证明：只要发动起群众，展开生产大辩论，鼓励先进、带动落后，才能克服右倾保密思想。

第三、充分发动与依靠群众，就能解决水利建设的物力、资金和技术上的困难问题。实践中证明，只要把兴修水利工程和群众利益密切结合起来，把水利建设事业变成群众自觉的行动，他们就能发挥出巨大的集体力量。在投资问题上，据沧县专区的黄骅、献县、沧县、孟村四个县统计，群众投资即达五〇〇万元，估计全区可达到二、〇〇〇万元（不包括出工），相当国家对该区水利投资的四倍多。在解决技术问题上，只要群众行动起来后可顺利得到解决，沧县专区运河沿岸没有列入一九五八年改造计划的工程，群众自己进行了勘察，有的已经动工，他们说不用国家投资也能办到，何必把好事推迟。许多社采取了师傅带徒弟的办法，培养技术人材。因而依靠群众的智慧，总结和推广群众的各种经验，培养群众自己的技术力量，这是解决技术力量不足的重要办法。在动员群众投资时，只要是做好思想发动，透彻地阐明，兴修水利，发展生产和社会主义建设的关系，从而提高群众的自觉性和积极性，同时对群众的投资制定出合理付息和定期归还的办法。这就能够充分地发挥出群众的无穷潜力。

我们感到在局面轰开，运动开展起来以后，从领导上必须注意解决在运动中出现的各种问题，也就是要求领导上更深入一步。从前一段运动情况看，有这样几个问题值得注意：

1、加强对运动的具体领导，一方面督促落后地区迅速赶上去，克服运动不平衡现象，另一方面也是重要的一面，就是在运动掀起之后，领导必须前进一步，迅速转变一般化的领导，深入下去总结经验，具体解决问题，把运动引向深入，工作要作得深入细致切实，既要注意数量，又要注意质量，从而使运动健康持续而发展。

2、必须继续强调贯彻勤俭办水利的精神，省委从开始部署运动就强调了这一点。天津、邯郸地区不少乡社贯彻勤俭办社的精神，依靠群众的力量，提出能不买的不买，用旧存物品解决，使用废碾台、碌柱、破桥、台阶石修闸修涵洞，砖是土窑自已烧，木料用破车、废房架，自己出劳力，揣着馍馍去干活，大大节省了资金，修作了更多的工程。但是也有少数乡、社计划过多地添置机器，出工要工资，工程规模搞的过大等，违反勤俭办水利事业的精神，应加以防止。

3、平衡水量，合理分配用水。运动掀起以后，对用水的要求极为迫切，有水就要利用，有水就要修工程，特别是地上水，水源有限，无计划地引用，常常会引起地区与地区、上游与下游、左岸与右岸之间的矛盾。雄县在大清河上打拦河坝，截水浇地，南运河许多县都要引水发展稻田，但水有一定限量，不能充分满足。因此必须迅速解决地上水的计划分配问题，以免影响生产，造成损失。并且应该大力开发地下水源，修打利用各种水井，以弥补河水的不足。

4、大力开展冬浇和蓄水工作，为了警惕明年春旱，保证小麦增产，当前一面抓紧修建新工程，一面作好冬浇和蓄水工作，把兴修水利和当前生产密切结合起来，入冬以后提倡养冰积雪，增加水源。

5、注意工程质量和安全施工。大规模的群众性水利运动，局面轰开以后，群众情绪高昂，迫切兴工，一下修很大数量的工程，很自然的是追求快多，因领导上和技术力量又不能很快赶上去，很容易忽视质量和安全，目前已发现有的小水库清基不好，土方夯打不实和个别死伤事故。此一问题已引起省、地委的重视，强调领导上要赶上去，全面贯彻“多、快、好、省、安全”的原则，力求避免质量低劣和工作事故的发生，并保证工程效能，以免挫伤群众在水利建设上的积极性。

资料来源：中央档案馆馆藏档案。

11月27日

［纲　文］　**教育部印发《关于中学和师范学校社会主义教育课教材目录及说明》。**

［目　文］　《说明》主要内容如下：一、中学和师范学校设立社会主义教育课的目的，是要提高学生的社会主义觉悟，破除资本主义思想对学生的影响，换句话说，就是要“立社会主义思想，破资本主义思想”。二、中学和师范学校的社会主义教育课决定以毛泽

东的《关于正确处理人民内部矛盾的问题》的报告为中心，选辑有关文件和人民日报社论等作为教材。三、社会主义教育课的重点应当是初三和高中各年级。初中一二年级同初中三年级及高中可以采取不同的方法进行。四、这门课的教学必须贯彻理论和实际紧密结合的方针。五、供教师用的教学参考资料，由各省、市自己编辑。六、中学和师范学校各年级都必须有经常的时事政策教育，教学时间、办法、教材等由各省、市自行规定。七、为着搞好社会主义教育课，各地教育行政部门必须在党委领导之下，加强对这一工作的领导，切实注意挑选和培训政治课教师以及总结和交流经验的工作。八、学校对学生的社会主义思想教育必须与劳动教育、文化科学知识教育等全面规划，统一安排，切实防止互相牵制，造成忙乱和学生负担过重的现象发生。政治课教师、班主任和团队工作干部必须在学校党组和学校行政领导之下，互相密切配合，共同努力，搞好学生的社会主义思想教育。《说明》附件分别列出初一二年级、初三、高一二年级、高三社会主义教育课教材目录。

11月27日—12月5日

［纲　文］　**中央监委在北京召开七省市监委副书记座谈会。**

［目　文］　北京、上海、辽宁、河北、河南、山东和广东等七个省、市监委副书记出席了座谈会。会上，各地汇报了监委参加整风运动、反右派斗争的情况，以及党员违反党纪的情况，着重研究了对党内右派分子和其他坏分子处理上的一些问题。会议认为，1956年以来贯彻第二次全国党的监察工作会议的精神，批判执行纪律中的右倾思想，对正确执行党的纪律方针起了积极作用。各级监委在具体执行纪律方针、政策上成绩是主要的。同时，从反右派和整风运动中反映的情况来看，党的纪律松弛的现象是比较普遍的，右倾思想仍然是这个时期监察工作的主要倾向。“左”的倾向，在某些地方也存在。会议指出，监察工作干部必须认真学习马列主义和党的方针政策，学会运用阶级分析的方法观察问题，严格区分敌我问题同党内是非问题的界限，克服右的和“左”的思想倾向，从实际出发，实事求是；必须首先纯洁党的监察队伍。会议讨论了党的监察机关精简机构和调整干部问题，强调监察机关的反右派斗争必须在党委领导下继续深入开展。12月28日，中央监委就这次座谈会情况发出了通报。

11月27日

［纲　文］　**毛泽东、刘少奇、周恩来致电南斯拉夫联邦人民共和国国家领导人，祝贺南斯拉夫国庆。**

11月27日

［纲　文］　**《人民日报》发表题为《开辟盲人生产自立的道路》的社论。**

［目　文］　社论说，在中国共产党和人民政府的关怀下，新中国的盲人事业正在成长。盲人工作的主要任务和中心环节，就是随着国家经济建设的发展，逐步扶持和组织盲人生产自立。除了少数盲人能培养他们从事其他职业以外，在过渡时期内，要逐渐使有劳动力的盲人能够通过参加各种各样的生产劳动的道路，摆脱经济上的依赖状态和政治上、

文化上的落后状态，能够和健全人一样地参加各种社会活动，成为祖国社会主义的积极建设者。我国80%以上的盲人分布在广大的农村。在过去，分散的小农经济无法发挥盲人的劳动潜力，在今天农村已经合作化的条件下，农村青壮年盲人就有可能在农业生产合作社中得到适合于盲人的工作。至于扶持城市盲人生产，应当采取“因地制宜”的方针。一般地区应以从事手工业为主，一些有条件的工业城市则可以建立半机械化或者机械化的生产。在吸收对象方面，一般地应当首先吸收生活困难的盲人。组织形式可以参加到现有的贫民生产单位，使盲人组成一个小组、一个车间，担任适合于盲人特点的工序。在有条件的城市，还应当建立以盲人为主（盲人占60%—70%）的工厂或生产合作社。保证原料供应和产品销路是发展盲人生产事业的重要条件。由于目前盲人生产门路不多，盲人生产效率较低，生产经营上存在很多困难，需要各地手工业、供销、商业等部门在供产销方面予以支持和照顾。盲人生产事业是一项新的事业，虽然工作中会遇到一些困难，但是，我们确信，在党和政府的领导下，在国家和社会群众的积极支援下，盲人群众将会百倍地努力，克勤克俭，建立和发展盲人生产事业，实现他们的理想——把自己的力量贡献给祖国社会主义建设，创造自己的幸福生活！

11月28日—12月12日

［纲　文］　**第六次全国计划会议召开。**

［目　文］　会议由国家经委召集，各省、市、区计委负责人参加，主要议程是讨论1958年国民经济发展计划。国家经委主任薄一波在会议开幕式上作《关于经济部门整风问题的报告》，国家经委副主任贾拓夫作《关于编制1958年度国民经济计划草案的说明报告》，国家计委主任李富春在会议期间作《关于今后的建设任务和方针的报告》。12月12日，薄一波作了本次计划会议的总结报告。会议期间，还召开了对国家计委和国家经委提意见的“鸣放会”。

会议根据全国农业发展纲要和15年后在钢铁和其他重要产品的产量方面赶上或者超过英国的战略任务，结合第二个五年计划的建设任务，拟定了1958年国民经济计划草案。主要指标安排是：基本建设总投资130.59亿元，比原提出的控制数字增加13.46亿元。工业总产值724.9亿元（包括手工业），比控制数字增加24亿元。农业总产值642.5亿元，比控制数字增加11.6亿元。主要工农业产品产量指标，钢610万吨，煤14872万吨，棉花3500万担，比1957年都略有增加。粮食3920亿斤，比1957年减少了40亿斤。这一年的计划安排，在物资购销方面基本上可以保持平衡。草案规定的国民经济所达到的水平，比本年7月间全国计划会议所拟定的1958年国民经济控制数字规定的水平提高了很多。

12月3日，朱德在会上发表讲话。他指出，国际形势发生很大变化，这就要求加快社会主义建设速度。第二个五年计划，大致要按照中共八大建议的盘子去制订。其中带头的工业是钢和煤。只有这两种工业生产足了，其他工业才能发展起来。第二个五年计划期间，关键问题是搞到更多的外汇。主要的办法是多出口工业原料，当然经过加工后再出口更好。

11月28日

［纲　文］　**国家工商局批复同意全国工商联《关于解决资方人员代理人酬劳问题的意见》。**

11月28日

［纲　文］　**聂荣臻在中国农业科学院召开的讨论1958年全国农业科学研究计划会议上作报告。**

［目　文］　中国农业科学院的科学家、中国科学院有关研究所和北京农业大学的科学家和教授听取了报告。聂荣臻指出，我们从来就主张科学研究工作必须理论结合实际，必须使提高科学水平和为生产建设服务密切相结合，克服个人主义和宗派主义作风，有组织有计划有重点地进行科学研究工作；建立农业科学的领导中心是一项重要任务；充分发挥科学家的作用，重视青年技术人员的培养。最后聂荣臻还提出了农业科学工作中应注意的几个问题。

11月28日

［纲　文］　**台湾当局的"昆阳"军事演习正式开始。**

［目　文］　这是国民党到台湾后举行的规模最大、以大陆为假想敌的军事演习。12月6日，蒋介石检阅演习部队。此后，海峡两岸军事对峙逐步升级，局势甚为紧张。

11月28日

［纲　文］　**周恩来接见以化工部副部长侯德榜为团长的赴日考察团。**

［目　文］　周恩来指出，代表团是我国派往资本主义国家的第一个技术考察团，你们是我国政府的代表，一定要处处遵守国家法令制度，严格纪律。你们的任务除了广泛地考察基本化工原料、化学肥料、化学纤维和化工设备以外，最主要的任务是充分了解联合制碱的工艺技术，以解决我国未能突破的关键技术问题。这次出访的目的，第一是求知，第二是求友。政治问题可以回避，但遇到反共、反苏的言论时须给予回击。这次要打下建立友谊的基础，广泛结交，并要详细了解日本化学工业的历史和发展概况。由于中日尚未建交，我国在日本没有代理机构，因此要依靠日本的进步组织、贸易机构和爱国华侨。

12月3日，应日本国际贸易促进协会及化学工业协会、硫铵工业协会等化学工业团体邀请，考察团一行14人赴日本对化学肥料及合成纤维等化学工业进行访问考察。

11月28日

［纲　文］　**江南造船厂设计制造的中国最大的一艘火车渡轮——"上海号"在上海下水。**

11月29日

［纲　文］　**一届全国人大常委会举行第八十六次会议。**

［目　文］　会议审议了周恩来关于1958年直辖市和县以下各级人民代表大会代表选

举时间的提案，经过讨论做出如下决定：1958 年县、市、市辖区、乡、民族乡、镇人民代表大会代表的选举，必须在 1958 年 5 月 31 日以前完成；直辖市人民代表大会代表的选举，必须在 1958 年 6 月 15 日以前完成。会议听取公安部副部长周兴的说明后，原则批准《消防监督条例》。11 月 30 日，国务院公布实行。会议听取国家民委副主任谢鹤筹的说明后，批准了《吉林省前郭尔罗斯蒙古族自治县人民代表大会和人民委员会组织条例》。会议通过最高人民检察院提请批准任免陕西等 14 个省、市、自治区人民检察院副检察长、检察委员会委员、检察员名单。

11 月 29 日

［纲　文］　**国务院召开第六十三次全体会议。**

［目　文］　会议由周恩来主持，会议主要内容有：一、听取周恩来关于干部下放参加劳动锻炼问题的讲话，决定在中共中央的领导下，党政联合成立一个指导小组，以安子文为首负责统一安排，并代中共中央和国务院草拟一个规定。各部、各委员会、各直属机构，也要成立一个小组，专管这方面的工作。二、原则批准《关于讨论壮文方案和少数民族文字方案中设计字母的几项原则的报告》。《报告》说，壮文方案已在本民族中试用，受到壮族群众的普遍欢迎。《报告》介绍了关于少数民族文字方案中设计字母的几项原则：(一) 少数民族语言和汉语相同或相近的音，尽可能用汉语拼音方案里相当的字母表示。(二) 少数民族语言里有而汉语里没有的音，如果使用一个拉丁字母表达一个音的方式有困难的时候，可以用两个字母表达一个音；或另创新字母或采用其他适用的字母；个别情况也可在字母上加附加符号。(三) 语言中的声调，可在音节末尾加字母表示或采用其他办法表示或不表示。(四) 各民族的文字，特别是语言关系密切的文字，在字母形式和拼写规则上应尽量取得一致。三、批准《国家建设委员会关于武汉长江大桥工程验收的报告》。《报告》说，武汉长江大桥是一座铁路、公路两用桥。全部工程原批准预算为 1.72 亿元，完成的固定资产价值约为 1.28 亿元。该桥于 1955 年 7 月开始正式施工，至 1957 年 9 月完成，全部工程完成日期较原计划提前 1 年又 3 个月。大桥工程设计完善合理，表现在地质勘探资料齐全，桥址选择恰当；桥墩基础结构和钢梁结构的选定适用，结构应力方面安全可靠。验收委员会认为：正桥桥墩和钢梁稳定性很高，工程质量优良。引桥和铁路、公路联络线等工程质量良好。验收委员会对武汉长江大桥工程已全部予以验收，并于 1957 年 10 月 15 日交付正式使用。四、批准《爆炸物品管理规则》。《规则》对爆炸物品的制造、销售、购买、使用、持有、储存、运输都作了规定，于 12 月 9 日发布。五、通过《国务院关于江苏省设置灌南、通如、沙洲、黄桥等 4 县的决定》和《国务院关于撤销贵州省贵筑县的决定》。

11 月 29 日

［纲　文］　**《人民日报》发表题为《更深入地开展增产节约运动，掀起新的工业生产高潮》的社论。**

［目　文］　社论指出，在过去的 10 个月中，全国工业生产战线上的全体职工坚持开

展增产节约运动，保证超额完成了工业生产计划。在原材料节约方面，多数企业的电力、煤炭、金属和其他原材料的消耗定额都大大降低。从总的方面来看，本年增产节约运动的发展是健康的，正常的；它对于克服原材料不足的困难，保证工业生产活动的顺利进行，推动 1957 年度生产计划的完成，都具有决定性的作用。本年的增产节约运动虽然已经取得很大的成绩，但它的发展仍是不平衡的。在全国范围内，还有一些部门、地区、企业没有能完成国家计划。有些单位由于增产节约有些成绩，又发生自满、松劲和运动停滞不前的现象。

社论说，在我国工业生产中，目前存在着哪些薄弱的环节应该作为今后增产节约的重点呢？一、应该充分和合理地利用各种原料资源来增加生产。二、需要加强经济协作配合和地区平衡工作。三、加强对原材料和资金的管理，制止浪费现象。四、加强劳动工资工作，紧缩企业管理机构，加强劳动纪律，提高出勤率，不断促进劳动生产率的增长。社论强调只要我们能大胆、坚决、彻底地改正错误缺点，并且更深入具体地领导一切经济活动，就能够更有力地保证增产节约运动的进一步开展。

11 月 29 日

［纲　文］　**全国总工会第七届执委会举行第六次全体扩大会议**。

［目　文］　全国总工会第七届执行委员、候补执行委员出席会议，全国总工会各部门和各产业工会负责人列席会议，共 100 多人。会议讨论了即将举行的中国工会第八次全国代表大会的有关事项，原则通过提交大会的报告和文件，推选赖若愚等代表第七届执委会向大会作报告。会议还通过了向大会建议的大会主席团、大会代表资格审查委员会等组织机构的名单，通过了大会会议日程草案。

本日，中国工会第七届经费审查委员会举行会议，讨论通过了提交大会讨论的关于工会经费审查的报告。

11 月 29 日

［纲　文］　**教育部做出《学生军训试点工作结束报告》**。

［目　文］　《报告》指出，自 1955 年冬季开始在部分高级中学、师范学校实施军训试点工作以来，截至 1956—1957 学年度止，全国有 26 个省市的 108 所高级中学和 19 所师范学校开设了军事训练课程。在试点中取得了一定的成绩和经验，也存在着一些不易解决的问题，最主要的是学生课业负担过重，再加上军训就更感紧张；同时对武器、器材和师资等方面，一时也难以满足学校军训的需要。经教育部与高教部、国防部研究，认为在学校实施军训为时尚嫌过早，故决定将学生军训试点工作暂时停止进行。

7 月 2 日，教育部、高教部、国防部发出了暂停军训的联合通知，接着教育部又发了补充通知，比较具体地明确了人员、武器、器材、文件、图书等的处理，并要求各地对这次试点工作实事求是地进行全面总结。

11 月 29 日

［纲　文］　**江西上犹江水电站工程竣工**。

［目　文］　上犹江水电站位于赣江支流上犹江上，坐落于江西省上犹县陡水镇。该水电站是“一五”计划期间156项全国重点工程之一，是中国自行勘测、设计、施工的第一座坝内厂房式水电站。发电厂房置于混凝土坝溢流段坝内，主厂房长75米，宽11.4米，高12米，上层为发电机层，下层为水轮机层，厂房内设有4台竖轴式水轮发电机组，每台机组容量1.5万千瓦，装机总容量6万千瓦。

11月30日

［纲　文］　**国务院召开常务会议。**

［目　文］　会议由周恩来主持，主要内容有：一、原则同意《文化部关于改进体制、精简机构，下放干部的请示报告》。决议：（一）文化部必须负责制订全国文化工作的规划，负责组织和研究具体措施，以贯彻执行党的文化方针政策。（二）文化部直接管理的和准备下放地方和旁交有关业务部门以及准备合并裁撤的单位名单，由文化部按照电影、艺术、出版、文物、社会文化等方面分类分头研究修改。中央音乐学院以由文化部和天津市双重领导为好。（三）文化教育的体制规划问题，在文教各部的改进体制方案拟出后，再由二办综合提出方案。二、批准国家技委、国际贸易促进会、外贸部《关于奥、日两批技术专家前来我国访问及今后类似问题处理办法的请示报告》。决议：（一）由黄敬根据这个文件和李富春、聂荣臻、陈毅、张闻天的批示，写出几条方针原则，送中共中央批准。（二）技术合作是互利的。在这种活动中，我们的态度应该是开门见山、实事求是、讲信用。哪些为了贸易，哪些为了学技术，到我国来访问，哪些可以参观，哪些不可以参观，都讲明白，这样我们主动。三、原则同意薄一波《关于1958年进出口计划问题的报告》。决议：猪肉全部出口额必成数定为17.5万吨，期成数定为18.5万吨；下年粮谷出口定为195万吨。广州物资交流会上，各省、市提出的计划以外的出口货单，由程子华召集国家经委和外贸部研究。

11月30日

［纲　文］　**国务院公布《消防监督条例》。**

［目　文］　《条例》共12条，对消防监督工作的实施机关、消防监督机关的任务、消防组织的建立等内容做出规定。《条例》规定：消防监督工作，由各级公安机关实施。国防部及其所属单位，林业部门的森林，交通运输部门的火车、飞机、船舶以及矿井地下的消防监督工作，由各该主管部门负责，公安机关予以协助。消防监督工作，必须依靠人民群众，提高广大人民群众防火的警惕性，教育人民自觉地遵守消防法规，积极参加消防工作。消防监督机关的任务包括制订消防规则、办法和技术规范等7项。火场最高指挥人员在火灾蔓延必须进行拆除才能免除重大损失的时候，可以决定拆除毗连火场的建筑物和构筑物；在紧急需要的情况下，可以临时调动交通运输、水、电和医疗部门的力量。在企业、事业、合作社实行防火责任制度，这些单位的消防安全责任由本单位的领导人负责。在城市，根据防火和灭火的需要，由市人民委员会负责建立专职消防组织，列入公安机关

编制，所需消防经费由市人民委员会预算开支。在乡、镇和城市的街道，根据需要由县、市人民委员会建立义务消防组织。在企业，根据防火和灭火的需要，建立企业专职和义务消防组织。所需经费由企业开支。为了经常保持消防战斗准备，不得擅自将消防车辆、工具和装备使用在与消防工作无关的方面。对于在消防工作中有显著成绩的集体或者个人，给以表扬或者奖励。对于违犯消防规则、办法和技术规范造成火灾损失的人，或者虽未造成火灾损失但经消防监督机关通知采取防火措施而拒绝执行的人，情节轻微的，由公安机关给以治安管理处罚；构成犯罪的，由司法机关依法追究刑事责任。《条例》自公布之日起施行。

1957年11月29日，一届全国人大常委会第八十六次会议批准了《条例》。

11月30日

［纲　文］　劳动部做出《对有关〈国务院关于工人职员在企业之间调动工作后的工资和补助费的暂行规定〉的若干问题的解答》。

［目　文］　《解答》说，1957年7月29日国务院《关于工人职员在企业之间调动工作后的工资和补助费的暂行规定》颁发以来，不少地区和部门提出了一些问题，劳动部对所提的问题综合答复如下：一、工人职员在1957年8月1日以后，在企业之间调动工作的，本人原来的计时工资标准高于调入单位的计时工资标准的部分，一律不予保留。对于在调动工作以前原有的保留工资，可以按照原保留的货币数暂予保留。待今后有统一规定的时候，再改按统一规定办理。如果调入单位的计时工资标准高于本人原来的计时工资标准，其原来的保留工资，应该相应的抵消。二、工人职员调动工作以后与家属两地分居，过去按照“三七办法”发给工资的，应该在向本人进行很好的解释以后停止执行，改按本人所在工作单位的工资标准发给工资。三、工人职员在1957年8月1日以前在企业之间调动工作的，他们的家属在8月1日以后迁移的，不论合同上已经规定或者主管部门规定要发给安家补助费的，都一律不发给安家补助费。但是对于安家确有困难的，可以酌予补助。至于1957年8月1日以后在企业之间调动工作的工人职员，在收到国务院的规定以前，已经发给了安家补助费的，可以不扣还。四、工人职员在调动工作期间的工资，应该按照原工作单位本人原来的计时工资标准发给。工人职员在企业之间调动工作途中所需的差旅费，由调入单位发给。国家机关、事业单位与企业之间相互调动的工人职员，在到达调入单位之前所需的一切费用，一律由调出单位发给。五、技术工人在企业之间调动工作以后，各企业单位必须在确因工作需要而又非改变工种不可的情况下，才可以改变工种，并且应该尽可能的调做与本人原来技术相近的工种。对这些技术工人长期调做不同工种工作的时候，应该根据新调工作的技术的难易程度，给予最长不超过1年的学习技术的期限，在学习期限内，按照调入单位本人原工种原等级的计时工资标准发给工资；学习期满以后，即按照他新调的工作和新调工作的工资标准重新评定工资。如果新评定的工资低于本人原来的计时工资标准的时候，其差额部分，一律不予保留。职员调做生产工人的时候，都可以按照技术工人改变工种的办法处理。待国务院有统一规定的时候再按照统一规

定执行。

11月30日

［纲　文］　**《人民日报》发出题为《消灭血吸虫病必须贯彻综合措施》的社论。**

［目　文］　社论指出，近两年来的防治血吸虫病的工作是取得了很大的成绩的。目前在全国范围内已有近百万的病人得到治疗，出现了七个基本消灭了血吸虫病的县和100多个已经基本上扑灭了钉螺的乡；疫区开始缩小了，感染率降低了；不少过去的严重疫区现在已出现了欣欣向荣的气象；广大群众也从认识到血吸虫病的危害和消灭血吸虫病的好处，进而掌握了防治的方法，积极参加了血吸虫病的防治工作。但是，从两年的情况看，目前主要问题在于大多数地区还没有认真贯彻防治的综合性措施，即有的只注重灭螺，有的只注重治疗，有的只重视粪便管理等等。目前，在消灭钉螺、治疗病人、管理粪便、实行安全用水和个人防护这5个环节中，虽然已各有了一些有效的方法，但并不都是尽善尽美，尚有很多问题有待研究解决，也就是说，在目前还不具备突破一环就能够消灭血吸虫病的条件。因此，在这种情况下，防治血吸虫病必须采取综合措施。即既要积极预防，也要积极治疗，既要灭螺，也要管理粪便和实行个人防护，从各方面一齐动手，以使各项措施相互作用，取长补短，达到消灭血吸虫病的目的。贯彻综合措施必须因时因地制宜，并且和农业生产相结合。应该根据农业生产活动的规律和每项防治措施的适用时间、地点，确定防治工作每个时期的工作重点和进行工作的方式。各地都应该根据因地因时制宜的原则，定出年度和季度防治工作规划，确定不同时期的工作重点和具体要求，统一安排，使防治工作全面平衡发展，贯彻综合措施，以期逐步达到消灭血吸虫病的目的。

11月30日

［纲　文］　**枣庄煤矿完成东大井的恢复改建工程。**

［目　文］　枣庄煤矿建于1899年，出产的煤，火力强、灰分低，含硫和含磷量小，是很好的炼焦煤。该矿曾是中国三大煤矿之一，在解放战争中遭受严重破坏而停产。1952年该矿实行公私合营后，即着手进行恢复改建的准备工作。从开始恢复到东大井正式移交生产，已投资2825万元。重新投入生产后，该矿采煤和运输机械化程度大大提高，新型电机车和运煤机代替了过去的人抬筐、人推车和骡马拉扯等运输工具，地面装车全部实现机械化。

11月30日

［纲　文］　**新华社讯，武汉重型机床厂生产出中国第一台重型龙门刨床。**

［目　文］　刨床型号为7242A，重36吨，工作台长6米，宽1.5米，切削推力8吨，可以加工重10吨的金属部件。该刨床为试生产过程中的产品，经验收证明，性能和质量正常。

11月下旬

［纲　文］　**中国第一座半自动化的缫丝厂——国营绵阳丝厂正式投入生产。**

［目　文］　该厂采用了日本 YM 式快速惠南型自动缫丝机、千叶式 KC 型煮茧机、苏联乌兹别克选茧台等最新设备，生产效能高，投入生产后，可年产白厂丝 2631 公担。该厂为“一五”计划限额以上建设项目之一，于 1956 年 7 月动工兴建。

11 月

［纲　文］　**商业部发出《关于工业品价格管理工作制度（修正稿）》。**

［目　文］　11 月 15 日国务院公布了《关于改进商业管理体制的规定》，其中有如下规定：工业品的销售价格，主要市场和主要商品由中央各商业部规定价格，次要市场和次要商品由地方根据中央各商业部的定价原则自行定价。《制度》即根据上述原则精神制定。《制度》说，为了贯彻本《制度》，商业部设立物价局；专业局设立物价处（科）。各省、区、市商业厅、局可根据当地情况，设立相应的物价工作机构。《制度》就价格掌握职权、价格的管理与审查等作了具体规定。

关于价格掌握职权，《制度》规定：根据国务院确定的物价总水平，商业部掌握全国工业品价格水平；掌握主要市场上主要工业品标准品的批发价格；其余市场上的主要工业品和次要工业品以及主要市场上的次要工业品的批发价格，均由地方商业行政部门根据中央规定的价格制定原则和各种差价原则掌握制定。关于价格的审查和管理，《制度》说，基层国营商店物价工作的基本任务，是正确贯彻执行上级制定的价格和做好本身的定价工作，以及向上级反映情况，提供意见，为此应该逐步建立完善的基层物价工作制度。国营商业在同一市场同一商品的价格应该一致，兼营企业应服从主营企业的价格。公私合营商店及定股定息的合作商店的价格应分别归口领导。凡国营商业经营的商品，均应按照国营商业的牌价执行。国营商业没有牌价的商品价格也须适当加以管理。

11 月

［纲　文］　**农业部发出《关于进行化学肥料品种及施用技术试验和示范工作的通知》。**

11 月

［纲　文］　**中、苏、朝、越、蒙五国测绘科学技术会议在北京召开。**

［目　文］　各国代表团在会上共提出 28 篇报告，其中中国 18 篇，苏联 7 篇，朝、越、蒙各 1 篇。会议商定了五国天文大地测量网联测的细节，决定通过学术交流加强五国测绘部门之间的联系。会议期间，举办了中国测绘科技展览。会议结束时，聂荣臻会见并宴请了五国测绘代表团。

11 月

［纲　文］　**天津一六〇五厂建成投产，中国开始生产有机磷农药。**

11 月

［纲　文］　**五种文字对照的《五体清文鉴》由民族出版社影印出版。**

［目　文］　《五体清文鉴》约成书于清乾隆末年（1795 年），是一部由满、藏、蒙

古、维吾尔、汉5种文字对照的分类辞书，收词1.8万多条。

11月

［纲　文］　**《人民教育》休刊。**

［目　文］　休刊的目的是进行整风、检查刊物，总结7年来编辑工作的经验。1958年4月，《人民教育》复刊。

11月

［纲　文］　**设在北京图书馆内的全国图书联合目录编辑组成立。**

12 月

12月1日

［纲 文］ **中共中央同意共青团中央书记处《关于召开全国青年第三次代表大会和改变青联组织形式的请示》。**

［文 献］ **关于召开全国青年第三次代表大会和改变青联组织形式的请示**

中央：

最近，我们讨论了关于召开全国青年第三次代表大会和改变青联的组织形式等问题。现在将我们的意见报告如下：

一、关于青联的作用问题。我们有些同志曾经考虑过，鉴于我国社会主义改造基本完成以后，青联的工作，是否完全可以由共青团来做，青联是否可以撤销。经过了反复讨论后，我们认为青联还需要保留。理由是：几年来，各级团委运用青联这个组织，已经做了一些工作，起了一定作用。青联在国内外都有了相当的影响。事实证明，它是我们团结资产阶级青年，城市小资产阶级青年，少数民族青年中的代表人物和信仰宗教的青年，帮助他们改造思想和改变政治立场，引导他们参加社会主义建设的一个比较适合这些青年的特点和要求的组织；在国际活动方面，用青联的名义开展活动，特别是和资本主义国家的青年组织来往，更有许多方便和有利的地方；青联还能安排一些党外的青年代表人物，使共青团和党外人士保持一定的联系，听取他们的意见和批评，这样做，对于改进我们的工作有好处，对于党的统一战线工作，也起一定的配合作用。而且，有了青联这个组织，也便于我们去团结和领导基督教青年会等青年团体。因此，从我国当前社会主义改造和建设的实际情况看来，今后青联还有许多工作可做，保留它并且继续发挥它的作用，是完全有利而无害的。

二、关于改变青联的组织形式问题。过去青联实行代表大会制，每隔三年开一次全国青年代表大会。这在青联建立的初期是必要的，对广泛号召和动员各界青年参加国家政治生活，扩大爱国主义的统一战线都有作用。但是，现在国内情况和一九四九年建立青联的时候，已有很大不同。共青团的组织已经在全国普遍建立，青联的工作对象也主要是工商界、宗教界、少数民族青年和社会青年。为了适应这种实际情况，我们意见：今后除西藏及其他少数民族地区外，不再召开青年代表大会，由青联的全国、省和市的委员会为各级青联的最高权力机关。青联全国委员会的产生，采取由全国和各地区的青年团体协商推选代表，并邀请工会、妇联、文化、科学、体育等团体代表和一些同青年工作有关人士组成。各单位可根据需要撤换或递补他们的代表。在全国委员会下设常委会、正副主席、正副秘书长，其中安排一定比例的党外人士做工作。并设办公室、国内工作部、国际联络部等工作机构，和团中央的统战部、国际联络部合署办公。全国和省的委员会，每年开一次，市每年开两次。

三、关于青联的地方组织问题。目前，地方青联通组织有：省和自治区二十四个，西藏爱国青年联谊会一个，十万人口以上的城市（包括近十万人口的）和少数民族自治州一百三十三个，此外，江苏、四川两省在一九五六年社会主义改造高潮时，还建有县青联二十四个。根据几年来的工作情况看，地方青联的工作主要是在工商界、宗教界青年、社会青年和少数民族青年较多较集中的地区，小城市和县青联的工作对象很少。因此我们考虑，今后除保留大中城市和少数民族自治州的青联组织外，小城市和县的青联，可以取消。至于省青联，有些需要保留，有些也可考虑改为全国青联的办事处。这一点，请各省党委根据具体情况决定。

四、关于召开全国青年第三次代表大会的问题。按照青联章程的规定，第三次青代大会应在一九五六年召开。去年经青联全国委员会决定，延至一九五七年下半年开。现在各地正在进行整风和反右派斗争，还需要一定时间来摸清代表人物的政治情况。一九五七年下半年召开，也有实际困难，但又不宜延迟太久。因此，我们的意见，是在一九五八年春季召开。代表人数五〇〇——六〇〇人。会期五天。会议除简要总结过去工作以外，作一政治性报告，修改全国青联章程，协商组成新的青联全国委员会（委员拟安排二五〇左右）。大会结束后，即召开全国青联第一次全国委员会议。

以上意见是否妥当，请批示。

共青团中央书记处

一九五七年十一月二十一日

资料来源：中央档案馆馆藏档案。

12 月 1 日

［纲 文］ **刘少奇会见印度共产党政治局委员古普塔、中央委员潘尼亚。**

［目 文］ 刘少奇在谈到党的团结统一问题时说：实现全党的统一要有马列主义的思想和正确的政治路线，要取得大多数党员、干部和人民群众的信任，要经过长时间的考验，因此，不能性急，要忍耐，要等待，不能硬要统一，否则党会受损伤。要从实际工作

中总结经验和学习。没有正确的政治路线，党不能统一，而要形成正确的政治路线则不容易。党员中有人以为这样，有人以为那样，都认为自己正确，到底谁正确，要由实践来证明。在实践中，在失败中总结经验和经受考验，才知道谁正确。应当允许少数人保留意见，因为他们代表一部分党员的意见。在中央委员会和政治局中有不同意见是好的；没有不同意见，只有一个意见，那就危险。

12月1、2日

［纲　文］　**周恩来、宋庆龄分别致电印度总理尼赫鲁，悼唁爱德华博士逝世。**

［目　文］　前印度抗日援华医疗队队长、全印和平理事会副主席爱德华博士，应中印友好协会邀请前来中国访问，因病于1日上午在北京逝世。周恩来即致电印度总理尼赫鲁，唁电说：在中国人民最艰苦的日子里，爱德华博士率领印度援华医疗队在中国抗日根据地忘我地为广大军民服务。这次，又不顾年老体衰，应邀来新中国访问，在中国度过了他最后的一段时光。中国人民将永远以崇敬的心情纪念他，并且会继续努力加强两国人民的伟大友谊。最后，周恩来请尼赫鲁向爱德华博士的家属转致中国人民和他本人的亲切慰问和沉痛悼唁。2日，宋庆龄致唁电。唁电说，爱德华博士在我国抗日战争时期，代表印度人民率领医疗队来我国救死扶伤，给我国人民极大的鼓舞与帮助，他的伟大的国际主义精神将永远活在中国人民的心中。

3日上午，在北京陶然亭举行追悼会。主祭人周恩来、宋庆龄、印度驻华大使拉·库·尼赫鲁分别在遗像前献了花环，并焚香、合十致哀。周恩来致悼词，尼赫鲁大使讲话，他认为爱德华医生的牺牲精神以及他最后在中国逝世，树立了一个值得模仿的伟大榜样，这是一个进一步促进印中两国的传统友谊和合作的榜样。出席追悼会的有爱德华治丧委员会委员薄一波、叶季壮、章汉夫、楚图南、徐运北，曾经访问过印度的史良、老舍等，以及中央有关部门、人民团体、民主党派和北京市各界的代表共600余人。印度驻华大使馆参赞、使馆人员以及前来参加中国工会第八次全国代表大会的全印工会大会代表等也参加了追悼会。爱德华的骨灰，于12月7日由北京用火车运回印度。

12月1日

［纲　文］　**中国与丹麦贸易和支付协定在北京签字，双方并互换了关于关税和航运最惠国待遇的函件。**

12月1日

［纲　文］　**中华全国新闻工作者协会创办的《新闻战线》出版。**

12月2—12日

［纲　文］　**中国工会第八次代表大会在北京举行。**

［目　文］　2日，大会在北京政协礼堂举行开幕式。出席会议的代表共有989人，中共中央和国家领导人毛泽东、刘少奇、朱德、邓小平、林伯渠、彭真、李富春、贺龙、宋庆龄、李济深、黄炎培等，各民主党派、政府各部门和各人民团体的负责人，中国人民

12月2日，刘少奇在中国工会第八次全国代表大会开幕式上代表中共中央致祝词。

解放军的代表、北京市郊区的农民代表，以及世界工会联合会总书记路易·赛扬，来自亚洲、非洲、欧洲、澳洲、拉丁美洲的各国工会代表，出席开幕式。全国总工会副主席刘长胜致开幕词。他说，这次大会的主要任务是，根据中国共产党第八次全国代表大会决议的精神，总结4年来中国工会工作的经验教训；讨论和决定全国职工和工会在“二五”计划时期的具体任务。根据几年来的经验和当前的实际情况，修订中国工会章程；选举全国总工会第八届执行委员会。刘少奇代表中共中央致祝词。他在祝词中指出：中国工人阶级和中国人民在今后10年到15年内的基本任务，就是要在优先发展重工业的基础上，实行工农业并举的方针，把中国建设成为一个具有现代工业、现代农业和现代科学文化的社会主义强国。在15年以后，苏联的工业在最重要的产品的产量方面可能赶上或者超过美国，我们应当争取在同一期间，在钢铁和其他重要工业产品的产量方面赶上或者超过英国。社会主义工业是中国国民经济的领导力量。工人阶级目前的中心任务，就是坚持执行勤俭建国、勤俭办企业、勤俭办一切事业的方针，掀起新的生产高潮来迎接第二个五年计划，为完成和超额完成新的国家计划而斗争。全国总工会主席赖若愚代表全国总工会第七届执行委员会作了题为《团结全国人民，勤劳节俭，建设社会主义的新中国》的报告，报告共分8个部分：一、4年来工会工作概况；二、工会的当前任务；三、坚持民主集中制，广泛地吸引职工群众参加企业管理；四、把社会主义竞赛推向新的高涨；五、从全局出发，逐步改善职工生活；六、加强对职工的政治、文化、技术教育，组织职工的文化、体育活动；七、加强工会建设，密切联系群众；八、加强国际工人阶级的团结，巩固世界和平。

2日下午，中共中央和国家领导人毛泽东、朱德、刘少奇、宋庆龄、周恩来等，接见了前来参加会议的各国工会代表团。7日，李富春在会上作《关于我国第一个五年计划的成就和今后社会主义建设的任务、方针》的报告。中国教育工会全国委员会主席吴玉章在大会上发言，他指出教育工会今后应加强以下三方面工作：加强思想政治工作，协助党对教育、科学工作者进行思想改造；在正确处理学校内部矛盾方面充分发挥自己的调节作用；协助行政办好社会主义教育事业，完成国家教育计划。

会议期间，共有169名代表先后发言。大会总结了中国工会第七次全国代表大会以来工会工作的经验教训，确定了中国工人阶级和中国工会在今后一个时期内的具体任务，修改了《中国工会章程》。《章程》分为总纲和7个章节。大会还通过了《告全国职工书》及其他文件，选举了全国总工会第八届执行委员会。12日，大会闭幕。中共中央和国家领导人毛泽东、朱德、刘少奇、宋庆龄、周恩来等，接见了前来参加中国工会第八次代表大会的各国工会代表团。

13日，《人民日报》发表题为《掀起新的工业生产高潮——祝中国工会第八次全国代表大会闭幕》的社论。

12月2日

［纲　文］　**国务院发布《关于发行1958年国家经济建设公债的指示》。**

［目　文］　《指示》指出：一、1958年国家经济建设公债将于1958年1月1日开始发行，仍根据合理分配、自愿认购的原则，积极组织推销。本期公债发行额为6.3亿元，比往年计划发行额增加3000万元。这是由于国家还本付息数额逐年增加，同时人民购买公债的能力也在逐年提高。今后每年将适当增加一些发行额。1958年公债改变以往未中签的债券每年付息的办法，规定中签时本息一次付给，不计算复利。二、1958年公债条例公布早于往年，应根据以往推销公债宜早不宜迟的经验，抓紧时间，及早做好各项准备工作。城市应从1958年1月开始推销；农村推销方法必须改进，应认真贯彻国务院的规定，把由个体农户分别认购、分别缴款的办法，改变为由农业社组织农户认购、由农业社代为缴款的办法。三、各地在推销工作中，绝不要因为人民的社会主义觉悟提高和年年发行公债而忽视宣传动员工作。要运用各方面的宣传力量，采取各种方式，启发人民的爱国主义热情，踊跃地认购公债。

12月2—16日

［纲　文］　**第九次全国统战工作会议在北京召开。**

［目　文］　会议主要讨论中央统战部提出的《关于处理五个方面民主人士中的右派分子的若干原则规定》、《关于各民主党派处理右派分子的原则规定》、《关于帮助民主党派改组各级领导机构的意见》、《关于人民代表大会、政协各级委员会安排民主人士的通知》等4个文件。会议还研究了第二届全国人民代表大会代表和第三届政协全国委员会委员候选人中的民主人士的安排方案。会议根据整风精神，初步讨论了统一战线的政策方针，检查了半年多来的统一战线工作。

会议听取了周恩来作的《关于目前的形势和整风任务的报告》；传达了毛泽东邀请各民主党派负责人谈话会上的讲话。13日，刘少奇接见参加会议的部分同志，并就会议中提出的问题，做出指示：一、党的统一战线工作成绩是主要的，但也有错误缺点。党的路线是正确的，其中也包括统战政策。错误中有右的也有“左”的，从时间的长短，错误的数量看，“左”的错误多些，时间长些。当前党的统一战线工作，恐怕“左”的错误容易犯。二、关于新的为社会主义服务的统一战线是否就是人民民主统一战线的问题。从革命胜利以来就提人民民主统一战线，现在的统一战线就是那时的统一战线，党派未变，阶级未变，人事关系也没有大变动，纲领也没有变。三、现在的统一战线，当然包括资产阶级。但资产阶级已没有什么生产资料，没有工厂了，而且多数依靠国家依靠工人阶级吃饭，虽然还拿定息，但已不是原来的资产阶级，是政治思想要改造的资产阶级。四、党内不重视与非党人士合作，“清一色”的观点是不正确的。右派批评我们不都是错的，如批评我们宗派主义，说我们没有友情、温暖。不和人家说话，明知人家错了，也不讲，客客气气，这些缺点是有的，要克服。要改善和加强党与党外人士的合作，特别对中间派要热情。如果反右以后同民主人士更疏远了，是我们的失败。五、用统一战线的办法，以利用、限制、改造资产阶级的办法，把资产阶级的多数化过来，这个路线是正确的。统一战线就是要这样统下去，把资产阶级统得干干净净，将来资产阶级也变成劳动者了，有些成为体力劳动者，有些成为机关干部，同我们没有什么区别。

会议讨论过程中，对《1956年到1962年统一战线的方针》和1956年以来统一战线工作有人提出不同意见：提出“七年方针”对民主党派和知识分子估计过高；怀疑统战政策和统战工作是否右了，说民主人士中出了这么多右派是统战工作统出来的；反右派以来，有人想取消统一战线的思想有所抬头，等等。经过分组讨论、大会发言，对上述问题大体上取得一致意见。中央统战部副部长平杰三最后作总结发言。

12月2日

［纲　文］　**公安部发布《关于加强当前劳改犯和刑满就业人员管理工作的几项措施》**。

12月2日

［纲　文］　**中国和波兰文化合作协定1958年执行计划在北京签订**。

12月2日

［纲　文］　**高教部发出《关于加强我国高等学校和苏联、各人民民主国家高等学校间建立联系工作的通知》**。

［目　文］　《通知》指出，我们和苏联、各人民民主国家的高等学校间的直接联系，应本着虚心学习、相互帮助的精神，进行教学和科学研究方面问题的探讨和交流经验，从而提高中国高等教育建设事业水平。为此，高教部提出如下意见：一、联系的内容：（一）索取和赠送的资料，必须是学校必需而且是国内缺乏的，赠送的资料必须是经学校审慎核订的，力避一般化、形式化。（二）建立直接联系的内容不包括互派教师、研究生、实习生、互相邀请参加科学会议等活动。（三）建立直接联系，不得委托对方代购图书资料或代办其他纯事务性工作。二、外送图书资料等的审查手续：凡外送书刊、论文、资料及往

来信件等，须经校院长负责审查批准，有关机密性的还必须报部审查或转送。

12月2—12日

［纲　文］　**卫生部召开全国医院工作会议**。

［目　文］　参加会议的有各省（自治区）、市卫生厅局长和各类医院的院长、技术专家共400多人。会议肯定了新中国成立以来医院工作取得的成绩，根据中共中央八届三中全会的精神，明确了医院工作的方针是勤俭办医院，树立全心全意为人民服务的医疗态度。会议认为加强政治思想工作，贯彻党的各项方针政策，是办好医院的关键。会议讨论了改革医疗制度、便利人民就医等问题，认为实行上午、下午、晚上三班门诊制度，是便利病人，发挥潜力，改变服务态度的好办法。会议还讨论了扩大预防，以医院为中心指导地方和工矿的卫生预防工作的问题，认为医院工作必须贯彻卫生工作和群众运动相结合的原则。向群众宣传和指导开展爱国卫生运动。

12月2日

［纲　文］　**《人民日报》报道，全国有7个县消灭了血吸虫病**。

［目　文］　这7个县是：江西省余江县、婺源县、上犹县，安徽省太平县、祁门县，湖北省谷城县，湖南省慈利县。全国还有100多个乡消灭了钉螺。有数百万农民开始摆脱血吸虫病的威胁。

12月2日

［纲　文］　**国务院任命钱学森为国防部第五研究院院长兼一分院院长，刘有光为院政委，王锋为副院长兼二分院院长**。

12月3、4、5、7日

［纲　文］　**邓小平主持召开中共中央书记处会议，讨论对民主党派、高等学校、文艺界和出版界的右派分子处理问题**。

12月3日

［纲　文］　**中央工业交通工作部批转一机部党组《关于精简企业管理机构的报告》**。

［目　文］　交通工作部指出，所有工矿企业的管理机构都庞大、重迭，必须切实加以精简。精简的多寡、比例，应按各类企业的生产情况分别确定。北京各类企业精简方案规定技职人员占全体职工的比例大致如下：纺织工厂平均为5.6%，重工业工厂平均为7.3%，轻工业工厂平均为5.2%，机械工业工厂平均为16.5%。各产业部门的各个工厂又由于规模大小不同，产品种类、多寡不同等原因，比例也应有差别。请国务院各工业部党组，仿照一机部的办法，切实研究所属企业的情况，拟定精简机构的大致方案、技术人员和职员所应占的大致比例，供各地企业精简机构参考。

11月19日，一机部党组在《报告》中指出，目前，我部所属企业，机构臃肿、人浮于事的现象是严重的。原因是：第一，过去几年建设新厂，铺摊子多，老厂给新厂准备和培训的人员多；第二，科室分工太细，不分厂大小，几乎都照设了一样的科室，造成机构庞大；第三，有苏联组织设计各厂，由于经验不足和控制不严，一般只模仿了苏联设计分工细密的形式，没有贯彻苏联设计的定员。由于分工过细，往往增加扯皮，增加官僚主义。《报告》对怎样精简的问题提出了多减管理人员、少减技术人员，少简车间的人、多减科室的人等几项原则意见。

12 月 3 日

［纲　文］ **财政部发出《关于由原企业负担的下放人员工资列入企业成本的通知》。**

［目　文］ 《通知》说：企业、事业单位精简机构后，有一部分职工下放到农村或其他生产单位，如果其工资或其他福利待遇的一部或全部仍由原单位负担时，此项开支应列入企业成本或事业费，并增列“下放人员补助费”明细项目反映。生产企业及铁路运输在“非生产支出”项目下增列该明细项目；商业、供销企业、包工企业、建设单位和事业单位分别在“商品流通费用明细表”内、“其他间接费”项下和“其他费用”目下增列该明细项目；交通、邮电、民航在“其他费用”项目增列。

12 月 3—16 日

［纲　文］ **国家经委、水利部、农业部、一机部、全国供销总社联合召开全国农田排灌机械及农业机械化会议，研究全国农业机械的发展规划。**

［目　文］ 会议研究了 1958 年有关排灌机械生产、供应、推广、使用、维修等方面的工作，决定 1958 年供应 50 万匹马力的动力排灌机械，给农村排涝和灌溉，以提高单位面积产量。会议还研究了农业机械化发展规划等问题，对 1958 年推广双轮双铧犁和其他新式农具作了初步安排。会议期间，薄一波、邓子恢等到会作报告。1958 年 3 月 3 日，中共中央批转了这次会议的报告。

12 月 3 日

［纲　文］ **鞍钢无缝钢管厂、小型轧钢厂、铸管厂、钢绳厂和樱桃园与大栗子铁矿提前完成1957年国家计划。**

12 月 4 日

［纲　文］ **毛泽东、周恩来分别致电印度尼西亚总统苏加诺，对他11月30日突遭歹徒袭击表示慰问，对印度尼西亚为收复西伊里安①而进行的斗争表示坚决支持。**

12 月 4 日—1958 年 1 月 6 日，12 月 8—6 日

［纲　文］ **缅甸副总理吴觉迎、吴巴瑞分别率领缅甸友好经济考察团和缅甸友好代表团访问中国。**

［目　文］ 两个代表团受周恩来邀请来中国访问。12 月 4 日，《人民日报》刊登题为《欢迎缅甸贵客们》的社论。社论说，缅甸先后有两位副总理访问中国，这是中缅两国

---

① 西伊里安位于南太平洋，是南太平洋上最大的岛屿。以东经140度为界，西部称西伊里安，是印度尼西亚领土的一部分，长期被荷兰霸占。

友好关系史上的一件大喜事。

4日，吴觉迎率领缅甸友好经济考察团抵达北京。5日，与周恩来会谈。周恩来在会谈中讲到经济问题时说，我们还是要在优先发展重工业的基础上，实行工农业并举的方针，农业方面我们还在摸索，取得了一些经验。亚洲国家在经济上都还很落后，因此我们要争取一个和平环境来建设各自的国家。在建设中亚非国家之间的经济合作是十分需要的。今天世界上没有一个国家可关起门来进行建设而不同别的国家互通有无。

8日，吴巴瑞率领缅甸友好代表团抵达昆明，10日抵达北京。11日，吴巴瑞、吴觉迎以及两个代表团全体成员受到朱德接见；两人还分别拜会了彭德怀、李富春。12日，周恩来同吴巴瑞、吴觉迎会谈，他说，我们希望通过下次亚非会议后亚非国家之间经济上的合作会更加强。和平共处不仅要用在政治上，也要用在经济、文化和技术交流上，这才是真正的共处。这样，西方垄断资本的利益就会被打破。我们要求反独占，反特权，要求平等互利，互相合作。我们要为召开下一次亚非会议交换一些意见，做好准备，不忙于开会，先创造有利条件。他谈到日本时说我们主张日本人民选择自己的道路。15日，周恩来在上海再次会见吴巴瑞、吴觉迎。在谈话中，周恩来说明中国政府在中缅边界问题上的立场是：中缅边界问题是英帝国主义遗留下来的，中缅两国政府对此都不负直接责任。为了推动两国就边界问题尽快达成协议，建议两国先成立边界委员会，首先勘察从伊索拉希山口至底富山口的一段中缅边界线。在这段边界上，除独龙江流域外，可以大体按照分水岭进行勘察。这样就给解决边界的其他部分创造了有利条件。我们可以接着逐步解决片马三处各寨问题和勐卯三角地同班老、班洪两个部落在1941年线以西辖区的交换问题。16日，毛泽东在杭州接见吴巴瑞和吴觉迎，以及缅甸友好代表团和友好经济考察团全体代表。29日，周恩来同吴觉迎会谈。当吴觉迎称赞中国的农业合作化比波兰、捷克搞得好时，周恩来说，中国的农业合作化比东欧国家发展得快的客观原因是中国人多、地少、底子穷，所以农民要求通过合作化提高生产的愿望很强烈。还提出东方国家在发展经济上有共同点，就是要摆脱农业上的落后，要在发展工业的同时，发展农业。访问期间，吴巴瑞、吴觉迎一行参观浏览了长春、鞍山、沈阳、上海、杭州、乌鲁木齐、包头、兰州等地。

12月4日

［纲　文］　**国家计委召开会议传达毛泽东关于“二五”计划的指示。**

［目　文］　毛泽东指示：一、关于怎样贯彻多快好省的问题。从1956年冬天到今年大半年，多快好省和农业纲要很少有人提了，有的人认为不行了。这就是没有看到1956年的主流是社会主义改造和生产建设的大高潮、大跃进。虽然执行中有某些缺点，但总的方针路线是正确的。“充分可靠”，不能片面地理解为越少越好，应该是在调动一切积极因素条件下的充分可靠。生产与建设在好省的基础上尽可能越多越快越好。中国的国情是“一穷二白”，但不应该认为穷就什么都不能干了。今天提出“穷白”正是为了明天不穷不白。要掀起新的生产建设高潮。二、15年赶上或超过英国的问题。15年后，苏联要赶上和超过美国，中国要赶上和超过英国。根据这一目标，在工业方面也应搞出一个像农业

四十条那样的纲要来，作为工业的奋斗目标。三、保证重点的方针仍很重要，不能百废俱兴，分散力量。第二个五年计划的重点，根据把我国建设成为一个具有现代工业、现代农业和现代科学文化的伟大社会主义国家的目标和要求，重点是煤、电、油等动力工业和冶金、化工等原材料工业。机械工业一方面发展农业机械，另一方面要以原子能、飞机和无线电及精密机械工业为重点。轻工业要跟农业走。某些方面要少做，才能保证重点方面多做。具体要注意三点：（一）生产性的多搞，非生产性的少搞；（二）基本建设要多有所为，事业费要少有所为；（三）军、政费要减。

12 月 4 日

［纲　文］　**国务院召开常务会议。**

［目　文］　会议由周恩来主持，主要内容是：一、审议 1958 年国家预算草案。会议认为 1957 年预算收支是有成绩的，上半年控制得比较紧，下半年该追加的追加、该预支的预支了，这种先紧后松的做法是必要的，应该成为惯例。1958 年的国家预算要体现在优先发展重工业的基础上，实行工农业同时并举的方针，争取在 15 年后，在钢铁和其他重工业产品的产量方面赶上或者超过英国。因此，1958 年预算收支应该打得积极一些，收支指标定为 331 亿—333. 66 亿元，2. 59 亿的赤字要设法平衡。这个草案，可以先提到财政会议上讨论，然后，经过国务院常务会议、中央会议、国务院全体会议讨论，再提请全国人民代表大会审议。二、审议 1958 年度国民经济计划草案。对国家经委提出的几个指标问题作如下决定：（一）1958 年的粮食产量为 3920 亿斤，棉花产量为 3500 万担，棉田播种面积为 9000 万亩，猪产量为 1. 5 亿头，棉纱 480 万件。（二）基本建设投资定为 125. 67 亿元，在编制计划时，应该把各地区、各部门在改进体制和企业财务体制以后用自有的机动财力安排的投资以及军队和供销合作社等属于计划外的基本建设投资这两部分列入计划。三、同意国家经委《关于调整 1958 年国营煤炭工业的煤炭出厂价格问题的报告》。民用煤的价格问题另议。《报告》说，目前煤炭出厂价格偏低，利润少，亏损企业多。煤炭部所属 116 个煤炭企业，1957 年有 57 个亏损。煤炭工业部的利润比各工业部低得多。煤炭部所管企业的奖励基金也较少，影响职工生产的积极性。为解决上述问题，适当调高煤炭出厂价格是必要的。煤炭部所属煤矿全国平均提价 20%。按 1957 年产值算，提价总额为 24400 万元。煤炭部全部企业的利润额可从 1957 年计划 10290 万元增加为 31993 万元。各部门财务利润的变化，以中央 13 个工业部和交通各部根据 1957 年的生产或运输计划初步估算，共需提高成本约 13554 万元，占总成本的 1. 13%。煤炭部和主要用煤部门按 1957 年产值计算，其资金利润率（按扣除折旧计算）的变化如下：煤炭部从 4. 49% 提高为 13. 96%；冶金部从 23. 82% 减低为 22. 7%；电力部从 11. 05% 减低为 10. 38%；铁道部从 13. 90% 减低为 13. 22%。

12 月 4 日

［纲　文］　**国务院发出指示，决定除华侨投资公司外其他投资公司一律停办。**

12月4—21日

［纲　文］　**国务院水土保持委员会召开第二次全国水土保持工作会议。**

［目　文］　各省、自治区的农业、林业、水利厅（局）长，水土保持部门的负责人，各重点专区、县的专员、县长，中共地委、县委书记，典型农业社主任，重点水土保持试验站和有关科学研究部门的代表，以及北京有关部门的代表，共计290多人参加了会议。这次会议的主要任务是：总结和交流几年来水土保持工作的经验；根据《全国农业发展纲要（修正草案）》的要求及中共八届三中全会关于发展农业方面的指示和山区生产座谈会的精神，规定今后的水土保持工作的方针、任务和政策；制订十年的水土保持规划和1958年计划，并且研究保证实现规划的具体措施。会议确定1958年要初步控制水土流失面积63800平方公里。

会议期间，朱德发表讲话指出：开展水土保持工作，控制和防止水土流失，是根治我国水旱灾害，迅速发展农业生产的一项有决定意义的措施，这个工作必须大大加强。在12年内，在一切可能的地方，要显著地收到保护水土的功效。逐步减少水土流失的损害，基本上消灭普通的水灾和旱灾。

邓子恢讲话说，水土保持工作之所以重要，第一，因为它是发展山区生产的生命线。是山区生产中最根本的基本建设。第二，做好山区、丘陵区的水土保持工作是平原地区发展农、牧业生产的根本保证。第三，做好山区水土保持工作将改变全国的自然环境。水土保持不仅是扩大农业再生产的基础，而且是发展整个国民经济的一项重要措施。国务院水土保持委员会主任陈正人在会议最后作总结报告。

12月4日

［纲　文］　**农业部发出《关于发布国内植物检疫试行办法的通知》。**

［目　文］　《通知》说，该办法已征得林业、粮食、铁道、邮电等五部同意，并报奉国务院批准。国内植物检疫工作涉及面广，需要各有关部门协同进行。各省、自治区、直辖市可根据此项试行办法和本省情况，订出具体办法，据以试行。

12月4日

［纲　文］　**文化部召开关于精简机构大会。**

［目　文］　8000人参加大会。文化部副部长张致祥作关于精简机构、下放干部的报告。他指出，文化部机构臃肿、人浮于事的现象较普遍，各级领导对精简机构要拿出革命的果断决心。这次精简机构、下放干部，是克服文化部领导上的官僚主义、支援农业生产、锻炼干部的重要步骤。他在报告中号召大家把下放地区看成是开展群众文化工作的基地，通过开展群众文化工作，来锻炼文化队伍。各级领导要从整体利益、长远利益出发，首先要把好的共产党员、共青团员、好干部下放。

12月4日

［纲　文］　**蒙古西部发生强烈地震，中国西北部有震感。**

［目　文］　地震发生时间为北京时间4日上午11时37分半。中国23个地震台的地

震仪，都记录了此次地震。中国科学院地球物理研究所的地震专家综合研究了各个地震台报来的地震记录，确定地震中心在蒙古的西部。中国的西北部包头、银川、兰州等地都有较强的震感。

12月5日

［纲　文］　**毛泽东、周恩来分别致电芬兰总统乌尔霍·卡勒瓦·吉科宁、总理赖内尔·冯·菲安特，祝贺芬兰成立40周年。**

12月5日—1958年1月5日

［纲　文］　**最高人民检察院在北京召开全国省、自治区、直辖市检察长会议。**

［目　文］　会议的主要议题是总结1957年的检察工作，制定1958年的工作任务。最高人民检察院检察长张鼎丞在会上作工作报告，讲了六个方面的问题：一、一年来检察机关所处的环境条件；二、检察机关的方针任务问题；三、关于正确理解一般监督工作问题；四、关于克服右倾偏向问题；五、检察机关是党所领导的各项工作中的一种分工，服从党的领导同遵守法律是完全一致的；六、继续开展整风运动的问题。最高人民检察院副检察长梁国斌在会上作《1957年检察工作的情况和1958年检察工作意见》的报告。会议检查了“忽视党委领导”、“忽视无产阶级专政”的两种倾向，讨论了继续深入开展对敌斗争，推行城乡爱国主义公约和建立调处委员会等问题，并号召实现检察工作的大跃进。

28日，刘少奇听取张鼎丞等汇报会议情况后指出：调处委员会订公约，公安机关执行治安处罚条例，检察机关批准逮捕，这是革命法制的体系；农村公约不只是司法工作的补充，而是正规的维护劳动纪律、维护社会主义道德的司法制度。

12月5日

［纲　文］　**李先念谈农业贷款的方针和实施办法。**

［目　文］　他说，关于农业贷款问题，总的应当贯彻扶助农业生产，促进农业增产，巩固农业合作化的方针。一、为了有力地支持农业生产，每年适当地增加一些农业贷款是必要的。但主要应当依靠现有农业贷款合理地周转，收了再贷，贷了再收，坚持贯彻有借有还、到期归还的原则。二、为了合理地使用农贷，各省、自治区、直辖市应当改变原来按县固定农贷指标的办法，可根据各地丰歉情况，对所辖各县农贷进行适当的调剂。必要时，中央对各省、自治区、直辖市的农业贷款也可实行一定的调剂。三、农业贷款，既要照顾农业社扩大基本建设和发展山区经济所需要的长期贷款，又要照顾农业社生产费用和社员生活困难所需要的短期周转资金。农业的长期贷款（一年以上）总数应当控制在农业贷款总数的40%，或者每年贷放数为当年农业贷款总数的10%。这个比例大体是适当的。至于贷款用途可由省、自治区、直辖市自行确定，取消“专款专用”的做法。四、贷款期限，应当根据农业生产的具体情况加以确定。长期贷款一般是2—5年，超过5年者，必须报经国务院批准。今后发展山区经济的贷款，凡未经批准免息的，一律计息。五、大力吸收农村闲散资金，增加农村存款，解决社员副业生产和生活上的需要。这项工作主要由

信用合作社来办理。各地要认真贯彻信用社自负盈亏、国家不再贴补的方针。为此，应当严格控制信用社的人员数，并力求再精简些。银行要对信用社的业务工作加强指导。

12月5—16日

［纲　文］　**新华社讯，阿尔巴尼亚、保加利亚、匈牙利、越南、民主德国、中国、朝鲜、蒙古、波兰、罗马尼亚、苏联和捷克斯洛伐克的邮电部长会议在莫斯科举行。**

［目　文］　会议通过了关于改善对电讯器材和技术工具的利用的决议，以便保证社会主义国家之间能够互换无线电广播节目和电视节目，拟定了社会主义国家之间进一步扩大邮电方面的科学技术合作的措施，签订了关于组织社会主义国家在电讯和邮政联系方面进行合作并且在无线电讯业务工作中相互配合的协定。南斯拉夫有关部门的代表以观察员身份出席了会议。

12月5—20日

［纲　文］　**中国人民解放军总后勤部召开全军卫生部长会议。**

［目　文］　会议的主题是，加强军医院校的政治教育，培养又红又专的卫生干部。会议研究了部队预防为主的卫生工作方针、培养干部、紧缩部队卫生部门机构、勤俭办卫生事业、发展国防医学科学事业和贯彻中医政策等问题。解放军总后勤部卫生部长饶正锡在会上讲话。他说，要在部队的军医大学和所有军医院校中加强教育，使学生树立全心全意为社会主义的国防建设服务的思想，培养面向部队为兵服务的又红又专的卫生干部。他指出，要使学生又红又专，首先就要对院校教授、教员进行思想教育与改造。真正成为“为人师表”。

12月5日

［纲　文］　**新华社讯，北京进行“除四害、讲卫生”运动突击周活动。**

［目　文］　从本日开始，北京进行“除四害、讲卫生”运动。运动的目的是防病保粮、移风易俗，进一步改变首都的卫生面貌。周恩来亲自进行督促，并向机关干部提出要求，一定要使运动经常化。北京市爱国卫生运动委员会决定在全市范围内突击1周，城区22—29日，郊区24—31日，地无分城市乡村，人无分男女老少，家家动员，人人动手，大张旗鼓、雷厉风行，把“除四害、讲卫生”运动推向高潮。突击周第一天，由党政负责人、红十字会会员、红十字少年、干部和街道积极分子5万多人组成的宣传队伍全部出动，开展了规模空前的宣传活动。全市各主要街道的290多个广播站都进行了广播。解放军总政文工团、中国杂技团等文艺团体也参加了宣传活动。

12月6—27日

［纲　文］　**捷克斯洛伐克军事代表团访问中国。**

［目　文］　代表团应国防部部长彭德怀的邀请来中国作友好访问。代表团在捷国防部部长洛姆斯基上将率领下，一行10人，于12月6日到达北京。7日，毛泽东接见代表团。26日，洛姆斯基向中国人民解放军献军旗，彭德怀代表中国人民解放军接受捷克斯

洛伐克人民军军旗。粟裕、肖华、洪学智、杨成武等中国人民解放军高级将领和600多名陆海空军军官、捷军事代表团全体人员、驻中国大使等，参加了献军旗仪式。代表团访问期间，先后到天津、南京、上海、杭州、广州、武汉、沈阳等地参观访问。27日，代表团离开北京。

12月6日

［纲　文］ **朱德在全国对外贸易局长会议上讲话。**

［目　文］ 朱德讲到发展对外贸易的意义时指出：一、通过对外贸易的发展，可以换回我们所要的工业装备和其他的物资，来支援我国的社会主义工业建设，促进我国工农业发展，改善我国人民的生活和帮助解决一部分人的就业问题。二、通过对外贸易的发展，可以增强同兄弟国家的互助合作，以求得经济上的共同繁荣。三、通过对外贸易的发展，可以同亚洲、非洲及和平中立国家发展友好合作，加强经济联系。在我们经济能力许可的范围内，尽力去帮助他们发展独立的经济，支持他们摆脱帝国主义的束缚。四、通过对外贸易的发展，我们还可以在平等互利的基础上，同西方国家发展经济往来和事务联系。在讲到如何解决出口货源问题时指出：一、必须明确地认识：发展对外贸易不仅是外贸部一个部的事情，而且是整个国家的重大事情，因而也是各地党政领导部门和各有关生产供货部门的重大事情。二、必须大力发展出口商品生产，这是扩大出口货源的根本方法。通过扩大出口，反过来又会促进国内生产的发展，这对于整个国民经济是有利的。三、必须大力组织出口商品的收购工作，只有做好这项工作，才能掌握出口货源，促进出口商品生产的发展。

12月6日

［纲　文］ **国务院举行第六十四次全体会议。**

［目　文］ 会议由周恩来主持。主要内容是：一、原则通过《关于农业生产合作社公积金的决定》，提请全国人大常委会审议批准。《决定》说，为保证农业合作社不断扩大再生产的需要，在保证绝大多数社员收入逐年有所增加的原则下，农业合作社的全部收入在纳税和扣除生产消耗后，公积金可以超过《高级农业社示范章程》规定的8%，经营经济作物的合作社，可以超过12%。如遇荒年，仍按原规定。全国人大常委会第九十次会议于1958年1月6日通过此决定。二、批准云南省人民委员会1957年9月19日的报告，做出《国务院关于云南省西双版纳傣族自治州设置版纳景洪等五个县的决定》。《决定》说，设置版纳景洪，其行政区域为原版纳景洪、版纳勐笼、版纳勐养和版纳勐旺的勐醒、勐旺的行政区域；设置版纳勐遮，其行政区域为原版纳勐遮、版纳西定的行政区域；设置版纳勐海，其行政区域为原版纳勐海、版纳勐混、版纳勐阿、格朗和哈尼族自治区和布朗山区的行政区域；设置版纳易武，其行政区域为原版纳易武、易武瑶族自治区和版纳勐旺的倚邦、整懂的行政区域；设置版纳勐腊，其行政区域为原版纳勐腊、版纳勐捧的行政区域。三、会议听取了中国文字改革委员会副主任胡愈之的说明后，通过了《汉语拼音方案宣传工作计划要点》。四、决定一机部和电机制造工业部合并，在未经全国人大常委会批

准以前，可以先合署办公。

12月6日

［纲　文］　**《人民日报》发表题为《适当扩大农业社的公共积累》的社论。**

［目　文］　社论说，各地农业生产合作社在进行全年收益总分配时，必须认真执行统筹兼顾、适当安排的方针和按劳取酬、多劳多得的原则，使劳动和收入的状况不同的社员各得其所，使社内各方面的关系得到妥善的处理，特别是要使农业社的积累和消费的关系问题得到妥善的解决。这个问题涉及集体利益和个人利益、长远利益和眼前利益，同时也涉及社员和社员之间的关系。这个问题能否得到正确的处理，对于今后农业社的巩固和生产的发展，有重大的关系。

12月6—27日

［纲　文］　**李德全、廖承志率领中国红十字会代表团访问日本。**

［目　文］　6日，代表团到达东京，在羽田机场受到了由70多个民间团体组成的中国红十字会代表团欢迎委员会的代表、日本各界代表以及华侨代表1000多人的热烈欢迎。欢迎委员会会长大谷莹润致词说，这次代表团访问日本的目的是来对日本人民送还中国殉难烈士的遗骨表示谢意。日本方面也对中国红十字会协助送回日本侨民和已被释放的日本战争犯罪分子表示衷心的感谢。

代表团在日本三周期间，访问了东京、札幌、名古屋、大阪、神户、京都、川崎、横滨等地，受到各阶层群众的欢迎和接待。各地人民为追悼战时牺牲在日本的中国烈士，举行了追悼仪式。在访问期间，代表团举行了15次记者招待会，参加了在东京、大阪、函馆、秋田县花矢町、水户、冈山等地代表举行的欢迎群众大会，出席了60多次欢迎酒会、宴会、茶会、游园会、座谈会等。代表团与政治、经济、文化艺术、学术、新闻、出版、医学、渔业、宗教等各界青年、妇女、工会等团体的代表人物进行了接触。27日结束正式的访问日程。1958年1月9日离开日本回国。

12月6日

［纲　文］　**国务院对国家经委《关于调整1958年国营煤矿煤炭出厂价格问题的报告》做出批示。**

［目　文］　国务院同意国家经委提出的1958年国营煤炭工业的煤炭出厂价格，在1957年的价格基础上全国平均提高20%。并指示煤炭工业部应该立即据以编制1958年煤炭出厂价格的具体方案。在编制过程中，应该注意地区差价、品种差价和质量差价的合理安排，并且应该同商业、铁道、冶金、电力等大量用煤部门进行充分协商后订定。国务院要求各工业部门产品的出厂价格和交通运输部门的运价均不得因煤炭出厂价格的提高而提高价格；煤炭的市场价格也不得提高。

12月6日

［纲　文］　**美国国务院发表声明，宣布允许由于在中国犯法而被中国政府判刑监禁的美国人的直系亲属去中国探亲。**

12月6日

［纲　文］　**刘介梅今昔生活对比展览会在北京市劳动人民文化宫开幕。**

［目　文］　展览会期间，中央和北京市各机关、部队、学校和郊区农村的干部和群众有组织地进行参观学习。刘介梅到场与观众见面，报告他的思想演变过程以及自己的错误。刘介梅是湖北省黄岗县马曹庙乡农业技术指导站站长，共产党员，由于存在严重的忘本退坡思想，在1957年大鸣大放期间，曾发表了不少错误言论。经过辩论和教育，他表示要痛改前非，永远跟着共产党走社会主义的道路。

12月7日

［纲　文］　**一届全国人大常委会举行第八十七次会议。**

［目　文］　会议由刘少奇主持，讨论《中华人民共和国户口登记条例》、《中华人民共和国国境卫生检疫条例》，原则批准《国务院关于调整获利较大的经济作物的农业税附加比例的规定》。《规定》的主要内容是，对于经济作物和园艺作物的农业税附加比例最高不得超过正税税额的30%。对于零星的、山地种植的或刚开始推广的经济作物等，农业税附加的比例一般不要提高。提高农业税附加的比例、范围和开始实行的时间等，由省、自治区、直辖市人民委员会具体规定。在进行这一工作时，要注意妥善安排，加强宣传。

12月7日

［纲　文］　**国务院举行常务会议。**

［目　文］　会议由周恩来主持，主要内容是：一、审议农业贷款问题。同意李先念副总理提出的意见，1958年农业贷款总指标为40亿元。其中，发放长期贷款4亿元，时间一般为2—5年，农贷的用途由各地自行决定，各地可以在本省范围内调剂。由财政部根据以上意见写一专题报告，送中共中央传阅。二、审议农林水基建投资比例和1958年水利基建投资比例，决议：各项投资比例应该有个幅度。劳改农场的基建投资应该列入农林水投资之内。农林水及其他各项事业费都应压缩。各地方转用一部分事业费搞基本建设时，应该主要搞为农业生产服务的建设。三、审议关于1958年计划问题。决议：（一）1958年计划内的基本建设投资增加5000万元，全额为126.17亿元。其中分配给地方的基建投资增加5亿元，全额为26.4亿元。（二）1958年工资标准基本不动，个别可以调整。乡干部下放生产以后，不再发给工资。在一定时间内是否发给生产补贴，由各地决定。（三）中央各工业部门的流动资金过去全部由财政拨款，自1958年起改为70%由财政拨款，30%由银行贷款，交付利息。（四）各部门必须严格遵守基本建设程序。四、原则同意国家经委、一机部、水利部、合作总社关于农村排灌机械初步安排的情况和问题的报告。报告说，随着农村兴修水利的高潮，排灌机械的需要量大增。目前各地已提出112万匹马力的要求。1958年暂按50万匹马力布置生产，生产厂要按70万匹马力做生产准备。生产70万匹马力的动力机，约需4亿元资金。机器价格

应低些，工业利润在15%或20%以下。动员农业合作社尽量用现款购买，自有资金不足时，由已分配贷款的指标解决。国家不再增加农贷、投资和供销社贷款指标。

12月7日

［纲 文］ **中共中央转发中共河南省委《关于当前农业生产新高潮的情况简报》。**

［目 文］ 《简报》反映，通过开展农村社会主义教育运动和对全国农业纲要四十条的全民大讨论，河南全省农村出现了大跃进的局面。全省1500万人参加抗旱种麦，接着掀起了以大兴水利和大量积肥为中心的冬季生产运动。投入的劳动力已有991万余人，农村经济建设出现“大跃进”的局面。

12月7日

［纲 文］ **国务院就偿还志愿军借用朝鲜政府用款处理问题批复外贸部。**

［目 文］ 批示说，同意我赴朝鲜志愿军今后所需朝鲜外汇，由军委总后逐年向财政部和国家经委编造预算，报请财政部和国家经委审核批准后正式列入外汇预算内，由财政部管理。

12月7日

［纲 文］ **李富春在中国工会第八次全国代表大会上作《关于我国第一个五年计划的成就和今后社会主义建设的任务、方针的报告》。**

［目 文］ 《报告》详细说明了我国在执行“一五”计划中，整个国民经济的巨大发展和今后社会主义建设的任务和方针。《报告》指出，依靠全国工人阶级和全体人民的努力，我国发展国民经济的第一个五年计划已经完成和超额完成。在第一个五年计划期间，我国不但已经确立了社会主义政治制度和经济制度，同时建立了社会主义工业化的初步基础。但是，我国还没有建成社会主义，还处在过渡时期。我们面临着从经济上、政治上和思想上进一步巩固和发展社会主义的严重任务，即把我国建设成为具有现代工业、现代农业和现代科学文化的社会主义强国的任务。要实现这个任务，在社会主义建设方面，主要的就是要在我国建成一个基本上完整的工业体系，完成全国农业发展纲要，完成科学发展的远景规划。在第二个五年计划期间国民经济的发展，应当贯彻执行党中央提出的在优先发展重工业的基础上，发展工业和发展农业同时并举的方针，这是实现我国社会主义工业化的正确道路。《报告》强调，在今后的社会主义建设工作中，必须贯彻执行从6亿人口出发统筹兼顾、适当安排的方针。对于生产、建设、劳动和民生等各项问题的安排，都要从整体观点和全局观点出发，去掉本位主义观点和局部观点。

12月7日

［纲 文］ **全国工商联和民建中央常委会联合发出积极推动工商业者认购1958年国家经济建设公债的通知。**

12月8日

［纲 文］ **毛泽东在中南海颐年堂召集会议。**

［目　文］　参加者有刘少奇、周恩来、朱德、邓小平、彭真、徐冰以及20多位民主人士。毛泽东在会上谈了莫斯科社会主义国家共产党和工人党代表会议情况、关于15年赶上英国和对右派分子的处理等问题。

12月9日

［纲　文］　**周恩来给中央国家机关财贸、计划部门下放干部作报告。**

［目　文］　他在报告中对下放干部约法三章：帮助地方解决困难，帮助中央克服缺点；只许搞好，不许搞坏，只许通气，不许堵气；工作以地方为主，分一部分时间为中央写报告。要使地方感到你们下去是有利，而不是有弊。他还指出财贸部门要精简机构，要发挥地方的积极性。

12月5日，太原市组织30万群众夹道欢送7000名干部下乡上山。

12月9日

［纲　文］　**中国人民解放军第一个导弹专业训练机构——炮兵教导大队在北京成立。**

［目　文］　该炮兵教导大队是中国人民解放军为创建导弹部队而建立的机构，主要任务是培养导弹部队各级指挥员、参谋和技术干部。1959年7月，培训任务完成，机构撤销。

12月9—24日

［纲　文］　**农业部在北京召开全国农业工作会议。**

［目　文］　出席会议的有各省、市、自治区的农业、畜牧厅（局）的负责人，某些农业增产较多较快较好的专区和县的党政负责人，中央有关部门及各地农业科学、教育机构的代表等，共200多人。会议的主题是，总结1957年全国农业生产和“一五”计划执行情况和基本经验；研究1958年和“二五”计划期间的全国农业生产规划，讨论实现

《全国农业发展纲要（修正草案）》的具体规划，并交流制订上述规划的经验。

23 日下午，朱德在会上讲了话。他指出，必须更快地发展农业。农业在中国国民经济中占有很重要的地位，农副业产品在工农业总产值中的比重接近一半，从事农业生产的人数占了全国人口 80% 以上。农业不仅为轻工业提供原料和市场，也是许多重工业的重要市场。农业还是中国出口物资和资金积累最重要来源之一。更快地发展农业，已成为社会主义建设中的一个关键问题。党中央关于用较大的力量来发展农业的方针是确定了的。全党同志必须提高对发展农业重要性的认识，加强领导，加强各部门对农业战线的支援。要反对在发展农业问题上的保守思想，领导不要落后于群众。要积极响应党和政府关于“上山下乡”的号召到农业第一线，为发展农业作出更大的贡献，为实现《1956 年到 1967 年全国农业发展纲要（修正草案）》所定的任务而奋斗。农业部部长廖鲁言作大会总结。他指出，第一个五年计划期间，全国入社农户已达 97% 以上，农副业总产值和粮食、棉花都超额完成了原定的 1957 年的指标。增加灌溉面积和扩大耕地面积等农业的基本建设，也大大超过了原定计划。但是第一个五年计划农业发展计划的完成是不全面、不平衡的。他要求从省到专区、县、区、乡和农业社，逐级都要根据既积极又充分可靠的精神，定出分期、分批、分步骤地实现《全国农业发展纲要（修正草案）》的具体规划。他指出，农业增产潜力极大，问题是向自然斗争必须弄清情况，摸清规律，利用自然，改造自然，对不同地区用不同方法，不能千篇一律。号召要“苦战 10 年，实现 40 条”，要求各地推进 1958 年的农业生产高潮。

12 月 28 日，《人民日报》发表题为《丰收再丰收，跃进再跃进》的社论。

12 月 9 日

［纲　文］　**中央推广普通话工作委员会在北京举行第二次会议。**

［目　文］　会议由委员会主任陈毅主持，委员韦悫总结了从 1955 年 10 月以来推广普通话工作的情况和问题。委员会副主任吴玉章、张奚若等发言，认为在汉语拼音方案草案公布以后，应该加紧推广普通话的工作，用拼音字母，教学普通话，来推动汉语语言的进一步统一。会议通过了 1958 年推广普通话工作的计划纲要和举办全国普通话教学成绩观摩会的计划。

12 月 10 日

［纲　文］　**中共中央发出《关于第二个五年计划时期接收党员工作的通知》。**

［目　文］　《通知》说，全国已有 1272 万党员，党员的分布也较为普遍。以后主要应该是按照党章规定的标准更加提高党员的质量，而不是大量地增加党员的数量。在接收党员的时候，各地必须首先注意从有觉悟的老工人和优秀的高级知识分子中接收党员；同时也应该注意在党员太少或者没有党员的地区和部门，适当地接收党员。必须有计划地接收优秀革命知识分子入党，特别是要接收那些有共产主义觉悟的高级知识分子入党。大专学校学生不宜再按照过去规定的 15% 的比例来接收党员，主要是应该加强共产主义青年团

的工作。在没有党组织或根本没有党员的公私合营企业、手工业合作社和农业合作社中，要有计划地接收适当数量的党员，建立党的组织。部队接收党员的具体计划，由军委总政治研究确定。《通知》强调，发展党的工作要同巩固党的工作互相结合。在接收一定数量的党员以后，系统地进行教育和整顿工作。

12 月 10 日

［纲　文］　**朱德听取一机部、二机部部长和国家经委负责人汇报工作**。

［目　文］　朱德在听取军工生产问题的汇报时说，现在战争打不起来，因此，要把军工生产转向和平生产。当汇报到外贸问题时他说，我们要多生产消费品出口，换回我们所要的钢材和机器，不能闭关自守。现在全世界已有 29 亿人口，人多了就要吃饭、穿衣。现在是世界化了，不能关起门来。西方国家也需要同我们交换，日本就需要我们的煤和铁，这对我们很有利，可以换回他们的钢铁和机器。现在总的发展趋势是大出大进。他们借钱给我们，我们可以干，我们挖出东西来，以东西还账。

12 月 10 日

［纲　文］　**中共中央批转中宣部关于作家下乡下厂问题的报告**。

［目　文］　中央同意中宣部的报告，要求各地参照执行。中宣部的报告中主要汇报了准备下去的人员和措施。报告说，在北京的作家已经报名并且可以下去的有赵树理、周立波、张天翼、田间、刘白羽、杨朔、康濯、魏巍、胡可、岳野、海默、华山、菡子、严辰等 63 人。他们大部分决定到地方安家，长期深入下层，一部分决定到工厂或农村中去，直接而长期地参加基层工作或生产劳动，部队作家准备深入连队锻炼自己，并取得创作的源泉。

中宣部考虑到作家下去的一些具体困难，提出以下五项措施：一、不同作家采取不同方式。按年龄、身体状况等区分下去的地点和时间长短。二、改变作家过分集中的现象。三、党员作家应过严格的组织生活。四、改变对专业作家按级别发薪金的制度。五、青年作家不应专业化，应当毫无例外地参加实际工作和生产劳动。

12 月 10—14 日

［纲　文］　**中国代表以观察员身份出席苏联和东欧人民民主国家八国经济互助委员会黑色冶金经济和科学技术合作常务委员会在莫斯科举行的会议**。

［目　文］　会议拟定了进一步增加铁矿砂以及焦炭、生铁、钢和钢材的产量的措施，拟定了 1958 年进一步发展黑色冶金方面的新技术的措施，通过了 1958 年各成员国共同解决黑色冶金方面的重要经济和技术问题的工作计划。

12 月 10 日

［纲　文］　**国务院批复《中国文字改革委员会关于讨论壮文方案和少数民族文字方案中设计字母几项原则的报告》**。

［目　文］　国务院同意《报告》中关于壮文方案的意见。并指示：壮文方案可在壮族地区逐步推行，在推行过程中应该随时总结经验，使方案更加完善。以后修订方案的时

候，可由广西壮族自治区提出，报国家民委批准后实行。同时，同意关于少数民族文字方案中设计字母的 5 项原则，今后少数民族设计文字方案时，都应该按照这些原则办理。

11 月 29 日，文字改革委员在《报告》中说，10 月 12 日，文字改革委员会的委员和国家民委、中科院语言所、少数民族语言所、中央民族学院、小学大学等单位的有关负责同志和专家共 30 多人，举行会议，讨论壮文方案和少数民族文字方案中设计字母的几项原则。《报告》对上述方案和原则作了详细说明。

12 月 10 日

［纲 文］ **高教部、教育部发出《关于在全国高等学校开设社会主义教育课程的指示》。**

［目 文］ 《指示》规定在全国高等学校各年级普遍开设社会主义教育课程，全体学生和研究生必须无例外地参加学习。学习内容以《关于正确处理人民内部矛盾的问题》为中心教材，同时阅读一些必要的马克思列宁主义经典著作、党的文件和其他文件。进行讲授和辅导时，必须密切联系学生思想实际，用工人阶级思想批判资产阶级、小资产阶级思想，用马列主义的立场、观点、方法克服非马列主义的立场、观点、方法。学习时间暂规定为一学年，每周八小时。如感到不足，可延长到二学年学完。原来应开的四门政治课一律停开。学习成绩的考核，可于学期或学年终进行学习总结，并结合学生平时的思想、行动表现，实事求是地进行。中等专业学校可参考以上规定，每周学习四小时。

12 月 10—12 日

［纲 文］ **中国科学院遗传学研究工作委员会在北京成立。**

12 月 10 日

［纲 文］ **西北第一座现代化水泥厂——甘肃永登水泥厂建成投产。**

12 月 10 日

［纲 文］ **华裔物理学家李政道、杨振宁，获1957年诺贝尔物理学奖金，在瑞典斯德哥尔摩音乐大厅举行的仪式上接受了奖金和金质奖章。**

12 月 10—19 日

［纲 文］ **日本戏剧家访华代表团访华。**

［目 文］ 应中国人民对外文化协会的邀请，访华代表团一行九人在日本戏剧家协会会长久保田万太郎率领下于 10 日到达北京。当晚，中国人民对外文化协会、中国剧协举行了欢迎宴会。16 日，中国剧协和日本戏剧家协会签订共同声明。声明说：中国和日本人民之间的文化交流，是我们所衷心希望的。1955 年、1956 年中国和日本互派京剧代表团和歌舞伎代表团进行访问演出，大大有助于相互间的友谊和理解的加深。这是我们所高兴的。

12 月 10 日

［纲 文］ **齐燕铭向国务院科学规划委员会提交关于建立古籍整理出版规划小组的**

报告。

［目　文］　报告说，根据聂荣臻的批示，已邀集周扬、范文澜、潘梓年等人商讨了这个小组的工作方针、任务及有关问题。报告提出了小组的三项工作任务。最近的中心工作为组织力量领导制定古籍整理出版的长远计划和1958年计划。首先拟邀请有关专家学者成立文、史、哲三个分组，分别提出计划。小组的日常工作，依托以出版古籍为专业方向的中华书局负责。为了培养整理古籍的人才，拟在北京大学开设一个专业学系。报告同时提出，拟由叶圣陶等19人组成古籍整理出版规划小组报请审定。国务院科学规划委员会批准了这一报告。

12月11日

［纲　文］　**国务院举行常务会议**。

［目　文］　会议由周恩来主持。主要内容是：一、同意薄一波作的《关于1958年国民经济计划问题的报告》。报告说：（一）基本建设首先要按基建程序办事，其次地方自筹资金增建限额以上项目时，必须报国家经委等部门批准后才能建。（二）工业生产总产值为623亿元，增长速度为11%。（三）要加强农业的计划工作。（四）应认真核定主要产品的原材料消耗定额，以及基建安装的单位消耗定额。（五）1958年物价采取积极稳定方针，主要商品不再提价。为此必须压缩机关团体购买力；严格执行劳动计划和工资总额；保证财政平衡，商品一般不得赊销。（六）1958年年末职工总数为2437万余人，增加了37万多人；工资总额为157.9亿元，比1957年增长5.3亿元；平均工资653.1元，预计提高1.5%。（七）国家经委和国家计委分工，经委管生产，计委管基建。应着手研究计划体制改进。

二、听取湖北省省长张体学①的报告，并决定：（一）同意湖北省1958年圩垦经费为2000万元，由农垦部拨给。同意湖北省1958年下半年预支500万元，列入1959年预算。（二）湖北省所需移民和安置外地流入的灾民经费424万元，同意从内务部1957年结余的移民费中拨付，在本年和下年使用。（三）1958年湖北省需拨山区长期贷款500万元的问题，可以在湖北省农货中拿出10%作为长期贷款，贷款期限一般为2—5年，特殊的经过批准可为9—10年。

三、原则同意国务院七办《关于国营农牧场的附加工资的调查报告》。《报告》说，根据北京南郊、西郊、双桥3个国营农场几年来对于附加工资实际使用结果的考查，国务院关于将国营农、牧场附加工资由12.5%降为6%—8%这个意见是基本可行的，正确的。其中：工会经费仍提取2%；劳动保险金，由3%降为1.5%或1%；医药补助费，由5%降为2%；福利补助费暂时维持原来2.5%的比例。取消家属治病补助费、生育费、洗澡费、理发费四项。合理地减少炊事员，每个炊事员所负炊事比例应由现在的二三十人，尽

---

① 张体学（1915—1973），原名张体照，河南新县人，时任湖北省省长。

量提高到50人左右。

12月11—19日

［纲　文］　**中华全国归国华侨联合会在厦门举行第一届第二次全体委员会议。**

［目　文］　叶飞[①]出席会议的开幕式，并在会上讲话。全国侨联主席陈嘉庚在会上致开幕词说：全国侨联的建立，目的就是为了团结教育归侨、侨眷和侨属子女积极参加祖国的社会主义建设。最近全国人民掀起一项“上山下乡”、积极参加劳动生产的浪潮，归侨、侨眷应该毫无例外地和祖国人民一样，向社会主义道路前进。会议审查了一年来的会务情况，提出1958年的工作方针和任务，讨论了侨联如何贯彻侨务政策的问题。会议听取了全国侨联副主席方方传达华侨事务委员会二届一次全体委员会议关于当前侨务政策的报告，以及关于1958年侨联的工作和任务的说明，听取了全国侨联副主席庄明理关于一年来会务概况的报告。会议进一步明确了侨联组织的性质：它是一个各阶层归侨参加的人民团体，主要是由新归侨参加组成的群众组织，是协助党和政府贯彻侨务政策的助手，是团结推动广大归侨、侨眷同全国人民一起参加社会主义建设和改造事业，为社会主义服务的人民团体。会议指出，当前全国侨联和各地侨联的头等重要的任务，就是在党和政府的统一领导下，推动归侨、侨眷和归国华侨学生进一步参加社会主义大辩论，深入开展各级侨联内部的反右派斗争。会议补选和增选了王捷臣、陈失因、翁会好（女）、张有权、傅维丹五位归国华侨为全国侨联委员。

12月11日

［纲　文］　**高教部发出《关于精简教师的几点意见》。**

［目　文］　《意见》说，精简教师时应考虑当前教学、科研等工作需要，也应考虑本校教学、科研、业余教育等发展的需要。为此，《意见》提出：一、凡因政治、品质、业务等方面的原因，已不适合在高等学校继续工作的教师应大力精简。二、目前已多余，今后较长时间内也无需补充的科系的教师，如财经、政法、俄文等，也应精简。三、凡在本校多余，且可在高等学校工作的教师可将其政治、业务情况列表上报，由高等教育局、高教部调整。在未调整安排前，暂留原校；最后不能调整安排的，再作精简处理。

12月11日

［纲　文］　**广东举行纪念广州起义30周年大会。**

［目　文］　大会在广州起义烈士陵园举行，中共中央政治局委员、最高人民法院院长董必武，广东省、广州市党、政、军领导机关负责人及各界人士和外国来宾共三万多人参加大会。陶铸在会上讲话指出：广州起义是在中国共产党领导下，以工人阶级和革命士兵为主力军，决心以武力反抗国民党反动派叛变革命和残酷统治的一次英勇的行动。它是继南昌起义和秋收起义之后，又一次在全国人民面前树立起来的一面鲜明的坚持革命斗争的旗帜。但这次起义在帝国主义列强势力十分深厚、军阀统治还很强大的南方心脏举行，

---

① 叶飞（1914—1999），原名叶启亨，福建南安人，时任福建省委第一书记、省长。

不可避免的遭到了失败。这就教育了每个共产党员和革命者，在当时革命处于低潮的困难局势下，革命力量应该向农村进军，建立武装根据地，借以积蓄和发展力量，由农村包围城市，并最后夺取城市。毛泽东同志正是这样的确定了中国革命所应走的道路和整套的战略、策略，使中国革命由失败转向胜利。今天纪念广州起义，我们必须十分珍惜革命先烈以头颅换来的革命果实，坚决维护人民民主政权和社会主义制度。广东省省长陈郁在讲话中指出，广州工农民主政府虽然只存在了三天，当时它的政纲没有来得及全部实现，但是，它已经用铁一般的事实向全国人民宣告：中国人民只有在共产党领导下才能彻底解放。只有在共产党领导下的革命的人民政权，才是真正代表广大人民利益的全心全意为广大人民服务的政权。

参加纪念大会的人们最后参谒了广州起义烈士墓，并瞻仰了中苏血谊亭①。

12 月 11 日

［纲　文］　**国务院发布《关于公布汉语拼音方案草案的决议》，公布试行《汉语拼音方案草案》。**

［目　文］　《决议》说，《方案草案》经中国文字改革委员会提出两年来，由全国政协和各地方政协组织了广泛的讨论，并由国务院组织汉语拼音方案审定委员会加以审核修订，由全国政协常委会召开扩大会议加以审议，由国务院第六十次全体会议通过。应用汉语拼音方案为汉字注音来帮助识字和统一读音，对于改进学校语文教学，推广普通话，扫除文盲，都会起推进作用。对于少数民族制订文字和学习汉语方面，也有重大意义。因此，《方案草案》在提请全国人大讨论和批准后，可以在师范、中小学、成人补习学校，扫盲教育和出版等方面逐步推行，并在实践过程中继续求得完善化。具体办法，将由教育部、文化部及其他有关单位会同中国文字改革委员会分别拟定，报国务院批准施行。

《方案草案》包括字母表、声母表、韵母表、声调符号和隔音符号。采用 26 个国际通用的拉丁字母。声母 21 个，韵母 35 个，声调符号分阴平、阳平、上声、去声 4 种。

12 月 11 日

［纲　文］　**中国科学院和苏联科学院在莫斯科签署为期5年的科学合作协定和1958年的科学合作议定书。**

［目　文］　签字仪式在莫斯科苏联科学院主席团会议大厅举行，中国科学院院长郭沫若和苏联科学院院长涅斯米扬诺夫院士分别代表双方签字。涅斯米扬诺夫和郭沫若在协定签字后相继致词。涅斯米扬诺夫指出，科学合作协定的意义远远超出了两国科学院之间合作的范围。执行这项协定将对苏中两国科学发展的整个进程起良好的作用。郭沫若在致词中说，协定的签订是中苏两国八年来共同工作的结果。同时，这项协定给两国科学的发展开辟了广阔的前景。它是发展中苏两国科学的重要里程碑，把社会主义国家之间的合作

---

① 广州起义中，许多苏联同志也参加了。为纪念广州起义失败后被反革命势力杀害的苏联驻广州领事馆工作人员，在广州起义烈士陵园建立了中苏血谊亭。

和互助的基础推向新的阶段。

协定规定，双方共同进行研究工作和考察工作，在科学和技术的重要问题以及在双方有共同兴趣的其他科学问题的研究方面相互配合。议定书规定了最近期间进行合作的具体措施。

12月11日

［纲　文］　**中国和越南在北京签订1958年文化合作计划。**

12月12日

［纲　文］　**中共中央发出《关于民主党派改组各级领导机构的意见》。**

［目　文］　《意见》提出，民主党派各级领导机构的改组，必须贯彻以左派为核心，树立左派与中左分子联盟的政治上的优势，尽量吸收中间分子和一些中右分子参加的方针。各级领导机构中也应该保留那些需要保留的右派分子。民主党派领导机构的改组，应该在反右派斗争取得彻底胜利的基础上，结合中央和地方人民政府对右派分子的处理和人事安排来进行。应该按照各民主党派自己的章程，采取适当的方式进行。《意见》要求，对民主党派各级领导机构的改组，各级党委应当积极予以领导和帮助，同左派一道认真研究，做好排队工作，提出具体意见，并同广大中间分子，特别是他们的领导人物进行充分的酝酿和协商，取得一致认识，进行改组工作。

12月12日

［纲　文］　**毛泽东致电祝贺和支持非洲人民国民大会召开第四十五次年会。**

12月12日

［纲　文］　**周恩来接见印度尼西亚安塔拉通讯社驻北京记者。**

［目　文］　周恩来对苏加诺总统的脱险，再一次表示慰问。他说，这一次暗害的阴谋，不仅针对着苏加诺本人，而且是针对着印度尼西亚国内一切珍视民族利益的爱国力量。周恩来指出：最近在西伊里安问题上再一次证明，只要联合国继续在帝国主义集团的操纵下，它就不能发挥它应起的作用，并且不可避免地越来越丧失它的威信。印度尼西亚的正义主张虽然没有在联合国大会上得到2/3多数的支持，但是就人口来说，全世界的绝大多数是站在印度尼西亚这一边的。反殖民主义和维护民族独立的斗争，是艰苦和曲折的斗争。在这个正义的斗争中，中国人民永远是印度尼西亚人民的忠实朋友。

12月12日

［纲　文］　**中美举行第七十三次会谈。此后，中美会谈中断。**

12月12日

［纲　文］　**《人民日报》发表题为《必须坚持多快好省的建设方针》的社论。**

［目　文］　社论说，在执行第一个五年计划的过程中，党中央提出了又多、又快、又好、又省的发展国民经济的方针。这个方针对于我国的社会主义建设事业起了巨大的积极作用。社论阐述了采取多快好省方针的必要性和可能性，批判1956年的反冒进，认为

对社会主义建设事业“起了消极的‘促退’作用”。社论要求把1958年的各项计划指标订得尽可能先进些，为第二个五年计划打下良好的基础。

12月12—16日

［纲　文］　**中央救灾委员会召集山东、河南、山西、内蒙古、黑龙江、江苏等6个重灾省、自治区救灾工作座谈会。**

［目　文］　重灾区的省、自治区有关负责人员，参加了这次座谈会。会议总结了这次受灾的情况：全国成灾面积达2258万亩，成灾人口6000多万人，粮食减产228亿斤，发放救灾款2.4亿多元。

12月12日

［纲　文］　**中共中央发布《关于在国家薪给人员、民主党派、高等学校学生中的右派分子处理原则》。**

［目　文］　《原则》提出对右派分子的处理办法，并在附录中列出中央国家机关和中央统战部处理右派的典型材料。《原则》要求，在处理这些右派分子的时候即以此为准。

12月12—20日

［纲　文］　**中共云南省委召开边疆工作会议。**

［目　文］　德宏傣族景颇族自治州、红河哈尼族彝族自治州、迪庆藏族自治州、西双版纳傣族自治州、怒江傈僳族自治州及思茅、丽江、临沧等边远地区的地、县、区三级干部共146人出席会议。会议总结了一年来边疆地区在生产合作互助方面所取得的成绩，讨论了云南省边疆地区实现农业合作化和领导各族人民过渡到社会主义的问题。会议认为，整个边疆地区经过土地改革后是前进了，社会主义在边疆地区开始占领阵地。会议着重讨论了共同性和特殊性问题，认为由于边疆地区社会经济文化落后，和平协商土地改革不彻底，地处边疆，情况复杂，因此领导边疆民族地区实现农业合作化确有自己的特殊问题和具体发展规律，要从实际情况出发，采取适当的步骤和方法。研究特殊性，正是为了从各民族的实际出发，更好地实现共同性。因此任何时候，任何民族特点，都不能否定或脱离社会主义道路，以及办社中必须坚持社会主义原则等共同性问题。

1958年《云南日报》连续发表3篇社论，批判和反对边疆“特殊论”、“落后论”和“条件论”。

12月12—24日

［纲　文］　**全国工商联召开工商界生活互助金委员会第一次会议，交流各地工作情况、经验，讨论存在问题。**

12月12—27日

［纲　文］　**财政部召开全国财政厅局长会议，讨论1958年地方预算收支指标和实行新财政管理体制的具体办法。**

［目　文］　1000多名财政金融工作干部参加了会议。朱德到会作指示。李先念在会议开始和结束时都作了报告。会议根据中央确定的在优先发展重工业的基础上，发展工农

业同时并举的方针和又多、又快、又好、又省地建设社会主义的方针，以及争取15年后在钢铁和其他重要工业产品的产量方面赶上或者超过英国的任务，初步制订了1958年国家预算草案。在讨论和安排1958年的预算时，根据1958年中央经济计划草案，1958年预算收入比本年9月全国财政厅局长会议拟定的指标有不少的增长，在支出方面贯彻了勤俭建国的方针，大力缩减了非生产性开支，特别是削减了不必要的事业费或降低了事业费的标准，把节省下来的资金，扩大了1958年生产性的基本建设投资，这个预算草案体现了促进社会主义迅速发展的精神。会议还研究了实行新的财政体制后可能发生的问题，并研究了进一步贯彻执行新的财政体制的一些具体措施。

25日，朱德在讲话中指出：在建设社会主义事业中，财政部门和银行担负着重大的任务。你们要依靠工农业生产的发展和商品交流的扩大来开辟财源，增加收入。要坚持少花钱、多办事，又多、又好、又快、又省地发展社会主义建设事业的方针。为了进一步适应客观形势的需要，财政、银行必须进一步提高工作水平，加强财政的综合平衡工作，加强财政、银行的监督工作，加强收支的管理工作，以便更好地为发展国民经济服务。

12月12日

［纲　文］　**中国最大的变压器制造厂——沈阳变压器厂改建完成并投入生产，可生产40500千伏安、154000伏特的高压巨型变压器。**

12月13日

［纲　文］　**国务院举行第六十五次全体会议。**

［目　文］　周恩来主持会议。会议主要内容是：一、通过《关于正确对待个体农户的指示》。在讨论时，农业部部长廖鲁言在会上作说明：土地改革后，有3%的个体农户，多数是富裕农民，有些人违反统购统销政策，逃避公粮负担，并声言单干有几大自由，有几大优越性。各地要求对他们加以管理。这个指示主要解决三个问题，一是委托合作社对这些农户加强政治思想教育。二是加以管理。三是不要把关系搞得很紧张。不要歧视，有困难，也要照顾关心。周恩来指出，应该正确对待个体农户，避免过去偏松的现象，现在也不要一下子搞得偏紧了。负担问题既不要偏轻，也不要偏重，对于贫苦的个体农户，还应该相应地减免。12月21日，国务院公布了《关于正确对待个体农户的指示》。

二、通过《关于农业合作社股份基金的补充规定》。《规定》说，农业社社员家庭中增加了劳动力的，一律不再交纳股份基金，减少了劳动力的，所交纳的股份基金一律不予退还；没有家属在农村居住的退职或者退休的国家工作人员、复员军人、退伍军人和城市居民，现在下乡上山新参加农业社的，一般的都要交纳股份基金，如果在经济上确实困难，由社员大会或者社员代表大会决定，可以缓交、少交、免交；城市青年学生下乡可以免交；国家机关和企业、事业单位的工作人员下放到农业社进行劳动锻炼的，超过1年的应该交纳股份基金。《规定》经1958年1月6日全国人大常委会第九十次会议批准，于1月9日公布。

三、通过《关于各单位从农村中招用临时工的暂行规定》。12 月 14 日，国务院公布了《规定》。

四、通过《中共中央、国务院关于坚决制止农村人口盲目外流的联合指示》。由内务部下达。12 月 18 日，中共中央、国务院公布了《指示》。

五、讨论核准《中华人民共和国和瑞典贸易协定》。会议规定，今后国务院核准的贸易协定，由外贸部汇总，一定时期向全国人大常委会提出报告。

周恩来在会上要求：国务院举行全体会议，部长、主任因事、因病请假经过批准以后，必须指派副部长或者部长助理列席会议，不得缺席或者要其他人代替。列席会议的副部长或者部长助理，必须事先请示部长对有关议程的意见，以便开会时参加讨论。

12 月 13 日

［纲　文］　**国务院批复铁道部关于铁道兵及其家属免票问题的报告。**

［目　文］　国务院同意对铁道兵的职员，今后每年每人发给私用免票 2 张。对军官，在 1958 年内，每人发给私用免票 2 张。和家属分居的军官和职员，原另发给分居免票 2 张的待遇取消。自 1959 年 1 月起，取消军官私用免票的待遇。铁道部应即研究如何取消铁路私用免票过渡方案。

12 月 13 日

［纲　文］　**财政部发出《关于1958年对地方财政划分收入的几项规定的通知》。**

［目　文］　《通知》说，根据新的财政体制要求，作如下具体规定：

一、对地方财政收入划分范围，分为三种：（一）地方固定上收入：原来隶属于地方经营的国营公私合营企业与地方实行比例分成的收入，印花税、利息所得税、屠宰税、牲畜交易税、城市房产税、文化娱乐税、车船使用牌照税、牧业税及地方其他收入，全部划归地方。（二）国营企业分成收入：（即中央国营企业和公私合营企业与地方实行比例分成的收入）包括冶金工业部等 16 个企业的利润，基本折旧基金和固定资产变价收入，都以省为单位全国按统一比例 20% 计算分成给予企业所在地的省、自治区。（三）调剂分成收入：包括商品流通税、货物税、工商业营业税、工商业所得税、农业税和公债收入。这些收入以省、区为单位，分别确定不同的调剂分成比例。

二、收入分成的计算方法和报解手续：企业分成收入规定，凡是中央企业与地方实行收入分成的企业单位，应以其利润、基本折旧基金和固定资产变价收入的总额，对地方计算分成，20% 划归省和自治区，缴入地方预算，其余 80% 按照中央国营企业、公私合营企业实行国家和企业的利润分成办法，扣除企业对利润分成数额以后，缴入中央预算。凡中央企业与地方实行比例分成的企业收入，包括利润、基本折旧基金和固定资产变价，由各企业单位根据有关财务制度规定，将本期应当缴纳的计划收入数或实际收入数，按时办理缴库。为了保证企业分成收入数额与划分比例的正确性，解缴企业分成收入的企业单位、金库和收入监交机关之间，必须按照金库制度的规定，每月进行对账。省、自治区金库应当按月编制企业分成收入统计表，按时分别报省、自治区财政厅税务局、中央总金库和财政部。省、自治区可以将自己分得的中央企业分成收入，划一部分给所属县、市，具体划分方法，由省、自治区财政厅同当地金库商定。农垦部所属企业的收入，应当从1958年起改为就地缴库，不再由主管部门集中缴纳收入。纺织厂工业部、轻工业部和食品工业部所属的公私合营企业，其财务收支，从1958年起已改由各主管部管理，其应缴的分成收入，也应当由当地税务机关进行监交。凡不与地方实行比例分成的企业收入，包括中央对北京、天津、上海、辽宁等地区的下放企业，应按中央固定收入有关规定手续办理。中央各主管部对企业实行利润分成的比例，在未明确规定以前，1958年第一季度可暂不执行本规定。《通知》对调剂分成收入以及其他有关问题，也作了简要说明。

12月13日

［纲　文］　**《人民日报》报道，城市建设部提出1958年的中心任务。**

［目　文］　报道指出，城市建设部为了坚决执行中共中央多快好省的建设方针，提出1958年的中心任务是：继续提高工程质量，全面降低工程造价，充分发挥投资效果。城市建设部为降低民用建筑造价做了很大努力，经济效果很大。1957年的造价比1953年降低30%。城市建设部办公厅负责人说：根据过去的经验，在提高质量的前提下，把投资效果提高20%，即是说，花80元钱办100元的事，是可能的。办法是：一、充分利用地方材料，少用混合结构。二、合理解决平面布置，扩大居住户数，少建筑大单元、大套间的房子，尽可能减少备用空间、辅助面积、结构面积，增加容量。三、适当降低卫生、防火、防震标准和偏高的材料定额。四、改变一系列的制度，节省管理费用，杜绝材料浪费。五、适度提高建筑密度，节省土地购置费用，降低福利设施标准。城市建设部举行了地方建筑技术会议，着重研究几年来地方建筑业所创造的降低建筑造价、保证工程质量的经验，以便进一步加以总结和推广。

12月13日

［纲　文］　**新华社讯，西南煤田地质勘探局证实贵州西部煤的蕴藏量是西南区第一。**

［目　文］　贵州贵阳以西，东起安顺西到盘县，北从水城南到贞丰的大片土地上，分布着7个互相毗连的大煤田，总称为黔西大煤田。黔西大煤田离地面500米以上的可采煤层总储量达180多亿吨；煤种齐全，硫分很少，比四川、云南的高硫煤更适宜作焦煤用。由于黔西大煤田的发现，不但开发攀枝花、鄂西等铁矿有了可靠的煤源，而且可以满足四川、广西等缺煤省份用煤需要。

12月14日

［纲　文］　**中共中央批转最高人民法院、司法部党组《关于司法工作座谈会和最高人民法院的反右派斗争情况的报告》。**

［目　文］　《报告》说，根据毛泽东在青岛会议上的指示，最高人民法院和司法部于9月10—20日联合召开了司法工作座谈会，着重解决司法工作中的右倾等问题。会议

认为，司法工作中发生右倾错误的原因，主要是对1956年中共八大的决议和毛泽东《关于正确处理人民内部矛盾的问题》的讲话中所指出的“还有反革命”这方面的认识不足。《报告》提出，今后在不违反中央政策法令的条件下，地方政法文教部门受命于省、市、自治区党委和省、市自治区人民委员会；全部审判活动，都必须坚决服从党委的领导和监督；党委有权过问一切案件。除死刑案件的审批制度按照1957年9月10日中央关于死刑案件审批办法的指示执行外，凡是党委规定审批范围的案件和兄弟部门意见不一致的案件，都应当在审理后宣判前报请党委批准。任何审判“独立”、抗拒党委对具体案件审批的想法和做法都是错误的，必须坚决纠正。

12月14日

［纲　文］　**中共中央做出《关于一届人大代表中右派分子的处理问题的决定》。**

［目　文］　《决定》指出，在反右派斗争中，已揭发出一届人大代表中的右派分子62人。经中共中央决定，其中53人由原选区人民代表大会撤销其代表资格。

12月14、18、28日

［纲　文］　**各民主党派、无党派人士举行双周座谈会，座谈关于全国人大代表中的右派分子和民主党派内部右派分子的处理问题。**

12月14日

［纲　文］　**首都各界集会热烈支持亚非团结大会①，并完全赞同苏联政府提出的和平创议。**

12月14日

［纲　文］　**国务院公布《关于各单位从农村中招用临时工的暂行规定》。**

［目　文］　《规定》说，企业、事业、机关、团体、学校等单位需用的临时工，应该首先从本单位多余人员中调剂解决；调剂不够的时候，应该根据国家批准的劳动计划，拟定各季度需要临时工的计划，报请所在省、自治区、直辖市人民委员会批准后，由地方劳动部门从当地其他单位的多余人员中调剂解决；当地调剂仍然不够的时候，才可以由劳动部门布置招用。招用临时工必须尽量在城市中招用，不足的时候，才可以从农村中招用。遇有抢修、抢险等紧急情况需用临时工，准许有关单位直接向当地人民委员会申请先行招用，然后补办批准手续。各单位一律不得私自从农村中招工和私自录用盲目流入城市的农民。农业社和农村中的机关、团体也不得私自介绍农民到城市和工矿区找工作。

12月14日

［纲　文］　**国务院发出《关于防止和纠正年终突击花钱盲目赶工现象的通知》。**

［目　文］　《通知》规定：一、任何机关、团体、企业、事业单位不得用预算多余的资金，购买不需要或不急需的家具、器材、设备和办公用品，也不得用预付订货等变相形式提前花钱。二、任何基本建设单位不得因基本建设计划不能完成，就抢工、赶工，甚

---

① 12月26日在埃及首都开罗召开亚非团结大会。

至虚报工程进度，冒领工程款项。凡已经用预算外资金解决了的基本建设支出，不得因预算内的资金有剩余而改为向预算内报销。三、任何地区、任何部门和单位不得因本地区、本部门、本单位原定的工资总额没用完，随便增加工资，提升职工级别；不得因福利基金有剩余，随便提高福利标准，增加开支。四、财政、银行等拨款监督机关和现金管理机关，应当加强年终拨款的控制和现金管理。

12月14日

［纲　文］　**国务院印发《关于加强中国国际旅行社对自费来华外宾的接待工作的通知》**。

［目　文］　此前，中国国际旅行社于9月6日向国务院提交了关于接待国外自费旅行的有关事项的意见报告。报告提出应在各主要城市划定一些高级宾馆接待外宾及国外自费旅行者；对外开放一些旅行游览区，包括名胜古迹、工业建设、农业合作社、文化事业等可向外开放的地区；铁道部、民航局、交通部应按照国际惯例，对通过旅行社组织的自费旅行者的交通费用按半价优待，并在一定里程内减免收费；海关、银行及有关单位对旅行者的签证、抽税、汇兑等，亦按国际惯例予旅行者方便；放宽出国条件，适当组织中国旅行者去外国旅行。国务院副总理陈毅批准了该报告。

12月14日

［纲　文］　**新华社讯，解放军总后勤部发出通知，全军减少猪肉、食油采购量。**

［目　文］　通知说，为执行国务院《关于改进城市、工矿区猪肉供应的规定》，使全国部队所需猪肉每人每月平均不超过1.5市斤的标准，决定将中国人民解放军现行各类灶别的猪肉采购量按担负海、空勤务人员和高原执勤部队不减，医院休养人员少减、其他人员多减的原则，每人每月分别减少8两到2斤11两[①]（旧称16两为1斤）。在食油采购量方面，通知中也规定各类灶别每人每月减少2两到1斤。

通知指出，军用猪肉、食油在市场的采购量减少以后，为使部队仍能保持一定生活水平，各部队应多养猪，以补充减少采购的部分。对少数不能养猪的单位，或者虽能养猪仍不能补足缺少部分的单位，各级后勤部门可以从养猪较多的单位适当加以调剂。这项规定已经国防部批准，从1958年1月1日起执行。

12月14日

［纲　文］　**铁道部颁布《中华人民共和国蒸汽机车牵引计算规程》**。

［目　文］　这是中国铁路的第一部列车牵引计算规程。它规定了蒸汽机车牵引计算的方法和计算中使用的各种技术数据标准，用以确定铁路蒸汽机车牵引的列车重量、运行速度、运行时间，以及计算列车的制动力、制动时间和制动距离等。它是计算铁路运能的基础性方法和标准。铁道部规定自1958年5月1日起全路实行。以后由于电力、内燃机

---

① 1952年之前，16两为1市斤，1两为1/16市斤。1959年国务院发布《关于统一计量制度的命令》后，改成10两为1市斤，市斤大小不变，只是将两变大，1两为1/10斤，约等于原来的1两6钱。

车相继发展，铁道部对原有牵引计算规程进行了修改，于1982年7月12日发布了《列车牵引计算规程》。

12月14日

［纲　文］　**北京全国中心图书馆委员会成立。**

［目　文］　这个委员会由北京图书馆和中国科学院、医学科学院、农业科学院、农业大学、地质部、中国人民大学、北京大学、清华大学、北京师范大学等图书馆的负责人，以及文化部、高教部的代表和一些图书馆专家组成。

北京全国性中心图书馆是由北京地区若干最有基础的图书馆组成的，它是全国中心图书馆的第一中心。根据国务院科学规划委员会制订的《全国图书协调方案》① 的规定，北京全国中心图书馆决定立即开展以下工作：确定图书采购工作的分工、建立联合书目和卡片目录中心、调配图书、向科学工作者开放，以及图书的国际交换、照相复制、馆际互借和干部培养等。

12月15日

［纲　文］　**新华社讯，甘肃省阿干镇煤矿区的两对矿井和济南枣庄煤矿的山家林矿井正式移交生产。**

12月15日

［纲　文］　**新华社讯，全国国营煤矿提前19天完成1957年原煤产量计划。**

［目　文］　据煤炭工业部的调度快报统计，到12月12日止，全国国营煤矿本年的原煤产量已经达到8860万吨，相当于本年国家计划的100.2%。曾经被英国掠夺过30多年的焦作煤矿，经过第一个五年计划的恢复和建设，本年的煤炭产量已超过英国资本家掠夺时期最高年产量的3倍。

12月15日

［纲　文］　**北京举行世界语发表70周年、世界语创始人柴门霍夫诞辰98周年纪念会。**

12月16—26日

［纲　文］　**中华全国手工业合作社第一次社员代表大会在北京举行。**

［目　文］　全国27个省、市、自治区共选出出席本次大会的代表651人，开幕式当天到会607人。他们来自17个民族、96个行业，代表着全国10万个手工业合作组织的500多万社（组）员。中华全国手工业合作总社筹备委员会副主任邓洁致开幕词。他指出，这次大会就是要根据中共八大决议的精神，检查和总结8年来手工业社会主义改造工作，确定第二个五年计划期间手工业合作社的任务；讨论和通过《手工业合作社示范章程（草案）》和《中华全国手工业合作总社章程（草案）》，选举全国委员会，正式成立全国

① 《全国图书协调方案》于1957年9月6日经国务院第五十七次全体会议批准。

手工业合作总社。朱德出席开幕式并发表题为《发展手工业生产，满足人民需要》的讲话。中华全国手工业合作总社筹备委员会主任白如冰在开幕式上作题为《动员一切积极因素，为进一步发展生产、巩固和提高手工业合作组织而奋斗!》的报告。他在报告中详细地谈了我国手工业从个体所有制到集体所有制的伟大转变，深入开展整风整社和社会主义教育运动，为谁服务和怎样服务，贯彻执行民主办社和勤俭办社的方针，巩固组织、发展生产、迎接第二个五年计划等几个问题。12月17日，国务院四办主任贾拓夫在会上作题为《关于手工业合作化后的任务和工作问题》的报告。此外，国务院八办、轻工业部、商业部、文化部、全国总工会、全国妇联、共青团中央等部门和团体的负责人也在会上作报告或致词。

大会讨论过程中，共有161位代表发言。代表们讨论了《手工业合作社示范章程（草案)》和《中华全国手工业合作总社章程（草案)》，一致同意白如冰的报告。26日上午，大会闭幕式通过《关于〈动员一切积极因素，为进一步发展生产、巩固和提高手工业合作组织而奋斗〉报告的决议》以及《关于财务工作报告的决议》；选出白如冰等100人为中华全国手工业合作总社委员会委员，正式成立中华全国手工业合作总社。26日下午，中华全国手工业合作总社委员会举行第一次全体会议，选举全国手工业合作总社理事会理事，成立理事会。白如冰等12人为理事，白如冰为理事会主任。

2月27日，《人民日报》发表题为《手工业劳动者的主要任务是什么》的社论。

12月16日

［纲　文］　**朱德在中华全国手工业合作社第一次社员代表大会发表题为《发展手工业生产，满足人民需要》的讲话。**

［目　文］　他在讲话中指出，我国的手工业历来闻名于世界。我国手工业劳动者精心制作的花色多样、质量优美的产品，不仅受到国内消费者的喜爱，而且受到世界各国人民的欢迎。手工业在我国国民经济中占有一个重要的地位。手工业在为农业生产、工业生产、基本建设和交通运输业服务，满足城乡人民的生活需要，供应部分出口物资，解决部分劳动力就业和为国家积累部分资金等方面，都具有重大的作用。手工业不仅过去和现在，而且在今后很长时期中，都将是国营工业不可缺少的助手。我国共有专业手工业者800万人，加上为渔业、盐业、交通运输业等服务的和兼营农业的手工业者共约2000万人。1956年，有90%以上的手工业者分别参加了农业合作社、国营企业和公私合营企业，他们和全国工人、农民一起成了国家的主人。朱德指出：为了办好手工业合作社必须贯彻执行民主办社和勤俭办社的原则，还必须根据统筹兼顾、适当安排的原则，协调国家、集体和社员三方面的关系，正确处理国营企业和手工业合作社之间、农业生产合作社和手工业合作社之间的矛盾。这篇讲话后来编入《朱德选集》。

12月16日

［纲　文］　**国防部发出《关于处理义务兵退伍工作的规定》。**

［目　文］　《规定》指出，凡1954年11月1日以后征集入伍服役的军士、士兵，退

伍的时候，均按照本规定办理。本规定发出后，国防部1957年2月23日颁发的《关于处理义务兵退伍暂行规定》即行作废。

12月16日

［纲　文］　**《人民日报》发表题为《进一步推行勤俭持家的方针》的社论。**

［目　文］　社论说，在全国提倡勤俭持家，为时尚短，大部分地方只开始了重点宣传，还没有全面铺开；或者，只作了一般的号召，还没有同群众生产和生活结合起来。因此，还必须在现有的基础上，紧密地结合当前的中心工作，进一步大力推行。根据重点地区的经验，要推行勤俭持家的方针，首先必须使干部和群众看到勤俭节约的巨大潜力。必须把勤俭持家和勤俭建国、勤俭办社并提，全面宣传。各地应当结合社会主义大辩论，有意识地把勤俭持家问题当做辩论的重要内容之一，充分摆事实，讲道理，分清是非。这是提高男女农民对勤俭持家认识的最主要方法。在推行勤俭持家的方针时，应该从勤劳生产、厉行节约、有计划地安排家务开支等三方面努力。

社论指出，妇女是推行勤俭持家的主要力量，责任特别重大。勤俭持家就是妇女勤俭建国的一种实际行动。每个妇女勤俭持家，就可以对国家建设作出巨大贡献。所有的工作干部、共产党员、共青团员，应当以身作则，带领群众，把勤劳俭朴的风气，普遍地巩固地树立起来。宣传贯彻执行勤俭持家的方针，各地妇联组织有重大责任。党委的重视和领导，又是广泛深入开展勤俭持家工作的决定因素。

12月16日

［纲　文］　**中国政府和民主德国政府签订《关于卫生事业合作的协定》。**

［目　文］　双方议定将在发展卫生事业、医学科学研究、互换资料等方面进行交流合作。本《协定》在柏林签订，共有两份，用中文和德文写成，两种文字具有同等效力。本《协定》有效期限为五年。

12月16日

［纲　文］　**邓子恢在第二次全国水土保持工作会议上讲话。**

［目　文］　国务院副总理邓子恢在讲话中提出，必须在全面规划的基础上，把水土保持工作更好地、规模更大地开展起来。他说水土保持工作之所以重要，第一，它是发展山区生产的生命线，是山区生产中最根本的基本建设。第二，做好山区、丘陵的水土保持工作是平原地区发展农、牧业生产的根本保证。第三，做好山区水土保持工作将改变全国的自然环境。他说，如果我国森林面积由现在的占国土面积7.9%，在20年或更短的时间内逐步地增加到30%以上，不仅可以控制水土流失，而且能调节气候，根除水、旱、风、雹等灾害，减少人、畜的疫病。还能保护各河上的大、小水库和其他水利工程建筑；提高地下水位，涵养水源，保证工农业和城乡人民用水。由此可见，水土保持工作不仅是扩大农业再生产的基础，也是发展整个国民经济事业的一项重要措施。

他谈到如何做好水土保持工作时指出：首要的一环是必须在思想上统一认识。水土保持工作不仅是山区或某些地区、某一部门的任务，而是全党全民的任务。要做到党委重视，书记负责，统一规划，全党动手。在工作中要走群众路线，要研究历史，因地制宜。水土保持工作的方针是集中治理、综合治理、坡沟兼治、治坡为主。在谈到速度问题时，他指出，现在开展水土保持工作的有利条件是：农业合作化已经完成；当前正处在农业生产和山区生产高潮之中，群众觉悟提高，要求迫切；各地都有了一套成熟经验，等等。在政策上必须规定：不准毁林开荒，开垦坡地必须修梯田；造林要挖鱼鳞坑，筑水平沟；采矿、修路的工程单位须负责做好水土保持；采伐与造林合一，造多于砍；要因地制宜地封山育林，但不要封死；禁止无限制地铲草皮烧草木灰造肥，要实行带状铲草，不能破坏水土保持；开展水土保持的费用，应按收益地亩负担，多收益多负担，少收益少负担。

12月16日

［纲　文］　**中国最大的火力发电厂——辽宁发电厂正式动工。**

12月16日

［纲　文］　**福建省第一座设备现代化的大型糖厂——仙游糖厂正式投产。**

［目　文］　该厂于1956年动工兴建。建成投产后，平均每分钟能加工1吨甘蔗，出产200多斤糖，每年可产白糖2.5万吨。

12月17日

［纲　文］　**《人民日报》发表题为《支持印度尼西亚的正义斗争》的社论。**

［目　文］　社论说，本届联合国大会，无理否决了18个亚非国家和玻利维亚联合提出的要求荷兰就西伊里安问题同印度尼西亚重新谈判的提案以后，印度尼西亚人民为实现自己国家的领土和主权完整采取了一系列措施，这是完全正当和合理的。无论从地理上、历史上、政治上、经济上和民族关系上，西伊里安都是印度尼西亚共和国合法领土的一部分。但是美英统治集团为了自身的利益，采取各种方式支持荷兰霸占西伊里安。帝国主义国家的干涉活动引起了印度尼西亚人民的极大愤慨。发表强烈申明，反对北大西洋公约组织和其他国家干涉印度尼西亚反对荷兰殖民主义的斗争。社论表示：印度尼西亚人民争取自己主权和领土完整、保卫民族独立的斗争不是孤立的。这个斗争是亚非各国人民反对殖民主义压迫和争取和平运动的一部分。中国政府和人民坚决支持印度尼西亚政府和人民的正义斗争。相信印度尼西亚人民，一定能粉碎帝国主义的干涉阴谋，一定能争取西伊里安重返祖国的怀抱。

12月17日

［纲　文］　**新华社讯，印度尼西亚国会批准中国和印度尼西亚于1955年4月在万隆签订的《中华人民共和国和印度尼西亚关于双重国籍问题的条约》。**

12月17日

［纲　文］　**国务院批准财政部《关于一般外宾生活招待标准的规定》和《关于招待外宾工作人员生活补助标准的规定》。**

［目　文］　《外宾招待标准》规定，凡以中国政府、人民团体或个人名义邀请来中国访问、参观、考察、讲学、签订协定等的外宾，除国宾、体育队、艺术团或有特殊身份的外宾外，对一般外宾的生活招待均按本《规定》执行。一般外宾日常生活费每人每天可在4元至7元的范围以内掌握开支。

《工作人员补助标准》规定，由机关抽调参加招待外宾的工作人员，因工作需要派驻在饭店而必须在饭店用餐者，按饭店现行标准，每人每天发伙食补助4—7角钱。该《标准》只适于北京地区。

12月17日—1958年1月18日

［纲　文］　**公安部在北京召开全国预审工作会议，总结新中国成立以来预审工作的经验教训，制订预审工作的方针任务。**

［目　文］　会议总结新中国成立以来预审工作的经验教训，明确了今后一个时期预审工作的主要任务，并对1958年的预审工作做出部署。会议对1955年8月公安部制订的《关于逮捕及预审工作暂行条例（草案）》做出修改，并更名为《预审工作守则（草案）》；制订《看守所工作制度（草案）》。会议进一步明确了预审是公安机关的一项专门业务；必须提倡实事求是，重证据不轻信口供，严禁刑讯逼供的原则；拟定“不纵、不枉”的预审工作方针，以及依法办案和以调查研究与审讯为基本工作方法。

12月17日

［纲　文］　**铁道部和城市服务部联合发出《铁路系统供应站移交城市服务部接管的方案》。**

［目　文］　《方案》规定，铁路系统凡设在大、中、小城市（并有城市服务部门）的供应站，可移交当地城市服务部门，一切财产全部移交，供应站的生产管理人员原则上可随同业务一并由城市服务部门接管。

12月17日

［纲　文］　**新华社讯，据全国农业工作会议初步统计：1957年已有65个县、市的粮食每亩平均产量，分别提前达到《全国农业发展纲要（修正草案）》的粮食增产指标；有25700多个农业生产合作社粮食平均亩产量分别接近400斤、500斤、800斤，达到农业发展纲要粮食生产指标。**

12月17日

［纲　文］　**中华全国新闻工作者协会召开常务理事会。**

［目　文］　会议讨论了有关协会组织工作的问题，认为协会不能代替新闻单位中的工会组织。协会在国内的任务，主要是团结新闻工作者，进行新闻业务学习、研究，以改造思想，提高业务。协会在新闻单位中不设基层组织。会议还讨论了《新闻战线》的编辑方针和协会与各国新闻工作者组织联系和合作问题。

12月18日

［纲　文］　**中共中央、国务院发出《关于坚决制止农村人口盲目外流的联合指示》。**

［目　文］　《指示》说，去冬今春有大量农村人口盲目流入城市，本年入秋以来，山东、江苏、河南、河北等省又发生了农村人口盲目外流的现象。据统计，1949年全国居住在城镇的人口只有5765万人，1956年已增加到8915万人，新增加的3150万人中，有2/3左右是从农村迁入的。农村人口的大量外流，不仅使农村劳动力减少，也给城市各方面工作带来不少困难。《指示》要求：一、在农村中，应当加强对群众的思想教育。二、在某些铁路沿线或者交通要道，应当加强对于农村人口盲目外流的劝阻工作。三、在城市和工矿区，对盲目流入的农村人口，必须动员他们返回原籍，并且严禁流浪乞讨。四、各企业、事业部门和机关、部队、团体、学校等一切用人单位，一律不得擅自招用工人或者临时工。五、对于由外地流入本地农村的人，尚未安置的，也应当动员他们返回原籍。六、遣返农村外流人口，应当实行一次遣返到家的办法。七、各有关部门必须密切配合这一工作的进行。山东、江苏、安徽、河南、河北五省以及农村人口流入较多的省、市，应当组成以民政部门为主有公安、铁道、劳动、交通、商业、粮食、监察等部门参加的专门机构，负责处理。

《指示》强调，农村人口流出、流入较多的省、直辖市、专区、县、市，应当制订劝阻遣送的具体办法；农村人口流出较多的县，应当将这一《指示》转发到乡，并且组织干部讨论贯彻执行；中央各有关部门，应当就自己的业务范围发出《指示》，责成所属单位执行。

12月18—21日

［纲　文］　**中央监察委召开河北、河南、山东所属8个县监察委书记、副书记座谈会。**

［目　文］　在座谈会上各县汇报了农村整风和社会主义教育运动中暴露出来的党员违反党纪的情况，交流了在整风和社会主义教育运动中开展党的监察工作的经验。会议认为，从八县反映的情况看，有百分之十几或二十几的党员犯有不同程度的各种错误。会议强调要继续批判右倾思想，注意防止“左”的偏差和错误。

12月18日

［纲　文］　**中国政府和芬兰政府签订贸易协定。**

［目　文］　协定指出：中国政府和芬兰政府为了增强两国政府和人民之间的友谊，并在平等互利的基础上发展两国的贸易关系，决定签订本协定。协定共7条，并附有2份用以交换的货物列表，对双方用以交换的货物种类、价格、费用支付办法等事项做出规定。协定自12月18日签订之日起生效，并追溯到1957年11月1日起适用，至1958年10月31日终止。在协定有效期内，缔约每一方用以交换货物要求在本协定有效期限内，缔约每一方用以交换货物的出口总额各为5000万卢布。

12月18日

［纲　文］　**内务部发出《关于1958年春节期间进行拥军优属活动的几项通知》。**

［目　文］　《通知》的主要内容是：一、在春节期间应通过各种拥军优属活动，对烈属、军属、残废军人、复员军人进行社会主义的思想教育，鼓励他们为实现第二个五年计划和《全国农业发展纲要（修正草案）》而努力；教育干部和群众爱护人民军队，爱护烈属、军属、残废军人、复员军人，关心他们的生产和生活。二、根据《全国农业纲要（修正草案）》的有关精神，部署1958年优待劳动日工作和复员安置工作。三、做好还乡军官家属参加生产安家落户的工作。四、根据当地群众习惯，通过各种形式，开展各种拥军优属活动，密切军民关系。

12月18日

［纲　文］　**《人民日报》报道，全国图书联合目录编辑组编制全国图书联合目录，建立卡片中心，开展馆际互借。**

［目　文］　全国244个较大图书馆共藏书6450万册，其中没有整理的有1266万册。北京藏书占第一位，有1700万册；上海第二位，有540万册；南京第三位，有450万册。在全国范围内，以下联合目录已经编出：47所高等院校西文期刊目录、中国科学院全院西文期刊联合目录、化学化工外文期刊联合目录、武汉地区期刊联合目录、南京26馆外文科学技术期刊联合目录、大连生物制品所等三个单位的西文期刊联合目录和俄文期刊联合目录、重庆市医学联合目录、北京五个图书馆的中医书目录等。

报道指出，为了便利以后开展馆际互借，发挥各图书馆藏书的潜力，更好地为科学研究工作服务，并且使联合目录的编制工作经常化，全国联合编辑组向全国200多个图书馆发出《建立卡片目录中心，征集西文卡片的办法（草案）》。

12月18日

［纲　文］　**中国第一个正规的专业大型造纸机械厂——上海造纸机械厂开工兴建。**

［目　文］　该厂前身是中华铁工厂，过去只能承造小型圆网或长网多烘缸造纸机。该厂扩建完成以后，能承造日产纸50吨和100吨的造纸机。

12月18日

［纲　文］　**新华社讯，中国玻璃行销20多个国家。**

［目　文］　本年已生产437万箱玻璃，超额18万箱完成了全年的生产计划。不仅保证了本国经济建设的需要，还向欧亚非三洲的20多个国家出口了47万箱。

12月18日

［纲　文］　**中国第一个突厥语研究班在中央民族学院正式成立。**

［目　文］　研究班由中国科学院少数民族语言研究所和中央民族学院共同举办。中国操阿尔泰语系突厥语族语言的有维吾尔、哈萨克、柯尔克孜、乌兹别克、塔塔尔、撒拉、裕固等七个民族。在中国使用它的人口，仅次于汉藏语系。这个研究班的学员共12人。其中从新疆派来的少数民族学员8人，科学院少数民族语言研究所和民族学院研究和

教学人员各2人。有关单位80多人参加听课。

12月19日

［纲　文］　**中国政府发表《支持苏联政府的和平建议的声明》。**[①]

［目　文］　《声明》说，1957年12月，苏联政府要求美国、英国同苏联一起，承担不使用核武器的义务，共同宣布从1958年1月1日起停止核武器试验，并且彼此协议不在德意志民主共和国、德意志联邦共和国和别国领土上设置任何类型的核武器。苏联政府建议由华沙条约成员国和北大西洋公约成员国签订这两个国家集团之间的互不侵犯协定；保障中近东地区国家的独立和和平；苏联政府主张社会主义国家和资本主义国家举行高级代表的会谈。苏联政府的这些建议是解决整个裁军问题、和缓国际紧张局势和维护世界和平的极端重要的步骤。中国政府完全赞同并且全力支持苏联政府的这些建议。

12月19日—1958年1月28日

［纲　文］　**加拿大劳工进步党总书记蒂姆·布克访华。**

［目　文］　蒂姆·布克参加苏联十月革命40周年庆典后，于19日到达北京。刘少奇、杨尚昆等到机场迎接。20日，刘少奇接见并宴请蒂姆·布克。应客人要求，刘少奇谈了共产党和民主党派长期共存、互相监督问题。他说：现在我国民主党派的作用是为社会主义服务，而不是反对社会主义的。它们是赞成社会主义的政党，已成为为社会主义服务，促进社会主义前进，为社会主义建设服务的政党。既然是这样性质的政党，那么，没有理由不长期共存了。在中国，政权在共产党和工人阶级手中，我们制定建设社会主义的计划，我们要监督民主党派为社会主义服务，监督它走社会主义道路。这是问题的实质。当然，民主党派也可以对共产党进行监督，对共产党人提出批评和建议，指出我们工作上的缺点。

21日，蒂姆·布克到石家庄市在白求恩烈士墓前举行悼念仪式，向白求恩烈士敬献花圈。他还向中国人民的国际友人、印度的柯棣华大夫献了花圈。参观了烈士纪念馆。22日，参观白求恩国际和平医院并讲话。23日至1958年1月5日期间，蒂姆·布克在北京参观了北京电子管厂和石景山钢铁厂，访问了清华大学和外国语学院、中央民族学院、北京第二棉纺织厂；游览了北京的天坛、颐和园等名胜古迹。1958年1月27日，毛泽东接见了蒂姆·布克。28日，蒂姆·布克离京回国。

12月19日

［纲　文］　**《人民日报》发表题为《制止农村人口盲目外流》的社论。**

［目　文］　社论说，农村人口盲目流入城市，既不利于城市，也不利于农村，必须

---

① 苏联出席联合国大会代表团在1957年12月12日晚间的联合国大会政治委员会上提出一项关于《和平共处原则宣言》的提案，要求联合国大会讨论通过。苏联认为加强普遍和平和发展不同社会制度各国之间的友好关系是联合国的最主要宗旨之一。

加以有效的制止。这是关系国家建设、关系工农联盟、关系许多人正常生活的一项重要任务。社论指出，由于这项工作牵涉到许多地区、许多部门，因此，各地应该在党委领导下，动员各有关部门，根据中共中央和国务院的指示立即行动起来。制止农村人口盲目外流的根本办法除了加强农民群众的思想教育工作，还必须严格控制城市工矿企业和机关单位的用人，加强城市户口的管理。

12 月 19 日

［纲　文］　**中组部发出《关于改进出国人员审查工作的通知》。**

12 月 19 日

［纲　文］　**国务院发布《关于洪河下游治理工程的指示》。**

［目　文］　《指示》说，为解决洪河下游内水河区的洪涝灾害，以及豫皖两省的水利纠纷，决定对洪河下游治理工程投资以 1700 万元为限，豫皖两省立即开工，于 1958 年汛前完成。

12 月 19 日

［纲　文］　**内务部、农垦部、国防部联合向新疆军区，新疆生产建设兵团，各省、自治区、直辖市民政厅局发出《关于取消新疆生产建设兵团人员家属军属优待问题的联合通知》。**

［目　文］　《通知》说，新疆生产建设兵团，自 1953 年集体转业参加生产建设以来，因为还担负一定的武装任务，仍保留着原部队番号，所属人员也都未办理复员转业手续，他们的家属还享受着军属优待。现新疆生产建设兵团已改行工资制度，并即将补办复员转业手续，不再享有现役军人的待遇。因此，他们的家属按军属优待已不合理，应予取消，但要做好解释工作。

12 月 19—30 日

［纲　文］　**农业部、林业部、食品工业部、城市服务部联合召开全国果树生产会议。**

［目　文］　出席会议的有 26 个省（区）市代表共 145 人，中央有关单位代表 31 人。

会议主要内容：一、对果树生产的现状进行了分析和估计。认为几年来果树生产取得了成绩，主要表现在：扩大了果树面积，增加了产量。苹果、柑桔、梨、葡萄、香蕉、菠萝等 6 种水果由 1952 年的 247. 36 万亩，总产量 89. 68 万吨，至 1957 年增加到 598. 42 万亩，总产量达到 117. 83 万吨。会议提出今后发展果树生产的方针是：全面规划、加强领导、因地制宜、依靠群众、有计划地大力发展果树生产，扩大老基地建立新基地，提高现有果树的产量和质量，相应地做好购销和加工工作。二、研究了第二及第三个五年计划发展果树生产的初步规划。为实现规划，会议认为必须做好以下几项工作：（一）各省应将果树发展规划列入本省农业发展规划中，并拟定分年分批扩大面积和提高产量的指标、措施，定期检查，逐年实现。（二）苗木不足的地区，应迅速扩大和建立国营苗圃和农业社苗圃，大量培育无危险期病虫的合格果苗，保证果树安全发展。（三）加强技术训练工作。主要是帮助农业社培养技术人员。（四）加强现有果园的肥培管理，大力开展病虫防治工作。果园用肥应以地方肥源为主，主要途径是增加养猪头数和扩大用作绿肥面积。（五）

合理解决果树入社，改进农业社的经营管理，这是搞好果树生产的基本保证。（六）做好1958年工作。各省应即着手果树发展的10年规划及基地的勘察工作，争取1959年前完成。（七）做好购销加工工作，贯彻多产、多收、多加工的原则。三、会议一致认为，依靠党委领导和加强部门之间的合作，是发展果树生产的重要保证，特别是县委一级领导，更为重要。

12月19日

［纲　文］　**《人民日报》发表题为《保证50万马力排水灌溉机械顺利下乡》的社论。**

［目　文］　社论指出，1958年至少有50万马力的动力机械运往农村，这个数量几乎等于目前全国排水灌溉动力机械的总和，是排水灌溉事业上的空前壮举，是当前中国农业机械化最现实的步骤，也是促进《全国农业发展纲要（修正草案）》早日实现的一个重大措施。这些机械对于灌溉农田、引水上山、变旱地为水田、排泄内涝地区积水等，有巨大的作用。社论强调，要使这么多的动力机械生产好、供应好、使用好，不是一件简单的事情。各有关部门要密切合作，共同努力完成这一任务。生产企业要切实保证产品质量。要造成一台机器顶一台用。各地要事先做好技术培训。机械配套供应（动力、水泵、传动带、器材等）及组织好排灌机械修理网。

12月19日

［纲　文］　**电力部根据国务院《关于改进工业管理体制的决定》的精神，确定电力工业企业的组织形式，按省的建制在电力系统成立15个省电力局（包括上海、北京2个电业局）、1个列车电业局。**

12月19日

［纲　文］　**民航局党委发出《关于保证飞行安全的指示》。**

［目　文］　《指示》就确保飞行安全提出以下要求：一、保证飞行安全的关键，首先在于各级领导干部自己的思想上和工作上完全明确自己的政治责任和工作职责，必须以保证飞行安全为中心，亲自掌握与督促飞行。各级领导干部必须认真研究和贯彻有关飞行安全的各项规章制度和重要措施。二、在整风运动的整改阶段中，应在全体人员中，掀起飞行安全的专题鸣放，进行座谈、辩论，对违反安全的缺点和错误进行批判。在提高劳动纪律和飞行安全的思想觉悟上，严肃整顿纪律。三、由局有关部门对飞行大队、中队以及飞行组织与指挥调度部门进行一次普遍检查。要求做到对飞行、调度各方面存在的问题具体地进行了解，能解决的问题当时解决，当时不能解决的待局研究后报告司令部。四、要求各级党委和部门必须加强对航测照相勘察等专业航空的检查指导。五、加强训练、提高技术、改善设备。六、要经常组织学习规章、条令、制度，使这些规章制度成为日常工作中的准绳，互相监督执行。

12月19日—1958年初

［纲　文］　**罗马尼亚青年艺术家代表团访华。**

［目　文］　代表团一行三人，19日下午到达北京。代表团的3名成员是：女歌唱

家、布加勒斯特歌剧院歌剧演员玛·辛迪拉鲁，大提琴家弗·沃尔洛夫和女钢琴家斯·阿坦娜索夫。23日，代表团在北京天桥剧场为1000多名观众演出了19个大提琴独奏和独唱节目，博得观众的好评。24日在北京举行第二次演出。此后去天津、无锡和上海等地访问演出。

12月20日

［纲　文］　**周恩来在中共上海市第一届第二次代表大会上作题为《世界形势和整风任务》的报告。**

［目　文］　报告共三个部分：一、世界形势的新的转折点；二、15年赶超英国的工业水平；三、整风运动和下放干部的问题。他在讲到国际形势时说，当前的世界形势是东风压倒西风，集中的标志一是苏联的两颗人造卫星上天，另一是12个社会主义国家共产党工人党的宣言和64个国家兄弟党宣言的发表。关于我国的建设，要在15年赶上或超过英国主要的工业水平。第二个五年计划的方向是要基本上建成完整的工业体系。在工业的发展上，必须工农业并举，农业必须要有更好的配合，否则工业也上不去。在谈到整风和干部下放问题时说，整风并不是突然的，因为既然社会主义革命在所有制的问题上已经取得了基本胜利，在这个基础上的上层建筑，就是政治、政治关系、个人的立场态度、思想认识要进一步适应，就需要进一步进行政治上、思想上的社会主义革命。单是经济基础胜利是不够的，还存在资本主义和社会主义两条道路的斗争。谁战胜谁的问题还没有解决。在这次整风的机会中，我们锻炼我们的干部。因为整风的对象，首先是干部，包含领导。我们第一阶段下放1100多万干部。我们的行政人员编制太多了，利用这次整风，把精减任务结合起来进行。至于另外1200多万生产工人、店员、服务员也有一部分人要下放。

12月20日

［纲　文］　**李富春在国家计委传达刘少奇关于经济工作的指示。**

［目　文］　刘少奇关于经济工作的指示中指出，要贯彻统筹兼顾、勤俭建国的方针，集中资金，促进生产建设。这就是要想尽一切办法，找“穷”的办法，而不是“阔”的办法，来促进生产建设。他说，中国情况很复杂，计划很难全面，不免有漏洞。有地下工厂和自由市场就反映了计划有控制不到的地方。因此，从生产到税收整个环节上，都应使计划性和多样性、灵活性相结合。地下工厂和自由市场对我们有好处，它可以使我们发现漏洞，设法弥补。

12月20日

［纲　文］　**国务院举行第六十六次全体会议。**

［目　文］　周恩来主持会议，主要内容有：一、原则通过《中华人民共和国国境卫生检疫条例实施规则》。《规则》根据检疫条例第六条制定，共10章125条。全国人大常委会于12月23日第八十八次会议通过。二、通过《关于撤销广西省桂西壮族自治州的决

定》。决定撤销广西省桂西壮族自治州及该自治州领导的百色、宜山两地区工作委员会。原由桂西壮族自治州直接领导的凭祥市及邕宁、武鸣、上林、宾阳、横县、上思、扶绥、崇左、宁明、龙津、大新、天等、隆安、马山等14县和都安瑶族自治县，设立邕宁专员公署领导，邕宁专员公署驻南宁市；原由百色地区工作委员会领导的百色、凌乐、凤山、东兰、田阳、田东、平果、德保、靖西、睦边、田林等11县和巴马瑶族自治县、隆林各族自治县，设立百色专员公署领导，百色专员公署驻百色县；原由宜山地区工作委员会领导的宜山、罗城、融安、柳城、柳江、石龙、来宾、忻城、河池、南丹、天峨、环江等12县和大苗山苗族自治县、三江侗族自治县，设立宜山专员公署领导，宜山专员公署驻宜山县。

12 月 20 日

［纲　文］　**《人民日报》发表题为《政法部门需要彻底的整顿》的社论。**

［目　文］　社论在介绍了监察部、最高人民法院、最高人民检察院开展反右派运动的情况以后指出：政法部门是人民民主专政的要害部门，为了加强人民民主专政，首先应该加强政法部门，要加强政法部门，就需要进行彻底的整顿。重点是要整顿政法工作人员的队伍。同时，我们每一个人也都应该从这里吸取教训，加强自己的思想改造和实际锻炼，为社会主义和共产主义的事业奋斗到底！

12 月 20 日

［纲　文］　**国务院公布《关于调整获利较大的经济作物的农业税附加比例的规定》。**

［目　文］　《规定》指出，根据不少地区反映，农民种植某些经济作物比种植粮食作物获利大，而经济作物的农业税负担比例，同粮食作物的农业税负担比例相比较，则显得过低，需要加以调整。《规定》提出，对于种植经济作物和园艺作物的农业税附加比例可以提高，但最高不得超过正税税额的30%；对于零星种植的经济作物，在山地种植的经济作物，刚开始推广的经济作物、或者种植虽然比较集中但是获利超过粮食作物不多的经济作物，农业税附加的比例不要提高，或者少提高一些；提高经济作物的农业税附加的比例，提高的范围和开始实行的时间，由省、自治区、直辖市具体规定；在提高农业税附加比例的工作中，要妥善安排，加强宣传，对农民讲清道理，不要简单从事，以免伤害农民对经济作物生产的积极性。

《规定》于11月1日经国务院第六十次会议通过，并于12月7日由全国人大常委会第八十七次会议批准。

12 月 20 日

［纲　文］　**国务院发布《关于收购散置的铁路器材和制止坏分子偷窃铁路器材问题的通知》。**

［目　文］　《通知》说，1956年下半年以来，由于国家钢材供应紧张，各地区出现了抬价抢购散置或者埋藏的铁路器材的混乱现象，引起铁路沿线一部分游民和坏分子偷窃铁路器材的恶劣行为。为此，要求各级人民委员会，对铁路沿线群众加强爱护人民铁路、

禁止盗卖铁路器材的广泛宣传教育；凡属于铁道沿线两侧各5公里内的铁路器材，统一由铁道部负责搜集，在上述范围以外散置或者埋藏在城乡的铁路器材，仍分别由各部门和各省（市）、区收集和回收，但在处理前必须请当地铁道部门派人进行鉴定。对于收购价格应该规定适当的标准。此件12月27日公布。

12月20—30日

［纲　文］　**中国纺织工会在北京举行第三次全国代表大会。**

［目　文］　大会的任务是：总结中国纺织工会第二次全国代表大会以来的工作，根据工会“八大”的精神，动员全国纺织职工掀起新的生产高潮，迎接第二个五年计划。24、25日，48个纺织工厂的代表在会议上，向全国兄弟工厂倡议开展以生产优等质量的纺织品为中心的社会主义竞赛，迎接第二个五年计划的到来。提出倡议的工厂包括棉、毛、丝、针织、印染各个行业。29日，刘少奇、朱德、林伯渠、薄一波接见了出席大会的全体代表。

12月20日

［纲　文］　**中国和南斯拉夫在贝尔格莱德互换文化合作协定批准书。**

［目　文］　这个协定于1957年6月7日在北京签订。分别经中华人民共和国主席和南斯拉夫共和国总统先后批准。双方互换批准书后生效，有效期为五年。有效期满前六个月如无任何一方提出要求终止，协定将自动延长五年。

12月21日

［纲　文］　**《人民日报》发表题为《评北大西洋集团会议》的社论。**

［目　文］　社论说，12月16日至19日北大西洋公约集团各国政府首脑在法国巴黎开会。会议发表了一个宣言和一个公报，宣布要建立北大西洋集团的核武器储备和配备中程弹道导弹，以“加强”北大西洋集团的军事实力。社论指出，会议的这些决定表明，北大西洋集团不顾各国公众的坚决反对，正在美国策动下，进一步扩充军备，准备原子战争。但与此同时，面对着以苏联为首的社会主义阵营的强大力量和世界各国要求和平的舆论压力，北大西洋内部矛盾百出，使美国战争计划遭到了重重困难。挪威、丹麦、加拿大、荷兰以至西德的代表都主张认真对待苏联的和平建议。美国不得不在公报中表明同意同苏联举行外长级会议来解决裁军问题的僵局。会议中许多国家的代表对在西欧建立导弹基地采取保留态度。会议的公报只规定由北大西洋公约组织军事当局提出“建议”以备考虑。可见，美国在会议中所处的地位并不是称心如意、为所欲为的。目前的国际形势对争取和平的斗争空前有利。

社论最后指出：巴黎会议的结果表明，全世界人民对美帝国主义的战争阴谋绝不能放松警惕，必须继续斗争，坚持不懈地为维护世界和平而努力。

12月21日

［纲　文］　**中国和苏联签订《关于中苏两国边境上以及与边境相通的河流和湖泊商**

船通航的协定》。

［目　文］　中苏两国边境上以及与边境相通的河流和湖泊能通航的旅程长达数千公里。中苏两国之间（尤其是中国的东北和苏联的远东地区，以及中国的新疆和苏联的哈萨克共和国之间）的物资交流，仍然是利用水上运输。中苏两国政府根据平等原则一致同意在黑龙江、松花江、喀拉额尔齐斯河以及兴凯湖上，双方商船可以自由通航，并且采取措施使两国航运企业都能满意地参加这种运输。《协定》在莫斯科签订，中国国务院全权代表、交通部副部长朱理治，苏联部长会议全权代表、俄罗斯联邦河运部部长夏什科夫在《协定》上签字。

12 月 21 日

［纲　文］　**国务院公布《关于正确对待个体农户的指示》**。

［目　文］　《指示》说，农业合作化基本实现以后，在中国农村中，除了部分还没有进行土地改革的少数民族地区外，还有3%左右的个体农户。这些个体农户已经为数不多，但极为分散。他们中一部分人资本主义思想严重，加上某些地区对自由市场缺乏管理，以致在不少地方出现了个体农户进行投机活动，违反国家的统购统销政策，逃避公粮负担，甚至还对农业合作社进行破坏。为加强对个体农户的团结、教育、改造和管理，各地可委托农业合作社对个体农户进行教育，对其生产、纳税和农产品交售，对宰杀牲畜、砍伐树木、摊派义务工、分摊负担等给以监督、管理。对于尚未参加农业合作社的地主、富农、反革命分子也应该委托当地农业社依照有关法令负责监督改造。

12 月22 日，《人民日报》发表题为《正确对待个体农户》的社论。社论指出，国务院发布的《关于正确对待个体农户的指示》是目前农村工作中具有重要意义的一项政策措施。认真贯彻执行这个指示，大大地有助于我国农业合作化制度的进一步巩固，有助于农业生产和农村中的其他各种建设事业的发展。关于如何正确对待个体农户的问题，社论提出以下六点：一、为了使个体农户能经常受到政治思想教育，能及时了解政府法令，遵守政府法令，农村中一切和他们有关的会议，应该吸收他们参加。还可以召集专门的个体农户的会议，向他们解释政策，纠正他们的错误思想言行，解除他们对于合作化的顾虑。二、在农业生产上，应该使个体农户的生产服从国家计划；在市场管理上，也应该对个体农户进行适当的监督。三、在国家公粮、税收、民工建勤等负担上，个体农户应同入社的农户一样地负担和缴纳。四、合作社在进行对个体农户在生产上有直接利害关系的农业基本建设时，都应该动员个体农户参加，并且应该按照他们受益多少、负担多少的原则，相应地出工或出钱。五、在国家的农村贷款和社会救济方面，对于确实贫困的个体农户，应该给予适当照顾，积极帮助他们在生产上实行互助，促使他们的生产得到发展。六、对于尚未被准许入社参加生产的地主、富农、被管制的反革命分子及其他坏分子，乡、镇人民政府也应该按国务院的指示，指定有关合作社，切实加以监督和管制。

12 月 21 日

［纲　文］　**新华社讯,周恩来邀请上海科学、教育、医务界人士座谈。**

［目　文］　参加座谈会的共有 90 多人，陆定一、柯庆施、陈丕显等在座。周恩来就科学、高等教育、医学、中等教育和整风运动、干部下放等问题和大家进行了交谈。在谈到对右派分子处理的原则等问题时，他指出，总的方针是态度好的从宽，恶劣的严些，悔改的从宽，不好的严些；对可用之才，给他机会为国家做些事情，以功折过。对右派还以处理人民内部矛盾的方式处理。批了教授治校，不等于教授不管学校。对没有培养前途的科研人员可以实行调整。座谈会进行了 5 个多小时。

12 月 21 日

［纲　文］　**全国总工会发出《关于工会“八大”的宣传和学习的通知》。**

［目　文］　《通知》要求工会各级组织结合整风和社会主义教育运动，广泛地、深入地向全国职工宣传这次大会的内容和精神，组织出席工会“八大”的代表，向工会干部和职工群众传达这次大会的内容和精神。并组织全体工会干部学习这次大会的报告和文件，结合整风，联系实际，认真地检查工作，总结经验。《通知》说，这一宣传应当集中在一段时间内进行。要充分发挥工会各项文化事业的作用，通过工会俱乐部、图书馆、电影队、广播等宣传阵地和宣传工具，举办各种活动，向职工群众进行宣传。

12 月 21 日

［纲　文］　**国家经委发出《关于抄送1958年国民经济计划草案的通知》。**

［目　文］　《通知》指出：1958 年度国民经济计划草案，经过全国计划会议讨论确定之后，于 12 月 21 日上报国务院。在 1958 年度国民经济计划没有正式通知下达以前，为了便于各部和省、市、自治区及早安排 1958 年的工作，特先将这个计划草案抄送各部和各省、市、自治区，以便据此研究安排和组织下达，并且据以安排 1958 年第一季度的生产工作。到 1958 年度国民经济计划正式批准下达的时候，如果对计划草案有所修改，各部和各省、市、自治区再根据国务院的指示加以修改。

12 月 21 日

［纲　文］　**内务部发出《关于制定1958年民政工作计划的通知》。**

［目　文］　《通知》指出，民政工作的特点之一是地方性大，因此民政部门在进行工作的时候，需要更多地注意因地制宜，发挥地方的积极性和主动性。根据国务院关于工作体制和财政体制决定的精神，内务部不拟下达 1958 年度全国民政工作计划。各地必须自己制订计划，报党政领导批准执行，并报部备案，以便据以检查各地的民政工作。《通知》提出了几点注意事项，其中特别提醒要关心群众疾苦，领导群众自己解决自己的问题，在解决问题时使国家的力量和群众的力量互相结合起来，这是优抚、复员安置、救灾和社会救济各项工作的根本方针。

12 月 21 日

［纲　文］　**中国政府和埃及政府签订《关于中华人民共和国和埃及共和国政府间的**

贸易协定第三个协定年度的议定书》。

［目　文］《议定书》规定在第三个协定年度内，双方向对方出口价值相等于1300万英镑的货物。22日《人民日报》发表中埃贸易谈判公报。23日，周恩来接见并宴请以埃及商业部次长穆斯塔法·哈利法为首的埃及贸易代表团和由赛义德·斯威利姆率领的埃及医学科学代表团。周恩来说明中埃两国间的贸易肯定是要发展的，但由于我们国家落后、双方对彼此生产情况不太熟悉等原因，发展不能太快。双方必须互通有无，两国贸易数量就会大起来。

12月21日

［纲　文］**国务院人事局发出《关于劳动年限计算问题给浙江省人民委员会人事局的复函》。**

［目　文］《复函》规定：工作人员原为私人商店店员的时间，可以计算劳动年限；以当家庭教师的工资为生活主要来源的家庭教师，当家庭教师的时间可以计算劳动年限；伪消防警，一般不得计算劳动年限；如是厂矿企业所雇的消防警，当消防警时间，可以计算劳动年限。

12月21日

［纲　文］**新华社讯，全国铁路提前完成1957年客、货运计划。**

［目　文］全国铁路分别提前52天和22天完成客运和货运的计划。钢铁、煤、焦炭、石油、粮食、木材、金属矿石和矿物性建筑材料等主要物资的运输任务都已提前完成或超额完成。本年铁路运输的特点是运量大，运输秩序好。

12月22日

［纲　文］**《人民日报》报道，周恩来到上海郊区探望下放干部和参加农业生产的青年学生。**

［目　文］探望过程中，周恩来详细了解了郊区农村的生产和农业社的经营管理情况；还看了下放干部的住处，询问他们的生活情况和家庭情况。在曙光农业社，周恩来跟科学院分配在那儿参加劳动锻炼的50多个大学毕业生举行了座谈，解答他们提出的“知识分子为什么要参加体力劳动的锻炼”、“怎样才算改造成工人阶级的知识分子”等问题。周恩来说：知识是从劳动中产生的，知识分子不直接参加体力劳动，就会忘记了根本，轻视体力劳动，把脑力劳动和体力劳动对立，同时会看不到劳动人民的集体力量，自高自大，以为自己高于一切，结果就脱离劳动人民，不可能全心全意地为劳动人民服务。所以知识分子要经过长期的锻炼，特别要经过劳动锻炼，培养起群众观点和劳动观点，使体力劳动和脑力劳动相结合，集体的智慧和个人的才能相结合。至于什么时候才能改造成为工人阶级知识分子，这不是通过什么考试或领导批准来决定的，而是看自己的思想感情是不是同劳动人民一致，是不是能全心全意为劳动人民服务，这是要由群众来批准的。现在有些人认为下乡几个月，“镀一下金”，就是工人阶级知识分子了，

1957年12月22日，周恩来同科学院分配到曙光农业社参加劳动锻炼的大学毕业生座谈。

那是形式主义，这种想法就是资产阶级思想。周恩来勉励青年们说：你们将来一定会比我们现在更进步，你们会进入21世纪，参加共产主义建设，党和政府替你们造成了有利的环境，但是还需要个人的自觉，并且要长期坚持。你们要记住：不前进，就要被淘汰。

12月22日

［纲　文］　**国防部发出指示，全军从1958年1月1日起取消现行的发给军官多子女补助费的规定。**

12月22、24、27日

［纲　文］　**云南怒江糖厂、广东南海糖厂、广东中山糖厂先后投入生产。**

12月23日

［纲　文］　**中共中央批转《中央组织部关于全国审查干部工作会议情况的报告》，要求各级党委对肃反、整风、审干三项工作做出统一安排。**

12月23日

［纲　文］　**周恩来在上海市政协举行的报告会上向上海各民主党派和知识界人士作政治报告。**

［目　文］　报告分三个部分：一、世界形势的新的转折点；二、关于15年后在钢铁和其他重要工业产品的产量方面赶上或者超过英国的问题；三、知识分子的改造和下乡参加劳动锻炼问题。上海市各民主党派和知识界人士1600多人听取了报告。

12月23日

［纲　文］　**周恩来邀请上海文学、电影、戏曲、音乐、美术、新闻界人士举行座谈会。**

［目　文］　出席座谈会的有90多人，中宣部部长陆定一，上海市委书记处书记陈丕显、魏文伯等在座。周恩来在会上讲话，阐明对文艺界右派分子的处理是批判从严、处理从宽，除了有反革命活动、违法乱纪的分别按反革命分子和坏分子处理法办外，方法不外乎降职降级、调换工作、撤销工作、监督劳动、下去参加劳动、留机关考察等。在谈到文艺界人士下放劳动时说，下去劳动是锻炼劳动观点、群众观点，使脑力劳动与体力劳动相结合，使个人才能与集体智慧相结合。

12月23日

［纲　文］　**一届全国人大常委会举行第八十八次会议。**

［目　文］　会议由刘少奇主持。会议讨论通过了《中华人民共和国国境卫生检疫条例》，《条例》共八条，即日公布施行。根据《条例》规定，在中国国际通航的海港和机场所在地，以及陆地边境和国界江河的进出口岸，设立国境卫生检疫机关，负责对进出国境的人员和交通工具、行李、货物，实施医学检查、卫生检查和必要的卫生处理。在国内或者国外检疫传染病大流行时，国务院可以下令封锁国境的有关区域。对违反本《条例》和本《条例》实施规则的人，国境卫生检疫机关可以视情节轻重，给予处罚或交法院惩治。

会议听取外交部副部长曾涌泉和交通部副部长马惠之的说明，通过《关于接受1948年伦敦海上人命安全国际会议制定的〈海上船舶避碰规则〉的决定》。《决定》说：会议根据国务院周恩来总理提出的议案，审查了1948年伦敦海上人命安全国际会议制定的《海上船舶避碰规则》，决定予以接受，并作如下保留：属于中华人民共和国的非机动船舶，不受海上船舶避碰规则的约束。会议还讨论了《国家建设征用土地办法（修正草案）》。

12月23日

［纲　文］　**中共中央转发《全国妇联党组关于结合当前中心工作大力加强宣传勤俭持家向中央的请示报告》。**

［文　献］　**全国妇联党组关于结合当前中心工作大力加强宣传勤俭持家向中央的请示报告（节录）**

（一九五七年十二月十九日）

（略）

（二）为了发挥一切可能发挥的社会主义积极因素，从各方面努力促进生产大跃进，我们建议各级党委进一步加强对宣传勤俭持家工作的指导，要求在春节前后到一九五八年“三八”国际妇女节时，围绕着农业生产高潮和社会主义教育运动的中心任务掀起一个宣传勤俭持家的热潮。在这一项工作中，应该注意下列三点：

第一，推行勤俭持家，首先要做好宣传教育工作，全面宣传勤俭持家与勤俭办社并提的意义和目的：说明我们是在农业合作化之后，农副业增产、农民增加收入和生活有所改善的基础上提倡勤俭持家的，其目的是为了引导农民普遍树立爱国、爱社、爱家相统一的思想。既要做到勤俭办社，不断发展合作社的生产，以增加农民收入；又要做到勤俭持家，增加农民家庭的积蓄，促进合作社的积累，以利进一步扩大再生产，为改善农民生活奠定更坚实的基础。要宣传节约粮食，国家、合作社和每个家庭，都要用节约用粮的办法储备一部分粮食，以备荒年或不时之需。这样做，也就是为加速建成具有现代工业、现代农业和现代科学文化的社会主义强国创造更有利的条件。勤俭持家对国家、对合作社发展生产、对改善家庭生活都是有利的，是三全其美的好事。所以勤俭持家是在整个社会主义建设期间要长期采取的一种措施，而不是暂时为解决国家某些困难，限制农民改善生活的消极措施。在宣传中，我们必须贯彻这一精神，并且同当地的社会主义教育运动与生产运动相结合，同整社工作密切结合，才能使宣传勤俭持家的工作顺利地有力地向前推进，那种把勤俭持家的宣传工作和当前的中心工作割裂起来，孤立地宣传，或者把宣传勤俭持家当作与当前国家建设无关的小事的想法和作法，都是与上述精神不符的。其次，必须注意要在群众自愿的基础上实行勤俭持家，并按照群众各自的不同情况，创造多种多样的既勤又俭的办法，心情舒畅地过着克勤克俭的生活。提家庭节约指标，制定家庭计划，都要在群众自觉的基础上逐步推行。从上到下替群众规定节约指标，形式地要求家家订计划，会影响群众的勤劳节俭的积极性，必须注意防止。

第二，勤俭持家，人人有责，但妇女的责任更大。在宣传中，要贯彻男女一齐发动的方针，在辩论勤俭持家的问题时，要动员男女农民参加，一起受教育；同时又要照顾妇女的生活特点和觉悟程度，采取多种多样的教育方式。如以乡、社、队为单位，举行小型的妇女座谈会、勤俭持家积极分子会、模范会、代表会等等，通过回忆对比，算细账，表扬模范，树立旗帜的办法，帮助大家提高觉悟，交流经验。在有条件的地方，还可举办勤俭持家展览会、广播会等，扩大宣传。

在城市女职工中，应该结合当前厂矿整风运动和增产节约运动等中心工作，适当进行宣传。在职工家属和街道妇女中应继续开展以勤俭持家为中心的“五好”宣传。

在宣传时，一般应该先干部后群众。在干部方面，特别要注意教育基层干部和下放干部，以身作则，带领群众克勤克俭地生产和生活。教育回乡干部家属和军官家属在勤劳生产、勤俭持家方面作出榜样，在群众中，对缺乏节约思想的男女青年，尤应加强教育。

第三，报刊及其他宣传单位加强宣传，是扩大宣传效果的重要方法。我们建议人民日报、中央人民广播电台、新华社有计划地适当地增加宣传勤俭持家问题份量；

同时建议地方报刊，根据当地情况，扩大宣传。

（三）要做好这项工作，关键问题在于党委的领导，因此我们希望各地党委加强对这项工作的领导，统一安排，督促和指导当地妇联、青年团、工会及其他有关单位，指导全体农村干部，进一步加强勤俭持家的宣传工作。至于宣传的部署及时间，建议由省、市、自治区党委自行规定。各地妇联组织应积极主动地承担这项工作，全国妇联已通知各地妇联结合当前的中心工作，结合传达全国第三次妇代大会的工作，根据当地实际情况，积极协同有关单位，共同开展勤俭持家的宣传。我们最近还准备就勤俭持家的宣传工作问题向各级妇联发出指示，向全国妇女发出号召，进一步推动这项工作的开展。

资料来源：中央档案馆馆藏档案。

12月23日

［纲　文］　**国务院发出《关于实行棉籽短绒计划收购和统一分配的通知》**。

［目　文］　《通知》说，棉籽短绒是重要的化工原料，还可以搭配棉花做絮棉或者做纺织原料。随着产量的增加，棉籽短绒也应该同棉花一样，列为国家计划收购和统一分配的物资。《通知》提出以下要求：一、责成全国供销总社负责统一办理棉籽短绒的收购和分配工作。二、用棉籽短绒做为絮棉供应的，一律抵算絮棉的供应指标。三、出口需要的棉籽短绒，由外贸部同全国供销总社共同制订出口计划，再经国家经济委员会平衡后实行。四、以上办法自1957年12月开始实行。在此以前，生产和需要部门已经签有购销合同的，可以继续生效，但应该向当地的供销合作社备案，以便在今后安排棉籽短绒的生产和分配时，列入计划。在本《通知》下达后，各生产部门同需要部门不能再直接签订购销合同。五、各有关地区的人民委员会应加强领导。

12月23日

［纲　文］　**国务院发布《关于推行电线电缆铝代铜的通知》**。

［目　文］　《通知》说，中国铜的资源十分缺乏，特别是1958年将更加紧张。广泛提倡节约用铜，积极推行代用材料，以确保急需部门用铜需要，是保证国民经济建设顺利进行的重要措施之一。国务院同意国家技委关于在1958年度推广使用铝芯电线电缆及解决相关技术问题的建议。

12月23日

［纲　文］　**国务院就海港港区划分的问题批示交通部**。

［目　文］　批示说，今后除大连、秦皇岛、青岛、上海、广州、湛江等几个大港由国务院审批外，交通部所属其他海港的港区划分，在与港口所在的省（市）人民委员会取得一致意见的原则下，由交通部自行审批。属各省（市）人民委员会所管理的海港港区的划分，由有关省（市）人民委员会审批。

12 月 23 日

［纲　文］　**新华社讯，中苏友好协会总会会长宋庆龄、秘书长钱俊瑞致电乌克兰苏维埃社会主义共和国对外文化协会理事会主席李特文，祝贺乌克兰苏维埃社会主义共和国成立40周年。25日，周恩来为乌克兰《真理报》写祝词。**

12 月 23 日

［纲　文］　**中国伊斯兰教代表团在新疆维吾尔自治区政协文化组副组长、自治区文联主席牙生·胡大拜尔率领下，赴巴基斯坦参加国际伊斯兰学术座谈会。**

12 月 24 日

［纲　文］　**周恩来在驻上海的陆、海、空三军军官大会上发表讲话。**

［目　文］　周恩来指出：经过朝鲜战争的锻炼，我们的军事装备逐渐走向现代化，部队的军事素养也得到新的提高。这就要求我们必须在另一个重要的最基本的方面，也就是说要在军队的政治素养方面，在现有的基础上更加提高。周恩来在讲话中提出以下要求：一、加强敌情观念。现在有些同志的敌情观念不那么强了，工作有些松懈，这是不应该的。要教育部队时刻警惕着敌人的挑衅，经常加强战斗准备。这是我们保卫和平的首要问题。二、加强对军队的领导。这几年来，我们党更多地注意了建设工作，注意了阶级斗争，对军队工作管得少了些，这是个缺点。党委管军队的重大问题，军队的负责人也要参加党的重大事情的决定。我们军队如果没有党的领导，要使它成为一支既有高度军事素养又有高度政治觉悟的革命军队是不可能的，因此一定要加强党对军队的领导。三、加强军政联系。我们军队是人民的军队，是保卫国家的社会主义建设的，因此对国家建设和人民政府的各项措施都应该关心，有的要争取直接参加。军队过去帮助地方发展生产，做了许多工作，这种精神应该发扬，今后更要多做些。四、改进军内关系。主要是改进上下关系、左右关系、官兵关系。相互之间不要因为实行了军衔制度、规定了礼节等而拘束起来。我们的军队是革命的军队，应该保持与发扬上下一致、官兵一致的优良传统。五、密切军民关系。近几年来，我们有了营房，有了严格的军事勤务以后，军队和人民群众的关系就比较疏远了，这是要注意改进的。我们是从人民中来的，我们过去的胜利都是在人民的支援下取得的，不能忘本。今后一定要进一步加强军民之间的联系，要结合整风整顿军民关系。

12 月 24 日

［纲　文］　**周恩来出席上海各界妇女座谈会。**

［目　文］　参加座谈会的有：女工，农民，烈军属，机关工作者，文化教育、医药科学、保育、宗教工作者，妇女工作者，工商业者，里弄工作积极分子，归国华侨和少数民族以及职工和军官的家属，工商界家属等100多人。周恩来了解了她们的工作和治理家庭的情况后指出，母性是伟大的，中国的妇女在社会主义改造和建设过程中，负有更大的责任。周恩来勉励大家勤俭持家，把勤俭持家的精神通过她们的丈夫和父兄子女，联系和

贯彻到勤俭建国、治军、办社、办企业和办一切事业的各个方面去。周恩来要求妇联不仅要管勤俭持家，也要管勤俭建国。要联系各方面的人，把妇女教育提高起来，对国家关系很大。要把妇女工作做好，提高她们的觉悟，成为先进人物。

▲ 1957年12月24日，周恩来与上海各界妇女代表座谈。

12月24日

［纲　文］　**新华社讯，"一五"计划期间国家发放农业贷款累计达80亿元，全国农户平均每户得到贷款70元左右。**

［目　文］　1953年到1955年期间，国家共发放31亿多元农业贷款，促进了农业生产和互助合作组织的发展。1956年全国农业合作化高潮到来时，国家又发放近34亿元贷款，其中7亿元作贫农合作基金贷款。这笔贷款期限长、利息低，帮助农业社筹集了生产资金。贫农们把这笔贷款比作"旱天逢雨"、"雪中送炭"，鼓舞了贫农走合作化道路的积极性。除此，国家每年还发放了没有利息的预购定金，五年来累计约达20亿元左右。

12月24日

［纲　文］　**国务院批准新疆维吾尔自治区人民委员会关于蒙古国科布多省牲畜在中国境内过冬的会谈纪要。**

［目　文］　纪要同意蒙方3.5万头牲畜于1957年11月30日至1958年5月1日进入新疆青河县境内放牧。

12月24日

［纲　文］　**水利部发出《关于加强对农业合作社营和社联营灌区领导的指示》。**

［目　文］　《指示》说：全国现有灌溉面积5.2亿万亩，其中由国家设置机构进行经营管理的占7.7%（约4000多万亩），由农业社经营或社联合经营的占92.3%（约4.8亿万亩）。加强农业社营和社联营灌区的领导，是各省、自治区、直辖市灌溉管理工作中最重要的任务。为此，作如下指示：一、各级水利部门对于社营和社联营灌溉区，应与国营灌区同等重视。采取具体措施，加强领导。二、必须有人负责管理。三、较大的社联营灌区应选出用水户代表，成立灌区代表会，由代表会产生常设管理机构的成员。代表会定期召开会议，研究改进工作。四、地方领导部门应调派一定领导骨干和必要的技术力量参

与工作。五、各级水利部门，应适时传达、布置灌溉工作的方针、任务、要求，总结交流经验，组织参观学习。同时注意教育培养社营灌区的管理人员，提高管理人员的业务水平。六、帮助社营灌区建立与健全以社为单位的统一基层用水组织，明确职责，合理解决灌水人员的分工报酬。

12 月 24 日

［纲　文］　**新华社讯，中国第一架多种用途的民用飞机——“安二”型飞机制造成功。**

［目　文］　“安二”型飞机是中国自己制造的第一架民用飞机，飞机起飞和着落性能很好，可以在田野和很小的降落场上起飞和着落。“安二”型飞机用途很广，可用作运输机、客机、救护机和训练跳伞运动员；还可以用于农业、地质勘测、空中摄影等。

12 月 24 日

［纲　文］　**新华社讯，2000多年前的四块铜简出土。**

［目　文］　安徽省文物普查队最近在寿县双桥区采集到该县九里乡丘家花园出土的2000多年前的“大司马邵阳败晋于襄陵”的铜简四块。据考古学家谈，这是我国考古学上的重要发现。四块铜简上面有用金丝错嵌的铭文，其中三块铜简上有铭文9行，每行18字，另一块铭文10行，也是每行18字。我国现已出土的2000多年前的书简，都是用竹木制成，每片文字多的仅数十字，而且多是书写的；铜制而且金丝嵌字、铭文100字以上的简，非常罕见。

该普查队还在阜南县、铜官山两地采集到西周早期的尊、单、觚、爵、鬲和春秋时期的鼎甗、龙虎纹尊、饕餮纹尊等巨大铜器。这些铜器对于研究我国青铜器文化，也具有重大意义。另外，该普查队还在寿县发现新石器时代遗址50多处，并采集到许多文物。

12 月 25 日

［纲　文］　**中共中央批转共青团中央《关于整顿和加强团的干部队伍的请示报告》。**

［目　文］　批示说：提高共青团的领导水平，积极地加强在青年中的政治思想教育，是各级党委的一项重要工作，而提高团的干部的政治质量、纯洁团的干部队伍，则对改进共青团工作具有决定的意义。在团的干部队伍中，必须认真地提高共产主义觉悟，清除资产阶级思想的影响，这样，共青团才能担负起以共产主义精神教育青年一代的任务，才有可能协助党为国家培养出政治上坚强的、经得起风险的后备力量。因此，各级党委应当很好地指导各级团组织的整风运动和反右派斗争，并且在这个基础上整顿、加强和提高团的干部队伍。对于某些地方团委缺乏主要领导骨干的，应尽快予以配备；对于某些地方团委领导骨干太弱的，应予加强；对于没有参加过体力劳动和实际斗争的青年知识分子干部，应当有计划地放下去锻炼。总之，希望经过这次深刻的全民整风运动和反右派斗争，把共青团的工作，从思想政治领导、纯洁巩固组织和改进工作作风方面，都能够向前推进一步。

12月25日

［纲　文］　**中共中央批转教育部党组《关于用机关下放干部代替中小学和业余学校被清洗及不称职教职员的请示报告》。**

［目　文］　《报告》建议：清理教师队伍和机关下放干部的工作，应紧密结合，由各级党委做出全面规划，统一考虑，从下放干部中选择条件适合的干部，立即去接替被清洗及不称职教职员工的工作，以保证教学工作正常进行，并改变教师阵容。至于有些失掉工作能力或不能胜任工作又缺乏培养前途的教师，应结合整风适当调整。

12月25日

［纲　文］　**新华社讯，滇越铁路接轨通车。**

［目　文］　滇越铁路从中国云南昆明到越南的海防，全长854公里。滇越铁路中国境内从昆明到河口全长465公里，碧色寨到河口段（碧河段）共177公里，已修复完成。本日，在倮姑车站举行接轨典礼。该铁路以前被法国殖民者霸占。在中国获得解放和越南独立以后，这条铁路成为两国人民的财产。修复通车后，不仅使云南边疆少数民族聚居的山区同祖国的联系更加密切，而且恢复了一条中国西南地区对外贸易的通道，对中越两国的经济建设和传统友谊的发展起很大作用。

12月25日

［纲　文］　**中国第一座生产高级耐火材料的工厂——鞍钢大石桥镁砖厂第一期工程投入生产。**

12月25日

［纲　文］　**中国人民对外文化友好协会在东京同日本《每日新闻》社、日中文化交流协会、日中友好协会三个团体签订关于中国歌舞团到日本进行访问演出的合同。**

12月26日—1958年1月1日

［纲　文］　**中国代表团出席亚非团结大会。**

［目　文］　26日，大会在埃及首都开罗开幕，共约3000人参加了开幕式，这是亚非历史上规模最大的一次民间性的集会。中国派遣以郭沫若为首的代表团前往参加。毛泽东向亚非团结大会发去贺电，电文说：亚非团结大会的召开，对于发扬“万隆精神”，促进亚非人民团结，争取和维护亚非民族独立以及对保卫亚洲、非洲和世界和平的伟大事业，将有巨大的贡献。谨致衷心的祝贺。

《人民日报》发表题为《亚非人民大团结万岁》的社论。社论说，派出代表参加这次大会的包括亚非40多个国家和地区，它们的总人口约占全人类的2/3。虽然这些国家和地区的人民在社会制度、意识形态和语言风俗等方面各有差异，但是大家却有着共同的经历和共同的愿望。这种共同的经历和遭遇使亚非人民的心连在一起。争取和维护独立自由，巩固世界和平，促进各国人民之间的友好相处，是亚非人民的共同要求。正是因为这样，亚非两大洲18亿人民能够日益紧密地团结起来，并且能够在争取独立、和平、友好的共同斗争中互相支持，互相帮助。这次亚非团结大会的召开，集中地显示了亚非人民团结的规模已经达到一个新的高峰。亚非人民反殖民主义的斗争，已经成为我们时代的不可抗拒的历史潮流。社论最后表示：整个世界局势对我们亚非人民是十分有利的。只要亚非人民更加紧密地团结起来，并且同欧洲、美洲以及澳洲一切爱好和平的力量更好地联合起来，我们的力量会更加强大，我们的胜利就更加有保障。

12 月 25 日，中国人民保卫世界和平委员会、中国亚洲团结委员会、全国总工会、中华全国妇女联合会等，发去电文祝贺亚非团结大会的召开。

12 月 26 日

［纲　文］　**最高人民检察院检察长张鼎丞在全院干部大会上作《关于高检院整风反右派斗争的总结报告》**。

12 月 26 日

［纲　文］　**化工部化工设计院上海天原化工厂设计制造成功立式吸附隔膜电解槽**。

12 月 26 日

［纲　文］　**云南省最大的自动化火力发电厂——昆明发电厂第一机组开始发电**。

12 月 27 日

［纲　文］　**中共中央致电祝贺突尼斯共产党第六次代表大会召开**。

12 月 27 日

［纲　文］　**国务院召开第六十七次全体会议**。

［目　文］　周恩来主持会议。通过了《中华人民共和国和印度尼西亚共和国关于双重国籍问题的条约》，并决定提请全国人大常委会审议批准。周恩来对《条约》作了说明。他说，这个条约是 1955 年 4 月 22 日在万隆签订的，由于印度尼西亚国内的政治斗争和一部分华侨不大拥护，拖到 1957 年 12 月 17 日印度尼西亚国会才批准，我们也要很快批准。中国的海外华侨有 1200 万人，其中很多在东南亚，《条约》的签订将产生很大影响。我们既要使华侨生活不致流落，又要使人家的主权不受影响。侨委应多做工作，使华侨尽量参加所在国国籍，也要准备会有一部分人要回国。已经被新加坡、马来亚赶回来的要安置生产，但待遇不能太优厚。全国人大常委会第八十九次会议于 12 月 30 日批准此《条约》。

12 月 27 日

［纲　文］　**国务院发布《关于做好今冬明春蔬菜供应工作的指示》**。

［目　文］　《指示》说，蔬菜为家家户户每天必不可少的一种副食品，同人民的生活有着很密切的关系。各省、自治区、直辖市人民委员会要加强对这一工作的领导，并督促各有关部门做好蔬菜的供应、储存、调运、加工和 1958 年蔬菜生产的安排等各项具体工作。

12月27日

［纲　文］　**国务院批复吉林省人民委员会关于延边地区等与朝鲜有关县、市进行交流事项的报告。**

［目　文］　批复同意该省延边地区和长白、辑安、临江等县以后同相邻的朝鲜有关县、市进行生产技术和文化体育交流活动时，由省人民委员会批准，但须抄告外交部备案。中方提出者，由吉林省外事处通过朝鲜驻长春领事馆征求其国内同意；朝方提出者，统由吉林省外事处答复朝鲜驻长春领事馆。

12月27日

［纲　文］　**国务院发出《关于改进文教事业管理体制的规定(修改稿)》。**

［目　文］　《规定》指出，地方广播事业由地方管理，但地方广播电台的频率和发射功率的确定和变更，由中央广播事业局核定。

12月27日

［纲　文］　**中国和南斯拉夫签订科学技术合作议定书。**

［目　文］　议定书在贝尔格莱德签订。议定两国在电气、化学、非金属工业及农业、林业和教育等到方面交换技术资料、派遣考察专家，交流生产经验和科学技术成就，进一步发展两国间的科学技术合作。中国代表团在会议期间访问了化工、纺织、皮革、电机、电力、造船和运输机械等方面的一些企业单位和经济组织，并访问了农场和研究所。

12月27日

［纲　文］　**新华社讯，中蒙两国边境牧民代表举行联欢大会。**

［目　文］　本年8月中旬到11月底，中国内蒙古达尔罕茂明安联合旗牧民因牧场干旱，有7000多头牲畜进入蒙古东戈壁省放牧。在放牧期间，东戈壁省政府和牧民，对中国牧民给予多方面帮助。为表示感谢，中国内蒙古自治区乌兰察布盟牧民代表团在蒙古东戈壁省杭盖边防站举行了友谊联欢大会。

12月27日

［纲　文］　**卫生部发出通报，要求各省、市、自治区加强冬春季节传染病的防治工作。**

［目　文］　通报要求各地卫生部门结合当地情况进行具体布置，并做出如下规定：一、对猩红热病人应尽可能入院隔离治疗，做好消毒工作；在没有医院的农村，亦要做到家庭隔离。二、为了预防流行性感冒的传扩，在大的集体单位发现病人后，应立即进行隔离治疗，对一般居民区中散发的病人，可以要求他们在家隔离或戴口罩，以减少传播机会。在广泛流行的时候，要限制大型集会。三、麻疹病人一般在家隔离。有条件的地方组织地段医务人员到病家治疗，加强护理。四、对流行性脑脊髓膜炎在发现病人时，要加强隔离治疗。五、在天花防治方面，少数仍有天花发生的地区，要进行普种牛痘，一般已经消灭的地区，应贯彻按规定年龄种痘的工作。六、要求各地加强疫情报告，并结合冬季爱国卫生运动进行宣传教育。

12月28日

［纲　文］　**周恩来致电苏丹共和国政府总理阿卜杜拉·哈利勒，祝贺苏丹共和国国庆。**

12月28日

［纲　文］　**中共中央发出《关于第二届全国、省人民代表大会，第三届市、县人民代表大会和第三届政协全国、市、县委员会，第二届政协省委员会人事安排的通知》。**

［目　文］　《通知》指出，党在今后工作中必须坚决贯彻执行统一战线方针，注意克服“清一色”倾向，加强党和非党的联盟。因此，在全国、省、市、县人民代表大会，人民政协和人民政府改选的时候，有必要继续安排民主党派、无党派民主人士、非党的知识分子代表人物和非党的劳动人民代表人物。

12月28日

［纲　文］　**国务院同意并批转全国供销总社《关于农产品采购工作的报告》。**

［目　文］　国务院在批示中指出：有些省、自治区的工作进度不快，特别是有些商品收购进度很慢，贯彻一气呵成的精神不够。如果把收购力量和劳力安排恰当，收购工作是可以完成的。应当认识，农副产品采购工作，愈到后期愈要抓紧。因为农产品分散，数量愈来愈少，不下功夫就难收购起来。因此，做好农产品采购的扫尾工作就显得更加艰巨了。各地供销合作社决不能因为采购计划已大部分完成而麻痹、松劲，应该继续加强领导和检查，采取积极有效措施，争取在春节前完成或超额完成农产品采购计划。

12月28日

［纲　文］　**国务院召开常务会议。**

［目　文］　会议由周恩来会议。听取财政部副部长戎子和关于1957年国家预算执行情况和1958年国家预算的说明。决定将1958年的基本建设投资，在126.66亿元的基础上增加7000万元，即为127.36亿元。由戎子和根据讨论意见修改后，提请中共中央讨论。

12月28日

［纲　文］　**国务院发布《关于实行中苏非贸易外汇比价的通知》。**

［目　文］　《通知》说，经过中苏两国政府协定，从1958年1月1日起，中国与苏联间非贸易汇款实行按正式比价另加附加的办法，即中苏间现行1元人民币等于2个卢布的比价不变，称为两国货币的正式比价，仅对于七项非贸易款项的支付，改为每1元人民币附加4个卢布，等于6个卢布。适用附加办法的7个项目是：一、双方外交代表、贸易代表、领事馆的经费、运输代表机关、其他官方和社会团体代表和个人的派遣费等有关的各项开支；二、航空运费和水上客运费；三、公民学习和医疗费；四、同海运和河运有关的领航费和其他费用（不包括运费）；五、国家奖金、稿费以及属于中国或苏联公民有关继承、抚恤、赡养和变卖财产款项的汇款；六、公民个人的其他非商业汇款；七、由中国人民银行和苏联国家银行商定的其他非贸易款项。

12月28日

［纲　文］　**国务院同意纺织工业部将部分地区分散的纺织厂下放，分别由各有关省、市、自治区领导。**

［目　文］　下放的纺织厂包括：上海的单独织布厂、分散的毛纺织厂和麻纺织厂、丝绢纺织厂、针织厂、器材和机器修配厂等59个企业（计陕西省4个，山东省5个，湖北省1个，上海市19个，四川省15个，黑龙江省5个，吉林省1个，浙江省3个，湖南省1个，新疆维吾尔自治区1个，辽宁省4个）。

12月28日

［纲　文］　**中国人民解放军总政治部宣传部举行关于当前中国文字改革任务的报告会。**

［目　文］　会上总政治部宣传部发出通知，要求全军各级宣传部门做好四项工作：一、在广大官兵中宣传汉语拼音方案草案的好处。二、组织全军文化教员学好汉语拼音方案草案，以便进一步组织全体官兵普遍进行学习。三、在文化学校的学员中进行试教，总结出经验。四、通过汉语拼音方案草案的学习，巩固过去推广普通话运动的成绩，并使更多的官兵学会普通话。

12月28日

［纲　文］　**华南第一座现代化的兽医生物药厂——广西生物药厂正式投入生产。**

［目　文］　该药厂的主要产品是猪瘟结晶紫疫苗、猪肺疫菌苗、鸡新城疫疫苗等。这些疫苗、菌苗对防治家畜瘟疫有很大功效。每头猪只要注射2毫升猪瘟结晶疫苗，即可预防猪瘟的发生。每1毫升鸡新城疫疫苗，可以供500—800只鸡免疫用。产品主要供应广西、广东、云南、贵州等省。

12月28日

［纲　文］　**中国第一辆国产三轮汽车在上海试车。**

［目　文］　该汽车由上海内燃机配电厂、上海汽车底盘厂、上海汽车装修厂三家工厂组织许多小工厂协作制成，完全采用国产原料，结合中国交通运输的具体情况自行设计，小巧、轻快、灵活、省油，能在崎岖不平的道路上行驶。

12月29日

［纲　文］　**湖南衡阳湘江大桥通车。**

［目　文］　该桥是继武汉长江大桥通车后新中国修建的第二座铁路、公路两用双层大桥。通车后把中国南部湘桂路和京广路连成一起，湘南公路网亦串连起来。

12月30日

［纲　文］　**一届全国人大常委会第八十九次会议批准《中华人民共和国和印度尼西亚共和国关于双重国籍问题的条约》。**

［目　文］　《条约》规定，凡属同具有中华人民共和国和印度尼西亚共和国国籍的人，都应根据本人自愿的原则，就中国国籍和印尼国国籍中选择一种国籍。凡属具有上述两种国籍的人，如在本条约生效时已经成年，应在本条约生效后两年的期限内选择他们的国籍。如愿保留中国国籍，必须向中华人民共和国的有关当局宣告放弃印尼国国籍，宣告后即被视为自愿选择中国国籍；如愿意保留印尼国国籍，必须向印度尼西亚共和国的有关当局宣告放弃中国国籍，宣告后即被视为自愿选择印尼国国籍。缔约双方同意勉励本国侨民，尊重侨居国政府的法律和社会习惯，不参加侨居国的政治活动。缔约双方愿意各自依照本国政府的法律，互相保护对方侨民的正当权利和利益。本《条约》有效期20年，期满后继续有效。在期满后，如一方要求废除本《条约》，必须在一年之前书面通知另一方，在发出上述通知一年之后，本《条约》即行废除。

12月30日

［纲　文］　**《人民日报》报道，当美国把柴油机列为向中国禁运商品的时候，中国制造的柴油机已向埃及、叙利亚出口。**

12月30日

［纲　文］　**《中国和苏丹贸易会谈公报》发布。**

［目　文］　《公报》说：双方研究了加强目前两国间已有的贸易关系的最好方法。为了达到这个共同目的，两国政府愿意在平等互利的基础上尽可能给予一切便利以促进中国和苏丹间的贸易关系，安排贸易代表团相互访问，相互举办商品展览会和扩大两国间的经济合作。中华人民共和国政府作为对苏丹人民友好的表示，将在规格、品质和价格适合的条件下，认真地考虑进口苏丹的长纤维棉花和其他产品。基于对中国人民同样的友好的愿望，苏丹共和国政府对中国可出口到苏丹的商品在规格、品质和价格适合的条件下，将给予同等的待遇。

12月30日

［纲　文］　**中国和朝鲜在北京签订中朝1958—1959年文化合作计划。**

12月30日

［纲　文］　**中国科学院和波兰科学院在北京签订中波1958年科学合作执行计划。**

12月30日

［纲　文］　**中宣部发出《关于加强报纸刊物对于农业宣传的通报》。**

［目　文］　《通报》反映，在最近召集的一次报纸刊物座谈会上，对于农业宣传问题，检查出了一些问题，提出了一些改进意见。座谈会认为全国所有报纸刊物，都应针对自己的读者对象，全面地宣传党的在优先发展重工业的基础上，发展工业与发展农业同时并举的方针；不但要报道本地区的先进经验，而且要宣传其他地区有参考价值有教育作用的先进经验；不但要报道增产的好经验，而且要报道减产的坏的典型，并且应当批判领导生产工作中的官僚主义和主观主义现象。《通报》要求各地报纸刊物参照《人民日报》、《天津日报》、《河北日报》的农村工作报道提纲和改进意见的3个附件，进一步改进自己

对农业的宣传。

12 月 31 日

［纲　文］　**国家计委传达毛泽东关于经济计划工作的几点指示。**

［目　文］　指示要求：一、省市县都要搞规划。工业、交通、农业、商业、手工业、大专院校、培养工农知识分子、科学文化、城市规划等都搞一个像《农业发展纲要四十条》那样的远景规划，有比没有好，无精无粗，由粗而精。二、协作、联省办法，逐步过渡到经济中心。是否考虑过去的大区，以一个大城市为经济中心结合周围省市考虑通盘的协作规划。如以沈阳为中心的东北地区；以西安、兰州为中心的西北地区；以天津为中心的华北地区；以武汉为中心的中南地区；以广州为中心的华南地区；以重庆为中心的西南地区等协作区域。在此基础上逐渐形成经济区。三、体制下放有好处，文教卫生事业也要快些下放，中央可以进行监督指导，大问题还要中央解决。四、中央的领导方法：大权独揽，小权分散；中央决定，各方去办；办也有决，不离原则；工作检查，中央有责。五、1956 年有些东西是搞多了，但不能说是冒进，一反冒进就松劲。还要促进，今冬明春还要来一股劲头。六、第二个五年计划先搞出一个框框来，拿到中央讨论讨论，不要等都搞好了，来一个大本，看不了。

12 月 31 日—1958 年 1 月 13 日

［纲　文］　**也门王国副首相兼外交和国防大臣塞弗·伊斯兰·穆罕默德·巴德尔王太子访问中国。**

［目　文］　31 日，巴德尔王太子及其随行人员乘飞机从莫斯科到达北京，在机场受到周恩来等领导人以及首都数千群众的欢迎。周恩来接见并宴请巴德尔王太子和随行人员。接见时在座的有彭德怀、陈毅副总理，外交部副部长曾涌泉等。周恩来说，我们支持你们的斗争，帝国主义是不甘心失败的。现在的关键在于我们团结起来反对帝国主义，首先是国内的团结，再就是阿拉伯国家间的团结，亚非各国的团结，全世界爱好和平的国家和人民的团结，这就会变成一股巨大的力量。访问期间，毛泽东、朱德、刘少奇分别接见了巴德尔及其随行人员。

1958 年 1 月 12 日，周恩来同巴德尔进行会谈后，双方发表了《周恩来和巴德尔联合公报》。《公报》主要内容如下：一、双方认为联合国宪章的道义原则、万隆会议的决议和和平共处的五项原则应该得到普遍的采用；二、双方一致谴责殖民主义国家在中东制造分裂、加剧紧张局势和干涉阿拉伯国家内政的阴谋活动；三、中国政府和中国人民再一次声明支持也门保护国土主权的立场；四、双方指出，对中东地区各国人民提供经济和技术援助必须不附带任何条件，以利于这些国家巩固它们的独立并参与促进各国繁荣和世界和平事业；五、双方认为，中华人民共和国在联合国的合法权利和地位，应该迅速恢复；六、双方借这次巴德尔王子访问中国的机会，缔结了两国间的友好条约、商务条约和科学、技术和文化合作协定。这些条约和协定最明确地说明了双方进一步发展和巩固两国间友好关系的共同愿望。

12 月 31 日

［纲　文］　**政协全国委员会根据各民主党派、无党派人士双周座谈会的建议举行座谈会。**

［目　文］　座谈会讨论了中共中央、国务院关于在国家薪给人员和高等学校学生中的右派分子处理原则的规定草案，中共中央书记处候补书记胡乔木在会上对草案作了说明。

12 月 31 日

［纲　文］　**国务院发布《关于在公开发行的书刊中刊载涉及我国国界的地图问题的通知》。**

［目　文］　《通知》指出：中国国界问题极为复杂，外国对中国出版的地图上的国界的画法很注意，如果稍有不慎，即易引起外人误解，甚至引起外交纠纷。现将文化部《关于书籍和报刊刊登我国地图的几点规定》印发给有关单位。注意今后在各种公开发行的书籍刊物或者其他印刷品宣传品中刊载中国全图或者涉及中国国界的地区地图时，都应该按照文化部的这一规定办理。为了对外宣传而出版的外文书刊，一般不要刊载涉及中国国界的地图；如果由于特殊原因需要刊载时，应该事先请示外交部。各单位在绘制和刊载涉及我国国界的地图上如果有问题，应该事先征求外交部的意见，以免发生涉外纠纷。

12 月 31 日

［纲　文］　**国务院发出《关于将高等医药院校逐步交由省、自治区、直辖市人民委员会领导的通知》。**

［目　文］　《通知》说，为了使今后高等医药人才的培养更好地适应地方卫生事业发展的需要，决定将设在各地的高等医药院校交给各省、自治区、直辖市人民委员会领导。据此，卫生部决定除北京中医学院仍暂归卫生部直接领导外，将其余的 37 所高等医药学院交由各所在省、自治区、直辖市人民委员会领导。

12 月 31 日

［纲　文］　**高教部发出《关于切实贯彻勤俭建国、勤俭办学方针的指示》。**

［目　文］　《指示》说，各高等学校应结合社会主义思想教育，充分发动群众，大力揭发和批判铺张浪费现象，坚决地、切实地贯彻勤俭建国、勤俭办学方针，这是整改工作中的一项重要政治任务。但是，各校在人员编制方面、在基本建设方面、在仪器、图书等方面、在一般学生助学金和职工福利方面的铺张浪费现象还很普遍。针对这种情况，要求采取如下措施：一、大力精简机构编制。二、调整学生助学金标准。三、处理多余土地，节约基本建设投资。四、彻底清理教学设备，认真处理积压物资。五、节省经常开支和消耗用品。

12 月 31 日

［纲　文］　**复杂无线电收讯设备制造厂建成，经国家验收，正式投产。**

12月31日

［纲　文］　**中国政府和朝鲜政府在平壤签订科学技术合作协定。**

［目　文］　协定规定，双方通过互相交流国民经济各部门的先进经验和科学技术成就，实现双方在科学技术方面的合作。协定还规定，为实现双方在这方面的合作，组织成立中朝科学技术合作委员会。

12月31日

［纲　文］　**铁道部、邮电部、电力部、中央广播事业局、中国人民解放军通信兵部联合颁发《架空电力线路与弱电流线路接近和交叉装置规程》。**

12月下旬

［纲　文］　**鹰厦铁路胜利完工，全面交付使用。**

［目　文］　鹰厦铁路于1955年2月动工，全线长732.2公里，累计投资39884万元。

12月

［纲　文］　**中国科学院力学研究所等10个单位的47名专家组成的工程技术组对首都机场工程进行检查验收，做出工程质量“良好”的评价。**

12月

［纲　文］　**沈阳第一机床厂制成C868型二级精密丝杠车床。**

12月

［纲　文］　**上海汽轮机厂制成中国第一台自行设计的12000千瓦中压冷凝式汽轮机。**

1957年

［纲　文］　**全国建成拖拉机站352个。1950—1957年共进口拖拉机16750台。**

1957年

［纲　文］　**1957年机械工业总产值119.0亿元，占全国工业总产值14.4%，1953—1957年年均增长29.6%。机械产品总出口额0.26亿美元，占全国出口总额的1.63%。其中出口汽车32辆，机床134台。**

1957年

［纲　文］　**国家科委成立仪器仪表专业组。**

［目　文］　组长汪道涵，副组长钱志道、王大珩。专业组负责全国仪器仪表工业的统一规划工作，制订第二个五年仪器仪表规划草案，对全国（包括一机、二机、电机部、地方工业及其他非机械部门等）仪器仪表工业进行全面规划。

1957年

［纲　文］　**“一五”计划期间教育事业有很大发展。**

［目　文］　至本年末，全国共有高等学校229所，在校学生44.1万人。五年内，高等学校招收学生56.18万人，毕业学生26.9万人。五年派出国留学生7216人。至本年末，全国共有中等学校12474所（其中中等专业学校1230所，普通中学11096所），在校学生708.1万人（其中中等专业学校、农业中学、职业中学80万人，普通中学628.1万人）。全国共有小学547300所，在校学生6428.3万人。全国共有幼儿园16400所。群众业余学习、扫盲工作也有很大的发展。

“一五”计划期间，教育经费的支出占国家财政总支出的5.59%；全国教育事业基建投资完成额占国家基建投资总完成额的3.3%。

1957年

［纲　文］　**中国教育代表团访问民主德国、捷克斯洛伐克、波兰、苏联、南斯拉夫、印度、缅甸等国。保加利亚、捷克斯洛伐克、波兰、苏联、罗马尼亚、越南、日本、锡兰、埃及、印度、印度尼西亚等国教育代表团、教育工作者及学者来中国访问。**

1957年

［纲　文］　**文化艺术取得丰硕成果。**

［目　文］　出版的主要文艺作品有：长篇小说《红旗谱》、《林海雪原》、《红日》、《百炼成钢》、《大波》等，童话《宝葫芦的秘密》，话剧《布谷鸟又叫了》，电影剧本《骆驼祥子》、《党的女儿》等。拍摄故事片30部，主要有：《女篮五号》、《暴风中的雄鹰》、《边寨风火》、《羊城暗哨》等；戏曲片10部：京剧《群英会》、《借东风》、《雁荡山》、《荒山泪》，川剧《杜十娘》，沪剧《罗汉钱》，河北梆子《蝴蝶杯》，湘剧《拜月记》，吕剧《李二嫂改嫁》，闽南戏《陈三五娘》。

附 录

[附录一] 1957年中国共产党中央委员会及中央各部委负责人名录

职 务	姓 名	任职时间
第八届中央委员会		
中央委员会主席	毛泽东	1956年9月—1966年5月
中央委员会副主席	刘少奇	1956年9月—1966年5月
	周恩来	1956年9月—1966年5月
	朱 德	1956年9月—1966年5月
	陈 云	1956年9月—1966年5月
中央委员会总书记	邓小平	1956年9月—1966年5月
中央政治局委员	毛泽东	1956年9月—1966年5月
	刘少奇	1956年9月—1966年5月
	周恩来	1956年9月—1966年5月
	朱 德	1956年9月—1966年5月
	陈 云	1956年9月—1966年5月
	邓小平	1956年9月—1966年5月
	林 彪	1956年9月—1966年5月
	林伯渠	1956年9月—1960年5月
	董必武	1956年9月—1966年5月
	陈 毅	1956年9月—1966年5月
	罗荣桓	1956年9月—1963年12月
	李富春	1956年9月—1966年5月
	彭 真	1956年9月—1966年5月
	彭德怀	1956年9月—1966年5月
	贺龙（土家族）	1956年9月—1966年5月
	刘伯承	1956年9月—1966年5月
	李先念	1956年9月—1966年5月
中央政治局候补委员	乌兰夫（蒙古族）	1956年9月—1966年5月
	张闻天	1956年9月—1966年5月
	陆定一	1956年9月—1966年5月
	陈伯达	1956年9月—1966年5月
	康 生	1956年9月—1966年5月
	薄一波	1956年9月—1966年5月
中央政治局常务委员会委员	毛泽东	1956年9月—1966年5月
	刘少奇	1956年9月—1966年5月
	周恩来	1956年9月—1966年5月
	朱 德	1956年9月—1966年5月
	陈 云	1956年9月—1966年5月
	邓小平	1956年9月—1966年5月

续表

职　务	姓　名	任职时间
中央书记处书记	邓小平	1956 年 9 月—1966 年 5 月
	彭　真	1956 年 9 月—1966 年 5 月
	王稼祥	1956 年 9 月—1966 年 5 月
	谭震林	1956 年 9 月—1966 年 5 月
	谭　政	1956 年 9 月—1962 年 9 月
	黄克诚	1956 年 9 月—1962 年 9 月
	李雪峰	1956 年 9 月—1966 年 5 月
中央书记处候补书记	刘澜涛	1956 年 9 月—1966 年 5 月
	杨尚昆	1956 年 9 月—1966 年 5 月
	胡乔木	1956 年 9 月—1966 年 5 月
中央监察委员会书记	董必武	1956 年 9 月—1966 年 5 月
中央监察委员会副书记	刘澜涛	1956 年 9 月—1962 年 9 月
	肖　华	1956 年 9 月—1966 年 5 月
	王从吾	1956 年 9 月—1966 年 5 月
	钱瑛（女）	1956 年 9 月—1966 年 5 月
	刘锡五	1956 年 9 月—1966 年 5 月
办公厅主任	杨尚昆	1949 年 10 月—1965 年 11 月
组织部部长	安子文	1956 年 11 月—1966 年 5 月
宣传部部长	陆定一	1954 年 7 月—1966 年 5 月
统一战线工作部部长	李维汉	1949 年 10 月—1964 年 12 月
对外联络部部长	王稼祥	1951 年 1 月—1966 年 3 月
政治研究室主任	陈伯达	1955 年 1 月—1966 年 5 月
农村工作部部长	邓子恢	1952 年 11 月—1962 年 11 月
工业工作部部长	李雪峰	1956 年 11 月—1960 年 10 月
交通工作部部长	曾　山	1956 年 11 月—1960 年 10 月
财政贸易工作部部长	马明方	1956 年 1 月—1960 年 10 月
国际活动指导委员会主任委员	王稼祥	1953 年 4 月—1958 年 3 月
中共中央直属高级党校校长	杨献珍	1955 年 8 月—1961 年 2 月
人民日报社社长	邓　拓	1952 年 6 月—1958 年 9 月
人民日报社总编辑	邓　拓	1949 年 10 月—1957 年 6 月
	吴冷西	1957 年 6 月—1966 年 5 月
马克思恩格斯列宁斯大林著作编译局局长	局长缺	
中央直属机关委员会书记	杨尚昆	1956 年 8 月—1961 年 11 月
中央国家机关委员会第一书记	龚子荣	1956 年 6 月—1959 年 9 月
中共中央上海局书记	柯庆施	1954 年 11 月—1960 年 11 月

根据中共中央组织部、中共中央党史研究室、中央档案馆编《中国共产党组织史资料》（中共党史出版社 2000 年版）编制。

[附录二] 全国人民代表大会、中华人民共和国主席、国务院、国防委员会、最高人民法院和最高人民检察院负责人名录

职务	姓名	任职时间
第一届全国人民代表大会		
常务委员会委员长	刘少奇	1954年9月—1959年4月
常务委员会副委员长	宋庆龄（女）	1954年9月—1959年4月
	林伯渠	1954年9月—1959年4月
	李济深	1954年9月—1959年4月
	罗荣桓	1954年9月—1959年4月
	沈钧儒	1954年9月—1959年4月
	郭沫若	1954年9月—1959年4月
	黄炎培	1954年9月—1959年4月
	彭真	1954年9月—1959年4月
	李维汉	1954年9月—1959年4月
	陈叔通	1954年9月—1959年4月
	达赖喇嘛·丹增嘉措（藏族）	1954年9月—1959年4月
	赛福鼎·艾则孜（维吾尔族）	1954年9月—1959年4月
常务委员会秘书长	彭真	1954年9月—1959年4月
民族委员会主任委员	刘格平（回族）	1954年9月—1959年4月
法案委员会主任委员	张苏	1954年9月—1959年4月
预算委员会主任委员	刘澜涛	1954年9月—1959年4月
代表资格审查委员会主任委员	马明方	1954年9月—1959年4月
中华人民共和国主席		
中华人民共和国主席	毛泽东	1954年9月—1959年4月
中华人民共和国副主席	朱德	1954年9月—1959年4月
国务院		
总理	周恩来	1954年9月—1959年4月
副总理	陈云	1954年9月—1959年4月
	林彪	1954年9月—1959年4月
	彭德怀	1954年9月—1959年4月
	邓小平	1954年9月—1959年4月
	邓子恢	1954年9月—1959年4月
	贺龙（土家族）	1954年9月—1959年4月
	陈毅	1954年9月—1959年4月
	乌兰夫（蒙古族）	1954年9月—1959年4月
	李富春	1954年9月—1959年4月
	李先念	1954年9月—1959年4月

续表

职　务	姓　名	任职时间
秘书长	习仲勋	1954 年 9 月—1964 年 12 月
内务部部长	谢觉哉	1954 年 9 月—1959 年 4 月
外交部部长	周恩来	1954 年 9 月—1958 年 2 月
国防部部长	彭德怀	1954 年 9 月—1959 年 9 月
公安部部长	罗瑞卿	1954 年 9 月—1959 年 9 月
司法部部长	史良（女）	1954 年 9 月—1959 年 4 月
监察部部长	钱瑛（女）	1954 年 9 月—1959 年 4 月
国家计划委员会主任	李富春	1954 年 9 月—1966 年 5 月
国家经济委员会主任	薄一波	1956 年 5 月—1966 年 5 月
国家建设委员会主任	王鹤寿	1956 年 8 月—1958 年 2 月
国家技术委员会主任	黄　敬	1956 年 5 月—1958 年 11 月
财政部部长	李先念	1954 年 9 月—1966 年 5 月
中国人民银行行长	曹菊如	1954 年 11 月—1964 年 10 月
粮食部部长	章乃器	1954 年 9 月—1958 年 1 月
商业部部长	陈　云	1956 年 11 月—1958 年 9 月
城市服务部部长	杨一辰	1956 年 11 月—1958 年 2 月
水产部部长	许德珩	1956 年 5 月—1966 年 5 月
对外贸易部部长	叶季壮	1954 年 9 月—1966 年 5 月
冶金工业部部长	王鹤寿	1956 年 5 月—1964 年 4 月
化学工业部部长	彭　涛	1956 年 5 月—1961 年 11 月
第一机械工业部部长	黄　敬	1954 年 9 月—1958 年 2 月
第二机械（国防）工业部部长	赵尔陆	1954 年 9 月—1958 年 2 月
第三机械工业部部长	宋任穷	1956 年 11 月—1958 年 2 月
电机制造工业部部长	张霖之	1956 年 5 月—1958 年 2 月
煤炭工业部部长	陈　郁	1955 年 7 月—1957 年 9 月
	张霖之	1957 年 9 月—1966 年 5 月
电力工业部部长	刘澜波	1955 年 7 月—1958 年 2 月
石油工业部部长	李聚奎	1955 年 7 月—1958 年 2 月
地质部部长	李四光（蒙古族）	1954 年 9 月—1966 年 5 月
建筑工程部部长	刘秀峰	1954 年 9 月—1964 年 9 月
建筑材料工业部部长	赖际发	1956 年 5 月—1958 年 2 月
城市建设部部长	万　里	1956 年 5 月—1958 年 2 月
纺织工业部部长	蒋光鼐	1954 年 9 月—1966 年 5 月
轻工业部部长	沙千里	1956 年 5 月—1958 年 2 月
食品工业部部长	李烛尘	1956 年 5 月—1958 年 2 月
铁道部部长	滕代远	1954 年 9 月—1965 年 1 月
交通部部长	章伯钧	1954 年 9 月—1958 年 2 月
邮电部部长	朱学范	1954 年 9 月—1966 年 5 月
农业部部长	廖鲁言	1954 年 9 月—1966 年 5 月

续表

职 务	姓 名	任职时间
农垦部部长	王 震	1956 年 6 月—1966 年 5 月
林业部部长	梁 希	1954 年 9 月—1958 年 12 月
森林工业部部长	罗隆基	1956 年 5 月—1958 年 1 月
水利部部长	傅作义	1954 年 9 月—1958 年 2 月
劳动部部长	马文瑞	1954 年 9 月—1966 年 5 月
文化部部长	沈雁冰	1954 年 9 月—1965 年 1 月
高等教育部部长	杨秀峰	1954 年 9 月—1958 年 2 月
教育部部长	张奚若	1954 年 9 月—1958 年 2 月
卫生部部长	李德全（女）	1954 年 9 月—1965 年 1 月
体育运动委员会主任	贺龙（土家族）	1954 年 9 月—1966 年 5 月
民族事务委员会主任	乌兰夫（蒙古族）	1954 年 9 月—1966 年 5 月
华侨事务委员会主任	何香凝（女）	1954 年 9 月—1959 年 4 月
国务院第一办公室主任	罗瑞卿	1954 年 11 月—1959 年 6 月
国务院第二办公室主任	林 枫	1954 年 11 月—1959 年 6 月
国务院第三办公室主任	薄一波	1954 年 11 月—1959 年 6 月
国务院第四办公室主任	贾拓夫	1954 年 11 月—1959 年 6 月
国务院第五办公室主任	李先念	1954 年 11 月—1959 年 6 月
国务院第六办公室主任	王首道	1954 年 11 月—1959 年 6 月
国务院第七办公室主任	邓子恢	1954 年 11 月—1959 年 6 月
国务院第八办公室主任	李维汉	1954 年 11 月—1959 年 6 月
国家统计局局长	薛暮桥	1954 年 11 月—1958 年 11 月
国家计量局局长	李承干	1955 年 4 月—1958 年 3 月
中央手工业管理局局长	白如冰	1954 年 11 月—1958 年 3 月
国家测绘总局局长	陈外欧	1956 年 6 月—1960 年
物资供应总局局长	韩哲一	1956 年 5 月—1958 年 3 月
中国民用航空局局长	邝任农	1955 年 6 月—1958 年 3 月
中央气象局局长	涂长望	1954 年 9 月—1962 年 6 月
中央工商行政管理局局长	许涤新	1954 年 11 月—1966 年 5 月
新华通讯社社长	吴冷西	1954 年 11 月—1966 年 5 月
广播事业局局长	梅 益	1954 年 11 月—1966 年 5 月
中国文字改革委员会主任委员	吴玉章	1954 年 11 月—1966 年 5 月
对外文化联络局代理局长	陈忠经	1955 年 8 月—1958 年 2 月
国务院法制局局长	陶希晋	1954 年 11 月—1959 年 6 月
国务院人事局局长	章夷白	1954 年 11 月—1959 年 8 月
国务院宗教事务局局长	何成湘	1954 年 11 月—1961 年 3 月
国家档案局局长	曾 三	1954 年 11 月—1966 年 5 月
中央机要交通局局长	王 凯	1954 年 11 月—1959 年 6 月
国务院参事室主任	陶希晋	1954 年 11 月—1959 年 7 月
国务院外国专家局局长	杨放之	1954 年 11 月—1964 年 9 月

续表

职　务	姓　名	任职时间
国务院专家局局长	齐燕铭（蒙古族）	1956年5月—1958年8月
国务院出国工人管理局局长	张　策	1955年5月—1957年5月
国务院机关事务管理局局长	高登榜	1956年2月—1966年5月
国务院总理办公室主任	齐燕铭（蒙古族）	1954年11月—1958年4月
国务院秘书厅主任	常黎夫	1954年10月—1959年8月
中国科学院院长	郭沫若	1954年9月—1966年5月
中华全国供销合作总社主任	主任缺	
中国国际贸易促进委员会主席	南汉宸	1952年5月—1966年5月
第一届国防委员会		
主　席	毛泽东	1954年9月—1959年4月
副主席	朱　德	1954年9月—1959年4月
	彭德怀	1954年9月—1959年4月
	林　彪	1954年9月—1959年4月
	刘伯承	1954年9月—1959年4月
	贺龙（土家族）	1954年9月—1959年4月
	陈　毅	1954年9月—1959年4月
	邓小平	1954年9月—1959年4月
	罗荣桓	1954年9月—1959年4月
	徐向前	1954年9月—1959年4月
	聂荣臻	1954年9月—1959年4月
	叶剑英	1954年9月—1959年4月
	程　潜	1954年9月—1959年4月
	张治中	1954年9月—1959年4月
	傅作义	1954年9月—1959年4月
	龙云（彝族）	1954年9月—1958年2月
最高人民法院		
院　长	董必武	1954年9月—1959年4月
副院长	高克林	1954年11月—1959年4月
	张志让	1954年11月—1959年4月
	马锡五	1954年11月—1959年4月
	陈奇涵	1957年2月—1959年4月
最高人民检察院		
检察长	张鼎丞	1954年9月—1959年4月
副检察长	谭政文	1954年9月—1959年4月
	梁国斌	1954年11月—1958年6月
	李士英	1955年8月—1959年4月
	黄火青	1955年9月—1959年4月

根据中共中央组织部、中共中央党史研究室、中央档案馆编《中国共产党组织史资料》（中共党史出版社2000年版）编制。

［附录三］ **1957年中共中央军委及所属解放军各总部、军区、军兵种、院校负责人名录**

机构名称	职　务	姓　名	军　衔	任职时间
中共中央军事委员会	主席、委员	毛泽东		1954年9月—1959年9月
	委　员	朱　德	元　帅	1954年9月—1959年9月
		彭德怀	元　帅	1954年9月—1959年9月
		林　彪	元　帅	1954年9月—1959年9月
		刘伯承	元　帅	1954年9月—1959年9月
		贺龙（土家族）	元　帅	1954年9月—1959年9月
		陈　毅	元　帅	1954年9月—1959年9月
		邓小平		1954年9月—1959年9月
		罗荣桓	元　帅	1954年9月—1959年9月
		徐向前	元　帅	1954年9月—1959年9月
		聂荣臻	元　帅	1954年9月—1959年9月
		叶剑英	元　帅	1954年9月—1959年9月
		黄克诚	大　将	1956年11月—1959年9月
		粟　裕	大　将	1956年11月—1959年9月
		陈　赓	大　将	1956年11月—1959年9月
		谭　政	大　将	1956年11月—1959年9月
		肖劲光	大　将	1956年11月—1959年9月
		王树声	大　将	1956年11月—1959年9月
		许光达	大　将	1956年11月—1959年9月
		肖　华	上　将	1956年11月—1959年9月
		刘亚楼	上　将	1956年11月—1959年9月
		洪学智	上　将	1956年11月—1959年9月
	秘书长	黄克诚	大　将	1954年10月—1959年8月
总参谋部	总参谋长	粟　裕	大　将	1954年10月—1958年10月
	副总参谋长	张宗逊	上　将	1954年10月—1966年5月
		李克农	上　将	1954年10月—1962年2月
		陈　赓	大　将	1954年10月—1959年10月
		王　震	上　将	1954年10月—1959年10月
		许世友	上　将	1954年10月—1959年10月
		邓　华	上　将	1954年10月—1959年9月
		彭绍辉	上　将	1954年10月—1966年5月
		张爱萍	上　将	1954年10月—1966年5月
		杨成武	上　将	1954年10月—1965年6月
		韩先楚	上　将	1954年10月—1960年12月

续表

机构名称	职　务	姓　名	军　衔	任职时间
总政治部	主　任	谭　政	大　将	1956 年 12 月—1961 年 1 月
总政治部	副主任	傅　钟	上　将	1954 年 10 月—1966 年 5 月
总政治部	副主任	肖　华	上　将	1954 年 10 月—1964 年 9 月
总政治部	副主任	甘泗淇	上　将	1954 年 10 月—1964 年 2 月
总政治部	副主任	刘志坚	中　将	1957 年 10 月—1966 年 5 月
总后方勤务部	部　长	黄克诚	大　将	1954 年 10 月—1957 年 5 月
总后方勤务部	部　长	洪学智	上　将	1957 年 5 月—1959 年 10 月
总后方勤务部	政治委员	黄克诚	大　将	1954 年 10 月—1957 年 5 月
总后方勤务部	政治委员	余秋里	中　将	1957 年 5 月—1958 年 3 月
总干部部	部　长	肖　华	上　将	1956 年 12 月—1958 年 10 月
武装力量监察部	部　长	叶剑英	元　帅	1954 年 10 月—1958 年 11 月
训练总监部	部　长	刘伯承	元　帅	1955 年 4 月—1957 年 11 月
训练总监部	代理部长	叶剑英	元　帅	1955 年 4 月—1957 年 11 月
训练总监部	部　长	肖　克	上　将	1957 年 11 月—1958 年 12 月
总财务部	部　长	余秋里	中　将	1955 年 9 月—1957 年 5 月
总军械部	部　长	王树声	大　将	1955 年 3 月—1957 年 6 月
监察委员会	书　记	谭　政	大　将	1957 年 2 月—1961 年 3 月
中国人民志愿军	司令员	杨　勇	上　将	1955 年 4 月—1958 年 10 月
中国人民志愿军	政治委员	李志民	上　将	1955 年 3 月—1957 年 10 月
中国人民志愿军	政治委员	王　平	上　将	1957 年 10 月—1958 年 10 月
沈阳军区	司令员	邓　华	上　将	1955 年 3 月—1959 年 9 月
沈阳军区	政治委员	周　桓	上　将	1955 年 3 月—1959 年 10 月
北京军区	司令员	杨成武	上　将	1955 年 4 月—1958 年 9 月
北京军区	政治委员	朱良才	上　将	1955 年 4 月—1958 年 11 月
济南军区	代理司令员	王新亭	上　将	1955 年 3 月—1957 年 9 月
济南军区	司令员	杨得志	上　将	1955 年 3 月—1966 年 5 月
济南军区	政治委员	舒　同		1956 年 7 月—1960 年 11 月
济南军区	第二政委	王新亭	上　将	1955 年 3 月—1958 年 11 月
南京军区	司令员	许世友	上　将	1955 年 3 月—1966 年 5 月
南京军区	政治委员	唐　亮	上　将	1955 年 3 月—1958 年 9 月
福州军区	司令员	叶　飞	上　将	1956 年 8 月—1957 年 9 月
福州军区	司令员	韩先楚	上　将	1957 年 9 月—1966 年 5 月
福州军区	政治委员	叶　飞	上　将	1956 年 8 月—1966 年 5 月
广州军区	司令员	黄永胜	上　将	1955 年 3 月—1966 年 5 月
广州军区	政治委员	陶　铸		1955 年 3 月—1966 年 5 月

续表

<table>
<tr><th>机构名称</th><th>职　务</th><th>姓　名</th><th>军　衔</th><th>任职时间</th></tr>
<tr><td rowspan="2">武汉军区</td><td>司令员</td><td>陈再道</td><td>上　将</td><td>1955 年 3 月—1966 年 5 月</td></tr>
<tr><td>政治委员</td><td>王任重（兼）</td><td></td><td>1955 年 3 月—1966 年 5 月</td></tr>
<tr><td rowspan="3">昆明军区</td><td rowspan="2">司令员</td><td>谢富治</td><td>上　将</td><td>1955 年 3 月—1957 年 9 月</td></tr>
<tr><td>秦基伟</td><td>中　将</td><td>1957 年 9 月—1966 年 5 月</td></tr>
<tr><td>政治委员</td><td>谢富治</td><td>上　将</td><td>1955 年 2 月—1959 年 11 月</td></tr>
<tr><td rowspan="2">成都军区</td><td>司令员</td><td>贺炳炎</td><td>上　将</td><td>1955 年 5 月—1960 年 7 月</td></tr>
<tr><td>政治委员</td><td>李井泉</td><td></td><td>1955 年 5 月—1966 年 5 月</td></tr>
<tr><td rowspan="2">兰州军区</td><td>司令员</td><td>张达志</td><td>中　将</td><td>1955 年 5 月—1966 年 5 月</td></tr>
<tr><td>政治委员</td><td>冼恒汉</td><td>中　将</td><td>1955 年 5 月—1964 年 6 月</td></tr>
<tr><td rowspan="2">新疆军区</td><td>司令员</td><td>王恩茂</td><td>中　将</td><td>1955 年 5 月—1966 年 5 月</td></tr>
<tr><td>政治委员</td><td>王恩茂</td><td>中　将</td><td>1955 年 5 月—1966 年 5 月</td></tr>
<tr><td rowspan="2">西藏军区</td><td>司令员</td><td>张国华</td><td>中　将</td><td>1955 年 5 月—1966 年 5 月</td></tr>
<tr><td>政治委员</td><td>谭冠三</td><td>中　将</td><td>1955 年 5 月—1966 年 5 月</td></tr>
<tr><td rowspan="2">内蒙古军区</td><td>司令员</td><td>乌兰夫
（蒙古族）</td><td>上　将</td><td>1955 年 4 月—1966 年 5 月</td></tr>
<tr><td>政治委员</td><td>乌兰夫
（蒙古族）</td><td>上　将</td><td>1955 年 4 月—1966 年 5 月</td></tr>
<tr><td rowspan="2">海军</td><td>司令员</td><td>肖劲光</td><td>大　将</td><td>1950 年 1 月—1966 年 5 月</td></tr>
<tr><td>政治委员</td><td>苏振华</td><td>上　将</td><td>1957 年 2 月—1966 年 5 月</td></tr>
<tr><td rowspan="2">空军</td><td>司令员</td><td>刘亚楼</td><td>上　将</td><td>1949 年 10 月—1965 年 5 月</td></tr>
<tr><td>政治委员</td><td>吴法宪</td><td>中　将</td><td>1957 年 2 月—1965 年 5 月</td></tr>
<tr><td>防空军</td><td>司令员</td><td>杨成武</td><td>上　将</td><td>1955 年 8 月—1957 年 5 月</td></tr>
<tr><td rowspan="2">公安军</td><td>司令员</td><td>罗瑞卿</td><td>大　将</td><td>1955 年 7 月—1957 年 8 月</td></tr>
<tr><td>政治委员</td><td>罗瑞卿</td><td>大　将</td><td>1955 年 7 月—1957 年 8 月</td></tr>
<tr><td rowspan="2">炮兵</td><td>司令员</td><td>陈锡联</td><td>上　将</td><td>1950 年 4 月—1959 年 10 月</td></tr>
<tr><td>政治委员</td><td>邱创成</td><td>中　将</td><td>1957 年 2 月—1959 年 10 月</td></tr>
<tr><td rowspan="2">装甲兵</td><td>司令员</td><td>许光达</td><td>大　将</td><td>1951 年 7 月—1966 年 5 月</td></tr>
<tr><td>政治委员</td><td>向仲华</td><td>中　将</td><td>1957 年 2 月—1965 年 7 月</td></tr>
<tr><td rowspan="2">工程兵</td><td>司令员</td><td>陈士榘</td><td>上　将</td><td>1955 年 8 月—1966 年 5 月</td></tr>
<tr><td>政治委员</td><td>黄志勇</td><td>中　将</td><td>1957 年 2 月—1965 年 8 月</td></tr>
<tr><td rowspan="4">铁道兵</td><td rowspan="2">司令员</td><td>王　震</td><td>上　将</td><td>1954 年 2 月—1957 年 9 月</td></tr>
<tr><td>李寿轩</td><td>中　将</td><td>1957 年 9 月—1966 年 5 月</td></tr>
<tr><td rowspan="2">政治委员</td><td>王　震</td><td>上　将</td><td>1954 年 4 月—1957 年 9 月</td></tr>
<tr><td>崔田民</td><td>中　将</td><td>1957 年 9 月—1964 年 10 月</td></tr>
<tr><td rowspan="2">通信兵部</td><td>主　任</td><td>王　诤</td><td>中　将</td><td>1956 年 4 月—1959 年 4 月</td></tr>
<tr><td>政治委员</td><td>朱　明</td><td>中　将</td><td>1956 年 10 月—1959 年 4 月</td></tr>
</table>

续表

机构名称	职务	姓名	军衔	任职时间
防化学部（防化学兵部）	部长（主任）	张迺更		1956 年 3 月—1959 年 3 月
军事学院	院长	刘伯承	元帅	1950 年 11 月—1957 年 9 月
		廖汉生	中将	1957 年 9 月—1959 年 10 月
	政治委员	刘伯承	元帅	1951 年 2 月—1957 年 9 月
		钟期光	上将	1957 年 9 月—1958 年 11 月
政治学院	院长	罗荣桓	元帅	1954 年 11 月—1961 年 12 月
高等军事学院	院长	刘伯承	元帅	1957 年 9 月—1958 年 11 月
	政治委员	刘伯承	元帅	1957 年 9 月—1958 年 11 月
总高级步兵学校	校长	宋时轮	上将	1952 年 7 月—1957 年 9 月
		姚喆	中将	1957 年 9 月—1958 年
	政治委员	宋时轮	上将	1954 年 3 月—1957 年 9 月
		刘浩天	中将	1957 年 9 月—1958 年
军事工程学院	院长	陈赓	大将	1952 年 7 月—1961 年 3 月
军事科学院	院长	叶剑英	元帅	1957 年 11 月—1966 年 5 月
国防部航空工业委员会	主任	聂荣臻	元帅	1956 年 4 月—1958 年 10 月

注：本表任职时间截至 1966 年 5 月（中共中央军事委员会除外）。

根据中共中央组织部、中共中央党史研究室、中央档案馆编《中国共产党组织史资料》（中共党史出版社 2000 年版）编制。

[附录四] 1957 年中国人民政治协商会议负责人名录

职务	姓名	任职时间
中国人民政治协商会议第二届全国委员会		
名誉主席	毛泽东	1954 年 12 月—1959 年 4 月
主席	周恩来	1954 年 12 月—1959 年 4 月
副主席	宋庆龄（女）	1954 年 12 月—1959 年 4 月
	董必武	1954 年 12 月—1959 年 4 月
	李济深	1954 年 12 月—1959 年 4 月
	郭沫若	1954 年 12 月—1959 年 4 月

续表

职 务	姓 名	任职时间
副主席	彭 真	1954 年 12 月—1959 年 4 月
	沈钧儒	1954 年 12 月—1959 年 4 月
	黄炎培	1954 年 12 月—1959 年 4 月
	何香凝（女）	1954 年 12 月—1959 年 4 月
	李维汉	1954 年 12 月—1959 年 4 月
	李四光（蒙古族）	1954 年 12 月—1959 年 4 月
	陈叔通	1954 年 12 月—1959 年 4 月
	章伯钧	1954 年 12 月—1959 年 4 月
	陈嘉庚	1954 年 12 月—1959 年 4 月
	班禅额尔德尼·确吉坚赞（藏族）	1954 年 12 月—1959 年 4 月
	包尔汉（维吾尔族）	1954 年 12 月—1959 年 4 月
秘书长	邢西萍（徐冰）	1954 年 12 月—1959 年 4 月

根据中共中央组织部、中共中央党史研究室、中央档案馆编《中国共产党组织史资料》（中共党史出版社2000 年版）编制。

［附录五］ 1957 年各省、市、自治区中共党委和人民委员会负责人名录

机构名称	职 务	姓 名	任职时间
中共北京市委	第一书记	彭 真	1955 年 7 月—1962 年 6 月
北京市人民委员会	市 长	彭 真	1955 年 2 月—1958 年 8 月
中共天津市委	第一书记	黄火青	1956 年 7 月—1958 年 6 月
天津市人民委员会	市 长	黄火青	1956 年 12 月—1958 年 6 月
中共河北省委	第一书记	林 铁	1956 年 7 月—1966 年 5 月
河北省人民委员会	省 长	林 铁	1955 年 2 月—1958 年 4 月
中共山西省委	第一书记	陶鲁笳	1956 年 8 月—1965 年 8 月
山西省人民委员会	省 长	王世英	1956 年 4 月—1958 年 12 月
中共内蒙古自治区委	第一书记	乌兰夫（蒙古族）	1956 年 7 月—1963 年 4 月
内蒙古自治区人民委员会	主 席	乌兰夫（蒙古族）	1955 年 4 月—1958 年 6 月
中共辽宁省委	第一书记	黄欧东	1956 年 7 月—1958 年 6 月
辽宁省人民委员会	省 长	杜者蘅	1955 年 2 月—1958 年 10 月
中共吉林省委	第一书记	吴 德	1956 年 7 月—1960 年 3 月
吉林省人民委员会	省 长	栗又文	1955 年 2 月—1958 年 7 月
中共黑龙江省委	第一书记	欧阳钦	1956 年 7 月—1960 年 3 月
黑龙江省人民委员会	省 长	欧阳钦	1956 年 5 月—1958 年 5 月
中共上海市委	第一书记	柯庆施	1956 年 7 月—1959 年 1 月
上海市人民委员会	市 长	陈 毅	1955 年 2 月—1958 年 11 月

续表

机构名称	职　务	姓　名	任职时间
中共江苏省委	第一书记	江渭清	1956年7月—1962年12月
	代理第一书记	刘顺元	1957年1月—1957年11月
江苏省人民委员会	省　长	惠浴宇	1955年2月—1958年10月
中共浙江省委	第一书记	江华（瑶族）	1956年7月—1960年1月
浙江省人民委员会	省　长	沙文汉	1955年1月—1957年11月
	代理省长	霍士廉	1957年11月—1958年1月
中共安徽省委	第一书记	曾希圣	1956年7月—1962年2月
安徽省人民委员会	省　长	黄　岩	1955年3月—1958年11月
中共福建省委	第一书记	叶　飞	1956年7月—1966年5月
福建省人民委员会	省　长	叶　飞	1955年2月—1959年2月
中共江西省委	第一书记	杨尚奎	1956年7月—1964年1月
江西省人民委员会	省　长	邵式平	1955年2月—1958年6月
中共山东省委	第一书记	舒　同	1956年7月—1960年10月
山东省人民委员会	省　长	赵健民	1955年3月—1958年11月
中共河南省委	第一书记	潘复生	1956年7月—1958年8月
河南省人民委员会	省　长	吴芝圃	1955年2月—1958年12月
中共湖北省委	第一书记	王任重	1956年7月—1960年4月
湖北省人民委员会	省　长	张体学	1956年1月—1958年12月
中共湖南省委	第一书记	周小舟	1956年7月—1959年9月
湖南省人民委员会	省　长	程　潜	1955年2月—1958年7月
中共广东省委	第一书记	陶　铸	1956年7月—1961年12月
广东省人民委员会	省　长	陶　铸	1955年2月—1957年8月
	省　长	陈　郁	1957年8月—1958年9月
中共广西省委	第一书记	陈漫远	1956年7月—1957年6月
	第一书记	刘建勋	1957年6月—1958年3月
广西省人民委员会	省　长	韦国清（壮族）	1955年2月—1958年3月
中共四川省委	第一书记	李井泉	1956年7月—1965年2月
四川省人民委员会	省　长	李大章	1955年1月—1958年7月
中共贵州省委	第一书记	周　林	1956年6月—1960年4月
贵州省人民委员会	省　长	周　林	1955年2月—1958年9月
中共云南省委	第一书记	谢富治	1956年7月—1959年8月
云南省人民委员会	省　长	郭影秋	1955年2月—1957年7月
中共西藏工委	书　记	张经武	1956年4月—1959年3月
西藏自治区筹备委员会	主任委员	达赖喇嘛·丹增嘉措（藏族）	1956年4月—1964年12月
中共陕西省委	第一书记	张德生	1956年7月—1960年11月

续表

机构名称	职 务	姓 名	任职时间
陕西省人民委员会	省 长	赵寿山	1954 年 12 月—1958 年 8 月
中共甘肃省委	第一书记	张仲良	1956 年 7 月—1960 年 5 月
甘肃省人民委员会	省 长	邓宝珊	1954 年 12 月—1958 年 10 月
中共青海省委	第一书记	高峰(高啸平)	1956 年 6 月—1960 年 6 月
青海省人民委员会	省 长	孙作宾	1955 年 1 月—1958 年 3 月
中共宁夏回族自治区工作委员会	代理第一书记	刘格平	1957 年 11 月—1958 年 3 月
中共新疆维吾尔自治区委	第一书记	王恩茂	1956 年 7 月—1966 年 5 月
新疆维吾尔自治区人民委员会	主 席	赛福鼎·艾则孜（维吾尔族）	1955 年 10 月—1959 年 1 月

根据中共中央组织部、中共中央党史研究室、中央档案馆编《中国共产党组织史资料》（中共党史出版社 2000 年版）编制。

［附录六］ 1957 年中华人民共和国省级行政区划

22 个省	河北省（保定市）、山西省（太原市）、辽宁省（沈阳市）、吉林省（长春市）、黑龙江省（哈尔滨市）、陕西省（西安市）、甘肃省（兰州市）、青海省（西宁市）、山东省（济南市）、江苏省（南京市）、浙江省（杭州市）、安徽省（合肥市）、福建省（福州市）、台湾省（台北市）、河南省（郑州市）、湖北省（武汉市）、湖南省（长沙市）、江西省（南昌市）、广东省（广州市）、四川省（成都市）、贵州省（贵阳市）、云南省（昆明市）
4 个自治区	内蒙古自治区（呼和浩特市）、宁夏回族自治区（银川市）、新疆维吾尔自治区（乌鲁木齐市）、广西壮族自治区（南宁市）
3 个直辖市	北京市、天津市、上海市
1 个筹备委员会	西藏自治区筹备委员会（拉萨）

说明：

1. 1957 年 7 月 15 日，第一届全国人民代表大会第四次会议通过关于设立宁夏回族自治区的决议，以甘肃省部分行政区域为其行政区域。1958 年 10 月 25 日，宁夏回族自治区正式成立。

2. 1957 年 7 月 15 日，第一届全国人民代表大会第四次会议通过关于撤销广西省建制，成立广西壮族自治区的决议，以原广西省的行政区划为广西壮族自治区的行政区划。1958 年 3 月 5 日，广西壮族自治区正式成立。

根据中华人民共和国民政部编《中华人民共和国行政区划（1949—1997）》（中国社会出版社 1998 年版）编制。

[附录七] 1957年国民经济和社会统计资料

项　目	单　位	数　量	比上年增长率（%）
全国人口状况			
年底总人口	万人	64653	2.95
男	万人	33469	2.87
女	万人	31184	2.94
城镇	万人	9949	8.32
乡村	万人	54704	1.98
人口出生率	‰	34.03	6.68
人口死亡率	‰	10.80	-5.26
人口自然增长率	‰	23.23	13.3
国内生产总值			
国民总收入	亿元	1069.3	3.92
国内生产总值	亿元	1069.3	3.92
第一产业	亿元	433.9	-3.13
第二产业	亿元	317.0	12.93
工业	亿元	271.0	20.61
建筑业	亿元	46.0	-17.86
第三产业	亿元	318.4	6.00
交通运输、仓储和邮政业	亿元	49.0	6.52
批发和零售业	亿元	116.1	0.69
人均国内生产总值	元/人	168	1.20
全社会固定资产投资			
基本建设投资	亿元	143.32	-7.70
更新改造投资	亿元	7.91	42.27
国家财政收支情况			
财政收入	亿元	303.20	8.21
财政支出	亿元	295.95	-0.86
收支差额	亿元	7.25	139.55
各项税收	亿元	154.89	9.94
企业收入	亿元	144.18	7.39
基本建设支出	亿元	123.71	-11.37
增拨企业流动资金	亿元	20.82	92.96
工、交、流通部门事业费	亿元	12.36	14.44
支农支出	亿元	7.99	3.77
文教科学卫生事业费	亿元	27.76	16.15
抚恤和社会福利救济费	亿元	5.29	-6.70
国防费	亿元	55.11	-9.91
行政管理费	亿元	21.68	-10.26
债务支出	亿元	8.26	14.40

续表

项　目	单　位	数　量	比上年增长率（%）
全国各种价格指数			
商品零售价格指数	上年=100	101.5	1.5
城市居民消费价格指数	上年=100	102.6	2.6
全国城乡居民家庭人均收支			
城镇居民家庭平均每人			
生活费收入	元	235.4	
生活消费支出	元	222.0	
食品支出	元	129.7	
农村居民家庭平均每人			
纯收入	元	73.0	
生活消费支出	元	70.9	
食品	元	69.6	
全国居民消费水平及指数			
居民消费水平（绝对数）	元		
全国居民	元	108	3.85
农村居民	元	82	1.23
城镇居民	元	222	4.72
居民消费水平指数	上年=100		
全国居民	上年=100	102.7	2.7
农村居民	上年=100	102.0	2.0
城镇居民	上年=100	102.4	2.4
全国城市公用事业			
日供水综合生产能力	万立方米/日	450.3	18.03
供水管道长度	公里	12564	8.34
全年供水总量	万立方米	95602	14.94
年末公共汽（电）车运营数	辆	6174	13.12
客运总数	万人次	323941	23.02
人工煤气生产能力	万立方米/日	58.0	9.43
燃气管道长度	公里	2137	1.38
全年供气总量（人工煤气）	万立方米	20475	9.66
城市道路			
长度	公里	18259	11.31
面积	万平方米	14422	10.68
排水管道长度	公里	10107	10.24
全国农林牧渔业总产值和构成			构成（总产值=100）
总产值	亿元	537	100
农业	亿元	444	82.7
林业	亿元	18	3.3
牧业	亿元	65	12.2

续表

项　目	单　位	数　量	比上年增长率（%）
渔业	亿元	10	1.9
全国主要农业产品产量			
粮食	万吨	19504.5	11.93
棉花	万吨	164.0	13.49
油料	万吨	419.6	-17.50
黄红麻	万吨	30.1	16.67
糖料	万吨	1189.3	15.45
茶叶	万吨	11.2	-7.44
水果	万吨	324.7	4.57
大牲畜年底头数	万头	8382	-4.46
猪年底头数	万头	14590	73.63
羊年底只数	万只	9858	7.56
猪牛羊肉	万吨	398.5	
水产品产量	万吨	311.6	17.58
全国受灾和成灾面积			
受灾面积	千公顷	29149	31.36
成灾面积	千公顷	14983	-2.26
成灾面积占受灾面积	%	51.4	-25.62
全国工业企业单位数和工业总产值			
工业企业单位数	万个	16.95	
国有企业	万个	4.96	
集体企业	万个	11.99	
工业总产值	亿元	704.0	9.66
国有企业	亿元	378.5	8.08
集体企业	亿元	134.0	22.26
全国主要工业产品产量			
化学纤维	万吨	0.02	
纱	万吨	84.4	-11.34
布	亿米	50.5	-12.48
呢绒	万米	1817	27.33
丝	万吨	0.99	5.32
机制纸及纸板	万吨	91	24.66
成品糖	万吨	86	6.17
原盐	万吨	828	67.61
食用植物油	万吨	110	1.85
啤酒	万吨	5	
卷烟	万箱	446	14.07
家用电冰箱	万台	0.16	433.33
照相机	万架	0.01	

续表

项　目	单　位	数　量	比上年增长率（%）
原煤	亿吨	1.31	19.09
原油	万吨	146	25.86
天然气	亿立方米	0.70	169.23
发电量	亿千瓦小时	193	16.27
生铁	万吨	594	22.98
粗钢	万吨	535	19.69
成品钢材	万吨	415	32.17
焦炭	万吨	830	30.30
水泥	万吨	686	7.36
平板玻璃	万重量箱	430	51.41
木材	万平方米	2787	32.40
硫酸	万吨	63.2	22.24
化肥	万吨	15.1	36.04
化学农药	万吨	6.5	18.18
金属切削机床	万台	2.80	8.11
汽车	万辆	0.79	364.71
全国运输线路长度			
铁路营业里程	万公里	2.67	0.75
公路里程	万公里	25.46	12.51
内河航道里程	万公里	14.41	39.09
民航航线里程	万公里	2.64	38.22
全国邮电业务量			
营业网点	处	45375	1.59
邮电业务总量	亿元	4.34	-5.45
全国进出口贸易总额			
进出口总额	人民币（亿元）	104.5	-3.86
出口总额	人民币（亿元）	54.5	-2.15
进口总额	人民币（亿元）	50.0	-5.66
差额	人民币（亿元）	4.5	66.67
黄金和外汇储备			
黄金储备	万盎司	500	0.00
外汇储备	亿美元	1.28	4.07
全国各级各类学校数			
各级各类学校合计	万所	56.0	4.28
普通高等学校	所	229	0.88
中等学校（含普通中学）	所	12474	53.55
普通中学（包括高中、初中）	所	11096	65.24
高中	所	2184	7.64
初中	所	8912	90.18

续表

项　目	单　位	数　量	比上年增长率（%）
普通小学	所	547306	3.45
幼儿园	所	16420	-11.41
特殊教育学校	所	66	6.45
全国各级各类学校教职工数			
各级各类学校合计	万人	267.0	9.29
普通高等学校	万人	15.5	10.71
普通中学	万人	39.4	20.12
普通小学	万人	198.1	7.49
幼儿园	万人	10.1	9.78
特殊教育学校	万人	0.11	10.00
全国各级各类学校在校学生数			
各级各类学校合计	万人	7180.5	2.76
普通高等学校	万人	44.1	9.43
中等学校（含普通中学）	万人	708.1	17.84
普通中学（包括高中、初中）	万人	628.1	21.61
高中	万人	90.4	15.31
初中	万人	537.7	22.73
普通小学	万人	6428.3	1.29
幼儿园	万人	108.8	0.65
特殊教育学校	万人	0.8	14.29
全国文化事业机构数			
艺术表演团体	个	2884	6.03
艺术表演场馆	个	2296	5.66
文化馆（站）和群众艺术馆	个	2748	6.35
公共图书馆	个	400	6.67
博物馆	个	72	7.46
广播电台	个	61	5.17
图书、期刊和报纸出版			
图书种数	种	27571	-4.18
图书总印数	亿册，亿张	12.8	-28.09
期刊种数	种	634	30.99
期刊总印数	亿册	3.2	-8.57
报纸种数	种	364	4.9
报纸总印数	亿份	24.4	-6.51
全国各类卫生机构数			
总计	个	122954	14.58
医院	个	4083	7.17
疗养院、所	个	835	4.51
门诊部、诊所	个	102262	17.72

续表

项　目	单　位	数　量	比上年增长率（%）
专科防治院（所、站）	个	626	-1.73
疾病预防控制中心（防疫站）	个	1626	11.07
妇幼保健院（所、站）	个	4695	8.16
药品检验所站	个	28	3.70
医学科学研究机构	个	38	46.15
其他卫生机构	个	8761	-2.86

根据国家统计局国民经济综合统计司编《新中国五十年统计资料汇编》（中国统计出版社1999年版）、《新中国五十五年统计资料汇编》（中国统计出版社2005年版）和《新中国六十年统计资料汇编》（中国统计出版社2010年版）有关数据编制。

［附录八］　中华人民共和国国家统计局关于发展国民经济的第一个五年（1953年到1957年）计划执行结果的公报

我国从1953年开始执行的发展国民经济的第一个五年计划，在中共中央和毛主席的领导下，经过全国各族人民的辛勤努力，并且得到了苏联和其他兄弟国家的援助，到1957年底已经胜利地超额完成了。

第一个五年计划的胜利完成，使我国在社会主义改造和社会主义建设两个方面都取得了巨大的成就。我国社会经济结构和国民经济面貌已经发生了重大的变化。在党的从资本主义到社会主义过渡时期总路线的光辉照耀下，对农业、手工业、资本主义工商业进行社会主义改造的任务，已经在1956年基本完成了。生产关系这种根本的变化，为我国社会生产力开辟了迅速发展的道路。1957年全国人民根据毛主席关于正确处理人民内部矛盾的方针，开展了伟大的整风运动，进行了反对资产阶级右派分子的斗争，这就使得我们在经济战线上取得社会主义革命基本胜利的同时，又在政治战线和思想战线上取得了社会主义革命的伟大胜利。在政治战线和思想战线上的这个伟大的胜利，使社会主义的政治制度和经济制度更加巩固，使劳动人民建设社会主义的积极性和创造性更加提高，从而促进了社会生产力的进一步发展。

在1955年冬和1956年春社会主义改造形成高潮的时候，中共中央和毛主席提出了关于多快好省地建设社会主义的方针。在这个正确方针的指导下，国民经济和文化教育事业在1956年出现了跃进的形势，提前完成了第一个五年计划所规定的许多指标。到1957年第一个五年计划大大超额完成的时候，国家的社会主义工业化的初步基础已经建立起来。同时，以水利为中心的农业基本建设和以铁路为中心的运输建设都取得很大的成就。我国人民的物质生活水平和文化生活水平，随着生产的发展有了显著的提高。

现在将第一个五年计划在各方面的完成和超额完成的情况，分别公布如下：

一、社会主义改造

在1956年我国基本上实现农业合作化之后，到1957年底，参加农业生产合作社的农户占全国农户总数的98%，其中参加高级农业生产合作社的户数，占全国农户总数的96%。在手工业方面，到1957年底，全国参加手工业合作组织的人数达到589万人，占手工业者总数的90%左右。

在1956年私营工商业出现了全行业公私合营的高潮之后，到1957年底，未改造的资本主义工业，在全国工业总产值中所占的比重已经不到千分之一；私营商业（主要是小商业）在商品零售总额中只占3%。私营运输业的社会主义改造也已经基本完成。

我国社会经济结构在社会主义改造胜利完成后所发生的根本变化，可以用下列简单的事实来说明：即在1952年和1957年的国民收入中，国营经济所占的比重由19%提高到33%，合作社经济由1.5%提高到56%，公私合营经济由0.7%提高到8%，个体经济则由72%降低到3%，资本主义经济更由7%降低到千分之一以下。

二、基本建设

五年内，全国完成的基本建设投资总额达到550亿元，折合黄金五万万七千万两以上，其中国家对经济和文化部门的基本建设投资总额达到493亿元，超过原定计划427.4亿元的15.3%。1956年一年的投资额达到140亿元，约占五年计划规定投资额的三分之一，从而有力地保证了五年计划所规定的基本建设任务的超额完成。

五年内，在实际完成的国家投资总额中，工业部门占56%，农林水利部门占8.2%，运输邮电部门占18.7%。在农业合作化完成以后，又适当地增加了农林水利部门的投资。

五年内，在实际完成的国家投资总额中，生产性建设的投资占76%，消费性建设的投资占24%。①

五年内，由于进行基本建设而新增的固定资产达到411亿元，其中新增工业固定资产达到214亿元。

重工业建设是经济建设的中心。在工业基本建设投资额中，重工业的投资占87%；轻工业的投资占13%。

第一个五年计划规定的建设项目，绝大部分都已建成，并且增加了很多新的建设项目。五年内施工的工矿建设单位达一万个以上，其中：黑色金属312，电力599，煤炭600，石油22，金属加工1,921，化学637，建筑材料832，造纸253，纺

---

① 生产性投资是指用于建设生产用的厂房和机械设备；运输用的铁路、公路、海港码头、运输工具；商业金融事业的仓库等的投资。

非生产性投资是指用于人民物质生活和文化生活方面的建设的投资。如住宅、学校、医院、影剧院、托儿所、俱乐部、食堂以及机关团体的办公室等。

织613，食品和其他约5,000个。

在施工的一万多个工矿建设单位中，限额以上的有921个，比计划规定的单位数增加227个，到1957年底，全部投入生产的有428个，部分投入生产的有109个。苏联帮助我国建设的166项重大建设项目，到1957年底，有135项已经施工建设，有68项已经全部建成和部分建成投入生产。德意志民主共和国、捷克斯洛伐克、波兰、匈牙利、罗马尼亚、保加利亚等兄弟国家帮助我国建设的68项工程项目，到1957年底，有64项已经施工建设，有27项已经建成投入生产。

第一个五年计划期间大批新建和扩建企业的投入生产，开始改变了旧中国工业的落后面貌。我们现在已经有了飞机制造业，汽车制造业，新式机床制造业，发电设备制造业，冶金、矿山设备制造业，以及高级合金钢、重要有色金属冶炼业等新的工业部门。五年计划规定的新增工业生产能力的计划，大都超额完成了。主要工业产品新增的生产能力（以设计的年产能力计算）为：炼铁339万吨，炼钢282万吨，轧钢165万吨，采煤6,376万吨，发电（以发电机容量计算）246.9万千瓦，天然石油131.2万吨，人造石油52.2万吨，合成氨13.7万吨，水泥261万吨，金属切削机床8,704台，载重汽车30,000辆，纱锭201万枚，织布机5.5万台，机制糖62万吨，机制纸25万吨。

在第一个五年计划期间，我国大力进行了地质勘探工作，到1957年底，已探明的煤矿储量约544亿吨，铁矿储量约56亿吨，石油、有色金属、稀有金属矿藏储量都有很大增加。地质资源的勘探工作跟不上建设需要的情况，已经开始有了很大的改变。大量进行地质勘探的结果，证明我国的各种矿产资源极其丰富。

基本建设的技术力量在五年中有了迅速的增长。现在，我国已能设计一些比较大型的技术复杂的工程，如年产150万吨钢的钢铁联合企业，年产240万吨原煤的煤矿，年产7.5万吨合成氨的化肥厂，设备总容量100万千瓦的水电站，65万千瓦的火电站等。

三、工业生产

1957年工业总产值超过原定五年计划21%，比1952年增长141%。原定计划平均每年增长14.7%，实际达到19.2%，而1956年的增长速度达到31.1%。1957年手工业总产值比1952年增长83%，平均每年增长12.8%。工业生产的迅速发展，使工业在国民经济中的地位发生了显著的变化。在工农业总产值中，工业及手工业总产值所占的比重由1952年的41.5%提高到1957年的56.5%。1957年工业中的生产资料生产比1952年增长了2.2倍，平均每年增长26%，生产资料生产在工业总产值中的比重由1952年的39.7%，提高到1957年的52.8%。机器制造工业在工业总产值中的比重由1952年的5.2%，提高到1957年的9.5%。旧中国重工业极端落后的状态已经开始改变。

在优先发展重工业的同时，轻工业也有很快的发展。1957年工业中的消费品生产比1952年增长了89%，平均每年增长13.5%。

在五年计划规定的四十六种主要产品中，生铁、钢、钢材、水泥、纯碱、烧碱、内燃机、蒸汽锅炉、汽轮机、水轮机、发电机、机床、客车、汽车轮胎、棉纱、棉布、抗菌素等二十七种产品的产量，在1956年已经达到五年计划规定的1957年水平。到1957年底没有完成原定计划的只有原油、机车、食用植物油、火柴、卷烟、糖等六种产品。

现将主要工业产品的产量在第一个五年计划期间的变化情况，列表如下：

	1952年	1957年	1957年比1952年增长的百分之（%）
钢	135万吨	535万吨	296
生铁	193万吨	594万吨	208
发电量	72.6亿度	193亿度	166
煤炭	6,649万吨	13,000万吨	96
原油	43.6万吨	146万吨	235
水泥	286万吨	686万吨	140
木材	1,120万立方公尺	2,787万立方公尺	149
硫酸	19万吨	63.2万吨	233
纯碱	19.2万吨	50.6万吨	164
烧碱	7.9万吨	19.8万吨	150
化学肥料（不包括硝酸铵）	18.1万吨	63.1万吨	249
抗菌素	—	34.6万吨	—
发电设备	—	19.8万千瓦	—
金属切削机床	1.37万台	2.8万台	104
机车	20台	167台	735
货车	5,792辆	7,300辆	26
汽车	—	7,500辆	—
民用船舶	1.6万载重量吨	5.4万载重量吨	338
内燃机	2.76万马力	60.9万马力	21倍
棉纱	362万件	465万件	28
棉布	38.3亿公尺	50.5亿公尺	32
纸	54万吨	122万吨	126
食用植物油	98万吨	110万吨	12
糖	45.1万吨	86.4万吨	92
原盐	494.5万吨	827.7万吨	67
卷烟	265万箱	446万箱	68

注：上列生铁、煤炭、木材、棉布、纸、食用植物油、糖、原盐等8种产品均包括手工业产量数字。

第一个五年计划期间内，生产了许多种我国从来所没有的新的工业产品。钢铁工业方面有：高级合金结构钢、特殊仪表用钢、矽钢片、造船钢板、锅炉用无缝钢管、50公斤的重轨等重要钢材。1957年钢材品种已达4,000种。钢材自给率在1957年已经达到86%。机械工业方面有：飞机、载重汽车、客轮、货轮、容量1.2万千瓦的成套火力发电设备、1.5万千瓦的成套水力发电设备、容积1,000立方公尺的高炉设备、联合采煤机、200多种新型机床、自动电话交换机以及全套纺织、造纸、制糖等设备。机械设备的自给率在1957年已经达到60%以上。在化学工业方面，已经能够生产化学纤维、各种抗菌素等产品，而这些产品在旧中国都是要靠国外进口的。

五年来，工业技术力量有了很大的增长，1957年全国工业工程技术人员达到17.5万人，比1952年增长2倍；工业和基本建设部门的职工达到1,019万人，比1952年增长66%。工人的劳动生产率迅速提高，1957年比1952年提高了61%，平均每年提高9.9%。

五年内，十二个工业部的工业产品成本降低了29%，平均每年降低6.5%。

四、农业生产

五年来，农业生产虽然遭受了不同程度的自然灾害，但组织起来的全国广大农民，在共产党和人民政府的领导下，发挥了高度的积极性和创造性，对自然灾害作了艰苦的斗争，获得了重大的胜利。

1957年农业和农家副业总产值完成原定计划101%，比1952年增长25%，平均每年增长4.5%。粮食总产量达到3,700亿斤，完成原定五年计划102%，比1952年增长20%。棉花总产量达到3,280万担，完成了计划，比1952年增长26%。五年产量合计与解放前收成较好的1932到1936年五年比较：粮食增加4,100余亿斤，约增加了32%；棉花增加7,600余万担，约增加了1.2倍。1957年其他经济作物的产量，虽然有若干种没有完成原定计划，但比1952年也都有很大的增长。

五年内，全国扩大耕地面积5,867万亩。1957年全国耕地面积达到167,745万亩，完成原定计划101%。五年内，全国新增灌溉面积21,810万亩，相当于1952年全部灌溉面积的69%。增加最多的一年是1956年，这一年新增的灌溉面积达11,870万亩，占五年合计的一半以上。全国农作物播种面积1957年达到235,866万亩，完成原定计划104%，复种指数由1952年的131%，提高到1957年的141%。五年内，国营农场有所发展。1957年农垦系统国营农牧场达到710个，生产用地面积1,800万亩，拖拉机10,177标准台。

五年内，国家对农林水利建设投资40亿元，建成大型水库13座，其中主要的有河北省的官厅水库、安徽省的佛子岭水库和梅山水库等，三门峡水库已经开始施工。同时，农民群众还兴修了大量的小型农田水利工程。这些水利工程在预防洪水灾害和扩大灌溉面积方面，发挥巨大的作用。

为了支援农民发展生产，五年内国家在供应大量农业生产资料的同时，并发放农业贷款78亿元。农民和农业生产合作社也自筹了大量的农业建设资金。1957年生猪有显著的增长，达到14,590万头，完成原定计划105%，比1952年增长63%。其他牲畜虽然没有完成原定计划，但比1952年都有所增长。

五年内，增加了海洋渔业设备，积极地发展了淡水养殖。1957年水产总量达到312万吨，完成原定计划111%，比1952年增长87%。

在林业建设方面，广大群众积极地响应绿化祖国的号召，五年内，造林面积达到21,102万亩，其中营造用材林9,329万亩。1956年造林面积扩大最多，这一年就扩大了8,600万亩，从而提前一年完成了五年造林计划。

全国气象台、气象站网已经基本建成，1957年气象台、气象站达到1,600多个，比1952年增加了4.2倍。

五、运输邮电

到1957年底，全国铁路通车里程达到29,862公里，比1952年增加22%。五年内，新建铁路33条，恢复铁路3条，新建、修复铁路干线、复线、支线和企业专用线共约一万公里。工程巨大、穿过高山峻岭的宝成铁路和鹰厦铁路，通往蒙古人民共和国和苏联的集二铁路都已先后建成。在修建新铁路的同时，加强和改造了现有铁路的技术设备，修建了许多复线，增加了通过能力。武汉长江大桥提前二年建成，从此南北贯通，“天堑变通途”。

到1957年底，全国公路通车里程达到25万多公里，比1952年增加1倍。海拔高、工程艰巨的康藏、青藏、新藏公路，已经相继通车。在广大农村和中小城市之间也修建了许多简易公路。

1957年全国内河通航里程已经达到14万余公里，比1952年增加52%，其中有3.9万公里可通轮船，比1952年增加29%。

1957年航空线路长度已经达到2.6万公里，比1952年增加1倍，除中苏航线外，增辟了中越、中缅航线，便利了国际友好往来。

1957年全国现代化运输工具的货运量和货物周转量超过原定计划14%和15%，比1952年分别增长144%和142%。

1957年邮电业务量比1952年增长72%。1952年全国大约只有59%的乡通达邮路，到1957年底已经基本上乡乡通邮。

六、国内外商业

在工农业生产发展的基础上，商品供应不断增长，1957年社会商品零售额比1952年增长71%；主要消费品的零售量，1957年比1952年增长的百分比：粮食23，食用植物油35，盐31，糖87，棉布19，胶鞋82，机制纸54，卷烟75。

为了促进农副业生产的发展，五年来国家通过国营商业和供销合作社采购的农副产品总值共达582亿元。国家通过供销合作社供应给农村的各种生产资料达103亿元。

国家对有关国计民生的粮食和其他几种主要商品，实行了计划收购和计划供应。五年内国家征收公粮1,666亿斤，收购粮食2,690亿斤，两者合计占粮食总产量（折成去壳粮）的28%，扣除销售给农村的部分，国家实际向农民征购的粮食只有2,592亿斤，占粮食总产量的16.6%。几种主要商品实行统购统销的结果，保证了工业生产发展和城乡居民生活上的需要。

五年来，市场物价基本稳定，给经济建设提供了极有利的条件。国家为了提高农民生产的积极性，适当地提高了若干种农产品的收购价格，从而对销售价格也相应地作了适当的调整。以1952年为100,1957年全国农产品采购价格指数为122.4，二十九个大、中城市的零售物价指数为109.5，十二大城市职工生活费指数为109.2。

1957年进出口贸易总额比1952年增长62%。在进口贸易额中，生产资料占93%。随着我国工业生产水平的提高，工矿产品在出口贸易额中的比重，已经由1952年的18%，上升到1957年的28%。

七、人民的物质生活和文化生活

1957年底，我国职工人数已经达到2,451万人，旧中国遗留下来的大批失业人员已经基本上得到了安置。1957年全国职工的平均工资达到637元，比1952年增长42.8%。国家为职工支付的劳动保险金、医药费、福利费五年共达103亿元，国家投资新建的职工住宅面积9,454万平方公尺。

在农业生产发展的基础上，五亿多农民的生活得到了逐步的提高。1957年全国农民的收入，比1952年增加近30%。五年内农业税的征收额一直稳定在1953年的水平上，由于农业生产的增长，农民的负担相对地减轻了。同时，国家适当地提高了若干种农副产品的收购价格，使农民还得到了利益。

教育事业有很大发展，五年内，高等学校共招生56万人，中等专业学校共招生112万人。从高等学校毕业的学生（不包括研究生）共27万人，从中等专业学校毕业的学生共84万人。五年内，普通中学共招生875万人，小学共招生8,800万人。群众办学、业余文化学习、扫盲工作都有了很大的发展。

1957年全国科学研究机构共有500多个，研究人员20,000多人，比1952年增长两倍以上。五年内科学研究工作的发展，为我国迎头赶上世界最先进的科学技术水平准备了条件。五年来，出版、广播、电影、戏剧等文化艺术活动空前活跃。

五年来，广大劳动人民的健康水平大大提高了，群众性的体育运动大大发展了，爱国卫生运动取得了很大的成绩。医疗预防网迅速扩大。1957年已达到县县有医院，大量的乡都有诊所，全国各种卫生事业机构中的床位张数比1952年增长了73%。全国中、西医人数达到55万人。

第一个五年计划期间的经济建设和文化建设，是我国历史上的空前壮举，所获得的成就是很大的。这些成就，使我国的人民民主专政的制度更加巩固，各族人民的团结更加坚强，同时也进一步加强了以苏联为首的社会主义阵营的力量。社会主义阵营的国民经济的繁荣景象，与当前资本主义世界的经济危机恰恰成为十分鲜明的对照，这充分证明了社会主义制度的优越性。

由于我国原来的经济十分落后，所以即便在第一个五年计划胜利完成后的今天，我国的工业还不够强大，农业生产的发展还不能完全满足工业生产和人民生活日益增长的需要。为了进一步地从根本上改变我国的经济和文化的落后面貌，全国人民在党的鼓足干劲、力争上游、多快好省地建设社会主义的总路线的指导下，正满怀着信心，为实现我国更宏伟的第二个五年计划而奋勇前进。

资料来源：1959年4月14日《人民日报》。

[附录九] 1957年中华人民共和国与各国建交情况一览表

序号	国　名	事　项	时　间	大使姓名	递交国书时间	备　注
1	锡　兰（斯里兰卡）	中锡建交	2月7日	威尔莫特·阿伯拉罕·佩雷拉	4月3日	
2	瑞　士	瑞士联邦政府决定将其驻华公使馆升格为大使馆	4月12日	贝努义	4月22日	
3	突尼斯	中国正式承认突尼斯共和国	8月2日			

根据谢益显主编《中国外交史》（中华人民共和国时期1949—1979）（河南人民出版社1988年版）、黎家松主编《中华人民共和国外交大事记（第二卷）》（世界知识出版社2001年版）编制。

[附录十] 1957年卷党、政、军、民主党派、人民团体组织机构全称简称对照表

全　称	简　称
中国共产党中央委员会	中共中央
中国共产党中央书记处	中央书记处
中国共产党中央军事委员会	中央军委
中国共产党中央纪律检查委员会	中纪委
中共中央组织部	中组部
中共中央宣传部	中宣部
中共中央监察委员会	中央监委
中共中央统一战线工作部	中央统战部
中共中央对外联络部	中联部
中共中央党校	中央党校
全国人民代表大会	全国人大
第一届全国人民代表大会常务委员会	一届全国人大常委会
中华人民共和国主席	国家主席
中国人民政治协商会议	全国政协
中国人民政治协商会议第二届全国委员会常务委员会	政协二届全国委员会常委会
中华人民共和国国务院	国务院
国务院第一办公室	国务院一办
国务院第二办公室	国务院二办
国务院第三办公室	国务院三办
国务院第四办公室	国务院四办
国务院第五办公室	国务院五办
国务院第六办公室	国务院六办
国务院第七办公室	国务院七办
国务院第八办公室	国务院八办
国家计划委员会	国家计委
国家经济委员会	国家经委
国家建设委员会	国家建委
对外贸易部	外贸部
第一机械工业部	一机部
第二机械工业部	二机部
第三机械工业部	三机部
建筑工程部	建工部
高等教育部	高教部
国务院民族事务委员会	国家民委
国务院体育运动委员会	国家体委
中国民用航空局	民航局

续表

全　　称	简　　称
中央工商行政管理局	国家工商局
中华全国供销合作总社	全国供销总社
中华人民共和国国防委员会	国防委员会
中国人民解放军	解放军
中华全国自然科学专门学会联合会	全国科联
中国科学院	中科院
中国国民党革命委员会	民革
中国民主同盟	民盟
中国民主建国会	民建
中国民主促进会	民进
中国农工民主党	农工党
中国新民主主义青年团中央委员会	青年团中央
中国共产主义青年团中央委员会	共青团中央
中华全国总工会	全国总工会
中华全国民主青年联合会	全国青联
中华全国学生联合会	全国学联
中华全国工商业联合会	全国工商联
中华全国民主妇女联合会	全国妇联
中华全国自然科学专门学会联合会	全国科联
中华全国科学技术普及协会	全国科普协会
中华全国文学艺术界联合会	中国文联
中国作家协会	中国作协
中国人民对外文化协会	中国对外文协
中华全国归国华侨联合会	全国侨联
中国美术家协会	中国美协
中国戏剧家协会	中国剧协
中国音乐家协会	中国音协

文献索引

图书在版编目(CIP)数据

中华人民共和国史编年. 1957年卷/当代中国研究所编. —北京：当代中国出版社，2011. 9
ISBN 978-7-5154-0043-3

Ⅰ. ①中… Ⅱ. ①当… Ⅲ. ①中国—现代史—编年体—1957 Ⅳ. ①K270. 43

中国版本图书馆CIP数据核字(2011)第168991号

出 版 人 周五一
责任编辑 叶敏娟 朱云波 陈 亮 唐明星
责任校对 胡 昳
装帧设计 海 洋
出版发行 当代中国出版社
地 址 北京市地安门西大街旌勇里8号
网 址 http://www.ddzg.net 邮箱：ddzgcbs@sina.com
邮政编码 100009
编 辑 部 (010)66572154 66572264 66572132
市 场 部 (010)66572281 或 66572155/56/57/58/59 转
印 刷 北京盛通印刷股份有限公司
开 本 787×1092毫米 1/16
印 张 55.5印张 2插页 947千字
版 次 2011年9月第1版
印 次 2011年9月第1次印刷
定 价 260.00元

ISBN 978-7-5154-0043-3

9 787515 400433 >